Vermiedene Kriege

Deeskalation von Konflikten der Großmächte zwischen Krimkrieg und Erstem Weltkrieg 1865–1914

Von
Jost Dülffer, Martin Kröger
und Rolf-Harald Wippich

R. Oldenbourg Verlag München 1997

Umschlagabbildung: »Momentaufnahme von Europa und Halbasien 1914/15«, Wehrgeschichtliches Museum Rastatt, Inv. Nr. 015 441

Herstellung: R. Oldenbourg Graphische Betriebe GmbH, München

ISBN 3-486-56276-2

Inhalt

Vorwort

Dieser Band wurde in Teamarbeit erstellt. Die nachfolgenden Fallstudien wurden in mehreren Stadien gemeinsam diskutiert und überarbeitet, so daß die Bearbeiter der einzelnen Studien nur hier einleitend genannt sind. Anregungen der Mitarbeiter gingen in alle Studien ein. Die Einleitung wurde von Jost Dülffer geschrieben. Die Fallstudien 3 bis 4, 15 bis 18, 20 bis 26, 28 stammen von Rolf-Harald Wippich. Martin Kröger verfaßte 1 bis 2, 5 bis 14, 19, 30 bis 33 (bei 30 und 32 wirkte Franz Broicher mit). Aufgrund kollegialer Zusammenarbeit in Köln steuerte Ragnhild Fiebig-von Hase die Studie 27, Ute Mehnert 29 bei.

Hervorgegangen ist dieser Band aus einem mehrjährigen Forschungsprojekt, das von der Deutschen Forschungsgemeinschaft gefördert wurde. Ihr und ihren Gutachtern sei an dieser Stelle gedankt. Besonders ist dem Militärgeschichtlichen Forschungsamt zu danken; ohne seine vielfältige Unterstützung hätte dieses Buch wohl kaum erscheinen können. Am Projekt haben in den unterschiedlichen Phasen zahlreiche Kollegen mit Rat und Anregungen mitgewirkt; bei der Erstellung des Manuskriptes arbeiteten viele Helfer mit, vor allem Frau Waltraud König. Ihnen allen sei an dieser Stelle gedankt.

Jost Dülffer Martin Kröger Rolf-Harald Wippich

Zur Einführung: Vermiedene Kriege im internationalen Mächtesystem

Das 19.Jahrhundert war ein vergleichsweise friedliches Zeitalter, wenn man an das 20. Jahrhundert denkt. Zwischen 1815 und 1914 gab es in jenem »langen Jahrhundert« nur einen Krieg, an dem direkt oder indirekt alle europäischen Großmächte beteiligt waren. Es war der Krim-Krieg zwischen 1853 und 1856. Wie der Name schon sagt, blieben die Kampfhandlungen im wesentlichen lokal beschränkt; der Krieg selbst drohte jedoch zeitweilig zu einem großen und allgemeinen europäischen Krieg zu werden. Das galt für den Fall, daß sich neben dem Krieg Frankreichs und Großbritanniens gegen Rußland auch Österreich und Preußen beteiligten und zugleich die Kämpfe nicht nur in Südosteuropa, sondern auch im Ostseeraum stattfänden und schließlich die europäischen Landfronten eröffnet worden wären. Genau diese Ausweitung geschah jedoch nicht. Zwischen 1856 und 1914 gab es jedoch keinen Krieg, an dem mehr als zwei der damals akzeptierten Großmächte direkt beteiligt waren. Eben diese Beobachtung war der Ausgangspunkt für ein Forschungsprojekt, dessen Ergebnisse hier vorgelegt werden. Krieg wie Frieden sind nie zufällig, und Krieg ist selten unumgänglich. Es gibt jedoch in der Forschung der letzten Jahre eine Tendenz, den Ersten Weltkrieg als gleichsam natürliches Ergebnis der Entwicklung des Mächtesystems anzusehen, als einen normalen Anpassungsprozeß[1]. Hier wird genau umgekehrt gefragt: Wie kam es, daß der große und allgemeine Krieg ein halbes Jahrhundert lang vermieden wurde? Darüber hinaus wurden auch manche anderen Kriege vermieden, eskalierten internationale Konflikte nicht zu Krisen oder gar Krieg, entwickelten sich aus bilateralen Kriegen keine allgemeinen Kriege, weiteten sich regionale Kriege nicht über einen engen Bereich hinaus aus. Konflikte sind in Gesellschaften und zwischen staatlich verfaßten Gesellschaften normal und üblich; Kriege sind es statistisch gesehen auch. Doch nicht alle Konfliktpotentiale gipfeln sich zu Krisen auf, welche zu Kriegen führen. Kriege werden häufig vermieden.

Kriege gab es im Untersuchungszeitraum, dem halben Jahrhundert vor dem Ersten Weltkrieg häufig[2]; Quincy Wright führt 63 an; bei Singer und Small zähle ich 78 Kriege zwischen Krim-Krieg und Erstem Weltkrieg. Das interessiert hier nicht. Militärische Auseinandersetzungen zwischen zwei Großmächten gab es in dem Zeitraum nur wenige: zwischen Frankreich und Österreich 1859, zwischen Österreich und Preußen 1866. Hinzu kommen der preußisch/deutsche

---

1 Imanuel Geiss, Der lange Weg in die Katastrophe. Die Vorgeschichte des Ersten Weltkriegs 1815—1914, München, Zürich 1990; Alan J. P. Taylor, Rumours of War, London 1952; Paul W. Schroeder, World War I as Galloping Gertie [...] in: The Journal of Modern History 44, 1972, S. 318—345. — Die unten (S. 7—27) in Klammern oder Parenthese gesetzten Ziffern verweisen auf die Kapitel dieser Arbeit.

2 Quincy Wright, A Study of War, Chicago ²1965, S. 646 ff., Tafel 39—41; Melvin Small/J. David Singer, Resort to Arms. International and Civil Wars 1816—1980, Beverly Hills, London, New Delhi 1982, S. 298—300.

Krieg gegen Frankreich 1870/71 sowie der russisch-japanische Krieg 1904/05. Diese Großmächtekriege sind die eine Seite.

Auf der anderen stehen Bürgerkriege oder koloniale Auseinandersetzungen, die zumeist von den Zeitgenossen gar nicht als Kriege wahrgenommen wurden, war doch bei dem Aufeinandertreffen von außereuropäischen Staaten oder Ethnien mit europäischer Zivilisation die Wahrnehmung fremder Staatlichkeit gering ausgeprägt und damit die Definition von Krieg selbst fraglich, wenn der »Zivilisationsstandard« (G. Gong)[3] so unterschiedlich war, daß die gewaltförmige Auseinandersetzung mit »Eingeborenen« oder Wilden im Bewußtsein von Europäern gar nicht als Krieg zählte. Nicht zuletzt das Völkerrecht europäischer Prägung, welches nicht unter europäischer Herrschaft stehende Gebilde als *res nullius* (herrschaftslos) definierte, unterstrich dieses, auch wenn außereuropäische Gesellschaften nicht primär als rechtlos galten. Zwischenstaatliche Kriege und Bürgerkriege lassen sich also nicht immer trennscharf voneinanderhalten. Es ließe sich argumentieren, daß Kolonialherrschaft zumindest latent Krieg bedeutete, daß Eroberung zum Anfang, Befriedungsaktionen während der Kolonialzeit nur sichtbare Höhepunkte von Herrschaftsverhältnissen darstellten, die sich als strukturelle Gewaltverhältnisse im Sinne von Johan Galtung verstehen lassen[4] und nur gelegentlich kriegsähnliche Formen annahmen. Unter diesen Umständen verlöre Krieg wie der Gegenbegriff Frieden jede sinnvolle historische Schärfe einer begrifflichen Abgrenzung. Dieser Strang soll daher nicht weiter verfolgt werden.

Es gibt jedoch fraglos Wechselwirkungen zwischen Bürgerkriegen und zwischenstaatlichen Kriegen, zwischen innerstaatlichem Konfliktpotential und Überspringen dieser Erscheinungen auf die internationale Ebene, gegebenenfalls zum Krieg. Das können soziale, ethnische oder religiöse Motivationen sein, aus innerstaatlichen Konflikten können solche zwischen benachbarten Staaten werden; sie können auch das internationale System insgesamt betreffen und auf dieses potentiell übergreifen. Es ist dies das »level-of-analysis«-Problem, oder die Interaktion von Konfliktebenen. Ein Beispiel, das in der folgenden Darstellung nicht noch einmal ausgebreitet wird, mag dies verdeutlichen.

Gemeint ist der Kreta-Konflikt 1895—1898[5]. Auf der zum Osmanischen Reich gehörenden Insel gab es seit langem Spannungen zwischen Christen und Muslimen, die sich oft in pogromähnlichen Kämpfen entluden. Muslime, von der türkischen Administration unterstützt, waren oft sozial besser gestellt als Christen. Bei »Aufständen« neigte der griechische Staat zur materiellen und militärischen Unterstützung seiner »Landsleute«, während das Osmanische Reich den bedrängten Gouverneuren seinerseits Truppenverstärkungen zukommen zu lassen pflegte. 1897 konnten die Christen der Insel mit Hoffnung auf Athen ihre Aufstände aus-

[3] Gerrit W. Gong, The Standard of ›Civilisation‹ in International Society, Oxford 1984; Jörg Fisch, Die europäische Expansion und das Völkerrecht. Die Auseinandersetzung um den Status der überseeischen Gebiete vom 15. Jahrhundert bis zur Gegenwart, Stuttgart 1984.

[4] Johan Galtung, Gewalt, Frieden und Friedensforschung. In: Kritische Friedensforschung. Hrsg. von Dieter Senghaas, Frankfurt/M. 1981, S. 55—104.

[5] Jost Dülffer, Die Kreta-Krise und der griechisch-türkische Krieg 1895—1898. in: Inseln als Brennpunkt internationaler Politik. Konfliktbewältigung im Wandel des internationalen Systems 1890—1984. Von Jost Dülffer, Hans-Otto Mühleisen und Vera Torunsky, Köln 1986, S. 13—60.

weiten, was Konstantinopel wiederum provozierte. Genau dies brachte jedoch neben den Regionalmächten eine dritte Ebene ins Spiel, die europäischen Großmächte. Sie befürchteten ihrerseits, auf unterschiedliche Seiten in einen griechisch-türkischen Krieg hineingezogen zu werden, so daß aus der Frage der Auflösung des Osmanischen Reiches ein allgemeiner Krieg entstehen konnte. Hoffnungen auf Unterstützung von Großmächten wiederum beeinflußten das Verhalten von Griechen und Türken angesichts einer tatsächlich durchgeführten griechischen militärischen Landung auf Kreta mit dem Ziel eines Anschlusses ans Mutterland. Die Großmächte setzten im »Konzert« einen griechischen Rückzug aus Kreta durch, konnten jedoch einen griechisch-türkischen Krieg zu Lande in Thessalien nicht verhindern, der wider Erwarten mit einem klaren türkischen Sieg endete. Der Einfluß der Großmächte führte zu einem Frieden, welcher das Osmanische Reich um wesentliche Früchte seines militärischen Sieges brachte, indem der Insel Kreta ein autonomer Status im Osmanischen Reich unter einem griechischen Prinzen zugestanden wurde.

Das Beispiel zeigt, wie sich auf lokaler, regionaler und der Ebene des allgemeinen Staatensystems insgesamt eine Matrix von unterschiedlichem Konfliktverhalten ergab, die nur nachträglich analytisch in einzelne Ebenen zu trennen ist. Die Eskalation der sozialen, ethnischen, religiösen Konflikte zwischen den Bevölkerungsgruppen auf Kreta beeinflußte regionale Schutzmächte, dies wiederum die Großmächte. Auf jeder Ebene konnte ein Konflikt eskalieren, von anderer Ebene aus wiederum deeskaliert werden. Dieses komplexe Geflecht konnte im folgenden nicht immer aufgegriffen werden.

Um für vorliegende Untersuchungen zu den internationalen Beziehungen zwischen 1856 und 1914 einen abgrenzbaren Gegenstand zu erhalten, ging es allein um die Frage des Krieges zwischen Großmächten: wann drohte ein solcher, wann wurde er unter welchen Umständen vermieden? Und wenn es schon einen Krieg zwischen Großmächten gab, auf welche Weise wurde seine Eskalation durch die Beteiligung weiterer Großmächte verhindert? Zu den Strukturmerkmalen des Staatensystems gehörte es, daß die Großmächte eine herausgehobene Stellung auch gegenüber anderen, als souverän akzeptierten Staaten beanspruchten. Ist das Recht, selbständig einen Entschluß zum Krieg und dann den Krieg selbst führen zu können (*ius ad bellum*) auch eines der wichtigsten Merkmale jeder staatlichen Souveränität in der klassischen Lehre, so konnte es jedoch von den kleineren und mittleren Staaten nur sehr eingeschränkt wahrgenommen werden. Die Großmächte verstanden es ihrerseits formell oder eher noch informell, das Verhalten aller anderen Staaten zu beeinflussen und deren Chancen zu einer selbständigen Aktion oder auch Interessenentfaltung nur begrenzt wahrnehmen zu lassen. Es fehlte nicht an Klagen gerade innerhalb der Führungen von kleineren Staaten über die Anmaßung von Großmächten, welche die internationale Politik zu determinieren trachteten; es gab gar die Vorstellung, eine friedlichere oder friedensbewahrendere Haltung dem aggressiveren Tun der Großmächte potentiell entgegensetzen zu können. Ändern konnten kleinere Staaten an der Struktur des Systems insgesamt nichts. Gab es regionale Zusammenschlüsse von kleineren Mächten, standen diese oft unter dem mehr oder minder verhüllten Protekorat einer Großmacht. Selbst wenn dies nicht geschah, waren sie nicht zu einer eigenständigen Politik gegenüber einer oder mehreren Großmächten fähig — und schon gar nicht in den Fragen von Krieg und Frieden.

Ansätze zu einer reformerischen Kraft im Staatensystem konnten kleinere oder mittlere Staaten kaum durchsetzen, wie etwa die Haager Friedenskonferenzen zeigen[6]; ähnliches gilt für Reformbewegungen zur Verhinderung von Kriegen, nämlich den Friedensbewegungen innerhalb von Staaten, die dennoch von Bedeutung waren.

Wodurch zeichnete sich eine Großmacht im 19. Jahrhundert aus? Die Zugehörigkeit zu diesem exklusiven Club war historisch gewachsen, konnte sich also auch auf traditionelle Faktoren stützen. Im Ançien Régime waren es Frankreich, England, Österreich und Rußland, bedingt auch Preußen gewesen. Diese konnten ihre Stellung auch bis in unser Jahrhundert hinein — teils in gewandelter Form — behaupten. Aber Spanien, die Niederlande oder Schweden erhielten unter den Bedingungen des späten 19. Jahrhunderts bestenfalls zeremoniell aus diplomatischer Höflichkeit gelegentlich ein Statussymbol verblichener Großmacht zuerkannt. Zentral für die Stellung als Großmächte war es, daß sie von den anderen Großmächten als solche akzeptiert wurden. Es waren nicht so sehr objektive Daten, sondern dieser Zurechnungsfaktor schlug durch[7]. Eine solche Erklärung ist bedingt tautologisch, aber es zeigt sich, daß nicht absolute Werte von wirtschaftlicher oder militärischer Leistung, geographischer Größe oder Bevölkerungszahl allein ausschlaggebend waren, sondern daß die Kooptation durch andere Staaten das entscheidende Merkmal war. Zeitgenössisch sprach man eher davon, daß Großmächte allgemeine Interessen hätten, kleine Staaten nur regionale wahrnehmen könnten. Eine Großmacht sei überall auf der Welt von Belang, kleine und mittlere Staaten dagegen nicht. Das trifft wohl für das europäische Staatensystem im Kern zu, wird aber bei Ausweitung zum Weltstaatensystem, welches in den letzten Jahrzehnten des 19. Jahrhunderts vor sich ging, fraglich: In den Angelegenheiten Afrikas oder Lateinamerikas wurde Österreich (-Ungarn) kaum als Großmacht angesehen; aber auch umgekehrt hatte etwa Frankreich innerhalb Europas für Skandinavien nur begrenzte Mitsprache. Für unsere Untersuchung zählen also zu den Großmächten Europas: Großbritannien, Frankreich, Rußland, Österreich (-Ungarn) und Preußen, das dann zum Deutschen Reich wurde, sowie Italien, das aber vorwiegend in der orientalischen Frage Großmachtstatus hatte. Das führt zu dem Punkt, daß es neben dem europäischen Mächtesystem zunehmend einzelne Regionen oder regionale Subsysteme im Staatensystem gab, in welchem auch andere Staaten Großmachtqualität erreichten, die sonst nur als Mittel- oder Kleinstaaten galten. Das äußere Kriterium war die Zulassung zu internationalen Konferenzen, und in der Tat war es üblich, daß sich Großmächte und regional beteiligte Staaten in einem solchen Rahmen trafen.

Das gilt auch für das Hinzukommen neuer Großmächte. Etwa um die Jahrhundertwende läßt sich zeigen, daß sich das europäische Staatensystem als

---

6 Jost Dülffer, Regeln gegen den Krieg? Die Haager Friedenskonferenzen 1899 und 1907 in der internationalen Politik, Frankfurt/M., Berlin 1981, S. 184—202.

7 Martin Wight, Power Politics, Harmondsworth 1979, Ch. 3 — Zu gleichsam »objektiven« Kriterien: Rene Girault, Diplomatie européenne et imperialismes (1871—1914), Paris 1979; Paul Kennedy, Aufstieg und Fall der großen Mächte. Ökonomischer Wandel und militärischer Konflikt von 1500 bis 2000, Frankfurt/M. 1989, hier besonders S. 266—388; Jost Dülffer, Vom europäischen Mächtesystem zum Weltstaatensystem der Jahrhundertwende. In: Historische Mitteilungen der Ranke-Gesellschaft 3, 1990, Heft 1, S. 29—44;

»Vormacht der Welt«[8] zwar auf die Erdkugel ausgedehnt hatte, daß sich jedoch zwei regionale Subsysteme gebildet hatten: die USA und Japan erlangten Großmachtqualität, was sich auch in dieser Studie niederschlägt. Japan hatte den Anspruch einer ostasiatischen Großmacht im japanisch-chinesischen Krieg 1894/95 gestellt, welche es ein Jahrzehnt später gegen Rußland durchsetzte. Erst 1919/20, nach dem Ersten Weltkrieg, war Japan jedoch auf der Pariser Friedenskonferenz als eine der fünf Hauptsiegermächte zugelassen — damit auch für Europa formal Verantwortung tragend. Im *ostasiatischen Subsystem* war Japan jedoch neben den europäischen Großmächten in Großmachtqualität akzeptiert. Noch nachdrücklicher gilt dieses für die USA im Staatensystem Nord- und Südamerikas. Die USA gestalteten nicht nur seit 1889 das panamerikanische Staatensystem als regionales Subsystem maßgeblich mit, sie waren in diesem Subsystem auch die einzige Großmacht — und nur sehr bedingt auch die Europäer. Die USA nahmen darüber hinaus bereits in Afrika, Asien und bedingt auch in Europa Einfluß. Für das *amerikanische Subsystem* ließe sich darüber hinaus argumentieren, daß Argentinien oder Brasilien, gelegentlich auch einmal Chile oder Mexiko die Qualität von regionalen Großmächten erlangten.

Gerade die Ausweitung des europäischen Staatensystems auf den Erdball führte Ende des 19. Jahrhunderts dazu, daß man nicht nur von Großmächten, sondern auch von Weltmächten sprach — oft im Hinblick auf die Zukunft. Der Weltmachtstatus ist noch vager und von ideologischen Ansprüchen bestimmt. Fraglos war im 19. Jahrhundert allein Großbritannien eine Weltmacht; aber gerade in den letzten Jahrzehnten des 19. Jahrhunderts gab es einen Trend, das Staatensystem insofern zu dynamisieren, als Ansprüche auf Weltmacht für das kommende Jahrhundert entwickelt und zur konkreten Politik gemacht wurden. Das betraf neben Rußland und Frankreich vor allem das Deutsche Reich, welche sich auch für die weitere Zukunft als Weltmächte etablieren wollten, eher aber gefährdet waren. Hinzu kamen die USA, die bereits gegen Ende des 19. Jahrhunderts an Wirtschaftsleistung Weltmachtqualitäten aufwiesen, ohne dies bereits politisch in die Staatenwelt umzusetzen. Wenn die zweite Phase der industriellen Revolution einen neuen Wachstumsschub innerhalb von Staaten, aber auch im Welthandel brachte, so war die Umsetzung zu einem postulierten und in die Zukunft projizierten Weltstaatensystem noch unklar, wirkte aber dennoch in ganz neuer Form handlungsleitend gerade für das Großmächteverhalten seit dem späten 19. Jahrhundert.

Der Systemcharakter der Staatenbeziehungen läßt sich bezweifeln. Wie alle analytischen Begriffe hat er keine Existenz in sich, sondern gewinnt seine Berechtigung durch die Erklärungskraft. Das europäische Völkerrecht (*ius publicum Europaeum*) bildet einen gewissen Rahmen, jedoch erschöpft sich das Staatensystem darin nicht. Machtbeziehungen gingen damals und gehen bis heute nicht in Rechtsbeziehungen auf. Als eine Annäherung kann man mit Raymond Aron[9] als Staatensystem die »Gesamtheit politischer Einheiten ver-

---

[8] Theodor Schieder, Staatensystem als Vormacht der Welt 1848—1918, Frankfurt/M., Berlin, Wien 1975.

[9] Raymond Aron, Frieden und Krieg. Ein Theorie der Staatenwelt, Frankfurt/M. 1986, S. 117. Vgl. zur Einführung: Kontinuität und Wandel in der Staaatenordnung der Neuzeit.

stehen, welche untereinander reguläre Beziehungen unterhalten und in einen allgemeinen Krieg hineingezogen werden können«. Es geht also um ein Interaktionssystem potentiell unendlich vieler Beziehungen, das in Gruppenbildungen, temporären oder dauerhaften Staatenzusammenschlüssen seine Komplexität de facto reduziert. Politische, militärische, wirtschaftliche, kulturelle und viele andere soziale Beziehungen können sein Inhalt werden. Transnationale Beziehungen gab es bereits im 19. Jahrhundert, welche in unserem Zeitalter von neuer Bedeutung wurden. Sie transzendieren in manchem das internationale Staatensystem als einheitliches Muster von Staaten, lassen bereits im Internationalismus vielfältiger Art[10] neue Muster erkennen, welche in der hier abzuhandelnden Zeit jedoch die Staatenbeziehungen, soweit sie auf Krieg und Frieden bzw. Friedenswahrung und Kriegsvermeidung gerichtet sind, nicht zentral beeinflussen. Das internationale System wird in dieser Studie durch das Verhalten seiner Akteure in Krisen getestet und beobachtet. Als Krise wird der Zustand von Konflikten bezeichnet, der eine neue Intensität in Richtung auf physische Gewaltanwendung genommen hat. In einer bedingten Analogie zur Individualpsychologie läßt sich auch für das Staatensystem sagen, daß ein System unter »stress« sehr viel besser Charakteristika seines Funktionierens gibt, als wenn es in einem Ruhezustand untersucht würde. Krisenverhalten, zumal Kriegsvermeidung, vermag also über den Zustand des Staatensystems, über seine Funktionsweisen, über seine Entwicklungsmöglichkeiten, über das Verhalten seiner Akteure untereinander wichtige Aussagen zu machen, ohne daß dadurch eine Gesamtdarstellung des Systems angestrebt würde.

Läßt sich bereits über die Anzahl der Kriege im halben Jahrhundert vor 1914 streiten — je nachdem, wie man Kriege definiert, je nachdem, wie bekannt Verlustzahlen und ähnliche Daten sind —, so wird das ganze Unterfangen noch schwieriger bei *vermiedenen* Kriegen. Für die Zwecke dieser Studie kann es nur um vermiedene Kriege zwischen Großmächten gehen. Dazu wurde das Bewußtsein der Zeitgenossen bemüht. Wurde von maßgeblichen Vertretern politischer Eliten innerhalb von Großmächten, gelegentlich aber auch von Unbeteiligten die Gefahr eines Krieges zwischen solchen Großmächten wahrgenommen (perzipiert), dann sollte dieser Fall für unsere Untersuchung relevant sein. Auch das ist kein scharfes Kriterium. Irgendwo gab es immer eine »Kassandra«, welche den schlimmsten Fall annahm, ohne daß dieser hohe Wahrscheinlichkeit erlangte. Umgekehrt wurde mit der Warnung vor einem möglichen Großmächtekrieg auch Politik betrieben. Gerade das, was prophezeit wurde, sollte mit den Mitteln der Politik vermieden werden. Auf diesem schmalen Grat der Definition sich bewegend, wurden insgesamt 33 Krisen ausgewählt, welche zum Teil untereinander zusammenhingen, zum Teil aber auch in einem einzigen Konfliktszenario zusammengefaßt wurden. Es ging um die friedensgefährdenden Konflikte zwischen den sechs europäischen Großmächten und den zwei außereuropäischen im angegebenen Zeitraum, welche durch zwei weitere Krisen sinnvoll hätten ergänzt werden können, die jedoch schon an anderer Stelle abgehandelt wurden: die bereits genannte Kreta-Krise 1895/98

Hrsg. von Peter Krüger, Marburg 1991 (bes. Einleitung Krüger, Beiträge Krüger und H. Lemberg).

10 Francis S. L. Lyons, Internationalism in Europe, 1815—1914, Leyden 1963.

sowie die Venezuela-Krise 1895/97[11], welche der hier behandelten von 1902/03 (27) unmittelbar vorangeht und bereits einige Merkmale jener Krise trägt. Im Rückblick scheinen manche der hier angesprochenen Krisen recht »harmlos« gewesen zu sein, da tatsächlich aus ihnen keine weitere gravierende Folge nicht nur für den allgemeinen Frieden, sondern für das Mächtesystem resultierte. Gerade die nicht verwirklichten Möglichkeiten erlauben es jedoch, auf die Offenheit der Situation hinzuweisen, gegen die Stromlinienförmigkeit des rein Faktischen und nicht auch des Möglichen die Alternativen in der Geschichte herauszuarbeiten. Solche Offenheit der historischen Situation herauszuarbeiten, ist ein genuines Anliegen politischer Geschichtsschreibung.

Strukturelle Merkmale sollen deshalb nicht ausgeblendet werden. Man hätte sich sehr wohl denken können, über die bereits angedeuteten Strukturmerkmale des Staatensystems hinaus nicht die einzelnen Fälle, sondern die konfliktträchtigen Strukturen allein in den Vordergrund zu stellen — etwa die, welche mit dem Begriff des Imperialismus umschrieben werden. Unter einer solchen strukturgeschichtlichen Betrachtungsweise wären die hier abgehandelten internationalen Krisen nur noch Beispiele für die strukturellen Konflikte — etwa der europäischen Staaten und der USA in Lateinamerika gewesen, wären dynastische Auseinandersetzungen nur noch an einzelnen Fällen zu illustrieren gewesen, wären sich wechselseitig ausschließende Expansionsrichtungen etwa Großbritanniens und Rußlands von Europa bis Asien nur an einzelnen Punkten mehr oder weniger akzidentiell »ausgebrochen«.

Hier wurde der umgekehrte Weg gewählt. Jeder Fallstudie sind soweit sinnvoll und möglich strukturelle Elemente, welche den Konflikt bestimmten, vorausgestellt. Ihr folgt eine diplomatische Rekonstruktion der Eskalationsphase einer Krise. Sodann geht es darum, den Krisenhöhepunkt festzuhalten, die Perzeption von Kriegsgefahr, um daran anschließend zu eruieren, wie eine solche Krise deeskalierte. Dabei wurden Faktoren sehr unterschiedlicher Ebenen berücksichtigt und zusammengestellt. Damit unterscheidet sich diese historische Studie von vielen politologischen Ansätzen, welche durchaus in größerem Umfange Krisenverhalten von Staaten zum Thema gemacht haben, dabei aber oft auf zu geringer empirischer Datenbasis beruhen, zu früh Merkmale des Konfliktverhaltens oder der Konfliktstrukturen systematisieren und damit zu früh allgemeine Schlüsse ziehen, welche für den Historiker oft auf problematischen Definitionen aus der jeweiligen historischen Erscheinungsform einer internationalen Krise beruhen[12]. Darüber hinaus zeigte sich, daß sowohl

---

[11] Jost Dülffer, Der britisch-amerikanische Schiedsvertrag von 1897 — ein Modell für die neue Gestaltung der internationalen Beziehung? In: Amerikastudien/American Studies 27, 1982, S. 177—202; vgl. Christopher Layne, Kant or Cant. The Myth of the Democratic Peace. In: International Security 19, No. 2, 1994, S. 5—49 (Anglo-American Crises II: Venezuela 1895—1896, S. 22—28).

[12] Vgl. neben Wright/Small, Resort to Arms (Anm. 2): The Origin and Prevention of Major Wars. Ed. by Robert I. Rothberg and Theodore K. Rabb, Cambridge 1989 (hier stehen unverbunden politologische Grundsatzüberlegungen und historische Fälle gegenüber); Kalevi J. Holsti, Peace and War: Armed Conflicts and International Order 1648—1989, Cambridge u.a. 1991; Amos Yoder, World Politics and the Causes of War since 1914, Lanham u.a. 1986; John G. Stoessinger, Why Nations go to War, New York [6]1993 (im ersten Kapitel auch auf die Ursprünge des Ersten Weltkrieges eingehend, sonst Fallstudien v.a. ab 1945).

Eskalation als auch Deeskalation keine eindimensionalen Faktoren darstellten. Oft gab es mehrere Elemente und Phasen der Eskalation und zwischenzeitlichen Deeskalation. Einzelne Reden, einzelne militärische Maßnahmen (Schiffsentsendung, Mobilisierung, Aufmarsch) markieren Phasen der Eskalation, zwischen denen durchaus »Ruhe« herrschen kann. Ähnliches gilt für die Deeskalation.

Wie eine Krise sich »löste«, ist generell ebenfalls kaum zu sagen. In manchen Fällen verschwand eine Krise, welche zuvor den Frieden zu bedrohen schien, schlichtweg in die relative Unauffälligkeit. Oft blieb der Konfliktstoff selbst erhalten, kleine Teilbereiche wurden nur »gelöst«; dennoch war der friedensgefährdende Charakter eines Konfliktes überwunden. Grenzstreitigkeiten etwa lösten sich durch eine einvernehmliche Grenzziehung. Aber wie es für Friedensverträge gilt, daß oft nicht alle während eines Krieges aufgeworfenen Fragen »befriedet« werden, so gilt es auch für vermiedene Kriege, daß eine Deeskalation die Problemlagen, welche zur Eskalation führten, nicht alle beseitigt, nur auf eine weniger friedensgefährdende Ebene bringt. In manchen Fällen heißt dies, daß nur die Aufmerksamkeit von Entscheidungseliten, welche mit der Frage von Krieg und Frieden umgehen, nicht mehr tangiert wurde. In einigen, ja in vielen Fällen, waren es aber vergleichsweise untergeordnete Kräfte, welche Kriegsgefahr heraufbeschworen und vorantrieben, während zentrale Entscheidungseliten durchaus in der Lage waren, durchzugreifen und die Kriegsgefahr durch entschlossenes Handeln zu beseitigen. Entscheidungsträger — genauer gesagt waren es oft einzelne maßgebliche Staatsmänner — suchten jedoch ihrerseits in einem Geflecht von innenpolitischen Interessen, öffentlicher Meinung und Streben nach Legitimation eine Strategie des persönlichen Machterhalts bzw. der -erweiterung voranzutreiben, welche aktuell ihren Handlungsspielraum einschränkte. Als Verlaufsmodell läßt sich in der Tat sagen, daß von Bismarck zu Bethmann Hollweg, von Disraeli zu Grey, von Gorčakov zu Suchomlinov die Entscheidungsmöglichkeiten und -spielräume leitender Politiker abnahmen, die Bedeutung gesellschaftlicher Kräfte bis 1914 zunahm, ohne daß damit ein Determinismus gegeben wäre.

Eine erste Analyse der vermiedenen Kriege zeigt eine im ganzen relativ gleichmäßige Verteilung der Fälle über den Untersuchungszeitraum. Vom Krimkrieg bis zum Beginn des Jahres 1860 erreichten zwei Krisen den Gipfel. Im folgenden Jahrzehnt waren es sieben (wobei der italienische Krieg — 1 — zeitlich ebenfalls noch in dieses Jahrzehnt fällt). In den siebziger Jahren wurden drei Krisengipfel ausgemacht; in den achtziger Jahren waren es ebenso wie in den neunziger Jahren jeweils sieben Kriegskrisen, wobei für die neunziger Jahre noch zwei weitere, bereits oben genannte Fälle hinzukamen. Das erste Jahrzehnt unseres Jahrhunderts zählte vier Fälle, das folgende Jahrfünft bis zum Beginn des Ersten Weltkrieges drei weitere.

Ein klares Verlaufsmodell ergibt das nicht. Die sechziger und achtziger Jahre scheinen reich an vermiedenen Kriegen; der Höhepunkt liegt in den neunziger Jahren. Außerordentlich wenig gab es über die siebziger Jahre zu berichten, aber auch die Jahre unseres Jahrhunderts bieten auf den ersten Blick überraschend wenig Fälle. Natürlich bestimmten eher die geführten Kriege als die vermiedenen den Charakter des Staatensystems. Hinzu kommt, daß nicht alle Kriegskrisen von gleicher Intensität waren. Es spricht nichts dagegen, die im

Kern bekannten Fälle unseres Jahrhunderts, welche ja bei den Balkankriegen (32) tatsächlich zwei regionale Kriege zum Inhalt haben, in der Intensität hoch zu schätzen und insgesamt als sich kumulierende Krisenerscheinungen anzusehen. Dazu kommt der russisch-japanische Krieg, der zwar selbst (sieht man vom punktuellen Doggerbank-Zwischenfall zwischen Großbritannien und Rußland ab) keine Eskalationsgefahr bot, welche aber schon seit 1902 als bilaterale Krise schwelte, deren offener Ausbruch mehrmals vermieden werden konnte. Ebenso wie nach 1900 gab es in den sechziger Jahren drei Kriege in Serie — Italien (1), Schleswig-Holstein (4), den deutschen Krieg 1866 (8) — , die allerdings jeweils weiter zu eskalieren drohten, wie es auch der deutsch-französische Krieg (10) tat. Einige dieser Krisen der sechziger Jahre standen mit anderen, hier getrennt abgehandelten Fällen in zeitlichem und inhaltlichem Zusammenhang (7,8,9); in der britisch-französischen Krise (2) fließen gleichermaßen drei unterschiedliche Elemente zusammen, die wiederum in Zusammenhang mit dem italienischen Krieg (1) zu sehen sind.

In der Forschung bisweilen wenig beachtet wurde ferner eine Weltkrise der Jahre um 1885. Im Mittelpunkt stand der britisch-russische Konflikt in Afghanistan (18), der vor Korea zu einer Eskalation führte. Diese Krise muß zusammen gesehen werden mit dem britisch-französischen Konflikt um Burma (17) bzw. im Sudan (14); sie lief ferner zeitgleich mit den Fragen Samoa (15) und Neu-Guinea (16). Schon hier zeichnete sich für die erste Weltmacht der damaligen Zeit eine »imperiale Überbeanspruchung« (Paul Kennedy)[13] ab, die langsam in Großbritannien zu dem Bewußtsein führte, daß die bisherige Isolation »splendid« war — eine Erkenntnis, die sich nach Christopher Howard[14] erst ab 1898 voll durchsetzte. Diese britische Weltreichkrise von 1885 wurde fast nahtlos von der europäischen Doppelkrise der Jahre 1885—1887 (19) abgelöst, in welcher sich für das Deutsche Reich eine eskalierende Bedrohung im Westen wie Osten — dort auch für Österreich-Ungarn — wechselseitig beeinflußte.

1885 war allein Großbritannien mit den verschiedenartigen Konfliktlagen weltweit konfrontiert. 1905 dagegen suchte das Deutsche Reich den russisch-japanischen Krieg zur Sprengung des russisch-französischen Bündnisses in der ersten Marokkokrise zu zu nutzen; tatsächlich wurde dieses Bündnis in der Doppelkrise für die Beteiligten erfolgreich auf seine Belastbarkeit getestet. Die Doppelkrise von 1905 hatte in deutscher und österreich-ungarischer Sicht eine vergleichbare Konstellation wie die von 1885/87, nur brachte die vermeintlich günstigere Konstellation angesichts russischer Bindung in Ostasien ein gegenteiliges Ergebnis als das erwartete zustande. Eingebildete oder wahrgenommene Überforderung der Kräfte eines Gegners oder einer Gegnerkoalition können also »strategische Fenster« (windows of opportunity)[15] öffnen, mit deren Schließung bald wieder gerechnet wurde. In der Entwicklung des Staatensystems zeigt sich bei allen diesen Mehrfachkrisen (vergleiche auch 10), daß die Möglichkeit zur erfolgreichen Ausnutzung abnahm. Das Konfliktpotential zwi-

---

13 Kennedy, Aufstieg und Fall (wie Anm. 7)

14 Christopher Howard, Splendid Isolation. A Study of Ideas Concerning Britain's International Position, London 1967.

15 Richard Ned Lebow, Windows of Opportunity: Do States Jump Through Them? In: International Security 9, 1984, S. 147—186.

schen den betroffenen Parteien ließ sich anfangs durchaus entschärfen bzw. beseitigen, blieb dann aber im Kern erhalten, ja verschärfte trotz regionaler Lösungen (Algeciras-Konferenz für Marokko) jetzt die Konfrontation der Bündnissysteme.

Im historischen Ablauf erscheinen einige Konfliktstoffe immer wieder als friedensgefährdende Krisen; es sind Strukturprobleme des internationalen Systems. An erster Stelle ist hier im ganzen 19. Jahrhundert die *orientalische Frage* zu nennen, das Problem von durchgreifenden oder teilweisen Reformen im Osmanischen Reich, vom Aufkommen nationaler Bewegungen in seinem Gebiet, von partieller Separation bis zur völligen Auflösung. Dies wiederum war mit dem russischen Drang nach den Meerengen des Schwarzen Meeres verbunden. Das 1856 im Frieden von Paris formal ins europäische Völkerrecht aufgenommene muslimisch geprägte Reich spielte als Anlaß bereits für den Krimkrieg eine Rolle; die relativ periphere Kreta-(Griechenland-)Frage erreichte 1866/67 (7) wie 1895/98 hohe Intensität und kam 1912 in größerem Zusammenhang erneut auf (32), wurde dann aber als solche vorerst gelöst. Viel wichtiger war jedoch die Frage des Weiterbestehens des Osmanischen Reiches in Europa überhaupt, die sich an unterschiedlichen Nationalitätenfragen und regionalen Kriegen entzündete. Mit der Revision der Schwarzmeerklauseln (10) von Paris war Rußland wieder als europäische Großmacht etabliert. Die Orientkrisen 1877/78 (12) wurden durch die Unabhängigkeitsgewährung des Berliner Kongresses für einige Nationen entschärft, kamen jedoch 1885/87 wieder mit neuer hoher Intensität und Konstellation auf (19). Tunesien (13) und Ägypten (14) betrafen dazwischen nur noch indirekt die Herrschaft der Hohen Pforte. Die Aufteilung des gesamten Osmanischen Reiches kam erneut Mitte der neunziger Jahre parallel zur genannten Kreta-Krise zur Sprache — jedoch eher konspirativ und gerüchteweise. Dann allerdings herrschte bis 1908/9 Ruhe, was mögliche Großmächtekonflikte in dieser Region betraf. Das lag vor allem an einer relativen Verständigung Rußlands und Österreich-Ungarns, in Mürzsteg 1903 am sinnfälligsten besiegelt und nur scheinbar in Buchlau 1908 nochmals bekräftigt; denn die dort geführten Gespräche brachten Mißverständnisse mit sich, welche den Auftakt zur Bosnienkrise (30) bildeten. Diese wiederum rückte — ähnlich wie 1876/77 (12) — den Westbalkan ins Zentrum der internationalen Krisenkonstellation. 1912/13 standen in den beiden Balkankriegen das Ende der europäischen Türkei und die Nachfolgekämpfe der neuen Balkanstaaten untereinander an, bei denen nur in dem ersten Krieg (32) ein allgemeiner Krieg drohte. Unmittelbar anschließend brach an der Frage des Einflusses auf das restliche Osmanische Reich — und damit von Reformmöglichkeiten — an anderer Stelle der russisch-deutsche Konflikt erneut aus (33), der Anfang 1914 noch einmal gelöst wurde. Die hier nicht mehr zur Debatte stehende Krise um den Mord am österreichisch-ungarischen Thronfolger brachte den Ersten Weltkrieg an einer anderen Stelle der orientalischen Frage zum Ausbruch. Letzlich wurde der große Krieg eben nicht mehr vermieden.

Die Orientfrage hatte auf der hier interessierenden Ebene auch mit den *imperialen Interessen der Großmächte* zu tun, die jedoch im Kern außerhalb Europas expandierten und dort Konflikte schufen. Bei aller Gewalthaftigkeit und Ethnozentrismus der Europäer gegenüber fremden Völkern waren doch die den allgemeinen Frieden gefährdenden Konflikte dort vergleichsweise seltener und hatten zumeist geringe Intensität, auch wenn sie gelegentlich über Jahrzehnte hinweg mehrfach kritische Phasen erreichten (etwa Samoa — 15). Um den amerikanischen Kontinent ging es in unseren Studien gleichsam als Vorläufer von Imperialismus um Mexiko (4), bei der sich bereits die starke Position der USA für den Doppelkontinent zeigte (wie bereits zuvor in der nicht-kolonialen Trent-Affäre zwischen den USA und Großbritannien — 3). Das bedingte auch, daß es angesichts der 1895 wiederbelebten Monroe-Doktrin zu zwei Venezuela-Krisen kam (von denen die letztere hier behandelt wird — 27). Ebenso wie der spanisch-amerikanische Krieg von 1898 brachte diese eine klare Selbstbehauptung der USA gegenüber den Europäern. Weitere, nicht den allgemeinen Frieden berührende Konflikte in Mittel- und Südamerika unterstreichen dies ebenso wie die sich an Immigrationsfragen zwischen den USA und Japan entzündende Krise an der Westküste (29).

In Asien sowie zum Teil im Pazifischen Ozean waren Kolonialmächte wie Großbritannien und Frankreich schon vor unserer Zeit etabliert. In Burma (17) und Siam (21) sowie in Afghanistan (18) erreichten die Konflikte in den 80er Jahren Krisenstadien — im letzteren Fall auch militärisch. Das setzte sich mit dem deutschen Kolonialerwerb in China (24) fort. Die europäische Intervention im Boxerkrieg 1900 brachte dagegen keine Konfrontation der europäischen Mächte, und nach dem nicht weiter eskalierenden russisch-japanischen Krieg blieb fortan eine ostasiatische Konfrontation vor dem Ersten Weltkrieg aus — entgegen manchen Erwartungen von »gelber Gefahr« aus China oder von einer Aufteilung des Riesenreiches in Analogie zum Osmanischen Reich. Gerade diese »chinesische Frage« stellte sich ebensowenig wie eine solche nach Aufteilung der lateinamerikanischen Staaten.

Zeitlich den asiatischen Konflikten der Großmächte in den 80er Jahren gingen die afrikanischen Krisen um Tunis (13) und Ägypten (14) voraus, welche den Auftakt zur Durchdringung des schwarzen Kontinents brachten. Das bildete eine neue Qualität der Herrschaftssicherung für einige der europäischen Mächte. Der »scramble for Africa« eskalierte am nachdrücklichsten bei der Krise um Transvaal 1895/96 (22) und dann vor allem um Faschoda 1898 (25). Gerade dieser intensiven britisch-französischen Konfrontation war eine westafrikanische Krise beider Mächte vorausgegangen (20). Der Burenkrieg Großbritanniens (1899—1902) forderte weniger die Staatsführungen in Europa als vergleichsweise kleinere aktive Teile öffentlicher Meinung zum Eingreifen und damit zur Eskalation heraus. Die beiden Marokkokrisen (28/31) — stärker noch die Zweite — haben im Vergleich zu Tunesien und Ägypten auf einer neuen Stufe der Intensität mit Kriegsgefahr in Nordafrika wegen europäischer Machtrivalitäten zu tun.

Gerade diese außereuropäischen Konflikte in Amerika, Asien und Afrika, an denen jeweils (bis auf 29) mindestens eine, meistens aber mehrere europäische Mächte beteiligt waren, zeigen insofern deutliche Schwerpunkte, als sie im zwanzigsten Jahrhundert nur noch ausnahmsweise vorkommen — so in Venezuela, dann in Marokko. Damit bestätigt sich eine ältere historische Diagnose vom Rückschlagen der imperialistischen Krisen, welche geringe Intensität annahmen, von Übersee nach Europa[16]. Das gilt gerade für die Gefährdung des

[16] Andreas Hillgruber, Zwischen Hegemonie und Weltpolitik. Das Problem der Kontinuität von Bismarck bis Bethmann-Hollweg. In: Das kaiserliche Deutschland. Politik und Gesellschaft 1870—1918. Hrsg. von Michael Stürmer, Düsseldorf 1970, S. 187—204.

allgemeinen Friedens. Die strukurellen Konflikte blieben dagegen nicht nur zwischen europäischen Staaten und denen Lateinamerikas[17] bestehen. Sieht man die orientalische Frage als Grenzproblem Europas an, dann lassen sich für die Kriegsgefahr in Kerneuropa zwei deutliche Schwerpunkte in dem halben Jahrhundert vor dem Ersten Weltkrieg ausmachen: die Phase der italienischen und deutschen Nationalstaatsgründungen in den fünfziger und sechziger Jahren des 19. Jahrhunderts, sodann das Jahrzehnt seit der ersten Marokkokrise bis 1914. Dazwischen liegt allein die große europäische Doppelkrise 1885/87 (19).

»Why peace breaks out?« fragte der Politologe Stephen Rock[18]. Die Frage differenziert sich bereits für die Konfliktintensität der Vorweltkriegszeit in einzelnen Regionen. Sie stellt sich aber nochmals deutlicher, wenn man an die Kriegsgefahr (Deeskalation der beteiligten Großmächte) denkt. Nimmt man die oben bereits genannten Krisen um Kreta bzw. zwischen Großbritannien und den USA in den 1890er Jahren hinzu, sind insgesamt 35 Krisen unser Thema. Einige unter ihnen konnten zu bilateralen Großmächtekriegen führen, welche dann zu allgemeinen Kriegen eskalieren konnten. Untersucht man, inwieweit die einzelnen Großmächte bei einer Eskalation von Krisen zu einem möglichen Krieg in erster Linie beteiligt waren, so ergeben sich deutliche Unterschiede. Diese Zuordnung ist bis zu einem gewissen Grade interpretatorisch willkürlich und soll hier nur nach den Ergebnissen benannt werden. Danach waren unter den 35 Fällen Preußen bzw. das Deutsche Reich an 22 Krisen erstrangig beteiligt; aber auch Frankreich erreichte die gleiche Zahl. Großbritannien stand mit 20 Krisen dem nur wenig nach. Ganz ähnlich sind die Ziffern für Rußland mit 14 und Österreich(-Ungarn) mit 13. Für Italien errechnen sich sieben, für die USA gibt es acht Nennungen; Japan schließlich findet sich zweimal beteiligt. In diesen Zahlen spiegelt sich zunächst einmal eine Abstufung des weltweiten Engagements der Mächte, gleichsam des weltpolitischen Ranges der Großmächte. Großbritannien und Frankreich waren den ganzen Zeitraum über weltpolitisch engagiert, für das Deutsche Reich gilt dies jedoch erst seit den achtziger Jahren. Rußland trug seine Großmachtkonflikte nur in Europa und Asien aus, Österreich-Ungarn nur in Europa, wenn man die orientalische Frage mit dazu rechnet. Es gibt also eine ganz klare Führungsgruppe an konfliktbereiten Großmächten mit dem Deutschen Reich, Frankreich und Großbritannien, so daß es verfehlt wäre, Kriseneskalation primär auf einen Staat zurückzuführen, wenn auch unter Berücksichtigung des Zeitfaktors Preußen-Deutschland besonders ins Gewicht fällt. Einer Erklärung nähert man sich an, wenn man betont, daß

---

17 Ragnhild Fiebig-von Hase, Lateinamerikas Konfliktherd der deutsch-amerikanischen Beziehungen 1890—1903. Vom Beginn der Panamerikapolitik bis zur Venezuelakrise von 1902/03, Göttingen 1986; dies., Die deutsch-amerikanischen Wirtschaftsbeziehungen, 1890—1914, im Zeichen von Protektionismus und internationaler Integration. In: Amerika-Studien/American Studies 33, 1988, S. 329—357.

18 Stephen R. Rock, Why Peace Breaks Out. Great Power Rapprochement in Historical Perspective, Chapel Hill 1989 (er behandelt für unseren Zeitraum nur die Verlaufskonflikte Großbritannien — USA 1895—1905 — vgl. die beiden Venezuelakrisen dieses Buches —, Deutsches Reich — Großbritannien 1838—1914, Großbritannien — Frankreich 1900—1905 — vgl. hier: 25 — und Deutsches Reich — USA 1898—1914 — vgl. hier: 26, 27; seine Erkenntnis zielt jedoch auf den Zeitraum nach 1945 und vermag vergleichsweise zur Vorweltkriegszeit nicht zu befriedigen).

Preußen bzw. Deutschland in Europa fast alle Großmächte zu Nachbarn hatte, was eine größere Anfälligkeit für Krisen erwarten läßt.

Nicht mit dem Anspruch auf Regelhaftigkeit lassen sich einige Aussagen zum Stil des Konfliktverhaltens einzelner Großmächte machen. *Großbritannien*, die einzige Weltmacht des gesamten 19. Jahrhunderts, wurde an besonders vielen Orten mit Ansprüchen neu hinzukommender Mächte konfrontiert. Zwei Möglichkeiten waren im Verhalten typisch. Entweder räumte die Politik Londons möglichst geräuschlos die eigene Position, oder aber sie setzte nachdrücklich und mit Kriegsdrohung — zumal durch militärische Macht zur See unterstützt — die eigenen Interessen durch. Ersteres läßt sich durchgängig an Krisen mit Beteiligung der USA zeigen: für die Trent-Affäre (3), für Samoa (15), für die Venezuelakrise 1895/97, die 1900 in einem bilateralen Ausgleichsvertrag (Hay-Pauncefote) auf Panama ausgeweitet wurde, und bei Venezuela 1902/03 (27). Auch gegenüber Frankreich ergaben sich in Tunesien (13) bzw. Siam (21) ähnliche Verhaltensweisen. Ganz anders jedoch das Londoner Engagement gegenüber Paris um den Sudan bei Faschoda (25), wo sich die Franzosen nach massiven, durch militärische Vorbereitungsmaßnahmen auch im Mutterland verstärken Druck, dem stärkeren beugten. Ähnliches gilt für die Orientkrise 1878 gegenüber Rußland nach dem Frieden von San Stefano (12), abgeschwächt auch für Ägypten (14) und schließlich auch für die Stützung Frankreichs gegenüber dem Deutschen Reich in der Zweiten Marokkokrise (31). Politiker wie Lord Palmerston, Disraeli oder Lord Salisbury hatten zwar eine ganz andere politische Philosophie als Gladstone oder Lloyd George, unterschieden sich aber in ihrem militärischen bzw. militanten Auftreten kaum von diesen. Daneben sind für das britische Verhalten eine ganze Zahl von Fällen charakteristisch, in denen der Inselstaat auszugleichen und zu vermitteln suchte. Das war zumal in Balkanfragen die Regel, wo Österreich-Ungarn die Konfrontation der ersten Linie mit Rußland überlassen wurde.

In *Frankreich* betrieb das Second Empire eine Prestige- und Machterweiterungspolitik unter Einschluß eines oft kaum kalkulierten Kriegs- bzw. Eskalationsrisikos, was schließlich zu seinem Ende maßgeblich beitrug. Zuletzt noch hat Henry Kissinger dieses Verhalten vornehmlich Napoleons III. mit beißendem Spott bedacht[19]. In der anschließenden Dritten Republik spielte Prestige bei vielen französischen Konfrontationen eine Rolle, oft der eigenen Öffentlichkeit geschuldet — so zumal in der Boulanger-Affäre (19). Bis in die neunziger Jahre war zunächst der Gestus des pragmatischen Zurücksteckens charakteristisch, sobald die Widerstände zu groß wurden. Mit den zunehmenden Bündnissen stärkte sich die französische Position und damit auch die Fähigkeit, konfrontativ, aber geschmeidig die gesteckten Ziele durchzusetzen, auch wenn Paris in den beiden Marokkokrisen in der Sache durchaus kompromißbereit war.

Für *Preußen-Deutschland* markierte 1890 auch im Krisenverhalten einen wichtigen Einschnitt. Bis dahin war Otto von Bismarck die beherrschende Persönlichkeit: er sorgte zu Beginn seiner Karriere dafür, daß preußische Machterweiterung durch Konfrontation bis zum Kriegsrisiko und zum begrenzten Krieg

19 Henry A. Kissinger, Die Vernunft der Nationen. Über das Wesen der Außenpolitik, Berlin 1994, S. 105—142.

vorangetrieben wurde. Aber zugleich vermochte er die tatsächlich ausgetragenen Konflikte und Kriege in überlegener Weise vor einer Ausweitung zu einem umfassenderen Krieg zu bewahren. Neben schnellen militärischen Siegen — sie lagen nur sehr bedingt in Bismarcks Macht — war es die geschickte Vertretung von diplomatischen Forderungen, welche die Eskalation verhinderte: europäisches Völkerrecht 1864 (6), gemäßigte Friedensbedingungen 1866 (8), das Auseinanderhalten von Konfliktstoffen 1870/71 (10). Der Test der Krieg-in-Sicht-Krise von 1875 (11) ließ ihn auch seinerseits zurückstecken, wenn denn die Wiederaufnahme eines Krieges mit Frankreich zuvor eine der Optionen gebildet haben sollte. In der Doppelkrise 1885/87 (19) wurde auch die Öffentlichkeit mobilisiert, Rüstungen verstärkt, so daß der Reichskanzler intern wie öffentlich den Chauvinismus bremsen mußte, um erst unter diesen Bedingungen seinen diplomatischen Handlungsspielraum finden zu können. Nach 1890 wurde es immer stärker üblich, Ansprüche vor allem kolonialer Art anzumelden und unter starkem Prestigeeinsatz eskalierend durchzusetzen, obwohl deren Substanz kaum im Verhältnis zu den kleinen Gewinnen stand. Dafür wurde dann jedoch ein unvergleichlich großer Vertrauensverlust in der Staatenwelt in Kauf genommen. Das gilt etwa für Samoa (15), für Kiautschou (24), ebenso in beiden Marokkokrisen. Unmittelbare Kriegsbereitschaft stand jedoch bis 1914 nicht dahinter, und so bemühte sich die deutsche Reichspolitik von Bülow bis Bethmann Hollweg dann auch, in Krisen möglichst wenig militärische Maßnahmen demonstrativ als Druckmittel einzusetzen. Das galt jedenfalls bis zum ersten Balkankrieg (32), welcher den Anlaß für die größte Heeresvermehrung gab. Genau zu diesem Ergebnis führte auch die jüngste Analyse von David Stevenson[20].

In manchem ähnlich wie das Deutsche Reich setzten die *Vereinigten Staaten* in Krisen selbstbewußt und öffentlichkeitswirksam ihre Interessen in den Vordergrund und ließen dabei zumeist die Bereitschaft zur weiteren Eskalation mit allen Mitteln durchscheinen. Washington hatte hierbei in aller Regel Erfolg und unterschied sich damit vom Deutschen Reich. Das lag zunächst einmal am pragmatischen Zurückstecken Großbritanniens, dann aber auch an den relativ ungestörten Ausbreitungsmöglichkeiten gegenüber anderen Großmächten auf dem amerikanischen Doppelkontinent, aber auch in Ostasien, wo die Machtposition der europäischen Großmächte durchweg schwächer war.

Rußland war nach dem Krimkrieg wie später nach dem Krieg mit Japan 1905 in seiner Position als aktive Flügelmacht des europäischen Mächtesystems stark beschränkt. Das hinderte jedoch nicht an einem selbstbewußten, auch die Eskalation zum Krieg häufig akzeptierenden Vorgehen. Ohne daß dahinter die Absicht zum großen Krieg steckte, überspannte das Zarenreich seine Ansprüche gelegentlich und steckte dann aber zurück. Das galt etwa 1878 vor Konstantinopel (12) oder 1909 in der Bosnienfrage (30). Es gab in manchen Fällen aber auch weitergehende, nur vorerst nicht verfolgte Ansprüche, etwa auf Konstantinopel, welche den Handlungsspielraum der Zarenregierung gegenüber der eigenen, wenn auch begrenzten Öffentlichkeit zunehmend beeinträchtigten. Das gleiche galt auch für *Österreich-Ungarn* nach seinem Ausscheiden aus der deut-

20 David Stevenson, Armaments and the Coming of War. Europe 1904—1914, Oxford 1996.

schen Frage 1871. Spätestens nach dem Zweibund mit dem Deutschen Reich von 1879 schrumpfte der Handlungsspielraum der Donaumonarchie, unabhängig von Berlin zu handeln. Angesichts der Strukturprobleme der Doppelmonarchie und dem Entschluß, dieses Staatsgebilde selbst wo immer möglich zu kräftigen, gab dies zunehmend eine brisante Mischung von Aggressionsbereitschaft aus Gründen der primär defensiven Statuserhaltung. Das galt von Bulgarien 1887 (19) über Bosnien 1908/09 (30) bis hin zur Julikrise 1914. Insgesamt untermauern die Studien zu vergleichenden Krisenverhalten der europäischen Mächte über Jahrzehnte hinweg die von James Joll für 1914 gemachten Beobachtungen[21] über eine charakteristische Mischung von defensiven Motiven und Konfliktbereitschaft, aggressiven Verhaltensweisen und Sorgen um die eigene Zunkunft, die für die Mächte in jeweils unterschiedlichen Mischformen charakteristisch waren. »Arrogance and anxiety«[22] — so Lancelot Farrar in einer Verlaufsanalyse allein der deutschen Politik zwischen 1848 und 1914 — gilt in je unterschiedlicher Mischung für verschiedene Phasen somit auch für die übrigen Großstaaten.

Friedensgefährdende Krisen nahmen ihren Ausgang in allen hier abgehandelten Fällen in Vorgängen, die sich nicht unmittelbar zwischen Großmächten abspielten, sondern in dritten Gebieten oder Ansprüchen. Das geht bis hin zu Kriegen, wo es etwa zwischen Preußen und Frankreich 1869/70 um die spanische Thronkandidatur ging. Hinter solchen Konfliktstoffen stand die rechtsförmige Vertretung von Ansprüchen, mit der die Legitimation zu einer verstärkten Konfrontation betrieben wurde. Rechtsansprüche, Entschädigungen, Reparationen, Wiedergutmachungen, künftige Unterlassung, Entschuldigungen sind die klassischen Muster, die Anlaß oder auch Grund zur Eskalation sein konnten. Das gilt für zentraleuropäische Kriege und Krisen wie in den sechziger Jahren; es trifft aber ebenso für die osmanische Peripherie zu und gilt vor allem für die Fälle der außereuropäischen Expansion in Übersee. Die »periphere Imperialismusthese«[23] weist darauf hin und wird durch die Ergebnisse dieser Studie vielfach unterstrichen. Allerdings entwickelte sich die »koloniale Situation«[24] in seltenen Fällen zu Konflikten, welche unmittelbar ein Eingreifen und damit eine Konfrontation einer anderen oder mehrerer Großmächte hervorriefen. Zumeist war es so, daß die Absicht zu kolonialer Landnahme oder weiterer

---

21 James Joll, The Origins of the First World War, London, New York 1984; ausgezeichnet auch: Marc Trachtenberg, The Coming of the First World War: A Reassessment. In: Ders., History & Strategy, Princeton 1991, S. 47—99; Gustav Schmidt, Die Juli-Krise: Unvereinbare Ausgangslagen und innerstaatliche Zielkonflikte. In: Flucht in den Krieg? Die Außenpolitik des kaiserlichen Deutschland. Hrsg. von Gregor Schöllgen, Darmstadt 1991, S. 187—229; , Decision for War 1914. Ed. by Keith Wilson, London 1994 (Fallstudien unterschiedlicher Qualität).

22 Lancelot L. Farrar Jr, Arrogance and Anxiety. The Ambivalence of German Power 1898—1914, Iowa City 1981.

23 In Fortführung eines einflußreichen Aufsatzes des Autors von 1953: Ronald Robinson, Non-European Foundations of European Imperialism: Sketch for a Theory of Collaboration. In: Studies in the Theory of Imperialism, London 1972. Ed. by Robert Owen and B. Sutcliffe, S. 117—140; vgl. insgesamt: Wolfgang J. Mommsen, Der europäische Imperialismus, Göttingen 1979, bes. S. 265 ff.

24 Jürgen Osterhammel, Kolonialismus. Geschichte — Formen — Folgen, München 1995, bes. S. 19 ff.

finanzieller oder wirtschaftlicher Durchdringung von seiten einer Macht andere zur Einmischung veranlaßte, was dann wiederum Konflikte eskalieren ließ. Das gilt eben früh für das französische Eingreifen in Mexico, welches die USA auf den Plan rief (4), für die Briten in Ägypten (14) mit nachfolgendem französischen Engagement oder für die deutschen Ansprüche auf Mitbestimmung in Marokko 1905, welches die übrigen Staaten zu wohlwollender Unterstützung Frankreichs brachte (28). Ein solches Verhalten fand auch gegenüber formal selbstständigen kleineren Staaten als geradezu klassisches Beispiel in der Vorweltkriegszeit statt. Daß es in einigen Situationen zu Auseinandersetzungen zwischen einzelen Ethnien oder gar Familien in einem Staat oder Territorium führte, welche dann Großmächte zu unterschiedlicher Parteinahme bewog, wie es in Samoa geschah (15), war eher selten. Die strukturellen Unterschiede zu zentraleuropäischen Fragen wie etwa in der Schleswig-Holstein-Krise (6) oder um Bulgarien (19) sind dabei nur gradueller Art.

Besonders wichtig wurde in recht vielen imperialen Konflikten die eskalierende Rolle von europäischen Vertretern vor Ort, der »men on the spot«[25], welche die Interessen der Mutterländer an kolonialen Konflikten definierten und oft aus eigenem persönlichem Ergeiz steigerten. Recht häufig waren es Vertreter vor Ort, Konsuln zumeist, aber auch auf Zeit entsandte Personen, wie etwa Schiffs- oder andere Marinekommandanten, die sich hier hervortaten — in Manila 1898 (26), in Samoa (15), in Neuguinea (16), in Westafrika (18), bedingt auch in Tunesien (13) und Ägypten (14). Ob ein solches Engagement eskalierte und wie intensiv dies geschah, hing von der Wahrnehmung in der jeweiligen Öffentlichkeit der Metropolen ab, die ihrerseits die Regierungen wieder unter Druck setzen konnten. Oft war es für die leitenden Staatsmänner durchaus nützlich, ein wenig mit dem überseeischen Säbel zu rasseln, auch wenn sie damit eine vorausgegangene Initiative untergeordneter Personen nur zum Anlaß nahmen. Zumeist waren die Gründe so marginal, daß die Krise in der Hauptstadt bei Bedarf wieder fallengelassen werden konnte, wenn es nicht mit allgemeinen Fragen des Großmachtstatus oder anderen Prestigeerwägungen zu tun hatte. Schwieriger wurde es, wenn etwa eigene Dominien wie im Falle Neuguineas oder Burmas (17) ihrerseits eskalierend gleichsam ihren »Subimperialismus« austrugen; aber gerade diese Konstellation blieb lösbar. Wenn auch derartige »periphere Eskalation« von Großmachtvertretern vor Ort nicht den allgemeinen Frieden gefährdeten, so gab es auch hier einige wichtige Ausnahmen: die britisch-französische regionale Krise vor Faschoda (25) war von vorneherein ein Prestigeobjekt für Paris, sodann auch für London und brachte daher die »men on the spot«, Capitain Marchand und Lord Kitchener, in eine Schlüsselrolle für die Entscheidung über Krieg und Frieden.

Prekäre Informationskanäle bei noch mangelhaft ausgebildeten Funknetzen und Kabelververbindungen spielten hier als Risikofaktoren eine gewichtige Rolle; doch auch bei Faschoda war die zielgerichtete Instrumentalisierung durch London und Paris wichtiger für das Ausmaß der Kriegsgefahr. Von keiner hier untersuchten Krise läßt sich sagen, daß sie wegen eigenmächtigen Verhaltens von Europäern vor Ort dauerhaft unbeherrschbar wurde.

---

25 Vgl. Anm. 23 — auf die Rolle indigener Eliten wird hier nicht näher eingegangen.

Konflikte konnten um so leichter eskalieren, wenn politische Ansprüche, Forderungen und Drohgebärden von militärischen Rüstungsmaßnahmen begleitet wurden. Das geht noch über die lokale »Pazifikation«, von einer militanten Eskalation von Vertretern der Großmächte vor Ort untereinander, wie sie soeben erwähnt wurde, hinaus. Gemeint sind Rüstungsmaßnahmen im Mutterland von der Verstärkung der Kräfte für das Krisengebiet bis hin zur allgemeinen Bereitstellung neuer Rüstungsressourcen, die auch als Anzeichen für Mobilmachung oder zumindest kurzfristige Verstärkung zur Schaffung eines begrenzten Übergewichts verstanden werden konnte. Eine erste derartige Krise gab es zwischen Großbritanien und Frankreich 1860 (2); solche Konstellationen spielten selbstverständlich bei allen dann tatsächlich ausgefochtenen Kriegen — so vornehmlich in den sechziger Jahren — eine Rolle. Die Einmischung militärischer Mittel konnte aber durchaus deeskalierend wirken, wenn etwa Rußland 1870 Truppen gegenüber Österreich — Ungarn konzentrierte, so daß die Donaumonarchie nicht in den deutsch-französischen Krieg eingriff. In der Regel waren in unserem Jahrhundert die Krisen jedoch nicht von Rüstungsmaßnahmen begleitet. Eine gewichtige Ausnahme bildet hier erneut die europäische Systemkrise nach 1885 (19), in der z.B. im Deutschen Reich nicht nur die Militärs, sondern auch Bismarck die Situation für eine große Heeresvermehrung nutzen. Im Herbst des Jahres 1900 wurden zwei deutsche Postdampfer vor Afrika von Briten zeitweilig aufgebracht. Kaiser Wilhelm ließ — so wird berichtet[26] — vor Freude Sekt auffahren, weil er nunmehr ein innenpolitisch verwertbares Instrument für die Durchbringung des zweiten Flottengesetzes im Reichstag hatte. Das bedeutete dennoch keine internationale Eskalation im Burenkrieg. Anders wurde die Situation jedoch seit der ersten Marokkokrise. Hier zeichnete sich ein tiefgreifender Strukturwandel des Konfliktverhaltens ab, der sich im Jahrzehnt vor 1914 fortsetzte.

»The absence of war between democracies comes as close as anything we have to an empirical law in international relations«, formulierte Jack S. Levy 1989[27]. Dieser Satz wurde gerade in den letzten Jahren unter US-amerikanischen Politologen mit einiger Intensität debattiert, hängt doch das US-amerikanische Engagement in internationalen Beziehungen seit der hier abgehandelten Zeit wesentlich von der Beantwortung der Frage ab, ob das Sendungsbewußtsein Nordamerikas zur Einführung »freier Regierungsformen« auch in Fragen von Krieg und Frieden durchschlagende positive Ergebnisse verspricht. Es ist darüber hinaus aber eine entscheidende Frage von Friedensforschung in der Gegenwart überhaupt: Gibt es eine erfolgversprechende Kriegsprophylaxe durch Demokratie? Die Debatte ist keineswegs neu und

---

26 Peter Winzen, Bülows Weltmachtkonzept, Boppard 1977, S. 98—108 (104 — nach Wilhelms II. Memoiren).

27 Jack S. Levy, Domestic Politics and War. In: The Origin and Prevention of Major Wars (Anm. 12), S. 88; vgl. die Debatte: David A. Lake, Powerful Pacifists: Democratic States and War. In: American Political Science Review 86, 1992, S. 24—37; Christopher Layne, Kant or Cant. The Myth of the Democratic Peace. In: International Security 19, 1994, S. 5—49; David E. Spiro, The Insignificance of the Liberal Peace, ebda., S. 50—86; John M. Owen, Who Liberalism Produces Democratic Peace, ebda., S. 87—125.

hat in Immanuel Kants »Zum Ewigen Frieden«[28] bereits 1795 eine klassische Formulierung gefunden, die bis heute diskutiert wird und weiter diskussionswürdig ist: »Wenn [...] die Beistimmung der Staatsbürger dazu [zu einer Verfassung] erfordert wird, um zu beschließen, ›ob Krieg sein solle oder nicht‹, so ist nichts natürlicher als daß, da sie alle Drangsale des Krieges über sich selbst beschließen müßten [...], sie sich sehr bedenken werden, ein so schlimmes Spiel anzufangen.«

Über das halbe Jahrhundert vor dem Ersten Weltkrieg lassen sich jedoch kaum klare Aussagen machen. Fraglos werden von den Befürwortern der Theorie eines demokratischen Friedens Großbritannien oder Frankreich als Demokratien gezählt, während das Deutsche Reich nicht dazu gerechnet wird. Bezeichnet man jedoch das deutsche Kaiserreich als Demokratie, fiele das ganze Argument schlagartig in sich zusammen. Umgekehrt wird von Befürwortern der Theorie ernsthaft diskutiert, ob Spanien 1898 eine Demokratie war, als es mit den USA Krieg führte. Eine demokratietheoretische Debatte führt leicht zu einer Tautologie, wonach zu einer wahren Demokratie auch die Einsicht von Bevölkerungsmehrheiten in die Unsinnigkeit von Kriegen gehörte bzw. die Einsicht und danach der Einfluß auf die eigene Regierung, mit einer anderen demokratischen Regierung andere Wege der Konfliktlösung zu finden als Krieg. Als Beispiel für das zitierte »Gesetz« ließen sich am ehesten die beiden Krisen zwischen den USA und Großbritannien um Venezuela 1897 bzw. 1902/03 (27) anführen, wobei letzteres kaum für das Verhalten zwischen den USA und dem Deutschen Reich herangezogen werden kann. Daß Demokratie jedenfalls grundsätzlich dem Kriege abgeneigt wäre, kann man mit Singer und Smalls Datenbasis[29] nicht sagen: zumal die beiden Weltkriege unseres Jahrhunderts zeigen, daß Demokratien wie auch immer im einzelnen zu qualifizierenden Herausforderungen militärisch mit allen Ressourcen entgegentraten.

Erfolgversprechender erscheint es demgegenüber, die Frage nach den Verhältnissen von Kriegsverhinderung und vielfältigem Druck auf Regierungen zu stellen, der sowohl durch Parlamente, Öffentlichkeit oder andere pressure groups ausgehen kann. Gerade für die zahlreichen kolonialen Krisen, welche nicht zum Krieg führten, gilt nicht nur die Auslösung von regionalen europäischen Kräften vor Ort als charakteristisch, die bereits besprochen wurde, sondern auch das Aufgreifen derartiger Auseinandersetzungen von Teilen der veröffentlichten Meinung im Mutterland, welche eine Kriegsgefahr zwischen Großstaaten behauptete oder herbeiredete. Daß diese (wenn es nicht offiziös bestellte Stimmen waren) die jeweiligen Regierungen in einen militärischen Zugzwang gebracht hätte, kann man kaum sagen. In der Öffentlichkeit diskutierte Krieg-in-Sicht-Krisen auf dem europäischen Kontinent, wie die zwischen Großbritannien und Frankreich 1860 (2) oder zwischen dem Deutschen Reich und Frankreich 1875 (11), bargen die Gefahren von Eskalation in sich, doch wurden Kriege von den jeweiligen Regierungen nicht gegen einen mächtigen

---

28 Immanuel Kant, Über den Gemeinspruch: Das mag in der Theorie richtig sein, taugt aber nicht für die Praxis. Zum ewigen Frieden. Ein philosophischer Entwurf, hrsg. von Heiner F. Klemme, Hamburg 1992, hier S. 61.

29 Wright/Small, Resort to Arms (Anm. 2). Vgl. Melvin Small/David J. Singer, The War-Proneness of Democratic Regimes 1816—1965. In: Jerusalem Journal of International Relations 1, 1976, S. 50—69.

Strom der eigenen Öffentlichkeit verhindert. Das änderte sich tendenziell in den folgenden Jahrzehnten — je nach bereits gekennzeichnetem Grundmuster des Konfliktverhaltens der Staaten jedoch unter unterschiedlichen Voraussetzungen. Jedenfalls war es im Falle Faschodas (25) angesichts von relativ aufgeheizter Öffentlichkeit bzw. Teilen von ihr in Großbritannien und Frankreich für Theophile Delcassé bereits relativ schwer, einen Rückzieher zu machen. Öffentlichkeit war in allen Krisen involviert; oft waren es jedoch relativ kleine Gruppierungen in einem Lande, welche eine eskalierende Forderung stellten. Ein Fall wie die Luxemburg-Krise von 1867 (9), wo Napoleons III. Kabinett diplomatische Ansprüche zurückstellte, weil die Öffentlichkeit eines anderen Staates alarmiert wurde, waren sehr selten.

Wohl aber kam es seit den achtziger Jahren — die Doppelkrise 1885/87 ist das beste Beispiel (19) — zunehmend bei Krisen in Europa zu einer chauvinistischen Aufladung von wesentlichen Teilen der Öffentlichkeit der einen oder auch beider Seiten, welche die Kompromißfähigkeit von Politikern beeinträchtigen konnte. Diese blieb dennoch bis 1914 grundsätzlich erhalten.

Parlamente waren in der Regel nicht direkt in den außenpolitischen Entscheidungsprozeß eingebunden. Am stärksten galt dies noch für Großbritannien und für die USA, wo die Regierungen ihre Eskalationsbereitschaft von den Erfordernissen einer Vertretung des außenpolitischen Kurses im Parlament abhängig machten, also die Grenzen der Eskalationsbereitschaft demgegenüber besonders niedrig oder besonders hoch ansetzten. Jedoch gilt dies tendenziell für die anderen parlamentarischen Großmächte zunehmend in ähnlicher Form. Wichtig wurden vor allem patriotische Vereine in der Öffentlichkeit bei den meisten Großmächten[30], welche — in abgestufter Intensität — nationale Interessen, Ziele und Symbole besser zu vertreten angaben, als die als schwach oder zu kompromißbereit angesehenen Regierungen. Gerade deren Einfluß ließ die Kompromißbereitschaft von Regierungen schwinden. Das Zurückstecken in einer Krise, das als Schwäche im eigenen Lande öffentlich kritisiert zu werden drohte, ließ ein ähnliches kompromißbereites Verhalten in der nächsten Krise zunehmend schwerer werden. Selbstverständlich gab es hier nicht nur erzwungene, sondern durchaus aus eigener Einsicht vollzogene Verschärfungen des inneren Erfolgsdrucks auch in den jeweiligen Regierungen. Das galt besonders seit 1904/05 und verstärkte sich bei den wichtigsten beteiligten Großmächten kontinuierlich in allen nachfolgenden friedensgefährdenden Krisen. Hier liegt ein weiterer gewichtiger Strukturwandel des internationalen, zumal des europäischen Staatensystems vor, der für den Weg in den Ersten Weltkrieg bedeutsam wurde: Prestigepolitik wegen innenpolitischer Erfolge hatte auch Napoleon III. in Kriege und weitere Kriegsbereitschaft getrieben und letztlich zu seinem Sturz beigetragen. In den letzten Jahren vor 1914 war es aber bei keiner Großmacht stärker als beim Deutschen Reich (und in dessen Gefolge auch in Österreich-Ungarn) der Fall, daß mit hohem Kriegsrisiko zumindest Prestigeerfolge aus innenpolitischen Gründen angestrebt wurden, die in den außenpolitischen Verhaltensweisen durchschlugen. Prinzipiell galt dies aber auch für Frankreich,

30 Roger Chickering, Patriotische Vereine im europäischen Vergleich. In: Europa um 1900. Hrsg. von Fritz Klein und Karl-Otmar v. Aretin, Berlin (Ost) 1989, S. 151—162 als besten komparativen Aufriß.

Rußland und Großbritannien. Daß die USA und Japan schon vor diesen Jahren zu einer solchen Haltung weit von Europa weg tendierten, zeigen jedoch etwa die Venezuela-Krisen, aber auch die »Yellow Peril«-Krise ab 1906 (29).

Faßt man die gemachten Aussagen über den Handlungsspielraum von Politikern in Fragen von Krieg und Frieden gegenüber gesellschaftlichen Kräften zusammen, so läßt sich vergröbert sagen, daß in den kerneuropäischen Fragen Kriegsbereitschaft und Krieg in der Öffentlichkeit eine Rolle spielten, sie wurden aber zumeist nicht zentral in ihrer Handlungsfreiheit und damit in ihren Machtkalkülen davon beeinflußt. Wenn sie dies doch taten, dann konnte dies ebenso im Sinne einer Deeskalation geschehen. In den Krisen unseres Jahrhunderts nahm jedoch der Druck von Öffentlichkeit, von Erwartungen aus der eigenen Gesellschaft heraus, subjektiv empfunden oder objektiv ermittelbar, zu. Diese Bereitschaft zum Kriege gab es nicht nur situativ in einer akuten Krisensituation, sondern sie wurde dauerhaft als Mittel von Außenpolitik des eigenen Staates und zur Erhaltung des europäischen Großmachtstatus von immer größerer Bedeutung. Das hatte indirekt mit einem partizipatorischen Gefälle zwischen den Großmächten zu tun. Am ehesten wird man sagen können, daß ein weitgehend parlamentarisches Mitwirkungsrecht mehr Schutz vor Kriegsentschlossenheit in Krisen bot als eine vage flottierende Öffentlichkeit, die weniger geeignet war, Mehrheiten in einer Gesellschaft zu repräsentieren, als daß sie diese öffentlich oder intern zu vertreten vermochte. Das relativiert Immanuel Kants Aussage für den hier behandelten Zeitraum.

Gab es gleichförmige Muster zur Entschärfung von gefährlichen Krisen? Es ist einfach und gewiß zutreffend, wenn man argumentiert, daß die Kontrahenten am erfolgreichsten waren, wenn sie sich auf die Interessen des Partners einließen und von daher am angemessensten von beiden Seiten her zwischen Positionen gleichsam in der Mitte ihre Ausgangsposition erreichten[31]. Solche Kompromißvorstellungen setzen nicht nur rationales Agieren auf allen Seiten, sondern auch Handlungsspielräume, subjektiv empfundene oder objektiv vorhandene, voraus. Gerade Otto von Bismarck beherrschte diese Kunst, sich auch in die Interessen der anderen Seite hineinzuversetzen, in einzigartiger Weise, wenn natürlich auch andere Politiker es ihm nachzutun verstanden. Aber es ging dem ersten deutschen Reichskanzler bis in die siebziger Jahre hinein keineswegs darum, um jeden Preis Kriege zu vermeiden, sondern um den gezielten Einsatz von Machtmitteln in einem begrenzten internationalen Kontext unterhalb der Schwelle des großen Krieges[32]. Wie oben gezeigt wurde, nahm aber in allen Großstaaten im Zuge imperialistischer Expansion — und nicht nur wegen dieser — auch die Abhängigkeit der auswärtigen Politik von in-

---

31 Roger Fisher/Elizabeth Kopelman/Andrea Kupfer Schneider, Jenseits von Machiavelli. Kleines Handbuch der Konfliktlösung, Frankfurt/M. 1995; vgl. Fred Charles Iklé, Strategie und Taktik des diplomatischen Verhandelns, Gütersloh 1965; Werner Link, Die Entwicklung des Ost-West-Konflikts. In: Einführung in die internationale Politik. Hrsg. von Manfred Knapp und Gert Krell, München, Wien 1990, S. 176—202; Seyom Brown, Causes and Prevention of War, New York ²1994 (jeweils zu grundsätzlichen Möglichkeiten der Konfliktlösung).

32 Karl-Ernst Jeismann, Das Problem des Präventivkrieges im europäischen Staatensystem mit besonderem Blick auf die Bismarck-Zeit, Freiburg, München 1957; Jost Dülffer, Bismarck und das Problem des europäischen Friedens. In: Bismarck. Person — Politik — Mythos. Hrsg. von Jost Dülffer und Hans Hübner, Berlin 1993, S. 107—121.

nenpolitischen Strömungen und vor allem Dingen Erwartungen auf Erfolg zu. Außenpolitik als »Schwungrad« (K. Hildebrand) innenpolitischer Integration wurde nicht nur im Deutschen Reich ein zentrales Element. Angesichts dessen wurde es etwa für Bülow oder Aehrenthal müßig zu fragen, ob der russische Außenminister Isvolski in der Bosnien-Krise 1909 (30) innenpolitische Gründe für die Versteifung der russischen Politik hatte; sie selbst sahen sich unter hohen heimischen Erfolgserwartungen, welche sie letztlich unter Inkaufnahme von Kriegsrisiko befriedigen konnten. Sieht man von diesen sich wandelnden strukturellen Bedingungen außenpolitischen Handelns ab, dann lassen sich acht Typen des Konfliktmanagements in den gefährlichen Krisen ausfindig machen[33].

1. die territoriale, politische und ökonomische Kompensation,
2. die präventive oder parallele Krisenlenkung,
3. die kumulative Konfliktschwächung (Konfliktdissoziation),
4. die Suche nach Konvergenz (Gegnerallianz),
5. die Politik der Stärke (Abschreckung),
6. die militärische Parität,
7. die Vertrauensbildung,
8. die fortgesetzte Konfliktschwächung durch Regeln oder Institutionen.

1. Territoriale, politische und ökonomische Kompensation. Gerade bei kolonialen Krisen gab es häufig politischen Tauschhandel mit je anderen Gebieten, aber auch durch Territorien, die versus anderweitigem Zugang etwa für Wirtschaft, Kapital oder Rohstoffausbeutung sowie Eisenbahnbau erreicht wurden. Gelegentlich gab es exklusive Einflußzonen für Siedler, Missionare oder eben auch für wirtschaftlichen Ausbau. Typisch war etwa das Versprechen, gleichwertigen Kolonialerwerb anderer nicht zu behindern: den britischen Erwerb Zyperns glich sich Frankreich später in Tunesien aus, die Briten übernahmen dafür anschließend Herrschaftsfunktionen in Ägypten, wofür sie letztlich den Franzosen freie Hand in Marokko gewährten. Dabei waren jedoch auch die Ansprüche und Empfindlichkeiten Dritter zu berücksichtigen. Mit der Besetzung Tunesiens (13) waren die Franzosen in ein Gebiet vorgestoßen, auf das sich auch Italien koloniale Hoffnungen gemacht hatte. Wohl auch deshalb legte Paris den nach Tripolis verlagerten italienischen Interessen keinen Stein in den Weg. Im Falle Ägyptens (14) glich Großbritannien die im Großen und Ganzen proenglische Politik Bismarcks dadurch aus, daß es deutschen Kolonien keine unüberwindlichen Hemmnisse bereitete. Die Regel waren abgestufte Mischformen verschiedener, auch ungleichzeitiger ökonomischer und territorialer Kompensationsweisen.

2. Präventive oder parallele Krisenlenkung. Ein Akteur griff eine akute Frage mit eigenen Ansprüchen auf und aktivierte damit eine latente Krise. Sinn dieses Vorgehens war es, die gelenkte Eskalation für die eigenen Interessen auszunutzen. Nicht die endgültige Lösung des Problems mußte das Ziel sein, sondern oft eine ganz andersartige Verbesserung der eigenen Position. Hierbei versuchte

[33] Diese Typologie wurde von Martin Kröger erarbeitet, der auch wesentliche Elemente der folgenden Erläuterungen vorformulierte.

die aktive Macht ihr Handeln diplomatisch abzusichern; denn sie war sich der Gefahren für den Frieden bewußt und versuchte, präventiv die eigene Position zu verbessern. Wurde jedoch durch eine unübersehbare Eskalation der Krise diese gefährdet, gab nach Abwägen der eigenen Machtmittel gegenüber denjenigen des oder der Konkurrenten die zunächst aktive Partei nach. Hierbei war die Wahrnehmung der Druckpotentials wichtiger als die aktuell eingesetzten Machtmittel des Gegners.

Daß die konfliktauslösende Seite täuschte, also harmlose oder von den anderen erwünschte Absichten auf der diplomatischen Ebene vorbrachte, wurde zumindest zeitweise nicht allgemein durchschaut. Man konnte eine Bedrohung (Tunesien — 13) konstruieren, auf nötige Reformen (Syrien — 2) verweisen oder den Vollzug einer übergeordneten Rechtsnorm (Dänemark — 6) ankündigen. Das Verfahren war erfolgreich, wenn vollendete Tatsachen geschaffen waren, bevor die wirklichen Absichten offenlagen.

3. Kumulative Konfliktschwächung oder Konfliktdissoziation. Eine der Krisensteuerung verwandte Methode der Deeskalation war die kumulative Konfliktschwächung, bei der vor allem zeitlich nahe Konflikte zwischen denselben Großmächten aufeinander einwirkten. So trafen sich die Politiker immer wieder in dem Bemühen, kontroverse Bereiche auseinanderzuhalten (Dissoziation). Sie sahen ihre politische Steuerungsfähigkeit bei einer Kumulation von Konflikten an Grenzen stoßen. Für das Krisenmanagement hatte das sehr unterschiedliche Folgen. So konnten Strategien, die einen Konflikt schwächten, sich auch auf weitere Konflikte auswirken. Der Beginn der britischen Nachrüstung und der Abschluß eines Handelsvertrages begründeten zunächst die Deeskalation des war scare von 1859 (2), anschließend aber auch die Beilegung der Savoyen-Krise 1860 (Ratifikation des Handelsvertrages) und der Syrien-Krise 1861 (Vollzug der Nachrüstung). Es war für die Lösung späterer Krisen günstig gewesen, wenn die vorangegangene Krise bereits bereinigt war. Auch in der Kreta-Krise 1866 (7) waren sich alle Beteiligten darin einig, diese soweit wie möglich von den anderen zeitgleichen Konflikten (deutscher Krieg — 8, Luxemburg — 9) zu trennen. Besonders augenfällig ist dies 1870: der deutsch-französische Krieg im Westen und der englisch-russische Konflikt um die Pontusklauseln im Osten wurden getrennt.

Als Konfliktdissoziation läßt sich das Nachgeben des russischen Außenministers Giers in Pendjeh 1885 gegenüber den Briten begreifen (18), bevor die erste Bulgarien-Krise (19) begann. Das gleiche tat Hanotaux in Westafrika 1898 (20) mit Blick auf die bevorstehende Konfrontation am Oberen Nil (25). Daß die vorhergehenden Krisen beigelegt wurden, beeinflußte zwar den Verlauf der nachfolgenden Krisen, verhinderte sie jedoch nicht.

4. Suche nach Konvergenz oder Gegnerallianz. Eine Reihe der behandelten Krisen war von einem Bedürfnis zu kollektivem Handeln gekennzeichnet, zu dem es dann doch nicht kam, da die einzelnen Mächte jeweils die Interessen unterschiedlich wahrten und andere Strategien zum eigenen Vorteil anstrebten. Die Forderungen nach gemeinsamem Handeln wurden immer weiter gemindert, bis sich ein gemeinsamer, sehr viel kleinerer Nenner fand. Zwei Arten dieser

Suche nach Konvergenz gibt es: zum einen der Versuch eines konfliktauslösenden Akteurs, sein Vorgehen vom europäischen Konzert »absegnen« zu lassen und es so als kolletiven Auftrag zu kaschieren; zum anderen gab es das Bemühen, innerhalb der Gegnerkoalition eine gemeinsame Politik zu formulieren.

In Syrien, wo Napoleon III. sich Hoffnungen auf ein französisches Protektorat machte, trat Paris zunächst für einen europäischen Auftrag zu einer Militärexpedition ein, begnügte sich aber schließlich mit einer Pazifikation des Libanon und Sicherheit für die Christen bei absehbarem Rückzug der eigenen Truppen aus der Region. Gleich dreimal versuchte Frankreich in der Polen-Krise 1863 (5), gemeinsam mit Großbritannien und Österreich eine kollektiv handelnde Gegnerkoalition zu formieren. Das blieb aber erfolglos, weil die Interessenlage der Mächte einen gemeinsamen Nenner nur auf einem ineffizienten Niveau erlaubte. In gleicher Weise scheiterten in der Kreta-Krise 1866 (7) eine ganze Reihe von Lösungsansätzen. Rußland erstrebte anfangs weitreichende Aufteilungspläne des Osmanischen Reiches; zuletzt kam nur eine identische, nicht einmal kollektive Note an die Hohe Pforte zustande; ihr gemeinsamer Nenner war eine Volksbefragung auf Kreta.

5. Politik der Stärke — Abschreckung. Drohpotentiale, mit oder ohne Handlungsabsicht, wurden in einer Krise so überzeugend aufgebaut, daß der Kontrahent sich zurückzog. Dies zeigt exemplarisch Disraelis Politik während der Orient-Krise 1875—78 (12). Einige veraltete Schiffe im Marmarameer, ein Kontingent Soldaten auf Malta und die Ankündigung, indische Gurkhas an den Bosporus zu verlegen, reichten aus, um die russische Führung hinreichend einzuschüchtern. Ähnliches gilt für die Boulanger-Affäre (19), wo Bismarck nicht den angedrohten Präventivkrieg mit Frankreich zu führen beabsichtigte und Frankreich dennoch nachgab.

6. Militärische Parität. Als 1866 ein Krieg zwischen Preußen und Österreich-Ungarn um die Vorherrschaft im Deutschen Bund absehbar war, führte der britische Außenminister Lord Clarendon ein neues Element in die europäische Politik ein. Er bezeichnete es als Pflicht einer neutralen Macht, »to hold the balance as equally as possible between the belligerents«[34].

Dahinter steckte seine eigene Lehre aus den vorausgegangenen Krisen um Savoyen und Syrien mit der nachfolgenden britischen Nachrüstung zur See in den Jahren 1859/60. In allen späteren Fällen, vor allem im 20. Jahrhundert, stellte sich die Frage nach der Beurteilung der neu erstrebten militärischen Parität, der »Nachrüstung«, der Gegenseite häufiger als eine einseitige Aufrüstung dar. Sie wurde dann als ein Anlaß zu eigener Auf- oder Nachrüstung angesehen; die Rüstungsspirale drehte sich weiter und das Konfliktpotential verschärfte sich latent oder manifest.

7. Vertrauensbildung. Mißtrauen in die Motive der anderen Seite war nicht nur in relativ ruhigen Zeiten, sondern vor allem in Krisen eine charakteristische

34 Clarendon an Bloomfield und Buchanan, 7.3.1866, Werner E. Mosse, The European Powers and the German Question 1848—71 with Special Reference to England and Russia, Cambridge 1958, S. 224.

Begleiterscheinung von Anspruch und Machtdenken. Vertrauensbeweise an die Gegenseite sollten häufig dem Partner die Absicht zum Nachgeben anzeigen. Das konnte verschieden aussehen:

— Demonstratives Entgegenkommen in einer Nebensache: Nach der Boulanger-Affäre (19) diente das rasche Nachgeben Bismarcks im Fall Schnaebelé dazu, neues Vertrauen in die deutsche Politik zu schaffen.
— Entsendung ranghoher Personen: z.B. Alvensleben nach Petersburg 1863, Russel ins preußische Hauptquartier 1870, die Mission Radowitz 1875, Manteuffels Besuch beim Zaren 1876.
— Besuche auf Monarchen- und Regierungsebene: Kurz nachdem die Luxemburg-Krise (9) beigelegt war, besuchten 1867 Wilhelm von Preußen und Bismarck die Pariser Weltausstellung. Sowohl der italienische Ministerpräsident Crispi, wie auch Zar Alexander III. waren während der Bulgarien-Krise 1887 (19) in der deutschen Hauptstadt. Während des Liman von Sanders-Streits (33) besuchten nacheinander der russische Außenminister Sasonov und sein Regierungschef Kokovzov Berlin.
— Vertrauensbildende Verträge und Briefwechsel: Neben der beginnenden britischen Nachrüstung beruhigte der Abschluß eines Handelsvertrages mit Frankreich den war scare (2) von 1859, seine Ratifikation wirkte sich anschließend auch auf die Savoyen-Krise aus. Die Alvensleben-Konvention stellte das preußisch-russische Verhältnis in der Polen-Krise (5) auf eine vertrauensvolle Basis. Das Gasteiner Abkommen sollte ein Jahr vor dem preußisch-österreichischen Krieg (8) die Spannungen abbauen. Das gleiche Ziel verfolgten auch außerhalb akuter Krisen die Briefwechsel zwischen Bismarck und Salisbury oder zwischen den deutschen und russischen Monarchen.

8. Regeln und Institutionen. Mit der bereits gekennzeichneten zunehmenden Internationalisierung im 19. Jahrhundert entstand ein transnationales Regelwerk und zum Teil, wie etwa bei der Europäischen Donaukommission auch eine Institutionalisierung von Beziehungen. Zumeist wurde hier das ius publicum Europaeum in Dingen, welche praktischen Regelungsbedarf erforderten, erweitert; friedensbedrohend waren derartige Fragen zumeist nicht und drohten auch nicht dies zu werden. Derlei Institutionen europäischer Kooperation gab es auch mehr oder weniger informell in Institutionen europäischer Herrschaft oder Penetration im Osmanischen Reich, in Afrika oder anderswo: Schuldenverwaltungen, Konsularräte oder Botschafterkonferenzen. Diese konnten jedoch auch gelegentlich Quellen für staatliche Konfrontation bis hin zu den Metropolen werden — wie oben für die »men on spot« gezeigt wurde. Die in der Pariser Schlußakte von 1856 völkerrechtlich verankerte staatliche und machtpolitisch gedachte Mediation oder Vermittlung durch Drittmächte, war ein traditionelles Instrument der Staatenpolitik. Gerade der Berliner Kongreß 1878 zeigte aber, daß Bismarcks, von ihm selbst apostrophierte Tätigkeit als »ehrlicher Makler« an die Grenzen ihrer Möglichkeiten stieß, wenn man einem Standpunkt (hier dem russischen) nicht hinreichend Rechnung trug oder tragen konnte. Die von der Haager Friedenskonferenz 1899 noch einmal bekräftigte Mediation blieb jedoch ebensowenig verpflichtend oder obligatorisch, wie das vergleichsweise neuere Mittel der Schiedsgerichtsbarkeit oder Arbitration. Das war ein eher rechtsförmig gedachtes Verfahren durch beauftragte Politiker oder auch Juristen. Jackson Ralston zählte zwischen 1794 und 1926 326 schiedsgerichtliche oder ähnliche Verfahren, für die Zeit zwischen 1856 und 1914 allein 254 Fälle[35]. Auch sie betrafen zumeist nur Fälle, die nicht unmittelbar den Frieden gefährdeten oder eine Eskalation kurz vor einem Krieg der Großmächte verhinderten. Die wichtigsten für die Fragen von Krieg und Frieden waren jedoch:

— die Alabama-Claims und die britisch-amerikanischen Fischereirechte (8. Mai 1871),
— der griechisch-türkische Grenzstreit (13. Juli 1878),
— die Schadensersatzansprüche der Europäer nach den ägyptischen Aufständen (13. Januar 1883),
— die Grenzziehungen in Südafrika (27. Februar 1884), am Niger (5. August 1890, 15. Januar 1896), um Afghanistan (1893) und in Alaska (24. Januar 1903),
— die Walfischbucht (1. Juli 1890, 30. Januar 1909),
— der Behringsee-Streit zwischen Großbritannien und den USA (29. Februar 1892),
— die Samoafrage (7. November 1899),
— die Folgen des Casablanca-Zwischenfalls (10. November 1908),
— der Venezuelakonflikt (2. Februar 1897, Februar bis Mai 1902).

In der Venezuela-Krise von 1897 zwischen Großbritannien und den USA ließ sich darüber hinaus zeigen[36], daß zunächst zentrale politische Regelungen getroffen wurden, welche den Frieden sicherten, und erst anschließend gleichsam demonstrativ nach außen ein öffentliche Aufmerksamkeit erringendes Schiedsgericht eingesetzt wurde. Allein durch Rechtsakte wurde also keine friedensgefährdende Krise unserer Untersuchungen deeskaliert oder gar beendet. Schiedssprüche oder Arbitration blieben dennoch ein nützliches Instrument von Konfliktregelung, wenn etwa zwischen dem Deutschen Reich und Großbritannien ein halbes Dutzend kolonialer Streitpunkte mit diesem Instrument gelöst wurden.

Eine zugespitzte und in manchem vereinfachende tabellarische Zuordnung der Lösungsmuster für die Krisen dieser Untersuchung ergibt folgendes Schaubild:

---

35 Jackson H. Ralston, International Arbitration from Athens to Locarno, Stanford 1929, S. 345—355.

36 Vgl. Anm. 11.

Kapitel	Kurzbezeichnung	Deeskalationsmethoden							
		1	2	3	4	5	6	7	8
1	Italien					+			
2	1859/60								
	»War-scare«			○a			+	○	
	Savoyen			○ab			+	○	
	Syrien			○b	+		+		
3	»Trent-Affaire«					+			
4	Mexiko			+c					
5	Polen			c	+			○	
6	Dänemark		+	c					
7	Kreta			○d	+				
8	Krieg 1866		+	d					
9	Luxemburg	○	+	d				○	
10	1870/71:								
	Deutsch-franz. Krieg		+	○e					
	Pontusfrage			○e	+				
11	»Krieg-in-Sicht«					+		○	
12	Krieg 1877/78				○	+			
13	Tunesien		+						
14	Ägypten				○				+
15	Samoa								+
16	Neu-Guinea	+							
17	Burma	+							
18	Port Hamilton			+f					○
19	1885-1887:								
	Pendjeh			+fg					
	Balkan			○g		+			
	Boulanger					+		○	
20	Westafrika	+		○h					○
21	Siam	○			+				
22	Südafrika		+						○
23	Venezuela								+
24	Hawaii					+			
25	Kiautschou	+							
26	Faschoda			○h		+			
27	Manilabucht					+			
28	Marokko 1905				+				○
29	»Yellow Peril«					+			○
30	Bosnien					+			
31	Marokko 1911	+							
32	Adria				+				
33	»Liman-Streit«				+				

Bedeutung der Ziffern und Zeichen in der Spalte »Deeskalationsmethoden«:

1 = territoriale, politische und ökonomische Kompensation
2 = präventive oder parallele Krisenlenkung
3 = kumulative Konfliktschwächung
4 = Suche nach Konvergenz (Gegnerallianz)
5 = Politik der Stärke (Abschreckung)
6 = militärische Parität
7 = Vertrauensbildung
8 = fortgesetzte Konfliktschwächung durch Regeln oder Institutionen

\+ = hauptsächliche Methode der Deeskalation
○ = zusätzlich angewandte Methode der Deeskalation

Die Buchstaben a bis h kennzeichnen die Zusammengehörigkeit von Krisen, wie sie unter 3. Kumulative Konfliktschwächung oder Konfliktdissoziation definiert ist.

Das Staatensystem machte zwischen 1856 und 1914 einen weitreichenden Wandel durch. Die ausgetragenen Kriege und die vermiedenen, die in diesem Band untersucht werden, unterstreichen dies. In den ersten zwei Jahrzehnten nach dem Krim-Krieg standen europäische Konflikte (die Orientalische Frage eingeschlossen) im Vordergrund, wobei europaübergreifende bzw. außereuropäische Konflikte selten waren und in keinem unmittelbaren Bezug zu den europäischen standen. Dann jedoch nahmen seit den späten 1870er Jahren die außereuropäischen Konflikte zu; europäische traten in den Hintergrund. Seit dem Ostasiatischen Krieg 1904/05, der Entente Cordiale zwischen Frankreich und Großbritannien und der Ersten Marokko-Krise (28) verbanden sich jedoch europäische und außereuropäische Konflikt- und Wirkungslinien in neuer Konstellation. Das Hinzutreten der USA und Japans in den Kreis der Großmächte, der bis dahin auf Europa beschränkt war, unterstreicht dies.

Daß das internationale Staatensystem als Gleichgewichtssystem angesehen werden kann, ist bestreitbar. Zu leicht fließen organizistische Überlegungen oder statische Vorstellungen ein, wie Harald Kleinschmidt zuletzt betont hat[37]. Dennoch scheint das Gleichgewicht ein heuristisch brauchbares Bild für das »klassische europäische Konzert«[38] abzugeben, das in den Jahren nach Napoleon I. entstand und knapp ein Jahrzehnt dauerte. Viele Autoren lassen dieses »Konzert« mit dem Krim-Krieg enden; andere wiederum sehen »the collapse of the concert of Europe«[39] in den Jahrzehnten vor 1914 sich beschleunigend vollziehen. Das erscheint im Lichte der regionale Kriege und der Mechanismen der

---

37 Harald Kleinschmidt, The Balance of Power. A Historical Caveat. In: Rekishi Jinrui (Tokio) 19, 1991, S. 3—47, II: 20, 1993, S. 3—45; III: 21, 1993, S. 3—77; IV: 22, 1994, S. 3—45; V: 23, 1995, S. 3—52 (bes. letzter Teil zum 19. und 20. Jahrhundert).

38 Edward V. Gulick, Europe's Classical Balance of Power, Ithaca 1955.

39 Richard Langhorne, The Collapse of the Concert of Europe. International Politics, 1890—1914, London u.a. 1981 oder Richard J. Crampton, »The Decline of the Concert of Europe in den Balcans 1913—1914«. In: The Slavonic and East European Review 52, 1974, S. 393—419.

Kriegsverhinderung, wie sie hier dargestellt werden, im Kern richtig zu sein. Aber das Krisenverhalten der Großmächte vermag keine Aussagen darüber zu machen, ob und wie weit die herkömmlichen Ausgleichsmechanismen zwischen den Staaten insgesamt begrenzt doch weiter funktionierten. Botschafter- oder Konsularkonferenzen in den wichtigsten Orten imperialer Durchdringung von Konstantinopel bis Peking bewiesen vielfach weiterhin ihre regional begrenzte Fähigkeit zur Konfliktminderung oder -lösung[40]. Die hier nur am Rande angesprochenen Londoner Botschafterkonferenzen 1912/13 stellten für den Balkan ein zumindest in Einzelfragen funktionierendes Instrument auch für Europa wieder punktuell her. Darüber hinaus ist zu fragen, inwieweit Ausgleich bei regionalen Konflikten zwischen den polarisierten europäischen Lagern — etwa bei der Bagdad-Bahn oder in Mittelafrika[41] — nicht als Zeichen einer Kooperation zu sehen sind, ebenso wie es in wirtschaftlichen, kulturellen und zum Teil auch politischen Bereichen Ebenen der Kooperation etwa zwischen dem Deutschen Reich und Großbritannien bzw. Frankreich oder Rußland gab, die intensiver wurden und ausbaufähig waren, ohne jedoch auf die »Große Politik«, in der ja über Krieg und Frieden gehandelt wurde, durchzuschlagen oder auch nur die Chancen dazu zu besitzen.

> »Friede kann verstanden werden als ein historischer Prozeß, in dem sich zunächst — und bis in die absehbare Zukunft hinein — Formen der internationalen Konfliktbearbeitung durchsetzen, die sich zunehmend von der Anwendung organisierter militärischer Gewalt befreien«,

definiert Ernst-Otto Czempiel[42]. Gerade nach dieser pragmatischen Erklärung bildete die Entwicklung des Mächtesystems vor 1914 zunehmend ein Gegenbild zum Frieden: Die Beziehungen im internationalen Staatensystem fanden in ihren großen Krisen zunehmend zu Formen der internationalen Konfliktbearbeitung, welche die Anwendung organisatorischer und militärischer Gewalt erforderten — sprich den allgemeinen Krieg, der mit den Millionen an Opfern von Menschen, der ungeheuren Zerstörung von materiellen und mehr noch immateriellen Werte auch das bisherige Staatensystem in seinen Grundmustern zerstörte und damit die Selbstentmachtung Europas beföderte.

Die nachfolgenden Studien geben über die Ursachen dieser zunehmenden Friedlosigkeit naturgemäß keine Auskunft. Jedoch legen sie nahe, den Ansatz nicht ausschließlich und möglicherweise nicht einmal überwiegend in der Politik oder der Struktur eines Staates zu sehen. Daß die Trennung von Staatskunst und Kriegshandwerk (Gerhard Ritter) nur bis zu einem gewissen Grade taugt, haben die Arbeiten von Fritz Fischer vor über einer Generation eindrücklich

---

40 Merze Tate, The Disarmament Illusion: The Movement for a Limitation of Armaments to 1907, New York 1942.

41 Gregor Schöllgen, Imperialismus und Gleichgewicht. Deutschland, England und die Orientalische Frage 1871—1914, München 1984; Wolfgang J. Mommsen, Großmachtstellung und Weltpolitik 1870—1914. Die Außenpolitik des Deutschen Reiches, Frankfurt/M. 1993, S. 207—321; Klaus Hildebrand, Das vergangene Reich. Deutsche Außenpolitik von Bismarck bis Hitler, Stuttgart 1995, S. 249—301.

42 Ernst-Otto Czempiel, Internationale Beziehungen: Begriff, Gegenstand und Forschungsabsicht. In: Einführung in die Internationale Politik. Hrsg. von Manfred Knapp und Gert Krell, München, Wien 1990, S. 1—52, hier S. 7.

gezeigt[43]: auch die Politiker dachten in militärischen Kategorien; die Militärs ihrerseits hatten politische Zielvorstellungen, für die sie Kompetenz beanspruchten. In letzter Zeit ist gerade für die deutsche Seite Material beigebracht worden, welches die herkömmliche These widerlegt, die Reichspolitik sei deshalb bereitwillig ein hohes Risiko vor 1914 eingegangen, weil sie einen schnellen Sieg in einem kurzen Krieg erwartet habe[44]. Durchaus pazifistischen Überlegungen analog rechnete man in der zivilen wie militärischen Reichsleitung mit einem langen und verlustreichen Krieg oder befürchtete diesen zumindest. Dennoch bereitete die deutsche Reichsleitung aus rüstungspolitischen Gründen, die letztlich auf zentralen innenpolitischen Machtauseinandersetzungen beruhten, nur den kurzen Krieg vor und akzeptierte als realistische Möglichkeit die befürchtete Katastrophe des allgemeinen großen und langen Krieges, der dann tatsächlich ab Sommer 1914 stattfand.

Es spricht vieles dafür, daß ein solches Kriegsbild und Risikokalkül in ähnlicher Form auch in den Führungen der anderen Großmächte zunehmend vertreten wurde. Der große Krieg wurde bis 1914 in verschiedenen Krisen des Staatensystems oder wichtiger Großmächte untereinander vermieden. Die Fähigkeit, sich dabei gewonnener Erfahrungen zu bedienen oder die Bereitschaft, die gemachten Erfahrungen auch in Zukunft anzuwenden, schwand zunehmend, ohne daß damit die europäische Katastrophe des Ersten Weltkrieges bis zum Schluß zur unumstößlichen Notwendigkeit geworden wäre.

---

43 Gerhard Ritter, Staatskunst und Kriegshandwerk. Das Problem des Militarismus in Deutschland, 4 Bde., München 1954—1968; Fritz Fischer, Griff nach der Weltmacht. Die Kriegszielpolitik des kaiserlichen Deutschland, Düsseldorf 1961; ders., Krieg der Illusionen. Die deutsche Politik von 1911—1914, Düsseldorf 1969.

44 Auf einer deutsch-US-amerikanischen Tagung des Deutschen Historischen Instituts Washington in Augsburg, Juli 1994, »Anticipating Total War« behandelten für die deutsche Seite Stig Förster die Militärs und Jost Dülffer die (zivilen) Politiker in ihrem Kriegsbild vor 1914; eine Publikation der Vorträge der Tagung ist geplant; Stig Försters Beitrag: Der deutsche Generalstab und die Illusion des kurzen Krieges, 1871—1914. Metakritik eines Mythos. In: Militärgeschichtliche Mitteilungen 54, Heft 1, 1995, S. 61—96.

1. Die Furcht vor der zweiten Front. Der italienische Krieg 1859 als europäische Krise

Eine volle Revision des Systems von 1815 hatte der Krimkrieg den Franzosen nicht gebracht. Dennoch erlangte Napoleon III. mit dem Friedenskongreß in Paris für Fankreich erneuertes Prestige, für sich selbst nach innen, und nach außen den Höhepunkt seiner Karriere und Macht. Daß Rußland als Verlierer, und Österreich, wegen seiner riskanten Neutralität ohne den früheren russischen Rückhalt, durch den Krimkrieg geschwächt waren, verbesserte die Erfolgsaussichten für Napoleons Revisionismus. In Rußland, das die Bedingungen des Pariser Friedens abzustreifen suchte, fand er hierzu den Partner[1]. Sein Einsatz für das nationalstaatliche Prinzip diente als Instrument, der italienische Einigungsdrang als Objekt dieser Politik. Die wichtigste Unbekannte stellte die Haltung Preußens und der deutschen Staaten dar. Ziel war die endgültige Schwächung Österreichs, der am stärksten beharrenden Kraft der Wiener Ordnung. Doch hatte dieses Konzept wichtige innenpolitische Opponenten. Der französische Katholizismus befürchtete die Einschränkung oder Abschaffung des Kirchenstaats, wenn ein italienischer Nationalstaat geschaffen und der französischen Kontrolle entglitten sei. Die ökonomische Elite dachte an die materiellen Auswirkungen eines möglichen Krieges. Im Innern suchte Napoleon deshalb mit der gezielten Propagierung des Nationalstaatsprinzips die liberale städtische Bevölkerung an sich zu binden und der Opposition so die Kraft zu nehmen. Für die Zukunft Italiens strebte er aber nicht etwa den Nationalstaat an, sondern einen abhängigen Bundesstaat unter Belassung der Rechte des Papstes und der neapolitanischen Monarchie. Die politischen Berater, Charles de Morny[2] und der Außenminister Alexandre de Walewski lehnten ein Vorgehen der kalkulierten Eskalation als zu risikoreich ab. Walewski schrieb am 7. Dezember 1858: »Une guerre contre l'Autriche en Italie est bien difficile à realiser sans qu'il en résulte immédiatement un conflit général.« Am 15. Januar 1859 sprach er sich für den Erhalt des status quo aus, um dieser Gefahr zu entgehen. Sein Argument vertrat er auch im Ministerrat am 22. Januar gegen Napoleon, dem er außerdem vorwarf, als »résultat d'une conspiration« (3. Februar) einen Krieg »sans motifs« (30. Januar) zu planen[3].

---

1 Napoleon III. an Alexander II. 22.12.1858: »Le hasard nous met dans la même position. Votre Majesté voudrait changer en partie le traité de Paris, moi je voudrais de même changer en partie les traités de 1815. Néanmoins, tous les deux nous sommes forcés de respecter les traités existants tant que la guerre n'aura pas donné lieu à un nouveau congrès. Une circonstance heureuse va se présenter bientôt. Plus nous ferons cause commune ensemble, et plus nous serons forts à la paix pour dicter aux autres puissances nos conditions.« zit. nach Ernest d'Hauterive, Mission du Prince Napoléon à Varsovie (1858). In: Revue des deux mondes 45, 7. per. (15.6.1928), S. 823—854, hier S. 849.

2 Gerda Grothe, Der Herzog von Morny. Der Zweite Mann im Reich Napoleons III., Berlin 1966, S. 214.

3 Zit. nach: Fernand L'Huillier, La crise franco-allemande de 1859—1860. In: Bulletin de la Faculté des Lettres des Strasbourg 33 (1954/55), S. 191—207, 223—242, 264—284, hier S. 192 f.

Tatsächlich hatte Napoleon III. im Sommer 1858 den sardisch-piemontesischen Politiker Camillo Cavour ohne Wissen seiner Berater und Minister zu Geheimverhandlungen nach Plombières gebeten. Mit der Entsendung eines sardischen Kontingents auf die Krim hatte sich Cavour die Beteiligung am Pariser Friedenskongreß erkauft und das Problem der italienischen Einigung auf die europäische Bühne gehoben[4]. In Übereinstimmung mit König Viktor Emanuel II. ließ er sich auf Napoleons Pläne ein[5]. Dieser wollte in einem von Piemont provozierten Krieg gegen Österreich Beistand geben und dieses aus Norditalien vertreiben. In einem italienischen Bundesstaat sollte ein vergrößertes Piemont die tonangebende Rolle übernehmen. Dafür beanspruchte der französische Kaiser Nizza und Savoyen für Frankreich[6]. Cavour und Viktor Emanuel akzeptierten dieses Vorgehen, obwohl die Einigung des Landes nicht ausdrücklich als Ziel benannt war. Doch konnten sie als Folge einer norditalienischen Einheit einen nationalen Einigungsdruck auch gegenüber dem Süden erwarten. In einem geheimen Bündnisvertrag vom Dezember 1858 wurde die beabsichtigte Politik verbindlich gemacht[7]. Cavour deckte seine Diplomatie durch Absprachen mit den sozialrevolutionären Kräften des italienischen Risorgimento um Guiseppe Garibaldi ab und rüstete gegen Österreich. Um möglichen verdeckten Kriegszielen Napoleons III. zu entgehen und die nationalitalienische Ausrichtung beizubehalten, nutzte Cavour die nationale Begeisterung der italienischen Öffentlichkeit[8].

Hatte der französische Kaiser während des Neujahrsempfangs 1859 für das diplomatische Korps noch gezielt die verschlechterten Beziehungen zwischen Wien und Paris bedauert[9], so scheute er offenbar vor der letztlichen Eskalation noch zurück[10]. Dagegen betrieb Viktor Emanuel absprachegemäß die Zuspitzung der Krise mit Österreich, als er sich offen auf die Seite der italienischen Einigungsbewegung stellte[11]. Garibaldi unterstützte Cavours Taktik mit gezielten Aufständen. Cavour selbst drohte mit der Veröffentlichung der Geheimabsprachen, wenn sich Napoleon zu einer Konferenz überreden ließe. Der piemontesische Politiker ging von preußischem Wohlwollen aus. Als Berlin ihm jedoch eine mögliche Unterstützung Österreichs signalisierte, kündigte er an, mit dem Mittel revolutionärer Erhebungen in Osteuropa Rußland in den Krieg zu ziehen und ganz Europa zu entflammen[12]. Er wollte und betrieb aggressiv die Konfrontation mit Österreich. Bevor aber seine Haltung auf den zögerlichen

---

4 Denis Mack-Smith, Victor Emanuel, Cavour, and the Risorgimento, London 1971, S. 90 f.; Dokumente hierzu in: Plombières. Secret diplomacy and the rebirth of Italy. Ed. by Mack Walker, New York 1968, S. 111—132; Frank J. Coppa, The Origins of the Italian Wars of Independence. Origins of Modern Wars, London, New York 1992, S. 74—111; Arnold Blumberg, A Carefully Planned Accident. The Italian War of 1859, Cranberry NJ 1989.

5 Mack-Smith, Victor Emanuel, S. 92.

6 Cavour an Viktor Emanuel II. 24.7.1858: Napoleon III. und die italienische Einigung, bearb. von Beatrix Mesner, Bern 1969 (= Quellen zur Neueren Geschichte, Heft 30), S. 9—20.

7 Ebd., S. 24—27.

8 Raymond Grew, A sterner Plan for Italian Unity. The Italian national Society in the Risorgimento, Princeton 1963, S. 122.

9 Denis Mack-Smith, The Making of Italy, 1796—1870, London 1968, S. 256.

10 Denis Mack-Smith, Cavour, London 1985, S. 155.

11 Frank J. Coppa, Camillo di Cavour, New York 1973, S. 152 f.

12 Mack-Smith, Cavour, S. 142, 144, 146, 172.

französischen Kaiser Einfluß nahm, brachte ein österreichisches Ultimatum das auseinandertreibende piemontesisch-französische Bündnis wieder zusammen.

Wien forderte am 23. April 1859 Piemont auf, binnen drei Tagen die Rüstungen zurückzunehmen. Damit agierten die Österreicher, wie in Plombières erhofft, formal als Aggressor. Den im Mai beginnenden Krieg führten die Franzosen und Italiener, in der Konzentration ihrer Truppen durch die bessere Infrastruktur und in der Kriegführung durch das Unvermögen der österreichischen Leitung begünstigt, in zwei Entscheidungsschlachten (Magenta, Solferino) zum Sieg[13].

In Frankreich war dieser Krieg ausgesprochen unpopulär. Schon in seiner Vorbereitungsphase waren begeisterte Reaktionen ausgeblieben. Die Abgeordneten des Parlaments begegneten Napoleons Ankündigung einer zwar niemals provozierenden, doch auch nicht kleinmütigen Politik der nationalen Ehre mit ablehnendem Schweigen[14]. Dieselben Abgeordneten stimmten dagegen lebhaft der Einschätzung de Mornys zu, daß sich Kriege nicht mehr leichtfertig führen ließen, was der Krimkrieg wenige Jahre zuvor erstmals vor den Augen der europäischen Öffentlichkeit deutlich gezeigt hatte. Diplomatie und friedlicher Schiedsspruch sollten die Schwierigkeiten beilegen[15]. Trotz polizeistaatlicher Repression seit einem Attentat auf Napoleon am 14. Januar 1858 war die Opposition der republikanischen Kräfte nicht verstummt. Hinzu kam die Gegnerschaft der klerikalen Konservativen. Der erhoffte innerfranzösische Integrationsimpuls des Krieges blieb also aus. Auch drohte der italienische Alliierte dem französischen Einfluß zu entgleiten.

Zwar waren die geheimen Absprachen von Plombières in Italien nicht bekannt, doch waren die Absichten Cavours durchschaubar, und die Nationalbewegung folgte ihm darin, die Einigung schrittweise anzustreben und den Erfolg in Norditalien lediglich als antreibenden Etappensieg zu nehmen. Die Italiener konnten dabei auf die moralische Unterstützung der britischen Regierung Palmerston zählen.

Aber die englische Furcht vor französischen Intrigen, einer internationalen Eskalation der Gewalt und der Wunsch, Österreich als Gegengewicht auf dem Balkan zu belassen und deshalb nicht ganz zu zerschlagen, verhinderten eine aktive britische Diplomatie für Cavour und die italienische Einigung. Königin Victoria forderte Napoleon III. am 4. Februar 1859 sogar auf, Europa zu beruhigen und zu erklären, daß er internationale Verträge einhalten und den Fortbestand des Friedens anstreben werde[16]. Auch die konservativen Nachfolger der Regierung Palmerston teilten die Sympathie für die Italiener, doch wollten sie diese Sympathie nicht in einem Krieg gegen Österreich eingesetzt sehen. Malmesbury, 1858/59 Außenminister, bot deshalb seine Vermittlung an, nachdem

---

13 Ergänzend zu vielen Ereignisschilderungen des Krieges edierte die International Review of the Red Cross 266 (1988), S. 422—434 den zeitgenössischen Bericht Pelegrino Chiocchetti (1835—1892): A Soldier's Life. The Italian Campaign of 1859.

14 Eröffnungsrede Napoleons III. am 7.2.1859: Procès-verbeaux des séance du Corps législatif. Session de 1859, Tome I, S. 4.

15 Compte rendu des séances du Corps législatif. Session de 1859, Sitzung vom 8.2.1859, Rede Mornys, S. 2.

16 Coppa, Camillo di Cavour, S. 154 f.

sich in London Gerüchte über einen französisch-russischen Vertrag verdichteten, der die wohlwollende Neutralität St. Petersburgs für den Fall des Krieges mit Österreich vorsah.

In der Tat hatte sich Napoleon III. auf diese Weise am 3. März 1859 der Russen versichert. Obwohl gegenüber vorangegangenen Gesprächen der schließliche Vertrag abgeschwächt[17] und Rußland zur Truppenkonzentration nicht verpflichtet war, zogen dennoch in Galizien und an der preußischen Grenze Soldaten auf. Die Mobilisierung erklärt sich nicht allein aus dem selbstverständlichen Recht Rußlands zu autonomen Militärmaßnahmen[18], vielmehr war es die Absicht, Preußens Neutralität zu erzwingen[19]. Dies verdeutlicht, welche Bindewirkung die russisch-französischen Beziehungen in der Vorphase des italienischen Krieges auch über das Vertragliche hinaus hatten. Denn die Soldaten an Rußlands Westgrenze setzten Preußen unter jenen Zweifrontendruck, den Berlin selbst am Rhein auf Frankreich ausüben konnte. Die Hilfe für Paris war unübersehbar, und das russische Verhalten blieb nicht ohne Einfluß auf die preußischen Entscheidungen.

Prinzregent Wilhelm von Preußen fürchtete schon im Februar die russische »Kneipzange«[20]. Der russische Außenminister Gorčakov hingegen sorgte sich, daß starker russischer Druck Preußen und Österreich trotz aller Gegensätze wieder zusammenführen könnte. Manche Äußerungen des preußischen Außenministers Schleinitz lassen sich ebenso interpretieren[21]. Er vermied es trotz des Antagonismus mit Wien, diesen auf diplomatischer Ebene anzusprechen:

> »Die Regierung S.K.H. des Prinzregenten ist entschlossen, soweit dies an ihr liegt, dem Wiener Kabinett gegenüber an die Stelle des bisher oft wesentlich getrübten Verhältnisses eine offene und rückhaltlose Verständigung treten zu lassen, und sie glaubt sich zu der Voraussetzung berechtigt, daß auf seiten des österreichischen Kabinetts ein ebenso lebhaftes Bedürfnis empfunden werde, ihr auf diesem Wege bereitwilligst entgegenzukommen[22].«

Gut informiert über die preußische Haltung war der englische Außenminister Malmesbury[23]. Er warnte die Österreicher, er werde einen von ihnen provozierten Angriff nicht unterstützen. Frankreich drohte er ebenfalls, im Kriegsfalle nicht neutral abseits zu stehen. Nur der preußischen Regierung offenbarte er

17 G.J. Thurston, The Italian War of 1859 and the Reorientation of Russian Foreign Policy. In: Historical Journal 20 (1977), S. 121—144, hier S. 128; zur Vorgeschichte des Vertrags immer noch Benedict H. Sumner, The secret Franco-Russian treaty of 3 March 1859. In: English Historical Review 48 (1933), S. 65—83; Victor Tapié, Le Traité secret de 1859 entre la France et la Russie. In: Etudes d'histoire moderne et contemporaine 5 (1953), S. 116—146; Text des Vertrages in: Franco Valsecchi, Italia ed Europa nel 1859, Florenz 1965, S. 66 f. (Anm.).

18 Kurt Borries, Deutschland und das Problem des Zweifrontendruckes in der europäischen Krise des italienischen Freiheitskampfes 1859. In: Das Reich. Idee und Gestalt. Festschrift für Johannes Haller zu seinem 75. Geburtstag. Hrsg. von Heinrich Dannenhauer und Fritz Ernst, Stuttgart 1940, S. 262—303, hier S. 269.

19 Thurston, The Italian War, S. 137.

20 Koller an Buol 12.2.1859: APP 1, Nr. 133, S. 238.

21 Borries, Deutschland, S. 276 f.

22 Schleinitz an Hatzfeldt 17.12.1858: APP 1, Nr. 39, S. 106. Daß auch Gorčakov von dieser Einschätzung erfuhr, belegt Werther an Schleinitz 1.1.1859: APP 1, Nr. 58, S. 138.

23 Bloomfield an Malmesbury 28.12.1858: APP 1, Nr. 53, S. 127—130.

seine eigentliche Absicht »as long as possible a strict neutrality« zu bewahren[24]. Gegenüber den anderen Mächten und sogar dem eigenen Foreign Office, dem er das Schreiben verheimlichte[25], gewährte Malmesbury den Preußen also einen Informationsvorsprung. Seine Absicht war, Berlin auf diese Weise für eine Kooperation zu gewinnen[26]. Ein plötzlicher russischer Vorstoß für eine Konferenzlösung des italienischen Problems änderte die Situation allerdings von Grund auf.

Zwei Ziele verfolgte Gorčakovs mit Paris abgestimmter Vorschlag[27]. Für Frankreich beinhaltete er die Gelegenheit, ohne Gesichtsverlust gegenüber den Italienern, deren nationalrevolutionäre Ziele nicht zu begrenzen waren, den Kriegsausbruch zu vermeiden. Hierzu tendierte offenbar Napoleon III. mit Blick auf die innerfranzösische Oppostion gegen den Krieg. Wenn sich militärische Verwicklungen nicht umgehen ließen, so brachte die Kongreßdiskussion immerhin zusätzliche Zeit für die Kriegsvorbereitung, die das Kriegsministerium planmäßig weiter vorantrieb. Andererseits zielte der Vorschlag darauf ab, die Österreicher als Friedensbrecher erscheinen zu lassen, wenn diese den Kongreß ablehnten[28]. In der Tat hätte eine derartige Konferenz die österreichische Stellung in Norditalien zum Thema gehabt, was allein bereits eine Gefährdung dieser Stellung bedeutete, und darum für Wien unannehmbar erschien. Nach anfänglichen Versuchen, über weitreichende Bedingungen einen Kongreß zu verhindern ohne ihn abzulehnen, reagierte die verunsicherte österreichische Führung mit dem verhängnisvollen Ultimatum an Piemont.

Großbritannien suchte den Krieg räumlich zu begrenzen, indem Malmesbury die Russen, aber auch die deutschen Staaten vor einer Intervention warnte. Ihm war die Gefahr eines umfassenden Waffengangs bewußt, der die Intervention bislang nicht Beteiligter mit sich bringen mußte:

> »France having always been a curse to Europe, we look upon it as the will of God, and resign ourselves to the torment, but [...] that Europe should be deluged with blood for the personal ambitions of an Italian attorney and a tambour-major, like Cavour and his master, is intolerable[29].«

Nach einem neuerlichen Wechsel in der Regierung gab Großbritannien seine neutrale Position insoweit auf, als jetzt Österreich ein territorialer Verlust zugemutet wurde:

---

24 Malmesbury an Bloomfield 7.1.1859: Kenneth Bourne, The Foreign Policy of Victorian England. 1830—1902, Oxford 1970, Nr. 66, S. 336—339, hier S. 337.

25 Derek Beales, England and Italy 1859—1860, London 1961, S. 39.

26 Bernstorff an Prinzregent Wilhelm 12.1.1859: APP 1, Nr. 70, S. 154 f.

27 Thurston, The Italian War, S. 132.

28 William E. Echard, Napoleon III. and the Concert of Europe, Baton Rouge, London 1983, S. 96 f.; Ernst Engelberg, Bismarck. Urpreuße und Reichsgründer, Berlin 1985, S. 470. Die Absicht, Zeit zu gewinnen, unterstellten Pourtalès an Schleinitz 19.3.1859: APP 1, Nr. 207, S. 344, Privatbrief Werthers (an Schleinitz?) 22.3.1859: APP 1, S. 354, Anm. 1 zu Nr. 217, Aufzeichnung des Prinzregenten Wilhelm o.D.: APP 1, Nr. 271, S. 411, Erzherzog Albrecht an Kaiser Franz Joseph 12.4.1859: APP 1, Nr. 274, S. 428 und Schleinitz an Werther 16.4.1859: APP 1, Nr. 290, S. 448.

29 In diesem Zusammenhang o.D. und Adressat zit. bei Bourne, The Foreign Policy, S. 100.

»It might, perhaps, be premature to discuss whether the King of Sardinia should reign over Lombardy, Parma, Modena, and Tuscany, or whether several independent States in Northern Italy should be maintained or created[30].«

Dies lief auf eine Unterstützung Italiens und Aufgabe der bisherigen Haltung hinaus, der status quo ante bellum sei wiederherzustellen. Es war aber ohne Zweifel die realistischste Methode, den Krieg räumlich wie zeitlich zu begrenzen.

Überraschend schnell aber kam ein Friede zustande, nachdem sich Napoleon III. und Franz Joseph von Österreich über die Köpfe der Italiener hinweg zuerst auf einen Waffenstillstand (8. Juli) und dann auf einen Vorfrieden (Villafranca 11. Juli 1859) einigten[31]. Wien nahm tatsächlich den Verlust von norditalienischem Gebiet hin, es behielt aber immerhin Venetien. Die Lombardei ging über Napoleon in den Besitz Piemont-Sardiniens. Der Friede von Zürich (10. November) sollte den erreichten Stand festschreiben[32]. Doch Plebiszite in der Toskana und Romagna, in Modena und Parma[33] führten zu einem norditalienischen Rumpfstaat als Ausgangspunkt des weiteren Einigungsprozesses, der sich noch bis 1870 hinzog und Piemont-Sardinien zum Königreich Italien erweiterte. Österreicher und Italiener führten das Zurückweichen Napoleons auf dessen Furcht vor einer am Rhein aufmarschierten preußischen Armee zurück.

Tatsächlich hatte der oberitalienische Krieg in Deutschland eine frankophobe nationale Eruption bewirkt[34], die auf eine militärische Durchsetzung nationaler deutscher Interessen gegen die französische Provokation an Etsch und Po drängten. Diesen Nationalkrieg am Rhein gegen Frankreich hatten der preußische Prinzregent und dessen Regierung unter Karl Anton Fürst von Hohenzollern zunächst abgelehnt, doch drohten sie im Laufe der Kriegshandlungen ihre Intervention an, um im Deutschen Bund den preußischen Einfluß gegen die starke Stellung des österreichischen Kaisers zu kräftigen. Damit gerieten Österreich und Frankreich gleichermaßen unter Druck. Nicht der Krieg in Italien selbst war die Gefahr für den europäischen Frieden: Rußland und England wollten wohlwollend oder ganz neutral bleiben, Frankreich den Krieg räumlich begrenzt führen. Erst die Interventionsdrohung Preußens ließ aus dem lokalisierten Krieg eine europäische Krise werden, deren Eskalation die Gefahr des gesamteuropäischen militärischen Konflikts in sich trug.

Nach dem übereilten Kriegsbeginn der Österreicher erfüllte sich deren Hoffnung auf eine preußisch-deutsche Unterstützung nicht. Der »casus foederis«, das heißt die Verpflichtung zu solcher Hilfe nach dem Artikel 47 der Wiener Schlußakte, war unter den Mitgliedern des Deutschen Bundes umstritten. Österreich als Mitglied dieses Bundes erwartete Beistand auch außerhalb des Bundesgebiets, Preußen wollte sich dagegen nicht in einen Krieg verwickeln

---

30 Russell an Bloomfield 7.7.1859: Bourne, The Foreign Policy, Nr. 67, S. 340—344, hier S. 343; Beales, S. 100.

31 Napoleon III. und die italienische Einigung, S. 28 f.

32 Ebd., S. 30—38.

33 Über die Methoden der italienischen Einigungsbewegung in diesen Plebisziten: Grew, A sterner Plan, S. 273 ff.

34 L'Huillier, La crise franco-allemande, S. 204 f.

lassen, dessen Bedingungen es nicht selber setzte[35]. Eine ganz unbeteiligte Haltung ließ sich jedoch politisch nicht auf Dauer durchhalten.

Einerseits wurde die deutsche Haltung zum Krieg in Italien bereits öffentlich erörtert. Zahlreiche Publizisten und Politiker von Engels und Lassalle bis zu Konstantin Rößler und Otto von Bismarck diskutierten die Probleme, die sich für Deutschland und Preußen aus den französischen Ambitionen in Norditalien ergaben[36]. Andererseits barg die Situation auch die Möglichkeit in sich, den Deutschen Bund stärker an preußischen Interessen zu orientieren. Gerade hierzu bekannte sich der preußische Gesandte in Petersburg, Bismarck. Das Bundesverhältnis Preußens sei ein Gebrechen, »welches wir früher oder später ferro et igni werden heilen müssen, wenn wir nicht beizeiten in günstiger Jahreszeit eine Kur dagegen vornehmen«[37]. Er wollte die österreichischen Probleme in Italien ausnutzen, um die deutschen Verhältnisse zugunsten Preußens politisch umzugestalten. Ganz ausgeschlossen hat er militärische Mittel dabei wohl nicht. Bismarck wollte »die Grenzpfähle im Tornister mitnehmen und sie entweder am Bodensee oder da, wo das protestantische Bekenntnis aufhört vorzuwiegen, wieder einschlagen«[38]. Ähnlich offensiv zeigte sich der Generalstabschef von Moltke. Er plädierte für einen Präventivkrieg, damit Frankreich »auf einen sonst wahrscheinlich bald erfolgenden Angriff auf die Rheinprovinz verzichten muß«[39]. Elsaß und Lothringen sollten hierfür als Sicherheitszone in deutscher Hand bleiben[40]. Mit der preußischen Mobilmachung konnte er warten, bis französische Truppen »sardinischen Boden betreten«; ein Angriff auf die Lombardei sei aber das Signal für ein »offensives Vorgehen gegen Frankreich«[41]. Der General begrüßte den »seltenen Fall, daß ganz Deutschland sich auf einen gemeinsamen Zweck einigt«[42]. Neben materieller Entschädigung von Frankreich forderte Moltke von den Österreichern, die im Krieg zur Geltung gebrachte Machtstellung Preußens in Deutschland zu akzeptieren[43].

In der preußischen Führung waren solche aktiven Positionen jedoch Außenseiteransichten. Der preußische Außenminister von Schleinitz hielt sich stattdessen an die Formel: »Keine Neutralität gegenüber Frankreich, keine Hilfe für Österreich«[44]. Weil ein Angriff auf Frankreich zugleich eine Hilfe für Wien gewesen wäre, muß man wohl das Verhältnis zu Paris faktisch als ein Abwarten

---

35 Ernst Rudolf Huber, Deutsche Verfassungsgeschichte seit 1789, Bd 3, Bismarck und das Reich, Stuttgart 1963, S. 256 f., 260 f.

36 Ebd., S. 258 f.

37 Bismarck an Schleinitz 12.5.1859: GW 3, Nr. 29, S. 38.

38 Bismarck an Alvensleben 5.5.1859: GW 14,1, Nr. 724, S. 517; Andreas Kaernbach, Bismarcks Konzepte zur Reform des Deutschen Bundes, Göttingen 1991 (= Schriftenreihe der Historischen Kommission bei der Bayerischen Akademie der Wissenschaften, 41), S. 119 ff.

39 Denkschrift Moltkes 26.2.1859: Moltkes Militärische Werke 1,4, Moltkes Militärische Korrespondenz. Aus den Dienstschriften des Jahres 1859, Berlin 1902, Nr. 4, S. 41.

40 Ebd., S. 42; Vortrag Moltkes beim Prinzregenten Wilhelm 19.5.1859: ebd., Nr. 17, S. 104 f.

41 Aufsatz Moltkes »Zur Zeitfrage« 6.3.1859 (nicht mitgeteilt): ebd., Nr. 8, S. 62 f.

42 Vortrag Moltkes beim Prinzregenten Wilhelm 8.5.1859: ebd., Nr. 16, S. 102.

43 Denkschrift Moltkes aus dem Oktober 1859: Moltkes Militärische Werke 1,3, Moltkes Militärische Korrespondenz. Aus den Dienstschriften 1870/71, 1. Abt.: Der Krieg bis zur Schlacht von Sedan, Berlin 1896, Nr. 2, S. 12.

44 Engelberg, Bismarck, S. 468.

interpretieren. Aber Schleinitz war sich auch der Grenzen bewußt, die einer solchen Haltung gezogen waren:

> »Sollte jedoch aller dieser Bemühungen ungeachtet der Friede nicht zu erhalten sein und in Italien der Kampf zwischen Frankreich und Österreich entbrennen, so würde der Augenblick des Handelns für und jedenfalls *dann* eintreten, wenn die Ereignisse eine solche Wendung nähmen, daß dadurch die Integrität und Unabhängigkeit Deutschlands oder die Sache des europäischen Gleichgewichts wesentlich bedroht erschiene[45].«

Wann diese wesentliche Bedrohung eingetreten sei, wollte sich Preußen vorbehalten. Als Prinzregent Wilhelm am 8. November 1858 die Regierungsgrundsätze der sogenannten »Neuen Ära« aussprach, hatte er hierzu die Formel ausgegeben, Preußen dürfe sich nicht fremden Einflüssen hingeben oder die Hände binden. Dem Großherzog Friedrich von Baden schrieb er am 12. März 1859:

> »Wenn ich diese deutsche Manifestation [der Öffentlichkeit gegen Frankreich] mit großer Freude auch begrüßte, so hätte sie, wenn Preußen unbedingt dieselbe unterstützt hätte, Frankreich auf eine Art provoziert, daß wir den Krieg, der auf Italien gemünzt ist, nach Deutschland gezogen, und dann hätte Napoleon die ganze öffentliche Meinung Frankreichs hinter sich gehabt, die er wegen Italien gegen sich hat. Preußen hat durch seine Haltung Österreich und Frankreich zum Nachdenken gebracht, und das ist alles, was wir momentan wünschen konnten[46].«

Auf ein solches Stillhalten Preußens hatte Napoleon III. vom Beginn seiner Kriegsplanung an gehofft, denn Preußen konnte wie Frankreich von einer Schwächung Wiens nur profitieren. Der französische Kaiser bemühte sich aber auch um die Neutralität der deutschen Kleinstaaten und versicherte diese nicht nur, Deutschland »n'a pas à craindre pour son indépendance« , sondern sagte darüber hinaus zu, was Frankreich »veut faire respecter en Italie, elle saura le respecter elle-même en Allemagne«[47]. Das verhinderte aber nicht die zunehmende antifranzösische Stimmung in Deutschland. Auch unter den Regierungen der kleineren deutschen Staaten verfing Napoleons Beschwichtigung nur teilweise. Die liberale Regierung Badens und der König von Württemberg zeigten sich wenn nicht freundlich, so doch wenigstens dem Nachbarn jenseits des Rheins gegenüber auch nicht feindlich. Aber das katholische Bayern verhehlte seine Sympathien für Österreich nicht, und auch der sächsische Ministerpräsident Beust erklärte, Deutschland dürfe im Fall eines Krieges zwischen Frankreich und Österreich nicht ruhig und neutral bleiben[48]. Insgesamt überwog aber für Paris der Eindruck abwartender Zurückhaltung.

---

45 Schleinitz an Werther 16.3.1859: APP 1, Nr. 198, S. 333.

46 Großherzog Friedrich I. von Baden und die deutsche Politik von 1854—1871. Briefwechsel, Denkschriften, Tagebücher. Hrsg. von der Badischen Historischen Kommission. Bearb. v. Hermann Oncken, 2 Bde, Berlin, Leipzig 1927, Bd 1, S. 92.

47 Raymond Poidevin, Jacques Bariéty, Les relations franco-allemandes, 1815—1975, Paris ^{2}1977, S. 62 f.; dt., Frankreich und Deutschland. Die Geschichte ihrer Beziehungen 1815—1975, München 1982.

48 Rudolf Buchner, Die deutsch-französische Tragödie 1848—1864. Politische Beziehungen und psychologisches Verhältnis, Würzburg 1965, S. 81 f.; vgl. Beust an Könneritz 8.4.1859: Aus Drei Viertel-Jahrhunderten. Erinnerungen und Aufzeichnungen von Friedrich Ferdinand Graf von Beust in zwei Bänden, 1. Bd 1809—1866, Stuttgart 1887, S. 227 ff.

Wien war es nicht gelungen, Preußen aktiv auf seine Seite zu bringen. Mit der Ankündigung, unabhängig vom Deutschen Bund Kriegspartner bei den deutschen Staaten zu suchen, verstärkten die Österreicher ihren Druck auf Berlin. Preußen kündigte statt dessen an, solche vertraglichen Bindungen als Aufgabe der Bundeseinheit zu interpretieren und als Konsequenz Rücksichten auf diesen Bund hinsichtlich eigener Interessen nicht mehr nehmen zu wollen. Selbst symbolische Manövertätigkeiten oder Truppenbewegungen lehnte Schleinitz ab[49]. Mit der zunehmenden Erwartung des Krieges begannen allerdings die Rüstungen auch in Deutschland. Preußen mobilisierte seit dem 20. April drei Armeekorps, die Kavallerie und die Landwehr, deren Neutralität zugesichert wurde, wenn deutsches Gebiet nicht betroffen werde. Der Deutsche Bund erklärte am 23. April, dem Tag des Wiener Ultimatums seine »Kriegsbereitschaft« und stellte bis Juni eine Viertelmillion Soldaten auf. Nach der Niederlage der Österreicher bei Magenta erhöhten die Preußen ihre Truppenstärke von 161 000 auf 234 000 Mann[50]. Doch auch weiterhin konnte Schleinitz seine abwartende Haltung durchsetzen. Wilhelm bezeichnete zwar den Rückzug Österreichs über den Grenzfluß Ticino (Tessin) als Wiederherstellung des status quo ante und damit als beste Gelegenheit »zur gewaffneten Vermittlung der drei Großmächte, inklusive Deutschlands«. Die Demütigung Wiens sei erreicht, womit sich Frankreich scheinbar nicht begnügen wolle. Diesen Übermut Napoleons könne Preußen im Interesse der europäischen Kräftebalance nicht zugestehen, »so muß Preußen seinen Willen sofort kundgeben und den Krieg zeigen, falls die Alliierten nicht auf die Vermittlung hören wollen«. Doch konnte sich auch der Prinzregent nicht gegen seinen Minister durchsetzen. Schleinitz erreichte, »um nicht ombrage zu geben, als wolle man absolut den Krieg« , einen Aufschub bis zum 11. Juni. Erst dann traten die Truppenverstärkungen in Kraft[51].

Die Zuspitzung blieb nicht verborgen. Der britische Botschafter Bloomfield schrieb aus Berlin:

> »Germany feels that Napoleon is her natural enemy, that when he has done his work in Italy, he will be on the Rhine, and that waiting a year or two is useless and therefore the sooner the struggle begins the better[52].«

Während Kaiser Franz Joseph von seinem Hauptquartier in Villafranca aus den preußischen Herrscher doch noch in den gemeinsamen Krieg gegen Frankreich zu ziehen versuchte[53], warnte die britische Regierung nachdrücklich davor, an der Rheingrenze eine weitere Front gegen Frankreich zu eröffnen:

> »Preußen [hat] in diesem Kampfe von Rußland alles zu fürchten, von England aber auf gar keine Unterstützung zu rechnen[54].«

---

49 Heinrich Ritter von Srbik, Deutsche Einheit. Idee und Wirklichkeit vom Heiligen Römischen Reich bis Königgrätz, Bd 2, München ³1940, S. 366 f.

50 J. Defrasne, La Prusse et la France face à face en 1859. In: Revue militaire générale (1973), S. 488—509, hier S. 491.

51 Aufzeichnungen des Prinzregenten Wilhelm 5./12.6.1859: APP 1, Nr. 434, S. 646 f., Nr. 440, S. 654 f.

52 Bloomfield an Malmesbury 11.6.1859: APP 1, Nr. 439, S. 653.

53 Franz Joseph an Wilhelm 22.6.1859: APP 1, S. 725, Anm. 2 zu Nr. 479.

54 Brandenburg an Schleinitz 25.6.1859: APP 1, Nr. 465, S. 703.

Napoleon III. konnte nicht mehr unbedingt auf die preußische Zurückhaltung setzen und verstärkte seine Garnisonen am Rhein. Berlin konzentrierte seinerseits 132 000 Soldaten zwischen Wesel und Frankfurt. Napoleon reagierte auf diese Drohung und ließ Cavour wissen, daß Frankreich »ne pouvait pas ›soutenir une double guerre, sur le Rhin et sur l'Adige [Etsch]‹«[55].

Auf einen solchen Doppelkrieg schien äußerlich aber alles hinauszulaufen. Am Tag nach der Schlacht bei Solferino (25. Juni) beantragte Preußen beim Deutschen Bund in Frankfurt die Bildung eines Oberrheinischen Observationskorps, das mit der Armee Preußens »im planmäßigen Zusammenhang stehe« und von Bayern zu führen sei[56]. Der preußische Gesandte in Frankfurt, Guido von Usedom, trat dem Glauben, »daß Preußen auf den Krieg hinstrebe« nicht eindeutig entgegen; alle Verabredungen hierzu beträfen »Eventualitäten, die noch nicht eingetreten seien; vor der Hand werde noch der Friede erstrebt«[57]. Hinter der äußerlichen Aktion tritt die Taktik des preußischen Ministeriums zu Tage. Für Preußen ging es nicht um den Nationalkrieg gegen Frankreich, sondern um die davon zunächst einmal unabhängige Frage der preußischen Hegemonie in Deutschland. Diese gegen die Präsidialmacht des Bundes, also gegen Österreich, durchzusetzen, bedurfte es keines Kriegs gegen die Franzosen, aber man benötigte die Sympathien der proösterreichischen Staaten des »Dritten Deutschlands«. Die aber waren nur durch antifranzösisches Handeln zu gewinnen. Ein Krieg konnte nur Österreichs Position stärken, wäre doch Preußens Eingreifen als »zu spät erfüllte Pflicht[58]« erschienen. Wien hätte »eine sehr glänzende Siegerrolle[59]« Preußens in Form eigener Bescheidung im Deutschen Bund nicht zugelassen. Die Gratwanderung der begrenzten Krise bezweckte die österreichische Schwächung in der Niederlage und die Stärkung Preußens durch das Muskelspiel gegenüber Frankreich, das allein für die Perzeption in den kleineren deutschen Staaten gedacht war. An eine tatsächliche Kriegführung an deren Seite konnte Preußen nicht denken. Usedom schrieb, er »empfange täglich Besuche von Freunden Preußens, die mir ihre Bestürzung nicht verhehlen, wenn Preußen gegen den Willen Europas und mit so zweideutigen Alliierten wie die deutschen Staaten sind, sich allein, und zwar in einem Angriffskriege mit Frankreich messen wolle, so sähen sie der Zukunft mit Sorge entgegen«[60]. Diese Besorgnis war begründet, weil auch Rußland an seiner Westgrenze Truppen zusammengezogen hatte, und Preußen in einen Zweifrontenkrieg zu geraten drohte. Mit Rücksicht auf diese Lage mußte Berlin einen tatsächlichen Kriegsausbruch vermeiden. Daß dennoch ein derartiger Krieg allgemein erwartet wurde, erwies das preußische taktische Konzept als erfolgreich.

Als Mittel, den Eintritt in den Krieg zu verzögern, diente Berlin die Frage des Oberbefehls über die Truppen des Bundes. Die oberste Befehlsgewalt des Bundesheeres war der Bundesversammlung in Frankfurt gegenüber verant-

55 Zit. nach: Poidevin, Bariéty, S. 64.
56 APP 1, S. 702, Anm. 1 zu Nr. 464.
57 Usedom an den Prinzregenten Wilhelm 27.6.1859: APP 1, Nr. 468, S. 708.
58 Ebd.
59 Bismarck an seine Frau 2.7.1859: GW 14,1, Nr. 747, S. 533.
60 Usedom an den Prinzregenten Wilhelm 29.6.1859: APP 1, S. 708, Anm. 3 zu Nr. 468.

wortlich. Selbst wenn im Falle eines Oberbefehls des Preußischen Prinzregenten Konzessionen gewährt worden wären, ihren Einfluß auf die politische und militärische Kriegführung hätten Österreich und die deutschen Staaten nicht ganz aufgegeben. Eine mit Bedingungen verknüpfte Führung aber mußte Preußen ablehnen, wenn sein Suprematsanspruch für Deutschland ernst gemeint war. Als Hannover am 13. Mai 1859 auf eine rasche Entscheidung hinsichtlich des Oberbefehls drängte, protestierte Preußen entschieden dagegen. Am 4. Juli beanspruchte Berlin dann die Befehlsgewalt der bis dahin aufgestellten Truppen ausschließlich für sich[61].

Schleinitz begründete diesen Schritt mit der »praktischen Unausführbarkeit der Bundeskriegsverfassung« und dem Umstand, daß man dem kriegführenden Österreich keine Teilhabe am Oberbefehl des nicht kriegführenden Bundes gewähren könne:

> »Es kann nicht in den Absichten Preußens liegen, den Bund zu Schritten und Maßnahmen zu veranlassen, durch welche derselbe sich dem Vorwurfe aussetzen könnte, einen solchen Krieg seinerseits ohne dringende Nötigung herbeigeführt zu haben[62].«

Dem zur Vermittlung an der Spree weilenden Fürsten Windischgrätz legte sich der Prinzregent gegenüber fest, in sechs Wochen könnten die preußisch-deutschen Truppen bereitstehen. Windischgrätz protestierte gegen dieses »weitere verderbliche Zögern«[63]. Nicht allein diese Verschleppungstaktik erregte Wien, gleichzeitig setzte sich Schleinitz auch amtlich von der Garantieverpflichtung für die Ordnung des Wiener Kongresses ab. Preußen könne »die Motive für seinen freien und selbstständigen Entschluß nur in dem Wohl und Interesse der eigenen Nation finden«, nicht aber in der Bewahrung eines Rechtszustandes, dessen Verbindlichkeit auch von den anderen Mächten, eingeschlossen Österreich im »eigenen berechtigten Staatsinteresse« nicht anerkannt werde[64]. Die Österreicher reagierten mit dem Antrag, das gesamte Bundesheer unter preußischer Führung zu mobilisieren, aber zu den für Berlin unannehmbaren Bedingungen der Bundeskriegsverfassung[65]. Zielte der preußische Antrag vom 4. Juli auf den Ausschluß Österreichs aus der Führung des Deutschen Bundes, so beabsichtigte Wien mit dem Antrag vom 7. Juli, die preußische Regierung entweder letztlich doch in die Bundesdisziplin oder, den Bruch riskierend, zum offenen Alleingang zu zwingen. Einer Entscheidung zwischen diesen Extremen bedurfte es nach der Einstellung der Kriegshandlungen aber nicht mehr.

In Verona gestand Kaiser Franz Joseph am 12. Juli, am Tag nach dem Vorfrieden, die Niederlage ein, gab die Schuld aber dem Deutschen Bund und vor allem Preußen, dem »natürlichen Bundesgenossen Österreichs« :

---

61 Dokumente zur Deutschen Verfassungsgeschichte. Hrsg. von Ernst Rudolf Huber, Bd 2, 1851—1918, Stuttgart [2]1964, Nr. 24, S. 26, Nr. 28, S. 29.
62 Zirkular Schleinitz' 6.7.1859: APP 1, Nr. 479, S. 730 f.
63 Windischgrätz an Franz Joseph 4.7.1859: APP 1, Nr. 481, S. 730 f.
64 Schleinitz an Werther 5.7.1859: APP 1, Nr. 479, S. 730 f.
65 Huber, Dokumente 2, Nr. 29, S. 30.

»Ohne Bundesgenossen weiche ich nur den ungünstigen Verhältnissen der Politik[66].«

Die Bundessolidarität Berlins hätte einen Einsatz erfordert, den Preußen aber mit dem Ziel der Hegemonie in Deutschland verschleppte. Um in den deutschen Kleinstaaten nicht unsolidarisch zu erscheinen, mußte jedoch der Eindruck faktischer Bedrohung Frankreichs stetig erhöht werden. Paris, das eine abwartenden Neutralität Preußens erwartete, nahm jedes Abweichen von dieser Haltung als Bedrohung wahr. Aus den Zwängen des preußisch-österreichischen Antagonismus resultierte eine preußisch-französische Krise, die militärisch zu eskalieren drohte. Um das Risiko zu vermindern, stellte sich Berlin als treibende Kraft einer mediation à trois, gemeinsam mit Rußland und England, dar[67]. Daß die Richtung preußischer Politik durch die Bedingungen des Verhältnisses zu Österreich und dem Dritten Deutschland bestimmt waren, und sie deshalb in eine Gegnerschaft zu Frankreich steuern würde, erläuterte in einem Schreiben vom 24. Januar 1859 der französische Gesandte am Deutschen Bund, Alfred de Salignac-Fénelon. Die Neutralität Preußens mußte von Beginn an unsicher erscheinen, weil »dans un mouvement général des Etats germaniques, cette Puissance sera obligée de suivre les autres, si elle ne veut perdre toute son influence en Allemagne«[68]. Napoleon aber setzte auf das Stillhalten Preußens und des Dritten Deutschlands. Im anderen Fall wollte er sie teuer dafür büßen lassen:

»Ils craignent qu'auprès Marengo ne vienne Jéna. Mais si les choses continuent de la sorte je commencerai par Jéna, et je ferai la grosse guerre sur le Rhin. Dans ce cas je ne pourrai envoyer en Italie que trente milles hommes environ, et forcément alors on devrait se borner à une guerre défensive sur le Po[69].«

Ein Durchmarsch deutscher Truppen durch Belgien ohne Rücksicht auf dessen Neutralität war die wahrscheinlichste Gefahr. Fénelon schrieb am 16. Mai:

---

66 Armeebefehl Franz Josephs vom 12.7.1859: Richard Blaas, Die italienische Frage und das österreichische Parlament 1859—1866. In: Mitteilungen des österreichischen Staatsarchivs 22 (1969), S. 151—245, hier S. 166; vgl. Franz Joseph an den Prinzregenten Wilhelm 21.7.1859 und Rechberg an Koller 28.7.1859: QdPÖ 1, Nr. 3 f., S. 3—6.

67 Zirkular Schleinitz 24.6.1859: »Gestützt auf eine starke Militäraufstellung, gedenken wir die Friedensfrage unter Anstrengung der Erhaltung des österreichischen Besitzstandes in Italien im geeigneten Momente bei den großen Kabinetten in Anregung zu bringen und mit der Mediation vorzugehen.« APP 1, Nr. 461, S. 695 f.; Schleinitz an Bernstorff und Bismarck 24.6.1859: APP 1, Nr. 462, S. 696 ff., hierzu A.J.P. Taylor, European Mediation and the Agreement of Villafranca, 1859. In: English Historical Review 51 (1936), S. 52—78, hier S. 57 ff.

68 Zit. nach: Wolf D. Gruner, Frankreich und der Deutsche Bund 1851—1866: Aspekte Französischer Deutschlandpolitik zur Zeit des Second Empire. In: Aspects des relations Colloque d'Otzenhausen 5—8 octobre 1981. Hrsg. von Raymond Poidevin und Heinz-Otto Sieburg, Metz 1982, S. 39—61, hier S. 53.

69 Nigra an Cavour 12.3.1859: Il Carteggio Cavour-Nigra dal 1858 al 1861 a Cura della R. Commissione Editrice vol. secundo La Campagna Diplomatica a Militare del 1859, Bologna 1926, Nr. 304, S. 86. Napoleon äußerte sich gegenüber dem piemontesischen Gesandten Constantino Nigra. In Marengo siegte Napoléon Bonaparte am 14.6.1800 entscheidend über Österreich. In Jena unterlagen ihm Preußen und Sachsen am 14.10.1806.

»Les militaires allemands le verraient avec un grand plaisir parce qu'ils s'imaginent que c'est de ce côté que notre pays est le plus vulnérable à cause de la plus grande proximité de Paris[70].«

In der Tat hatte der preußische Gesandte am belgischen Hof, Heinrich von Redern, einen Offensivplan gefordert, falls Frankreich am Ticino nicht haltmache. Über Belgien sei Paris verwundbar und binnen acht Tagen zu erreichen, die belgische Neutralität dürfe »unsere Aufgabe (nicht) erschweren«[71]. Am 7. und 23. Februar hatte der Generalstabschef Moltke solche offensiven Strategien gegen Frankreich bereits vorgeschlagen[72].

Hätte Preußen den beabsichtigten Übergang des Ticino zum Kriegsanlaß genommen, so wollte Walewski das als »une agression spontanée et graduite« aufnehmen[73]. Um aber diese Situation von vornherein zu vermeiden, schienen ihm Vertrauensbeweise an die Adresse Berlins angezeigt. So nahm Walewski das militärische Risiko auf sich, die preußische Truppenkonzentration am Rhein zunächst unbeantwortet zu lassen:

»Je pense, Sire, qu'au point ou en sont les choses, il ne faut pas avoir l'air d'avoir dans la Prusse confiance à demi et, puisqu'elle nous donne les assurances les plus formelles de maintenir la neutralité de l'Allemagne, il n'y a pas lieu à s'opposer à ce qu'elle concentre des troupes sur le haut Rhin[74].«

Die deutschen Beobachter nahmen die Blöße der französischen Ostgrenze auch sehr wohl wahr[75]. Auf die dennoch fortgesetzten Rüstungen Preußens reagierte Walewski deshalb besorgt[76] und warnte Napoleon III. nachdrücklich vor der deutschen Gefahr[77]. Auch die Kaiserin Eugenie bat dringend, »entweder Verhandlungen einzuleiten oder einen Teil der Armee nach Frankreich zu schikken«[78]. Unter diesem Eindruck bedrängte der französische Kaiser den König Viktor Emanuel am 23. Juni, »an den Frieden zu denken, wenn man nicht alles aufs Spiel setzen wolle«[79].

---

70 Salignac-Fénelon an Walewski 16.5.1859: La guerra de 1859 nei rapporti trà la Francia e l'Europa, II serie 1848—1860. Fonti per la storia d'Italia publicate dall'istituto storico Italiano per l'eta moderna e contemporanea, Bd 46—50. Hrsg. v. A. Saitta, Rom 1960—1962, Bd 2, Nr. 247, S. 442.

71 Bericht Rederns 2.6.1859: APP 1, S. 665, Anm. 2 zu Nr. 445.

72 Defrasne, La Prusse, S. 489 f.; Eberhard Kessel, Moltke, Stuttgart 1957, S. 265 ff.

73 Walewski an Meneval 23.5.1859: La guerra 1859 2, Nr. 316, S. 543.

74 Zit. nach: L'Huillier, La crise franco-allemande, S. 234.

75 Bericht Thiles 3.6.1859: Die Formation der französischen Ostarmee sei noch nicht wesentlich vorgeschritten und »alles, was darin etwa geschehe, sei lediglich als Konzession zu betrachten, welche man dem ungestümen Drängen des Marschalls Pélessier mache, der sich immer von neuem beschwere, daß er eine Armee kommandiere, welche nur auf dem Papier existiere« . Einem Bericht Reuß' vom 13.6.1859, daß binnen 24 Stunden 100 000 Soldaten an die deutsche Grenze verlegt werden sollen, hielt ein Bericht Thiles am 22.6.1859 entgegen, dies sei bereits die jetzige Stärke der Nord- und Ostarmee. Diesen fehlten allerdings die Artillerie und die Pferde: APP 1, S. 665, Anm. 1 zu Nr. 446.

76 Walewski an Moustier 21., 24.6.1859: La guerra 1859 4, Nr. 884, S. 1342, Nr. 889, S. 1347.

77 Walewski an Napoleon III. 23.6.1859: La guerra 1859 4, Nr. 984, S. 1450; L'Huillier, La crise franco-allemande, S. 239: 16., 22., 24., 25.6.1859.

78 Ohne Quelle zit. bei Herbert Michaelis, Die Einigung Italiens. Triumph und Verhängnis Napoleon III., München 1960, S. 76.

79 Ohne Quelle zit. bei Michaelis, Die Einigung Italiens, S. 76.

Erst seit dem 22. Juni verstärkten die Franzosen die östlichen Garnisonen[80]. Die deutschen Regierungen aber wurden weiterhin beruhigt, daß die Krise keinen Anlaß zu militärischer Konfrontation biete[81]. Doch Napoleons Beunruhigung blieb jetzt bestimmend. Der sardische Gesandte Nigra fand ihn am 26. Juni 1859 alarmiert über die fortdauernde Mobilisierung preußischer Truppen von Westfalen bis zum Main[82]. Seit der gewonnenen Schlacht bei Solferino drängten neben den politischen auch militärische Kräfte auf einen Friedensschluß. Der General Fleury schrieb: »Dieser Sieg sollte, wie mir scheint, zur Eröffnung von diplomatischen Verhandlungen führen[83].« Walewski sprach jetzt erstmals ausdrücklich von der Möglichkeit einer deutschen Invasion[84]. Am 30. Juni schloß sich ein weiterer Vertrauter des Kaisers, der Botschafter in London, Persigny, den Friedenswünschen an[85].

Napoleons Bedenken gegen den »double guerre« an Rhein und Etsch ließen ihn den Krieg und damit die Gefahr einer Auseinandersetzung mit Preußen beenden[86]. Entschuldigend ließ der französische Herrscher später Viktor Emanuel wissen, er habe unter dem Druck einer auswärtigen Macht gehandelt, die drohte, beim Übertritt des Etsch den Krieg auszuweiten und ihm den Thron zu nehmen[87]. Auch dem russischen Botschafter in Paris, Kiselev, gestand er, daß ihn die drohende Ausweitung des Krieges bestimmt hätte, obwohl ihm mit der Unterstützung aufrührerischer Ungarn noch Mittel gegen Österreich zur Verfügung gestanden hätten[88]. Militärische Mittel für eine zweite Front aber standen den Franzosen nicht zur Verfügung[89].

In Villafranca nahm Napoleon III. in Kauf, daß die Befreiung Italiens »bis zur Adria« nicht erreicht wurde, um den bis dahin lokalisierten Krieg nicht am Rhein zu einem allgemeinen werden zu lassen[90]. Daß dies ein durch die Bedrohungsperzeption erzwungenes vorzeitiges Kriegsende war, verärgerte in Paris[91]. Wie Österreich - das sich mit Napoleon einigte, um nicht schon 1859 das Supremat im Deutschen Bund zu verlieren[92] - so ging auch Frankreich aus der Krise als bleibender Antagonist Preußens hervor. Und selbst die Russen waren

---

80 Defrasne, La Prusse, S. 495 f.

81 Zirkular Walewskis 20.6.1859: La guerra 1859 2, Nr. 262, S. 470 ff.

82 Carteggio Cavour-Nigra 2, S. 298 f.: aus einem Fragment Nigras zum Vorfrieden von Villafranca.

83 Ohne Quelle zit. bei Michaelis, Die Einigung Italiens, S. 76.

84 L'Huillier, La crise franco-allemande, S. 239: 28., 29., 30.6.1859.

85 Ebd., S. 239 f.

86 Histoire du Second Empire par Pierre de la Gorce, Tome, 3., 1859—1861. Paris 1929, S. 103 f. sieht diesen Zusammenhang nicht. Tatsächlich hatte der Kaiser vor dem Krieg auch geglaubt, eine unvermeidliche deutsche Intervention abwehren zu können: Notiz Napoleons III. 1.5.1859: Ernest d'Hauterive, Napoléon II et le Prince Napoléon. Correspondance inédite, Paris 1925, Appendix II, S. 342—350, bes. S. 343 f.

87 Hudson an Russell 16.7.1859: Taylor, European Mediation, S. 64.

88 Thurston, The Italian War, S. 140 f.

89 Defrasne, La Prusse, S. 500 f.

90 Buchner, Die deutsch-französische Tragödie, S. 79.

91 Reuß an Schleinitz 19.7.1859: APP 1, Nr. 501, S. 762.

92 Franco Valsecchi, European Diplomacy and the Thousand: the Conservative Powers. In: A Century of Conflict. 1850—1950. Essays for A.J.P. Taylor. Ed. by Martin Gilbert, London 1966, S. 49—72, hier S. 50.

enttäuscht über das durch Berlins Haltung beförderte Kriegsende, »weil die Nemesis ihr Werk an Österreich noch lange nicht vollendet habe«[93].

Der französische Kaiser aber rechtfertigte sein Handeln mit dem Hinweis auf europäische Lösungen. Seinen Botschafter in Rom ließ er verkünden:

> »Selbst wenn Gott mir den Sieg schenkte, hätte ich keine Veranlassungen zu glauben, ich allein könnte das Schicksal Italiens bestimmen. Europa wird die Fragen lösen wollen, welche das europäische Gleichgewicht berühren[94].«

Akzeptiert man, daß dies nicht lediglich eine Ausrede war, so kennzeichnet es den Europagedanken Napoleons, daß er immer versuchte, das Konzert der Mächte in die Lösung der Probleme einzubeziehen, von denen er vielleicht glaubte, daß sie Stärke und Wille Frankreichs überstiegen[95]. Allzu oft stieß er jedoch mit diesem Bedürfnis solche Fragen an, für welche die anderen Großmächte keinen Handlungsbedarf sahen. In der Perzeption der Europäer wurde er deshalb zum Störenfried. Der britische Botschafter in Paris, Cowley, charakterisierte den Kaiser in deutlichen Worten:

> »I would not have you [Malmesbury] go to sleep. The Emperor often acts upon sudden impulses, and there is no calculating where those impulses may lead him[96].«

93 Bismarck an Schleinitz 9.7.1859: GW 3, Nr. 50, S. 61.
94 Napoleon III. an Agénor 15.6.1859: zit. nach: Echard, Napoleon III., S. 107.
95 Dies die These bei Echard, Napoleon III., S. 141.
96 Cowley an Malmesbury 2.6.1858: Michael J. Salevouris, »Riflemen Form« . The War Scare of 1859—1860 in England, New York 1982, S. 44.

2. Freihandel und Nachrüstung. Die Wirkung zweier ungleicher Instrumente in der britisch-französischen Krise 1859—1861

Zentrales Thema der Geschichte ist nicht nur das, was geschah, sondern immer wieder das, wovon die Menschen glaubten oder fühlten, daß es geschehen werde. So fällt in eine Zeit der relativen innenpolitischen Ruhe in Großbritannien die Kriegspanik (war scare) der Jahre 1858 bis 1861. Sie verband individuelle Befürchtungen über den raschen Wandel in allen Lebensbereichen (Wirtschaft, Gesellschaft, Technik, Kultur, Ideologie) zu einem kollektiven Bedrohungsgefühl. Dabei wurde die Bedrohung nach außen auf Napoleon III. und Frankreich projeziert: Waren nicht schon der Name und die Verwandtschaft Anlaß genug, die aggressive Tradition Bonapartes zu fürchten?

Tatsächlich baute Napoleon in Cherbourg den größten Marinehafen seiner Zeit. Er griff damit auf gleiche Absichten seines Onkels zurück. An der Spitze einer Halbinsel gegenüber der britischen Südküste wurden auf 22 ha um drei Bassins herum Docks und Werften, Zeughäuser und Magazine angelegt, um vierzig der größten Schiffe Platz und Ausrüstung zu bieten. Ein Projekt solchen Ausmaßes konnte und sollte nicht im Geheimen durchgeführt werden. Napoleon III. eröffnete den neuen Kriegshafen im August 1858. Was seinen Stolz beflügelte, nahmen die Briten als Bedrohung wahr. Nur wenige sahen im Ausbau Cherbourgs nicht die maritime Provokation, für sie wurde ein Hafen erst feindlich, wenn es auch die Politik war[1]. Die Mehrheit der britischen Öffentlichkeit hätte sich aber der Einschätzung des Prinzgemahl Albert angeschlossen:

> »The war preparations in the French Marine are immense! Ours despicable! Our Ministers use fine phrases, but they do nothing. My blood boils within me[2].«

Napoleon gab allerdings auch weiterhin nicht die Gelegenheit dazu, das Blut abzukühlen. Als wollte er die Befürchtungen der Engländer bestätigen, rüstete er die französische Kriegsmarine in respektablem Maß auf. Mit der »Gloire« stellten die Franzosen 1859 das erste seetüchtige Panzerschiff in Dienst. Die 5 600 t schwere Fregatte war ein mit 114 mm dicken Eisenplatten gepanzertes Holzschiff, dampfgetrieben und mit neuartigen Granatgeschützen bewaffnet. Der Kaiser hatte alle Kraft in das Gloire-Projekt gesteckt, dessen Erfolg vorhandene Holzschiffe rückständig erscheinen ließ, und für Frankreich einen technologischen Vorsprung vor Großbritannien bedeutete. Die französische Marine zog bei herkömmlichen Linienschiffen und Fregatten faktisch mit der Royal Navy gleich. In Nantes rüstete sie sich zusätzlich mit flachgehenden Landungsbooten aus. In dieser französischen Aufrüstung trafen mindestens fünf Motive aufeinander. 1. Der Krimkrieg zeigte die Überlegenheit industriell und sozial fortgeschrittener Staaten. Er erwies sich gleichzeitig für alle Beteiligten als

---

1 Michael J. Salevouris, »Riflemen Form«. The War Scare of 1859—1860 in England, New York, London 1982, S. 39, Anm. 52.

2 Albert an die Herzogin von Kent 11.8.1858: Theodore Martin, The Life of His Royal Highness The Prince Consort, 5 Bde, London 1880, Bd 4, S. 278.

Wendepunkt in militärstrategischer und rüstungstechnologischer Hinsicht. 2. Frankreich unter Napoleon III. mußte hierbei führen, denn nur ein effektives militärisches Druckpotential verlieh den Gestaltungsplänen des Kaisers Aussicht auf Erfolg: »Every political adventurer needs the army in order to arrive and survive«. 3. Die Mittel dazu waren vorhanden. Zum Einen erlebte Frankreich in den fünfziger Jahren einen bedeutenden Wachstumsschub der Wirtschaft. Andererseits war der Staat bereit zu eigener ökonomischer Aktivität. 4. In der Armee selbst brauchte Napoleon keine Opposition zu fürchten, wie etwa in der Politik und in Gestalt der katholischen Kirche. 5. Tatsächlich wirkte von den Technikern und Ingenieuren in Marine und Rüstungsindustrie, z.B. einem Dupuy de Lôme, auch ein Modernisierungsdruck auf die Regierung zurück[3].

In England entfachten die Rüstungsanstrengungen des Kaiserreichs eine Kriegsangst, die, von der Presse aufgenommen, verbreitet und bestärkt, alle Regionen und Bevölkerungsschichten des Landes erfaßte. Seit Beginn des Jahres 1859 bildeten sich national gestimmte Schützenvereine und bewaffnete Freiwilligenkorps. Die Zahl dieser »volunteers« schnellte alsbald auf über 100 000 Personen hoch. Die Grundlagen einer organisatorischen Permanenz wurden rasch gelegt. Seit dem Mai 1859 beachtete auch die britische Regierung diese Bewegung. Kriegsminister Peel autorisierte die Freiwilligenformationen auf der Basis längst vergessener Rechtssetzungen aus der Zeit der Napoleonischen Kriege[4]. Gleichzeitig stellte sich die politische Elite des Landes an die Spitze der Bewegung. Unter den vielen »vice-presidents« der National Rifle Association fanden sich die konservativen Politiker Derby, Malmesbury und Aberdeen, aber auch der Liberale Palmerston[5]. Die »volunteer-movement« wurde Instrument der britischen Politik. Die Regierung Derby konnte nicht allein auf die Flottenstatistik verweisen, als sie Queen Victoria in ihrer Thronrede im Februar 1859 sagen ließ, daß »the universal introduction of steam power into naval warfare will render necessary a temporary increase of expenditure in providing for the reconstruction of the Britisch Navy«[6]. Einerseits wirkte die Betonung auf »reconstruction« für die Bedrohungsgefühle der Engländer keineswegs beruhigend. Andererseits wies die Formel »temporary increase of expenditure« den

---

3 »Gloire«: Jacques Chantriot, La frégate-cuirassée La Gloire. In: Marine et technique au XIXe siècle. Acte du colloque international Paris, Ecole militaire, les 10, 11, 12 juin 1987, S. 347—367; Flottenstatistik: Salevouris, »Riflemen Form«, S. 71—75, 117—120; Wendepunkt Krimkrieg: Francis Roy Bridge, Roger Bullen, The Great Powers and the European States System 1815—1914, London 1980, S. 82 f.; »Every adventurer ...«: George P. Gooch, The Second Empire, London 1960, S. 210; Modernisierungsdruck: Franklin W. Wallin, French Naval Conversion and the Second Empire's Intervention in Industry. In: Studies in Modern European History. In Honor of Franklin Charles Palm. Ed. by Frederich J. Cox et. al., New York 1956, S. 239—249; Michel Martin, La renaissance de la marine française sous Napoléon III. In: Souvenir napoléonien 42 (1979), S. 44—48; zur anglofranzösischen Flottenrivalität: C.I. Hamilton, Anglo-French Naval Rivalry 1840—1870, Oxford 1993 und ders., The Royal Navy, La Royale, and the Militarization of Naval Warfare, 1840—1870. In: Journal of Strategic Studies 6 (1983), S. 182—212.

4 Salevouris, »Riflemen Form«, S. 78. Zur Geschichte der Freiwilligenbewegung auch Patricia Marie Morton, The volunteer movement in England, 1859 to 1863. Diss., Toronto 1976.

5 Salevouris, »Riflemen Form«, S. 184, Anm. 53.

6 Zit. nach: Salevouris, »Riflemen Form«, S. 57 f.

Weg künftiger Rüstungspolitik. Zusammengenommen zeigt sich hierin die Strategie, eine öffentliche Unruhe in den Dienst der Politik zu nehmen, die Öffentlichkeit für politische Ziele zu instrumentalisieren.

Napoleon III., durch seinen eigenen plebiszitären Regierungsstil mit solchen Methoden bestens vertraut, versuchte im März 1859 selbst Einfluß auf die britische Öffentlichkeit zu nehmen. Die »Times« druckte am 5. März einen Brief des Kaisers, der dessen Hochachtung für das englische Volk aussprach. Napoleon sah seine friedlichen Absichten mißverstanden. Zu diesem Zeitpunkt diente sein Werben um Vertrauen natürlich auch der Absicherung der französischen Ambitionen in Norditalien. Noch konnte er sich der britischen Haltung bei einem französich-östereichischen Krieg nicht sicher sein. Die Leserreaktionen in der »Times« hatten die Tendenz, die Rüstung der anderen als Instrument der Aggression, die eigene aber als Notwendigkeit des Friedens zu betrachten. Doch ganz ließ sich die Frage, warum Napoleon den Krieg vorbereite, wenn er den Frieden intendierte, nicht von der Hand weisen. Trotz aller Sympathie für Freiheit und Einheit der Italiener bedeutete doch ein Krieg mit diesem Ziel eine beunruhigende Gefahr für den europäischen Frieden. Der Kaiser der Franzosen erschien erneut als prinzipienloser Abenteurer. Schon kamen Spekulationen auf, wohin sich Frankreich nach dem italienischen Krieg wenden könnte. Viele Engländer sahen ihre Inseln bereits als neues Ziel. Prinzgemahl Albert schrieb seinem Bruder nach Coburg, daß der Sturm wohl bald hereinbreche, da der französische Kaiser ihn wolle. England könne sich »auf die Länge nicht entziehen«. Er warf dem Franzosen vor, im Stile des ersten Napoleon zu handeln, »parlez paix, agissez guerre«[7]!

Im Parlament wurde eine Kommission gefordert, die den Zustand der nationalen Verteidigung untersuchen sollte. Der Abgeordnete Edward Horsman sah einen Krieg für die nahe Zukunft voraus, weshalb man vorbereitet sein müsse, als beginne er nächste Woche. Horsman unterstützte deshalb den in Friedenszeiten besonders hohen Verteidigungsetat von 26 Millionen £.

Während auf diese Weise die nationalen Bedrohungsängste in eine Politik der verstärkten Landesverteidigung umgesetzt wurden und die Emotionen sich auch nicht durch den schnellen Ausgang des Italienischen Krieges beruhigten — der plötzliche Friede vielmehr als weiterer Grund zum Mißtrauen interpretiert wurde —, konstatierte Richard Cobden im Parlament:

»We are now towards that state of things in which the English people will be reconciled to the necessity and even the inevitableness of a war with France[8].«

Cobden, einem Vordenker des Freihandels, war nicht verborgen geblieben, wie die Ängste der Bevölkerung für eine forcierte Aufrüstung ausgenutzt wurden. In John Bright und Schatzkanzler William Gladstone fand er Mitstreiter, dieser Politik den friedlichen Weg des freien Warenaustauschs entgegenzusetzen. Bright schlug im Juli im Unterhaus den Abschluß eines Handelsvertrags mit Frankreich vor. Cobdens französischer Freund Michel Chevalier, ein einflußrei-

---

7 Albert an Ernst II. v. Sachsen-Coburg und Gotha 10.2.1859: Kurt Jagow, Prinzgemahl Albert. Ein Leben am Throne. Eigenhändige Briefe und Aufzeichnungen 1831—1861, Berlin 1937, S. 400 f.

8 Salevouris, »Riflemen Form«, S. 90.

cher Nationalökonom, griff den Vorschlag auf und regte bereits im August Verhandlungen darüber an[9].

Der Gedanke eines Freihandelsvertrages zwischen dem Kaiserreich und Großbritannien war nicht neu, doch bedurfte es zu seiner Verwirklichung der Krisensituation des Jahres 1859. Tatsächlich versprachen sich beide Seiten nicht allein ökonomische Folgewirkungen von einem solchen Vertrag, sondern politisch die Beruhigung der Krise zwischen England und Frankreich. Cobden, für den Gladstone im Kabinett die Erlaubnis zu inoffiziellen Gesprächen erwirkte, schätzte später die Motive Napoleons III. ganz realistisch ein. Diese seien »nine-tenths political, rather than politico-economical, with a view to cement the alliance with this country[10]« gewesen.

Trotz des Einflusses seiner Umgebung — Persigny und Chevalier, Eugène Rouher, Jules Baroche und Emile Pereire[11] — war der Vertrag Napoleons ureigene Entscheidung, die er in Absprache mit nur wenigen Ministern und Beratern ohne das Wissen anderer Politiker traf und die er in absoluter Geheimhaltung ausführen ließ[12]. Weder Villafranca noch Zürich hatten die italienische Frage gelöst. Das ganze französische Engagement hatte die Lösung nicht gebracht, wohl aber über Italien eine gesamteuropäische Spannung erzeugt. Deshalb bemühte sich der Kaiser in der direkten Folge des Friedens mit Österreich, diese Spannungen abzubauen. Bei russischer Neutralität und österreichischer und preußischer Gegnerschaft wurde Großbritannien zum wichtigsten Faktor in Napoleons außenpolitischer Rechnung. In der zweiten Hälfte des Jahres 1859 widmete er sich daher der Aufgabe, in London Verständnis für seine Politik zu erreichen. Die unbedingte Bereitschaft zu gemeinsamer militärischer Intervention in China im Oktober ist in diesem Zusammenhang ebenso zu verstehen, wie die von Frankreich ausgehenden Verhandlungen über den Handelsvertrag mit den Briten. Zwar hatte Napoleon seit jeher den Wunsch, die protektionistischen hohen Zölle abzubauen, die Frankreichs Industrie vom auswärtigen Wettbewerb abschotteten. Doch diese Absicht allein begründete nicht das Interesse am vertraglich fixierten Freihandel. Immerhin war der Ruin von Industriezweigen zu befürchten, die für Frankreich als vital betrachtet wurden. Daraus resultierende Arbeitslosigkeit stellte ein weiteres Problem dar[13]. Dennoch setzte Louis Napoleon den Vertrag gegen den Widerstand besonders der Eisen- und Textilindustrie durch. Außenpolitisch, weil er als Alternative zur nicht erreichbaren

---

9 Arthur Louis Dunham, The Anglo-French Treaty of Commerce of 1860 and the Progress of the Industrial Revolution in France, Ann Arbor 1930, S. 49 f.

10 Cobden an Charles Sumner 3.12.1861, zit. nach: Desmond C.M. Platt, Finance, Trade and Politics in British Foreign Policy, 1815—1914, Oxford 1968, 1971, S. 88.

11 Barrie M. Ratcliffe, The origins of the Anglo-French commercial treaty of 1860: a reassessment. In: Great Britain and Her World 1750—1914. Essays in honour of W.O. Henderson. Ed. by Barrie M. Ratcliffe, Manchester 1975, S. 125—151, hier S. 130 f.; Gordon Wright, The Origins of Napoleon III's Free Trade. In: Economic History Review 9 (1938) 1, S. 64—67.

12 Ratcliffe, The origins, S. 129 f.; vgl. Napoleon III. an Achille Fould 5.1.1860: Paul Bairoch, Commerce exterieur et développement économique de l'Europe au XIXe siècle, Paris 1976 (= Civilisations et Sociétés, 53), S. 57 f.

13 A.A. Iliasu, The Cobden-Chevalier Commercial Treaty of 1860. In: Historical Journal 14 (1971), S. 67—98, hier S. 74, 78—80, 83.

gesamteuropäischen Einigung über die italienischen Probleme[14] eine anglofranzösische Kooperation hierüber eröffnete. Wirtschaftspolitisch erzeugte der Vertrag den gewünschten Modernisierungsdruck auf die heimische Industrie. Deren verbilligte Konsumgüterproduktion sollte dem Kaiser innenpolitisch helfen, seine abbröckelnde Basis wieder zu festigen[15].

Der französische Herrscher verband seinen politischen Annäherungsversuch allerdings nicht mit einer Rücknahme der militärischen Rüstung. Mit Hochdruck arbeitete man an weiteren gepanzerten Schiffen. Kohlen, Hanf und Munition lagerten in kriegsmäßigen Mengen. In einem Kabinettsmemorandum aus dem November 1859 verwies Kriegsminister Sidney Herbert auf »the enormous preparations, naval and military, and the accumulation of warlike stores which is going on in France«. Er warnte, man habe es mit einem Mann zu tun, »who has himself proclaimed his readiness to make war for an idea«[16]. Premierminister Palmerston fürchtete gar, Napoleon III. könnte die Zeit für gekommen halten, um Rache für Waterloo zu nehmen[17]. Außenminister Russell riet dagegen, die Ansätze zu einer Verständigung mit dem Kaiser aufzugreifen, dabei aber bereit zu sein, sich nötigenfalls auch militärisch verteidigen zu können:

> »A tone of confidence and conciliation and at the same time a state of thorough preparation appears to be the best policy for us. If not attacked we shall offer no offense, if we are, we shall be ready[18].«

Eine Haltung zwischen dem Wunsch nach einer angemessenen Verteidigung und dem, eine gute Verständigung mit Frankreich aufrecht zu erhalten, war nicht ungewöhnlich. Tatsächlich gab es noch anglofranzösische Gemeinsamkeiten, so in China bei der militärischen Durchsetzung des Tientsin-Vertrages vom Juni 1858 oder bei der angestrebten Kooperation über Italien. Zusammenarbeiten war bei gleichlaufenden Interessen durchaus möglich — Botschafter Cowley: »They will not quarrel with us on light ground«[19] —, dennoch blieb in den direkten Beziehungen das gegenseitige Mißtrauen der bestimmende Faktor der Politik.

Dagegen setzten Gladstone, Cobden und Bright ihre Politik des Freihandels, einer Verständigung auf Handelsbasis. Ihr ausdrückliches Ziel war die »Beruhigung der Leidenschaften, die England und Frankreich in den Krieg zu führen drohten«[20]. Schatzkanzler Gladstone wollte darüber hinaus die Rüstungsausgaben begrenzen:

> »Our objects are to cement the friendship with France, and, next to this, to increase trade and reduce enormous establishments (military and naval).«

---

14 William E. Echard, Napoleon III. and the Concert of Europe, Baton Rouge, London 1983, S. 120.

15 Bernd-Jürgen Wendt, Freihandel und Friedenssicherung. Zur Bedeutung des Cobden-Vertrages von 1860 zwischen England und Frankreich. In: Vierteljahresschrift für Sozial- und Wirtschaftsgeschichte 61 (1974), S. 29—64, hier S. 43.

16 Salevouris, »Riflemen Form«, S. 95 f.

17 Palmerston an Russell (im Winter 1859): John Morley, The Life of Richard Cobden, 2 Bde, London 1881, Bd 2, S. 305 f.

18 Russell an Palmerston 5.11.1859: Salevouris, »Riflemen Form«, S. 83.

19 Cowley an Clarendon 4.6.1859: ebd., S. 85.

20 Ebd., S. 229.

Er sah gleichzeitig die Schwierigkeit, dies zu erreichen. Die momentan schwache Befürwortung einer Freundschaft mit den Franzosen ließ sich nicht ohne weiteres dazu nutzen, den Militäretat zu kürzen. Denn nach wie vor war »the idea in possession of the public (that of a) French invasion«[21]. Für Bright gab es keine politische Alternative zum beabsichtigten Handelsvertrag. Er notierte am 15. November 1859 in seinem Tagebuch:

> »Our plan is the only remedy that I know of, and if it be not adopted, war I think will not long be avoided[22].«

Der Unterhändler Cobden war ebenfalls der Auffassung, der Freihandel beende Kriegsgeschrei und Wettrüsten, und binde die Völker friedlich aneinander[23].

Am 23. Januar 1860 wurde der Handelsvertrag schließlich unterzeichnet. Die Details blieben zwar weiteren Verhandlungen vorbehalten, vereinbart aber wurde die Reduktion der französischen Zölle auf britische Industriegüter. Im Gegenzug nahmen auch die Engländer Abgaben auf Wein zurück, schafften sie für Fertigwaren sogar vollkommen ab. Nach Abschluß des Vertrags waren von 419 abgabepflichtigen Gütergruppen nurmehr 49 übriggeblieben. Der Cobden-Chevalier-Vertrag umfaßte eine Meistbegünstigungsklausel und sollte für zehn Jahre gelten[24]. Wirtschaftlich war er ein Erfolg. Zwischen 1857 und 1866 verdreifachte sich der Warenaustausch zwischen England und Frankreich (1857: 23,3 Millionen £; 1866: 63,6 Mio. £; britischer Export 1857: 11,327 Mio. £; 1866: 26,6 Mio. £; britischer Import 1857: 11,965 Mio. £; 1866: 37 Mio. £). Strukturell änderte sich der französische Außenhandel dabei wenig, während englische Fertigwaren ihren Exportanteil deutlich vergrößerten. Doch gelang der französischen Industrie insgesamt eine erfolgreiche Anpassung an den auswärtigen Wettbewerb. Die Abnahme der Wachstumsrate der französischen Wirtschaft ließ sich aber nicht stoppen[25].

So wichtig der Vertrag für die ökonomische Entwicklung war, so sehr traten die politischen Ziele, die seine englischen Befürworter an ihn knüpften, in den Hintergrund. Vielmehr setzte die Regierung ihre Rüstungsbemühungen fort. Schon einige Tage vor dem Verhandlungsende in Paris schrieb Russell an Palmerston, daß man nicht »for the sake of the commercial treaty give up any par-

---

21 Gladstone an Cobden. 10.1.1860: Dunham, The Anglo-French Treaty, S. 87 f.

22 Zit. nach: George M. Trevelyan, The Life of John Bright, London 1913, Repr. Greenwood 1971, S. 186.

23 Cobden an M. Arlès Dufour 25.12.1857: J.A. Hobson, Richard Cobden, The International Man, London 1919, S. 246; Cobden an Gladstone 16.12.1859, 19.1.1860: Salevouris, »Riflemen Form«, S. 230 f.

24 Handelsvertrag (und ergänzende Vereinbarungen): BFSP 50, S. 13—27 (27—75).

25 Wendt, Freihandel und Friedenssicherung, S. 44; Wettbewerbsanpassung: Marcel Rist, Une Expérience française de libération des échanges au XIXe siècle: le Traité de 1860. In: Revue d'Economie Politique 66 (1956), S. 908—962, hier S. 937; Opposition gegen Freihandel: J. Coussy, La Politique commerciale du Second Empire et la continuité de l'évolution structurelle française. In. Cahiers de l'Institut de Science économique appliquée Sér. P, No. 6 (120, Dec. 1961), S. 23 ff.; Strukturwandel: ebd. S. 33 ff.; Wachstumsraten: Paul Bairoch, Commerce Exterieur et Développement Economique. In: Revue Economique 21 (1970), S. 1—33; Außenhandel, Wirtschaftswachstum, Kapitalverkehr: Bairoch, s. Anm. 12, S. 46 f., 196—200, 220—226; freihändlerische und protektionistische Interessen: Michael Stephan Smith, Tariff Reform in France 1860—1900. The Politics of Economic Interest. Ithaca, London 1980.

ticle of our defensive preparations«. In der Tat sah der Premier die Franzosen durch den Vertrag nur zusätzlich gestärkt. Deshalb müsse dem Nachbarn deutlich werden, daß ein Angriff chancenlos sei[26]. Palmerston nutzte die Empfehlungen einer im August 1859 eingesetzten Royal Commission zur Durchsetzung eines umfangreichen Rüstungsprogramms. Die Kommission hatte den sofortigen Ausbau der Küstenbefestigungen, besonders der Arsenale und Werften in Dover und Portland, gegen französische Invasionsabsichten gefordert. Elf Millionen Pfund sollten dafür bereitgestellt werden. Der Regierungschef sprach sich außerdem für einen beschleunigten Schiffsbau aus. Der Deckung der Kosten sollte eine einmalige Anleihe, die »fortification loan« dienen. Im Etat des Jahres 1860 stiegen die Wehrausgaben gegenüber dem Vorjahr um 13,5 Prozent von 26,18 Mio. £ auf 29,71 Mio. £. Versprochene Steuersenkungen blieben wegen der Ausgabensteigerungen aus. Es entstand sogar eine Deckungslücke von 9,4 Mio. £, 13,4 Prozent des Gesamthaushalts. Flottenausgaben rangierten im Wehretat naturgemäß an erster Stelle. Bereits 1858 hatten sie mit neun Millionen Pfund eine Rekordhöhe erreicht. 1859 gab Großbritannien 12,6 Mio. £ (18,3 Prozent des gesamten Budgets) und 1860 rund 14 Mio. £ (20 Prozent) für seine Flotte aus[27].

Insgesamt diente die Kriegspanik der Jahre 1859/60 letzlich der Ausweitung des Rüstungsbudgets und damit der Steigerung der Staatsquote in der heimischen Eisen- und Stahlindustrie. Die Mehrbelastungen wurden innenpolitisch durch den äußeren Invasionsdruck glaubwürdig gemacht. Cobden stellte im August 1860 resigniert fest:

> »Unfortunately, we have a class — and that is the most influential one — which makes money out of these distant wars, or these home panics about a French invasion[28].«

Der Versuch, eine Deeskalation der Krise in den Beziehungen Frankreichs und Englands mit wirtschaftlichen Mitteln zu erreichen, schien bereits kurz nach dem Abschluß des Cobden-Chevalier-Vertrages gescheitert zu sein. Das Jahr seiner Unterzeichnung sollte ein Jahr der fortgesetzten Rüstung und zweier Aufgipfelungen dieser Krise sein, seit dem Sommer und Herbst 1860 wegen des französischen Engagements im Nahen Osten (Syrien), zuvor wegen der französischen Annexion von Savoyen und Nizza.

Der geheime französisch-piemontesische Vertrag vom Dezember 1859/Januar 1860 sah vor, Savoyen und Nizza an Frankreich abzutreten. Die Regionen südlich des Genfer Sees und um die Hafenstadt waren nach Geographie und Bevölkerung alles andere als italienisch. In ihrer wechselvollen Geschichte hatten sich französische und italienische Herrscher abgewechselt. Bis 1814/15 standen sie unter der Herrschaft Napoleons I. im Besitz Frankreichs. Deshalb ging der Artikel 3 des Abkommens auch von einer »réunion« der Gebiete mit dem Zweiten Kaiserreich aus. Diese band der vorangehende Artikel allerdings an Volksabstimmungen und — wichtiger — an die Befreiung ganz

26 Russell an Palmerston 14.1.1860; Palmerston an Russell 5.2.1860: Salevouris, »Riflemen Form«, S. 232 f.

27 Wendt, Freihandel und Friedenssicherung, S. 37, 57.

28 Cobden an Henry Ashworth 27.8.1860: Morley, The Life of Richard Cobden, Bd 2, S. 362.

Italiens von österreichischer Herrschaft[29]. Napoleon III. gab also seine Annexionsabsicht in dem Moment auf, als er darauf verzichtete, Venetien zu erobern. Er versicherte Viktor Emanuel, daß Paris das Stammland der sardischen Monarchie, Savoyen, nicht mehr annektieren wolle. Außenminister Walewski bestätigte dem britischen Botschafter Cowley bereits am Abend des Waffenstillstands, daß Frankreich keinerlei Forderungen hinsichtlich Savoyens und Nizzas mehr stelle[30]. Schon wegen der Vertragstreue der Franzosen zum Kriegsalliierten in Turin entsprach das den Tatsachen. Dennoch erwies sich die weitreichende Festlegung für die französische Außenpolitik als Fehler, weil die britische Regierung sie für die Zukunft als verbindlich betrachtete. In einer Rede vor dem Unterhaus vier Tage später machte Lord Russell dieses deutlich.

So kehrte Kaiser Napoleon ohne territorialen Gewinn aus einem unpopulären und in jeder Hinsicht teuren Krieg zurück. Der europäischen Öffentlichkeit war sein Verzicht auf eine Grenzverschiebung bekannt. Davon ging eine größere Bindewirkung aus, als der Pariser Regierung recht sein konnte.

Nach dem Ende des militärischen Konflikts machte sich Piemont daran, den italienischen Einigungsprozeß voranzutreiben. Obwohl es noch bis 1870 dauerte, bis Piemont-Sardinien zum Königreich Italien erweitert war, ließ sich doch bereits 1859 absehen, daß Turin und die Nationalbewegung einen norditalienischen Rumpfstaat anstrebten. Plebiszite in der Toskana und Romagna, in Modena und Parma[31] verhalfen zu dieser Perspektive. Während Russell am 16. Januar 1860 die britische Unterstützung ankündigte, unternahm Napoleon alles, um die Italiener von diesem Vorhaben abzubringen. Die französischen Vorschläge, das Land unterhalb einer einheitlichen Staatlichkeit zu einen, stieß auf den Turiner Widerstand.

Napoleon schlug deshalb einen Handel vor. Weil er einen erstarkenden, von französischem Einfluß freien Nachbarn fürchtete, sollte Viktor Emanuel II. seinen Zugewinn in Italien mit der schon einmal in Aussicht genommenen Abtretung Nizzas und Savoyens bezahlen. Der Kaiser versuchte mit der Wiederaufnahme der Annexionsforderung gleichzeitig, in der französischen Öffentlichkeit verlorenen Boden gut zu machen. Ausgehend vom Südosten hatte Frankreich eine Kampagne für die Angliederung jener Gebiete erfaßt[32]. Vom Prinzen de Joinville, einem Sohn des Julikönigs Louis Philippe, erfuhr Prinzgemahl Albert, daß der Kaiser die Notwendigkeit verspüre, der Nation und besonders der Armee Kompensation zu verschaffen:

---

29 Napoleon III. und die italienische Einigung. Bearb. v. Beatrix Mesner, Bern 1969 (= Quellen zur Neueren Geschichte, 30) , S. 24.

30 Cowley an Russell 8.7.1859: BFSP 50, S. 458; Cowley an Russell 10.7.1859: G. Pagés, The Annexation of Savoy and the Crisis in Anglo-French Relations, January to April 1860. In: Studies in Anglo-French History. Ed. by Alfred Coville and Harold W.V. Temperley, Cambridge 1935, S. 83—104, hier S. 96; Mark William Sholofsky, The French Annexation of Savoy and Nice in 1860 and European Diplomacy. Diss., Univ. of Pennsylvania 1974, microfilm Ann Arbor 1975, S. 31 f.

31 Raymond Grew, A sterner Plan for Italian Unity. The Italian National Society in the Risorgimento, Princeton 1963, S. 273 ff.

32 Lynn Marshall Case, French opinion on war and diplomacy during the Second Empire, Philadelphia 1954, S. 118 f.; vgl. die Artikel aus »Patrie«, »Gazette de Savoie« und »Constitutionel«: BFSP 50, S. 470—474, 476—479, 481 f.; Natalie Isser, The Second Empire and the Press, Den Haag 1974, S. 91—95.

»The Emperor had therefore given out in the army, that he had obtained the acquisition of Savoy as the frontière naturelle de la France vers les Alpes [...][33]« Schon im September 1859 deutete Walewski, seine frühere Äußerung relativierend, an, eine Vergrößerung Piemont-Sardiniens in Italien lasse auch an Ansprüche Frankreichs denken. Und Napoleon selbst versprach dem österreichischen Botschafter Metternich, seine Mission erfülle sich mit der Durchsetzung in Nizza und Savoyen, sowie hinreichender Festungen im Norden[34].

Derartige Äußerungen — »to obtain«, »frontière naturelle«, »Festungen im Norden« — nährten die Befürchtung, der französische Herrscher werde als nächstes Ziel die natürliche Rheingrenze anstreben[35]. Zwar hatte die Regierung in Paris offiziell zu den Gerüchten keine Stellung bezogen, doch wirkte bereits die Erwartung für die britische »volunteer«-Bewegung verstärkend. Jetzt versuchte auch die englische Regierung stärker als zuvor größere Kontrolle über die Freiwilligenverbände zu gewinnen und bot diesen gleichzeitig weitreichende Unterstützung an. Im Dezember 1859 versprach der Kriegsminister die Ausgabe von Gewehren mit dem Ziel einer vollständigen Bewaffnung der »riflemen«. Im Februar 1860 erlaubte das War Office den Unteroffizieren der Armee, dreimonatige Ausbildungen für die »volunteers« durchzuführen. Im März begann die Regierung, die Bewegung in Batallionen zu strukturieren[36].

Als wegen der Unsicherheit über die französischen Pläne die europäischen Regierungen vermehrt mißtrauisch reagierten, Palmerston eine eventuell beabsichtigte Annexion offiziell mißbilligte und Cowley sogar vorsorglich dagegen protestierte[37], gestand Napoleon zu, er wolle territorialen Zuwachs von der Zustimmung der betroffenen Bevölkerung abhängig machen und darüber hinaus den Rat der Mächte einholen[38]. Im britischen Oberhaus macht Earl Granville diese Einlassung des Kaisers öffentlich[39]. Doch eine Unterwerfung des französischen Herrschers unter das Urteil der Mächte ließ sich auf diese Weise nicht erreichen. Vielmehr verhandelten zur selben Zeit bereits der neue Außenminister Thouvenel und der in sein früheres Amt zurückgekehrte Minister Cavour insgeheim über die Zession Savoyens und der Grafschaft Nizza.

---

33 Memorandum des Prinzen Albert 14.1.1860: Martin, The Life of His Royal Highness, Bd 5, S. 20, Anm. 6.

34 Cowley im Oberhaus 23.4.1860: Case, French opinion, S. 119; Metternich an Rechberg 26.11.1859: Conversations with Napoleon III. Ed. by Viktor Wellesley and Robert Sencourt, London 1934, S. 175; vgl. Brief Vitzthums vom 12.2.1860: Carl Friedrich Vitzthum von Eckstädt, St. Petersburg und London in den Jahren 1852—1864. Stuttgart 1886, Bd 2, S. 29; Sholofsky, The French Annexation, S. 87 ff.; Paul Scherer, British Reaction to French Annexation of Nice and Savoy. In: International Review of History and Political Science 2 (1965), S. 31—40, hier S. 33.

35 Russell an Cowley 28.1.1860: BFSP 50, S. 475: »Natural frontiers — the Alps and the Rhine — the repetition of the history of long and bloody wars — the commencement of a new struggle between France and England: such are the ideas which would pass through men's minds at the announcement of such an acquisition.«

36 Salevouris, »Riflemen Form«, S. 176 f.

37 Budberg an Gorčakov 7.1.1860: APP II,1, Anm. 1 zu Nr. 5, S. 9; Pourtalès an Schleinitz 9./10.1.1860: APP II,1, Nr. 9, S. 14—16; Bernstorff an Prinzregent Wilhelm 13.1.1860: APP II,1, Anm. 3 zu Nr. 9, S. 16:; Bernstorff an Schleinitz 2.2.1860: APP II,1, Nr. 41, S. 84 f.; Pourtalès an Schleinitz 5.2.1860: APP II,1, Anm. 1 zu Nr. 41, S. 84.

38 Russell an Cowley 13.2.1860: APP II,1, Anm. 1 zu Nr. 71, S. 154.

39 Bernstorff an Schleinitz 18.2.1860: APP II,1, Anm. 1 zu Nr. 64, S. 135.

Edouard Thouvenel bezeichnete die Abtretung als geographische Notwendigkeit für die Grenzsicherung Frankreichs[40].

Am 1. März 1860 bestätigte Napoleon III. in einer Thronrede vor dem Corps législatif die ihm unterstellten Absichten:

> »En présence de cette transformation de l'Italie du Nord, qui donne à un État puissant tous les passages des Alpes, il était de man devoir, pour la sûrete de nos frontières, de réclamer les versants français des montagnes[41].«

Gleichzeitig veröffentlichte der »Moniteur« die laufenden Verhandlungen mit Piemont. Das Blatt druckte Schreiben Thouvenels ab, in denen von den natürlichen Grenzen[42] und der Notwendigkeit die Rede war, die italienische Frage ohne die Engländer lösen zu müssen, da diese sich zwar einmischten, Risiken aber nicht tragen wollten[43]. Napoleon ließ sich für sein starkes Auftreten in Paris feiern und konnte für den Moment den unpopulären Frieden mit Österreich überspielen[44].

In Großbritannien war man dagegen der Ansicht, »England has never received such a slap in the face« als durch die Rede des Kaisers und die Briefe seines Außenministers[45]. Obwohl diese Entwicklung erwartet worden war, fühlten sich die Briten betrogen und brüskiert. Palmerston und Russell hatten einiges Recht dazu. Sie unterstützten die französische Intervention in Italien, solange Paris ihr einen selbstlosen Charakter gab. Die territoriale Vergrößerung, zumal mit der schwachen Begründung der angeblichen Stärke Piemonts und der Natürlichkeit der Grenze, war dagegen vollkommen inakzeptabel. Dennoch waren die beiden Politiker von dem Schritt der Franzosen nicht sonderlich überrascht. Immerhin handelte es sich um eine freiwillige Abtretung durch Cavour und Viktor Emanuel; die Freiheit und Einheit Italiens waren diesen Preis wert. Die Opposition gegen eine Annexion Savoyens und Nizzas hatte andere Motive. Napoleon mache einen großen Fehler, schrieb Palmerston:

> »He will destroy all confidence in his intentions of future policy all over Europe; [...] as regards England he will mar all the good effect upon Public Feeling and opinion which the Commercial Treaty [...] might have produced[46].«

Diese Einschätzung war sicherlich zutreffend, hatte doch Napoleon versichert, er strebe keine neuen Grenzen zu Italien an. Cowley meinte sogar, Paris hätte den Ärger vermieden, wenn der territoriale Vorteil von Anfang an offener Teil des Unternehmens gewesen wäre[47]. So aber erntete der Kaiser allenthalben Mißtrauen. Im Nachhinein erschienen die Vertragsverhandlungen des Winters als bloße Deckung eines falschen Spiels.

---

40 Thouvenel an Talleyrand 24.2.1860: BFSP 50, S. 343—347; Zirkular Thouvenels 13.3.1860: Archive Diplomatiques (1861,1), S. 368—370 (im folgenden abgekürzt: Ad); Affaires étrangères. Documents diplomatiques (1860), S. 38—42 (im folgenden abgekürzt: AéDd).

41 Zit. nach: Lynn M. Case: Edouard Thouvenel et la diplomatie du Second Empire, Paris 1976, S. 161.

42 Thouvenel an Talleyrand 24.2.1860 im »Moniteur« am 3.3.1860 veröffentlicht, s. Anm. 40.

43 Thouvenel an Persigny 24.2.1860: Derek Beales, England and Italy 1859—1860, London 1961, S. 137, im »Moniteur« am 2.3.1860 veröffentlicht, BFSP 50, S. 347—350.

44 Case, French opinion, S. 122 f.

45 Clarendon an Cowley 7.3.1860: Beales, England and Italy, S. 137.

46 Palmerston an Russell o.D.: ebd., S. 134.

47 Bericht Cowleys 7.3.1860: Salevouris, »Riflemen Form«, S. 237.

In der Presse und im Parlament wurde Napoleon III. so sehr Zielscheibe der Kritik, daß er am 6. März ganz undiplomatisch den englischen Botschafter angriff. Er bemühe sich um die guten Beziehungen zu England, aber die britische Führung habe sie unmöglich gemacht. Seinem Versprechen, die europäischen Mächte mit der Frage Savoyens zu befassen, vertraue man nicht. Als Cowley bemerkte, daß Napoleon sich keineswegs von deren Entscheidung abhängig mache, wandte der Kaiser sich dem russischen Botschafter zu und bezeichnete die Regierung in London als uneinsichtig:

»I have done all in my power to keep on the best terms with her but I am at my wits' ends[48].«

Ein derartiger Ausfall war nicht dazu geeignet, Palmerstons Mißtrauen abzubauen. Noch im April schrieb er an Cowley:

»The Emperor's mind seems as full of schemes as a warren is full of rabbits, and like rabbits, his schemes go to ground for the moment to avoid notice and antagonism[49].«

Wie die britische Öffentlichkeit, so war auch Queen Victoria empört über die Doppelzüngigkeit des Franzosen. Schon früh hatte sie angeregt, bei den anderen Großmächten wegen eines gemeinsamen Standpunkts vorzufühlen. Das Kabinett lehnte dies zunächst ab, um es am 10. März dann doch zu genehmigen. Am 13. März gab ein Zirkular Thouvenels den Forderungen Napoleons amtlichen Charakter. Eine Woche später forderte Victoria aufs Neue, eine gemeinsame Aktion der Mächte herbeizuführen[50]. Unterbrochen von gewalttätigen Ausfällen gegen die Politik Frankreichs formulierte Lord Russell am 26. März im Unterhaus die Haltung seiner Regierung:

»Sir, my opinion as I declared it in July and January I have no objection now to repeat — that such an act as the annexation of Savoy is one that will lead a nation so warlike as the French to call upon its Government from time to time to commit other acts of agression; and, therefore, I do feel that, however we may wish to live on the most friendly terms with the French Government, and certainly I do wish to live on the most friendly terms with that Government — we ought not to keep ourselves apart from the other nations of Europe, but that, when future questions may arise [...] we should be ready to act with others [...][51]«

Am Tag darauf eröffnete Palmerston dem französischen Botschafter Joseph de Flahault, er habe jegliches Vertrauen in Napoleon verloren und schließe auch die Möglichkeit eines Kriegs nicht mehr aus[52]. Zu diesem Zeitpunkt mag die

---

48 Ebd., S. 238 f.

49 Palmerston an Cowley (April 1860): Evelyn Ashley, The Life of Henry John Temple, Viscount Palmerston, 1846—1865, with selections from his speeches and correspondence, London ^{2}1876, Bd 2, S. 182.

50 Beales, England and Italy, S. 139 f.; Pagés, The Annexation of Savoy, S. 88.

51 Zit. nach: Harold W.V. Temperley, Lillian M. Penson, Foundations of British Foreign Policy, Cambridge 1938, Repr. London 1966, S. 211; über die Kampagne in Presse und Parlament gegen Napoleon: Miriam Belle Urban, British Opinion and Politics on the Unification of Italy 1856—1861. Diss., New York 1938, S. 385—430, bes. S. 422—425; Scherer, British Reaction, S. 36.

52 Vgl. Brief Vitzthums vom 26.5.1860: Vitzthum, St. Petersburg und London, Bd 2, S. 72 f.

Beschreibung des Grafen Vitzthums von Eckstädt, des sächsischen Gesandten am britischen Hof, zutreffend gewesen sein:

»Jedenfalls sind wir an einem Wendepunkt angelangt und Alles mahnt an die Krisis von 1853. [...] Ein wetterkundiger Prophet verkündete gestern, binnen sechs Wochen würden die Botschafter in Paris und London beiderseits ihre Pässe verlangen[53].«

Die Schuld an dieser Zuspitzung gab Persigny dem vormaligen Außenminister. Da es die anscheinende Disloyalität und Leichtfertigkeit wären, welche die Briten gegen Frankreich aufgebracht hätten, trage Walewski die Verantwortung. Er hatte am 8. Juli 1859 den Verzicht auf jede Annexionspolitik ausgesprochen, dem die Engländer bindende Wirkung beimaßen. Hätte er damals gesagt, was der Wahrheit entsprach, wäre die Pariser Haltung niemals zweifelhaft erschienen[54].

Tatsächlich behielt die Krise der anglofranzösischen Beziehungen den ganzen April hindurch ihre Schärfe. Die Königin und mehr und mehr auch Palmerston und Russell versuchten der Idee einer gemeinsamen Position der Großmächte zum Durchbruch zu verhelfen. Dies scheiterte wie auch die Anregung zu einer Außenministerkonferenz am Widerwillen einer Kabinettsmehrheit. Unzusammenhängende Anfragen in Österreich, Preußen und Rußland ergaben im Verlauf des April nur aus Berlin eine befriedigende Antwort. Rußland trat wie schon während des italienischen Krieges an Frankreichs Seite. Österreich verübelte London die britische Haltung während dieses Krieges.

Währenddessen legten Cavour und der französische Unterhändler Benedetti die Zession vertraglich fest (24. März), Plebiszite in Nizza am 18. April und in Savoyen am 22./23. April führten zu den gewünschten Ergebnissen, und am 14. Juni wurde die Annexion offiziell vollzogen[55].

So wenig die Entwicklung die englischen Politiker überrascht haben konnte, so sehr waren sie doch zunächst darum bemüht, sie zu verhindern, und Napoleon vom Weg des »agrandissement« abzubringen. Deshalb passierte auch der Cobden-Chevalier-Vertrag rasch das Parlament. Die Ratifikation war schon am 10. Februar gesichert. Bis zum März verhinderte Russell eine parlamentarische Aussprache zum Thema »Savoyen und Nizza«. Noch am 28. Februar beschwichtigte er die Abgeordneten beider Häuser[56]. Palmerston diente die britische Aufrüstung dem Zweck, Napoleon von territorialer Vergrößerung abzuschrecken[57]. Andererseits sah der Premier schon früh, daß sich auch eine Annexion dazu nutzen ließ, die Aufrüstung voranzutreiben:

»[...] it would make People here more ready to complete our Defence«[58].

---

53 Brief Vitzthums vom 19.3.1860: ebd., S. 49.

54 Persigny an Thouvenel 28.3.1860: Pagés, The Annexation of Savoy, S. 100 f.; zur Haltung Persignys: Gordon Wright, Persigny and the Annexation of Nice and Savoy (Briefe). In: Journal of Modern History 10 (1938), S. 364—371; George Dethan, Réactions Anglaises à l'annexion de la Savoie. In: Revue de Savoie (1960), S. 179—189.

55 Case, Thouvenel, S. 175—178; Sholofsky, The French Annexation, S. 155 f.; Paul Guichonnet, Histoire del l'Annexion de la Savoie à la France, Paris 1983, S. 266 f.

56 Pagés, The Annexation of Savoy, S. 87; Scherer, British Reaction, S. 35.

57 Beales, England and Italy, S. 144.

58 Palmerston an Russell 7.2.1860: Beales, England and Italy, S. 134.

Von dieser Rüstungsbereitschaft und der im März einsetzenden vehementen Opposition gegen das französische Vorhaben lassen sich dennoch keine Kriegsabsichten ableiten. Zu keinem Zeitpunkt war England bereit, für Savoyen, Nizza oder die mitbetroffene Schweiz[59] militärisch einzugreifen. Auch die aggressivste Rede Russells am 26. März 1860 schloß einen Krieg für Savoyen ausdrücklich aus. Und so »warlike« sich Palmerston dem Franzosen Flahault auch gab — tatsächlich war ein Krieg für ihn undenkbar[60]. Selbst die Königin strebte Anfang Mai nach einer diplomatischen Möglichkeit, die Napoleon III. davon abbringen sollte, den Kontinent an den Rand des Krieges zu führen[61]. Gute Gründe sprechen für die Annahme, daß der Abschluß des Cobden-Chevalier-Vertrages mäßigend auf die Politiker gewirkt hat. Eine krisenhafte Zuspitzung der englisch-französischen Beziehungen hätte er demnach nicht verhindert, aber immerhin den Anlaß geboten, deren militärische Eskalation zu vermeiden.

Noch vor der Ratifizierung des Vertrags stellte der oppositionelle Derby den Zusammenhang her. Wegen Savoyen könne unmöglich ein Krieg ausbrechen, da es sich Paris zweimal überlege, auf solche Weise den Handelsvertrag zu gefährden. Das Unterhaus würde in dem Fall seine Zustimmung versagen[62]. Auch Russell befürchtete diese Auswirkung auf den unpopulären Vertrag[63]. Während die Krise im März ihrem Höhepunkt zusteuerte, erinnerte Palmerston daran, daß Napoleon selbst eingewandt hatte, der Vertrag und der Freihandel werden in Frankreich einen »commercial and moneymaking spirit« erzeugen, welcher ihn hindere »when he might want to get the country to support him in a war«[64]. Richard Cobden äußerte im Gespräch mit Napoleon III. seine Ansicht, daß »the mercantile and manufacturing and mining interests have the power and determination to keep the peace so long as it is their interest to do so«. Einzig der Rechtfertigungsdruck für die Rüstungsausgaben gefährde weiterhin den Frieden, da diese eines Tages teurer erscheinen könnten, als ein Krieg[65]. Tatsächlich würde die Londoner Reaktion auf die Annexion Savoyens und Nizzas ohne den Handelsvertrag stärker ausgefallen sein. Dessen Existenz und Perspektiven für die Zukunft verhinderten den substantiellen Bruch mit Frank-

59 Als das Schicksal Savoyens vertraglich besiegelt schien, diente die Frage der Schweizer Sicherheit zeitweise als Instrument der Opposition gegen Frankreichs Vergrößerung. Großbritannien forderte die Neutralität der Grenzgebiete zur Schweiz. Die territoriale Integrität der Schweiz blieb Argument im anglofranzösischen Konflikt, sie war niemals sein Ziel. Vgl. hierzu umfassend Luc Monnier, L'Annexion de la Savoie à la France et la Politique Suisse (1860). Diss., Genf 1932 und Sholofsky, The French Annexation, S. 171 ff.

60 Beales, England and Italy, S. 138; vgl. Bernstorff an Prinzregent Wilhelm 8.2.1860: APP II,1, Nr. 51, S. 100—102.

61 Victoria an Russell 5.5.1860: Salevouris, »Riflemen Form«, S. 243.

62 Brief Vitzthums vom 28.1.1860: Vitzthum, St. Petersburg und London, Bd 2, S. 24.

63 Russell an Cowley 31.1.1860: The Later Correspondence of Lord John Russell, 1840—1878. Ed. by George P. Gooch, 2 Bde, London 1925, Bd 2, S. 256.

64 Palmerston an Russell 15.3.1860: Herbert C.F. Bell, Lord Palmerston, 2 Bde, London 1936, Repr. o.O. 1966, Bd 2, S. 250. Dem widerspricht nicht, daß Palmerston an Gladstone 29.4.1862 (Donald Southgate, ›The Most English Minister ...‹ The Policies and Politics of Palmerston, New York 1966, S. 608, Anm. 33) das kommerzielle Interesse dem Druck der nationalen Leidenschaften unterordnete.

65 Cobden im Gespräch mit Napoleon III. 30.3.1860: Morley, The Life of Richard Cobden, Bd 2, S. 283.

reich[66]. Was sie nicht beendeten, obwohl es sich seine Befürworter erhofft hatten, war die Aufrüstung beider Seiten.

In Frankreich ging der Panzerschiffbau weiter und auch die Royal Navy stellte mit der »H.M.S. Warrior« ihr erstes gepanzertes Schiff in Dienst. Es war 114 m lang, verdrängte 9 300 t. Seine 114 mm starke Panzerung lag auf 45 cm starkem Teakholz[67]. Das Kabinett war sich im Juni einig, daß gegen die aggressive Politik des französischen Herrschers die Verteidigungsbereitschaft weiter gestärkt werden müsse. Immer noch waren nicht wenige der Auffassung, daß es mit diesem Kaiser zum Krieg kommen werde. Das Mißtrauen hatte durch die Annexionskrise nur zusätzliche Begründung erhalten. Am 23. Juni 1860 gab der englische Hof der »volunteer«-Bewegung seine moralische Unterstützung. Königin Victoria nahm im Hydepark die Parade von über 20 000 bewaffneten Freiwilligen ab[68]. Die antifranzösische Spitze dieses Spektakels war nicht zu übersehen[69]. Im Juli wiederholte sich das Schauspiel anläßlich eines ersten nationalen Schützentreffens in Wimbledon[70].

Auch Premierminister Palmerston verbarg sein Mißtrauen gegenüber Frankreich nicht. Der Freihandelsvertrag gebe nur »zerbrechliche Sicherheit«. Nur ein Festungsbauprogramm gebe dem Land den notwendigen Schutz. Dafür verlangte er elf Millionen Pfund aus der Staatskasse[71]. Der Exaußenminister Malmesbury notierte am 24. Juli 1860 in sein Tagebuch, »the French will be furious«[72]. Gelegenheit, diese Erregung zu zeigen, bot sich der französischen Regierung im Nahen Osten.

Seit den Orientkrisen der Jahre 1831/33 und 1839/41 hatte Großbritannien das Osmanische Reich gegen die russische Südexpansion gestützt, um die eigene Handlungsfreiheit im mediterranen Raum nicht mit der östlichen Großmacht teilen zu müssen. Selbst wo Frankreich eine andere Politik verfolgte, wie in der Stärkung Ägyptens gegen den Sultan (1830er Jahre; Suezkanalbau), konnte Petersburg hieraus keinen Vorteil ziehen. Es mußte 1856 sein Ausgreifen in Richtung Konstantinopel mit der militärischen Niederlage bezahlen. Doch seit dem Jahr des Pariser Friedens hatte sich die englisch-französische Krimkriegskoalition weitgehend auseinanderentwickelt. Während die Gegnerschaft zu Rußland in London bestehen blieb, da man die russische Expansion nur aufgeschoben, nicht aber aufgehoben glaubte, bildete sich gerade in der orientalischen Frage eine Verbindung zwischen Paris und Petersburg heraus. Die britische Regierung hielt am Imperativ des Krimkriegs fest, dem Osmanenreich die Integrität zu bewahren. Napoleon III. sah dagegen das Ende des »kranken Mannes am Bosporus« bereits gekommen und wollte dessen Agonie aktiv beschleunigen. Aus dieser Diskrepanz der Interessen zog allein Petersburg die Vorteile, denn eine Auflösung der osmanischen Herrschaft unter französischem Zutun wäre

---

66 Iliasu, The Cobden-Chevalier Commercial Treaty, S. 96, 98.
67 J.G. Wells, Birth of the ironclad, Gloire and Warrior. In: Marine et technique (Anm. 3), S. 377—383.
68 Schulthess 1 (1860), S. 50.
69 Vitzthum, St. Petersburg und London, Bd 2, S. 6 f.
70 Salevouris, »Riflemen Form«, S. 184.
71 Rede Palmerstons im Unterhaus 23.7.1860: Schulthess 1 (1860), S. 60 f.
72 Earl of Malmesbury, Memoirs of an Ex-Minister, 2 Bde, London 1884, Bd 2, S. 231.

einer Revision des Pariser Friedens gleichgekommen. Offenkundig war es der russische Wille, bei dieser Revision Gewinner zu bleiben. Daß Frankreich den Russen hierzu die Möglichkeiten bot, konnte bei den Briten kein Vertrauen wecken. Napoleon III. hatte sich bei seiner norditalienischen Kriegspolitik bereits auf die wohlwollende Neutralität des Zaren stützen können. Die von London vehement bekämpfte Annexion Nizzas und Savoyens durch die Franzosen wurde von Gorčakov schon im Februar 1860 anerkannt. Hatte die Tatsache einer russisch-französischen Verbindung während der italienischen Ereignisse kein britisches Eingreifen begründet, so wurde es nun notwendig wegen der antitürkischen Stoßrichtung, welche diese Beziehung annahm. Im Mai machte Gorčakov den Vertretern der Mächte diese Richtung deutlich. Er hielt ein europäisches Eingreifen auf dem Balkan für unumgänglich[73]. Die Gelegenheit, die sich in Südosteuropa nicht bot, weil sich dort Konstantinopels Herrschaft wieder festigte, ergab sich dagegen in Syrien.

Formal war Syrien ein Bestandteil des Osmanischen Reichs. Die türkische Herrschaft in den Provinzen Aleppo, Damaskus, Tripolis und Sidon beschränkte sich allerdings auf jene städtischen Küstenbereiche, wo sich osmanische Statthalter und örtliche Eliten die Macht teilten. Daneben entzogen sich die Nomaden der Wüstenregionen und Bergstämme des Libanon dem osmanischen Zugriff[74]. Der religiös-ethnische Gegensatz von christlichen Maroniten und muslimischen Drusen im Libanon verschärfte sich durch die demographische[75] und ökonomische Stärkung der Christen sowie deren Bevorzugung durch den lokalen Fürsten (Emir) Bashir (1788—1840) und die zeitweise ägyptische Herrschaft (1831—1840). Kulturell und wirtschaftlich orientierten sich die Maroniten an Europa. Zum einen waren sie konfessionell mit dem Katholizismus uniert, und Frankreich protegierte sie seit dem 17. Jahrhundert in religiösen Belangen, zum anderen entwickelte sich unter maronitischer Dominanz der Seidenhandel[76] mit Europa zum wichtigsten Wirtschaftszweig. Dagegen mußten die streng feudal organisierten Drusen fürchten, ihre traditionelle Elitenstellung als Muslime über einer christlichen Unterschicht zu verlieren. Diese soziale Umschichtung wurde verstärkt durch die unter europäischem Druck von der Hohen Pforte dekretierte konfessionelle Gleichberechtigung (Reformedikte 1839 und 1856), welche die diplomatischen Vertreter der Mächte überwachten. Gleichzeitig mit Mehmed Alis Abzug aus Syrien wurde der Libanon in ethnisch getrennten Distrikten organisiert. Im Norden lehnten sich die Maroniten weiter an Frankreich an. Im Süden konnten sich die Drusen auf England stützen, das versuchte, die französische Durchdringung[77] der Region einzuschränken. Ins-

73 Zirkular Gorčakovs 23.4./5.5.1860: Schulthess 1 (1860), S. 41 f.; Ad (1861,1), S. 113—115.

74 Moshe Ma'oz, Ottoman Reform in Syria and Palestine 1840—1861, Oxford 1961, S. 75—148.

75 Alfred Schlicht, Frankreich und die syrischen Christen 1799—1861. Minoritäten und europäischer Imperialismus im Vorderen Orient, Berlin 1981 (= Islamkundliche Untersuchungen, 61), S. 28 f.

76 Marcel Emerit, La crise syrienne et l'expansion économique française en 1860. In: Revue Historique 207 (1952), S. 211—232, hier S. 221—227; Linda Schatkowski-Schilcher, Ein Modellfall indirekter wirtschaftlicher Durchdringung: Das Beispiel Syrien. In: Geschichte und Gesellschaft (1975), S. 482—505, hier S. 492.

77 Alfred Schlicht, La France et le Liban dans la première moitié du XIXe siècle. Influence occidentales dans l'histoire orientale. In: Francia 11 (1983), S. 495—507.

gesamt folgte der europäischen Einmischung aber nur die Verschärfung des indigenen Konflikts, denn die Distrikteinteilung spiegelte nicht die konfessionelle Wirklichkeit wider[78], und eine Koexistenz dieser Teilregionen wurde nie erreicht.

Die latenten religiösen und ethnischen, politischen und ökonomischen Spannungen entluden sich im Sommer 1860 gewaltsam[79]. Zunächst kam es im Mai von Beirut ausgehend zu drusischen Übergriffen gegen den maronitischen Bevölkerungsteil[80]. Auslöser dieser Massaker waren jeweils gegen den andersgläubigen Kult gerichtete Provokationen: Kreuzschändungen oder Beleidigungen. Im Hintergrund solcher Gewaltausbrüche stand die muslimische Unzufriedenheit über die europäische Penetration und die dadurch bedingten Reformen[81]. Bereits 1856 in Palästina (Nablus[82]) und 1858 im Hedjas am Roten Meer (Djidda) war diese Zielrichtung der Gewalttaten erkennbar gewesen[83]. Die örtlichen osmanischen Vertreter von Administration und Militär hinderten solche Übergriffe nicht oder beteiligten sich sogar aktiv daran[84]. Im Libanon standen 1860 türkische Truppen nicht in ausreichendem Maße zur Verfügung, um eine Eskalation des »Bürgerkriegs« zu unterdrücken. Am 9. Juli kam es in Damaskus zu einem Massaker im Christen- und Europäerviertel der Stadt[85]. Auslöser war hier die ehrverletzende Bestrafung muslimischer Beleidigungen gegen Christen. Über die Urheber gibt es nur unzureichende und über die angerichteten Schäden nur schätzende Angaben. Hinter den Pogromen werden vom Verlust ihrer sozialen Privilegien bedrohte lokale Eliten gestanden haben. Die Ermordung von 15 000 bis 22 000 Menschen und die Zerstörung von kirchlichen (Schulen, Klöster, Kirchen) und privaten (100 Millionen Francs) Sachwerten blieb jedoch nicht ohne Folgen.

Mit Zustimmung der jeweiligen nationalen Presseöffentlichkeit und auf französische Initiative hin drohten die Großmächte ihre Intervention an. Es waren diese Aussicht und die Gelegenheit, in Form der Befriedung und Bestrafung den Regionalismus der syrisch-libanesischen Eliten zu brechen, welche das rasche eigene militärische Engagement der Hohen Pforte erklären. Nur das Eingreifen osmanischer Truppen konnte die europäische Einmischung noch verhindern und der Zentralgewalt Konstantinopels die direkte Kontrolle in Syrien sichern. Der türkische Außenminister Fu'ad Pasha selbst befehligte die 15 000 Soldaten, die bereits Anfang August 1860 die Ausschreitungen beendeten. Die der Urheberschaft der Unruhen beschuldigten Damaszener Notabeln wurden

---

78 Philip K. Hitti, Lebanon in History: from the earliest times to the present, New York 1967, S. 435.

79 John P. Spagnolo, France & Ottoman Lebanon 1861—1914, London 1977, S. 29—32; Kamal Suleiman Salibi, The modern History of Lebanon, London 1965, S. 89—107; siehe das Kapitel über den syrischen Bürgerkrieg bei K.M. Firro, A History of the Druzes, Leiden, Köln 1992.

80 Abdul Latif Tibawi, A modern history of Syria including Lebanon and Palestine, London 1969, S. 124 schildert die maronitische Aufrüstung vor den drusischen Übergriffen.

81 Spagnolo, France & Ottoman Lebanon, S. 32 f.

82 Ma'oz, Ottoman Reform, S. 226—230.

83 Alexander Schölch, Der arabische Osten im 19. Jahrhundert 1800—1914. In: Geschichte der arabischen Welt. Hrsg. von Ulrich Haarmann, München 1987, S. 365—431, hier S. 412—414.

84 Ma'oz, Ottoman Reform, S. 224; Schlicht, Frankreich, S. 66—68.

85 Ma'oz, Ottoman Reform, S. 231—240.

hingerichtet oder verbannt, die männliche muslimische Bevölkerung durch Aushebung verringert und von den Muslimen der Stadt eine kollektive Strafe von 20 Millionen Piaster erhoben[86].

Obwohl also zu dem Zeitpunkt, da die ersten französischen Truppen libanesischen Boden betraten, eine europäische Einmischung objektiv nicht mehr nötig war, ist diese nicht etwa aufgehalten oder vorzeitig beendet worden. Vielmehr wirkte das französische Interventionsinteresse als »syrische Krise« auf die europäischen Mächtebeziehungen zurück.

Noch vor den Pogromen in Damaskus verlangte der französische Außenminister Thouvenel, als Reaktion auf die Vorgänge im Libanon europäische Kriegsschiffe an die syrische Küste zu entsenden. Sie sollten die dortigen Konsulate und die Arbeit einer europäischen Untersuchungskommission schützen. Der Sultan sollte den ägyptischen Khediven auffordern, in Syrien für Ordnung zu sorgen[87].

Die französischen Kontakte nach Ägypten waren in der Vergangenheit nicht abgerissen. Nach einer probritischen Übergangsphase in den 50er Jahren war es Paris gelungen, den Khediven für das Suezkanalprojekt zu gewinnen. Es lag also im Interesse Frankreichs, den Herrscher am Nil gegenüber der Hohen Pforte zu stärken. Das Einbeziehen der Ägypter in das syrische Geschehen und die ökonomische Motivation[88] hierzu verweist bereits auf die späteren Konflikte wegen des Nillandes[89].

Zumindest ein Engagement des Khediven verhinderte die türkische Regierung, als sie Fu'ad Paha beauftragte, die syrischen Unruhen zu bereinigen. Am 9. Juli, einen Tag nachdem Fu'ad mit weitreichenden Vollmachten des Sultans ausgestattet nach Syrien reiste, gingen unter Admiral Jehenne auch zwei französische Kriegsschiffe dorthin ab[90]. Bei der Pforte wies der Botschafter Lavalette darauf hin, »daß Frankreich aus Gründen der Menschlichkeit und Kraft alter Kapitulationen sich mit den europäischen Großmächten ins Einvernehmen setzen werde, um der Rückkehr so blutiger Auftritte, wie in Syrien, vorzubeugen«[91].

Besonderen Wert legte Thouvenel auf die Mitwirkung Großbritanniens:

> »Le Gouvernement de l'Empereur désire avant tout se rencontrer en parfait accord avec le Gouvernement de S.M. Britannique[92].«

Tatsächlich konnte er darauf verweisen, daß auch England seine maritime Präsenz vor Beirut verstärkte[93]. Er erwartete die Unterstützung der übrigen Mächte

---

86 Alyce Edythe Mange, The Near Eastern Policy of the Emperor Napoleon III., Urbana 1940 (= Illinois Studies in the Social Sciences, 25), S. 93.

87 Cowley an Russel 5.7.1860: BDFA I,B,6, Nr. 2, S. 3 f.; Correspondence Relating to the Affairs of Syria, 1860—1861, London 1861, Nr. 1, S. 1 f. (im folgenden abgekürzt: Corr.).

88 Emerit, La crise syrienne, S. 217—221.

89 Martin Kröger, »Le bâton égyptien« — Der ägyptische Knüppel. Die Rolle der »ägyptischen Frage« in der deutschen Außenpolitik von 1875/6 bis zur »Entente Cordiale«, Frankfurt a.M. 1991 (= Europäische Hochschulschriften III, 470).

90 Hamelin (Marineminister) an Thouvenel 7.7.1860: AéDd (1860), S. 197.

91 Schulthess 1 (1860), S. 57; Thouvenel an Lavalette 6.7.1860: AéDd (1860), S. 196 f.

92 Thouvenel an Chateaurenard 5.7.1860: AéDd (1860), S. 193 f.

93 Stephen Kloepfer, The Syrian Crisis 1860—1861. A case study in classic humanitarian intervention. In: Canadian Yearbook of International Law 23 (1985), S. 246—260, hier S. 251.

und schlug vor, die administrativen Strukturen des Libanon sowie die Umstände und Konsequenzen der Unruhen zu überprüfen[94].

Preußens Außenminister Schleinitz stimmte dieser Politik ausdrücklich zu, das Vorgehen Fu'ad Pashas werde nicht verhindern können, daß sich die Europäer der Sache annähmen. Auch die Briten sprachen sich für ein gemeinsames Vorgehen der Mächte aus[95]. So war sich Thouvenel der Zustimmung sicher, als er, nachdem die Damaszener Massaker bekannt wurden, in Absprache mit Napoleon drängte, sofort gemeinsame Truppen in die Levante zu schicken[96]. Preußen und Österreich billigten die militärischen Maßnahmen, wenn sie die Autorität der Pforte nicht berührten, »sondern nur als derselben zur Seite gestellt« erschienen[97]. Auch der britische Außenminister Russell beharrte auf der türkischen Autorität[98]. Dieser Rückgriff auf das Integritätsversprechen des Pariser Friedens mußte jede europäische Handlung auf osmanischem Territorium beschränken. Der französische Vorschlag aber lief auf eine geschwächte türkische Souveränität in Syrien hinaus, wenn der Schutz der Maroniten und die allgemeine Ordnung europäischen Truppen anvertraut wurden.

Palmerston hielt der Gefahr, daß Frankreich sich in der Region festsetzen könnte, entgegen, vor der öffentlichen Meinung lasse es sich nicht rechtfertigen, wenn man die Intervention verhindere[99]. Seinen Kabinettskollegen aber machte er am 19. Juli die Konsequenzen der französischen Militäraktionen deutlich:

> »By acceding to the French proposal we should be practically handing over Syria to France[100].«

Russell sprach von einer »suicidal measure« und der Gefahr, daß das Mittelmeer leicht ein französischer Binnensee werden könne[101]. In Europa isoliere sich Großbritannien jedoch, wenn es sich als Opponent einer Intervention in Syrien gegen Rußland und Frankreich stelle. Schlössen sich aber Österreich und Preußen der britischen Opposition an, könnten sich Russen und Franzosen der Rheingrenze zuwenden[102]. Trotz der Bedenken setzte sich die Ansicht durch, der französischen Entschlossenheit zum Handeln dürfe schon deshalb nicht widersprochen werden, weil es moralisch ganz und gar unmöglich sei, die

94 Zirkular Thouvenels 6.7.1860: Ad (1861,1), S. 392 f.; AéDd (1860), S. 194—196.

95 Schleinitz an Pourtalès 12.7.1860: APP II,1, Anm. 1 zu Nr. 222, S. 543; Schleinitz an Bernstorff 13.7.1860: ebd.

96 Thouvenel an Persigny 16./17.7.1860: AéDd (1860), S. 198 f.; Cowley an Russell 17.7.1860: Corr., Nr. 9, S. 6 f.; BDFA I,B,6, Nr. 7, S. 6 f.; Pourtalès an Schleinitz 17.7.1860: APP II,1, Nr. 222 (1.), S. 544; Echard, Napoleon III., S. 130.

97 Rechberg an Károlyi 17.7.1860: APP II,1, Anm. 1 zu Nr. 221, S. 544.

98 Bericht Bernstorffs 19.7.1860: ebd., S. 543 f.

99 Bernstorff an Schleinitz 20.7.1860: ebd., Anm. 1 zu Nr. 227, S. 559.

100 Zit. nach: Winfried Baumgart, Die europäischen Großmächte und die französische Intervention in Syrien 1860/61. In: Historisches Jahrbuch 106 (1986), S. 361—385, hier S. 373; vgl. Brief Vitzthums vom 21.7.1860: Vitzthum, St. Petersburg und London, S. 91: »Von vielen Seiten werden die dortigen Unruhen auf einen tiefer angelegten Plan des französischen Cabinetes zurückgeführt und zum Beweise hervorgehoben, daß Geld und Arbeitskräfte nicht gespart worden, um in diesem unwirthlichen Lande Heerstraßen zu schaffen.« Vgl. auch: Echard, Napoleon III., S. 135.

101 Baumgart, Die europäischen Großmächte, S. 383.

102 Russell an Palmerston 27.7.1860: The Later Correspondence of Lord John Russell, Bd 2, S. 266.

Greueltaten gegen die Christen unbeantwortet zu lassen[103]. Doch sollten die vornehmlich französischen Truppen nur kraft einer formellen Konvention zwischen den fünf Mächten und der Pforte entsandt werden[104].

Während der Pariser »Moniteur« noch die allgemeine Zustimmung zu Thouvenels Verlangen feierte[105], schoben Großbritannien und Rußland weitere Forderungen nach. Gorčakov verlangte die geheime Absprache, daß für den Schutz der Christen im europäischen Teil des osmanischen Reiches dieselben Grundsätze wie in Syrien gelten sollten[106]. England forderte neben der zeitlichen und personellen Beschränkung des französischen Mandats auch ein formelles Hilfeersuchen der Hohen Pforte[107].

Eine Botschafterkonferenz der fünf Großmächte und der Türkei in Paris folgte den britischen Forderungen, weitete aber die syrische Frage nicht auf den Balkan aus, wie es Rußland aus durchschaubaren Gründen verlangte. Die Botschafter einigten sich auf zwei Protokolle, die die Größe der Expeditionstruppen auf 12 000 Soldaten festlegten, von denen Frankreich die Hälfte sofort entsandte. Weitere 6 000 Mann würden die anderen Mächte bei Bedarf aufzustellen haben. Die Besetzung Syriens sollte sechs Monate dauern. Aus dem Unternehmen sollte keine Macht territorialen oder ökonomischen Gewinn ziehen[108].

In der Tat verliehen Napoleon III. und General Beaufort d'Hautpoul dem Abgang der Truppen einen humanitären und gesamteuropäischen Charakter. Paris kaschierte damit die wahren Absichten[109]. Thouvenel verlangte die Abschaffung der Distrikte, weil sie französischen Einfluß minderten. Ein autonomer Libanon unter der Herrschaft einer von Paris abhängigen Familie sollte geschaffen werden[110]. Aus diesem Territorium wären Nichtchristen unter der Aufsicht der fortdauernden französischen Besatzung vertrieben worden[111]. Eine neue Grenzziehung gegenüber anderen Bevölkerungsteilen konnte der erste Schritt zu einem formellen Protektorat sein. Mit dem Besitz Syriens hätte Frank-

103 Bericht Bernstorffs 25.7.1860: APP II,1, Anm. 2 zu Nr. 227, S. 559.

104 Persigny an Thouvenel 18.7.1860: AéDd (1860), S. 200; Rede Russells im Parlament 23.7.1860: Schulthess 1 (1860, S. 60.

105 Schulthess 1 (1860), S. 60; über die Presse in Frankreich während der Syrienaffäre informiert Noureddine Hatoum, L'opinion française et la Question des Syrie (1860—1861). Diss., Paris 1945.

106 Bericht Bismarcks 23.7.1860: APP II,1, Anm. 1 zu Nr. 227, S. 559, auch Gorčakov an Kiselev und Brunnov 7. bzw. 21.7/19.7 bzw. 2.8.1860: St.A. 12 (1867), Nr. 2706—2709, S. 327—331.

107 Echard, Napoleon III., S. 106 f.; Russell an Cowley 23.7.1860: Corr., Nr. 22, S. 15 f.; BDFA I,B,6, Nr. 9, S. 8; Persigny an Thouvenel 25.7.1860: AèDd (1860), S. 210; Russell an Cowley 28.7.1860: Corr., Nr. 37, S. 24.

108 Martens 16,2 (1860), S. 638—641, Nr. 100 f.; zur Konferenz: Case, Thouvenel, S. 340—342.

109 Schulthess 1 (1860), S. 74; Echard, Napoleon III., S. 130 f. hält für das wichtigste Motiv die Ausweitung des Handlungsrahmens des Europäischen Konzerts. Dahinter träten andere Gründe und Absichten zurück.

110 Thouvenel an Lavalette 2.8.1860: zit. bei Baumgart, Die europäischen Großmächte, S. 373.

111 Dufferin an Bulwer 15.11.1860: über einen solchen Vorschlag Frankreichs: BDFA I,B,6, Nr. 62, S. 64 f.

reich das gesamte östliche Mittelmeer kontrolliert[112]. Auf diese besitzergreifende Absicht deutet auch die heimliche Vermessung des Landes hin[113].

Russel und Palmerston, die ja diese Entwicklung befürchtet hatten, änderten bereits kurz nachdem die Pariser Protokolle unterzeichnet waren ihre Marschroute. Der britische Außenminister schlug vor, die in Paris vereinbarten weiteren 6 000 Soldaten zur Hälfte als englische Truppe zu stellen und im drusischen Südlibanon zu dislozieren, um einer französischen Eroberung vorzubeugen. Die restlichen 3 000 Mann würde wahrscheinlich Preußen stellen. Mit Palmerstons Einverständnis suchte Russell in Berlin um dieses Truppenkontingent nach[114].

Schleinitz stimmte einer Zusammenarbeit prinzipiell zu. Die Annäherung an England war ganz im Sinne der seit 1858 vorangetriebenen Neubestimmung der preußischen Außenpolitik. Außerdem sollte die anglopreußische Kooperation positive Folgen für die schleswig-holsteinische Frage haben. Seine Zusage knüpfte Schleinitz jedoch an die Bedingung, daß London seine Absicht, eine zweite Expedition zu entsenden, rasch auch amtlich feststelle. Die praktische Durchführung des Unternehmens schränkte die preußische Innenpolitik ein. Während die Franzosen rund 3 Millionen Francs pro Monat für die Syrientruppen aufwendeten, fehlte den Preußen schon der Schiffsraum für einen derartigen Zweck. Palmerston lehnte aber einen Transport auf englischen Kriegsschiffen ab[115]. Der ganze Plan einer zweiten Truppensendung wurde vorläufig ad acta gelegt. Zum einen konnte ein Abzug der Franzosen vor dem Winter erwartet werden, weil die türkische Strafaktion ihnen die Arbeit abgenommen hatte. Zum anderen waren die zeitlichen und personellen Fixierungen der Botschafterkonferenz seit dem 5. September 1860 Bestandteile einer Konvention[116], woraus eine erhöhte Wirksamkeit dieser Verpflichtungen abgeleitet werden durfte.

Tatsächlich gab Thouvenel zu, Fu'ad Pasha könne mit seinen Truppen die Ruhe im Libanon garantieren[117]. Doch dachte der französische Minister keineswegs an einen Rückzug seiner Truppen, sondern bezog dieses Eingeständnis nur auf eventuelle zusätzliche Soldaten, die im Libanon nicht gebraucht würden. Er vertraute darauf, die gegensätzlichen Interessen der Mächte für die Verlängerung der Truppenpräsenz ausnutzen zu können. Dem Botschafter in London schrieb er, es sei nicht Aufgabe Frankreichs, neue Vorschläge zu machen. Vielmehr müßte eine Einigung der Mächte vorangehen, die seiner Regierung dann vorgelegt werde[118]. Thouvenels Wille, die militärische Präsenz fortzusetzen, war schon im November 1860 durch die russische Bereitschaft bestärkt worden, dies über die vertraglichen Beschränkungen hinaus zu akzeptie-

112 Einschätzung Rederns am 4.8.1860: APP II,1, Anm. 4 zu Nr. 227, S. 560.

113 Baumgart, Die europäischen Großmächte, S. 367; Mange, S. 91 f. weist auf den innenpolitischen Wert hin, den die Hilfeleistung für die maronitischen Christen für Napoleons Stellung gegenüber dem französischen Katholizismus hatte.

114 Bericht Bernstorffs 11.8.1860: APP II,1, Anm. 1 zu Nr. 242, S. 597; Baumgart, Die europäischen Großmächte, S. 367 f.

115 APP II,1, S. 597—600, Nr. 242 mit Anm.

116 Martens 18 (1873), S. 224—226, Nr. 52.

117 Cowley an Russell 21.9.1860: Corr., Nr. 134, S. 129 f.

118 Thouvenel an Flahault 4.1.1861: Echard, Napoleon III., S. 136.

ren[119]. Zwar hatte Paris zuvor die Möglichkeit einer gemeinsamen Orientpolitik mit Rußland unverbindlich angedeutet[120], doch mit seiner Mitteilung vom 2. November drängte Gorčakov in dieser Richtung sehr viel weiter. Die dauernde Präsenz Frankreichs in der Levante sollte ihm ein Interventionrecht auch auf dem Balkan begründen.

Mit wechselnden Argumenten bemühte sich Thouvenel jetzt darum, die Sechsmonatsfrist loszuwerden. Ohne den Schutz französischer Truppen könne die Internationale Kommission zur Wiederherstellung der Ordnung im Lande nicht arbeiten; die muslimischen Greuel würden erneut beginnen; ein neues Verwaltungssystem sei in so kurzer Zeit nicht zu schaffen[121]. Gegenüber Botschafter Cowley beteuerte Thouvenel:

> »There is not a post that arrives from Syria that does not bring petition upon petition to the Emperor for continued protection, and it is difficult to abandon altogether these people who have at all times looked to us, for I will not deny that we place a certain value in the preservation of our influence over the Maronites[122].«

Überzeugen konnte dies die Briten allerdings nicht. Ebensowenig die von Paris ausgehenden Anregungen zu einer Kongreßlösung. Russell:

> »A council which would pretend to present all the nations and to embrace all the interests would soon become a center of intrigues and the organ of the boldest and least scrupulous of the great powers[123].«

Als solche sah der Außenminister von London aus Frankreichs Zweites Kaiserreich. Dessen Herrscher bemühte sich auch ein halbes Jahr nach dem Beginn der libanesischen Expedition, deren humanitären Aspekt im Vordergrund zu halten[124]. Immerhin konnte sein Minister Thouvenel eine neue Botschafterkonferenz durchsetzen[125]. Gleichzeitig stimmte Preußen, mit Rücksicht auf den Zaren, dem französischen Verbleib im Libanon zu[126]. Die Zusammenkunft am

---

119 Baumgart, Die europäischen Großmächte, S. 370, erneut Gorčakov an Kiselev 1.2.1861: Ad (1861,1), S. 98 f. und Gorčakov an Labanov Rostovski 25.1.1861: ebd., S. 97 f.

120 Thouvenel an Montebello 25.9.1860: La questione italiana dalle annessioni al regno d'Italia nei rapporti fra la Francia e l'Europa, III serie, 1848—1860, vol. 3 (Fonti per la storia d'Italia, im Auftrag des Istituto storico italiano per l'età moderna e contemporana), hrsg. von Armando Saitta, Rom 1968, Nr. 939, S. 429 f.: »Orient«.

121 Russell an Cowley 7.11.1860: Corr., Nr. 172, S. 186; BDFA I,B,6, Nr. 55, S. 59 f.; Cowley an Russell 4.1.1861: Corr., Nr. 227, S. 195 f.; Echard, Napoleon III., S. 137.

122 Cowley an Russell 28.1.1861: Corr., Nr. 167, S. 350 f.

123 Russell an Cowley 24.12 1860: Echard, Napoleon III., S. 136 f.

124 Napoleon III. an Beaufort d'Hautpoul 8.1.1861: Ad (1861,1), S. 355. Der Brief wurde als Tagesbefehl ausgegeben.

125 Zirkular Thouvenels 18.1.1861: Ad (1861,1), S. 394 f.; AèDd (1860), S. 217—219; Cowley an Russell 18.1.1861: Corr., Nr. 148, S. 326 f.

126 Schleinitz an Pourtalès 16.1.1861: Corr., Nr. 260, S. 344 f.; Ad (1861,1), S. 415 f.; Lowther an Russell 19.1.1861: Corr., Nr. 252, S. 328.

19. Februar 1861 in Paris einigte sich auf britisch-türkische Initiative[127] hin auf die Verlängerung der Abzugsfrist bis zum 1. Mai[128].

Um weiteren solchen Ausweitungen der Frist vorzubeugen, beklagte Russell die mangelhafte Effizienz der Besatzungstruppen. Unter ihrem Schutz verübten Maroniten Rachezüge gegen die drusische Bevölkerung[129]. Was konnte das anderes bedeuten, als daß London eine derartige Besatzung für überflüssig hielt? Für Russell waren die französische Präsenz und die Aufgaben der Enquête zwar eng verbunden, nicht aber identisch. Die Aufgabe der Soldaten sei mit der wiederhergestellten Ordnung erledigt. Eine unbeschränkte Okkupation zu Lasten der osmanischen Herrschaft wollte Russell unbedingt verhindern[130]. »It is clear indeed«, schrieb er dem Botschafter in Konstantinopel, »that the French forces at present in Syria rather increase than allay irritation«[131]. Er bestand auf der Erfüllung des Besatzungszwecks und der Einhaltung der Besatzungsfrist, die am 15. März eine dritte Konferenz noch einmal, jetzt auf den 5. Juni 1861, verschob[132].

Dies sollte die letzte Londoner Konzession sein. Der britische Vertreter in der Untersuchungskommission im Libanon, Lord Dufferin, verlegte sich nun seinerseits auf die Destruktion französischer Pläne[133]. In eskalierendem Gegensatz zu Großbritannien waren jedoch die weitgesteckten Ziele Frankreichs in Syrien nicht durchzusetzen. Die Truppen zogen zum zuletzt vereinbarten Termin ab. Um den französischen Prestigeverlust gering zu halten, vereinbarten die beteiligten Mächte eine Kompromißlösung vor Ort. Am 9. Juni 1861 trat ein neues Verwaltungsreglement für den Libanon in Kraft, das als »Réglement Organique« 1864 mit der Türkei vertraglich festgelegt wurde[134].

In der nach der Annexionskrise wegen Savoyen und Nizza zweiten Auseinandersetzung um einen territorialen Anspruch Frankreichs setzten sich die Briten durch. Dies geschah, obwohl der Konflikt unterhalb der Schwelle wirklicher Kriegsgefahr blieb und auf britischer Seite die Aufgeregtheit der vorangegangenen Krise vermieden wurde. In Grenzen war London konzessionsbereit, konnte es vor dem Hintergrund der eigenen Nachrüstung auch sein. Das bedeutete, daß Napoleon III. sich aus Syrien zwar zurückziehen mußte. Da er dies

---

127 Russell an Bulwer 10.11.1860: Corr., Nr. 177, S. 199; Ali Pasha an Musurus 28.11.1860: Corr., Nr. 198, S. 149 f.; Russell an Cowley 19.1.1861: Corr., Nr. 249, S. 327; Memoranden Musurus' und Russells 29.1.1861: Corr., Nr. 265 f., S. 349 f.; Cowley an Russell 5.2.1861: Corr., Nr. 286, S. 371.

128 Cowley an Russell 19.2.1861: Corr., Nr. 312, S. 408—410; Thouvenel an Flahault 25.2.1861: Ad (1861,2), S. 428—432; Protokoll der Konferenz: BFSP 51, S. 279—284, Ad (1861,2), S. 321—326.

129 Russell an Cowley 11.3.1861: Corr., Nr. 343, S. 429 f.

130 Russell an Cowley 24.1.1861: Corr., Nr. 254, S. 331 f.; Russell an Cowley 2.3.1861: Corr., Nr. 327 f., S. 422.

131 Russell an Bulwer 1.1.1861: Corr., Nr. 222, S. 283 f.

132 Protokoll der Konferenz: BFSP 51, S. 285—287; Ad (1861,2), S. 326—328; Konvention über die neue Fristsetzung: ebd., S. 328 f.

133 Dufferin an Russell 20.4.1861: zit. bei Baumgart, Die europäischen Großmächte, S. 375, Anm. 50; Protokolle der 29 Sitzungen der Kommission vom 5.10.1860 bis 4.5.1861: BFSP 51, S. 293—490.

134 Martens 18 (1873), S. 227 ff., Nr. 54; AéDd (1861), S. 63—69; BFSP 51, S. (287) 188—294; zur weiteren Entwicklung: Spagnolo, France & Ottoman Lebanon, S. 41—47; Salibi, History of Lebanon, S. 110 f.

jedoch auf der Grundlage der von Frankreich mitgetragenen europäischen Verträge tun konnte, war der Prestigeverlust außenpolitisch gering. Innenpolitisch zählte weit mehr der humanitäre, propagandistische Zweck des Unternehmens. Für die englische Regierung fiel im Jahre 1861 die Entwicklung in Nordamerika stärker ins Gewicht, so daß eine Eskalation mit Frankreich dahinter zurücktrat. Umgekehrt war es mit dem französischen Interesse in Mexiko. Hierfür bedurfte Napoleon III. des Ausgleichs mit den Briten. Eine fortwährende Kraft des »economic appeasement« durch den Cobden-Chevalier-Vertrag schließt das nicht aus. Die wirtschaftliche Integration hatte schon den Charakter des Annexionskonflikts verändern können. Das mag für die Syrienkrise prinzipiell genauso gewesen sein. In den Aussagen der handelnden Politiker und Diplomaten kam dem jedoch keine so entscheidende Rolle zu wie im Frühjahr 1860. In gründlicher Unterschätzung des erreichten Wandels der Beziehung beider Länder klagte Cobden nach der Savoyenkrise, die hochgesteckten, mit dem Vertrag verbundenen Hoffnungen seien durch die »extraordinary military and warlike displays« eingeschränkt worden[135]. Die Wirklichkeit zeigte aber, daß vor dem Hintergrund von Rüstungsparität — oder dem, was man dafür hielt[136] — und wirtschaftlicher Bindungen der nachfolgende Konflikt sehr viel ruhiger beizulegen war. Hierfür zeigte Cobden nur Unverständnis:

> »After what I saw of the spirit of the Foreign Office, it is always a source of wonder to me how any business in which the two Governments are concerned ever comes to an issue, and how they escape for six months from a rupture[137].«

Bilateral hatte diesen Bruch die Verlagerung des Interesses nach Amerika vermieden. Das Mexiko-Abenteuer der Franzosen, Engländer und Spanier hatte für die anglofranzösischen Beziehungen auch konfliktableitende Funktion. Die Gemeinsamkeit ließ sich innerhalb des Königreichs jetzt leichter vermitteln, da die populäre Flottenrüstung die Frankophobie der Vergangenheit beendete.

---

135 Cobden an Palmerston 12.7.1860: Salevouris, »Riflemen Form«, S. 234.

136 Vgl. den Brief Russells an Cobden 2.4.1861: Morley, The Life of Richard Cobden, Bd 2, S. 376 f., Anm. über die Notwendigkeit und Gründe der Flottenrüstung.

137 Cobden an Bright 18.3.1861: Morley, The Life of Richard Cobden, Bd 2, S. 356 f.

3. »We will fight her to the death.« Die »Trent«-Affaire 1861 — Englands Prestige gegen das Selbstbewußtsein der Union

Nach dem Krieg von 1811 waren die Differenzen zwischen Großbritannien und den USA keineswegs beigelegt. Unterhalb der Oberfläche distanziert-wohlwollender Beziehungen blieben zahlreiche Territorial- und Handelsstreitpunkte bestehen, die das Verhältnis zwischen London und Washington latent belasteten und das Mißtrauen der maßgebenden Politiker auf beiden Seiten des Atlantiks gegen die jeweils andere Macht wachhielten[1].

Eine dramatische Verschlechterung der Beziehungen trat ein mit der Präsidentschaft Abraham Lincolns (März 1861), von dessen Regierung in London eine energische Verfechtung der »Monroe-Doktrin« auf dem gesamten amerikanischen Kontinent erwartet wurde, was nicht nur im Hinblick auf die Handelsinteressen in Südamerika erneut Kollisionen heraufbeschwor, sondern auch die britische Position in Kanada belasten mußte. Die auf der Basis Frieden und Handel eine gemäßigt expansive Politik treibende englische Regierung unter Premierminister Palmerston sah ihre Befürchtungen vor einem unberechenbaren außenpolitischen Kurs der Vereinigten Staaten mit dem Ausbruch des Bürgerkriegs zwischen den Nord- und Südstaaten schlagartig bestätigt[2]. Die britische Regierung erklärte gegenüber dem Sezessionskrieg offiziell ihre Neutralität. Sie konnte indes nicht verhindern, daß mit der Anerkennung der von der Union über die konföderierten Häfen verhängten Blockade (19. April 1861) und der damit einhergehenden Anerkennung des Kombattantenstatus auch der Südstaaten sich eine schwere Verstimmung in Washington abzeichnete, da es sich nach dem Sprachgebrauch der Union nur um eine — im damaligen Völkerrecht allerdings unbekannte — inneramerikanische »Insurrektion« handelte[3].

In britischer Sicht war Außenminister Seward der treibende und unberechenbarste Faktor in der Lincoln-Administration[4]. Als aggressiven, opportunistischen Nationalisten und glühenden Verfechter der Monroe-Doktrin, der gern eine rigorose Sprache führte, hielten die britischen Politiker ihn zu jedem politischen Schachzug fähig, der die Stellung der Union auf Kosten der Konföderierten verbesserte.

Bestärkt wurde die Londoner Regierung in ihrem Mißtrauen gegen Seward durch die Berichte des Gesandten Lyons in Washington. Lyons war nach Ausbruch des Bürgerkrieges in teilweise maßlos überzogener Schwarzseherei insofern von einer regelrechten Kriegshysterie durchdrungen, als er das wachsende aggressive Auftreten Sewards zum Beleg dafür nahm, daß die Union — in of-

---

1 Kenneth Bourne, The Foreign Policy of Victorian England, 1830—1902, Oxford 1970; ders., Britain and the Balance of Power in North America, 1815—1908, Berkeley 1967.

2 Brian Jenkins, Britain and the War for the Union, Montreal 1974.

3 Gordon H. Warren, Fountain of Discontent. The Trent Affair and Freedom of the Seas, Boston 1981, S. 70 f.; Schulthess 2(1861), S. 172 f.

4 Vgl. dazu Ernest N. Paolino, The Foundation of American Empire. William Harry Seward and U.S. Foreign Policy, Ithaca 1973.

fenbar völliger Fehleinschätzung der europäischen Mächtesituation — einem militärischen Zusammenstoß mit europäischen Mächten nicht ausweichen wollte. Laut Lyons glaubte man sich in Washington zudem sicher, daß »under no provocation England or France will go to war with the United States«. Indem Lyons daran erinnerte, daß Seward 1860 im Präsidentschaftswahlkampf offen für die Annexion Kanadas als Ausgleich für die drohende, und im Februar 1861 proklamierte Abspaltung der Südstaaten eingetreten war, war ein für die Sicherheitsbelange des Empire wichtiger gefühlsmäßiger Rahmen abgesteckt, der für den Verlauf und die Bewältigung der Krise von entscheidender Bedeutung sein sollte[5].

Denn eine wie auch immer geartete Bedrohung Kanadas mußte konsensbildend wirken und die Kräfte zur Abwehr mobilisieren. Die Abwehr einer präsumtiven Bedrohung Kanadas an der mehrere tausend Kilometer langen Grenze zu den USA — nur eine Bedrohung durch ein Landheer war in britischen Augen realistisch — berührte zwar kein für den Bestand des Empire wichtiges sicherungsstrategisches Problem, doch mußte eine Besetzung oder auch nur ein Einfall in Kanada eine schwere Einbuße an Englands internationalem Renommee bedeuten.

Das ganze 19. Jahrhundert über herrschte in der politischen Führung Englands die Überzeugung vor, daß Kanada eine Geisel in den Händen der USA für den guten Willen Londons darstelle. Vor diesem Hintergrund erkärt sich die weitgehende Zurückhaltung der britischen Politik gegenüber den USA, eine Art von »appeasement«-Politik, deren Grundpfeiler nun allerdings durch Washingtons unberechenbaren Kurs zerstört werden konnten[6]. Somit stand das flottengestützte Empire vor einer schwierigen sicherheitspolitischen Aufgabe. Es war das prinzipielle, aber nie zufriedenstellend gelöste Problem, das auch in späteren Jahren die britische Außenpolitik wesentlich beschäftigen sollte: wie war eine militärische Bedrohung der überseeischen Besitzungen von Land her wirkungsvoll abzuwenden, wenn der Angreifer eine an Zahl weit überlegene Armee ins Feld führte, deren Angriffselan — zumindest anfänglich — auch durch massiven Einsatz der Royal Navy kaum gebrochen werden konnte.

Entschiedener Verfechter einer Sicherung Kanadas war der Gesandte Lyons, der den Sommer 1861 über die Ängste vor einer amerikanischen Kriegsbereitschaft, als deren Hauptexponent Seward galt, artikulierte:

> »No new event has occurred, but a sudden declaration of war by the United States against Great Britain appears to me to be by no means impossible, especially as long as Canada seems open to invasion[7].«

Lyons Befürchtungen entbehrten nicht einer realen Grundlage. Seward hatte nämlich selbst den Gedanken eines Präventivkriegs der USA gegen eine ausländische Macht (Großbritannien oder Frankreich) ins Spiel gebracht — die Presse griff derlei Verlautbarungen dankbar auf und entwickelte sogleich ein Kriegsszenario —, da er darin offenbar eine veritable Chance sah, ein endgültiges Auseinanderbrechen der Vereinigten Staaten zu verhindern. Deshalb war

5 Warren, Fountain, S. 66.
6 H.C. Allen, Great Britain and the United States, London 1954, S. 177.
7 Warren, Fountain, S. 79; Norman B. Ferris, The Trent Affair. A Diplomatic Crisis, Knoxville 1977, S. 97 f.

die englische Seite auf Provokationen gefaßt, die einen Vorwand zur Kriegserklärung seitens der USA bieten konnten[8].

Durch Lyons besorgniserregende Meldungen sah sich Admiral Milne, der Chef des westindischen Geschwaders, im Juni 1861 veranlaßt, seinen Einheiten — bei strenger Beachtung der Blockaderegeln — äußerste Wachsamkeit zu befehlen[9]. In einer ersten Reaktion auf den Bürgerkrieg beschloß das englische Kabinett im Mai und Juni 1861 die Verstärkung Kanadas und des westindischen Geschwaders. Spürbare Verstärkungen wurden indes aus Kostengründen einstweilen für unnötig erachtet; in Kanada sollte der Miliz in einem präsumtiven Krieg die Hauptlast des Kampfes zufallen[10].

Als die Union sich Ende August 1861 weigerte, die Pariser Deklaration von 1856 zum Schutz der neutralen Schiffahrt zu unterzeichnen und damit ihren eigenen Prinzipien seit der Revolution untreu wurde, lag für die Londoner Regierung nur ein weiterer Beweis für die politische Unzuverlässigkeit der USA vor. Geschickt wußte der Kongreß der Konföderierten den außenpolitischen Sympathieverlust der Union auszuschlachten, indem er mit geringen Einschränkungen die Pariser Deklaration akzeptierte[11]. Infolge des herben Prestigeverlusts der Union setzten die Südstaaten-Politiker nun verstärkt alles daran, Großbritannien und Frankreich, die durch die Unterbrechung des Baumwollexports hohe Verluste hatten einstecken müssen, zum Eingreifen auf seiten der Konföderierten zu bewegen, zumindest aber die Blockade der Nordstaaten zu brechen[12].

Mit der von Außenminister Seward fast programmatisch betriebenen Konfrontationspolitik gegenüber Großbritannien und Frankreich, die seit dem Ausbruch des Bürgerkriegs ihre Amerikapolitik koordinierten, befürchtete das englische Kabinett fast täglich Kollisionen mit der Union, weshalb eine in der Form nicht provozierende Abwehrbereitschaft das Gebot der Stunde war[13].

Als die Union am 14. August 1861 gar in New York für London bestimmte Post der Konföderierten abfing, stand für das Palmerston-Kabinett außer Zweifel, daß die Union bewußt einen Krieg provozieren wollte, zumal man einer etwaigen Entschuldigung Sewards für diesen Übergriff bei der angestauten Antipathie gegen den amerikanischen Außenminister ohnehin keine allzu große Bedeutung beimaß. Das Kabinett plädierte vorsorglich für eine weitere Verstärkung der Truppen in Kanada sowie für eine Vergrößerung der westindischen Station; es war sich jedoch darüber im klaren, daß bei zu großer Nervosität in Kanada leicht ein US-Präventivschlag provoziert werden könnte, dem man kaum ernsthaft begegnen könne, da frühestens zur Jahreswende 1861/62 mit nennenswerten britischen Verstärkungen in Nordamerika zu rechnen war[14].

---

8 Kenneth Bourne, British Preparations for War with the North, 1861—1862. In: English Historical Review 76 (1961), S. 600—632, hier S. 601.

9 Warren, Fountain, S. 82 f.

10 Bourne, Preparations, S. 602—605.

11 Warren, Fountain, S. 89 f.

12 Vgl. F.L. Owsley, King Cotton Diplomacy, Chicago 1931; D.P. Crook The North, the South and the Powers, 1861—1865, New York 1974.

13 Warren, Fountain, S. 89. Vgl. Henry Blumenthal, France and the U.S. Their Diplomatic Relations, 1789—1914, Chapel Hill 1970, S. 92 f.

14 Warren, Fountain, S. 90 f.

Alles kam somit darauf an, die Neutralitätspolitik nach außen zu wahren, unter der Hand aber ausreichende militärische Abwehrmaßnahmen für den Ernstfall zu treffen, ohne die USA zu beunruhigen, die einen Krieg gegen eine europäische Macht durchaus einkalkulierten. Präventive Absicherung der britischen Interessen bei möglichst niedriger Eskalationsschwelle blieb ein kennzeichnendes Moment der britischen Politik während der gesamten Dauer der Krise.

Die britische Nervosität und Kriegsfurcht nahm in den folgenden Monaten eher zu als ab, da bis zum Herbst 1861 kein probates Mittel gefunden war, mit der Lincoln-Administration diplomatisch umzugehen.

Mitten in das britischerseits anschwellende Mißtrauen gegen Sewards risikoreichen, aufgrund der Informationslage aber nur unzureichend überschauten außenpolitischen Kurs traf am 27. November 1861 die Nachricht, daß knapp drei Wochen zuvor, am 8. November, das US-Kriegsschiff »San Jacinto« den englischen Postdampfer »Trent« bei den Bahamas aufgebracht hatte, um die beiden an Bord befindlichen Südstaaten-Gesandten James M. Mason und John Slidell, die in Paris und London politische Gespräche führen sollten, abzufangen und zur Inhaftierung nach Boston zu bringen. Das Aufwallen patriotischer Gefühle und die weitgehende Zustimmung der nordamerikanischen Öffentlichkeit, ja der Regierung, waren beredte Anzeichen dafür, daß der Vorfall sich kaum mit herkömmlichen Mitteln bereinigen ließ. Denn der binnen kurzem zur »Trent«-Affaire sich ausweitende Vorfall stellte nicht nur eine eklatante Verletzung des Völkerrechts dar — egal, ob das Unternehmen von Washington autorisiert war oder nicht —, sondern kam auch einem schweren Affront gegen Großbritannien gleich, nach dem die englische Regierung schlechterdings nicht zur Tagesordnung übergehen konnte. Großbritannien mußte allein im Interesse seines Prestiges als weltweit agierende See- und Handelsmacht initiativ werden, damit kein Präzedenzfall für die Zukunft geschaffen wurde. Damit waren die englisch-amerikanischen Beziehungen in die kritischste Phase seit Beginn des Jahrhunderts getreten, in der eine unüberlegt Aktion jederzeit eine militärische Konfrontation zeitigen konnte, die auf lange Sicht eine tiefgreifende Veränderung in den transatlantischen Beziehungen bewirken mußte.

Der Meldung über den Angriff auf die »Trent« folgte in der englischen Öffentlichkeit ein Aufschrei der Entrüstung, der in der Tendenz die Sache der Konföderierten befördern half, da kaum jemand eine genügende Satisfaktion für die Schmähung der britischen Flagge für möglich hielt. Heftige Börsenbewegungen, der Anstieg der Salpeterpreise und die Einführung einer Kriegsrisikoversicherung bei Lloyd's für alle aus New York kommenden Schiffe waren erste zuverlässige Indikatoren, daß die Nation von einem Krisenbewußtsein erfaßt war. Zahlreiche Meldungen von Freiwilligen zum Kriegseinsatz in Kanada und Eingaben an das Foreign Office aus allen Teilen der Bevölkerung, einem Krieg gegen die USA nicht auszuweichen, verstärkten diesen Trend und verfestigten auch in der Regierung die Überzeugung von einer eindeutigen Kriegsabsicht der USA.

Aus Mangel an konkreten Informationen über die Absichten der US-Regierung im Zusammenhang mit der »Trent«-Affaire blieb das Palmerston-Kabinett vorerst einzig und allein auf die Aussagen des Kapitäns der »Trent« angewiesen, der sofort nach seiner Ankunft in Southampton zur Berichterstattung nach London ins Foreign Office und zur Admiralität bestellt wurde. Die Ausführungen des Kapitäns vermochten jedoch die Hintergründe des von allen Parteien verurteilten amerikanischen Vorgehens nicht aufzuklären, eine Situation, in der Gerüchte aller Art gediehen[15].

Die »Trent«-Affaire traf die Regierung Palmerston politisch wie militärisch unvorbereitet. Trotz mancher Anhaltspunkte hatte man nicht mit einer derart eklatanten Provokation gerechnet, die sich nach Lage der Dinge auf eine militärische Konfrontation zubewegte, wenn die Union nicht umgehend einlenkte. In das Gefühl der Betroffenheit, aus dem sich in der Öffentlichkeit die spontane Kampfbereitschaft speiste, mischten sich sogleich Bedenken über die Verteidigungsmöglichkeiten Kanadas, wo etwas mehr als 4 000 Mann regulärer Truppen in weit verstreuten Garnisionen einem Angriff der Nordamerikaner kaum standzuhalten vermochten[16].

In einer ersten Stellungnahme aus Kabinettskreisen zeichnete Kriegsminister Lewis ein eher düsteres Bild. Gegenüber Palmerston bekannte er: »The present state of affairs seems to me to be inevitable war.« Daher müßten umgehend Abwehr- und Mobilisierungsmaßnahmen anlaufen[17].

Für den Premier ergab sich aus der »Trent«-Affaire ein Dilemma: eine milde Reaktion der englischen Regierung konnte die Union noch selbstbewußter auftreten lassen und die Mißbilligung des Weggefährten Frankreich hervorrufen, mit dem sich gerade wegen der Schuldenpolitik Mexikos eine Interessenübereinstimmung abgezeichnet hatte (Londonder Tripelkonvention vom 31. Oktober 1861)[18]; dagegen konnte eine scharfe Reaktion geradewegs zum Krieg führen, der den Handel beeinträchtigen mußte und die Geldmittel, die für die rivalisierende Flottenrüstung mit Frankreich bestimmt waren, anderweitig binden würde. Aus all dem ergab sich für Palmerston, auch nach Rücksprache mit Ex-Außenminister Lord Clarendon, der die »Trent«-Affaire als »a deliberate and premeditated insult« einstufte, daß die Wechselfälle des Friedens weitaus unkalkulierbarer waren als die Gefahren eines Krieges. Es mußte mithin alles unternommen werden, um sich auf die Eventualität eines militärischen Konflikts vorzubereiten. Parallel dazu galt es aber, die juristische Seite des amerikanischen Vorgehens völlig zweifelsfrei zu durchleuchten, hatten doch die Rechtsberater des Foreign Office Reparationen für den illegalen und ungerechtfertigten Handstreich gegen ein neutrales Schiff gefordert und damit erstmals die krasse Verletzung des Völkerrechts ins Spiel gebracht[19]. Dabei stand außer Frage, daß der Kapitän der »San Jacinto« berechtigt war, die Depeschen Masons und Slidells als Kontrebande zu konfiszieren; nur war diesem vom juristischen Standpunkt aus betrachtet ein gravierender Formfehler unterlaufen, als er die beiden konföderierten Abgesandten von der neutralen »Trent« weg verhaftete. Völkerrechtlich einwandfrei hätte er gehandelt, wenn er den englischen Postdampfer als Prise in den nächsten nordamerikanischen Hafen gebracht und

15 Dazu ausführlich ebd., S. 2—43.
16 Bourne, Preparations, S. 605 und 601.
17 Warren, Fountain, S. 109.
18 Carl H. Bock, Prelude to Tragedy. The Negotiation and Breakdown of the Tripartite Convention of London, October 31, 1861, Philadelphia 1966, S. 270 f.
19 Warren, Fountain, S. 109.

dort den Fall dem Urteil eines Prisengerichts unterworfen hätte. Der in der britischen Öffentlichkeit weit verbreitete Ruf nach umgehender Freilassung Masons und Slidells war vor diesem Hintergrund nur allzu verständlich, bildete jedoch nur die Minimalforderung, um dem brüskierten Ansehen Großbritanniens Genüge zu tun[20].

Während einer Kabinettssitzung am 29. November, die ganz im Zeichen der krisenhaften Zuspitzung der englisch-amerikanischen Beziehungen stand, plädierten die Minister einstimmig für Wiedergutmachungsleistungen der USA. Sie forderten überdies ein Salpeterausfuhrverbot, da sich infolge einer regen US-Kauftätigkeit zwischen dem 19. und 23. November, wodurch die Union einen gesamten Jahresvorrat an Salpeter anhäufte, das Mißtrauen gegen die Absichten Washingtons dramatisch erhöht hatte.

In einer ersten spontanen Reaktion hatte der Premier für ein entschiedenes Auftreten gegenüber den USA plädiert und zu diesem Zweck die umgehende Entsendung der Kanalflotte an die amerikanische Atlantikküste ins Auge gefaßt, zumal der US-Gesandte Adams in einer kurz vor der Kabinettsitzung geführten Unterredung nichts zur Aufklärung des maritimen Zwischenfalls beitragen konnte.

Nach Rücksprache mit Queen Victoria, die die Entscheidungen des Kabinetts billigte, sollten die USA zur sofortigen Freilassung der inhaftierten Südstaaten-Diplomaten Mason und Slidell sowie zu entsprechender Entschädigung veranlaßt werden. Es war weitgehend Prinz Albert zu verdanken, daß den USA in dem folgenden diplomatischen Schriftwechsel die Möglichkeit zu einem ehrenvollen Rückzug eröffnet wurde, wenn etwa auf ein möglicherweise unautorisiertes Vorgehen des Kapitäns der »San Jacinto« rekurriert wurde[21].

Die Absendung einer entsprechenden Note sollte vorerst zurückgestellt werden, um dem Gesandten Adams Gelegenheit zu bieten, mit seiner Regierung in Verbindung zu treten und die Ernsthaftigkeit der Situation wie die Entschlossenheit der britischen Regierung zu unterstreichen. Dadurch versprach sich das englische Kabinett eventuell schon im Vorfeld einer offiziellen Reaktion eine Entschärfung der Krise, wobei die USA selbst zur Gesichtswahrung die Initiative ergreifen konnten.

Da die Gefahr eines Krieges jedoch keineswegs gebannt war, obwohl sich Kriegsminister Lewis nur schwer vorstellen konnte, »that Seward can seriously desire to provoke a war with England«, regte Palmerston zusätzlich zum Salpeterausfuhrverbot einen Stopp aller Rüstungsgüterlieferungen an die Union an (»a good political warning to Seward«), was am 4. Dezember mit königlicher Sanktion beschlossen wurde[22].

---

20 Vgl. zur »Trent«-Frage die zahlreichen Presseartikel von Karl Marx, der die englisch-amerikanischen Spannungen als Kommentator verfolgte (in: Karl Marx, Friedrich Engels, Werke. Hrsg. vom Institut für Marxismus-Leninismus beim ZK der SED, Bd 15, Berlin 1961, [6]1980).

21 Warren, Fountain, S. 110—114; Bourne, Preparations, S. 606; Ferris, Trent Affair, S. 49—53; Theodore L. Harris, The Trent Affair, including a review of English and American relations at the beginning of the Civil War, Indianapolis, Kansas City 1896.

22 Ferris, Trent Affair, S. 51 und Warren, Fountain, S. 114.

Mit Schiffspost unterrichtete Außenminister Russell den Gesandten Lyons am 30. November über die Kabinettsbeschlüsse, wobei er hervorhob, daß es Großbritannien wesentlich darauf ankäme, eine »apology for the insult of the British flag« zu erhalten. Lyons sollte der Union ein siebentägiges Ultimatum einräumen, das eine befriedigende Antwort auf die britische Note erbringen sollte. Andernfalls sollte Lyons um seine Pässe bitten und abreisen. Immerhin überließ es Russell, den offenen Bruch mit den USA offenbar scheuend, Lyons' eigenem Ermessen zu entscheiden, ob er auch nach Ablauf des Ultimatums auf seinem Posten bleiben wolle, falls die Aussicht bestehe, daß die britischen Forderungen erfüllt würden. Auf jeden Fall hatte Lyons engste Fühlungnahme mit Admiral Milne zu halten und diesen über alle Schritte, die auf eine Aggression der Union hindeuteten, schnellstens zu informieren[23].

Großbritannien hatte kein Interesse, einen Krieg anzufangen, der im Hinblick auf die gemeinsam mit Frankreich und Spanien beschlossene Intervention in Mexiko eine übermäßige Strapazierung der Kräfte bedeutet hätte, doch rechnete in London — ungeachtet der verhalten abgefaßten Protestnote — kaum jemand damit, daß die USA nachgeben würden. Bei allem Bemühen um eine kontrollierte Eskalation, wodurch eine Überreaktion der USA vermieden werden sollte, galt es doch, für alle Eventualitäten gerüstet zu sein und Kanada im Falle einer Aggression nicht ohne ausreichende Verstärkungen zu lassen.

Am 4. Dezember beschloß das Kabinett nach erneuter Verurteilung des Übergriffs auf die »Trent« Verstärkungen nach Kanada zu entsenden und Kriegsvorbereitungen großen Stils zu treffen. Angesichts der nationalen Nervosität war selbst Schatzkanzler Gladstone bereit, seine sonst geübte Zurückhaltung gegen die Erhöhung des Wehretats aufzugeben, da seiner Meinung nach die Sicherheit des Empire vor finanziellen Erwägungen rangierte, und die ungewisse Zukunft militärische Abwehrmaßnahmen rechtfertigte.

Während Kriegsminister Lewis für Unnachgiebigkeit plädierte, regte Unterstaatssekretär Hammond vom Foreign Office eine konsequente Einschüchterungs- und Abschreckungspolitik als einzig erfolgversprechende Strategie gegenüber den USA an; denn kein US-Politiker verfüge über genügend Patriotismus »to sacrifice himself to save his country«[24].

War einmal der Konsens über die Verteidigungsanstrengungen hergestellt, so blieb doch die Ungewißheit, wie die britische Besitzung am besten zu verteidigen war, bestehen. Diesem Problem sollte die Bildung eines War Committee of the Cabinet am 9. Dezember begegnen, daß unter Federführung des Premierministers Vorschläge zur transatlantischen Kriegsführung in Kanada sowie zur Verteidigung der Empire-Interessen im Atlantik unterbreiten sollte[25].

Kriegsminister Lewis ging bei seinen Überlegungen, fußend auf den Erfahrungen des Krieges von 1812, von einer Politik der Stärke aus, mit der sowohl die Seeherrschaft errungen als auch Präventivvorstöße von kanadischem Territorium aus nach Maine und/oder Oregon unternommen werden konnten. Da nach seiner Ansicht von der Royal Navy keine durchschlagenden Erfolge in einem Krieg gegen die USA zu erwarten waren und sie primär nur zu Blocka-

23 Warren, Fountain, S. 115—117.
24 Ebd., S. 121 f.
25 Ebd., S. 123; Bourne, Preparations, S. 606; Ferris, Trent Affair, S. 64.

dediensten in Betracht kam, ruhte die Hauptlast eines Kampfes auf der Armee, die die kanadisch-amerikanische Grenze zu verteidigen hatte. Für diese Aufgabe veranschlagte Lewis mindestens 10 000 Mann reguläre Truppen, verstärkt durch 100 000 Mann kanadische Miliz[26]. Der Schwachpunkt seiner Strategie, wie überhaupt jeglicher Kriegführung in Übersee, lag freilich in der Überwindung einer Risikophase, da zum Jahreswechsel 1861/62 nicht mit wesentlichen Verstärkungen zu rechnen war und erst zu Beginn des nächsten Frühjahrs die britischen Truppen ihre volle Kampfstärke erreicht haben würden. Insofern haftete dem Lewisschen Szenario viel Spekulatives an; denn die strategischen Vorteile der USA (Beherrschung der Großen Seen, Kommunikationsverbindungen etc.) waren unübersehbar und die Erfolgsaussichten eines amerikanischen Angriffs galten daher als nicht ungünstig[27].

Nachdem am 7. Dezember der erste Truppentransport nach Kanada abgegangen war, liefen ab Mitte Dezember 1861 die Transporte in regelmäßigen Abständen, so daß bis Anfang Januar die von Lewis genannte Zahl von 10 000 Mann tatsächlich nach Kanada gelangt war[28]. Mit den schon während des Sommers 1861 nach Kanada dislozierten Einheiten befanden sich damit ca. 19 000 Mann zum Kampf gegen die USA bereit. Dies waren allerdings nach den Schätzungen des War Committee immer noch mindestens 11 000 zu wenig, um eine in Kürze prognostizierte US-Invasion von 50 000—200 000 Mann erfolgreich abwehren zu können.

Deshalb setzte Kolonialminister Newcastle verstärkt auf die kanadische Eigeninitiative und befahl Gouverneur Monck, die Miliz zu mobilisieren sowie den Bau von Verteidigungsanlagen, vor allem an strategisch wichtigen Punkten, zu beschleunigen[29].

Großbritannien war bemüht, von Anfang an eine bloße Defensive zu vermeiden und selbst die Initiative zu übernehmen. Aus diesem Grunde entschied das Kabinett gegen Lewis' Empfehlung eines mehr defensiven Landkriegs, den Schwerpunkt auf maritime Operationen zu setzten, wobei Blockade, Küstenbombardements sowie Handels- und Kaperkrieg im Vordergrund standen.

Der Kabinettsbeschluß entsprach weitgehend den Empfehlungen des Ersten Lords der Admiralität, der in krassem Gegensatz zu seinem Kollegen Lewis alles auf den Seekrieg setzte und sogar bereit war, Kanada temporär den Amerikanern zu überlassen[30]. Admiral Milne erhielt bis zum 6. Dezember wesentliche Verstärkungen durch das Eintreffen von drei Schlachtschiffen, einer Fregatte und einer Korvette von der Mittelmeer- bzw. Kanalflotte. Weitere Verstärkungen gingen im Laufe des Dezember aus Europa ab, so daß das Geschwader Anfang Januar 1862 auf imposante 40 Kriegsschiffe (davon acht Schlachtschiffe) angewachsen war, eine Streitmacht, die Milne aber zur Erfüllung seiner diversen Aufgaben immer noch für zu gering erachtete; denn, wie Warren konstatierte, »if units of the Royal Navy in the Atlantic, Carribean and Pacific had attempted to carry out all their orders, they not only would have failed, but also would

[26] Warren, Fountain, S. 123—127; Bourne, Preparations, S. 607—610.
[27] Bourne, Preparations, S. 610—616, 619 f.
[28] Warren, Fountain, S. 128—130; Bourne, Preparations, S. 616 f.
[29] Warren, Fountain, S. 128 und 130.
[30] Ferris, Trent Affair, S. 63.

have exhausted themselves tryings«[31]. Weitere Schlachtschiffe lagen zusammen mit anderen Einheiten auf Abruf in Gibraltar und vor Lissabon.

Milne war angewiesen, bei der Mexiko-Expedition strikt auf Posten bei den Bermudas zu bleiben. Damit ging der Konflikt mit den USA der gemeinsam mit Frankreich und Spanien unternommenen Intervention in Mexiko vor[32]. Angesichts der ungünstigen kanadischen Verteidigungslage hing der Erfolg des Kriegs einzig und allein von Milnes Geschwader ab, da alle britischen Militärexperten eine territoriale Eroberung der USA für unrealistisch hielten. Die veraltete, vielfach noch mit Segelschiffen ausgerüstete US-Navy wurde als kein ernsthafter Gegner gewertet, obgleich sie mit ihrem kampftüchtigen Schiffsbestand Milnes Geschwader numerisch sechsfach überlegen war und so eine ins Auge gefaßte Blockade, geschweige denn eine Vernichtung der amerikanischen Flotte größte Kraftanstrengungen verlangte[33].

Während die Kriegsvorbereitungen nach den Entscheidungen des War Committee fieberhaft in Gang gesetzt wurden, bemühte sich Außenminister Russel weiterhin um eine Lösung des Konflikts mit friedlichen Mitteln. Aus dem Abschreckungsmoment der Mobilmachungen erhoffte er sich eine deeskalierende Wirkung auf den Spannungszustand, die seine diplomatischen Schritte gegenüber den USA erleichtern konnte. Begleitend dazu ließ er die Juristen nach Präzedenzfällen suchen und Konzepte zur Beilegung des Konflikts erarbeiten. Deren Vorschläge, durch Vermittlung oder Kompromiß die »Trent«-Affaire zu beenden, wurden allerdings verworfen, da das Risiko, einen Prestigeverlust zu erleiden, laut Außenminister Russell für Großbritannien zu groß war[34].

Russell war sich nur bewußt, daß die Zeit bis zum Ablauf des britischen Ultimatums bzw. bis zum Eintreffen der amerikanischen Antwortnote — womit gegen Ende Dezember 1861 gerechnet wurde — unter Umständen die letzte Chance bot, mäßigend zu wirken und die Krise ohne militärische Konfrontation zu beenden; denn das War Committee, dem Russell übrigens nicht angehörte, schien zu stark auf die Möglichkeit eines Krieges fixiert zu sein (Kriegsminister Lewis: »We are making all our preparations on the assumption that there is to be war«[35]), als daß angesichts der Dynamik der militärischen Vorbereitungen Alternativkonzepte denkbar gewesen wären.

Russell war sich aber auch darüber im klaren, daß seine Position gegenüber den »Falken« im War Committee nicht die stärkste war, nachdem deren Beschlüsse anstandslos von Queen Victoria gebilligt worden waren und diese sogar prophezeit hatte, ein Krieg werde die völlige Zerstörung (utter destruction) der Yankees bringen[36].

Russell verdeutlichte dem US-Gesandten Adams daher nochmals den Ernst der Lage und ersuchte ihn, Außenminister Seward zum Einlenken zu bewegen,

31 Warren, Fountain, S. 139.
32 Bourne, Preparations, S. 620—623.
33 Ebd., S. 624—627; Warren, Fountain, S. 135—139. Vgl. insgesamt Ferris, Trent Affair, S. 54—68.
34 Warren, Fountain, S. 153 f.
35 Ferris, Trent Affair, S. 66.
36 Ebd.

bevor sich die Fronten endgültig verhärteten, und ein Zusammenstoß unausweichlich war. Von zentraler Bedeutung blieb, wie Russell hervorhob, die Freilassung der beiden Südstaaten-Emissäre, ohne die es keine Entspannung geben könne. Großbritannien würde den »Trent«-Zwischenfall auch dann als erledigt ansehen, wenn die USA Mason und Slidell freiließen, ohne sich ausdrücklich für die Verletzung des Völkerrechts zu entschuldigen. Falls Washington jedoch nur eine Entschuldigung anböte, ohne die Gefangenen freizulassen, so sei dies völlig unzureichend und der britische Gesandte sollte umgehend abreisen[37].

Gegenüber dem früheren ultimativen Schritt, der Washington in die Ecke drängte, war an Russells Demarche bemerkenswert, daß die materiell wohl kaum zufriedenstellend zu klärende Frage einer Entschädigung für die Verletzung der britischen Flagge fallengelassen wurde, so daß schließlich allein die Freilassung mit eventueller Entschuldigung als Minimalkompensation übrigblieb. Damit war den USA eine ehrenvolle Rückzugsmöglichkeit eröffnet, die eine solide Grundlage für die Beendigung der Krise bot.

Russell sah sich in seinem Vorgehen in gewisser Weise durch einen im Laufe des Dezember spürbaren Meinungsumschwung der Presse zugunsten der Union gedeckt, die, zwar nach wie vor einen militanten Ton beibehaltend, sich doch allmählich mit der Affaire rationaler auseinandersetzte und auf die moralische Verwerflichkeit eines Zusammengehens mit den Konföderierten hinwies[38]. Insofern fand der englische Außenminister auch seine schon früher geäußerte Ansicht bestätigt, daß die Union sich kaum zu einer sofortigen Kriegserklärung hinreißen lassen werde[39].

Der Gesandte Adams war zu diesem Zeitpunkt noch immer ohne Nachricht aus Washington über die Verantwortung für den »Trent«-Zwischenfall und befand sich dadurch gegenüber englischem Drängen in einer äußerst unvorteilhaften Defensivposition. Als Mitte Dezember die Nachricht eintraf, daß Kapitän Wilkes von der »San Jacinto« in eigener Verantwortung gehandelt habe, teilte Adams dies Außenminister Russell am 19. Dezember mit. Die damit von Außenminister Seward erhoffte indirekte Entschuldigung für den Vorfall genügte Russell bei allem Entgegenkommen jedoch bei weitem nicht; vielmehr trug die Naivität dieses diplomatischen Vorstoßes dazu bei, daß die Unterredung in einer frostigen Atmosphäre verlief und den ansatzweise erkennbaren guten Willen der Union konterkarierte[40].

Hatte die Union die britischen Mobilmachungen bislang mehr als politische Einschüchterungsversuche betrachtet und Siegeszuversicht im Hinblick auf einen — offenbar nicht ernsthaft in Betracht gezogenen — Krieg demonstriert, der zumindest verbal schon für die Union gewonnen war (Senator Browning: »We will fight her (=Großbritannien) to the death«)[41], so konnte bei nüchterner Sicht der Dinge doch nicht übersehen werden, daß sich die militärische und finanzielle Beanspruchung durch den Bürgerkrieg sowie die unzureichende Küstenverteidigung gegen Angriffe von See her im Kriegsfalle zuungunsten der

37 Warren, Fountain, S. 139—141.
38 Ebd., S. 143 ff.
39 Ebd., S. 152.
40 Ebd., S. 164 f.
41 Ebd., S. 174.

Union auswirken mußten[42]. Zudem hatte die englische Öffentlichkeit nach Meldungen aller amerikanischen Beobachter nichts von ihrer Kriegsbereitschaft eingebüßt. Nach Urteil des Gesandten Adams zeigte sie sich noch viel militanter als das Palmerston-Kabinett; er konnte sich nicht daran erinnern, wie er nach Washington meldete, jemals ähnlich starke Emotionsausbrüche erlebt zu haben: »The dogs are all let loose[43].« Verlautbarungen wie die General Wolseleys, der prophezeit hatte, Großbritannien stehe »on the verge of the greatest war which has taken place in our days«, waren durchaus keine Einzelfälle[44].

Die Lincoln-Administration hatte bislang keine einheitliche Linie gefunden, wie mit der »Trent«-Affaire umzugehen war, beherrschte doch der Bürgerkrieg alle politischen Entscheidungen. Lincolns Berater befürworteten aus den Erfahrungen der Vergangenheit zu einer abwartenden Haltung, bis Großbritanniens Verstimmung über den Affront verflogen war. Sie warnten jedoch davor, Großbritannien einen Vorwand zur Kriegserklärung zu liefern[45]. Auf diese Weise mochte sich nach juristischer Durchleuchtung des Vorfalls immerhin ein Weg der Wiederannäherung abzeichnen; denn wenn der Vorwand, sprich die Gefangensetzung der beiden Diplomaten entfiel, entfiel für Großbritannien auch ein möglicher Kriegsgrund.

Auch wenn Außenminister Seward noch am 16. Dezember 1861 angesichts der Kriegsgefahr großsprecherisch und kämpferisch wie eh und je verkündet hatte: »We will wrap the whole world in flames! No power (is) so remote that she will not feel the fire of our battle and be burned by our conflagration«[46], so mußte auch ihm klar sein, daß der prophezeite Weltbrand zuallererst die USA treffen würde, die ohne Anlehnung an eine Großmacht auf lange Sicht wenig Abwehrchancen gegen Großbritanniens Kriegspotential besaßen.

Am 18. Dezember informierte Lord Lyons Außenminister Seward weisungsgemäß vor Überreichung seiner Protestnote in der »Trent«-Affaire zunächst mündlich über die britischen Forderungen, wobei er vertraulich darauf hinwies, daß nach Abgabe der Note eine siebentägige Frist zur Beantwortung bliebe. Obwohl Seward eine Antwort vor Abgabe der Note bis zum 21. Dezember in Aussicht gestellt und Lyons, nachdem dieser Termin ohne Reaktion der US-Regierung verstrichen war, sich vorerst abwartend verhalten hatte, war am 23. Dezember ein längerer Aufschub ohne Verletzung der Instruktionen nicht mehr möglich, so daß Seward offiziell die Note überbracht und der Ablauf der Bedenkfrist auf den 30. Dezember festgesetzt wurde[47].

Die USA, die sich in den zurückliegenden Tagen zu keiner Entscheidung hatten durchringen können, sahen sich mit der Tatsache konfrontiert, daß sie gegenüber britischem Druck international isoliert waren. Sondierungen bei den Großmächten, vor allem in Paris, hatten für den Eventualfall nur Versicherungen strikter Neutralität ergeben, aber keine Unterstützungsangebote[48]. Da sich

42 Ebd., S. 169—174.
43 Ferris, Trent Affair, S. 68. Vgl. ebd., S. 69 ff.
44 Bourne, Preparations, S. 631.
45 Ferris, Trent Affair, S. 120.
46 Warren, Fountain, S. 174 f.
47 Ebd., S. 177—179.
48 Ebd., S. 158—163.

weder, wie erhofft, in Frankreich ein Verbündeter gegen Großbritannien fand — Napoleon III. hatte sogar die amerikanische Bitte um Mediation verworfen, da es sich seiner Meinung nach nicht um eine materielle Frage handelte, sondern um die nationale Ehre[49] —, noch Anzeichen dafür vorhanden waren, daß sich die Bürgerkriegsparteien gegen einen auswärtigen Feind zusammenschließen würden, mußte Außenminister Seward eine pragmatische Kehrtwendung vornehmen und gegenüber Präsident Lincoln für eine Freilassung Masons und Slidells plädieren.

Lincoln, der in einer ersten Reaktion die britische Note sofort verwarf und eine Freilassung der Diplomaten wegen der befürchteten negativen Rückwirkung auf die öffentliche Meinung unter keinen Umständen dulden wollte, schwenkte kurz darauf auf Sewards Linie ein. Brachte die in nervöser Atmosphäre verlaufende Kabinettssitzung am 24. Dezember, die hauptsächlich der konkreten Meinungsbildung diente, auch noch keine endgültige Entscheidung, so fiel am 25. die Entscheidung zugunsten der Freilassung. Damit hatte das Kabinett die öffentliche Mißbilligung hinter die Gefahr eines drohenden ausländischen Kriegs gestellt[50].

Von der Entscheidung wurde Lyons, der bis zuletzt Zweifel am Einlenken der USA hatte und sogar dafür eingetreten war, den Amerikanern eine militärische Lektion zu erteilen, um sie gefügig zu machen[51], am 27. Dezember von Seward unterrichtet[52].

Als Lyons Telegramm am 8. Januar 1862 in London eintraf, löste es schlagartig den Spannungszustand der vergangenen Wochen, so daß die Mobilmachungen gestoppt werden konnten[53]. Damit flaute die Krise ab, in der Englands Entschlossenheit, auch wegen eines vermeintlich kleinen Zwischenfalls zur ultima ratio zu greifen, wenn nationales Prestige es erforderte, eindringlich unter Beweis gestellt worden war.

Die aus einem relativ begrenzten maritimen Zwischenfall erwachsende Krise um die »Trent«-Affaire gewinnt ihre politische Dimension vor dem Hintergrund von ungelösten Differenzen zwischen Großbritannien und den USA und dem daraus resultierenden ausgeprägten Mißtrauen, welches das britisch-amerikanische Verhältnis seit dem beginnenden 19. Jahrhundert kennzeichnete.

Großbritannien kam es von Anfang an darauf an, für das völkerrechtswidrige Vorgehen gegen den neutralen Postdampfer eine ihrem Prestige als Großmacht entsprechende Satisfaktion zu erhalten, und zwar durch die Freilassung der beiden inhaftierten Südstaaten-Emissäre, eventuell gekoppelt mit einer Genugtuung für die Verletzung der britischen Flagge. Infolge des durch den Vertreter vor Ort weidlich angeheizten Mißtrauens gegen die Politik Präsident Lincolns, insbesondere seines Außenministers Seward, sowie unterstützt durch eine militante Öffentlichkeit, schloß die Regierung Palmerston kriegerische

49 Ebd., S. 158; Ferris, Trent Affair, S. 76 ff. Vgl. insgesamt zum Verhältnis USA-Frankreich Lynn M. Case/Warren F. Spencer, The United States and France: Civil War Diplomacy, Philadelphia 1970, bes. Kap. VI: ›France and the Trent Affair‹, S. 190 ff.

50 Warren, Fountain, S. 180—182.

51 Ebd., S. 182.

52 Ebd., S. 205.

53 Ebd., S. 212 ff.

Übergriffe der Union auf kanadisches Gebiet nicht aus, da Kanada gegenüber einer Aggression ungeschützt war. Von einer bislang nicht gekannten Krisenstimmung erfaßt, ließ das Kabinett als Präventivmaßnahme für den Eventualfall Mobilmachungen großen Stils anlaufen, wobei jedoch zunächst der Abschrekkungseffekt im Vordergrund der gezielten Demonstrationen stand.

Die USA, in einen blutigen Bürgerkrieg verstrickt und ohne Verbündeten, erkannten nach vergeblichen diplomatischen Entlastungsmanövern ihre aussichtslose Position in einem Krieg gegen Großbritannien und akzeptierten mit der Freilassung der Emissäre die britischen Minimalbedingungen zur Konfliktentschärfung[54].

Bei der »Trent«-Affaire handelte es sich um eine recht kurze, dafür aber äußerst brisante Krise mit rasch ansteigender Eskalation und ebenso rasch eintretender »Entwarnung«. Kennzeichnend für die Konfliktintensität war die Entschlossenheit der englischen Regierung, bei anhaltender amerikanischer Renitenz zur ultima ratio zu greifen, was alle anderen Entscheidungen überlagerte. Wie Kenneth Bourne konstatiert:

> »there was much that would have made them (die Briten) hesitate before going to war, but in the end only the danger of betrayal by a European neighbour would have been a really effective deterrent. Once this had been removed — as it was in the Trent case — then the British were prepared to accept the cost of an Anglo-American war, even humiliating though temporary defeat in Canada, rather than sacrifice their prestige as a great power by headlong diplomatic defeat«[55].

[54] Zu gleichen Ergebnissen kommen Christopher Layne, Kant or Cant. The Myth of the Democratic Peace. In: International Security 19 (1994), Nr. 2, S. 5—49, bes. S. 16—22 und John M. Owen, How Liberalism Produces Democratic Peace. In: Ebd., S. 87—125, bes. S. 110—114; vgl. Howard Jones, Union in Peril. The Crisis Over British Intervention in the Civil War, Chapel Hill 1992.

[55] Bourne, Preparations, S. 631.

4. Napoleons mexikanisches Abenteuer. Der französisch-amerikanische Konflikt um Mexiko 1862—1866

Seit der Unabhängigkeit von 1821 sah sich Mexiko mit tiefgreifenden Strukturproblemen konfrontiert, die seine politische und wirtschaftliche Entwicklung in der postkolonialen Epoche maßgeblich bestimmten. Bürgerkriege, politische Revolten und soziale Unruhen sowie eine chronische Finanzschwäche, verbunden mit einer wachsenden Abhängigkeit vom europäischen Kapitalmarkt, zementierten gleichsam die politische Instabilität des lateinamerikanischen Staates und erschwerten die Suche nach einem ökonomischen Konsolidierungsprogramm, das auf lange Sicht einen Ausweg aus der allgemeinen Krise versprochen hätte. Eine Vorstellung von der finanziellen Misere Mexikos nach der Jahrhundertmitte vermitteln folgende Zahlen: zur Bezahlung der inneren und äußeren Schulden waren etwa 67 Prozent aller Importzölle von Veracruz und Tampico, ca. 57 Prozent aller übrigen Einfuhrzölle, zudem 75 Prozent der Exportzölle der Pazifikküste und fünf Prozent der Ausfuhrzölle der Golfküste verpfändet[1].

Zu der Wirtschaftsdepression trat nach dem verlorenen Krieg gegen die USA (1846/48) eine nationale Identitätskrise infolge der fortschreitenden Desintegration des Staatsgebiets, das durch die riesigen Territorialgewinne der USA um etwa die Hälfte beschnitten worden war. Für viele ausländische Zeitgenossen war die staatliche Auflösung Mexikos nur noch eine Frage der Zeit, und die Befürchtungen einer Absorption Mexikos durch den großen nördlichen Nachbarn begannen unter den konservativen Kräften in Mexiko wie auch in Europa ihre Schatten vorauszuwerfen.

Anlaß dazu bestand durch die aggressive, auf die Errichtung eines Protektorats in Nordmexiko abzielende Politik des US-Präsidenten Buchanan im Anschluß an die Revolution von Ayutla (1855) und die neue Verfassung von 1857, die die sozialen und politischen Spannungen in Mexiko weder abzubauen vermochten, noch Mexikos Position gegenüber den ausländischen Mächten stabilisieren konnten. Zwar erhielt Buchanan für seine dynamische Mexikopolitik keinen Rückhalt im Kongreß, doch blieben damit in Europa Befürchtungen einer US-Intervention in Mexiko lebendig, vor allem bei den drei hauptinteressierten Staaten Großbritannien, Frankreich und Spanien.

Von den drei Staaten war das Verhältnis Spaniens zu Mexiko von Anbeginn an das komplizierteste, zumal die alte Kolonialmacht den Verlust seiner südamerikanischen Besitzungen im Grunde nie verwunden hatte. Infolgedessen bestand bei den Mexikanern gegenüber Spanien die geringste Sympathie. Eine Anzahl wirtschaftspolitischer Streitfälle belastete das Verhältnis permanent, was bis zum Abbruch der diplomatischen Beziehungen reichte, die erst 1859

---

1 Vgl. Michael C. Meyer/William L. Sherman, The Cause of Mexican History, New York, Oxford ³1987; David Bushnell/Neill Macaulay, The Emergency of Latin America in the Nineteenth Century, New York, Oxford 1988.

wieder notdürftig geflickt wurden. Frankreich hatte bislang die aggressivste Mexikopolitik betrieben und bereits 1829/30 am Rande eines militärischen Konflikts mit der ehemaligen spanischen Kolonie gestanden. Frankreichs Aggressivität drückte sich in einer weitgehend freien Hand der Vertreter vor Ort aus, die seit 1857 zum Schutz französischer Handels- und Finanzinteressen vehement für eine Intervention als einziger Lösung der politisch-wirtschaftlichen Stagnation Mexikos plädierten. Großbritanniens Hauptproblem in der Mexikopolitik lag in der Rückzahlung der Darlehen an die britischen »bondholders«. Als Hauptgläubiger des mexikanischen Staates (1856 ca. 56 Mio. Pesos, 1862 64 Mio. Pesos; dagegen Spanien nur ca. 9 Mio. Pesos und Frankreich gar nur 6 Mio. Pesos) sah sich die englische Regierung wachsenden Pressionen der Investoren ausgesetzt, die den Schutz ihrer Interessen überall in der Welt verlangten. Zwar stellten finanzielle Reklamationen für London nicht per se Gründe zum politischen Handeln dar, doch konnte das innenpolitische Druckpotential der Mexiko-Investoren schwerlich auf Dauer bei den außenpolitischen Entscheidungen unberücksichtigt bleiben.

Mit dem wachsenden Mißtrauen der drei europäischen Mächte gegen die Mexikopolitik der Vereinigten Staaten seit Mitte der 1850er Jahre festigte sich auch in Washington zusehends die Bereitschaft, aus nationalem wie regionalem Sicherheitsinteresse den sich ausbreitenden Einfluß der Europäer südlich des Rio Grande einzudämmen und in Bekräftigung der Monroe-Doktrin darüber zu wachen, daß der instabile mittelamerikanische Staat durch Interventionen oder Knebelverträge nicht vollends in die Abhängigkeit seiner europäischen Gläubiger geriet.

Zum damaligen Zeitpunkt stand unter den drei europäischen Mächten der Ruf nach Schutz der mexikanischen Unabhängigkeit gegen das nordamerikanische Expansionsbestreben im Vordergrund, zumal die USA mit der Anerkennung des 1858 proklamierten liberalen Präsidenten Benito Juarez (1859) ihre quasi-Schutzmachtfunktion für den südlichen Nachbarn mit diplomatischen Mitteln abzusichern suchten. Allerdings war der Wunsch nach Wahrung der Unabhängigkeit Mexikos vor amerikanischem Einfluß kein uneigennütziges Ziel der europäischen Mächte, sondern entsprang lediglich dem Wunsch, Mexiko als wirtschafts- und finanzpolitisches Penetrationsfeld weitgehend ungestört nutzen zu können. Daß sich die Europäer bei ihrer Mexikopolitik im besonderen Maße auf die konservative Herrschaftselite stützten, war nicht das Resultat einer speziellen Affinität zu deren politischem »Programm«, sondern war vielmehr die Konsequenz dessen, daß die liberale Bewegung unter Benito Juarez, dem Führer der sozial engagierten Intellektuellen, von vornherein mit den vom Kolonialismus unbelasteten USA sympathisierte, deren republikanische Verfassung in vielerlei Hinsicht Modell abgab. Aufgrund der sich ständig verschlechternden Finanzlage Mexikos bestand spätestens seit Juarez' Präsidentschaft ein weitgehendes diplomatisches Zusammenspiel zwischen Mexiko und den USA, die in der Verteidigung der republikanischen Idee gegen die Ansprüche der monarchischen europäischen Mächte ein ihrem Selbstverständnis entspringendes Sendungsbewußtsein entwickelten.

Juarez ging mit revolutionärer Sprengkraft daran, Reformen gegenüber Klerus und grundbesitzender Oberschicht durchzuführen, die noch im Jahr seiner

Amtseinführung 1858 einen neuen Bürgerkrieg zwischen Konservativen und Liberalen heraufbeschworen. Während die USA den verfassungsmäßigen Präsidenten Juarez unterstützten, der sich in die Hafenstadt Veracruz an der Golfküste zurückziehen mußte, unterstützten England, Frankreich und Spanien aus unterschiedlichen Motiven den konservativen Gegenkandidaten Miramón, der sich zunächst in der Hauptstadt Mexiko halten konnte.

Frankreich und Spanien favorisierten offen die Konservativen, da in einem Sieg der Liberalen ein zu großer Einfluß der USA gesehen wurde und nur eine starke Exekutive imstande schien, die Unabhängigkeit des Landes aufrechtzuerhalten und die Anarchie zu beenden. Unter der Hand schien sich besonders für Kaiser Napoleon III. die Chance zu eröffnen, im Gefolge des wiedererweckten, durch prestigeträchtige außenpolitische Aktionen kräftig angeheizten, französischen Nationalismus die langgehegten Pläne betreffs Südamerika in die Tat umzusetzen, konnte sich dadurch doch ein neuer Erfolg seiner plebiszitären Diktatur einstellen[2]. Für Großbritannien, das traditionell eine Politik der Nichteinmischung betrieb, erfolgte die eher verhaltene Unterstützung der Konservativen sowohl aus innenpolitischem Kalkül gegenüber den »bondholders«, da die Konservativen eher eine Rückzahlung der Kredite zu garantieren schienen, als auch aus Gründen der »optischen« Geschlossenheit der drei europäischen Gläubigerländer, vor allem im Hinblick auf mögliche Einwirkungen seitens der USA.

Damit war durch die europäisch-amerikanische Parteinahme im mexikanischen Bürgerkrieg die Ausgangslage für den künftigen Konflikt vorgezeichnet. Gleich zu Beginn des Bürgerkriegs kursierten Gerüchte über Interventionen der europäischen Mächte, woraufhin sich die »Juaristas« nur noch geschlossener an die USA anlehnten, die als einzige Macht gegenüber den liberalen Revolutionären ihr Wohlwollen bekundeten.

Die europäische Mächtesituation — der französisch-piemontesische Krieg gegen Österreich im Sommer 1859 — verhinderte zunächst ein gemeinsames Vorgehen der drei Mächte. Da vor allem Großbritannien als Hauptgläubiger Mexikos unter Premierminister Palmerston offiziell Unparteilichkeit gegenüber dem Bürgerkrieg wahrte, wollte keine Macht die Initiative ergreifen. Mehr Aussicht auf Erfolg versprach ein abwartender Kurs, mit der sich auch das in Paris und London nicht ganz ausgeräumte Mißtrauen gegen die reaktionäre Haltung Spaniens überwinden ließ; denn diese, so befürchtete man, konnte den USA als Vorwand dienen, Mexiko und Kuba im Einklang mit der »Manifest Destiny« zu annektieren. In diesem zivilisatorischen Missionsbewußtsein gegenüber »unterentwickelten« Völkern einerseits, wie der daraus entspringenden Rechtfertigungsideologie andererseits, die USA seien zur Übernahme der Führungsrolle in der westlichen Hemisphäre vom Schicksal vorherbestimmt, lag denn auch die Gefahr, daß sich der große Nachbar gegenüber den Vorgängen in seinem unmittelbaren Interessenbereich nicht untätig verhalten und zur Verteidigung des republikanischen Ideals in Mexiko eingreifen würde.

---

2 A.J. Hanna/K.A. Hanna, Napoleon III. and Mexico. American Triumph over Monarchy, Chapel Hill 1971, bes. S. 3—9; Edward W. Richards, Louis Napoleon and Central America. In: Journal of Modern History 34 (1962), S. 178—184.

Unbehelligt von ausländischer Seite zeichnete sich Ende 1860 der Sieg der Juaristas im Reformkrieg ab, so daß zu Beginn des nächsten Jahres die liberale Regierung in Mexiko etabliert werden konnte. Ungeachtet dessen waren die inneren Unruhen aber damit nicht beendet. Tausende von bewaffneten Angehörigen der Konservativen kontrollierten weite Landesteile und erschwerten Juarez ein geordnetes Regieren[3].

Durch den Bürgerkrieg hatte sich die Finanzlage Mexikos dramatisch verschlechtert. Neue Kredite waren vorerst nicht in Sicht, da die europäischen Gläubiger zunächst die alten Schulden beglichen sehen wollten und in die mexikanische Zahlungsmoral wie in die Sicherung der Außenstände durch Pfänder kaum noch Vertrauen setzten. Von den USA war keine Hilfe zu erwarten, da diese selbst infolge des seit April 1861 ausgebrochenen Bürgerkriegs der schwersten Zerreißprobe seit ihrer Gründung ausgesetzt waren.

Als daher die Regierung Juarez im Sommer 1861 in einer Art von nationaler Selbsthilfeaktion die Schuldenzahlungen für zwei Jahre aussetzte, um der kritischen Finanzlage Herr zu werden, sahen Großbritannien, Frankreich und Spanien die Zeit zum Handeln gekommen. Nachdem die drei Mächte in Reaktion auf den als Provokation empfundenen Schritt die diplomatischen Beziehungen zu dem südamerikanischen Staat abgebrochen hatten, kamen sie in der Londoner Tripelkonvention vom 31. Oktober 1861 überein, zur Sicherung ihrer Außenstände in Mexiko zu intervenieren[4]. Trotz tiefgreifender Differenzen unter den Interventionspartnern, schuf die Frontstellung gegen das von der Union gedeckte Juarez-Regime einen gemeinsamen Aktionsrahmen.

Die im Dezember 1861 und Januar 1862 erfolgte Landung spanischer, englischer und französischer Truppen sowie die sich unter militärischem Druck daran anschließenden Konferenzen mit der mexikanischen Regierung vermochten die divergierenden Vorstellungen der drei Mächte nur vordergründig zu übertünchen. Anfang April 1862 kam es zum endgültigen Bruch des Interventionsverbands, da Großbritannien und Spanien nicht gewillt waren, die von imperialen Aspirationen geleiteten exzessiven Forderungen Frankreichs sowie dessen Regenerationsprogramm für Mexiko mitzutragen[5]. Mit dem Rückzug Großbritanniens und Spaniens aus Mexiko war der Weg für Napoleon III. frei, seinen ambitionierten, gegen die USA gerichteten Plan zur Neugestaltung Lateinamerikas in die Tat umzusetzen. Dieser Plan sah vor, die angelsächsische Expansion durch Errichtung eines monarchischen Bollwerks in Mexiko einzudämmen und

3 Richard N. Sinkin, The Mexican Reform, 1855—1876. A Study in Liberal Nation-Building, Austin 1979; Walter V. Scholes, Mexican Politics During the Juarez Regime, 1855—1872, Columbia 1957; Walter L. Bernecker, Die Handelskonquistadiven, Stuttgart 1988; ders., Industrie und Außenhandel. Zur politischen Ökonomie Mexikos im 19. Jahrhundert, Saarbrücken 1987.

4 Ausführlich bei Carl H. Bock, Prelude to Tragedy. The Negotiation and Breakdown of the Tripartite Convention of London, October 31, 1861, Philadelphia 1966, S. 122—215 sowie William Spence Robertson, The Tripartite Treaty of London. In: Hispanic American Historical Review 20 (1940), S. 167—189; Philip J. Sheridan, The Committee of Mexican Bondholders and European Intervention in 1861. In: Mid-America 42 (1960), S. 18—29.

5 Hanna, Napoleon III. and Mexico, S. 40—44.

das lateinische Element durch die Ausweitung des französischen Einflusses in ganz Südamerika zu stärken[6].

Mit den am 10. April 1862 offiziell eröffneten Feindseligkeiten gegen Mexiko[7] ging das französische Kaiserreich daran, im Windschatten des amerikanischen Bürgerkrieges den mittelamerikanischen Staat militärisch zu unterwerfen. »Die Fahne Frankreichs ist nun einmal aufgepflanzt auf dem mexikanischen Boden«, besagte eine Proklamation der französischen Bevollmächtigten zur Durchführung der Intervention am 16. April, »und sie wird nicht zurückweichen; die Verständigen mögen sie als eine befreundete aufnehmen! Die Unsinnigen sollen es wagen, sie zu bekämpfen«[8]!

Zwar hatte Außenminister Seward von Anfang an gegenüber Frankreich betont, daß die USA gegen jede politische Einmischung in der »Neuen Welt« Stellung bezögen[9], doch verzichtete er auf einen ausdrücklichen Rückgriff auf die Monroe-Doktrin. Er war sogar bereit, der französischen Intervention wegen offener Forderungen eine gewisse Berechtigung zuzugestehen, sofern diese nicht zu einer gewaltsamen Umgestaltung Mexikos führte. Seward reagierte mit Rücksicht auf den Verlauf des Bürgerkriegs zunächst abwartend auf die Entwicklung in Mexiko und sah die größte Chance für die US-Politik darin, seine Reaktion nach der steigenden Intensität der französischen Intervention auszurichten. Entschiedenes Handeln war demnach erst gefordert, wenn Frankreich die Monroe-Doktrin definitiv verletzte — vorausgesetzt, das Kriegsglück war auf seiten der Union, was nach anfänglichen Niederlagen nicht so schien[10].

Demgegenüber wurde die militärische Okkupation Mexikos, die mit der Eroberung der Hauptstadt im Juni 1863 einen ersten Höhepunkt erreichte, in weiten Kreisen der nordamerikanischen Öffentlichkeit als feindlicher Akt gewertet, dem entschieden begegnet werden sollte[11]. Ein energisches Auftreten gegen die französische Expansion und die im Sommer 1863 von einer mexikanischen Notabelnversammlung unter französischer Aufsicht betriebene Proklamation des Erzherzogs Maximilian von Österreich zum Kaiser von Mexiko ließ sich für die Union jedoch erst nach einigen durchgreifenden Siegen auf dem Schlachtfeld bewerkstelligen, frühestens seit Anfang 1864 mit der Einnahme

---

6 Hanna, Napoleon III. and Mexico, bei S. 58—68; Vgl. Thomas D. Schoonover, Dollars Over Dominion. The Triumph of Liberation in Mexican-United States Relations, 1861—1867, Baton Rouge 1978 und Nancy N. Barker, Distaff Diplomacy, Austin 1967.

7 Hanna, Napoleon III. and Mexico, S. 45 f.

8 Schulthess (1862), S. 373.

9 Schoonover, Dollars, S. 157. Zu Sewards Politik vgl. Ernest N. Paolino, The Foundation of the American Empire, New York 1972.

10 Schoonover, Dollars S. 168—171; Hanna, Napoleon III. and Mexico, S. 39, 47—57; Lynn M. Case/Warren F. Spencer, The United States and France: Civil War Diplomacy, Philadelphia 1970, S. 547. Vgl. auch Jean-Baptiste Duroselle, France and the U.S., Chicago, London 1978; H. Blumenthal, France and the United States. Their Diplomatic Relations, 1789—1914, Chapel Hill 1970, bes. 74—106; Mexican Lobby. Matias Romero in Washington, 1861—1867. Ed. by Thomas D. Schoonover, Lexington 1986.

11 Schoonover, Dollars, S. 160.

von New Orleans eine wichtige Nachschubbasis zur Unterstützung der Juaristas etabliert werden konnte[12].

Schon im Herbst 1863 hatte Außenminister Seward mit wachsender Stärke der Union zu verstehen gegeben, daß zur Normalisierung der Lage in Mexiko nur ein Rückzug Frankreichs in Frage käme; denn eine andere Politik »might ultimately ripen into collision beween France and the United States and other American republics«[13]. Nach der Etablierung des mexikanischen Kaiserreichs im Sommer 1864 gewannen die Befürworter einer strikten Anwendung der Monroe-Doktrin in der Mexiko-Frage enormen Zulauf, vor allem da Anzeichen dafür vorhanden waren, daß Kaiser Napoleon III. nicht an Rückzug dachte, sondern vielmehr die französische Präsenz in seinem Satellitenstaat nach Kräften auszubauen beabsichtigte[14].

Vor dem Hintergrund von — zwar fehlgeschlagenen, in ihrer Wirkung jedoch in Washington zur Besorgnis Anlaß gebenden — Mediationsversuchen des französischen Kaisers im amerikanischen Bürgerkrieg, deren Zweck ein dauernder Bruch der Union zu sein schien[15], hielt auch Außenminister Seward die Zeit für die Anwendung der Monroe-Doktrin für gekommen, zumal das maximilianeische Kaiserreich, nur auf französische Waffen gestützt, in einem fortwährenden repressiven Abwehrkampf gegen die Juaristas verstrickt war und nicht im entferntesten eine Beruhigung des zerrütteten Landes garantieren konnte. Damit war zunächst nicht unmittelbar die Anwendung militärischer Gewalt verbunden, um die US-Interessen gegenüber dem Expansionsdrang einer europäischen Macht zu behaupten. Es galt vielmehr, mit Rücksicht auf das eigene Kriegsengagement alle diplomatischen Schritte zur Bereinigung des Konflikts zu unternehmen.

Mit den Siegen der Union im Bürgerkrieg und dem auch in Paris seit Frühjahr 1864 erwarteten Kriegsausgang zugunsten Washingtons suchte Seward fieberhaft nach einer diplomatischen Lösung des Mexiko-Problems, da die erschöpfte Nation dringend Ruhe brauchte und eine weitere kriegerische Auseinandersetzung gegen eine fremde Macht scheute[16]. Da Seward an keiner Konfrontation mit Frankreich gelegen war, kam ihm die Inanspruchnahme Frankreichs durch die kritische Lage in Europa seit Frühjahr 1864 sehr gelegen. Trotz der militärischen Siege der Union und des wachsenden politischen Drucks auf Mexiko reagierte Washington besonnen auf Frankreichs Mexikopolitik und vermied es, die europäische Macht durch provokative Aktionen direkt herauszufordern. Durch den zurückhaltenden US-Kurs schien für Seward die Gefahr eines Konflikts mit Frankreich vorerst gebannt[17]. Französische Beobachter bestätigten die zurückhaltende Linie der Union (»It is certain that no one wants war in Mexico but they will go pretty far to insist on this theory: the entire con-

12 Case/Spencer, The United States, S. 521. Von Sommer 1863 bis Sommer 1864 nahm die Regierungsgeschäfte ein mexikanischer Regentschaftsrat wahr (Hanna, Napoleon III. and Mexico, S. 103—115).

13 Schoonover, Dollars, S. 158.

14 Ebd., S. 171—173.

15 Ebd., S. 160 f.; Hanna, Napoleon III. and Mexico, S. 116. Vgl. auch Frank L. Owsley, King Cotton Diplomacy, Chicago 1959, S. 450—488.

16 Schoonover, Dollars, S. 156 f.

17 Case/Spencer, The United States, S. 553 ff.

tinent must be under American control«[18]), verhehlten jedoch nicht, daß sich in der Union angesichts des bevorstehenden Kriegsendes der Ruf in der Öffentlichkeit nach einem entschlossenen Handeln gegenüber dem mexikanischen Kaiserreich verstärkte, »to oust the French and enforce the Monroe Doctrine«[19].

Während sich die Regierungen in Paris und Washington um politische Zurückhaltung bemühten und für eine diplomatische Lösung des auch für Frankreich nicht länger tragbaren Mexikoproblems eintraten, schienen sich die Ereignisse an der mexikanisch-amerikanischen Grenze zu überstürzen. Die Rio-Grande-Grenze war infolge des amerikanischen Bürgerkriegs sowie durch das verstärkte interventionistische Vorgehen Frankreichs zu einem Tummelplatz für zahlreiche Glücksritter, Deserteure und Banditen geworden, die für eine ständig wechselnde Kontrolle der Uferregion sorgten und einen Zustand chaotischer Gesetzlosigkeit herbeiführten, der mangels geeigneter Kräfte weder von Mexiko noch von den USA beendet werden konnte. Etwa 7 000 Mann Unionstruppen, die zur Verhinderung des Grenzhandels zwischen den Konföderierten und Mexiko am Rio Grande stationiert waren, wurden im Juli 1864 aus der Grenzregion abgezogen. Entsprechend dem bisherigen reservierten diplomatischen Vorgehen gegen Frankreichs Mexiko-Abenteuer unternahm Washington alles, um die Gefahr einer militärischen Konfrontation in der unübersichtlichen Grenzregion so niedrig wie möglich zu halten[20].

Angesichts des wachsenden militärischen Gewichts der USA bemühte sich der französische Außenminister Drouyn de Lhuys, der ohnehin ein Gegener der überseeischen Abenteuer Napoleons III. war, um ein Disengagement Frankreichs in Mexiko[21]. Mit Rücksicht auf die seit Frühjahr 1864 wieder ins Zentrum der französischen Außenpolitik tretenden europäischen Fragen warb Drouyn für ein pragmatisches, weniger exponiertes Auftreten gegenüber den USA, das nicht von vornherein eine Lösung der mexikanischen Frage auf dem Verhandlungswege zunichte machte[22]. Dies war indes leichter gesagt als getan, da Napoleon III. ungeachtet der französischen Rückwendung auf Europa zu eben dieser Zeit Kolonisierungsprojekte in Mexiko und im Süden der USA propagierte, die nicht nur Washington zutiefst beunruhigten, sondern auch die zwischen Seward und Drouyn de Lhuys informell vereinbarte Zurückhaltung in Mexiko zu konterkarieren drohten[23].

Nach der bedingungslosen Kapitulation der Konföderierten bei Appomatox im April 1865 wuchs der militärische Druck an der mexikanisch-texanischen Grenze beträchtlich. Das auf französisches Militär gestützte mexikanische Kaiserreich sah sich seitdem in zunehmendem Maße mit der für sie unerfreulichen Tatsache konfrontiert, daß auch unter dem neuen Präsidenten Andrew Johnson keine Abstriche an der prinzipiell ablehnenden Haltung gegen die gewaltsame Änderung des Status quo südlich des Rio Grande gemacht wurden. Vielmehr schien mit dem Kriegsende in der Öffentlichkeit nur noch lautstärker für eine

18 Schoonover, Dollars, S. 174.
19 Ebd.
20 Hanna, Napoleon III. and Mexico, S. 162 f.; Schoonover, Dollars, S. 190.
21 Case/Spencer, The United States, S. 548.
22 Ebd., S. 551.
23 Schoonover, Dollars, S. 186 ff.; Hanna, Napoleon III. and Mexico, S. 199—208.

Beendigung der französischen Präsenz Stimmung gemacht zu werden, zumal nun die Armee für andere Aufgaben frei wurde[24].

Als energischster Verfechter eines entschlossenen Auftretens gegen Frankreich, der auch den direkten Zusammenstoß offenbar nicht scheute, plädierte General Grant, seit Anfang 1864 Oberbefehlshaber der Unionsarmee, für die sofortige Beendigung des Konflikts südlich des Rio Grande, den er nur als Verlängerung des amerikanischen Bürgerkriegs betrachtete. Seiner Meinung nach sollte eine gemeinsame amerikanisch-mexikanische Aktion zur Unterstützung Juarez' die Franzosen aus Mexiko vertreiben. Zu diesem Zweck warb er für die Formierung einer schlagkräftigen Truppe an der Grenze, die durch militärisches Eingreifen das französische Regime beenden sollte[25]. Durch seine Nähe zu Präsident Johnson gelang es Grant nicht nur, gezielt auf Entscheidungen der Regierung Einfluß zu nehmen, sondern auch die Öffentlichkeit massiv im Sinne seines energischen Kurses zu bearbeiten[26].

Konnte sich Außenminister Seward im Kabinett Präsident Johnsons auch weiterhin mit seinem Eintreten allein für diplomatischen Druck behaupten, so machte er die französische Seite doch unmißverständlich auf die Konfliktträchtigkeit der Lage an der Grenze aufmerksam[27]. Er konnte es freilich nicht verhindern, daß General Grant dem Befehlshaber der Grenztruppen, General Sheridan, ohne spezielle Instruktion Präsident Johnsons befahl, quasi zur Betonung der Ernsthafigkeit seiner Absichten, ein Korps von Louisiana an die Grenze zu verlegen und dort, Gewehr bei Fuß stehend, weitere Order abzuwarten[28].

Sheridan, der Sewards politische Zurückhaltung mißbilligte, da sie Juarez nur schwächte, verfolgte — wie Thomas Schoonover nachweist — eine Strategie explorativer Konfrontation »short of war«. Zwar hatte die US-Regierung im Herbst 1865 auch die Frage eines Krieges gegen Frankreich in Mexiko theoretisch angesprochen, diese jedoch aufgrund unzumutbarer Belastungen verworfen, so daß sich Grant mit seinem harten Kurs ohne politische Rückendeckung sah[29]. Indem Sheridan durch eine Obstruktionskampagne bewußt Gerüchte lancierte, daß er in nächster Zeit die Grenze überschreiten und Juarez zu Hilfe eilen werde[30], weckte er bei dem französischen Oberbefehlshaber in Mexiko, General Bazaine, größte Irritationen. Diese mündeten auf französischer Seite schließlich in die Vorstellung ein, in Kürze eine kriegerische Auseinandersetzung zu gewärtigen. Bazaine schloß aus Sheridans Verhalten auf eine systematische Zermürbungsstrategie, die das Vorspiel für einen geplanten Angriff darstellte. Er rief daher seine Truppen zu erhöhter Wachsamkeit auf und befahl, das Feuer zu eröffnen, falls eine feindliche Absicht des Gegners erkennbar war.

Da die kritische Situation an der Grenze weitgehend in den Händen der Militärs lag, leitete Bazaine auch auf eigene Verantwortung Verteidigungsmaß-

---

24 Jack A. Dabbs, The French Army in Mexico, 1861—1867, Den Haag 1962, S. 135—145; Schoonover, Dollars, S. 180 ff., 190 ff.

25 Schoonover, Dollars, S. 193 f., 205 ff., 221 ff.

26 Hanna, Napoleon III. and Mexico, S. 238.

27 Schoonover, Dollars, S. 194 und 192.

28 Ebd., S. 195.

29 Dabbs, The French Army, S. 148 ff.; Hanna, Napoleon III. and Mexico, S. 209—220.

30 Schoonover, Dollars, S. 196 ff.; Hanna, Napoleon III. and Mexico, S. 238.

nahmen am Rio Grande ein. Mit Telegramm vom 18. November 1865 bat er Admiral Diderot, den Chef des französischen Antillengeschwaders, ohne Rücksprache mit Paris, infolge der sich zuspitzenden Situation umgehend mit allen verfügbaren Schiffen Vera Cruz anzulaufen und dort auf weitere Befehle zu warten[31].

Sheridans Provokationen führten zu heftigen französischen Protesten in Washington, stärkten jedoch die eher moderate Haltung Sewards, der die Grenztruppen zu strikter Neutralität anhalten ließ, um der Gefahr einer direkten Konfrontation zu entgehen. Statt die risikoreiche Obstruktionspolitik weiterzuführen, plädierte er für eine Erhöhung des diplomatischen Drucks auf Paris, und zwar durch die Entsendung von Sondermissionen, die dem französischen Kaiser die Unausweichlichkeit eines Rückzugs verdeutlichen sollten[32].

Spätestens im Herbst 1865 kam auch Napoleon III. zu der Überzeugung, daß das Mexiko-Abenteuer politisch wie finanziell nicht länger tragbar war, und schleunigst ein ehrenvoller Rückzug angetreten werden mußte, zumal mehrere französische Versuche, eine eigene mexikanische Armee aufzustellen und damit dem Regime Kaiser Maximilians aus eigener Kraft Halt zu geben, gescheitert waren. Ende November 1865 beklagte er sich bei General Bazaine über die Stagnation jeglicher Entwicklung in Mexiko und kündigte den Rückzug der französischen Truppen für die nächste Zukunft an. Für ihn schien die Gefahr eines Krieges mit den USA seitdem gebannt[33]. Jedoch erst am 15. Januar 1866 rang er sich zu einem klaren Statement in puncto Rückzug durch, der bis Anfang 1867 erfolgen sollte[34]. Mit der Einleitung des Truppenabzugs aus der unmittelbaren Grenzregion Anfang 1866 gingen die Spannungen zurück; mit dem endgültigen Abzug, der im Sommer 1866 erreicht war, gelangte die Politik am Rio Grande wieder in friedlichere Bahnen[35]. Der insbesondere in der Grenzregion hochgeschaukelte amerikanisch-französische Konflikt ebbte ab und überließ die Lösung der mexikanischen Frage somit den Juaristas, denen nach dem Abzug der Franzosen 1866 rasch die Kontrolle des Landes gelang. Die Hinrichtung Kaiser Maximilians 1867 zog einen demonstrativen Schlußstrich unter Frankreichs Mexiko-Abenteuer, das auf dem Höhepunkt der amerikanisch-französischen Spannungen im Jahre 1865 durchaus die Gefahr einer militärischen Konfrontation barg.

Der sich seit Mitte des 19. Jahrhundert verschärfende Interessengegensatz zwischen den USA, Großbritannien, Frankreich und Spanien in Mexiko spitzte sich mit der Parteinahme der drei europäischen Mächte im mexikanischen Bürgerkrieg (1858) weiter zu und erfuhr eine bis dahin nicht gekannte Aufgipfelung in der alliierten Intervention in Mexiko zur Jahreswende 1861/62. Die gemeinsame Frontstellung der drei Mächte gegen die USA zerbrach indes an weitgespannten französischen Zielen, so daß Frankreich allein die militärische Unterwerfung Mexikos unternahm. Mit Rücksicht auf den Bürgerkrieg verhielt

---

31 Dabbs, The French Army, S. 150.
32 Hanna, Napoleon III. and Mexico, S. 139 ff.; Schoonover, Dollars, S. 221 ff.
33 Dabbs, The French Army, S. 150 f.
34 Ebd., S. 158 f.
35 Ebd., S. 160—182; Hanna, Napoleon III. and Mexico, S. 274—289.

sich die Union zunächst abwartend, trat jedoch mit wachsender Stärke für den kompromißlosen Rückzug der Franzosen aus Mexiko ein.

Der französisch-nordamerikanische Konflikt blieb im Stadium der diplomatischen Krise, da Washington für einen erneuten Waffengang zu erschöpft war und Frankreich sich ab 1864 wieder verstärkt auf Europa konzentrierte.

Es war im wesentlichen den Bemühungen der beiden Außenminister, Seward und Drouyn de Lhuys, zu verdanken, daß sowohl in Washington wie in Paris die polititische Vernunft obsiegte und die Konfliktgefahr mit dem Abzug der französischen Truppen 1866 gebannt werden konnte. Ihre Bemühungen waren um so bedeutsamer, als 1865 mit dem Sieg der Union im Bürgerkrieg die amerikanische Öffentlichkeit für ein militärisches Vorgehen gegen die französische Okkupation in Mexiko plädierte, wodurch die Gefahr einer Eskalation an der mexikanisch-texanischen Grenze durch die »men on the spot« bestanden hatte.

Daß es angesichts des Konfliktpotentials am Rio Grande nicht zu einer kriegerischen Auseinandersetzung zwischen den USA und Frankreich kam, lag primär daran, daß Kaiser Napoleon III. selbst in zunehmendem Maße das Interesse an seinem Mexiko-Projekt verlor. Die wieder ins Zentrum französischer Interessen tretenden europäischen Fragen verstärkten 1864 insofern die offizielle Bereitschaft zum »Disengagement«, das der Form halber ohne Gesichtsverlust abzulaufen hatte.

Außenminister Seward erkannte rechtzeitig die Rückzugsbemühungen Frankreichs, die seiner zurückhaltenden Politik diplomatischen Drucks entgegenkamen und setzte demzufolge alles daran, die »Hardliner« um General Grant in Zaum zu halten, was offensichtlich den gewünschten Erfolg hatte.

5. »We are talking about politics, not humanity![1]« Europa und der nationalpolnische Aufstand 1863

In »Kongreßpolen«, jenem 1815 in Wien geschaffenen Rumpfstaat, herrschte der russische Zar zugleich als polnischer König. Seine Politik der Russifizierung machte ihn »zum schrecklichsten von allen Feinden Polens«[2]. Zwar unterdrückten auch die beiden anderen Teilungsmächte die polnische Nation: Preußen im Großherzogtum Posen, Österreich im Kronland Galizien. Aber die Personalunion ermöglichte es nur dem Zaren, die Repression auch in das Restpolen zwischen Prosna und Bug zu tragen. Gegen ihn richtete sich seit Januar 1863 der im 19. Jahrhundert letzte polnische Versuch, die nationale Selbständigkeit aus eigener Kraft zu erreichen.

Der Druck, der auf ihrer ethnischen und kulturellen Eigenständigkeit lastete, wirkte auf die Polen integrativ. Daß Petersburg die polnischen Universitäten auflöste und den Katholizismus bedrängte, verhinderte weder, daß sich die Studenten insgeheim organisierten (wie in Kiew), noch die Solidarität des Klerus mit der nationalpolnischen Opposition. Da die Russifizierung die wirtschaftliche Entwicklung des Landes nicht hemmte, bildete sich in geringem Umfang ein politisch aktives städtisches Bürgertum heraus, das sich zumeist den Gegnern Rußlands anschloß. Diese banden ihre Hoffnungen an den Krimkrieg. Der Versuch scheiterte, die europäische Diplomatie mit der Teilnahme polnischer Truppen für eine staatliche Reorganisation Polens zu gewinnen. Zum einen ließen sich nicht ohne weiteres polnische Soldaten mobilisieren. Außerdem hätte ein selbständiges Polen als Kriegsziel den begrenzten Charakter des Krimkriegs erweitert und das europäische Gleichgewicht verändert. Beides lehnten Frankreich und England jedoch ab[3].

Nicht der Krimkrieg änderte die polnische Lage, Erleichterungen gingen statt dessen vom neuen Zaren Alexander II. aus. Seine politischen Zugeständnisse polarisierten die Opposition in Anhänger evolutionärer Schritte um den Politiker Alexander Wielopolski und revolutionäre Geheimbünde, die sich am Vorbild Italiens orientierten[4]. Die oppositionellen Organisationen fanden ihre Anhänger in der unteren Verwaltungsbürokratie, im Kleinbürgertum und niederen Adel[5]. Seit 1860 benutzten sie verstärkt nationale und religiöse Gedenk-

---

1 Palmerston im Mai 1863, zit. nach: Henryk Wereszycki, Great Britain and the Polish Question in 1863. In: Englisch Historical Review 50(1935), S. 78—108, hier S. 91.

2 Aufruf des Polnischen Nationalen Zentralkomitees zit. nach: Schulthess 4 (1863), S. 247.

3 Werner Frauendienst, Preußisches Staatsbewußtsein und polnischer Nationalismus. Preußisch-deutsche Polenpolitik 1815—1890. In: Das östliche Deutschland. Ein Handbuch. Hrsg. vom Göttinger Arbeitskreis, Würzburg 1959, S. 305—362, hier S. 335.

4 Stefan Hartmann, Thorn zur Zeit des Januaraufstands von 1863/64. In: Zeitschrift für Ostforschung 29 (1980), S. 48—70, hier S. 49; Stefan Kieniewicz, Polish Society and the Insurrection of 1863. In: Past and Present 37 (1967), S. 130—148, hier S. 133.

5 Kieniewicz, Polish Society, passim. Zahlenangaben zur sozialen Zusammensetzung der Aufständischen bei Zdzislaw Grot, Franciszek Paprocki, [deutschsprachige Einleitung zu] Zabór pruski w powstaniu styczniowym [Das preußische Teilgebiet im Januaraufstand], Wroclaw u.a. 1968 = Teilband von: Powstaniu styczniowe. Materialy i dokumenty [Der

tage zur politischen Aktion. Eine derartige Demonstration am 27. Februar 1861 endete gewaltsam. Der konzessionsbereite Zar berief nun Wielopolski in die Landesregierung. Sein gemäßigt nationaler Reformkurs[6] verlor jede Chance, als am 8. April eine weitere Demonstration blutig ausging. Nach weiteren politischen Aktionen der nationalpolnischen Bewegung wurde am 14. Oktober 1861 der Kriegszustand verhängt. Dies und eine zeitgleiche Verhaftungswelle bildeten den Höhepunkt der vorrevolutionären Situation in Polen. Wielopolski und der russische Statthalter in Warschau traten von ihren Ämtern zurück. Doch auch ihren Nachfolgern gelang es nicht, die Gegenkräfte zu zerschlagen.

Im Sommer 1862 versuchte Petersburg erneut, die polnische Bevölkerung mit Zugeständnissen zu gewinnen. Unter dem reformwilligen Statthalter Konstantin Nikolaevic, dem Bruder des Zaren, bildete erneut Wielopolski eine rein polnische Zivilregierung. Die Opposition verlor dadurch aber keineswegs an Kraft. Sie gab sich vielmehr mit dem »Nationalen Zentralkomitee« eine landesweite Spitze, die für das Frühjahr 1863 den Aufstand vorbereitete. Es sollte diese Tätigkeit beenden, oder einen vorzeitigen Ausbruch provozieren, daß rund 10 000 Männer, die man der Konspiration verdächtigte, in die Armee eingezogen wurden. Tatsächlich begann der Aufstand am 22. Januar 1863 zu früh, unzureichend vorbereitet, schlecht bewaffnet und militärisch nicht einheitlich geführt. Es gelang den Polen zu keinem Zeitpunkt, große Städte oder ganze Gebietseinheiten zu kontrollieren. Die aufständische »Nationalregierung« wurde ihren konspirativen Charakter nicht los. Dennoch konnte sie die Erhebung fünfzehn Monate lang aufrecht halten.

Diese Zeit zerfällt in drei Phasen[7]. Bis Ende März mißlang es, in russischen Garnisonen gewaltsam Waffen zu beschaffen. Nur schwer konnte in Posen und Galizien eine subversive Hilfe aufgebaut werden. Die ländliche Bevölkerung ließ sich nicht mobilisieren. In einer zweiten Phase bis November 1863 verliehen die internationale Aufmerksamkeit und diplomatische Initiativen Napoleons III. dem polnischen Aufstand neue Kraft. Die zeitweilige russische Bereitschaft, den Konflikt beizulegen, blieb deshalb ungenutzt. In der Hoffnung, Frankreich, England und Österreich würden intervenieren, hielten die Revolutionäre eine letzte Phase bis April 1864 durch, bevor sie dem harten Vorgehen der Russen erlagen.

Mit ihrem Verhalten während des oberitalienischen Krieges hatten die Preußen deutlich gemacht, daß sie gegen Österreich eine Vorherrschaft im Deutschen Bund anstrebten. Dieses Ziel war aber gegen eine russisch-französische Allianz nicht denkbar. Deren Zusammenhalt wurde brüchig, als Petersburg zögerte, das mit Frankreichs Waffenhilfe errichtete italienische Königreich anzuerkennen. Außerdem stieß die Sympathie der französischen Öffentlichkeit für die polnischen Nationalisten in Rußland nur auf Unverständnis. Daran änderte

Januaraufstand. Materialien und Dokumente; russischer Nebentitel: Vosstanie 1863 goda. Materialy i dokumenty], Moskau u.a. 1963 ff., S. LXIV.

6 Irene M. Roseveare, From Reform to Rebellion: A. Wielopolski and the Polish Question, 1861—1863. In: Canadian Slavic Studies 3 (1969), S. 263—285: »Wielopolski and the whole of the organic group in the Kingdom were practical people who aimed at remedying evils that were rampant and needed immediate attention [...]« (S. 265).

7 Gotthold Rhode, Kleine Geschichte Polens. Darmstadt 1965, S. 391 ff.

nichts, daß Napoleon versprach, dies nicht auch offizielle Politik werden zu lassen. Der Franzose mußte jedoch hellhörig werden, als der preußische König bei einem Treffen in Compiègne auf Polen zu sprechen kam:

»›Que savez-vous de la Pologne?‹ Er [Napoleon III.] sagte, die Dinge dort seien sehr kompliziert und die Russen seien sehr maladroit. Ich antwortete: ›C'est un grand malheur que cette question polonaise pour nous tous qui nous possédons des parties de ce pays!‹ Der Kaiser schwieg. Durch diese polnische réplique [...] glaube ich, dem Kaiser die richtigen Fingerzeige meiner Politik gegeben zu haben[8].«

Offenbar wollte Berlin die polnischen Verhältnisse dazu benutzen, die angeschlagene französisch-russische Zusammenarbeit aufzubrechen, und die gemeinsamen polnischen Interessen zur Basis einer eigenen Annäherung an Petersburg machen. Im Jahr 1862 mußte Napoleon diese Aussicht allerdings noch nicht fürchten. Die Zugeständnisse des Zaren an die Polen befriedigten auch Paris. Mit der bedingungslosen Anerkennung Italiens am 18. August 1862 förderte Gorčakov den Zusammenhalt, denn Rußland benötigte den französischen Beistand für seine Balkanpolitik.

Doch wurde die russisch-französische Verbindung in der Folge auf zwei ganz unterschiedliche Weisen belastet. Einerseits schürte Otto von Bismarck, neuer preußischer Ministerpräsident, die Sorgen Frankreichs vor einer Stärkung Preußens in Deutschland[9]. Für diesen Fall beanspruchte Paris »garanties à la sécurité de ses Etats et à la paix de l'Europe«[10]. Andererseits rückte der polnische Aufstand die gemeinsamen preußischen und russischen Interessen stärker ins Licht. Petersburg betrachtete ihn als innere Angelegenheit, die das Verhältnis zu Frankreich nicht berührte. Napoleon sah das zwar für die Beziehungen von Russen und Polen genauso, nicht aber für Russen und Preußen. Deren Annäherung bedeutete für das Zweite Kaiserreich eine Gefahr. Im Rückblick war sie tatsächlich der Anfang vom Ende der russisch-französischen Kooperation.

Der Januaraufstand bot Bismarck die erste Gelegenheit, sich auf internationaler Ebene entscheidend zu beteiligen[11]. Am 17. Februar schrieb er an Bernstorff nach London:

»Die Herstellung eines unabhängigen polnischen Staates zwischen Schlesien und Ostpreußen mit der konsequenten Begehrlichkeit nach Posen und nach der für ein selbständiges Polen unentbehrlichen Weichselmündung würde eine permanente Drohung gegen Preußen bilden und einen der äußersten Leistung, zu welcher das neue Polen befähigt wäre, gleichkommenden Teil der preußischen Armee dauernd neutralisieren[12].«

Um jeder Unterstützung des Aufstands von vorn herein den politischen Boden zu entziehen, verurteilte er öffentlich die »Neigung, sich für fremde Nationalitä-

8 Aufzeichnung Wilhelms I. 11.10.1861: APP 2,2, Nr. 414, S. 478.

9 Talleyrand an Drouyn de Lhuys 21.12.1862: APP 3, Nr. 82, S. 131 f. und Anm. 2 zu Nr. 82, S. 132.

10 Drouyn de Lhuys an Talleyrand 25.12.1862: APP 3, Nr. 88, S. 143.

11 Józef Feldman, Bismarck a Polska, Warschau 1966 (Reprint der 2. Auflage von 1947), S. 152.

12 GW 4, Nr. 39, S. 60; vgl. Bismarck an Bernstorff 9.3.1863: APP 3, Nr. 319, S. 384.

ten und Nationalbestrebungen zu begeistern«[13]. Nach Bismarcks Ansicht mußte sich ein Erfolg der Polen aus eigener Kraft oder nach einer Verständigung mit Rußland[14] gegen Preußen wenden. Im Fall, daß sich Russen und Polen aussöhnten, verstärkte sich außerdem die Verbindung von Paris und Petersburg. Eine feste Allianz dieser beiden und einen polnischen Staat galt es daher zu verhindern. Diesem Zweck diente Bismarcks Angebot einer Partnerschaft an das Zarenreich.

Der Generaladjutant des Königs, Gustav von Alvensleben, reiste an die Newa. Seine Aufgabe sollte es sein, »mit dem Kaiser eine Verständigung über die Maßregeln anzubahnen, welche von beiden Regierungen gemeinschaftlich zur Unterdrückung des gegenwärtigen Aufstandes oder weiterer ähnlicher Vorgänge angewendet werden können«. In diesen Instruktionen für Alvensleben vom 1. Februar führte Bismarck aus, »die Stellung beider Höfe der polnischen Revolution gegenüber ist sachlich diejenige zweier Bundesgenossen, welche von einem gemeinschaftlichen Feinde bedroht werden«[15]. Für Gorčakov formulierte er anders:

> »Wir möchten gern, daß in Bezug auf jede polnische Insurrektion, wie in Bezug auf jede Gefahr vom Auslande her, sich das schöne Wort bewahrheite, welches der Kaiser in Moskau zu Goltz gesprochen hat, daß Rußland und Preußen gemeinsamen Gefahren solidarisch entgegentreten, als ob sie ein Land bildeten[16].«

Die polnische Angelegenheit sollte also ein Test der Solidarität der Teilungsmächte für eine weiterreichende Allianz sein[17].

Die von Alvensleben am 8. Februar 1863 abgeschlossene Konvention sollte dafür den Boden bereiten und die widerstreitenden Kräfte im Kabinett des Zaren auf eine gemeinsame preußische Linie bringen:

> »Durch den Abschluß unserer Convention, der unter großem Widerstreben Gortschakows erfolgte, verschafften wir, soviel an uns lag, der antipolnischen und antifranzösischen Partei im Kabinett des Kaisers die Oberhand, und die bis dahin schwankenden Entschließungen erfolgten im Sinne der entschlossenen Unterdrückung des Aufstandes[18].«

Die Fraktion um den Außenminister wollte den Aufständischen jede Hoffnung auf eine Intervention der Westmächte nehmen, die Situation in Polen beruhigen und auf diese Weise Frankreich als Partner behalten. Gorčakov wußte, daß die

---

13 Rede Bismarcks im Abgeordnetenhaus 26.2.1863 zit. nach: Die politischen Reden des Fürsten Bismarck. Historisch-kritische Gesamtausgabe besorgt von Horst Kohl, Bd 2, 1862—1865, Stuttgart 1892, S. 123; vgl. Irmgard Goldschmidt, Der polnische Aufstand von 1863 in den Verhandlungen des preußischen Abgeordnetenhauses. Diss., Köln 1937, S. 35 f.

14 Jerzy Borejsza, Über Bismarck und die polnische Frage in der polnischen Historiographie. In: Historische Zeitschrift 241 (1985), S. 599—630, hier S. 607.

15 Bismarck an Alvensleben 1.2.1863: GW 4, Nr. 30, S. 49.

16 Bismarck an Gorčakov 2.2.1863: Otto von Bismarck, Werke in Auswahl, Bd 3,1, Darmstadt 1962, Nr. 55, S. 68 f.

17 Lothar Gall, Bismarck. Der weiße Revolutionär. Frankfurt 1980, S. 273 f.

18 Bismarck an Bernstorff 9.3.1863 zit. nach: Martin Broszat, Zweihundert Jahre deutsche Polenpolitik, München 1963, S. 93; deutlicher Bismarcks Randbemerkung zu Goltz an Wilhelm I. 20.2.1863: APP 3, Nr. 206, S. 277: »Die Konvention war eine Niederlage für Gortschakows feindliche Politik, innerhalb des russischen Kabinetts; der Kaiser verwarf damit die panslawistische Polenfreundlichkeit Gortschakows und des Großfürsten Konstantin.«

polnische Frage gemeinsam mit Preußen ebenfalls und vermutlich schneller zu lösen war. Der Preis hierfür war jedoch eine in ihren Folgen nicht einschätzbare Umgruppierung der Großmächte. Es müssen deshalb wichtige Argumente gewesen sein, die für die Alvensleben-Konvention sprachen, denn schon am 5. Februar strebten die Russen eine ähnliche Absprache auch mit Österreich an[19]. Noch immer durch den Krimkrieg geschwächt, sah sich Rußland einem »Partisanenkrieg« gegenüber, in dem ein Erfolg nicht selbstverständlich war. In der Tat erwies sich das Unternehmen später als kostspielig, und es schwächte das Zarenreich zusätzlich militärisch[20]. So entschied Alexander II., befriedigt über die »Freundschaftsgeste« des preußischen Königs, für die Konvention und gegen die Einwände der Liberalen am Hof[21].

Rußland und Preußen kamen überein, die Verfolgung der Aufständischen auch über die Grenze Polens hinweg zu dulden. Eine frühere Anweisung Bismarcks hatte hierfür bereits die Richtung gewiesen. Er wollte die Polen »ungesäumt und nötigenfalls unter Anwendung militärischer Kräfte« an die russischen Militärbehörden ausliefern[22]. Solche Maßnahmen blieben zwar von geringem praktischen Wert[23], erschienen nach außen gleichwohl als überzogene Einmischung in den polnisch-russischen Konflikt. Daß Bismarck außerdem keinen Hehl daraus machte, Polen notfalls selbst besetzen zu wollen[24], ließ die anderen europäischen Mächte aktiv werden. Mit der Konvention hatte Bismarck die polnische Frage zur internationalen Angelegenheit erhoben[25].

Vor allem Frankreich mußte, auch wenn der Botschafter in Petersburg, Montebello, die Konvention als »légitime, impolitique, inutile«[26] bezeichnete, Konsequenzen daraus ziehen. Außenminister Drouyn de Lhuys und sein Berliner Vertreter, Talleyrand, vermuteten, die Absprachen des Generals Alvensleben drückten mehr als nur die Solidarität zweier Teilungsmächte aus. Waren sie der Ausgangspunkt für ein Dreierbündnis mit Österreich, der dritten Teilungsmacht? Glaubt man Talleyrand, so stellte Bismarck dieses Ziel auch gar nicht in Abrede[27]. Mit der Drohung einer erneuerten Heiligen Allianz bekam die Konvention für Paris eine »gravité incontestable«[28]. In seltener Einmütigkeit drängten alle Kräfte der französischen Politik und Gesellschaft von den Radika-

19 Stanislaw Bóbr-Tylingo, Napoléon III, l'Europe et la Pologne 1863—1864. In: Antemurale 7, Rom 1963, S. 26 f.; Borejsza, Über Bismarck, S. 610.

20 Jerzy W. Borejsza, Polnische Frage — Deutsche Frage nach 1848. In: Polen und die Polnische Frage in der Geschichte der Hohenzollernmonarchie 1701—1871. Hrsg. von Klaus Zernack, Berlin 1982, S. 111—120, hier S. 119.

21 Lech Trzeciakowski, Preussische Polenpolitik im Zeitalter der Aufstände (1830—1864). In: Polen und die Polnische Frage, S. 96—110, hier S. 108.

22 Bismarck an Eulenburg 24.1.1863: Zabór [Teilgebiet], Nr. 1, S. 3.

23 Waldersee an Horn 21.3.1863: ebd., Nr. 21, S. 35 f., Horn an Eulenburg 5.4.1863: ebd., Nr. 28, S. 43—45.

24 Bismarck im Gespräch mit Buchanan am 10.2.1863 (Promemoria Bismarcks 11.2.1863): APP 3, Nr. 174, S. 237; auch interne Äußerungen hierüber: Frauendienst, S. 338 f.; Felix-Heinrich Gentzen, Großpolen im Januaraufstand. Das Großherzogtum Posen 1858—1864, Berlin 1958, S. 216—218.

25 Borejsza, Über Bismarck, S. 614.

26 Redern an Bismarck 7.3.1863: APP 3, Nr. 315, S. 381.

27 Talleyrand an Drouyn de Lhuys 13.2.1863: APP 3, Nr. 184, S. 244. Bismarck bestritt, sich derart geäußert zu haben: APP 3, Nr. 119, S. 265 ff. Randbemerkung Bismarcks, S. 267.

28 Drouyn de Lhuys an Talleyrand 17.2.1863: APP 3, Nr. 197, S. 263.

len um Prinz Napoléon, dem Cousin des Kaisers, bis hin zum Katholizismus auf eine propolnische Haltung. Napoleon III. sollte hierfür die revisionistische Verbindung mit dem Zaren aufgeben und statt dessen die Koalition des Krimkriegs mit England und Österreich erneuern — eine ihn nicht befriedigende Aussicht. Drouyn de Lhuys schlug dennoch am 21. Februar in Wien und London eine gemeinschaftliche Protestnote vor[29]. Zwei Gründe bewogen ihn, auf einen Protest in Berlin zu drängen: 1. Österreich sollte von Preußen und Rußland, aus der Gemeinschaft der polnischen Teilungsmächte, gelöst und einer Koalition mit Frankreich und England eingebunden werden; 2. Napoleon III. sollte von seinem weitergehenden Ziel abgebracht werden, Europa umzugestalten[30]. Zur selben Zeit intensivierten der Prinz und die Kaiserin Eugenie ihre propolnische Einflußnahme auf den Monarchen. In einem Memorandum des Prinzen[31] und in einem Gespräch Eugenies[32] mit dem österreichischen Botschafter, Metternich, sprachen sich beide für eine große Revision der europäischen Landkarte aus[33]. Obwohl ein derart weitreichendes Programm nur durch einen europaweiten Krieg oder durch Konsens und Kooperation aller Großmächte und ihrer kleineren Nachbarn zu realisieren war, nahmen doch alle Beteiligten solche abenteuerlichen Vorstellungen ernst[34]. Metternich selbst riet, die Kaiserin beim Wort zu nehmen. Seiner Ansicht nach deckten sich ihre Ideen mit den Plänen Napoleons III. Auch der preußische Vertreter, von der Goltz, glaubte an den nachhaltigen Einfluß der Kaiserin auf die Außenpolitik des Herrschers[35]. Tatsächlich tauchten Elemente, die Eugenie und der Kaiservetter formulierten, in der Politik des Kaisers im Laufe des Jahres wieder auf: das Ziel einer nationalen Neuordnung Europas und politische und militärische Initiativen[36], um dieses Ziel auch zu verwirklichen.

Für Großbritannien war zwar eine Schwächung Rußlands sicherlich nicht nachteilig, es widerstrebte London jedoch, hierzu mit Napoleon gemeinsame Sache zu machen. Gerade erst war die Krise um die Annexion Savoyens beigelegt, da ging von Frankreich erneut Unruhe zwischen den Großmächten aus.

---

29 APP 3, Nr. 217, S. 286 f.; Hans-Werner Rautenberg, Der Polnische Aufstand von 1863 und die europäische Politik im Spiegel der deutschen Diplomatie und der öffentlichen Meinung, Wiesbaden 1979, S. 137 f.

30 William E. Echard, Napoleon III. and the Concert of Europe, Baton Rouge 1983, S. 151.

31 Note an den Kaiser 20.2.1863: Napoléon III et le Prince Napoléon. Correspondance inédite. Hrsg. von Ernest D'Hauterive, Paris 1925, S. 351—365 bes. S. 357, vgl. Klaus Malettke, Die Beurteilung der Außen- und Innenpolitik Bismarcks von 1862—1866 in den großen Pariser Zeitungen, Lübeck, Hamburg 1966, (=Historische Studien 399), S. 234—237, Rautenberg, Der Polnische Aufstand, S. 132—134.

32 Metternich an Rechberg 22.2.1863: Oncken 1, Nr. 1, S. 3—6, Rautenberg, Der Polnische Aufstand, S. 140 f.; Nancy Nichols Barker, Distaff Diplomacy. The Empress Eugénie and the Foreign Policy of the Second Empire, Austin, London 1967, S. 107—110.

33 Derartige Ideen kursierten bereits 1861 in Napoleons Umgebung: Metternich an Rechberg 14.5.61: Bóbr-Tylingo, Napoléon III, S. 301 f.

34 Thomas Nipperdey, Deutsche Geschichte 1800—1866. Bürgerwelt und starker Staat, München 1987, S. 769; Echard, Napoleon III., S. 151 f.

35 Otto Graf zu Stolberg-Wernigerode, Robert Heinrich Graf von der Goltz. Botschafter in Paris 1863—1869, Oldenburg, Berlin 1941, Nr. 255, S. 326 f.

36 Z.B. die Einbeziehung Schwedens oder strategische Pläne, wie den Flotteneinsatz im Baltikum, die schon Prinz Napoléon in seinem Memorandum vorsieht: Napoléon III et le Prince Napoléon, S. 362—365.

Das britische Kabinett vermutete hinter dem französischen Vorgehen mehr als nur ein Interesse an Polen. Dies sei bloß der Vorwand für eine expansive Politik am Rhein und in Belgien[37]. Eine Schwächung Preußens, das durch ein souveränes Polen militärisch gebunden wurde, und ein gleichzeitiges Erstarken Frankreichs lehnten die Briten ab. Sie wollten die europäische Kräftebalance nicht verändern. Ein Krieg mit dieser Perspektive mußte man in London fürchten, weil zur selben Zeit der amerikanische Sezessionskrieg militärische Kräfte in Kanada und die Aufmerksamkeit des Foreign Office band[38].

Wegen ihrer Spannungen im Deutschen Bund war Österreich an einer Schwächung Preußens interessiert. Ein souveränes katholisches Polen bedeutete für Wien keine Gefahr. Doch wollte man dazu nicht ohne weiteres mit Frankreich paktieren, konnte es aber als Teilungsmacht auch nicht zulassen, daß sich die Westmächte in die polnische Angelegenheit einmischten, ohne selbst beteiligt zu werden. Außerdem waren Folgen der preußisch-russischen Kooperation auf die Deutschlandpolitik nicht ausgeschlossen. Aus diesen Umständen resultierte eine vorsichtige Position Österreichs zwischen den Parteien[39], die es zum Objekt der Bündnisbemühungen beider Seiten machte. Napoleon III. warb um die Partnerschaft der Österreicher: »Le jour est arrivé«, sagte er zu Metternich, »où l'Autriche peut regagner en un tour de main beaucoup plus qu'elle n'a perdu. Les sacrifices qu'elle voudra faire seront largement compensés, et quant à moi je suis prêt à m'engager envers Votre Empereur corps et âme«[40]. Drouyn de Lhuys bot die Allianz mit Frankreich als Voraussetzung eines Kräftegleichgewichts in Deutschland an[41]. Doch die Habsburgermonarchie lehnte ab. Für Wien — wie für London — war nicht Preußen das Ziel des Protests, sondern Petersburg. Einen Konflikt mit Berlin gab es bereits ohne französisches Zutun und die Folgen einer Isolation des Hohenzollernstaats oder ein preußisch-französischer Konflikt waren gefährlicher als eine gemeinsame Diplomatie gegenüber Rußland, dessen Stellung in Polen der Aufstand scheinbar nicht ernstlich gefährdete. Eine Allianz mit Frankreich hätten die Österreicher dagegen innerhalb des Deutschen Bundes nicht vermitteln können, und ohne Not wäre Prestige an Preußen abgegeben worden. Diesen Nachteil hätten nur umfangreiche territoriale Kompensationen auf dem Balkan oder in Süddeutschland aufgewogen. Frankreich am Rhein aber warf nur zusätzliche Probleme auf[42].

---

37 Confidential Correspondence of the British Government respecting the Insurrection in Poland 1863. Ed. by Tytus Filipowicz, Paris 1914, Nr. 240, S. 241—244.

38 A.J.P. Taylor, The Struggle for Mastery in Europe 1848—1918, Oxford 1954, S. 137; Bismarck an Werther 24.4.1863: APP 3, Nr. 449, S. 508; eine Auseinandersetzung mit den Nordstaaten drohte, weil eine englische Werft den Süden mit Rammbooten beliefern sollte. Im September wurden diese vor ihrer Auslieferung beschlagnahmt.

39 Heinrich Ritter von Srbik, Deutsche Einheit. Idee und Wirklichkeit vom Heiligen Reich bis Königgrätz, Bd 3, München 1942, S. 475; Edward Walewander, Die österreichische Presse und der polnische Januaraufstand, Frankfurt a.M. 1991 (= Europäische Hochschulschriften III, 496).

40 Metternich an Rechberg 24.2.1863: Oncken 1, Nr. 2, S. 6.

41 Drouyn de Lhuys an Gramont 5.3.1863: Eugen Franz, Der Entscheidungskampf um die wirtschaftliche Führung Deutschlands (1856—1867), München 1933, S. 280 f.

42 Rechberg an Metternich 21.3.1863: Rudolf Buchner, Die deutsch-französische Tragödie 1848—1864. Politische Beziehungen und psychologisches Verhältnis, Würzburg 1965, S. 130.

Gegenüber den französischen Aktivitäten blieb Otto von Bismarck nicht tatenlos. Als Petersburg versuchte, »die Tragweite der Konvention einigermaßen abzuschwächen«[43], nutzte er die Gunst der Stunde, um ihren Wert nun seinerseits zu verringern. Bismarck nahm die Möglichkeit eines französischen Angriffs auf die Rheinprovinzen ernst, und Gorčakov wollte sich möglichst rasch der Zusammenarbeit mit den Preußen entledigen. Beide beeilten sich deshalb, die wesentlichen Inhalte der Absprachen aufzuheben und auf die Ebene von Polizeiverordnungen zu reduzieren[44]. Bismarck stellte das Ganze als russische Idee dar. Der Konvention fehle jeder rechtliche Charakter, da sie noch nicht ratifiziert sei und Details noch verhandelt würden[45].

Trotz der preußischen Versuche, den Anlaß aus dem Weg zu räumen, bemühte sich Napoleon weiter um den gemeinsamen Protest mit England und Österreich. Der französische Kaiser sah darin die Gelegenheit, den weitreichenden polenfreundlichen Forderungen entgegenzukommen und gleichzeitig die Verbindung mit Rußland möglichst zu schonen[46]. Die offiziöse »France« dementierte unterdessen jede kriegerische Absicht gegen das Zarenreich[47]. Doch die Briten lehnten eine drohende Haltung gegen Berlin ab[48]. Premierminister Palmerston schien es gerade so, als ob Frankreich nach dem Grundsatz handle: »Chi non può battere il cavallo batte la sella [italienisches Sprichwort: Wer nicht das Pferd zu schlagen vermag, der schlägt den Sattel]«. Die Russen seien in Wirklichkeit die Schurken, an deren Adresse sich jeder Protest richten müsse[49]. Großbritannien übergab lediglich eine abgeschwächte Note. Österreich beteiligte sich von vornherein nicht an der Demarche. Bismarck konnte mit dieser Entwicklung zufrieden sein. Mit dem zusammenhanglosen Protest der Westmächte war er aus der Schußlinie der Kritik. Daß dies so war, lag in erster Linie an den unvereinbaren Interessen: Österreich konnte ein Übergreifen des Aufstands auf Galizien nicht ganz ausschließen und wollte wie England die Franzosen nicht am linken Rheinufer sehen. Die Briten verlangten einen allgemeinen Großmächteprotest in Petersburg, dessen Basis die Wiener Ordnung von 1815 sein sollte[50]. Frankreich zielte jedoch auf mehr als das, nämlich auf den polnischen Nationalstaat. Auf die Frage Budbergs, des russischen Botschafters in Paris, was man tun könne, um Frankreich zu befriedigen, antwortete Drouyn de Lhuys, nur die vollständige Unabhängigkeit Polens stelle das französische Volk

---

43 Bismarck an Bernstorff 17.2.1863: APP 3, Nr. 193, S. 256; Bismarck an Goltz 21.2.1863: APP 3, Nr. 210 f., S. 279, Anm. 1 zu Nr. 216, S. 283 ff.

44 Feldman, Bismarck a Polska, S. 188.

45 Bismarck an Goltz und Bernstorff 27.2.1863: APP 3, Nr. 257, S. 320; Buchanan an Russell 27.2.1863: APP 3, Nr. 264, S. 327; Zirkular Bismarcks 7.3.1863: APP 3, Nr. 312, S. 375—378.

46 Borejsza, Über Bismarck, S. 609.

47 Gustav Roloff, Napoleon und der polnische Aufstand im Jahre 1863. In: Historische Zeitschrift 164 (1941), S. 49—65, hier S. 54 f.

48 Werner Eugen Mosse, England and the Polish Insurrection of 1863. In: English Historical Review 71 (1956), S. 28—55, hier S. 31 f., ders., The European Powers and the German Question 1848—1871 with special reference to England and Russia, Cambridge 1958, S. 112 f.

49 Palmerston an Russell 25.2.1863: R.F. Leslie, Reform and Insurrection in Russian Poland 1856—1865, London 1963, S. 178.

50 Notiz Palmerstons 2.3.1863: Leslie, Reform, S. 182, Buchner, Die deutsch-französische Tragödie, S. 132.

zufrieden[51]. Wegen dieser Spannbreite der Interessen kamen bis zum 17. April, als die Vertreter des Protests bei Gorčakov erschienen, nur identische Mantelnoten zustande. Die Kritik war von unterschiedlicher Schärfe. England, das Rücksichten nicht zu nehmen brauchte, protestierte am deutlichsten, Frankreich abgeschwächt und Österreich begnügte sich mit der »nachbarlichen Berufung auf die Notwendigkeit der Befriedung der Polen«[52].

Seit er die Kritik auf Rußland abgelenkt hatte, bemühte sich Bismarck um eine englisch-preußisch-österreichische Kombination. Er tat dies nicht, um eine militärische Eskalation zu verhindern, sondern um Frankreich für diesen Fall zu isolieren. London schreckte er mit der Aussicht auf eine französisch-russische Allianz und mit der Gefahr für englische Interessen auf dem Balkan, wenn Österreich bei einem Krieg in seine nationalen Bestandteile zerfalle[53]. Während der gesamten Krise hielt es der preußische Ministerpräsident für möglich, daß sich Frankreich und Rußland einigten[54], wozu es nur des Erstarkens jener Fraktion am Zarenhof bedurfte, die die Februarkonvention ins Abseits gedrängt hatte. Bismarck nützte die britische Furcht vor einem Krieg und die Absicht, das Kräftegleichgewicht in Europa nicht zu verändern[55]. Die demonstrative Entschlossenheit Preußens sollte in London die antifranzösischen Gefühle wachhalten. Auch gegenüber den Österreichern gab er sich kämpferisch. Notfalls wolle er auch »einen siebenjährigen Krieg mit Europa gegen die Wiederherstellung Polens führen«[56]. Österreichs Platz in diesem Konflikt könne nicht bei Napoleon sein, dessen Schaukelsystem man gewohnt sei, und das ihn zur »allergewagtesten und gefährlichsten Kombination« mache[57]. Bismarck ging so weit, sich das österreichische Vertrauen durch eine wechselseitige Garantie Galiziens und Posens oder sogar ein Schutz- und Trutzbündnis der beiden deutschen Großmächte erkaufen zu wollen[58]. Österreichs Außenminister Rechberg ging auf die preußischen Angebote ebensowenig ein wie zuvor auf diejenigen Frankreichs. Beide Allianzen bedeuteten letztlich nur, einen Krieg zu riskieren, den Wien nicht mitbestimmte und der immer auch Konsequenzen für Galizien hatte, wo sich der polnische Aufstand nicht bedeutend zeigte.

In seiner Reaktion auf den Protest der Mächte vom 17. April nahm Gorčakov auffallend Rücksicht auf Paris, obwohl doch der schwächste Protest von Österreich gekommen war. Trotzdem wollte Rechberg seiner zurückhaltenden Linie treu bleiben, um den Frieden zu sichern[59]. Er empfahl, Rußland mit einem neuen Protest annehmbare Forderungen zu stellen. Die Westmächte folgten dieser

---

51 Mosse, England, S. 39.
52 Srbik, Deutsche Einheit, Bd 3, S. 481.
53 Bismarck an Bernstorff 22.4.1863: APP 3, Nr. 436, S. 492—494.
54 APP 3, Nr. 390, S. 448, Nr. 437, S. 494, Nr. 476, S. 537, Nr. 495, S. 559, Nr. 508, S. 575.
55 Bernstorff an Bismarck 20.4.1863: APP 3, Nr. 432 f., S. 489 f.
56 Zit. nach: Srbik, Deutsche Einheit, Bd 3, S. 482.
57 Károlyi an Rechberg 18.4.1863: QdPÖ 3, Nr. 1120, S. 154, vgl. Károlyi an Rechberg 10.5.1863: QdPÖ 3, Nr. 1135, S. 184—186.
58 Károlyi an Rechberg 16.5.1863: APP 3, Nr. 508, S. 576.
59 Rechberg im Ministerrat 19.5.1863: Friedrich Engel-Jánosi, Graf Rechberg. Vier Kapitel zu seiner und Österreichs Geschichte, München, Berlin 1927, S. 102; vgl. Hanns Schlitter, Die Frage der Wiederherstellung Polens im österreichischen Ministerrat 1863. In: Österreichische Rundschau 15 (1919), S. 63—69, hier S. 65 f.

pragmatischen Politik nicht. In einer zweiten Note forderten Frankreich und England am 17. Juni 1863 einen Waffenstillstand, ein selbständiges Polen und eine Konferenz hierüber. Diese sollte an eine Amnestie, eine polnische Nationalversammlung, nationalpolnische Administration, Justiz und Erziehung, die Freiheit der katholischen Kirche und die Verrechtlichung des Militärwesens geknüpft sein. Der österreichische Text erwähnte den Waffenstillstand und die Konferenz nur beiläufig[60].

Da Gorčakov die Forderungen zurückwies, standen jetzt vor allem Franzosen und Briten vor der Alternative, die diplomatische Niederlage klaglos einzustecken oder die friedlichen Mittel aufzugeben und für einen Krieg zu rüsten[61]. Paris reagierte kriegsbereit, eine offiziöse Pressekampagne kündigte die Kriegserklärung an[62]. Das Anwachsen der Opposition bei den Wahlen legte für die Regierung Napoleons neben inneren Reformen[63] auch die Ableitung des internen Drucks nach außen nahe. Wie im italienischen Krieg sollte auch bei einem Feldzug für oder in Polen das nationalpolitische Motiv im eigenen Land integrativ wirken. Drouyn de Lhuys eröffnete dem britischen Diplomaten Cowley freimütig, »that the chance of war was not excluded from his thoughts; though his conviction was that in the present condition of Russia, war was all but impossible«[64]. Seit dem März propagierten die Franzosen hierfür eine Landung im Baltikum mit schwedischer Hilfe. Prinz Napoleon erörterte sehr offen mit dem polnischen Exilpolitiker Czartoryski, wie nützlich eine solche Expedition sei. Am 26. März stimmte ihm der Kaiser zu, daß »pour une expédition dans la Baltique, 50 000 hommes suffiraient; ce serait assez pour écraser [!] la Russie«, doch für den Moment favorisiere er eine diplomatische Aktion[65]. Am selben Tag meldete Cowley, der schwedische König biete 100 000 Soldaten an, um Frankreich zu unterstützen. Karl XV. behauptete später, es habe sich nur um 60 000 Mann gehandelt[66]. Doch Napoleon konnte einen Krieg gegen Rußland ohne stärkere Verbündete als der Türkei, Italien und Schweden nicht beginnen, zumal ein Zehntel seiner Militärmacht in Mexiko engagiert war[67]. Im Senat ließ der Kaiser erklären, es sei sein beständiges Ziel, nicht allein zu handeln. Die polnische Frage sei eine europäische Angelegenheit, und mit der Hilfe Europas gedenke die französische Regierung sie auch zu lösen[68]. Für Napoleon gab es im Frühjahr 1863 eine ganze Reihe guter Gründe, seine Kriegspläne zurückzustellen. Im Mai gab es Wahlen, der amerikanische Bürgerkrieg hatte auch in

60 Bóbr-Tylingo, Napoléon III, S. 161—163.
61 Rautenberg, Der Polnische Aufstand, S. 363.
62 Egmont Zechlin, Bismarck und die Grundlegung der deutschen Großmacht, Stuttgart ^{2}1960, S. 587.
63 Jost Dülffer, Vom autoritären zum liberalen Bonapartismus. Der politische Systemwandel in Frankreich 1858/60. In: Historische Zeitschrift 230 (1980), S. 549—575, hier S. 571.
64 Cowley an Russell 26.3.1863: Mosse, The European Powers and the German Question, S. 127.
65 Wladislaw Czartoryski, Pamietnik 1860—1864. Protokoly posiedzen Biura Hotelu Lambert, 1861—1864 [Erinnerungen 1860—1864. Protokolle der Sitzungen des Büros des Hotels Lambert, 1861—1864]. Hrsg. von H. Wereszycki, Warschau 1960, S. 364—368, Zitat S. 367.
66 Mosse, England, S. 38 und dort Anm. 3.
67 Henryk Wereszycki, Great Britain, S. 89; Roloff, Napoleon, S. 59.
68 Echard, Napoleon III., S. 154.

Frankreich ökonomische und finanzielle Folgen, die Öffentlichkeit wünschte den Frieden und ein Großteil der Truppen war bereits eingesetzt. Außer den 30 000 Soldaten, die in Mexiko kämpften, standen 12 000 Mann in Rom, um den Papst vor seinen italienischen Nachbarn zu schützen. Im Senegal und in Indochina brachen Revolten gegen die Kolonialherren aus, in Algerien wurden einmal mehr die Araber unruhig. Zudem war nach einer schroffen Antwort der amerikanischen Nordstaaten auf ein Mediationsangebot Frankreichs auch ein Konflikt mit den USA nicht ausgeschlossen[69]. In Berlin ging man deshalb davon aus, daß es keinen Krieg geben würde, solange sich England ihm widersetzte[70]. Dagegen stellte sich Rußland auf einen unausweichlichen Krieg gegen Frankreich ein. Das jedenfalls meldete der britische Botschafter in Petersburg, Napier. Man wolle kämpfen und widerstehen. Er forderte Instruktionen, wie sich seine Regierung verhalte[71].

Der weitere Verlauf der Polenkrise hing also davon ab, wie sich das Kabinett in London entschied. Gegenüber Bernstorff schätzte der Premierminister die Landung eines französischen Korps von 60 000 Mann im Baltikum als nicht unmöglich, wenn auch nicht unmittelbar bevorstehend ein[72]. Zugleich ließ er über den belgischen König in Berlin ausrichten, daß er Rußland sehr wohl in der Lage sehe, sich zu verteidigen. Eine preußische Beteiligung verlagere den Krieg nur auf deutsches Gebiet. Napoleon könne man nicht verübeln, wenn er sich die ihm dann bietende Gelegenheit ausnutze. Zum Schutz des Rheinlands solle Preußen aber nicht auf englische Hilfe rechnen[73]. Es mehrten sich also Anzeichen, Palmerston strebe in der polnischen Frage einen französisch-russischen Krieg an. Otto von Bismarck nahm diese Möglichkeit jedenfalls ernst. An der russischen Bereitschaft zu einem Krieg zweifelte er ebenfalls nicht: »Oubril [der russische Botschafter in Berlin] sagte mir: ›Rußland werde lieber Krieg führen, als zugeben, daß *nur* seine polnischen Angelegenheiten Gegenstand eines Kongresses würden‹«[74].

Die russische Armee mobilisierte, und die Befestigung Kronstadts gegen einen Flottenangriff wurde vorbereitet. Planmäßig trieb man auch den militärischen Einsatz in Polen und die Verstärkung der finnisch-baltischen Küstenfestungen voran[75]. Gorčakov versicherte zwar in London, die russischen Aktivitäten seien ausschließlich defensiver Art. Doch als im Sommer die russische Flotte zu Besuchen amerikanischer Häfen auslief, war dies für den Fall eines englischen Kriegseintritts auch der Versuch, eine freundliche Haltung der USA

69 Ebd., S. 152.
70 Bernstorff an Bismarck 1.5.1863: APP 3, Nr. 472, S. 534 f.; Wilhelm I. an Leopold von Belgien 5.5.1863: APP 3, Nr. 478, S. 543.
71 Napier an Russell 5.4., 28.4.1863: Mosse, England, S. 39 f.
72 Bernstorff an Bismarck 26.4.1863: APP 3, Nr. 454, S. 513.
73 Leopold I. an Wilhelm I. 30.4.1863: APP 3, Nr. 469, S. 531 f.; Mosse, England, S. 42.
74 Goltz an Bismarck 20.5.1863: APP 3, Nr. 514, S. 580 f.; APP 3, S. 594 Anm. 1 zu Nr. 531; Zitat: Randbemerkung Bismarcks zu Bernstorff an Bismarck 14.5.1863: APP 3, Nr. 506, S. 574.
75 Zechlin, Bismarck, S. 604, Wereszycki, Great Britain, S. 88, Rautenberg, Der Polnische Aufstand, S. 340.

vorzuführen[76]. Eine Aussicht, die zumindest Außenminister Russell besorgt wahrnahm:

> »But what if Russia and the U.S. together wish to make war upon us? Absit omen! These are grave matters, but I cannot shut my eyes to them. Russia will give us no satisfaction of course[77].«

»Ganz Europa«[78] erwartete Mitte des Jahres 1863 den Ausbruch eines Krieges. Zar Alexander glaubte an einen Kriegsbeginn noch im Monat August im Baltikum oder an der Weichsel sowie die Möglichkeit, daß er sich an den Rhein ausweitete. Er bekundete in einem Brief an Wilhelm I. zwar seinen Willen, Frieden zu bewahren. Gleichzeitig betonte er aber die alte Freundschaft und Waffenbrüderschaft mit Preußen (1813). Der König sollte sagen, in welcher Form und unter welchen Umständen Petersburg bewaffneten Beistand erwarten könne. Außerdem sollte preußischer Einfluß die Österreicher von den Westmächten lösen und einen konservativen Block der östlichen Höfe ermöglichen, eine Heilige Allianz, die nun ebenso notwendig sei, wie fünfzig Jahre zuvor[79]. Zur Enttäuschung Alexanders lehnte sein Onkel jede militärische Hilfe über eine wohlwollende Neutralität hinaus ab. Bismarck und Wilhelm fürchteten, bei einem Kriegseintritt an Rußlands Seite als Aggressor gegen Frankreich innerhalb des Deutschen Bundes und gegenüber Österreich in einen Rechtfertigungszwang zu geraten, der in der innerdeutschen Politik unnötig Boden freigab. Preußen bliebe wahrscheinlich ohne die Unterstützung der anderen deutschen Staaten, und Frankreich wendete sich, statt das entfernte Rußland anzugreifen, direkt dem nahen Rheinland zu. Österreich war nur durch eine russisch-preußische Garantie des verbliebenen italienischen Besitzes (Venetien) zu gewinnen. Petersburg sollte jeder Allianz mit Paris entsagen. Waren schon diese beiden Bedingungen aus der Sicht des Zaren inakzeptabel, forderte Berlin zusätzlich, Rußland möge sich dem preußischen Handel stärker öffnen[80]. Parallel zum Schreiben des Zaren fühlte Gorčakov in Wien vor, wie man dort ein Zusammenwirken der drei Ostmächte aufnahm. Auch Rechberg wich dem russischen Kooperationsvorschlag aus: die einseitige Bindung Österreichs diene nicht dem Frieden[81].

Nach der Einnahme des mexikanischen Puebla am 10. Juni und damit dem vorläufigen Ende der dortigen militärischen Bedrängnis Frankreichs, konkretisierten sich die europäischen Kriegspläne Napoleons III. Er bot an, 100 000 französische Soldaten durch Italien und Österreich an die russische Grenze zu bringen[82]. Verständlich, daß Wien diesen Vorschlag als Bedrohung empfand. Die Wiener Führung sah sich dadurch in ihrer zurückhaltenden Politik gegenüber Petersburg bestätigt. Wenn aber die Österreicher als Alliierte gegen das Zarenreich ausfielen, so konzentrierten sich jetzt alle Hoffnungen Napoleons um so stärker auf London. Nachdem Gorčakov die zweite Protestnote vom 17. Juni abgelehnt hatte, meldete Napier:

---

76 Mosse, England, S. 39, Wereszycki, Great Britain, S. 94.
77 Russell an Cowley 11.4.1863: Leslie, Reform, S. 187.
78 Mosse, England, S. 48.
79 Alexander II. an Wilhelm I. 20.5./1.6.1863: APP 3, Nr. 533, S. 596—598.
80 Wilhelm I. an Alexander II. 17.6.1863: APP 3, Nr. 557, S. 626—629.
81 Zechlin, Bismarck, S. 593—595.
82 Metternich an Rechberg 12.6.1863: Bóbr-Tylingo, Napoléon III, S. 158 (132).

»I think we are far embarked on an impossible attempt to save, pacify and confirm Poland by nagotiation; I am gradually reconciling my mind to the notion of the diplomatic rupture and eventual war, to which I apprehend we are steadily drifting[83].«

Was den französischen Krieg für die polnische Unabhängigkeit anging, so stand Palmerston unter dem Druck einer polonophilen britischen Öffentlichkeit[84]. Wenn sie auch seine Politik nicht bestimmte, so erlaubte sie doch keine offene Stellungnahme gegen Frankreich, Polen und den begrenzten Krieg. So erklärte der Premierminister noch im April, England werde sich propolnischen Aktionen nicht widersetzen[85]. Gegenüber polnischen Vertretern war dagegen eine klare Sprache möglich. Als Fürst Wladislaw Czartoryski für die aufständische Nationalregierung im Mai in der englischen Hauptstadt war, und Napoleon durch ihn um einige Schiffe zur Deckung eines französischen Angriffs nahe Riga bat, reagierte Palmerston verständnislos: wenn der Kaiser den Kampf im Baltikum wolle, bedürfe er keiner britischen Schützenhilfe. Er denke nicht daran, einen Krieg zum Wohle Polens zu führen: »We are talking about politics, not humanity«[86]!

Möglicherweise neigte Palmerston zeitweise zur Neutralität[87], schließlich lehnte aber das Kabinett[88] jede Militäraktion ab. Warum? Das Bankhaus Rothschild vermittelte im Frühjahr 1863 Kredite nach Rußland. Andere Bankiers engagierten sich in Österreich. Sie und britische Industrielle sorgten sich offen um den Frieden[89]. »Mit Vergnügen« las der russische Botschafter Brunnov in den Börsenseiten der »Times«, »daß der Gedanke an einen Krieg in der City an unquestionable aversion hervorruft«[90]. Richard Cobden, im Jahr 1860 einer der Väter des englisch-französischen Handelsvertrags, warb bei seinem einflußreichen Mitstreiter für den Freihandel, dem französischen Nationalökonom Michel Chevalier, um Verständnis für die britische Haltung:

»My dear friend, I do not understand what good can come from an interference by force of arms in the Polish business. I can see how very great injury could arise to ourselves. We draw food for two or three millions of our people yearly from Russia[91].«

Rothschild informierte sich sogar direkt bei Außenminister Russell über dessen Pläne. Unter diesen Einflüssen ließ die Bereitschaft nach, einen Krieg mögli-

83 Napier an Russell 24.6.1863: Wereszycki, Great Britain, S. 93 f.

84 Mosse, England, S. 52, Wereszycki, Great Britain, S. 88.

85 Leopold I. an Wilhelm I. 30.4.1863: APP 3, Nr. 469, S. 532.

86 Wereszycki, Great Britain, S. 91; Czartoryski, Pamietnik, S. 143 f.

87 Taylor, The Struggle, S. 138. In der Tat stellte Russell die letztlich ablehnende Haltung des Premierministers besonders heraus: Mosse, The European Powers and the German Question, S. 127 (4). Insgesamt gilt das Urteil von Mosse, England, S. 47: »Yet Palmerston's diplomacy was in essence a game of bluff.«

88 Zur Bedeutung des Kabinetts für die Außenpolitik: Leslie, Reform, S. 192.

89 K.S. Pasieka, The British Press and the Polish Insurrection of 1863. In: Slavonic and East European Review 42 (1963), S. 15—37, hier bes. S. 17.

90 Die Äußerung Brunnovs ist in einem Brief des sächsischen Diplomaten Vitzthum vom 23.7.1863 überliefert: Friedrich Vitzthum von Eckstädt, St. Petersburg und London in den Jahren 1852—1864, Stuttgart 1886, Bd 2, S. 237.

91 Cobden an Chevalier 22.6.1863: John Morley, The Life of Richard Cobden, London 1881, Bd 2, S. 404.

cherweise neutral hinzunehmen. Am 8. Juni erklärte Russell vor dem Parlament seine Opposition gegen eine polnische Unabhängigkeit und einen britischen Kriegseintritt mit diesem Ziel[92]. Am 3. Juli lehnten Russell und Palmerston schließlich definitiv jede Hilfe für die französischen Kriegspläne ab:

> »I have to remark that it must be supposed that in case France were singly to make war for Poland, Great Britain would admit her own helplessness and retire within herself. She would insist on certain conditions in favour of the integrity of Germany and against encroachments on the part of France, before she consented to be neutral. [...] It would be misleading the French government if we were to allow them to suppose that in the present state of things, and in the existing state of feeling and opinion in Parliament and in the Country, Her Majesty's Government would undertake, or would find support in a war against Russia for Poland, however great the sympathy and interest may be which are felt throughout the United Kingdom in favour of the Poles[93].«

Damit fiel Großbritannien für Napoleons Kriegspläne aus. Am 3. August 1863 protestierte die französische Regierung ein weiteres Mal bei Gorčakov. Sie verurteilte die Politik der Russen in Polen und beanspruchte als Reaktion darauf für sich die volle Freiheit in Urteil und Handeln. Da konkrete Forderungen aber nicht mehr erhoben wurden, kennzeichnete Gorčakov den Protest als »évidement pour la galerie française«[94].

Paris suchte offenbar den endgültigen Bruch mit Rußland. Der befürchtete Krieg blieb jedoch aus. Obwohl bereits seit einem Monat feststand, daß sich kein Alliierter finden ließ, hielten die Franzosen die Frage von Krieg oder Frieden noch bis zum 5. August in der Schwebe. Erst dann entschied sich der Ministerrat gegen einen Waffengang. In einer neunstündigen Diskussion setzten sich die Vertreter einer friedlichen Politik gegen den mächtigen Außenminister Drouyn de Lhuys, der schon im Frühjahr zum Krieg gedrängt hatte[95], und wohl auch gegen den Kaiser selbst durch: der Herzog Morny, der von Beginn der Krise an gegen einen Krieg votierte, weil er um seine Finanzgeschäfte fürchtete[96]; Adolphe Billaut, der den Polen immer geraten hatte, vom Zaren Konzessionen einzufordern[97]; Justizminister Pierre Baroche und Achille Fould, die Minister Boudet und Béhic, Eugène Rouher und Kriegsminister Jacques Randon[98].

Die militärische Intervention Frankreichs, die Hoffnung der polnischen Aufständischen, blieb damit aus. Statt dessen betrieb Napoleon III. einmal mehr seinen Plan eines großen europäischen Kongresses, auf dem er als Schiedsrichter alle Fragen und Grenzen zur Debatte stellen würde. Seinen Vorschlag vom 4. November 1863[99] quittierte Russell mit der Bemerkung, jede Diskussion von

---

92 Wereszycki, Great Britain, S. 87, 93.

93 Russell an Cowley 3.7.1863: Mosse, England, S. 51, Mosse, The European Powers and the German Question, S. 127.

94 Zit. nach Rautenberg, Der Polnische Aufstand, S. 367.

95 Leslie, Reform, S. 193.

96 Zechlin, Bismarck, S. 587.

97 Leslie, Reform, S. 174.

98 Bóbr-Tylingo, Napoléon III, S. 198 f.; Goltz an Bismarck 5.8.1863: APP 3, Nr. 627, S. 705; Czartoryski, Pamietnik, S. 164 f.

99 Echard, Napoleon III., S. 193 ff.

europäischen Fragen verstärke nur die Spannungen und schwäche sie nicht[100]. Preußen und Österreich lehnten ebenfalls ab, da sich eine solche Konferenz nicht auf Polen beschränken ließ, sondern sich in ihren Erörterungen und Beschlüssen auch um Italien, Schleswig-Holstein und die deutsche Frage kümmern würde. Gorčakov sah in dem Pariser Vorschlag ohnedies bloß das Vorspiel zu einem bereits beschlossenen Krieg[101].

Trotz der Gegensätze zwischen Preußen und Frankreich in der Polenkrise von 1863 wollte Bismarck die Beziehungen beider Staaten nicht abreißen lassen. Eine Möglichkeit hierzu bot der seit längerem ausgehandelte Handelsvertrag des Zollvereins mit Frankreich. Goltz machte schon am 5. März darauf aufmerksam, daß man »nach Überwindung des Polenschwindels sofort daran gehen müßte, unseren Handelsvertrag fester zu machen, damit nicht unsere wichtigsten beiderseitigen Interessen durch solche Miseren gefährdet werden könnten«[102].

Die europäischen Mächte teilten zunächst die russische Ansicht, der polnische Aufstand sei allein eine Angelegenheit der Polen und Russen. Zwei Faktoren änderten dies: 1. Von Berlin aus machte Otto von Bismarck den Aufstand zu einer europäischen Krise. 2. In Frankreich drängten polenfreundliche Strömungen auf eine Parteinahme.

Innenpolitisch beschrieb Bismarck mit der Polenpolitik seine Position gegenüber den Liberalen: sie sollte seine noch keineswegs sichere Stellung als Ministerpräsident durch außenpolitische Aktivität stärken, zugleich sollte sie den Gegnern Bismarcks Haltung zum Kernproblem liberaler Politik definieren, zur Frage der Nation. Außenpolitisch war die preußische Polenpolitik gleichzeitig territoriale Bestandssicherung und Anspruch gegenüber den Großmächten, bei der Gestaltung Europas angemessen berücksichtigt zu werden. Dies waren die Gründe für Bismarck, die Krise im Februar 1863 zu eskalieren. Mit der Februarkonvention gelang es ihm, die russisch-französische Verbindung zu spalten. Sie stärkte zunächst die propreußische Fraktion in Petersburg. Später stellte Bismarck die russische Regierung als treibende Kraft der Konvention heraus, und überließ sie der europäischen Kritik.

Die bestehende Gegnerschaft Großbritanniens und Rußlands und die Absicht Napoleons III., aus der polnischen Krise politischen und wenn möglich auch territorialen Nutzen zu ziehen, motivierten die Proteste der Westmächte. Die Österreicher schlossen sich dieser Kritik in vorsichtiger Form an. Der russische Wille, den Konflikt durchzustehen, verstärkte die Proteste bis zur Kriegsgefahr. Frankreich gelang es jedoch nicht, eine militärische Allianz von Großmächten gegen die defensiven, aber kriegsbereiten Russen zusammenzubringen. England weigerte sich, an einem Krieg teilzunehmen. Der Frieden hatte in London ökonomisch bedeutsame Fürsprecher, und es drohte ein Konflikt mit den amerikanischen Nordstaaten. Außerdem verlangten die Briten für den Fall eines Krieges von Frankreich Bestandsgarantien für deutsche Gebiete und damit für die Kräftebalance auf dem Kontinent. Österreich scheute einen Krieg aus militärischer Schwäche. Zudem schenkte man einem französischen Ver-

---

[100] Taylor, The Struggle, S. 141.
[101] Bismarck an Werther 9.6.1863: APP 3, Nr. 546, S. 613.
[102] Goltz an Bismarck 5.3.1863: Stolberg-Wernigerode, Nr. 21, S. 322 f.

bündeten in Wien kein Vertrauen. Allein war Paris jedoch nicht zur Kriegsführung in der Lage. Die weitreichenden französischen Pläne, Europa neu zu gestalten, blieben deshalb Illusion.

6. Vom Wert eines Vertragssystems. Der europäische Rahmen des Kriegs um Schleswig-Holstein 1863/64

Noch am Beginn des 19. Jahrhunderts herrschte die dänische Monarchie über einen Mehrvölkerstaat. Zwar verblieben nach dem Kieler Frieden (14. Januar 1814) Grönland, Island und Färöer bei Dänemark, aber der Charakter eines territorialen Großstaates ging mit der Abtretung Norwegens verloren. Mit dem Besitz der Herzogtümer Schleswig, Holstein und des neuerworbenen Lauenburg behielten die Dänen allerdings ihre Hand in der deutschen Frage und damit in der europäischen Politik.

Der Wiener Kongreß ordnete Holstein und Lauenburg, nicht aber Schleswig dem Deutschen Bund zu. Dessen Grenze, rund 70 km nördlich von Flensburg, war keine ethnische oder sprachliche. Im Norden Schleswigs überwog der dänisch sprechende Bevölkerungsteil, im Süden der deutsche. Die Kirchen-, Schul- und Amtssprache war aber überwiegend Deutsch[1]. Seit etwa 1840 bemühten sich deshalb dänischnationale Strömungen um eine kulturelle, später zunehmend politische Anbindung Schleswigs an den Gesamtstaat. Die Herzogtümer waren administrativ vom Königreich getrennt, doch seit 1460 untereinander verbunden (Vertrag von Ripen). Die nationalen Ziele der Dänen liefen auf eine Teilung der gemeinsamen Entwicklung hinaus. Gegen das Konzept der Eidergrenze, der Einverleibung Schleswigs, setzten die Politiker des deutschen Bevölkerungsteils eine selbständige Mitgliedschaft Schleswig-Holsteins im Deutschen Bund. Dem nationalpolitischen Streit gab die Ausdehnung der dänischen, auch weiblichen Thronfolge auf die beiden Herzogtümer zusätzliche Nahrung. Hier galt die männliche Sukzession. Der dynastischen Regelung (8. Juli 1846) folgte der Entwurf einer Verfassung für eine staatliche Einheit Dänemarks und Schleswig-Holsteins (21. März 1848). Den Versuch der Herzogtümer, sich unter eigener provisorischer Regierung von Kopenhagen unabhängig zu machen, unterstützte der Deutsche Bund militärisch.

Die beauftragten preußischen und Hannoveraner Truppen errangen einen Sieg auf dem Schlachtfeld, der am Konferenztisch nicht zu halten war. Als russischer, englischer und französischer Druck einen befristeten Waffenstillstand erzwang (Malmö 26. August 1848) und Berlin die provisorische Regierung der Herzogtümer fallenließ, bedeutete dies für die Frankfurter Nationalversammlung Krise und Wende ihrer eigenen Geschichte. In Schleswig-Holstein verlor die deutsche Revolution ihren Wettlauf gegen die Konsolidierung der alten Mächte[2]. Preußisch-dänische Absprachen (2. Waffenstillstand 10. Juli 1849,

---

1 William Carr, Schleswig-Holstein 1815-1848. A Study in National Conflict, Manchester 1963, S. 61—73, 318, 321 f. Zum Gesamtkomplex der Ereignisse von 1863/64 liegt eine Überblicksdarstellung des gleichen Autors vor: William Carr, The Origins of the Wars of German Unification. Origins of Modern Wars, London, New York 1991, S. 34—88.

2 Theodor Schieder, Vom Deutschen Bund zum Deutschen Reich, München 1982 (= Gebhardt Handbuch der deutschen Geschichte, Taschenbuchausgabe, Bd 15), S. 91.

Frieden von Berlin 2. Juli 1850) überließen das nördliche Herzogtum den Dänen. Holsteins Zugehörigkeit zum Deutschen Bund garantierten die Großmächte in einem 1. Londoner Protokoll (2. August 1850) ebenso wie die territoriale Integrität Dänemarks. Bis 1852 verließen die Bundestruppen vertragsgemäß die beiden Herzogtümer. Kopenhagen verpflichtete sich, Schleswig nicht in den dänischen Nationalstaat einzubinden und den Nationalitäten dort dieselben Rechte zu gewähren. Ein 2. Londoner Protokoll (8. Mai 1852) schien zusätzlich die dänische Thronfolge geregelt zu haben. Die europäischen Mächte setzten fest, daß eine weibliche Erbfolge für die Gesamtmonarchie, also die Herzogtümer einschließend, gelte. Dem kinderlosen König sollte ein Vetter aus dem Hause Sonderburg-Glücksburg (Christian) folgen. Ein weiterer Anwärter aus dem Haus Sonderburg-Augustenburg (Christian August), der sich 1848 der provisorischen Regierung angeboten hatte, verzichtete. Er wurde entschädigt, übertrug aber seine Ansprüche auf den Sohn (Friedrich), der sie 1863 wieder geltend machte.

Die Londoner Beschlüsse konnten keine Seite befriedigen. Da es sich um ein nationalpolitisches Problem handelte, war die dynastische Regelung ein ungeeignetes Mittel zur Lösung. Die Grenzen blieben unverändert, wurden durch die Garantie der Mächte sogar zusätzlich bestärkt. Innerhalb Schleswigs bestand die demographische Spaltung weiter. Die geteilte konstitutionelle Orientierung — Schleswigs nach Kopenhagen, Holsteins nach Frankfurt — setzte sich fort. Die restaurative Politik der Großmächte hinderte die nationalen dänischen Kräfte nicht, für das Gebiet nördlich der Eider die kulturelle Danisierung voranzutreiben[3].

Auf beiden Seiten, Dänemark und Deutschem Bund, eignete sich die Schleswig-Holstein-Frage zu nationaler Profilierung. Dem zweiten Versuch, eine dänische Verfassung auch auf die Herzogtümer auszudehnen (2. Oktober 1855) begegnete der Bund mit einer Exekutionsdrohung (12. August 1858). Seither beschränkte sich die Kopenhagener Regierung auf die Einbindung Schleswigs. Dem mit Preußen und Österreich vereinbarten Verbot einer solchen Politik bestritt der dänische König Friedrich VII. im »Märzpatent« (30. März 1863) einseitig die Rechtsverbindlichkeit. Erneut legte die Regierung dem dänischen Reichstag eine Verfassung vor, die Schleswig einbezog (13. November 1863). Überraschend starb Friedrich VII. zwei Tage später. Sein durch die Londoner Beschlüsse sanktionierter Nachfolger Christian IX. zeichnete die neue Verfassung gegen. In dem Moment, da sie die Londoner Erbfolgebestimmungen verwirklichten, wandten sich die Dänen von den territorialen Bindungen der Protokolle von 1850 und 1852 ab. Nach den Erfahrungen der Vergangenheit war die Auseinandersetzung mit der deutschen Nationalbewegung absehbar.

Die mit der italienischen Einigung wieder zu Kraft gekommene deutsche nationale Bewegung griff in ihrer Agitation die Frage der nördlichen Herzog-

---

3 Lorenz Rerup, Slesvig og Holsten efter 1830, Kopenhagen 1982 (= Danmarks historie, Bd 5), S. 144—147; Alexander Scharff, Die dänische Sprachpolitik in Mittelschleswig 1851—1864. In: Zeitschrift der Gesellschaft für Schleswig-Holsteinische Geschichte 91 (1966), S. 193—218; Jochen Bracker, Die dänische Sprachpolitik 1850—1864 und die Bevölkerung Mittelschleswigs. In: ebd. 97 (1972), S. 127—211, 98 (1973), S. 87—213.

tümer auf[4]. Der Erbprinz Friedrich von Augustenburg ernannte sich zum Herzog von Schleswig-Holstein, und die liberale Öffentlichkeit verband diesen Anspruch mit den eigenen nationalen Zielen. Wegen seiner staatsrechtlichen Trennung Holsteins von Schleswig hatte schon das »Märzpatent« die Frankfurter Bundesversammlung veranlaßt, die seit 1858 schwebende Exekutionsdrohung wieder aufzunehmen. Die beharrende Haltung Kopenhagens führte dazu, daß Österreich, Preußen, Sachsen und Hannover beauftragt wurden, die Bundesexekution zu vollziehen und Holstein unter Zwangsverwaltung zu nehmen. Dänemark sollte drei Wochen Zeit haben, diesen Maßnahmen zuvorzukommen. Als die dänische Regierung im November die Angelegenheit zuspitzte, drängten die deutschen Klein- und Mittelstaaten[5] trotz verfassungsrechtlicher Bedenken[6] und der Opposition beider deutschen Großmächte[7] darauf, daß der Bund ebenfalls von den Londoner Protokollen abrückte. Am 7. Dezember wies die Bundesversammlung die vier Exekutionsmächte an, die beschlossenen Maßregeln jetzt durchzusetzen. Dieser Vollzug stand allerdings ausdrücklich unter dem Vorbehalt, in der dänischen Thronfolgefrage keine Partei ergreifen zu wollen. Kampflos besetzten sächsische und Hannoveraner Truppen das holsteinische Gebiet bis zur Eider. Obwohl der Deutsche Bund beabsichtigte, die Trennung der Herzogtümer rückgängig zu machen, verstärkte er durch seine Politik, die sich auf Holstein beschränken mußte, genau diese Tendenz. Über die Eider hinweg war das Vorgehen keine Bundesexekution mehr, sonder Krieg gegen Dänemark. Trotzdem setzten sich Liberale und die kleinen und mittleren deutschen Staaten dafür ein, die Politik des Bundes konsequent fortzuführen: den Augustenburger Herzog anzuerkennen, in Schleswig einzurücken und beide Herzogtümer von der dänischen Krone zu trennen. Hierfür gab es in Frankfurt eine Mehrheit, gegen die Preußen und Österreich eine eigene Politik nur außerhalb der Bundesverfassung, also gegen einen Bundesbeschluß durchführen konnten.

Wenn für die liberalen Opponenten die Schleswig-Holsteinische Angelegenheit ein Mittel der Auseinandersetzung mit Bismarck wurde, so diente sie diesem als aktuelles Mittel preußischer Machterweiterung. Nationale Ziele verfolgte er dabei nicht:

> »Die ›up ewig Ungedeelten‹ (Formel der Einheit der Herzogtümer seit 1460) müssen einmal Preußen werden. Das ist das Ziel, nach dem ich steuere; ob ich es erreiche steht in Gotteshand. Aber ich könnte nicht verantworten, preußisches

4 Joachim Daebel, Die Schleswig-Holstein Bewegung in Deutschland 1863/64. Diss., Köln 1969.

5 Die Stellung der einzelnen deutschen Staaten ist Gegenstand zahlreicher älterer Monographien, hierzu: Blibliographie und Ikonographie 1864. Hrsg. von der Schleswig-Holsteinischen Landesbibliothek in Kiel u.d. Kgl. Bibliothek in Kopenhagen, Neumünster 1970, S. 85.

6 Ernst Rudolf Huber, Deutsche Verfassungsgeschichte seit 1879, Bd III, Stuttgart 1963, S. 463—465.

7 Österreichisch-preußische Erklärung zur Erbfolgefrage 28.11.1863: Ernst Rudolf Huber, Dokumente zur Deutschen Verfassungsgeschichte, Bd II, Stuttgart 1964, Nr. 130, S. 159.

Blut vergießen zu lassen, um einen neuen Mittelstaat zu schaffen, der am Bunde mit den andern immer gegen uns stimmen würde[8].«

Dies Ziel durchzusetzen, bedurfte es zunächst der Einbeziehung Österreichs in die eigene Politik, um innerhalb des Bundes auch gegen Majoritätsbeschlüsse den nötigen Rückhalt zu haben. Außerdem mußte die europäische Rechtsbasis — und das hieß in diesem Fall die Londoner Protokolle — gewahrt bleiben, um nicht einer Einmischung der anderen Großmächte den Anlaß zu liefern.

Trotz des preußischen Widerstands gegen den Bundesreformversuch Wiens gelang es Otto von Bismarck, die österreichische Regierung in der Frage der Herzogtümer auf seine Seite zu ziehen. Für beide gab es hierfür eine ganze Reihe von Motiven. Bismarck wollte eine Aufwertung des Deutschen Bundes verhindern[9]. Sowohl eine Reform, wie auch ein weiterer deutscher Staat schmälerten den Einfluß Preußens in Frankfurt. In der polnischen Krise fürchtete der »Konfliktminister« eine österreichisch-französische Annäherung, der er mit eigenen Allianzvorschlägen zuvorkommen wollte[10]. Gegen die Dynamik der deutschen Nationalbewegung waren die Östereicher der natürliche Partner. Deren Gewicht auf internationaler Ebene, wo die Schleswig-Holstein-Frage entschieden wurde, war ein weiterer Aspekt[11]. Beide Mächte waren Unterzeichner des Londoner Protokolls von 1852. Für Österreich waren der Erhalt eines europäischen Rechtssystems und die Abwehr nationalrevolutionärer Kräfte Bedingungen der staatlichen Existenz[12]. Eine Allianz mit Preußen verhinderte, daß Berlin die deutsche Politik allein bestimmte[13] und beendete zugleich die außenpolitische Isolation des Kaiserreiches[14]. Ein österreichischer Vorschlag zur Bundesreform war bei den Großmächten auf Ablehnung gestoßen, und auch die Staaten des »Dritten Deutschland« fanden im November 1863 nicht zu einer gemeinsamen Haltung. Bitter erklärte Rechberg, der österreichische Außenminister, seinem sächsischen Amtskollegen Beust die Konsequenz: »Wenn Ihr es so haben wollt, mit Preussen können wir uns auch verständigen[15].«

Mit identischen Noten hatten Preußen und Österreich gegen das »Märzpatent« Friedrichs VII. ihre Rechte gewahrt (17. April 1863). An diese Gemeinsamkeit ließ sich nun anknüpfen. Österreich wollte tatsächlich, Bismarck nur vorgeblich an den Londoner Protokollen festhalten[16]; Rechberg war sich dieses Unterschieds nicht bewußt, als er mit dem preußischen Ministerpräsiden-

---

8 Nach dem Bericht (!) Robert von Keudells äußerte sich Bismarck am 31.12.1863 im Gespräch mit Oskar von Arnim: GW 7, Nr. 69, S. 83, hier zit. nach: Die Schleswig-Holsteinische Frage (1862—1866). Ausgewählt und eingeleitet von Klaus Malettke, Göttingen 1969, Nr. 10, S. 36.

9 Lothar Gall, Bismarck. Der weiße Revolutionär, Frankfurt a.M. 1980, S. 298.

10 Károlyi an Rechberg 16.5.1863: APP 3, Nr. 508, S. 576.

11 Ernst Engelberg, Bismarck. Urpreuße und Reichsgründer, Berlin 1985, S. 549 f.

12 Schieder, Vom Deutschen Bund, S. 153 f.; Andreas Hillgruber, Bismarcks Außenpolitik, Freiburg/Br. 1972, S. 56.

13 Chester Wells Clark, Franz Joseph and Bismarck, New York 1968, S. 24, 55 f.

14 Heinrich Ritter von Srbik, Deutsche Einheit. Idee und Wirklichkeit vom Heiligen Reich bis Königgrätz, Bd IV, München 1942, S. 81—83.

15 Aus Drei-Viertel-Jahrhunderten. Erinnerungen und Aufzeichnungen von Friedrich Ferdinand Graf von Beust, Bd I, 1809—1866, Stuttgart 1887, S. 336 (24.11.1863).

16 Hillgruber, Bismarcks Außenpolitik, S. 27.

ten formlos vereinbarte, diese internationalen Abmachungen zur Richtschnur zu nehmen. Dänemark sollte auf Vertragserfüllung verpflichtet werden, die Bundesexekution nötigenfalls ein Mittel hierzu sein. In die Erbfolge am dänischen Thron und in den Herzogtümern wollte man sich nicht einmischen[17]. Mit ihrer Orientierung am europäischen Recht und der Haltung gegenüber den Augustenburger Ansprüchen stießen Bismarck und Rechberg auf den Widerstand der Politiker der deutschen Klein- und Mittelstaaten, die Opposition der Liberalen und die Skepsis der eigenen Kabinette[18]. Als der Deutsche Bund von den Londoner Protokollen abrückte und eine Besetzung Schleswigs und dessen Anschluß befürwortete, gingen Preußen und Österreich eigene Wege. In Frankfurt scheiterte ihr Vorschlag, man solle den dänischen König auffordern, auf die Novemberverfassung zu verzichten. Als Druckmittel sollte eine Besetzung Schleswigs als »ein Pfand für die Erfüllung gerechter Forderungen« angedroht werden[19]. Ein Vorgehen, das der Erbfolgefrage Vorrang vor der dänischen Verletzung der Londoner Protokolle (Einbeziehung Schleswigs, Trennung der Herzogtümer) einräumte, wollten Berlin und Wien nicht akzeptieren. Der preußische Ministerpräsident beschloß am 2./3. Januar 1864 gegen den Widerstand des Kronprinzen eine vom Bund unabhängige Politik[20]. Die österreichische Regierung tat am 10. Januar ein Gleiches[21]. Am 14. stellte sich der Bund gegen die Argumente der beiden Großmächte. In einer gemeinsamen Erklärung und einer »Punktation« informierten diese die Bundesversammlung über die getroffenen Entscheidungen[22]. Nachdem Dänemark ein Ultimatum der Preußen und Österreicher verstreichen ließ, besetzten deren Truppen seit dem 1. Februar das Herzogtum Schleswig. Ohne geeignete Machtmittel ließ der Deutsche Bund sie gewähren.

Das dänische Militär setzte nach anfänglicher Freigabe der Herzogtümer der österreichisch-preußischen Besetzung Widerstand entgegen. Da es den deutschen Truppen nicht gelungen war, auch die starke Befestigungsanlage am Alsensund, die »Düppeler Schanzen«, sowie die Insel Alsen einzunehmen, machten die Dänen diese zum Ausgangspunkt ihrer militärischen Operationen. Aus der »Pfandbesetzung« war ein lokaler Krieg geworden[23]. Im Stab des preußischen Oberbefehlshabers Friedrich von Wrangel entstand die Absicht, diesen

---

17 Eine formelle Festlegung auf gemeinsames Handeln gab es nicht, siehe aber die Berichte Károlyis vom 27.11.1863: QdPÖ 3, Nr. 1321, S. 454—458; 30.11.1863: ebd., Nr. 1325, S. 462 f.; 11.12.1863: ebd., Nr. 1345, S. 493 f. und den Bericht des bayerischen Gesandten in Wien Graf Bray an Maximilian II. von Bayern 14.122.1863: ebd., Nr. 1352, S. 500—502.

18 Engelberg, Bismarck, S. 550 f.; Huber, Deutsche Verfassungsgeschichte, Bd III, S. 463; Srbik, Deutsche Einheit, Bd IV, S. 99.

19 Österreichisch-preußischer Antrag in der Bundesversammlung 28.12.1863: Huber, Dokumente, Bd II, Nr. 136, S. 165.

20 R. Sternfeld, Der preussische Kronrat vom 2./3. Januar 1864. In: Historische Zeitschrift 131 (1925), S. 72—80.

21 Ministerratsprotokoll 10.1.1864: QdPÖ 3, Nr. 1410, S. 598—603; A.J.P. Taylor, The Struggle for Mastery in Europe 1848—1918, Oxford 1954, S. 145.

22 Gemeinsame österr.-preuß. Erklärung 14.1.1864: Huber, Dokumente, Bd II, Nr. 137, S. 165; Punktation vom 16.1.1864: ebd., Nr. 138, S. 165—167.

23 Zum militärischen Verlauf des deutsch-dänischen Krieges: Heinz Helmert, Hansjürgen Usczeck, Preussischdeutsche Kriege von 1864 bis 1871, Berlin 1978, S. 56—82.

Krieg durch eine Ausweitung auf die jütländische Halbinsel zu entscheiden[24]. In einer zweiten Punktation dehnten Berlin und Wien ihre Argumentation, die militärische Besetzung habe Pfandcharakter bei der Durchsetzung dänischer Vertragstreue, auch auf das neue Kriegsziel Jütland aus[25]. Tatsächlich marschierten die Truppen Wrangels am 8. März nach Norden weiter. Verlustreich wurden die Düppeler Schanzen gestürmt. Die dänische Niederlage war abzusehen.

In der Schleswig-Holstein-Frage kollidierten vollkommen unterschiedliche und disparate nationalpolitische Konzeptionen. Eine praktikable Lösung zwischen den dänischen und deutschen Vorstellungen gab es nicht, und die Schleswig-Holsteiner selber blieben ohnedies ungefragt. Das Mächtesystem versuchte im Ansatz eine Lösung mit internationalem Charakter, beschränkte sich dabei aber auf restaurative Maßnahmen. Während sich grundlegend nichts änderte, das Problem also nicht gelöst wurde, erhielten die Herzogtümer ihre gesamteuropäische Bedeutung. Dies erwies sich nicht als probates Mittel der Konfliktbereinigung, hatte aber zur Konsequenz, daß in eine ja jederzeit mögliche krisenhafte Situation die europäischen Mächte hineingezogen wurden. In Deutschland war mit dem italienischen Krieg 1859 der latente Dualismus von Preußen und Österreichern offenbar geworden. Berlin machte seine Führungsansprüche deutlich, während sich Wien unfähig zeigte, »den Bund durch friedliche konstitutionelle Mittel zu seinem Vorteil zu ändern«[26]. Da Bismarck durch äußeren Machtbeweis nicht nur auf innenpolitische Stabilisierung seiner Herrschaft abzielte, sondern damit auch deutsche Politik im Sinne Preußens betrieb, nützte den Österreichern die starke eigene Position bei den deutschen Klein- und Mittelstaaten wenig. Die konservative Herrschaftsschicht um Franz Joseph und Rechberg wurde in ihrem Vertrauen enttäuscht, Berlin werde sich der monarchischen Solidarität folgend hinter Wien im Deutschen Bund einordnen. Als Bismarck die nationalpolitische Frage der Herzogtümer aufgriff, um sie seinen Zielen nutzbar zu machen — das heißt im preußischen Verfassungskonflikt seine Stellung und im Konzert der Großmächte diejenige Preußens zu stärken —, konnte Österreich nicht abseits stehen. Sollte sein Suprematsanspruch im Bund glaubhaft bleiben, mußte es sich in der Schleswig-Holstein-Frage engagieren. Rechberg und Franz Joseph hofften, über das akzidentielle norddeutsche Problem hinaus eine Allianz mit Berlin ausbauen zu können. Jede Lösung mußte jedoch die Gefahr einer Krise in Europa berücksichtigen. So absehbar wie die militärische Niederlage der Dänen, so voraussehbar war es, daß die europäischen Mächte das deutsche Vorgehen nicht widerspruchslos hinnehmen würden. Besonders die britische Regierung zeigte nachhaltiges Interesse an einer Beilegung des Konflikts[27].

24 Ebd., S. 61.

25 Punktation vom 6.3.1864: Huber, Dokumente, Bd II, Nr. 142, S. 170 f.

26 Francis Roy Bridge, Österreich(-Ungarn) unter den Großmächten. In: Die Habsburgermonarchie 1848—1918. Hrsg. von Adam Wandruszka und Peter Urbanitsch, Wien 1989 (= Die Habsburgermonarchie im System der Internationalen Beziehungen, Bd 6,1), S. 196 ff., hier S. 227.

27 Die britische Politik ist Gegenstand bei Carl Voelkle, Die Haltung Englands in der deutsch-dänischen Frage, Herbst 1863—Juli 1864. Diss., Heidelberg 1913; Fritz Cierpinski, Die Politik Englands in der Schleswig-Holsteinischen Frage von 1861 bis Ende Dezember

In den dänischen Auseinandersetzungen war es englische Politik gewesen, auf beide Parteien mäßigend einzuwirken. Dänischem Streben, Schleswig dem Gesamtstaat einzubinden, begegnete London mit dem Hinweis auf vertragliche Pflichten des Königs aus den Absprachen von 1850/52. Gleichzeitig sprach man Österreich, Preußen und dem Deutschen Bund jedes Recht ab, sich in die Verwaltung des dänischen Herzogtums einzumischen[28]. Lord Russell, Außenminister im zweiten Kabinett Palmerston, befürchtete europäische Folgen aus dem norddeutschen Streit. Er bemühte sich deshalb mehrfach, eine Gemeinsamkeit der Großmächte und Schwedens hierüber herbeizuführen[29]. Frankreich, Rußland und Schweden zeigten jedoch kein Interesse an konzertierter Aktion. Da auch die dänische Regierung sich Ratschlägen verwehrte, zog Russell sich auf eine abwartende Haltung zurück[30]. Kopenhagen glaubte sich hierdurch in seiner Politik bestätigt und nutzte die polnische Krise im Frühjahr 1863 zur Einsetzung des »Märzpatents«. Tatsächlich war die britische Öffentlichkeit bis hinein ins Parlament prodänisch, so daß selbst Russells Beharren auf den Verträgen von 1850/52 nicht unwidersprochen blieb. Da die Dänen nicht bewegt werden konnten, ihr Vorgehen zu ändern, versuchte Russell Wien und Berlin daran zu erinnern, daß die Schleswiger Angelegenheit nur auf europäischer Ebene und nicht in Frankfurt gelöst werde[31]. Auch Palmerston hielt am Bestand des Londoner Protokolls fest. Jede andere Politik müsse ernste Folgen haben, wenn sie sich gegen Integrität und Unabhängigkeit Dänemarks richte. Großbritannien werde alles in seiner Macht stehende unternehmen, »to induce the disputing parties to confine the question within the limits of diplomatic intercourse«[32]. Diese Festlegung erschien im Sommer 1863 sehr weitgehend. Russell ließ den Premier wissen, er sehe nicht, wie England sich einmischen könnte, solange der Frieden Europas durch die Schleswiger Affaire nicht gefährdet sei[33]. Dennoch warnte er die deutschen Beteiligten vor den Konsequenzen ihrer ultimativen

1863. Diss., Kiel 1914; ders., Die Politik Englands in der Schleswig-Holsteinischen Frage im Anfange des Jahres 1864. In: Zeitschrift der Gesellschaft für Schleswig-Holsteinische Geschichte 45 (1915), S. 86—118; Charlotte Sempell, England und Preußen in der Schleswig-holsteinischen Frage, München 1932 (= Historische Studien, 290). Die vorliegende Darstellung folgt Johannes Voigt, Die britische Außenpolitik in der Schleswig-Holstein-Frage 1859—1864. Diss., Kiel 1958 und Keith A.P. Sandiford, Great Britain and the Schleswig-Holstein Question 1848—1864. A Study in Diplomacy, Politics and Public Opinion, Toronto 1975 sowie David F. Krein, The Last Palmerston Government. Foreign Policy, Domestic Politics, and the Genesis of »Splendid Isolation«, Ames (Iowa) 1978.

28 Zirkular Russels 8.12.1860: Correspondence respecting the Affairs of the Duchies of Schleswig and Holstein 1860—1861, London 1861, Nr. 28; Voigt, Die britische Außenpolitik, S. 43—46.

29 Zirkulare Russels 19.4.1861; 7./16.4.1862; 24.9.1862: Correspondence respecting the Affairs of Holstein, Lauenburg and Schleswig 1861—1863, London 1863, Nr. 41, S. 67; Nr. 226, S. 254, Nr. 235, S. 264 f.; Nr. 274, S. 305—307.

30 Russell an Paget 21.1.1863: Memorandum Russells 21.1.1863: ebd., Nr. 332 f., S. 362—372; Voigt, Die britische Außenpolitik, S. 86—94.

31 Russell an Bloomfield 27.5.1863: Correspondence respecting the Affairs of Holstein, Lauenburg and Schleswig 1863—1864, Denmark and Germany, No. 2, London 1864, Nr. 65, S. 73.

32 Rede Palmerstons im Unterhaus 23.7.1863: zit. nach: Sandiford, Great Britain, S. 59, vgl. Krein, The Last Palmerston Government, S. 123.

33 Russell an Palmerston 13.8.1863: Krein, The Last Palmerston Government, S. 124.

Forderung an die Dänen[34]. Bismarck wies Russells Mahnung strikt zurück. Er sah in der Exekution des Bundes zunächst einmal ein legales Mittel gegen den dänischen Rechtsbruch. Sie sei keine Kriegserklärung, vielmehr falle die Verantwortlichkeit für einen eventuellen Krieg auf Dänemark[35]. War Bismarck nicht zu einem Nachgeben bereit, so benötigte Großbritannien die französische Hilfe, um den Druck zu verstärken. Napoleon aber verübelte den Engländern ihre Haltung in der polnischen Krise. Er beglich die fehlende britische Kooperation für seine Pläne im Baltikum mit der gleichen Haltung gegenüber der dänischen Angelegenheit[36].

Trotzdem setzte Russell seine Bemühungen fort, den Konflikt zwischen Dänemark und dem Deutschen Bund zu beruhigen. Zunächst sollte über die Bestimmungen des »Märzpatents« verhandelt werden, danach sei immer noch die Zeit zu exekutiven Maßnahmen:

> »Her Majesty's Government are willing to offer their good offices to bring about a conciliatory termination of these difficult affairs[37].«

Für den englischen Außenminister war die angedrohte militärische Besetzung Holsteins keineswegs vom Bundesrecht abgedeckt. Jedenfalls versuchte er mit dieser Behauptung die Unterzeichner des Londoner Protokolls an einen Tisch zu bekommen[38]. Obwohl es die Dänen waren, die während des Jahres 1863 den Konflikt anheizten, verband Russell sein Mediationsangebot mit Forderungen an die deutsche Seite. Für diese beinhaltete es damit die Gefahr einer britischen Intervention. Trotz drängender prodänischer Öffentlichkeit in England war aber dafür die Zeit noch nicht gekommen. Unter dem Einfluß des öffentlichen und parlamentarischen Drucks verfestigten Russell und Palmerston allerdings ihre gegen Deutschland gerichtete Sicht der Dinge[39].

Einen Konferenzvorschlag des französischen Kaisers vom 4. November 1863[40] lehnte die britische Regierung — zu Napoleons besonderem Mißfallen als erste — ab. Sie verlor damit die letzte Möglichkeit mit Paris zu einem einvernehmlichen Verhalten in der dänischen Krise zu gelangen. Innerhalb der britischen Politik zeigten sich zu diesem Zeitpunkt erste Meinungsverschiedenheiten. Hatte Russell den Kongreß zunächst befürwortet, so unterlag er damit gegenteiligen Auffassungen des Botschafters in Paris, Cowley, des Unterstaatssekretärs im Foreign Office, Edmund Hammond, Königin Victorias und auch des Premierministers. Diese Divergenzen setzten sich am Kabinettstisch fort. Für eine gemäßigte, auch deutsche Interessen berücksichtigende Politik fand die

34 Russell an Lowther 31.8.1863: Corr. 1863—1864 (Denmark and Germany, No. 2), Nr. 117, S. 123 f.

35 Bismarck an Katte 11.9.1863: ebd., Nr. 123, S. 128 f.

36 Werner Eugen Mosse, The European Powers and the German Question 1848—1871 with special reference to England and Russia, Cambridge 1958, S. 151.

37 Russell an Buchanan 30.9.1863: Corr. 1863—1864 (Denmark and Germany, No. 3), Nr. 140, S. 147.

38 Russell an Malet 29.9.1863: Corr. 1863—1864 (Denmark and Germany, No. 2), Nr. 137, S. 144 f.; vgl. hierzu die Entwurfssynopse bei Voigt, Die britische Außenpolitik (Anhang), Nr. 7, S. 12—15; Russell an Bloomfield 30.9.1863: Corr. 1863—1864 (Denmark and Germany, No. 3), Nr. 139, S. 147.

39 Sandiford, Great Britain, S. 63—66, 72—75; Voigt, Die britische Außenpolitik, S. 178—189.

40 William Earl Echard, Napoleon III. and the Concert of Europe, Baton Rouge 1983; Voigt, Die britische Außenpolitik, S. 138—143 (brit. Reaktion).

Monarchin hier wichtige Parteigänger in Innenminister George Grey, dem Vorsitzenden des »Privy Council« (Kronrat), Earl Granville, und dem Indien-Staatssekretär Charles Wood[41]. Mit Palmerstons Rückendeckung konnte Lord Russell seine eigene Politik aber fortsetzen. Am 18. November bot er Dänemark die alleinige Vermittlung Englands an[42]. Nur einige Tage später drängte er Bismarck und Rechberg, die Frankfurter Bundesversammlung zu beschwichtigen. Er behielt sich für seine Regierung jedes Recht zur Einmischung vor[43]. Da Dänemark seine Politik in den Herzogtümern nicht änderte und auch der Deutsche Bund sich einer Mediation versagte, vielmehr Preußen und Österreich selbst aktiv wurden, verschärfte Russell den Ton seiner diplomatischen Noten. Preußen und Österreicher sollten sicherstellen, daß die Politik des Bundes in Holstein keine revolutionären Züge annehme oder territoriale Zweifelsfälle anrühre:

> »Great care should be taken that no doubtful or mixed territory at Rendsburg or any disputed part of the frontier is occupied by the Federal troops[44].«

Russell machte Berlin für jeden deutschen Versuch verantwortlich, die »dynasty now reigning at Copenhagen« in Zweifel zu ziehen oder zu stürzen. Den Bund verpflichtete er ein weiteres Mal und nachdrücklich auf die Vereinbarungen des Londoner Protokolls[45]. Sanktionsdrohungen verband der Außenminister in London mit diesen Forderungen nicht. Daß eine Einmischung in den deutsch-dänischen Konflikt der ganzen Angelegenheit einen unkontrollierbaren europäischen Charakter geben würde, war aber allgemeine Ansicht und Befürchtung. Genau diese Intervention — die Bismarck unter allen Umständen vermeiden mußte, wenn er seine norddeutschen Ziele erreichen wollte — strebte Palmerston am Ende des Jahres 1863 an. Seiner Meinung nach sollte der dänische König freie Hand und »possibly effectual support« erhalten, wenn sich der Deutsche Bund von den Verträgen löse. Eine Besetzung Schleswigs sei »an act of war which would in my clear opinion entitle Denmark to our active military and naval support«[46]. Mehr oder weniger ausgeprägt schlossen sich die Kabinettsmitglieder Duke of Argyll und Count Clarendon sowie Edmund Hammond dieser Einschätzung an. Die britische Öffentlichkeit schien keinen Zweifel daran zu hegen, daß Großbritannien im Falle eines deutschen Angriffs die Dänen verteidigen werde[47].

Es erwies sich im Verlauf der zweiten Jahreshälfte 1863 als friedensgefährdendes Faktum, daß man der Schleswig-Holstein-Frage einen internationalen Charakter gegeben hatte. Unabhängig von den Differenzen innerhalb der englischen Führung und der Frage, wie ernst die Interventionisten ihre Kriegsbereitschaft meinten, gab es für eine Politik vollkommener Nichteinmischung keine Basis. Nur der Konsens der Mächte konnte die Europäisierung von 1850/52

---

41 Werner Eugen Mosse, Queen Victoria and her Ministers in the Schleswig-Holstein Crisis, 1863—1864. In: English Historical Review 78 (1963), S. 263—383.

42 Russell an Paget 18.11.1863: Corr. 1863—1864 (Denmark and Germany, No. 3), Nr. 237, S. 207.

43 Russell an Bloomfield und Buchanan 23.11.1863: ebd., Nr. 275, S. 230.

44 Zirkular Russells 8.12.1863: Sandiford, Great Britain, S. 79.

45 Russell an Buchanan 21.12.1863, Russell an Malet 26.12.1863: ebd.

46 Palmerston an Russell 26.12.1863: Krein, The Last Palmerston Government, S. 132 f.

47 Sandiford, Great Britain, S. 81 f.

aufheben. Später zeigte sich, daß bereits ein »agree-to-disagree« hierfür ausreichte. Aber nur in London verspürte man den Zwang, der sich aus der Unterschrift unter dem Londoner Protokoll ergab. Neben dem Prestige, das sich für die britische Regierung mit dem Bestand dieses Vertrages verband, sind dazu die Haltung der veröffentlichten Meinung und wirtschaftliche Gründe ausschlaggebend. Zehn Prozent des britischen Exports und 13 Prozent des Imports wickelte Großbritannien zwischen 1848 und 1864 mit Ostseehäfen ab[48]. Der Griff einer Großmacht nach den maritimen Verbindungen dieses Handels motivierte zusätzlich, im dänischen Konflikt nicht abseits zu stehen. Nachhaltig bemühte sich London deshalb darum, auch andere Mächte zu beteiligen und für die britische Linie zu gewinnen.

Wenn eine gemeinsame Lösung der Konkurrenten eines Konflikts ausscheidet, bedeutet jedes Einmischen in diese Auseinandersetzung eine Parteinahme. Notwendigerweise muß eine Seite nachgeben, wo ein Kompromiß nicht möglich scheint. Die Politik der Regierung Palmerston wurde auf dem Kontinent als prodänisch und militärisch interventionsbereit wahrgenommen. Diese Perzeption bildete die Grundlage der dänischen Krise zu Beginn des Jahres 1864. Das erwartete Engagement der Engländer bedeutete eine Gefahr für den gesamteuropäischen Frieden. Der lokalisierte Krieg in Norddeutschland wäre zum kontinentalen Krieg ausgeweitet worden, wenn wegen der Zukunft der Herzogtümer mehrere Großmächte aneinandergeraten wären. Für die den Konflikt antreibenden deutschen Staaten Österreich und Preußen wurde es deshalb notwendig, der Eventualität gewaltsamer britischer Mediation entgegenzuarbeiten. Da beide im anstehenden Konflikt kaum zurückweichen konnten, wurde es zum Nahziel, Großbritanniens Koalitionsaussichten auf dem Kontinent einzuengen und innerhalb des Königreichs die Meinungsverschiedenheiten über den richtigen politischen Weg zu schüren. Der wichtigste Vorteil der deutschen Konfliktpartei war es, daß sich die Mächte untereinander gespalten hatten und auch die englische Führung sich uneins zeigte. Diesen Vorteil nutzten Berlin und Wien, indem sie — ob mit wahren oder nur vorgetäuschten Argumenten — jenen Kräften zuarbeiteten, die eine Intervention ablehnten. Nicht militärische Abschreckung, sondern diplomatisch-juristische Absicherung der eigenen Konfliktführung stand im Vordergund der preußisch-österreichischen Bemühungen auf europäischer Ebene.

Seit sich im März 1863 die Schleswig-Holstein-Frage erneut zuspitzte, stellte sie Otto von Bismarck als deutsche Angelegenheit dar. Er bestätigte zwar ihren internationalen Aspekt, wollte aber eine Einmischung der Großmächte verhindern. Hierfür gab er vor, auch eine preußisch-deutsche Lösung könne gesamteuropäische Belange berücksichtigen[49]. Vor allem auf die britische Haltung

---

48 Ebd., S. 161.

49 Exemplarische Belege: Bismarck an Werther 5.4.1863: APP 3, Nr. 391, S. 448—450; Bismarck an Katte und Goltz 11.9.1863: APP 3, Nr. 689, S. 773—775; Promemoria Buchanans 8.10.1863: GW 4, Nr. 132, S. 179 f.; Bismarck an Buchanan 10.10.1863: GW 4, Nr. 133, lS. 180 f.; Bismarck an Sydow 19.10.1863: APP 4, Nr. 30, S. 74—76; Bismarck an Bernstorff 30.10.1863: APP 4, Anm. 5 zu Nr. 37, S. 87; Kurt Jürgensen, Die preußische Lösung der Schleswig-Holstein-Frage 1863—1867. In: Bismarck und seine Zeit. Hrsg. von Johannes Kunisch, Berlin 1992 (= Forschungen zur brandenburgischen und preußischen Geschichte. Neue Folge. Beiheft 1), S. 57—80.

wollte Bismarck Rücksicht nehmen. Die preußische Politik durfte London nicht offen isolieren[50] oder den Vorwand liefern, Dänemark unterstützend einzugreifen. Gegen solche »dänenfreundlichen Tendenzen Englands« wollte er den französischen Vorschlag einer Konferenz benutzen. Die Suche nach möglichen Allianzen stand noch im Dezember 1863 vor einer schnellen Lösung im deutsch-dänischen Konflikt[51]. Aber gerade eine rasche Aktion, ein fait accompli auch nördlich der Eider zur Durchsetzung der dänischen Vertragspflichten, verringerte die Wahrscheinlichkeit, daß dem Kriegsgegner Hilfe von außen zuteil würde[52]. Während der preußische Ministerpräsident mit diesen Mitteln versuchte, den Konflikt zu begrenzen, hatte es Russell auch zur Jahreswende nicht aufgegeben, ihn doch noch zugunsten Kopenhagens ganz zu vermeiden. Auf der Grundlage des damaligen status quo, also unter Inkaufnahme der bereits ausgeführten Besetzung Holsteins und der damit verbundenen Trennung von Schleswig, forderte der englische Außenminister eine Konferenz der Mächte des Londoner Protokolls und eines Vertreters des Deutschen Bundes[53]. Russell selbst entfernte sich mit seiner Berufung auf den status quo von den Absprachen des Jahres 1850, die eine Trennung der Herzogtümer ausschlossen. Das war zweifelsohne im Sinne der dänischen Regierung. Victoria hielt dagegen den Dänen den Vertragsbruch vor und forderte die britischen Minister auf, sich jeder Hilfe für die dänische Seite zu enthalten. Einem Krieg wegen dieser Frage wollte sie ihre Zustimmung verweigern[54]. Tatsächlich band das Kabinett (2. Januar 1864) gegen Palmerstons Widerstand das englische Handeln an französische und russische Zustimmung[55]. Bismarck war zwar in Teilen über die Differenzen innerhalb der britischen Politik informiert[56], eine ausreichende Sicherheit für die eigene Politik scheint ihm diese Schwächung der kriegsbereiten Russell und Palmerston nicht bedeutet zu haben. Er drängte die Bundesversammlung, keine Entschlüsse zu fassen, »deren Tragweite nicht zu berechnen ist«[57]:

> »Eine Ablehnung des [britischen Konferenz-]Vorschlages von seiten des Bundes würde bedenkliche Verwicklungen hervorzurufen geeignet sein und die ohnedies gegenwärtig herrschende ungünstige Stimmung in England vermehren. Der Bund würde nicht ohne Schein der Berechtigung den Vorwurf auf sich laden, daß er den Krieg wolle, indem er die Mittel zum Frieden verwerfe[58].«

Es war nicht allein dieser Anschein, den Otto von Bismarck auch von der preußischen Politik fern halten wollte. Voraussetzung eines Erfolgs jener Politik war es, einen europäischen Krieg wegen der dänischen Angelegenheit tatsächlich zu vermeiden. Hiervon war das Beharren auf den Londoner Protokollen geleitet[59].

---

50 Károlyi an Rechberg 13.12.1863: APP 4, Nr. 215, S. 305 f.
51 Bismarck an Goltz 20.12.1863: GW 4, Nr. 191, S. 240 f.
52 Bismarck an Werther 26.12.1863: APP 4, Nr. 254, S. 353; Zirkular Bismarcks 29.12.1863: APP 4, Nr. 263, S. 363.
53 Zirkular Russells 31.12.1863: Schulthess 4 (1863), S. 183—185.
54 Victoria an Russell 1.1.1864: LQV 2,1, S. 138—140.
55 Mosse, The European Powers, S. 161; Voigt, Die britische Außenpolitik, S. 194.
56 Bernstorff an Wilhelm I., 1., 4.1.1864: APP 4, Nr. 275, 283, S. 373, 384 f.
57 Bismarck an Sydow 2.1.1864: GW 4, Nr. 208, S. 260.
58 Bismarck an Sydow 4.1.1864: APP 4, Nr. 281, S. 383.
59 Bericht Károlyis 4.1.1864: QdPÖ 3, Nr. 1398, S. 582 f.

Nur sie boten »für eine Aktion eine von Europa anerkannte Basis«. Gleichzeitig forderte er den österreichischen Alliierten zur militärischen Vorbereitung einer solchen Aktion auf[60].

Während Bismarck auf einen Krieg gegen Dänemark hinarbeitete, der rechtlich und diplomatisch so abgesichert sein sollte, daß eine kontinentale Ausweitung nicht zu fürchten war, verloren Russell und Palmerston für ihre Interventionspolitik weiter den Rückhalt im Kabinett. Der Premierminister gestand sogar zu »that there was no question whatever of England going to war«[61]. Doch er, wie auch Russell, sahen nur in britischer Stärke eine Garantie des Friedens. Wenn das Königreich seine Bereitschaft zur Intervention zeige, werde Deutschland nachgeben[62].

Vom Gegenteil ging der österreichische Außenminister Rechberg aus. Nur die militärische Lösung an Preußens Seite konnte eine geeignete Antwort für Christian IX. sein. Bliebe sie aus, böte das Napoleon III. die Rechtfertigung, eigenen territorialen und nationalrevolutionären Zielen nachzugehen, die Österreichs Existenz bedrohten. Nichts unterscheide grundsätzlich die dänische Forderung der Eidergrenze vom französischen Streben an den Rhein[63]. Die deutschen Mittelstaaten drängte er, »ganz vorzugsweise die europäische Seite der ganzen deutsch-dänischen Differenzen« zu berücksichtigen[64]. Daß der Deutsche Bund diese Rücksichten zurückweisen würde, nahmen Bismarck und Rechberg in Kauf. Die Ablehnung ihrer legalistischen Argumente in Frankfurt stärkte ihre Stellung auf europäischer Ebene, wo sie als Garanten des Londoner Protokolls jede Kritik zurückweisen konnten. In ihrer geringen Neigung, sich in der dänischen Frage zu engagieren, wurden Rußland und Frankreich dadurch noch bestärkt[65]. Bismarck hatte diese Isolation Englands aktiv herbeigeführt. Als sie erreicht war, wischte er selbst bedenkenswerte Appelle Russells beiseite, die territoriale Pfandnahme könne auf Preußen und Österreich ebenfalls einmal angewandt werden, wenn sie sich als geeignetes Mittel der Politik erweise[66]. Der preußische Ministerpräsident wies am 24. Januar 1864 noch einmal deutlich in den europäischen Hauptstädten auf die dänische Verantwortlichkeit und die eigene Schutzfunktion für die vertraglichen Abmachungen hin[67]. Russell akzeptierte diese Begründung für einen Angriff über die Eider hinweg jedoch

---

60 Bismarck an Werther 5.1.1864: APP 4, Nr. 287, S. 392 f.; vgl. Bismarck an Redern 6.1.1864: Albrecht Graf zu Stolberg-Wernigerode, Bismarck und die schleswig-holsteinische Frage, Kiel 1928, S. 32 und Zirkular Bismarcks 6.1.1864: APP 4, Nr. 291, S. 398—400; vgl. Bismarcks Rede im preußischen Abgeordnetenhaus 21.1.1864: GW 10, Nr. 29, S. 206.

61 Phipps an Victoria 7.1.1864: LQV 2,1, S. 142.

62 Mosse, The European Powers, S. 161 f.

63 Protokoll des Ministerrates 10.1.1864: QdPÖ 3, Nr. 1410, S. 600; Rechberg an Alexander von Hessen 4.1.1864: Taylor, The Struggle, S. 145.

64 Lützow an Dalwigk 14.1.1864: Die Tagebücher des Freiherrn Reinhard von Dalwigk zu Lichtenfels. Hrsg von Wilhelm Schüßler, Osnabrück 1967 (= Deutsche Geschichtsquellen des 19. Jahrhunderts, Bd 2), S. 159.

65 Mosse, The European Powers, S. 163—165.

66 Russell an Bloomfield und Buchanan 16., 18., 20.1.1864: Corr. 1863—1864 (Denmark and Germany No. 4), Nr. 715, S. 549; Nr. 743, S. 568; Nr. 758, S. 571; Bismarck an Bernstorff 20.1.1864: APP 4, Nr. 346, S. 458 ff.; Buchanan an Russell 20.1.1864: APP 4, Nr. 349, S. 462—465.

67 Zirkular Bismarcks 24.1.1864: GW 4, Nr. 237, S. 290—292.

nicht. Sein Plan war es, den Kriegsgegnern die britischen »good offices« anzubieten und, wenn Berlin und Wien ihre Truppen nicht aufhielten, zu drohen, daß

> »Great Britain will make such military and naval preparations as may enable her to assume the attitude of armed mediation or of assistance to Denmark, and will notify such intention to the Governments of Austria and Prussia[68].«

Im Kabinett verwarfen die Minister jede derartige Festlegung der englischen Politik (7. Januar). Erfolglos versuchten Palmerston und sein Außenminister über das Parlament Druck auf die Kabinettskollegen auszuüben[69].

Bismarck glaubte schon nicht mehr an ein militärisches Eingreifen Londons in den Konflikt[70]. Er informierte die Großmächte und Schweden über den bevorstehenden Angriff auf Schleswig und erneuerte dabei die bereits bekannten Argumente. Fast hat es den Anschein, Bismarck wollte sich als Exekutivorgan einer Vertragsgemeinschaft von 1850/52 präsentieren, dem sich London nicht in den Weg stellen könnte:

> »Nur der aufrichtige Wunsch, unsere Beziehungen zu den Mitunterzeichnern des Londoner Vertrages nicht zu kompromittieren, hat uns veranlassen können, den letzteren Weg [Ultimatum an Dänemark vom 16. Januar 1864] zu wählen und dadurch unsere Vertragstreue zu konstatieren. Die Königliche Großbritannische Regierung wird uns die Anerkennung nicht versagen können, daß wir also auf das gewissenhafteste unseren uns durch den Londoner Vertrag auferlegten Verpflichtungen nachzukommen uns bestrebten[71].«

In dieser Situation holten sich Russell und Palmerston nach dem 2. und 7. Januar am 13. Februar die dritte Abfuhr im Kabinett für ihre Interventionswünsche. Zudem waren die beiden Politiker über eine eventuelle Einbeziehung Frankreichs in militärische Aktionen unterschiedlicher Meinung[72].

Tatsächlich hatte Frankreich, wie auch das Zarenreich, keinerlei Interesse an solchen Unternehmungen[73]. Selbst die absehbare Besetzung Jütlands änderte diese Haltung nicht grundsätzlich. Damit dies auch so blieb, versuchte Bismarck zum einen, die Frage der Thronfolge aus dem Geschehen herauszuhalten, da die Stellung des Bundes hierzu ganz besonders in der Kritik der Mächte stand[74]. Zum anderen sollte die Konferenzbereitschaft der deutschen Alliierten signalisiert werden, um »den Mächten die Beruhigung zu gewähren, daß wir mit diesem Schritt (Besetzung Jütlands) keine anderen Absichten verbinden«[75]:

> »Aber gerade unter diesen Verhältnissen erscheint es uns um so notwendiger, sogleich und vor den Zusammentritt der Konferenzen oder dem Schließen eines Waffenstillstandes in Jütland einzurücken und soviel Land als möglich davon zu besetzen. Das Eingehen auf Konferenzen, die Anregung in London oder Peters-

68 Russell an Palmerston 27.1.1864: Sandiford, Great Britain, S. 94.
69 Sandiford, Great Britain, S. 94 f.
70 Talleyrand an Drouyn de Lhuys 12.2.1864: OD 1, Nr. 198, S. 195—198; vgl. die frühen Einschätzungen Bernstorffs 3.10.1863 und 9.10.1863: APP 4, Anm. 2 zu Nr. 2, S. 39 und Nr. 20, S. 63 f.
71 Zirkular Bismarcks 30.1.1864,: APP 4, Nr. 376, S. 492.
72 Lawrence Dinkelspiel Steefel, The Schleswig-Holstein Question, Cambridge 1932, S. 175—177.
73 Mosse, The European Powers, S. 184 f.
74 Zirkular Bismarcks 18.2.1864: GW 4, Nr. 267, S. 322 f.
75 Bismarck an Werther 16.2.1864: APP 4, Nr. 432, S. 556.

burg, daß Anerbietungen zu einem Waffenstillstand gemacht werden möchten, sichern dagegen, daß das Vorgehen in Jütland europäische Verwicklungen herbeiführt [...][76].«

Da er von Bernstorff über die Schwierigkeiten Lord Palmerstons im Kabinett unterrichtet war[77], konnte Bismarck abschätzen, welche Erfolgsaussichten seine Doppelstrategie von militärischem Positionsgewinn und diplomatischer Absicherung hatte. So ließ er in London am 27./29. Februar seine Bereitschaft zu einer Kongreßlösung offiziell bekunden und betrieb trotzdem weiterhin die Ausdehnung der Pfandbesetzung auf dänisches Gebiet[78].

Auf die englische Einmischung in den dänisch-deutschen Konflikt wäre ein Krieg zwischen den Großmächten gefolgt. Dieses war die Belastung der internationalen Beziehungen durch die dänische Krise. Drei Faktoren verhinderten deren Eskalation. Erstens der rasche militärische Erfolg der österreichisch-preußischen Truppen und der Rückzug der Dänen. Zweitens die Isolation Großbritanniens von möglichen Partnern in der Auseinandersetzung mit Deutschland. Drittens die Spaltung der englischen Elite in der dänisch-deutschen Frage.

1. Die schnell geschaffenen machtpolitischen Tatsachen auf dänischem Territorium ließen zunächst eine britische Intervention und kriegerische Folgen wahrscheinlicher werden. Denn nur vor dem fait accompli wirkte militärische Drohpolitik alleine noch abschreckend. Danach konnte Wirkung nur noch von einer tatsächlichen Kriegführung erwartet werden. Die Schwelle eines Eingreifens war also durch die Besetzung Jütlands angehoben, denn für die Kriegserklärung bedurfte es des Konsenses innerhalb der englischen Führungsschicht. Aber auch die lautesten Interventionisten wollten keinen Krieg, jedenfalls nicht wegen und für Dänemark oder für das Londoner Protokoll. Um sie allein zu betreten, war jene Eskalationsstufe allemal zu hoch.
2. Durch das Verhalten der britischen Außenpolitik war die Isolierung des Königreichs in der dänischen Sache weitgehend selbstverschuldet. Petersburg unterstützte keine englische Politik, die den Konflikt nicht als Kampf gegen nationalrevolutionäre Tendenzen begriff. Russisches Ziel war es, dagegen Bismarck und den deutschen Konservatismus zu stärken. Militärische Einmischung schloß das Zarenreich aus[79]. Was Frankreichs Stellung im Mächtesystem betraf, so konnte der Verlauf der polnischen Krise 1863 auf Napoleon III. nur ernüchternd wirken. Die Frage der Rheingrenze hatte jetzt keine aktuelle Bedeutung für die praktische Politik des Kaisers. Vielmehr verhielt er sich in der dänischen Krise wohlwollend gegenüber Berlin. Er erwiderte damit die freundlichere Reaktion des preußischen Königs auf den

---

76 Memorandum Manteuffels über die preußische Politik 26.2.1864: APP 4, Nr. 494, S. 618.

77 Bernstorff an Wilhelm I.: APP 4, Nr. 439, S. 560—562.

78 Bernstorff an Bismarck 29.2.1864: APP 4, Nr. 504, S. 623; österr.-preuß. Punktation 6.3.1864: Schulthess 5 (1864), S. 55; Gemeinsame österr.-preuß. Depesche 7.3.1864: APP 4, Nr. 524, S. 641 f.

79 Mosse, The European Powers, S. 164—167; Emanuel Halicz, Russian Attitude towards the Conflict between Denmark and Germany. A.M Gorcakow's Letters to Olga Nicoloyevna (1863—1864). In: East European Quarterly 23 (1989), S. 63—70.

Kongreßvorschlag vom November 1863. Die Einordnung unter englische Ziele gegen die Politik der beiden deutschen Mächte und die Stimmung Gesamtdeutschlands war für Paris unmöglich[80]. War es schon schwierig, eine Allianz zusammenzubringen, so verlor sie durch die Uneinigkeit der britischen Führung jede Chance.

3. Diese Spaltung hatte ihre Ursache in der Interessenvielfalt im Kabinett Palmerston[81] und der eigenständigen Meinungsbildung des Hofs in der dänischen Angelegenheit. Palmerston und Russell waren wegen ihrer schwachen parlamentarischen Stellung darauf aus, ihre Politik durch einen außenpolitischen Erfolg zu stabilisieren. Die Opposition der Königin gegen diese Politik konkretisierte sich während der dänischen Krise in ihrer prodeutschen Linie[82]. Der Teil der Regierung, der ein militärisches Abenteuer in Norddeutschland und Dänemark ablehnte, hätte dies sicher auch ohne oder gegen die Königin getan. Gemeinsam aber war die Kraft ausreichend, ein englisches Einmischen zu verhindern[83]. Im Rahmen seiner diplomatischen Möglichkeiten förderte Bismarck die Differenzen in London. Seine scheinbar kompromißbereite Haltung, das Festhalten an Legalitätsprinzip und europäischem Vertragssystem und sein anfängliches Vorgehen in kleinen Schritten stärkten wohl die »Friedenspartei« (Sandiford) im Kabinett, gaben aber keinen Ausschlag[84]. Erst ein Zusammenwirken aller retardierenden Faktoren schwächte die Krise ab.

Zunächst beharrten allerdings Palmerston und Russell noch auf ihrer Politik und forderten, endlich etwas gegen Preußen und Österreich zu unternehmen. Tatsächlich unterstützte sie das gesamte Kabinett gegen die Verlegung der österreichischen Flotte in die Ostsee. Doch ernsthafte maritime Demonstrationen im Ostseeraum scheiterten daran, daß sich auch hieran Frankreich und Rußland nicht beteiligen mochten[85]. So scheint Russell keine andere Wahl geblieben zu sein, als er Ende März auf den seit Monaten verbreiteten Gedanken einer Konferenz zurückkam. Die englische Flotte sollte währenddessen einen Waffenstillstand zwischen Deutschen und Dänen erzwingen[86].

Aber auch eine Konferenz konnte keine Aussicht auf Erfolg haben, wenn sich zuvor nicht eine Absprache zwischen England, Frankreich und Rußland erreichen ließ. Das war beim Einsatz des diplomatischen Mittels eines Kongresses genauso wie beim Versuch, militärische Lösungen zu erreichen. Während aus Petersburg eine vorsichtige Zustimmung eintraf[87], zeigte sich Paris weiter

---

80 Helmut Burckhardt, Deutschland, England, Frankreich. Die politischen Beziehungen Deutschlands zu den beiden westeuropäischen Großmächten, 1864—1866, München 1970, S. 72—75.

81 Krein, The Last Palmerston Government, S. 9—17, S. 119 f.

82 Ebd., S. 122.

83 Ebd., S. 172.

84 Ältere Positionen sind dagegen überholt, da sie Bismarcks Anteil überbewerten, so Walter Hauschildt, Bismarcks politische Strategie in der Schleswig-Holsteinischen Frage. Diss., Kiel 1942, S. 105—107.

85 Sandiford, Great Britain, S. 100 f.; Mosse, The European Powers, S. 184 f.; Taylor, The Struggle, S. 148 f.

86 Palmerston an Russell 18.4.1864: Sir Spencer Walpole, The Life of Lord John Russell, Bd 2, London 1891, Reprint New York 1969, S. 391.

87 Mosse, The European Powers, S. 190.

widerwillig, überhaupt in den Konflikt einzugreifen[88]. Der französische Außenminister Drouyn de Lhuys befürchtete, in einen Krieg gegen Deutschland gezogen zu werden. Die Bestimmungen von 1850/52 waren ihm dieses Risiko nicht wert[89]. Russell verstärkte deshalb seine Bemühungen, auch die Franzosen für die Konferenz zu gewinnen. Einem Plan Drouyn de Lhuys', Plebiszite das Schicksal der Herzogtümer entscheiden zu lassen[90], setzte er am 12. April eine eigene Konzeption entgegen: Nordschleswig sollte an Dänemark fallen, aber seine lokale Selbstverwaltung bewahren. Der Süden würde Holstein zugeschlagen, und beide gemeinsam könnten eine Versammlung mit Gesetzes- und Steuerhoheit in regionalen Belangen bilden. Die Zukunft des sprachlich gemischten mittleren Teiles Schleswigs wäre Gegenstand der Konferenz. Dieser Plan Russells hätte eine Abkehr vom Londoner Protokoll, das den territorialen Bestand garantierte, bedeutet. Palmerston war aber noch nicht bereit, von diesen Voraussetzungen abzugehen. Victoria widerstrebte die ganze Politik einer Verständigung mit Napoleon III.[91]. Diese Differenzen verhinderten klare Instruktionen an den britischen Unterhändler in Paris, den Minister Clarendon. Um so eindeutiger fiel die Antwort des Kaisers aus:

> »He [Napoleon III.] could not therefore join us in strong language to the German Powers, *not being prepared to go to war with them*. The question did not touch the dignity or the interests of France, and caused no excitement here[92].«

Eine anglofranzösische Allianz war demnach ebensowenig zu erwarten wie deutsche Zurückhaltung in der dänischen Frage. So schwiegen die Waffen in Jütland erst am 12. Mai und zu deutschen Bedingungen. Der militärische Erfolg ohne diplomatische oder kriegerische Konsequenzen ließen Bismarck stärker als bisher auftreten. Offen forderte er nun, vom Londoner Vertrag abzugehen. Das Protokoll der vierten Sitzung der Konferenz verzeichnet hierzu eine Äußerung des Grafen Bernstorff:

> »Avant de pouvoir entrer en discussion sur les conditions du rétablissement de la paix avec le Danemark, les Plénipotentiaires des Puissances Allemandes croient devoir faire observer qu'ils regardent le terrain de la discussion comme entièrement libre de toute restriction résultant d'engagements qui peuvent avoir existé avant la guerre entre leurs Gouvernements et le Danemark, et que la base sur laquelle de nouvelles combinaisons pourront être trouvées, formera, à leur point de vue, un des principaux objets de la négociation à ouvrir[93].«

Die Konferenz war am 25. April 1864 erstmals zusammengekommen, um in der Frage der Herzogtümer zu einer Lösung zu gelangen. Ihre Verhandlungen zo-

88 Steefel, The Schleswig-Holstein Question, S. 207 f.
89 Drouyn de Lhuys an La Tour d'Auvergne 23.2.1864: OD 2, Nr. 245, S. 10.
90 Drouyn de Lhuys an La Tour d'Auvergne 29.3.1864: OD 2, Nr. 349, 384, S. 144 f., 189—192; Russells Plan: Entwurf 25.4.1864, Fassung vom 5.5.1864, Kabinettsdiskussion: Voigt, Die britische Außenpolitik (Anhang), Nr. 22, 24, 25, S. 46, 49—52.
91 Mosse, The European Powers, S. 188.
92 Clarendon an Russell 14. oder 15.4.1864: Steefel, The Schleswig-Holstein Question, S. 205, Walpole II, S. 390 f., Hervorhebungen dort; Voigt, Die britische Außenpolitik, S. 291—294.
93 Martens 17,2 (1869), Nr. 85, S. 358.

gen sich bis zum 25. Juni hin, blieben jedoch erfolglos[94]. Zu unvereinbar waren die Positionen der Teilnehmer. Russell und Palmerston konnten ihr Bemühen um Einigung nicht mit dem von ihnen gewünschten militärischen Druck verbinden. Am 30. April lehnte das Kabinett eine Flottenexpedition in die Ostsee ab. Die Begründung des Außen- und des Premierministers entfiel für die restlichen Regierungsmitglieder völlig, als sich Wien bereit erklärte, seine Schiffe der Ostsee fern zu halten[95]. Die Regierungsrunde versagte sich nicht nur der militärischen Einflußnahme auf den Kongreßverlauf. Zwei Wochen später, in Jütland ruhten die Waffen und Bernstorff hatte die Abkehr von den Festlegungen aus den Jahren 1850/52 angekündigt, lehnte sie eine starke britische Linie für die Konferenz überhaupt ab: der Londoner Vertrag lasse sich nicht halten, wenn die Signatare vom ihm abrückten[96]. Zu diesem Zeitpunkt war sich Bismarck sicherer als je zuvor, »daß England es wegen Dänemark nicht zum Kriege mit einer europäischen Großmacht werde kommen lassen«[97]. London drohe nur, werde sich aber »allein ohne Frankreich nicht aktiv zugunsten Dänemarks einmischen«. Paris hege jedoch keine kriegerischen Absichten[98]. Russell selbst formulierte vier Optionen der britischen Politik angesichts des enttäuschenden Ablaufs der Dänemarkkonferenz:

»1. To send a fleet to Copenhagen to take part in hostilities.
2. To prepare for war by making an alliance with France.
3. To give up all concern in the war.
4. To resume our former attitude[99].«

Auf dem Rückzug vor der »Friedenspartei« im Kabinett drückte sich lediglich in der Reihenfolge der Möglichkeiten noch die frühere Kriegsbereitschaft des Außenministers aus. Seine Gegner am Ministertisch waren Gladstone, Granville, Thomas Milner-Gibson und Sir Charles Wood. Weder allein, noch gemeinsam mit Paris, weder gegen Preußen, noch zur See gegen Österreich sollte nach ihrer Ansicht Krieg geführt werden. Sie mißtrauten dem französischen Herrscher, hingen der höfischen Linie an, die die Verantwortung bei Dänemark sah oder erwarteten von der letzten Konferenzsitzung doch noch Ergebnisse[100]. Das Ende der Konferenz bedeutete gleichzeitig die Fortsetzung des Kriegs in Dänemark. Am 25. Juni entschieden die Minister der englischen Regierung endgültig gegen eine Intervention, soweit nur die Herzogtümer betroffen seien. Mit nur einer Stimme Mehrheit im fünfzehnköpfigen Kabinett gelang es Russell, we-

---

94 Zum Verlauf der Konferenz: Taylor, The Struggle, S. 151 f.; Rerup, Slesvig og Holsten, S. 201; Helmert, Hansjürgen Usczeck, S. 76; Voelkle, Die Haltung Englands, S. 92 ff.; Protokolle: Martens 17,1 (1869), Nr. 85, S. 347—470.

95 Werther an Bismarck 30.4.1864, 12.5.1864: APP 4, Nr. 21, 53, S. 61 f., 98—100; Rechberg an Chotek, 12.5.1864: APP 4, Nr. 54, S. 100 f.

96 Mosse, The European Powers, S. 194; Sandiford, Great Britain, S. 107.

97 Bericht Choteks 15.5.1864: QdPÖ 4, Nr. 1657, S. 119.

98 Bericht Károlyis 20.5.1864: QdPÖ 4, Nr. 1663, S. 131.

99 Memorandum Russells 24.6.1864: Sandiford, Great Britain, S. 111; vgl. die Aufzeichnung Gladstones hiervon zit. bei Krein, The Last Palmerston Government, S. 151; Voigt, Die britische Außenpolitik (Anhang), Nr. 33, S. 68 f.

100 Wood an Grey 24.6.1864: LQV 2,1, S. 228 f.

nigstens für den Fall der Besetzung Kopenhagens militärische Mittel offen zu halten[101].

Mit dem Ende der Konferenz von London und der Absage der britischen Regierung an eine Einmischung waren die Bedingungen von 1850/52 vom Tisch und Bismarcks Ziel erreicht. Die ganze Angelegenheit fand jetzt ohne Gefahr europäischer Verwicklung ihre Fortsetzung. Preußen und Österreich besetzten ganz Jütland und Alsen. Kopenhagen mußte letztlich nachgeben, und verlor im Wiener Frieden (30. Oktober 1864) alle Rechte in Schleswig, Holstein und Lauenburg. Wien und Berlin errichteten in den Herzogtümern eine gemeinsame Herrschaft. Dies Kondominium löste die Schleswig-Holstein-Frage als europäisches, nicht aber als deutsches Problem. Es sollte Bismarcks Mittel werden in der kommenden Auseinandersetzung mit Österreich. Die Richtung deutete der preußische Ministerpräsident schon im April 1864 an:

> »Zur Vermeidung von Interventionsversuchen war es von großem Wert, daß österreichische Truppen mit den unsern marschierten. [...] Bis jetzt haben wir unsere Bundesgenossen wie an einem dünnen Faden mit uns gezogen; aber der Faden kann auch einmal reißen[102].«

---

[101] Russell an Victoria 25.6.1864: LQV 2,1, S. 229 f.; hierzu Mosse, The European Powers, S. 206; Sandiford, Great Britain, S. 111 f.; Krein, The Last Palmerston Government, S. 161 f.

[102] Nach dem Bericht (!) Keudells äußerte sich Bismarck am 22.4.1864: Robert von Keudell, Fürst und Fürstin Bismarck, Berlin 1901, S. 153 f.

7. Stützen oder Stürzen. Die europäischen Mächte und das Osmanische Reich in der Kretakrise 1866/67

Als sich im Frühjahr 1866 die christlichen Bewohner Kretas gegen die osmanische Herrschaft erhoben[1], kam damit einmal mehr in der Geschichte des 19. Jahrhunderts die Frage nach dem Schicksal des türkischen Weltreichs in den Blick der europäischen Großmächte. Nach dem Pariser Frieden von 1856 galt die Aufmerksamkeit vornehmlich den Geschehnissen auf dem Kontinent, und erst als die deutsche Frage gelöst schien, kehrte der Orient wieder in das Zentrum der Politik zurück. So blieb der kretische Aufstand weitgehend Episode und konnte gegenüber dem mitteleuropäischen Geschehen kaum eigenes Gewicht gewinnen.

Religiöse Unterschiede, kulturelle Repression, ökonomische Ungleichgewichte und das Gefühl nationaler Zugehörigkeit zum griechischen Königreich, für das auch Kreter gekämpft hatten, bestimmten den Konflikt zwischen christlicher Mehrheit und muslimischer Herrscherschicht. Zunächst erstrebten die Christen Reformen in Fortsetzung des Modernisierungsversprechens Sultan Abd ül-Medjids von 1856. Als diese ausblieben, radikalisierten sich Methoden und Ziele der Griechen. Mit den gewaltsamen Unruhen seit Ende August 1866 verbanden die Aufständischen ihr Ziel, sich von der Türkei zu lösen. Die Insel sollte entweder dem griechischen Nationalstaat angeschlossen oder autonom durch die Schutzmächte — Frankreich, Großbritannien und Rußland — verwaltet werden. Die Christen irrten jedoch bei der Annahme, ihre Ziele und die Interessen der angerufenen Schutzmächte seien identisch. Sie vertrauten erstens darauf, daß Napoleon III. sie in Fortsetzung seiner Politik, nationalstaatliche Entwicklungen zu fördern, ebenfalls unterstützen würde. Zweitens wollten sie die traditionelle Gegnerschaft zwischen Zar und Pforte ausnutzen. Außerdem hofften sie, drittens, auf den britischen Philhellenismus, die wichtigste Stütze der griechischen Staatsbildung. Doch für die Ereignisse von 1866/67 besagte dies alles nichts. Tatsächlich kam ein dauerhaftes und gemeinsames Vorgehen der Großmächte nicht zustande. Deren Mißtrauen untereinander machte eine konzertierte Lösung unmöglich, ließ aber Raum, den Konflikt beizulegen, ehe er unkontrollierte Ausmaße annahm. Es lag schon deshalb im Interesse der Großmächte, die Folgen der kretischen Insurrektion zu begrenzen und unterhalb der Schwelle einer gesamteuropäischen Krise einzudämmen, weil die verschiedenen Regierungen bereits innenpolitisch oder von anderen Bereichen der Au-

---

[1] Wolfgang Elz, Die Europäischen Großmächte und der Kretische Aufstand 1866—1867, Stuttgart 1988; Peter Hawig, Napoleon III. und Europa — Revision eines Geschichtsbildes, aufgezeigt an der Beurteilung seiner Mittelmeerpolitik, Frankfurt 1983; Dieter Bosch, Frankreichs Griechenlandpolitik 1857—1867 im Spiegel der französischen Gesandtschaftsberichte, München 1971; Kenneth Bourne, Great Britain and the Cretan Revolt, 1866—1869. In: Slavonic and East European Review 35 (1956/7), S. 74—94.

ßenpolitik beansprucht wurden. Eine akute Kretakrise barg jedoch die Gefahr, die Möglichkeiten gemeinsamer Politik zu überfordern.

In Großbritannien brachte das Ende der Ära Palmerston — er starb 1865 und im Jahr darauf stürzte sein liberales Kabinett — bis dahin mit Mühe verdeckte innergesellschaftliche Konflikte an die Oberfläche. Der Reformdruck wuchs am stärksten im Hinblick auf ein geändertes Wahlrecht. Immer noch war das irische Problem ungelöst. Die Parteinahme Londons im amerikanischen Bürgerkrieg konnte sich jederzeit ausweiten und den britischen Besitz Kanadas gefährden. Nicht zuletzt zahlreiche außenpolitische Niederlagen, vom Abenteuer in Mexiko bis zum Taktieren im Krieg von 1866, hatten Frankreich viel Prestige gekostet. Im Innern zerfiel das Bündnis der Napoleon III. tragenden Schichten, und die radikalisierte Opposition feierte Wahlerfolge. Das »empire libéral« zeichnete sich bereits ab. Den stabilisierenden äußeren Erfolg suchte Paris jedoch in Luxemburg, nicht auf Kreta. Preußen mußte sich nach dem Sieg über die Österreicher auf die Integration Norddeutschlands konzentrieren und seinen Machtzuwachs nach außen absichern. Die bündnislose Struktur des europäischen Systems der 60er Jahre erleichterte zwar diese Aufgabe. Aber eine Krise konnte durchaus der Kristallisationspunkt neuer Gruppierungen sein. Fanden wegen Kreta Rußland und Frankreich in einer Koalition zueinander, dann waren die Konsequenzen für die verschobenen Machtverhältnisse in Deutschland und Mitteleuropa absehbar, und Berlin isoliert. Die Niederlage von Königgrätz beschränkte Österreichs Großmachtstatus. Der Verlust Venetiens verlagerte das strategische Interesse auf die Sicherheit des Adriazugangs in Dalmatien. Ein Erfolg des kretischen Aufstands unter nationalen (griechischen) Vorzeichen hätte entsprechenden Bewegungen auf dem Balkan Auftrieb verschafft und als Präzedenzfall für den Zusammenbruch des Osmanischen Reichs in ganz Südosteuropa gelten können. Eine Nationenbildung südlich der Habsburgermonarchie wollte Wien aber unter allen Umständen vermeiden. In Petersburg wäre es sicher erwünscht gewesen, wenn durch die kretische Frage das osmanische Integritätsgebot des Pariser Friedens beseitigt und dadurch der gesamte Vertrag ausgehöhlt worden wäre. Doch Rußland steckte noch mitten in den Reformumbrüchen Alexanders II.[2], die der Krimkrieg erforderlich gemacht hatte. Gleichzeitig war Rußland durch den Pariser Frieden in seiner Aktionsfreiheit beschränkt und blieb in Europa isoliert. So suchte die russische Regierung Frieden zu wahren, um die Reorganisation des Zarenreichs nicht zu gefährden.

Obwohl sich die Großmächte in dem Willen trafen, wegen Kreta keinen Konflikt zu wagen, kam ein gemeinsames Handeln nur schleppend in Gang. Von einer konzertierten Lösung des Problems, wie es dem unterschiedlich motivierten, dennoch gleichen Interesse am besten entsprochen hätte und wie es das Konsensprinzip des Pariser Friedens in orientalischen Angelegenheiten forderte, kann ohnehin keine Rede sein. Grund dafür ist neben dem allgemeinen Mißtrauen der großen Mächte untereinander die relative politische Freiheit der diplomatischen Vertreter auf Kreta und in Konstantinopel. Zumindest zeit-

---

2 Werner Eugen Mosse, Alexander II. and the Modernization of Russia, New York ^{2}1962.

weise gelang es deshalb nur sehr schwer, die kretische Frage unterhalb einer kritischen Schwelle zu halten.

Die aufständischen Kreter hatten auf die Hilfe der drei Schutzmächte des griechischen Nationalstaats gehofft. Doch schon früh verweigerten Frankreich und Großbritannien jeden direkten Beistand. Lediglich der russische Konsul auf Kreta, Spyridon Dendrinos, versprach Unterstützung, wenn sich die Christen gegen die türkische Herrschaft erheben sollten[3]. Er glaubte vermutlich, im Einklang mit der russischen Politik der Christenprotektion zu handeln, als er den Aufständischen seine Zusage machte. Auf den Entschluß zur Rebellion selbst hat er aber wohl keinen Einfluß genommen, vielmehr zu »l'union, l'ordre et la modération« geraten. Außerdem steht außer Frage, daß von Petersburg keine »planmäßige Inspiration des Aufstandes« ausging[4]. Tatsächlich war den beteiligten Diplomaten bewußt, wie bedrohlich die Situation war. Der britische Konsul Charles Dickson dachte schon Ende April daran, ein Schiff der Mittelmeerflotte nach Kreta zu beordern. Sein französischer Kollege Alexandre Derché hielt dagegen genau dies für ein ungeeignetes Mittel, den Konflikt zu beruhigen. Er verzichtete deshalb auf die Dienste eines französischen Kriegsschiffs. Die Hohe Pforte, um ihren kretischen Besitzstand fürchtend, hatte bereits 8 000 Soldaten auf der Insel zusammengezogen, als sich Form und Anliegen des Aufstandes radikalisierten. In einer Zehn-Punkte-Petition an den Sultan konkretisierten die Christen ihre bis dahin allgemeinen Forderungen[5]. Eine mehrtausendköpfige Demonstration gab der Bittschrift den nötigen Nachdruck. Als Symbol der Bereitschaft, die geforderten Punkte auch durchsetzen zu wollen, blieb ein 30er-Ausschuß zusammen, um die Antwort der Pforte abzuwarten. Der türkische Generalgouverneur Ismail Pascha, zur Gewalt bereit, lud am 29. Mai 1866 die auf Kreta tätigen Konsuln zu sich, um seine Pläne zu besprechen. Die Vertreter Italiens, Rußlands, Griechenlands und der USA setzten zwar gegen die Stimmen Derchés und Dicksons durch, daß Ismail auf Zwangsmaßnahmen verzichtete. Die Militarisierung der muslimischen Volksteile und die weitere Aufrüstung der türkischen Garnison verhinderten sie damit jedoch nicht. Bis Ende Juli waren 22 000 Soldaten auf Kreta, und sieben Kriegsschiffe ankerten in der Sudabucht vor Chania, dem osmanischen Verwaltungssitz der Insel. Angesichts der Unnachgiebigkeit der gegnerischen Parteien forderte Derché, Konstantinopel müsse einen Sonderbeauftragten benennen, der die Auseinandersetzung friedlich lösen könne. Derché betrachtete offenbar die ganze Sache als innerosmanische Angelegenheit, aus der sich die Europäer so weit wie möglich heraushalten sollten, um ihre Beziehungen untereinander unberührt zu lassen. Der französische Vertreter hatte deshalb auch Bedenken gegen eine Zusammenkunft der Konsuln. Dickson veranlaßte ein derartiges ad-hoc-Treffen, um das weitere Vorgehen zu besprechen. Wie in der Frage, welche Konsequenz ein vor der kretischen Küste stationiertes Kriegsschiff einer europäischen Macht haben mußte, erwies sich Derché auch hier als der weitsichtigere Diplomat. Immerhin barg Dicksons Vorschlag die Möglichkeit in sich, daß die progriechischen Kollegen eine deutlichere Stellungnahme erzwangen, die

3 Derché an Simon 5.5.1866: Bosch, Frankreichs Griechenlandpolitik, S. 900.
4 Elz, Die Europäischen Großmächte, S. 58.
5 Frz. Übersetzung vom 26.5.1866: St.A. 12, Nr. 2662, S. 256—259.

nach Lage der französischen und britischen Interessen gegen die Aufständischen ausfallen würde. Ein Konflikt innerhalb des »corps consulaire« ließ sich aber von interessierter Seite leichter zur europäischen Krise eskalieren, als ein rein türkisches Problem.

Wie erwartet, versuchte Dendrinos gemeinsam mit dem amerikanischen Konsul William Stillman und dem Italiener Bertolucci das Treffen auf das Programm der christlichen Erhebung festzulegen. Stillman regte ein Protokoll an, das den Türken die Provokation des Aufstands vorwarf. Ismail verfälsche die Motive der Insurgenten, und die verstärkten Truppen seien unnötig. Solche einseitige Parteinahme lehnten Dickson und Derché kategorisch ab. Zuletzt kam nur eine mündliche Nachricht an den Gouverneur zustande. Man bat, die Inhaftierung einiger Kreter zu überprüfen, um weitere Unruhen unmittelbar vor der Olivenernte zu vermeiden. Ismail wies die fremde Intervention in lokale Dinge zurück. Wenige Tage darauf erteilte die Hohe Pforte dem Zehn-Punkte-Katalog eine deutliche Absage. Jetzt war die militärische Konfrontation nur mehr eine Zeitfrage. Das von Dickson geforderte Schiff, das die Sicherheit britischer Bürger gewährleisten sollte, erschien Ende August in der Sudabucht und ermutigte die Christen, die nach wie vor auf die Initiative der Schutzmächte vertrauten, durch sein bloßes Erscheinen. Doch bis zum November war der Aufstand mit Gewalt und blutig niedergeschlagen. Dem Sieg ließ Konstantinopel eine Generalamnestie folgen, um Europa zu beweisen, daß man den Konflikt nun in ruhigere Bahnen lenken wollte, was eine Intervention unnötig machte. Der christlichen Niederlage folgte jedoch ein Solidaritätsschub in der europäischen Öffentlichkeit für die Sache der Kreter. Auch eine türkische Blokkade konnte das Einsickern griechischer, italienischer und anderer fremder Freiwilliger auf die Insel nicht verhindern. Die Athener Regierung versuchte derweil intensiv, die drei Mächte für ihre nationalen Ziele gegen die Hohe Pforte zu gewinnen[6].

Die nächste diplomatische Ebene war Konstantinopel. Dort beschränkten sich bis zum Ausbruch der Kampfhandlungen die Botschafter darauf, den Argumenten ihrer jeweiligen Konsuln vor Ort Nachdruck zu verleihen. Der Franzose de Moustier warf der progriechischen Fraktion der Konsuln in Chania vor, die Sache der Aufständischen zu vertreten, wo Zurückhaltung angebracht gewesen wäre. Ignat'ev forderte er auf, den russischen Einfluß gegen die widerrechtliche Erhebung geltend zu machen. Lord Lyons stimmte dem zu. Es gehe darum, daß die Pforte mit friedlichen Mitteln die Ordnung wiederherstelle, um dann die Situation der Christen auf Kreta zu verbessern[7]. Der russische Botschafter versuchte in erster Linie, in Griechenland einen Verbündeten für seine eigenen Ambitionen im Bereich des Balkans zu gewinnen und dadurch Frankreich und Großbritannien um ihren Einfluß in Südosteuropa zu bringen. Mit der türkischen Absage an die zehn Forderungen der Kreter gingen die Spannungen auf der Insel zunächst zurück. Doch der Konflikt war nicht vermieden worden, und die Gefahr, daß er sich auf die internationale Ebene ausweitete, war keineswegs gemindert. Drouyn de Lhuys, noch französischer Außenminister,

6 Gobineau an Drouyn de Lhuys 12.8.1866: Bosch, Frankreichs Griechenlandpolitik, S. 915.
7 Moustier an Drouyn de Lhuys 22.8.1866: Bosch, Frankreichs Griechenlandpolitik, S. 917.

schloß nicht aus, daß die Insurrektion auch auf das Festland übergriff. Frankreich, Rußland und England hatten nach der griechischen Unabhängigkeit in einem gemeinsamen Protokoll die Insel dem Sultan unterstellt. Daraus leitete Drouyn de Lhuys nun das Recht ab, der Pforte die Vermittlung der drei Mächte aufzudrängen[8]. Was aber, wenn die Interessen der Schutzmächte nicht identisch waren? Mußte dann nicht der kretische Konflikt seinen lokalen Bezug verlieren und eine europäische Krise heraufziehen? War es nicht ein deutliches Zeichen für das Nahen einer solchen Krise, wenn Napoleon III. ausgerechnet de Moustier aus der Botschaft in Konstantinopel ans Quai d'Orsay berief? Anton Prokesch von Osten, der österreichische Vertreter am Goldenen Horn, merkte jedenfalls an: »Der Orient scheint an die Reihe kommen zu sollen[9].« Jeden lokalen Charakter verloren die Kämpfe der kretischen Christen, als die russische Regierung eine gemeinsame Demarche der Botschafter in Konstantinopel anregte. Sie sollten freundschaftlich, aber im Sinne der Inselgriechen die osmanischen Reformversprechen einfordern[10]. Das Problem war damit internationalisiert. Von einer Krise konnte zwar noch keine Rede sein. Dennoch sahen sich die verschiedenen Regierungen jetzt veranlaßt, ihre jeweilige Orientpolitik zu überdenken.

In London bekundete Premierminister Derby Desinteresse an der gesamten Angelegenheit, die hoffentlich bald beendet sei[11], und er überließ es seinem Sohn, Außenstaatssekretär Stanley, die britische Politik in der Kretafrage zu formulieren. Das maßgebliche Ziel Stanleys war es, die Mittelmeerinsel uneingeschränkt im Besitz des Sultans zu belassen. Dem Foreign Office lagen die Gründe hierzu auf der Hand. Für die Türkei hatte Kreta kaum eine strategische Bedeutung, so groß ihr aktueller politischer Wert als Symbol territorialer Integrität und osmanischer Herrschaftsfähigkeit für Konstantinopel auch sein mochte. Sie wurde aber zum zentralen mediterranen Stützpunkt für jede andere Macht, die sie besaß. Seinem Botschafter bei der Hohen Pforte schilderte der britische Außenminister dies Motiv:

> »The deep interest felt by England in the island of Candia[12] may be traced to its important position with regard to the maintenance of the Egyptian route to India. From its situation it may be considered as one of the chain of sentries which, in connection with Gibraltar, Malta, and Cyprus, serve in friendly hands to keep open this important connection with our Eastern Empire. Candia and Cyprus have more than once been described as the keys of Egypt, and there is no doubt that in the possession of a maritime power hostile to England, they might be a great menace for our route across the Isthmus[13].«

Da Großbritannien, ohne ungewisse Folgen zu riskieren, weder selbst in den Besitz Kretas kommen, noch seine Ziele mit militärischer Drohung durchsetzen konnte, hoffte Stanley, die osmanische Regierung werde schnell und eigen-

8 Drouyn de Lhuys an Moustier 24.8.1866: Bosch, Frankreichs Griechenlandpolitik, S. 919.
9 Prokesch an Mensdorff 4.9.1866: Elz, Die Europäischen Großmächte, S. 68.
10 Gorčakov an Budberg 20.8./1.9.1866: St.A. 12, Nr. 2719, S. 340—422.
11 Derby an Stanley 23.9.1866: Richard Millman, British Foreign Policy and the Coming of the Franco-Prussian War, Oxford 1965, S. 59 (3).
12 Ältere Bezeichnung für Kreta.
13 Stanley an Lyons 12.20.1866: Millman, British Foreign Policy, S. 59 f.

ständig mit den unruhigen Christen fertig. London betrieb faktisch eine Politik zu Gunsten der Türken, ohne damit explizit das Ziel zu verbinden, den Fall des »kranken Mannes« insgesamt aufzuhalten. Vielmehr war sich Stanley bewußt, daß »a success of the insurgents, even temporary, will set all the non-mussulman populations of European Turkey in a blaze«[14]. Um dies zu verhindern — denn die Konsequenz wäre auch eine aktivere russische Politik in Südosteuropa gewesen —, strebte Großbritannien einen Erhalt des status quo an. Wichtigstes Mittel hierfür sollte auf diplomatischem Parkett die Verweigerung jeglicher Kooperation werden.

Der neue französische Außenminister Moustier suchte aber genau solche Zusammenarbeit. Zunächst konnte auch er — wie Stanley — die Orientpolitik seines Landes weitgehend unabhängig konzipieren. Moustier regte Anfang Oktober 1866 eine gemeinsame Politik Frankreichs mit England und Österreich an[15], deren erklärte Absicht eine »Regeneration durch Modernisierung«[16] war[17]. Der ökonomische und administrative Anschluß der Türkei an den Westen sollte den status quo sichern. Andernfalls, so fürchtete Napoleon III., werde »Rußland sich im Orient in Bewegung setzen«[18]. Wie in London, so erwartete man auch in Paris, daß eine Eskalation der Krise den Russen entgegenkäme. Eine »entente sérieuse« (Moustier), an der sich Wien beteiligte, ließ jedenfalls nicht erwarten, daß auch Petersburg mitmachte. Auf Stanleys Frage, ob Moustiers Pläne Rußland ausdrücklich ausschlössen, antwortete der französische Geschäftsträger in London, Baude:

> »[...] not exactly, but the interests of Austria were all on the conservative side, and those of Russia the reverse«[19].

So einfach und klar, wie es in Paris scheinen mochte, war aber die österreichische Politik keineswegs. Zwar sah man auch in Wien eine russische Offensive voraus, wenn die türkische Herrschaft in Südosteuropa zerbrach. Dashalb war angesichts der eigenen Isolation ein Bündnisangebot kaum auszuschlagen. Und tatsächlich reagierte Außenminister Mensdorff mit großer Bereitschaft zu einer Dreierentente, als ihn Moustiers Vorschlag erreichte. Aber am Ballhausplatz verließ man sich auf eine Allianz mit Frankreich und England nicht, ohne eine weitere Option formuliert zu haben. Bereits Mensdorff rückte von der traditionellen Politik ab, das Osmanische Reich im Interesse der Südgrenze unter allen Umständen zu stützen. Zukünftig schloß die österreichische Außenpolitik auch die Möglichkeit ein, daß sich der status quo auf dem Balkan änderte. Der neue Außenminister Beust erhob es dann zur Leitlinie seiner Orientpolitik, daß Österreich zwar keine Balkankrisen brauche, solange es sich von der Niederlage gegen Preußen erhole, aber Sympathie und Beistand jenen Ethnien nicht versagen werde, die den Völkerschaften der Donaumonarchie nahe stünden[20]. Mit Blick auf die heterogene Bevölkerungsstruktur Österreichs konnte das fast ganz

---

14 Stanley an Cowley 15.9.1866: Elz, Die Europäischen Großmächte, S. 93.
15 Goltz an Wilhelm I. 3.10.1866: APP 8, Nr. 50, S. 99—102.
16 Elz, Die Europäischen Großmächte, S. 169.
17 Prokesch an Mensdorff 14.9.1866: Elz, Die Europäischen Großmächte, S. 278 f., Nr. 1.
18 Goltz an Bismarck 17.9.1866: APP 8, Nr. 41, S. 91.
19 Stanley an Cowley 12.10.1866: Elz, Die Europäischen Großmächte, S. 237 (34).
20 Beust an Metternich 10.11.1866: St.A. 14, Nr. 3204, S. 249 f.

Südosteuropa betreffen. Beust kündigte damit eine aktivere Balkanpolitik für den Fall an, daß London und Paris ihre konservative Haltung änderten. So erwies sich der Gedanke Moustiers, Russen und Österreicher schlössen sich als Allianzpartner aus, als richtig — wenn auch mit anderer Begründung. Waren sich Wien und Petersburg bislang mit ihren verschiedenen, einander ausschließenden Interessen (zerschlagen oder erhalten) in der europäischen Türkei begegnet, stießen dort nun gleichartige und dennoch nicht minder konträre Konzepte aufeinander (Zerteilen ja — aber wie?). Jetzt ging man auch an der Donau von einer unvermeidlichen Verteilung des osmanischen Kuchens aus, von dem einen Teil zu erwerben stets russische Politik gewesen war.

Gorčakov glaubte, der Zeitpunkt für ein »démembrement« des Sultansstaates sei gekommen[21]. Wichtige Akteure der russischen Politik und Öffentlichkeit drängten nach einer aktiven Haltung des Zarenreichs. Doch mußte die Petersburger Führung befürchten, damit die Krimkriegskoalition wiederzubeleben. Gorčakov machte deshalb die russische Politik von der Reaktion der anderen Mächte abhängig. Falls sie sich nicht zur gemeinsamen Unterstützung aufständischer Kräfte in Südosteuropa bereitfänden, wollte Petersburg wenigstens die Nichtintervention vereinbaren, damit nicht die Türkei Beistand erhielte. Das Osmanische Reich ohne äußere Hilfe seinen zentrifugalen Gegenbewegungen auszusetzen, sollte langfristig die europäische Herrschaft des Sultans beenden, wenn sich sein Fall nicht kurzfristig durch den Druck aller Großmächte erreichen ließ[22]. Hierfür suchte Gorčakov einen Partner in Berlin[23].

Dort spielte das Orientproblem allerdings noch kaum eine bedeutende Rolle. Der preußische Gesandte in Konstantinopel, Brassier, glaubte jedenfalls nicht an eine Einigung der drei Mächte in der Kretafrage[24]. Deshalb sah man sich an der Wilhelmstraße zunächst auch nicht veranlaßt, Entscheidungen in der Sache zu treffen.

Tatsächlich lehnten die Briten jeden Kooperationsversuch rundheraus ab. Stanley dachte weder an die von Gorčakov intendierte Einmischung zu Gunsten der Insurgenten, noch an die von Moustier angeregte offene Unterstützung der Türkei. Damit waren bereits früh die beiden extremsten Lösungsansätze verhindert worden. Rußland und Österreich hatten für diesen Fall jeweils alternative Optionen zur Hand. Während England seine Politik beibehalten konnte, stand Frankreich vor der Notwendigkeit, neu zu entscheiden. Bis zur Mitte des Jahres 1867 nahmen noch vier weitere Versuche, die kretische Frage beizulegen, ein vergleichbares Ende: ein Kongreßvorschlag Beusts, eine russisch-französische Allianz, der Moustier-Plan und die gemeinsame Juninote der Mächte in Konstantinopel.

Beust-Plan: Der österreichische Außenminister schlug vor, den Pariser Kongreß von 1856 wiederaufzunehmen, und ihm die Revision des damals geschlossenen

21 Brenner an Mensdorff 26.9.1866: Elz, Die Europäischen Großmächte, S. 104; Gorčakov an Budberg 20.8./1.9.1866: St.A. 12, Nr. 2719, S. 340—342.

22 Dietrich Beyrau, Russische Orientpolitik und die Entstehung des Deutschen Kaiserreiches 1866—1870/71, Wiesbaden 1974, S. 65 f.

23 Gorčakov an Oubril 29.9./11.10.1866: Chester Wells Clark, Prince Gorchakov and the Black Sea Question. In: American Historical Review 48 (1942), S. 52—60.

24 Brassier an Bismarck 23.11.1866: Elz, Die Europäischen Großmächte, S. 109.

Friedens zu übertragen. Die Großmächte sollten, ohne daß die Türkei mitwirkte, die Rechte der Christen im osmanischen Staatsverband definieren. Rußland wäre für den entgangenen Gewinn auf dem Balkan — die Türkei sollte zwar reformiert, ihre europäische Herrschaft aber nicht zerschlagen werden — mit der Aufhebung der Schwarzmeerklauseln entschädigt werden[25]. In der Kongreßidee verbanden sich der österreichische Wunsch, die eigene Interessensphäre zu sichern, also Rußlands exklusiven Einfluß auf dem Balkan zu verhindern, mit der Notwendigkeit, durch eine erfolgversprechende diplomatische Initiative Österreichs angeschlagenen Großmachtstatus zu stabilisieren. Wien wollte außerdem den Kontakt zu Rußland für den Fall einer Balkanteilung halten und lieber gemeinsam, als gegeneinander teilen. Beusts Plan scheiterte jedoch, weil Rußland und Frankreich gleichzeitig an einer bilateralen Einigung arbeiteten und dieser die Priorität gaben. Moustier lehnte es ab, die Schwarzmeerklauseln zur Disposition zu stellen. Napoleon III. hätte eine eingeschränkte Konferenz in Wien bevorzugt. Gorčakov schloß eine Kongreßlösung der orientalischen Frage grundsätzlich aus.

Russisch-französische Allianz: Die Anregung hierzu ging Ende November 1866 vom russischen Außenminister aus. Für Gorčakov gab es nur die Lösung, Kreta Griechenland anzugliedern. Eine befristete Autonomie war als Übergang denkbar. Er erwartete, daß sich England einem von Paris und Petersburg gemeinsam getragenen Vorschlag nicht werde widersetzen können. Für den Fall, daß weitere Aufstände in Südosteuropa des Sultans Herrschaft bekämpften, schlug die russische Führung ein allseitiges »non-intervention-agreement« vor[26]. In Paris formulierte Außenminister Moustier alternative Gedanken für ein Zusammengehen mit Rußland. Stufenweise sollte der Druck auf die Pforte erhöht werden, um Kreta dem Ziel eines »Gouvernement semi-indépendant« näherzubringen. Ein Aufgehen der Insel im griechischen Königtum sei ausgeschlossen, da es der europäischen Integritätsgarantie für die Türkei widerspreche. Auch könnten die Großmächte keine Politik der Nichtintervention betreiben, während Griechen, Serben und Rumänen ihrerseits den territorialen Besitzstand Konstantinopels nicht garantierten[27]. Zuvor hatte der französische Kaiser bereits formuliert, was man an der Seine für das Entgegenkommen in der Kretafrage erwartete: »[...] cette puissance s'engageait à soutenir toutes les prétentions de la France en Occident [...]«[28].Gorčakov bestand auf dem Übergangscharakter jeder Autonomieregelung für Kreta. Eine Nichteinmischung könne auf Griechenland und vielleicht auch Serbien und Rumänien ausgedehnt werden, ließ er den französischen Botschafter Talleyrand wissen[29]. Auf eine Bindung an Frankreichs Westeuropapolitik ging der Minister des Zaren mit keinem Wort ein; später sollte

25 Beust an Metternich 1.1.1867: Friedrich Ferdinand Graf von Beust, Aus Dreiviertel Jahrhunderten. Erinnerungen und Aufzeichnungen Bd 2, Stuttgart 1887, S. 56—62.

26 Gorčakov an Budberg 16./28.11.1866: St.A. 14, Nr. 3017, S.17—20; Talleyrand an Moustier 11.12.1866: OD 13, Nr. 3897, S. 252—254.

27 Moustier an Talleyrand 24.12.1866: OD 13, Nr. 3968, S. 357—360, Zitat: S. 358.

28 Napoleon III. an Moustier 9.12.1867: Elz, Die Europäischen Großmächte, S. 293, Nr. 7.

29 Talleyrand an Moustier 2.1.1867: OD 14, Nr. 3994, S. 15—18.

sich zeigen, daß man an der Newa nicht daran dachte, sich in die Luxemburger Geschäfte einspannen zu lassen.

Rußlands Aspirationen im Orient, konkretisiert am aktuellen Fall Kretas, stießen auf das britische Interesse, die Türkei als Garanten des status quo an den Meerengen zu stützen. Frankreichs expansiver Drang nach Luxemburg und möglicherweise Belgien stieß ebenfalls an ein essentielles Interesse Londons, die belgische Neutralität. Eine Verbindung der beiden expansionistischen Tendenzen in Paris und Petersburg rief Außenstaatssekretär Stanley auf den Plan. Er machte klar, daß England für eine Abtrennung Kretas von der Türkei und gemeinsamen Druck in diese Richtung nicht zu haben war[30]. Als »Maximum der englischen Konzessionsbereitschaft« schlug London ein »règlement organique« nach syrischem Vorbild mit christlichem Gouverneur und bikonfessioneller Administration vor[31]. Die Franzosen ließen zu diesem Zeitpunkt die Idee einer Kreta-Entente mit Rußland fallen, vorgeblich, weil das Prinzip der Nichteimischung die Handlungsfähigkeit der Mächte inakzeptabel einschränke[32]. Tatsächlich arbeiteten Napoleon III. und Moustier bereits einen neuen Lösungsansatz aus.

Moustier-Plan: Aus dem Außenministerium am Seineufer kam der Vorschlag, für Griechenland Kreta, Epirus und Thessalien zu fordern. Konstantinopel sollten im Gegenzug Sicherheit und Lebensfähigkeit angeboten und garantiert werden[33]. Paris versuchte, mit dieser Initiative einer russisch-preußischen Allianz vorzubeugen. Die Abtretung osmanischen Gebiets war als Offerte an die Russen zu verstehen, von welchen die französische Regierung immer noch eine »attitude franchement sympathique«[34] zum Erwerb Luxemburgs erwartete. Die gravierenden Fehler des Moustier-Plans waren aus russischer Sicht die zu weit gehende Stärkung Griechenlands und die Territorialgarantie für die »Rest«-Türkei. Letztlich sollte der Plan deshalb auch wesentlich an russischem Widerstand scheitern. London lehnte Moustiers Ideen kategorisch ab. Derby und Stanley wollten der reformunfähigen Türkei keine Stützen mehr geben, sondern lediglich ihren Zerfall in geordneten Bahnen lenken. Beust hielt den Plan überhaupt für nicht erfolgversprechend und forderte, daß die österreichischen Interessen in Bosnien und Herzegowina einbezogen würden[35]. Tatsächlich legte Moustier ein territoriales Angebot für Wien nach[36]. Und auch nach Petersburg zeigte er Entgegenkommen. Doch obwohl Frankreich jetzt den Gebietsgewinn der Griechen auf Kreta beschränkte[37], bestand Gorčakov darauf, die Türkei sei

30 Stanley an Fane 19.1.1867: Millman, British Foreign Policy, S. 61.
31 Elz, Die Europäischen Großmächte, S. 127.
32 Moustier an Talleyrand 19.1.1867: OD 14, Nr. 4085, S. 141—143.
33 Moustier an Talleyrand 23.1.1867: OD 14, Nr. 4106, S. 169—171; Fane an Stanley 24.1.1867: Elz, Die Europäischen Großmächte, S. 299 f., Nr. 12; Goltz an Bismarck 25.1.1867: APP 8, Nr. 203, S. 326—329; Metternich an Beust 31.1.1867: Elz, Die Europäischen Großmächte, S. 301 f., Nr. 14.
34 Moustier an Talleyrand 30.1.1867: OD 14, Nr. 4125, S. 196 f.
35 Beust an Metternich 17.2.1867: Elz, Die Europäischen Großmächte, S. 302—305, Nr. 15.
36 Moustier an Gramont 6./7.3.1867: OD 15, Nr. 311, 4317, S. 24—27,30.
37 Moustier an Bouré 1.3.1867: OD 14, Nr. 4276, S. 394—396.

reformunfähig[38]. Das Zarenreich wollte sich seinen Anspruch auf freie Hand in Südosteuropa nicht durch neue Garantien analog jenen des Pariser Friedens einengen lassen. Außerdem verwehrte es sich einer bindenden Aussage zur französischen Politik in Westeuropa. Da half es dem Moustier-Plan nichts, daß ihm aus durchschaubaren Gründen Preußen sogleich zugestimmt hatte. Bismarck wollte Paris während des Konflikts wegen Luxemburg im Orient beschäftigen. Für den französischen Minister sollte aber eine Absprache mit Berlin den Orient *und* Luxemburg umfassen[39].

Gemeinsame Juninote: Noch vor Mitte März 1867 deutete sich eine Wende der russischen Außenpolitik an, die sich zugunsten kollektiver Schritte von Frankreich lösen wollte. Bismarck stimmte einer möglichen Kollektivnote schon am 19. März zu[40]. Der preußische Ministerpräsident beabsichtigte, Rußland und Frankreich in der Kretafrage nicht allein zu lassen. Immerhin schien es möglich, daß über diese Angelegenheit eine antipreußische Allianz zustande kam. Doch die französische Niederlage in der Luxemburgkrise hatte die Russen in die Lage versetzt, Paris in der Orientpolitik Bedingungen zu stellen. Am 20. April forderte Gorčakov zum gemeinsamen Handeln auf und Moustier, um die Kontakte nach Petersburg fürchtend, stimmte eilig zu[41]. Russen und Franzosen sprachen in den folgenden Tagen den Inhalt einer Kollektivnote ab, die eine Volksbefragung erzwingen und der Türkei mit dem »refroidissement dans ses relations«[42] drohen sollte. Basis dieser Forderungen waren Gedanken des französischen Außenministers gewesen, die seinen Stufenplan vom 24. Dezember wiederaufgriffen. Faktisch mußte eine Volksbefragung der erste Schritt zum türkischen Verlust Kretas sein, was Gorčakov stets als Ziel vor Augen gehabt hatte.

Anfang Juni kam auch England dem Pariser Drängen entgegen, sich an der Note zu beteiligen. Mit Vorbehalten stimmte London zwar inhaltlich zu, wählte für die Form aber schließlich andere Mittel. In letzter Minute wollte auch Beust noch auf den anfahrenden Zug steigen, da sich österreichische Einschränkungen des Inhalts der Note nicht hatten durchsetzen lassen. Die Uneinigkeit bei den Vorbereitungen zog jenen seltsam unzusammenhängenden Abgabemodus vom 5. bis 16. Juni nach sich. Zuerst unterstützte der britische Botschafter Lyons inoffiziell den Gedanken einer Enquête und riet, den Forderungen der Großmächte durch eigenständige Reformen vorzugreifen. Am 15. Juni trugen die Dragomane der französischen, russischen, preußischen und italienischen Botschaften die identische Note vor. Wiens Vertreter Prokesch-Osten folgte am nächsten Tag persönlich mit einer modifizierten Version. Gezielte Indiskretionen Ignat'evs über das Ziel der Großmächtedemarche, die letztliche Zession Kretas, und die bewußte Obstruktion Bourées, des französischen Botschafters,

---

38 Russ. Memoire vom 12./24.3.1867: St.A. 14, Nr. 3024, S. 29—38.

39 Goltz an Bismarck 1.3.1867: APP 8, Nr. 266, S. 430—436.

40 Keyserling an Bismarck 4.3.1867: APP 8, S. 453 (2); Reuß an Wilhelm I. 9.3.1867: APP 8, Nr. 283, S. 451—454; Zirkular Bismarcks 17.3.1867: APP 8, Nr. 308, S. 484, hier den Zusatz Bismarcks; Bismarck an Brassier 19.3.1867: APP 8, Nr. 313, S. 488.

41 Talleyrand an Moustier 20.4.1867, Moustier an Talleyrand 21.4.1867: OD 16, Nr. 4761 f., S. 90 f.

42 Talleyrand an Moustier 22.4.1867: OD 16, Nr. 4787, S. 130 f.

der Aktion den niedrigeren Status einer identischen, nicht kollektiven Note zu verleihen sowie die Haltung Großbritanniens ermutigten die Hohe Pforte in ihrem Entschluß, die Forderungen der Juninote zurückzuweisen. Damit scheiterte auch dieser, der insgesamt sechste Lösungsansatz; trotzdem spielte das Kretaproblem von nun an keine Rolle mehr. Der wohl wichtigste Grund hierfür ist in der beginnenden Blockbildung seit dem Ende der Luxemburgkrise zu suchen. Spielten der kretische Aufstand und die Gefahr einer aus ihm erwachsenden europäischen Krise, wie Wolfgang Elz nachweist, anfangs

> »zumindest teilweise noch die Rolle des Katalsysators für die weitgehend ungeklärten Großmächtebeziehungen, so trat parallel zur Verschärfung der Konturen diese Funktion immer weiter in den Hintergrund. [...] Der Kreta-Aufstand teilte damit ein wohl allgemein zu beobachtendes Schicksal regionaler Konflikte, daß sie nämlich nur in Zeiten relativ lockerer Großmächtebindungen eine gewisse Autonomie entwickeln können, dagegen im Zeichen sich anbahnender Blockbildungen ihre Eigenständigkeit weitgehend verlieren«[43].

Die aus unterschiedlichen Gründen meistbeteiligten Mächte, Rußland und Frankreich, suchten jetzt eine geeignete Methode, die Kretafrage ohne Gesichtsverlust loszuwerden. Den möglichen Ausstieg bot der russische Vorschlag einer zweiten Kollektivnote, die salvierenden Inhalt für jede denkbare Entwicklung haben sollte. Angesichts ungenügender Schritte der Türkei und der abgelehnten Vorschläge, wollte Gorčakov die Großmächte der Verantwortung für zukünftige Ereignisse enthoben wissen[44]. Eine Mitwirkung Österreichs scheiterte; England sah sich nicht veranlaßt, mitzumachen. So wurde die Note am 29. Oktober 1867 von Frankreich, Rußland, Preußen und Italien in Konstantinopel überreicht. Dieses Verfahren löste natürlich die Kretafrage in keiner Weise. Das griechische Königreich ließ deshalb im Verlauf des folgenden Jahres das Problem in starkem Maße zur eigenen nationalen Angelegenheit werden. Im Dezember 1868 eskalierte der Konflikt zwischen Athen und Konstantinopel. In Paris trat eine ad-hoc-Konferenz zur Kretafrage zusammen[45]. Die Großmächte zwangen Griechenland, den kretischen Aufstand nicht weiter zu unterstützen. Tatsächlich blieb das Problem der Mittelmeerinsel der europäischen Politik noch bis ins 20. Jahrhundert erhalten[46].

Die Kretakrise um 1866 läßt in anderen Situationen wiederkehrende konkrete Elemente der Konfliktführung erkennen. Ein wichtiger Grund der Krisenan-

---

43 Elz, Die Europäischen Großmächte, S. 165.

44 Gorčakov an Budberg 21.9./3.10.1867: OD 18, Nr. 5490, 5690, S. 325—327.

45 Protokolle der Kretakonferenz 9.1.—19.2.1869: St.A. 16, Nr. 3734, S. 232—234, Nr. 3739, S. 237 f., Nr. 3744, S. 241—249, Nr. 3746, S. 250—254, Nr. 3748, S. 261—264, Nr. 3755, S. 269—272, Nr. 3770, S. 288—292; Beyrau, S. 124 ff.

46 Jost Dülffer, Die Kreta-Krise und der griechisch-türkische Krieg 1890—1898. In: Jost Dülffer, Hans-Otto Mühleisen, Vera Torunsky, Inseln als Brennpunkte internationaler Politik. Konfliktbewältigung im Wandel des internationalen Systems 1890—1984: Kreta, Korfu, Zypern, Köln 1986 (= Bibliothek Wissenschaft und Politik, 35), S. 13—59; Werner Zürrer, Das Kreta-Problem 1908—1912. Über die Unfähigkeit zur diplomatischen Konfliktlösung vor dem Ersten Weltkrieg. In: Südostforschungen 38 (1979), S. 40—87; Stephan Verosta, Kollektivaktionen der Mächte des Europäischen Konzerts 1886—1914, Wien 1988 (= Veröffentlichungen der Kommission für Völkerrecht und Internationale Beziehungen, 1; Sitzungsberichte der Österreichischen Akademie der Wissenschaften, phil.-hist. Klasse, Bd 510).

fälligkeit der internationalen Beziehungen ist das Fehlen eines kontinuierlichen gemeinsamen Handelns. Es scheitert maßgeblich am, oft begründeten, Mißtrauen der Mächte untereinander. So schlägt der Beust-Plan fehl, weil zeitgleich, doch voneinander getrennt und voreinander geheimgehalten, Österreich mit Rußland, Rußland mit Frankreich sowie Frankreich mit Österreich verhandeln, sich diese Gespräche aber der Form und vor allem dem Inhalt nach nicht miteinander verbinden lassen. Insgesamt beweisen die politischen Eliten zwar ein feines Gespür für das Unruhepotential eines ungelösten regionalen Problems. Zugleich belassen sie aber den Vertretern am Ort des Geschehens, auf Kreta und in Konstantinopel, ihre weiten Handlungsspielräume. Die frühen Festlegungen dieser »men on the spot« bringen die Metropolen in Zugzwang. So ist es Gorčakov nicht ohne Prestigeverlust möglich, den russischen Konsul auf Kreta zu desavouieren, obschon dessen Politik nicht ohne Risiken für Petersburg ist. Auch Paris muß es hinnehmen, daß der Botschafter Bourée Entscheidungen in seinem eigenen Aktionsbereich konterkariert, und so neue Situationen geschaffen werden, in denen die gerade gefaßten Beschlüsse nicht mehr greifen können. Erstes praktisches Mittel, einen regionalen Krisenherd einzudämmen, ist das ad-hoc-Treffen der Diplomaten vor Ort. Deren Macht ist auf Kreta begrenzt, ein Botschaftertreffen in Konstantinopel übt schon mehr Druck aus. Nachdem jedoch lokale Instrumente scheitern, verliert der Konflikt seinen regionalen Bezug. Die Forderung nach einem Sonderbeauftragten mit weitreichenden Vollmachten oder nach einer Enquête internationalisieren die Spannungen. In den europäischen Hauptstädten beginnt unter dem Einfluß der Öffentlichkeit und der Ereignisse die Suche nach politischen Instrumenten, die sowohl die eigenen Interessen zumindest wahren, wenn nicht sogar mehren und gleichzeitig die Krise beruhigen oder ganz beilegen. Für Kreta gilt dabei die Suche vornehmlich den scheinbaren Lösungen, die das eigentliche Problem, wie man den Zerfall des osmanischen Staates am friedlichsten kanalisiert, verschieben sollen. Wirkliche Lösungen scheitern an maximalen Ansätzen, denen sich die anderen Mächte verweigern. Die Forderungen werden aber im Rahmen diplomatischer Kommunikation alsbald herabgemindert, bis sich ein gemeinsamer Nenner findet.

8. Eine deutsche Angelegenheit. Vorausschauende Krisenlenkung vor und nach dem preußisch-österreichischen Krieg 1866

Die dänische Krise des Jahres 1864 war lediglich eine Erscheinungsform der deutschen Frage, und diese blieb der europäischen Politik als strukturelles Element erhalten. Werner Eugen Mosse faßte diese Tatsache in dem Satz zusammen: »The Danish surrender of Schleswig-Holstein failed to clear the European atmosphere[1].« Auch weiterhin stellte sich die Frage, welches Aussehen Mitteleuropa bekäme. Aber im Zeitraum zwischen Düppel und Königgrätz veränderte sich atmosphärisch etwas Entscheidendes. Die ausgebliebene Intervention der Mächte während des deutsch-dänischen Krieges zeigte, daß ein Gestaltwandel in Deutschland ohne äußeres Einwirken möglich war.

Das Zusammengehen Österreichs mit Preußen in Schleswig-Holstein konnte nur temporär den traditionellen Dualismus der beiden deutschen Großmächte verdecken. Unabhängig von der Frage — welche die Forschung nachhaltig beschäftigt hat —, ob Bismarck oder Rechberg/Mensdorff, Preußen und Österreicher, in den Jahren 1864 bis 1866 bewußt auf einen Krieg zusteuerten oder den Frieden anstrebten, belegt die erkennbar unentschiedene Politik, das Hin und Her zwischen extremen Alternativen, die gegebene Freiheit zu verschiedenen Optionen. Der Habsburgermonarchie stellten sich vier Möglichkeiten: die österreichischen Grenzen und den Einfluß ungeschmälert bewahren; die deutsche Position auf Kosten der italienischen erhalten; sich dem deutschen und italienischen Nationalismus ergeben und dafür alle Energie auf die Konsolidierung des Reiches und Expansion auf dem Balkan konzentrieren; die Stellung in Italien halten und dafür in Deutschland verlieren[2]. Eine Entscheidung für eine der vier Optionen mußte die österreichische Finanznot, unvermeidlich gewordene militärische Reduktionen und die außenpolitische Isolation in Rechnung stellen. Trotzdem entschied Kaiser Franz Joseph für eine »Erhaltungspolitik«[3] der ersten Alternative. Für die Auseinandersetzung mit Preußen bedeutete dies eine sehr weitreichende Bereitschaft zu Konzessionen. Wien schlug mehrfach Kompensationslösungen vor: Für einen Verzicht auf österreichischen Einfluß in Norddeutschland sollte Berlin Beistand in Italien gewähren (Schönbrunn, 1864), ein anderes Mal die Festung Glatz in Niederschlesien oder den süddeutschen Besitz der Hohenzollern eintauschen; in Bad Gastein (1865) nahm Wien sogar strategische Nachteile in Holstein in Kauf, um die Allianz nicht zu zerbrechen. Nach wie vor hoffte man auf die konservative Solidarität Berlins gegen die nationalrevolutionären Kräfte in Deutschland. Tatsächlich hatte Österreich 1866

---

1 Werner Eugen Mosse, The European Powers and the German Question 1848—1871, Cambridge 1958, S. 213.

2 Chester Wells Clark, Franz Joseph and Bismarck. the Diplomacy of Austrian before the War of 1866, Cambridge 1936, Repr. 1968 (= Harvard Historical Studies, 36), S. 485.

3 Ministerratsprotokoll 31.10.1864: Clark, Franz Joseph and Bismarck, Nr. 3, S. 531—533.

keine wirkliche Kriegsoption. Es fehlte das »legitime Kriegsziel«[4]. Man glaubte aber seit einem Ministerrat am 21. Februar 1866, die »Ehre, Würde und Sicherheit Österreichs« (Franz Joseph) sei bedroht. Für Preußen war die Kriegsoption eine reale Alternative, neben der es zwei weitere Möglichkeiten politischer Richtungsentscheidungen gab. 1. Bei den Schönbrunner Verhandlungen im August 1864 zeichnete sich ab, daß der ganze Konflikt durch einen Kompensationshandel beigelegt werden könnte. Vage deutete sich eine mögliche Teilung des deutschen Raums in Interessensphären seiner beiden Großmächte an. Sie hätte den deutschen Dualismus fortbestehen lassen, ihm aber das akute Krisenpotential (Schleswig-Holstein) genommen. 2. Die Gasteiner Konvention im August 1865 verdeutlichte die Möglichkeit, an der preußisch-österreichischen Allianz festzuhalten. Der Konfliktstoff Schleswig-Holstein wurde entschärft, indem das Kondominium eine praktikablere Gestalt erhielt. Die Februarbedingungen von 1865 waren Ausdruck der Kriegsoption Berlins. Gebietsabtretungen und Kautelen in militärischen, ökonomischen und verkehrstechnischen Belangen[5] hätten dem Staat Schleswig-Holstein lediglich eine Scheinsouveränität als preußischem Satelliten gewährt. Diese Bedingungen stehen für die Lösung Preußens vom Alliierten und für die Vorbereitung eines militärischen Konflikts mit ihm.

Ein Jahr später, im Februar 1866, fielen die diplomatischen[6] und politischen[7] Vorentscheidungen für einen Krieg. Beide Regierungen erkannten die Notwendigkeiten für eine erfolgreiche Kriegführung und formulierten klare Vorgaben für geeignete Strategien der Krisenlenkung. Die Berliner Anstrengungen im finanziellen[8] und militärischen[9] Bereich ergaben sicher Nachteile für das Habsburgerreich, die wesentliche Ursache für Unsicherheit aber blieb das Verhalten der anderen Mächte. Weder an der Spree noch an der Donau war abzusehen, wie sich England und Rußland, wichtiger aber: Frankreich, und auch Italien im Kriegsfall verhalten würden.

Österreich: Um die Krise in ihrem Sinne erfolgreich zu steuern, mußte die österreichische Regierung versuchen, möglichst alle anderen Mächte einzubeziehen, um entweder den Druck zu erhöhen, bis Preußen einlenkte, oder äu-

---

4 Ernst Rudolf Huber, Deutsche Verfassungsgeschichte seit 1789, Bd 3: Bismarck und das Reich, Stuttgart 1963, S. 515; Ernst Engelberg, Bismarck. Urpreuße und Reichsgründer, Berlin 1985, S. 574.

5 Bismarck an Werther 22.2.1865: APP 5, Nr. 471, S. 687—696.

6 Bismarck an Werther 26.1.1866: GW 5, Nr. 229, S. 365—368; Mensdorff an Károlyi 7.2.1866: St.A. 10 (1866), Nr. 2242, S. 338—341.

7 Ministerratsprotokoll 21.2.1866: Die Protokolle des österreichischen Ministerrates 1848—1867. Hrsg. vom Österreichischem Kommittee für die Veröffentlichung der Ministerratsprotokolle, VI. Abt. Das Ministerium Belcredi, Bd 2. Bearb. von Horst Brettner-Messler, Wien 1973, Nr. 52, S. 297—303; Protokoll des Kronrats 28.2.1866: APP 6, Nr. 499, S. 611—616 (amtlich), Nr. 500, S. 617—619 (Moltke); Kaiser Friedrich III. Tagebücher von 1848—1866. Hrsg. von Heinrich Otto Meisner, Leipzig 1929, Nr. 25, S. 541—544 (Kronprinz).

8 Fritz Stern, Gold und Eisen. Bismarck und sein Bankier Bleichröder, Berlin 1980, S. 93—95 (Köln-Mindener Eisenbahn).

9 Wolfgang von Groote, Moltkes Planungen für den Feldzug in Böhmen und ihre Grundlagen. In: Entscheidung 1866. Der Krieg zwischen Österreich und Preußen. Hrsg. vom Militärgeschichtlichen Forschungsamt, Stuttgart 1966, S. 77—104.

ßerstenfalls den militärischen Konflikt auszuweiten und an der Seite neuer Alliierter die Hohenzollern niederzuringen. Angesichts der Position Österreichs innerhalb der europäischen Mächte schien Napoleon III. der erste Ansprechpartner zu sein. Ein Bündnis mit Frankreich zur Eindämmung Preußens hätte Wiens militärische Stellung in der direkten Konfrontation mit Berlin sicher gestärkt. Andererseits mußte es den Einfluß auf die süddeutschen Staaten schmälern, die Napoleons Deutschlandpolitik fürchteten. Gerade diesen Einfluß durfte das Habsburgerreich nicht aus der Hand geben, wenn man den Deutschen Bund als Instrument gegen Preußen nutzen wollte. Der Streit der beiden deutschen Großmächte um die Herzogtümer war immer noch eine Bundesangelegenheit. Strebte Österreich eine Bundesexekution gegen Preußen an, so wahrte es das Legitimitätsprinzip, den zentralen Bestandteil konservativer Politik. Die dänische Krise hatte hierfür beispielhaft gewirkt: das Beharren auf der Legitimität jeden Handelns stärkte die eigene Position bei den europäischen Mächten; Preußens gewaltsamer Reformansatz des Deutschen Bundes widersprach dem europäischen Recht (Wiener Schlußakte), bedeutete also eine Abkehr vom Legitimitätsprinzip. Die Wiener Führung übersah aber eine zweite Lehre der dänischen Krise: Legitimität beruhigte gleichzeitig die Mächte über den nur begrenzten Charakter des Konflikts und hielt so von einem Eingreifen ab, welches Österreich wollte und brauchte.

Preußen: Für Bismarck war die dänische Lehre eindeutig:

1. Ein »fait accompli« würde stärker sein, als jede Legitimität[10]. Ein lokalisierter schneller Krieg, ein Duell, erhöhte die Wahrscheinlichkeit, daß die anderen Mächte unbeteiligt blieben[11]. Generalstabschef Moltke richtete alle vorbereitende Energie auf dieses Ziel. Er sah zwar alle Mächte von einem solchen Feldzug berührt, doch schon 1860 glaubte er, England militärisch nicht berücksichtigen zu müssen[12]. Dagegen mußte das Stillhalten Frankreichs und Rußlands garantiert sein[13]. Hierfür erwies sich der Zeitfaktor als entscheidend[14]; die Überraschung war die Basis jeden Erfolgs[15]:

> »Wir können unsere Streitkräfte schneller aufstellen als alle unsere deutschen Gegner. Der Erfolg beruht ganz allein in dem sofortigen und rücksichtslosesten Gebrauch derselben[16].«

Grund für den preußischen Zeitvorteil war das besser ausgebaute, militärisch nutzbare Eisenbahnnetz[17]. Die schnellere Mobilisationsfähigkeit Preußens er-

---

10 Divergenzen über die Bedeutung des Legitimitätsprinzips hatten Bismarck schon Ende der 50er Jahre in Distanz zum altpreußischen Hochkonservatismus gebracht: Engelberg, Bismarck, S. 436 ff.

11 Groote, Moltkes Planungen, S. 95; Eberhard Kessel, Moltke, Stuttgart 1957, S. 437.

12 Denkschrift Moltkes aus dem Frühjahr 1860: Moltkes Militärische Werke 1, 2, Militärische Korrespondenz 1866, Berlin 1896, Nr. 1, S. 1 f.

13 Operationsentwurf Moltkes aus dem Winter 1865/66: ebd., Nr. 6, S. 31.

14 Denkschrift Moltkes 2.4.1866: ebd., Nr. 22, S. 76; Moltke an Roon 5.4.1866: ebd., Nr. 23, S. 78.

15 Undatierte Notiz Moltkes aus dem März 1866: ebd., Nr. 13, S. 65.

16 Denkschrift Moltkes 3.6.1866: ebd., Nr. 2, S. 18.

17 Denkschrift Moltkes 2.4.1866: ebd., Nr. 22, S. 75; Entwurf Moltkes 31.3.1866: ebd., Nr. 36, S. 91.

brachte ein zeitweiliges numerisches Übergewicht[18], das Moltke für eine frühe Entscheidungsschlacht nutzen wollte[19]. Hierauf konzentrierte er seine Operationsplanung vor Beginn des Krieges[20].

2. Es war notwendig, Italien, das man im Konflikt mit Österreich für einen natürlichen Partner hielt, sicher einzubinden, um die Habsburger in die militärische Zwangslage eines Zweifrontenkriegs zu bringen. Moltke forderte deshalb ausdrücklich ein Offensivbündnis mit Italien[21]. Bisher hatten die Beziehungen zu Österreich jede politische Absprache mit Italien als nicht opportun erscheinen lassen. Über den Umweg wirtschaftspolitischer Gespräche hielt Bismarck jedoch den Kontakt. Trotz protokollarischer und diplomatischer Hindernisse gelang es im Dezember 1865, einen Handelsvertrag abzuschließen[22]. Auf dieser Grundlage ließen sich nach dem endgültigen Bruch mit Österreich Verhandlungen über eine preußisch-italienische Kriegsallianz beginnen, die am 8. April 1866 in einen geheimen, auf drei Monate befristeten Vertrag mündeten[23]. Die italienische Regierung verpflichtete sich, den Krieg gegen Österreich aufzunehmen, wenn Preußen ihn mit dem Ziel der Bundesreform begann. Ziele des Waffengangs sollten für Berlin österreichische Konzessionen in der deutschen Frage, für Florenz der territoriale Zugewinn Venetiens sein. Separate Friedensschlüsse auf dem Weg dahin sollten nicht möglich sein[24]. Napoleon III. hatte die Italiener nachdrücklich dazu angeregt, den Offensivpakt mit Preußen zu suchen, um von einem Konflikt mit Österreich zu profitieren und Venetien für das neue Königreich zu gewinnen. Jenes Venetien, das zu erobern dem französischen Kaiser 1859 versagt geblieben war, was er als unvollendete Aufgabe sah:

> »Je n'ai qu'un seul intérêt dan tout cela, c'est d'en finir avec la question italienne au moyen de la cession de Venise[25].«

Gleichwohl wollte sich Napoleon gegenüber Florenz nicht weiter binden und etwa vorweg die Zession Venetiens garantieren[26].

---

18 Moltke an Wilhelm I. 14.4.1866: ebd., Nr. 42, S. 121.

19 Denkschrft Moltkes 2.4.1866: ebd., Nr. 22, S. 75.

20 Kessel, Moltke, S. 438 f.

21 Protokoll Moltkes vom Kronrat 28.2.1866: APP 6, Nr. 500, S. 618.

22 Rudolf Lill, Die Vorgeschichte der preußisch-italienischen Allianz (1866). In: Quellen und Forschungen aus italienischen Archiven und Bibliotheken 42/3 (1963), S. 514, 522, 526—531, 541—545.

23 Rudolf Lill, Beobachtungen zur preußisch-italienischen Allianz (1866). In: Quellen und Forschungen aus italienischen Archiven und Bibliotheken 44 (1964), S. 464—527; Friedrich Beiche, Bismarck und Italien. Ein Beitrag zur Vorgeschichte des Krieges 1866, Berlin 1931 (= Historische Studien, 208).

24 Text des Vertrags in Heinrich Sybel, Die Begründung des Deutschen Reiches durch Wilhelm I., Bd 4, München, Leipzig ^{2}1890, S. 311—313; vgl. den Entwurf Moltkes ohne Datum: Werke, 1, 2, Nr. 9, S. 48—53.

25 Äußerung Napoleons III. nach Metternich an Mensdorff 21.5.1866: Oncken 1, Nr. 116, S. 219.

26 A.J.P. Taylor, The Struggle for Mastery in Europe 1848—1918, Oxford 1954, S. 159—161; Lothar Gall, Bismarck. Der weiße Revolutionär, Berlin 1980, S. 348; William E. Echard, Napoleon III. and the Concert of Europe, Baton Rouge, London 1983, S. 219; Francesco Lefebvre d'Ovidio, Napoleone III, l'Austria e la questione del Veneto. Aspetti diplomatici della terza guerra di indipendenza. In: Storia delle relazioni internazionali 4 (1988), S. 233—263.

3. Möglicherweise ließ sich die deutsche Nationalbewegung gegen Österreich instrumentalisieren. Den Versuch hierzu wollte Otto von Bismarck jedenfalls unternehmen:

»Hätte Preußen damals [1848] die Bewegung anstatt auf der Tribüne mit dem Schwerte zu leiten und zu beherrschen versucht, so würde wohl ein günstiger Erfolg zu erreichen gewesen sein[27].«

Eine erneut sich bietende Gelegenheit, an die Spitze der Nationalbewegung zu treten, sollte Preußen nicht verstreichen lassen. Ihm ging es machtpolitisch einzig darum, die »kleindeutsch-national gesinnte Öffentlichkeit im bevorstehenden Konflikt mit Österreich« für seine Ziele zu mobilisieren[28]. Daß sich mit dem spektakulären Wahlrechtsvorschlag, den Preußen am 9. April 1866 als Antrag in der Frankfurter Bundesversammlung einbrachte[29], auch der Druck auf die Mittelstaaten erhöhte, war ein erwünschter Begleiteffekt[30].

4. Denn nach innen mußte für einen erfolgversprechenden Verlauf des Konflikts entweder der Deutsche Bund als handelnder Faktor ausgeschaltet werden, oder es mußten, wenn dies überhaupt möglich war, deutsche Klein- und Mittelstaaten, voran Bayern, für den preußischen Standpunkt gewonnen werden. Betont national argumentierend, versuchte Bismarck, die kleineren Staaten einzubinden[31]. Aber weder in München, noch an einem der anderen deutschen Höfe war man bereit, den Schwenk aus einer noch neutralen (Baden[32]) oder schon proösterreichischen Position zu vollziehen. Zu durchsichtig in dem Ziel, die gemeinsame mitteldeutsch-österreichische Front gegen Preußen aufzubrechen und zu unglaubwürdig durch die Verbindung des Wahlrechtsvorschlags mit der Person Bismarcks, erschien der Bundesantrag Berlins, als das er wirkliche Aussicht auf Erfolg gehabt hätte.

5. Wollte Österreich den Konflikt, in den es die deutschen Kleinstaaten in ihrer Mehrheit einbezogen hatte, auch auf andere europäische Staaten ausweiten, so mußte Bismarck das genaue Gegenteil anstreben. Niemand konnte von vornherein auf das Stillhalten der Mächte vertrauen, vielmehr mußten ihre Nichtbeteiligung und besonders die Neutralität Frankreichs aktiv gefördert werden. Tatsächlich versuchten Großbritannien, Rußland und Frankreich mehrfach, in die schwebende Auseinandersetzung vermittelnd einzugreifen. Diesen Mediationsversuchen mußte Bismarck begegnen, ohne daß aus Vermittlern Beteiligte wurden.

Rußland und England hatten sich keineswegs »virtually eliminated from the European balance«, wie A.J.P. Taylor apodiktisch feststellte[33]. Vielmehr versuchten beide Kabinette, ihren Einfluß auf die Ereignisse zu wahren. Innere

---

27 Kronratsprotokoll 28.2.1866: APP 6, Nr. 499, S. 614.

28 Gall, Bismarck, S. 351.

29 Bismarck an Savigny 4.4.1866: GW 5, Nr. 288, S. 432—434; Andreas Kaernbach, Bismarcks Konzepte zur Reform des Deutschen Bundes, Göttingen 1991 (= Schriftenreihe der Historischen Kommission bei der Bayerischen Akademie der Wissenschaften, 41), S. 217—225.

30 Huber, Deutsche Verfassungsgeschichte, Bd 3, S. 518 f.

31 Zirkular Bismarcks 24.3.1866: GW 5, Nr. 275, S. 418; Kaernbach, S. 215—217.

32 Lothar Gall, Der Liberalismus als regierende Partei. Das Großherzogtum Baden zwischen Restauration und Reichsgründung, Wiesbaden 1968 (=Veröffentlichung des Instituts für Europäische Geschichte Mainz 47), S. 348 ff.

33 Taylor, The Struggle, S. 156.

Entwicklungen und der Verlauf vorangegangener Krisen (Polen, Dänemark) hatten jedoch die jeweiligen Interessen konzentriert. Für beide lag die wesentliche Gefahr darin, daß sich der Konflikt ausweitete, und ganz Europa entzündete. Im März 1866 warnte Außenminister Lord Clarendon vor den »calamities which a civil war in Germany would entail upon Europe«[34]. Sein russischer Kollege Gorčakov glaubte sich in der grundlegenden Frage in Übereinstimmung mit London: Frieden auf der Basis des europäischen Gleichgewichts[35]. Für Großbritannien galt daneben das Schicksal Belgiens als »essential« englischer Politik:

> »Our great care must be for Belgium and our resources of all kinds must be husbanded for fulfilling our Treaty engagements respecting that Country.«

Doch richtete sich das britische Mißtrauen auf Napoleon III., der bei jeder Gelgenheit gewarnt wurde, »not to embarrass us by meddling with Belgium«[36]. Daß der französische Kaiser weiterhin von seinem Nationalitätenprinzip geleitet schien, konnte ihm auch in Petersburg keine Freunde machen. Hier stand Polen ganz im Mittelpunkt, und damit erschien eine französisch-russische Gemeinsamkeit ausgeschlossen. In der Orientfrage nahm Paris sogar offen feindlich gegen Rußland Stellung, das selber im Fernen Osten mit der eigenen Expansion an britische Interessen stieß. So erwies sich das europäische System angesichts der sich abzeichnenden Veränderungen uneins. Rußland und England schienen deshalb zunächst in einer passiven Rolle bleiben zu wollen.

Für eine erfolgreiche russische Politik in Polen bedurfte es der konservativen Solidarität der Teilungsmächte. Ohne das Einvernehmen Preußens und Österreichs mußte sich Rußland im Zweifel an eine Macht binden und damit die andere auf Dauer verprellen. Auch konnte sich eine Intervention in den deutschen Konflikt leicht auf Polen ausweiten[37]. Wegen der eigenen inneren Probleme und der außenpolitischen Interessen kam deshalb die Einigkeit der Gasteiner Konvention den Russen entgegen, durfte man doch den Bruch zwischen Wien und Berlin als vermieden ansehen. Gorčakov konnte sich vorläufig auf eine abwartende Haltung zurückziehen und eine Reaktion davon abhängig machen, daß russische Interessen direkt bedroht würden. In England und Frankreich bedeutete Gastein dagegen einen Wendepunkt, doch nur Frankreich protestierte formell gegen die Konvention. Auch in London interpretierte man den Vertrag als Bruch des Deutschen Bundes, aber dem greisen Palmerston erschien es naiv, verpaßten Chancen nachzugehen. 1864 war der Erfolg preußisch-österreichischer Politik gegenüber Dänemark vom britischen Verhalten abhängig gewesen. Das Versagen der englischen Regierung in der dänischen Krise war während der Londoner Konferenz offenbar geworden. Jetzt sollte man sich nicht wundern, wenn die beiden Wölfe, nachdem sie das Lamm gerissen hatten,

---

34 Clarendon an Loftus 7.3.1866: Kenneth Bourne, The Foreign Policy of Victorian England 1830—1902, Oxford 1970, Nr. 85, S. 384.

35 Memorandum Gorčakovs September 1865: Eberhard Kolb, Rußland und die Gründung des Norddeutschen Bundes. In: Europa und der Norddeutsche Bund. Hrsg. von Richard Dietrich, Berlin 1968, S. 183—219, hier S. 191 f.; Eckart Fleischhauer, Bismarcks Rußlandpolitik im Jahrzehnt vor der Reichsgründung, Köln, Wien 1976, S. 104.

36 Clarendon an Cowley 11.4.1866: Mosse, The European Powers, S. 231.

37 Memorandum Gorčakov September 1865: Fleischhauer, Bismarcks Rußlandpolitik, S. 102.

ihre Beute nicht wieder hergaben. Norddeutschland, so glaubte Palmerston, werde früher oder später an Preußen fallen. Hiermit sollte nun Realpolitik betrieben und ein starkes Preußen/Deutschland — ganz scharf ist hier schon die Trennung nicht mehr — in ein gewandeltes europäisches Balancesystem integriert werden, um die beiden »ambitious and aggressive powers«, Frankreich und Rußland, kontrollieren zu können[38]. Nach Palmerstons Tod ging Clarendon, als Nachfolger Russells im Foreign Office, hinter dies gestalterische, eine neue Ordnung fordernde Konzept zurück und verlegte sich vorläufig auf eine inaktive Rolle.

Anfang März 1866 versuchte die österreichische Regierung, sowohl England als auch Rußland von ihren zurückhaltenden Positionen abzubringen. Mensdorff erklärte dem Botschafter Bloomfield, Österreich stelle sich mit aller Konsequenz der preußischen Herausforderung. Gleiches äußerte Graf Apponyi in London. Er sondierte für Mensdorff die britische Haltung in einem eventuellen Krieg. Wie notwendig es sei, jetzt Stellung zu beziehen, unterstrich der österreichische Vertreter mit Hinweisen auf die laufenden preußisch-italienischen Gespräche und möglicherweise von Bismarck unterstützten Aktivitäten ungarischer Nationalisten. Dringend bat der Diplomat, Clarendon solle in Berlin für den Erhalt des Friedens intervenieren[39]. Der britische Außenminister zeigte Sympathie für die österreichischen Argumente, lehnte aber eine englische Intervention offiziell ab: derartige »good offices«, ohne andere Mächte hinter sich zu wissen, hätten zu geringe Aussichten auf Erfolg. England wolle eine strikte Neutralität wahren und lediglich dafür eintreten, daß eine »balance as equally as possible between the Belligerents« bestehe[40]. Gorčakov lehnte es gleichfalls ab, für Österreich Partei zu ergreifen. Er weigerte sich sogar, darüber zu entscheiden, wer im anstehenden Konflikt der Aggressor sei, erklärte aber, den Preußen ebenfalls nichts zugesichert zu haben[41]. Clarendon mochte es jedoch nicht bei seinen offiziellen Worten belassen. Traute er seinem neu eingeführten Element der »equal balance«, worunter wohl eine kriegsverhindernde militärische Parität verstanden werden muß, selber nicht recht? Wahrscheinlicher ist die Furcht, ebenfalls in den Krieg gezogen zu werden, wenn Italien, dahinter Frankreich, oder Rußland wegen revolutionärer Umbrüche in den Donaufürstentümern auf den Schauplatz drängten. In einem privaten Brief an den britischen Botschafter in Berlin, Loftus, gab Clarendon zu bedenken, Preußen mache sich mit dem unzureichenden Kriegsgrund Holstein zur »aggressive and unreasonable Power« in Europa. England suche zwar das gute Verhältnis zur anderen großen protestantischen Macht, bitte Bismarck aber ernsthaft, »to pause before he embarks in a war of which no man can foresee the results or the termination«. Vorsichtig wies Clarendon darauf hin, daß der Pariser Frieden die Möglichkeit eröffnete, sich der unparteilichen Vermittlung einer verläßlichen

38 Palmerston an Russell 13.9.1865: Bourne, The Foreign Policy, Nr. 83, S. 381 f.
39 Gerhard Brüns, England und der Deutsche Krieg 1866, Berlin 1933 (= Historische Studien 221), S. 66.
40 Clarendon an Bloomfield 7.3.1866: Mosse, The European Powers, S. 223 f.
41 Mosse, The European Powers, S. 224.

dritten Macht anzuvertrauen[42]. Dieser tastende Versuch des englischen Außenministers, der keinesfalls ein offenes Mediationsangebot war, machte auf Bismarck anscheinend keinen Eindruck. Loftus berichtete, Bismarck »made no reply«, vielmehr weise er jede gewaltsame Absicht von sich. Erst als König Wilhelm das Angebot annahm und der Kronprinz von Victoria die Mediation erbat, die das Londoner Kabinett auch übernehmen wollte (Beschluß am 21. März), wurde der preußische Ministerpräsident aktiv[43]. Botschafter Bernstorff sollte das Schreiben des Kronprinzen einfach ignorieren. Später reichte Bismarck Argumente nach, die Clarendon am 22. März vorlagen: Österreich, nicht Preußen müsse das Ziel jeder Intervention sein, da es sich in Holstein und ganz Deutschland provokativ und vertragswidrig verhalte. Otto von Bismarck gab zu, daß Holstein keinen hinreichenden Kriegsgrund darstelle. »Aber hinter dieser speziellen Frage der Elbherzogtümer steht die deutsche Frage.« Wiens Angriff auf die preußische Stellung in Deutschland erfordere es, »die deutsche Frage selbst in die Hand zu nehmen«[44]. Bald kamen der Außenminister und der Botschafter überein, daß Preußen der Mediation nicht bedürfte und sich diese Frage ohne Folgen für das beiderseitige Verhältnis erledigte[45]. Die englische Königin war mit diesem Ergebnis höchst unzufrieden. Sie verlangte, in Verbindung mit Frankreich den Krieg zu verhindern. Im Ergebnis bedeutete dies »clearly an interference by force against Prussian designs in the Duchies«[46]. Russell, nun Premierminister, wies darauf hin, daß der »non-intervention«-Beschluß des Kabinetts aus der dänischen Krise unverändert bestand. Nach wie vor waren die Minister ihrer Majestät »decidedly against interference«, weil es dem englischen Volk nicht zuzumuten war, die militärischen und finanziellen Ressourcen in einen Streit einzubringen, der weder englisches Prestige noch englische Interessen betraf[47]. Angesicht der Beziehungen zu den USA und der Lage in Irland müßten diese Mittel »be husbanded with the utmost care«[48]. Privat setzte die Königin ihre Bemühungen allerdings weiter fort. In einem Brief an Wilhelm I. beschuldigte sie Bismarck (»one man«) der Kriegstreiberei »for mere objects of ambitions, for imaginary affronts«. Aber nicht der Ministerpräsident, sondern der preußische König verantworte zuletzt den Krieg. Diesen sollte er unter allen Umständen verhindern:

»I cannot, will not, think that I shall have appealed to your heart in vain[49]!«

Der König schien zwar beeindruckt, stellte sich aber doch ganz hinter Bismarck und dessen Argumente für einen Krieg gegen Österreich. Der britische Botschafter Loftus erleichterte eine solche Reaktion, als er bemerkte, das Schreiben

42 Clarendon an Loftus 7.3.1866: Bourne, The Foreign Policy, Nr. 85, S. 384 f.; Brüns, England, S. 70.

43 Mosse, The European Powers, S. 227 f.

44 Bismarck an Bernstorff 20.3.1866 (2 Schreiben): GW 5, Nr. 268 f., S. 407—410.

45 Clarendon an Victoria 24.3.1866: Mosse, The European Powers, S. 229.

46 Tagebucheintrag Victorias 30.3.1866: LQV 2,1, S. 314; Russell an Clarendon 30.3.1866: Bourne, The Foreign Policy, Nr. 86, S. 385 f.

47 Ebd.

48 Clarendon an Victoria 31.3.1866: LQV 2,1, S. 315.

49 Victoria an Wilhelm I. 10.4.1866: LQV 2,1, S. 317 f.

der Königin sei eine Privatsache und kompromittiere in keiner Weise die britische Regierung[50].

Seitdem sich die Kriegsgefahr in Deutschland zuspitzte, hatte man von englischer Seite also durchaus versucht, sowohl auf vorsichtig diplomatischem Wege, aber auch vergleichsweise scharf über dynastische Kanäle, Einfluß zu nehmen. Die britischen Interventionsversuche blieben aber von so geringer Intensität, daß sie aktuell für Berlin nicht gefährlich wurden. Dennoch zeigten sie ein Maß an Symphatie für die österreichischen Argumente, das die preußischen Pläne sicherlich dann gefährdete, wenn es sich mit gleichen Stimmungen in Rußland oder Frankreich verband. Diese Möglichkeit bestand durchaus.

Am 14. März, eine Woche nach Clarendons zurückhaltendem Vermittlungsversuch, zeigte sich Gorčakov den österreichischen Wünschen aufgeschlossener. Er regte an, Großbritannien möge zu Wiens Gunsten einschreiten, denn »if Prussia had reason to fear that Austria would be supported by Great Britain, she would not attempt to realize her ambitious projects by violence«[51]. Der englische Vertreter am Zarenhof hielt dagegen, man sei schon während des dänischen Krieges bei einem derartigen Schritt allein gelassen worden. Daraus resultiere jetzt eine Politik der Isolation. Buchanan brachte dem russischen Politiker mit dieser Bemerkung den Umkehrschluß nahe, daß nur eine Bereitschaft zu gemeinsamem Handeln die britische Selbstisolierung öffnen könnte. Premierminister Russell teilte diese Ansicht, eine Vermittlung ließe sich nur gemeinsam durchsetzen. Er schränkte zwar ein, sie müsse von den Kontrahenten gewünscht werden[52]. Doch hätten diese sich einer mediation à trois wohl nicht widersetzen können. Durch Buchanan wußte man in Petersburg demnach, daß ein konzertiertes Vorgehen und damit die Wahrung des Friedens, den man für die eigene Polenpolitik brauchte, noch nicht unmöglich war. Weshalb die Russen trotzdem einen selbständigen Versuch unternahmen, einen Krieg zu verhindern, erklärt sich, wenn man sieht, welchen Preis Gorčakov dem österreichischen Botschafter Revertera für den Beistand des Zaren offenbarte. Wien sollte auf seine expansiven Ambitionen in den Donaufürstentümern verzichten:

> »Le prix que nous devrions offrir serait une entente cordiale dans l'affaire des Principautés[53].«

Die rumänischen Fürstentümer Moldau und Walachei am unteren Donaulauf[54], 1856 geschaffen, um die russische Balkanexpansion einzudämmen, waren seitdem ein Zankapfel zwischen Rußland und den Westmächten, vor allem Frankreich. Nach einem nationalrevolutionären Umsturz konferierten die Signatarstaaten des Pariser Frieden über das weitere Schicksal dieser Gebiete. Petersburg stand mit seinem Beharren auf dem status quo allein, als das Bemühen sichtbar wurde, die klar definierte »Donaukonferenz« in einen »Europäischen

---

50 Loftus an Grey 14.4.1866: LQV 2,1, S. 318 f.; Wilhelm I. an Victoria 12/21.4.1866 (zur Datierung vgl. Mosse, The European Powers, S. 231, Anm. 3) paraphrasiert bei Heinrich Otto Meisner, England, Frankreich und die deutsche Einigung. In: Preußische Jahrbücher 211 (1928), S. 75 f.

51 Buchanan an Clarendon 14.3.1866: Mosse, The European Powers, S. 225.

52 Russell an Clarendon 30.3.1866: Bourne, The Foreign Policy, Nr. 86, S. 386.

53 Revertera an Mensdorff 15./27.3.1866: Mosse, The European Powers, S. 225 f.

54 Für das Folgende: Dietrich Beyrau, Russische Orientpolitik und die Entstehung des Deutschen Kaiserreiches 1866—1870/71, Wiesbaden 1974, S. 36—44.

Kongreß« aufgehen zu lassen. In Frankreich wollte man zur allgemeinen Pazifikation die deutsche, die italienische und orientalische Fragen verbinden[55]. Dahinter stand erkennbar die Absicht, Wien einen Kopensationshandel anzubieten und Venetien gegen die Donaufürstentümer einzutauschen. »Inadmissible jusqu'à la guerre«, meinte Zar Alexander zu solchen Plänen[56]. Insgesamt barg also ein gemeinsames Handeln Rußlands mit Großbritannien und Frankreich eher eine Gefahr für das Zarenreich. Rumänien und wahrscheinlich auch Polen wären auf die Tagesordnung gekommen, was für Gorčakov keine akzeptable Aussicht war[57]. Nur ein freiwilliger Verzicht Wiens auf die Donaugebiete hätte hieran etwas geändert. Aber Außenminister Mensdorff winkte ab, Österreich werde die russische Politik in Paris nicht unterstützen[58]. Trotz dieser Ablehnung und des Scheiterns eines direkten dynastischen Einflußversuchs in Berlin[59], hielt die russische Führung daran fest, aus eigener Kraft den Krieg verhindern zu wollen. Am 2. April erhielt der preußische Militärbevollmächtigte von Schweinitz einen Brief des Zaren an Wilhelm I., in dem Alexander II. als Ausweg aus der Krise die »oldenburgische Sukzession« anbot. Von einem mit dem Zaren verwandtschaftlich verbundenen Herzog von Schleswig-Holstein aus dem Hause Oldenburg-Eutin sollte Preußen die es interssierenden Zugeständnisse eher erreichen, als von dem Augustenburger Kandidaten[60]. Wenn er glaubte, mit dem Erbfolgestreit die Krise bereinigt zu haben, so bewies Alexander II. eine geringe Einsicht in die tieferliegenden Ursachen des preußisch-österreichischen Konflikts. Tatsächlich aber bat er mit demselben dynastischen Argument Kaiser Franz-Joseph und König Wilhelm um den Rückzug ihrer Truppen[61]. Wenngleich Petersburg einen anderen Kandidaten bevorzugte, als es der österreichische Monarch tat, so bedeutete die russische Einflußnahme doch eine Stärkung Wiens. Dort bemühte man sich ja gerade darum, die Auseinandersetzung in legitimistischen Bahnen zu halten und dadurch andere Mächte zur Intervention zu veranlassen. Der Zar jedenfalls akzeptierte, daß für Österreich die Absprachen von Gastein das Maximum an Konzessionen darstellte. Nachdem Schweinitz aus Berlin ohne das von Alexander erhoffte preußische Entgegenkommen zurückkehrte und Bismarcks Parlamentsvorschlag vom 9. April bekannt war, stellte sich der russische Herrscher ganz auf die Seite der Habsburger. Er bezeichnete den Parlamentsgedanken als »revolutionär und gefährlich«[62] und verurteilte den preußisch-italienischen Vertrag, an dessen geheimer Existenz er keinen Zweifel hegte[63]. Obwohl Schweinitz nicht zum

55 Echard, Napoleon III., S. 212.
56 Kolb, Rußland, S. 193.
57 Gorčakov an Ignat'ev 11.3.1866: Kolb, Rußland, S. 194.
58 Mosse, The European Powers, S. 226.
59 Alexander II. an Wilhelm I. 7./19.3.1866: APP 6, Nr. 592, S. 703 f.; Wilhelm I. an Alexander II. 29.3.1866: APP 6, Nr. 662, S. 780 f.
60 Alexander II. an Wilhelm I. 21.3./2.4.1866: Denkwürdigkeiten des Botschafters General von Schweinitz, Bd 1, Berlin 1927, S. 201.
61 Alexander II. an Franz Joseph 21.3/2.4.1866: Mosse, The European Powers, S. 233.
62 Denkwürdigkeiten des Botschafters General von Schweinitz, Bd 1, S. 208.
63 Mosse, The European Powers, S. 236.

»Don Quixote einer aussichtslosen Friedensvermittlung«[64] werden wollte, sandte ihn der Zar Anfang Mai erneut mit einem Schreiben nach Berlin. Dort lief die Mobilisation der Armee bereits an und der Brief »und sein Frieden atmender Auftrag waren höchst unerwünscht«[65]. Bei seiner Rückkehr nach St. Petersburg hatte Schweinitz kaum mehr Hoffnung, daß Preußen und Österreich sich noch würden verständigen können. Langsam begann auch der Zar daran zu zweifeln, Bismarck werde dem Krieg noch ausweichen und Versöhnungsangebote nicht vereiteln[66]. Als sich die Aussicht auf einen Kongreß in Paris im Mai konkretisierte und damit weiteren einseitigen Vermittlungsversuchen die Basis entzogen war, verlegten sich der Zar und Gorčakov sofort auf eine neutrale Position. Gorčakov hatte den Konflikt schon am 11. April, trotz aller persönlicher Kritik an Bismarck (»Das ist nicht mehr Politik«, soll er gesagt haben, »das ist Revolution«) als rein deutsche Angelegenheit bezeichnet, in die Rußland nicht eingreifen könne[67]. Jetzt (23. Mai) dementierte er alle Gerüchte, man denke an der Newa an eine Intervention im erwarteten Krieg. Nur direkte nationale Interessen könnten ihn veranlassen, seine Politik strikter Neutralität aufzugeben[68].

Einem Krieg wollten Rußland und England auf jeden Fall ausweichen. Gründe der eigenen Innen- und Außenpolitik sprachen gegen eine bewaffnete Einmischung. Die gleichen Motive legten aber auch nahe, den europäischen Frieden aktiv zu erhalten. Er garantierte ein wenn auch labiles Gleichgewicht. Ein Krieg zweier Großmächte konnte dagegen eine Situation herbeiführen, in der es, und sei es nur aus Prestigegründen, unmöglich wurde, abseits zu stehen. Deshalb taktierten beide mit zwei Optionen: strikter Neutralität und gleichzeitigem vorsichtigem Verhandeln, zu großen Teilen auf dynastischer, damit quasi privater Ebene für England und leichter geheimzuhaltender Ebene für Rußland. Mit dem von Frankreich ausgehenden Kongreßvorschlag kam der Zeitpunkt, die zweite Option ganz fallen zu lassen.

Die Stellung Frankreichs zum innerdeutschen Konflikt war von jener Rußlands und Englands grundverschieden. Napoleon III. erhoffte sich Vorteile für das Zweite Kaiserreich, wie immer sich das Geschehen auch entwickeln mochte. Ließ sich durch französische Vermittlung der Frieden bewahren, stiegen Frankreichs und sein eigenes Ansehen, wie schon einmal 1856. Bei einer österreichischen Niederlage erhielte Italien Venetien, und Napoleon hätte seine selbstgestellte historische Aufgabe südlich der Alpen gelöst. Von Preußen erwartete er dann territorialen Ausgleich für sein Stillhalten. Bei einem Sieg Wiens galt umgekehrt das Gleiche. In diesem Fall strebte er für Venetien einen Kompensati-

64 »Unten bei Keudell Bleichröder, oben beim Minister [Bismarck] der italienische General [und Unterhändler Govone], dies genügte, um meine Hoffnungen auf oldenburgischer Basis herabzustimmen [...]«, Denkwürdigkeiten des Botschafters General von Schweinitz, Bd 1, S. 202 f.

65 Alexander II. an Wilhelm I. 20.4./2.5.1866: Denkwürdigkeiten des Botschafters General von Schweinitz, Bd 1, S. 214.

66 Denkwürdigkeiten des Botschafters General von Schweinitz, Bd 1, S. 216—218.

67 Mosse, The European Powers, S. 235 (5,6).

68 Ebd., S. 237.

onshandel an[69]. Napoleon selbst tendierte dabei stärker zur preußischen Seite. Seine »zögernden Annäherungsversuche«[70] seit der dänischen Krise erlitten jedoch durch die Gasteiner Konvention einen herben Rückschlag. Zuvor hatte der französische Botschafter in Berlin, Benedetti, noch angekündigt:

> »La neutralité bienveillante de l'Empereur vous est acquise sans copensation aucune.«

Napoleon sei zu einem Bündnis bereit und erwarte hierfür die Vorschläge Bismarcks[71]. Jetzt mußte er befürchten, daß die Österreicher durch den Abschluß von Gastein wieder freie Hand gegen Italien hatten und er dadurch zu einer Intervention gezwungen war, während man in Deutschland die Entscheidung zwischen Wien und Berlin erneut verschob. Napoleon III. erneuerte am 29. August 1865 noch einmal seine wohlwollende Neutralität, wenn der Konflikt militärisch ausgetragen würde[72]. Bismarck zweifelte nicht am Willen des französischen Kaisers, dies einzuhalten »solange es sich nur um die Herzogtümer handelt«[73]. Er mußte aber für die angestrebte preußische Lösung der deutschen Frage Gewißheit erlangen, »wie weit wir auf die Haltung Frankreichs rechnen können«[74]. Im Oktober 1865 traf er deshalb in Biarritz persönlich mit dem Monarchen zusammen[75]. Es ging bei dieser informellen Begegnung für beide Politiker nicht um eine eindeutige Allianz mit entsprechenden Verpflichtungen, sondern darum, Ziele und Absichten des jeweils Anderen zu erkunden. Nach dem Treffen war sich Bismarck jedenfalls der Neutralität Frankreichs sicher, und Napoleon konnte davon ausgehen, daß sich mit dem innerdeutschen Konflikt auch das Schicksal Venetiens entschied. Über eine mögliche Kompensation für die französiche Zurückhaltung wurde nur andeutungsweise geredet. Doch festigte der Ministerpräsident seine Überzeugung, Napoleon hoffe auch auf territorialen Zugewinn. Er beließ den Kaiser auch in dem Glauben, indem er Preußen begünstige, sei etwas zu gewinnen: etwa »überall in der Welt, wo man französisch spricht«[76], also Belgien und Luxemburg, oder sogar

---

69 »Er wollte in dem Konflikt, der sich anbahnte, die Rolle des lachenden Dritten, des erfolgreichen und dann entsprechend zu honorierenden Vermittlers spielen.« Gall, Bismarck, S. 348.

70 Raymond Poidevin, Jacques Briéty, Frankreich und Deutschland. Die Geschichte ihrer Beziehungen 1815—1975, München 1982, S. 91.

71 Bismarck an Goltz 4.8.1865: GW 5, Nr. 157, S. 260.

72 Goltz an Wilhelm I. 29.8.1865: Oncken 1, Nr. 24, S. 65—69.

73 Bismarck an Goltz 1.9.1865: GW 5, Nr. 173, S. 287. Für eine solche Beschränkung der Neutralität auf die Elbherzogtümer, »solange der Krieg keine neuen Fragen aufwirft« finden sich Belege in Drouyn de Lhuys an Lefebvre 15.8.1865: OD 6, Nr. 1493, S. 406 f., Goltz an Bismarck 20.8.1865: Oncken 1, Nr. 23, S. 64 und Bismarck an Goltz 23.8.1865: GW 5, Nr. 172, S. 284 (Zitat).

74 Bismarck an Goltz 1.9.1865: GW 5, Nr. 173, S. 286.

75 Pierre de la Gorce, Histoire du Second Empire, Tome 4, Paris 1949, S. 558—567; Paul Bernstein, Les entrevues de Biarritz et de St. Cloud (Oct.-Nov. 1865). In: Revue d'histoire diplomatique 68 (1964), S. 330 ff.; Helmut Burckhardt, Deutschland — England — Frankreich. Die politischen Beziehungen Deutschlands zu den beiden westeuropäischen Großmächten 1864—1866, München 1970, S. 174 f., 223—226; Poidevin/Bariéty, Frankreich und Deutschland, S. 92 f.

76 Bemerkung Bismarcks zum französischen Geschäftsträger in Berlin Lefèbvre; dieser an Drouyn de Lhuys 27.9.1865: OD 7, Nr. 1590, S. 88—91; siehe auch Lefèbvre an Drouyn de Lhuys 12.9.1865: OD 7, Nr. 1566, S. 55 f.

die dauerhafte kontinentale Hegemonie[77]. Daß es aber nicht um deutsche Gebiete gehen konnte, machte Bismarck sehr bald deutlich. Als Napoleon zeitweise mit der Idee einer festen Allianz spielte und für den offenen Beistand die Grenzen von 1814 verlangte, verwarf Bismarck diesen Gedanken sofort[78].

Während die preußisch-österreichische Auseinandersetzung eskalierte, stand der Berlin bevorzugenden Politik Napoleons III. die französische Öffentlichkeit stets entgegen. Preußen genoß lediglich bei einer Minderheit Sympathien. Insgesamt hing der größere Teil der veröffentlichten Meinung sowie der Politik und Wirtschaft eher Österreich an, wünschte den Frieden und zum Mindesten keine Einmischung. Der Beistand für die italienischen Ansprüche in Venetien trat demgegenüber in den Hintergrund. Die Frage französischer Kopensationen wurde fast gar nicht gestellt[79]. Diese Stimmung im Land griff Napoleon auf und legte sich, da große territoriale Gewinne (Rheingrenze) nicht durchsetzbar waren, auf drei politische Maximen fest: Friedenswahrung, Neutralität, Handlungsfreiheit[80]. Gleichzeitig begannen die französischen Diplomaten, zu sondieren, wie ein Kongreß aufgenommen werde und ob London und Petersburg gemeinsam mit Paris den am Konflikt beteiligten Österreich, Preußen, Italien und Deutschem Bund Vorschläge zur Zession Venetiens, für das Wien einen Ausgleich erhielte, zum weiteren Schicksal der norddeutschen Herzogtümer und zur deutschen Bundesreform machen wollten[81].

Die russische und die englische Regierung verfolgten jeweils andere Ziele als Frankreich und mißtrauten der Politik Napoleons. Clarendon wäre einem Kongreß am liebsten ganz fern geblieben. Im Kabinett glaubte jedoch eine Mehrheit, daß sich eine Absage nicht glaubwürdig und erfolgreich parlamentarisch vertreten ließ. So verlangte das Foreign Office, eine »Konferenz« und kein »Kongreß« solle die von Drouyn de Lhuys, dem französischen Außenminister, aufgeworfene Fragen »untersuchen«, nachdem in Vorgesprächen die drei Mächte ihre Gemeinsamkeiten geklärt hätten[82]. Gorčakov befürchtete, daß sich auf dem Kongreß ungünstige »Kombinationen« für das Zarenreich ergäben und auch solche Fragen besprochen würden, die russische Interessen berührten (Rumänien, Polen). In diesem Fall fehlte Rußland das militärische Drohpoten-

---

77 Gall, Bismarck, S. 342.

78 Poidevin/Bariéty, Frankreich und Deutschland, S. 95; Burckhardt, Deutschland, S. 287, 366—375; Goltz an Bismarck 5.3.1866: GW 5, S. 389, Vorbemerkung zu Nr. 254; Goltz an Bismarck 6.3. 1866: Oncken 1, Nr. 37, S. 94—98; Bismarck an Goltz 5.3.1866: GW 5, Nr. 254, S. 389; Bismarck an Goltz 9.3.1866: GW 5, Nr. 258, S. 394; Goltz an Bismarck 1.5.1866: Oncken 1, Nr. 75, S. 145—150: »Im ferneren Laufe des Gesprächs sagte er [Napoleon III.] aber, ich müsse wissen, daß die Augen des ganzen Landes nach dem Rheine — vers le Rhin — gerichtet seien.« (S. 147); Goltz an Bismarck 2.5.1866: Oncken 1, Nr. 76, S. 150—153: Goltz hielt es nicht für möglich, den Franzosen preußische Landesteile abzutreten, hierfür kam »nur fremdes Land« in Frage; gleiches bei Bismarck an Goltz 5./6.5.1866: GW 5, Nr. 329 f., S. 482—486.

79 André Armengaud, L'opinion publique en France et la crise nationale allemande en 1866, Paris 1962; Klaus Malettke, Die Beurteilung der Außen- und Innenpolitik Bismarcks von 1862—1866 in den großen Pariser Zeitungen, Lübeck, Hamburg 1966 (= Historische Studien, 399); Burckhardt, Deutschland, S. 156—162, 268—280.

80 Rede Rouhers 3.5.1866: Gorce, Histoire du Second Empire, S. 609.

81 Zirkulare Drouyn de Lhuys 2./8.5.1866: OD 8, Nr. 2204, S. 425 f., OD 9, Nr. 2278, S. 53 f.

82 Brüns, England, S. 124—126.

tial, diese Interessen wenn nötig auch gewaltsam durchzusetzen. Andererseits bot ein Treffen die Gelegenheit diplomatischen Handelns, und man mußte nicht abwarten, ob der Konflikt ohne russisches Zutun Ergebnisse brachte, die ebenfalls nachteilig und später kaum noch zu beeinflussen waren[83]. Widerwillig stimmten beide Staaten der französischen Idee zu. Am 24. Mai ergingen vom Quai d'Orsay die Einladungsschreiben nach Wien, Berlin, Florenz und Frankfurt[84].

Constantino Nigra, der italienische Botschafter in Paris und seit den Tagen des Einigungskrieges mit Napoleon vertraut, beschrieb den Kongreß als Option zweiter Wahl, nachdem ein Bündnis mit Preußen, »begründet auf der Zession einiger Rheinprovinzen«, nicht zu haben war: »Deshalb entschied der Kaiser zugunsten des Kongresses[85].« Nigra erkannte damit zweifellos ein wichtiges Element der Kongreßidee Napoleons, aber dessen Motive waren vielschichtiger. Als Gründe des Vorschlages kamen zusammen: seine Furcht vor den unvorhersehbaren Folgen eines Krieges; der Wunsch, Problemen eine europäische Lösung zu verschaffen; seine generelle Vorliebe für Kongresse; die Festlegung, ein weiteres militärisches Engagement Frankreichs in Italien zu vermeiden; die öffentliche Stimmung gegen einen Krieg; Bismarcks Ablehnung territorialer Kompensation; der Widerwille, einen großen europäischen Krieg ohne vorherige materielle Garantie zu riskieren[86]. Bismarck stimmte einem Kongreß nur zu, wenn er schnell zusammenträte und anerkenne, daß der Krieg nicht wegen Holstein geführt werde[87]. Dem italienischen Diplomaten Graf Barral sagte er schon am 19. Mai, als Gerüchte über ein Treffen dichter wurden, »dies führt alles zu Nichts; wir werden Zeit gewinnen, unsere Rüstungen auszubauen und vom Kongreß werden wir gleich zum Krieg übergehen«[88].

Schwieriger war Österreich für eine Zusammenkunft zu gewinnen. Napoleon glaubte, Wien mit möglichen Kompensationen ködern zu können. Doch konnte er real, wegen des russischen Widerstands, des österreichischen Widerwillens, der türkischen Verweigerung und anti-österreichischer Gefühle in den Donaufürstentümern[89], gar keine bieten. Die Länder an der unteren Donau waren hierfür jedenfalls denkbar ungeeignet, und Schlesien, Napoleons zweite Hoffnung, der auch die Österreicher anhingen, mußte an Preußens Einspruch scheitern. Deshalb erscheint Österreich, wenn man einmal skizziert, was Napoleon III. als Ergebnis des Treffens vorschwebte, als einzige Macht, die etwas abtreten sollte: Venetien an Italien; Holstein an Preußen; ein Plebiszit, um die dänisch-schleswigsche Grenze festzulegen; preußische Dominanz nördlich des Mains und im Süden ein eigenständiger Zusammenschluß deutscher Staaten

83 Denkschrift Gorčakovs 22.5.1866: Kolb, Rußland, S. 197 f.
84 Zirkular Drouyn de Lhuys 24.5.1866: OD 9, Nr. 2433, S. 248 f.
85 Nigra an La Marmora 28.5.1866: zit. nach der engl. Übersetzung bei Echard, Napoleon III., S. 218.
86 Echard, Napoleon III., S. 221—224; Echard trägt den Katalog kaiserlicher Motive in dieser Reihe zusammen (S. 223).
87 Zirkular Bismarcks 29.5.1866, Bismarck an Redern 1.6.1866: GW 5, Nr. 360, 363, S. 515 f., 519.
88 Barral an La Marmora 19.5.1866: zit. nach der engl. Übersetzung bei Echard, Napoleon III., S. 226.
89 Echard, Napoleon III., S. 215.

ohne Österreich. So ist es kein Wunder, daß es Wien war, welches den Kongreß scheitern ließ, obwohl auch London Gründe zum Mißtrauen gegen Napoleons europäisches Hegemoniestreben und Petersburg gegen die Donaupolitik des Kaisers hatten. Dieser hatte die größte Schwierigkeit, die seinen Plänen entgegenstand, schon früh erkannt:

> »Even if peace were preserved for the moment, he [Napoleon] did not see how these questions were to be settled peaceably unless all parties were willing to make sacrificies for peace[90].«

In Wien wollte man jedenfalls nicht als erster solche Opfer bringen und in die Gefahr geraten, der einzige zu bleiben. Mensdorff verlangte, alle Staaten sollten den Verzicht auf territoriale Vergrößerung erklären[91]. Kaiser Franz Joseph entschied ohne förmlichen Ministerrat[92], daß eine Abtretung Venetiens unehrenhaft und ohne Krieg unmöglich sei. Die französischen Gastgeber eines Kongresses hatten aber deutlich erkennen lassen, daß ein vorheriger Ausschluß Venetiens von der Diskussion einer Ablehnung des ganzen Treffens gleichkam[93]. Trotzdem verlangte Wien genau dieses. Als auch die anderen Mächte die österreichische Antwort in diesem Sinn interpretierten, war der Kongreß gescheitert[94].

Nachdem es Napoleon nicht gelungen war, mit Hilfe eines europäischen Kongresses den politischen Umbruch in Mitteleuropa und im Deutschen Bund zu kontrollieren, konzentrierte er sich wieder ganz auf das ihm wohl wichtigste einzelne Element der Krise: Venetien, das er unter allen Umständen für Italien gewinnen wollte — also auch bei einem Sieg der Österreicher. Der Botschafter Wiens, Metternich, stellte schon zu einem Zeitpunkt, als Paris noch den Kongreß diplomatisch vorbereitete, fest, daß Venetien das Ziel des Kaisers bleibe, »gleichviel ob Krieg oder Frieden«[95]. Um hierfür eine bindende Zusage zu erhalten, versprach der Franzose den Österreichern ebenfalls die Neutralität seines Landes:

> »Donnez-moi des garanties sur Vos intentions en Italie, dans la cas où Vous serez les vainqueurs, et je Vous laisserai faire Allemagne[96].«

Als die Wiener Vorbedingungen seinen Kongreßvorschlag zu Fall gebracht hatten, drängte Napoleon nun ultimativ darauf, Venetien unter allen Umständen aufzugeben und in Deutschland keine, das Gleichgewicht beeinträchtigenden Gebietstäusche ohne Konsultation Frankreichs vorzunehmen:

> »Si Vous acceptez ce que je Vous propose, rien ne nous brouillera plus; sie Vous croyez devoir refuser, je serais forcé d'armer à mon tour et d'intervenir éventuellement[97].«

Der französische Botschafter Gramont legte in Wien einen Konventionsentwurf vor, den Droyn de Lhuys nicht mehr verändern wollte[98]. Die Franzosen be-

---

90 Cowley an Clarendon 5.5.1866: Echard, Napoleon III., S. 232.
91 30. Mai 1866: Clark, Franz Joseph and Bismarck, S. 431.
92 Clark, Franz Joseph and Bismarck, S. 431 (220); Bray an Ludwig II. von Bayern 1.6.1866: QdPÖ 5,2, Nr. 2829, S. 816.
93 Drouyn de Lhuys an Mosburg 1.6.1866: OD 9, Nr. 2512, S. 341.
94 Burckhardt, Deutschland, S. 361.
95 Metternich an Mensdorff 22.5.1866: Oncken 1, S. 227(2).
96 Napoleon III. an Metternich, dieser an Mensdorff 23.5.1866: Oncken 1, Nr. 120, S. 229.
97 Metternich an Mensdorff 6.6.1866: Oncken 1, Nr. 132, S. 254.

haupteten, Berlin habe die Rheinprovinzen angeboten und ein Abschluß auf dieser Basis stehe unmittelbar bevor. Die Folge sei ein »aktives Auftreten mit ganzer Macht«. Kaiser Franz Joseph fühlte die »Pistole auf die Brust gesetzt«, weshalb wohl keine andere Wahl bliebe, als sich auf die Konvention mit Frankreich einzulassen — auch um den Preis Venetiens. Zwar bezweifelte Minister Moritz Graf von Esterhazy, daß »die Drohung Napoleons, aktiv in die Ereignisse mit seiner ganzen Macht einzugreifen, ernst gemeint, die Pistole wirklich geladen sei«, doch Mensdorff und der Kaiser sahen in Napoleon »gegenwärtig den Herrn der Situation«, der durchaus die Option hatte, das »Lager zweier mächtiger, erbitterter Feinde Österreichs« zu verstärken. Der Bluff Napoleons hatte also Erfolg[99]. Am 12. Juni unterzeichneten Mensdorff und Gramont eine Geheimkonvention zu französischen Bedingungen. Paris blieb neutral und sollte Italien ebenfalls hierzu anhalten. Wien verzichtete auf Venetien ohne eine Kompensationszusage und gestand »un nouvel Etat allemand indépendant« am Rhein zu[100]. Für seine seit langem beschlossene Neutralität hatte Napoleon einen hohen Preis erzielt, den Österreich in der Hoffnung zahlte, damit den Sieg erkauft zu haben. Weil man in Wien die französische Drohung ernst nahm, glaubte man auch nicht an eigene Verhandlungsstärke. Es war ein Fehler, nicht wenigstens zu versuchen, mehr über Bismarcks angebliches Rheinopfer zu erfahren, um damit auch Frankreichs Fähigkeit, einzugreifen, an der Realität zu messen. Stattdessen begab sich Österreich ohne Alternative in die Arme Napoleons. Die Gründe hierfür liegen in der allgemein unflexiblen österreichischen Diplomatie und daraus resultierender Fehlperzeption der Wirklichkeit. Nur bis März 1866 hätte ein Opfer Venetiens Österreichs Position gestärkt[101]. Bismarcks südlicher Partner wäre entfallen und Östereichs Rücken frei gebleiben, wenn es im Deutschen Bund Reformen zu seinen Bedingungen anstrebte. Dagegen standen österreichische Staatsraison und Kaiserideologie des Vielvölkerstaates. Gegen ein ruhiges Abwägen von Tatsachen sprach aber Mitte Juni auch die Geschwindigkeit der Entwicklung. Die Krise strebte ihrem Höhepunkt zu. Am 9. Juni waren preußische Truppen in Holstein einmarschiert. Am Tag darauf forderte Bismarck faktisch den Ausschluß Österreichs aus dem Deutschen Bund. Am 11. Juni debattierte der Ministerrat am Ballhausplatz. Am 12. erklärte Berlin den Bundesvertrag für nicht mehr bindend. Wer sollte in dieser Situation nicht auf das französische Angebot einer »neutralité amicale«[102] eingehen?

Im Februar 1866, als in beiden deutschen Großmächten die Vorentscheidungen zum Krieg fielen, hatten die Politiker die Notwendigkeiten erfolgreicher Krisenlenkung und Kriegführung definiert. Gemessen an ihren Vorgaben waren die Österreicher im Vorteil. Es war ihnen gelungen, dem Konflikt den legitimistischen Anstrich einer Bundesexekution zu geben. Sie gewannen bis Kriegsbeginn zusätzliche Sympathien in Rußland und Großbritannien, und es bewirkte dort auch keine wirkliche Gegnerschaft, daß Österreich den Kongreß ablehnte. Ein Vertrag mit Napoleon brachte den vermeintlich wichtigsten Vorteil gegen-

98 Clark, Franz Joseph and Bismarck, S. 434—436.
99 Ministerratsprotokoll 11.6.1866: Protokolle 6,2, Nr. 81, S. 135—139.
100 Huber, Deutsche Verfassungsgeschichte, Bd 3, S. 529—531; Oncken 1, Nr. 147 f., S. 265—268.
101 Clark, Franz Joseph and Bismarck, S. 440 f.
102 Gramont an Mensdorff 10.6.1866: OD 10, Nr. 2629, S. 109.

über Preußen, zumal er vor den süddeutschen Alliierten, die Frankreich mißtrauisch bis feindselig begegneten, geheim geblieben war. Aber Wien hatte keinen aktiven, oder sogar offensiven Partner unter den Großmächten finden können. Dafür war der militärische Einsatz deutscher Staaten kein adäquater Ersatz. Rußland und England hatten vielmehr erklärt, sich aus der rein deutschen Angelegenheit heraushalten zu wollen. Auch war ihr Druck auf Preußen bis zum Ausbruch des Kriegs allzu gering, um Bismarcks Pläne umzustoßen. Der französische Kaiser hatte sich zwar mit militärischer Drohung das Bündnis mit Franz Joseph verschafft, wollte selber im Krieg aber nichts unternehmen. Vielmehr sagte Napoleon nach beiden Seiten wohlwollende Neutralität zu, die ihm direkt Venetien sicherte und für die Zukunft vage auch deutsche Gebiete versprach. Aus der Perspektive des Ballhausplatzes glaubte man jedenfalls, mit dem Erreichten im Vorteil zu sein. Mißt man dagegen Bismarck an dem, was der Kronrat als erfolgverheißend ins Auge gefaßt hatte, so war er in wesentlichen Punkten damit gescheitert, das Risiko eines Feldzugs zu senken. Er hatte die zaghaften Interventionen aus London und Petersburg abgewehrt und konnte aus dem, was er über die Stimmungen dort erfuhr, auf ein Stillhalten rechnen. Es fehlten ihm jedoch hierfür bindende Zusagen. Selbst wenn er die Neutralitätsbekundungen Frankreichs glaubte, so war doch eine gegenteilige Option Napoleons nicht ausgeschlossen, wenn Österreich die Kompensation zubilligte, die Preußen verweigert hatte. Der Deutsche Bund war nicht ausgeschaltet, süddeutsche Staaten waren nicht für Berlin gewonnen und die Nationalbewegung verharrte mehrheitlich in ihrer Opposition. Die politischen Vorgaben hatten sich nicht oder — was die Großmächte anging — nur unzureichend verwirklichen lassen. Dagegen waren die militärischen Bedingungen erfüllt. Italien konnte als offensiver Partner gewonnen werden, und vorplanend unternahm der Generalstab unter Moltke alles, um die Überraschung auszunutzen, damit der Krieg räumlich und zeitlich begrenzt blieb. Aus dem Blickwinkel der Wilhelmstraße war trotzdem das Ganze eine unsichere Sache, bei der man nicht annehmen durfte, im Vorteil zu sein. Erst rückblickend erweisen sich die militärischen Vorgaben als die entscheidenden.

Denn der Krieg blieb ein kurzer — ganz wie es sich Bismarck gewünscht und Moltke kalkuliert hatte. Am 15. Juni griffen preußische Tuppen Sachsen an, am 21. überschritten sie die österreichische Grenze. Am 3. Juli entschied sich bei Königgrätz und Sadowa der Feldzug zu Gunsten der Preußen. In Süd- und Westdeutschland setzten sie sich letztlich ebenfalls durch. Für die Italiener bedeutete es nur einen Schönheitsfehler, Venetien mit einer militärischen Niederlage errungen zu haben[103].

[103] Entscheidung 1866. Der Krieg zwischen Österreich und Preußen. Hrsg. vom Militärgeschichtlichen Forschungsamt, Stuttgart 1966; siehe die neueren Überblicke von William Carr, The Origins of the Wars of German Unification. Origins of Modern Wars, London, New York 1991, S. 89—143 und Gerd Fesser, 1866. Königgrätz — Sadowa. Bismarcks Sieg über Österreich, Berlin 1994.

Der militärische Sieg war eindeutig. Er veränderte plötzlich und tiefgreifend das europäische Mächtesystem[104]. Deshalb war seit Königgrätz, obwohl der Krieg seinem Ende zuging, die Gefahr weiterhin gegeben, daß sich der Konflikt doch noch ausdehnte. Konkrete Einflußnahmen gingen von Rußland und Frankreich aus.

Rußland[105]: Gorčakov hatte sich in der Vorkriegsphase keinem der Kontrahenten irgendwie verpflichtet. Die Neutralitätszeugnisse und Sympathiebeweise für die eine oder andere Seite waren unverbindlich. Als der Kongreß scheiterte, besaß Rußland vollkommene Handlungsfreiheit. Diese sollte bei sich bietender Gelegenheit genutzt werden, gemeinsam mit den Westmächten den status quo in Deutschland wiederherzustellen[106]. Von den raschen preußischen Erfolgen »konsterniert«[107], forderte Gorčakov schon am 1. Juli identische Noten der drei Neutralen. Sie sollten Berlin das Recht versagen, den Deutschen Bund aufzulösen und im Norden einen Separatbund einzurichten. Der Bestand des alten Bundes sollte bestärkt werden, indem man die Diplomaten in Frankfurt beließ. Um den Druck, den diese Noten bewirken sollten, zu erhöhen, wollte sie Gorčakov zugleich veröffentlichen[108]. Die Schlacht von Königgrätz und mehr noch, daß Franz Joseph schon am 2. Juli den französischen Kaiser um die Vermittlung eines Waffenstillstands bat, machte die erste russische Initiative überflüssig. Doch die Angst bestand fort, daß der Umbruch in Deutschland das europäische Gleichgewicht bedrohte, wenn Preußen ein Übergewicht bekam, und Österreich ausschloß. Wien drohte, mit allen denkbaren Folgen für russische Interessen in Südosteuropa und in Polen, zum Vasallen Frankreichs zu werden[109]. Dieser Gefahr wollte Gorčakov mit einer zweiten Initiative zuvorkommen, die er direkt nach Berlin richtete. Er bot eine Entente an, wenn Preußen mit seinen Kriegszielen Maß hielt[110]. Daß Bismarck sein Friedensprogramm als »mäßig« bezeichnete, nahm den Russen ihr Mißtrauen in keiner Weise. Tatsächlich blieb der preußische Politiker im Abstrakten:

> »Unser Ziel bleibt eine gegen Wiederholung des Geschehenen sichernde Stellung in Norddeutschland. Der Möglichkeit, daß die Kleinstaaten, deren Gebiet unsere inneren Verbindungen beherrscht, gegen uns feindlich rüsten, muß vorgebeugt werden[111].«

Es schürte das Unbehagen in Petersburg, daß man von den Gesprächen in Nikolsburg über einen Präliminarfrieden nichts erfuhr, wohl aber von der Mitt-

---

104 Theodor Schieder, Das Jahr 1866 in der deutschen und europäischen Geschichte. In: Aus Politik und Zeitgeschichte (Beilage zur Wochenzeitung »Das Parlament«), V 24/66, 15.6.1966, S. 3—17.

105 Das Folgende bei Kolb, Rußland, S. 200—210; Fleischhauer, Bismarcks Rußlandpolitik, S. 113—124; Beyrau, S. 44—54.

106 Talleyrand an Drouyn de Lhuys 1.7.1866: OD 10, Nr. 2582, S. 57.

107 Revertera an Mensdorff 30.6.1866: Mosse, The European Powers, S. 239.

108 Talleyrand an Drouyn de Lhuys 1.7.1866: OD 10, Nr. 2847, S. 300 f.

109 Gorčakov an Oubril 8., 9., 19.7.1866: nach Kolb, Rußland, S. 202 f.

110 Gorčakov an Oubril 8.7.1866: ebd.; Gorčakov an Redern, dessen Bericht vom 5.7.1866: GW 6, S. 48, Vorbemerkung zu Nr. 465.

111 Bismarck an Redern 10.7.1866: GW 6, Nr. 465, S. 48 f.

lerrolle Napoleons wußte[112]. Um nicht aus dem Geschehen gedrängt zu werden, forderte Gorčakov am 24. Juli einen europäischen Kongreß. Dies war ein reiner Prestigeakt, um nicht »merely as assistants to France« zu erscheinen[113], denn seit dem 17. Juli waren die Friedensbedingungen Bismarcks bekannt: der Deutsche Bund erlischt; Preußen annektiert Kurhessen, Hannover, Frankfurt, Nassau und Teile Hessen-Darmstadts. Englands Außenminister Stanley hielt dies für »moderate under the circumstances«[114] und auch der Zar wirkte »ganz ruhig und sehr gnädig«[115]. Der russische Vorschlag kam also schon von seinen Voraussetzungen her verspätet. Zudem ging das Geschehen über ihn hinweg. Denn bereits zwei Tage weiter einigten sich Wien und Berlin in Nikolsburg auf jene Friedensgrundlagen, welche Gorčakov hatte beeinflussen wollen. Außerdem bestand keine Aussicht, daß eine der anderen Mächte sich noch für ein solches Projekt erwärmte. Stanley meinte, seine »practical power will be exceedingly small«. Er faßte die englische Stimmung in den Worten zusammen: »Keep us out of the quarrel«[116]. Und Napoleon glaubte jetzt, mehr ohne einen Kongreß gewinnen zu können. Gorčakov gab deshalb seine Idee auf, verlangte aber von Preußen eine besondere Mission, um eine russische Teilhabe am Friedensprozeß augenfällig zu dokumentieren. Sein Einverständnis mit den preußischen Bedingungen im Vorfrieden signalisierte er gleichwohl vorweg[117].

Schien eine »Spezialmission« des Generals Manteuffel also zunächst nur dem Prestigebedürfnis des Zaren zu dienen, bekam sie alsbald einen ganz anderen Charakter. Vom französischen Botschafter Benedetti erhielt Bismarck am 5. August Aufschluß über die Kompensationen, die Napoleon III. als Neutraler im Krieg und Vermittler danach wünschte. Seine Forderung nach dem linken Rheinufer und Luxemburg verband der Franzose mit der Drohung »dauernder Verstimmung«. Von Krieg war nicht die Rede[118]. Doch konnte Bismarck unter den gegebenen Umständen diese Gefahr nicht ausschließen:

> »Wir müssen aber auch auf den Krieg gefaßt sein; und wir müssen von diesem Augenblick an uns gegen einen solchen Angriffskrieg von Napoleon vorbereiten[119].«

Ein Krieg mußte selbst dann einkalkuliert werden, wenn Kriegsminister Roon sein Versprechen hielt, und den von Truppen entblößten Rhein schon bald wieder mit abschreckenden Kontingenten besetzte[120]. Da im Falle eines preußisch-französischen Konflikts Rußland sich ohne weiteres auf Frankreichs Seite stellen konnte, wurde Manteuffels Reise plötzlich so wichtig für das Verhältnis Preußens zum Zarenreich.

---

112 Durch Wilhelm I. an Alexander II. 7.7.1866: GW 6, S. 48, Vorbemerkung zu Nr. 465; Denkwürdigkeiten des Botschafters General von Schweinitz, Bd 1, S. 234 f.

113 Stanley an Cowley 21.7.1866: Mosse, The European Powers, S. 242, mit diesem Motiv argumentierte der russische Botschafter in London Brunnov.

114 Stanley an Cowley 17.7.1866: Mosse, The European Powers, S. 242.

115 Denkwürdigkeiten des Botschafters General von Schweinitz, Bd 1, S. 240.

116 Stanley an Cowley 7., 21.7.1866: Mosse, The European Powers, S. 240, 242.

117 Bismarck an Goltz 5.8.1866: GW 6, Nr. 528, S. 100.

118 Bismarck an Goltz 5.8.1866 (2 Telegramme): GW 6, Nr. 530 f., S. 101 f.

119 Bismarck an Goltz 8.8.1866: GW 6, Nr. 539, S. 113.

120 Denkwürdigkeiten des Botschafters General von Schweinitz, Bd 1, S. 234.

In der Tat hatte Gorčakov Anfang August ein gemeinsames Vorgehen mit Paris ins Auge gefaßt. Seinem Botschafter Brunnov hatte er noch von »zwei Wegen« der russischen Politik geschrieben: »Verständigung mit Preußen oder gemeinsames Programm mit Frankreich.« Ein Abkommen mit Berlin sei »die am wenigsten unvorteilhafte Politik«[121]. Gleichzeitig schien es Gorčakov aber wünschenswert und auch möglich, mit den Franzosen über Gemeinsamkeiten zu sprechen. Am 8. und 9. August legte er dem Botschafter in Paris, Budberg, sein Programm dar. Ziel sollte es sein, in allen wichtigen Fragen Gedanken auszutauschen. Er bot das russische Einverständnis für ein Frankreich in den Grenzen von 1814 an und verlangte dafür die Revision des Pariser Friedens (Pontusklauseln, Südbessarabien)[122].

In dieser Situation fiel Edwin von Manteuffel die Aufgabe zu, die preußisch-russischen Beziehungen zu stärken. Er erläuterte gegenüber Gorčakov und dem Zaren Preußens Annexionsprogramm. Hannover, Kurhessen, Nassau und Frankfurt verloren ihre Unabhängigkeit; Hessen-Darmstadt trat seine Gebiete nördlich des Mains ab und würde im Süden entschädigt. Württemberg blieb unbehelligt. Die Härte gegenüber Hannover und Hessen begründete Berlin mit deren Kriegseintritt »im Rücken«, einer Gefahr, der zukünftig vorgebeugt werden sollte. Die verwandtschaftlichen Beziehungen Darmstadts und Stuttgarts zum Zarenhaus erklärten deren milde Behandlung. Manteuffel ließ nach Bismarcks Instruktionen schon jetzt keinen Zweifel daran, daß Preußen seine Forderungen auch mit dem Argument nationaler Erwartungen im deutschen Volk verband. Neben diese vertrauensbildende Offenheit stellte Bismarck das Angebot, den Russen im Kampf gegen die Pontusklauseln zu helfen[123]. Gorčakov und Alexander kritisierten den preußischen Angriff auf das monarchische Prinzip. Der demokratische Charakter eines norddeutschen Parlaments weckte ihr Mißtrauen; hatte nicht das preußische Oberkommando in Böhmen versprochen, den Tschechen und Ungarn ihre nationalen Wünsche zu erfüllen? In Petersburg erblickte man in all dem den Vorläufer einer Revolution[124]. Die Russen meinten, ohne die territioriale Ausdehnung Preußens lasse sich größere Macht gewinnen und einer Konfrontation Frankreichs ausweichen. In der Schwarzmeerfrage erwartete Gorčakov den preußischen Beistand als Selbstverständlichkeit, nicht als diplomatische Ware[125]. Bismarck, der die Entsendung Manteuffels als Prestigemission angelegt hatte und das angekündigte russische Einverständnis mit den preußischen Friedensregeln erwartete[126], griff über die Verzögerung verärgert die Revolutionsangst am Zarenhof auf, um jetzt seinerseits einen Druck auszuüben, der das Verfahren beschleunigte. Er telegraphierte nach Petersburg, mit Württemberg und Hessen-Darmstadt einig zu sein. Dieser Abschluß stehe jedoch wieder zur Disposition, wenn Rußland den Weg für die

121 Gorčakov an Brunnov 4.8.1866: Kolb, Rußland, S. 218 (69).
122 Gorčakov an Budberg 8., 9.8.1866: Kolb, Rußland, S. 205.
123 Bismarck an Manteuffel 7., 9.8.1866: GW 6, Nr. 535, 543, S. 104 f. 115.
124 Fleischhauer, Bismarcks Rußlandpolitik, Anlage III, S. 211, auch S. 111—113; GW 6, S. 58 f., Vorbemerkung zu Nr. 478; Denkwürdigkeiten des Botschafters General von Schweinitz, Bd 1, S.238.
125 Kolb, Rußland, S. 206 f.; Mosse, The European Powers, S. 246 f.
126 Bismarck an Goltz 8.8.1866: GW 6, Nr. 538, S. 111.

Annexion nicht freigebe. »Pression des Auslandes« — also auch Rußlands — »wird uns zur Proklamierung der deutschen Reichsverfassung von 1849 und zu wirklich revolutionären Maßregeln treiben.« Drohend fuhr Bismarck mit dem bekannten Satz fort: »Soll Revolution sein, so wollen wir sie lieber machen als erleiden[127].«

Alexander II. wiederholte zwar in einem Brief an den preußischen König noch einmal die russischen Vorbehalte. Zugleich bekundete er aber, daß Rußland an dem freundschaftlichen Verhältnis beider Staaten festhielt. Manteuffel bezeichnete dies als das Wesentliche hinter aller Doktrin. Bismarck setzte auf dieser Grundlage gegen die Bedenken Wilhelms I. sein Annexionsprogramm durch[128]. Der Ministerpräsident war sich zu dieser Zeit bereits wieder sicher, daß von Frankreich keine Kriegsgefahr ausging[129]. Trotzdem beließ er den General Manteuffel in Petersburg, damit »der demonstrative Charakter dieser Mission nachhaltig unterstrichen wurde«[130]. Der Aufenthalt in Rußland hatte zweierlei gebracht. Das Zarenreich war nach außen am Umbruch in Deutschland beteiligt worden und hatte dabei seine Vorbehalte zu erkennen gegeben. Es war aber auch das, eine Zeit lang beschädigte preußisch-russische Verhältnis erneuert worden. In einem Brief an König Wilhelm bedauerte der Zar die schwere Niederlage des monarchischen Prinzips, wünschte aber zugleich, daß Rußland und Preußen inskünftig wieder alte und vertraute Partner werden[131].

Frankreich[132]. In Paris bestand trotz einer wenig kriegerischen öffentlichen Stimmung und entgegen anderslautenden Versprechen des Kaisers[133] weiterhin der Wunsch, die Neutralität im deutschen Krieg territorial entgolten zu bekommen. In einer Art panischer Reaktion auf die preußischen Erfolge wollte Napoleon III. sogar militärisch intervenieren, wenn sein Aufruf zu Waffenstillstand und Vermittlung zurückgewiesen würde. Der Gedanke an ein aktives militärisches Eingreifen, von Drouyn de Lhuys, Kriegsminister Randon und dem Kaiserehepaar favorisiert, stieß jedoch auf den erbitterten Widerstand der Minister Rouher, Baroche (Finanzen) und LaValette (Inneres) sowie des einflußreichen Prinzen Napoleon, dem Cousin des Kaisers[134]. Ihre Argumente überzeugten den Monarchen, es bei einer diplomatischen Mediation zu belassen: Ideologisch war Österreich der falsche Partner gegen die Verfechter nationaler Ziele Italiens und Preußens. Für einen großen Krieg war Frankreich militärisch unzureichend gerüstet. Wirtschaftlich konnten nur nachteilige Effekte erwartet werden. Außerdem hatte König Wilhelm I. sich sofort zu einem Waffenstill-

---

127 Bismarck an Manteuffel 11.8.1866: GW 6, Nr. 553, S. 120.
128 Ministerrat 15.8.1866; GW 6, S. 131 f., Vorbemerkung zu Nr. 571.
129 Bismarck an Manteuffel und Bernstorff 13.8.1866: GW 6, Nr. 560, S. 123.
130 Kolb, Rußland, S. 207.
131 Alexander II. an Wilhelm I. 24.8.1866: APP 8, Nr. 5, S. 42 f.
132 Das Folgende bei E. Ann Pottinger, Napoleon III. and the German Crisis 1865—1866, Cambridge 1966 (= Harvard Historical Studies, 75), S. 151—184.
133 Napoleon III. an Drouyn de Lhuys 11.6.1866: Moniteur 12.6.1866, Oncken 1, Nr. 144, S. 262 f.
134 Napoleon III. an Wilhelm I., an Viktor Emanuel 4.7.1866: Oncken 1, Nr. 174, S. 302, OD 10, Nr. 2861 f., S. 314 f.

stand bereit erklärt[135], der in Berlin befürchteten gewaltsamen Einmischung damit die Grundlage entzogen. So hatte Otto von Bismarck gegen alle militärischen Ambitionen, etwa denen Moltkes, nach Wien weiterzumarschieren, einen diplomatischen Weg durchgesetzt. Doch ließ er sich deshalb noch lange nicht auf Bedingungen Napoleons festlegen, die nicht mit preußischen Zielen übereinstimmten. Nach Gesprächen mit Benedetti glaubte sich Bismarck vor französischen Angriffen sicher[136]. Da aber mit einer antipreußischen Öffentlichkeit zu rechnen war und napoleonischen Stimmungsumschwüngen vorgebeugt werden sollte, fuhren die Diplomaten Reuß und Goltz nach Paris, um für die Friedensbedingungen Einvernehmen auszuhandeln. Napoleon III. lehnte eine Annexion Sachsens ab, um es einer starken und selbständigen süddeutschen Staatengruppe anzugliedern. Österreich sollte keine deutschen Gebiete abtreten müssen. Allen Versuchen, konkret über territoriale Kompensation zu reden, wich der Kaiser aus. Stattdesen forderte er einen Pufferstaat im Rheinland[137]. Goltz riet zu mäßigen Vorschlägen, um Napoleon nicht ohne Not in den Krieg zu treiben[138]. Letzlich einigte man sich auf einen Sechs-Punkte-Katalog für die Vorfriedensverhandlungen: Österreich verlor Venetien, blieb aber von jeder deutschen Neuordnung ausgeschlossen; Preußen beschränkte sich nördlich des Mains; südlich davon war der Weg zu einem unabhängigen Staatenbund frei, dieser sollte in einer »entente commune« zum Norddeutschen Bund stehen; Schleswig-Holstein kam an Preußen, im Norden vorbehaltlich eines Plebiszits; die Kriegskosten sollten nur zum Teil die Verlierer tragen[139]. Gegen den harten Widerstand von Monarch und Militär setzte sich Bismarck auf dieser Grundlage durch[140].

Die Einzelheiten dessen, was Napoleon jetzt als seinen Friedensvorschlag einbrachte, deckten sich mit den politischen Zielen, die Bismarck mit dem Krieg verbunden hatte. Daß der französische Kaiser seine starke Verhandlungsposition nicht ausschöpfen konnte, lag an zweierlei. Erstens erwiesen sich die kriegsbedingten Kommunikationsprobleme als preußischer Vorteil. Sie verhinderten die in sich geschlossene Diskussion eines Pakets von Bedingungen. Die Details preußischer Wünsche erreichten Paris nur nach und nach, so daß sich Unstimmigkeiten vorderhand auf Mißverständnisse und mangelhafte Information zurückführen ließen. So konnte man im Zweifel Forderungen aufgeben, die auf zu großen Widerstand stießen. Zweitens beharrte Napoleon mit besonderer Energie auf einem Punkt, der Bismarck gar nicht sehr wichtig war. Daß Preußen keinen deutschen Gebietsverlust Österreichs beabsichtigte, erfuhr der Kaiser erst nachträglich von Benedetti. So relativierte sich Napoleons Vermittlererfolg. Er erschien als Objekt in Bismarcks taktischem Spiel. Hieraus erklärt sich der französische Ruf nach »Rache für Sadowa«.

135 Wilhelm I. an Napoleon III. 5.7.1866: Sybel, Die Begründung, Bd 5, S. 255 f.
136 Benedetti an Drouyn de Lhuys 12.7.1866: OD 11, Nr. 2965, S. 10 f.
137 Goltz an Bismarck 11.7. (2 Schreiben), Reuß an Bismarck 12.7., Goltz an Bismarck 14.7.1866: Oncken 1, Nr. 205—207, S. 336—345, Nr. 223, S. 351—356.
138 Goltz an Bismarck 11.7.1866: Oncken 1, Nr. 205, S. 337; Goltz an Bismarck 13.7.1866: GW 6, S. 61, Vorbemerkung zu Nr. 479.
139 Drouyn de Lhuys an Benedetti und Gramont 14.7.1866: OD 11, Nr. 2980, S. 30—32; Bismarck an Usedom 20.7.1866: GW 6, Nr. 488, S. 69.
140 GW 6, S. 68, Anm.; Gall, Bismarck, S. 368; Engelberg, Bismarck, S. 609 f.

Erstes Mittel einer Revanche war der erneute und diesmal unverschleierte Kompensationsanspruch, den Benedetti am 5. August vorbrachte. Dies war mehr eine ministerielle, als eine in der Öffentlichkeit fundierte Politik[141], deren wichtigste Träger Rouher und Drouyn de Lhuys waren[142]. Napoleon selbst hatte sich stets zurückgehalten und damit den Eindruck erweckt, für ihn habe der territoriale Gewinn zur Zeit keine Priorität[143]. Doch als der französische Botschafter den Konventionsentwurf vorbrachte[144], war Bismarck bereits gewarnt durch eine Begegnung mit Benedetti am 26. Juli. Am Tag des Vorfriedens von Nikolsburg hatte dieser Luxemburg, seit dem Ende des Bundes nicht mehr deutsches Gebiet, und die Grenzen von 1814 für Frankreich gefordert. Man war übereingekommen, die Sache aufzuschieben, um später in Berlin in Ruhe darüber zu reden[145]. Inzwischen hatte Bismarck möglichen Forderungen vorgebeugt. In der Presse ließ er die Uneigennützigkeit Napoleons »so kräftig und fortgesetzt hervorheben und anpreisen, daß er gar nicht mehr von dieser ausgesprochenen Stellung zurücktreten kann«[146]. Gleichzeitig formulierte Bismarck schon vorab die Argumente, die einen preußischen Verzicht auf Luxemburg begründen konnten. Den Botschafter in den Niederlanden, Perponcher, ließ er zu dessen Orientierung wissen, daß das Großherzogtum, dem der holländische König in Personalunion verbunden war, weder demographisch zu Preußen gehörte, noch einen besonderen strategischen Wert besaß[147]. Diese beiden präventiven Maßnahmen waren aber nicht ausreichend, als Benedetti die sehr viel weitergehenden Wünsche Frankreichs anmeldete. Paris erwartete von Preußen, Bayern und Hessen-Darmstadt alle linksrheinischen Gebiete; eventuell sollte Berlin die süddeutschen Staaten entschädigen. Limburg und Luxemburg sollten an Frankreich fallen[148]. Während man in der Umgebung des Hohenzollernkönigs fürchtete, Napoleon sei zum Krieg entschlossen[149], teilte Bismarck diese Bedenken nicht. Ihm erschienen die diplomatischen Folgen realistischer und ebenso gefährlich. Selbst wenn Frankreich nicht militärisch eingriff, so hatte es doch politische Macht und diplomatische Mittel genug, um Preußen um die Früchte des Sieges zu bringen[150]. Außerdem konnte ein Krieg mit den Franzosen auch nicht ohne weiteres ausgeschlossen werden. Wenn Bismarck also die territorialen Ansprüche Napoleons scharf zurückwies[151], so mußte diese Haltung gegen die Möglichkeit eines bewaffneten Konflikts abgesichert werden. Dies sollte »unostensibel« geschehen[152]. Der preußische Minister tat dies mit

141 Armengaud, L'opinion publique en France, S. 65 ff.
142 Erinnerungen aus meinem Berufsleben 1849 bis 1867 von Freiherr v. Loë, Stuttgart, Leipzig 1906, S. 120.
143 Bismarck an Goltz 8.8.1866: GW 6, Nr. 538, S. 107.
144 Für das Folgende: Herbert Geuss, Bismarck und Napoleon III. Ein Beitrag zur Geschichte der preußisch-französischen Beziehungen 1851—1871, Köln, Graz 1959 (= Kölner Historische Abhandlungen, 1), S. 188 ff.
145 Benedetti an Drouyn de Lhuys 26.7.1866: OD 11, Nr. 3159, S. 219—225.
146 Bismarck an Eulenburg 31.7.1866: GW 6, Nr. 521, S. 96.
147 Bismarck an Perponcher 31.7.1866: GW 6, Nr. 514, S. 92.
148 Benedetti an Bismarck 5.8.1866; Goltz an Bismarck 5.8.1866: Oncken 2, Nr. 245 f., S. 21 f.
149 Loë, S. 120 f.; Bismarck an Goltz 8.8.1866: GW 6, Nr. 538, S. 109 f.
150 Bismarck an Goltz 8.8.1866: GW 6, Nr. 538, S. 110.
151 Benedetti an Drouyn de Lhuys 6.8.1866: OD 11, Nr. 3308, S. 394—402.
152 Bismarck an Goltz 8.8.1866: GW 6, Nr. 539, S. 113.

einem ganzen Bündel von Maßnahmen, vom politisch-psychologischen Druck auf Napoleon selbst, über Angebote und Drohungen an die französische Adresse, hin zur Suche nach möglichen Alliierten.

Bismarck bezeichnete die Forderungen, die Benedetti vortrug, vom Standpunkt der »Nationalitätsidee« als unerfüllbar. Napoleon verspiele damit, was er in Deutschland an Vertrauen für sich und sein Land aufgebaut habe. Der Preuße verstärkte sein Argument durch die Drohung, die ganze Angelegenheit »zur öffentlichen Diskussion zu bringen«, was nationalrevolutionäre und antifranzösische Kräfte freisetzen mußte[153]. Italien sollte wegen der Interventionsgefahr rasch mit Wien zu einem Ergebnis kommen. Noch herrschte zwischen diesen beiden keine Waffenruhe. Um »den Rücken gegen Österreich gedeckt« zu haben, diskutierte Bismarck mit General Govone, dem Unterhändler des Dreimonatspakts, ob von Florenz eine wohlwollende Neutralität zu erwarten war[154]. In Prag drängte er auf schnellere Friedensverhandlungen. Ein rascher Vertrag machte Truppen frei und verhinderte Absprachen, von denen Wien sich Vorteile versprechen konnte[155]. Für den äußersten Fall, gegen Frankreich und Österreich Krieg führen zu müssen, hielt sich Bismarck die Option offen, die Ungarn zur Revolution zu ermuntern und damit im Innern der Habsburgermonarchie eine weitere Front zu errichten[156]. Auch die süddeutschen Staaten wurden eingebunden. Die französische Bedrohung nutzten die Preußen, um die Friedensgespräche mit Württemberg, Baden und Bayern durch Schutz- und Trutzbündnisse zu ergänzen[157]. Durch den Militärattaché in Paris, Loë[158], und Moltke[159] hatte man in Berlin eine genaues Bild vom unzureichenden Zustand der französischen Armee. Letzte Sicherheit suchte sich Bismarck durch von der Goltz zu verschaffen. Der Botschafter sollte vertraulich herausfinden, ob »Frankreich aus der Abtretung deutschen Bodens eine Kriegsfrage machte«[160]. Es ging dem preußischen Ministerpräsidenten einzig um die deutschen Gebiete. Für den Erwerb Luxemburgs und vielleicht Belgiens reichte er gleichzeitig mit den geschilderten Gegenmaßnahmen den Franzosen die Hand zur Kooperation[161]. Dies war sicher keine bindende Zessionszusage, handelte es sich doch um Regionen, auf welche Preußen keinen (Belgien) oder nur eingeschränkten (Garnisonsrecht in Luxemburg) Zugriff besaß. Dennoch eröffnete Bismarck hierdurch eine Rückzugsmöglichkeit für Napoleon III. Der bezeichnete das Ganze schließlich auch als ein Mißverständnis:

> »Er erkannte wiederholt an, als Vermittler nichts fordern zu können. Deshalb habe er seine Wünsche nach Beendigung der ganzen Angelegenheit ausgesprochen. Freilich wünsche er sehr, daß zur Befriedigung der hiesigen von den feindlichen Parteien ausgebeuteten öffentlichen Meinung etwas geschehen kön-

---

153 Bismarck an Goltz 8.8.1866: GW 6, Nr. 538, S. 108.
154 Bismarck an Usedom 7.8.1866: GW 6, Nr. 533, S. 103; Aufzeichnung Govones 10.8.1866: GW 7 Nr. 138, S. 155—157, vgl. GW 6, S. 114, Anmerkung zu Nr. 542.
155 Bismarck an Werther 9., 10.8.1866: GW 6, Nr. 542, 552, S. 114, 119 f.
156 Bismarck an Usedom 7.8.1866: GW 6, Nr. 534, S. 103.
157 Huber, Deutsche Verfassungsgeschichte, Bd 3, S. 598 ff.
158 Loë, S. 123 ff.
159 Denkschrift Moltkes 8.8.1866: Werke 1, 2, Nr. 329, S. 345—349.
160 Bismarck an Goltz 10.8.1866: GW 6, Nr. 548, S. 117.
161 Bismarck an Goltz 8.8.1866: GW 6, Nr. 539, S. 112.

ne; dies sei zwischen uns unter gleichmäßiger Berücksichtigung unserer Stellung freundschaftlich zu vereinbaren. [...] Kriegsgefahr nicht vorhanden[162].«

Der auf diese Weise desavouierte Außenminister Drouyn de Lhuys räumte schon am nächsten Tag (12. August) das Büro am Quai d'Orsay. Sein Nachfolger Moustier, bislang Botschafter in Konstantinopel, stellte zunächst die Kretakrise in das Zentrum seiner Außenpolitik. Einem formalen Bündnis wich Bismarck noch im August 1866 aus[163]. Napoleon verwarf, nachdem London vor einem solchen Schritt warnte, den Bündnisplan wieder und stellte für die Zukunft die Luxemburger Frage in den Vordergrund[164].

Die Auseinandersetzungen des Jahres 1866 sind durch eine lange Phase sehr bewußter Krisenlenkung gekennzeichnet. Preußen und Österreich versuchten, ihre politischen Strategien an klar definierten Erfordernissen zielgerichteter Eskalation und entsprechender Stärkung des eigenen Konfliktpotentials auszurichten. Gemessen an den gesteckten Zielen verfuhren sie dabei unterschiedlich erfolgreich. Nach außen strebte Preußen einen lokalisierten, schnellen Krieg mit Italien als offensivem Partner an. Frankreich mußte neutral gehalten werden; Rußland und England sollten stillhalten. Nach innen wollte man den Deutschen Bund als handelnden Faktor ausschalten und die Nationalbewegung instrumentalisieren. Nur die militärischen Ziele wurden erreicht. Der diplomatischen Vorgaben konnte man nicht sicher sein, und auch die Absichten innerhalb Deutschlands mißglückten. Gescheitert war ebenso der Versuch, kleinere deutsche Staaten auf die preußische Politik festzulegen. Österreich versuchte, den Konflikt auszuweiten und andere Mächte einzubeziehen, um kriegsverhindernden Druck auf Berlin auszuüben oder im Kriegsfall nicht allein zu stehen. Diesem Zweck sollten ein Bündnis mit Frankreich und das Mittel der Bundesexekution gegen Preußen dienen. Doch Paris ließ sich nicht militärisch aktiv binden, und der komplizierte bundespolitische Prozeß bot dafür keinen ausreichenden Ersatz. Er war vielmehr ein willkommener Anlaß für Preußen, sich vom Deutschen Bund freizumachen.

In der Vorkriegsphase 1865/66 lassen sich die Eskalationsprozesse einer europäischen Krise verfolgen. Ihre akute Gefährlichkeit für das Mächtesystem verlor sie dadurch, daß die innerdeutsche Auseinandersetzung unerwartet schnell beigelegt wurde. Der Krieg blieb zeitlich kurz, räumlich begrenzt und die Forderungen des Siegers waren gemäßigt. Doch hatte sich das erfolgreiche Preußen in der Nachkriegsphase russischer und französischer Interventionen zu erwehren, die ein ausgeweitetes Wiederaufflammen des Krieges nicht ausschlossen. Bismarck nahm gegenüber Rußland Rücksicht auf das Prestigebedürfnis der dortigen Regierung und entsandte vertrauensbildend einen ranghohen Militär, um dies auch zu demonstrieren. Mit einem Paket präventiver Maßnahmen zeigte er dagegen den Franzosen drohende Härte. Der neuen Situation angepaßt, unternahm Bismarck ähnliche Anstrengungen, die eigene Stellung politisch und militärisch zu stärken, wie vor dem Krieg gegen Österreich. Er konnte dabei auf die ihm bekannte Schwäche der französischen Armee vertrau-

---

162 Goltz an Bismarck 11.8.1866: Oncken 2, Nr. 267, S. 51.

163 Geuss, Bismarck und Napoleon III., S. 197 f.; frz. Allianzentwurf (ca. 23.8.1866): Oncken 2, Nr. 297, S. 94 f.

164 Geuss, Bismarck und Napoleon III., S. 200.

en, die Napoleon letztlich zum Einlenken zwang. Dem Kaiser lag zu diesem Zeitpunkt auch mehr an einem kooperativen Verhältnis zu Berlin, was sich jedoch in der Folgezeit änderte.

9. »Die Ruhe sichern«[1]. Die kontrollierte Krise um Luxemburg 1867

Dem preußischen Sieg über Österreich waren 1866 weitreichende Kompensationsforderungen Napoleons III. nachgefolgt. Zwar war es Otto von Bismarck gelungen, diese abzuwehren und einem Bündnisangebot Frankreichs auszuweichen. Doch war dadurch kein Wandel der französischen Politik eingetreten, vielmehr konzentrierte sich die Pariser Führung jetzt auf eine kleinere und scheinbar realistischere Lösung, den Gewinn Luxemburgs für das Zweite Kaiserreich. In der Tat erforderten das Ende des Deutschen und das Entstehen eines Norddeutschen Bundes, die staatsrechtliche Stellung Luxemburgs und in geringerem Maße Limburgs neu zu regeln. Diese Notwendigkeit nährte die französischen Hoffnungen. Damit erklären sich die Luxemburger Frage und die daran geknüpfte bilaterale Krise Preußen/Deutschlands und Frankreichs als Überrest der Ereignisse von 1866.

Das Großherzogtum war 1815 durch den Wiener Kongreß zum Deutschen Bund gekommen[2]. Nach der belgischen Revolution und Staatsgründung verlor Luxemburg seine westlichen, französischsprachigen Teile (Londoner Vertrag: 19. April 1839). Das bis dahin niederländische Herzogtum Limburg trat statt dessen in den Bund ein. Beide Gebiete, Luxemburg und Limburg, waren den Niederlanden verbunden: dieses als Provinz im Staatsverband, jenes in Personalunion als souveräner Staat. Gemeinsam bildeten sie bis 1866 ein Bundesmitglied[3]. Danach stand außer Zweifel, daß die »niederländischen Landesteile« aus dem künftigen Deutschland ausschieden. So hatte es Preußen in seinem Bundesreformplan im Juni 1866 gefordert, so wünschten es die Regierungen der Niederlande und Luxemburgs, eine deutsche Lösung hätte Frankreich nicht akzeptiert. Limburgs Zukunft war unproblematisch, da es stets Teil der Niederlande gewesen war. In Luxemburg dagegen beanspruchte Preußen auch weiterhin ein Garnisonsrecht; außerdem blieb das Großherzogtum im Deutschen Zollverein. Der niederländische König war nach wie vor Großherzog von Luxemburg, und Napoleon beanspruchte den Kleinstaat als Kompensation für seine Neutralität im preußisch-österreichischen Krieg[4]. Jedes denkbare Abkommen mußte deshalb dreiseitig sein und die Interessen zweier Großmächte, zweier Kleinstaaten und von vier Öffentlichkeiten vereinen. Dabei konnten die Auffassungen in Paris und Berlin über das mögliche Verfahren, Luxemburg neu zu ordnen, kaum gegensätzlicher sein. Der französische Kaiser wollte, daß Preußen das Großherzogtum abtrat und Holland dafür entschädigte (z. B. mit

---

1 Bismarck im April 1867: APP 8, Nr. 390, S. 563.

2 Überblick bei Gilbert Trausch, Deutschland und Luxemburg vom Wiener Kongreß bis zum heutigen Tag. Die Geschichte einer Entfremdung. In: Die deutsche Frage im 19. und 20. Jahrhundert. Referate und Diskussionsbeiträge eines Augsburger Symposiums 23. bis 25.9.1981, München 1983, S. 185—200.

3 Ernst Rudolf Huber, Deutsche Verfassungsgeschichte seit 1789, Bd 2, Stuttgart ^{2}1967, S. 123 f.

4 Ebd., Bd 3, Stuttgart ^{2}1968, S. 693 f.

Ostfriesland). Dies sollte in einem Schritt vollzogen werden. Napoleon suchte den schnellen Erfolg, um sich innenpolitischem Druck zu entziehen. Wegen des steten Zwangs, seine Herrschaft stabilisieren zu müssen, gab er unter dem Einfluß des Ministers Eugène Rouher der antipreussischen Stimmung in Frankreich nach[5]. Für die Wirtschafts- und Finanzelite sind dabei ökonomische Motive erkennbar, für Napoleon selbst jedoch nicht evident[6]. Triebfeder war vielmehr ein Gefühl, Bismarck enthalte ihm das versprochene »Trinkgeld« vor. Der preußische Ministerpräsident und bald norddeutsche Kanzler war dagegen bedingt bereit, den Franzosen mit Luxemburg die Enthaltsamkeit in der deutschen Frage zu entgelten: dies wahrscheinlich mehr mit Blick in die Zukunft, als für vergangene Leistungen[7]. Otto von Bismarck wünschte sich jedoch, daß Holland das Großherzogtum an Frankreich abtrat und von Paris dafür (z.B. finanziell) entschädigt wurde. Dies konnte nicht schnell und einheitlich durchgeführt werden. Nur eine etappenweise Aktion garantierte, wenn es überhaupt möglich war, daß Preußen sich nicht vor der deutschen Öffentlichkeit, besonders in den gerade annektierten Regionen und bei den liberalen und nationalbewegten Gegnern des preußischen Kurses sowie bei den süddeutschen Regierungen und Monarchen kompromittierte. Jede direkte Abtretung als deutsch empfundenen Gebiets wirkte desavouierend. Außerdem mußte ein solches Verfahren den Eindruck erwecken, Frankreich habe seine Bedingungen diktieren können. Für Bismarck war es aber stets wichtig, auf gleichberechtigter Ebene zu verhandeln. Derart unterschiedliche Auffassungen und Motivationen außenpolitischer Ziele und Vorgehensweisen führten geradewegs in die diplomatische Kontroverse, die seit Dezember 1866 einsetzte.

Am 3. Dezember eröffnete der französische Botschafter in Berlin die Auseinandersetzungen. In einem Gespräch mit Bismarck knüpfte Benedetti an das Bündnisprojekt vom Spätsommer wieder an. Neben der Zession Luxemburgs sollte Preußen hierin eine Territorialgarantie für Papst Pius IX. einbringen. Das Ergebnis dieses Vorstoßes enttäuschte in Paris. Berlin lehnte jeden materiellen Einsatz für den Kirchenstaat ab. Auch in der Luxemburger Frage zeigte man sich abweisend. Bismarck griff auf ein altes Argument zurück: für die »Mißstimmung und Feindschaft« in der deutschen Öffentlichkeit, welche der französische Wunsch wecke, sei das kleine Großherzogtum kein adäquater Ersatz[8].

Aber Otto von Bismarck wies auch einen Weg, der Frankreich seinen Zielen näher bringen konnte, ohne Preußen bloßzustellen. Jede Initiative, das Problem überhaupt anzugreifen, mußte von Luxemburg selbst oder doch wenigstens

---

5 Zu Person und Rolle Rouhers siehe Robert Schnerb, Rouher et le Second Empire, Paris 1949, bes. S. 188—196; zur Stimmung in Frankreich siehe Klaus Rudolf Wenger, Preußen in der öffentlichen Meinung Frankreichs 1815—1870, Göttingen 1979 (= Göttinger Bausteine zur Geschichtswissenschaft, 50), S. 194—213.

6 Paul Bernstein, The Economic Aspect of Napoleon III.'s Rhine Policy. In: French Historical Studies 1 (1960), S. 335—347; E. Ann Pottinger, Napoleon III. and the German Crisis 1865—1866, Cambridge 1966 (= Harvard Historical Studies, 75), S. 184 (153).

7 Vgl. Bismarck an Goltz 27.1.1867: APP 8, Nr. 208, S. 334 f.

8 Benedetti an Moustier 3.12.1866: OD 13, Nr. 3849, S. 200—202; Bismarck an Goltz 6.12.1866 (2 Schreiben): GW 6, Nr. 624 f., S. 177—180; vgl. Bismarck an Goltz 8.8.1866: GW 6, Nr. 538, S. 108.

vom holländischen König-Großherzog Wilhelm III. ausgehen. Dies anzuregen sei Sache der Franzosen, nicht Preußens. Ausgehend von einem luxemburgisch-niederländischen Wunsch, nicht aber als Vorleistung, könne Berlin auf das Garnisonsrecht verzichten[9]. Bis zu einer solchen Anregung wollte Bismarck die Sache am liebsten vertagen[10]. Mit den verschiedensten Argumenten versuchte er dies Ziel auch zu erreichen; so schob er seine Arbeitsüberlastung, Krankheiten, Widerstände am Hof, Benedettis rücksichtsloses Auftreten vor, um Zeit zu gewinnen[11]. Rouher versuchte diese Taktik aufzubrechen. Botschafter Goltz gegenüber erhob er den Vorwurf, Bismarck halte seine Versprechen nicht ein[12]. Dieser antwortete, niemals irgendwelche Zusagen gemacht zu haben[13], gab aber gleichwohl zu, daß die luxemburgische Frage nach wie vor ungelöst schwebte[14], sie durch das Hinhalten also nicht von allein verschwand.

In Paris war das Verständnis für Bismarcks ausweichende Haltung gering. Das Mißtrauen wuchs, und der Kaiser gab ihm Ausdruck. Er fürchtete, ein weiteres Abwarten erschwere jede mögliche Lösung des Problems: Der gegen Frankreich 1815 geschnürte »eiserne [Festungs-]Gürtel« (LaValette) sollte abgelegt werden, um Preußens Machtzuwachs leichter zustimmen zu können. Landau sollte bayerisch, Rastatt badisch und Luxemburg aufgegeben werden. Goltz schilderte, wie ernst Napoleons Lage war. Für die bevorstehende parlamentarische Sitzungsperiode benötigte er Argumente dafür, daß »er nicht überlistet worden sei« und sich »die Machtstellung Frankreichs nicht vermindert habe«. Die kriegsbereite Stimmung in der Armeespitze breite sich aus, wenn der Kaiser diesen Beweis nicht erbringe. Es war Goltz, der in dieser Situation vorschlug, die Luxemburger Frage auf das Militärische zu reduzieren. Kompetente Gutachten sollten entweder die Garnison als strategisch wertlos erweisen oder den Verzicht an eine Schleifung der Bundesfestung binden. In jedem Fall gewann man dadurch politischen Spielraum[15]. Napoleon III. und sein Außenminister Moustier stimmten einer Schleifung widerwillig zu, da sie kein entmilitarisiertes Luxemburg präjudizierte[16], sahen aber dadurch den Wert des preußischen Verzichts und dessen öffentliche Wirksamkeit verringert[17]. Bismarck war überzeugt, daß »Luxemburg für uns keinen Wert hat«. Er nahm deshalb die Idee militärischer Gutachten auf und wollte Generalstabschef Moltke und

9 Bismarck an Goltz 19., 20., 21.12.1866: GW 6, Nr. 637 f., 640, S. 202 f., 206, 210; Goltz an Bismarck 28.12.1866 erschließt sich aus GW 6, Nr. 649, S. 222; Benedetti an Moustier 20.12.1866: OD 13, Nr. 3947, S. 311—318.

10 Bismarck an Goltz 26.12.1866: GW 6, Nr. 643, S. 212 f.

11 Herbert Geuss, Bismarck und Napoleon III. Ein Beitrag zur Geschichte der preußisch-französischen Beziehungen 1851—1871, Köln, Graz 1959 (= Kölner Historische Abhandlungen, Bd 1), S. 202.

12 Goltz an Bismarck 3.1.1867: Oncken 2, Nr. 327, S. 160 f.

13 Bismarck an Goltz 13.1.1867: GW 6, Nr. 651, S. 228.

14 Aufzeichnung Bismarcks 10.1.1867: GW 6, Nr. 650, S. 225; Benedetti an Moustier 11.1.1867: OD 14, Nr. 4038, S. 76.

15 Goltz an Bismarck 11.1.1867: Oncken 2, Nr. 332, S. 172—178.

16 Wie noch A. Schierenberg, Die deutsch-französiche Auseinandersetzung um die Luxemburger Frage dargestellt vor allem an der luxemburgischen Angelegenheit des Jahres 1867, Marburg 1933, S. 36, meinte.

17 Goltz an Bismarck 16.1.1867: Oncken 2, Nr. 337, S. 187 f.; Goltz an Bismarck 29.1.1867: APP 8, Nr. 210, S. 338 f.

Kriegsminister Roon ebenfalls auf den »Unwert der Festung« oder wenigstens deren Schleifung festlegen[18]. Die französische Führung zeigte sich befriedigt, daß durch derartige Gutachten, von denen Goltz und Bismarck offen ein günstiges Ergebnis erwarteten, die Sache wieder in Gang kam[19]. Aber die Ereignisse entwickelten sich anders als vorhergesehen. Moltke und Roon lehnten jedes Aufgeben Luxemburgs ab. Schleifen ließe sich die größtenteils natürliche Festungslage ohnehin kaum. Andere Sachkenner, so der Militärattachée in Paris Loë und der Militärexperte Bernhardi stützten diese Ansicht[20]. Bismarck und Goltz versuchten, den Gutachten einen vorläufigen, unpolitischen und nicht verbindlichen Charakter zu geben[21]. Doch beiden war klar, daß sich der König nicht leicht über die Argumente seiner wichtigsten Militärs hinwegsetzte und deshalb ein Verzicht auf das Großherzogtum immer unwahrscheinlicher wurde[22]. Auch in Paris machte man sich über die Folgen keine Illusionen. Die preußische Haltung in der Luxemburger Frage sollte zum Prüfstein im beiderseitigen Verhältnis werden. Rouher drohte, Berlin dränge den Kaiser in eine Lage, aus der ihn früher oder später nur ein Krieg gegen Preußen wieder herausbringe[23]. Daß ein solcher Krieg möglich, wenn auch im Moment noch wenig wahrscheinlich war, erkannte auch die preußische Führung[24]. Vertrauensbildend kündigte Bismarck den Besuch Wilhelms I. zur Weltausstellung im Frühjahr 1867 an[25].

Die diplomatische Kontroverse hatte seit Anfang Dezember die Franzosen ihren Zielen nicht näher gebracht; vielmehr eskalierte der Konflikt über die Luxemburger Frage zur bilateralen Krise. Außenminister Moustier wandte sich, als er von Preußen kein Entgegenkommen mehr erwartete, direkt an die Regierung im Haag[26]. Gleichzeitig versuchte man in Luxemburg eine profranzösische Stimmung für einen Anschluß, aber gegen eine Entfestigung zu wecken[27]. Die Haager Regierung war mehr an Limburg, als an dem südlicheren Großherzogtum interessiert. Der Königshof neigte ohnedies mehr Napoleon zu und teilte die Abneigung und Furcht der Öffentlichkeit gegenüber Preußen[28]. In dem

---

18 Bismarck an Goltz 14., 16.1.1866: APP 8, Nr. 183, S. 297 f., S. 307 Anm. 4 zu Nr. 188; Bismarck an Roon und Moltke 16.1.1866: APP 8, Nr. 188, S. 306 f.

19 Goltz an Bismarck 17.1.1867: APP 8, Nr. 192, S. 313.

20 Eberhard Kessel, Moltke, Stuttgart 1957, S. 529; Moltke an Bismarck 18.1., Bismarck an Goltz 19.1., Roon an Bismarck 27.1.1867: APP 8, Nr. 195, S. 316 f. und Anm. 2; zu Loë siehe den Tagebucheintrag 27.1.1867 bei Radowitz, zit. nach: Schierenberg, Die deutsch-französiche Auseinandersetzung, S. 31; zu Bernhardi siehe dessen Tagebucheinträge vom 6.9.1866 und 27.3.1867, in: Aus dem Leben Theodor von Bernhardis, Bd 7, Leipzig 1897, S. 280, 351.

21 Benedetti an Moustier 17.1.1867: OD 14, Nr. 4078, S. 133 f.; Aufzeichnung Bismarcks 25.1.1867, Goltz an Bismarck 29.1.1867: APP 8, Nr. 208 (Anlage), 210, S. 335, 338.

22 Goltz an Bismarck 8.2., Bismarck an Goltz 15.2.1867: APP 8, Nr. 233, 242, S. 374, 387 f.

23 Goltz an Bismarck 4., 8.2.1867: APP 8, Nr. 224, 233, S. 365, 375.

24 Wimpffen an Beust 3.2.1867: APP 8, Nr. 221, S. 364.

25 Benedetti an Moustier 13.2.1867: OD 14, Nr. 4195, S. 288.

26 Moustier an Benedetti 18.2.1867: OD 14, Nr. 4217, S. 319.

27 Christian Calmes, 1867, L'affaire du Luxembourg, Luxemburg 1867 (Histoire Contemporaine du Grand-Duché de Luxembourg, 7), [3]1982, S. 136—139; zur Haltung der luxemburgischen Presse siehe Marie-Paule Jungblut, Die Luxemburgische Frage 1867 im Spiegel der damaligen Presse. In: Hémecht 41 (1989), S. 133—176, 329—350.

28 Johannes P. Hamstra, De Luxemburgsche Kwestie, 1867, Groningen 1927.

Gefühl, aus Berlin drohe den Niederlanden Gefahr, wandte sich Außenminister van Zuylen an die Kabinette Frankreichs und Englands[29]. In London reagierte Außenstaatssekretär Stanley nicht auf die holländische Bitte um Beistand; er hielt die angedeutete Bedrohung für unrealistisch[30]. In Paris wurde dagegen Moustier sogleich aktiv. Zuylens Hilferuf bot die willkommene Gelegenheit, jetzt mit dem Haag direkt über Luxemburg zu verhandeln. Konkret boten die Franzosen für die Zession des Landes eine Territorialgarantie für die Niederlande an. Diesem Ziel dienten die Kontakte des französischen Gesandten Baudin mit der holländischen Regierung. Er handelte den Entwurf einer defensiven Allianz aus, die Frankreich am 4. März formell anbot[31]. Die Pariser Führung gab aber auch ihren Plan nicht auf, Bismarck doch noch offen für die französischen Ziele einzubinden.

Am 22. Februar 1867 kam es deshalb zu einem folgenschweren Gespräch Benedettis mit dem preußischen Regierungschef. Die Diskussion der beiden umfaßte das breite Spektrum europäischer Politik von der dänischen über die römische zur orientalischen Frage sowie die Möglichkeit eines preußisch-französischen Bündnisses[32]. Folgt man Bismarck, dann blieb das Luxemburger Problem auf drei oberflächlich behandelte Punkte beschränkt: den Charakter von Luxemburg ausgehender Wünsche; die Notwendigkeit, den holländischen König zu ermuntern, seine Wünsche auszusprechen; die deutsche Angst, mit dem Großherzogtum werde der französische Appetit erst recht angeregt[33]. Eine Darstellung Benedettis ist nicht erhalten[34], doch resümierte Moustier nach den Angaben des Botschafters einen ganz anderen Gesprächsverlauf. Demnach war für Bismarck das Ende der preußischen Garnison unvermeidlich, wenn die Bevölkerung und der Großherzog dies verlangten oder Luxemburg zu Frankreich kam. Preußische Ansprüche seien weder legitim, noch vertraglich gerechtfertigt, seit der Deutsche Bund sich aufgelöst habe. Ein Bündnis mit Holland könne dies nur fördern[35]. Bismarck glaubte sich bewußt falsch ausgelegt und wies jeden Anschein entschieden zurück, er habe Frankreichs weiteres Vorgehen autorisiert[36]. Goltz verfolgte sonst durchweg kritisch die Frankreichpolitik seines Vorgesetzten[37]. Diesmal scheint er aber Bismarck geglaubt zu haben, daß Benedetti keine politische Mechanik von Luxemburger Demonstrationen, nie-

29 Zuylen an Lightenveld und Bentinck 20.2.1867: OD 14, Nr. 4234, S. 336—339.

30 Richard Millman, British foreign policy and the coming of the Franco-Prussian war, Oxford 1965, S. 51 f.; Michael R.D. Foot, Great Britain and Luxembourg 1867. In: English Historical Review 67 (1952), S. 352—379, hier S. 356; Baudin an Moustier 4.3.1867: OD 15, Nr. 4299, S. 16.

31 Baudin an Moustier 3., 4.3.1867: OD 14, Nr. 4286, S. 411—415, 15, Nr. 4299, S. 13—17; redigierte Vertragstexte: OD 15, Nr. 4529 f., S. 226—230.

32 Bismarck an Goltz 25.2.1867 (2 Schreiben): APP 8, Nr. 259 f., S. 418—425.

33 Ebd., S. 419.

34 OD 15, S. 6 (1); Schierenberg, Die deutsch-französiche Auseinandersetzung, S. 44; bei Willard Allen Fletcher, The Mission of Vincent Benedetti to Berlin, 1864—1870, Den Haag 1965 spielt die ganze Unterredung keine Rolle.

35 Moustier an Benedetti 4.3.1867: OD 15, Nr. 4296, S. 6—8.

36 Bismarck an Goltz 10.3.1867: APP 8, Nr. 290, S. 461—463.

37 Otto Graf zu Stolberg-Wernigerode, Robert Heinrich Graf von der Goltz. Botschafter in Paris 1863—1869, Oldenburg, Berlin 1941 (= Deutsche Geschichtsquellen des 19. Jahrhunderts, 34).

derländischer Bereitschaft, preußischem Garnisonsverzicht und Zession des Großherzogtums zugesagt bekam. Der Botschafter in Paris hielt es jedenfalls für leichtsinnig, daß die Franzosen jetzt handelten, ohne die förmliche Zustimmung Bismarcks abzuwarten[38]. Es läßt sich dennoch nur mutmaßen, welche Seite glaubwürdiger ist. Daß Benedettis Schreiben fehlt, ist wohl nur zufällig. Es hatte offenbar auch denselben Inhalt, wie die Zusammenfassung Moustiers[39]. Der französische Minister glaubte tatsächlich an ein Einverständnis Bismarcks. Nur so erklärt sich, daß er im Haag den scheinbaren Konsens mit Preußen uneingeschränkt als Verhandlungsmittel einsetzte[40]. Bismarck beließ Benedetti und Moustier in ihrer optimistischen Erwartung. Am 7. März bemerkte er nur, seine Äußerungen gäben persönliche Ansichten wieder, durch welche die preußische Regierung nicht festgelegt sei[41]. Es ist deshalb nicht ganz unwahrscheinlich, daß er Paris in eine Falle lockte, um eine Situation zu schaffen, in der Frankreich nachgeben oder eskalieren mußte. Dies macht auch verständlich, warum Bismarck eine Information, von der er annahm, daß Benedetti sie seit Monaten inoffiziell besaß[42], diesem jetzt amtlich mitteilte. Die geheimen Schutz- und Trutzbündnisse mit den süddeutschen Staaten, die der preußische Politiker dem französischen Botschafter eröffnete, just als dieser Berlin in Richtung Paris verlassen wollte[43], erzeugten erstmals in der Luxemburger Frage einen Bedrohungsdruck für Frankreich. Offensichtlich strebte Bismarck einen ersten Krisenhöhepunkt an, um Napoleon III. in die Schranken zu weisen. Er nutzte das neue Instrument des Norddeutschen Reichstages, der seit dem 24. Februar tagte, um den Druck aus dem diplomatischen in den öffentlichen Bereich zu verlagern und auf diese Weise auch zu erhöhen. In einer Reichstagsrede am 18. März wies er die Gerüchte, daß Preußen die Niederlande bedrohe, zurück. In der Limburg-Luxemburgischen Frage sprach er der Haager Regierung volle Entscheidungsfreiheit zu:

> »Wir können den Souveränen, die dem Bunde nicht beitreten wollen, keine Gewalt und keinen Zwang antun[44].«

Außerdem ließ er die überraschten Abgeordneten wissen, daß bereits seit dem Prager Frieden die nord-süddeutschen Beziehungen geregelt (»verbürgt«) waren, die Gefahr von Allianzen (und damit für Frankreich schon die Möglichkeit hierzu) mit Dritten ausgeschlossen war[45]. Am 19. März veröffentlichte der preußische Staatsanzeiger die Verträge mit den süddeutschen Staaten.

Als die innerdeutschen Vertragsbeziehungen bekannt wurden, folgte in der französischen Presse scharfe Kritik an der Politik Napoleons und seiner Regierung. Von den Ereignissen überrascht und verunsichert warf man der Staats-

---

38 Goltz an Bismarck 15.3.1867: Oncken 2, Nr. 370, S. 247.

39 Gustave Rothan, Souvenirs diplomatiques. L'affaire du Luxembourg. La prélude de la guerre de 1870, Paris 1882, S. 171—176.

40 Baudin an Moustier 4., 19., 21.3.1867: OD 15, Nr. 4299, 4382, 4413, S. 15 f., 99 f., 133.

41 Benedetti an Moustier 8.3.1867: OD 15, Nr. 4327, S. 38—41.

42 Bismarck an Bernstorff 15.3.1867: Oncken 2, S. 241 (1).

43 Bismarck an Werthern 8.3.1867: Oncken 2, S. 232 f.; Benedetti an Moustier 9.3.1867: OD 15, Nr. 4334, S. 46.

44 Rede Bismarcks 18.3.1867: Stenographische Berichte über die Verhandlungen des Reichstages des Norddeutschen Bundes, Bd 1, (RT 1), S. 223 f., Zitat S. 223.

45 Wortmeldung Bismarcks 18.3.1867: RT 1, S. 239.

führung vor, nicht hinreichend fähig gewesen zu sein, Frankreichs Interessen erfolgreich zu vertreten. Dieser Vorwurf ging alsbald in antipreußischen Ressentiments auf[46]. Paris beschleunigte jetzt das Verhandlungstempo im Haag, um doch noch zu einem Abschluß mit der niederländischen Regierung zu kommen. Baudin und Zuylen diskutierten weiterhin intensiv das Projekt einer defensiven Allianz als Preis für ein französisches Luxemburg. Zu diesem politischen Geschäft kam ein finanzieller Handel hinzu. Zunächst vier, schließlich fünf Millionen Gulden (10,75 Mio Francs)[47] verlangte Wilhelm III. für sein Großherzogtum[48]. Bedrängt von Franzosen und Preußen, belastet mit den Erwartungen an ihn, »verlor der holländische König zuletzt die Nerven«[49]. Er entschied, Luxemburg *nur* in *direktem* Einvernehmen mit Preußen an Frankreich abzutreten[50]. Diese Absicht wollte er auch gegen die Wünsche und Warnungen aus Berlin und Paris verwirklichen. In beiden Hauptstädten war klar, daß ein solcher Schritt kontraproduktiv wirkte, weil ein expliziter Konsens Preußens mit einem französisch-holländischen Geschäft unmöglich war. Der preußische Monarch würde und konnte hierzu sein Einverständnis nicht geben. Parlament und Öffentlichkeit[51] hätten jede Aktion abgelehnt, die den Anschein trug, als deutsch empfundenes Gebiet werde verschoben und in Berlin stimme man dem zu. Bismarck verdeutlichte diese Konsequenz einmal mehr dem Botschafter Benedetti, und Moustier ließ im Haag die bedenkliche Gefahr für die französische Diplomatie vortragen. Nichtsdestotrotz blieb Wilhelm III. bei seinem Plan[52]. Am 25. und 26. März teilten zuerst van Zuylen, dann Wilhelm dem preußischen Gesandten Perponcher mit, den französischen Wunsch, Luxemburg zu annektieren, nicht ohne Preußens Wissen und Rat verhandeln zu wollen[53]. Der holländische König selbst hatte die ganze Sache als Frage des europäischen Friedens dargestellt, die sich nicht ohne die Signatarstaaten von 1839 regeln lasse[54]. Jetzt griffen Bismarck und Wilhelm von Preußen diese Idee auf:

> »Der König wünscht vor weiterer Äußerung jedenfalls die Meinung der übrigen Vertragsmächte und deutschen Regierungen sowie des Norddeutschen Reichstages zu kennen[55].«

---

46 Lynn M. Case, French Opinion on War and Diplomacy during the Second Empire, Philadelphia 1954, S. 230 f.

47 OD 15, S. 226 (1).

48 Calmes, 1867, S. 172—178.

49 A.J.P Taylor, The Struggle For Mastery in Europe 1848—1918, Oxford 1954, S. 181.

50 Baudin an Moustier 22.3.1867: OD 15, Nr. 4414, S. 134 f.

51 Zur deutschen öffentlichen Meinung seit Mitte März 1867 siehe Josef Becker, Zur Resonanz der Luxemburger Krise 1867 in der deutschen Öffentlichkeit. In: Les relations franco-luxembourgeoises de Louis XIV à Robert Schuman. Actes du colloque de Luxembourg 17—19 nov 1977. Hrsg. von Raymand Poidevin und Gilbert Trausch, Metz 1978, S. 147—160; Eber Malcolm Carroll, Germany and the Great Powers, 1866—1914. A study in public opinion and foreign policy, Reprint Hamden (Conn.) 1966, S. 35—42.

52 Benedetti an Moustier 22.3. (2 Schreiben), Moustier an Baudin 22. 3., Baudin an Moustier 23.3.1867: OD 15, Nr. 4415 f., 4418, 4420, S. 135—139.

53 Perponcher an Bismarck 25.3., Perponcher an Wilhelm I. 26.3.1867: APP 8, Nr. 336(b), S. 509, Nr. 540, S. 512 f.; Perponcher an Bismarck 26.3.1867: Oncken 2, Nr. 380, S. 260.

54 Baudin an Moustier 21.3., 23.3.1867: OD 15, Nr. 4407, 4420, S. 124, 139.

55 Bismarck an Perponcher 27.3.1867: APP 8, Nr. 342, S. 514; vgl. die Randbemerkung (b) Wilhelms vom 26. 3. zu Perponcher an Bismarck 25.3.1867: APP 8, Nr. 336 (b), S. 509.

Tatsächlich ließ Bismarck in London, Paris, Petersburg und Wien anfragen, ob auch dort die Ansicht herrschte, daß eine Garantieverpflichtung aus dem Londoner Vertrag fortbestand[56]. Die Luxemburger Frage war damit dem mehr oder minder geheimen diplomatischen Bereich entzogen worden. Daß sie jetzt öffentlich gemacht und auf die internationale Ebene gehoben war, machte eine Lösung nicht eben leichter, verschärfte vielmehr den bilateralen Konflikt Frankreichs und Preußen/Norddeutschlands zu einer europäischen Krise. Die Affaire ging in ihre entscheidende Phase, als sich die preußische Regierung nun auch formal an ihr beteiligte[57].

In der Retrospektive scheinen den Franzosen bereits zu diesem Zeitpunkt die Felle davonzuschwimmen. Noch aber sahen die Pariser Politiker ihre Chancen keineswegs so kurz vor dem Ziel geschwunden. Es gelang ihnen auch wirklich, bis Anfang April ein unterschriftsreifes Vertragsdokument mit den Niederländern auszuhandeln, das allerdings immernoch voraussetzte, daß Napoleon das preußische Plazet erhielt. Dessen glaubte sich der Kaiser jedoch sicher[58]. Gemeinsam drängten Ende März holländische und französische Politiker die preußische Führung, zuzustimmen. Das Angebot des niederländischen Botschafters Bylandt, seine Regierung könne zwischen Preußen und Frankreich vermitteln, lehnte Bismarck mit scharfen Worten ab: Für ein »Geldgeschäft« übernehme er keine Mitverantwortung[59]. Diese hätte er zweifellos zu tragen gehabt, wenn er sich auf konkrete Gespräche mit Paris einließ. Gerade hierauf drängte nun Benedetti. Berlin könne sich in der Luxemburger Frage sehr viel leichter über die öffentliche Stimmung hinwegsetzen als Paris. Genau das bestritt Bismarck[60]. Moustier dagegen versuchte, der Zession die Kraft des bereits Faktischen und damit Unwiderruflichen zu geben. Die Vertragsunterschrift stehe unmittelbar bevor, jetzt seien keine Änderungen mehr möglich[61]. Gleichzeitig wurden in Luxemburg öffentliche Demonstrationen organisiert, die mit antipreußischen Argumenten den Anschluß an Frankreich forderten[62].

Otto von Bismarck glaubte für kurze Zeit, sich tatsächlich über die deutsche Öffentlichkeit hinwegsetzen zu können, wenn Napoleon ihn für Luxemburg in Nordschleswig in Ruhe ließ[63]. Er bediente sich dann aber doch der deutschnationalen Erregung gegen die französischen Ambitionen. Nicht zuletzt gab er damit der aufbrechenden antipreußischen Propaganda in Süddeutschland[64] und den Verhältnissen im Norddeutschen Reichstag nach. Den Gedanken, die

---

56 Zirkular Bismarcks 30.3.1867: APP 8, Nr. 362, S. 534.

57 Fletcher, The Mission, S. 166.

58 Moustier an Baudin 28.3., Napoleon III. an Wilhelm III. 30.3.1867: OD 15, Nr. 4479, 4496, S. 184 f., 203.

59 Zuylen an Bylandt 27.3.1867 (dt. Übersetzung): Adolf Koller (Red.), Archiv des Norddeutschen Bundes und des Zollvereins, Bd 1, Berlin 1868, S. 1064 (XIV.) Bismarck an Perponcher 30.3.1867 (2 Schreiben): APP 8, Nr. 364 f., S. 534—537; Bylandt an Zuylen 30.3.1867 (dt. Übersetzung): APP 8, Nr. 368, S. 539—541.

60 Benedetti an Moustier 31.3.1867: OD 15, Nr. 4507, S. 209 f.

61 Moustier an Baudin 31.3.1867 (2 Schreiben); Moustier an Benedetti 31.3., 1.4.1867: OD 15, Nr. 4512, 4518; 4504,4524, S. 212 f., 216; 208 f., 222.

62 Calmes, 1867, S. 197—200, 223—226; Christian Calmes, 1867—1869, Manœuvres françaises à Luxembourg. In: Hémecht 25 (1973), S. 293—344, hier S. 293—298.

63 Bismarck an Goltz 30.3.1867: APP 8, Nr. 366, S. 537.

64 Z.B. die Berichte in APP 8, S. 531 Anm. 1 zu Nr. 356.

dänische Grenze und die luxemburgische Zukunft zu verbinden, verwarf er deshalb sofort wieder[65]. Botschafter Goltz legte er Gefahren und Chancen einer Politik dar, die sich in dieser Situation auf die Öffentlichkeit stützte:

»Wollten wir dem bereits in der öffentlichen Meinung — und nicht in Preußen allein — gegebenen Impuls folgen, so würden wir darin eine wichtige, aber unsere Aktion beherrschende Stütze finden, vielleicht würde nichts so sehr als dies es uns erleichtern, den raschen Ausbau des Norddeutschen Bundes zustande zu bringen und auch das Werk der Einigung des gesamten Deutschland zu beschleunigen[66].«

Zugleich deutete er an, wie gering er seinen Spielraum wahrnahm und welches Mittel er einzusetzen gedachte:

»[...] ich muß jeden Augenblick befürchten, einer Interpellation ausgesetzt zu werden, welche zu beantworten mir schwer würde«[67].

In Wirklichkeit kam Bismarck eine Anfrage im Reichstag ganz gelegen, um sich offen an die Spitze der nationalen Stimmung stellen zu können. Eine zeitlich und in ihrer Tendenz mit ihm abgesprochene Rede des führenden Nationalliberalen Bennigsen am 1. April warf zwei Fragen auf: Gab es französisch-holländische Gespräche über eine Zession Luxemburgs? Und waren die norddeutsche Regierung mit ihren süddeutschen Alliierten bereit, die nationale Zugehörigkeit des Großherzogtums und das preußische Garnisonsrecht auf Dauer sicherzustellen? Wie zwei Wochen zuvor im bilateralen Konflikt, so nutzte Bismarck erneut eine Reichstagsrede, um auch die europäische Krise auf ihren Höhepunkt zu bringen. Noch einmal machte er deutlich, daß unter den geänderten Umständen seit 1866 der König-Großherzog in Luxemburger Belangen ganz unabhängig entscheide. Für den Bund habe die Integration eines nichtdeutschen Monarchen keine Vorteile, zumal auch die luxemburgischen Menschen Preußen abgeneigt waren und die geographische Lage des Ländchens eine besondere Vorsicht erforderte. Zwar ahnte Bismarck nach einem Gespräch mit Benedetti am Morgen des 1. April, wie weit die Verhandlungen im Haag gediehen waren; amtlich aber wußte er nichts darüber, was er den Abgeordneten auch sagte. Gleichwohl lehnte er es ab, sich in dieser Frage für die Zukunft zu binden. Vielmehr betonte er seinen Willen, bei Wahrung der Ehre Preußens die Empfindlichkeit der französischen Nation schonen zu wollen. Am Ende schränkte er jedoch drohend ein, die verbündeten Regierungen — also auch die seine — glaubten,

»daß keine fremde Macht zweifellose Rechte deutscher Staaten und deutscher Bevölkerungen beeinträchtigen werde; sie hoffen imstande zu sein, solche Rechte zu wahren und zu schützen auf dem Wege friedlicher Verhandlungen und ohne Gefährdung der freundschaftlichen Beziehungen [...]«[68].

---

65 Bismarck an Goltz 1.4.1867: APP 8, S. 537 Anm. 4 zu Nr. 366.
66 Bismarck an Goltz 30.3.1867: APP 8, Nr. 367, S. 539.
67 Ebd.
68 Zur Reichstagssitzung vom 1. April 1867 siehe Hermann Oncken, Rudolf von Bennigsen. Ein deutscher liberaler Politiker. Nach seinen Briefen und hinterlassenen Papieren, Bd 2, Stuttgart 1910, S. 33 ff.; Ernst Engelberg, Bismarck. Urpreuße und Reichsgründer, Berlin 1985, S. 658 f.; Rede Bennigsens im Reichstag des Norddeutschen Bundes 1.4.1867: RT 1, S. 487—489, Interpellation Bennigsens vom 1.4.1867: RT 2 (Anlagenband), Nr. 64, S. 62;

Damit erwartete der preußische Ministerpräsident öffentlich von Frankreich genau jene Rücksichten, die er in seiner Rede für die eigene Politik behauptete. Über diplomatische Kanäle forderte er den Haag auf, Luxemburg nicht abzutreten:

»Der Krieg würde nach der Aufregung der öffentlichen Meinung kaum zu verhüten sein, wenn die Sache vor sich ginge[69].«

Bismarck ließ jetzt alle Rücksicht gegenüber Frankreich beiseite. Nur wenige Tage zuvor hatte Moustier die Forderung, den Vertrag mit Holland auch nur aufzuschieben, noch scharf zurückgewiesen[70]. Nun nahm Bismarck diesem Vertrag jede Aussicht auf eine niederländische Unterschrift, da das preußische Einverständnis für Wilhelm III. unabdingbare Voraussetzung war.

Die Krise war also auf ihrem Höhepunkt, dem sich eine kurze Phase der Kriegsgefahr im April 1867 anschloß. Sie ist wesentlich von verbalen Drohgebärden geprägt. Bereits seit einiger Zeit hatte es gerüchteweise geheißen, Napoleon sehe in preußischem Widerstand einen casus belli. Goltz differenzierte zwischen dem, was der Kaiser anstrebte, nämlich Luxemburg mit Berliner Einwilligung zu erlangen, und dem, wozu er unter Umständen von Moustier und Benedetti getrieben werde, einem Krieg als »Mittel zur Rettung der Dynastie«, also das Großherzogtum nötigenfalls mit Gewalt gegen Preußen zu erkämpfen. Moustier wollte an Luxemburg festhalten, welche Konsequenzen daraus auch entstünden. Goltz schloß daraus, daß Frankreich nicht mehr zurückweichen und es auf einen Krieg ankommen lassen werde[71]. Am Morgen des 1. April, Bismarck war auf dem Weg in den Reichstag, versuchte Benedetti noch einmal, den preußischen Regierungschef auf die Linie Frankreichs festzulegen. Er sollte dem Parlament erklären, die Zession Luxemburgs sei bereits eine vollendete Tatsache. Als Bismarck dies ablehnte, weil er befürchtete, die Frage von Krieg oder Frieden entgleite dann seinen Händen (»Ce sont ses expressions.«), verzichtete Benedetti darauf, den Stand der französisch-niederländischen Verhandlungen und deren Pariser Interpretation (»Sa Majesté considère la question comme vidée et tout retour en arrière comme impossible.«) amtlich mitzuteilen[72]. Der französische Botschafter entschied sich, Bismarck nicht zu zwingen, vor den Abgeordneten die vollzogene Abtretung Luxemburgs zu verkünden. Zumindest für den Moment des Krisengipfels verhinderte Benedetti dadurch, was der Abgeordnete Bennigsen im Reichstag androhte: den Nationalkrieg als Antwort auf die Annexion Luxemburgs[73]. Doch waren

Rede Bismarcks 1.4.1867: RT 1, S. 489 f., Zitat S. 490; siehe auch den Tagebucheintrag vom 31.3.1867 bei Bernhardi, Bd 7, S. 352 f.

69 Bismarck an Perponcher 3.4.1867: APP 8, Nr. 398, S. 571.

70 Moustier an Benedetti 31.3.1867: OD 15, Nr. 4509, S. 211.

71 Lessing an Itzenplitz 23.,24.3.1867: APP 8, S. 509 Anm. 2 zu Nr. 336a; Goltz an Bismarck 30., 31.3.1867: APP 8, Nr. 359, 372, S. 532 f., 545 f.; Moustier an Benedetti 31.3.1867: OD 15, Nr. 4509, S. 211.

72 Fletcher, The Mission, S. 167—169; Benedetti an Moustier 1.4.1867: OD 15, Nr. 4531, S. 231; Moustier an Benedetti 31.3.1867: OD 15, Nr. 4504, S. 208.

73 Rede Bennigsens im Reichstag des Norddeutschen Bundes 1.4.1867: RT 1, S. 489: »Aber wenn das Ausland uns stören will in unserm Werke, wenn es die noch nicht abgeschlossene Vollendung des Werkes benutzen will zu eigenem ungerechten Beginnen, dann wird es hier auf eine Nation stoßen und wie wir nicht bezweifeln auch auf Regierungen, die allen derartigen Versuchen mit der äußersten Entschlossenheit entgegentreten. Meine

damit der drohenden Worte nicht genug gewechselt[74]. Nach außen und innen machte Bismarck jetzt den Wert der Frage deutlich und legte zugleich sein wichtigstes Motiv offen, die Stellung zur nationalen Frage. Den Botschaftern in London, Petersburg und Wien schrieb er zum sinngemäßen Gebrauch:

> »Es handelt sich für uns nicht mehr um das einzelne Objekt Luxemburg, welches von verhältnismäßig geringem Werte sein würde, sondern um unsere Stellung zu Deutschland und dessen nationalem Ehrgefühle. Ob Luxemburg an sich selbst einen Krieg wert ist, darauf kommt es nicht an; unsere Stellung in Deutschland ist uns auch die Gefahr eines großen Kriegs wert, bei welchem dann freilich auch das übrige Europa in Mitleidenschaft gezogen werden kann[75].«

Dem bayerischen Ministerpräsidenten Hohenlohe teilte Bismarck vertraulich mit:

> »Nach Stand der Dinge in Deutschland müssen wir meines Erachtens eher den Krieg wagen als nachgeben, so wenig das Objekt Luxemburg an sich des Krieges wert ist. Die Auffassung der Sache in der Nation, deren Ehrgefühl ins Spiel gezogen, ist das Entscheidende. Jedenfalls sollten wir beide den günstigen Einfluß des Inzidenzfalles auf Konsolidierung der nationalen Sache nach Kräften ausbeuten und uns daneben vom Kriege, der schnell eintreten kann, materiell nicht überraschen lassen[76].«

Den Holländern dachte Otto von Bismarck im Falle eines Kriegs die Sündenbockrolle zu[77]. Diese Einschüchterungstaktik war erfolgreich. Zunächst verzögerte man im Haag die Unterschrift auf dem Vertragspapier[78], um zuletzt die Zession Luxemburgs ganz zu verweigern[79]. Benedetti beklagte, daß einzig die militärische Alternative bestand, weil ein Nachgeben unehrenhaft schien und seine Demission erforderte[80]. Napoleon bat darum, ihm »einen Ausweg anzugeben, um aus der Sache mit Ehren herauszukommen«[81].

Dieser Ausweg sollte schließlich eine europäische Konferenz werden, doch ist zuvor zu klären, welche reale Grundlage die Drohgebärden beider Seiten hatten. Im Gegensatz zu Preußens erprobter, erfolgreicher Armee besaß Frankreich eine schwächere Militärmacht, die zudem in Mexiko gerade hatte weichen müssen. Die generelle militärische Schwäche war den Entscheidungsträgern in

---

Herren! Lassen Sie uns also deshalb darüber keinen Zweifel lassen, daß, wie unter uns alle Parteien, so auch das Deutsche Volk einig sein wird, jede kräftige Politik der Regierung auf jede Gefahr hin zu unterstützen, diesem und allen etwaigen späteren Versuchen des Auslands gegenüber. (Lebhaftes Bravo von allen Seiten des Hauses)«.

74 Siehe auch APP 8, Nr. 387, S. 559, Nr. 400, S. 571 f., Nr. 417, S. 581 und Anm. 2, Nr. 455, S. 629.

75 Zirkular Bismarcks 2.4.1867: APP 8, Nr. 391, S. 564.

76 Bismarck an Werthern 3.4.1867: APP 8, Nr. 401, S. 572.

77 Bismarck an Perponcher 3.4.1867: APP 8, Nr. 402, S. 572.

78 Schierenberg, Die deutsch-französiche Auseinandersetzung, S. 53.

79 Zirkular Zuylens 4.4.1867: APP 8, S. 586 Anm. 2 zu Nr. 423.

80 Benedetti soll gesagt haben: »Bismarck hat höllisch mit mir gespielt; es bleibt mir nichts anderes als der Krieg oder Abdankung von meinem Posten.« Tagebucheintrag vom 20.4.1867 bei Radowitz, zit. nach: Schierenberg, Die deutsch-französiche Auseinandersetzung, S. 68.

81 Goltz an Bismarck 2.4.1867: APP 8, Nr. 395, S. 569.

Berlin bekannt[82]. Auch Napoleon III. schätzte die Lage realistisch ein. Er verwarf die Möglichkeit eines Nationalkriegs gegen Deutschland aus Gründen der militärischen Unterlegenheit, der Furcht um den Fortbestand seines plebiszitär-autokratischen Regimes und seiner angeschlagenen Gesundheit[83]. Nicht zuletzt für das eigene Prestige und das öffentliche Bewußtsein trieb die französische Führung dennoch im April die Rüstungen voran. So wurden Truppen und Zeughausbestände aufgestockt und verlegt, Soldaten vorzeitig einberufen und die Pferdeausfuhr untersagt. Insgesamt nahmen diese Maßnahmen keine kriegstaugliche Größe, aber doch drohenden Charakter an[84]. Bei aller militärischen Anstrengung blieb nicht nur die Unterlegenheit bestehen, auch die diplomatische Isolation mit dem Luxemburger Anliegen wurde nicht aufgebrochen. So gelang es Moustier nicht, den russischen oder österreichischen Beistand dadurch einzuhandeln, daß er in der kretischen Frage konzessionsbereit war. Weder Gorčakov noch Beust wollten sich an Frankreichs westeuropäischen Problemen aktiv beteiligen, solange Moustiers Angebote aus ihrer Sicht wenig Substanz und noch weniger Aussicht auf Verwirklichung hatten. Beide suchten zwar Paris auf die eigene Kreta-/Orientpolitik festzulegen, einen Preis dafür in Luxemburger Währung sollte jedoch nicht gezahlt werden[85]. Der englische Außenminister Stanley blieb in dieser Situation einer früheren Festlegung treu, sich nicht einzumischen, solange Belgien nicht betroffen war[86]. Eine akute Gefahr für das belgische Königreich schloß er aber aus. Trotz Stanleys Sympathien für den französischen Kompensationswunsch konzentrierte sich die britische Politik auf ihre inneren Probleme: irische Frage und Fenierbewegung sowie die Parlamentsreform. Außenpolitisch rangierten die durch den Bürgerkrieg belasteten Beziehungen zu den USA und die Orientfrage vor Luxemburg[87]. Wohl wegen dieser Rangfolge drängte der britische Botschafter Cowley in Paris »not to take any rash or decisive step«, der einen Nationalkrieg unvermeidlich machte. Wegen Belgien, für das London zu kämpfen bereit war, erschienen die Gefahren eines solchen Krieges kaum kalkulierbar. Deswegen verlangten die

---

82 Freiherr von Loë, Erinnerungen aus meinem Berufsleben 1849—1867, Stuttgart 1906, S. 122—135 bes. S. 133.

83 Geuss, Bismarck und Napoleon III., S. 213.

84 Dazu APP 8, Nr. 494, S. 677—680 und S. 679 Anm. 4, Nr. 500, S. 690, Nr. 516, S. 712—716, Oncken 2, Nr. 402 f., S. 289—292.

85 Wolfgang Elz, Die Europäischen Großmächte und der kretische Aufstand 1866—1867, Wiesbaden 1988 (= Quellen und Studien zur Geschichte des östlichen Europa, 28), S. 158—162.

86 Stanley an Cowley 11.8.1866: »Our line is plain: let German and Frenchman fight, or divide the plunder as they please: but speak out strongly for Belgium if it should be necessary. I hope the necessity will not arise.« zit. bei Foot, Great Britain and Luxembourg, S. 355, Werner Eugen Mosse, The European Powers and the German Question 1848—1871, Cambridge 1958, S. 249.

87 Roland Marx, L'Angleterre et la crise de 1867. In: Les relations franco-luxembourgeoises de Louis XIV à Robert Schuman. Actes du colloque de Luxembourg 17—19 nov 1977. Hrsg. von Raymond Poidevin und Gilbert Trausch, Metz 1978, S. 137—145, hier S. 140—142; Millman, British foreign policy, S. 57; Stanley an Fane 6.2.1867: ebd. Anm. 4; Stanley an Cowley 27.3.1867: ebd., S. 56.

Engländer eine Garantie Napoleons für die Unabhängigkeit und Integrität Belgiens im Falle eines militärischen Zusammentreffens mit Preußen[88].

Gleichzeitig bemühte sich Bismarck darum, politische Alliierte in der Krise zu finden, um den französisch-holländischen Vertrag und die Abtretung Luxemburgs zu verhindern. In den nicht beteiligten Hauptstädten ließ er verlauten:

> »Wenn die anderen Großmächte durch eine Einmischung in Paris und im Haag uns — und dem Kaiser Napoleon selbst — helfen wollen, einen solchen Krieg zu vermeiden, so ist ihnen in dem Umstand der Mitunterzeichnung des Traktats vom 19. April 1839 die Handhabe dazu geboten[89].«

In Rußland schürte er zusätzlich das Mißtrauen gegen Frankreich. Bismarck warf den Franzosen vor, in der Orientfrage eine Intrigenpolitik zu betreiben, die ständig Position und Partner wechsle[90]. Kurze Zeit scheint auch das Bild einer wiederbelebten Heiligen Allianz auf: Gorčakov als stillschweigender Partner eines preußisch-österreichischen Defensivbundes. Der Beamte des bayerischen Außenministeriums, Karl von Tauffkirchen, sondierte für Bismarck Mitte April die Bereitschaft Wiens hierzu. Doch wie von Frankreich, so wollten sich beide Mächte auch von Preußen nicht in den Konflikt hineinziehen lassen. Bismarck dementierte zuletzt sogar die Absichten der Mission Tauffkirchen[91]. Mit dem gefährdeten Belgien hielt der preußische Politiker ein starkes Druckmittel in der Hand. Seit dem 2. April setzte er es in London ein, um England in die Auseinandersetzung zu ziehen. Der preußische Botschafter Bernstorff sollte herausfinden, »wie weit wir auf England zu zählen haben«, zumindest aber darauf drängen, daß die britische Regierung ihr besonderes Verhältnis zu Frankreich nutzte, um den Krieg noch zu verhindern. Am 3. April verstärkte Bismarck den Druck. Zunächst deutete er nur an, seinerseits auf Belgien keine Rücksicht nehmen zu wollen. Offenbar sollte Stanley glauben, Preußen könne, um den Krieg noch zu vermeiden, eine französische Expansion nach Brüssel statt Luxemburg decken. Als jener den Zusammenhang zwischen Luxemburger und belgischem Schicksal leugnete und auch an eine französische Gefährdung Belgiens nicht glauben wollte, wurde der Preuße deutlicher. Bernstorff sollte informell andeuten, ohne den Rückhalt der englischen Flotte sei nicht ohne Weiteres zu erwarten, daß Preußen einer Verständigung mit Frankreich zum Schaden Belgiens ausweiche. Stanley ging auf das Argument nur oberflächlich ein, versicherte aber am 8. April beiläufig, »daß er den Einfluß Englands im Sinne des

---

88 Cowley an Stanley 7.,8.4.1867: Victor Wellesley, Robert Sencourt, Conversations with Napoleon III., London 1934, S. 328, 331; Stanley an Cowley 3.4.1867 (2 Schreiben): Foot, Great Britain and Luxembourg, S. 362 f., Millman, British foreign policy, S. 66 f.

89 Zirkular Bismarcks 2.4.1867: APP 8, Nr. 391, S. 564.

90 Bismarck an Reuß 19.3.1867: Elz, Die Europäischen Großmächte, S. 256 (54).

91 Heinrich Potthoff, Die deutsche Politik Beusts, Bonn 1968 (= Bonner Historische Forschungen, 31), S. 117—128; Karl Alexander von Müller, Die Tauffkirchensche Mission nach Berlin und Wien. Bayern, Deutschland und Österreich im Frühjahr 1867. In: ders. (Hrsg.), Beiträge zur bayerischen Geschichte, Gotha 1913, S. 352—440; Francis Roy Bridge, From Sadowa to Sarajewo. The Foreign Policy of Austria-Hungary. 1866—1914, London 1972, S. 36; Dietrich Beyrau, Russische Orientpolitik und die Entstehung des Deutschen Kaiserreiches 1866—1870/71, Wiesbaden 1974, S. 74; Elz, Die Europäischen Großmächte, S. 164; APP 8, Nr. 474, S. 652 ff., Nr. 478, S. 600 f., Nr. 485, S. 666 f., Nr. 488, S. 470 f., Nr. 498, S. 683 ff., Nr. 502, S. 691 f., Nr. 508, S. 702 ff., Nr. 522, S. 723 ff., Nr. 537, S. 745 ff.

Friedens in Paris ausüben werde«[92]. Zu diesem Zeitpunkt wußte der britische Außenminister schon, daß Napoleon zum Nachgeben bereit war[93].

Weder den Franzosen, noch den Deutschen war es in der Phase besonderer Kriegsgefahr gelungen, Partner unter den übrigen drei Großmächten für ihre Absichten zu finden. Die daraus resultierende bündnislose Situation war für Bismarck ein Vorteil, da er den Krieg gegen Frankreich, den er als Möglichkeit nicht ausschloß, doch nicht als Ziel anstrebte. Er versuchte vielmehr, die Krise zu nutzen, um die noch ungeordneten (nord-)deutschen Verhältnisse zu stabilisieren[94]. Tatsächlich verabschiedete der Reichstag überraschend schnell die Norddeutsche Bundesverfassung; und die süddeutschen Staaten, obwohl ihre Interpretation des casus foederis aus den Schutz- und Trutzverträgen nicht befriedigen konnte, waren dennoch in der Perzeption der deutschen und europäischen Politik und Öffentlichkeit schon wenige Monate nach dem Ende des Deutschen Bundes vom Norddeutschen Bund kaum mehr zu trennen[95]. Wenn das Ziel ein innenpolitisch begrenztes war, so mußte Bismarck zweierlei verhindern: 1. durften sich keine Kräfte durchsetzen, die weiterreichende militärische Intentionen verfolgten; 2. durfte sich die Krise nicht von außen verschärfen. Otto von Bismarck setzte seine politische Taktik »gegen den Rat mancher Heißsporne und auch gegen den Rat des preußischen Generalstabschefs von Moltke«[96] durch. General und Politiker lagen in ihren Einschätzungen weit auseinander. Mit militärischen Argumenten, Rüstungsvorsprung, besserer Armeeorganisation und Transportmöglichkeit glaubte Moltke die Zeit gekommen, die nationalen Sehnsüchte der Deutschen zu verwirklichen und hierfür einem Krieg nicht auszuweichen. Für ein solches Ziel sollte nach Bismarcks Ansicht die Zeit arbeiten. Einen Krieg aktiv herbeiführen, wollte er dafür aber keinesfalls. Der Stabschef unterwarf sich dem »unanfechtbaren Standpunkt« (Moltke), und Bismarck setzte den politischen gegen einen militärischen Primat durch[97]. Nach außen bediente sich der Ministerpräsident krisendämpfender Elemente gleichberechtigt neben jenen, die den Konflikt anheizten, um dessen Verlauf je nach Umständen und Notwendigkeit in die eine oder andere Richtung treiben zu können. So legte er die Bekanntgabe der süddeutschen Allianzen in die parlamentsfreie Zeit in Frankreich, um Napoleons Regierung nicht zu sehr dem Druck des Corps legislatif auszusetzen[98]. Goltz sollte in Paris nicht verhehlen,

[92] Dazu die Korrespondenz Bismarcks mit Bernstorff 2.—8.4.1867: APP 8, Nr. 385, S. 558, Nr. 391, S. 564, Nr. 399, S. 571, Nr. 406, S. 574, Nr. 410, S. 575 f., Nr. 431, S. 601, Nr. 449, S. 624 f.

[93] Millman, British foreign policy, S. 68.

[94] Bismarck an Goltz 30.3.1867: APP 8, Nr. 367, S. 539.

[95] GW 6 Vorbemerkung zu Nr. 761, S. 356 f.; Oncken, Rudolf von Bennigsen, Bd 2, S. 45 f., dort S. 35 Bennigsen an seine Frau 1.4.1867: »Wird die auswärtige Lage sehr gefährlich, so sind wir Ende nächster Woche mit der Verfassung auf Grund derartiger privater Verständigung fix und fertig.« Huber, Deutsche Verfassungsgeschichte seit 1789, Bd 3, S. 699 f.; eine anregende Zusammenfassung bietet Emil Haag, Was wollte Bismarck mit der Luxemburger Affäre 1867? In: Hémecht 23 (1971), S. 43—58, bes. 57 f.

[96] Lothar Gall, Bismarck. Der weiße Revolutionär, Berlin 1980, S. 408.

[97] Kessel, Moltke, S. 523 f., 530—533; Zitat: Aufzeichnung des freikonservativen Abgeordneten Bethusy-Huc über ein Gespräch mit Moltke am 31.3.1867: Helmut von Moltke, Gesammelte Schriften und Denkwürdigkeiten, Bd 5, Berlin 1892, S. 298; Engelberg, S. 661 f.

[98] Schierenberg, Die deutsch-französiche Auseinandersetzung, S. 52.

daß Preußen versuchen würde, in England mit dem belgischen Argument gegen Frankreich Stimmung zu machen[99]. Am 31. März legte er Benedetti schon vorab den Inhalt der Interpellation Bennigsens und seine Antwort darauf offen[100]. Auf dem Krisenhöhepunkt befürwortete Bismarck den Besuch des Königs auf der Pariser Weltausstellung, eine vertrauensbildende Maßnahme, die an der Seine »offenbar sehr ins Gewicht fiel«[101]. Dem holländischen Botschafter zeigte er seine Zweifel, »daß das Großherzogtum Gegenstand eines Krieges werden könnte«[102]. Diesen Eindruck hinterließ er auch beim österreichischen Vertreter[103]. Und in einem umfangreichen Zirkular vom 2. April heißt es:

> »Aber ich wiederhole, daß wir keine Aggression befürchten. Selbst wenn in Frankreich auf den Erwerb Luxemburgs gerichtete Wünsche vorhanden sind, so hegen wir das Vertrauen zu der Weisheit des Kaisers, daß er diesen Wünschen keinen den Frieden oder sein Verhältnis zu Deutschland störenden Ausdruck geben werde. [...] Frankreich wie Deutschland und ganz Europa bedürfen der Ruhe, und wir sind überzeugt, daß der Kaiser Napoleon wie alle andern Mächte mit uns zusammenwirken werden, um diese Ruhe zu erhalten und zu sichern[104].«

War es für Bismarck zweifelsohne vorteilhaft, daß die zugespitzte Krise Anfang April kein Großmächtebündnis mit oder gegen Preußen/Norddeutschland erzeugt hatte, so zwang genau dies Frankreich zum Nachgeben. Das Zweite Kaiserreich stand diplomatisch und militärisch allein, mit einer unzureichenden Armee, die erst in acht Monaten bereit war, so Kriegsminister Niël gegenüber Botschafter Cowley. Die französische Regierung war sich einig, weitere Zumutungen nicht hinnehmen zu können, und daß der Krieg deshalb eine ernsthafte Option darstellte. Trotzdem entschied ein Ministerrat am 6. April, diesen Ausgang zu vermeiden und den Weg für eine friedliche, europäische Lösung freizugeben. Am 5. April teilte Moustier den Kammern des Parlaments mit:

> »Nous sommes donc disposés à examiner, de concert avec les autres Cabinets de l'Europe, les clauses du traité de 1839. Nous apporterons dans cet examen le plus entier esprit de conciliation, et nous croyons fermement que la paix de l'Europe ne saurait être troublée par cet incident[105].«

Am 10. April beendete Baudin seine Verhandlungen im Haag[106]. Hollands König hatte am 26. März amtlich den preußischen Rat erfragt. Vier Tage später ließ Bismarck anfragen, ob auf der Basis des Vertrags von 1839 die Luxemburger Frage auch 1867 auf die europäische Bühne gehörte. Der bilaterale Konflikt war

---

99 Bismarck an Goltz 30.3.1867: APP 8, Nr. 367, S. 539.

100 Benedetti an Moustier 31.3.1867: OD 15, Nr. 4520, S. 217.

101 Goltz an Bismarck 2.4.1867: APP 8, Nr. 395, S. 570; Bismarck selbst glaubte an die spannungslösende Funktion dieses Besuchs: Bismarck an Reuß 15.4.1867: APP 8, Nr. 488, S. 671.

102 Bylandt an Zuylen 30.3.1867 (dt. Übersetzung): APP 8, Nr. 368, S. 541.

103 Wimpffen an Beust 6.4.1867: APP 8, Nr. 440, S. 617.

104 Zirkular Bismarcks 2.4.1867: APP 8, Nr. 390, S. 563.

105 Moustier an Senat und Corps legislatif 8.4.1867: OD 15, Nr. 4615, S. 324; Ministerratsprotokoll 6.4.1867: OD 20, Appendice I., Nr. 18, S. 469—471, auch Goltz an Bismarck 8.4.1867: APP 8, Nr. 448, S. 623 f., Millman, British foreign policy, S. 67 f., William E. Echard, Napoleon III. and the Concert of Europe, Baton Rouge 1983, S. 248—250.

106 Moustier an Baudin 10.4.1867: OD 15, Nr. 4640, S. 350.

europäisiert und steigerte sich zugleich bis zur Kriegsdrohung. Besonders in London fürchtete man, da man Belgien verpflichtet war, in einen Krieg hineingezogen zu werden. Eine Woche lang dauerte diese Gipfelphase der Luxemburgkrise, die auch nach der Entscheidung der französichen Regierung eine internationale Angelegenheit blieb, weil man ihre Deeskalation europäisch konzertiert anstrebte. Nach Lage der Dinge konnten nur die Franzosen den Weg hierzu öffnen, indem sie zwar zunächst noch nicht auf den Gewinn des Großherzogtums verzichteten, wohl aber der preußisch-deutschen Kriegsdrohung nachgaben, und Kompromißfähigkeit signalisierten. Für das angeschlagene Prestige war es wichtig, daß ein französischer Vorschlag unbedingte Aussicht auf Erfolg hatte. Ein weiterer Rückschlag, etwa die Ablehnung des Konferenzplans, konnte innenpolitisch das Ende des kaiserlichen Regimes bedeuten. So war es für diesen Vorschlag entscheidend wichtig, daß verschiedene Seiten bereits ihr Interesse an und ihre Bereitschaft zu einem diplomatischen Treffen angezeigt hatten. Schon im November 1866 hatte die Regierung im Haag die preußischen Rechte in Luxemburg einem europäischen Schiedsgericht vorlegen wollen[107]. Die vielleicht erste Anregung eines multilateralen Garantievertrags, der das luxemburgische Problem löste, kam während der akuten Krise vom Prinzen Heinrich, einem jüngeren Bruder des holländischen Monarchen, der in Luxemburg Statthalter war[108]. Anfang April teilte er seine Pläne auch in Berlin mit[109]. Als eine Möglichkeit, zu einem Ergebnis zu kommen, schlug Goltz vor, die Großmächte vertraulich zu einer Konferenz zusammenzubringen[110]. Am 31. März deutete auch Bismarck an, daß die ungelöste Frage Anlaß zu einem Kongreß böte[111]. Er ließ die Botschafter in London, Petersburg und Wien vertraulich mitteilen, er sei nötigenfalls selbst bereit, eine Konferenz zu beantragen[112]. Das sollte aber wohl nur erkunden, welche Erfolgsaussicht ein derartiger Antrag hatte, und gleichzeitig eine eventuelle Kompromißbereitschaft verdeutlichen. Goltz bearbeitete derweil den französischen Kaiser: sei man erst um einen grünen Tisch versammelt, so schien es ihm unmöglich, daß über jene Frage noch ein europäischer Brand sich entzünde[113]. Als Cowley davon hörte, schrieb er nach London, ihn überrasche nun nicht mehr, »if something like a Congress or Conference were to be proposed for settling the Luxembourg question«[114]. Er selber regte bei Napoleon III. ein diplomatisches Treffen an, dem sich der Kaiser offen zeigte[115]. Die Regierungserklärung Moustiers vom 8. April

107 Benedetti an Moustier (16.?) 11.1866: OD 13, Nr. 3769, S. 104.

108 Calmes, 1867, S. 165—172, bes. S. 170.

109 Wilhelm I. an Bismarck 1., 5.4.1867: Anhang zu den Gedanken und Erinnerungen von Otto Fürst von Bismarck, Bd 1, Kaiser Wilhelm I. und Bismarck, Stuttgart, Berlin 1901, Nr. 182 f., S. 160 f.; Perponcher an Bismarck 1.4.1867: APP 8, Nr. 378, S. 551; Alexander Matschoß, Die Kriegsgefahr von 1867. Die Luxemburger Frage, Bunzlau 1908, S. 161.

110 Goltz an Bismarck 30.3.1867: APP 8, Nr. 359, S. 533.

111 Wimpffen an Beust 31.3.1867: APP 8, S. 549, Anm. 4 zu Nr. 374.

112 Zirkular Bismarcks 2.4.1867: APP 8, Nr. 391, S. 565.

113 Goltz an Bismarck 2.4.1867: APP 8, Nr. 395, S. 569.

114 Cowley an Stanley 4.4.1867: Echard, Napoleon III., S. 250.

115 Cowley an Stanley 7.4.1867: Wellesley, Robert Sencourt, S. 327—331; Goltz an Bismarck 8.4.1867: Oncken 2, Nr. 409, S. 302.

wies deshalb den Weg zu einer Konferenz. Mitte April ließ auch Gorčakov wissen, er biete zu allem die Hand, was den Frieden erhalte[116].

Damit behinderte nichts mehr eine Konferenz, lediglich eine offizielle Einladung fehlte noch. Dahin begleiteten vermittelnde Vorschläge Österreichs, Rußlands und Großbritanniens die noch immer kriegsbereiten Kontrahenten. Schon am 8. April schrieb der österreichische Außenminister Beust nach Paris, er wolle auf der Grundlage von zwei alternativen Vorschlägen vermitteln: 1. Luxemburg blieb bei Holland, und Preußen räumte die Festung, oder 2. das Großherzogtum kam zu Belgien, welches dafür Landstriche an Frankreich tauschte. Einige Tage später fragte Botschafter Wimpffen in Berlin, welche Chancen eine österreichische Mediation auf dieser Basis hätte. Bismarck reagierte ausweichend, aber keineswags ablehnend[117]. Ein Grund dafür war die gleichzeitig anlaufende Mission Tauffkirchen, deren Verlauf man abwarten mußte. Ihr Mißerfolg war nicht vorauszusetzen. Russischer Beistand erhöhte das Gewicht des österreichischen Angebots[118]. Bismarck zeigte sich jedem »Arrangement« offen, bei dem Luxemburg nicht an Frankreich fiel. Es sollte, europäisch garantiert, neutral sein, ob es nun bei Holland blieb, zu Belgien kam oder sich unabhängig machte. Die belgische Lösung schien ihm die am wenigsten praktikable, da die Öffentlichkeit sie mißverstehen konnte. Die Belgier selbst waren gegen den aus Wien vorgeschlagenen Gebietstausch. Deshalb verfolgte auch Stanley diese Idee nicht weiter[119]. Als Napoleon III. am 19. April gegenüber Cowley auf Luxemburg verzichtete, drängte der Botschafter das Foreign Office zu größerer Aktivität. Ein Appell in Berlin war nach seiner Ansicht jetzt »the last chance for the preservation of peace«[120]. Stanley forderte deshalb, den Franzosen auf halbem Wege entgegenzukommen und ihren Verzicht mit der Preisgabe des Garnisonsrechts zu beantworten:

> »It is deserving of the consideration of Prussia whether she should not make so small a sacrifice[121].«

Auch Königin Victoria bemühte sich auf monarchischer Ebene, Wilhelm von Preußen für den Frieden einzunehmen[122]. Bismarck reiste einige Tage (18. bis 24. April) nach Pommern. Während dieser Zeit legte er letzte Bedenken gegen eine Konferenz ab, wenn nur die Neutralität und der Garnisonsverzicht verknüpft blieben:

---

116 Reuß an Bismarck 13.4.1867: APP 8, Nr. 471, S. 648.

117 Potthoff, S. 112—117; Bridge, S. 36; Beust an Metternich 8.4.1867: Oncken 2, Nr. 408, S. 301; Aufzeichnung Bismarcks 12.4.1867: Oncken 2, Nr. 418, S. 315—317; Wimpffen an Beust 12.4.1867: APP 8, Nr. 469, S. 643—647; Bismarck an Werther 14.4.1867: APP 8, Nr. 477, S. 658—660.

118 Beyrau, S. 72 f.; Reuß an Bismarck 15.4.1867: APP 8, S. 670 f., Anm. 2 zu Nr. 488.

119 Bismarck an Reuß 15., 18.4.1867, Bernstorff an Bismarck 18.4.1867: APP 8, Nr. 488, 506 f., S. 670 f., 696—700.

120 Cowley an Stanley 19.4.1867: Wellesley, Robert Sencourt, S. 338—342, Zitat S. 342.

121 Stanley an Loftus 19.4.1867: Millman, British foreign policy, S. 78; Bernstorff an Bismarck 19.4.1867: APP 8, Nr. 510, S. 706 f.

122 Victoria an Wilhelm I. 22.4.1867: Mosse, The European Powers, S. 267 f.; Tagebucheintrag Victorias vom 22.4.1867: LQV 2,1, S. 420.

»Wenn die Großmächte uns von der Garnisonspflicht entbinden und das Ländchen neutralisieren, kommen wir ohne Schaden an der Ehre aus der Sache heraus[123].«

Zuletzt war es Gorčakov, der die Initiative ergriff und zu einer Konferenz einlud, die in London tagen sollte[124]. Nachdem er nach Berlin zurückgekehrt war, verband der preußische Ministerpräsident die verschiedenen Vermittlungsfäden und den Konferenzplan in Gesprächen mit dem russischen Botschafter Oubril am 24., dem Österreicher Wimpffen am 25. und dem Diplomaten Londons, Loftus, am 26. April zu einer tragfähigen Basis für den kommenden Kongreß. Wien ließ die eigenen Mediationsvorschläge fallen, um sich gemeinsam mit Petersburg hinter das Konzept zu stellen, das Cowley zwischen Paris und London ausgehandelt hatte und das auch in Berlin angenommen wurde: luxemburgische Neutralität unter europäischer Garantie, preußischer Verzicht auf Garnisonsrechte, französische Aufgabe der Kaufabsicht[125]. Amtlich akzeptierte Bismarck am 26. April die Konferenz[126], die am 7. Mai zusammentrat und bis zum 13. Mai in fünf kurzen Sitzungen dem vereinbarten Kompromiß Vertragsform gab. Die Unterhändler beließen das Großherzogtum der niederländischen Monarchie, schrieben aber gleichzeitig den neutralen Status unter gemeinsamer Garantie der Vertragsstaaten fest. Die Festung sollte geräumt und zerstört werden[127]. Luxemburg blieb im Zollverein, eine Mitgliedschaft, die unstrittig war; Limburgs staatsrechtliche Zugehörigkeit zu Deutschland hatte in jeder Hinsicht ein Ende, eine Tatsache, die ebenfalls nicht angefochten wurde. Die Kollektivgarantie aber war ohne wirkliche Kraft, da sie nach britischer Interpretation erst griff, wenn alle Beteiligten eine Intervention befürworteten[128].

Die Luxemburger Frage entstand in der Auflösung der Deutschen Bundes 1866. Die nötige Neuordnung hätte dem unausgesprochenen Ziel einer preußisch-französischen »Erwerbsgemeinschaft«[129] dienen können. Dies scheiterte an den differierenden Ansichten über Geschwindigkeit und mögliche Verfahren der Neugestaltung des Großherzogtums. Ihre aus vornehmlich innenpolitischen Gründen unterschiedlichen Absichten führten Preußen und Frankreich zunächst in eine begrenzte diplomatische Kontroverse. Bald erweiterte sie sich zur bilateralen Krise und griff, als die geheimen Verhandlungen an die Öffentlichkeit gelangten, kurzfristig auch auf ganz Europa über. Nach dem Scheitern der Kabinettsdiplomatie versuchte Bismarck, die deutsche Erregung gegen die französischen Ziele auszunutzen. Reden im Konstituierenden Norddeutschen

---

123 Keudell zitiert Bismarck mit diesen Worten (24.4.1867): Robert von Keudell, Fürst und Fürstin Bismarck. Erinnerungen aus den Jahren 1846 bis 1872, Berlin, Stuttgart 1901, S. 360; Bismarck an Thile 21.4.1867: Oncken 2, Nr. 439, S. 349.

124 Reuß an Bismarck 22., 23.4.1867: APP 8, Nr. 521, 523, S. 720—723, 726 f.

125 GW 6, S. 362 Vorbemerkung zu Nr. 764; Wimpffen an Beust 25., 26.4.1867: Oncken 2, Nr. 443, 448, S. 353 f., 357—359; Loftus an Stanley 26.4.1867: Millman, British foreign policy, S. 79; Loftus an Stanley 27.4.1867: APP 8, Nr. 543 S 753—755.

126 Zirkulare Bismarcks 26., 27.4.1867: APP 8, Nr. 533, 539, 541, S. 735—738, 748—752.

127 Protokolle der Konferenz und Londoner Vertrag vom 11.5.1867: St.A. 13 (1867), Nr. 2742 f., S. 1—15.

128 Huber, Deutsche Verfassungsgeschichte seit 1789, Bd 3, S. 701; Millman, British foreign policy, S. 90—96.

129 Andreas Hillgruber, Bismarcks Außenpolitik, Freiburg 1972, S. 86—93.

Reichstag verschärften die europäische Krise. Beide Seiten schlossen einen Krieg nicht mehr aus; eine Möglichkeit, die auch in Wien und Petersburg, vor allem aber in Londen als real perzipiert wurde. Aber Frankreich war militärisch zu schwach und mit seinen luxemburgischen Ambitionen diplomatisch isoliert. Die Chance eines fait accompli nutzte Paris nicht; andererseits bot es den Großmächten (z. B. Rußland in der Kreta-/Orientfrage oder England zur Sicherheit Belgiens) nichts an, das den Grund zu diplomatischem Beistand oder mehr gerechtfertigt hätte. Preußen suchte ebenfalls vergeblich politische Alliierte, benötigte diese aber nicht mehr, nachdem Frankreich keine Partner fand. Berlin verzichtete fast ganz auf eigene Rüstungen. Ziel war vielmehr, die noch ungeordneten deutschen Verhältnisse zu stabilisieren. Die nord-süddeutschen Bündnisverträge wurden ohne großes Aufsehen im Mächtesystem etabliert und gleichzeitig getestet. Um die Krise zu begrenzen, setzte Bismarck nebeneinander eskalierende und krisenmindernde Elemente ein. Schon bald verzichteten Napoleon III. und seine Regierung auf ihre Kriegsoption, weil sie militärisch nicht tragfähig war und sich eine Konferenzlösung bereits abzeichnete. Preußen verband seinen Verzicht auf Garnison und Festung in Luxemburg mit der Neutralität des kleinen Landes. Frankreich verzichtete dafür im voraus auf die geforderte Zession des Großherzogtums.

Der Konflikt hatte zwar eine große bilaterale Intensität, die gesamteuropäische Bedrohung war dagegen eher gering und von kurzer Dauer. Diesem retrospektiven Urteil steht jedoch ein, 1867 durchaus realistisches »worst-case-scenario« gegenüber. Bismarck hatte während der ganzen Krise immer die Möglichkeit, Großbritannien und Frankreich in einem Gegensatz zu halten[130]. In London deutete er an, den Konflikt notfalls auszuweiten, und einen französischen Vorstoß nach Belgien zu decken. Die belgische Karte konnte England in den Krieg ziehen. Vor dem Hintergrund eines westeuropäischen Kriegs würde Rußland seine Interessen im Orient auch militärisch durchgesetzt haben. Die Russen konnten dabei auf die akute Schwäche Österreichs zählen. Dort gab es Revanchewünsche gegen Preußen, die in ihrer Wirksamkeit aber wohl niedrig anzusetzen sind. Sie wären das Element gewesen, das den Ost- mit dem Westkonflikt verbunden hätte, wenn sie die Allianz mit Frankreich (hier gegen Preußen, dort gegen Rußland) zustande brachten. Tatsächlich wurde der Konflikt jedoch durch den gegenseitigen Verzicht beigelegt. Den Frieden konnte das aber nur vorläufig bewahren. A.J.P. Taylors Urteil, dieser erfolglose Versuch, Frankreich mit der nationalen Entwicklung Deutschlands auszusöhnen, habe die Hoffnung auf ein gutes deutsch-französisches Verhältnis für immer beendet, erscheint zwar sehr ex post gesprochen[131]. Sicher aber war die Luxemburgkrise ein Wendepunkt im bilateralen Verhältnis von einer möglichen Kooperation zur dauernden Konfrontation. In das europäische System gelangte dadurch eine neue, dauerhafte Komponente: die preußisch/deutsch-französische Gegnerschaft, die ihren ersten Höhepunkt im Krieg von 1870/71 fand.

130 Kenneth Bourne, The Foreign Policy of Victorian England, 1830—1902, Oxford 1970, S. 117.

131 Taylor, The Struggle, S. 183.

10. Getrennte Konflikte. Deutsch-französischer Krieg und Schwarzmeer-Frage 1870/71

Mit der Luxemburgkrise hatte Otto von Bismarck keineswegs beabsichtigt, das deutsch-französische Verhältnis auf einen unausweichlichen Konflikt festzulegen. Noch Ende März 1867 schloß er eine mitteleuropäische »Erwerbsgemeinschaft«[1] nicht aus, bei der Frankreich in Luxemburg/Belgien, Preußen aber in Nordschleswig und für die fortgesetzte Reichsintegration freie Hand gehabt hätten[2].

Auch nachdem der Streit beigelegt war, glaubte Bismarck, eine spätere Kooperation beider Staaten sei nicht ausgeschlossen[3]. Erst später unterlegte er seinem Handeln zwischen 1867 und 1870 jene Zielausrichtung, die einen Krieg als unvermeidlich erkannt habe[4]. In Wirklichkeit gab es jedoch keinen ausweglosen Gang in den Krieg. Zwischen Luxemburger und Spanischer Affaire entwickelten sich die französisch-(nord)deutschen Beziehungen auch dann ruhig, wenn gleichzeitig in Frankreich nationalistische Kräfte größere Resonanz suchten[5]. Ihre Argumente hatten in den Gewichtsverschiebungen zwischen Deutschland und Frankreich eine reale Basis. Je größer und stärker Preußen/Deutschland wurde, um so schwächer wurde in Relation dazu das Zweite Kaiserreich. Die Wachstumsrate der Bevölkerung westlich des Rheins sank von unter 4,5 Prozent in den 50er Jahren auf weniger als 2,7 Prozent zwischen 1860 und dem Krieg von 1870. In den Gebieten des späteren Deutschen Reichs stieg diese Quote in den gleichen Dekaden von unter 5,8 Prozent auf über 8,2 Prozent[6]. Auch wichtige Wirtschaftsdaten belegen diesen Trend[7] (siehe nachstehende Tabelle).

---

1 Andreas Hillgruber, Bismarcks Außenpolitik, Freiburg 1972, S. 86.

2 Bismarck an Goltz 30.3.1867: APP 8, Nr. 366, S. 537.

3 Hillgruber, Bismarcks Außenpolitik, S. 93.

4 Otto von Bismarck, Werke in Auswahl, Bd 8a, Erinnerung und Gedanke, Darmstadt 1975, S. 326: »Ich nahm als sicher an, daß der Krieg mit Frankreich auf dem Wege zu unserer weiteren nationalen Entwicklung [...] notwendig werde geführt werden müssen [...]«.

5 A.J.P. Taylor, The Struggle for Mastery in Europe 1848—1918, Oxford 1954, S. 201; Raymond Poidevin, Jacques Bariéty, Frankreich und Deutschland. Die Geschichte ihrer Beziehungen 1815—1975, München 1982, S. 102 f.; William Carr, The Origins of the Wars of German Unification. Origins of Modern Wars, London, New York 1991, S. 144—213.

6 Diese Näherungswerte sind errechnet nach Handbuch der Europäischen Wirtschafts- und Sozialgeschichte, Bd 5. Hrsg. von Wolfram Fischer, Stuttgart 1985, S. 14, 295, 362.

7 Quelle: David Saul Landes, Der entfesselte Prometheus, Köln 1973, S. 187. Umrechnung in gebräuchliche Einheiten! In der Tabelle umfaßt der Begriff Deutschland jene Territoren des Deutschen Bundes, die 1871 im Deutschen Reich aufgingen.

	Eisenbahn	Kohleförderung	Dampfkraft	Roheisen	Rohbaumwolle
	Netz in km	in Mio. to.	Kapazität in 1 000 KW	Produktion in 1 000 t	Verbrauch in 1000 to.
Frankreich 1850	**3008**	**7,2**	**272**	**406**	**59,3**
Deutschland 1850	**5856**	**5,1**	**191**	**212**	**17**
Frankreich 1869	**16927**	**21,4**	**1361**	**1381**	**93,7**
Deutschland 1869	**17435**	**26,8**	**1824**	**1413**	**64,1**

Die unterschiedliche Entwicklung schlug sich militärisch einerseits quantitativ nieder. Preußen hatte im Krieg gegen Österreich ca. 500 000 Soldaten aufgeboten, gegen die Marschall Randon, der französische Kriegsminister im August 1866 rund 455 000 eigene Soldaten aufrechnete. Die Wehrverfassung des Norddeutschen Bundes ermöglichte ohne süddeutsche Kontingente bereits ein Heer von fast einer Million Mann (Gooch: 955 000, Hermann: 973 000), gegen das Napoleon III. zwar eine Parität anstrebte. Tatsächlich umfaßte die französische Armee im Frühjahr 1870 aber nur etwa 380 000 Menschen, und sie verfügte nicht über weitere Reserven[8]. Andererseits gab es auch qualitative Unterschiede in der Bewaffnung, die aber nicht im vornherein so evident waren. Deutlich zeigten sie sich im erprobten Mobilisierungsgrad und der hohen Mobilität der deutschen Truppen, die das französische Heer nicht in gleichem Maße besaß. Aus der stärker empfundenen, weniger bewußten Unsicherheit, die sich mit den Umformungsprozessen beider Gesellschaften und Staaten einstellte, resultierte eine anwachsende antideutsche Stimmung in Frankreich, die aber bis 1870 nicht als Kriegswunsch, sondern vielmehr als Konfliktakzeptanz beschrieben werden muß[9]. Die latente Bereitschaft, einer Auseinandersetzung nicht mehr aus dem Wege gehen zu wollen, zeigte sich 1870 in der spanischen Thronfolgeaffaire.

Nach der revolutionären Umgestaltung Spaniens[10] in eine konstitutionelle Monarchie suchten die Militärputschisten um den General Juan Prim im katho-

---

8 John Gooch, Armies in Europe, London 1980, S. 98—101; Carl Hans Hermann, Deutsche Mlitärgeschichte, Frankfurt 1966, S. 233—240; William Serman, Remarques sur les préparatifs militaires français à la veille de la guerre. In: La guerre de 1870/71 et ses conséquences. Publié par Philippe Levillain et Rainer Riemenschneider, Bonn 1990 (= Pariser Historische Studien, 29), S. 99—109.

9 Eber Malcolm Carroll, French Public Opinion and Foreign Affairs 1870—1914, London 1931, S. 22 f.

10 Jochen Dittrich, Bismarck, Frankreich und die spanische Thronkandidatur der Hohenzollern, München 1962, Diss., Freiburg 1948; Lawrence Dinkelspiel Steefel, Bismarck, the Hohenzollern Candidacy, and the Origins of the Franco-German War of 1870, Cambridge 1962; Eberhard Kolb, Der Kriegsausbruch 1870. Politische Entscheidungsprozesse und Verantwortlichkeiten in der Julikrise 1870, Göttingen 1970; Josef Becker, Zum Problem der Bismarckschen Politik in der spanischen Thronfrage 1870. In: Historische Zeitschrift 212 (1971), S. 529—607; Richard Konetzke, Spanien, die Vorgeschichte des Krieges von 1870 und die deutsche Reischsgründung. In: Historische Zeitschrift 214 (1972), S. 580—613;

lischen Zweig des Hauses Hohenzollern einen Kandidaten für den Madrider Thron. Bismarck, der das Ende der klerikalen Regierung Spaniens als Verlust für Napoleons Politik begrüßte, griff die Erbfolgefrage erst im Frühjahr 1870 auf. Nachdem Prim dem Erbprinzen Leopold von Hohenzollern-Sigmaringen offiziell die spanische Krone angeboten hatte, drängte Bismarck den zögernden Thronaspiranten zur Annahme, beharrte dann aber nicht auf dieser Forderung, als Leopold und auch dessen jüngerer Bruder Friederich ablehnten. Erst als sich der Prinz vier Wochen später doch noch zur Annahme der Kandidatur entschloß, sorgte Bismarck sofort für eine rasche Wiederaufnahme der Kontakte nach Madrid. Zugleich aber wollte er den Anschein offizieller Regierungspolitik verwischen; die Gespräche sollten direkt zwischen der spanischen Regierung und den Sigmaringern geführt werden. Dieser Charakter der Erbfolgeverhandlungen ließ sich nicht durchhalten, nachdem sie am 3. Juli 1870 vorzeitig an die Öffentlichkeit gelangten. War die Kandidatur Leopolds zuvor ein Begleitumstand der für Bismarcks Politik ohnehin vorteilhaften spanischen Revolution gewesen, so wurde ein unbedingtes Festhalten an ihr jetzt zum Mittel der Auseinandersetzung mit Frankreich. Obwohl Bismarck sie nicht initiiert hat, geschieht in der sich anschließenden Krise ihre Instrumentalisierung auf deutscher Seite ganz in seinem Sinne[11].

Frankreichs Öffentlichkeit[12], und mit ihr Napoleon III.[13] und dessen Minister[14] empfanden die spanischen Kontakte der Hohenzollern als Provokation. Die französischen Politiker suchten die Initiative im Konflikt mit Deutschland an sich zu ziehen und griffen dazu ihrerseits die Thronfolgefrage als Mittel der Auseinandersetzung auf. Napoleon, weiterhin auf der Suche nach einem durchschlagenden, seine Herrschaft stabilisierenden Erfolg in der Außenpolitik, sah seine Chance, die Deutschen entweder zu einem demütigenden Rückzug aus Spanien oder in die Rolle des Aggressors in traditionell französischem Hegemonialgebiet zu drängen. Für den Fall der Eskalation vertraute die Führung in

S. William Halperin, The Origins of the Franco-Prussian War Revisited: Bismarck and the Hohenzollern Candidature for the Spanish Throne. In: Journal of Modern History 45 (1973), S. 83—91; Josef Becker, Bismarck, Prim, die Sigmaringer Hohenzollern und die Spanische Thronfrage. In: Francia 9 (1981), S. 435—472; Hans-Otto Kleinmann, Die spanische Thronfolge in der internationalen Politik vor Ausbruch des deutsch-französischen Krieges. In: Europa vor dem Krieg von 1870. Hrsg. von Eberhard Kolb, München 1987 (= Schriften des Historischen Kollegs, Kolloquien 10), S. 125—149.

11 Wenn Paul von Hatzfeldt, der zwischen 1874 und 1878 Botschafter in Madrid war, in einem Memoirenfragment von 1892/93 der ganzen Kandidatur nur einen Sinn beimessen mochte, wenn sie von Bismarck seit ihrem Beginn 1868 oder doch spätestens seit dem Winter 1869/70 auf einen Krieg gegen Frankreich berechnet war, so ist dies — wie vergleichbare Äußerungen Bismarcks (siehe Anm. 4) — retrospektive Legendenbildung; Botschafter Paul Graf von Hatzfeldt, Nachgelassene Papiere 1838—1901. Hrsg. von Gerhard Ebel, Bd 1, Boppard 1976, S. 29 f.

12 Eber Malcolm Carroll, French Public Opinion and the War with Prussia in 1870. In: American Historical Review 31 (1926), S. 679—700; Lynn Marchall Case, Franch Opinion on War and Diplomacy during the Second Empire, Philadelphia 1954, S. 241 ff.

13 Nancy Nichols Barker, Napoleon III. and The Hohenzollern Candidacy for The Spanish Throne. In: The Historian 29 (1867), S. 431—450; Marcel Emerit, L'Opinion de Napoléon III sur la Question du Trone d'Espagne en 1869. In: Revue d'Histoire Moderne et Contemporaine 16 (1969), S. 431—438.

14 Kolb, Der Kriegsausbruch, S. 71 ff.

Paris auf den Druck einer dann antideutschen öffentlichen Meinung in Europa und das daraus resultierende Wohlwollen der übrigen Mächte. Außerdem glaubte sie, zumindest Italien und Österreich-Ungarn auch aktiv in den Konflikt einbeziehen zu können[15]. Wie aber sah im Juli 1870 die Mächtekonstellation tatsächlich aus? Welche Bindungen gab es, und welche Rücksichten mußten die Kontrahenten nehmen? Welche Zwänge entstanden ihnen daraus für ihr Konfliktverhalten?

Die kurze Eskalationsphase verhinderte eine »signifikante Umgruppierung« der Mächte. Ihre Stellung zueinander im Juli 1870 war jene, die Frankreich und der Norddeutsche Bund in den vorangegangenen Jahren in Konkurrenz zueinander ausgehandelt hatten[16]. Danach machte sich Paris Hoffnungen auf österreichischen und italienischen Beistand; Berlin vertraute darauf, die süddeutschen Staaten und Rußland auf seiner Seite zu haben; einzig England war in diesem Wettstreit bislang unbeteiligt.

Österreich[17]: Bereits seit Juli 1868 verhandelten Österreicher und Franzosen insgeheim über ein Bündnis. Napoleon III. suchte in Wien einen aktiven Partner, während der österreichische Außenminister Beust eher an eine defensive Allianz dachte. Die Ereignisse auf dem Balkan, wo die Kretakrise seit 1866 und das Unabhängigkeitsstreben Rumäniens seit 1867/68 die Gefahr einer Konfrontation mit Rußland verstärkten, ließen Beust im November 1868 intensiver ein Österreichs Position sicherndes Bündnis anstreben. Um sich jedoch nicht ganz an Frankreich zu binden, sondierte er die Aussichten eines Dreibunds mit Italien, der »den immer kriegslustigen, wilden französischen Elefanten zwischen zwei zahme« nahm[18]. Im Verlauf der Gespräche wurde ein Vertrag entworfen, der Österreichs Neutralität in einem deutsch-französischen Krieg vorsah, solange Rußland sich nicht beteiligte. Ohne die Mitwirkung Italiens blieb es beim Entwurf. In unverbindlichen »Monarchenbriefen« sicherten sich Franz Joseph, Viktor Emanuel und Napoleon lediglich Konsultationen zu, ehe sie mit Ande-

---

15 Kleinmann, Die spanische Thronfolge, S. 127 f.

16 Eberhard Kolb, Der Weg aus dem Krieg. Bismarcks Politik im Krieg und die Friedensanbahnung 1870/71, München 1989, S. 1.

17 Douglas William Houston, The negotiations for a Triple Alliance between France, Austria, and Italy 1869—1870. Diss., Philadelphia 1959; Heinrich Potthoff, Die deutsche Politik Beusts, Bonn 1968 (= Bonner Historische Forschungen, 31); Victor-Lucien Tapié, Autour d'une tentative d'Alliance entre la France et l'Autriche 1867—1870, Wien 1971 (= Österreichische Akademie der Wissenschaften, phil.-hist. Klasse, SB 274.5); Francis Roy Bridge, From Sadowa to Sarajewo. The Foreign Policy of Austria-Hungary, 1866—1914, London, Boston 1972; Janos Decsy, Primeminister Andrássy and the Franco-Prussian War, 1870—1871: A study of Hungarian influence on the Austro-Hungarian diplomacy. Ph.D. thesis Columbia University 1973; István Diószegi, Österreich-Ungarn und der französisch-preußische Krieg 1870/71, Budapest 1974; Heinrich Lutz, Österreich-Ungarn und die Gründung des Deutschen Reiches, Frankfurt, Berlin, Wien 1979; ders., Außenpolitische Tendenzen der Habsburger Monarchie von 1866 bis 1870: »Wiedereintritt in Deutschland« und Konsolidierung als europäische Macht im Bündnis mit Frankreich. In: Europa vor dem Krieg von 1870, S. 1—16; Rainer F. Schmidt, Die gescheiterte Allianz. Österreich-Ungarn, England und das Deutsche Reich in der Ära Andrassy (1867 bis 1878/79), Frankfurt a.M. 1992 (= Europäische Hochschulschriften, III/517).

18 Karl Friedrich Vitzthum von Eckstädt in seinen Denkwürdigkeiten von 1894, zit. nach: Oncken 3, S. 111, Anm. 1 zu Nr. 666.

ren Bündnisse aushandelten. Ohne praktische Folgen blieben auch militärische Kontakte des Generals Lebrun in Wien und des Erzherzogs Albrecht in Paris. Die ökonomischen und konstitutionellen (Ausgleich mit Ungarn) Probleme hatten eine raschere Heeresreform verhindert, so daß 1870 die Armee keine verläßliche Grundlage österreichischer Außenpolitik darstellte.

Italien[19]*:* Mit dem Gewinn Venetiens betrachtete die italienische Regierung das Kriegsbündnis mit Preußen als Episode. Seit 1866 betrieb sie eine von Frankreich geförderte Politik maßvoller Annäherung an das Österreich des Reichskanzlers Beust. Italien wollte als sechste Großmacht akzeptiert werden, was sich am ehesten »in einer von Frankreich und Österreich dominierten, kontinentalen Gleichgewichtsordnung«[20] verwirklichen ließ. Dem war allein die mit Frankreich auszufechtende Stellung Roms zum italienischen Nationalstaat im Weg. Der bereits im September 1864 ausgehandelte Abzug der französischen Garnison im Kirchenstaat war nicht von Dauer. Im Dezember 1866 verlegt, erschienen die Truppen schon im Herbst des folgenden Jahres wieder zum Schutz des Papstes. Der französische Kaiser versicherte sich damit zwar des Rückhalts der Katholiken im eigenen Land, an eine Allianz mit Italien war unter diesen Umständen aber nicht zu denken. Im Juli 1869 machte Ministerpräsident Menebrea eine Tripelallianz von einem bedingungslosen Abzug der Truppen aus Rom und einem französischen Interventionsverzicht in der Frage des Kirchenstaats abhängig[21]. Ohne Rücksicht auf Wien, das die italienischen Ansprüche anerkannte, ließ Napoleon III. die Verhandlungen an diesem Problem scheitern. Er akzeptierte das italienische Junktim von Bündnis und römischer Frage nicht, maß aber trotzdem der im Kern abgeschlossenen Koalition bindenden Charakter bei. Paris hielt sie für »moralement signées«[22].

Süddeutschland[23]*:* Württemberg, Baden, Bayern und Hessen waren nach der österreichischen Niederlage 1866 Schutz- und Trutzbündnisse mit Berlin eingegangen. Bismarck hatte die Krise um Luxemburg dazu benutzt, diese Allianzen im Mächtesystem einzuführen und sie gleichzeitig auf ihre Festigkeit zu prüfen. Denn, davon war auch der preußische Politiker überzeugt, die süddeutschen Staaten wollten sich vom Norden keinesfalls »gleichschalten« lassen[24]. Er versuchte deshalb auf dem Wege der Angleichung und des Ausbaus bestehender Strukturen die größere Einheit vorzubereiten. Es gelang auch, die unterschiedlichen Militärsysteme zu harmonisieren und enge wirtschaftliche Verflechtungen zu schaffen. Vorläufiger Schlußstein, sich den süddeutschen Beistand zu sichern, war die geschickte Verknüpfung von militärischem Interesse Preußens mit dem wirtschaftlichen Interesse des Südens: im Oktober 1867 erhielten die

---

19 Rudolf Lill, Italiens Außenpolitik 1866—1871. In: Europa vor dem Krieg von 1870, S. 93—101.
20 Ebd., S. 93.
21 Metternich an Beust 14.7.69: Oncken 3, Nr. 717, S. 215.
22 Vitzthum an Beust 7.10.69: Oncken 3, Nr. 741, S. 251.
23 Rolf Wilhelm, Das Verhältnis der süddeutschen Staaten zum Norddeutschen Bund (1867—1870), Husum 1978 (= Historische Studien, 431); Lothar Gall, Bismarcks Süddeutschlandpolitik 1866—1870. In: Europa vor dem Krieg von 1870, S. 23—32.
24 Lothar Gall, Bismarck. Der weiße Revolutionär, Berlin 1980, S. 415.

Zollverträge den Zusatz, sie blieben nur in Kraft, solange auch die Schutz- und Trutzbündnisse rechtlich verbindlich waren[25]. Damit waren im Konfliktfall zumindest die übrigen deutschen Staaten an das Vorgehen des Norddeutschen Bundes, Preußens und Bismarcks gebunden.

Rußland[26]*:* Gleiches konnte trotz des engen bilateralen Verhältnisses zwischen St. Petersburg und Berlin nicht in diesem Maße auch von Rußland erwartet werden. Immerhin war es im April 1868 zu einer Absprache zwischen preußischer und russischer Staatsführung gekommen. Nach ersten sondierenden Äußerungen Gorčakovs[27] sowie der einflußreichen Diplomaten Stremouchov[28] und Ignat'ev[29], präzisierte Alexander II. die Idee eines politischen »Geschäfts« (Stremouchov). Um eine befürchtete Intervention Österreichs auf dem Balkan zu verhindern, bot der Zar eine gegenseitige preußisch-russische Rückendeckung an: die Aufstellung einer preußischen Armee an der österreichischen Grenze sollte dies Ziel gewährleisten[30]; 100 000 russische Soldaten in Galizien sollten für den Fall eines deutsch-französischen Krieges Wien von einem Beistand für Frankreich abhalten[31]. Als der Botschafter in Berlin, Oubril, am 20. März das russische Angebot vortrug, ließ sich Bismarck nur auf ein nicht im Detail fixiertes, loses Einvernehmen über eine beiderseitige militärische Sicherung gemeinsamer Interessen gegen eine Angriffsallianz Österreichs und Frankreichs festlegen[32]. Auch wenn sich auf diese Weise der Westkonflikt nicht hatte mit der Orientfrage verbinden lassen, wie es etwa Ignat'ev beabsichtigte, so waren Alexander II. und Gorčakov mit dem Erreichten zufrieden: kamen die Absprachen zum Tragen, so zahlte man in jedem Fall den Habsburgern ihr Verhalten im Krimkrieg »in gleicher Münze« zurück[33].

England[34]*:* Auf das außenpolitische Debakel im Schleswig-Holstein-Konflikt reagierte die britische Regierung mit einer Politik der Nichtintervention. Machte

---

25 Wilhelm, Das Verhältnis, S. 164.

26 Werner Eugen Mosse, The European Powers and the German Question 1848—1871, Cambridge 1958, S. 253 ff.; Lev M. Sneerson, Die russische Reaktion auf den Ausbruch des französisch-preußischen Krieges von 1870. In: Wissenschaftliche Zeitschrift der Friedrich-Schiller-Universität, Jena 19 (1970), S. 365—374; Claus Bormann, Bismarck und Südosteuropa vom Krimkrieg bis zur Pontuskonferenz. Diss., Hamburg 1867; Dietrich Beyrau, Russische Orientpolitik und die Entstehung des Deutschen Kaiserreiches 1866—1870/71, Wiesbaden 1974; ders., Der deutsche Komplex: Rußland zur Zeit der Reichsgründung. In: Europa und die Reichsgründung. Hrsg. von Eberhard Kolb, München 1980 (= Historische Zeitschrift, Beiheft 6, NF), S. 63—107; ders., Russische Interessenzonen und europäisches Gleichgewicht 1860—1870. In: Europa vor dem Krieg von 1870, S. 65—76.

27 Reuß an Bismarck 4.1.1968: APP 9, Nr. 483, S. 588.

28 Reuß an Bismarck 27.1.1968: APP 9, Nr. 535, S. 640.

29 Reuß an Bismarck 29.1.1968: Beyrau, Russische Orientpolitik, S. 107.

30 Reuß an König Wilhelm 5.2.1968: APP 9, Nr. 644, S. 759 f.

31 Reuß an König Wilhelm 4.3.1968: APP 9, Nr. 644, S. 759 f.

32 Bismarck an Reuß 22.3.1968: APP 9, Nr. 680, S. 799—804.

33 Memorandum Ignat'evs 20.1.1968: Beyrau, Russische Orientpolitik, S. 107 .

34 Kurt Rheindorf, England und der Deutsch-Französische Krieg 1870/71: Ein Beitrag zur englischen Politik in der Zeit des Übergangs vom Manchestertum zum Imperialismus mit Benutzung bisher unveröffentlichten Materials, Bonn 1923; Richard Millman, British Foreign Policy and the Coming of the Franco-Prussian War, Oxford 1965; Kenneth

aber die isolationistische Distanz zu Europa die englische Reaktion auf die kontinentale Entwicklung vorhersehbar? Außenminister Clarendon hielt es nicht für geschickt, die richtige Grundentscheidung der britischen Politik offen zu Markte zu tragen, da man sonst die Freiheit des Handelns verlor[35]. So ist es folgerichtig, daß er sich nicht durch die globalen Bedingungen des Empires soweit einengen ließ, britische »essentials« auf dem Kontinent zu vernachlässigen. Jede, wegen wirtschaftlicher Bindungen naheliegende Kooperation mit Frankreich war unmöglich, nachdem sich Napoleon III. 1869 mit dem Ankauf belgischer Eisenbahnen erneut expansiver Pläne verdächtig machte. Wie in Belgien (1866, 1867 und 1869), so war Clarendon auch während der Thronfolgeaffaire bereit, britische Positionen auf der iberischen Halbinsel (Gibraltar, Portugal) zu wahren[36]. Ob aber Clarendon ein späteres (1871) Diktum Bismarcks, er hätte als einziger den Krieg noch verhindern können[37], hätte erfüllen können, ist dennoch fraglich. Denn in der britischen Öffentlichkeit war es unpopulär, auf dem Kontinent Verantwortung zu übernehmen. Erst in der Julikrise 1870 wandelte sich dies, und die Presse rückte Frankreich in die aggressive, friedensstörende Rolle[38]. Doch Clarendons Nachfolger Granville »war sicherlich nicht der Mann«[39], hieraus eine aktive Politik gegenüber Europa zu entwerfen.

Die Mächte waren zur Mitte des Jahres 1870 also bündnisfrei, aber in zwei Lager geteilt. Festere Strukturen scheiterten an dem quer zur Lagerbildung stehenden Balkaninteresse aller Beteiligten. Rußland und Österreich knüpften ihren Beistand implizit an ein Junktim von südost- und westeuropäischem Konflikt. Beide hatten losgelöst von der eigenen Rivalität auf dem Balkan kein Interesse, wegen der deutschen Frage in einen Krieg gezogen zu werden, der nicht auch die orientalische Frage beantwortete. Frankreich und Preußen-Deutschland suchten zwar im Osten Rückendeckung für den Fall eines Kriegs, waren aber an einer Ausweitung der bilateralen Auseinandersetzung nicht interessiert. Die gleichzeitige Lösung auf dem Balkan strebten sie jedenfalls nicht an. So blieb es bei der bestehenden Dissoziation von West- und Ostkonflikt und bei der Bündnislosigkeit des Mächtesystems. Ohne feste Bindungen war die Pentarchie aber auch frei von Automatismen, die mehr als zwei Großmächte in einen Krieg verwickelt hätten. Außerhalb der beiden Lager stand lediglich Großbritannien, dessen Regierung jedoch zunehmend unter öffentlichen Druck geriet, sich zu engagieren.

Bourne, Foreign Policy of Victorian England 1830—1902, Oxford 1970; Klaus Hildebrand, Großbritannien und die deutsche Reichsgründung. In: Europa und die Reichsgründung, S. 9—62; Peter Alter, Weltmacht auf Distanz. Britische Außenpolitik 1860—1870. In: Europa vor dem Krieg von 1870, S. 77—91; Thomas Schaarschmidt, Außenpolitik und öffentliche Meinung in Großbritannien während des deutsch-französischen Krieges von 1870/71, Frankfurt a.M. 1993 (= Europäische Hochschulschriften, III/575).

35 Clarendon an Cowley 14.7.1866: Millman, British Foreign Policy, S. 32; Clarendon an Victoria 19.3.69: Mosse, The European Powers, S. 300.

36 Christopher John Bartlett, Clarendon, the Foreign Office and the Hohenzollern Candidature, 1868—1870. In: English Historical Review 75 (1960), S. 276—284.

37 Mosse, The European Powers, S. 303 (7).

38 Patrick Bury, L'opinion britannique et les affaires françaises de 1870. In: Revue d'histoire diplomatique 84 (1970), S. 337—351; Schaarschmidt, S. 93, 106 f.

39 Bourne, Foreign Policy, S. 121.

So ähnelte die Gesamtsituation jener im Jahr 1866 vor Beginn des preußisch-österreichischen Kriegs. Auch diesmal war für Preußen schon das Stillhalten der anderen ausreichend, während für den Gegner, jetzt Frankreich, die aktive Teilnahme mindestens einer weiteren Macht entscheidend war. Deshalb bezog die Krise, die der Weg in den Krieg von 1870 für das europäische System bedeutete, ihre Bedrohlichkeit aus dem französischen Versuch, Österreich- Ungarn und Italien, aber auch Dänemark militärisch einzubinden.

Frankreich[40]: Seit Bekanntwerden der spanischen Thronfolgekandidatur Leopolds versuchte die Regierung Napoleons III. parallel zum bilateralen Konflikt mit Preußen, eine Kriegskoalition auf der Basis der Tripelallianzgespräche und der Monarchenbriefe zu formieren. Die Minister, allen voran Regierungschef Ollivier und Außenminister Gramont, erfuhren erst am Vormittag des 6. Juli von diesen Absprachen. Die Italiener glaubte man mit der Räumung Roms, Rußland mit der Revision der Schwarzmeerklauseln und Österreich mit der Restitution seiner alten deutschen Rolle ködern zu können. Die Kriegs- und Marineminister gaben optimistische Berichte zur militärischen Ausgangslage[41]. Am selben Tag noch erklärte Gramont vor dem Corps législatif vor begeisterten Abgeordneten, Frankreich werde sich mit allen Mitteln einem Hohenzollern auf dem Madrider Thron widersetzen[42]. Erst jetzt, als mit der Regierungserklärung der Weg in den Krieg beschritten war, bemühte man sich amtlich um den Beistand aus Florenz und Wien. Österreich sollte durch ein Observationskorps preußische Kräfte binden, Italien gar mit 100 000 Mann auf München vorstoßen[43]. Für den italienischen Außenminister Visconti-Venosta[44] stand auch in der akuten Krise die römische Frage im Zentrum. In der Bevölkerung und bei den Ministern ging die Stimmung dahin, mit der französischen Garnison solle jetzt auch der Papst als weltlicher Herrscher weichen. Ohne diese Aussicht sollte sich Italien aus dem Krieg heraushalten. Eine solche Neutralität war aber nur denkbar, wenn sich auch Österreich-Ungarn still verhielt. Dort traf sich am 18. Juli der entscheidende gemeinsame Ministerrat unter kaiserlichem Vorsitz[45]. Man verständigte sich auf eine »vorläufige Neutralität« und gleichzeitige defensive Rüstungen. Beust regte an, sich wenigstens mit Italien »in Frankreich freundlichem Sinne« zusammenzufinden, wenn eine Allianz ab initio nicht

40 Kolb, Der Kriegsausbruch, S. 71 ff.; Dennis E. Showalter, Diplomacy and the Military in France and Prussia, 1870. In: Central European History 4 (1971), S. 346—353; Kolb, Der Weg aus dem Krieg, S. 51 ff.

41 Dittrich, Bismarck, S. 99 f.

42 Erklärung Gramonts 6.7.1870: Richard Fester, Briefe, Aktenstücke und Regesten zur Geschichte der Hohenzollernschen Thronkandidatur in Spanien, Heft 1, Leipzig, Berlin 1931, Nr. 289, S. 134 f., dt. Übersetzung in Schulthess 11 (1870), S. 363.

43 Metternich an Beust 6., 8.7.1870: Oncken 3, Nr. 844, S. 395 f., Nr. 851, S. 404 f.; Gramont an Malaret 7.7.1870: OD 28, Nr. 8292, S. 85; Vimercati an Viktor Emanuel 10.7.1870: Ministerio degli affari esteri, Commissione per la pubblicazione dei documenti diplomatici: I documenti diplomatici italiani. Serie 1, Bd 13, Rom 1963, Nr. 66, S. 35 f.

44 S. William Halperin, Diplomat under Stress: Visconti-Venosta and the Crisis of July 1870, Chicago 1963.

45 Potthoff, Die deutsche Politik Beusts, S. 352 ff.; Decsy, Primeminister Andrássy, S. 259 ff.; Diószegi, Österreich-Ungarn, S. 40 ff.; Protokoll des Ministerrats vom 18.7.1870: Diószegi, Österreich-Ungarn, S. 286—296; Schmidt, Die gescheiterte Allianz, S. 34.

möglich sei. Er schlug einen Offensiv-Defensiv-Bund zwischen Österreich und Italien vor, dem sich Frankreich anschließen sollte[46]. Florenz forderte dagegen, Österreich müsse sich zuerst auf den Bund mit Frankreich festlegen, ehe Italien diesen zur Tripelallianz ergänze[47]. Die Partner, die Gramont, Ollivier und Napoleon ins Auge gefaßt hatten, verlegten sich, statt freudig in einen offensiven Dreibund einzutreten, auf das Zeitspiel. Als sich die Österreicher schließlich der italienischen Forderung anschlossen, Rom von Truppen und Papst zu räumen, verzichtete Paris empört auf diese Partnerschaften. Knapp zwei Wochen nach der beiderseitigen Mobilmachung (14. JuliI in Frankreich, 15. Juli in Preußen) und gut eine Woche nach der französischen Kriegserklärung (19. Juli) stand das Zweite Kaiserreich Ende Juli ohne Alliierte da. Daran änderte auch die vorgetäuschte Drohung nichts mehr, sich statt dessen mit Rußland einigen zu wollen[48]. Der Zar hatte vielmehr kurz zuvor klargemacht, daß die russische Neutralität vom Verhalten Österreich-Ungarns abhänge, sich also gegen die französische Politik richtete[49]. Ob Beust über diese Information auch bereits am 18. Juli verfügte, ist nicht belegt, aber durchaus möglich. Nach Beginn der Kampfhandlungen und den schnellen deutschen Anfangserfolgen (4. August: Wissenbourg, 6. August Woerth-sur-Sauer und Spichern bei Saarbrücken) bemühte er sich jedenfalls intensiv um das Verhältnis zu Petersburg. Visconti-Venosta knüpfte zur selben Zeit engere Kontakte nach London, um sich der französischen Forderung nach militärischer Hilfe zu entziehen. Prinz Jérôme nahm aus Florenz die deutliche Antwort mit, seit dem 27. August verfolge Italien eine Politik der Nichteinmischung. Auch eine weitere Front in Norddeutschland brachten die Franzosen nicht zustande. Wie Italien und Österreich entzog sich auch Dänemark[50] den Wünschen Napoleons. Die dänische Regierung ließ sich durch den Sonderemissär Cadore nicht unter Druck setzen, und sie entschied angesichts der militärischen Lage schon am 10. August gegen Paris[51].

Weder vor Ausbruch des Kriegs, erst recht nicht nach dessen anfänglicher Entwicklung gelang es Frankreich, eine Kriegskoalition zusammenzubringen. Auch eine Verbindung von West- und Ostkonflikt, was den Krieg zum französischen Vorteil ausgeweitet hätte[52], versuchte Paris in der Vorkriegsphase nicht. In selbstüberschätzender Fehlwahrnehmung der militärischen Ausgangssituation und im Vertrauen auf die moralische Bindung zweier Partner durch letztlich unverbindliche Absprachen, verzichteten Regierung und der Kaiser auf notwendigen Nachdruck, Kompromißbereitschaft und lockende Angebote in den erst spät, dann um so hektischer einsetzenden Verhandlungen über eine Allianz und deren konkreten Beitrag zur französischen Kriegsführung. Diese Haltung führte in die Isolation und war ein Ausgangspunkt der späteren Niederlage.

46 Beust an Metternich 27., 28.7.1870 (Beilage): Oncken 3, Nr. 930, S. 488 f.
47 Kolb, Der Weg aus dem Krieg, S. 62.
48 Gramont an LaTour 27.7.1870: OD 29, Nr. 8794, S. 254—257.
49 Berchtolsheim an Beust 22.7., Chotek an Beust 23.7.1870: Kolb, Der Weg aus dem Krieg, S. 20.
50 Kolb, Der Weg aus dem Krieg, S. 74—80.
51 Cadore an Gramont 10.8.1870: OD 29, Nr. 8952, S. 436 f.
52 Gramont an LaTour 23.7.1870: OD 29, Nr. 8724, S. 173—176.

Preußen/Deutschland: Gegen das französische Ziel, den bilateralen Krieg auszuweiten und den gesamteuropäischen Krieg zu riskieren, richtete Bismarck seine »Lokalisierungsstrategie«[53]. Die Absichten des preußischen Generalstabs liefen auf die durch den Krieg 1866 bestätigten Konzepte hinaus. Moltke und Waldersee arbeiteten auf einen lokalisierten Krieg mit deutscher Initiative hin. In einem Duellkrieg sollte die schnellere deutsche Mobilisierungsfähigkeit ausgenutzt werden, selbst wenn man dadurch in den »Schein der Agression« geriet[54]. Auch Bismarck baute auf die Erfahrung aus dem Krieg gegen Österreich. War es 1866 die Neutralität Frankreichs, so war jetzt die österreichische das Kernproblem der Konfliktführung. 1865 war Kaiser Napoleon in Biarritz mit vagen Aussichten territorialen Gewinns zu ködern gewesen, gleiche Versprechen konnte man Franz Joseph nicht anbieten. Nur die Bedrohung durch Rußland würde die Habsburgermonarchie lähmen. Eine bewaffnete Teilnahme der Armee des Zaren zog aber Österreich unweigerlich ebenfalls in den Krieg hinein und erweiterte ihn sehr wahrscheinlich um die orientalische Komponente. Otto von Bismarck strebte deshalb an, die Russen auf ihre Zusage von 100 000 Soldaten an der galizischen Grenze festzulegen. Die aktive Neutralität Rußlands sollte Österreichs (und Dänemarks) Neutralität erzwingen. Dem russischen Botschafter Oubril stellte der Kanzler am 14. Juli die rhetorische Frage, ob Petersburg eine preußische Niederlage hinnehmen und Franzosen in Berlin und Posen akzeptieren werde[55]. König Wilhelm verwies auf Rußlands Stellung in Polen:

> »Durch die Niederlage Preußens gegen Frankreich und Österreich würde die Gefahr bis vor die Mauern Warschaus getragen[56].«

Alexander erneuerte umgehend sein Versprechen, Österreich »paralysieren« zu wollen[57]. Bismarck glaubte, damit die österreichische Neutralität verbürgt zu haben[58].

Dieses Zutrauen hatte er zur italienischen Haltung nicht. Er knüpfte deswegen über Friedrich von Holstein Kontakte zur radikalen Opposition jenseits der Alpen, versprach, sie in der römischen Frage zu unterstützen, und schuf sich auf diese Weise die Option einer inneren Front gegen einen eventuellen Kriegseintritt Italiens. Bismarck übernahm diese Methode aus dem Krieg gegen Österreich, als er die Ungarn für seine Zwecke vereinnahmte[59].

---

53 Kolb, Der Weg aus dem Krieg, S. 42.

54 Zuletzt im Juli 1870 überarbeitete Denkschrift Moltkes aus dem Winter 1868/9: Moltkes Militärische Werke 1,3. Moltkes Militärische Korrespondenz. Aus den Dienstschriften 1870/71. 1. Abt.: Der Krieg bis zur Schlacht von Sedan, Berlin 1896, Nr. 18, S. 115; dazu: Stig Förster, General-Feldmarschall Helmuth von Moltke und die kriegsgeschichtlichen Folgen des deutsch-französischen Krieges. In: Levillain/Riemenschneider, La guerre, S. 86—96, hier S. 87.

55 Oubril an das russische Außenministerium 14.7.1870: Kolb, Der Weg aus dem Krieg, S. 17.

56 Wilhelm an Alexander 17.7.1870: ebd., S. 19.

57 Pfuel an Bismarck 16.7.1870, Alexander an Wilhelm 23.7.1870: ebd., S. 18 f.

58 Bismarck an Oberpräsident Hannover 28.7.1870: ebd., S. 21.

59 Jens Petersen, Garibaldi und Deutschland 1870/71. In: Risorgimento 3 (1982), S. 233—249.

Gleichermaßen notwendig wie die russische Neutralität, nicht aber ebenso leicht zu bewerkstelligen, war ein Stillhalten Englands[60]. Bismarck mußte eine der russischen vergleichbare wohlwollende Neutralität wünschen, um der Gefahr zu begegnen, die für die Nordseeküste von der französischen Flotte ausging, und der von deutscher Seite nichts entgegenzusetzen war. Außerdem beeinflußte Londons Haltung auch die dänische Politik. Wollte sich die britische Regierung dagegen strikt neutral verhalten, stärkte das einseitig die Franzosen. Dies galt genauso für die Empfehlung Granvilles vom 14. Juli, Wilhelm von Preußen möge der französischen Regierung schriftlich geben, daß er dem Verzicht Leopolds auf die spanische Kandidatur ausdrücklich zustimme. Es galt auch für das Angebot, so wie es der Pariser Frieden von 1856 vorsah, vermitteln zu wollen (15. Juli)[61]. Bismarck war enttäuscht:

> »Die Haltung Lord Granvilles ist, wie mir scheint, in seinen Amtshandlungen nicht in dem Maße wohlwollend oder auch nur unparteiisch für uns gewesen, wie wir dies nach seinen Privatäußerungen, nach der Sprache der Presse und nach der Rücksichtslosigkeit des französischen Vorgehens erwarten sollten.«

Seinem Monarchen vermittelte er den Eindruck, »daß die englische Regierung im Grunde das Verhalten Frankreichs nicht in dem Maße mißbilligt, wie das in den englischen Blättern der Fall ist«[62]. Die Idee, die britische Öffentlichkeit über die Presse zu instumentalisieren, um in seinem Sinn Einfluß auf die britische Führung zu nehmen, setzte der Kanzler zwischen dem 19. und 25. Juli in die Tat um. Er sandte die Kopie eines Vertragsentwurfs vom August 1866 nach London, in welchem der französische Botschafter Benedetti nach dem Sieg über Österreich einen Kompensationshandel vorschlug, der für Preußen die deutsche Einigung und Belgien mit Luxemburg an Frankreich gebracht hätte[63]. Bismarck informierte vertraulich den englischen Diplomaten Loftus über diesen Inhalt, der preußische Botschafter Bernstorff sprach privat mit Gladstone und Granville darüber[64]. Schon 1867 während der Luxemburgkrise hatte der norddeutsche Kanzler erfolgreich mit dem britischen Interesse an Belgien operiert. Diesmal führten jedoch die vertraulichen Informationen zu keinem Erfolg: am 21. Juli verkündete die britische Regierung ihre strikte Neutralität[65]. Noch am selben Tag wies Bismarck Moritz Busch an, über deutsche, belgische und englische Zeitungen, die britische Neutralität als Betrug kommentieren zu lassen[66]. Zwei Tage später entschloß sich Bismarck dazu, den Entwurf Benedettis zu veröffentlichen, um über den Umweg des öffentlichen Drucks die Regierung

---

60 Paul Scherer, British Neutrality during the Franco-Prussian War. In: International Review of History and Political Science 1 (1964), S. 107—117.

61 Kolb, Der Weg aus dem Krieg, S. 27 (88).

62 Immediatbericht Bismarcks 18.7.1870: GW 6b, Nr. 1665, S. 398.

63 Willard Allen Fletcher, The Mission of Vincent Benedetti to Berlin 1864—1870, Den Haag 1965, S. 130 f.; Oncken 2, Nr. 297, S. 94 f.; Paul Scherer, The Benedetti draft treaty and British neutrality in the Franco-Prussian War. In: International Review of History and Political Science 9 (1972), S. 95—108.

64 Bernstorff an Bismarck 19.7.1870: Rheindorf, England, Nr. 22, S. 170; Mosse, The European Powers, S. 312 f.

65 Neutralitätserklärung vom 19.7.1870: Aktenstücke in Bezug auf Handel und Schiffahrt während des deutsch-französischen Krieges im Jahre 1870, hrsg. auf Veranlassung der Handelskammer zu Hamburg. Beilage zu St.A. 19 (1870), Nr. 62 A., S. 34—37.

66 Moritz Busch, Tagebuchblätter, Bd 1, Leipzig 1899, S. 48.

Gladstone doch noch in Gegensatz zu Frankreich zu bringen[67]. Der Vertrag, dessen Text in der »Times« am 25. Juli erschien, schlug in London wie eine Bombe ein[68], änderte gleichwohl nichts an der offiziellen Politik Großbritanniens. So lehnte Granville am gleichen Tag einen russischen Vorschlag, die Neutralität beider Staaten zu koordinieren, genauso ab wie ein derartiges italienisches Angebot[69]. Berlin mußte sich mit einer englischen Neutralität abfinden, die Frankreich nicht von Rüstungsimporten abschnitt. Die für Deutschland nachteilige Praxis der englischen Neutralität änderte aber nichts an deren prinzipiellen Bestand, eine Intervention war nicht zu befürchten. Für das Stillhalten, das einer Ausweitung des Kriegs entgegenstand, mußte der Nachteil in Kauf genommen werden, daß der völkerrechtliche Standpunkt der Briten, politische Zurückhaltung und wirtschaftliche Kontakte seien voneinander unabhängig, die ökonomischen Interessen Frankreichs begünstigte. Die raschen Anfangserfolge der deutschen Truppen fingen diesen Nachteil aber vorläufig auf. So konnte Bismarck auch ohne Zögern einem britischen Konventionsentwurf zur belgischen Neutralität zustimmen[70].

Das englische Kabinett war in erster Linie darum bemüht, ein gutes Verhältnis zu Frankreich über den aktuellen Konflikt hinwegzuretten und verzichtete dafür auf eigene Anstrengungen, den Krieg zu lokalisieren. Bismarcks Versuche in diese Richtung waren allesamt erfolglos. Andererseits engagierte sich Großbritannien — auch, um die eigene Politik nicht durch eine fremdbestimmte Belastung zu überfordern — nicht aktiv zugunsten der Franzosen. So blieb die militärische Auseinandersetzung auf Frankreich und Deutschland begrenzt, und die anderen Großmächte, wie von Bismarck angestrebt, ausgegrenzt.

Daneben hatte der Kanzler bereits zu einem frühen Zeitpunkt verhindert, daß sich der Konflikt mit Frankreich und der Krisenherd auf dem Balkan verbinden konnten. Als Bismarck im März 1868 den Allianzvorschlag des Zaren in ein loses defensives Einvernehmen gegen einen unwahrscheinlichen französisch-österreichischen Angriff auf Rußland umdeutete, hegte er damit zwar keine konkreten Absichten für einen Krieg gegen Frankreich, sondern er beugte nur möglichen späteren Verwicklungen vor. Aber noch im Juli 1870 hatte diese Trennung beider Konfliktfelder Bestand. Zur Lokalisierung des Krieges und zur Dissoziation der Konflikte im Westen und Osten trug auch die Bildung einer lockeren Neutralenliga[71] bei. Ihre Bedeutung blieb jedoch wegen der militärischen Erfolge Deutschlands gering. Außerdem zeigte sich Bismarck sofort entschlossen, den Mächten auch in der Form einer Neutralenliga keinen Einfluß auf den Kriegsverlauf und die Friedensverhandlungen zu geben. Der rasche Fortgang der Ereignisse zwischen Anfang August und Ende Oktober (Kapitulation in Metz)[72] machten eine Entwicklung wie 1866 wahrscheinlich.

---

67 Bismarck an Bernstorff 23.7.1870: Rheindorf, England, Nr. 24, S. 171.

68 Millman, British Foreign Policy, S. 201.

69 Kolb, Der Weg aus dem Krieg, S. 24 f., 25 (80); Visconti-Venosta an Cadorna 15.7.1870: DDI 1,13, Nr. 153, S. 87 f.

70 Millman, British Foreign Policy, S. 206.

71 Kolb, Der Weg aus dem Krieg, S. 83—112.

72 Eberhard Kaulbach, Der Feldzug 1870 bis zum Fall von Sedan. Zur deutschen Führung in heutiger Sicht. In: Entscheidung 1870. Der deutsch-französische Krieg. Hrsg. vom Militär-

Nach vernichtenden Niederlagen (1., 2. Spetember Sedan; 27. Oktober Metz) und der Gefangennahme Napoleons III. am 2. September schien ein schnelles Ende des Krieges nähergerückt und dadurch eine Eskalation der europäischen Krise vollends ausgeschlossen. Und doch kam es zu einer unerwarteten erneuten Aufgipfelung dieser Krise.

Weil Rußland[73] den baldigen Frieden erwartete, einer Erfüllung eigener Wünsche aber nicht sicher war, ergriff das Zarenreich die Initiative und kündigte einseitig die Pontusbestimmungen des Pariser Friedens von 1856. Damit war die bisherige Trennung der Konflikte im Westen und auf dem Balkan plötzlich gefährdet.

Stärker als eine wie auch immer formulierte generelle Tendenz russischer Außenpolitik mit dem Ziel der Expansion hin zu den Meerengen, wog die für das Wertbewußtsein als Großmacht nicht hinnehmbare Souveränitätseinbuße durch jene Artikel des Pariser Friedens von 1856 (Art. 11, 13, 14), welche das Schwarze Meer neutralisierten und entmilitarisierten. Die Forderung nach uneingeschränkten Herrschaftsrechten ist sowohl eine auf die Außenwirkung als Großmacht gerichtete Prestigeangelegenheit, als auch eine für das eigene Statusempfinden unbedingte Notwendigkeit. Weder nach außen im Verhältnis zu anderen Mächten, noch im Innern gegenüber oppositionellen Fraktionen der politischen Elite und in geringerem Maße gegenüber der russischen Öffentlichkeit konnte die Petersburger Führung darauf verzichten, immer wieder die Revision der Schwarzmeerklauseln zu fordern. Abwechselnd von Frankreich (1859), Österreich (1859, 1867) und Preußen (1866) versprach sich die Regierung des Zaren wirksame Hilfe. Und bereits im September 1866 hatte Gorčakov die einseitige Abkehr vom Pariser Vertrag beabsichtigt und vorbereitet. Er scheiterte am Einspruch der Minister und des Zaren[74]. Vier Jahre später, im August 1870, plante Rußlands Regierungschef und Außenminister, die sich im Krieg Deutschlands gegen Frankreich anbahnende Friedensregelung mit den Revisionswünschen zu verbinden. Er schlug einen Kongreß vor, der sämtliche ungelösten europäischen Fragen aufgreifen sollte[75]. Daß diese legalistische Linie Gorčakovs an österreichischen Bedingungen und deutschem Widerstand scheiterte, rief den Botschafter in Konstantinopel, Ignat'ev, auf den Plan. Er glaubte, mit Sondierungsgesprächen am Hof des Sultans die russische Politik zur einseitigen Initiative bewegen zu können. Die Hohe Pforte argwöhnte, Preußen oder Frankreich hätten, um eigene Vorteile einzuhandeln, den Russen im Orient freie Hand gewährt. Der Sultan suchte deshalb die Annäherung an Petersburg. Ignat'ev sah die Möglichkeit, den schwindenden französischen Einfluß am Bosporus durch russischen zu ersetzen, und von Konstantinopel aus die Revision voranzutreiben. Gorčakov hielt das nicht für realistisch. Wichtiger, als den Sul-

geschichtlichen Forschungsamt durch Wolfgang v. Groote und Ursula v. Gersdorff, Stuttgart 1970, S. 44—104.

73 Mosse, The European Powers, S. 342 ff.; Werner Eugen Mosse, The Rise and Fall of the Crimean System, 1855—1871. The Story of a Peace Settlement, London 1963, S. 158 ff.; Beyrau, Russische Orientpolitik, S. 225 ff.

74 Chester Wells Clark, Prince Gorchakov and the Black Sea Question, 1866. A Russian Bomb That Did Not Explode. In: American Historical Review 48 (1942), S. 52—60.

75 Mosse, The European Powers, S. 320 f.

tan umzustimmen, war es, unter den anderen Signatarstaaten — und hier war England maßgebend — eine revisionsbereite Mehrheit zusammenzubringen. Hierzu wollte er das Kriegsgeschehen zunächst abwarten. Der Streit in der Regierung des Zarenreichs ging also um den rechten Zeitpunkt und den richtigen Weg, ein gemeinsam angestrebtes Ziel zu verwirklichen. Als sich die schnelle Entwicklung des Kriegsendes von 1866 zu wiederholen schien, drängte plötzlich die Zeit, doch noch russische Ansprüche anzumelden. Der Wegfall der Pariser Pontusklausel sollte der Preis für den preußischen Machtzuwachs sein. Anders als Napoleon III. 1867 mit Luxemburg beschränkte Petersburg sich auf auch allein durchsetzbare Forderungen[76], für die man Zustimmung, aber keine Initiative oder Aktion erwartete. Am 31. Oktober 1870 wies Gorčakov seine Vertreter in den europäischen Hauptstädten an, den einseitigen russischen Schritt zu verkünden[77].

Die Note überraschte in ganz Europa[78]. Sie »fiel wie ein Blitz aus unserm grauen Himmel«, schrieb die Großfürstin Helene ihrem Bruder in das deutsche Hauptquartier[79]. Bismarck fürchtete die Folgen der russischen Entscheidung, wurde durch sie doch ein zweiter Konflikt eingeführt, den man bislang hatte ausgrenzen können. Ihm mißfiel vor allem der Zeitpunkt. Auch Wilhelm von Preußen hatte geglaubt, die orientalischen Probleme würden erst nach einem Friedensschluß mit Frankreich angegangen. Ohne Konsultation der Mächte schien ihm die russischen Kündigung nun unmöglich[80]. Beide aber standen zu dem noch wenige Wochen zuvor[81] gegebenen moralischen Beistandsversprechen. Mögliche Folgen des russischen Vorgehens hingen deshalb besonders von der britischen Haltung ab.

Erst nach Preußens prinzipieller Zusage gab Gorčakov seinem Londoner Botschafter Brunnov grünes Licht. Am 9. November trug dieser im Foreign Office das russische Anliegen vor. Schon am nächsten Tag beschäftigte Gorčakovs Note das britische Kabinett. Die Minister beschlossen zwar einen formellen Protest gegen die Vertragskündigung, wollten jedoch die Tür nicht zustoßen und Rußland auf den Weg einer kollektiven Entscheidung führen. Buchanan, Botschafter beim Zaren, sollte sich derweil reserviert geben und Instruktionen abwarten. Odo Russell, Unterstaatssekretär im Foreign Office und Schwiegersohn des verstorbenen Außenministers Clarendon, sollte sich ins preußische Hauptquartier begeben und die Situation mit Bismarck besprechen[82]. London wollte also offenkundig einer Eskalation entgegenwirken und

---

[76] So ließ man das usprünglich beanspruchte Bessarabien wieder wegfallen.

[77] Zirkular Gorčakovs 19./31.10.1870: St.A. 20 (1871), Nr. 4223, S. 111—113.

[78] Kurt Rheindorf, Die Schwarze-Meer-(Pontus-)Frage vom Pariser Frieden von 1856 bis zum Abschluß der Londoner Konferenz von 1871, Berlin 1925, S. 99—101.

[79] Helene (Pawlowna) an August von Württemberg 19.11./1.12.1870: ebd., Nr. 30, S. 158.

[80] Bismarck an Reuß 7., 8.11.1870:. GW 6b, Vorbemerkung zu Nr. 1919, S. 590; Notiz Wilhelms zu Reuß an Bismarck 9.11.1870: Rheindorf, Die Schwarze-Meer-(Pontus-)Frage, Nr. 23, S. 154 (2).

[81] Bismarck an Reuß 16.9.1870: Rheindorf, Die Schwarze-Meer-(Pontus-)Frage, Nr. 20, S. 149 f.; Bericht Reuß' 6.10.1870: Kolb, Der Weg aus dem Krieg, S. 298 (12).

[82] The Gladstone Diaries, vol. 7. Ed. by H.C.G. Matthew, Oxford 1982, S. 395; Mosse, The Rise, S. 165; vgl. Memorandum Gladstones vom 10.11.1870: Foundations of British Foreign Policy from Pitt (1792) to Salisbury (1902). Ed by Harold Temperley and Lilian M. Penson, London 1966, Nr. 127, S. 331—333.

verhandeln. Diese Linie setzte sich nach innen erst im Laufe des Novembers gegen eine kriegerische Presse durch. »The bellicose tone of the British press both reflected and in its tone inflamed an excited public opinion. War with Russia was widely believed to be imminent[83].« Nach außen war bereits durch den gemäßigten Ton des Antwortschreibens Granvilles[84] und die Mission Russells[85] deutlich, daß sich der Konflikt eindämmen ließ. Bismarck erfuhr aus London, daß England zwar die eigenmächtige Kündigung nicht akzeptiere, die russischen Wünsche auf einer Konferenz jedoch nicht ablehnen wolle[86]. Der österreichische Botschafter Apponyi berichtete seine Eindrücke nach Wien:

> »Une partie considérable des Ministres et parmi eux Gadstone, Granville, Cardwell et Lowe (ces derniers secrétaires d'Etat pour la guerre et les finances) serait même d'avis que les intérêts anglais en Orient ne valent pas la peine de tirer l'épée du fourreau et qu'après tout, la prise de Constantinople par les Russes n'affecte pas directement l'Angleterre[87].«

Als die Russen einseitig die Pariser Bestimmungen aufkündigten, reagierte Österreich gespalten[88]. Im ungarischen Reichsteil propagierte man kriegerisch gestimmt eine aktive Unterstützung der Türkei. Die Deutschösterreicher gaben sich versöhnlich. Sie wollten vor allen Dingen einen Konflikt mit dem vereinten Deutschland, dessen Motor Preußen sie im Bunde mit den russischen Plänen sahen, vermeiden. Die Tschechen äußerten sich sogar prorussisch. In dieser innenpolitischen Situation war Beusts Basis auf die Hofkreise verengt. Hierzu hatte auch die entmutigende außenpolitische Entwicklung beigetragen: Frankreich fiel als politische Stütze des Habsburgerstaats aus, die deutsche Einheit war nicht mehr zu verhindern, an der unteren Donau war dafür kein stabiler Ausgleich bewirkt. Nach außen und innen isoliert, versuchte Beust den politischen Spagat zwischen den divergierenden Interessen der Deutschen und Ungarn. Dem Ministerrat erläuterte er am 14. November sein Programm: entschiedene Absage an einen Krieg und ein milder Protest gegen den russischen Schritt. Der ungarische Ministerpräsident Andrássy kämpfte für seine Linie:

> »Werden wir dieses Signal ruhig hingegen lassen, so würden die Slawen daraus für die Zukunft Folgen ziehen.«

Er sah durch einen russischen Erfolg das Zarenreich und seine möglichen Verbündeten auf dem Balkan zu weiterer Aktivität ermutigt. Andrássy wollte die Note zurückweisen und zugleich einen kollektiven Schritt der europäischen Mächte anregen. Er konnte jedoch nicht damit überzeugen, daß eine österreichische Initiative auch auf Gegenliebe bei den anderen Staaten stoßen würde. Beust:

> »Ein Kollektivschritt sei höchstens bei England, Italien und der Türkei zu erreichen. Frankreich und Preußen könnten für jetzt nicht in Kombinationen gezogen werden.«

---

83 Werner Eugen Mosse, Public Opinion and Foreign Policy: The British Public and the War-Scare of November 1870. In: Historical Journal 6 (1963), S. 38—58, hier S. 43.
84 Granville an Buchanan 10.1170: St.A. 20 (1871), Nr. 4230, S. 119—121.
85 Bernstorff an Bismarck 11.11.1870: Kolb, Der Weg aus dem Krieg, S. 300.
86 Bernstorff an Bismarck 12.11.1870: GP 2, Nr. 219, S. 9 f.
87 Apponyi an Beust 15.11.1870: Diószegi, Österreich-Ungarn, S. 196 (5).
88 Schmidt, Die gescheiterte Allianz, S. 44—53.

Kriegsminister Kuhn verwies auf die Folgen, wenn Wiens Aktion ohne Resonanz blieb: der von Andrássy angedeutete Kollektivschritt involviere eine Drohung, und er habe »nur dann einen praktischen Wert, wenn man in der Lage und Willens sei, diese Drohung auch auszuführen«; um Konsequenzen auszuweichen, »müsse man alles vermeiden, was Österreich-Ungarn in den Schein bringe, als wolle es den Krieg«. Andrássy stand mit seinem Vorschlag allein, der Kaiser und alle Minister billigten Beusts Politik[89]. Faktisch stand jetzt fest, daß nach England auch Österreich bestrebt sein würde, den Streit nicht militärisch auszufechten. In mehreren Telegrammen und Briefen teilte Beust in London und Petersburg die österreichische Position mit[90]. Bismarck, der bereits die russischen Wünsche und die englische Reaktion darauf kannte, erfuhr durch seinen Vertreter in Petersburg, Reuß, auch von Österreichs Haltung[91].

Als am 21. November 1870 Russell im Hauptquartier erschien, wußte der Bundeskanzler also bereits, daß die an der Schwarzmeerfrage interessierten drei Mächte nicht an einen Krieg dachten. Gleichwohl mußte der Konflikt in ruhigere Bahnen gelenkt werden, um auszuschließen, daß er nicht doch noch eskalierte oder den Neutralen dazu diente, sich in den deutsch-französischen Krieg und dessen schwierige Friedenssuche einzumischen. Bismarck griff deshalb die kriegerische Stimmung in England, die sich in drohenden Äußerungen Russels fortsetzte, auf:

> »Der nächste praktische Zweck der beteiligten Mächte sollte meines Erachtens der sein, den bisher in den deutsch-französischen Krieg nicht verwickelten Teil Europas vor der Kalamität des Krieges nach Möglichkeit zu bewahren [...] Die englische Regierung könne unmöglich dafür gestimmt sein, wegen der Frage ob die Form (manner) verletzt sei, die bisher in Frieden lebenden europäischen Staaten in einen Krieg zu stürzen [...][92].«

Er schlug eine Konferenz vor, die weiteren Verwicklungen vorbeugen sollte. Bei Russell liest sich das dann so:

> »Anxious as he was to prevent the outbreak of another war, he would strongly recommend Conferences at Constantinople before hostilities[93].«

Mußte Russell davon ausgehen, er habe Bismarck durch sein kriegsbereites Auftreten verhandlungsbereit gestimmt, so hoffte dieser, mit dem Konferenzvorschlag die Briten in Zugzwang gebracht zu haben. Einer kollektiven Lösung, die am 10. November bereits im britischen Kabinett besprochen worden war, konnte sich das Königreich nun nicht verschließen, ohne als Kriegstreiber zu erscheinen. »Great nations, however«, schrieb der englische Historiker James Anthony Froude am 19. November in der »Times«, »have no right to appeal to the ordeal of battle for a fault of manner, and the offence as yet had proceeded no further«[94]. Tatsächlich war Großbritannien zu einem Waffengang nicht

89 Bridge, From Sadowa, S. 52; Diószegi, Österreich-Ungarn, S. 188—194; Zitate aus dem Protokoll des Gemeinsamen Ministerrats vom 14.11.1870: ebd., S. 191, 193 f.

90 Beust an Apponyi 15.11.1870: Diószegi, Österreich-Ungarn, S. 200 (21); Beust an Chotek 16.11.1870 (2 Schreiben): St.A. 20 (1871), Nr. 4233 f., S. 124—128.

91 Reuß an Bismarck 16.11.1870: Beyrau, Russische Orientpolitik, S. 239.

92 Aufzeichnung Bismarcks 21.11.1870: GP 2, Nr. 222, S. 15.

93 Russell an Granville 22.11.1870: St.A. 20 (1871), Nr. 4257, S. 157.

94 Times 19.11.1870, S. 5, Sp. 5. Der Philosoph und Nationalökonom John Stuart Mill an gleicher Stelle: »The honour of England is not concerned either in the protection of Turkey

wirklich in der Lage. Frankreich war als Alliierter handlungsunfähig, auch Österreich wäre kaum zu aktiver Unterstützung bereit gewesen. Allein beschränkte sich die englische Interventionsmöglichkeit aber auf nur zehntausend Soldaten für Expeditionszwecke[95]. Es war kein Geheimnis, daß England nicht ausreichend gerüstet war[96]. Als Bismarck von Gorčakovs Bereitschaft erfuhr, die russischen Forderungen zu besprechen, wenn sie im Kern (»fond«) akzeptiert würden, baute er seine weitere Politik ganz auf der Konferenzidee auf. Die versöhnlichen Töne aus Petersburg hatte Reuß zwischen Gorčakov und Buchanan vermittelt[97]. Jetzt versuchte Bismarck, sie mit den englischen Bedingungen in Einklang zu bringen. Wollte Gorčakov in der russischen Hauptstadt konferieren, schloß Granville dies wie auch ein Treffen in Konstantinopel oder Berlin aus. Sollten nach russischem Willen die Grundzüge der Besprechungen vorab festgelegt sein, so forderten die Engländer, »that such a Conference could be subject to no previous assumption as to its results«. Aber die englische Regierung wollte mit Fairness und ohne Vorurteil jeden Anspruch erwägen, den Rußland vorbrächte, und jeden Vorschlag prüfen, den es mache[98]. Der Kanzler verhehlte weder Russell noch Granville seine Zwänge in der Orientfrage. Nach wie vor konnte Deutschland auf die russische Rückendeckung nicht verzichten. Zwar sei man hierfür keine Verpflichtungen eingegangen, sei auch selber über den Zeitpunkt der russischen Initiative überrascht, an einer sachlichen Prüfung ihres Inhalts führe aber kein Weg vorbei:

> »Ich glaube, daß es im Interesse aller beteiligten Mächte liegt, wenn allseitig diese *sachliche* Auffassung in den Vordergrung tritt und die Rechtsfragen über die Form und Berechtigung nicht auf die Spitze getrieben werden[99].«

Eine andere als friedliche Lösung und dadurch fortgesetzte Dissoziation der Konflikte kam für Otto von Bismarck nicht in Frage. Am 25. November entschied sich das britische Kabinett definitiv für eine Konferenz[100]. Daß der Sultan in die Revision der Schwarzmeerklauseln einwilligte[101], hatte den Engländern diesen Entschluß erleichtert. Widerwillig[102] ließ sich auch Wien auf die Konferenz ein.

Für Bismarck bestand, nachdem ein zweiter Kriegsschauplatz mit seinen eventuellen Folgen verhindert war, das Problem darin, daß sich die Konferenz leicht auch aller anderen europäischen Fragen annehmen konnte. Bernstorff, der für Preußen am Konferenztisch Platz nehmen sollte, erhielt deshalb schon Ende November — die offizielle Einladung stand noch aus — detaillierte Instruktio-

or in the humiliation of Russia.« Zit auch bei Mosse, Public Opinion, S. 47; Rheindorf, England, S. 113; zit. Übersetzungen nach der »Kölnischen Zeitung« vom 21.11.1870.

95 Bormann, Bismarck, S. 233.

96 Russells Gespräch mit Friedrich von Baden 20.11.1870: Hermann Oncken (Bearb.), Großherzog Friedrich I. von Baden und die deutsche Politik von 1854—1871, Bd 2, Berlin, Leipzig 1927, S. 194.

97 Beyrau, Russische Orientpolitik, S. 237.

98 Diese Forderungen ergeben sich aus Russell an Granville 26.11.1870: St.A. 20 (1871), Nr. 4258, S. 158, sie wurden bereits am 24. November in die Verhandlungen zwischen Bismarck und Russell eingeführt: Beyrau, Russische Orientpolitik, S. 237 f.

99 Bismarck an Bernstorff 24.11.1870: GW 6b, Nr. 1928, S. 597 f.

100 Mosse, The Rise, S. 172.

101 Beyrau, Russische Orientpolitik, S. 240 f.

102 Diószegi, Österreich-Ungarn, S. 201—211.

nen für sein Verhalten während des Treffens. Die thematische Begrenzung und das gute Verhältnis zu Rußland hatten oberste Priorität, jeder Einmischung der neutralen Mächte außer in der Schwarzmeerfrage sollte vorgebeugt werden. Bernstorff sollte die Konferenz verlassen, wenn der »gegenwärtige Zustand Frankreichs« angesprochen würde[103]. Um nicht das Treffen überhaupt zu gefährden, sagten Russen und Engländer zu, man werde sich strikt auf das Pontusproblem beschränken. Granville lud am 23. Dezember amtlich für den 3. Januar 1871 in das englische Außenministerium. Dort trafen sich zwischen dem 17. Januar und 13. März die Diplomaten zu insgesamt sechs Sitzungen[104], an deren Ende der Londoner Pontusvertrag[105] wesentliche Inhalte des Pariser Friedens von 1856 revidierte[106]. Die dort festgeschriebenen Grenzen russischer Souveränität im Schwarzen Meer wurden aufgehoben. Die grundsätzliche Sperrung der Meerengen aber blieb bestehen. Nur dem Sultan räumte der neue Vertrag das Recht ein, Dardanellen und Bosporus auch in Friedenszeiten für die Kriegsschiffe befreundeter und verbündeter Staaten zu öffnen. Das Schwarze Meer war für die Handelsflotten aller Nationen weiterhin freies Gewässer. Damit waren die russischen Ziele weitgehend erreicht. Lediglich ein von der Konferenz unterzeichnetes Sonderprotokoll mißbilligte offiziell den eigenmächtigen Revisionsversuch. Dem Machtzuwachs des Sultans glaubten sich die Russen gewachsen[107]. Für den augenfälligen außenpolitischen Erfolg nahmen sie auch in Kauf, daß alle in London nicht revidierten oder annullierten Vertragsbestandteile von 1856 ausdrücklich erneuert und bestätigt wurden. So blieb Rußland auch inskünftig der Zugang zum Donaudelta (Südbessarabien) verwehrt.

Für Bismarck brachte das Verfahren, die Novemberkrise beizulegen und dem Schwarzmeerkonflikt eine Verhandlungslösung zu geben, wichtige Vorteile. Seit der Note Gorčakovs, intensiver noch seit der Einladung zur Konferenz und während der Vorgespräche im Januar 1871, fast ausschließlich dann seit dem Beginn des Botschaftertreffens konzentrierten sich die neutralen Mächte auf das Revisionsproblem. Viereinhalb Monate wachsender Ablenkung vom deutsch-französischen Krieg sorgten dafür, daß die Trennung beider Konflikte Bestand hatte, obwohl Bismarck den Friedensschluß mit Frankreich[108] parallel zur Londoner Konferenz aushandelte:

— am Tag nach der Eröffnungssitzung im Foreign Office proklamierten die deutschen Fürsten in Versailles den ersten Kaiser des neuen Reichs (18. Januar 1871);

[103] Bismarck an Bernstorff 28.11.1870: GP 2, Nr. 225, S. 18 f.; Bismarck an Bernstorff 3.12.1870: Kolb, Der Weg aus dem Krieg, S. 302.

[104] Protokolle: St.A. 20 (1871), Nr. 4286, S. 185—213.

[105] GP 2 Anlage zu Nr. 226, S. 23—25.

[106] Zur Konferenz: Barbara Jelavich, The Ottoman Empire, the Great Powers, and the Straits Question 1870—1887, Bloomington, London 1973, S. 25—84.

[107] Beyrau, Russische Orientpolitik, S. 252.

[108] Eberhard Kolb, Der schwierige Weg zum Frieden. Das Problem der Kriegsbeendigung 1870/71. In: Historische Zeitschrift 241 (1985), S. 51—79.

— während an der Themse die Pontusfrage besprochen wurde, vereinbarten Bismarck und der Außenminister der französischen Interimsregierung, Jules Favre, zunächst einen Waffenstillstand (23.-28. Januar 1871)[109];
— nach nationalen Wahlen in Frankreich (8. Februar 1871) unterzeichneten Bismarck und der französische Verhandlungsführer, Adolphe Thiers, in Versailles einen Präliminarfrieden (26. Februar 1871)[110];
— am 13. März tagte in London die Schlußsitzung der Pontuskonferenz, am selben Tag verließen Kaiser Wilhelm I. und Otto von Bismarck Versailles.

So wie in den Eskalationsphasen im Juli und November 1870, gab es auch danach keine Durchdringung der verschiedenen Konfliktfelder. Für das Mächtesystem bestand im Juli und August die Gefahr darin, daß Frankreich versuchte, den Krieg auf Dritte (Österreich-Ungarn, Italien, Dänemark, vielleicht Großbritannien) auszuweiten. Im November war es die Gefahr, daß sich Ost-und Westkonflikt zu einem gesamteuropäischen Krieg verbanden. Warum blieb die Intensität dieser Krisen des Jahres 1870 dennoch gering, die Kriegsgefahr stets gebannt? Sechs Gründe lassen sich hierfür isolieren:

1. Die bündnisfreie Konstellation der Mächte untereinander schloß Automatismen zu Kriegsbeginn aus. Keine der später neutralen Großmächte war vertraglich zum Kriegseintritt verpflichtet.

2. Der rasche Gang der Vorkriegsereignisse — die ersten zwei Juliwochen 1870 — verhinderte durchaus mögliche Blockbildungen. Die »moralisch« an Frankreich gebundenen Staaten nutzten diesen Zeitfaktor, um einer Verpflichtung auszuweichen.

3. Bismarck gelang es erfolgreich, der denkbaren Ausweitung des deutschfranzösischen Kriegs aktiv vorzubeugen und auszuweichen, das heißt ihn zu lokalisieren, bilateral zu führen und zu beenden.

4. Die preußisch/deutsche Politik, die militärischen Erfolge der Deutschen und die schnellen Entwicklungen der Anfangsphase des Kriegs (die fünf Wochen bis zum Sturz des Kaiserreichs, 4. September 1870) erlaubten den anderen Mächten eine unterschiedlich motivierte Neutralität von jeweils verschiedenem Charakter einzunehmen und durchzuhalten, ohne sich innerhalb des europäischen Systems zu kompromittieren.

5. Großbritannien und Preußen/Deutschland trafen sich im gemeinsamen Interesse, den westeuropäischen Krieg und den Konflikt auf dem Balkan auseinanderzuhalten. In der Novemberkrise, welche diese Trennung (Dissoziation) gefährdete, trug die Sondermission Odo Russells vertrauensbildende Züge. Seine Verhandlungen mit Bismarck führten zur Londoner Konferenz. Hierfür hatte die fehlende Kriegsbereitschaft in der englischen, russischen und österreichischen Führung den Weg geebnet.

6. So wurden der Ost- und der Westkonflikt nicht als Paket, sondern getrennt beigelegt, lediglich parallel verhandelt. Auf diese Weise trug die Dissoziation der Streitpunkte maßgeblich dazu bei, die Krise zu mindern und ihr militärisches Eskalieren auszuschließen.

---

109 Entwürfe und Schlußfassung der Waffenstillstandskonvention vom 28.1.1871: Kolb, Der Weg aus dem Krieg, S. 370—377.

110 GP 1, Nr. 1, S. 3—6.

11. Bismarcks Herausforderung des Gleichgewichts. Die Krieg-in-Sicht-Krise 1875

Zwischen 1859 und 1871 hatte sich die Ordnung der europäischen Mächte zueinander grundlegend verändert[1]. Zuvor war Preußen als fünfte Großmacht lediglich von Fall zu Fall akzeptiert[2]. Sein Machtzuwachs und Gestaltwandel durch die Einigungskriege und die Auseinandersetzung mit Frankreich hatte für Preußen-Deutschland die Ausgangslage neu geschaffen. Als mittlere der fünf Mächte ließ das neue Deutsche Reich demographisch, ökonomisch und militärisch zumindest Österreich-Ungarn und Frankreich hinter sich. Deutschland wurde im internationalen System als weitere Großmacht akzeptiert. Tatsächlich sahen aber nicht alle europäischen Konkurrenten die Stärke der zentralen Macht auf dem Kontinent ohne Unbehagen. Einzig Großbritannien konnte ein großer Nationalstaat als Gewicht gegen Frankreich nur recht sein. Eine potentielle Gefahr für die eigene Stellung, wie sie Disraeli — innenpolitisch motiviert — schon 1871 prophezeite[3], war real nicht abzusehen und nur für die ferne Zukunft zu befürchten. Rußland hatte die Reichsgründung um des eigenen Vorteils willen gestützt. Das Zarenreich erlangte die Rücknahme der Schwarzmeerklauseln des Pariser Vertrags. Es verlor mit Preußen den politischen Juniorpartner und gewann mit Deutschland den wichtigsten Handelspartner. Österreich-Ungarn fügte sich in die als unvermeidlich erachtete Nationalstaatsgründung. Im Vertrauen auf die konservative Solidarität der in Berlin Regierenden suchte die österreichische Regierung die politische Gemeinsamkeit mit dem nördlichen Nachbarn. Frankreich erholte sich erstaunlich schnell von den Folgen des Krieges. 1873 beendete die Abzahlung der Kriegsreparationen das deutsche Besatzungsregime. Die finanziellen und wirtschaftlichen Folgen des Frankfurter Friedens traten jedoch gegenüber dem Verlust Elsaß-Lothringens zurück. Revanchegedanken und die dazu nötige Heeresorganisation wurden integrative Elemente der Politik der Dritten Republik. Deren Gegnerschaft zu Deutschland blieb seitdem dauernder Bestandteil der internationalen Beziehungen.

---

1 Jean-Baptiste Duroselle, Die europäischen Staaten und die Gründung des Deutschen Reiches. In: Reichsgründung 1870/71. Tatsachen, Kontroversen, Interpretationen. Hrsg. von Theodor Schieder und Ernst Deuerlein, Stuttgart 1970, S. 386—421; Paul W. Schroeder, The Lost Intermediaries: The Impact of 1870 on the European System. In: The International History Review 6 (1984), S. 1—27.

2 Andreas Hillgruber, Die »Krieg-in-Sicht«-Krise 1875 - Wegscheide der Politik der europäischen Großmächte in der späten Bismarckzeit. In: Gedenkschrift Martin Göhring. Studien zur europäischen Geschichte. Hrsg von Ernst Schulin, Wiesbaden 1968, S. 239—253, hier S. 241.

3 Unterhausrede Disraelis 9.2.1871: »This war represents the German Revolution, a greater political event than the French Revolution of the last century. [...] The balance of power has been entirely destroyed, and the country which suffers most, and feels the effects of this great change most, is England.« Zit. nach: William L. Langer, European Alliances and Alignments 1871—1890, New York ^{2}1862, S. 13 f.

Die Entwicklungen seit dem Ende des Krimkriegs ließen keinen Raum für mehr als akzidentielle Gruppierungen einzelner Mächte untereinander. Innerhalb dieses Umfelds mußte sich das Deutsche Reich einordnen, wenn es seine »halbhegemoniale Stellung« (Ludwig Dehio) in der Mitte Europas behaupten wollte. Andererseits barg die Möglichkeit eines wiederbelebten europäischen Konzerts die Gefahr multilateraler Regelungen für Mitteleuropa. Dagegen wollte Otto von Bismarck den territorialen Bestand des Reichs schützen. Im Stile eines Metternich (Holborn) erklärte er die Nation für »saturiert«. Vorstellungen der Expansion zu einem mitteleuropäischen Wirtschaftsraum blieben dahinter zurück. Auch die Teilung eines zerfallenden Österreich-Ungarns nahm nur theoretische Gestalt an. Grundsätzlich boten sich dem Reichkanzler drei denkbare Konzepte an, den neuen deutschen Gesamtstaat nach außen abzusichern[4]:

1. die kompensatorische Verlagerung der Spannungen an die Peripherie, an der sich das Reich — relative Stagnation hinnehmend — nicht engagierte;
2. der vom preußischen Generalstabschef Moltke favorisierte Gedanke wiederholter präventiver Schläge gegen potentielle Gegner;
3. die gemeinschaftliche Neugestaltung des Kräftegleichgewichts mit europäischen Kompensationen für Frankreich in Belgien, für Rußland in Österreich-Ungarn.

Alle drei Konzepte dienten dazu, mögliche Gegnerkoalitionen zu verhindern und die deutsche Handlungsfreiheit sicherzustellen. Allen war die Gefahr kontraproduktiver Entwicklung gleichermaßen eigen, weshalb sich Bismarck zunächst für keine dieser Optionen entschied. Er versuchte nach 1871, eine eigene konservative Gruppierung nach der Formel »Wo fünf sind, versuch' zu dritt zu sein«[5] zusammenzubringen. Rußland, dessen Stillhalten die siegreichen Kriege von 1866 und 1870/71 erst ermöglicht hatten, durfte nicht alleiniger Partner werden, wenn Bismarck nicht in neue Abhängigkeit geraten und in die Feindschaft mit England gezogen werden wollte. Auch schloß der Zweibund mit dem Zaren eine Allianz Wiens und Paris' nicht aus. Der Reichskanzler strebte deshalb zum ersten möglichen Zeitpunkt, dem Ministerwechsel am Ballhausplatz, eine Verbindung mit Rußland und Österreich-Ungarn an. Bald nachdem das »Dreikaiserabkommen« geschlossen war (22. Oktober 1873), erwies es sich jedoch als unmöglich, unter deutscher Hegemonie an die Zeit vor dem Krimkrieg und an die Heilige Allianz anzuknüpfen[6]. Schon das folgende Jahr brachte Bismarcks Politik schwere Rückschläge ein.

Die konservative Solidarität hatte tönerne Füße. Der deutsche Führungsanspruch im Dreikaiserbund erregte an Donau und Newa Mißtrauen gegen Bismarcks Ziele. Wie konnte man annehmen, der deutsch-französische sei der letzte Krieg des Kanzlers gewesen[7]? Wichtigstes Ergebnis der Kaiserallianz war

---

[4] Martin Winckler, Bismarcks Bündnispolitik und das europäische Gleichgewicht, Stuttgart 1964, S. 10 f.; Hillgruber, Die »Krieg-in-Sicht«-Krise, S. 243—245 .

[5] Bismarck im Gespräch mit Saburov 19.1.1880: Petr Aleksandrovic Saburov, The Saburov Memoirs or Bismarck and Russia. Ed. by J.Y. Simpson. Cambridge 1929, S. 111.

[6] Andreas Hillgruber, Bismarcks Außenpolitik, Freiburg 1872, S. 138.

[7] Francis Roy Bridge, Österreich(-Ungarn) unter den Großmächten. In: Die Habsburgermonarchie, Bd 6, 1. Hrsg. von AdamWandruszka und Peter Urbanitsch, Wien 1989, S. 247.

deshalb die österreichisch-russische Aussöhnung[8], welche die Reise Franz Josephs und seines Außenministers Andrássy nach St. Petersburg im Februar 1874 deutlich machte. In enger Kooperation wollten Russen und Österreicher Bismarcks Übergewicht ausgleichen[9]. Die Isolation innerhalb des Bündnisses und in Europa fürchtend, drohten offiziöse deutsche Zeitungen die Möglichkeit der Teilung des Habsburgerreichs an. In Wien wurde die Idee, Rußland könne »jederzeit die untere« und Deutschland »die obere Donau, wenn es ihnen beliebe, an sich reißen«[10], Bismarck zugeschrieben. Diese Verstimmung im Verhältnis zu Österreich-Ungarn ergänzte im Sommer desselben Jahres der offene Dissens mit Rußland wegen der deutschen Anerkennung der Regierung Serrano in Spanien. Bismarck stellte sich auf die Seite des Generalsregimes und gegen die katholisch-reaktionäre und profranzösiche Partei der Monarchisten. Er beabsichtigte, Paris damit weiter zu isolieren und die Bündnispartner ebenfalls auf die Linie des antikatholischen Kulturkampfs zu bringen, der die innenpolitische Situation in Deutschland beherrschte. Österreich-Ungarn schloß sich nur halbherzig an, Rußland verweigerte die Anerkennung. Beide sahen jetzt die Zeit gekommen, Bismarck Grenzen zu setzen. Sie verlangten, das Reich solle den seit zehn Jahren nicht eingelösten Artikel V des Prager Friedens (Plebiszite in Nordschleswig) in die Tat umsetzen. Jetzt nutzten auch innenpolitische Opponenten die außenpolitische Situation dazu, die eigenen Kampagnen zu forcieren. Ein neuer Heeresbudgetkonflikt[11] mit den Liberalen ließ sich auffangen, indem Bismarck den Kulturkampf verschärfte[12]. In diesem erschöpften sich jedoch allmählich die repressiven staatlichen Mittel, ohne ihrem Ziel näher zu kommen. Ethnische Minderheiten meldeten deutlicher ihre nationalen Ansprüche an: im Norden die Dänen[13], im Osten die Polen[14]. Zur inneren wie äußeren Stabilisierung benötigte Bismarck 1875 einen Erfolg. Er suchte ihn in der außenpolitischen Offensive mit den Mitteln der Publizistik und der geheimen Kabinettsdiplomatie[15].

Am 3. Februar forderte eine deutsche Note die belgische Regierung auf, Rechtsmittel zu schaffen, welche eine auch nur verbale Unterstützung der deutschen Katholiken durch den belgischen Klerus verhindern konnte. Als am

---

8 Francis Roy Bridge, From Sadowa to Sarajevo, London 1972, S. 63 f.; Rainer F. Schmidt, Die gescheiterte Allianz. Österreich-Ungarn, England und das Deutsche Reich in der Ära Andrassy (1867 bis 1878/79), Frankfurt a.M. 1992 (= Europäische Hochschulschriften, III/517), S. 137—143 interpretiert Andrássys Rußlandpolitik als nur taktisches Manöver.

9 Heinz Wolter, Bismarcks Außenpolitik 1871—1881, Berlin 1983, S. 157; Ulrich Lappenküper, Die Mission Radowitz. Untersuchungen zur Rußlandpolitik Otto von Bismarcks (1871—1875), Göttingen 1990 (= Schriftenreihe der Historischen Kommission bei der Bayerischen Akademie der Wissenschaften, 40), S. 220.

10 »Augsburger Allgmeine Zeitung« 13.2.1874.

11 Harald Müller, Die Auseinandersetzungen über das Reichsmilitärgesetz von 1874. Diss., Berlin 1960.

12 James J. Sheehan, Der deutsche Liberalismus, München 1983, S. 163.

13 Martin Winckler, Rußland, die »Krieg-in-Sicht«-Krise und der Beginn des deutsch-dänischen Sprachenkampfes. In: Jahrbuch der Albertus-Universität zu Königsberg 15 (1965), S. 187—221.

14 Martin Winckler, Der Ausbruch der »Krieg-in Sicht«-Krise vom Frühjahr 1875. In: Zeitschrift für Ostforschung 14 (1965), S. 671—713, hier S. 687—692; Józef Feldman, Bismarck a Polska, Warschau 1966, S. 268—301.

15 Hillgruber, Die »Krieg-in-Sicht«-Krise, S. 246; Wolter, Bismarcks Außenpolitik, S. 172.

5. Februar die römische Kurie in einer Enzyklika Pius' IX. die repressive preußische Kirchengesetzgebung für ungültig erklärte und den betroffenen Gläubigen die Gehorsamsverweigerung nahelegte, forderte Bismarck auch die Regierung Italiens auf, ihre Politik gegenüber der Kirche zu überdenken[16]. Gleichzeitig richteten Berliner und nordeutsche Zeitungen Angriffe gegen die dänische Regierung, die keine Gelegenheit ungenutzt ließ, um an den Artikel V zu erinnern. Eine regelrechte Pressefehde trugen deutsche und polnische Blätter über die Rolle der geteilten polnischen Nation aus. Wichtiger als die Einschüchterung kleiner Nationen war jedoch die Mission Joseph Maria von Radowitz' nach St. Petersburg, sie war das bedeutendste Element in Bismarcks außenpolitischer Offensive[17]. Offiziell vertrat Radowitz den erkrankten deutschen Botschafter am Zarenhof. Tatsächlich beabsichtigte der Reichskanzler, so wie es 1863 die Entsendung Alvenslebens tat, auch dieses Mal die Gewichte innerhalb der russischen Führung zu seinen Gunsten zu verschieben. Er fürchtete, die engere Allianz der Russen und Österreicher im Dreikaiserbund und der profranzösische Kurs Gorčakovs könnten sich zu einer Kaunitz'schen Koalition gegen das Deutsche Reich verbinden[18]. Wenn die katholischen Polen, wie in den fünfziger Jahren schon einmal versucht, sich mit dem Zaren aussöhnten, bildeten sie die Brücke zur kirchlichen Opposition in Preußen.

> »The danger which Prince Bismarck dreads most at present is an understanding between Russia, France and Austria, which would isolate Germany and unite her ultramontane enemies«,

erkannte der britische Botschafter in Berlin, Odo Russell, sehr richtig[19]. Dieses schlimmste Szenario vor Augen, ließ Bismarck seinen engen Mitarbeiter in Petersburg das Terrain sondieren. Erst nach einigen Gesprächen über außenpolitische »Mißstimmungen« — in denen Radowitz erkennen ließ, »Deutschland bemühe sich, der russischen Politik förderlich zu sein«, beanspruche umgekehrt aber Gleiches —, verdeutlichte Bismarck Ende Februar, worum es sich für das Reich dabei handelte:

> »Nicht in Serbien, selbst nicht in Polen seien wir empfindlich, wohl aber dort von wo die Kriegsgefahr Europa bedrohe, im Westen.«

Die Vorliebe für alles französische in einflußreichen russischen Kreisen überrasche ihn nicht, aber »nichts ermutige in Frankreich die Kriegsgedanken mehr als der durch manche russische Einflüsse genährte Glaube an russische Sympathien für Frankreich«[20].

---

16 Joachim Scholtyseck, Alliierter oder Vasall? Italien und Deutschland in der Zeit des Kulturkampfes und der »Krieg-in-Sicht«-Krise 1875, Köln, Weimar, Wien 1994, S. 67 ff.

17 Lappenküper, Die Mission Radowitz, S. 307; ergänzend hierzu James Stone, The Radowitz Mission. A study in Bismarckian foreign Policy. In: Militärgeschichtliche Mitteilungen 51 (1992), S. 47—71.

18 Ebd., S. 224; Stone, The Radowitz Mission, S. 51.

19 Russell an Derby 3.2.1875: Winifred Taffs, The War Scare of 1875. In: Slavonic Review 9 (1930/1), S. 335—349, 632—649, hier S. 336; Stone, The Radowitz Mission, S. 51, Anm. 12.

20 Radowitz an Bismarck 12.2.1875: Hajo Holborn, Bismarcks europäische Politik zu Beginn der siebziger Jahre und die Mission Radowitz, Berlin 1925, S. 117; Radowitz an Bismarck 20.2.1875: ebd., S. 133; Bismarck an Radowitz 27.2.1875: ebd., S. 140.

Bismarck versuchte, Rußland an sich zu binden und bot hierzu offenbar auf der Basis der Gegenseitigkeit freie Hand im Orient an[21]. Wie weit er dabei zu gehen bereit war, ließ Raum für Spekulationen. Zumindest verstanden die Russen und mit ihnen die Österreicher Radowitz in der Weise, daß Deutschland bereit war, »Rußland vollkommen freie Hand im Orient zu lassen, wenn letzteres dafür des ersteren Politik im Westen unterstützen wollte«[22]. Bei der Interessenlage des Zarenreichs auf dem Balkan war Österreich zuerst betroffen, wenn Europa in deutsche und russische Einflußbereiche aufgeteilt wurde. Dies galt ebenso für die Belgier, denn nur ihr Staatsgebiet war als bedeutsame Kompensation für Frankreich anstelle Elsaß-Lothringens denkbar, wenn sich dessen Verlust überhaupt ausgleichen ließ. Unabhängig davon, ob solche Ideen realistisch waren, befürchtete man in Paris sehr viel weitergehende Pläne. Am Quai d'Orsay sprach einiges dafür, daß Radowitz die russische Haltung in einem zweiten deutsch-französischen Krieg erkundete, und das Angebot freier Hand im Orient für diesen Fall vorgeschlagen wurde. Zum einen interpretierten die französischen Vertreter in Petersburg die Ereignisse so[23]. Zum zweiten erinnerte man sich in Frankreich der Präventivkriegsdrohungen Bismarcks[24], eine geänderte Sichtweise des Kanzlers hierüber war von Paris aus jedenfalls nicht auszumachen. Zumal, drittens, Teile der deutschen Presse seit einem Jahr ihre Angriffe gegen die französische Politik zunehmend verstärkten.

Sollte die Mission Radowitz' an die Newa lediglich eine Stärkung Deutschlands im Dreikaiserbund neben der österreichisch-russischen Verbindung bezwecken, so hatte sich Bismarck im Mittel vollkommen vergriffen. Das Angebot zur Freihandpolitik auf dem Balkan verprellte den Partner in Wien. Aber auch als Test auf Rußlands Allianzbereitschaft[25] wird sie nicht verständlicher. Ein Separatbündnis widersprach Bismarcks Konzept, Frankreich zu isolieren. Zwar wäre Petersburg gebunden worden, Wien aber wäre für Paris frei gewesen. Der Dreikaiserbund sollte ja gerade dies verhindern. Der tatsächliche Wert der Gespräche Radowitz' wird nur erkennbar im Zusammenhang der außenpolitischen Offensive des Reichskanzlers seit Beginn des Jahres 1875. Die Bedeutung der Mission liegt weniger in deren Ergebnis — ob Bismarck die Ablehnung

21 Jomini an Giers 14.9.1879: Charles and Barbara Jelavich, Jomini and the Revival of the Dreikaiserbund, 1879—1880. In: Slavonic and East European Review 35 (1956/7) 523—550, hier S. 532.

22 Aufzeichnung Langenaus (österreichischer Botschafter in Petersburg) undatiert, aber retrospektiv: Reinhard Wittram, Bismarck und Gorčakov im Mai 1875, Göttingen 1955 (= Nachrichten der Akademie der Wissenschaften in Göttingen I. Philolog.-Hist. Klasse Jg. 1955, Nr. 7), S. 222.

23 Faverney an Decazes 25.3.1875: DDF 1,1, Nr. 373, S. 387—389; Le Flô an Decazes 21.4.1875: DDF 1,1, Nr. 394, S. 414 f.; Decazes bemerkte gegenüber dem englischen Geschäftsträger in Paris, Adams, Radowitz habe in Petersburg gesagt, »you may have what you like in the east, let us do what we like in the West«, habe aber zur Antwort bekommen, Rußland »did not make bargains of this sort«, Adams an Derby 12.5.1875: zit. nach: Lappenküper, Die Mission Radowitz, S. 437 (443).

24 Rede Bismarcks im Reichstag 4.11.1871: Die politischen Reden des Fürsten Bismarck, Bd 5. Hrsg. von Horst Kohl, Stuttgart 1893, S. 516 f.; vgl. GP 1, Nr. 147, S. 235 Anm.

25 Henryk Wereszycki, Alarm Wojenny 1875 Roku W Swietle Niewyzyskanich Zródel [Der Kriegsalarm des Jahres 1875 im Lichte unveröffentlichter Quellen]. In: Kwartalnik Historycny 68 (1961), S. 689—716.

Gorčakovs so erwartet hatte oder nicht —, sondern in ihrer Perzeption im restlichen Europa, vornehmlich in Frankreich. Der Regierung des Zaren waren Preis und Wert deutscher Unterstützung verdeutlicht worden, Wien hatte die »Perfidie dieser Insinuationen« (Langenau) deren potentielle Folgen erkennen lassen und in Paris war man unsicherer denn je über die Absichten des Nachbarn jenseits des Rheins. Für eine Initiative gegen Frankreich schienen kaum günstigere Umstände denkbar.

Seit einem Bericht des Militärattachés in Paris, von Bülow, vom 30. Januar war in Berlin bekannt, daß die französische Armee plante, ihren Pferdebestand zu vergrößern[26]. Diese Maßnahme war für sich nur Teil der längerfristigen Reorganisation der Armee, welche deutsche Militärs und auch Bismarck nicht als aktuelle Bedrohung empfanden. Allerdings hatten die Franzosen das Tempo, in dem sie sich miltärisch verstärkten, spürbar beschleunigt. Mit der Schaffung von Währungsrücklagen und der Art und Weise des Pferdekaufs — »ohne Verzug, ohne Preisbeschränkung, mit hoher Provision und im Auslande«[27] — reagierte die Regierung in Paris auf ihr Mißtrauen gegen und ihre Unsicherheit über die Absichten Bismarcks. Die zehntausend Pferde fielen kaum ins Gewicht, wenn man wie der Kanzler nicht den Vergleich zum eigenen militärischen Bestand zog, sondern die Gesamtheit der Rüstungsressourcen verglich. Als Rüstungsgut gab es selbstverständlich genügend Tiere[28]. Die gezielte Konstruktion eines gegen Paris verwertbaren Arguments wird in dem falschen Vergleich offenbar. Bülow befürchtete, die Auslandskäufe sollten die »heimatlichen Ressourcen«[29] schonen, und Bismarck behauptete, die Tiere könnten noch nach drei Jahren zur Kriegsvorbereitung fehlen[30]. Tatsächlich verbot die Reichsführung am 4. März jede Ausfuhr deutscher Pferde. Sie überging damit die französischen Dementis, es sei keineswegs an einen Kauf von zehntausend oder mehr Pferden gedacht[31]. Bismarck wollte mit dem Verbot nicht zuletzt die bevorstehende Entscheidung über ein Militärorganisationsgesetz in der Nationalversammlung beeinflussen. Doch am 12./13. März entschieden die Abgeordneten für eine reformierte — vier statt drei Bataillone in jedem Regiment — und im Fall der Mobilisierung um 144 000 Soldaten vergrößerte Infanterie. In einer quantitativen Überlegenheit der Franzosen bei Beginn eines Krieges sah man zwar in Berlin eine Gefahr für die eigene Sicherheit. Das Gesetz änderte jedoch die Friedensstärke der französischen Armee (rund 440 000 Soldaten) überhaupt nicht und diente im Frieden allenfalls dazu, einem Beförderungsstau bei Offizieren vorzubeugen[32]. Daß aus dem Kriegsministerium und vom Generalstab des Grafen Moltke der Eindruck erweckt wurde, es sei notwendig, auf die ver-

[26] Bülow verweist in seinem Bericht vom 1.3.1875 darauf: GP 1, Nr. 156, S. 247.
[27] Ebd., S. 246.
[28] Statistisches Jahrbuch für das Deutsche Reich. Hrsg. vom Kaiserlichen Statistischen Amt 2 (1881), S. 27, 8 (1887), S. 31: Pferdebestand 1873: 3 352 231, davon 108 748 Militärpferde, 1883: 3 522 545, davon 107 147.
[29] GP 1, Nr. 156, S. 247.
[30] Bismarck an Hohenlohe 26.2.1875: GP 1 Nr 155, S. 245.
[31] Christoph Steinbach, Die französische Diplomatie und das Deutsche Reich 1873 bis 1881, Bonn 1976, S. 81 f.
[32] Raymond Poidevin, Jacques Bariéty, Frankreich und Deutschland. Die Geschichte ihrer Beziehungen 1815—1975, München 1982, S. 155.

änderte Heeresstruktur der Franzosen zu reagieren[33], konnte dem Reichskanzler aber ganz recht sein. Immerhin glaubte Kaiser Wilhelm I. seinen Militärs[34], und die deutsche Öffentlichkeit war unter dem Eindruck der Armeereform mit geringem Aufwand antifranzösisch zu beeinflussen.

Schon am 5. April druckte die »Kölnische Zeitung« an herausgehobener Stelle einen Artikel des Bonner Staatsrechtsprofessors Ludwig Aegidi[35]. Dieser leitete seit 1871 das Pressebüro im Auswärtigen Amt[36]. Als Wiener Korrespondenz getarnt, beschrieb er unter dem Titel »Neue Alliancen«[37] die Möglichkeit einer Umorientierung Österreichs. Im Bündnis mit Italien, Frankreich und dem Papst werde es dem Reich eine »zweite Auflage« des Kriegs von 1870/71 aufzwingen. Das freikonservative Parteiblatt »Post« schloß sich drei Tage später der Kampagne an. Den aufsehenerregenden Artikel »Ist Krieg in Sicht?« verfaßte Konstantin Rößler. Auch hinter diesem Autor stand das Auswärtige Amt, von hier bezog Rößler seine Instruktionen. Glaubt man Friedrich von Holsteins autobiographischen Aufzeichnungen, so ging der Artikel auf Lothar Bucher zurück[38]. Ob Bismarck selbst als Verfasser in Frage kommt, ist nicht zweifelsfrei[39]. Immerhin stand die Pressekampagne ganz im Dienste der außenpolitischen Offensive des Reichskanzlers, so daß als wahrscheinlich gelten muß, daß sie nicht ohne sein Wissen stattfand. Spätere Dementis[40] Bismarcks besagen dagegen nur, daß er sich in der Wirkung der von ihm lancierten Artikel so sehr getäuscht hat, daß er später nicht mit ihnen identifiziert werden wollte. Otto von Bismarck versprach sich von einer antifranzösischen Presse »eine nützliche, friedliche Wirkung«[41]; als »Ängstigungsmittel«[42] sollte sie die Politik in Europa beeinflussen. Was konnte diese Wirkung erzeugen?

Schloß der Artikel in der »Kölnischen Zeitung« die Möglichkeit eines Präventivkriegs implizit nicht aus, so war er in der »Post« vom 8. April[43] fast unvermeidlich: Frankreich plane den Revanchekrieg in allernächster Zukunft, möglichst an der Seite Österreichs und Italiens, unter Umständen aber auch ohne Bündnispartner; auf diese Gefahr hin sei die »Lage zu würdigen« und das Handeln einzurichten. Obwohl Bismarck sich später darauf berief, so ungeschickt nicht vorgegangen zu sein, wenn er denn den Präventivkrieg gewollt hätte, ihn auch öffentlich anzukündigen[44], so wurden die Aritkel in deutschen

33 Krause an Moltke, Kameke an Bismarck 18.3./3.4.1875: GP 1, Nr. 157, S. 249.

34 Wilhelm I. an Bülow 16.4.1875: GP 1, S. 253 Anm. zu Nr. 161.

35 Winckler, Der Ausbruch, S. 709 legt sich auf Aegidis Autorenschaft fest, ebenso Wolter, Bismarcks Außenpolitik, S. 178 und Lappenküper, Die Mission Radowitz, S. 464.

36 Irene Fischer-Frauendienst, Bismarcks Pressepolitik, Münster 1963, S. 33 f.

37 Peter Wolfframm, Die deutsche Außenpolitik und die großen deutschen Tageszeitungen (1871—1890). Diss., Leipzig 1936, S. 70—72.

38 HP 1, S. 92. Hierzu keine Hinweise bei Christoph Studt, Lothar Bucher (1817—1892). Ein politisches Leben zwischen Revolution und Staatsdienst, Göttingen 1992.

39 Fischer-Frauendienst, Bismarcks Pressepolitik, S. 110 plädiert für Diktate Bismarcks.

40 GP 1, S. 253 f. Anm. zu Nr. 160.

41 Bismarck im Gespräch mit Ballhausen 11.4.1875: Lucius von Ballhausen, Bismarck-Erinnerungen, Stuttgart, Berlin 1920, S. 72.

42 Holstein-Papiere, Bd 1, S. 93.

43 Ballhausen, Bismarck-Erinnerungen, S. 531—534; Wolfframm, Die deutsche Außenpolitik, S. 72 f.

44 Winckler, Der Ausbruch, S. 709.

Zeitungen gerade auf diese Weise aufgenommen. In Paris[45], aber auch in anderen Hauptstädten, sah man in diesen Schriften Bismarcks Sprache und Drohung. Der britische Botschafter schrieb:

»Half the Diplomatic Body have been here since yesterday to tell me that war was imminent, and when I seek to calm their nerves and disprove their anticipations, they think I am thouroughly bamboozled by Bismarck[46].«

Die Ausrichtung auf Frankreich als einzigem Ziel der Kampagne wurde deutlich, als die »Norddeutsche Allgemeine Zeitung«, bekanntermaßen das Sprachrohr des Reichskanzlers, am 10. April Österreich und Italien ausdrücklich von den erhobenen Verdächtigungen ausnahm. Bismarck bestätigte dies auch seinem Botschafter an der Seine[47]. Obwohl an seiner Urheberschaft allgemein kein Zweifel gehegt wurde, trat der Kanzler bis zu diesem Stadium der Krise nicht offen hervor. Er hatte als treibende Kraft die Spannungen auf einen ersten Höhepunkt gebracht. Dabei nutzte er zweierlei aus: Erstens die ihm zur Verfügung stehenden publizistischen Mittel. Als Pressekampagne angelegt, hielt sich die politische Offensive gegen Frankreich alle Möglichkeiten der Steigerung offen[48]. Gleichzeitig blieb aber auf diese Weise jederzeit möglich, sich zurückzuziehen, ohne unnötig Prestige zu verspielen. Zweitens nutzte es Bismarck, daß die vorangegangenen diplomatischen Schritte, soweit sie in Paris bekannt waren, dort als zusammenhängende »desseins sinistres«[49] erschienen. Am Quai d'Orsay war man sich über die Ziele und nächsten Schritte durchaus nicht im Klaren:

»Ce qui, sans contredit, ajoute à la portée du fait qui motive ces appréhensions, c'est qu'il semble se rattacher à tout un système d'action politque, dans l'application duquel il est difficile de prévoir jusqu'où l'Allemagne, qui le met aujourd'hui en pratique, pourra être entraînée dans un avenir prochain[50].«

Die Verunsicherung und die Drohung sollten die französische Seite veranlassen, auf die Reorganisation der Armee, zumindest in der angestrebten Form zu verzichten. Diese stellte Otto von Bismarck als Kriegsvorbereitungen hin, gegen die sich auch die anderen Mächte aussprechen müßten[51]. Wenn diese Hoffnung tatsächlich bestanden hat, so täuschte sich der Kanzler nach der Fehleinschätzung darüber, wie die Presseartikel wirken würden, hierin abermals. Denn tatsächlich stellten sich sowohl Großbritannien als auch Rußland hinter die Franzosen. Der englische Außenminister Derby erklärte die »Befürchtungen aus Paris vor einem deutschen Angriff (für) nicht ganz unbegründet«[52]. Zar Alexander und Gorčakov gaben den Rat, daß nur Stärke gegen Berliner Einschüchterungsversuche helfe, und sicherten den Beistand der russischen Diplomatie zu. Hierfür sollte der Militärbevollmächtigte von Werder »mit Umgehung des Fürsten Bismarck« auf Wilhelm I. einwirken[53]. Der Kaiser ließ sich auch wirklich

45 Sayve an Decazes 10.4.1875: DDF 1,1, Nr. 379, S. 395 f.
46 Russell an Derby 10.4.1875. Lord Newton, Lord Lyons. A Record of British Diplomacy, Bd 2, London 1913, S. 72.
47 Bismarck an Hohenlohe 10.4.1875: GP 1, Nr. 161, S. 254.
48 Wolter, Bismarcks Außenpolitik, S. 180.
49 Dacazes an Corcelle 5.3.1875: DDF 1,1, Nr. 360, S. 376.
50 Decazes an Jarnac 6.3.1875: DDF 1,1, Nr. 362, S. 377.
51 Bülow an Münster 11.4.1875: GP 1, Nr. 158, S. 249.
52 Münster an Bismarck 13.4.1875: GP 1, Nr. 165, S. 259.
53 Wolter, Bismarcks Außenpolitik, S. 181.

gegen seinen Kanzler beeinflussen. Dem französischen Militärattaché Polignac führte er die ganze Angelegenheit auf »den nonsens zweier Zeitungs Artikel« zurück, die »uns entzweien wollten«[54]. Wilhelm erklärte die Krise für beendet und ahnte ganz augenscheinlich nicht einmal, daß Bismarck ihr Motor war.

Da sich ihm eine Kritik der kaiserlichen Einlassungen verbot, versuchte der Kanzler zumindest die Glaubwürdigkeit Polignacs, dessen Bericht in den offiziellen »Moniteur« gelangt war, anzugreifen[55]. Bevor die Worte Wilhelms I. determinierende Wirkung bekamen, verschärfte Bismarck die Spannungen. Nachdem die Presseartikel nicht die erwarteten Folgen hatten, sprachen jetzt hochrangige Diplomaten und Militärs ganz offen über einen Präventivkrieg Deutschlands gegen Frankreich[56]. Am 20. April meldete der russische Botschafter Oubril, daß dieser Gedanke um sich greife[57]. Tags darauf verknüpfte Radowitz die ökonomische und militärische Restauration der Dritten Republik sowie deren latente Revancheabsicht mit der verständlichen Prävention vor Deutschland drohenden Gefahren[58]. Dieses Junktim von französischem Verhalten und deutscher Reaktion war mehr als eine »psychologische Erklärung«[59] für die nicht neue Drohung mit dem Präventivkrieg. Trotz des privaten Rahmens seiner Äußerungen sind sie aber auch nicht als Entgleisungen eines einzelnen Diplomaten ohne Rückhalt bei Bismarck abzutun[60]. Dieser ließ dem belgischen König übermitteln, »to get his army ready and in working order, because Belgium may have to trust to herself for the defence of her independence and neutrality sooner even than we expect«[61]. Der belgische Gesandte Nothomb verstand dies als Hinweis auf eine strategische Besetzung seines Landes in einem Präventivkrieg gegen Frankreich. Generalstabschef Moltke sprach ebenfalls ausführlich von der Notwendigkeit, vorbeugend gegen die französische Rüstung Krieg zu führen[62]. Tatsächlich blieb für Otto von Bismarck in dieser Situation der Gedanke an einen vorbeugenden Angriffskrieg die unwahrscheinlichste Option[63]. Die Drohung damit war aber geeignet, den Druck auf Paris zu verstärken. Die dortige Regierung sah sich vor die Alternative gestellt, entweder in einem Krieg militärisch zu unterliegen oder auf die Armeepläne zu verzichten. Beides hätte Frankreichs Rolle im Mächtesystem auf eine von Berlin abhängige Macht reduziert[64]. Genau darauf zielte Bismarcks nächster Schritt ab. Indem er versuchte, Paris für die kompensatorische Annexion Belgiens zu inter-

54 Aufzeichnung Wilhelms I. 6.5.1875: GP 1, Nr. 173, S. 272; Gontaut-Biron an Decazes 17.4.1875: DDF 1,1, Nr. 392, S. 410.
55 Heinz-Alfred Pohl, Bismarcks »Einflußnahme« auf die Staatsform in Frankreich 1871—1877, Frankfurt 1954, S. 218; Bismarck an Münster 14.5.1875: GP 1, Nr. 180, S. 281.
56 Lappenküper, Die Mission Radowitz, S. 489—500.
57 Bericht Oubrils 8./20.4.1875: Wolter, Bismarcks Außenpolitik, S. 182.
58 Gontaut-Biron an Decazes 21.4.1875: DDF 1,1, Nr. 495, S. 417 f.
59 Hans Herzfeld, Die deutsch-französische Kriegsgefahr von 1875, Berlin 1922, S. 36.
60 HP, Bd 1, S. 93.
61 Russell an Derby 1.5.1875: Taffs, S. 634.
62 Russell an Derby 1.5.1875: Taffs, S. 634.
63 Karl Ernst Jeismann, Das Problem des Präventivkriegs im europäischen Staatensystem mit besonderem Blick auf die Bismarckzeit, Freiburg 1957, S. 91—107; Lothar Gall, Bismarck. Der weiße Revolutionär, Frankfurt 1980, S. 510; das genaue Gegenteil erkennt A.S. Jerusalimski, Bismarck. Diplomatie und Militarismus, Berlin 1970, S. 130—153.
64 Hillgruber, Bismarcks Außenpolitik, S. 141.

essieren, sollte Frankreich ebenfalls an das Deutsche Reich gebunden werden. Daß Bismarck plante, Belgien als territoriales Tauschobjekt zu benutzen, durchschaute nicht nur Šuvalov, der russische Botschafter in London. Vor ihm rechtfertigte sich der Reichskanzler damit, er bekämpfe lediglich den Ultramontanismus[65]. Diese Erklärung reichte vor allem in Großbritannien nicht aus, wo die Bedrohung Belgiens scharf abgelehnt wurde[66]. Otto von Bismarck irrte zum dritten Male in der Wirkung seiner Politik. Aber erst mit diesem In-Frage-Stellen des belgischen Staates beging er den Fehler, der die Initiative im Ablauf der Krise auf Frankreich übergehen ließ.

Bis dahin hatte Paris nur mäßigen Erfolg gehabt, Petersburg und besonders London für seine Ziele zu gewinnen. Der französische Außenminister Decazes erfuhr bis Anfang April keine Resonanz auf sein Bemühen, die Mächte gegen die Politik Berlins einzunehmen.

Solche Versuche standen im Kontext einer längerfristigen Politik. Decazes hoffte, dadurch Frankreich in den Kreis der Großmächte zurückzuführen und Deutschland zu isolieren[67]. Erst mit Beginn der deutschen Pressekampagne erhielt das französische Außenministerium von anderen Regierungen erste Ermutigung. Am Quai d'Orsay deutete alles darauf hin, daß man in London und Petersburg den Unterstellungen der deutschen Zeitungen keinen Glauben schenkte[68]. Das bedeutete aber nicht, daß sich die Mächte bereits auf den von Decazes gewünschten antideutschen Kurs steuern ließen. Hierzu bedurfte es weiterer diplomatischer Schritte, die das Mißtrauen gegenüber Bismarck schürten. Nach seinem Gespräch mit Radowitz am 21. April regte der französische Botschafter in Berlin, Gontaut-Biron, ein derartiges Vorgehen an:

> »Ne trouverez-vous pas, Monsieur le duc [Louis-Charles-Elie-Amanien Decazes Duc de Glücksberg], qu'il y a opportunité et avantage à tenir les principaux Cabinets d'Europe au courant des préoccupations menaçantes et infustes de l'Allemagne[69]?«

Decazes ging diesen Weg allerdings erst am 29. April, als er durch Depeschen Le Flôs[70], des Botschafters in Petersburg, sicher sein durfte, zumindest dort Beistand zu finden. Gorčakov und Alexander II. versprachen, auf Berlin aktiven Einfluß zu nehmen. Auf zweifache Weise drängte der französische Außenminister jetzt die Mächte, in der deutschen Hauptstadt zu intervenieren. 1. Er schilderte die Bedrohlichkeit der in Deutschland scheinbar populären Präventivkriegstheorie für alle europäischen Staaten. Dabei vermied Decazes auffällig jede direkte Anklage der deutschen Regierung, um nicht selbst den Anschein der Aggressivität zu geben. 2. Außerdem überzeichnete er die bisherige Rolle

---

65 Winckler, Bündnispolitik, S. 19 f.

66 Kurt Meine, England und Deutschland in der Zeit des Übergangs vom Manchestertum zum Imperialismus 1871 bis 1876, Berlin 1937, S. 150 f.

67 Steinbach, Die französische Diplomatie, S. 43 f.; A.J.P. Taylor, The Struggle for Mastery in Europe 1848—1918, Oxford 1954, S. 224; Allan Mitchell, The German Influence in France after 1870. The Formation of the French Republic, Chapel Hill 1979, S. 104.

68 Gabard an Decazes 8.,10.4., Le Flô an Decazes 15., 20.4.1875: DDF 1,1, Nr. 377, S. 392 f., Nr. 380, S. 397 f., Nr. 388, S. 403 f., Nr. 393, S. 412—414.

69 Gontaut-Biron an Decazes 21.4.1875: DDF 1,1, Nr. 395, S. 421.

70 Le Flô an Decazes 20., 23.4.1875 (Empfangsdatum 28.4.1875): DDF 1,1, Nr. 393, S. 412—414, Nr. 396, S. 421.

Rußlands, um damit London und Wien anzuregen, schon aus Prestigegründen ihrerseits in das Geschehen einzugreifen[71].

Gleichzeitig versuchte die französische Regierung, das Kompensationsangebot Berlins über Andeutungen hinaus zu konkretisieren. Mit der Frage Decazes', »wenn ich nur wüßte, was wir zusammen tun könnten«[72], sollte Bismarck aus der Zurückhaltung gelockt werden. Denn nicht die von der Präventivkriegstheorie ausgehende Gefahr — die auch an der Seine nicht als real perzipiert wurde[73] —, wohl aber eine tatsächliche deutsche Initiative zu territorialer Veränderung in Europa hätte das Reich isoliert und Frankreichs Position gestärkt. Zwar blieb die deutsche Außenpolitik gegenüber den Franzosen bei ihrer Unverbindlichkeit[74], doch hatten die Noten an die belgische Regierung und Bismarcks Äußerungen gegenüber Šuvalov bereits zuviele Ängste freigesetzt. In London betrachtete man die Integrität und Unabhängigkeit Belgiens als europäische Angelegenheit. Jeder aggressive Schritt Deutschlands veränderte das gesamte Mächtesystem[75]. Auch der konservative Regierungschef Disraeli befürchtete: »Bismarck is playing the game of old Bonaparte«[76]. Außenminister Derby teilte die Auffassung, Bismarck strebe eine militärische Lösung an[77]. Unter dem Eindruck der aus Berlin und Paris eingehenden diplomatischen Berichte verfestigte sich in der britischen Regierung die Ansicht, daß die bisherige Politik einer »splendid isolation« den Interessen Großbritanniens keine ausreichende Durchsetzungskraft mehr bot[78]. Der letzte Anstoß zur Interventionspolitik kam aber aus Paris. Decazes inspirierte[79] einen Artikel der »Times« (6. Mai), in dem er die Warnungen und Argumente der französischen Seite öffentlich wiederholen ließ: die aggressive Präventivkriegsidee bedrohe den europäischen Frieden, Belgien diene lediglich dazu, die Reaktion der Großmächte zu testen. Obwohl die »Times« in einem begleitenden Text diesen Alarm abzuschwächen suchte, erreichte Dacazes sein Ziel: die Krise sollte sich nicht durch den Zeitfaktor von selbst erledigen und ohne erkennbaren Gewinn für Paris im Sande auslaufen. Genau dies verhinderte der Artikel. Er schürte das Mißtrauen gegen Deutschland und gab der Entwicklung einen neuen, aber diesmal von Frankreich bestimmten Höhepunkt. Ohne den Einfluß, den der »Times«-Artikel auf die Konzeption der britischen Außenpolitik haben konnte, zu überschätzen, läßt sich sagen, daß die so perpetuierte Krise nun die Regierung Disraelis zwang, sich festzulegen. Noch am selben Tag umriß der Premierminister intern den zukünftigen außenpolitischen Rahmen:

---

71 Zirkular Decazes' 29.4.1875: DDF 1,1, Nr. 399, S. 423—426.
72 Hohenlohe an Bismarck 25.4.1875: GP 1, Nr. 167, S. 262.
73 Gontaut-Biron an Dacazes 28.4.1875: DDF 1,1, Nr. 398, S. 423.
74 Bülow an Hohenlohe 30.4.1875. GP 1, Nr. 168, S. 262—264.
75 »Times« 8.4.1875.
76 Disraeli an Lady Bradford 5.5.1875: Meine, England und Deutschland, S. 159.
77 Derby an Russell 3.5.1875: Newton, Lord Lyons, Bd 2, S. 75.
78 Paul Michael Kennedy, The Rise of the Anglo-German antagonism, 1860—1914, London 1980, S. 29 f.; Klaus Hildebrand, Von der Reichsgründung zur »Krieg-in-Sicht« Krise. Preußen-Deutschland als Faktor der britischen Außenpolitik 1866—1875. In: Das Kaiserliche Deutschland. Politik und Gesellschaft 1870—1918. Hrsg. von Michael Stürmer, Düsseldorf 1970, S. 205—234, hier S. 226 f.; Hillgruber, Bismarcks Außenpolitik, S. 141 f.
79 Steinbach, Die französische Diplomatie, S. 98 f.; Simpson, S. 41 f.

»My own impression is that we sh[oul]d construct some concerted movement to preserve the Peace of Europe, like Pam [Palmerston 1840/1] did when he baffled France and expelled the Egyptians from Syria. There might be an alliance between Russia and ourself for this special purpose, and other powers, as Austria, and perhaps Italy, might be invited to accede[80].«

Šuvalov, der am 3. Mai aus Berlin eintraf, bestärkte die britische Regierung in ihrer interventionsbereiten Haltung[81]. Derby instruierte seinen Botschafter in Berlin, Odo Russell, alles in seiner Macht stehende zu unternehmen, um die Mißverständnisse zwischen Deutschland und Frankreich auszuräumen und den Zaren während dessen Besuch an der Spree in dem gleichen Bemühen zu unterstützen. Mit dem Ziel der konzertierten Aktion, wie sie Disraeli forderte, erhielten die Vertreter in Rom und Wien gleichlautende Schreiben, um die dortigen Regierungen zu ähnlichem Druck auf Berlin zu ermuntern. Paris und Petersburg wurden gleichfalls informiert[82].

Zu diesem Zeitpunkt war Bismarck in der von ihm betriebenen Krise isoliert. Großbritannien hatte seine Hilfe für Paris amtlich ausgesprochen. Über die russische Politik war der Reichskanzler durch Šuvalov informiert. Zusätzlich, einen Tag vor der Ankunft des Zaren, schrieb die aus Petersburg gesteuerte belgische Zeitung »Nord«:

»La Russie n'a jamais fait et ne fera jamais de la question du maintien de la paix une affaire de marché. Sa parole n'en a que plus de poids et d'efficacité pour la conservation de la tranquillité européenne[83].«

Auch war für Otto von Bismarck die österreichische (und italienische) Position nicht vorauszusehen. In Wirklichkeit dachte Andrássy, der österreichisch-ungarische Außenminister, gar nicht daran, sich in die heikle Angelegenheit einzumischen. Er meinte: »Der Sache nach wird der Friede aus dieser augenblicklichen Krise neu gekräftigt hervorgehen«[84]. Deshalb lehnte es Wien ab, gemeinsam mit Großbritannien zu intervenieren. Rom schloß sich dem rasch an[85]. Für Bismarcks Handeln blieb jedoch die punktuelle englisch-russische Koalition gegen seine Frankreichpolitik entscheidend. Der hiervon ausgehende Druck reichte zu mehr als nur »schlaflosen Nächten« (Bismarck)[86]. Er mußte seine seit Anfang des Jahres 1875 betriebene publizistisch-diplomatische Offensive als gescheitert ansehen. Es galt nun, den zu befürchtenden Schaden schnell zu begrenzen.

Beim Eintreffen des Zaren in Berlin gaben die »Norddeutsche Allgemeine Zeitung« und die französische Agentur »Havas« offiziös bekannt, Deutschland

80 Disraeli an Derby 6.5.1875: The Life of Benjamin Disraeli Earl of Beaconsfield by William Flavelle Monypenny and George Earle Buckle, new and revised edition in two volumes, London 1923, 2 Bde, S. 762.

81 Langer, European Alliances, S. 50.

82 Foreign Office an Russell 8.5.1875: Nikolas Japiske, Europa en Bismarck's Vredespolitiek. De internationale Verhoudingen van 1871—1890, Leiden 1925, S. 193; Aufzeichnung Bülown 9.5.1875: GP 1, Nr. 174, S. 272 f.

83 »Nord« 9.5.1875: Winckler, Der Ausbruch, S. 707, 712.

84 Andrássy an Károlyi 8.5.1875: Eduard von Wertheimer, Graf Julius Andrássy. Sein Leben und seine Zeit, Stuttgart 1913, Bd 2, S. 232 (8).

85 Langer, European Alliances, S. 52.

86 Bericht Károlyis 15.5.1875: Wertheimer, Graf Julius Andrássy, Bd 2, S. 235.

verzichte auf die Rücknahme der französischen Armeereform. Die ungerechtfertigte Pressekampagne könne die Beziehungen zueinander nicht stören[87]. Noch vor dem ersten Gespräch mit Gorčakov hatte Bismarck damit eine Wende vollzogen, die ihm die Abwehr russischer Vorwürfe erleichtern sollte. Doch so leicht würde es der Minister des Zaren dem Reichskanzler nicht machen, dessen war Bismarck sich sehr wohl bewußt. »Sind Sie gekommen, mir ein ›Quos ego[88]‹ zuzurufen?«, empfing er den Russen in der Wilhelmstraße[89]. Bismarck verwies auf seine angegriffene Gesundheit und zeigte dem Besucher gar ein Abschiedsgesuch, welches den Rücktritt gesundheitlich motivierte. Tatsächlich erschien der Kanzler dem russischen Gast gereizt und erregt[90]. Gorčakov soll geantwortet haben, es seien gerade die schlaflosen Nächte, die beunruhigten, weil Europa nicht schlafe, wenn Bismarck es nicht tue, und Fieber habe, wenn er an Migräne leide[91]. In der Sache blieb der russische Außenminister aber verbindlich, wenngleich sich eine persönliche Mißstimmung zwischen beiden Politikern abzeichnete, als Bismarck »heftig gegen die böswilligen Erdichtungen protestierte«[92]. Er weigerte sich, eine schriftliche Zusicherung zu geben, »den Frieden erhalten zu wollen, da dies die Absicht implizieren würde, daß Deutschland bis jetzt ähnliche Friedensbestrebungen nicht verfolgt oder gar den Krieg gewünscht hätte«[93]. Gestand Gorčakov noch zu, er verlange nichts Schriftliches, sondern vertraue dem gegebenen Wort[94], so muß Bismarck wohl ein »Friedensversprechen« (Russell) zumindest verbal gegeben haben. Nur eine solche Zusage kann die anschließende Zufriedenheit Gorčakovs erklären, da alle weiteren Einlassungen des Reichskanzlers einen »ungemein schwachen und fadenscheinigen« (Karolyi) Eindruck hinterließen. Bismarck erklärte aggressive Absichten, für die Deutschland keine Ursache habe, als Idiotie. Gorčakov reichte dies aus zwei Gründen: er konnte Bismarcks Worte diplomatisch verwenden, und persönlich ermöglichten sie ihm darüber hinaus einen Triumph gegenüber dem als Konkurrenten empfundenen deutschen Politiker.

Um diesen zweifachen Wert der Berliner Gespräche zu festigen und nicht Bismarcks Beschwichtigungsversuchen das Feld zu überlassen, stilisierte sich Gorčakov als »Friedensengel«[95] seiner Zeit:

> »L'Empereur [Alexander II.] quitte Berlin parfaitement convaincu des dispositions conciliantes qui y règnent et qui assurent le maintien de la paix[96].«

Als Andrássy in Wien von Gorčakovs Auftritt an der Spree erfuhr, soll er ausgerufen haben: »Das wird ihm Bismarck nie verzeihen«[97]. Die drei überlieferten

---

87 »NAZ« 105.1875: Wolter, Bismarcks Außenpolitik, S. 188.
88 »Die sollen mich kennenlernen!« nach Vergil, Aeneis.
89 D'Harcourt an Buffet 13.7.1875: Annex zu DDF 1,1, S. 478.
90 Gontaut-Biron an Decazes 11.5.1875: DDF 1,1, Nr. 416, S. 452.
91 Schilderung Saburovs von 1912: Simpson, S. 38.
92 Notiz Gorčakovs 12.5.1875: Übersetzung von Wittram, Bismarck und Gorčakov, S. 243.
93 Bericht Károlyis 15.5.1875: Wolter, Bismarcks Außenpolitik, S. 189.
94 Ders. Bericht: Wertheimer, Graf Julius Andrássy, Bd 2, S. 236 f.
95 Kronprinz Friedrich Wilhelm an Victoria 24.5.1875: LQV 2,2, S. 401.
96 Zirkular Gorčakovs 13.5.1875: zit. nach dem Faksimile bei Al'bert Zacharovic Manfred, Obrazovanie russko-francuzskogo sojuza, Moskau 1975, S. 99; Gründe und Folgen dieser Depesche diskutiert Wittram, Bismarck und Gorčakov, S. 237—242; Lappenküper, Die Mission Radowitz, S. 538 f.
97 Wertheimer, Graf Julius Andrássy, Bd 2, S. 243; Schmidt, Die gescheiterte Allianz, S. 183.

Handstände des Ungarn waren der rechte Freudenausdruck, rückte ihm das Zerwürfnis von Bismarck und Gorčakov den deutschen Kanzler doch näher. Nur mit der Absicht, sich Berlin auf dem Weg zum späteren Zweibund anzubieten, erklärt sich Andrássys Zurückhaltung in der Krieg-in-Sicht-Krise[98]. Er ließ die Russen »der Katze die Schelle umhängen«, um selber von den Folgen zu profitieren[99].

Otto von Bismarck verzieh dem Zarenreich die kränkende Einmischung in die Krise von 1875 nicht mehr. Vor allem der russische Druck hatte ihn zu der Wende vom 10. Mai gezwungen. Dieser Wende aber war bereits Ende April der Übergang der Initiative auf Frankreich vorausgegangen. Eine Kumulation von Fehleinschätzungen Bismarcks führten dazu, daß die zunächst von ihm herbeigeführte Krise mit einem deutschen Zurückweichen endete[100]. Die von Berlin aus gelenkte Pressekampagne hatte nicht den geplanten Effekt, daß Frankreich auf seine militärische Reorganisation verzichtete. Auch die Ausweitung dieser Offensive auf die diplomatische Ebene mißlang. Die anderen Großmächte ließen sich nicht, wie es Bismarck gehofft hatte, gegen Frankreich vereinnahmen. Die propagandistisch zur Kriegsrüstung überhöhten französischen Aktivitäten waren in ihren Augen keineswegs friedensgefährdend. Hatte sich Großbritannien zunächst davon frei gehalten, von Paris gegen Deutschland ins Spiel gebracht zu werden, so änderte sich dies, als Berlin die belgische Neutralität in Zweifel zog. In der Wilhelmstraße war man überzeugt, die deutsche Initiative führe nicht zu einem Zusammenwirken Großbritanniens, Rußlands und Frankreichs. Vor allem die punktuelle Koalition, was Disraeli eine »alliance for this special purpose« nannte[101], zwischen London und Petersburg kam vollkommen überraschend für das Deutsche Reich. Dessen Machterweiterung auf dem Kontinent wollten beide nicht zugestehen. Eine nochmalige Schwächung Frankreichs ließen sie nicht mehr zu. Eine Veränderung der europäischen Mächtekonstellation war somit nur durch einen allgemeinen Krieg zu erwarten. So zugespitzt ließ es die Krieg-in-Sicht-Krise spüren. Im Ergebnis bedeutete das die »nachträgliche machtpolitische Garantie des seit 1871 bestehenden status quo«[102]. Dieser war durch die Krise im Frühjahr 1875 nicht wirklich bedroht. Es handelte sich um eine Krise in der politischen Wahrnehmung ohne faktische Kriegsgefahr oder überhaupt einer Kriegsabsicht irgendeiner Seite. Dennoch erreichte sie mit den hektischen diplomatischen Aktivitäten um den 10. Mai 1875 einen intensiven Höhepunkt, der die Bezeichnung Krise durchaus rechtfertigt.

---

98 Hillgruber, Die »Krieg-in-Sicht«-Krise, S. 250; Schmidt, Die gescheiterte Allianz, S. 186 f.
99 Bridge, Österreich(-Ungarn) unter den Großmächten, S. 247.
100 Vgl. Otto Pflanze, Bismarck and the Development of Germany. Vol. II: The Period of Consolidation, 1871—1880, Princeton NJ 1990, S. 262 ff.
101 Siehe Anm. 79.
102 Hillgruber, Die »Krieg-in-Sicht«-Krise, S. 251; vgl. Taylor, The Struggle, S. 227.

12. Russisches Taktieren und britische Politik der Stärke. Krisendiplomatie und der russisch-türkische Krieg 1877/78

Mit dem Ende des Krimkriegs, der ja als russisch-türkischer Krieg begann, und dem Pariser Frieden schien 1856 die »orientalische Frage«[1] zunächst gelöst. Die territoriale Garantie der Großmächte und die angestrebte Modernisierung, welche die Pforte mit dem Reformgesetz »Hatt-i-Hümayun« 1856 nochmals bekräftigte, konnten jedoch den Niedergang des Osmanischen Reiches nicht aufhalten. Der Zustand des »kranken Mannes am Bosporus« ließ die nichttürkischen Bevölkerungsteile nach ihrer zukünftigen Stellung fragen. Nationale Kriterien verdrängten die religiös, aber nicht territorial definierte Autonomie des »Millets«. Auf dem Balkan verbanden sich die nationalen Ambitionen der verschiedenen Ethnien unter dem osmanischen Dach mit den unterschiedlichen Interessen der europäischen Mächte zu einem friedensgefährdenden Gemenge. Der mit Aufständen in der Herzegowina und Bosnien einsetzende Konflikt der slawischen Balkanvölker mit ihrem türkischen Suzerän brachte zwischen 1875 und 1878 auch die Großmächte an den Rand eines Krieges. Die europäische Krise läßt sich grob in zwei Phasen zerlegen. 1. Rußland, das den slawischen Nationalismus aufgriff und für die eigene expansive Politik ausnutzt, bereitete ideologisch und diplomatisch sein Ausgreifen auf den Balkan vor. Es drängte damit in den österreichischen Interessenraum. Um die Auseinandersetzung mit Wien nicht zu eskalieren, mußte Petersburg einerseits erreichen, daß sich Österreich mit eigenen Ansprüchen zurückhielt, andererseits durften sich die Mächte nicht mit den Österreichern solidarisieren. Die zu diesem Zweck von den Russen eingeleiteten diplomatischen Aktivitäten konnten bis zum Ausbruch des russisch-türkischen Kriegs 1877 die europäischen Großmächte weitgehend von einer Intervention abhalten. 2. Der, wenngleich schwer errungene, Erfolg in diesem Krieg rief vor allem England und an dessen Seite Österreich auf den Plan. Diesmal gelang es Petersburg nicht mehr, die Krise zu beherrschen. Einer Kriegsdrohung mußte sich das Zarenreich beugen. Auf dem Krisenhöhepunkt gab Rußland nach und räumte im Frieden von San Stefano erreichte Positionen auf dem Berliner Kongreß wieder.

Auf dem Balkan stießen die Ansprüche Rußlands und Österreichs auf Einflußzonen aufeinander. Beide motivierten ihren Anspruch auch strategisch. Im Vordergrund aber standen ganz unterschiedliche Begründungen. Während in Wien der außenwirtschaftliche Aspekt eine maßgebliche Rolle spielte, gewann in Petersburg mit dem Panslawismus ein ideologisches Moment stark an Gewicht.

---

1 Lothar Gall, Die europäischen Mächte und der Balkan im 19. Jahrhundert. In: Historische Zeitschrift 228 (1979), S. 551—571; Matthew Smith Anderson, The Eastern Question 1774—1923. A Study in International Relations, London, New York 1966; William L. Langer, European Alliances and Alignments 1871—1890, New York ²1962, S. 56 ff.

Für österreichische Militärs erschien bereits nach dem Ende des Krimkriegs der »Besitz von Bosnien und der Herzegowina für Österreich im Hinblicke auf Istrien und Dalmatien als wünschenswert«[2]. Nach dem Verlust Veneziens und damit der westlichen Adriaküste verschärfte sich für den schmalen dalmatinischen Küstenstreifen die strategische Lage. Ohne Hinterland fehlte für den Truppentransport der geeignete Landweg, und die ausreichende Sicherheit von See her war zweifelhaft[3]. Seit 1866 forderte deshalb der Vizeadmiral Wilhelm von Tegethoff die Annexion jener Gebiete[4].

Die Lösung der Meerengenfrage war der Kern des strategischen Interesses Rußlands. Seit 1871 waren die Beschränkungen des Pariser Friedens zwar weitgehend aufgehoben, doch die Fahrt durch Bosporus und Dardanellen hing auch weiterhin von der türkischen Erlaubnis ab. Um den Weg nach Konstantionopel zu öffnen, versuchte Petersburg, den europäischen Besitz des Osmanenreichs zu destabilisieren und unterstützte hierfür die nationalen Bewegungen in Südosteuropa, besonders in Bulgarien.

Diese langfristigen Stränge der Politik konkurrierender Großmächte wurden überlagert von anderen Elementen. In Österreich-Ungarn befürchtete Außenminister Andrássy im Fall einer Expansion das Anwachsen des slawischen Bevölkerungsteils mit unabsehbaren Konsequenzen für Struktur und Bestand des Vielvölkerstaats der Habsburger. Er konzentrierte sich daher auf den Erhalt des status quo, was aber Raum für die wirtschaftliche Durchdringung des Balkans ließ[5]. Handelsverträge und Eisenbahnbau stärkten den österreichischen Einfluß und höhlten faktisch die osmanische Herrschaft aus, wenngleich dies ausdrücklich nicht das Ziel war. Ebensowenig beabsichtigte Andrássy eine Rivalität mit den Russen. Im Gegenteil hatte sich zunächst eine konservative Gemeinsamkeit mit Gorčakov in der Balkanpolitik abgezeichnet, die wesentlich das Werk des russischen Botschafters in Wien, Novikov, war[6]. Doch wich der Außenminister des Zaren bindenden Zusagen oder einer Koordinierung der russischen mit der österreichischen Politik aus. Nur langsam legte Gorčakov sein Mißtrauen gegenüber den Politikern am Ballhausplatz ab. Gleichzeitig verlor er aber auch seinen Einfluß auf die russische Balkanpolitik an jene Kräfte, die sich zu einer slawischen Befreiungsideologie bekannten[7]. Der panslawistisch beeinflußte Teil der russischen Öffentlichkeit lehnte eine Verständigung mit Österreich-Ungarn ab. Sie hätte auch der geforderten aktiven Politik Rußlands auf den Balken entgegengestanden. Die Idee einer historischen Mission des Zarenreichs zur Befreiung und Einigung der Slawen gewann in den 1870er Jahren zunehmend an

---

2 Denkschrift Radetzkys vom 30.8.56: Adolf Beer, Die orientalische Politik Österreichs seit 1774, Prag, Leipzig 1883, S. 747.

3 Francis Roy Bridge, Österreich(-Ungarn) unter den Großmächten. In: Die Habsburgermonarchie, Bd 6,1. Hrsg. von Adam Wandruszka und Peter Urbanitsch, Wien 1989, S. 250.

4 Beer, Die orientalische Politik Österreichs, S. 748; Franz-Josef Kos, Die Politik Österreich-Ungarns während der Orientkrise 1874/75—1879, Köln 1984, S. 40.

5 Emil Palotás, Die aussenwirtschaftlichen Beziehungen zum Balkan und zu Rußland. In: Die Habsburgermonarchie, Bd 6,1, S. 584—629, hier S. 594 f.

6 Gisela Huenigen, Nikolaj Pavovic Ignat'ev und die russische Balkanpolitik 1875—1878. Diss., Göttingen 1968.

7 Barbara Jelavich, History of the Balkans, Bd 1, Cambridge 1983, S. 353 f.

Gewicht für die Petersburger Außenpolitik[8]. In dem Maße, in dem die Politiker an der Newa ihren Einfluß auf die Formulierung dieser Politik verloren, übernahmen slawophile Diplomaten die Führung, allen voran der Botschafter in Konstantinopel Ignat'ev. Diese veränderte Situation griffen die russischen Vertreter in den einzelnen Balkanregionen auf und schürten die nationalen, antitürkischen Bewegungen massiver als je zuvor, wozu auch Aufstandsvorbereitungen zählten. Den geänderten Umständen Rechnung tragend, wurde auch Gorčakovs Sprache wieder drohender. Er ließ Andrássy wissen, daß Rußland es als casus belli deuten wollte, wenn Österreich »die beiden türkischen Provinzen [Bosnien, Herzegowina] anzueignen beabsichtigte oder ihnen im Falle der Erhebung gegen die Türkei Hilfe angedeihen ließe«[9]. Die radikalere Sprache und der konspirative Beistand für die Aufstandsbewegungen beendeten jede Möglichkeit einer gemeinsamen Balkanpolitik. 1875 belegte dies eine demonstrative Dalmatienreise des österreichischen Kaisers. Mit ihr gewannen militärische Berater Franz Josephs maßgeblichen Einfluß auf die Wiener Politik. An Donau und Newa hatten jene Kräfte die Führung übernommen, die auf dem Balkan expansive Politik betreiben wollten. Diese Konkurrenz löste die engere Allianz Rußlands und Österreichs innerhalb des Dreikaiserbündnisses mit Deutschland ab. Daß Rußland sich als Folge daraus wieder Berlin annäherte, erleichterte Bismarck den Rückzug aus der Krieg-in-Sicht-Krise. Ein Übriges hierzu trugen die beginnenden Aufstände in Herzegowina und Bosnien bei, die die Aufmerksamkeit Europas von Berlin auf den Balken ablenkten.

Seit im Dezember 1866 der österreichische Botschafter Revertera in Petersburg die russische Haltung zur Annexion des dalmatinischen Hinterlands als Folge des erwarteten osmanischen Zusammenbruchs (Kreta-Aufstand) sondiert hatte[10], glaubte man dort die Absichten Wiens und damit die möglichen Auswirkungen der Aufstände gegen die Türken zu kennen. Die russische Regierung durfte erwarten, daß Österreich seine Ambitionen auch militärisch würde durchsetzen wollen. Nachdem seit 1866/1871 der Einfluß in Deutschland verloren war, hatte die Habsburgermonarchie den Rücken frei für eine offensive Politik in Südosteuropa. Die Reform der österreichisch-ungarischen Armee war 1874 weitgehend abgeschlossen. Daß die Führung in Wien jetzt dennoch nicht daran interessiert war, eine Südexpansion militärisch durchzusetzen, konnten die Russen nicht voraussetzen. Tatsächlich aber fürchtete man in Wien das russische Eingreifen[11].

So betrieb Rußland seit dem Ausbruch der Balkanaufstände eine Politik, die darauf ausgerichtet war, Österreich von einem militärischen Eingreifen abzuhalten und die europäischen Mächte zu neutralisieren. Petersburg wollte die beabsichtigte eigene Expansion nach Südwesten nicht zur europäischen Krise mit all ihren unvorhersehbaren Konsequenzen ausweiten. Noch wollten die

---

8 David MacKenzie, Russia's Balkan policies under Alexander II, 1855—1881. In: Imperial Russian foreign policy. Ed by Hugh Ragsdale, Cambridge 1994, S. 219—246, bes. S. 229—243.

9 Reuß an Bismarck 16.2.1874: Eduard von Wertheimer, Graf Julius Andrássy. Sein Leben und seine Zeit, Bd 2, Stuttgart 1913, S. 118.

10 Wolfgang Elz, Die europäischen Grossmächte und der kretische Aufstand 1866—1867, Stuttgart 1988, S. 119 f.

11 Kos, Die Politik Österreich-Ungarns, S. 75, 94.

Russen auf dem Balkan nicht selbst militärisch aktiv werden, sondern den Zusammenbruch der Türkei abwarten. Offensichtlich befürchtete man eine wiederholte Krimkriegssituation. Ein erster Schritt dieser vorsichtigen russischen Politik war ein Vorschlag am 25. Juli 1875 zu kollektivem Vorgehen der Dreikaisermächte. Sie sollten auf eine Aussöhnung der Pforte mit den Aufständischen hinwirken.

Andrássy strebte statt der spektakulären gemeinsamen Mediation den für die Türkei weit weniger druckvollen Weg gleichlautender, aber getrennter Noten an[12]. Als der Zar dem zustimmte, versuchte der Ungar, die ganze Aktion auf die drei Mächte zu beschränken. Jetzt trug Petersburg allerdings den Regierungen in Rom, Paris und London — ohne Deutsche und Österreicher zu konsultieren — eine Teilnahme an. Rußland demonstrierte damit seinen Friedenswillen. Indem es alle Garantiemächte einbezog, verlor jedes Mißtrauen gegen das Zarenreich, es strebe nach einseitigen Vorteilen, die Grundlage. Gleichzeitig erhöhte dieses Vorgehen den Druck auf die Hohe Pforte, den Andrássy zuvor abgeschwächt hatte. In Konstantinopel bot sich darüber hinaus das Bild eines tiefen Gegensatzes zwischen Rußland und Österreich-Ungarn. Während Andrássy auf eine schnelle Niederschlagung drängen ließ, empfahl der russische Geschäftsträger, die Pforte solle sich mit den Aufständischen aussöhnen. Tatsächlich machten die Türken bis zum September Zugeständnisse, die Ignat'ev vorgeschlagen hatte[13]: am 2. Oktober kündigte die Pforte Steuersenkungen und Reformen an[14].

In diesen ersten diplomatischen Handlungen zeigen sich bereits die taktischen Absichten der russischen Außenpolitik. Die Möglichkeit eines russisch-türkischen Krieges ließ sich nur kalkulieren, wenn diplomatisch eine entschlossene Gegenkoalition verhindert wurde. Die Diplomaten des Zaren zielten deshalb darauf ab, die Gegensätze zwischen den Mächten zu schüren oder zu konservieren, und sie vertrauten gleichzeitig darauf, daß die Aufstände erfolgreich sein und russischen Einfluß ermöglichen würden. Ein solches Vorgehen, das im materiellen Sinn nichts kostete, war die notwendige Konsequenz aus der inneren Situation des Russischen Reichs. Finanzielle und militärische Schwäche zwangen zu Reformen, von denen auch die Armee nicht ausgespart blieb. Die Heeresreform Milyutins war noch nicht abgeschlossen, und erste innere Veränderungen hatten das Land nach außen noch nicht gestärkt, so daß an eine offensive Kriegspolitik eigentlich nicht zu denken war[15]. Deshalb wollte sich Petersburg nicht auf eine Politik der Nichteinmischung hinsichtlich des türkischen Besitzes in Europa festlegen lassen. Als Andrássy jede Gemeinsamkeit davon abhängig machte, daß die Aufständischen keine Hilfe von außen bekämen, wies

12 Rainer F. Schmidt, Die gescheiterte Allianz. Österreich-Ungarn, England und das Deutsche Reich in der Ära Andrassy (1867 bis 1878/79), Frankfurt a.M. 1992 (= Europäische Hochschulschriften, III/517), S. 205.

13 Simeon Damianov, European Diplomacy and the Eastern Crisis up to the Beginning of the Russo-Turkish War. In: Insurrections, Wars, and the Eastern Crisis in the 1870s. Ed. by Bela K. Kiraly and Gale Stokes, Boulder, New York 1985 (= War and Society in East Central Europe, 17), S. 42—65, hier S. 48.

14 St.A. 29 (1876), Nr. 5567, S. 375 f.

15 Günther Stökl, Russische Geschichte, Stuttgart ^{4}1983, S. 536 ff., über Milyutin, S. 550 f.; Werner Eugen Mosse, Alexander II. and the Modernization of Russia, New York ^{2}1962.

Gorčakov diese Bedingung mit dem Hinweis zurück, Rußland könne keinen Interventionsverzicht aussprechen für den Fall, daß die Christen in Südosteuropa geschlagen und türkischer Repression ausgesetzt seien[16]. Bereits während der Syrienkrise 1860/61 hatten die Russen versucht, von den europäischen Mächten ein derartiges Mandat auf dem Balkan zu bekommen. Und Gorčakovs Stellvertreter Jomini vertrat die Ansicht, wie in Syrien, so könne auch mit den Aufständen in Herzegowina und Bosnien verfahren werden[17]. Doch eine Autonomieregelung, die Rußland mit gesamteuropäischem Auftrag erstritten hätte, konnte nicht in österreichischem Interesse sein. Sie hätte dem indirekten russischen Einfluß Tür und Tor geöffnet, während die zwangsläufige Großmächtegarantie einer selbstregierten christlichen Region jedem Expansionsgedanken Wiens einen Riegel vorschob. Obwohl Andrássy in der Türkei weiterhin den »bestmöglichen Nachbarn«[18] der Doppelmonarchie sah, sie »solange als möglich durch Erteilung von Ratschlägen und Anempfehlung von Reformen« stützen wollte, um »im gegebenen Moment an deren Stelle zu treten«[19], verlor er die Initiative an die Politiker in Petersburg.

Gerade die Reformvorschläge einer österreichischen Note vom 30. Dezember 1875 bedeuteten einen wichtigen Etappensieg der Russen. Zwar lehnte Andrássy jede Autonomie auf dem Balkan ab, schloß jedoch »améliorations sérieuses«[20] nicht mehr aus. Geschickt reagierte Gorčakov mit einer Versicherung an die Großmächte, Rußland beabsichtige keineswegs, eine eigene Lösung zu diktieren. Es sei bereit, seine Aktionen mit jenen der anderen Mächte, insbesondere mit denen Österreich-Ungarns und Deutschlands zu koordinieren[21]. Auf der Grundlage, daß wirkliche Verbesserungen als notwendig erachtet und vorangetrieben würden, schränkte dieses Zugeständnis die russische Handlungsfreiheit nicht wesentlich ein. Denn gleichzeitig mit dem, im Falle eines Scheiterns der eigenen Ambitionen als Rückzugsposition wertvollen Bemühen um konzertiertes Handeln, förderte das Zarenreich die Aufstandsbewegungen indirekt durch den Druck Ignat'evs auf die Pforte und direkt durch die Unterstützung der Insurgenten. Die Russen konzentrierten sich dabei mehr und mehr auf Bulgarien, wo Ignat'ev bereits 1867/68 kleinere Erhebungen angestiftet und finanziert hatte[22]. Der russische Beistand für die bulgarische kulturelle und religiöse Emanzipation von der osmanischen politischen Herrschaft einerseits und von der griechischen kirchlichen Hoheit andererseits war seit dem Krimkrieg verstärkt worden, erhielt aber erst jetzt staatliche Zuwendung[23]. Ein erster Erfolg

---

16 Schmidt, Die gescheiterte Allianz, S. 211; Simeon Damianov, The Great Powers and the Eastern Crisis of 1875—1876. In: Southeast Europe/L'Europe du Sud-Est 4 (1977), S. 200—216, hier S. 205.

17 Mikailo D. Stojanovic, The Great Powers and the Balkans, 1876—1878, Cambridge 1939 (Repr. 1968), S. 28.

18 Francis Roy Bridge, From Sadowa to Sarajevo, London 1972, S. 72.

19 Von Andrássy autorisierte Darstellung vom 12.5.1882 über die Ereignisse: Kos, Die Politik Österreich-Ungarns, S. 55, Anm. 103; zit. nach: Wertheimer, Graf Julius Andrássy, Bd 2, S. 260.

20 St.A. 30 (1877), Nr. 5580, S. 23.

21 Damianov, European Diplomacy, S. 50.

22 Benedict H. Sumner, Russia and the Balkans 1870—1880, Oxford 1937 (Repr. Hamden 1962), S. 110, Anm. 2.

23 Ebd., S. 111 f.

dieser Politik war die selbständige Kirchenverwaltung Bulgariens unter einem Bischof (Exarchat), die Ignat'ev von der Hohen Pforte erreichte. Diese Nationalkirche und der größere Teil in Rußland ausgebildeter Bulgaren hielten während des Aufstands vom April 1876 engen Kontakt zu Ignat'ev und Petersburg[24], von wo die Insurgenten zwar nicht gesteuert, wohl aber inspiriert waren[25]. Gleiches läßt sich für die serbische Erhebung im Juli 1876 sagen. Zwar hielt sich das offizielle Petersburg zurück, doch verhinderte Gorčakov nicht, daß seine Diplomaten vor Ort die Aufstände ermutigten, und tolerierte die Waffenkäufe russischer Unterstützerkommitees als Privatsache[26]. Ohne Zweifel hatte Rußland maßgeblichen Anteil an der Ausweitung der südosteuropäischen Insurrektion gegen die Türken. Aber bereits früh war der russischen Führung bewußt geworden, daß es die eigenen Kräfte überstieg, diese Aufstände auch gegen den österreichischen Expansionsdrang abzusichern. Die nationalen Autonomien, der russische Wunsch nach Einfluß oder gar territorialem Besitz bis zu den Meerengen, und Österreichs Absicht, aus welchen Gründen auch immer, Bosnien, Herzegowina und möglicherweise auch Serbien der Doppelmonarchie einzugliedern, ließen sich nicht zur Deckung bringen, wenn gleichzeitig das Übergewicht einer Macht verhindert werden sollte. Petersburg schränkte daher schon 1876 seine Ziele ein: nationale strategische Interessen drängten die panslawistischen Gefühle in den Hintergrund. Trotz der vorhandenen Sympathien für die Serben und ungeachtet ihrer Hoffnung auf russische Hilfe[27] gerieten sie in die Rolle des Opfers, das Rußland dem erwarteten habsburgischen Kompensationsanspruch machen wollte[28].

Seit dem Januar 1876 zeichnete sich für die russische Führung erkennbar ab, daß die südosteuropäischen Ereignisse die befürchtete Wirkung auf die Beziehungen der Mächte zueinander haben würden. Bismarck trat am 4. Januar als »grand tentateur sur la montagne«[29] auf, als er vorschlug, zu Lasten der Türkei Bessarabien an Rußland, Bosnien an Österreich und Ägypten an England zu verteilen. Der Mord fanatisierter Muslime an den deutschen und französischen Konsuln in Saloniki, die Grausamkeit der osmanischen Soldaten bei der Niederwerfung der Aufstände in Bulgarien und das Erstarken einer reformfeindlichen Militärpartei am Sultansthron erregten die europäische Öffentlichkeit. Nichts aber fürchtete man in Petersburg mehr als eine Internationalisierung der Balkanaufstände, ob nun von oben durch Bismarcksche Teilungsvorhaben oder von unten durch den Druck der veröffentlichten Meinung. Noch vertrauten der Zar und seine Minister auf den Selbstlauf und Erfolg der Insurrektion ohne russische Militärhilfe. Diplomatisch wollten sie jedoch die einmal gewonnene

24 Ebd., S. 113.

25 Nicolaj Todorov, La Bulgarie et la crise de 1875—1878. In: Revue d'histoire moderne et contemporaine 27 (1980), S. 44—51, hier S. 44.

26 David MacKenzie, The Serbs and Russian Pan Slawism 1875—1878, Ithaka 1967, S. 93, 97.

27 Ebd., S. 90.

28 Charles Jelavich, Tsarist Russia and Balkan Nationalism, Berkeley, Los Angeles 1958, S. 3 f.

29 Gorčakov an Oubril 30.12./11.1.1876: Huenigen, Nikolaj Pavovic Ignat'ev, S. 73; Heinz Wolter, Bismarcks Außenpolitik 1871—1881, Berlin 1983, S. 203; James Stone, The Radowitz Mission. A study in Bismarckian foreign Policy. In: Militärgeschichtliche Mitteilungen 51 (1992), S. 47—71, hier S. 67.

Initiative nicht wieder aus der Hand geben. Gorčakov schlug daher eine europäische Kontrollkommission mit weitreichender Autorität im osmanischen Staat vor, deren Arbeit durch die Drohung einer »sanction matérielle« und das »principe d'une coercition éventuelle« begleitet sein sollte[30]. Daß Andrássy bei einem Treffen in Berlin Mitte Mai 1876 die weitgehenden Forderungen der Russen mit Bismarcks Beistand abschwächte, war für Gorčakov kein Nachteil. Erstens gestand auch das in Berlin verabredete »Memorandum«[31] die »sanction d'une entente en vue des mesures efficaces« zu. Der Aufschub in die Zukunft brachte den Russen und den Aufständischen einen ganz erwünschten Zeitgewinn. Der recht vage Charakter dieser Sanktionsdrohung ließ jede beliebige Interpretation über ihre Ausführung offen. Zweitens zeigte sich Petersburg mit dem Berliner Memorandum der Dreikaisermächte erneut friedenswahrend. Wieder stellte sich Rußland in den Hintergrund einer gesamteuropäischen Aktion.

Die nicht erwarteten Erfolge der türkischen Truppen, denen es gelang, die Aufstände mehr und mehr zu kontrollieren, ließen aber seit Juni 1876 die russische Taktik nicht mehr aufgehen. Um die bei Beginn der Insurrektion angestrebten Ziele nun auch weiterhin zu verfolgen, war das direkte Eingreifen Rußlands erforderlich geworden. Diesem Fall hatte Petersburg während des vorangegangenen Jahres stets ausweichen wollen. In der veränderten Situation der Jahresmitte 1876 boten sich den russischen Politikern zwei Optionen. Eine offensive Linie kalkulierte den militärischen Konflikt, den 8. russisch-türkischen Krieg ein, und mußte hierzu österreichische Expansionswünsche berücksichtigen. Der russische Vorstoß in den südosteuropäischen Raum, um den man mit Wien rivalisierte, mußte jetzt, da es nicht mehr allein um indirekten Einfluß, sondern um territorialen Zugewinn ging, um einen Ausgleich für die Österreicher bemüht sein. Die eher defensive Alternative sollte versuchen, einen europäischen Kongreß zusammenzubringen, dessen Entscheidung sich auch eine neue konservative osmanische Führung nicht widersetzen konnte. Ein solcher Kongreß, aus russischer Initiative hervorgegangen, hätte den status quo ebenfalls zugunsten Petersburgs verändert, sicher aber nur um den Preis sehr viel größerer Kompensationen auch an andere Mächte als Österreich-Ungarn. Ob es bereits früh eine Präferenz für eine der beiden Optionen gab, muß offen bleiben. Tatsächlich verfolgte die Regierung des Zaren zunächst sowohl die offensive wie die Kongreßvariante. Rückblickend und unter dem Aspekt russischer Konfliktführung kommt dem Vorschlag für einen Kongreß dabei krisenmindernde Funktion zu. Er diente als mögliche Auffangposition, wenn sich die erste Option nicht verwirklichen ließ, und erledigte sich von selbst entweder durch das Scheitern der Zusammenkunft oder den Erfolg militärischer Aktion.

Am 8. Juli 1876 trafen sich Zar Alexander II. und Kaiser Franz Joseph in Reichstadt in Nordböhmen (Tschech.: Zákupy)[32]. Andrássy und Gorčakov kamen mündlich überein, sich in den serbisch-montenegrinischen Krieg mit der Türkei nicht einzumischen. Im Falle einer türkischen Niederlage sollte Bosnien

---

30 David Harris, A Diplomatic History of the Balken Crisis of 1875—1878: The First Year, Stanford ^{2}1969, S. 447—450.

31 St.A. 30 (1877), Nr. 5683, S. 270—272; hierzu Schmidt, Die gescheiterte Allianz, S. 215—225.

32 Ebd., S.225—233.

zwischen den Serben, Montenegrinern und Österreichern aufgeteilt werden. Rußland erhielte Teile Bessarabiens, Gebiete am Schwarzen Meer und in Asien. Bulgarien, Rumänien und Albanien sollten autonom regiert und Konstantinopel freie Stadt werden. Sollten die Türken siegen, wollten Russen und Österreicher gemeinsam den status quo sichern[33]. Die nur ungenaue schriftliche Fixierung dieses Programms ließ für beide Beteiligte den Freiraum späterer Interpretierbarkeit. Vorläufig waren die Reichstädter Geheimabsprachen ein Kompensationspakt auf Gegenseitigkeit ohne militärischen Einsatz. Für Rußland beinhaltete er neben dem territorialen Zugewinn, einen neuen bulgarischen Staat als Ansatzpunkt zukünftiger Einflußnahme. Für Österreich war der russische Verzicht auf die Teilnahme am serbisch-türkischen Krieg wichtig. Als wider Erwarten die osmanische Armee Serbien schlug, griff Petersburg lediglich mit Freiwilligenverbänden in das Geschehen ein.

Nur einen Monat nach dem böhmischen Kaisertreffen sondierten Alexander II. und Gorčakov die Möglichkeit eines europäischen Kongresses über die türkische Angelegenheit. Sie versuchten, Bismarck als Vermittler zu gewinnen, stießen jedoch auf dessen Ablehnung[34]. Wenn der deutsche Reichskanzler für die russische Kongreßidee nicht aktiv wurde, so wollte ihn Gorčakov wenigstens im Sinne der Offensivoption seiner Politik einbinden. Er reagierte damit auf die Zusage Wilhelms, »quoi qu'il arrive« die deutsche Politik gegenüber Rußland von dessen Haltung 1864-1870/71 leiten zu lassen[35]. Über den nichtamtlichen Weg des Militärbevollmächtigten von Werder ließ Gorčakov an die deutsche Führung die Frage richten, ob, »wenn es zum Kriege mit Österreich kommen sollte, Seine Majestät der Kaiser [Wilhelm I.] genauso handeln würde, wie er [Alexander II.] es 1870 getan«[36]. Der Zar und die russische Regierung hielten sich im Herbst 1876 in Livadia (Krim) auf, wo offensichtlich während des Oktobers die Kriegsentscheidung fiel[37]. Bismarck beantwortete die »Doktorfrage« aus Livadia und »Gortschakowsche Falle«[38], ohne sich auf eine Präferenz innerhalb des Dreikaiserbunds oder bei einer Neugruppierung der Mächte einzulassen, zunächst ausweichend und später mit der Zusicherung wohlwollender Neutralität bei einem russisch-türkischen Krieg. Ohne selbst aktiv werden zu müssen, wollte er den Konflikt auf dem Balkan konservieren und den Russen dabei weder mehr als nötig zusagen, noch ihnen »einen Stock zwischen die Räder« schieben. Es war dem Reichskanzler bewußt, daß der Kutscher sich merken würde, wer ihm den Stock dazwischenschob[39]. Eine anhaltende Verstimmung mit dem Zarenreich sollte jedenfalls vermieden werden. An der russischen Aktionsbereitschaft bestand jedenfalls kein Zweifel mehr. Alexander schrieb seinem Onkel (Wilhelm I.) von der Krim:

---

33 Kos, Die Politik Österreich-Ungarns, S. 141—145.
34 Bismarck an Bülow 14.8.1876: GP 2, Nr. 228, S. 31—34 u. Anm., S. 31 f.
35 Wilhelm I. an Alexander II. 2.9.1876: ebd., Nr. 230, S. 38.
36 Werder an AA 1.10.1878: ebd., Nr. 239, S. 53.
37 Huenigen, Nikolaj Pavovic Ignat'ev, S. 132—156; Sumner, Russia, S. 196—228, S. 602—604.
38 Bismarck 2.10.1876: GP 2, Nr. 240 f., S. 54, 56.
39 Reichstagsrede Bismarcks 5.12.1876: RT 2:4:1:582.

»Mais puisque l'Europe ne veut pas accomplir ce qu'elle reconnaît juste, humain et nécessaire, je suis décidé à le faire seul[40].«

Und Gorčakov sekundierte in einem Brief an Bismarck vom selben Tag:

»En 1866 et 1870 Vous avez glorieusement soutenu la dignité et les intérêts du Vôtre, le concours amical et loyal de nous traversons une crise fort grave et je ne me détache pas de la conviction que Vous agirez aussi dans une complète entente avec nous[41].«

Zu diesem Zeitpunkt liefen die russischen Rüstungen bereits an. Die Mobilisierung von vier Zehnteln der Armee, zwanzig Infanterie- und neun Kavalleriedivisionen[42], begann am 1. November 1876[43]. Die Kosten eines Krieges sollten wenigstens teilweise durch eine 33prozentige Zollerhöhung gemindert werden[44]. Grenzzölle mußten ab dem 1. Januar 1877 in Gold entrichtet werden. Während sich also das Russische Reich militärisch und finanziell auf den Krieg vorbereitete, beschwichtigten seine politischen Führer begleitend die europäischen Mächte. Gorčakov argumentierte, die russischen »mesures de coercition« seien »dégagées de toutes vues personelles«[45]. Wie Bismarck, der die Angelegenheit als einzig und allein russische Sache betrachtete[46], so schenkte man auch in Frankreich den Beteuerungen keinen Glauben. Für Paris[47] bedeutete der Waffengang gegen die Osmanen einen Krieg in Europa. Der fast achtzigjährige Adolphe Thiers empfand die Erklärung Rußlands, »nicht nach Konstantinopel gehen zu wollen«, als lächerlich. Zwangsläufig werde England den Russen entgegentreten[48].

Das haben auch die Entscheidungsträger in Livadia so gesehen. Um England zu beruhigen, mußte es in den Konflikt eingebunden werden, ohne daß dies Nachteile für die russischen Erfolgsaussichten brächte. Zuerst verwies Zar Alexander darauf, daß er in der Vergangenheit stets seinen Friedenswunsch bewiesen und alles getan habe, die orientalische Frage einer friedvollen Lösung zuzuführen. Er wolle sich nicht vom europäischen Konzert lösen, doch könne man die osmanische Handlungsweise (»a ›soufflet‹ given to the Powers«) nicht länger hinnehmen, ohne Ehre, Würde und Interessen Rußlands preiszugeben. Alexander II. bedauerte, daß sich in England gegen diese Politik »hartnäckig« ein Mißtrauen halte. Er strebe weder Eroberungen noch Vergrößerungen an; auch wolle er keineswegs Konstantinopel besitzen. Gerade für die Meerengenmetropole verpfändete der Zar sein Ehrenwort. Auch die Besetzung Bulgariens

40 21.10./2.11.1876: GP 2, Nr. 254, S. 85.

41 Ebd., Nr. 255, S. 86.

42 Eine Infanteriedivision umfaßte im Frieden 1 900, im Krieg 4 000 Soldaten. In einer Kavalleriedivision taten in Krieg und Frieden 1 000 Mann Dienst. Insgesamt bot Rußland bis Juni 1877 über 572 000 Soldaten gegen die Türkei auf: Meyers Konversations-Lexikon [3]1878, Bd 13, S. 910 f., Brockhaus Konversations-Lexikon [14]1895, Bd 14, S. 58 f., 65.

43 Damianov, European Diplomacy, S. 54.

44 Sumner, Russia, S. 231.

45 Gorčakov an Bismarck 21.10./2.11.1876: GP 2, Nr. 255, S. 87.

46 Randbem. Bismarcks, ebd.

47 Zur französischen Politik in der Balkankrise: E. Malcolm Carroll, French Public Opinion and Foreign Affairs, 1870—1914, London 1931, S. 76; Werner Jahrmann, Frankreich und die orientalische Frage 1875/78. Diss., Göttingen 1936 (= Historische Studien, 299).

48 Thiers 19.11.1876: Denkwürdigkeiten des Fürsten Chlodwig zu Hohenlohe-Schillingsfürst hrsg. von Friedrich Curtius, Bd 2, Stuttgart 1914, S. 205.

könne nur provisorischen Charakter haben. Sein Gespräch mit dem britischen Botschafter schloß der russische Monarch mit den Worten: »Why should there not be a perfect understanding between England and Russia.« Als Zeichen des Entgegenkommens regte er an, alsbald eine Konferenz mit der Angelegenheit zu befassen[49]. Gorčakov verwahrte sich ebenfalls gegen die Rußland unterstellten Eroberungsgelüste[50].

Obwohl die Türkei eine Konferenz ablehnte und durch die russische Politik deren Erfolgsaussichten eingeengt waren, nahm der englische Außenminister Derby die Bereitschaft des Zaren für ein solches Treffen sofort auf. Schon um einer russischen Einladung zuvorzukommen, die den Konferenzverlauf präjudiziert hätte, richtete Derby am 4. November 1876 ein Schreiben an die Botschafter in Paris und Berlin, Rom, Petersburg und Wien sowie in Konstantinopel. Die britische Regierung machte aber ihrerseits vier Bedingungen zur Verhandlungsgrundlage:

1. Die Unabhängigkeit und territoriale Integrität des Osmanischen Reiches.
2. Eine Erklärung, daß keine Macht jetzt oder zukünftig exklusive territoriale, ökonomische oder Einflußvorteile anstrebt.
3. In Serbien und Montenegro sollte der status quo erhalten bleiben.
4. In Bosnien, Herzegowina und Bulgarien sollte eine lokale administrative Autonomie, nicht aber tributäre Staaten garantiert werden[51].

Trotz der für Rußland schwierigen Bedingungen beteiligte sich Ignat'ev an der Botschafterkonferenz, die im Dezember 1876 und Januar 1877 in Konstantinopel zusammenkam. Petersburg bewies damit im Sinne seiner Defensivoption europäische Gemeinsamkeit. Insbesondere bewirkte die Konferenz, daß sich Großbritannien aktiv beteiligte und deshalb eine eventuelle Lösung mittragen würde. Als interessierter Außenstehender hätte London ansonsten jede friedliche oder militärische Aktion einseitig ablehnen können, ohne tatsächlich handeln zu müssen. Immerhin bedeutete jedes Ausgreifen einer Großmacht in türkisches Territorium ohne den gesamteuropäischen Konsens den Bruch des gemeinsam getragenen Pariser Friedens von 1856, also bindenden europäischen Rechts. Hierauf hätte sich England zuvor jederzeit berufen können, nicht mehr jedoch, seit es in Konstantinopel mit nach einem neuen Konsens suchte.

Während der Konferenz trat Ignat'ev ausgesprochen versöhnlich auf und legte zwei Vorschlagspakete vor. Die Maximalforderung sah die Autonomie Bosniens und Herzegowinas unter österreichischer, und Bulgariens unter russischer Okkupation vor. Die Minimalalternative verzichtete auf die Besetzung der Territorien, deren Autonomie innerhalb des Osmanischen Reiches garantiert würde. Ignat'ev äußerte die russische Konzessionsbereitschaft mit den Worten:

> »Wenn lediglich unser Minimum akzeptiert wird, so ist das ein großes Ergebnis, daß uns ein militärisches Handeln erspart, das immer ein gewagtes Ding sowohl politisch wie militärisch ist und besonders lästig in seiner Auswirkung auf unsere finanzielle Lage. Wenn dies verhindert werden kann und Ehre und Würde

[49] Loftus an Derby 2.11.1876: St.A. 31 (1878), Nr. 5896, S. 209—212.
[50] Gorčakov an Šuvalov 22.10./3.11.1876: ebd., Nr. 5901, S. 216 f.
[51] Zirkular Derbys 4.11.1876: ebd., Nr. 5903, S. 218 f.

des Zaren unbeschadet bleiben, so will ich mit Enthusiasmus applaudieren und unser Land wird den Nutzen haben[52].«

Die russische Regierung erklärte, daß sie nicht auf vergangenen Plänen beharre und jedes andere effektive Mittel, Lösungen zu garantieren, akzeptiere. Die Vertreter der anderen Mächte unterstützten die Minimalformel »Autonomie ohne Okkupation«, einzig die Teilung Bulgariens in zwei Regionen setzten England und Österreich durch. Blieb die Frage, ob die Hohe Pforte dieser Mächteübereinkunft, die auch Rußlands Ambitionen beschränkte, zustimmen würde.

Nicht nur die Russen, auch die Briten waren mit zwei Optionen an den Bosporus gekommen. Während Lord Salisbury gemeinsam mit Ignat'ev am Verhandlungstisch alternative friedliche Lösungen debattierte, war der britische Botschafter in Konstantinopel, Henry Elliot, bei der Hohen Pforte in ganz anderer Richtung tätig. Von Disraeli persönlich instruiert, bestärkte Elliot die türkische Regierung in ihrer ablehnenden Haltung. In der Hoffnung auf möglichen britischen Beistand versagte sich der neue Sultan Abdul Hamid II. den Vorschlägen der Konferenz. Deren Scheitern und die britischen Intrigen ließen die Russen wieder zur Kriegsoption zurückkehren. Wie im Sommer 1876 in Reichstadt versuchte sich Rußland erneut im Januar 1877, der österreichisch-ungarischen Neutralität bei territorialer Kompensation zu versichern. Die russische Führung hoffte nach wie vor, einen Krieg mit der Türkei ohne Intervention Dritter führen zu können. Österreich dagegen glaubte nicht an eine wirkungsvolle Hilfe von außen für seine Interessen. »Die Briten würden vielleicht kämpfen, um die Russen von Konstantinopel fern zuhalten, aber kaum, um die ottomanische Herrschaft auf dem Balkan zu erhalten[53].« Außerdem drängte Otto von Bismarck, sich innerhalb des Dreikaiserbündnisses zu einigen, Deutschland aber nicht zu beteiligen[54].

Am 15. Januar 1877 schlossen Andrássy und Novikov die Militärkonvention von Budapest ab[55]. Sie sicherte Rußland die wohlwollende Neutralität (Artikel 2) der Doppelmonarchie während eines Krieges mit der Türkei. Österreich-Ungarn sollte Bosnien und Herzegowina okkupieren dürfen, wenn es sich von Rumänien, Serbien, Montenegro und vor allem Bulgarien fernhielte. Russische Truppen konnten dagegen auf bulgarischem Gebiet kämpfen und sich von rumänischen, serbischen und montenegrinischen Soldaten unterstützen lassen. Petersburg wollte den Krieg nicht zu panslawistischen Zwecken nutzen, Wien darauf verzichten, die Krimkriegsallianz zu reaktivieren (Artikel 3). Außerdem sollten die Gebietsbesetzungen nicht gegen den anderen Konventionspartner gerichtet sein oder gemeinschaftlich geplant erscheinen (Artikel 7). Andrássy lehnte darüber hinausgehende Aktivität gegen das Osmanische Reich ab. Eine zweite Budapester Konvention ergänzte am 18. März diese Bestimmungen. Rußland verzichtete darauf, einen slawischen Großstaat auf dem Balkan zu errichten (Artikel 3) und gestand den Österreichern auch in Westbulgarien eine Einflußzone zu. Alle Absprachen sollten im Falle territorialer Neuordnung ein-

52 Übersetzung nach Damianov, European Diplomacy, S. 55.
53 Bridge, Österreich(-Ungarn) unter den Großmächten, S. 252.
54 Wolter, Bismarcks Außenpolitik, S. 213 f.
55 Schmidt, Die gescheiterte Allianz, S. 274 ff.

treten, ob diese nun durch einen Krieg oder den türkischen Zusammenbruch geschähen (Artikel 2)[56]. Die Regierung des Zaren sah sich zu so weitreichenden Zugeständnissen durch ihre Furcht veranlaßt, Österreich werde ohne Kompensation entweder selbst marschieren und über kurz oder lang mit Rußland aneinandergeraten, oder aber Alliierte in einer Auseinandersetzung mit dem Zarenreich suchen und in Großbritannien auch finden. Diesen Mangel an Bundesgenossen im Krieg gegen die Türkei und wichtiger bei der Abwehr gesamteuropäischer Folgen, versuchten die Russen im Frühjahr 1877 auszugleichen.

Ignat'ev bereiste im Februar Berlin, Wien und London. Bismarck sagte noch einmal seine wohlwollende Neutralität zu und versprach, »Koalitionen gegen Rußland zu verhüten und diejenigen Ergebnisse des Dreikaiserbündnisses, die der gegenwärtigen Verwicklung vorhergingen, als Basis für die Zukunft festzuhalten«[57]. Bismarcks offenes Antreiben der russischen Kriegsbereitschaft erschreckte in London[58]. Um weitergehender Gemeinsamkeit zwischen Deutschen und Russen zuvorzukommen, gab die englische Regierung ihre Vorbehalte gegen Absprachen mit Petersburg auf. Ganz unerwartet erklärten sich Disraeli und Derby bereit, mit der russischen Führung über ein gemeinsames Handeln zu sprechen. Eine Zirkularnote Gorčakovs bot ihnen hierzu den willkommenen Anlaß. Dort hieß es:

> »Le but que les Grandes Puissances ont en vue a été claorement défini par les actes de la Conférence. Le refus du Gouvernement Turc atteint l'Europe dans sa dignité dt dans son repos. Il nous importe de savoir ce que les Cabinets avec lesquels noussommes concertés jusqu'ici comptent faire pour répondre à ce refus et assurer l'exécution de leurs volontés[59].«

Doch wollten die britischen Politiker zunächst den türkischen Ministerwechsel und in Konstantinopel angekündigte Reformen abwarten[60].

Als Ignat'ev am 2. März in London eintraf, brachte er einen fertigen Protokollentwurf mit. Gorčakov wollte die Engländer unbedingt in die orientalische Angelegenheit einbinden und sich nach der anfänglichen Gesprächsbereitschaft nicht mehr auf unbestimmte Zeit vertrösten lassen. Salisbury fühlte, daß England sich isolieren würde, wenn es dem moderaten russischen Entwurf nicht zustimmte[61]. Disraeli legte seine Argumente der Königin Victoria vor:

> »The document meant to be signed seems to me, on a first reading studiously inoffensive: nothing is said of the Conference proposals; the Turkish reforms are accepted instead; no date is fixed for their execution; there may be something

56 Konventionen u.a. bei Matthew Smith Anderson, The Great Powers and the Near East 1774—1923, London 1970, S. 94; Sumner, Russia, S. 597—601.

57 Bülow an Schweinitz 8.3.1877: GP 2, Nr. 279, S. 138.

58 Salisbury an Lytton 2.3.1877: Gwendolyn Cecil, Life of Robert Marquis of Salisbury, Bd 2, London 1921, S. 129; Disraeli an Derby 9.2.1877: The Life of Benjamin Disraeli, Earl of Beaconsfield, Vol. 6. Ed by George Earl Buckle, London 1920, S. 126.

59 19./31.1.1877: St.A. 32 (1877), Nr. 5994, S. 87.

60 Derby an Loftus 15.2.1877: Richard Millman, Britain and the Eastern Question 1875—1878, Oxford 1979, S. 248 f.

61 Rudolf Liebold, Die Stellung Englands in der russisch-türkischen Krise von 1875/78. Diss., Leipzig 1930, S. 92 f.; Millman, Britain, S. 255.

behind, which I don't yet see, but, on the face of it, there is nothing that one can even plausibly object to[62].«

Gorčakov ging sogar soweit, die russische Demobilisation anzukündigen, falls die Türkei Gleiches beginne[63]. Als die sechs Mächte am 31. März 1877 das Londoner Protokoll unterzeichneten, war das Osmanenreich isoliert, und Rußland konnte in weiteren Verhandlungen mit der Hohen Pforte als Mandatar Europas auftreten. Zwar wollte Derby das Protokoll für »null and void«[64] erachten, wenn die Türkei dessen Bedingungen, die in »verstümmelter Ausgabe«[65] jene der Konstantinopler Botschafterkonferenz vom Jahreswechsel waren, ablehnte. Doch bedeutete es für jede von Rußland anfänglich ins Auge gefaßte Option einen diplomatischen Sieg, von den Signatarstaaten bestätigt zu bekommen, daß es notwendig war, »le bien-être aux populations chrétiennes et les intérêts de la paix générale« sicherzustellen[66]. Gab der Sultan nach und gestand Reformen bis hin zu Autonomieregelungen auf dem Balkan zu, so gewann das Russische Reich einen Einflußbereich bis etwa 140 km vor Konstantinopel[67] (Bulgarien). Widersetzte sich die Pforte allen Reformwünschen, so bezog der Zar auch ohne Verbündete und ohne ausdrückliche Zustimmung der europäischen Mächte aus dem Londoner Protokoll das moralische Recht, alleine zu handeln.

Tatsächlich lehnte die türkische Regierung am 9. April die Protokollbedingungen ab. Am 24. April 1877 erklärten die Russen den Krieg. Solange Petersburg den Zusammenbruch der Türkei infolge der Aufstände erwartete, blieb es abwartend. Daß die Türken die Insurrektionen niederschlugen, aktivierte die Russen, die ihren Wunsch nach Einfluß in Südosteuropa und dessen weiterreichende Perspektive, die Meerengen, erschwert sahen. Die vorsichtige Politik zweier Optionen, einer aggressiven Maximalpolitik mit militärischem Kalkül und einer defensiven Minimalpolitik mit diplomatischen Mitteln, hatte den gewünschten Erfolg. Bis zum Ausbruch des russisch-türkischen Kriegs gelang es, die Mächte von einer Einmischung abzuhalten. Rußland zahlte dafür mit dem Zugeständnis territorialer Kompensation für Österreich und dem Verzicht auf Konstantinopel als Ziel russischer Politik. Das Einbinden aller europäischen Mächte in die orientalische Frage unter russischer Führung war solange erfolgreich, wie das Zarenreich seine Kriegsziele nicht über gemachte Zusagen hinaus ausdehnte. So wies Andrássy während des gesamten Sommers 1877, wie er es in den Budapester Konventionen versprochen hatte, Interventionsfühler aus London zurück[68]. Erst als Petersburg im Verlauf des Kriegs seine vorsichtige Linie zugunsten expansiver Kriegsziele und eines slawischen Großstaats auf dem Balkan verließ, brachte dies die Großmächte massiv auf den Plan. Vor allem Großbritannien und an seiner Seite Österreich-Ungarn wollten ein Ausgrei-

62 Disraeli an Victoria 12.3.1877: ebd., S. 255 f.
63 Huenigen, Nikolaj Pavovic Ignat'ev, S. 197.
64 Schriftliche Erklärung Derbys vor Unterzeichnung des Protokolls.
65 Damianov, The Great Powers, S. 214.
66 Londoner Protokoll 31.3.1877: GP 2, Nr. 282, S. 141 ff.
67 Vgl. die Karte bei Sumner, Russia, S. 240: Grenzziehung der Botschafterkonferenz Dez. 1876/Jan. 1877.
68 István Diószegi, Andrássy and Disraeli im Sommer des Jahres 1877. In: Études historiques hongroises, Budapest 1980, Bd 1, S. 629—650; Schmidt, Die gescheiterte Allianz, S. 304 f.

fen Rußlands in den südosteuropäischen Raum oder sogar bis an die Meerenge verhindern.

Wie in Petersburg so hatten die Regierenden auch in London gehofft, die Balkankrise werde sich von allein beruhigen. Anders als die Russen, glaubten aber die Engländer, der Sultan werde die Aufstände rasch beilegen können und es müsse am Besitzstand in Südosteuropa nichts geändert werden. Seit Beginn des Konflikts war es britischer Konsens, daß Großbritannien Konstantinopel und die Meerengen sichern würde, sollten russische Truppen bis dorthin gelangen. Zunächst aber sah es nicht danach aus, daß der Zar seine Soldaten marschieren lassen wollte. Trotzdem nahm die Regierung Disraeli bereits in den frühen Phasen der Krise die Rolle eines interessierten Beteiligten ein: nur widerstrebend stimmte sie der Andrássynote vom Dezember 1875 zu, und das Berliner Memorandum im Mai 1876 wies Disraeli ohne Zögern als unakzeptabel zurück. Das verhinderte zwar eine gemeinsame Aktion aller Großmächte, die Briten behielten dafür aber freie Hand für den Fall, daß sich die Angelegenheit zuspitzte. Als London — wie zu Anfang des Krimkriegs — Flottenteile in die südlich der Dardanelleneinfahrt gelegene Bucht von Besika entsandte, erregte dies im Königreich größere Entrüstung als in den Hauptstädten der anderen Mächte[69]. Im Gegenteil hatten die Dreikaisermächte diesen Schritt vorgeschlagen. Innenpolitisch[70] motiviert, hatte William Gladstone seine gegen Disraelis Außenpolitik gerichtete antitürkische Kampagne begonnen[71]. Disraelis Politik war nun der Gefahr ausgesetzt, mit dem repressiven Vorgehen des Sultans identifiziert zu werden. Die unterschiedlichen Ansichten über die richtige englische Politik setzten sich sogar bis in das Kabinett fort und trennten dort auch Premierminister und Außenstaatssekretär. Derby war ein Isolationist, der keiner der anderen europäischen Regierungen wirklich trauen mochte[72]. Prestigepolitik nach Maßgabe der veröffentlichten Meinung lehnte er grundsätzlich ab. Für Disraeli war er die »party of the peace at any price«[73]. Umgekehrt sah Derby in Disraeli den Repräsentanten einer friedensgefährdenden Politik[74]. Tatsächlich konnte Rußland diese Differenzen für die eigene Absicht nutzen, Großbritannien in einen Großmächtekonsens einzubinden, als dessen verlängerter Arm das Zarenreich handeln wollte. Die Uneinigkeit führte dazu, daß London abwartete, ob und wann die Russen agieren und wie weit sie dabei gehen würden. Für Disraeli stand außer Frage, daß Konstantinopels Schicksal entscheidend für die weitere Entwicklung der Krise sein mußte:

69 Millman, Britain, S. 102 f.

70 Zur innenpolitischen Situation: Marvin Swartz, The Politics of British Foreign Policy in the Era of Disraeli and Gladstone, London 1985, S. 31 ff.

71 Richard T. Shannon, Gladstone and the Bulgarian Agitation, 1876, London 1863; ders., Gladstone and the British Balkan Policy. In: Der Berliner Kongreß von 1878. Die Politik der Großmächte und die Probleme der Modernisierung in Südosteuropa in der 2. Hälfte des 19. Jahrhunderts. Hrsg. von Ralph Melville und Hans-Jürgen Schröder, Wiesbaden 1982 (= Veröffentlichungen des Instituts für Europäische Geschichte Mainz, Abt. Universalgeschichte, Beiheft 7), S. 163—178.

72 Derby an Lyons 7.1.1876: Lord Newton, Lord Lyons. A Diplomatic Record, Bd 2, London 1920, S. 95.

73 Disraeli an Victoria 3.11.1877: Gerald David Clayton, Britain and the Eastern Question: Missolonghi to Gallipoli, London 1971, S. 153.

74 Derby an Salisbury Dez. 1877: ebd., S. 150.

»If the Russians had Constantinople, they would at any time march their army through Syria to the mouth of the Nile, and then what would be the use of our holding Egypt. Constantinople is the key of India, and not Egypt and the Suez Canal[75].«

Derweil bewachte eine britische Flotte den Dardanellenzugang und wartete den Fortgang der Ereignisse ab. Die englische Politik aber behielt ihre unschlüssige Haltung auch über die russische Kriegserklärung hinaus bei.

Nachdem Königin Victoria bereits am 17. April 1877 ihre Krone an die Verteidigung *aller* britischen Interessen gebunden hatte[76], protestierte Außenminister Derby am 1. Mai amtlich gegen die russische Kriegserklärung, die sich nicht mit dem Pariser Frieden und dem soeben beschlossenen Londoner Protokoll vereinbaren lasse[77]. Weitreichendere Schritte konnte Disraeli im Kabinett nicht durchsetzen. Er wollte dem formalen Protest eine Pfandbesetzung der Dardanellen folgen lassen, um eine materielle Garantie gegen eine russische Okkupation Konstantinopels in Händen zu haben. Die uneinigen Regierungsmitglieder wiesen diesen Plan vorläufig zurück: »The question submitted to the Cabinet was, ›Were we to act, and if so, how?‹«, schrieb Disraeli anschließend der Monarchin und fuhr bitter fort: »After a discussion of more than two hours, the Cabinet agreed we must act, but how, and when, was not then decided[78].« Letztlich entschied sich das britische Kabinett dafür, in einer ausführlichen Note »some considerations of importance to the future good understanding between Great Britain and Russia« aufzustellen. Damit England eine bedingte Neutralität wahre, sollten die Russen in ihrer Kriegführung britische Interessen berücksichtigen. Als »the most prominent of those interests« nannte Derby den Suezkanal, die ökonomischen Bindungen nach Ägypten, vom militärischen, politischen und kommerziellen Standpunkt besonders Konstantinopel und die Meerengen, zuletzt der Persische Golf[79]. In seiner Antwort versprach Gorčakov, die britischen Interessen berücksichtigen zu wollen. Da auch er sich über die herausragende Stellung der türkischen Hauptstadt in der englischen Perzeption im Klaren war, stellte er diese Frage in den Mittelpunkt:

»Il [die russische Regierung] reconnaît qu'en tous cas le sort de Constantinople est une question d'intérêt commun, qui ne peut être réglée que par une entente générale, et que si la possession de cette ville devait être mise en question elle ne saurait appartenir à aucune des Puissances de l'Europe[80].«

Doch wies er zugleich einschränkend darauf hin, daß damit dem Verlauf und Ausgang des Kriegs keineswegs vorgegriffen werde. Damit war die britische Drohgebärde, im Zweifelsfalle »equally bound and determined« zu sein, um die eigenen Interessen auch zu verteidigen (Note vom 6. Mai) weitgehend an den vagen russischen Versprechen verpufft. Gorčakov hatte faktisch nicht mehr

75 Disraeli an Barrington Okt. 1876: ebd., S. 149.
76 Victoria an Disraeli 17.4.1877: The Life of Benjamin Disraeli, Earl of Beaconsfield. Ed by George Earle Buckle and William Flavelle Monypenny. New and revised edition, vol. 2, London 1929, S. 1004.
77 Derby an Loftus 1.5.1877: St.A. 32 (1877), Nr. 6426, S. 256 f.
78 Disraeli an Victoria 23.4.1877: LQV 2,2, S. 530.
79 Derby an Šuvalov 6.5.1877: St.A. 32 (1877), Nr. 6433, S. 264 f.
80 Gorčakov an Šuvalov 18./30.5.1877: ebd., Nr. 6456, S. 297.

zugesagt, als ohnedies feststand: weder der Persische Golf, noch Ägypten mit dem Suezkanal waren russische Ziele im Konflikt mit der Türkei; und für Konstantinopel hatte er sich eine Hintertür geöffnet. Solange Großbritannien seine Flotte vom Goldenen Horn fernhielt, hatte die russische Armee die Trümpfe in Händen.

Gleichzeitig mit dem Versuch, dem russischen Handeln Grenzen zu setzen, bemühte sich London, Österreich-Ungarn auf seine Seite zu ziehen. Am 19. Mai bot Derby Bündnisgespräche an. Österreich und Großbritannien sollten ihre gemeinsamen Interessen — von deren Identität ging Derby aus — durch eine zu verabredende Aktion verteidigen. Hierzu wollten die Briten ihre maritime Kraft einbringen, wenn Wien seine Landstreitkräfte mobilisierte[81]. Disraeli konkretisierte den Vorschlag am 11. Juni. Er gestand Rußland »einen der Ehre genügenden Erfolg« zu, weigere es sich dann, Frieden zu schließen, so sollten England Gallipoli und Österreich Rumänien und vielleicht Serbien besetzen, um »materielle Garantien« für den russischen Rückzug zu besitzen. Am 13. Juni fragte Derby definitiv:

> »Ist Österreich-Ungarn geneigt, die Tatsache einer russischen Okkupation Konstantinopels zu akzeptieren, oder würde es sich, wenn nötig, England anschließen, um diese Besetzung zu hindern[82].«

Genau das, sich »England anschließen«, wollte Andrássy auf gar keinen Fall. Er hatte sich in Reichstadt und Budapest mit den Russen über wichtige Punkte der gegenseitgen Interessenabgrenzung geeinigt, und der Zar hatte sich bislang daran gehalten. In sieben Punkten legte Andrássy ein Programm zur Konfliktbegrenzung vor: 1) kein Christenprotektorat für irgendeine Macht, 2) konsensuale Regelung des Kriegsergebnisses durch die Großmächte, 3) kein russisches Territorium südlich der Donau, 4) Integrität und Souveränität Rumäniens, 5) weder eine österreichische noch eine russische Sekundogenitur auf dem Balkan, 6) Rußland dürfe Konstantinopel nicht besitzen, 7) kein slawischer Großstaat zu Lasten nichtslawischer Nationalitäten[83]. Solange Rußland dieses Programm einhielte, und der Zar versicherte am 26. Juli noch einmal, sich an Geist und Buchstaben der Absprachen halten zu wollen[84], solange wollte Andrássy nicht im Weg stehen. London ging einen Schritt weiter und wollte vorsorglich etwas in Händen halten, falls die russische Armee zu weit ginge. Da aber Wien nicht zu weitreichenden Vereinbarungen, einer Militärkonvention etwa, oder gar zu einer Entente bereit war, mußten die englischen Politiker mit einem Notenaustausch (26. Juli, 14. August 1877) zufrieden sein, der sich an Andrássys sieben Punkten orientierte[85]. Der österreichische Außenminister hatte den Briten ihre Zustimmung dadurch erleichtert, daß er »aufs bestimmteste« erklärte, eine rus-

---

81 Kos, Die Politik Österreich-Ungarns, S. 240.

82 Beust an Andrássy 11., 13.6.1877: Wertheimer, Graf Julius Andrássy, Bd 3, S. 31; Schmidt, Die gescheiterte Allianz, S. 316.

83 Andrássy an Beust 29.5.1877: Wertheimer, Graf Julius Andrássy, Bd 3, S. 39; Kos, Die Politik Österreich-Ungarns, S. 240—243; Schmidt, Die gescheiterte Allianz, S. 313.

84 Huenigen, Nikolaj Pavovic Ignat'ev, S. 216.

85 Abgedruckt bei Dwight Lee, Unprinted Documents. The Anglo-Austrian Understanding of 1877. In: Slavonic and East European Review 10 (1931/2), S. 459 f. (Nr. 22), S. 463 ff. (Nr. 25); Schmidt, Die gescheiterte Allianz, S. 323 f.

sische Besitznahme Konstantinopels und der Dardanellen »als casus belli zu betrachten und demgemäß zu handeln«[86].

Außerdem gab ein parlamentarischer Erfolg der Regierung Disraelis gegen den innenpolitischen Gegner Gladstone zusätzlichen Freiraum für eine aktivere antirussische Politik. Am 7. Mai war der liberale Politiker im Unterhaus mit dem Versuch gescheitert, von der Regierung eine Erklärung zu erzwingen, daß die Hohe Pforte weder moralischen noch materiellen Beistand erhalte, solange sie nicht die Lage der südosteuropäischen Christen bessere[87]. Diesen Gewinn konnte Disraeli am Kabinettstisch jedoch nicht umsetzen. Die schnellen Erfolge der russischen Armee beunruhigten den Premierminister, obwohl London mit einem Sieg der Russen rechnete. Gerade deshalb wollte Disraeli ja einen aktiveren Part einnehmen, um nicht durch Passivität geradezu Rußland zu expansiven Kriegszielen einzuladen. In Petersburg sollte man wirklich glauben, daß die Briten für Konstantinopel zum Krieg bereit waren. Hierfür war die Politik der bedingten Neutralität nur ein erster Schritt, dem eine konkrete Drohung folgen mußte, um zu vermeiden, daß »british interests will be in the mud«. Im Dreieck von innenpolitischer Opposition, Vorbehalten seiner Minister und österreichischer Vorsicht (»Austria never acts, only writes despatches.«) glaubte der Regierungschef, nur mit einer aktiven Drohpolitik gegen Rußland erfolgreich sein zu können:

> »A Government can only die once: it is better to die with glory, than vanish in an ignominous end[88].«

Dem Botschafter in der Türkei, Austen Henry Layard, erläuterte Disraeli vertraulich seine Pläne: der Sultan sollte eine englische Flottenpräsenz am Bosporus erbeten; diese zöge zur Sicherung der Schiffe vor russischem Einschluß eine zeitweilige Besetzung der Halbinsel von Gallipoli nach sich. Hierfür glaubte er die Zustimmung des Kabinetts erhalten zu können[89]. Doch Disraeli irrte. Seine Regierungskollegen lehnten am 12. Juli seinen Antrag ab, eine russische Okkupation Konstantinopels oder den Versuch dazu, als casus belli anzusehen. Lediglich eine Note kam zustande, die Rußland androhte, daß die Besitznahme der türkischen Hauptstadt »frees us from all previous engagements, and must lead to serious consequences«. Das Kabinett verwarf aber die Worte »casus belli« und verschob die Frage, ob die Militärs eine eventuelle Aktion bereits vorbereiten sollten, auf einen späteren Zeitpunkt[90]. Dieser schien den englischen Ministern erst gekommen, als die türkische Niederlage sich bedrohlich abzeichnete. Erst am 21. Juli beschlossen sie einstimmig, »if Russia occupies Constantinople, and does not arrange for her immediate retirement from it, to advise your Majesty to declare war against that Power«[91].

---

86 Andrássy an Beust 22., 28.6.1877: Wertheimer, Graf Julius Andrássy, Bd 3, S. 35 f.; Schmidt, Die gescheiterte Allianz, S. 319.

87 Philip Magnus, Gladstone. A Biography, London 1954 (Repr. 1963), S. 246—248; Swartz, S. 58 f.

88 Disraeli an Derby 22.5.1877.: The Life of Benjamin Disraeli, Bd 2, S. 1012.

89 Disraeli an Layard 6.6.1877: ebd., S. 1014 f.

90 Disraeli an Victoria 12.7.1877: ebd., S. 1022 f.

91 Disraeli an Victoria 21.7.1877: ebd., S. 1026.

Die Mittelmeergarnisonen wurden verstärkt (3 000 Mann auf Malta) und neue Flottengeschwader vor die Dardanellen beordert. Aus der bedingten war eine vorsichtig drohende Neutralität geworden. Disraeli, der diese aktivere Politik seinen Ministern abgerungen hatte, verteidigte sie nun gegen drängende Militärs, deren weiterreichende Forderungen im Parlament zweifellos scheitern würden[92], aber auch gegen eine neue Zögerlichkeit des Kabinetts, als wider Erwarten der russische Vormarsch an der Festung Plewna und vor Adrianopel auf erfolgreichen Widerstand traf[93]. Um die aktive Politik fortzusetzen, brachte Disraeli schon Mitte August 1877 die Diskussion auf die Frage, wie England reagieren könne, wenn Rußland einen zweiten Feldzug mit dem Ziel, die Türkei zu vernichten (extermination), folgen lasse[94]. Gleichzeitig nutzte der Premierminister eine Abwesenheit Derbys zu direktem Kontakt mit Petersburg. Der britische Militärattaché Frederick Arthur Wellesley überbrachte vom Zaren die Nachricht, diesem gehe es einzig um die bessere Lage der Christen, nicht um territorialen Zugewinn: lediglich Bessarabien und asiatische Gebiete kämen hierfür in Betracht. Eine zeitweilige Besetzung Bulgariens sei unvermeidlich; in Konstantinopel käme ein derartiger Schritt nur in Frage, wenn es der Gang der Ereignisse erfordere. Außerdem solle die Türkei, möglicherweise von England, veranlaßt werden, den Frieden von Rußland zu erbeten[95]. An Kabinett und Foreign Office vorbei ließen Disraeli und Königin Victoria durch Wellesley antworten:

> »The Queen and Her Majesty's Government sincerely trust that peace may be concluded this year in a manner satisfactory to the Emperor. At the same time the Queen and Lord Beaconsfield fear that the neutrality of England could not be maintained if the war es not soon terminated, and if a second campaign occurred in the spring of 1878 England must take her place as a belligerent[96].«

Das war eine offene Kriegsdrohung für welche das Kabinett niemals zu gewinnen war. Disraeli verlegte sich in der Regierungsrunde deshalb auf ein Vermittlungskonzept. Um einen zweiten Feldzug zu verhindern, der mit dem Fall Konstantinopels und einem für England inakzeptablen russischen Friedensdiktat enden würde, schlug er vor, zwischen Rußland und der Türkei einen Waffenstillstand zu vermitteln. Er griff die maßvollen Annexionswünsche des Zaren, wie er sie durch Wellesley zu kennen glaubte, auf: die Autonomie Bulgariens nach dem Londoner Protokoll und das Annexionsrecht für jene Teile Bessarabiens, die Rußland im Pariser Frieden verloren hatte, sollten der Ehre Rußlands genügen und für die Pforte kein zu großes Opfer sein. England müßte seine Mediation mit der Drohung versehen, im Notfall den Bestand der Türkei

92 Liebold, Die Stellung Englands, S. 110 f.

93 Anton Springer, Der russisch-türkische Krieg 1877—1878 in Europa, Wien 1891—1893; P.K. Fortunatov, Der Krieg von 1877/78 und die Befreiung Bulgariens, Berlin 1953; Richard L. DiNardo, Russian Military Operations in 1877—1878. In: Insurrections, S. 125—140.

94 Kabinettsprotokoll 15.8.1877: The Life of Benjamin Disraeli, Bd 2, S. 1044.

95 Ebd., S. 1045; Millman, Britain, S. 317.

96 Zit. nach: Millman, Britain, S. 318; ein Memorandum Wellesleys vom 17.8.1877 spitzt die Aussage zu, indem es nicht von einer Furcht der Königin und ihres Premierministers, sondern von einer definitiven Linie der Regierungspolitik spricht: The Life of Benjamin Disraeli, Bd 2, S. 1046.

bewaffnet garantieren zu wollen, dann sei dies »a clear and precise policy«[97]. Im Kabinett erhielt er für diesen Vorschlag breite Zustimmung, wenngleich »it was generally felt, that it was impossible to take any active step in the prosecution of the proposal while the campaign was not concluded«[98]. Mehr aber hatte der Regierungschef nicht gewünscht. Tatsächlich war damit der englische Entscheidungsprozeß hin zur Kriegsdrohung beendet. Das Verfahren war beschlossen und vorbereitet. Dem Zaren war seit der Wellesley-Mission[99] klar, daß Großbritannien für Konstantinopel Krieg führen würde. Zögernde Kabinettsmitglieder waren entweder auf die kriegsbereite Seite gezogen oder wie Derby und Carnavon, die bis zuletzt eine zurückhaltende Passivität favorisierten, bereit, zurückzutreten. Nach dem Fall Plewnas am 10. Dezember 1877 und den vernichtenden türkischen Niederlagen im Kaukasus schien auch die englische Öffentlichkeit kriegswilliger. Das Verhalten der russischen Politiker und Militärs entschied nun über den Fortgang der Ereignisse. Würden russische Soldaten trotz der englischen Drohungen Konstantinopel besetzen, oder würden die Spannungen noch beizulegen sein?

Wie nervös und angespannt die Situation war, zeigt folgende Episode. Nach der Niederlage bei Plewna hatte die Hohe Pforte die Großmächte um deren Vermittlung im russisch-türkischen Konflikt gebeten[100]. Besonders auf England setzten die Türken ihre Hoffnungen. Am 13. Dezember[101] und erneut am 24. Dezember[102] baten sie ausdrücklich um die britische Mediation, die Disraeli auch zusagte[103]. Derby verwies dagegen auf einen Kabinettsentscheid, der hierzu abzuwarten sei[104]. Während die Russen auf die türkische Hauptstadt vorrückten, konnten die Engländer erreichen, daß Petersburg versprach, Gallipoli und die Dardanellen unbesetzt zu lassen[105]. Als aber am Morgen des 23. Januar Gerüchte London erreichten, die Soldaten des Zaren marschierten auf die Meerengenhalbinsel von Gallipoli zu, und die Regierung des Sultans habe nach wie vor kein Waffenstillstandsangebot oder Bedingungen hierfür, entschieden die Mitglieder der englischen Regierung noch am selben Nachmittag, die Flotte nach Konstantinopel zu beordern. Carnavon und Derby opponierten, doch eine Mehrheit sah den Zeitpunkt gekommen, die einmal beschlossenen Drohungen in die Tat umzusetzen[106]. Absurderweise wichen die britischen Schiffe dann nicht etwa russischem Druck, als die Marschorder zurückgenommen wurde, sondern einer Bitte des Sultans[107]. Dieser wollte lieber mit den Russen über eine separate Verständigung reden[108]. Gleichzeitig versicherte Gorčakov:

---

97 Disraeli an Derby 28.9.1877: ebd., S. 1054.
98 Disraeli an Victoria 6.10.1877: ebd., S. 1055 f.
99 Vgl. Wellesley an Derby 30.8.1877: Sumner, Russia, S. 619—622.
100 Zirkular Server Paschas 12.12.1877: St.A. 33 (1878), Nr. 6608, S. 234—236.
101 Layard an Derby 13.12.1877: Millman, Britain, S. 336.
102 Server Pascha an Musurus Pascha 24.12.1877: St.A. 33 (1878), Nr. 6616, S. 244.
103 Sumner, Russia, S. 344.
104 Derby an Layard 14.12.1877: Millman, Britain, S. 568, Anm. 5.
105 Derby an Loftus 12.1.1878, Loftus an Derby 15.1.1878: St.A. 33 (1878), Nr. 6631, S. 256,6635, S. 260.
106 Millman, Britain, S. 366.
107 Clayton, Britain, S. 141.
108 Layard an Derby 25.1.1878: Millman, Britain, S. 369.

»We repeat the assurance, that we do not intend to settle by ourselves (isolément) European questions having reference to the peace which is to be made (se rattachant à la paix)[109].«

Wem war zu glauben? Würden die Russen widerstehen können, wenn ihnen die Pforte von sich aus in der Meerengenfrage entgegenkam? Militärisch machten sie immerhin vor den Dardanellen und ca. 30 km vor Konstantinopel Halt (Tjataldja-Linie)[110]. Am 31. Januar 1878 wurden die Ergebnisse des russisch-türkischen Krieges in einem Waffenstillstand zunächst einmal eingefroren[111]. Obwohl sich Rußland mit dem Ende des Feldzugs noch innerhalb des europäischen Konsenses bewegte und die britischen Neutralitätsbedingungen nicht angetastet hatte, wollte Disraeli nicht darin nachlassen, daß dies auch so blieb. Noch war ja nicht abzusehen, wie sich die Russen in den kommenden Friedensgesprächen verhalten würden, ob sie ihre durch den erfolgreichen Krieg gestärkte Position zu einem Repressionsfrieden ausnutzen würden.

Am 5. Februar erreichten London Nachrichten, daß entgegen den Bestimmungen des Waffenstillstands russische Soldaten auf Konstantinopel vorrückten[112]. Während Derby hierüber noch Aufklärung verlangte, garantierte das britische Parlament bereits sechs Millionen Pfund für militärische Vorbereitungen und am 12. Februar wurde die Flotte[113] nun endgültig vor Konstantinopel (Prinzeninseln) beordert. Ohne türkische Erlaubnis und mit dem Befehl, auch den Widerstand türkischer Forts mit Waffengewalt zu brechen, war der Flotteneinsatz ein eklatanter Bruch der Meerengenverträge. Rußland reagierte, indem es 10 000 Soldaten über die Waffenstillstandslinie hinaus nach San Stefano, 10 km vor den Toren der Hauptstadt am Marmarameer gelegen, und in südwestliche Außenbezirke verlegte. Am 22. Februar rückte demonstrativ auch das russische Hauptquartier nach San Stafano nach. Dem Prestigebedürfnis beider Seiten war damit zwar Genüge getan, ein Ergebnis gleichwohl nicht abzusehen. Just zum Zeitpunkt von Friedensverhandlungen waren sich englische und russische Truppen bedrohlich nahe gekommen.

Am 3. März schlossen Russen und Türken in San Stefano Frieden. Ignat'ev hatte im entscheidenden Moment Gorčakov und Šuvalov als Berater des Zaren ersetzt. Der Inhalt des Friedensvertrags war in wesentlichen Teilen sein Werk und doch nur »die fragmentarische Verwirklichung der imperialistischen Konzeption« dieses russischen Diplomaten und des Panslawismus[114]. Tatsächlich war es ein Friedensdiktat: Montenegro (Artikel 1 und 2), Serbien (Art. 3) und Rumänien (Art. 5) wurden unabhängig und um türkisches Gebiet erweitert. Bulgarien erhielt eine tributpflichtige Autonomie als Fürstentum (Art. 6 und 9). Statt Kriegsentschädigungen sollten kaukasische Gebiete mit den Festungen und Städten Ardahan, Kars, Batum und Bayazid in russischen Besitz gehen

[109] Derby an Loftus 25.1.1878: St.A. 33 (1878), Nr. 6641, S. 264.

[110] Vgl. Karte bei Sumner, Russia, S. 361.

[111] Waffenstillstand und Friedensgrundsätze von Adrianopel 31.1.1878: St.A. 33 (1878), Nr. 6649, S. 287—292.

[112] Layard an Derby 5., 6.2.1878: ebd. 6695, S. 351, 6697, S. 352.

[113] Arthur J. Marder, British Naval Policy in 1878. In: Journal of Modern History 12 (1940), S. 367—373.

[114] Huenigen, Nikolaj Pavovic Ignat'ev, S. 236—239, 248—254, Zitat S. 253.

(Art. 19). Das neu geschaffene Bulgarien würde zwei weitere Jahre von russischen Truppen besetzt bleiben (Art. 8 und 25)[115]. Mit dem Frieden von San Stefano hatte Rußland die Furcht Disraelis vor einer Dominanz des Zaren in Südosteuropa bestätigt.

Die Entwicklung vorahnend hatte die britische Regierung schon Mitte Januar, als die osmanische Niederlage besiegelt war, erklärt,

> »any Treaty concluded between the Government of Russia and the Porte affecting the Treaties of 1856 and 1871 must be an European Treaty, and would not be valid without the assent of the Powers who were parties to those Treaties«[116].

Derby bezog sich konkret auf die laufenden Waffenstillstandsgespräche, die

> »in so far as those arrangements are calculated to modify European Treaties and to affect general and British interests, they are unable to recognize in them any validity unless they are made the subject of a formal agreement among the parties to the Treaty of Paris«[117].

Unzweifelhaft lief eine solche Argumentation auf einen Kongreß hinaus. Auch der österreichische Außenminister Andrássy strebte ein derartiges Treffen an[118]. Gegen einen österreichischen Vorschlag und die britischen Warnungen ließ sich eine Zusammenkunft letztlich schon Anfang Februar nicht mehr ausschließen. Die Ablehnung hätte nur Wien und London als die durch den russischen Erfolg in ihren Interessen Berührten näher aneinandergerückt[119].

Der russisch-türkische Separatfrieden vernachlässigte aus Wiener Sicht zugunsten des Panslawismus die legitimen Einflußwünsche der Habsburger auf dem Balkan. Am 15. Januar diskutierte man deshalb in der österreichischen Hauptstadt die technische Führbarkeit eines Krieges gegen das Zarenreich. Es bestand aber zu diesem Zeitpunkt keine Einigkeit darüber, ob ein derartiger Waffengang überhaupt wünschenswert sei[120]. Unter den Optionen österreichischer Außenpolitik war deshalb ein Krieg faktisch die am wenigsten wahrscheinliche Alternative[121]. Dagegen bot ein Kongreß die Möglichkeit, die eigenen Interessen gegen die russische Expansion zu wahren; entweder indem ein status quo ante bellum restauriert oder indem Österreich ebenfalls eine Scheibe des zu teilenden türkischen Kuchens zufallen würde.

Der sich sukzessive herausbildenden Kongreßlösung begegnete Gorčakov mit vorsichtigem Einlenken. Während aber der russische Politiker einen gesamteuropäischen Entschluß nur für solche Fragen zulassen wollte, die europäische Interessen berührten (z. B. die Meerengen)[122], insistierten die Engländer darauf, daß

> »every Article in the Treaty between Russia and Turkey will be placed before the Congress, not necessarily for acceptance, but in order that it may be considered

115 Martens 2,3 (1878), Nr. 41, S. 246—256.
116 Derby an Loftus 14.1.1878: St.A. 33 (1878), Nr. 6634, S. 259.
117 Derby an Loftus 29.1.1878: ebd., Nr. 6647, S. 286.
118 Andrássy an Károlyi 28.1.1878: GP 2, Nr. 303, S. 169—171; Schmidt, Die gescheiterte Allianz, S. 387.
119 Sumner, Russia, S. 434.
120 Kos, Die Politik Österreich-Ungarns, S. 261 f.
121 Ebd., S. 275.
122 Loftus an Derby 30.1.1878: St.A. 33 (1878), Nr. 6648, S. 287.

what Articles require acceptance or concurrence by the several Powers, and what do not«[123].

Nachdem am 23. März der San-Stefano-Vertrag offiziell in London bekannt war, wurden die englischen Warnungen konkreter, zumal Petersburg es abgelehnt hatte, den gesamten Friedensschluß zum Gegenstand eines Kongresses zu machen. Šuvalov teilte dem Foreign Office dazu mit, die von Rußland geforderte Entscheidungs- und Handlungsfreiheit lasse auch den anderen Mächten

»la liberté de soulever au Congrès telles questions qu'elles jugeraient è propos de discuter, et de réserve à lui-même la liberté d'accepter ou non la discussion de ces questions«[124].

Im Vorfeld des Kongresses wollte Disraeli nicht auf solche Weise festgelegt werden. Mit dem Ziel, die Beratungen nicht einschränken zu lassen, setzte er nach kurzer Debatte im Kabinett eine unnachgiebige Politik durch. Die Bedingungen einer Konferenz sollten nicht die Russen setzen dürfen. Sie hatten durch ihren Vormarsch das Gleichgewicht im Mittelmeer in Gefahr gebracht:

»[...] every state must now look to its own interests«[125].

Indische Truppen sollten Zypern und Alexandrette (Eskenderun, Scanderoon) besetzen, um die kaukasischen Gewinne der Russen auszugleichen. Die lange ausgereiften Pläne, zwei Armeekorps der Reserve zu mobilisieren und indische Truppen herbeizubeordern, sollten jetzt verwirklicht werden. Der Druck auf Rußland, das seine Ressourcen überfordert habe und dessen Armee unter Krankheiten leide, wurde erhöht. Außer Derby schlossen sich alle Regierungsmitglieder der Linie des Premiers an. Auch Salisbury, der im Pariser Frieden kein Instrument der aktuellen Politik mehr sah[126], plädierte für den Territorialerwerb in der Levante. Er wurde Derbys Nachfolger im Foreign Office und begann seine Arbeit mit einem Paukenschlag, der die im Kabinett beschlossene Linie voranbringen sollte[127]. Am 1. April erließ Salisbury ein gleichzeitig in der Presse veröffentlichtes Zirkular, das den britischen Standpunkt darlegte und begründete. Die britische Argumentation gipfelte in dem Vorwurf, es sei die russische Absicht, »to depress, almost to the point of entire subjection, the political independence of the Government of Constantinople«. Diese Entwicklung könne London nicht gleichgültig sein:

»The formal jurisdiction of that Government extends over geographical positions which must, under all circumstances, be of the deepest interest to Great Britain.«

Salisbury forderte daher abschließend:

»A discussion limited to Articles selected by one Power in the Congress would be an illusory remedy for the dangers to English interests and to the permanent peace of Europe, which would result from the state of things which the Treaty proposes to establish[128].«

---

123 Derby an Elliot 13.3.1878: St.A. 34 (1878), Nr. 6724, S. 56; Derby an Šuvalov 21.3.1878: ebd., Nr. 6733, S. 62.

124 Šuvalov an Derby 14./26.3.1878: ebd., Nr. 6737, S. 66.

125 Disraeli in der Kabinettssitzung am 26.3.1878: The Life of Benjamin Disraeli, Bd 2, S. 1134.

126 Clayton, Britain, S. 156.

127 Zur Kabinettssitzung am 27.3.1878: Disraeli an Victoria 26.3.1878 und Protokoll Derbys ohne Datum: The Life of Benjamin Disraeli, Bd 2, S. 1134, 1136—1138.

128 Zirkular Salisburys 1.4.1878: St.A. 34 (1878), Nr. 6739, S. 69—75, Zitate, S. 74 f.

Gleichzeitig mit dem Zirkular mobilisierte die englische Armee 38 000 Mann Reservesoldaten.

Die deutliche Sprache des neuen Mannes im Foreign Office, die in Petersburg so wahrgenommene unverminderte britische Bereitschaft zu militärischer Aktion, die Gegnerschaft der gesamten europäischen Öffentlichkeit, seitdem der San-Stefano-Frieden bekannt war, und vor allem die desolate Situation der Armee zwangen zuletzt die Russen zur Nachgiebigkeit. Schon vor dem Kriegsbeginn hatte eine zu lange Phase der inaktiven Bereitschaft die Truppen demoralisiert. Als sie in Bewegung gesetzt wurde, war die Armee weder in der Ausrüstung und Ausbildung, noch in ihrer Organisation und Führung für einen Feldzug gerüstet. Während des Krieges verlor sie mehr Soldaten durch Krankheiten (Typhus) als durch Kriegshandlungen. Bei der Kaukasusarmee betrug dies Verhältnis drei zu eins. Im Mai 1878 sollen nicht weniger als 70 000 Mann die Lazarette belegt haben[129]. Disraeli wußte um diese Probleme der russischen Armee, darüber hinaus erwartete er, daß sich die wirtschaftlichen Lasten eines Krieges bald auswirken würden[130]. Tatsächlich hatte der Krieg zuviele Menschenleben und viel Geld gekostet. Der russische Finanzminister Reutern hatte das Land in Friedenszeiten auf eine solide Grundlage stellen können. Zwar bereiteten die immensen Kosten eines Feldzugs Schwierigkeiten, die durch eine Trockenheit und eine Mißernte 1877 sowie die erwarteten Handelsausfälle während des Krieges noch verschlimmert wurden, aber ein Ruin der Staatsfinanzen blieb aus. Zunächst war auf den europäischen Finanzmärkten für die Kriegsführung kein Geld aufzunehmen. Eine Bankengruppe in Amsterdam machte einen Kredit sogar ausdrücklich vom Frieden abhängig. Doch schließlich gaben Finanziers aus Paris, Berlin und Amsterdam 15 Millionen Pfund. Außerdem entschied man sich in Petersburg für eine Inlandsschuldaufnahme in Höhe von 200 Millionen Rubel. Erst gegen Kriegsende gelang es nicht mehr, einen 30-Millionen-Pfund-Kredit in Frankreich zu erhalten, und die Börsenkurse des Rubels und russischer Aktien begannen zu fallen. Insgesamt hatte der Krieg 1,075 Milliarden Rubel gekostet; weitere Inlandsanleihen in den Jahren 1878 und 1879 von jeweils 300 Millionen Rubel brachten die öffentliche Schuld auf eine Höhe von rund drei Milliarden Rubel und etwa 200 Millionen Pfund[131].

Doch das Zarenreich war in der Lage, dies aufzufangen. Als Partner der europäischen Geldgeber besorgte der russische Staat direkt die Kapitalakkumulation. Für Zinsen und Rückzahlung erhöhte Petersburg die Steuern, forcierte den Agrarexport und »legte mit der Zollpolitik und der Außenhandelspolitik die Grundlagen für die eigene Kreditwürdigkeit an den internationalen Börsen«[132]. Im Oktober 1878 schrieb der Berliner Bankier Bleichröder nach einem Gespräch mit Reutern an den englischen Premierminister, die russischen Finanzen seien

129 George Hoover Rupp, A Wavering Friendship. Russia and Austria. 1876—1878, Cambridge 1941, S. 367, 480, Anm. 30; Liebold, Die Stellung Englands, S. 176, Anm. 3.

130 Kabinettsprotokoll Derbys: The Life of Benjamin Disraeli, Bd 2, S. 1136.

131 Rupp, A Wavering Friendship, S. 367 f., 419 f., 478, Anm. 23; Liebold, Die Stellung Englands, S. 176, Anm. 2.

132 Helmut Böhme, Die deutsch-russischen Wirtschaftsbeziehungen unter dem Gesichtspunkt der deutschen Handelspolitik (1878—1894). In: Deutschland und Rußland im Zeitalter des Imperialismus 1861—1914. Hrsg. von Karl Otmar Frhr. v. Aretin und Werner Conze, Wiesbaden 1977, S. 173—190, hier S. 176 f.

etwas erschüttert, aber das Land könne es schaffen. 65 bis 70 Millionen Rubel neue Steuern gäben Rußland im Westen neue Kreditwürdigkeit. Doch bestehe kein direkter Finanzbedarf, weil Petersburg über 17 bis 18 Millionen fremder Währungen verfüge und im Kriegsfall vier bis fünf Milliarden Rubel aufbringen könnte[133]. Die Staatsausgaben erhöhten sich zwar von 700 Millionen Rubel (1876) auf 1,1 Milliarden (1877 und 78), sanken aber nach dem Krieg wieder auf 800 Millionen (1879 und 80). Die Schuldtilgung nahm kontinuierlich zu, und neue Anleihen waren im Umfang geringer als die Kriegskredite. Außerdem verzeichneten die Außenhandelsbilanzen gute Ergebnisse: 1877 eine Zunahme um 207 Millionen Rubel, im Folgejahr ein Plus von 23 Millionen Rubel und im Jahr 1879 erneut ein Anstieg um 40 Millionen Rubel; erst 1880 eine negative Entwicklung mit dem Rückgang um 124 Millionen Rubel. Insgesamt (auf Wirtschaftsjahrfünfte) zeigte der Krieg überhaupt keinen Einfluß auf den russischen Außenhandel[134]. Der seit 1877 erhobene Goldrubelzoll, eine 50prozentige Erhöhung des Tarifs, schöpfte um ein Drittel höhere Einnahmen ab, sicherte auf dem Inlandsmarkt die Preise auf Kosten des Verbrauchers und schuf eine hohe Verzinsung, wodurch russische Wertpapiere international gefragt blieben[135]. Im Prozeß der russischen Entscheidungsfindung, welche Politik gegenüber Großbritannien verfolgt werden sollte, hätte deshalb der ökonomischen Situation nicht derselbe Stellenwert zukommen müssen, den das militärische Argument einer zerrütteten Armee beanspruchte. Aber war Mitte 1878 eine wirtschaftliche Wende zum Besseren überhaupt vorauszusehen?

Tatsächlich überwog die schlechte Erwartung für die ökonomische Zukunft die wirklichen wirtschaftlichen Effekte des Kriegs. In der Entscheidung für eine nachgiebige Politik gegenüber den Briten kamen nun jene Argumente zum Tragen, die 1877 einem russisch-türkischen Krieg eigentlich entgegenstanden. Drei Viertel des russischen Exports waren Getreide, davon 60 Prozent Weizen. Seit 1876 fielen die Preise auf dem Weltmarkt, während gleichzeitig der teure Eisen- und Maschinenimport anwuchs. Die russische Roheisenproduktion stagnierte, die Industriegüterherstellung ging teilweise sogar zurück[136]. Im Februar 1877 warnte Reutern:

> »Der Handel liegt völlig darnieder, der Privatkredit ist fast ganz vernichtet, das Volk, das für seine ländlichen Produkte keinen Absatz findet, kann kein Konsument von Manufakturwaren sein, so daß die Fabriken stillstehen und der Bevölkerung keinen Verdienst geben, die Fallissements [Zahlungsunfähigkeiten] von Privatpersonen wiederholen sich täglich und werden binnen Kurzem die Zahlungsunfähigkeit der Privatbanken nach sich ziehen[137].«

---

133 Fritz Stern, Gold und Eisen. Bismarck und sein Bankier Bleichröder, Frankfurt, Berlin 1980, S. 417.

134 Dietrich Geyer, Der russische Imperialismus. Studien über den Zusammenhang von innerer und auswärtiger Politik 1860—1914, Göttingen 1977, S. 32, 40.

135 Böhme, Die deutsch-russischen Wirtschaftsbeziehungen, S. 178.

136 Böhme, Die deutsch-russischen Wirtschaftsbeziehungen, S. 177, Geyer, Der russische Imperialismus, S. 39.

137 Denkschrift Reuterns vom 11.2.1877: Die finanzielle Sanierung Rußlands nach der Katastrophe des Krimkrieges 1862 bis 1878 durch den Finanzminister Michael von Reutern. Hrsg. von W. Graf Reutern-Baron Nolcken, Berlin 1914, S. 144—146.

Der Finanzminister war überzeugt, daß Rußland in jedem Fall dem Ruin entgegenging. Er drohte, daß der finanzielle Bankrott, die wirtschaftliche Zerrüttung und die Entfremdung der konservativen Gutsbesitzerklasse vom autokratischen Staat eine Krise hervorrufe, die ein günstiger Nährboden für revolutionäre und sozialistische Propaganda sei.

Zur tatsächlichen Lage der Armee und der perzipierten Situation der Wirtschaft kam also ein drittes Element hinzu, die Gefahr innerer Unruhen. Wenn für die russische Autokratie der Krieg gegen das Osmanenreich einen integrativen und stabilisierenden Impuls hatte abgeben sollen, so war dies völlig fehlgeschlagen. Der schwer erkämpfte Erfolg des Feldzugs ließ die Systemkritik im Inneren nur anwachsen. Die erweiterten Expansionsziele folgten dem stärker spürbaren inneren Problemen, beseitigten aber trotzdem nicht das Legitimationsdefizit der Zarenherrschaft und ihrer Institutionen[138]. Die innenpolitischen Spannungen machten sich in Attentaten Luft. Prozesse wurden zur Bühne öffentlichen Protests. In den Zentren des Reichs, vor allem in Petersburg, wurden revolutionäre Persönlichkeiten und Gruppen aktiv[139], deren Tätigkeit »aus dem Bedingungszusammenhang nicht ausgeklammert werden kann, der die politische Entscheidungssituation an der Staatsspitze beschreibt« (Geyer). Daß der Türkenkrieg, der in der Öffentlichkeit als Befreiungskampf vermittelt sowie als Kompensation der ausgebliebenen eigenen politischen Emanzipation verstanden worden war, diese Erwartungen nicht erfüllte, stürzte die russische Autokratie in eine anhaltende Systemkrise[140].

Dies war der Motivkomplex, der die russische Führung letztlich zum Einlenken bewegen mußte: die Fehlkalkulation der militärischen Stärke; ökonomische Ängste, deren fehlende Grundlage nicht erkennbar war; ein von der Politik selbst erzeugter innerer Erwartungsdruck, der letztlich unerfüllbar blieb; hinzu kamen die diplomatische Isolation von den übrigen Großmächten durch den außenpolitischen Mißgriff des Friedens von San Stefano und die als reale Gefährdung Rußlands perzipierte Drohpolitik vor allem Großbritanniens, zuletzt aber auch Österreichs, dessen Regierung sich einen Mobilisierungskredit von 60 Millionen Kronen hatte bewilligen lassen[141]. Am 9. April 1878 gab der russische Minister Gorčakov den Weg für direkte Verhandlungen mit London frei:

> »M. le Marquis de Salisbury nous dit ce que le Gouvernement Anglais ne veut pas et ne nous dit pas ce qu'il vout. Nous croyons qu'il serait utile que sa Seigneurie voulût bien le faire connaître pour l'intelligence de la situation[142].«

Über den Militärattaché Wellesley zeigte Salisbury ebenfalls seine Bereitschaft, entweder direkt oder über Berlin zu verhandeln. Gorčakov bevorzugte die indirekte Alternative, doch Bismarck lehnte ab, so daß seit Ende April Šuvalov mit Salisbury konkrete Gespräche aufnehmen konnte[143]. Der russische Botschafter

---

138 Horst Müller-Link, Industrialisierung und Außenpolitik. Preußen-Deutschland und das Zarenreich von 1860 bis 1890, Göttingen 1977, S. 183.

139 Edward C. Thaden, Russia since 1801. The making of a new society, New York 1971, S. 244—251.

140 Geyer, Der russische Imperialismus, S. 66; Thaden, Russia, S. 284—301.

141 Schulthess 19 (1878), S. 223—227.

142 Gorčakov an Šuvalov 28.3./9.4.1878: St.A. 34 (1878), Nr. 79.

143 Sumner, Russia, S. 480 f.

wollte sich über die Punkte informieren, auf denen London in jedem Fall bestehen wollte und sie in Petersburg persönlich vorlegen. Daß Šuvalov mit dieser Mission das Motiv verband, möglicherweise dem kranken Gorčakov im Amt nachzufolgen, störte nicht. Da die Alternative Ignat'ev hieß, wünschte London den Erfolg Šuvalovs. Salisbury hielt es für lebenswichtig, daß die russischen Regierungsgeschäfte in friedvolle Hände kämen[144]. Am 3. Mai beschloß das Kabinett die britischen Forderungen an einen revidierten San-Stefano-Vertrag. Drei wesentliche Punkte des Vertrags wollte London nicht akzeptieren:

»(1) That it admits a new naval Power to the coasts of the Aegean.«

Bulgarien sollte also territorial begrenzt, wenn möglich hinter das Balkangebirge gedrängt werden.

»(2) That it threatens with extinction the non-Slav populations of the Balkan peninsula.«

Griechen und Mazedonier sollten als Nichtslawen aus der Bildung Bulgariens keine Nachteile erfahren.

»(3) That it places the Porte so much at the mercy of Russia, that it is no longer able to discharge with independence political functions which are still assigned to it, and which deeply interest other nations.«

Der Fortbestand der osmanischen Unabhängigkeit sollte zukünftig wieder britische Interessen gegen die russische Expansion wahren. Hinter diesen Wünschen traten solche in Armenien, Bessarabien und hinsichtlich türkischer Kriegsentschädigungen zurück[145].

Am 8. Mai verließ Šuvalov mit dem Kabinettsmemorandum im Gepäck London. Zuletzt hatte ihn Disraeli noch gewarnt, daß die britischen Kriegsvorbereitungen unvermindert fortlaufen würden[146]. Tatsächlich besichtigte Victoria am 13. Mai in Aldershot die zwei im April bereitgestellten Armeekorps. Gleichzeitig wurde bekannt, daß 7 000 indische Gurkhas nach Malta verlegt würden und die ersten Heeresabteilungen erhielten Befehl, sich zum 28. Mai einzuschiffen. Aber schon am 22. Mai kehrte Šuvalov nach London zurück. Der Zar hatte den wesentlichen Punkten zugestimmt, und das britische Kabinett wollte jetzt noch strittige Fragen dem anstehenden Kongreß überlassen. Dieses Ergebnis war ein erfolgreicher Abschluß der englischen Drohpolitik. Das russische Nachgeben mußte noch vertraglich fixiert und von den anderen Großmächten sanktioniert werden.

Ein dreischichtiges Vertragssystem sicherte die gefährdeten britischen Interessen bereits im Vorfeld des Berliner Kongresses:

1. Als Gegengewicht zum erweiterten Einfluß des Zaren beanspruchte London die Insel Zypern. In einer Defensivallianz garantierte Großbritannien dafür die Integrität der Türkei, welche notwendige Reformen in ihrem verbleibenden europäischen Besitz versprach[147]. Erst als der Sultan am 27. Mai zu dieser Absprache bereit war, schloß Salisbury die mit Šuvalov ausgehandelten Abkommen mit Rußland. Nur die Gewißheit, zukünftig über eine geeignete Operati-

---

144 Salisbury an Russell 4.5.1878: Millman, Britain, S. 427.
145 Kabinettsmemorandum 3.5.1878: Sumner, Russia, S. 638—640.
146 Disraeli an Victoria 7.5.1878: The Life of Benjamin Disraeli, Bd 2, S. 1164 f.
147 Vertrag vom 4.6.1878: St.A. 35 (1879), Nr. 6874, S. 216.

onsbasis gegen die russische Expansion zu verfügen, ermöglichte es, sich mit dem Petersburger Rivalen in der orientalischen Frage zu einigen.

2. Am 30. Mai unterzeichneten Salisbury und Šuvalov zwei Memoranden zur russisch-englischen Verständigung. Im ersten legten sie jene Punkte fest, in denen die beiden Regierungen sich verständigt hatten. Dies waren von London geforderte Zugeständnisse und bedeuteten das endgültige Abrücken des Zarenreichs vom San-Stefano-Vertrag. Das zweite Schriftstück faßte noch einmal die Punkte zusammen, in denen sich die beiden nicht hatten einigen können, und die dem Kongreß vorgelegt werden sollten. Einen Tag später ergänzten die beiden Politiker ihr Agreement um ein drittes Memorandum. Darin erklärte der Zar sich zu einem geheimen Abkommen bereit, in Armenien keine weitere Expansion anzustreben[148].

3. Auch mit Österreich arrangierte Salisbury eine Absprache, nachdem er sich des zyprischen Faustpfandes und des russischen Einlenkens sicher war. Zum einen sollte Österreich-Ungarn als in Südosteuropa interessierte Macht in das englische Vertragssystem eingebunden werden. Zum anderen diente ein territoriales Kompensationsangebot dazu, den Wiener Beistand auf dem Berliner Kongreß zu sichern. Eine Wiederauflage russisch-österreichischer Balkangemeinschaft à la Reichstadt und Budapest konnte den greifbaren englischen Erfolg noch zunichte machen. Dafür, daß Österreich die englisch-russischen Vereinbarungen über Bulgarien mittrug, bot Salisbury deshalb an:

> »England will support any proposition with respect to Bosnia which Austria shall make at Congress[149].«

London akzeptierte, daß diese Zusage auf die Herzegowina ausgedehnt wurde. Andrássy und Elliot unterzeichneten die Vereinbarung am 6. Juni 1878 in Wien[150].

England und Rußland hatten die Hindernisse auf dem Weg zu einem neuen Großmächtekonsens in der orientalischen Frage beiseitegeräumt. Der von Österreich-Ungarn angeregte Kongreß trat vom 13. Juni an in Berlin zusammen. Seine Aufgabe war es, dem zwischen London, Petersburg, Wien und Konstantiopel neu definierten status quo in Südosteuropa das Gewicht einer Entscheidung des Europäischen Konzerts zu geben. Tatsächlich waren die Notwendigkeit eines solchen Entscheids wie auch dessen Zustandekommen im Vorfeld des Treffens Belege dafür, wie wenig das konzertierte Wirken der Großmächte überhaupt noch funktionierte. »Every state must now look to its own interests«, hatte Disraeli im Kabinett gesagt. Ganz in diesem Sinne war der Berliner Kongreß in dieser Form der letzte seiner Art.

---

148 Die drei Memoranden des anglorussischen Agreements 30./31.5.1878 finden sich bei Sumner, Russia, S. 646—649.

149 Salisbury an Elliot 27.5.1878: Stojanovic, The Great Powers, S. 262.

150 William A. Gauld, The Anglo-Austrian Agreement of 1878. In: English Historical Review 41 (1926), S. 108—112; Schmidt, Die gescheiterte Allianz, S. 452 f.

13. Ein Beispiel von Gleichzeitigkeit. Militärische Eskalation und diplomatische Deeskalation in der Tuniskrise 1881

Im Wechselspiel der Auflösung der Osmanenherrschaft und der Mittelmeerpolitiken der europäischen Mächte entstand seit der französischen Eroberung Algeriens eine faktische Vorherrschaft Frankreichs auch in Tunesien. In ihrer Furcht, zwischen den türkischen Ambitionen zur Wiederherstellung der Oberhoheit des Sultans und der Präsenz der Franzosen im Westen die eigene Unabhängigkeit zu verlieren, suchten die Beys von Tunis die Interessengemeinsamkeit mit Paris. Mit der Türkei verband Tunesien ein seit 1574/1587 weitgehend verfallenes Vasallenverhältnis. Die nicht definierte Dominanz der Franzosen akzeptierten die anderen Mächte auch dann noch, als durch den Bau des Suezkanals Tunesien eine zunehmende strategische Bedeutung für die freie Durchfahrt des Mittelmeers erlangte[1].

Erst ökonomische Faktoren änderten dies im Verlauf der sechziger und siebziger Jahre. Eine verschwenderische Ausgabenpolitik ruinierte die Staatskassen, und 1863 floß der erste französische Kredit ins Land[2]. Ähnlich den Verschuldungsentwicklungen Ägyptens und der Türkei, geriet auch Tunesien in einen immer höher werdenden Schuldenturm[3]. Schon 1866 überstiegen die Verpflichtungen die Staatseinnahmen bei weitem[4]. Und 1869 griffen die Gläubiger ein. Eine internationale Finanzkommission übernahm seit dem 5. Juli 1869 mit der Verwaltung der tunesischen Finanzen den wichtigsten Teil innenpolitischen Staatshandelns[5].

Obwohl Frankreich sich dieser Internationalisierung der tunesischen Finanzfrage widersetzt hatte, war es den Italienern und Briten gelungen, sich in der Kommission einen, dem französischen angeglichenen Status zu sichern. Gleichwohl hielten französische Gläubiger den bedeutendsten Teil der tunesischen Staatsschulden. Doch Italiener stellten vor Ort die größte europäische Kolonie[6], und Großbritannien hatte in Richard Wood einen aktiven und ausge-

---

1 Jürgen Rosenbaum, Frankreich in Tunesien. Die Anfänge des Protektorates 1881—1886, Zürich, Freiburg/Br. 1971, (= Beiträge zur Kolonial- und Überseegeschichte, Bd 8), S. 9 f.; Jean Ganiage, Les Origines du Protectorat Français en Tunesie 1861—1881, Paris 1959, S. 14—23; William L. Langer, The European Powers and the French Occupation of Tunis 1878—1881. In: The American Historical Review 31 (1925/1926), S. 55—78, 251—265, hier S. 56; Jean Ganiage, France, England, and the Tunisian Affair. In: France and Britain in Africa. Imperial Rivalry and Colonial Rule. Ed. by Prosser Gifford and William Roger Louis, New Haven, London 1971, S. 35—72, hier S. 37 f.

2 Langer, The European Powers, S. 57; Ganiage, Les Origines, S. 203—216.

3 Alexander Schölch, Wirtschaftliche Durchdringung und politische Kontrolle durch die europäischen Mächte im Osmanischen Reich (Konstantinopel, Kairo, Tunis). In: Geschichte und Gesellschaft 1 (1974), S. 404—446; Ganiage, Les Origines, S. 298—312.

4 Rosenbaum, Frankreich in Tunesien, S. 10.

5 Ali Mahjoubi, L'etablissement du protectorat Français en Tunesie, Tunis 1977, S. 16—19.

6 Ganiage, Les Origines, S. 44 f.; Jean Ganiage, La Population Européenne de Tunis au Milieu du XIXe Siècle. Étude démographique, Paris 1960 (= Université de Tunis. Publica-

sprochen gerissenen Konsul im Land. Wood hatte englischen Gesellschaften die Konzessionen für den Bau von Eisenbahnlinien und der Gasversorgung von Tunis sowie für die Errichtung einer Bank verschaffen können[7]. Gleichzeitig drängten italienische Geschäftemacher nach Einfluß auf die Bey-Regierung.

Die außenpolitische Schwächung Frankreichs durch die Niederlage gegen Preußen-Deutschland 1870/71 blieb auch in Tunis nicht ohne Spuren. Zwar anerkannte Konstantinopel in einem Firman des Sultans 1871 die Autonomie des Beys[8], doch Paris mußte Rom und London als Mitbewerber um die Dominanz akzeptieren. Ihnen gelang es gleichfalls nicht, die eigene Position ungefährdet zu festigen: die Italiener mußten ihre Ansprüche unter gemeinsamem anglofranzösischen Druck zurücknehmen und die ökonomischen Projekte der Briten blieben deutlich hinter den Erwartungen zurück[9]. Seit Mitte der siebziger Jahre definierten daher alle drei Konkurrenten ihre Tunesienpolitik neu.

Großbritannien, das sich mit Italien nicht über eine gemeinsame Mittelmeerstrategie hatte verständigen können, suchte die Kooperation mit Frankreich[10]. Paris sollte gegen die Zusage einer freien Hand in Tunesien die britische Position im östlichen Mittelmeer, besonders die auf Zypern, akzeptieren. Tatsächlich wurde ein solcher Handel im Nachgang des Berliner Kongresses[11] auch diplomatisch fixiert. Zwar betonte Außenminister Salisbury, daß auch Italien zu rechtfertigende Gründe für tunesische Aspirationen haben könne, doch mit Blick auf die Nachbarschaft Tunesiens zum französischen Algerien schrieb er seinem Pariser Botschafter Lord Lyons am 7. August 1878:

> »[Her Majesty's Government] have never been unaware, that the presence of France on those shores, supported as it is by an imposing military force, must have the effect of giving to her, when she thinks for to exercise it, the power of pressing with decisive force upon the Government of the neighbouring Province of Tunis.«

Salisbury fuhr fort, England habe selbst keine Interessen in der Region, doch sei das Regime des Bey durchaus stabil:

> »My information would rather lead me to expect that, if it is disturbed by no external chock, it may last for a considerable time. With respect, therefore, to an event which may be distant, I will only say, that it will not alter the attitude of England[12].«

Doch Paris verzichtete aus vornehmlich innenpolitischen Erwägungen darauf, die englische Rückendeckung und Bismarcks Befürwortung zu nutzen, um sich in Tunesien stärker zu engagieren. Dagegen war Rom zu keinem Zeitpunkt bereit, die eigenen Ambitionen zurückzustellen und die Absprachen zwischen

tions de la Faculté des lettres 4e série: Histoire, Volume no 2), S. 19; Mahjoubi, L'etablissement du protectorat Français, S. 162—164.

7 André Raymond, Les tentatives anglaises de pénétration économiques en Tunesie 1856—1877. In: Revue Historique 214 (1955), S. 48—67.

8 Mahjoubi, L'etablissement du protectorat Français, S. 12.

9 Raymond, S. 62—65; Langer, The European Powers, S. 57 f.

10 Ganiage, France, S. 56.

11 Ganiage, Les Origines, S. 509—517; Arthur Marsden, British Diplomacy and Tunis 1875—1902. A case study in Mediterranean policy, Edinburgh, London 1971, S. 50—59.

12 St.A. 39 (1882), Nr. 7431, S. 39; DDF 1, 3, Annex II, S. 520; Ganiage, Les Origines, S. 517—520; Ganiage, France, S. 51 f.

den Mächten zu akzeptieren. Seit dem Oktober 1878 herrschte deshalb zwischen Italien und Frankreich eine offene Rivalität um Tunis, eine Rivalität, welche direkt in die Okkupation von 1881 mündete. Das französische Ziel war, die Intervention einer anderen Macht, besonders die Italiens unmöglich zu machen. Paris bemühte sich daher, vom Bey vertragliche Zusicherungen zu erhalten. Strategisch bedeutsame Punkte sollten mit französischen Truppen besetzt, der Bey zu außenpolitischen Konsultationen mit der französischen Regierung gezwungen und der französische Repräsentant mit besonderen Privilegien ausgestattet werden. Weitergehende Pläne, insbesondere interne Annexionsforderungen des Staatspräsidenten MacMahon, stellte die Regierung in Paris zurück[13].

Doch der Bey von Tunis, Mohammed es-Sadok, dachte in einer Situation balancierter Konkurrenz europäischer Mächte gar nicht daran, seine schwache Souveränität weiter beschneiden zu lassen. Er konnte vielmehr darauf vertrauen, daß dem italienischen Ehrgeiz mit dem Bekanntwerden der französischen Absichten Feuer gemacht wurde, so daß wesentliche politische Modifikationen nicht mehr in Frage stehen würden.

Die Kontrahenten verlegten ihre Aktivitäten jetzt auf den Ausbau des jeweils eigenen wirtschaftlichen Einflusses. Das Rennen um die Konzession der kurzen Küstenbahn von Tunis nach La Marsa schien zunächst die französische Position zu stärken, und die Regierung Freycinet versuchte erneut vergeblich, den Bey vertraglich an Frankreich zu binden[14]. Letztlich kam die Bahn doch in italienische Hand und die politische Offensive der Franzosen scheiterte vorläufig. In dieser Situation lehnte die Pariser Regierung eine Militärexpedition immer noch ab[15], zumal die neue liberale Regierung Gladstone die Londoner Zustimmung nur auf einen starken französischen Einfluß in Tunesien, nicht aber auf einen Besitzanspruch bezog. Der neue Außenminister, Lord Granville, betonte stärker als sein Vorgänger die italienische Rolle im tunesischen Spiel. Er ließ die Pariser Administration wissen, »that, in the view of Her Majesty's Government, Tunis was a portion of the Ottoman Empire, to dispose of which Great Britain had no moral or international right«[16].

Unterdessen dauerte der ökonomische Konflikt mit wechselnden Vorteilen für jeweils eine Seite an. Zum Jahreswechsel 1880/81 versuchten die Italiener, die britische Regierung als Bündnispartner in dieser Auseinandersetzung zu gewinnen. Durch ihr Zutun weitete sich der Streit um den Verkauf eines Landgutes (Enfida) zum diplomatischen Konflikt aus[17]. Rom wollte der ganzen Angelegenheit ein neues, größeres Gewicht geben. »Ils veulent absolument créer un question tunisienne«, schrieb Alphonse de Courcel dem General Antoine A.E. Chanzy, Botschafter in St. Petersburg, am 15. Januar 1881[18]. Eine solche Dimension stand nach französischer Auffassung jedoch nicht zur Debatte. London ließ sich zwar darauf ein, die Sache zu verhandeln, forderte aber die Zu-

13 Rosenbaum, Frankreich in Tunesien, S. 15.
14 DDF 1, 3, Nr. 109 f., S. 98—101.
15 DDF 1, 3, Nr. 239, S. 206; Ganiage, Les Origines, S. 582.
16 St.A. 39 (1882), Nr. 7432, S. 41; vgl. Langer, The European Powers, S. 255.
17 Ganiage, Les Origines, S. 617—624.
18 DDF 1, 3, Nr. 335, S. 314.

rückhaltung der Konkurrenten[19]. Die Spannungen, die Rom zwischen England und Frankreich zu schüren gehofft hatte, blieben wegen der Verhandlungsbereitschaft der beiden Seiten aus.

Ausgerechnet zu diesem Zeitpunkt ließ das neue Kabinett Ferry alle bisherigen innen- und außenpolitischen Rücksichtnahmen fallen, um in dem jetzt dreijährigen Konflikt die Entscheidung zugunsten Frankreichs zu erzwingen. Der Geschäftsträger in Tunis, Théodore Roustan, drängte auf französische Aktivitäten:

»J'appelle toute votre attention sur la situation actuelle qui est grave et décisive[20].«

Mit der Entsendung des Kriegsschiffs »Friedland« sollte der Bey bewogen werden, sich doch noch vertraglich zu binden. Erreicht wurde aber nur, daß London sich hintergangen fühlte. Die Mission eines englischen Schiffs, der »Thunderer«, ließ die Franzosen ihr Schiff abziehen, denn ein offener Konflikt mit England vor der tunesischen Küste hätte die französischen Absichten zunichte gemacht[21].

Diese Episode brachte Paris zusätzlich zur Konkurrenz mit Italien in Gegnerschaft mit London; in Tunis schien damit Frankreichs Stern zu sinken, wenn Paris nicht entschlossen gegensteuerte, um doch noch erfolgreich zu bleiben. Diese Entschlossenheit hatte das »Friedland«-Desaster allerdings bestärkt. Seit dem Frühjahr 1881 suchten die Franzosen die Entscheidung in Tunis.

Der agile italienische Konsul Licurgo Macciò hatte die wirtschaftliche Stellung seines Landes bis Anfang 1881 erfolgreich ausbauen können. Zuletzt hatten französische Gesellschaften offen mit Schwierigkeiten von tunesischer Seite zu kämpfen[22]. Eine Reise des italienischen Königs geriet zur Demonstration eines besonderen Verhältnissen zwischen Rom und Tunis. König Humbert I. besuchte mit seiner Familie und den Ministern vom 3. bis 20. Januar 1881 Sizilien und Kalabrien, um die nationale Einheit des jungen italienischen Staats zu unterstreichen. In Palermo empfing er eine Begrüßungsabordnung des tunesischen Beys und der italienischen Kolonie in Tunis[23]. Die Furcht, eine Macht zweiten Ranges wie Italien könne Frankreich kolonialpolitisch zunächst in Tunesien, zuletzt womöglich darüber hinaus den Rang ablaufen, gab der französischen Tunesienpolitik nun eine ausgesprochen antiitalienische Spitze.

Paris mußte und wollte außenpolitisch Flagge zeigen, um nicht weiter an Prestige in der Mächtekonkurrenz zu verlieren. Wirtschaftliche Erwägungen spielten dabei, so sehr sie auch auf dem Weg der Eskalation Marksteine setzten, eine untergeordnete Rolle[24]. Im März und April 1881 entschied sich die Regierung Ferry zur militärischen Intervention. Als Vorwand nutzte sie die häufigen Grenzverletzungen nach Algerien durch Stammeskämpfe (Kroumirs)[25]; das

---

19 Rosenbaum, Frankreich in Tunesien, S. 20; Ganiage, Les Origines, S. 617 f.; Ganiage, France, S. 61 f.

20 Roustan an Courcel 1.2.1881: DDF 1, 3, Nr. 158, S. 343.

21 Ganiage, France, S. 63.

22 Rosenbaum, Frankreich in Tunesien, S. 22.

23 Schulthess 22 (1881), S. 468; Langer, The European Powers, S. 259.

24 Rosenbaum, Frankreich in Tunesien, S. 23—29.

25 Ganiage, Les Origines, S. 661—667; Langer, The European Powers, S. 260.

französische Parlament sollte im Glauben gelassen werden, eine begrenzte Expedition zur Beendigung solcher Stammeskonflikte und zur Befriedung der Grenze sei beabsichtigt. Solange die Regierung das Eingreifen einer anderen Macht (Italien, Großbritannien, Türkei) fürchtete, sollten die französischen Ziele interpretierbar bleiben, um eventuell ohne Gesichtsverlust einen Rückzieher machen zu können. Andererseits wollte Ferry mit der schnellen Schaffung vollendeter Tatsachen die Nationalversammlung, die französische Öffentlichkeit und die interessierten Mächte zur Akzeptanz zwingen. Der Bey von Tunis sollte dieses Mal keine Gelegenheit haben, dem französischen Druck ausweichend, eine vertragliche Bindung an Frankreich zurückzuweisen. Deshalb wurde, um den Eindruck einer Polizeiaktion zu wahren, die Expeditionstruppe nur langsam mobilisiert. Aber, um den Erfolg zu sichern, ging diese dann rasch und mit starken Kräften voran. So wurde die Expedition selbst zu einem »Operettenkrieg«[26]. 23 000 Mann Landtruppen und 6 000 Soldaten von See her okkupierten das Land zwischen dem 24. April und dem 23. Mai 1881. Der Bey mußte schließlich jenen Vertrag unterzeichnen, den er in den Jahren seit 1878 mehrfach hatte zurückweisen können. Um den schwächlichen innenpolitischen Konsens über die ganze Aktion nicht über Gebühr zu belasten, zogen nach der Unterzeichnung des Vertrags die ersten Truppenkontingente bereits wieder ab[27].

Der Vertrag war der offensichtlichste Erfolg der ganzen Aktion. Daneben darf aber nicht übersehen werden, daß die republikanischen Institutionen ihre Durchsetzungskraft, die Armee erstmals seit der Niederlage gegen die Deutschen Schlagkraft und Frankreich als Ganzes Stärke bewiesen hatten. Dies waren politisch-psychologisch drei Aspekte von Bedeutung für den Anspruch der Dritten Republik, zu den Großmächten zu gehören.

Doch ein weiterer Effekt der Tunesien-Expedition wurde zunächst der weitaus Wichtigste. Die eine zeitlang als Krise schwelende tunesische Frage hatte sich zwischen Italien und Frankreich zu einem offenen Konflikt aufgeheizt. Die französische Kanonenbootdiplomatie hatte zusätzlich den Streit mit den Briten entfacht. Die militärische Eskalation von April und Mai 1881 zog nun auch die Türkei in den Konflikt. Von diesen drei Mächten durfte Zurückhaltung nicht erwartet werden.

Die große Kolonie italienischer Kaufleute in Tunis fürchtete um ihre Privilegien und wirtschaftliche Zukunft. Die italienische Konsulargerichtsbarkeit und das manipulierbare tunesische Steuersystem standen auf dem Spiel. Beeinflußt von diesen Gefahren und angesichts des drohenden Prestigeverlusts konnte die Regierung in Rom dem französischen Vorgehen nicht tatenlos zusehen. Die Italiener suchten für ihren Widerstand die Hilfe der Engländer. Am 6. April 1881 erbat der italienische Botschafter in London, Luigi Federico Menabrea, eine Stellungnahme zur befürchteten französischen Militärexpedition nach Tunis. Granville formulierte allerdings sogleich eine scharfe Antwort:

»I have on several occasions repeated to your Excellency the assurances which I have at different times received from the French Governement, to the effect that,

26 Rosenbaum, Frankreich in Tunesien, S. 23—29.

27 Auf diesen Vertrag von Bardo (Kasr Said) wird noch einzugehen sein, Faksimile: Mahjoubi, L'etablissement du protectorat Français, S. 39—45.

while France claimed to exercise the influence over Tunis which is necessary for a powerful civilized country over a small and less civilized neighbour, she did not desire in anyway to interfere with the rights of foreign residents or foreign traders in Tunis, and that she had no intention to annex Tunis.«

Daß dieses so war, hatte sich der britische Außenminister gerade mehrfach durch den französischen Botschafter in London, Paul Armand Challemel-Lacour, versichern lassen[28].

Die Briten hatten nur geringe ökonomische Interessen in Tunesien; immerhin aber war die tunesisch-britische Generalkonvention vom 19. Juli 1875[29] betroffen. Stärker ins Gewicht fiel jedoch die Furcht, ein möglicher Ausbau von Bizerta zu einem französischen Marinestützpunkt oder Kriegshafen werde die englische Mittelmeerpolitik nicht unberührt lassen. Anfang der 1870er Jahre hatte sich London italienischen Aspirationen auf Tunesien mit dem Argument widersetzt, durch eine Herrschaft beiderseits der Straße von Tunis sei die freie Durchfahrt ins östliche Mittelmeer bedroht[30]. Wieviel mehr stand daher jetzt auf dem Spiel, nachdem sich der Suez-Kanal zur Hauptverbindung mit der indoasiatischen Hälfte des Empires entwickelte?

Die Türkei, als schwächstes Glied in der Kette der Gegner einer französischen Tunislösung, befürchtete, wenn Frankreich sich gegen den nach wie vor bestehenden Anspruch auf Souveränität der Hohen Pforte über Tunesien durchsetzte, das allgemeine Bewußtwerden der Machtlosigkeit des Sultans. Andererseits lag die erfolgreiche Zerschlagung des Piratenstaats in Tripolis (1835) noch keine fünfzig Jahre zurück.

Von allen Dreien mußte Paris Widerstand gegen jede eigene Ambition erwarten. Dieser Widerstand aber würde desto schwächer ausfallen, je weniger Frankreich eine Lösung nach algerischem Muster, also die Annexion in den französischen Staat, anstrebte und je mehr es den Wünschen der betroffenen Mächte entgegenkam. Innenpolitisch konnten die Franzosen ebensowenig an einer Annexion Tunesiens interessiert sein, da sie die Lasten des ungeordneten und unterentwickelten Staatswesens hätten übernehmen müssen, inklusive der 140 Millionen Francs Staatsschulden. In einem Wahljahr war dies der französischen Öffentlichkeit nicht zuzumuten.

Die außen- und innenpolitischen Gründe sprachen gegen eine annexionistische Lösung des tunesischen Problems. Lord Granville, der britische Außenminister war gegen die Annexion und berief sich dabei auf eine Zusage Waddingtons auf dem Berliner Kongreß, Frankreich denke nicht an eine Einverleibung Tunesiens:

»[...] le Gouvernement de la Reine ne doute pas de la sincérité des déclarations du Gouvernement français [...] desquelles il ressort que la France n'a pas l'intention d'annexer Tunis ou d'assumer une souveraineté sur cette Régence[31].«

---

28 St.A. 39 (1882), Nr. 7433—7435, S. 41—43; Zitat Granvilles, Nr. 7434, S. 42.

29 Martens Nouveau 2, 2, 93, S. 479—491; vgl. die Wertung in: Marsden, British Diplomacy, S. 45 f.

30 Langer, The European Powers, S. 58; über die strategische Bedeutung Tunesiens für Großbritannien: Marsden, British Diplomacy, S. 205—211.

31 Granville an Lyons ohne Datum, zit. nach: Rosenbaum, Frankreich in Tunesien, S. 201, Anm. 3.

Gegen eine kleine Anzahl expansionistischer Autoren in der französischen Presse setzte die Regierung Ferry ein Protektorat Frankreichs über Tunesien durch. Roustan schrieb bereits am 10. Mai 1881 an seinen Dienstherrn Barthélemy Saint-Hilaire:

> »Cependant je suis obligé d'admettre [...] que des considérations de politique extérieure et même interieure peuvent nous empêcher d'appliquer cette solution radicale et nous obliger à nous borner au protectorat[32].«

Der französischen Seite schwebte dabei ein auf Freiwilligkeit und Nichteinmischung basierendes Kolonial-Protektorat vor[33]. Diese Lösung konnte den Konflikt mit den Mächten entschärfen, da sie den tunesischen Staat und den Bey als dessen Herrscher, seine Vertragsabschlüsse und Unterordnung unter den Sultan formal unberührt ließ. Innenpolitisch war das Konzept sowohl bei den Kolonialgegnern wie bei den Expansionisten vertretbar. Es war einerseits kostenneutral, andererseits jederzeit erweiterungsfähig. Tatsächlich war es das besondere Plus des Protektorats, daß sich seine vage formulierte Fassung nach Bedarf interpretieren ließ, mithin eine spätere Stärkung der französischen Stellung nicht ausschloß. Deshalb drängte die Regierung auf einen raschen Abschluß des Protektoratsvertrags.

Mohammed es-Sadok konnte sich dem Druck der französischen Truppen nicht widersetzen, die demonstrativ in der Nähe der Hauptstadt lagen. Zwar hoffte er offensichtlich auf ein militärisches Eingreifen der Briten oder Italiener: »Jusqu'au jour de la signature du Traité de Kasr-Said (Bardo)«, schrieb Roustan, »il a espéré voir arriver l'Escadre Anglaise et l'armée italienne«[34]. Der Bey appellierte am 4. Mai 1881 an die Mächte:

> »[...] je laisse mon propre sort et celui de mon pays entre vos mains et entre celles de mon Suzerain [...] Nous vous sollicitons [...] de prendre telles mesures de médiation, qui puissent arrêter le fléau de la guerre [...] et amener une décision au sujet de l'avenir de ce pays [...][35].«

Mehrfach bat er Großbritannien um dessen Eingreifen. So erhielt Granville am 26. April 1881 ein Schreiben, in dem es hieß:

> »Under these circumstances we appeal to our august ally Her Majesty the Queen of Great Britain, as well as to all the Great Powers Singataries of the Treaty of Berlin to mediate between the French Government and ourselves. We do this the more readily because the country which we govern is, as an integral part of the Ottoman Empire, entitled to the protection afforded by that Convention[36].«

Tatsächlich war aber Tunesien nicht Bestandteil der Berliner Kongreßakte, der Rückgriff des Beys auf den Vertrag macht deshalb nur Sinn als Aufgabe seiner geringen Eigenständigkeit und Unterordnung unter den Sultan, dessen Osmanisches Reich Signatarstaat gewesen war. Der Artikel 63 des Berliner Vertrags erneuerte die Artikel 7 und 8 des Pariser Vertrags vom 30. März 1856, in welchen die Mächte sich verpflichtet hatten, die Unabhängigkeit und die territoria-

---

32 Zit. nach: Rosenbaum, Frankreich in Tunesien, S. 37.

33 Vgl. entsprechende französische Protektoratsverträge mit Tahiti (1842) und Kambodscha (1863).

34 Roustan ohne Datum, zit. nach: Rosenbaum, Frankreich in Tunesien, S. 203, Anm. 3.

35 Zit. nach: Rosenbaum, Frankreich in Tunesien, S. 43; vgl. St.A. 39 (1882), Nr. 7437, S. 44 f.

36 St.A. 39 (1882), Nr. 7456, S. 67, vgl., Nr. 7463, S. 73 f.; 7477, S. 93.

le Unantastbarkeit des Osmanischen Reiches zu achten, sich gegenseitig für die unbedingte Beobachtung dieser Verpflichtung zu verbürgen und jede hiermit im Widerspruch stehende Handlung anzusehen, als ginge es sie alle an. Doch Europa ignorierte Sadoks Appell, und so beugte er sich am 12. Mai 1881 dem Pariser Diktat und unterschrieb mit dem ausdrücklichen Hinweis auf den Gewaltcharakter des französischen Vorgehens die zehn Artikel des Vertrags von Bardo (Kasr-Said)[37].

Der erste Artikel wahrte den Anschein, das im Vertrag unausgesprochene Protektorat beeinträchtige das tunesische Verhältnis zu anderen Staaten nicht. Doch erfüllten Artikel 4 und 6 genau diesen Zweck. Frankreich machte sich einerseits zum Garanten der bisherigen, andererseits zum konsultativen Kontrolleur zukünftiger Verträge. Die strategisch wichtigen Punkte besetzten nach Artikel 2 französische Truppen. Die Abzugsklausel, die einen frankotunesischen Konsens forderte, legte die permanente Besetzung des Landes an.

Außenpolitisch hatte die Sorge der französischen Regierung vor, während und nach dem Abschluß der Intervention von 1881 den Reaktionen der anderen europäischen Mächte gegolten: Inwieweit war eine Eskalation der Krise opportun? Welche Maßnahmen würden ergriffen werden? War die französische Lösung akzeptabel, der Konflikt also beherrschbar?

Italien: Trotz des seit Jahren andauernden Konflikts wegen Tunesien schienen die Italiener von der plötzlichen militärischen Zuspitzung überrascht[38]. Tatsächlich war bilateral eine diplomatische Ruhepause eingetreten. Der französische Botschafter in Rom, Noailles, schrieb an Saint-Hilaire am 5. April 1881, er habe lange nicht mehr mit dem italienischen Ministerpräsidenten Cairoli ein Gespräch »sur les affaires de Tunis« geführt[39]. Als Paris aber seinen Erfolg militärisch suchte und Roms Plan, ökonomisch und diplomatisch auf tunesischem Boden zu triumphieren, zunichte machte, fühlten sich die Italiener nicht ausreichend stark, militärisch gegenzuhalten. Neben der eigenen Schwäche waren die zu erwartenden wirtschaftlichen Belastungen ausschlaggebend. Am 10. April 1881 kündigte der französische Außenminister in einem Interview des »Journal de Genève« an, ein 600 Millionen Francs-Kredit stehe zur Disposition, falls Italien das Vorgehen der Franzosen in Tunis behindere. Gleiches hatte der einflußreiche Herausgeber des »Economiste français«, Pierre-Paul Leroy-Beaulieu, bereits am 19. März 1881 angeregt, um Rom in der tunesischen Angelegenheit einzuschüchtern[40].

Gleichzeitig erwies sich ein Bündnis mit Großbritannien als Illusion. Im Gegenteil riet Granville den Italienern vom Einsatz eigener Kriegsschiffe ab[41]. Vor dem Parlament spielte die italienische Regierung deshalb auf Zeit. Cairoli behauptete, die Gefahr einer französischen Aktion bestehe nicht ernsthaft. Er

37 St.A. 39 (1882), Nr. 7479, S. 94—96; vgl. Schulthess 22 (1881), S. 447.

38 Theodor Weitz, Italien und Tunis 1870—1881. Diss., Göttingen 1939, gedr. Düsseldorf 1940.

39 DDF 1, 3, Nr. 423, S. 400.

40 Rosenbaum, Frankreich in Tunesien, S. 209, Anm. 5.

41 Granville an August Berkeley Paget, Botschafter in Rom, 20.4.1881: St.A. 39 (1882), Nr. 7450, S. 62 f.

hoffte immer noch auf britische Unterstützung als Gegenleistung für italienische Loyalität in Albanien. Hier begegneten die Mächte dem osmanischen Streben nach eigenmächtiger Revision des Berliner Vertrags mit maritimen Drohdemonstrationen vor Dulcigno (albanische Hafenstadt, 28. September 1880) und in Smyrna. Die Türken hatten schließlich nachgegeben[42]. Gegenüber Frankreich versuchte der italienische Ministerpräsident eine Festlegung auf minimale Ziele in Tunis zu erreichen, was Saint-Hilaire jedoch ablehnte[43]. Paris legte sich zu diesem Zeitpunkt noch nicht offen auf seine Ziele fest. Diese Unklarheit über die Absichten Frankreichs hinderte nicht nur Italien bei Gegenmaßnahmen. Auf italienischer Seite kam eine Regierungskrise hinzu, da der resignierende Cairoli keine wirksamen Möglichkeiten fand, dem erfolgversprechenden Vorgehen der Franzosen entgegenzuwirken. Eine angeschlagene Regierung, das Parlament in den Osterferien und eine expansionistisch gestimmte Öffentlichkeit: das war die Ausgangslage bei Beginn der Intervention in Tunesien. Noailles schrieb am 19. April 1881 an den Außenminister:

> »Il est donc assez difficile de concevoir quelle attitude parlementaire prendra le cabinet Cairoli devant les événements qui, sous peu de jours, vont se produire dans la Régence. Il va se trouver, aussi bien que la Chambre, dans un embarras qui ne saurait que nous être propice[44].«

Cairoli stellte sich den Abgeordneten nicht mehr und stürzte zwei Tage nach Abschluß des Vertrags von Bardo. Ein direktes italienisches Eingreifen in die Geschicke Tunesiens blieb unter diesen Umständen aus. In der Folge der französischen Neuordnung verlegten sich die Italiener auf behindernden Widerstand in Tunis selbst.

Großbritannien: Die liberale Regierung Gladstone war alles andere als begeistert, durch eine Zusage Salisburys gebunden zu sein, die die Franzosen im Frühjahr 1881 ins englische Gedächtnis zurückriefen. Offenbar vom Quai d'Orsay lanciert, erschienen am 11. April 1881 die Dokumente über die Absprachen von 1878 zwischen Salisbury und Waddington in der Londoner »Times«[45]. Schon Anfang April befürchtete Lord Lyons »that they may be led on much further«, Paris werde nach einem erfolgreichen Beginn einer Expedition diese nicht auf Grenzstreifen nach Algerien oder den Süden des Landes beschränken:

> »I do not think it possible to view the accumulation of French forces in the vicinity of Tunis without anxiety[46].«

So suchte London nach einer eigenständigen Haltung für den erwarteten Fall einer Intervention. Derweil sollte Lyons auf Anordnung Granvilles »mysterious« aussehen, solange eine Entscheidung der Regierung ausstehe[47]. Der englische Außenminister schlug die Vermittlung durch die anderen Großmächte vor. Neben Italien und der Türkei, die beide selber involviert waren, erklärte Petersburg sich dazu bereit. Die Unterstaatssekretäre Charles Dilke und

---

42 Langer, The European Powers, S. 261.
43 DDF 1, 3, Nr. 430, S. 408, Nr. 434, S. 413 f.
44 DDF 1, 3, Nr. 471, S. 446.
45 Langer, The European Powers, S. 262; Marsden, British Diplomacy, S. 73.
46 Lyon an Granville 8.4.1881: St.A. 39 (1882), Nr. 7439, S. 46.
47 Zit. nach: Marsden, British Diplomacy, S. 73.

Charles Tenterden hielten jedoch gar nichts von dieser Lösung; England würde sich in »a curious league [...] and a queer concert« mit Rußland und Italien wiederfinden. Ein Schreiben an Wien und Berlin unterblieb gleichfalls. Deren Einbeziehung wäre ohnehin an den gegenläufigen Interessen Bismarcks gescheitert[48].

Dennoch kündigte Dilke an, Großbritannien stehe für eine Vermittlung bereit, wenn die Beteiligten dies gemeinsam wünschten. Diese Bedingung konnte die britische Zurückhaltung gegenüber der französischen Initiative jedoch nur unzureichend kaschieren. Den gleichen Zweck, sich ohne wirklichen Einsatz keine Blöße zu geben, verfolgte das legalistische Beharren auf der türkischen Oberhoheit in Tunis. Tatsächlich wurde der gegenteiligen Ansicht der französischen Regierung nicht widersprochen[49].

Gladstones Kabinett ging es darum, englische Interessen auch über die französische Militäraktion hinaus zu wahren. Hierzu diente das Aufkreuzen eines britischen Kriegsschiffs, » [...] pour satisfaire aux anxiétés publiques et [...] pour protéger les nationaux anglais en cas de besoin«[50] ebenso, wie die Nachfrage, ob Frankreich daran denke, Bizerta zum Kriegshafen auszubauen. Saint-Hilaire sagte zu, an einem militärischen Ausbau nicht interessiert zu sein, von einem zukünftigen Ausbau als Handelshafen durch private Investoren wollte er jedoch nicht Abstand nehmen[51]. Damit gab sich die Regierung Großbritanniens zufrieden. In der Folgezeit stand ihr Verhalten ohnehin in direktem Zusammenhang mit den Vorgängen in Ägypten, und Tunis verlor an Bedeutung.

Türkei[52]: Die Hohe Pforte betrachtete Tunesien als einen Bestandteil des osmanischen Weltreichs. Sie war jedoch nicht in der Lage, diesen Anspruch auch durchzusetzen. Während der Tunesien-Affaire saß der Sultan zwischen allen Stühlen. Allein war er zu schwach, sich dem französischen Engagement zu widersetzen und war daher auf Verbündete angewiesen. Italien hatte jedoch eigene Ambitionen in Tunis, und Rußland war sowieso an der fortschreitenden Schwächung der Osmanenherrschaft interessiert.

So bemühte sich Konstantinopel um ein englisches Eingreifen. Der britische Botschafter konnte jedoch nicht mehr, als das Interesse am Erhalt des status quo zu versichern. So berief sich der Sultan am 3. Mai 1881 auf den Berliner Abschluß von 1878 und bat um eine Großmächteintervention zur Sicherung des in Berlin festgeschriebenen Zustands. Verbunden mit dem Herrschaftsanspruch über Tunesien wiederholte die Pforte diese Bitte am 10. Mai 1881[53]. Granville ließ im folgenden Monat den türkischen Botschafter in London Musurus Pascha wissen,

[48] Ganiage, France, S. 67 f.; Langer, The European Powers, S. 261, Anm. 46.
[49] St.A. 39 (1882), Nr. 7452, S. 64; DDF 1, 3, Nr. 485, S. 460 f.
[50] Lyons, zit. nach: Rosenbaum, Frankreich in Tunesien, S. 53; vgl. St.A. 39 (1882), Nr. 7442, S. 49.
[51] St.A. 39 (1882), Nr. 7462, S. 72 f.; 7485, S. 100 f.
[52] Abdurrahmen Cayci, La question tunisienne et la politique ottomane (1881—1913). Diss., Neufchâtel/Schweiz 1963, gedr. Istanbul 1963.
[53] St.A. 39 (1882), Nr. 7443 f., S. 49—51, Nr. 7448 f., S. 58—61; 7460, S. 70 f.; 7473, S. 89 ff.

»that Her Majesty's Government would have been quite ready to offer their mediation, in common with the other Powers who signed the Treaty of Berlin, had they had any reason to believe, that those Powers would have agreed to join in such an offer, or that France would have accepted it had such an agreement been arrived at«[54].

Durch den Großmächteappell vom 3. Mai 1881 hatte sich der Bey von Tunis ausdrücklich in die Suzeränität des Sultans begeben, doch ließ sich dieses gegenüber Frankreich nicht durchsetzen. Paris verweigerte vielmehr jede Diskussion darüber:

»Nous n'entendons nullement contester les liens spirituels qui rattachent le Bey de Tunis au chef suprême de la religion musulmane; mais les questions qui de débattent aujourd'hui sur la frontière de l'Algérie n'intéressent en rien le domaine religieux [...][55].«

Um keinen Anlaß für eine französische Intervention zu geben, verlegte sich die türkische Regierung darauf, die tunesische Herrschaft auszuwechseln. Der ehemalige Ministerpräsident (Großwesir) Khereddin(e) Pascha hätte Mohammed es-Sadok ablösen sollen[56]. Da Frankreich auch eine derartige Lösung ablehnte[57], sah Konstantinopel eine letzte Möglichkeit in der Entsendung eigener Truppen[58]. Doch als Paris drohte, einer direkten türkisch-französischen Konfrontation nicht auszuweichen, gab der Sultan klein bei. Auch auf die symbolische Entsendung eines oder zweier Kriegsschiffe zur Kontrolle des Pazifizierungsprozesses mußte er verzichten[59]. So blieb der Hohen Pforte lediglich der folgenlose diplomatische Protest gegen die von Frankreich geschaffenen Tatsachen, und die Hoffnung, in der Zukunft die tunesische Lage noch einmal wenden zu können[60].

Deutschland: Gleichfalls von Bedeutung für den letztlichen Erfolg der französischen Tunisaktion war die Haltung Bismarcks. Aus drei außenpolitisch-taktischen Gründen blieb der deutsche Reichskanzler bei seiner auf dem Berliner Kongreß und bei anderen Gelegenheiten[61] formulierten Position, den Franzosen Tunis zu überlassen. Auf Frankreich selbst bezogen sollte eine erfolgreiche koloniale Militäraktion bei deutschem Wohlwollen eine Ablenkung von dem Wunsch nach Veränderung der mitteleuropäischen Lage und Kräftebalance bringen. Paris konnte gleichzeitig den Italienern entfremdet, und diese so Wien und Berlin angenähert werden. Zuletzt verschlechterte die ganze Angele-

54 16.6.1881: St.A. 39 (1882), Nr. 7497, S. 114.

55 Saint-Hilaire an Essad Pascha, türkischer Botschafter in Paris 12.4.1881: DDF 1, 3, Nr. 457, S. 437; vgl. St.A. 39 (1882), Nr. 7461, S. 71.

56 DDF 1, 3, Nr. 473, S. 448 f.

57 DDF 1, 3, Nr. 474, S. 449.

58 DDF 1, 3, Nr. 506, S. 485 f., Nr. 511, S. 489 f.

59 DDF 1, 3, Nr. 520, S. 498 f., Nr. 527, S. 507; vgl. St.A. 39 (1882), Nr. 7464 f., S. 74, Nr. 7468, S. 77, Nr. 7474, S. 92.

60 St.A. 39 (1882), Nr. 7488 f., S. 104—106.

61 Als Beispiele GP 1, Nr. 194, S. 404 (10.1.1875); DDF 1, 3, Nr. 158, S. 138 (9.6.1880), Nr. 294, S. 258—260 (12.11.1880), Nr. 307, S. 273—279 (29.11.1880), Nr. 418, S. 395 (3.4.1881), Nr. 422, S. 399 (5.4.1881), Nr. 478, S. 454 (24.4.1881), Nr. 489, S. 463 f. (29.4.1881); vgl. Langer, The European Powers, S. 258.

genheit auch die Beziehungen Frankreichs mit England, und an stärkerer Kooperation mit den Briten war wiederum Deutschland interessiert. Dagegen war eine momentane Verstimmung in den Beziehungen mit Konstantinopel wegen der Zurückweisung des türkischen Protests[62] zu verkraften.

Die französische Regierung war sich der Tatsache bewußt, daß auch Bismarck zum Gelingen der Intervention beigetragen hatte, doch der offizielle Dank Saint-Hilaires ging der innerfranzösischen Opposition denn doch zu weit[63].

Tunis war für die internationalen Beziehungen wegen seiner geographischen Lage von Bedeutung. Mit Sizilien vis-à-vis konnte eine starke Macht Hand an die »Kehle des Mittelmeeres« (Hanotaux)[64] legen. Gleichzeitig war eine Expansion nach Süden und Osten möglich. Als sich Frankreich und Italien um die Dominanz in dieser strategisch brisanten Region stritten, konnte deshalb England nicht abseits stehen. Es war aber sicher ein Fehler, das Problem durch geheime Absprache lösen zu wollen. Rom hoffte noch auf eine britische Unterstützung, als diese längst Illusion war. Italien verfolgte in dieser Hoffnung eine provozierend aggressive Politik in Tunesien, der Frankreich auf gleiche Weise begegnete. Doch Paris wußte London seit 1878 gebunden.

Die Enttäuschung über die »französische Okkupation einer italienischen Kolonie« (Crispi)[65] führte die Italiener an die Seite Deutschlands und Österreichs[66]; gegenüber England wurden sie mißtrauischer und verhielten sich in Ägypten vorläufig obstruktiv. In ihrem kolonialen Streben zunächst zurückgeworfen, war aber nun ihre Entschlossenheit umso stärker, es weiter zu versuchen: am Roten Meer in Massawa (1885), in Kassala und Somalia (1894) und in Tripolis (1911/12).

Die Türkei hatte in der Tunesienfrage ein weiteres Mal ihre Schwäche gezeigt. Der Sultan war unfähig, sein an den Rändern ausfransendes Riesenreich zusammenzuhalten und dem Mottenfraß der Großmächte an der osmanischen Landkarte Einhalt zu gebieten. Für diese entfiel nach dem französischen Erfolg gegenüber der Hohen Pforte bei zukünftigen ähnlichen Situationen jede Rücksicht.

Frankreich hatte es trotz seiner Konfrontationspolitik geschickt verstanden, der Möglichkeit einer europäischen Eskalation des Konflikts konsequent entgegenzuarbeiten und die Affaire auf möglichst kleinem Feuer zu halten. Die diplomatische Abschwächung war bereits im Gange, als die militärische Aktion erst begann. Während Paris gegenüber dem Bey von Tunis die Krise hochspielte, nutzte man in Europa den Vorwand der Befriedung der Algeriengrenze, um die tatsächlichen Absichten zu verschleiern. Die Mobilisierung vollzog sich bewußt schleppend, um über Tunesien hinausreichende Befürchtungen zu zerstreuen. Der eigentliche militärische Schlag ging schnell vonstatten, um Gegen-

---

62 DDF 1, 3, Nr. 552, S. 499.
63 DDF 1, 3, Nr. 513, S. 492, Nr. 521, S. 499; GP 3, Nr. 667, S. 399—401; vgl. Rosenbaum, Frankreich in Tunesien, S. 56, 211, Anm. 34.
64 Hanotaux, zit. nach: Marsden, British Diplomacy, S. 229 f.
65 Crispi, zit. nach: Marsden, British Diplomacy, S. 228.
66 Walter Rauscher, Zwischen Berlin und St. Petersburg. Die österreichisch-ungarische Außenpolitik unter Gustav Graf Kálnoky 1881—1895, Wien, Köln, Weimar 1993, S. 31—37.

maßnahmen zuvorzukommen. Gegenüber Italien wurde wirtschaftlicher Druck ausgeübt, der Pforte schlicht massiv gedroht. Den Unsicherheitsfaktor der englischen Haltung schaltete Paris im Vorfeld mit der gezielten Indiskretion in der »Times«, nach Abschluß der Expedition durch konziliantes Verhalten bei der Absicherung der errungenen Stellung aus. Der dynamische Charakter des geschaffenen Protektorats erlaubte das. So sicherte Frankreich seine Herrschaft fortlaufend stärker ab: gegen den Stammeswiderstand militärisch, in der tunesischen Elite durch Einflußmahme auf die Nachfolge Mohammed es-Sadoks[67], der am 23. Oktober 1882 starb, gegenüber den Europäern durch die Abschaffung der Konsularjurisdiktion.

Der französischen Krisenlenkung gelang erfolgreich die Gleichzeitigkeit von militärischer Eskalation und diplomatischer Deeskalation. Zwar hatte es zwischen London und Paris Verstimmungen gegeben, doch gaben die Briten in Tunis nicht zuletzt wegen ihrer eigenen Politik in Ägypten freie Hand. Die französische Regierung aber sah in Tunis eine Konzession für den britischen Besitz Cyperns: am Nil sollte eine ganz neue Runde beginnen.

67 Mahjoubi, L'etablissement du protectorat Français, S. 141—147.

14. Finanzkrisen und Besetzung. Die Mächte und Ägypten 1875—1885

Als sachlicher und regionaler Teil des allgemeineren orientalischen Problems verselbständigte und verschärfte sich in der zweiten Hälfte des 19. Jahrhunderts die »ägyptische Frage«. Nach der mißglückten Ägyptenexpedition Napoleons I. hatte sich zu Beginn des Jahrhunderts in verwirrenden inneren Auseinandersetzungen der albanische Truppenführer Mehmed Ali durchgesetzt. Während dessen Regierungszeit vollzogen sich am Nil ein Austausch der Herrschaftseliten und die Öffnung nach Europa. Beide Faktoren hatten den Einfluß der Europäer in Ägypten zur Folge. Dem Entwicklungswunsch der europäisch gebildeten ägyptischen Oberschicht entsprach die Profiterwartung der europäischen Finanzwelt. Die wirtschaftlichen Möglichkeiten Ägyptens wurden dabei weit überschätzt. Die verschiedenen agrarischen und infrastrukturellen Projekte erbrachten nicht die Erträge, welche zur Zinsdeckung kruzfristiger Kredite nötig gewesen wären. Umschuldungen auf längere Laufzeiten bei hohen Zinsraten waren die Folge: eine Verschuldungsentwicklung, wie sie ähnlich auch von Tunesien und der Türkei bekannt ist[1].

1875 wurde die Gesamtschuld auf den Nennwert von 91 Millionen £ zusammengefaßt; bei rund 40 Millionen £ Ausgaben für öffentliche Projekte seit der ersten Kreditvergabe 1862 bedeutet dies, daß zwischen 40 und 50 Millionen £ als »Kapitaldienst der Anleihen, für die Verzinsung und ständige Erneuerung kurzfristiger Schulden zu ungeheuerlichen Bedingungen und bei sonstigen finanziellen Manipulationen ohne erkennbaren Nutzen ausgegeben worden«[2] sind. Dieser Kapitaldienst betrug im Durchschnitt der Jahre 1872—1880 77 1/3 Prozent der Staatsausgaben. Im Rest war dann noch der gegen Privilegienvergabe anwachsende Tribut an die Hohe Pforte enthalten, die eine formale Oberherrschaft über Ägypten ausübte[3].

Größtes Projekt war der Suezkanal, der zu 2/3 von Ägypten finanziert wurde[4]. Er war gegen die britische Kritik durch eine französisch dominierte Gesellschaft angelegt worden. Seine wachsende wirtschaftliche und strategische Bedeutung gefährdete zusätzlich zur finanziellen Belastung die ägyptische Eigenständigkeit. Die Briten, die alle bisherigen Seewege um das Kap und von Gibraltar nach Alexandria kontrollierten, befürchteten die nicht-britische, also in

---

1 Zur Geschichte der ägyptischen Verschuldung David Saul Landes, Bankers and Paschas. International Finance and Economic Imperialism, London 1958; Wolfgang J. Mommsen, Imperialismus in Ägypten, München, Wien 1961; Edgar Roger John Owen, The Middle East in the World Economy 1800—1914, New York, London 1981, S. 122—135; Alexander Schölch, Wirtschaftliche Durchdringung und politische Kontrolle durch die europäischen Mächte im Osmanischen Reich (Konstantinopel, Kairo, Tunis). in: Geschichte und Gesellschaft 1(1974), S. 404—446; Arthur Edwin Crouchley, The Economic Development of Modern Egypt, London, New York, Toronto 1938, S. 119—122.

2 Mommsen, Imperialismus, S. 38.

3 Werner von Grünau, Die staats- und völkerrechtliche Stellung Ägyptens, Leipzig 1903.

4 Mommsen, Imperialismus, S. 42 (Schätzung eines zeitgenössischen Bankiers).

erster Linie französische Kontrolle des Kanals[5]. Nicht zufällig war es deshalb der Suezkanal, an dem sich zum ersten Mal eine britisch-französische Gegnerschaft wegen Ägypten kristallisierte.

Um den ägyptischen Staatsbankrott zu verhindern, erarbeiteten französische Bankiers 1875 einen Plan, der die ägyptischen Finanzen unter der Kontrolle der Gläubiger auf der Basis der ägyptischen Suezkanalanteile zu konsolidieren versuchte: eine 15prozentige Nettoprofitrate war der einzige noch verbliebene Aktivposten, welcher der Staatsschuld gegenüberstand. Diesen französischen Konsolidierungsversuch unterlief jedoch der britische Ankauf jener Kanalaktien zum Preis von 3 976 580 £ (Nominalwert ca. 4,5 Millionen £).

Solche bis dahin getrennten französischen und englischen Versuche einer Einflußnahme auf die Finanzverwaltung flossen nach dem Bekanntwerden der ägyptischen Finanzsituation in Europa in der »Caisse de la Dette Publique« zusammen[6]. Diese Schuldenverwaltung durch die Gläubiger sollte alle verpfändeten Einkünfte unter Ausschaltung der ägyptischen Regierung verwalten. Die Zoll-, die Steuer- und die staatliche Kreditpolitik wurden der ägyptischen Kontrolle entzogen, die gesamte Schuld von 91 Millionen £ wurde zusammengefaßt, auf 65 Jahre veranlagt und mit 7 Prozent belastet. Diese Regelungen vom Mai 1876 wurden schon nach einem halben Jahr auf englischen Druck hin zuungunsten der Ägypter abgeändert. Neben der Caisse wurden ein britischer und ein französischer Generalkontrolleur für das gesamte ägyptische Staatshandeln durchgesetzt (18. November 1876).

Die »Dual Control« bedeutete endgültig die indirekte europäische Herrschaft in Ägypten, eine »verschleierte europäische Kolonialherschaft«[7]. Nominell herrschte seit 1863 der Khedive Ismail, ein Enkel Mehmed Alis im Namen des Sultans, faktisch war aber Ägypten jetzt einer anglofranzösischen Zwangsschuldenverwaltung unterworfen. Anders als in Tunesien entwickelte sich aus der Schuldenkrise Ägyptens zunächst ein funktionierendes Kondominium zweier europäischer Regierungen. Für Ägypten als Objekt europäischer Durchdringung lag darin jedoch kein Unterschied. Die ökonomische Absicherung der von der Türkei erlangten tatsächlichen politischen Unabhängigkeit war mißlungen, auch wenn die europäische Herrschaft formal nichts änderte.

Für England und Frankreich war das gemeinsame Handeln ein geeignetes Mittel, die eigenen Interessen geltend zu machen. Frankreichs Interesse an Ägypten war historisch-kulturelles Erbe der Napoleonzeit und zugleich Dekkung der tunesischen Penetration[8]. Großbritanniens Interessen lagen einerseits in der Absicherung der Verbindungswege nach Indien, Asien und Australien begründet, andererseits aber auch im Rohstoffbedarf der englischen Baumwoll-

---

5 D.C.M. Platt, Finance, Trade, and Politics in British Foreign Policy 1815—1914, Oxford, London 1968, S. 165.

6 Zum Verkauf der Aktien Crouchley, The Economic Development, S. 122 f.; Stephen-Cave-Report in: »Times« 3.4.1876 nachgedruckt in: Charles Issawi, The Economic History of the Middle East 1800—1914, Chicago 1966, S. 431—438; zur Stellung der »Caisse«: Grünau, Die staats- und völkerrechtliche Stellung Ägyptens, S. 284—301, Crouchley, The Economic Development, S. 123 ff.

7 Mommsen, Imperialismus, S. 38.

8 Jürgen Rosenbaum, Frankreich in Tunesien. Die Anfänge des Protektorates, Freiburg, Zürich 1971 (= Beiträge zur Kolonial- und Überseegeschichte, Bd 8).

industrie[9]. Beiden Großmächten gemeinsam war die Sicherung der Gläubigerinteressen der heimischen Banken, ihrer Aktionäre und Anleihezeichner[10]. Der gemeinsame Einfluß verhinderte gleichzeitig den unilateralen Machtzuwachs des Partners.

Die einzige Gefährdung dieser Balance war der dynamische Charakter staatlicher Interessen. Bismarck erwartete deshalb auch nur eine vorübergehende anglofranzösische Gemeinsamkeit, drängte gar zu einer britischen Initiative[11].

Tatsächlich gab es in London eine Diskrepanz zwischen der Zurückhaltung des politischen Establishments und imperialistischen Neigungen der Öffentlichkeit. Im Kabinett überwog die Besorgnis vor einer Entfremdung von Paris die stärker werdenden Ambitionen noch bei weitem. Für Disraeli lag der Schlüssel nach Indien immer noch in Konstantinopel und sehr viel weniger in Ägypten oder im Suezkanal. Welche Position die Franzosen hierzu einnahmen, zeigte ihm deutlich die Ernennung William Henry Waddingtons zum Außenminister, einem ausgewiesen »zähen« Gegner einer britischen Besetzung Ägyptens[12]. Disraeli beeilte sich im Anschluß an den Berliner Kongreß deshalb auch, den Erwerb der zyprischen Tiefwasserhäfen als nicht gegen die französische Ägyptenpolitik gerichtet darzustellen. Das entsprach letztlich den Tatsachen, zeigt aber, wie wichtig London die französische Perzeption des eigenen Vorgehens nahm: »We would not hurt the feelings or excite the suspicions of France«, so Disraeli vor dem britischen Oberhaus, »[because] the territory which might have come to us would have been territory which France would see in our hand with suspicion and dislike«[13].

Eine Änderung der kondominialen Beziehungen Frankreichs und Englands erbrachte erst das teilweise Aufbrechen der Allianz mit den konservativen ägyptischen Eliten, welches die Europäer als Grundlage ihrer informellen Herrschaft gesucht hatten[14].

Auch die Dual Control war wegen der Überschätzung des ägyptischen Steueraufkommens erfolglos in der Bekämpfung des Finanzchaos. Eine erneute Untersuchung der Lage endete mit der Forderung, Ismail zu konstitutionellen Reformen zu bewegen. Eine Regierung in Abhängigkeit von der Dual Control, in welcher Rivers Wilson Finanzminister und E. de Blignières Minister für öffentliche Arbeiten waren, konnte sich jedoch nicht halten. Ausbleibende Soldzahlungen führten zu einer Offiziersrevolte, die Ismails Position wieder stärken konnte. Mit der Drohung, die Inlandsschulden des ägyptischen Staates zu annullie-

---

9 Mahmaud K. Issa, The Economic Factor behind the British Occupation of Egypt in 1882. In: L'Égypte Contemporaine, Kairo 318 (1964), S. 43—57.

10 Schölch, Wirtschaftliche Durchdringung, S. 420—427.

11 Lord Newton, Lord Lyons. A Record of British Diplomacy, London 1913, Bd 2, S. 89; GP II, Nr. 227, Anm., S. 29, S. 31, Nr. 250, S. 72, Nr. 251, S. 79.

12 GP II, Nr. 348, S. 220.

13 The Life of Benjamin Disraeli, Earl of Beaconsfield, Vol. 6. Ed. by George Earle Buckle, London 1920, Bd 6, S. 353.

14 Roger Owen, Egypt and Europe: from French expedition to British occupation. In: Studies in the Theory of Imperialism. Ed by R. Owen and Bob Sutcliffe, London 1972, S. 195—209, hier S. 207; Owen, The Middle East, S. 223; Platt, Finance, S. 180; Hans Kohn, Die Europäisierung des Orients, Berlin 1934, S. 220 f.

ren, trieben die europäischen Kontrolleure auch die sie bisher tragende Oberschicht, welche um ihre materiellen Interessen fürchtete, an die Seite der nationalen Opposition. Diese reformislamische ägyptische nationale Bewegung formierte sich gegen Ismails persönliches Regiment und Wirtschaftspolitik, damit zugleich auch gegen die europäische Penetration und die privilegierte Stellung der Europäer im Gesellschaftsgefüge.

Am 6. April 1879 setzte der Khedive mit der Bestellung eines ägyptischen Ministeriums der Dual Control ein Ende. Ein khedivialer Erlaß über die Regelung der kurzfristigen Schuld ohne Mitwirkung der Kontrolleure oder Konsultation der Mächte vom 22. April 1879 versuchte die ausgedehnte Rechtsposition der europäischen Gläubiger zu beschneiden.

In dieser Situation überraschte Bismarck mit einem ungewöhnlich scharfen Protest am 18. Mai 1879, der Ismail persönlich für die Erfüllung europäischer Forderungen verantwortlich machte[15]. Die gesamteuropäische Strategie des deutschen Kanzlers war durch die Möglichkeit einer russisch-französischen Annäherung über die ägyptische Frage gefährdet, wenn es nicht möglich war, London zu energischem Handeln zu bewegen. Der Protest sollte dem Zerbrechen des Kondominiums vorbeugen und Großbritannien und Frankreich in einen Wettlauf um die deutsche Gunst zwingen.

Das gefestigte Herrschaftssystem am Nil schränkte nach den Ereignissen des Jahres 1879 die Bewegungsfreiheit der ägyptischen Politik noch weiter ein. Ismails Nachfolger Taufiq erwies sich hierzu als williges Werkzeug. Am 17. Juli 1880 erließ er ein Liquidationsdekret, das die verschiedenen Schulden in Prioritäten teilte und die Staatsausgaben auf 4,9 Millionen £ einfror[16]. Gegen diese faktische Übernahme der gesamten Staatsverwaltung durch die europäischen Gläubiger opponierte die nationale Bewegung, die zwar die ägyptischen Schuldverpflichtungen grundsätzlich anerkannte, aber konstitutionelle Zugeständnisse verlangte. Die Forderung einer parlamentarischen Autonomie in Budgetfragen selbst *außerhalb* der Zuständigkeit der Caisse *und* anderer vertraglicher Bindungen stieß auf die Ablehnung der englisch-französischen Generalkontrolleure Cromer (Evelyn Baring) und de Blignières[17]. Deren informelle Stellung war auf den direkten Kontakt zu einem kleinen Kreis von Entscheidungsträgern angewiesen. Ein Parlament wäre diplomatischem Druck gegenüber sehr viel weniger zugänglich gewesen. Die Machtstellung der Europäer schien also auf dem Spiel zu stehen, weshalb in Paris und London auch aufgeregt die Mittel diskutiert wurden, diese Stellung zu behaupten.

Am 7. Januar 1882 boten Engländer und Franzosen dem Khediven in einer gemeinsamen Note ihre Unterstützung und implizit eine Mächteintervention gegen die nationale Bewegung an[18]. Das Unverständnis der Europäer, beson-

15 William Leonard Langer, European Alliances and Alignments 1871—1890, New York 1931, ^{2}1962, S. 260. Hierzu: Martin Kröger, Bismarck und Ägypten. Ägyptische Frage und Europäisches System in der deutschen Außenpolitik 1879. In: Otto von Bismarck. Person - Politik - Mythos. Hrsg. v. Jost Dülffer und Hans Hübner in Verbindung mit Konrad Breitenborn und Jürgen Laubner, Berlin 1993, S. 137—146.

16 Herbert Feis, Europe. The Worlds Banker 1870—1914, New Haven 1930, S. 392.

17 Alexander Schölch, Ägypten den Ägyptern! Die politische und gesellschaftliche Krise der Jahre 1878—1882 in Ägypten, Zürich 1972; Mommsen, Imperialismus, S. 56 ff.

18 St.A. 41 (1883), Nr. 7783, S. 46.

ders der Briten für Politik und Motivation der nationalen Bewegung, sowie die Unterstellung der Fremdenfeindlichkeit und des antieuropäischen Panislamismus führten bloß zur Verhärtung der Gegensätze[19]. Die Mächte verzichteten auf eine mögliche Vereinbarung mit der Opposition; sie brüskierten die Hohe Pforte, welche die Gemeinsame Note nicht zu Unrecht als einen schweren Eingriff in die Rechtssphäre des Sultans betrachtete[20]; sie konnten die Stellung des Khediven in keiner Weise stärken, vielmehr destabilisierte sich die innerägyptische Lage fortschreitend.

Am 31. Januar 1882 übernahm eine neue, radikale Regierung die Amtsgeschäfte. Die ethnischen Konflikte im Offizierskorps verstärkten sich und führten zur Auseinandersetzung zwischen Taufiq und dieser Regierung. Des Khediven Bemühen um eine Unterstützung der europäischen Vertreter und deren tatsächliche Einmischung entfachten jetzt erstmals breite antieuropäische Stimmungen. Xenophobische und religiöse Aufstände hatte es bereits 1879 in Afghanistan und 1881 in Tunis gegeben. In Afghanistan verloren die Europäer die Kontrolle, in Tunis übernahmen sie sie militärisch und damit offen kolonialistisch. Die ägyptische Opposition war jedoch nicht eine indigene Bewegung im engen Wortsinn, vielmehr war sie Produkt der langen ägyptoeuropäischen Interaktion[21].

Während England und Frankreich mit der Gemeinsamen Note die ägyptische Krise anheizten, stellte sich Otto von Bismarck auf den legitimistischen Standpunkt, der Sultan solle in Ägypten für Ordnung sorgen[22]. Hinter diese Ansicht suchte er auch die anderen Akteure des Europäischen Konzerts zu bringen. Deutschland, Rußland, Österreich und Italien versagten den Briten und Franzosen ihre Zustimmung zu einseitigen Änderungen des ägyptischen status quo, welche abhängig seien von Konsultationen der Großmächte und der Hohen Pforte[23].

Die englischen Politiker zeigten sich von dem gemeinsamen Vorgehen der anderen Mächte beeindruckt. Granville schloß eine eigenmächtige Intervention Frankreichs und Englands schon bald aus[24] und schlug vor,

> »that France and England should communicate with the other Powers, and should ascertain whether they would be willing to enter upon an exchange of

---

19 Lord Cromer (Evelyn Baring), Modern Egypt, London 1908, S. 323—330; Rudolph Peters, Erneuerungsbewegungen im Islam vom 18. bis zum 20. Jahrhundert und die Rolle des Islams in der neueren Geschichte: Antikolonialismus und Nationalismus. In: Der Islam in der Gegenwart. Hrsg. von Werner Ende und Udo Steinbach, München 1984, S. 91—131, hier S. 107—110; Gabriel R. Warburg, British rule in the Nile Valley 1882—1956 and Robinson's Theory of collaboration. In: Asian and African Studies. Annual of the Israel Oriental Society 1981, S. 287—322, hier S. 304.

20 St.A. 41 (1883), Nr. 7792, S. 52.

21 David Kenneth Fieldhouse, Economics and Empire 1830—1914, London 1973, S. 261; Ronald Robinson, John Gallagher, The Partition of Africa. In: New Cambridge Modern History, vol. XI. Material Progress and World-Wide Problems 1870—1898. Ed. by F. H. Hinsley, Cambridge 1962, Reprint 1979, S. 593—640, hier S. 595. nachgedruckt in: The Robinson and Gallagher Controversy. Ed. by William Roger Louis, New York, London 1976, S. 73—127.

22 Mommsen, Imperialismus, S. 773; DDF 1,4, Nr. 256 f., S. 246 ff.

23 St.A. 41 (1883), Nr. 7788, S. 49, Nr. 7810, S. 71; DDF 1,4, Nr. 236, S. 226 f.

24 St.A. 41 (1883) 7804, S. 65.

views as to the best mode of dealing with the affairs of Egypt on the basis of the maintenance of the rights of the Sovereign, of the liberties of the Egyptian people as secured by the Firmans of the Sultan, and the strict observance of the international engagements of Egypt[25].«

Freycinet, als Ministerpräsident seit Januar 1882 im Amt, lenkte ebenfalls ein und gestand den beteiligten Mächten ein Mitgestaltungsrecht zu[26]. Gemeinsam mit den Briten lud er die Mächte zu Verhandlungen ein, zu einem Zeitpunkt, wenn es denn etwas zu verhandeln gäbe[27].

Unter dem Eindruck der sich zuspitzenden ägyptischen Regierungskrise beschlossen London und Paris die Entsendung von Flotteneinheiten nach Alexandria zum Schutz der europäischen Kolonie, ohne die gerade zugestandenen Konsultationen einzuhalten[28]. Die anderen Hauptstädte erhielten lediglich eine Information über die Gründe der Entsendung[29]. Den Franzosen war es also gelungen, England wieder zu härterem Auftreten zu bewegen. Die Schiffe demonstrierten mit Manövern am 20. Mai 1882 die anglofranzösischen Ansprüche.

Seit dem 25. Mai 1882 regierte de facto der Oberst Ahmed Arabi, den die britische Regierung als den Verantwortlichen der Krise ansah[30]. Die Stärkung seiner Stellung mußten Paris und London als Mißerfolg ihrer Kanonenbootpolitik betrachten, was ihre Bereitschaft zur Einberufung einer internationalen Konferenz erklärt[31].

Neben der Stärkung Arabis waren eine weitere Folge der provozierenden Schiffsbewegungen vor der Küste die eskalierenden Ausschreitungen der ägyptischen Bevölkerung gegen Europäer, die am 11. Juni 1882 in Alexandria ihren Höhepunkt fanden. Deutschland und Österreich versuchten, durch eine Umschichtung der innerägyptischen Machtstrukturen der ägyptischen Krise die gefährliche Spitze zu brechen. Auf ihren Druck hin ersetzte Taufiq seine Regierung durch ein Militärkabinett unter dem Vorsitz des altersschwachen Ragib Pascha und mit dem Kriegsminister Ahmed Arabi als starkem Mann. Es sollte dies die Lösung der ägyptischen Frage bringen, worüber eine Absprache mit London bestanden zu haben scheint[32].

Diese Maßnahmen waren jedoch ebenso erfolglos, wie die am 23. Juni 1882 zusammengetretene Großmächtekonferenz in Konstantinopel. Dort wollten Paris und London den Sultan zum Eingreifen bewegen, Berlin und Wien übten allerdings keinen Druck auf die Pforte aus, diese wiederum zog ein nationalägyptisches Regime jeder quasikolonialen europäischen Herrschaft vor. Das Schicksal Ägpytens war letztlich besiegelt, als ein britisches Ultimatum am

---

25 Ebd., 7813, S. 75.
26 Ebd., 7820, S. 87.
27 Ebd., 7823, S. 90.
28 Ebd., 7870, S. 131.
29 Ebd., 7877, S. 137.
30 Ebd., 7868, S. 130; Juan R.I. Cole, Colonialism and Revolution in the Middle East. Social and Cultural Origins of Egypt's Urabi Movement, Princeton 1992.
31 Staatsarchiv 41 (1883) 7886, S. 142, 7888 f., S. 143 f.
32 Cromer, Modern Egypt, Bd 1, S. 292 f.; St.A. 41 (1883), Nr. 7908, S. 157; Schölch, Ägypten den Ägyptern, S. 220 f.; Muriel Evelyn Chamberlain, The Alexandrian massacre of 11 June 1882 and the British occupation of Egypt. In: Middle Eastern Studies 13(1977), S. 14—39.

6. Juli 1882 von Arabi verlangte, Schanzarbeiten in Alexandria einzustellen[33]. Während die Konferenz noch tagte, bombardierten acht englische Linienschiffe am 11. Juli 1882 die Hafenstadt.

In Europa erregte das englische Militärengagement negative Reaktionen und brachte Großbritannien nach Jahren des ägyptischen Gleichschritts mit Frankreich nun dessen Gegnerschaft ein. Lord Granville hatte dies so vorhergesehen[34], und dennoch entschied sich die Regierung Gladstone auf dem Gipfel einer Krise für deren militärische Lösung auf Kosten der eigenen europäischen Beziehungen.

Die Motivforschung reicht in ihren Hauptströmungen von den kapitalistischen Interessen britischer Gläubiger oder Baumwollindustriellen hin zu dem zu erwartenden Erfolg des Suezkanals beziehungsweise dessen politisch-strategischer Bedeutung für die Indienherrschaft. Die Gläubiger waren private Spekulanten, die Ägypten auch noch 1882 vertragstreu bediente. Ihre Probleme hatten Ende der 70er Jahre aus dem ökonomischen Fall »Ägypten« die politische »ägyptische Frage« entstehen lassen. Aus der begrenzten ökonomischen Fragestellung erwuchsen Frankreich nationale Interessen machtpolitischen Anspruchs auf angemessene Vertretung am Nil und Großbritannien eine politische Belastung seiner Mittelmeerpolitik. Der Suezkanal hatte in diesem Zusammenhang keine bedeutsame Position; seine wirtschaftliche Bedeutung entwickelte sich auch weiterhin ungestört. Gelder der Kanalgesellschaft waren jedenfalls nicht involviert[35]. Britische Politiker zeigten deutlich ihre Abneigung, für die Anliegen der Gläubiger diplomatische oder sogar militärische Verwicklung in Kauf zu nehmen und damit die Politik ökonomischen Faktoren unterzuordnen[36]. Wenn der Suezkanal überhaupt eine berechenbare Rolle spielte, dann allein in seiner ideellen Bedeutung als »highway between England and India«[37], nicht aber als reale ökonomische Größe[38]. Gladstone selber relativierte die Bedeutung des Kanals als Entscheidungsfaktor in zwei Parlamentsdebatten am 14. und 26. Juni 1882, in denen er den Kanal nicht erwähnte und auf frühere Äußerungen über dessen geringe Wichtigkeit verwies[39].

So scheint sich die ägyptische Frage aus englischer Sicht auf politische Interessen eingeschränkt zu haben; hierbei vor allem auf die Allianz mit Paris:

---

33 Thomas W. Kramer, Deutsch-ägyptische Beziehungen in Vergangenheit und Gegenwart, Tübingen, Basel 1974, S. 49; Platt, Finance, S. 175; Schölch, Ägypten den Ägyptern, S. 224; Michael Barthorp, War on the Nile. Britain, Egypt and the Sudan 1882—1898, Poole (Dorset, U.K.) 1986, S. 33.

34 Robinson/Gallagher, Partition, S. 598.

35 Fieldhouse, Econonics, S. 120—125, S. 267.

36 Platt, Finance, S. 32, S. 93 f., S. 162, S. 166, S. 168; Landes, Bankers and Paschas, S. 303.

37 Edward Dicey, Our Route to India. In: 19th Century, London 1877, Bd 1, S. 665—685, hier S. 673.

38 David Kenneth Fieldhouse, Some conclusions. The Historian and the Historicists. In: The Theory of capitalist imperialism. Ed. by David Kenneth Fieldhouse, London 1967, S. 187—194, hier S. 190.

39 Alexander Schölch, The »Men on the spot« and the English Occupation of Egypt in 1882. In: Historical Journal 19(1976), S. 773—785, hier S. 778; William Ewart Gladstone, Aggression on Egypt and Freedom in the East. In: 19th Century, London 1877, Bd 2, S. 149—166, vgl. hierzu Robert Case Mowat, From Liberalism to Imperialism: the Case of Egypt, 1875—1887. In: Historical Journal 16(1973), S. 109—124.

»Each might grumble at going it together, neither desired to go it alone[40].«
Begründbar ist das britische Eingreifen mit der anglofranzösischen Konkurrenz am Nil jedoch nicht. Seit dem Fall Leon Gambettas konnte von einem Antagonismus der Westmächte keine Rede mehr sein. Seit dem Regierungswechsel Ende Januar 1882 gab es keinerlei französischen Druck mehr auf die britischen Ägypteninteressen. Freycinet widerrief wenige Tage nach seinem Amtsantritt jedes Interesse an militärischen Aktionen in Ägypten und rief sogar seinen Generalkontrolleur ab. Französische Ambitionen hatten weder London noch deren Vertreter vor Ort zu fürchten[41]. Dies Entgegenkommen bezeichnete Freycinet später als zentralen Faktor seiner Ägyptenpolitik[42].

In den Hauptstädten also ist das Kondominium nicht in die Krise geraten[43]. Es scheiterte vor Ort an der fehlenden Beschreibung des Charakters und der Grenzen einer internationalen Finanzkontrolle gegenüber den ägyptischen Betroffenen. Die europäischen Regierungen waren aber in ihrer Informationsbeschaffung allein auf ihre offiziellen Vertreter am Nil angewiesen, die in ihrer Nebenfunktion als Korrespondenten heimatlicher Zeitungen das Bild Ägyptens entscheidend prägten. Die lokalen Agenturen von »Reuter« und »Havas« wurden durch die ägyptische Finanzkontrolle subventioniert. Die Ziele und Inhalte der europäischen Ägyptenpolitik(en) wurden also von den »men on the spot« maßgeblich mitbestimmt[44].

Das etablierte System eines verschleierten Imperialismus hatte keinen Platz für eine neue innerägyptische nationale Kraft. Deshalb wurden die ägyptischen Versuche einer Selbstregierung systematisch diffamiert, mit dem Ziel, eine Intervention durch ihre ständige Beschwörung notwendig zu machen. Gleichzeitig war die englische Regierung so sehr mit der irischen Frage befaßt, daß sie anderslautende Berichte aus Ägypten nicht zur Kenntnis nahm[45]. Die abwiegelnden Kommentare französischer und deutscher Diplomaten kamen in London ohnehin nicht zu Gehör. Sie aber vermittelten ein wesentlich unaufgeregteres Bild der Lage in Ägypten[46]. So meldete etwa die »Kölnische Zeitung« mit Datum des 3. Juli 1882 aus Alexandria:

> »Die eingeborne Bevölkerung verhält sich durchaus ruhig, und in der letzten Woche ist nicht die geringste Tatsache bekannt geworden, die eine Bedrohung der Europäer in sich einschlösse.«

Für die Interessen der europäischen Gläubiger agierten am Nil etwa 1 300 Europäer; ihre exzessiv bezahlten und mit absolutistisch anmutenden Privilegien ausgestatteten Existenzen standen auf dem Spiel. Sie einzuschränken in ihrem innerägyptischen Einfluß war die nationale Opposition angetreten, ohne einen

---

40 Zitat: Robinson/Gallagher, Partition, S. 598; vgl. Agatha Ramm, Great Britain and France in Egypt, 1876—1882. In: France and Britain in Africa. Imperial Rivalry and Colonial Rule. Ed by Prosser Gifford and William Roger Louis, New Haven, London 1971, S. 73—119, hier S. 84.

41 Staatarchiv 41 (1883) 7811, S. 72 f., 7838, S. 104 f., 7927, S. 180 f.; Cromer, Modern Egypt, Bd 1, S. 283 f.

42 Charles de Freycinet, La Question d'Égypte, Paris 1905, S. 167 f., S. 254.

43 Ramm, Great Britain and France, S. 77.

44 Schölch, »Men on the Spot«, S. 780, S. 784; Platt, Finance, S. 179.

45 Schölch, »Men on the Spot«, S. 780.

46 Hans Kohn, Geschichte der nationalen Bewegung im Orient, Berlin 1928, S. 148.

status quo ante anzustreben. Ihren Einfluß zu behalten oder sogar auszubauen, nutzten die »men on the spot« ihr Informationsmonopol. Oder wie es Evelyn Barings Nachfolger als Generalkontrolleur, Colvin, ausdrückte:

»The European interests in Egypt were too various and important to permit of the engagements contracted by the Khedive being placed at the mercy of Egyptian soldiery, or of an inexperienced native administration[47].«

Diese fein umschriebenen diplomatischen Tätigkeiten von »agents provocateurs« führten Ägypten in den Zusammenbruch, und Großbritannien in die militärische Intervention[48]. Diese Zusammenhänge erkannten nur wenige britische Politiker: der liberale Politiker John Bright wollte den »stock-jobbers' war« nicht mitverantworten und trat am 15. Juli 1882 aus Gladstones Kabinett zurück[49]; und Randolph Churchill rief in einer Wahlrede noch eineinhalb Jahre später aus:

»Denn von Anfang bis zum Schluß hat man euch systematisch mit gefälschten Nachrichten versorgt[50].«

Innerhalb der Gladstone-Regierung aber setzten sich die Interventionisten um Hartington, Dilke und Chamberlain durch[51].

So wurde die britische Regierung ein Opfer der eigenen Leute vor Ort, die den ägyptischen Zusammenbruch zunächst inszenierten, um als Reaktion darauf eine Intervention mit offen imperialistischen Zügen unvermeidbar nötig zu machen. Wenn ihre Interessen auch zum militärischen Eingreifen führten, so steht außer Frage, daß gleichzeitig Londoner Entscheidungsträger ihr Augenmerk auch auf britischen Gläubigerinteressen oder dem Suezkanel hatten[52].

Mit der Zustimmung Bismarcks zu einer anglofranzösichen Okkupation des Kanals unter der Bedingung der Erhaltung deutscher Neutralität gegenüber der Hohen Pforte und den anderen Mächten konnten London und Paris rechnen[53]. So einigten sich die beiden Westmächte trotz des Alleingangs der Briten prinzipiell über die gemeinsame Behandlung des Suezkanals[54]. Eine Garantie dieser »joint control« wollte die deutsche Seite allerdings nicht übernehmen[55].

Das britische Expeditionskorps schlug Arabi vernichtend und errichtete ein quasikoloniales »System indirekter Herrschaft«. Formal wurden der Khedive

---

47 Zit. nach: Owen, The Middle East, S. 135.

48 Vgl. Theodor Rothstein, Egypt's Ruin. A financial and administrative record, London 1910, S. 159—191.

49 Owen, Egypt and Europe, S. 195; Keith Robbins, John Bright and William Gladstone. In: Warfare, Diplomacy, and Politics. Essays in Honour of A.J.P. Taylor. Ed by Chris Wrigley, London 1986, S. 29—41, hier S. 40.

50 W.S. Churchill, Lord Randolph Churchill, London 1952, S. 219 f., dt. Übersetzung in R.S. Churchill, Sir Anthony Eden, Bern, Stuttgart 1960, S. 289: Rede am 18.12.1883 in Edinburgh; zu Randolph Churchill vgl. Chamberlain, The Alexandrian massacre, S. 31.

51 Cedric James Lowe, The reluctant Imperialists. British foreign policy 1878—1902, London 1967, S. 49 f.

52 Vgl. »Pall Mall Gazette« vom 21.1.1882: »The Risk of Egyptian Stocks«, vom 24.6.1882: »The Effect of a Collapse in Egyptian Bonds« und vom 3.7.1882 zum britischen Interesse an der zukünftigen Sicherheit der Kanalpassage.

53 DDF 1,4, Nr. 472, S. 446 f.; St.A. 42 (1884), Nr. 8023, S. 139 f.

54 DDF 1,4, Nr. 476, Nr. 478, S. 451—454; St.A. 41 (1883), Nr. 7953 ff., S. 219—222; Ronald Robinson, John Gallagher, Alice Denny, Africa and the Victorians, London 1970, S. 116.

55 GP 4, Nr. 733, S. 45 f.

Taufiq und die Hohe Pforte in ihren Rechten nicht angetastet, aber als verlängerter Arm Londons regierte der englische Konsul Lord Cromer das Land am Nil, gestützt auf eine kleine britische Garnison und ein Heer englischer und europäischer Fachleute als »ungekrönter Herrscher«[56].

Seit dem Bombardement Alexandrias hatten sich die Engländer bemüht, ihre einseitige Unternehmung diplomatisch abzusichern und ein gesamteuropäisches Mandat zu erhalten. Paris und Rom lehnten ein gemeinsames Vorgehen ab. Die Pforte war nur unter konzertiertem Druck bereit, Arabis Herrschaft zu verurteilen. Und Berlin gab nur informell seine Zustimmung. Botschafter Münster überbrachte Granville die moralische Unterstützung des Kanzlers, »although he was not prepared to go to the length of a formal mandate«[57]. Tatsächlich war Otto von Bismarck nicht bereit, dem englischen Vorgehen, das er lange erwartet, gefordert und auch gefördert hatte, offen seine Zustimmung zu geben. So wurde zuletzt die Mandatsverweigerung im Londoner Politikerkreis als Anlaß weiteren Machtausbaus in Ägypten interpretiert.

Großbritannien hatte, des deutschen »good will« sicher, in einer Mischung aus diplomatischem Abwiegeln und Zögern gegenüber den Großmächten sowie militärischer Drohung und Eskalation gegenüber dem ungleichen Gegner, Ägypten allein genommen und mit dem Herausdrängen der Franzosen aus der Finanzkontrolle jede Gemeinsamkeit abgebrochen[58]. Die Besetzung Ägyptens war sicher gewünscht. In die Ausführung ist London jedoch, was Zeitpunkt und Mitteleinsatz betrifft, mehr gestolpert als aus eigenem Antrieb gegangen. Für Frankreich bedeutete die britische Intervention eine ernste politische Niederlage. Es erstrebte von nun an aus den unterschiedlichsten Motiven, nicht zuletzt wegen seines verletzten Nationalstolzes[59], ein System internationaler Kontrolle als Alternative zur englischen Okkupation. Niemand aber war in erster Linie an der Rückzahlung von Schulden interessiert, alle nutzten die Schuldenfrage zur Erlangung eigener Ziele.

Bismarck ermöglichte die englische Politik diplomatisches Handeln in seinem Sinne. Er suchte seit dem Berliner Kongreß, der ihn den Russen entfremdet hatte, Partner im Westen. Ein vorzeitiges Ende der Okkupation hätte ihn der Möglichkeit politischer Druckausübung beraubt. Bismarcks Interesse war deshalb die Aufrechterhaltung der Krise um Ägypten, deren Eskalation europäische Verwicklungen nicht mehr befürchten ließ, aber die Mächte band und Großbritannien dem Reich verpflichtete. Die Türken wollten die Briten nicht in Ägypten, was nur mit der Unterstützung anderer Mächte erreichbar war. Österreich folgte der Politik Berlins. Italien suchte sich wegen eigener Interessen am Horn von Afrika mit England zu arrrangieren. Der deutsche Reichskanzler zog somit die Fäden der Politik. Er hatte Einfluß auf die türkische Sichtweise und

56 Mommsen, Imperialismus, S. 39; Roger Owen, The Influence of Lord Cromer's Indian Experience on British Policy in Egypt 1883—1907. In: St.-Anthony's-Papers, Oxford 1965, S. 109—139, hier S. 129; Robert L. Tignor, Modernization and British colonial rule in Egypt 1882—1914, Princeton 1966, S. 392.

57 St.A. 41 (1883), Nr. 7950, S. 218; Cromer, Modern Egypt, Bd 1, S. 303.

58 Robinson/Gallagher/Denny, Africa and the Victorians, S. 127.

59 Jean Stengers, The Partition of Africa. I. L'impérialisme colonial de la fin du XIXe siècle: Mythe ou réalité. In: Journal of African History 3(1962), S. 469—491, hier S. 477.

konnte England gemeinsam mit Österreich und Italien gegen Frankreich und Rußland, das hier eine risikolose Gelegenheit wahrnahm, sich Paris zu nähern, Hilfestellung geben. Oder genau dies nicht tun. »Egypt had become a kind of prison for British diplomacy«[60], kann man überspitzt sagen.

London war in seiner Ägyptenpolitik gestört durch den Fortbestand der Caisse de la Dette Publique, die fortan britische Versuche behinderte, die ägyptischen Finanzen auf solide Beine zu stellen. Immerhin hielten französische Gläubiger 2/3 der staatlichen ägyptischen Schuld, und Frankreich verweigerte jede Einschränkung der Autorität der Caisse oder der Ausnutzbarkeit der Kapitulationsrechte.

Die Okkupation Ägyptens war also für Großbritannien zunächst nur eine zusätzliche außenpolitische Belastung. Zu den russisch-englischen Auseinandersetzungen in Afghanistan kam nun die französische Verstimmung über Ägypten, obwohl man Paris in Tunesien gerade freie Hand gelassen hatte. Und am Nil zeichnete sich ein russisch-französisches Obstruktionsbündnis gegen die englische Politik ab. Darüber hinaus drohten der sudanesische Mahdiaufstand und General Gordons militärische Abenteuer die Lage der Briten entscheidend zu beeinträchtigen.

Die ägyptische Finanznot war auch für die neuen Herren nicht aus eigener Kraft zu überwinden. Die englische Regierung entschloß sich daher, einer internationalen Konferenz die Änderung des Liquidationsgesetzes vom 17. Juli 1880 vorzuschlagen[61]. Die Zerstörungen Alexandrias beliefen sich in den Kompensationsprozessen auf Kosten von 4,25 Millionen £, diese Summe erhöhte sich um mindestens 1,5 Millionen £ durch die Sudanfeldzüge und um weitere Kosten für Verwaltung und Bewässerung. Über die Aufbringung dieser Gelder sollte die am 19. April 1884 vorgeschlagene Konferenz entscheiden[62].

Bismarck beantwortete die englische Einladung positiv, bat sich allerdings eine Beschränkung der Verhandlungen auf die finanziellen Fragen aus. Allgemeinpolitische Fragen sollten den Verlauf nicht bestimmen. Die britische Genugtuung über diese Antwort nahm der Reichskanzler zum Anlaß, aktuelle Störungen der Beziehungen zur Sprache zu bringen. Er verknüpfte den deutschen Beistand am Nil mit britischem Entgegenkommen bei der deutschen kolonialen Expansion[63]. Sowohl bei den deutschen Interessen in Südwestafrika, als auch auf den Fidschi-Inseln war die britische Reaktion auf nichtamtliche Anfragen ausweichend, auf entsprechende Noten zögerlich gewesen[64]. Die abwartende Haltung Großbritanniens sollte deshalb Rückwirkungen auf das beiderseitige Verhältnis haben. Bismarck ließ die englische Regierung wissen, daß, ohne eine ehrliche Prüfung der Forderungen, er im Gegenzug sich veran-

60 John Marlowe, Cromer in Egypt, London 1970, S. 79.
61 Chamberlain, The Alexandrian massacre, S. 33 f.
62 St.A. 46 (1886), Nr. 8718, S. 37 f.
63 Zu den innenpolitischen Motiven für Bismarcks kolonialpolitisches Engagement in Abgrenzung zu Thesen Hans-Ulrich Wehlers siehe Axel T.G. Riehl, Der »Tanz um den Äquator«. Bismarcks antienglische Kolonialpolitik und die Erwartung des Thronwechsels in Deutschland 1883—1885, Berlin 1993 (= Quellen und Forschungen zur brandenburgischen und preußischen Geschichte, Bd 1).
64 Weißbuch Angra Paquena: RT 6:1:5:61, Nr. 5—9; Weißbuch Fidji: RT 6:1:5:115, Nr. 23 ff.; GP 4, Nr. 736 ff.

laßt sehen könnte, »eine Prüfung des englischen Verfahrens auf anderen Gebieten der Politik vorzunehmen«[65].

Ursache der dilatorischen Behandlung des deutschen Imperialismus war, daß sowohl Granville, wie auch dessen Botschafter in Berlin, Ampthill, diesen nicht allzu ernst nahmen. Ampthill gegenüber zog Bismarck daher am 9. Juni 1884 als Konsequenz die ägyptische Notbremse[66]. Um britisch-französischen Geheimabsprachen zuvorzukommen, auf die man keinen direkten Einfluß nehmen konnte — Bismarck hatte den Vorwurf zurückgewiesen, er ermutige die französische Seite —, meldete er jetzt gleichfalls finanzielle Interessen am Nil an[67].

Zusätzlichen Druck auf Großbritannien übte Bismarck mit der Forderung aus, die Türkei müsse an der Londoner Konferenz beteiligt werden; obwohl er wußte, daß Granville gerade dies nicht wünschte und das Deutsche Reich auch kein weitergehendes Interesse im Sinne der Hohen Pforte hatte, die in der »Caisse« vertreten sein wollte. Bismarck lehnte das türkische Begehren nachdrücklich ab, instrumentalisierte es jedoch als Druckmittel gegen London[68].

Im Vorgriff auf die Konferenz gelangten Briten und Franzosen in bilateralen Verhandlungen am 17. Juni 1884 zu einer Absprache. Während Paris auf die Wiederbelebung des ägyptischen Konflikts in Form eines Beharrens auf dem kondominialen Charakter der Herrschaft am Nil oder einer militärischen Stützung französischer Interessen verzichtete, verpflichtete sich London, die Okkupation des Landes zum 1. Januar 1885 zu beenden. Gleichzeitig zeigte sich die englische Regierung bestrebt, auch dem deutschen Begehren entgegenzukommen; so erkannte sie zumindest in Südwestafrika das deutsche Kolonialengagement an[69].

Von Belastungen befreit hätte die Londoner Konferenz ab dem 28. Juni 1884 erfolgreich abgehalten werden können. Doch bereits in ihrer zweiten Sitzung wurde der Mißerfolg absehbar. Der deutsche Vertreter, Graf Münster, verweigerte sich dem britischen Sanierungsvorschlag, die ägyptische Grundsteuer und die Zinsbelastung ausländischer Anleihen zu senken, und unterstützte auf diese Weise indirekt die französische Obstruktionshaltung gegenüber der Konferenz.

Als Großbritannien noch während der Konferenz die kolonialen Konzessionen in Südwestafrika als taktische Zugeständnisse erwies, und einzuschränken suchte, die abhängige Kapregierung gar zu einem gegen Deutschland gerichteten Vorgehen ermutigte, wies Bismarck das Auswärtige Amt an, »in der Konferenz fester und offener als bisher auf Frankreichs Seite zu treten«[70]. Graf Münster brachte gesundheitspolitische Fragen auf die Konferenztagesordnung. Die miserablen hygienischen Bedingungen, die in Ägypten nun die Briten verantworteten, hatten zu einer Choleraepidemie geführt, die auch in Italien schon

65 GP 4, Nr. 736, S. 49.
66 GP 4, Nr. 744, S. 63; Robinson/Gallagher, Partition S. 604 f.
67 GP 4, Nr. 745, S. 64—67.
68 Wolfgang Windelband, Bismarck und die europäischen Großmächte 1879—1885, Essen 1940, S. 585 f.; St.A. 46 (1886), Nr. 8723, S. 46; GP 4, Nr. 761, S. 107 f.
69 St.A. 46 (1886), Nr. 8719—8721, S. 38—44; GP 4, Nr. 747, S. 74; Weißbuch Angra Paquena, Nr. 27, vgl. Nr. 49.
70 Windelband, Bismarck, S. 591.

Opfer forderte. Münster bezeichnete die »question sanitaire en Égypte« als eine administrative Angelegenheit, mithin als Gegenstand der Konferenz. Granville versuchte nun »toutes les questions, soit administratives, soit politiques, concernant l'Égypte« zu diskutieren. Darauf Münster: »Je n'ai pas dit politiques, mais administratives[71].«

Schließlich scheiterte die Konferenz an der Unvereinbarkeit der Vorstellungen von einer geregelten finanziellen Zukunft Ägyptens. Sie wurde am 2. August 1884 nach sieben unfruchtbaren Sitzungen abgebrochen[72].

Die französische Politik während der Konferenz strafte London mit dem einseitigen Rückzug aus der Absprache vom 17. Juni 1882. Großbritannien hatte damit formal wieder freie Hand am Nil, doch der Verlauf der Konferenz hatte die Abhängigkeit von Bismarck deutlich werden lassen. Und Bismarck ließ seinen Botschafter in London klarstellen, daß die deutsche Politik eine Geringschätzung ihrer kolonialen Ambitionen mit einer »Befestigung der Fühlung mit Frankreich« beantworten werde[73].

Jules Ferrys Kolonialinteressen in Madagaskar, Westafrika und Tonking hatten bereits zu Verstimmungen mit England geführt, die Bismarck als geeignetes Druckmittel gegen Großbritannien auszunutzen trachtete. Durch ihren Botschafter Alphonse de Courcel brachte die französische Regierung am 11. August 1884 die Ansätze einer gemeinsamen deutsch-französischen Politik auf die ägyptische Frage: die »mehrfach akademisch besprochene und so wünschenswerte Gemeinsamkeit des Handelns« sollte nach Courcels Meinung nicht »nur die entfernteste Peripherie des Erdballs berühren«. Sein Gesprächspartner Paul von Hatzfeldt griff diese Anspielung auf das näherliegende Ägypten auf und versicherte den Franzosen seiner rechtlichen Einschätzung, daß in Ägypten die ergebnislose Konferenz nichts geändert habe. Dem französischen Drängen auf deutsche Initiative kam er nur vertraulich insoweit entgegen, eine neuerliche Konferenz »à Paris pour discuter le programme français de la question égyptienne« vorzuschlagen. Nach Rücksprache mit Otto von Bismarck ließ er den Franzosen am folgenden Tag wissen, daß die deutsche Regierung von der fortgesetzten Wirksamkeit der ägyptischen Schuldenkommission ausgehe, und in diesem Sinne in Wien und Petersburg handeln wolle[74].

Mehr als eine Interessengemeinschaft schwebte dem Reichskanzler nicht vor, aber sie konnte ihm die Freiheit verschaffen, »England auf allen Gebieten diplomatische Schwierigkeiten zu machen«. Ferry lehnte eine förmliche Allianz statt eines »rapprochements in bestimmten Angelegenheiten« ebenfalls ab[75]. Bismarck begrüßte denn auch den Vorschlag einer an konkreten Interessen orientierten Annäherung. Wenn auch Ferry in der ägyptischen Angelegenheit nicht initiativ werden wollte, so sollte diese doch, neben den westafrikanischen Fragen, eine jener gemeinsamen konkreten Interessen darstellen[76]. Der französische Regierungschef schlug vor, bei den Entschädigungen für das Alexandriner

71 St.A. 46 (1886), Nr. 8724, S. 46—49.
72 Ebd., 8725, S. 49—55; Lowe, The reluctant Imperialists, S. 58 f.
73 GP 4, Nr. 749, S. 78.
74 GP 3, Nr. 681, S. 414—417.
75 GP 4, Nr. 750, S. 79, GP 3, Nr. 686 und Anm., S. 421 f.
76 GP 3, Nr. 687, S. 421 ff. Randbemerkung Bismarcks 1, S. 424, Nr. 686, S. 421.

Bombardement, in der ägyptischen Gesundheitspolitik und in der »Commission de la dette« zusammenzuarbeiten. In dieser Schuldenkommisionn sollte nach Ferrys Meinung »un commissaire allemand (et si vous le désirez, russe)« Aufnahme finden. Gemeinsam sollten Deutsche und Franzosen auf der Freiheit des Suezkanals bestehen[77].

Der deutsche Kanzler war bestrebt, französische Ängste und Mißtrauen abzubauen. Diesem Zweck diente nicht zuletzt auch das Aufblähen der Lüderitz-Konzession zur Angra-Pequena-Affaire bis Mai 1884[78]. Im Juni nahm er am angloportugiesischen Vertrag Anstoß und verlangte eine internationale Kongokonferenz. Im Juli proklamierte er Togo und Kamerun als deutsche Schutzgebiete gegen den anhaltenden Widerstand Englands. Im August endete die Londoner Konferenz auch seinetwegen als Fiasko britischer Politik. Im Oktober kam er den Franzosen in der Niger-Frage entgegen[79].

Frankreichs Politik, auch die einer zeitweisen Anlehnung an den östlichen Nachbarn war geprägt von verwundetem Nationalstolz wegen des Rausschmisses aus Ägypten. Eine rationale Einschätzung französischer Interessen und der diplomatischen wie der militärischen Möglichkeiten hätte einer pro-englischen Linie nicht im Wege gestanden. Trotz wirtschaftlicher Differenzen im afrikanischen Freihandel, die aber auch mit London bestanden, kam es zur frankodeutschen Interessenannäherung[80]. Eine Art Vernunftpartnerschaft mit Hintergedanken, nur die Hintergedanken der Partner waren jeweils andere.

Dadurch, daß Deutsche und Franzosen ein Inangriffnehmen der britischen Probleme mit Ägypten auf internationaler Ebene verhinderten, gerieten England und die von ihm abhängige ägyptische Regierung in immer größeren Zugzwang. Die finanzielle Entwicklung in Ägypten war verheerend, das Beharren auf Entschädigung der Bombenschäden in Alexandria riß immer tiefere Löcher in die ägyptischen Kassen.

Auf die Verschlechterung der Finanzlage und die Beschränkung ihrer Möglichkeiten durch die fortdauernde Existenz der Schuldenkommission reagierte die ägyptische Regierung mit der Ankündigung, am 18. September 1884 die Zinsleistungen auszusetzen, um die laufenden Kosten der Verwaltung des Landes zu decken. Großbritannien stimmte diesem Vorgehen zu und ersuchte die anderen Mächte, ebenfalls zuzustimmen[81]. Paris reagierte prompt mit der Drohung, vor den »Mixed Courts«, einer judikativen Besonderheit Ägyptens, zu klagen. Hierzu wollte man auch die beteiligten Großmächte bewegen. Ein Protest der Schuldenkommission gegen den Verstoß gegen das Liquidationsdekret von 1880 lag der ägyptischen Regierung bereits am selben Tag vor. Eine Unterstützung dieses Protests befürwortete auch der deutsche Reichskanzler, »damit [der] Glaube an Verträge nicht in Vergessenheit gerät«. Im Sinne der von Frank-

77 GP 3, Nr. 687 f., S. 421—426.

78 Riehl, S. 384 ff., 499 ff.

79 Robinson/Gallagher, Partition, S. 605; George Neville Sanderson, A study in the partition of Africa. England, Europe and the Upper Nile 1882—1899, Edinburgh 1965, S. 23 f.

80 Sanderson, A study, S. 374; DDF 1,5, Nr. 376, S. 377—380; C.W. Newbury, The Partition of Africa. II. Victorians, Republicans, and the Partition of West Africa. In: Journal of African History 3(1962), S. 493—501, hier S. 496 f.

81 St.A. 46 (1886), Nr. 8726, S. 55 f.

reich geforderten Kollektivdemarche in Kairo sollte der deutsche Einfluß bei den übrigen Regierungen geltend gemacht werden[82]. Bismarck war nicht bereit, der ägyptischen Regierung durchgehen zu lassen, »to violate, on its own authority, an act based on solemn international agreement, without having previously consulted and obtained the consent of all the Powers parties to that agreement«. Er fürchtete einen Präzedenzfall, der den Fortbestand der Kapitulationen und damit die Zukunft der europäischen Stellung im Nahen Osten gefährdete[83]. Am 25. September 1884 überreichten die Generalkonsuln Deutschlands und Frankreichs, gemeinsam mit ihren österreichischen und russischen Kollegen, gleichlautende Proteste gegen die ägyptische Verletzung des Liquidationsgesetzes. Italien überreichte einen abgeschwächten Protest. Trotz der englischen Rechtfertigung der Zinsverweigerung bestand die Wilhelmstraße auf ihrer ablehnenden Haltung: der ägyptische Vorfall betreffe nicht Ägypten allein, sondern »the whole question of the peace of the East«; auch biete die gescheiterte Londoner Konferenz keinen Ansatz zu einem derartigen Bruch des Großmächtekonsenses[84].

Während dieser Ereignisse hielt Herbert von Bismarck den Kontakt nach London. Mit Charles Dilke hatte er am 4. Oktober 1884 ein längeres Gespräch, in dessen Verlauf der Engländer die Notwendigkeit erläuterte, die Zinsen für Ägypten zu senken. Andernfalls werde das Parlament dringend benötigte Gelder, die Großbritannien nach wie vor bereit sei, für die Ordnung der ägyptischen Finanzen einzubringen, nicht bewilligen. Dilke ging soweit, die Möglichkeit eines Kriegs mit Frankreich zu skizzieren. Im Falle eines ägyptischen Bankrotts könne man gezwungen sein, die »Mixed Courts« auszusetzen, um den Zugriff auf britische Staatsgelder zu unterbinden. Diese »unabänderliche Notwendigkeit« würde den Auslöser eines anglofranzösischen Kriegs darstellen. Herbert von Bismarck hielt dagegen, daß es schließlich England gewesen sei, das im ägyptischen Fall einen ihm lästig gewordenen Vertrag gebrochen habe und sich damit »um alles Vertrauen bringen« könnte. Einen Krieg wegen finanzieller Ziele wünsche niemand, aber auch eine neuerliche Konferenz, die nach Dilkes Vorstellungen der deutsche Kanzler zusammenbringen sollte, sei mit Schwierigkeiten verbunden. Der britische Politiker verwies noch einmal auf den englischen Willen, die Okkupation zeitlich zu befristen, erkannte aber auch die Probleme einer solchen Evakuierung. Dies und die Möglichkeit einer deutsch-französischen Entente, die Herbert von Bismarck offensiv vortrug[85], beides zeigte dem politischen Establishment Londons die Verfahrenheit der britischen Ägyptenpolitik.

---

82 GP 3, Nr. 691 f., S. 428—431; St.A. 46 (1886), Nr. 8727, S. 56.

83 St.A. 46 (1886), Nr. 8728, S. 57.

84 Ebd., 8729 ff., S. 58—61.

85 GP 4, Nr. 755, S. 89; vgl. Randolph Churchill bereits am 11.7.1884 zu Herbert von Bismarck (in: Windelband, Bismarck, S. 589): »Sobald wir ins Amt kämen, würden wir sofort erklären, daß wir alle Schuldforderungen und Indemnitäten anerkennen und ihnen gerecht werden, dafür aber Ägypten annektieren wollen. Ihnen kann solche Lösung meines Erachtens nur erwünscht sein. England würde durch die Annektierung Ägyptens einem Kriege mit Frankreich so nahe wie möglich kommen, ja ein solcher Krieg würde sicher sein, wenn Deutschland strikt neutral bliebe. Letzteres würde also die Schiedsrichterrolle zwischen Frankreich und England innehaben.«

Andererseits blieb in Paris das gemeinsame Handeln ein schwieriges Geschäft. Otto von Bismarck telegraphierte zur Beruhigung Jules Ferrys, dem die Englandreise Herberts nicht verborgen geblieben war und der nach wie vor fürchtete, Deutschland könne eine Schwächung Frankreichs durch einen Krieg mit England beabsichtigen:

> »Wir haben mit Frankreich das gleiche Interesse, daß Bruch mit England und namentlich Krieg verhütet und die ägyptische Frage friedlich gelöst werde. Ein französisch-englischer Krieg würde für uns, auch wenn wir unbeteiligt bleiben, eine ähnliche Kalamität sein, wie ein russisch-österreichischer; Ferry möge uns vertrauen, daß wir ehrlich bemüht sind, ihn zu verhüten und die ägyptische Frage friedlich zu lösen.«

Und weiter:

> »Letzteres werde möglich sein, ohne auf Beobachtung der Verträge und auf Wahrnehmung der europäischen Interessen am Suezkanal zu verzichten[86].«

Ferry zeigte sich über diese Versicherung erfreut; jetzt gelte es, das »internationale Prinzip« durchzusetzen gegen die Briten, die nicht ernstlich an einer Räumung Ägyptens interessiert seien, und das Nilland zu »europäisieren«. Hierzu schlug Courcel vor, die Kompetenzen der Schuldenkommission auszuweiten, sobald Deutschland und Rußland ihr beigetreten seien. Ferry sicherte den Deutschen zu, er werde nicht ohne vorherige Konsultationen auch nur die geringsten Schritte in Ägypten unternehmen, wenn er auch unter dem Druck der französischen Gläubiger stehe, gegenüber England einzulenken[87].

Entsprechend dieser Konsultationszusage verweigerte sich Paris einer Sonderverhandlung mit Großbritannien, und verlangte die Einbeziehung der anderen Mächte, denn nicht allgemeinpolitische, sondern allein finanzielle Fragen stünden zur Besprechung an[88]. London lenkte ein.

Die britische Regierung richtete am 24.—29. November 1884 ein Memorandum an die Kabinette in Paris, Berlin, Wien, Rom, Petersburg und Konstantinopel mit Reformvorschlägen zur Ordnung der ägyptischen Finanzen[89]. Diese Vorschläge sahen eine Abänderung des Liquidationsgesetzes von 1880 vor, um der ägyptischen Regierung größeren fiskalischen Freiraum zu gewähren. Fünf Millionen £ sollten ausreichen, Ägyptens desolaten Finanzzustand wieder aufzurichten. Die Autoren des Memorandums gaben die Höhe der Verwaltungsausgaben inklusive der Okkupationsarmee mit 4 948 000 £ an. Die neue Anleihe sollte mit 3,5 Prozent verzinst, die alten Zinssätze um 0,5 Prozent gesenkt werden. Die Bank von England sollte den Kredit garantieren; d.h. die Einkünfte Ägyptens ihr giriert, die Zinsen abgezogen und der Überschuß der ägyptischen Regierung überwiesen werden.

Paris lehnte diese alleinige Garantie Englands rundheraus ab, Bismarck enthielt sich Äußerungen zur ägyptischen Frage, was Ferry die Gelegenheit gab, seinerseits Vorschläge zu unterbreiten[90]. Granville drängte dagegen in Berlin

86 GP 3, Nr. 693, S. 431.
87 Lowe, The reluctant Imperialists, S. 64; DDF 1,5, Nr. 376, S. 377—380; GP 3, Nr. 695, S. 438 und Randbemerkung, S. 439.
88 St.A. 46 (1886), Nr. 8732, S. 61 f.
89 Ebd., 8734, S. 62 ff., dt. im Weißbuch Egypten: RT 6:1:7:371, Nr. 1.
90 GP 4, Nr. 756, S. 93; Weißbuch Egypten, Nr. 5; St.A. 46 (1886), Nr. 8735, S. 64 f.

auf Eile. Noch hoffte der britische Außenminister, Frankreich werde von Gegenvorschlägen absehen[91], da informierte der französische Botschafter die Wilhelmstraße bereits vertraulich über die beabsichtigten Vorschläge. Über die Notwendigkeit aller Maßnahmen (Zinssenkung, Besteuerung, Okkupationskosten) sollte eine Enquête Bericht halten, nachdem sie die Finanzsituation untersucht habe; die neue Ägyptenanleihe sollte international garantiert sein; eine Konferenz sollte sich mit der Freiheit und Sicherheit des Suezkanals befassen. Bismarck zeigte sich mit diesem Programm einverstanden und Ferry informierte daraufhin offiziell auch Petersburg, Wien, Rom und Konstantinopel über die Gegenvorschläge Frankreichs[92].

En detail schlug Ferry eine Zusammenlegung der Anleihe zu neun Millionen £ bei 3,5 Prozent vor. Um auch die europäischen Gläubiger an der Sanierung der ägyptischen Finanzen zu beteiligen, sollte man deren Zinserträge mit 5 Prozent besteuern. Diese Quellensteuer hielt Ferry, wie zuvor auch die Engländer für »justifiée à tous égards«. Besondere Erwähnung fand die deutsch-russische Beteiligungsforderung an der Schuldenkommission:

> »Il est entendu que la Commission de la Dette serait préalablement complétée par un Représentant de l'Allemane et par un Représentant de la Russie[93].«

Bismarck ließ in London die französischen Positionen nachdrücklich unterstützen[94]. Das britische Kabinett akzeptierte daraufhin »im Wesentlichen die französischen Vorschläge mit Ausnahme der Enquetekommission« und die Aufnahme der neuen Mitglieder der Schuldenkommission. Bismarck war bereit, das englische Entgegenkommen als Verhandlungsbasis anzunehmen, Wien und Petersburg folgten ihm darin[95]. Die zustimmende Haltung der Großmächte machte jetzt den Weg frei zu einer Neuauflage der gescheiterten Londoner Konferenz des Vorjahrs[96].

Die Großmächte und die Türkei konnten ab dem 17. März 1885 das Finanzabkommen unter Dach und Fach bringen, welches die Anleihe und ihre Garantie sowie eine Pariser Kommission zur Sicherung der freien Schiffahrt des Suezkanals umfaßte[97]. Um auch äußerlich die Gleichberechtigung Deutschlands in der ägyptischen Frage deutlich zu machen, verlangte Otto von Bismarck über den Sitz in der Schuldenkommission hinaus, die Emission der Anleihe neben Ägypten, Paris und London auch in Berlin zu ermöglichen. Die Eile, welche die ägyptische Finanzlage notwendig machte, und der britische Regierungswechsel von Gladstone zu Salisbury (8. Juni 1885) ließen London einlenken. Auch das mit der Zustimmung Granvilles ergangene Dekret Taufiqs, provisorisch die Anleihecoupons mit fünf Prozent Abzügen zu belasten, wurde auf den Protest des deutschen Generalkonsuls in Kairo und gegen den ausdrücklichen Wunsch Lord Cromers ausgesetzt[98].

91 St.A. 46 (1886), Nr. 8743, S. 71.
92 GP 3, Nr. 696, S. 439 f.; St.A. 46 (1886), Nr. 8745, S. 73 dt. im Weißbuch Egypten, Nr. 7.
93 Weißbuch Egypten, Nr. 6, Nr. 8.
94 GP 3, S. 441 Anm.
95 Weißbuch Egypten, Nr. 9—14, Nr. 16; St.A. 46 (1886), Nr. 8748 f., S. 79 ff., 8752, S. 86 f.; vgl. GP 4, Nr. 758, S. 96.
96 St.A. 46 (1886), Nr. 8750, S. 81.
97 Weißbuch Egypten, Nr. 18, S. 19; St.A. 46 (1886), Nr. 8754 f., Nr. 8757—8761, S. 89—104.
98 St.A. 46 (1886), Nr. 8762—8767, S. 104—110, Nr. 8770, S. 112, Nr. 8772—8775, S. 114 ff.

Mit der Emission der garantierten Anleihe seit dem 10. Juli 1885 konnte die britische Besatzungsmacht hoffen, ihre Herrschaft über Ägypten als Kolonialmacht kostenneutral ausüben zu können. Doch sie war weiterhin abhängig von den Sachzwängen des internationalen Systems und dessen Einspruchsmöglichkeiten am Nil[99]. Zwar war die Londoner Konferenz im zweiten Anlauf doch noch erfolgreich gewesen; nicht zuletzt weil Bankkreise um ihre Kapitalanlagen fürchteten, war es zur Einigung mit Frankreich gekommen. Ein Ende der Opposition des französischen Schuldenkommissars war damit aber nicht in Sicht. Auch war die französisch-deutsche Zusammenarbeit temporär geblieben, da Paris den endgültigen Bruch mit London scheute; doch Bismarck hatte seine Möglichkeiten überdeutlich gemacht[100]. Mit einem minimalen Risiko hatte der Reichskanzler sich ein Stück jener afrikanischen Territorien herausgeschnitten, die zuvor als informelle Teile des British Empire galten. Frankreich beanspruchte territoriale Kompensation für seine ägyptische Enttäuschung. Der »Scramble for Africa« hatte sich beschleunigt.

Der deutsche Kanzler war sich der britischen Reaktion auf die deutsche Penetration Afrikas nicht sicher gewesen, aber einen Hebel dazu hatten die Engländer ihm selber in die Hand gegeben. Er nutzte die ägyptische Bedrängnis Großbritanniens zu seinen Gunsten aus. Eine Folge davon war die Hinwendung an Frankreich, ursächlich war diese Wendung für die Ägyptenpolitik nicht. In Ägypten war Bismarck mitentscheidend beteiligt worden und würde dies bleiben, solange Großbritannien nicht in der Lage war, am Nil reinen Tisch zu machen. Auf Grund der vertraglichen Einbindung und der finanzwirtschaftlichen Konstellation war dies jedoch auf absehbare Zeit nicht zu erwarten.

1882 und 1884/85 erfuhr die ägyptische Frage zwei völlig unterschiedliche krisenhafte Aufgipfelungen. Bei der Eskalation der ägyptischen Regierungskrise 1882 standen sich Großbritannien und Frankreich zunächst als gleich interessierte Partner und, nachdem London die militärische Lösung verfolgte, als Gegner gegenüber. Aus dieser Gegnerschaft erwuchs in direkter Konsequenz die Londoner Konferenzkrise 1884/85, bei der England der massiven Opposition Frankreichs und Deutschlands gegenüberstand. Ägypten blieb bei alledem Objekt einer Gemengelage ganz verschiedener Interessen und Motivationen. Zu einer binneneuropäischen Überreizung des Konflikts kam es trotz der Dichte maritimer Kräfte vor Ägyptens Mittelmeerküste 1882 und verbaler Drohgebärden 1884/85 nicht. Für Zugeständnisse untereinander waren ausreichende Kompensationsmassen auf dem afrikanischen Erdteil vorhanden, nachdem mit Tunis und Ägypten der Teilungsprozeß einmal in Gang gesetzt war. Außerdem erschien die britische Stellung auch 1885 noch alles andere als gesichert: im Januar 1885 fiel Khartoum, und General Gordon wurde von den Anhängern des Mahdi getötet, außerdem blieb das Defizit des ägyptischen Staatshaushaltes zunächst unverändert hoch[101].

Ägypten bot deshalb auch für die Zukunft Ansatzpunkte für Konflikte: mit der Türkei um das staatsrechtliche Verhältnis von Osmanenherrschaft, ägyptischer formaler Unabhängigkeit und britischer Ansprüche sowie um die

99 Owen, The Middle East, S. 220 f.
100 Mowat, From Liberalism, S. 118; Lowe, The reluctant Imperialists, S. 68 f.
101 Robinson/Gallagher/Denny, Africa and the Victorians, S. 276 Anm.

Sinaigrenze und den Suezkanal; mit Deutschland um Eisenbahnkonzessionen in Kleinasien, die London um der Handlungsfreiheit am Nil willen nicht behindern mochte; und nicht zuletzt mit Frankreich, dem erst in Faschoda die Grenzen des ägyptischen Engagements bewußt gemacht wurden[102].

102 Martin Kröger, »Le bâton égyptien« — Der ägyptische Knüppel. Die Rolle der »ägyptischen Frage« in der deutschen Außenpolitik von 1875/6 bis zur »Entente Cordiale«, Frankfurt a.M. 1991 (= Europäische Hochschulschriften, III/470).

15. Belastung an der Peripherie. Der samoanische Dauerkonflikt 1879—1899

Seit Mitte des 19. Jahrhunderts hatten sich hanseatische Firmen massiv an der Handelsoffensive in den Pazifik beteiligt und dort in den 1860er Jahren eine bedeutende Stellung gegenüber englischen, französischen und nordamerikanischen Rivalen errungen. Das Zentrum der deutschen Handelsinteressen im Pazifik lag in Polynesien, wo der Handel mit Kokosöl, Kopra, Baumwolle, Perlmutt und Schildpatt zu 70 Prozent von deutschen Firmen kontrolliert wurde[1]. Das bedeutendste deutsche Südseeunternehmen mit Handelsschwerpunkt auf Apia/Samoa war das Hamburger Unternehmen Johann Cesar Godeffroy & Sohn, dessen Handelsimperium sich in einem weitmaschigen Netz von den Gesellschafts- über die Fiji-Inseln bis zu den Karolinen und Palau-Inseln erstreckte und umfangreiche Kokosnuß- und Baumwollplantagen umfaßte. Der Vertreter der Firma in Polynesien, Theodor Weber, der im Jahre 1865 auf Samoa die ersten Kokosnußplantagen angelegt hatte, fungierte in Apia zugleich als deutscher Konsul[2]. In den Jahren 1876 und 1879 schloß er Handelsverträge mit Tonga und Samoa, die gegenüber den Konkurrenten die wirtschaftliche Erschließung der Südseekönigreiche garantieren und das deutsche Übergewicht zementieren sollten[3].

Der Grund für die vertragliche Absicherung ökonomischer Nutzungsrechte war vor allem im pazifischen Ausgreifen der USA und Großbritanniens Mitte der 1870er Jahre zu suchen. Beide Expansionsstränge verstärkten in Verbindung mit dem aufkeimenden Subimperialismus der australischen Kolonien[4] die Bereitschaft in Berlin, den profitablen Südseehandel politisch zu unterstützen[5].

1879 wurde bei ökonomischem Übergewicht der ein Jahr zuvor in die Deutsche Handels- und Plantagen-Gesellschaft der Südsee (DHPG) überführten Firma Godeffroy die »Herrschaft der drei Konsuln« mit einem gemeinsam verwalteten Rechtsbezirk in der Hauptstadt Apia begründet. Mit der samoanischen Munizipalkonvention von 1879 war zwar ein Modus vorhanden, Deutschland, Großbritannien und den USA gleiches kommerzielles Engagement zu sichern,

---

1 Hans-Ulrich Wehler, Bismarck und der Imperialismus, Köln, Berlin 1969, S. 208—214; Willi A. Boelcke, So kam das Meer zu uns. Die preußisch-deutsche Kriegsmarine in Übersee 1822—1914, Frankfurt, Berlin 1981, S. 303—323.

2 Sylvia Mastermann, The Origins of International Rivalry in Samoa 1845—1884, London 1934, S. 57—63; Paul M. Kennedy, The Samoan Tangle. A Study in Anglo-German-American Relations 1878—1900, Dublin 1974, S. 7.

3 Ausführlich: Jean Ingram Brookes, International Rivalry in the Pacific Islands 1800—1875, New York 1941 (Repr. 1972). Vgl. auch J.W. Davidson, Samoa mo Samoa. The Emergence of the Independent State of Western Samoa, Melbourne 1967.

4 Vgl. dazu John W. Ward, British Policy in the South Pacific (1786—1893), Sydney 1948, S. 312—315; Angus Ross, New Zealand Aspirations in the Pacific in the 19th Century, Oxford 1964, S. 106—130.

5 Vgl. Wehler, Bismarck, S. 206; Horst Gründer, Geschichte der deutschen Kolonien, Paderborn 1985, S. 90 f.; Clinton Hartley Grattan, The United States and the Southwest Pacific, Cambridge Mass. 1961, bes. S. 109 ff., 119—130.

doch komplizierte diese Form des Interessenausgleichs in den folgenden Jahren die Kontrolle der Inselgruppe und destabilisierte das labile innersamoanische Herrschaftsgefüge[6]. Das lag nicht zuletzt daran, daß sich seit dem Übergang zur Plantagenwirtschaft in den 1860er Jahren das Bemühen der Godeffroy- (DHFG-) Agenten und der Konsuln verstärkte, gezielten Einfluß auf die innersamoanischen Verhältnisse zu nehmen. Diese Tatsache aber hatte Auswirkungen auf die Dauerhaftigkeit des Triumvirats der Konsuln, da sich weder die englischen und amerikanischen Konsuln noch deren Regierungen einfach mit den deutscherseits initiierten Maßnahmen abfanden.

Als die DHPG im Jahre 1879 in Zahlungsschwierigkeiten geriet, entschloß sich Reichskanzler Bismarck aus wirtschaftspolitischen und handelsstrategischen Motiven zur Intervention, um die Präponderanz des deutschen Pazifikhandels gegenüber den Konkurrenten sicherzustellen. Sein Vorstoß endete allerdings in einem Fiasko, da die »Samoavorlage« am 27. April 1880 im Reichstag zu Fall gebracht wurde[7]. Wenngleich Bismarck keinen formellen Kolonialerwerb mit seiner Initiative anvisiert und infolge des Übergangs zum Staatsprotektionismus nur für eine direkte Unterstützung des Außenhandels mit Reichsmitteln plädiert hatte, trug der Sieg der freihändlerisch-liberalen Reichstagsopposition mit dazu bei, daß der Reichskanzler sich gegenüber späteren Forderungen nach einem kolonialen Engagement reservierter verhielt[8].

Nach der Reichstagsniederlage verwarf Bismarck grundsätzlich alle Protektoratspläne, wie sie von Weber bzw. den DHPG-Vertretern und deutschen Konsuln seit 1871 angesichts vermehrter Expansion der rivalisierenden Mächte regelmäßig ins Spiel gebracht wurden. Mit Staatssekretär Bülow war er sich darin einig, »keine Kolonial- oder Monopolisierungspolitik« zu treiben[9], da durch den Verzicht auf Exklusivrechte im Zusammengehen mit den anderen Samoa-Interessenten den deutschen Handelsinteressen am besten gedient war. Vielmehr kam es für ihn darauf an, britische oder amerikanische Annexionsversuche zu vereiteln[10].

Auch im Hinblick auf die nach dem Berliner Kongreß in London unternommene Bündnissondierung (September 1879), die das Anwachsen der deutsch-russischen Entfremdung durch eine stärkere Anlehnung an England aufzufangen suchte[11], blieb die Abstinenz von kolonialpolitischen Aktivitäten für Bismarck bestimmend.

In Samoa mußte mit Rücksicht auf den neuseeländischen Subimperialismus eine vorsichtige, auf gewaltsame Intervention verzichtende Politik betrieben werden, die keine ausländischen Interessen beschnitt oder Annexionen provozierte. Das bedeutete: Beibehaltung des status quo der 1879 etablierten Konsulnherrschaft oder Errichtung eines gemeinsamen Protektorats der drei enga-

6 Zur Verwaltung Samoas ausführlich: R.P. Gilson, Samoa 1830 to 1900. The Politics of a Multi-Cultural Community, Melbourne 1970.
7 Gründer, Geschichte, S. 91; Wehler, Bismarck, S. 216 f., 220 ff.
8 Gründer, Geschichte, S. 91.
9 Wehler, Bismarck, S. 214.
10 Paul M. Kennedy, Bismarck's Imperialism: The Case of Samoa, 1880—1890. In: Historical Journal 15 (1972), S. 261—283, hier S. 264 f.
11 Kennedy, The Samoan Tangle, S. 17.

gierten Mächte, wobei Deutschland allerdings nach einhelliger deutscher Auffassung die herausragende Position zukommen mußte.

Ungeachtet der Zurückhaltung des Reichs gegenüber Interventionen steuerte die Entwicklung im Pazifik Anfang der 1880er Jahre auf eine Krise zu, als sich die deutschen Handelsvertreter in Samoa durch verschiedene inner- und außersamoanischer Vorgänge in ihrem Betätigungsdrang beeinträchtigt glaubten und nach geeigneten Gegenmaßnahmen suchten.

1881 flammten mit der Wahl König Malietoa Laupepas die seit 1879 nur kurzfristig beigelegten innersamoanischen Thronrivalitäten wieder auf. Die Wahl Malietoas, obwohl vom deutschen Konsul gebilligt, rief vor allem bei der DHPG Unmut hervor, da Malietoa unter Einfluß der »London Missionary Society« stand und insofern damit gerechnet werden mußte, daß dieser eine zu starke probritische Tendenz zeigte.

Zugleich stand die DHPG unter scharfem Konkurrenzdruck seitens der britischen Kolonien (Fiji, Queensland) bei der Arbeiterrekrutierung, so daß man bei der ausreichenden Arbeitskräftezufuhr für die samoanischen Plantagen aus dem Hauptreservoir Melanesien mit erheblichen Schwierigkeiten zu kämpfen hatte[12].

Am meisten verunsicherte jedoch die 1883 ihren Höhepunkt erreichende Annexionsagitation in den britischen Kolonien, von der auch Samoa nicht verschont blieb. Hier waren es vor allem Annexionskampagnen und Protektoratsversuche Neuseelands, die die deutsche Unzufriedenheit mit den Verhältnissen auf Samoa erregten[13].

In der Abwendung einer ausländischen Annexion, der Klärung der Arbeiterfrage sowie der Ablehnung von Malietoas Regime fand der DHPG-Vertreter Weber einen festen Verbündeten in dem neuen deutschen Konsul in Apia, Stübel. Beide waren darin einig, zum Schutz der deutschen Interessen Gegenmaßnahmen gegen eine befürchtete neuseeländische Intervention zu ergreifen[14], die schwache Eingeborenenherrschaft in ihrem Sinne umzugestalten und den illoyalen Malietoa, der 1883 ein Protektoratsersuchen an England richtete, unter Kuratel zu stellen[15].

Ende 1884 war man soweit, in einer drastischen Reaktion auf den befürchteten Niedergang des deutschen Einflusses die Verhältnisse in Samoa schlagartig »zu ordnen« und Malietoa durch einen Spezialvertrag zu kontrollieren. Nachdem Malietoa am 5. November 1884 ein erneutes Protektoratsersuchen an die Adresse Londons gerichtet hatte[16], wurde er in einem gezielten, von Berlin nicht autorisierten Coup am 10. November gezwungen, einen deutsch-samoanischen Staatsvertrag anzuerkennen, der für alle Deutschland betreffenden Entschei-

12 Kennedy, Bismarck's Imperialism, S. 266. Vgl. dazu die zahlreichen Belege in St.A. 43 (1885) und 44 (1886).

13 Kennedy, Bismarck's Imperialism, S. 266. Vgl. etwa Stübel an Bismarck 8.8.1883, St.A. 44 (1886), Nr. 8432. Zum neuseeländischen Subimperialismus: Guy H. Scholefield, The Pacific. Its Past and Future and the Policy of the Great Powers from the 18th Century, London 1919, S. 152 ff. und Anm. 3 a.

14 Scholefield, The Pacific, S. 154 f.

15 Kennedy, Bismarck's Imperialism, S. 267 f. Zum samoanischen Protektoratsersuchen 1883 vgl. auch Scholefield, The Pacific, S. 156.

16 Scholefield, The Pacific, S. 156; St.A. 44 (1886), Nr. 8483, Anlagen.

dungen die oberste Instanz bilden sollte. Mit dieser Aktion hofften Weber und Stübel, Malietoas probritische Neigung im Interesse der deutschen Wirtschaft auszuschalten, neuseeländischen Einmischungen die Spitze abzubrechen und zudem — durch entsprechende Sanktionsklauseln — das brennende Arbeiterproblem langfristig zu lösen. Damit war Samoa Deutschland praktisch ausgeliefert[17].

Bismarck zeigte nach Erhalt der vagen Meldungen Stübels aus Apia zunächst Verständnis für die handelspolitischen Sorgen der deutschen Südseeunternehmen, obwohl er von dem aufoktroyierten Staatsvertrag keine Kenntnis hatte[18].

Am 1. Dezember 1884 nahm der Reichskanzler die Versuche Malietoas, ein britisches Protektorat über Samoa zu erlangen, zum Anlaß, Botschafter Malet auf den negativen Effekt dieses Schrittes in Deutschland hinzuweisen, »as the Germans had for some years past been interested in the island, and the Reichstag had already had before it for consideration the question of a subsidy to a Hamburgh house trading with Samoa«. Bismarck bat daher um eine offizielle englische Versicherung, daß weder eine Annexion Tongas noch Samoas beabsichtigt sei[19]. Diese »Unabhängigkeitsgarantie« gab das Gladstone-Kabinett am 4. Dezember[20], womit für Bismarck der Fall vorerst erledigt war[21].

Im Januar 1885 folgte der nächste Schlag der »men on the spot«. Da Stübel und Weber erkannten, daß ihr Staatsvertrag als Instrument zur Knebelung Malietoas offenbar nicht ausreichte, glaubten sie, in der Unterstützung des kooperationswilligen Malietoa-Rivalen, des Vizekönigs Tamasese, den Ansatzhebel gefunden zu haben, die samoanische Frage im deutschen Sinne zu lösen. Zu diesem Zweck ließ Stübel unter dem Vorwand, einer drohenden neuseeländischen Intervention zuvorzukommen, Marineeinheiten anlanden und Malietoas Residenz in Mulinu'u besetzen. Am 23. Januar 1885 wurde dort die deutsche Flagge gehißt. Ungeachtet der Proteste des englischen und amerikanischen Konsuls wurde Apia besetzt und Tamasese zum neuen König proklamiert[22].

Die Nachricht von den samoanischen Vorgängen traf Bismarck mitten im Kolonialdisput mit Großbritannien über Afrika und Neuguinea. Angesichts der Berliner Afrikakonferenz und vereinbarter deutsch-britischer Gespräche über eine Abgrenzung der beiderseitigen Interessensphären im Pazifik[23] plädierte der Reichskanzler — unter Verzicht auf direkte Konfrontation — für eine Politik des friedlichen Ausgleichs mit entsprechendem diplomatischen Druck. Dabei sollte die feste Haltung Deutschlands gegen Englands Ägyptenpolitik den Ansatzhebel bilden, um das Gladstone-Kabinett zum kolonialpolitischen Nachge-

17 Kennedy, Bismarck's Imperialism, S. 268; Scholefield, The Pacific, S. 155—158; Kennedy, The Samoan Tangle, S. 34 f.; Alfred Weck, Deutschlands Politik in der Samoafrage. Diss., Leipzig 1933, S. 66—73; St.A. 44 (1886), Nr. 8483, Anlagen.

18 Scholefield, The Pacific, S. 155.

19 Malet an Granville, 1.12.1884 (St.A. 44, 1886).

20 Granville an Malet, 4.12.1884 (Ebd.). Vgl. Scholefield, The Pacific, S. 154; Kennedy, The Samoan Tangle, S. 43.

21 Kennedy, Bismarck's Imperialism, S. 268 f.; Kennedy, The Samoan Tangle, S. 34 ff.

22 Kennedy, Bismarck's Imperialism, S. 269; Kennedy, The Samoan Tangle, S. 44; Scholefield, The Pacific, S. 157 f.

23 Kennedy, The Samoan Tangle, S. 45. Vgl. St.A. 44 (1886), Nr. 8443, 8450, 8454, 8458, 8461.

ben zu bewegen. Für Bismarck stand jedoch fest, daß Ägypten nur Mittel zum Zweck war, »den Widerstand Englands gegen unsere kolonialen Bestrebungen zu überwinden«. Insofern war zur Zeit »der kleinste Zipfel von Neu-Guinea oder Westafrika [...] wichtiger als das gesamte Ägypten und seine Zukunft«[24].

Zwar hatte sich auch die britische Pazifikpolitik in der zweiten Jahreshälfte 1884 auf die gewandelte deutsche Haltung eingestellt, doch verblaßte die aus den kolonialen Rivalitäten erwachsene deutsch-englische Entfremdung vor der zu Beginn des Jahres 1885 ins Zentrum der politischen Entscheidung rückenden Ägypten- und Afghanistan-Frage. In Erkenntnis eigener Abwehrschwäche gegenüber der vitalen Bedrohung und zunehmender Isolation im Mächtesystem stimmten Foreign Office und Colonial Office darin überein, ein Disengagement bzw. ein Einlenken in sekundären, für das Empire nicht unmittelbar strategischen Sicherungszonen einzuleiten, was Gladstones Prinzip der minimalen Verantwortung entsprach[25].

Im konkreten Fall Samoa ließ sich ein Nachgeben jedoch nicht ohne massiven Widerspruch Neuseelands durchführen, zumal die — nicht verhinderte — Annexion Ostneuguineas durch Deutschland heftige Reaktionen gerade in Neuseeland erregt hatte. Als nach dem Bekanntwerden des Stübel-Vertrags zum Jahreswechsel 1884/85[26] erneut neuseeländische Annexionsforderungen erhoben wurden, fragte man sich im Colonial Office, ob Deutschland vor diesem Hintergrund noch an den mündlichen Abmachungen über die Unverletzlichkeit Tongas und Samoas interessiert sei[27]. Andererseits wußte Kolonialminister Derby nur zu gut, daß die Beibehaltung der Internationalisierung der beiden pazifischen Inseln britischem Interesse am besten entsprach und eine übereilte Aktion Neuseelands nur nachteilige Konsequenzen für deren Status wie für britische Interessen haben konnte[28].

Nachdem der Gouverneur von Neuseeland Anfang Januar 1885 telegraphisch über den neuen deutsch-samoanischen Vertrag berichtet hatte, herrschte im Kabinett zunächst Ratlosigkeit. Dies lag u.a. daran, daß Botschafter Münster stets versichert hatte, Deutschland beabsichtige keine feindlichen Aktionen gegen Samoa. Nun aber hatte es den Anschein, als wollte Deutschland entgegen seinen Versicherungen vollendete Tatsachen schaffen und Samoa voll seinem Einflußbereich unterwerfen[29].

Die Kabinettsitzung vom 7. Januar schien Großbritannien unter Berücksichtigung der internationalen Lage in der Samoafrage zunächst noch einen flexiblen Handlungsspielraum zuzumessen, da Deutschland nach allgemeiner Einschätzung bei einer krisenhaften Zuspitzung auf sich allein gestellt war. Völlig anders verhielt es sich dagegen mit Ägypten, wo bei einer Konfrontation mit

24 GP 4, Nr. 758. Vgl. ebd., 756 und 757.
25 Martin P. Knight, Britain, Germany and the Pacific, 1880—1887. In: Germany in the Pacific and Far East, 1870—1914. Ed. by John A. Moses and Paul M. Kennedy, St. Lucia 1977, S. 71 ff.
26 St.A. 44 (1886), Nr. 8479.
27 Ebd., Nr. 8480.
28 Ebd., Nr. 8482. Vgl. Kennedy, The Samoan Tangle, S. 46 f.; Scholefield, The Pacific, S. 155.
29 The Life of the Rt. Hon. Sir Charles Dilke, 2 Bde. Ed. by Stephen Gwynn and Gertrude M. Tuckwell, London 1918, Bd II, S. 96.

Frankreich, Großbritannien in die Abseitsposition gedrückt würde[30]. In richtiger Einschätzung der bedrängten englischen Position hatte Premierminister Gladstone deshalb schon früher aus politischen Erwägungen eine enge Kooperation mit Deutschland als wichtig bezeichnet und damit implizit ein partielles Einlenken in kontroversen Fragen signalisiert[31]. Auch mußte Gladstone eingestehen, über die gemeldeten Vorgänge in Samoa noch keine Klarheit zu besitzen[32], so daß zunächst Sondierungen in Berlin erforderlich wurden.

Am 17. Januar 1885 entschloß sich die englische Regierung zu einer Anfrage in Berlin wegen des Staatsvertrags[33]. Bismarck reagierte am 26. Januar mit einer längeren Note, in der er den Vertrag Stübels als gedeckt durch den deutsch-samoanischen Vertrag von 1879 verteidigte und dessen Ratifikation — gegen die zuvor geäußerten Bedenken Englands — ankündigte. Aus der mitgeschickten deutschen Übersetzung der Vereinbarung sollte die englische Regierung ersehen, daß die Vereinbarungen »weder die Unabhängigkeit dieser Insel-Gruppe noch die von anderen Nationen dort erworbenen Rechte beeinträchtigen«[34].

Aus Bismarcks Reaktion mußte Großbritannien zunächst entnehmen, daß Deutschland voll hinter dem aggressiven Vorgehen in Samoa stand, da er die getroffenen Vereinbarungen als bindend bezeichnete. Zudem hatte Botschafter Münster nachdrücklich die Ausführungen des Reichskanzlers bekräftigt und Deutschlands Absicht zur strikten Einhaltung des Staatsvertrages hervorgehoben[35].

Anfang Februar wurden in Berlin nähere Einzelheiten über die Schritte Stübels bekannt. Während jedoch Staatssekretär Herbert von Bismarck das selbstherrliche Vorgehen des deutschen Konsuls gegenüber dem englischen Botschafter als »Repressalie« für begangene Gewaltakte der Samoaner rechtfertigte, für die Flaggenhissung indes keine Erklärung fand[36], war sein Vater ungehalten über Stübels unverantwortliches Handeln. Für ihn sollte eine Statusänderung in Samoa — unter Ausnutzung weltpolitischer Rivalitäten — nur auf friedlichem Wege erfolgen. Er wollte mit der eklatanten Verletzung der Vertragsrechte kein Präjudiz schaffen, das nachteilige Konsequenzen für die Berliner Afrikakonferenz bergen konnte. Die taktische Ausnutzung der weltpolitischen Bedrängnis Großbritanniens im Sudan und in Afghanistan versprach eher eine praktische Durchsetzung deutscher Interessen als Stübels blinder Aktionismus, der die Fronten für eine friedliche Lösung nur verhärtete[37]. Daher war Bismarcks erste Reaktion auf Stübels eigenmächtiges Vorgehen, in London und Washington anzuzeigen, daß er nach wie vor zu den früheren Abmachungen betreffend Samoa stehe. Zugleich wurde Stübel scharf zurecht-

---

30 Ebd., S. 98.

31 The Political Correspondence of Mr. Gladstone and Lord Granville 1876—1886, Bd II. Ed. by Agatha Ramm, Oxford 1962, Nr. 1527.

32 Ebd., Nr. 1567.

33 St.A. 44 (1886), Nr. 8488.

34 St.A. 44 (1886), Nr. 8495.

35 Kennedy, The Samoan Tangle, S. 45.

36 Scholefield, The Pacific, S. 157; St.A. 44 (1886) - Colonial Office and Foreign Office, 11.12.1884.

37 Kennedy, The Samoan Tangle, S. 45; Scholefield, The Pacific, S. 160.

gewiesen, daß weder ein deutsches Protektorat noch ein Gewaltakt beabsichtigt seien[38]. Demgegenüber blieb der Schutz der dominierenden deutschen Wirtschaftsinteressen in Kraft. Bismarck versicherte Botschafter Malet, »that he has no intention of sanctioning the annexation of Samoa or the establishment of a German Protectorate there, and that he adheres strictly to the terms of the agreement with Her Majesty's Government in regard to this island«[39]. Bismarcks Zurückhaltung kam der britischen Auffassung durchaus entgegen, da die ägyptische Frage momentan alle anderen Probleme überlagerte[40].

Die Nachricht von einem auf deutsche Initiative hin geschaffenen samoanischen Staatsrat rief vor allem im englischen Kolonialministerium Bedenken hervor. Mit Rücksicht auf neuseeländische Empfindlichkeiten warnte Lord Derby, daß die Etablierung eines Staatsrats den Deutschen gegenüber anderen Nationen das Übergewicht in den politischen Beziehungen verschaffe, »which cannot but be injurious to the British settlers in the islands«. Infolgedessen »it would not be possible for Her Majesty's Government to accept a position of less influence and consideration than is given to Germany by this treaty«[41]. In diesem Sinne übermittelte Außenminister Granville dem deutschen Botschafter am 16. Februar 1885 eine Note zur Samoafrage, in der nochmals Englands Bereitschaft zu Abgrenzungsgesprächen im Pazifik bekräftigt und die inakzeptable Veränderung des status quo zuungunsten Großbritanniens angesprochen wurde. Granville spielte die samoanischen Annexionsersuchen in ihrer Bedeutung herunter und verwies statt dessen allgemein auf die unkontrollierten Aktionen der »men on the spot«, die zu unnötigen Komplikationen führen könnten. Doch lobte er ausdrücklich die umgehende Zurechtweisung des deutschen Konsuls für die unverantwortliche Flaggenhissung, da sofortiges Eingreifen und konsequentes Handeln »are the best antidotes against this risk«[42].

Trotz tendenzieller Nachgiebigkeit des liberalen Gladstone-Kabinetts (Neuguinea, Fiji, Afrika) scheiterten die deutsch-britischen Demarkationsgespräche über die Südsee am offenen Samoaproblem; denn Bismarck hielt Londons Verhandlungsbereitschaft für unaufrichtig und favorisierte daher ein dilatorisches Vorgehen[43].

Der Schwebezustand in Samoa dauerte auch unter dem kurzlebigen ersten Salisbury-Kabinett (Juni 1885 bis Januar 1886) an. Der Regierungswechsel brachte für die deutsch-britischen Beziehungen insgesamt jedoch eine leichte Entspannung, da beide Seiten ein politisches Interesse an einer Annäherung bekundeten[44]. Dies verleitete Bismarck schon zu Überlegungen, die Verwaltung Samoas in alleiniger Regie zu übernehmen. Trotz allem Entgegenkommen war Premierminister Salisbury vorerst zu einer derart weitreichenden Konzession nicht bereit, »owing to the state of public feeling in the colonies« (Pauncefote).

38 Kennedy, Bismarck's Imperialism, S. 269 f.
39 St.A. 44 (1886), Nr. 8503.
40 Martin Kröger, »Le bâton égyptien« - Der ägyptische Knüppel. Die Rolle der »ägyptischen Frage in der deutschen Außenpolitik von 1875/76 bis zur »Entente Cordiale«, Frankfurt a.M. 1991 (= Europäische Hochschulschriften, III/470).
41 St.A. 44 (1886), Nr. 8504. Vgl. Ebd., Nr. 8465; Scholefield, The Pacific, S. 157.
42 St.A. 44 (1886), Nr. 8506.
43 Kennedy, The Samoan Tangle, S. 46 f.
44 Vgl. GP 4, Nr. 779.

Nach außen hin blieb die Annäherung mit Rücksicht auf die »Große Politik« intakt, in puncto Samoa blieben die Fronten vorerst jedoch unverändert starr. Zudem blieb Salisburys wegen der politischen Annäherung an Deutschland viel stärker instrumentalisierte Samoapolitik in dem Dilemma befangen, im Interesse übergreifender Empirefragen das Wohlwollen Deutschlands durch taktisches Nachgeben im Kolonialbereich zu sichern, ohne Neuseelands Proteste im Falle eines Disengagements von der Inselgruppe heraufzubeschwören[45].

Erst der Vorstoß des neuen englischen Außenministers Lord Rosebery schien Anfang 1886 Bewegung in den festgefahrenen Samoakonflikt zu bringen. Seine Anregung, zur Beendigung der Streitigkeiten Samoa nur noch einer Schutzmacht zu unterstellen, kam Bismarcks Vorstellungen zwar recht nahe, doch wurde ein greifbares Ergebnis wegen der unterschiedlichen Bewertung des jeweiligen politischen Einflusses auf der Südseeinsel vereitelt[46].

Zum Jahreswechsel 1885/86 wurden weitere dramatische Vorgänge aus Samoa gemeldet. Der deutsche Konsul hatte König Malietoa mittlerweile völlig aus Mulinu'u vertrieben und dessen Flagge in Apia eingeholt[47]. Entgegen allen Verlautbarungen schien das Deutsche Reich mit diesen Maßnahmen unverrückbar an seiner harten Linie gegenüber Samoa festzuhalten, und seine wirtschaftliche Machtstellung politisch fundieren zu wollen.

Bismarck verstimmte die rücksichtslose Vorwärtspolitik Stübels nicht nur wegen des nachteiligen Effekts auf die verhandlungsbereite englische Regierung, sondern auch in Ansehung einer spürbar aktiveren Pazifikpolitik der USA, seit Grover Cleveland im März 1885 die Präsidentschaft übernommen hatte.

Beunruhigt von dem deutschen Aktionismus vor Ort verfocht US-Außenminister Bayard gegen die Beeinträchtigung amerikanischer Rechte auf Samoa eine »open door«-Doktrin, die die unantastbare Selbständigkeit der Südseeinsel bei gleichen Handelsrechten aller engagierten Staaten sichern sollte. Langfristig waren damit den expandierenden US-Wirtschaftsinteressen wie auch den militärischen und sicherheitspolitischen Erwägungen im Hinblick auf den geplanten Kanal in Mittelamerika am besten gedient[48]. Kurz zuvor hatte Bayard unter Verweis auf das »moralische Interesse« der USA an den Pazifikinseln verlauten lassen, daß er die deutschen Pläne zur Übernahme Samoas nicht akzeptieren könne[49].

Nach der Krise von 1884/85 zeichnete sich damit in puncto Samoa eine dramatische Wende ab, bei der die selbstbewußt als pazifische Macht auftretenden USA anstelle des reserviert taktierenden Großbritannien zur Hauptgefahr für die deutschen Pazifikinteressen zu werden drohten. Das Auftauchen der USA als engagierte, gleiche Mitsprache auf Samoa einklagende Macht rief

45 Kennedy, The Samoan Tangle, S. 47—50.

46 Scholefield, The Pacific, S. 162 ff., Kennedy, Bismarck's Imperialism, S. 273.

47 Kennedy, Bismarck's Imperialism, S. 272.

48 Hans-Ulrich Wehler, 1889 Wendepunkt der amerikanischen Außenpolitik. Die Anfänge des modernen Panamerikanismus - Die Samoakrise. In: Historische Zeitschrift 201 (1965), S. 57—109, hier S. 90 f. Vgl. auch Harold and Margaret Sprout, The Rise of American Naval Power 1776—1918, Princeton 1939, S. 206 f.

49 Kennedy, The Samoan Tangle, S. 51 ff. Vgl. dazu Charles C. Tansill, The Foreign Policy of Thomas F. Bayard 1885—1897, New York 1940 (Repr. 1969), S. 22—31.

in Berlin wie in London Irritationen hervor. Bislang hatte man nicht daran gedacht, den ambitionierten »newcomer«, der mit Pago Pago einen stategischen Hafen auf der Insel besaß und die Munizipalkonvention von 1879 weder ratifiziert noch akzeptiert hatte, bei der Neugestaltung der samoanischen Verhältnisse entscheidend zu beteiligen.

Obwohl die DHPG Stübels Eingriffe in die staatliche Souveränität Samoas unterstützte, plädierte Bismarck angesichts möglicher internationaler Verwicklungen für die Aufgabe der Besetzung von Mulinu'u und Apia und ermahnte Konsul Stübel zur Zurückhaltung gegenüber Malietoa. Es zeigte sich jedoch, daß Bismarcks Haltung gegenüber Samoa schwankend war. Denn unter massivem Drängen des DHPG-Vertreters Weber wie des Kolonialreferenten im Auswärtigen Amt, Friedrich Krauel, die beide Malietoas antideutsche Haltung betonten, neigte er schließlich gegen März 1886 der Auffassung zu, seinen zuvor eher vermittelnden Kurs einer Anerkennung Malietoas zugunsten einer Unterstützung des Rivalen Tamasese aufzugeben[50].

Diese Kehrtwendung Bismarcks gegenüber den samoanischen Verhältnissen mochte auch Ausdruck des unüberbrückbaren Mißtrauens gegen das liberale Gladstone-Kabinett sein, mit dem in deutscher Sicht das angestrebte Abkommen über Samoa schwerlich zustande gebracht werden konnte. Dazu fehlten im kolonialen Bereich vor Ort vorerst auch Beweise jener in den Zentralen geübten deutsch-britischen Annäherungsrhetorik. Herbert von Bismarck sah deshalb die »fortdauernde(n) Friktionen auf kolonialen Gebieten« nicht nur als Hindernisse einer Verständigung, sondern auch als brisante Konfliktstoffe, die zu einer »politischen Gegnerschaft überhaupt führen (können)«[51].

Von daher stand Außenminister Roseberys Vorschlag vom März 1886, eine Lösung der Samoafrage durch Kommissare der drei beteiligten Mächte vor Ort zu betreiben, unter keinem günstigen Stern. In dem Bemühen, das Demarkationsabkommen mit Deutschland so schnell wie möglich unter Dach und Fach zu bringen, glaubte Rosebery offensichtlich, mit seinem Vorstoß auch die US-Interessen entsprechend berücksichtigen zu können. Doch damit stieß er auf Vorbehalte Bismarcks, der unter Ausklammerung der USA nur eine deutsch-britische Kommission zugestehen wollte, da er im Dreierrahmen eine Benachteiligung der deutschen Wirtschaftsinteressen befürchtete (»We can agree only with England, or not at all«)[52].

Bevor ein Kompromiß gefunden werden konnte, überlagerten erneut die Vorgänge in Samoa die diplomatischen Schritte zur Konfliktentschärfung. Im April 1886 machte ein deutsches Kreuzergeschwader Station in Apia und bekräftigte, unter Ignorierung Malietoas, die Anerkennung Tamaseses als »rechtmäßigen« Herrscher. Kaum hatte das Geschwader die Insel verlassen, als der US-Konsul Greenebaum aus eigenem Antrieb vollendete Tatsachen schaffen wollte. Nicht nur versicherte er König Malietoa seiner Unterstützung, er proklamierte auch ein Protektorat über Samoa[53].

---

50 Kennedy, The Samoan Tangle, S. 51 ff., 58.
51 GP 4, Nr. 790.
52 Kennedy, The Samoan Tangle, S. 53 ff.; Tansill, The Foreign Policy, 32 f.
53 Ebd., S. 55.

Außenminister Bayard verurteilte die Aktion sofort und ergriff nun seinerseits die Gelegenheit, mit einer eigenen diplomatischen Initiative Bewegung in die verhärtete Samoafrage zu bringen. Danach sollte eine Konferenz, bestehend aus ihm selbst und den Gesandten Deutschlands und Englands, in Washington die zukünftigen Verhältnisse Samoas klären[54]. Wie aus einer vertraulichen Anweisung an den US-Kommissar Bates hervorging, war Bayards Intention bei diesem Vorstoß, unter allen Umständen die Neutralität Samoas zu sichern[55].

Nach einigem Zögern akzeptierte Bismarck den US-Vorschlag, machte aber geltend, vor Konferenzbeginn einen amerikanischen Kommissar nach Samoa zu entsenden, der gemeinsam mit seinen deutschen und englischen Kollegen Unterlagen für die Konferenz in Washington zusammentragen sollte[56].

Obwohl Bismarck damit seine Absicht, zusammen mit England das Samoaproblem zu lösen, im Interesse einer Beruhigung vor Ort fallengelassen hatte, versprach die Rückkehr Salisburys als Premierminister im Juli 1886 eine Verbesserung des — gegenüber der früheren Lösung — modifizierten deutschen Standpunkts, zumal auch der englische Kommissar Thurston weitgehend den deutschen Ansichten zuneigte[57].

Salisbury setzte mit Rücksicht auf Ägypten verstärkt auf deutsches Wohlwollen in der internationalen Politik und war in dieser Richtung auch bereit, Zugeständnisse in sekundären Fragen zu machen. Wenn es letztlich auch nur noch um entsprechende gesichtswahrende Kompensationen für den britischen Rückzug aus Samoa ging, so verhinderte Bismarcks Hartnäckigkeit einstweilen ein deutsch-britisches Übereinkommen. Dagegen war Salisbury im Interesse eines Ausgleichs bereit, Divergenzen mit den australasiatischen Kolonien in Kauf zu nehmen[58].

Während in der zweiten Jahreshälfte 1886 die drei Kommissare ihre jeweils separaten Untersuchungen in Samoa aufnahmen[59], reifte in den diplomatischen Verhandlungen zwischen Berlin und London auf der Suche nach einem quid pro quo ein Kompromiß heran. In englischen Regierungskreisen neigte man zu der Ansicht, Deutschland aufgrund seiner ökonomischen Vorrangstellung als Mandatar Samoas anzuerkennen, wollte im Gegenzug aber in den monatelangen Verhandlungen ähnliche Rechte für Tonga geltend machen. Heraus kam am 23. April 1887 jedoch lediglich ein deutsch-britisches Geheimabkommen, das Tonga als integralen Bestandteil eines formellen Übereinkommens unberührt ließ. Mit dem Nachgeben Salisburys war der erste Schritt zur de-facto-Kontrolle Deutschlands über Samoa getan. Ein deutscher Berater sollte dem samoanischen König beigegeben werden, wodurch die englischen und amerikanischen Konsuln ihren Einfluß auf die innersamoanischen Verhältnisse verlieren würden[60].

---

54 Ebd., Scholefield, The Pacific, S. 193; Wehler, Wendepunkt, S. 91.
55 Wehler, Wendepunkt, S. 92.
56 Kennedy, The Samoan Tangle, S. 55; Tansill, The Foreign Policy, S. 33—36.
57 Kennedy, Bismarck's Imperialism, S. 274. Vgl. Weck, Samoafrage, S. 73—76.
58 Kennedy, The Samoan Tangle, S. 55—58.
59 Scholefield, The Pacific, S. 164 f.; Wehler, Wendepunkt, S. 92; Kennedy, The Samoan Tangle, S. 58—63; Weck, Samoafrage, S. 76—79.
60 Kennedy, The Samoan Tangle, S. 63.

Das deutsch-britische Geheimabkommen erschwerte eine Annäherung an die USA schon im Vorfeld der Washingtoner Konferenz. US-Kommissar Bates lehnte die Konzentration der politischen Kontrolle über Samoa in Deutschlands Händen strikt ab, da ihm das ökonomische Übergewicht Deutschlands als Nachteil für eine unparteiische administrative Interessenwahrnehmung erschien. Statt dessen sollte den USA als wirtschaftlich geringer engagierter Macht das Mandat über Samoa zufallen[61]. Außenminister Bayard verwarf diese Idee, hielt aber an seiner Maxime fest, jegliche Form einer de-facto-Kolonialherrschaft Deutschlands über Samoa zu verhindern[62]. Damit kollidierte Bayard aber mit dem deutschen Standpunkt, wonach die Macht mit den größten Wirtschaftsinteressen die politische Kontrolle ausüben sollte. Zudem konnte sich Deutschland seit dem Übereinkommen mit Großbritannien in seiner Auffassung bestätigt sehen. Die offizielle Vorstellung des Auswärtigen Amtes ging dahin, keine Beherrschung Samoas anzustreben, sondern lediglich den Handel gegen Übergriffe der Eingeborenen und Querelen mit England und den USA zu sichern[63].

Wie notwendig das Sicherungsargument war, zeigte sich für die deutsche Seite im Juni 1887, als ein maßgeblich von den USA geförderter Handelsvertrag zwischen Samoa und Hawaii abgeschlossen wurde, der von Bismarck als Bedrohung der deutschen Samoa-Interessen interpretiert wurde. Bismarck hielt eine scharfe Warnung an die Adresse Honolulus für erforderlich, daß eine weitere Einmischung zu einem Krieg zwischen Deutschland und Hawaii führen würde. Diese harte Sprache war als Warnschuß für die USA gedacht, von ihren — in Berlin als intrigant verstandenen — Einmischungen in Samoa abzulassen[64].

Die bereits in den Untersuchungen der Dreier-Kommission auf Samoa zum Ausdruck gekommenen konträren Auffassungen der Mächte über die Zukunft Samoas schlugen sich auch in der Washingtoner Konferenz nieder, die am 25. Juni 1887 begann. Zwischen der deutschen, zur conditio sine qua non erhobenen Ansicht — Herrschaft durch die wirtschaftlich wichtigste Macht —, die vom britischen Gesandten Sacksville-West im Einklang mit Salisburys goodwill-Kurs diplomatisch gedeckt wurde, und Bayards ebenso rigidem Standpunkt — jede Form einer de-facto-Kolonialherrschaft Deutschlands zu verhindern — war schwerlich eine Annäherung möglich. Das zusätzlich durch persönliche Animositäten zwischen Bayard und dem deutschen Gesandten Alvensleben belastete Verhandlungsklima trug mit dazu bei, daß die Konferenz schon nach einem Monat (am 26. Juli) ergebnislos endete[65].

Das Scheitern des ersten gemeinsamen Versuchs einer friedlichen Lösung im Südwestpazifik bewirkte eine Eskalation des Samoakonflikts. Außenminister Bayards intransigente Position gab den Vertretern eines härteren Vorgehens in

---

61 Ebd., S. 64.
62 Ebd., S. 65.
63 Ebd., S. 63.
64 Ebd., S. 65. Vgl. Weck, Samoafrage, S. 80 f.; Staatssekretär Graf Herbert von Bismarck. Aus seiner politischen Privatkorrespondenz. Hrsg. von Walter Bußmann, Göttingen 1964, S. 464.
65 Kennedy, The Samoan Tangle, S. 64 ff.; Weck, Samoafrage, S. 79 f.; Wehler, Wendepunkt, S. 92 f. Ausführlich: Tansill, The Foreign Policy, S. 52—67.

Deutschland Auftrieb, da, wie Herbert von Bismarck gegenüber Salisbury Ende August 1887 beklagte, die USA in ungerechtfertigter Ausweitung der Monroe-Doktrin den Stillen Ozean wie »an American Lake« betrachteten und diesen unter ihren »ausschließlichen Einfluß« bringen wollten. Salisbury, der laut Herbert von Bismarck englische Unterstützung, zumindest aber englische Duldung bei einem etwaigen deutschen Vorgehen gegen Malietoa signalisiert hatte, pflichtete den Unmutsäußerungen bei:

»Man müsse den Amerikanern jedenfalls scharf auf die Finger sehen.«

Als Herbert von Bismarck ihn davon unterrichtete, daß »unser Geschwader in diesen Tagen mit Malietoa abrechnen (würde)«, beschränkte sich Salisburys Entgegnung lediglich darauf, im Einklang mit seiner bisher geübten taktischen Zurückhaltung vor einem Krieg gegen Samoa zu warnen. Der englische Premierminister schien beruhigt, als ihm versichert wurde, daß nur eine militärische Aktion gegen Malietoa persönlich geplant sei; »in Samoa wollen wir gerade unsere Interessen vor Bürgerkrieg und Räuberei schützen«[66].

Schon im Juni 1887 hatte die Admiralität in Berlin angeregt, das Kreuzergeschwader zu Demonstrationszwecken eine Zeitlang in Samoa zu stationieren. Durch entsprechende maritime Präsenz versprach man sich eine Stärkung des pro-deutschen Thronkandidaten Tamasese und einen abschreckenden Effekt auf anglo-amerikanische Bemühungen, Malietoa zu unterstützen.

Gleichzeitig wurde dem neuen Konsul in Apia, Becker, vom Auswärtigen Amt eine verschärfte Verhaltensdirektive mit auf den Weg gegeben, worin sich ankündigte, daß die politische Führung des Deutschen Reichs in der Samoafrage dringend ein greifbares Ergebnis erstrebte. Wenn gegenüber Becker eingestanden wurde, daß es ein politischer Fehler sei, anti-deutschen Intrigen freien Lauf zu lassen, bedeutete das nicht nur eine Absage an die bisherige politische Zurückhaltung der Zentrale, damit erhielt auch der neue »man on the spot« gleichsam Handlungsvollmacht, die bisherige Laissez-faire-Politik mit geeigneten Gegenmaßnahmen zu korrigieren, um die deutschen Interessen mit einer je situativ greifenden Vorgehensweise zu schützen[67].

Nach dem Scheitern der Konferenz von Washington neigte auch Reichskanzler Bismarck der härteren Gangart zu[68], wenngleich er den ungestümen Tatendrang seines Sohnes und Krauels, die für eine umgehende Absetzung Malietoas votierten und mit der Etablierung einer unter deutscher Aufsicht stehenden samoanischen Regierung ein fait accompli provozieren wollten, als zu weitgehend ablehnte. Doch die in der letzten Zeit sich häufenden Übergriffe Malietoas auf DHPG-Besitz sowie vor allem der jüngste Fall von Majestätsbeleidigung ließen dem Reichskanzler keine andere Wahl, als zur Wahrung der Ehre des Reichs mit Entschiedenheit gegen die Verletzung deutscher Interessen vorzugehen[69].

Bismarcks Reaktion erfolgte auf zwei Ebenen: zum einen gegen Malietoa als dem direkten Feind; zum anderen gegen das von den USA gedeckte Hawaii als

[66] GP 4, Nr. 818.
[67] Kennedy, The Samoan Tangle, S. 67.
[68] Scholefield, The Pacific, S. 165.
[69] Staatssekretär Graf Herbert von Bismarck, S. 464; Scholefield, The Pacific, S. 165; Weck, Samoafrage, S. 83.

mittelbarem Gegner. Danach sollte, falls Malietoa sich nicht entschuldigte und Hawaii nicht von seinen Einmischungen in samoanische Angelegenheiten abließ, unverzüglich der Kriegszustand eintreten[70]. Für Herbert von Bismarck war eine deutsche Ordnungsaktion in Samoa aus Prestigegründen und zum Schutz der dortigen Landsleute längst überfällig.

»Wenn wir dabei aussprechen, daß wir eine politische Änderung nicht erstrebten und den Amerikanern alle Handels- und Niederlassungsanteile lassen würden, wie bisher, so werden sich die schlappen Yankees bald beruhigen.«

Auf jeden Fall sollte noch während der Anwesenheit des deutschen Geschwaders vor Apia eine neue Königswahl bewerkstelligt werden, »sonst ziehen wir uns [...] eine peinliche Blamage zu« und es könnte den Anschein erwecken, »daß wir [...] vor den schäbigen Yankees [...] kneifen«[71].

Während sich Salisbury auf die Ankündigung des casus belli — wie erwartet — zu strikter Neutralität verpflichtete[72], reagierte Außenminister Bayard auf die deutsche Kriegsabsicht und die Verstärkung des Geschwaders vor Samoa verwundert, hielt sich zunächst aber noch bedeckt, da kein akuter Handlungsbedarf bestand[73].

Eine Zuspitzung der Situation in Samoa und damit eine für Bayard völlig veränderte Ausgangslage trat erst ein, als Konsul Becker Ende August 1887 König Malietoa den Krieg erklärte, nachdem dieser deutschen Reparationsforderungen für die Majestätsbeleidigung und die Zerstörung von DHPG-Besitz nicht nachgekommen war. Malietoa wurde gefangengesetzt und nach Kamerun deportiert; gleichzeitig wurde über Samoa das Kriegsrecht verhängt[74]. Als Tamasese zum neuen König erhoben wurde, protestierten zwar der englische und der amerikanische Konsul, zumal ihm ein Deutscher in leitender Funktion als Berater (Brandeis) beigegeben wurde, doch verhinderte das nicht, daß deutsche Marinesoldaten bald alle strategisch wichtigen Punkte auf der Insel kontrollierten und Becker die Munizipalkonvention aus dem Jahre 1879 außer Kraft setzte. Paul Kennedy konstatiert dazu zu Recht: »Samoa had become a de-facto German possession«[75].

Angesichts der Zuspitzung der Lage im Südwestpazifik wurde Lord Salisbury zusehends unruhiger. Doch blieb ihm mit Rücksicht auf die anvisierten Kompensationen in Tonga keine andere Wahl, als den deutschen Kurs mitzutragen und Tamasese als Herrscher von Samoa anzuerkennen[76].

Die Reaktion der US-Öffentlichkeit auf Beckers Vorgehen war ausgesprochen feindlich. Außenminster Bayard fühlte sich durch den deutschen Coup düpiert. Für ihn mußte es so aussehen, als habe das Reich durch seine Teilnahme an der Washingtoner Konferenz nur die Vorbereitungen zu der langgeplanten Aktion verschleiern wollen. In dieser Auffassung mußte ihn bestärken, daß

70 Kennedy, The Samoan Tangle, S. 67 f. Vgl. Staatssekretär Graf Herbert von Bismarck, S. 464 f., 467.

71 Staatssekretär Graf Herbert von Bismarck, S. 465.

72 Kennedy, The Samoan Tangle, S. 68. Vgl. GP 4, Nr. 818.

73 Kennedy, The Samoan Tangle, S. 68 f.; Tansill, The Foreign Policy, S. 68—70.

74 Scholefield, The Pacific, S. 165 f.; Weck, Samoafrage, S. 84.

75 Kennedy, The Samoan Tangle, S. 69. Vgl. Scholefield, The Pacific, S. 166 f.

76 Kennedy, The Samoan Tangle, S. 70; Scholefield, The Pacific, S. 166.

Deutschland seinen Vorschlag, einen neuen König zu wählen, unter Verweis auf den bereits amtierenden Tamasese abschlägig beschied. Am 28. September warnte Bayard den Gesandten Alvensleben vor einem Krieg gegen Malietoa, welcher »would scarcely be called a conflict with two sides«, denn Malietoa sei von der Gnade derjenigen Großmacht abhängig »that chose to impose unjust terms upon him or treat him unkindly«. Allerdings stellte Bayard auch auf Kritik des Marineministers klar, daß »the action of Germany towards Samoa [...] violates no treaty stipulation to which the United States is a party [...] and creates no casus belli to any other Government than Samoa«[77]. Aufgrund der Reaktionen aus Washington war für Bismarck klar, daß er von Konsul Becker über das wahre Ausmaß der Unruhen in Samoa getäuscht worden war, hatte dieser doch von weitgehender Ruhe und Ordnung berichtet, die nur der US-Konsul Sewall störe[78]. Abweichend von seinen Mitarbeitern und der DHPG war der Reichskanzler jedoch strikt gegen eine formelle Annexion, um einem direkten Konflikt mit den USA auszuweichen[79].

Ende 1887 legte Außeminister Bayard in einem Memorandum über die Samoakontroverse, das Staatssekretär Herbert von Bismarck zu Beginn des nächsten Jahres überreicht wurde, den US-Standpunkt dar. Konträr zur deutschen Vorwärtspolitik war darin von der »preservation of native independence and autonomy« die Rede, die die USA als unverrückbares Ziel ihrer Samoapolitik anstrebten[80].

Infolge von Mißwirtschaft verschlechterte sich die Position des Tamasese-Brandeis-Regimes ab Frühjahr 1888 rapide. Repressive Maßnahmen, wie die Erhebung einer Kopfsteuer für die Samoaner, und langwierige Landstreitigkeiten unter den Angehörigen der Vertragsmächte führten zu einer allgemeinen Unzufriedenheit mit dem neuen Ordnungssystem[81]. Die Situation wurde zusätzlich aufgeheizt, als im September die innersamoanischen Rivalitätskämpfe durch den Tamasese-Herausforderer Mata'afa wieder voll entbrannten und diesem die Unterstützung der anglo-amerikanischen Wirtschaftsinteressen vor Ort zuteil wurde[82]. Damit war die Samoafrage am Jahresende 1888 von einer Lösung weiter entfernt als je zuvor. Durch die energischen deutschen Schritte verschlechterte sich nicht nur das deutsch-amerikanische Verhältnis, ein lautstarker Pressefeldzug und vermehrte Schiffsentsendungen der beiden Hauptopponenten in das Krisengebiet schienen darauf hinzudeuten, daß die deutsche wie die amerikanische Samoapolitik immer stärker von einem »war scare« ergriffen wurde. Heftige Angriffe richtete die US-Presse gegen die zaudernde Politik Außenminister Bayards, der ernsthaft bestrebt war, eine deutsch-amerikanische Kollision über Samoa zu verhindern. Nach Ansicht der in San

77 Tansill, The Foreign Policy, S. 72—76.
78 Vgl. Weck, Samoafrage, S. 85.
79 Kennedy, The Samoan Tangle, S 71 f.
80 Ebd., S. 72 f.
81 Ebd., S. 73 f.
82 Ebd., S. 75 f.; Weck, Samoafrage, S. 90 ff.; Alfred Vagts, Deutschland und die Vereinigten Staaten in der Weltpolitik, Bd 1, New York 1935, S. 640.

Francisco erscheinenden Zeitung »Argus« war nun die Zeit gekommen, daß die USA ihre Rechte behaupten mußten — »even with shot and shell«[83].

Bismarck war über die alarmierenden Meldungen Konsul Beckers zutiefst beunruhigt, da die Entwicklung der Berliner Zentrale zu entgleiten drohte. Immer offenkundiger zeichnete sich ab, daß die Krise auf eine Auseinandersetzung zwischen Deutschland und Mata'afa zusteuerte, und daß die USA nicht gewillt waren, klein beizugeben[84].

Die angeschlagene deutsche Position auf Samoa war auch durch ein Revirement im November nicht mehr aufzufangen. Vielmehr erwies sich der neue Konsul, Knappe, in seiner Amtsführung als ebenso rücksichtslos wie seine beiden Vorgänger. Er erwarb sich das Verdienst, die deutsch-amerikanischen Beziehungen hart an den Rand eines Kriegs zu manövrieren. Nach einer vernichtenden Niederlage deutscher Truppen gegen Mata'afa ging Knappe eigenmächtig dazu über, am 19. Januar 1889 den Kriegszustand zu proklamieren[85] und alle Bewohner der Insel, einschließlich der Engländer und Amerikaner, unter Kriegsrecht zu stellen. Knappes Proklamation sowie seine in die Nähe einer deutschen Annexion rückenden Verlautbarungen machten Bismarcks auf eine kollisionsfreie Befriedung angelegte Samoapolitik vom Ansatz her zunichte. Wenn auch der Reichskanzler einen entscheidenden Schlag gegen Mata'afa nachdrücklich billigte, so hielt er es doch für völlig verfehlt, diesen unter Inkaufnahme eines eklatanten Vertragsbruchs durchzuführen.

Aufgrund der angespannten Situation auf Samoa schien wenigstens eine Zeitlang eine militärische Konfrontation zwischen Deutschland und den USA möglich. Doch die von der Admiralität erhobenen Bedenken gegen eine transozeanische Kriegführung des deutschen Geschwaders ließen es Kaiser Wilhelm II. am 22. Januar 1889 angeraten erscheinen, vorerst von der Entsendung weiterer Schiffe in den Südpazifik Abstand zu nehmen[86].

Zur Jahreswende 1888/89 nahmen die Besorgnisse in den USA wegen der deutschen Aktivitäten in Samoa zu[87]. Im Kongreß wurde das friedensstörende deutsche Vorgehen scharf verurteilt und in der Öffentlichkeit machte sich vermehrt Ärger über die zurückhaltende Politik Präsident Clevelands Luft[88]. Im Gegensatz zum eher kriegsbereiten Präsidenten rückte Außenminister Bayard von seinen Ausgleichsbemühungen nicht ab und sprach gegenüber dem neuen deutschen Gesandten, Graf Arco-Valley, seine Hoffnung aus, daß sich bald ein Weg finden ließe, »to smooth away all friction«[89]. Vor dem Hintergrund der vom Präsidenten getragenen anti-deutschen Stimmung erhielt jedoch Admiral Kimberley, der Chef des US-Pazifikgeschwaders, Befehl, mit drei Schiffen nach

83 Tansill, The Foreign Policy, S. 88 und 92 f.

84 Kennedy, The Samoan Tangle, S. 76 f.

85 Ebd., S. 77 f.; Vagts, Deutschland, Bd 1, S. 647 f.; Weck, Samoafrage, S. 94—99.

86 Kennedy, The Samoan Tangle, S. 78. Vgl. H.H. Herwig and D.F. Trask, Naval Operations Plans between Germany and the United States of America 1898—1913. A Study of Strategic Planning in the Age of Imperialism. In: Militärgeschichtliche Mitteilungen 2 (1970), S. 6.

87 Wehler, Wendepunkt, S. 94 f.; Kennedy, The Samoan Tangle, S. 78 f.

88 Vagts, Deutschland, Bd 1, S. 648—652; Tansill, The Foreign Policy, S. 92 f.

89 Tansill, The Foreign Policy, S. 94.

Samoa auszulaufen[90]. Zweck dieser Flottendemonstration war laut Cleveland der Schutz amerikanischer Bürger und amerikanischen Eigentums sowie die unmißverständliche Klarstellung, daß die USA »strikt jeden Versuch Deutschlands (mißbilligten), entweder Exklusivrechte oder die politische Vorherrschaft auf Samoa zu gewinnen«[91]. In einer Kongreßbotschaft verurteilte er einige Tage später die deutsche Wirtschaftssuprematie auf Samoa, die nicht länger der Neutralität verpflichtet sei. Die Flottenentsendung und der offizielle Protest in Berlin seien notwendig geworden, um auf der »sorgsam zu bewahrenden Autonomie« der Inseln, »die auf dem direkten Weg eines anwachsenden und bedeutenden Handels zwischen Australien und den Vereinigten Staaten liegen«, mit Nachdruck zu bestehen[92]. Angesichts einer sich breitmachenden Kriegsstimmung in der amerikanischen Öffentlichkeit nahm es nicht wunder, wenn der Kongreß mit großer Mehrheit 1/2 Million US-Dollar für die Verteidigung der Samoa-Interessen bewilligte[93]. Zum Fürsprecher einer dynamischen Samoapolitik hatte sich u.a. der demokratische Senator McAdoo gemacht, der Samoa als unverzichtbaren strategischen und kommerziellen Eckpfeiler im pazifischen Interessennetz der USA betrachtete:

> »Unsere Ehre, unsere Rechte und unsere natürlichen Interessen schreiben uns unsere Politik vor, nämlich unsere Privilegien wiederherzustellen, selbst wenn wir die Kanonen sprechen lassen müssen[94].«

Die Emotionen schlugen beiderseits des Atlantiks hoch, doch bestand nach heutiger Kenntnis keine Gefahr eines deutsch-amerikanischen Kriegs wegen Samoa. Immerhin boten die amerikanischen Marinevorbereitungen und die lautstarken öffentlichen Presseattacken in Berlin genügend Grund zur Sorge, zumal im Februar auch das Gerücht kursierte, die USA beabsichtigten, ihre asiatische Flotte nach Samoa zu verlegen[95].

Vor diesem Hintergrund war es daher nur folgerichtig, wenn Generalstabschef Waldersee empfahl, alles zu tun, »um unsere Kriegsvorbereitungen zu steigern«[96], und in der Admiralität für alle Eventualitäten eine Operationsstudie für einen Krieg gegen die USA erarbeitet wurde[97]. Bismarck beschwor die Verantwortlichen vor Ort jedoch eindringlich, unötige Provokationen der Amerikaner zu unterlassen und nicht den ersten Schuß abzugeben. Angesichts der verschlechterten europäischen Lage war es für Bismarck oberstes Gebot, einen militärischen Konflikt an der Peripherie unter allen Umständen zu verhindern.

In Erkenntnis der bedrängten Lage bemühte sich Bismarck intensiv um eine Anlehnung an England, wobei das Bündnisangebot an Salisbury im Januar 1889 Ausdruck der zusehends schwächer werdenden innen- uind außenpolitischen

---

90 Ebd., S. 648; Kennedy, The Samoan Tangle, S. 79.
91 Wehler, Wendepunkt, S. 96.
92 Ebd., S. 97. Vgl. Vagts, Deutschland, Bd 1, S. 648.
93 Kennedy, The Samoan Tangle, S. 79 f.
94 Wehler, Wendepunkte, S. 99.
95 Kennedy, The Samoan Tangle, S. 80; vgl. Ernest R. May, Imperial Democracy. The Emergence of America as a Great Power, New York 1961, S. 9—12; Tansill, The Foreign Policy, S. 99.
96 Vagts, Deutschland, Bd 1, S. 653.
97 Dazu Herwig/Trask, Naval Operations Plans, und Alfred Vagts, Hopes and Fears of an American-German War, 1870—1915. In: Political Science Quarterly 54 (1939), S. 517 f.

Position war. Unter gezieltem Hinweis auf die gefährliche US-Expanion sollte England fest auf die deutsche Seite gezogen werden, um dadurch die amerikanische Kriegshysterie durch eine deutsch-englische Kombination zu dämpfen[98].

Im Bestreben, die Samoakrise zu entschärfen, bot die von Bismarck wieder aufgegriffene Konferenzlösung die besten Aussichten. Zudem versprach sie einen Rückzug von der Vorwärtspolitik ohne Gesichtsverlust, indem Konsul Knappe wegen seiner ungerechtfertigten Kriegserklärung und anderer Übergriffe als Sündenbock für die Konfrontationen herausgestellt wurde. Bismarcks wiederholte öffentliche Zurechtweisungen Knappes waren daher auch mehr für die internationale Öffentlichkeit bestimmt, sie sollten vorrangig die aufgebrachte US-Öffentlichkeit beschwichtigen und sie von der Ernsthaftigkeit des deutschen Verhandlungswillens überzeugen[99].

Nachdem schon zuvor Anzeichen einer deutsch-amerikanischen Entspannung erkennbar waren[100], kühlte die amerikanische Billigung des Bismarckschen Konferenzvorschlags die erhitzten Gemüter am 5. Februar 1889 ab[101].

Auftrieb erhielt die friedliche Konfliktlösung durch die Zerstörung der Kriegsschiffe in Apia durch einen Orkan am 15. März 1889[102]. Damit war im wahrsten Sinne des Wortes die Chance für eine militärische Aktion weggefegt und die Basis für die Rückkehr zu einer ausschließlich von ökonomischen Interessen geleiteten Samoapolitik gelegt worden, für die ein Krieg einen zu hohen Preis darstellte.

Die im Frühjahr 1889 in Berlin eröffnete Samoakonferenz schloß am 14. Juni mit der Samoa-Akte, die anstelle des alten Konsularregiments ein Gremium, bestehend aus den Konsuln und dort lebenden Amerikaner, Engländern und Deutschen, setzte (Munizipialpräsident und Oberrichter in Apia).

In dem Bemühen, die gefährlichen Rivalitäten in Form eines vertraglichen Interessenausgleichs abzubauen, entstand 1889 gleichwohl kein Tridominium im eigentlichen Sinne, da die Fiktion einer autonomen samoanischen Monarchie gewahrt wurde. Das Abkommen bedeutete das Ende der bisherigen Isolationspolitik der USA und stellte gewissermaßen den Übergang zur expansionistischen US-Pazifikpolitik dar, die für Deutschlands Ambitionen in der Südsee fortan als ernstzunehmendes Moment einzukalkulieren war[103].

Das Berliner Samoa-Abkommen von 1889 brachte nur eine scheinbare Regelung des Samoaproblems. Weder ließ sich die strukturelle Schwäche der samoanischen Monarchie überwinden, noch ließ sich der Antagonismus der politisch-wirtschaftlich tonangebenden weißen Schicht beheben und eine starke Exekutive etablieren, die die divergierenden Vorstellungen der drei Vertragsmächte ebenso kompensierte, wie die Interessen der Samoaner berücksichtigte. Infolge

98 Kennedy, The Samoan Tangle, S. 92 ff.; Vagts, Deutschland, Bd 1, S. 668 f.; vgl. GP 4, Nr. 945 und GP 4, Nr. 952.

99 Kennedy, The Samoan Tangle, S. 84 f.; Vagts, Deutschland, Bd 1, S. 695 und 667.

100 Kennedy, The Samoan Tangle, S. 81; Vagts, Deutschland, Bd 1, S. 665 ff.; Wehler, Wendepunkt, S. 100 f.

101 Kennedy, The Samoan Tangle, S. 87; Tansill, The Foreign Policy, S. 105—113.

102 Wehler, Wendepunkt, S. 102; Kennedy, The Samoan Tangle, S. 86.

103 Weck, Samoafrage, S. 103—107; vgl. Reiner Pommerin, Der Kaiser und Amerika. Die USA in der Politik der Reichsleitung, Köln, Wien 1986, S. 49—62 und Kennedy, The Samoan Tangle, S. 87—97.

der sich zusehends verhärtenden Fronten zeichneten sich in den Zentralen der drei Mächte deutliche Tendenzen ab, die für die Kontrolle Samoas nur durch eine Großmacht votierten[104].

Am ausgeprägtesten war die Unzufriedenheit über das kostspielige Samoa-Engagement in den USA, wo Präsident Cleveland und Staatssekretär Blaine Anfang der 1890er Jahre zu einem Rückzug aus dem Südwestpazifik neigten[105].

Die auf den ersten Blick für die deutschen Samoa-Ambitionen günstige Stimmung in den USA änderte freilich nichts an dem grundlegenden Problem der Samoafrage: dem Einvernehmen mit Großbritannien für die angestrebte Änderung des status quo[106]. Dieses war jedoch trotz des deutsch-englischen Kolonialarrangements 1890 schwerlich zu erreichen, da sich die englische Regierung mit Rücksicht auf Ägypten gegenüber Querelen an der Peripherie prinzipiell indifferent verhielt. Für die englische Samoapolitik war kennzeichnend, was Premierminister Rosebery 1892 formulierte, Großbritannien bleibe als »desinteressierter freundlicher Beobachter« im Hintergrund[107].

Der erneute Ausbruch innersamoanischer Rivalitätskämpfe 1893 beendete vorerst die deutschen Spekulationen über eine Neuordnung der Herrschaftsverhältnisse in Samoa. Es galt, gemeinsam mit England die Ordnung auf Samoa wiederherzustellen[108].

Im Zusammenhang mit der US-Annexionskampagne in Hawaii im Jahre 1893 erhielt die deutsche Samoapolitik erneut Auftrieb. Deutschlands Versuche, unter Ausnutzung des US-Interesses an Hawaii die Samoafrage in einem Dreiecksgeschäft Berlin-London-Washington oder im Alleingang mit England zu lösen, fanden in London indes keinen Widerhall. Premierminster Rosebery verwarf mit Rücksicht auf das englisch-amerikanische Verhältnis, aber auch in Anbetracht des nicht nachlassenden Subimperialismus' Australiens und Neuseelands die von der deutschen Seite lancierten kolonialen Tauschpläne (Tonga-Hawaii-Samoa) und setzte die traditionelle Linie der zurückhaltenden Wahrung des status quo im Pazifik fort[109].

Einen überaus stimulierenden Effekt auf die deutschen Samoa-Ambitionen hatte das expansionistische Ausgreifen der USA in den Pazifik unter Präsident McKinley in den Jahren 1897/98. Die Annexion Hawaiis wie der spanisch-amerikanische Krieg boten Deutschland den geeigneten Ansatzhebel, durch die Ablenkung der USA von Samoa in Form eines globalen Kompensationsversuchs die Samoafrage endgültig zu klären.

Doch ein gemeinsamer deutsch-englischer Vorstoß in Washington scheiterte an Premierminister Salisburys Passivität wegen der durch Deutschlands Kiautschou-Besetzung verursachten weltpolitischen Turbulenzen wie der Gefahr einer Beeinträchtigung des englisch-amerikanischen Verhältnisses. Die Folge war, daß sich die deutsch-englischen Beziehungen zum Jahreswechsel 1897/98

104 W.P. Morrell, Britain in the Pacific Islands, Oxford 1948, S. 297 ff.
105 Kennedy, The Samoan Tangle, S. 105; Pommerin, Der Kaiser, S. 55 f.
106 Pommerin, Der Kaiser, S. 55 f.
107 Kennedy, The Samoan Tangle, S. 111.
108 Ebd., S. 102 f.; Vagts, Deutschland, Bd 1, S. 710.
109 Kennedy, The Samoan Tangle, S. 112—115.

weiter abkühlten und auch Deutschland und die USA politisch wie wirtschaftlich weiter auseinanderdrifteten[110].

Mit dem Tode Malietoas (22. August 1898) komplizierten sich die samoanischen Verhältnisse erneut. Schon seit geraumer Zeit waren einige einflußreiche samoanische Chiefs bestrebt, bei den Westmächten die Rückkehr des 1893 deportierten Mata'afa durchzusetzen[111]. Während jedoch der englische und der amerikanische Konsul der Unterstützung für Mata'afa mißtrauten, da sie darin ein geschickt inszeniertes Manöver Deutschlands witterten, den mittlerweile offenbar deutschfreundlichen Ex-Herrscher zum Werkzeug deutscher Interessen zu machen, plädierten der deutsche Konsul Rose sowie die deutschen Handelsvertreter nachdrücklich für die Rückkehr Mata'afas nach Samoa. Die Haltung der Deutschen vor Ort entsprach einem taktischen Defensivschritt, um dem Rückgang des deutschen Einflusses vorzubeugen, weniger einem Coup zur exklusiven Kontrolle der Inselgruppe[112].

Obwohl US-Konsul Osborn und sein britischer Kollege Maxse im Juli 1898 zusammen mit Rose vereinbart hatten, Mata'afa aus der Verbannung zurückzuholen, traten beide angesichts zunehmender Unruhe für einen Aufschub des Rücktransfers ein, um die innenpolitische Situation nicht unnötig anzuheizen. Ungeachtet dessen lief bereits vor dem Tode Malietoas das deutsche Kanonenboot »Bussard« nach den Marshall-Inseln aus und brachte den Prätendenten am 19. September 1898 nach Samoa zurück[113].

Der Tod Malietoas sowie Bemühungen von seiten der USA, Pago Pago zur Kohlenstation auszubauen, ließen Staatssekretär Bülow neue Schwierigkeiten auf der Südseeinsel befürchten. Um unliebsamen Entwicklungen rechtzeitig gegenzusteuern, hielt er daher die Zeit für gekommen, England und den USA am 31. August 1898 einen neuen Teilungsplan für Samoa zu präsentieren (Deutschland: Upolu und Savaii, USA: Tutuila inkl. Pago Pago und Manua, England: Verzicht auf das Samoa-Engagement gegen Überlassung Tongas). Der Zeitpunkt schien günstig gewählt, da einen Tag zuvor der deutsch-britische Vertrag über den portugiesischen Afrikabesitz abgeschlossen worden war. Bülows Offensive, die auch deutsche Konzessionen in Afrika einschloß, scheiterte freilich an der reservierten Haltung Salisburys, der wegen Australien und Neuseeland einer Preisgabe der englischen Präsenz in Samoa nicht zustimmen mochte[114].

Zur Jahreswende 1898/99 drohte die verfahrene Lage in Samoa infolge der Thronrivalität weiter zu eskalieren. Der Grund dafür lag im Urteil des amerikanischen Oberrichters Chambers zur umstrittenen Thronfolge. Chambers, dem als Oberrichter für den Munizipalbezirk Apia laut Berliner Samoa-Akte das Recht zustand, im Streitfall einen Kandidaten zu nominieren, entschied sich unter Verweis auf Mata'afas Deportation unter Bismarck am 31. Dezember 1898 zugunsten Tanus aus dem Malietoa-Clan. Damit verstieß er aber nicht nur gegen die Mehrheitsentscheidung der Samoaner, sondern auch gegen die nach-

---

110 GP 13, Nr. 3402, 3416, 3418, 3422; vgl. Pommerin, Der Kaiser, S. 95—97.
111 Morrell, Britain, S. 302 f.
112 Ebd., S. 303 f.; Kennedy The Samoan Tangle, S. 148 ff.
113 Ebd., S. 146.
114 GP 14, Nr. 4028—4034; Pommerin, Der Kaiser, S. 97 f.

drücklich vorgetragenen Optionen von deutscher Seite[115]. Eine Konferenz der drei Konsuln sowie zweier Schiffskommandanten brachte zwischen dem englischen und amerikanischen Konsul einerseits und dem deutschen Konsul andererseits, der gegen Chambers Urteil protestierte und die Geltung der Samoa-Akte in diesem Fall bestritt, keine Einigung in puncto Thronstreit[116]. Vielmehr entlud sich der angestaute Unmut der Mata'afa-Anhänger in Kämpfen gegen den rivalisierenden Clan, in deren Verlauf Chambers und Tanu an Bord des englischen Kriegsschiffs »Porpoise« flüchteten.

Um weitere Unruhen zu verhindern, kamen die Konsuln und Schiffskommandanten der drei interessierten Mächte überein, daß Raffel, der deutsche Präsident der Munizipalverwaltung von Apia, gemeinsam mit 13 Häuptlingen der Mata'afa-Partei eine provisiorische Regierung bilden sollte[117].

Die von den Vertretern der Vertragsmächte getragenen und angesichts der instabilen Verhältnisse offenbar einzig erfolgversprechende Übergangslösung wurde jedoch durch einen gezielten Handstreich Raffels, der das in der Hauptstadt Apia entstandene Machtvakuum offenbar im deutschen Sinne auszufüllen gedachte, zunichte gemacht. Nachdem er am 4. Januar 1899 die provisorische Regierung etabliert hatte, ließ er — mit Rückendeckung durch Konsul Rose — zwei Tage später das Gerichtsgebäude schließen und ernannte sich in einer Art höheren Notstands selbst zum Oberrichter.

Gegen diesen eigenmächtigen Gewaltakt erhob sich umgehend der Protest der Engländer und Amerikaner vor Ort, die darin einen massiven Verstoß gegen die in der Samoa-Akte fixierte Einstimmigkeit der Konsuln sowie einen Angriff auf deren Autorität sahen.

Umgehend mobilisierte der entmachtete Chambers den Kommandanten des englischen Kriegsschiffes, Kapitän Sturdee, zur Wiederherstellung der alten Ordnung notfalls mit Waffengewalt vorzugehen. Sturdee ließ daraufhin das verschlossene Gerichtsgebäude durch einen Detachement Seesoldaten unter Protest der deutschen Seite aufbrechen und besetzen, so daß die Usurpation Raffels binnen kurzem annulliert wurde. Die provisorische Regierung blieb wegen der Stärke der von den Deutschen unterstützten Mata'afa-Partei von den englisch-amerikanischen Gegenmaßnahmen, die der deutsche Konsul mit einer Protestproklamation zugunsten Mata'afas quittierte, zunächst unberührt[118].

Ungeachtet der massiven Herausforderung des deutschen Machtanspruchs in Samoa herrschte in den folgenden Wochen Ruhe auf der Pazifikinsel. Dies lag nicht nur daran, daß der rebellierende Mata'afa-Clan sich vor den englischen Soldaten zurückgezogen hatte und neue Kräfte sammelte, sondern auch daran daß der Kommandant des deutschen Kreuzers »Falke«, Kapitän Schönfelder, strikte Weisung hatte, Neutralität zu wahren, um eine militärische Konfrontation mit England und den USA zu vermeiden.

---

[115] Morrell, Britain, S. 305; ausführlich: Carl Marquardt, Der Kampf um und auf Samoa, Berlin 1899, S. 8 ff.

[116] Kennedy, The Samoan Tangle, S. 150 f.

[117] Joseph Waldo Ellison, The Partition of Samoa. In: Pacific Historical Review 8 (1939), S. 266.

[118] Kennedy, The Samoan Tangle, S.151 f.; Ellison, The Partition, S. 266; Morrell, Britain, S. 305 f.; ausführlich: Marquardt, Kampf, S. 17 f.; S. 21 ff.

Offenbar schien sich aber der englische Schiffskommandant für alle Eventualitäten vorzubereiten, denn er ließ sein Schiff insgeheim gefechtsklar machen[119].

Mitte Januar 1899 wurden in Europa und den USA nähere Einzelheiten über die Samoawirren bekannt[120]. Während in Berlin London als »Hauptsitz des Samoaübels«[121] und als Bremser einer friedlichen Beilegung der Unruhe auf der Pazifikinsel galt, schoben die englische und amerikanische Öffentlichkeit die Schuld an der Zuspitzung der Lage den deutschen »men on the spot« zu. Insbesondere mußte Konsul Rose heftige Kritik für seine angebliche Arroganz bei der Unterstützung des Mata'afa-Clans einstecken, was offenbar nur dem Ziel dienen sollte, der deutschen Herrschaft über Samoa den Weg zu ebnen. Am heftigsten reagierte die amerikanische Öffentlichkeit, für die sich die deutsch-amerikanische Konfrontation im Manila-Zwischenfall vom Sommer 1898 augenscheinlich wiederholte.

Die Meldungen aus Apia erzeugten bei einigen Senatoren Kriegsstimmung. Senator Stewart aus Nevada stellte die Frage:

»Does she [Germany] want to fight? If so, she may be accomodated.«

Und Senator Hull aus Iowa, der Vorsitzende des Committee on Military Affairs, war überzeugt davon:

»If Germany persists in her course, there may be war[122].«

Aber auch in den englischen Kolonien führten die Unruhen auf Samoa zu einer lautstarken Propagierung aktiver Schritte gegen die von deutscher Seite betriebene Umwälzung des status quo. So bot die neuseeländische Regierung Kolonialminister Joseph Chamberlain an, eine speziell für den Buschkrieg gerüstete Eingreiftruppe nach Samoa zu entsenden, um Ruhe und Ordnung wiederherzustellen[123].

Staatssekretär Bülow war über die militante Reaktion der amerikanischen Öffentlichkeit besorgt, denn er mochte nicht ausschließen, daß ein durch die antideutsche Presseagitation bis aufs äußerste verbittertes Amerika wegen Samoa einen Krieg vom Zaun brach. In Absprache mit Holstein und dem Kaiser bemühte er sich daher, aus der für Deutschland bedrohlichen Situation herauszukommen und die englische Regierung dazu zu bewegen, sich in Washington für eine Verbesserung der deutsch-amerikanischen Beziehungen einzusetzen, was nach deutscher Ansicht allemal im Interesse Englands liegen mußte[124].

Gleichzeitig nahm die Reichsleitung die krisenhafte Zuspitzung im Pazifik, die nach einer späteren Einschätzung Bülows den Höhepunkt des deutsch-amerikanischen Antagonismus darstellte[125], zum Anlaß, um in gezielten diplomatischen Vorstößen in London und Washington gegen Ende Januar 1899 erneut auf eine baldige Regelung der Samoafrage zu drängen. Diesmal fungierte

---

119 Marquardt, Kampf, S. 17 f.; Kennedy, The Samoan Tangle, S. 152.
120 Ebd., S. 158.
121 GP 14, Nr. 4054.
122 Ellison, The Partition, S. 267 f.; vgl. auch Kennedy, The Samoan Tangle, S. 159.
123 Ellison, The Partition, S. 269.
124 Kennedy, The Samoan Tangle, S. 159.
125 Bernhard Fürst von Bülow, Deutsche Politik. Hrsg. von Peter Winzen, Bonn 1992, S. 150; vgl. Kennedy, The Samoan Tangle, S. 159—161.

der Kaiser gegenüber dem englischen Botschafter Lascelles am 20. Januar 1899 selbst als Schrittmacher eines Teilungsprojekts[126]. Indem man die Verfehlungen der deutschen »men on the spot« eingestand, aber auch die Eigenmächtigkeit des Oberrichters Chambers anklagte, hoffte man offensichtlich, über die gleichzeitige Abberufung der in Mißkredit geratenen Beamten bei den Vertragsmächten ein gutes Verhandlungklima für einen modifizierten Teilungsplan zu erzielen, demzufolge Deutschland Upolu, die USA Tutuila und Großbritannien Savaii erhalten sollte.

Die deutschen Bemühungen scheiterten indes wiederum an der dilatorischen Reaktion Salisburys, der sich mit der von Deutschland zugedachten, relativ wertlosen Samoainsel Savaii — eingedenk der australischen und neuseeländischen Opposition gegen koloniale Absprachen in deren sicherheitspolitischem Nahbereich und starker Bedenken von seiten des Colonial Office — nicht abfinden mochte[127].

Bülow, der wegen der politischen Konsequenzen eine Konferenzlösung scheute und statt dessen bilateralen Verhandlungen von Kabinett zu Kabinett den Vorzug gab[128], wie auch Friedrich von Holstein, den die Samoakonflikt ohnehin nur marginal interessierte, da sie sich für ihn weitgehend außerhalb der »Großen Politik« bewegte[129], mußten erkennen, daß es einstweilen keine Möglichkeit gab, Englands »Verschleppungstaktik« beizukommen[130]. Salisbury, Chamberlain und Balfour verhielten sich gegenüber deutschen Sondierungen vorerst wenig zugänglich. Für die englische Regierung hatten Abkommen mit Rußland und Frankreich zur gegenseitigen Interessenabgrenzung am Nil und in China Vorrang vor den sporadisch auftretenden Samoa-Unruhen.

Zwar bemühte sich Botschafter Hatzfeldt nach Kräften, bei der Beseitigung der »Samoakonfusion«[131] in London mitzuhelfen, doch war Lord Salisbury vor dem Hintergrund des gespannten Verhältnisses zwischen England und Frankreich und zumindest atmosphärischer deutsch-englischer Klimaverbesserung seit dem Vertrag über die portugiesischen Afrikabesitzungen (30. August 1898) nicht zu Kolonialabsprachen über Samoa bereit[132].

> »The idea of compensating Germany might be an arrangement that would have some attractions for the other two Powers, if we had any means of providing the compensation that would be required; but I did not see how it could be furnished either by America or by Great Britain[133].«

Einstweilen dominierte in London das Mißtrauen gegen die deutschen Absichten im Pazifik über die Bereitschaft, auch nur in Teilbereichen einzulenken.

Die vergeblichen Vorstöße in London verstärkten in Berlin die Überzeugung, daß die englische Regierung nicht ernsthaft — oder doch nur zum Nachteil Deutschlands — an einer Lösung des Samoakonflikts interessiert sei. Damit

126 BD I, Nr. 128.
127 GP 14, Nr. 4035, 4040, 4042, 4043; Kennedy, The Samoan Tangle, S. 158 f.
128 GP 14, Nr. 4038, 4039.
129 Botschafter Paul Graf von Hatzfeldt, Nachgelassene Papiere 1838—1901, 2 Bde. Hrsg. von Gerhard Ebel, Boppard 1976, II, S. 747.
130 Ebd., S. 1198, Anm. 16.
131 GP 14, Nr. 4035 ff.
132 GP 14, Nr. 4044 f.
133 Salisbury an Lascelles 2.3.1899: BD I, Nr. 132.

drohte die Verbitterung über die englische Zurückweisung die kurzfristige deutsch-englische Entspannungsphase aufs neue zu belasten. Dadurch entwikkelten sich die Samoawirren immer offenkundiger zu einer Prestigefrage in der Durchsetzbarkeit von Großmachtinteressen und gerieten in der nationalkonservativen Presse geradezu zum unverzichtbaren Symbol deutscher Weltgeltung.

Mit dem Eintreffen des schweren US-Kreuzers »Philadelphia« vor Apia am 6. März 1899 begannen sich die Ereignisse im Pazifik dramatisch zuzuspitzen. Die Entsendung des Kriegsschiffs unter Konteradmiral Kautz war die Reaktion auf Deutschlands angebliche Annexionsbestrebungen in Samoa. Mit Kautz' Auftrag, die US-Interessen zu schützen und zur Überwindung der Samoakrise sein Gewicht in die Waagschale zu werfen, falls die drei Konsuln uneinig waren, sollte diesen Ambitionen vorgebeugt werden.

Am 11. März erließ Kautz in einem einseitigen Schritt und in Mißachtung der in der Samoa-Akte fixierten Einstimmigkeit der Konsuln eine Proklamation, die die Samoa-Akte zwar als rechtlich bindend erklärte, aber die provisorische Regierung auflöste. Konsul Roses demonstrative Gegenreaktion — Bekräftigung der provisorischen Regierung unter dem Thronprätendenten Mata'afa — konnte nicht darüber hinwegtäuschen, daß die politisch-militärische Kontrolle Samoas in den Händen des resoluten US-Kommandanten lag.

Als Mata'afa am 15. März einem Ultimatum zum Abzug aus Apia nicht Folge leistete, griff Kautz aktiv in die Auseinandersetzungen ein und ließ Apia bombardieren, wobei das deutsche Konsulat beschädigt wurde. Zwei Tage später erging der Befehl an alle Europäer, Apia zu verlassen. Kautz' nahezu kriegsrechtliche Maßnahmen in Apia schränkten vor allem die Deutschen in ihrer Bewegungsfreiheit ein: sie waren gehalten, in Apia Pässe mit sich zu führen; ihr Konsulat erhielt zeitweise eine britische Wache.

Als der Mata'afa-Clan zur gleichen Zeit Mulinu'u angriff, weitete sich Kautz' Kommandounternehmen in eine regelrechte Verstrickung in den samoanischen Bürgerkrieg aus. Gemeinsam mit dem englischen Kriegsschiff »Porpoise« wurden Küstendörfer des Mata'afa-Clans beschossen und die Rebellen durch eine Strafexpedition, die bis Ende April dauerte, ins Landesinnere getrieben[134].

In Berlin war Bülow über den jüngsten Samoazwischenfall, bei dem England erneut als der »treibende, Amerika der getriebene Teil« galt, zutiefst verbittert[135], schien er doch ein Beweis zu sein für die oft konstatierte Unzuverlässigkeit der englischen Politik in internationalen Fragen. Für ihn stand fest, daß England die USA nur benutzte, um Deutschland aus Samoa zu verdrängen.

Als sich Präsident McKinley am 31. März offiziell für die Übergriffe des Admiral Kautz entschuldigte, schien sich zumindest anzudeuten, daß die Vereinigten Staaten auf gute Beziehungen zu Deutschland Wert legten[136]. Für die deutsche Position gegenüber England in den sich seit Jahresbeginn allmählich

---

[134] Morrell, Britain, S. 305 f.; Kennedy, The Samoan Tangle, S. 152—155; GP 14, S. 59, Anm.; Carl Marquardt, Zur Lösung der Samoafrage. Ein Beitrag zur Kolonialgeschichte der Südsee, Berlin 1899, S. 10—12; Ellison, The Partition, S. 266 f.

[135] GP 14, Nr. 4043; vgl. Kennedy, The Samoan Tangle, S. 163 ff.; vgl. auch BD I, Nr. 133, 135, 136, 137.

[136] GP 14, Nr. 4053; Kennedy, The Samoan Tangle, S. 165.

abkühlenden Beziehungen bedeutete die amerikanische Haltung eine Stärkung bei den diplomatischen Vorstößen zur Klärung der Samoafrage.

In einem Immediatbericht an den Kaiser empfahl Bülow am 1. April 1899 ein konziliantes Auftreten in allen anstehenden Fragen gegenüber den USA, »weil wir gegenüber Amerika weniger diplomatische Druckmittel besitzen als gegenüber England«[137]. Gegenüber England sollte die ganze Bandbreite diplomatischer Druckmittel den berechtigten deutschen Interessen zum Durchbruch verhelfen. Bülow legte jedoch Wert darauf, »nichts einer Drohung Ähnliches auszusprechen, solange nicht Aussicht auf Verständigung mit England geschwunden ist, dann aber gleich die vollendete Tatsache des diplomatischen Bruchs bekanntzugeben«[138].

Ein Vorschlag des britischen Botschafters in Washington, Pauncefote, zur Entschärfung der Kontroverse eine Untersuchungskommission nach Samoa zu entsenden[139], schien Ende März einen Ausweg aus der immer brisanteren Krise zu weisen, zumal die Regierungen der Vertragsmächte der Anregung prinzpiell zustimmten[140]. Nur Salisbury machte geltend, daß die Kommission nach Majoritätsbeschluß entscheiden müsse, und führte damit ein weiteres blockierendes Moment in die Kontroverse, das die Hoffnung auf eine Entspannung vorerst zunichte machte[141].

Durch den eindringlichen Rat Botschafter Hatzfeldts, der als Reaktion auf Salisburys dilatorische Taktik für spürbaren politischen Druck von seiten Deutschlands plädierte[142], sah sich Bülow in seiner Politik der Härte gegenüber England bestätigt.

Ungeachtet der Tatsache, daß Salisbury Anfang April in der Frage der Einstimmigkeit der Untersuchungskommission Anzeichen des Einlenkens zeigte[143] und damit nach Auffassung Holsteins die Samoakrise aus dem »entzündlichen Stadium« herauszukommen schien[144], wertete Bülow das englische Nachgeben als eine geschickte Verzögerungstaktik, um die Arbeit der Kommission zu erschweren. Bülow präzisierte daraufhin den deutschen Standpunkt (Untersuchungskommission plus ein neutraler Schiedsrichter), drohte jedoch — mit Rückendeckung des Kaisers — für den Fall einer erneuten englischen Ablehnung mit weitreichenden politischen Konsequenzen. Er erwog den Abbruch der diplomatischen Beziehungen mit England bis zu dem Zeitpunkt, »wo die Auffassung der englischen Regierung über Wahrung geschlossener Verträge wie hinsichtlich der uns schuldigen Rücksichtnahmen sich geklärt haben wird«[145].

Hatzfeldt konnte die Ausführung der folgenschweren Instruktion vorerst verhindern; denn gleichzeitig rang sich Salisbury zu einer Billigung des Ein-

137 GP 14, Nr. 4053.
138 GP 14, Nr. 4044, 4051; Hatzfeldt, Nachgelassene Papiere, Bd II, S. 749.
139 Siehe dazu Kennedy, The Samoan Tangle, S. 168—178.
140 GP 14, Nr. 4051, 4053; BD I, Nr. 134.
141 GP 14, Nr. 4055.
142 GP 14, Nr. 4956; Bd I, Nr.138.
143 GP 14, Nr. 4058, 4059, 4061.
144 Hatzfeldt, Nachgelassene Papiere, Bd II, S. 750; vgl. GP 14, Nr. 4065.
145 GP 14, Nr. 4062.

stimmigkeitsprinzips durch[146]. Doch erwartete der Kaiser, der infolge seines geplanten Windsorbesuchs ein persönliches Interesse an der raschen Beilegung der Differenzen bekundete[147], daß England nachdrücklich vor Augen geführt werde, »daß der diplomatische Bruch, ohne Rücksicht auf sonstige Folgen, der einzige nicht ehrenrührige Ausweg für Deutschland ist, falls Lord Salisbury mit seiner bisherigen Überhebung fortfährt, uns und den Vertrag als quantités négligeables zu behandeln«[148]. Damit war die Samoakrise wenigstens vorübergehend entschärft.

Mit der Zuspitzung der Lage im südlichen Afrika während des Sommers 1899 zeigte Premierminister Salisbury erste Anzeichen, den Samoakonflikt nicht zur dauernden Belastung in den deutsch-britischen Beziehungen werden zu lassen[149]. Nachdem im März und April die Interessenabgrenzung mit Frankreich und Rußland im Sudan und in China vertraglich geregelt worden war, schien es wegen der neuen, die Sicherheit des Empire ungleich stärker tangierenden Krisenherds dringend geboten, auch die kolonialen Reibflächen mit Deutschland zu beseitigen und in der nur peripheren Angelegenheit Samoa zumindest partielle Verhandlungsbereitschaft zu signalisieren. Angesichts des von der Presse vehement geforderten energischen Vorgehens gegen die Buren und beginnender Mobilmachung ab Ende Juni war es für die englische Regierung zwingend notwendig, Deutschland für alle Eventualitäten in wohlwollender Neutralität zu wissen[150].

Ein erstes Aufweichen Salisburys kompromißloser Haltung kündigte sich an, als Graf Hatzfeldt am 13. Juli meldete, der englische Premierminister habe sowohl in die Abberufung des umstrittenen Oberrichters Chambers eingewilligt als auch eine schiedsrichterliche Regelung der deutschen Schadensersatzansprüche durch den König von Schweden in Aussicht gestellt. Außerdem habe Salisbury durchblicken lassen, daß bei Kaiser Wilhelms II. Englandbesuch die noch bestehenden Mißverständnisse zwischen London und Berlin behoben werden könnten[151]. Damit schien eine solide Basis vorhanden, daß die seit Jahren stagnierende Samoafrage vor dem Hintergrund der Spannungen in Südafrika endlich in Bewegung kam. Holsteins Desinteresse an Samoa schien sich früher als erwartet als irrig zu erweisen; denn je mehr die Transvaalkrise auf eine direkte Konfrontation zwischen England und der Burenrepublik zusteuerte und damit Englands außenpolitische Handlungsfähigkeit einengte, um so stärker wog das Verhandungsgewicht Samoas als Druckmittel gegenüber dem an einem sensiblen Brennpunkt seines Herrschaftsbereichs bedrohten England, das sich seiner Isolation im europäischen Mächtesystem bewußt war.

---

146 GP 14, Nr. 4063; 4065f; Kennedy, The Samoan Tangle, S. 167.

147 Vgl. dazu Peter Winzen, Bülows Weltmachtkonzept. Untersuchungen zur Frühphase seiner Außenpolitik 1897—1901, Boppard 1977, S. 188—198.

148 GP 14, Nr. 4064 (12.4.99).

149 Vgl. dazu J.A.S. Grenville, Lord Salisbury and Foreign Policy, London 1964, S. 235—264.

150 BD I, Nr.146; Schulthess (1899), S. 220.

151 Kennedy, The Samoan Tangle, S. 185—188; GP 14, Nr. 4077 und 4078; Bd I, Nr. 143.

Mitte Juli 1899 lag der Bericht der Samoakommission vor. Er empfahl einstimmig, Samoa unter die direkte Herrschaft *einer* Macht zu stellen, da nur so eine dauernde Sicherheit auf den Inseln zu gewährleisten sei[152].

Bülow, der noch im Juni diplomatische Initiativen für verfrüht gehalten hatte, sah durch das Votum der Kommission die deutsche Haltung bestätigt[153]. Eingedenk der für England kritischen Lage in Südafrika drängte er daher am 29. August 1899 mit Nachdruck auf eine Regelung der Samoafrage vor dem für November 1899 geplanten Englandbesuch des Kaisers. Als »beste und gerechteste Lösung der Streitfrage« betrachtete er nach wie vor den von deutscher Seite lancierten Teilungsplan (England: Savaii, USA: Tutuila inkl. Pago Pago, Deutschland: Upolu), hielt sich aber im Interesse der deutsch-englischen Beziehungen als letzten Ausweg auch den Rückzug aus Samoa gegen angemessene englische Kompensationen (Sansibar, Neuguinea, Salomonen) offen[154].

Die taktische Verbindung des kaiserlichen Besuchs mit der politischen Krisenentschärfung in Samoa erschwerte zwar das diplomatische Taktieren gegenüber England, da sie Berlin wie London unter Zeitdruck setzte, galt aber in der Sicht Wilhelms II. als »Prüfstein für unsere Stellung zu England«[155]. Eine im deutschen Interesse liegende Lösung der Samoafrage sollte über das Maß des deutschen Wohlverhaltens gegenüber Englands Bedrängnis in Südafrika entscheiden.

Der Kaiser stimmte Bülows Marschroute — Festhalten an Upolu oder Aufgabe des deutschen Samoa-Engagements gegen angemessene Kompensationen — weitgehend zu, lehnte jedoch eine von Lord Salisbury prinzipiell gebilligte schiedsrichterliche Entscheidung als nicht den deutschen Interessen dienlich von vornherein ab[156].

Sondierungen in Washington ergaben, daß von seiten der amerikanischen Regierung keine Einwände gegen den deutschen Teilungsplan bestanden. Da sich die USA aber weigerten, auf England Druck auszuüben, blieb der Kontakt Berlin — London für die Regelung der Samoafrage bestimmend[157].

Als Lord Salisbury trotz des deutschen Drängens weiterhin eine dilatorische Haltung einnahm und unverändert auf australische Bedenken rekurrierte[158], empfahl Bülow auf Anregung Unterstaatssekretärs Freiherrn von Rotenhan am 16. September eine entsprechende Erhöhung des deutschen Verhandlungsdrucks. Neben der Schiene Hatzfeld-Salisbury sollte auch der Kontakt zum englischen Botschafter Lascelles intensiviert werden, um zu einem Abschluß zu kommen. »Die Lösung dieser Frage immer wieder hinauszuschieben«, hieß für Bülow, »unberechenbaren Eventualitäten Tür und Tor zu öffnen und in unsere

152 BD I, Nr. 145; GP 14, S. 611, Anm. 2; GP 14, Nr. 4080.
153 GP 14, Nr. 4080; vgl. Schulthess (1899), S. 108 f.
154 GP 14, Nr. 4081.
155 HP 4, S. 706.
156 GP 14, Nr. 4082 und 4083.
157 GP 14, Nr. 4081 und ebd., S. 628, Anm. White überbetont in seinen Memoiren die amerikanische Rolle bei der Konfliktlösung (Andrew D. White, Autobiography, 2 Bde, London 1905, Bd I, S. 274).
158 GP 14, Nr. 4084—4087; BD I, Nr. 146 f.

Beziehungen zu England und damit in den Gang unserer Gesamtpolitik ein Element beständiger Unsicherheit und Beunruhigung hineinzutragen«[159].

Schon zwei Tage zuvor, am 14. September 1899, hatte Friedrich von Holstein in Abwesenheit des Staatssekretärs die Initiative ergriffen und Hatzfeldt unter Anwendung aller zu Gebote stehenden Druckmittel zu einer Beschleunigung der Verhandlungen angehalten.

Hatzfeldt reagierte umgehend. Eindringlich warnte er den britischen Premierminister, daß wenn der Kaiser in der Samoafrage nicht zufriedengestellt sei, es einen vollständigen Wechsel in Deutschlands allgemeiner Politik gäbe (»un changement complet de notre politique générale«)[160]. Hatzfeldts Warnung verfehlte offenbar nicht ihr Ziel. In Erkenntnis des unnachgiebigen Drängens Deutschlands und spürbarer Opposition innerhalb des Kabinetts gegen den hinhaltenden Kurs gegenüber Deutschland — bei ständiger Eskalation der Südafrikakrise — schien Lord Salisbury nunmehr gewillt, zumindest intern den Weg für eine baldige Entscheidung freizumachen, auf die besonders Kolonialminister Joseph Chamberlain wiederholt gepocht hatte.

Chamberlain erkannte in pragmatischer Lageeinschätzung, daß zum gegenwärtigen Zeitpunkt ein Einvernehmen mit Deutschland über Samoa im Interesse der Empiresicherung ungleich wertvoller war als Rücksichtnahmen auf Australien oder Neuseeland, da Südafrika alle anderen Probleme überlagerte[161]. Als Salisbury daher am 18. September Chamberlains pragmatischen Kurs ohne Abstriche billigte, übertrug er dem Kolonialminister nicht nur die Entscheidung in den anstehenden Verhandlungen mit Deutschland, er sanktionierte auch gleichzeitig dessen semi-offizielle Kontakte mit dem deutschen Botschaftsrat a.D. Hermann Freiherrn von Eckardstein, der mit Unterstützung des Auswärtigen Amts seit dem 12. September die Möglichkeiten für ein deutsch-englisches Übereinkommen auslotete[162]. Damit trat Salisbury, ohne wesentliche Positionen aufgegeben zu haben, aus dem Vordergrund zurück und überließ Chamberlain die Kärrnerarbeit, mit Deutschland zum Abschluß zu kommen.

Unter dem Eindruck der auf das Verhandlungsklima drückenden Transvaalkrise wurde in den intensiven Gesprächen zwischen Chamberlain und Eckardstein, die am 20. September begonnen hatten[163], Mitte Oktober 1899 ein vorläufiges Übereinkommen erzielt, in das auf Chamberlains Betreiben auch die endgültige Festlegung der Westgrenze der deutschen Kolonie Togo einbezogen wurde. Die den Pazifik betreffenden Punkte lauteten: Deutschland erhält Upolu und Savaii, England dagegen Tonga sowie die deutschen Salomonen-Inseln ohne Bougainville[164].

Verwahrte sich Bülow auch nachdrücklich gegen die Annahme, als wolle Deutschland die Schwierigkeiten Englands in Südafrika ausnutzen, um die

---

[159] GP 14, Nr. 4088; vgl. insgesamt Kennedy, The Samoan Tangle, S. 189—199.
[160] Ebd., S. 198; Grenville, Lord Salisbury, S. 275 ff.; HP 4, S. 706 f.
[161] Vgl. GP 14, Nr. 4089. Vgl. Grenville, Lord Salisbury, S. 257 f.
[162] Kennedy, The Samoan Tangle, S. 199—202; Hermann Freiherr von Eckardstein, Lebenserinnerungen und politische Denkwürdigkeiten, 3 Bde, Leipzig 1919, Bd II, S. 34—36.
[163] Kennedy, The Samoan Tangle, S. 205 ff.
[164] GP 14, Nr. 4089—4110; Eckardstein II, S. 36 f.

gewünschten Konzessionen in Samoa zu erhalten[165], so verkannte er doch nicht, daß »der jetzige Augenblick [...] nicht nur im Hinblick auf die in Südafrika für England drohende Kriegsgefahr, sondern auch mit Rücksicht auf den von den Engländern gewünschten kaiserlichen Besuch in England wie auf die momentane Stimmung in Nordamerika für uns besonders günstig (ist)«[166]. Und auch Holstein gab zu bedenken, daß Deutschland ohne einen Krieg in Südafrika nicht daran denken dürfe, in Samoa etwas zu erreichen[167].

Vor dem Hintergrund einer ansteigenden öffentlichen Kriegsbereitschaft und verstärkter militärischer Vorbereitungen wuchs bei Salisbury die Sorge über Deutschlands unklare Haltung in der Transvaal-Frage. Um für den casus belli eine eindeutige probritische Anbindung Deutschlands durch wohlwollende Neutralität sicherzustellen[168], ließ er daher am 3. Oktober in Berlin anfragen, ob die deutsche Regierung im Kriegsfall die Wahrung englischer Interessen übernehmen könne[169]. Englands diplomatischer Vorstoß — auch eine versteckte Versöhnungsgeste Salisburys —, in Verbindung mit Chamberlains »sehnlichste(m) Wunsch, mit Deutschland zu einer Einigung zu gelangen«[170], mußte in der Reichsleitung den Eindruck verstärken, die Zeit für eine Heranführung Englands an den Dreibund sei reif, weil das Inselreich weltpolitisch in der Klemme steckte. Englands geschwächte Verhandlungsposition, die nur noch auf die Neutralität Deutschlands für den bevorstehenden Waffengang in Südafrika ausgerichtet war, verleitete das Auswärtige Amt dazu, die eigenen Kräfte zu überschätzen, da man ja im eigenen Verständnis diejenige Macht war, deren England in der Stunde der Not bedurfte. Insofern wurde die momentan gestärkte deutsche Verhandlungsposition voll ausgeschöpft und nichts unversucht gelassen, unter allen Umständen eine vorteilhafte Regelung in Samoa zu erreichen.

Aus dieser Position der Stärke heraus wurde die von England erbetene Interessenvertretung am 8. Oktober verworfen, nachdem Lord Salisbury zuvor erneut Einwände erhoben und um einen zweiwöchigen Verhandlungsaufschub nachgesucht hatte. Zu gegebener Zeit wollte Bülow die englische Seite über die »wirklichen Motive« der deutschen Ablehnung aufklären[171].

Am 10. Oktober setzte Bülow dem britischen Botschafter abermals die Notwendigkeit eines raschen Abschlusses auseinander, da ein Übereinkommen zwischen Deutschland und England für die »wahren Interessen« beider Länder unabdingbar sei. Die von Lord Salisbury angeregte Verzögerung stehe diesem Ziel im Wege.

Geschickt lenkte Bülow dann über auf die Transvaalkrise, in der die deutsche Öffentlichkeit gegen England eingestellt sei; denn England würde sich im Fall eines Krieges der gleichen öffentlichen Ablehnung gegenübersehen, wie sie Preußen im Krieg gegen Dänemark widerfuhr, obwohl die deutsche Regierung

165 GP 14, Nr. 4091 (22.9.).
166 GP 14, Nr. 4094 (25.9.).
167 HP 2, S. 141, Anm. 4 (3.10.).
168 Grenville, Lord Salisbury, 267 f.
169 BD I, Nr. 149 GP 14, Nr. 4099; vgl. Nr. 4097 und 4100.
170 GP 14, Nr. 4105.
171 GP 14, Nr. 4102 und 4100; Kennedy, The Samoan Tangle, S. 208—211.

offiziell strikte Neutralität wahre. Abschließend bat der Staatssekretär seine Ausführungen nicht als Drohung zu interpretieren, sondern als Beweis für die Schwierigkeiten, denen er sich gegenübersehe, eine Politik des herzlichen Einvernehmens (»a policy of a cordial understanding«) mit England durchzuführen. Solange freilich die Samoafrage nicht geregelt sei, gab er abschließend zu bedenken, sei es hoffnungslos, ein derartiges herzliches Einvernehmen ins Auge zu fassen.

Daß auch der Kaiser in zunehmenden Maße unter den Druck der Agitation von Alldeutschen und Kolonialenthusiasten über Englands Hinhaltetaktik verärgert war, wurde deutlich, als die am 10. Oktober um gutachterliche Äußerung gebetene Marineführung mit ihrem Urteil entscheidenden Einfluß auf die Haltung des Monarchen gewann. Sowohl Tirpitz als auch Admiral Bendemann verwahrten sich aus politischen und strategischen Gründen aufs Schärfste gegen einen Verzicht auf Samoa.

Bei einem Immediatvortrag wurde Bülow am 13. Oktober mit der veränderten Ausgangslage konfrontiert. Danach stand der gänzliche Verzicht auf Samoa, der bislang immerhin als Ausweichkonzept in Bülows Konzept eingeplant war, nicht mehr zur Debatte. Wilhelm II. wollte sich lieber mit Gewalt aus Samoa hinausdrängen lassen, als einen unpopulären Vertrag zu akzeptieren.

Unverkennbar stand der deutsche Kurs in Zusammenhang mit der soeben erfolgten Kriegserklärung Englands an die Burenrepublik (13. Oktober 1899), wodurch sich Deutschlands Verhandlungsgewicht in der Sicht der Reichsleitung wesentlich erhöhen mußte. Mit einem auf die britischen Reaktionen abgestuften Bündel von Drohungen bemühte sich Bülow in den nächsten Wochen, England zum Abschluß zu zwingen. Der deutschen Verhandlungsposition kam zugute, daß das englische Kabinett zu dieser Zeit inmmer stärker mit der Möglichkeit einer kontinentalen Koalition gegen England beschäftigt war, so daß Samoa angesichts der Spannungen in Südafrika zusehends in den Hintergrund geriet.

Als Chamberlain am 20. Oktober auf die von Eckardstein vertretene Linie einschwenkte, und das Colonial Office seine Opposition gegen einen Rückzug aus Samoa aufgab, wurde grünes Licht für einen endgültigen Abschluß der Verhandlungen gegeben, da Großbritannien nach Chamberlains Einschätzung viel vorteilhafter abschnitt als Deutschland[172].

Bülow, der angesichts der südafrikanischen Verwicklungen offenbar mit problemlosen Verhandlungen gerechnet hatte, zeigte sich aber über Chamberlains Hartnäckigkeit in Sachen Salomonen verärgert. Der Staatssekretär befand sich in einer schwierigen Lage. Zwar war ihm an keiner antienglischen Politik gelegen[173], welche die Freihandpolitik einengte, doch stand er unter vermehrtem Druck der englandfeindlichen Öffentlichkeit, die ihn auf einen entschieden antienglischen Kurs festlegen wollte.

Zwischen dem 22. und 24. Oktober 1899 machte Bülow Hatzfeldt auf eindringliche Weise klar, daß es wenigstens auf kosmetische Zugeständnisse in puncto Salomonen ankomme; denn der Kaiserbesuch hänge nicht unbedingt

172 Kennedy, The Samoan Tangle, S. 228 f.
173 Ebd., S. 202 f.; GP 15, Nr. 4212, vgl. auch GP 14, Nr. 4109.

von der Samoafrage ab, sondern einzig und allein von einer günstigen Aufnahme des Verhandlungsergebnisses in der deutschen Öffentlichkeit. Am wünschenswertesten sei daher eine vorübergehende Niederlage Englands in Südafrika, die ein endgültiges Nachgeben bewirke[174].

Bülows Agieren in der Endphase der Verhandlungen stand nur noch unter prestigebetonter Hektik. Nicht nur sollte vor Wilhelms Englandbesuch Klarheit über die deutsche Haltung gegenüber England herrschen, auch mit Rücksicht auf den für den 8. November erwarteten Besuch des Zaren in Berlin mußte die deutsch-englische Kontroverse aus der Welt geschaffen werden[175]. Aus diesem Grund war Bülow sogar bereit, sich mit Rücksicht auf die öffentliche Meinung mit einer englischen pro-forma-Deklaration in bezug auf die Salomonen zufrieden zu geben[176].

Am 27. Oktober schienen sich Bülows Hoffnungen zu erfüllen. Angesichts erster überraschender Niederlagen in Südafrika akzeptierte Lord Salisbury weitgehend den deutschen Vertragsentwurf, um die Hände freizuhaben. Salisbury war sich bewußt, daß ihm die Mehrheit des Kabinetts sowie der wachsende Druck der antienglischen Stimmung in Europa, gepaart mit Befürchtungen vor einer ausländischen Intervention, gegenwärtig kaum einen großen Handlungsspielraum zugestand[177]. Aber auch nachdem der englische Ministerrat am 1. November auf vehemente Fürsprache Chamberlains den Vertragsentwurf abgesegnet hatte und das Desaster von Ladysmith (30. Oktober 1899) endgültig zu einer Erledigung des leidigen Samoaproblems gezwungen hatte, waren noch nicht alle strittigen Punkte ausgeräumt. Die Samoakrise schwelte vorerst weiter[178].

Angesichts wachsender Anglophobie und Presseagitation zeigte sich Bülow zutiefst beunruhigt, daß Deutschland unter dem Druck der Straße gezwungen sein könnte, seine neutrale Haltung in Südafrika aufzugeben und eine feindliche Haltung gegenüber England einzunehmen. Besonders beunruhigten ihn russische Tendenzen, England gezielt auf die englandfeindliche Stimmung in Deutschland hinzulenken und Deutschland zu einem Orientabkommen zu bewegen; denn damit stand die Freihandpolitik zur Disposition. Nur eine rasche Lösung des Samoaproblems konnte laut Bülow den gordischen Knoten aus Englandbesuch Wilhelms II., englandfeindlicher Stimmung in Deutschland und russischem Druck zerschlagen und die Richtigkeit der »freien Hand« gegenüber England und Rußland demonstrieren, ohne eine der Mächte zu brüskieren. Damit aber war Samoa nicht länger eine periphere Angelegenheit, sondern geriet zur Grundfrage der bisherigen deutschen Außenpolitik[179].

Als sich Anfang November weitere Verzögerungen durch die von englischer Seite ins Spiel gebrachten USA ankündigten, drohte Bülow mit einem Kurs-

---

174 Kennedy, The Samoan Tangle, S. 228 f.
175 Winzen, Bülows Weltmachtkonzept, S. 202—205; GP 14, Nr. 4116.
176 Kennedy, The Samoan Tangle, S. 229 f.; vgl. GP 14, Nr. 4113 f.
177 GP 14, Nr. 4115; BD I, Nr. 151 f.; Grenville, Lord Salisbury, S. 269—324; Kennedy, The Samoan Tangle, S. 230 f.
178 GP 14, Nr. 4117; BD I, Nr. 153. Insgesamt GP 14, S. 675, Anm., Kennedy, The Samoan Tangle, S. 231.
179 Kennedy, The Samoan Tangle, S. 231—233; vgl. GP 14, Nr. 4116 f.

wechsel in der deutschen Politik, falls die USA nicht von England zu einem Einlenken gebracht würden.

Zwar räumte Staatssekretär Hay mit seiner Zustimmung dieses Hindernis aus dem Weg[180], doch kündigte sich am 6. November neuer Ärger an, als sich der Kaiser verpflichtet fühlte, nochmals in die stockenden Verhandlungen einzugreifen. Gegenüber dem englischen Militärattaché beschwerte er sich mit der ihm eigenen Direktheit:

> »your Government in England appears to have two heads, Lord Salisbury and Mr. Chamberlain, and the one will not do what the other wants. With Mr. Chamberlain the negotiations proceed smoothly and quickly and an agreement could be come to with him very rapidly, but what he agrees to Lord Salisbury refuses to sanction ... I desire to remain friendly to England, but I have my duties as German Emperor to think of, and I cannot go on sitting on the safety-valve for ever. Does England not want my friendship, about the only one left her on the Continent? Some day when she is in trouble she will find that German patience has been tried too long[181].«

Der ähnliche Offenbarungen bereits gewohnte Grierson traf mit seiner Einschätzung den Kern der kaiserlichen Klagen genau:

> »[...] I expect that this threat is a clear attempt to force the Samoa negotiations to a conclusion[182].«

Am gleichen Tag zeichnete sich in London unter maßgeblichem Einsatz Botschafter Lascelles eine Wendung zum Besseren ab. Dies genügte Bülow, um am 8. November dem Vertragsentwurf zuzustimmen — wenige Stunden vor dem Zarenbesuch — und diesen umgehend in Berlin zu veröffentlichen, obwohl Salisbury zuvor noch kleine Einwände erhoben hatte. Dies war ein taktischer Schachzug gegen Rußland, der Salisbury zwar überraschte, aber im Interesse des Abschlusses billigend in Kauf genommen wurde[183].

Damit war nicht nur die Freihandpolitik gewahrt, Bülow erschien weithin auch als der Staatsmann, der gleichzeitig einen Kolonialvertrag mit England abschließen konnte, ohne Rußland zu verprellen[184].

Die formelle Unterzeichnung des Vertrags erfolgte am 14. November 1899 in London. Danach konnte Wilhelm II., wie vorgesehen, Ende November nach England reisen[185]. Die noch ausstehende Schadensersatzregulierung regelte ein weiteres Abkommen am 7. November 1900 nach Maßgabe eines Schiedsspruchs des Königs von Schweden. Dieser fällte seine Entscheidung im Oktober 1902. Danach waren England und die USA für ihre durch die ungerechtfertigte Militäraktion von Anfang 1899 entstandenen Schäden haftbar zu machen[186].

Überblickt man die Entwicklung des Samoakonflikts zwischen Deutschland, Großbritannien und den USA von den 1870er Jahren bis hin zur endgültigen Regelung im Jahre 1899, so wird die sich im Laufe der Jahre wandelnde Qualität

---

180 Kennedy, The Samoan Tangle, S. 233 f.
181 BD I, Nr. 154; vgl. Kennedy, The Samoan Tangle, S. 235 f.
182 BD I, Nr. 153 f.
183 Kennedy, The Samoan Tangle, S. 236 ff.
184 Ebd. S. 232 f.; Winzen, Bülows Weltmachtkonzept, S. 198—202.
185 Grenville, Lord Salisbury, S. 274—281.
186 GP 14, S. 675 Anm., Text: St.A. 64, S. 1 ff.; Schulthess (1899), S. 159 f.

des insularen Streitobjekts von einem eher aufs Ökonomische begrenzten peripheren Problem zu einem internationalen Krisenherd deutlich. Dies zeigt sich besonders ab Mitte der 1880er Jahre, als Samoa sowohl vom kolonialpolitischen Ausgreifen des Deutschen Reichs als auch vom wachsenden Selbstbewußtsein der Vereinigten Staaten voll erfaßt wurde. Damit zeichnete sich ein aggressiveres Auftreten der Mächte ab, wodurch das Wettrennen um die politisch-ökonomische Kontrolle Samoas angeheizt und die weltpolitische Rivalität verschärft wurde.

Zwar war bei der sich stufenweise zuspitzenden Kontroverse zunächst nur eine geringe Krisenintensität gegeben, und der Entschluß zu militärischer Gewaltanwendung wurde von keiner beteiligten Macht ernsthaft erwogen. Doch bargen der Aktionismus der »men on the spot«, der australische und neuseeländische Subimperialismus sowie die Unübersichtlichkeit der innersamoanischen Verhältnisse Gefahren für den Einfluß der Deutschen vor Ort. Mit der Errichtung der Konsulnherrschaft in Apia 1879 und der britischen Unabhängigkeitsgarantie für Samoa wurde eine vorläufige Beruhigungsphase eingeleitet, ohne daß Berlin, das sich eher reserviert verhielt, entscheidenden Anteil an dem Konfliktabbau hatte. Deutsche Versuche, unter Umgehung der als »quantité négligéable« betrachteten USA auf bilateraler Ebene mit Großbritannien zu einer befriedigenden Regelung zu kommen, wozu die weltpolitische Bedrohung des Empire in Afrika und Asien eine geeignete Chance bot, scheiterten jedoch wiederholt am erklärten Desinteresse Londons, den status quo im Pazifik einseitig zu verändern und eine Entscheidung mit Spitze gegen die USA zu treffen.

Mit dem handfesten Eingreifen der »men on the spot« in die Thronstreitigkeiten Samoas zur Jahreswende 1898/99, wodurch die innersamoanische Entwicklung immer bestimmender für das Handeln der Mächte wurde, eskalierte der Inselkonflikt fast bis zur unmittelbaren Konfontation zwischen Deutschland und Großbritannien/USA. Staatssekretär Bülow war mit Rückendeckung des Kaisers bereit, infolge der massiven Herausforderung des deutschen Machtanspruchs durch das vertraglich nicht gedeckte Vorgehen seitens der USA mit einer Politik der Härte bis zum Abbruch der diplomatischen Beziehungen mit England zu gehen, um den deutschen Standpunkt durchzusetzen. Deutscherseits erblickte man in Großbritannien den Urheber aller Schwierigkeiten, der die USA nur vorschickte. Bei dieser Risikostrategie kam Bülow die Einengung der außenpolitischen Handlungsfreiheit Englands durch die Zuspitzung des Transvaalkonflikts im Sommer 1899 sehr entgegen. Durch diplomatischen Druck und Drohungen »short of war« sollte Großbritannien zum Einlenken gebracht werden. Das international isolierte Inselreich, durch den Ausbruch des Kriegs in Südafrika obendrein an einem sensiblen sicherungsstrategischen Punkt des Empire bedroht, sah sich zum Einlenken in Samoa gezwungen, da alle Kräfte anderweitig gebunden waren.

Der Weg zum Samoavertrag in London am 14. November 1899, mit dem Großbritannien aus dem Kondominium ausschied, war somit infolge der weltpolitischen Bedrängnis Londons vorgezeichnet.

Für Bülow, für den während der Eskalationsphase 1899 keine Situation eintreten durfte, in der Deutschland nur die Alternative blieb zwischen einer »schweren Demütigung« oder einem »unglücklichen Kriege«, handelte in Überzeugung eines momentan flexiblen deutschen Handlungsspielraums vorwiegend prestigebetont gegenüber Kaiser und deutscher Öffentlichkeit; territoriale oder ökonomische Erwägungen waren für ihn nicht ausschlaggebend. Es zeigte sich in den Verhandlungen, daß nicht mehr Samoa als solches wichtig war, sondern nur noch die günstige Aufnahme des Verhandlungsergebnisses durch die deutsche Öffentlichkeit. Das Deutsche Reich hatte mit dem Ausscheren Großbritanniens zwar einen taktischen Prestigeerfolg errungen, diesen aber mit einer Verhärtung des deutsch-englischen Verhältnisses erkauft.

16. Großbritannien zwischen australischem Subimperialismus und deutschem Kolonialengagement: Neuguinea 1883—1885

Neuguinea und die nordöstlich davon gelegenen melanesischen Inseln gerieten erst Ende der 1870er Jahre stärker ins Zentrum des deutschen Interesses im Pazifik, nachdem hanseatische Handelsfirmen zwischen 1877 und 1879 ihre dominierende Stellung in Polynesien durch Handelsverträge gefestigt hatten. Die größte dieser Firmen war das Hamburger Haus Godeffroy (seit 1878 Deutsche Handels- und Plantagen-Gesellschaft DHPG), das mit einem weitmaschigen Netz pazifischer Handelsstationen, deren Schwerpunkt auf Samoa lag, den Handel im Stillen Ozean fast monopolartig kontrollierte[1]. Wichtigstes Exportgut war Kokosnußöl (Kopra), das in einer intensiven Plantagenwirtschaft gewonnen wurde. Die dazu notwendigen Arbeitskräfte wurden vorwiegend auf den Gilbert- und Ellice-Inseln rekrutiert. Jedoch war abzusehen, daß das dortige Reservoir an Arbeitskräften für die Kokosnußplantagen infolge gesteigerter Nachfrage bald erschöpft sein würde. Abhilfe in dem Arbeiterengpaß und neue Investitionsmöglichkeiten versprachen die Neuguinea im Nordosten vorgelagerten Inselgruppen (Neu-Britannien, Neu-Irland, Salomonen), wo bereits in den siebziger Jahren Faktoreien der Firmen Godeffroy und Hernsheim entstanden[2]. In diesen Gebieten gerieten die sich seit 1878 verstärkt auf »Verträge« mit Eingeborenenhäuptlingen stützenden deutschen Handelsinteressen (Erwerb der Häfen Makada und Mioko) indes zusehends in Konflikt mit den australischen und neuseeländischen Kolonialregierungen, die Melanesien — nicht zuletzt infolge reger Missionstätigkeit — als ihre eigene Einflußsphäre betrachteten[3].

Damit war nicht nur das Handelsmonopol deutscher Firmen in dieser südpazifischen Region herausgefordert, das gleichzeitige Entstehen eines australischen Subimperialismus[4] störte überdies empfindlich die kolonialen und finanziellen Aspirationen in Neuguinea, wie sie sich exemplarisch in den Zielvorstellungen des Chefs der Berliner »Disconto-Gesellschaft«, Adolph

1 R.W. Robson, The Pacific Islands Handbook 1944, New York 1945, S. 97—99; Hans-Ulrich Wehler, Bismarck und der Imperialismus, Köln, Berlin 1969, S. 208—214.

2 John A. Moses, The German Empire in Melanesia 1884—1914. A German Self-Analysis. In: The History of Melanesia. Ed. by K.S. Inglis, Canberra, Port Moresby 1969, ²1971, S. 45—76, hier S. 47.

3 Robson, The Pacific Islands Handbook, S. 100; Clinton Hartley Grattan, The Southwest Pacific to 1900. A Modern History, Ann Arbor 1963, S. 492 f.; W.P. Morrell, Britain in the Pacific Islands, Oxford 1960, S. 244 f., 247.

4 Guy H. Scholefield, The Pacific. Its Past and Future and the Policy of the Great Powers from the 18th Century, London 1919, S. 109; John W. Ward, British Policy in the South Pacific (1786—1893), Sydney 1948, S. 197—204, 312—315. Vgl. dazu auch Jean Ingram Brookes, International Rivalry in the Pacific Islands 1800—1875, New York 1941, Repr. 1972; Albert Hahl, Deutsch-Neuguinea, Berlin 1936; Schulthess 24(1883), S. 269 (brit. Blaubuch); Ernest Scott, A Short History of Australia, London 1929, S. 285 ff.; Douglas Pike, Australia. The Quite Continent, Cambridge 1970, S. 105—126.

von Hansemann, artikulierten, der seit Jahren nach überseeischen Investitionsfeldern Ausschau hielt.

Hansemanns Denkschrift vom November 1880 wurde zwar von Reichskanzler Bismarck angesichts der gescheiterten Samoavorlage und des offenbar noch unzureichenden expansionistischen Konsenses abgelehnt, doch mehrten sich im Auswärtigen Amt und in der deutschen Öffentlichkeit die Stimmen, die sich für einen nachhaltigen Schutz des Reichs für das überseeische Handelsengagement aussprachen[5]. Die Reibungsflächen zwischen dem deutschen, staatlicher Rükkendeckung ermangelnden Wirtschaftsinteresse im Südpazifik und dem wachsenden Selbstbewußtsein der australischen Regierungen, die aus sicherungsstrategischen, ökonomischen und marinepolitischen Erwägungen in London für eine zumindest partielle Annexion Neuguineas Stimmung machten, waren spätestens Ende der 1870er Jahre unübersehbar[6]. So warnte etwa der Gouverneur von Queensland, der Neuguinea vis-à-vis-gelegenen Kolonie, 1876:

> »that if Great Britain holds back for a brief space of time, another power — Germany or Italy, or France, perhaps Russia or the United States, will make an attempt. I am persuaded that the merest rumour of it would have a bad effect on the relations of the Mother Country with its colonies in these seas, and I hold that, to Queensland especially, the establishment of any foreign state upon her water frontier would be nothing less than a permanent disaster«[7].

Und der Premierminister von New South Wales pflichtete bei:

> »It appears to us that a more dominion in these waters on the part of the British Empire would be not only consistent with the maritime supremacy of England but would conduce much to the tranquility and peace of these Australian colonies[8].«

Trotz regelmäßiger Klagen aus den Reihen deutscher Handelskreise über den verschärften Wettbewerb mit kolonialbritischen Konkurrenten und lautstarker Forderungen nach staatlichen Interventionsmaßnahmen konnte Bismarcks dezidierte Ablehnung jeglicher Form formeller Kolonialpolitik (»So lange ich Reichskanzler bin, treiben wir keine Kolonialpolitik«) gleichsam als Konstante für das Weiterbestehen des informellen Freihandelsexpansionismus seit den 1860er Jahren gelten[9]. Auf der anderen Seite war aber auch das liberale Gladstonekabinett nicht bereit, seine außenpolitische Maxime des minimalen Engagements zugunsten des von Australien geforderten staatlichen Sicherungszugriffs im Stile eines Protektorats über oder einer Annexion von Neu Guinea leichtfertig aufzugeben. Angesichts anderweitiger Beanspruchungen im Pazifik (Samoa, Fiji, Tahiti) sowie der Krisenanfälligkeit in anderen Randzonen des Empire (Zulu-Krieg, Afghanistan), die eine Überdehnung der Kräfte verboten, bestimmte weitgehende Abstinenz im Südpazifik vorerst den Kurs der liberalen Regierung. Weder verfügte in Londons Sicht die von Australien und Neuseeland geforderte Interventionspolitik der 1870er Jahre über eine reale Grundlage,

---

5 Wehler, Bismarck, S. 223—225; Morrell, Britain, S. 248.
6 Morrell, Britain, S. 241—244; Scholefield, The Pacific, S. 111.
7 Scholefield, The Pacific, S. 113.
8 Ebd., S. 110.
9 Vgl. dazu Wehler, Bismarck, und Horst Gründer, Geschichte der deutschen Kolonien, Paderborn 1985.

die zur Preisgabe der bisherigen Politik berechtigte, noch ließ sich ein strikteres Vorgehen mit Verweis auf eine angebliche koloniale Bedrohung seitens Deutschlands rechtfertigen[10], wie es etwa in australischen Missionarskreisen verfochten wurde (»a powerful German concentration is on its way to the Pacific with the intent of founding a colony or penal settlement«)[11]. Vielmehr stützte sich die englische Regierung gerade bei ihrer Non-Interventionspolitik auf die wiederholte Versicherung Bismarcks, keinen Kolonialerwerb anzuvisieren[12]. Als 1878 Goldfelder in Neuguinea entdeckt wurden und sich infolge des ungehinderten Zustroms von Abenteurern nach Melanesien ein ernster Unsicherheitsfaktor für die südpazifische Region abzuzeichnen begann, drohte die britische Laissez-faire-Politik abzubröckeln. Durch die veränderten Umstände sah der eher anti-annexionistisch eingestellte High Commissioner für den Westpazifik mit Sitz in Fiji, Gordon, die Zeit zum Handeln gekommen. Gordon stellte die britische Pazifikpolitik vor die Alternative: entweder bestimmte Gebiete Neuguineas zu annektieren, »even if the necessity for such a step has not already arisen«, oder aber der Einflußnahme auf Neuguinea zu entsagen und damit den Zustand der Anarchie und Rechtsunsicherheit zu sanktionieren. Die für das Colonial Office drohende und mißliche Frage der Verantwortungsübernahme verebbte indes recht schnell: zum Jahresende 1878 war der »Goldrausch« vorbei[13]. Die kurzfristige Aufgipfelung kolonialbritischer Annexionsbestrebungen hatte immerhin zur Folge, daß nunmehr der Eventualfall einer stärkeren Kontrolle Neuguineas nebst der angrenzenden Inseln die politische wie militärische Führung in London zu beschäftigen begann. Es zeichnete sich ab, daß sich im Colonial Office im Gegensatz zum Foreign Office und zum Kabinett jene Kräfte befanden, die Deutschland im Interesse der Wahrung des Empire nicht unbedingt nachzugeben bereit waren[14]. Kolonialminister Lord Carnarvons dezidierte Ablehnung jeglicher annexionistischen, das Recht der Krone mißachtenden Schritte gegenüber Neuguinea (1875) hatte jedoch zunächst für ein Jahrzehnt Bestand (»I cannot at present perceive any grounds other than of its interest to Australia on which such a proposal could be seriously entertained«)[15]. Infolge der britischen wie deutschen Zurückhaltung vor staatlichem Zugriff in Melanesien blieben die Dinge vorerst in der Schwebe. Dadurch entstand erst jenes politische Vakuum, in dem der australische Subimperialismus sich voll entfalten und mit seinen zentripetalen Kräften den bisherigen sicherungspolitischen Konsens des Empire aus dem Gleichgewicht bringen konnte. Es führte dazu, die kommerzielle Penetration durch politischen Kontrollanspruch abzusichern.

Zu Beginn der 1880er Jahre sahen sich die deutschen Handelsfirmen in Melanesien in erhöhtem Maße der Konkurrenz Australiens und Neuseelands aus-

---

10 Morrell, Britain, S. 243; Grattan, The Southwest Pacific, S. 493.

11 Scholefield, The Pacific, S. 112. Vgl. dazu: K.L.P. Martin, Missionaries and Annexation in the Pacific, London 1924.

12 Morrell, Britain, S. 244 f.; Brookes, International Rivalry, S. 412.

13 Scholefield, The Pacific, S. 116 f.

14 Martin P. Knight, Britain, Germany and the Pacific, 1880—1887. In: Germany in the Pacific and Far East, 1870—1914. Ed. by John A. Moses and Paul M. Kennedy, St. Lucia, Queensland 1977, S. 61—88.

15 Scholefield, The Pacific, S. 114 f. Vgl. Brookes, International Rivalry, S. 402.

gesetzt. Vor allem das massive Auftauchen von Arbeiterrekrutierern aus der australischen Kolonie Queensland, deren bisheriges Arbeiterreservoir auf den Neuen Hebriden und den Salomonen für die Zuckerrohrplantagen Samoas und Fijis erschöpft war, löste bei der DHPG Alarmstimmung aus[16]. Man befürchtete einen Frontalangriff auf die kommerziellen Positionen Deutschlands im Pazifik, da mit dem Offenhalten der ungehinderten Arbeitskräftezufuhr aus den melanesischen Inseln die wirtschaftliche Prädominanz in Samoa stand und fiel[17]. Die australische Historikerin M. Jacobs betont zu Recht, daß »the real point at issue was the challenge to a monopoly, which was closely linked with the whole commercial network in the Pacific, rather than the good or bad behaviour of German or Australian recruiters«[18].

Vor dem Hintergrund eines rapide anwachsenden australischen Subimperialismus, der angesichts der Passivität der britischen Regierung im Südpazifik lautstark für ein entschlosseneres Auftreten gegenüber deutschen und französischen Kolonialaspirationen im Umfeld der britischen Kolonien eintrat, spitzte sich im Jahre 1882 das Neuguinea-Problem zu. Die wiederholten offiziösen und semi-offiziösen Warnungen australischer Vertreter vor einer bevorstehenden Annexion Neuguineas durch Deutschland oder Frankreich[19] wurden indes allesamt vom Colonial Office, wie schon in den Jahren zuvor, in Ermangelung eines auszumachenden Handlungsbedarfs zurückgewiesen. Gegenüber den australischen Befürchtungen stellte Außenminister Granville am 18. Dezember 1882 klar, daß er keinen Grund habe »to suppose that the German Government contemplated any scheme of colonisation«[20], obwohl Deutschland im Gegensatz zu Frankreich eine kategorische Ablehnung kolonialpolitischer Intentionen in Melanesien schuldig blieb[21]. Selbst das vehemente Plädoyer für eine Annexion Neuguineas in der »Deutschen Allgemeinen Zeitung« vom 27. November 1882 reichte nach englischer Einschätzung nicht aus, die Politik der Non-Intervention zu revidieren[22]. Botschafter Ampthill meldete aus Berlin beruhigend, daß es sich bei dem Zeitungsartikel um eine Privatmeinung handle, die nicht die Ansicht der deutschen Regierung widerspiegele. Zudem bestehe auch kein deutscher Plan, die Emigration nach Neuguinea zu erhöhen[23]. Für das Foreign Office blieben alle kolonialbritischen Vorstöße in Richtung auf eine Übernahme zumindest partieller Verantwortung im melanesischen Archipel von der Warte internationaler Politik aus vorerst ein sekundäres Problem, »which principally

---

16 Knight, Britain, S. 66 f.; Morrell, Britain, S. 248.

17 Marjorie E. Jacobs, Bismarck and the Annexation of New Guinea. In: Historical Studies 5 (1951), S. 14—26, hier S. 17; Robson, The Pacific Islands Handbook, S. 100 f.; Ward, British Policy, S. 311 f.; Morrell, Britain, S. 248; Grattan, The Southwest Pacific, S. 492; Wehler, Bismarck, S. 392.

18 Jacobs, Bismarck, S. 17. Vgl. Morrell, Britain, S. 254 f.

19 Ward, British Policy, S. 315 f. Vgl. St.A. 43 (1885), Nr. 8200. Zu den frz. Interessen: Morrell, Britain, S. 249 und C.W. Newbury, Aspects of French Policy in the Pacific, 1853—1906. In: Pacific Historical Review 27 (1958), S. 45—56.

20 Scholefield, The Pacific, S. 117.

21 Knight, Britain, S. 65.

22 Jacobs, Bismarck, S. 17 f.; St.A. 43 (1885), Nr. 8199 (C.O. an Kolonialinstitut, 4.1.1883).

23 St.A. 43 (1885), Nr. 8204; Scholefield, The Pacific, S. 119. Vgl. Knight, Britain, S. 65; P.M. Kennedy, Bismarcks Imperialism. The Case of Samoa, 1880—1890. In: The Historical Journal 15 (1972), S. 261—283, hier S. 270.

concerns the Colonial Office«[24]. Damit bestätigte das Foreign Office nur die Politik des Gladstonekabinetts im Westpazifik, die vier Ziele verfolgte:

1. Verhinderung ausländischer Annexionen,
2. Verhinderung von Kollisionen mit ausländischen Mächten,
3. Schutz der indigenen Interessen,
4. Verzicht auf neue kolonialpolitische Verpflichtungen[25].

Angesichts des verschärften englisch-französischen Antagonismus seit der Okkupation Ägyptens (Juli 1882) war Großbritannien auf deutsches Wohlwollen angewiesen, und das Deutsche Reich bot den momentan einzig verläßlichen Rückhalt gegen eine Bedrohung vitaler Empire-Interessen. Insofern stellte die Kolonialagitation der australischen Regierungen, allen voran derjenigen Queenslands, ein unliebsames Störmanöver dar, das die britische Handlungsfreiheit zur Unzeit weiter einschränkte und — weitaus schlimmer — Deutschland, dessen Ruhestellung einkalkuliert war, Anlaß zu Besorgnissen vor bevorstehenden britischen Kolonialaktivitäten geben mußte. Denn neben dem zusehends gravierenderen Neuguineaproblem, wo Zurückhaltung gegenüber Deutschland aus weltpolitischer Rücksichtnahme geboten schien, gab es auch ungelöste bilaterale Streitpunkte im Pazifik, von denen Samoa und Fiji die brennendsten waren[26]. Im Februar 1883 griff der Premierminister von Queensland, Sir Thomas McIlwraith, in die Debatte ein und machte vier zentrale Punkte geltend, die eine Annexion Neuguineas dringend erforderten:

1. die Sicherung der Handelsroute durch die Torres-Straße (zwischen Australien und Neuguinea),
2. die Notwendigkeit der Jurisdiktion über die Weißen in Neuguinea,
3. die Sicherung der bereits existierenden Kohlenstationen (Port Moresby),
4. die Furcht vor einer ausländischen Erwerbung.

Wie stark Queensland unter dem Eindruck einer Annexion Neuguineas durch Dritte, speziell Deutschlands, stand, zeigte sich daran, daß McIlwraith bereit war, die gesamten Kosten der Annexion zu tragen und »to take formal possession on receipt of Imperial authority by cable«[27]. Nach diesem Vorstoß ließ sich in London die Alarmstimmung in Australien nicht länger ignorieren; denn alle australischen Kolonialregierungen unterstützten nach und nach den Appell an die koloniale Initiative des Mutterlands[28]. Ohne Rücksprache mit London ließ McIlwraith am 4. April 1883 in einer Art Selbsthilfeaktion Port Moresby in Süd-Neuguinea besetzen, wobei der mit der Aktion beauftragte Regierungsbeamte im Namen der Krone angehalten war, »to take formal possession of so much of the island as was not already in the occupation or possession of the Dutch«[29]. Das von Queensland beanspruchte Gebiet betraf die gesamte nicht-niederländische Osthälfte Neuguineas einschließlich aller Inseln.

---

24 St.A. 43 (1885), Nr. 8198.

25 The Cambridge History of the British Empire. General Editors John Holland Rose, Arthur Percival Newton u.a., Bd 3, The Empire-Commonwealth 1870—1919, Cambridge 1959 (im folgenden abgekürzt CHBE 3), S. 143.

26 Knight, Britain, S. 68.

27 Scholefield, The Pacific, S. 118. Vgl. St.A. 43 (1885), Nr. 8201; Ward, British Policy, S. 316; Morrell, Britain, S. 250.

28 Scholefield, The Pacific, S. 120. Vgl. St.A. 43 (1885), Nr. 8202 f. Vgl. CHBE 3, S. 143.

29 Scholefield, The Pacific, S. 120 f.

Gegenüber dem britischen Gouverneur von Queensland rechtfertigte McIlwraith seine eigenmächtige, quasi durch höheren Notstand legitimierte Handlungsweise als einen notwendigen Präventivschlag zur Abwendung der drohenden Gefahr einer Annexion Neuguineas durch Drittmächte, ohne Deutschland expressis verbis zu nennen. Ein rasches Vorgehen habe die rechtzeitige Benachrichtigung Londons erschwert, jedoch rechne man in Brisbane mit einer nachträglichen Sanktion dieses dringenden Schritts im Interesse des Empire[30]. Als Mitte April die Besetzung in London bekannt wurde, verlangte Kolonialminister Derby umgehend Aufklärung darüber, ob definitive Anzeichen für eine ausländischen Intervention in Neuguinea vorlagen[31], da Queenslands einseitiger Coup nicht nur die Rechte der Krone verletzte, sondern auch Belastungen im Verhältnis zu Deutschland erzeugte.

Gouverneur Kennedy billigte in seinem Antwortschreiben am 26. April das Vorgehen von McIlwraith aufgrund offensichtlicher Gefahrenmomente, konnte als plausiblen Grund freilich nur die am 18. März aus Sydney in Richtung der melanesischen Inseln ausgelaufene deutsche Korvette »Carola« nennen[32].

Durch das kolonialpolitische Hervorpreschen einer australischen Kolonialregierung war das Gladstonekabinett zutiefst beunruhigt. Mit Rücksicht auf die außenpolitischen Folgen wies Derby den fait accompli scharf zurück. Er war daran interessiert, keinen Präzedenzfall für derartige Aktionen zu schaffen. Die übermittelten Gründe erschienen ihm eher als Vorwände, mit deren Hilfe sich Queenslands Wirtschaftsinteressen in Neuguinea energischer als bisher schützen ließen. Er hielt es zwar für wünschenswert »to guard [...] against the risk of any foreign claim being set up«[33], fand jedoch selbst mit dem Zugeständnis minimaler Verantwortung bei Außenminister Granville keine Zustimmung, der davon ausging, »that no such action is intended on the part of any foreign power«[34]. Granvilles Zurückhaltung war das Resultat der deutschen Verstimmung über den annexionistischen Zugriff der Regierung von Queensland; denn dieser mußte in der Sicht Berlins als ein von London gebilligtes Unternehmen erscheinen, mit dem der »herrenlose« Teil Neuguineas unter Negierung deutscher Handelsinteressen unter britische Kontrolle gebracht werden sollte.

Verärgerung herrschte vor allem unter den deutschen Handelsfirmen im Pazifik, die durch den überstürzten australischen Schritt erhebliche Behinderungen bei der Arbeiteranwerbung im melanesischen Archipel befürchteten. Getragen von der Woge einer zunehmend organisierten Kolonialbewegung in Deutschland, verstärkten sich ab Sommer 1883 die Forderungen nach staatlicher Unterstützung für den Fall, daß den Annexionsresolutionen Australiens Taten Großbritanniens folgen sollten[35]. Der DHPG-Vertreter in Apia/Samoa, Weber, plädierte für ein entschiedenes Vorgehen gegen australische Pläne, um die deutschen Interessen im Pazifik vor Schaden zu bewahren. Weber zeichnete das

30 Ebd.; Morrell, Britain, S. 250; Grattan, The Southwest Pacific, S. 493 f.; Jacobs, Bismarck, S. 17 f.; St.A. 43 (1885), Nr. 8205.
31 Scholefield, The Pacific, S. 121.
32 Ebd.
33 Wehler, Bismarck, S. 392.
34 Jacobs, Bismarck, S. 17 f.
35 Ebd., S. 17.

düstere Bild einer britischen Annexion der melanesischen Inseln — mit Ausschluß Deutschlands vom Arbeitskräftemarkt —, wodurch das Nervenzentrum der Plantagenwirtschaft abgeschnitten sei und Deutschlands gesamte Pazifikinteressen tödlich getroffen würden[36]. Aber erst im September 1883 unternahm Deutschland in dieser Angelegenheit einen Vorstoß in London[37]. Geschäftsträger Plessen informierte den englischen Außenminister darüber, daß Deutschland während der »Arbeitersaison« ein Kriegsschiff in Neu-Britannien stationieren werde und dabei hoffe, bei der Aufrechterhaltung von Ruhe und Ordnung von Großbritannien unterstützt zu werden[38]. Dieser harmlose Protest wurde in London als Routineangelegenheit behandelt, da man selbst seit mehr als einer Dekade Schiffspatrouillen in Melanesien durchführte[39]. Inzwischen war man in Großbritannien zu der Überzeugung gelangt, daß ein vorsichtiges Auftreten in der Neuguineafrage vonnöten sei[40]. Mit Rücksicht auf die internationale Lage wurde daher ein gemeinsam von Premierminister Gladstone, Lordkanzler Selbourne und High Commissioner Gordon konzipierter Plan betreffend die partielle Annexion Neuguineas, der als Reaktion auf die australischen Kolonialaspirationen gedacht war, zurückgestellt[41]. Derby und das Colonial Office tendierten zunächst zu einer Sanktionierung des mit der Annexion geschaffenen faits accomplis, indem sie ein etwaiges Protektorat gegen Übernahme der Verwaltungskosten durch die Kolonien erwogen. Sie schwenkten jedoch bis Sommer 1883 auf die vorsichtige Linie ein[42]. Dies war nicht zuletzt das Verdienst Lordkanzler Selbournes, der eine Billigung des Vorgehens der Regierung von Queensland für »impolitic in a very high degree and also morally unjustifiable« hielt und für diese Ansicht auch Premierminister Gladstone gewann[43]. Nachdem Derby bereits Anfang Juli die Annexion im Oberhaus mißbilligt hatte[44], erklärte er am 11. Juli gegenüber dem Gouverneur von Queensland die Annexion vom Rechtsstandpunkt für null und nichtig, da diese mit der imperialen Prärogative der Krone unvereinbar sei. Außerdem sei Neuguinea noch nicht kolonisiert, und die britische Regierung lehne es ab, einen neuen Krieg zu führen, um einige Millionen Eingeborene zu unterwerfen, die sich nicht regieren lassen wollten. Den australischen Kolonien gab er den Rat, sich zum Schutz ihrer Interessen zusammenzuschließen und nicht auf die Hilfe Londons zu rechnen. Derby erklärte sich jedoch bereit, das australische Geschwader — mit

36 Morrell, Britain, S. 255; Stewart Firth, New Guinea under the Germans, Melbourne 1982, S. 15.
37 Firth, New Guinea, S. 15 f.
38 The Life of the Rt. Hon. Sir Charles W. Dilke, 2 vols. Ed. by Stephen Gwynn and Gertrude M. Tuckwell, London 1918, I, S. 536.
39 Ebd.
40 Morrell, Britain, S. 250 f.; Marjorie E. Jacobs, The Colonial Office and New Guinea, 1874—1884. In: Historical Studies 5(1951), S. 113; CHBE 3, S. 143.
41 Morrell, Britain, S. 250 f.
42 Ebd., S. 251; Grattan, The Southwest Pacific, S. 494; Schulthess 24(1883), S. 271 f. und S. 275.
43 Morrell, Britain, S. 251 f.; St.A. 43 (1885), Nr. 8206. Vgl. ebd. Nr. 8207; CHBE 3, S. 143.
44 Morrell, Britain, S. 252 f.; Grattan, The Southwest Pacific, S. 495; Ward, British Policy, S. 317; Scholefield, The Pacific, S. 124 f.; Schulthess 24(1883), S. 282 f.

finanzieller Hilfe Queenslands — zu verstärken, so daß ein quasi-Protektorat über die neuguineischen Küstenstämme erreicht wäre[45].

Hatte Großbritannien gehofft, mit der Annullierung der Annexion dämpfend auf die australische Kolonialagitation zu wirken, so hatte es sich bitter getäuscht. Vielmehr drohte die Situation im Südpazifik Ende 1883 zu eskalieren, als Premierminister McIlwraith auf der Interkolonialen Konferenz in Sydney (2.—8. Dezember 1883) Zustimmung für seine Bemühungen fand, präventiv gegen die für die britischen Besitzungen sicherheitsgefährdende Ausdehnung Deutschlands und Frankreichs im Pazifik vorzugehen und nach Möglichkeit den größten Teil von Ost-Neuguinea dem Britischen Empire einzuverleiben. McIlwraiths Vorstoß mündete in drei Resolutionen:

1. Eindämmung des weiteren Kolonialerwerbs europäischer Mächte in Australasien südlich des Äquators,
2. Teilannexion Neuguineas aus sicherungsstrategischem Kalkül,
3. Bereitschaft zur Übernahme eines Teils der Annexionskosten[46].

Der letzte Punkt war mit Bedacht gewählt worden, denn damit wurde die vom Colonial Office errichtete finanzielle Barriere für ein etwaiges koloniales Engagement hinfällig. Dies war eine massive Herausforderung Großbritanniens, das sich intensiv bemühte, den kolonialen Aktivitäten an der Peripherie die Spitze abzubrechen, aber infolge weltweiter Beanspruchung zur Jahreswende 1883/84 sich außerstande sah, die Kräfte vor Ort im Zaum zu halten. Gerade der ab Herbst 1883 heftige Wettbewerb zwischen deutschen und kolonialbritischen Arbeiteranwerbern in Melanesien und die damit verbundene politische Verstimmung des Deutschen Reichs drohten durch die Sydney-Konvention noch angeheizt zu werden, so daß die britische Beruhigungskampagne Gefahr lief, vollends zu scheitern. Indirekt stimulierte damit der Druck des australischen Subimperialismus deutsche Reaktionen und initiierte letztlich das Wettrennen um die Aufteilung des Südpazifiks.

Englands diplomatische Bemühungen blieben vorrangig darauf gerichtet, Deutschland der Zurückhaltung im Kolonialbereich zu versichern und keine den Südpazifik betreffenden definitiven Entscheidungen zu präjudizieren, die das bilaterale Verhältnis belasteten[47]. Die moderate Reaktion Unterstaatssekretärs Buschs am 29. Dezember 1883 auf die Beschlüsse der Interkolonialen Konferenz in Sydney ließ immerhin hoffen, daß sich das Reich ruhig verhielt und nur daran dachte, im Pazifik »deutsche Handelsinteressen zu schützen und zu unterstützen«[48]. Allerdings schlugen die deutsch-englischen Kolonialrivalitäten in Afrika (April 1884 Besetzung von Angra Pequena) und die zahlreichen Unstimmigkeiten über Samoa und Fiji als belastende Momente auf die ungeklärte Neuguineafrage zurück.

Nicht nur im Auswärtigen Amt, unter den deutschen Handelsfirmen und den »men on the spot« bezweifelte man, ob Englands Willen zu einem ausgeglichenen Verhältnis zum Reich ernsthaft oder nur taktisch bedingt war. Reichskanzler Bismarck empörte sich nun offen über die »Vergewaltigung deutscher

---

45 Wehler, Bismarck, S. 392.
46 Ebd.
47 GP 4, Nr. 738. Vgl. ebd. Nr. 736, 743.
48 Ebd., Nr. 738.

Reichsangehöriger in der Südsee«[49]. In genauer Kenntnis der britischen Position machte Bismarck aus der britischen Not eine deutsche Tugend, und versuchte durch Druck und Einschüchterung das Inselreich zum Einlenken in strittigen Kolonialfragen zu zwingen. Deutschlands machtpolitische Zurückhaltung sollte mit englischen Zugeständnissen »bezahlt« werden:

> »England kann durch geringe, ihm selbst fast wertlose Opfer sich die Fortdauer unserer wirksamen Unterstützung in seinen politischen Interessen sichern.«

Andernfalls wäre es ein leichtes, so Bismarck,

> »den geborenen und wegen Unverträglichkeit praktischer Interessen, permanenten Gegnern Englands Dienste zu erweisen, durch welche wir dann unsere gute Beziehungen zu ihnen zweifellos fördern würden«[50].

Bismarck stellte klar, daß Deutschland sich bei Störung des deutschen Handels durch britische Kolonien nur direkt an die Adresse Londons wenden könne und danach seine Politik gegenüber England einrichten müsse[51]. In dem Zwiespalt zwischen der Wahrung imperialer Rechte gegenüber den selbstbewußt agierenden australischen Kolonien und dem sich bei einem stärkeren britischen Engagement in Neuguinea fast automatisch verschlechternden Verhältnis zu Deutschland in der internationalen Politik, suchte das Colonial Office einen Ausweg, der weder die Kolonien verprellte noch Deutschland ignorierte.

Ausdruck hiervon war die von Derby im Mai 1884 mit Bezug auf den unkontrollierten Arbeiterhandel angeregte Einsetzung eines High Commisioners (oder zumindest eines Deputy Commissioners) für die Ostküste Neuguineas, falls sich die australischen Kolonien zu einer bestimmten finanziellen Beteiligung verpflichteten[52]. Damit hatte Derby zwar das Problem des formellen Protektorats geschickt ausgeklammert, andererseits jedoch dem australischen Partikularimperialismus goldene Brücken gebaut; schon am 1. Juli griffen Queensland und Victoria die Anregung auf. Es war nur konsequent, wenn sie ihre Zustimmung von der Einrichtung eines formellen Protektorats abhängig machten. Dabei kam ihnen auch die Berufung auf Derbys Telegramm vom 11. Juli des Vorjahrs zu statten, worin dieser von einem »formalen Protektorat« gesprochen hatte[53]. Als Bismarck am 23. Juni in der Budgetkommission des Reichstags eine australische »Monroe-Doktrin im Süd-Pazifik« scharf verurteilte und den Schutz des Reichs für die deutschen Wirtschaftsinteressen in Aussicht stellte[54], hielt Derby die Zeit für gekommen, im Gegenzug am 5. Juli im Kabinett ein Protektorat über Ost-Neuguinea zu empfehlen. Eine Entscheidung in dieser Frage wurde jedoch wegen der Uneinigkeit des Kabinetts zunächst für einen Monat hinausgezögert[55]. Inzwischen formierten sich die deutschen Handelsinteressen in der Südsee in der im Frühjahr 1884 von Hansemann und Bleichröder gegründeten »Neuguinea-Kompanie«, die Ende Juni um Reichsschutz für eine

---

49 Ebd., Nr. 743.

50 Morrell, Britain, S. 253 f.; Jacobs, Colonial Office, S. 116; Scholefield, The Pacific, S. 127, Grattan, The Southwest Pacific, S. 496; Ward, British Policy, S. 318.

51 Morrell, Britain, S. 254.

52 Jacobs, Bismarck, S. 19.

53 Morrell, Britain, S. 254; Jacobs, Colonial Office, S. 116; The Life of the Rt. Hon. Sir Charles W. Dilke, II, S. 82 f.

54 Jacobs, Bismarck, S. 19; Morrell, Britain, S. 255.

55 Jacobs, Bismarck, S. 18; Vgl. Morrell, Britain, S. 254 f.

(geheim vorbereitete) Expedition unter Leitung des Wissenschaftlers Dr. Finsch zur Landgewinnung und zur Errichtung von Handelsstationen in Neuguinea bat[56]. Vor dem Hintergrund verstärkter Appelle seitens der deutschen Pazifikunternehmen und bei stetigem Anwachsen subimperialistischer Tendenzen in den australischen Kolonien begann die Neuguineafrage bei Bismarck größeres Gehör zu finden[57]. Bismarck erfüllte das Schutzersuchen jedoch noch nicht direkt, sondern war zunächst vor einem die Situation eskalierenden kolonialen Engagement Deutschlandes bemüht, auf diplomatischem Weg britische Anerkennung der deutschen Interessen im Nordosten Neuguineas zu erhalten. Erneut stand hierbei das Druckmittel taktischen Wohlverhaltens gegenüber Großbritannien im Vordergrund. Es war Bismarcks feste Absicht, unter Ausnutzung der englisch-französischen Spannungen in Afrika, die britische Regierung zum Einlenken in strittigen Kolonialfragen zu bewegen, wobei auch das offene Tendieren des Reichs zu Frankreich Ausdruck der Bismarckschen Leitvorstellung war, rivalisierende Mächteinteressen an die Peripherie abzuleiten. Von der Gesamtkonzeption her lief dies auf eine defensive Strategie möglichst konfliktarmer Außenpolitik hinaus, jedoch barg der Übergang zur staatlich gestützten Kolonialpolitik selbst die Gefahr, daß das europäische Krisenmanagement durch unvermeidliche Rückwirkungen von der Peripherie her durchkreuzt wurde.

In Anknüpfung an eine Direktive an den Botschafter in London von Anfang Mai 1884, die das Entgegenkommen Englands besonders bei der Erledigung der Streitfragen in Afrika und der Südsee zur conditio sine qua non der fortdauernden, wohlwollenden Haltung des Deutschen Reichs machte[58], präzisierte der Reichskanzler am 1. Juni seine Haltung gegenüber Großbritannien. Er gab Botschafter Münster zu verstehen, daß Lord Granville mit Nachdruck vor die Alternative zu stellen sei,

> »sich durch eine mindestens gerechte, wenn auch vielleicht nicht wohlwollende Haltung gegenüber unseren überseeischen Interessen unsere politische Unterstützung zu sichern oder zu sehen, daß wir die Förderung unserer Interessen in dem Zusammengehen mit anderen Mächten suchten«[59].

Granville, von Herbert von Bismarck Mitte Juni in einer kolonialpolitischen Sondierungsmission auch auf die brennende Neuguineafrage angesprochen, reagierte eingedenk der viel akuteren Auseinandersetzungen über Südwestafrika ausweichend auf die bilateralen Divergenzen in Melanesien. Er verwies zwar auf die starke englische Opposition gegen die »volle Annexion« der von Queensland okkupierten Gebiete, hielt es jedoch offenbar auf Grund Herbert von Bismarcks unbeabsichtigt oder taktisch hingeworfener Bemerkung, daß keine Macht sich darum kümmern würde, sollte Großbritannien seine Souveränität »über Neuguinea ausdehnen«, nicht für erforderlich, sich näher auf das Problem einzulassen[60]. Damit mußte die britische Regierung den falschen Eindruck gewinnen, als sei das Deutsche Reich an keiner staatlichen Intervention in Neu-

56 GP 4, Nr. 739.
57 GP 4, Nr. 743. Vgl. ebd. Nr. 745.
58 GP 4, Nr. 746. Vgl. ebd. Nr. 747 und Andreas Hillgruber, Bismarcks Außenpolitik, Freiburg ^{2}1981, S. 171.
59 Wehler, Bismarck, S. 393 f.
60 Ebd., S. 394.

guinea interessiert, ja rechne Neuguinea eindeutig der britischen Einflußsphäre zu.

Zur gleichen Zeit war freilich Finschs Expedition bereits unterwegs, um »in weitestem Umfang« Inselbesitz zu erwerben. Außerdem hatte das Auswärtige Amt (Kusserow) seine Haltung dahingehend konkretisiert, »gegenüber den Annexionsbestrebungen der australischen Kolonien [...] rechtzeitig Gegenmaßregeln zu treffen«[61]. Bismarck, der als Gegenzug auf die englische Haltung in der Angra-Pequena-Frage schon mit dem Gedanken spielte, »einfach ohne vorher ein Wort zu sagen, Kriegsschiffe nach Neuguinea (zu) schicken und an allen bisher herrenlosen Küsten dieser Inseln die deutsche Herrschaft (zu) proklamieren«, schwenkte spätestens Ende Juli voll auf die Linie staatlicher Intervention ein. Am 30. Juli erklärte er, daß die deutschen Erfahrungen mit England es wünschenswert erscheinen ließen, »diejenigen Gebiete, in welchen sich der deutsche Handel in vorherrschender Weise ausgebreitet hat oder wohin kostspielige Expeditionen, deren Berechtigung von niemand bestritten werden kann, in Ausführung begriffen sind, unter den direkten Schutz des Reiches zu stellen«. Ungeachtet des von Bismarck propagierten Reichsschutzes blieb die Errichtung einer formellen Herrschaft auch jetzt außerhalb des Rahmens eines staatlich unterstützten Freihandelsexpansionismus[62]. Darüber hinaus griff Bismarck den vom Auswärtigen Amt seit Juli favorisierten Gedanken einer deutsch-englischen Interessenabgrenzung in der Südsee auf. Am 2. August regte er auf dieser Grundlage in London ein generelles deutsch-britisches Übereinkommen an, wobei allerdings australische Annexionspläne bezüglich Ost-Neuguinea, das das Reich als seine bevorrechtete Wirtschaftszone in Melanesien betrachtete, verworfen wurden[63]. Bismarcks Vorstoß brachte Bewegung in den noch andauernden Entscheidungsprozeß des englischen Kabinetts und drängte Kolonialminister Derby zum Handeln; denn es war nun nicht auszuschließen, daß Deutschland in einem einseitigen Schritt nach vorn Schutzrechte in Neuguinea reklamieren wollte. Einerseits unter dem Druck der australischen Kolonien stehend, andererseits Bismarcks massiven politischen Drohungen ausgesetzt, fällte das englische Kabinett am 6. August 1884 die Entscheidung, daß ein Protektorat über das gesamte nicht-niederländische Neuguinea errichtet werden solle[64]. Dieser Entschluß fiel um so leichter, als mit der Sydney-Konvention entschieden war, daß die Kolonien den größten Teil der Kosten zu übernehmen bereit waren. Mit dem überstürzten Beschluß, der auch den Nordosten Neuguineas unter britischen Schutz stellte, hatte die englische Regierung aber ihren politischen Handlungsspielraum weit überdehnt.

Als Botschafter Münster dem englischen Außenminister am 8. August von dem Teilungsplan Bismarcks in Kenntnis setzte, machte er unmißverständlich auf Deutschlands Anspruch auf die nördliche Hälfte Neuguineas aufmerksam (»there are parts of the wild country on the north side of New Guinea, which

61 Jacobs, Bismarck, S. 19 f.; Morrell, Britain, S. 255 f.; HP 3, S. 110 (28.7.1884); Ward, British Policy, S. 319.

62 Jacobs, Bismarck, S. 20; The Life of the Rt. Hon. Sir Charles W. Dilke, II, S. 82; CHBE 3, S. 144.

63 Scholefield, The Pacific, S. 127; Morrell, Britain, S. 256 f.

64 Scholefield, The Pacific, S. 128.

might be available as a field for German enterprise«)[65]. Aufgrund dieses deutlichen Hinweises konnte das spätere Vorgehen Deutschlands in dieser Richtung für Großbritannien kaum als Überraschung erscheinen.

Insofern konnte Granville den deutschen Botschafter beruhigen, daß die Ausweitung der britischen Herrschaft in Neuguinea nur denjenigen Teil betreffe, »which specially interests the Australian colonies, without prejudice to any territorial questions beyond those limits«[66]. Damit waren sowohl die Minimalforderungen der australischen Kolonien von London erfüllt worden als auch — ohne Kenntnis der Kolonien — gegenüber Deutschland die Absicht, ein Protektorat zu errichten, bekanntgegeben worden.

Schon am 9. August mußte daher das Kabinett wegen Anzeichen eines stärkeren Hinneigens Bismarcks zu Frankreich für den Fall, daß Großbritannien sich nicht konzessionsbereit verhielt, seine Neuguinea-Entscheidung gegen den Willen Derbys revidieren. Jetzt sollte nur noch der Südteil der Insel britisches Protektorat werden[67]. Am 11. August stellte Premierminister Gladstone ausdrücklich fest, daß die nördlichen und nordöstlichen Teile Neuguineas von der britischen Schutzherrschaft unberührt blieben[68]. Die Ausdehnung britischer Herrschaft bezog sich demnach auf jene Gebiete, die für die australischen Kolonien besonderes strategisches und ökonomisches Gewicht hatten[69]. Trotz Bismarcks Pressionspolitik blieb Außenminister Granvilles Bemühen um ein ausgeglicheneres Verhältnis zwischen Großbritannien und Deutschland in Kraft. Gegenüber Herbert von Bismarck beschwor er am 20. August angesichts der prekären außenpolitischen Bedrängnis der See- und Handelsmacht die freundlichen Beziehungen zwischen Deutschland und England, in denen sich auch gelegentliche Friktionen durch einvernehmliche Lösungen beheben ließen. Was die Südsee-Inseln betraf, so gab es laut Granville »no impediment to our coming to a perfect understanding«[70]. In seiner moderaten Antwort rekurrierte Herbert von Bismarck erneut auf den bisherigen Mangel an englischem Entgegenkommen in Kolonialfragen. Irritationen seien vor allem durch die ambivalente Haltung des Colonial Office entstanden. Sobald sich dies ändere, »there will be no more misunderstanding«[71].

Die britische Geschäftigkeit heizte auch die Reaktionen in Deutschland an. Am 19. August informierte Bismarck Generalkonsul Krauel in Sydney von der Absicht des Reichs, die Flagge im melanesischen Archipel und an der Nordostküste Neuguineas zu hissen, »wo schon deutsche Siedlungen existieren oder im Begriff sind zu entstehen«[72]. Gleichzeitig wurde Hansemanns Forschungsexpedition nach Neuguinea offiziell unter den Schutz des Reichs gestellt, um den nationalen Charakter der Mission zu betonen. Zu diesem Zweck wurden Kriegsschiffe nach Sydney beordert, die Finsch, der im September in See stach,

---

65 Jacobs, Bismarck, S. 22; The Political Correspondence of Mr. Gladstone and Lord Granville 1876—1886. Ed. by Agatha Ramm, Oxford 1962, Bd II, S. 271.
66 Schulthess 25(1884), S. 224.
67 Morrell, Britain, S. 256 f.
68 GP 4, Nr. 751.
69 GP 4, Nr. 752.
70 Jacobs, Bismarck, S. 22.
71 Ebd., S. 22 f.
72 Scholefield, The Pacific, S. 129.

eskortieren sollten. Die gesamte Aktion verlief gegenüber Großbritannien strikt geheim[73]. Im London wuchs der Widerstand des Colonial Office gegen Granvilles Nachgiebigkeit in der Neuguineafrage. Mit Rücksicht auf die australischen Kolonien trat Derby für ein entschlossenes Handeln ein, das, solange kein offensichtliches fait accompli von seiten Deutschlands geschaffen war, die Ausweitung der britischen Herrschaft über die gesamte Osthälfte Neuguineas und eine sofortige Proklamation vorsah[74]. Obwohl dieser Kurs vom Kabinett prinzipiell gebilligt wurde, reagierte Granville auch weiterhin extrem vorsichtig. Ihm war daran gelegen, zur Vermeidung politischer Spannungen keine definitive Abgrenzung des britischen Protektorats vorzunehmen, bevor nicht Deutschland über den Sachverhalt unterrichtet war[75]. Auf diesen politischen Kurs schwenkte auch Premierminister Gladstone nach einigem Zögern ein[76], nachdem er zuvor in einer Rede am 1. September die Ausbreitung Deutschlands in Melanesien emphatisch begrüßt hatte[77]. Als Geschäftsträger Plessen am 11. September bei Granville vorstellig wurde und die territoriale Abgrenzung der beiderseitigen Interessensphären in Neuguinea durch eine Kommission anregte[78], zeichneten sich erneut tiefgreifende Meinungsunterschiede zwischen Colonial und Foreign Office ab. Während Granville dem Teilungsplan zuneigte und hierin eine geeignete Form der friedlichen Deeskalation des Neuguineakonflikts sah, wollte Derby seine Zustimmung nur unter der Voraussetzung geben, daß pazifische Territorialabsprachen mit Ausnahme von Neuguinea getroffen würden[79]. Trotz seiner Bereitschaft zum Nachgeben konnte es Granville nicht verhindern, daß unter Derbys Einfluß die britischen Positionen in puncto Neuguinea schärfer formuliert wurden. Am 19. September wurde Deutschland offiziell von den Grenzen des geplanten Protektorats in Kenntnis gesetzt. Die Beanspruchung des gesamten nicht-niederländischen Teils von Neuguinea überraschte in Berlin, da man davon ausgegangen war, dieses Problem mit Granvilles Versicherung vom 8. August 1884, daß sich das Protektorat nur auf die für Australien besonders vitalen Gebiete beziehe — »without prejudice to any territorial questions beyond these limits« — gelöst zu haben[80]. Da Finsch Sydney bereits am 11. September Richtung Neuguinea verlassen hatte[81], schien ein umgehender Protest in London geboten, um den sich abzeichnenden Komplikationen hinsichtlich der Begrenzung der beiderseitigen Schutzzonen vorzubeugen.

Der deutsche Protest gegen die Ausweitung des Protektorats auf Nord- und Nordost-Neuguinea, vorgetragen von Geschäftsträger Plessen am 27. September[82], blieb nicht ohne Wirkung. Schon am 9. Oktober ließ Außenminister Granville durch den englischen Geschäftsträger in Berlin versichern, daß sich

73 Ebd., S. 130; Jacobs, Bismarck, S. 23; The Political Correspondence, II, S. 242.
74 The Political Correspondence, II, S. 246.
75 Ebd., S. 243, Anm. 1.
76 Scholefield, The Pacific, S. 130.
77 Ebd., S. 130 f.; The Political Correspondence, II, S.271.
78 Morrell, Britain, S. 256 f.; Grattan, The Southwest Pacific, S. 497.
79 Morrell, Britain, S. 257.
80 Jacobs, Bismarck, S. 23; Morrell, Britain, S. 257; Scholefield, The Pacific, S. 131.
81 Jacobs, Bismarck, S. 23; The Life of the Rt. Hon. Sir Charles W. Dilke, II, S. 83.
82 Jacobs, Bismarck, S. 23; Morrell, Britain, S. 257 f.; Scholefield, The Pacific, S. 132 ff.

das britische Protektorat nur auf den südlichen Teil Neuguineas beschränke. Zur Bekräftigung des guten Willens wurde gleichzeitig die von Deutschland angeregte Kommission als Schiedsinstanz zu Regelung von Streitfragen akzeptiert[83]. Während auf diplomatischer Ebene noch über die künftigen Einflußsphären in Melanesien gerungen wurde, liefen vor Ort die Annexionsvorbereitungen. Am 23. Oktober wurde die britische Flagge in Port Moresby gehißt; wenige Tage später annektierten deutsche Kriegsschiffe Neu-Britannien (3. November) und weitere Inseln im melanesischen Archipel sowie drei Punkte an der Nordostküste Neuguineas[84]. Als die deutschen Annexionen am 17. Dezember offiziell bekannt wurden, erhob sich ein Proteststurm aus den Reihen der australischen Kolonien, die sich in ihrer Kolonialkampagne vom Mutterland im Stich gelassen fühlten[85]. Die englische Regierung war von der deutschen Proklamation und vom Ausmaß der australischen Entrüstung irritiert, zumal R.H. Meade vom Colonial Office im Rahmen der Berliner Afrikakonferenz mit Unterstaatssekretär Busch gerade Möglichkeiten für ein generelles deutsch-britisches Kolonialarrangement sondierte, wobei sich Deutschland nach englischen Vorstellungen mit Neu-Britannien, Neu-Irland und den dazugehörigen Inseln begnügen sollte[86]. Mit Rücksicht auf die australischen Proteste plädierte Derby als Gegenmaßnahme gegen die deutsche Expansion für die Proklamation der britischen Herrschaft über alle Gebiete Neuguineas, die noch nicht unter britischem Schutz standen. Das Kabinett billigte das weiter gefaßte Vorgehen, so daß Anfang Januar 1885 in der vom deutschen Festsetzungsdrang noch unberührten Sphäre die Long- und die Rooke-Inseln zwischen Neuguinea und Neu-Britannien annektiert wurden[87]. Ein Kabinettsbeschluß faßte den modifizierten Annexionskurs am 3. Januar 1885 wie folgt zusammen: »to complain of the actions of the German Government but without any direct repudiation of the annexation«[88].

Daß sich der britische Ärger vorwiegend gegen die Art des deutschen Vorgehens richtete, weniger gegen die Sache selbst, war weitgehend dem Zusammenwirken Granvilles und Gladstones zuzuschreiben. Beide waren aus politischem Kalkül zu der Überzeugung gelangt, die deutschen Annexionen im Pazifik als fait accomplis zu betrachten[89]. Infolge des weltweit bedrohten Empire erkannte Gladstone, daß »close cooperation with Germany [...] becomes of immense importance«[90]. Zudem ließ sich aus einer engen Kooperation mit Deutschland im Interesse des Empire ein wohltuender Effekt auf die renitenten australischen Kolonien erzielen[91]. Die offizielle Haltung Englands artikulierte Granville in einem Telegramm an den Botschafter in Berlin am 13. Januar 1885. Darin hieß es, man sei davon ausgegangen, zu einem freundlichen Überein-

83 Morrell, Britain, S. 258; Ward, British Policy, S. 320; Knight, Britain, S. 74; Scholefield, The Pacific, S. 134.
84 Scholefield, The Pacific, S. 136—139.
85 Morrell, Britain, S. 258; Jacobs, Bismarck, S. 23.
86 Jacobs, Bismarck, S. 24. Vgl. The Life of the Rt. Hon. Sir Charles W. Dilke, II, S. 94.
87 The Political Correspondence, II, S. 299 f.
88 Ebd., S. 309.
89 Ebd., S. 329.
90 Scholefield, The Pacific, S. 135.
91 Jacobs, Bismarck, S. 24.

kommen zur Regelung aller offenen Fragen gekommen zu sein und daher um so mehr von dem deutschen Vorgehen in Neuguinea überrascht[92]. Granvilles Telegramm bildete den Ausgangspunkt einer monatelangen deutsch-englischen Kontroverse, die durch die Veröffentlichung von Farbbüchern zusätzlich an Schärfe gewann. Mißverständnisse und Fehlinterpretationen bestimmten den Kolonialdisput, der mit Bismarcks Klagen gegen die britische Kolonialpraxis im allgemeinen, und mit dessen Spiel mit dem Druckmittel Frankreich eine weltpolitische Dimension erhielt.

Bismarck reagierte am 26. Januar mit einem scharfen Protest an Granvilles Adresse. Nach dessen Äußerungen vom letzten Oktober sei er überzeugt gewesen, daß Deutschland volle Handlungsfreiheit an der Nordküste Neuguineas hätte und von einem deutschen Vorgehen in dieser Richtung deutsch-britische Kolonialgespräche nicht betroffen seien[93]. Wie einem Telegramm des Reichskanzlers an Münster vom 20. Januar zu entnehmen war, kollidierte eine Inbesitznahme der Nordostküste von Neuguinea nicht nur mit deutschen Ansprüchen, sie stand überdies im Widerspruch zu früheren englischen Versicherungen, wonach sich das Protektorat auf die Südküste Neuguineas beschränkte[94]. Bei Botschafter Malet beklagte sich Bismarck bitter über Englands schwankende Haltung. Zum Beweis seiner aufrichtigen Politik zitierte er ein Telegramm an Botschafter Münster vom 5. Mai 1884, in dem davon die Rede war, daß Deutschland beim Mißlingen eines kolonialen Rapprochements mit England Unterstützung bei Frankreich suchen werde[95]. Wie er später gegenüber Malet ausführte, »(was) the post by which he stood the colonial one and that so long as we treated him badly on that question we must expect counter strokes elsewhere«[96]. Bismarcks Drohung mit Gegenschlägen, besonders in Ägypten, verfehlte nicht die beabsichtigte Wirkung auf Granville. Am 7. Februar beteuerte der englische Außenminister nachdrücklich seine freundliche Haltung gegenüber Deutschland und suchte jeden Gedanken an eine Entfremdung zu zerstreuen. Das von Bismarck ins Spiel gebrachte Telegramm vom 5. Mai 1884 bestritt er jedoch zu kennen. Mit der Versicherung, die englische Regierung sei weit davon entfernt, »in irgendeiner Weise der Ausdehnung der Kolonialpolitik Deutschlands Hindernisse zu bereiten«, war eine Formel gefunden, die über die bloße Sympathiewerbung hinaus eine Möglichkeit zur Überwindung des Konflikts um den neuguineischen Besitzstand offerierte[97].

Ungeachtet der versöhnlichen Töne aus London beharrte Bismarck kompromißlos auf seinem Standpunkt: erst Abzug der Briten aus allen besetzten Punkten an der Nordostküste Neuguineas, dann Aufnahme von Verhandlungen.

Waren Gladstone und Granville bislang noch der Ansicht gewesen, Verhandlungen mit Bismarck über Neuguinea nur unter zwei Bedingungen zuzustimmen, nämlich 1. keinen deutschen Einschüchterungen nachzugeben, und

92 Schulthess 26 (1885), S. 17.
93 Scholefield, The Pacific, S. 139 f. (14.1.1885). Vgl. Schulthess 26 (1885), S. 21 f.
94 Jacobs, Bismarck, S. 25.
95 Ebd.
96 Ebd.
97 The Political Correspondence, II, S. 331 f.

2. die Reaktionen der australischen Kolonien zu berücksichtigen[98], so beendete jetzt die Verschlechterung der politischen Großwetterlage ihr Zögern. Die Gefahr einer englisch-russischen Konfrontation in Afghanistan und das Desaster Gordons im Sudan ließen dem Gladstonekabinett keinen Handlungsspielraum.

Auch in England konnte nicht verborgen geblieben sein, daß Bismarcks antienglische Politik in Ägypten ursächlich mit den Spannungen in Melanesien und anderen Krisengebieten zusammenhing[99]. Ein Nachgeben in jenen — unter imperialen und sicherungsstrategischen Interessen betrachtet — weniger vitalen Gebieten an der Peripherie mußte Deutschlands Druckpotential auf Ägypten reduzieren, und Deutschland von der Ernsthaftigkeit britischen Entgegenkommens überzeugen[100].

Nachdem bereits am 19. Februar in London die deutsch-britischen Verhandlungen über einen Ausgleich im Pazifik auf kommissarischer Ebene begonnen hatten[101] und sich beide Seiten anläßlich des Blitzbesuchs Herbert von Bismarcks in der englischen Hauptstadt (März 1885) in ihrem Bemühen um Konfliktentschärfung näher gekommen waren[102], drängte Premierminister Gladstone am 6. März auf eine endgültige Regelung der Neuguineafrage[103].

Als auch das Colonial Office am gleichen Tag dem Rückzug von den in Nordost-Neuguinea okkupierten Positionen zugestimmt hatte, war der Weg zur vertraglichen Überwindung der deutsch-englischen Friktion in Melanesien frei[104]. Ein Notenwechsel zwischen Granville und Münster legte am 25. und 29.April 1885 die Grenzen der beiderseitigen Interessensphären fest, so daß der Nordosten Neuguineas zusammen mit Neu-Britannien als pazifisches »Schutzgebiet« des Deutschen Reiches anerkannt wurde[105]. Es dauerte jedoch noch bis zum 6. April 1886, daß in einem umfassenden Teilungsabkommen die territorialen Divergenzen in Melanesien endgültig beigelegt wurden.

In der Neuguineakrise manifestierten sich im Grunde zwei Konfliktfelder unterschiedlicher Intensität: die deutsch-britische Wirtschaftsrivalität in Melanesien und der wachsende Subimperialismus der australischen Kolonien. Die Kollision beider Konfliktfelder ließ die Neuguineafrage zu einem Spannungsmoment in der internationalen Politik werden. Die wesentliche Bedeutung dieser Krise lag darin, daß die britische Regierung durch den offensiven australischen Subimperialismus zu Entscheidungen gedrängt wurde, die die bisherige Non-Interventionspolitik im Westpazifik vom Ansatz her in Frage stellten.

Zwar verurteilte man in London entschieden die Annexion neuguineischen Territoriums durch Queensland, um Deutschland nicht seinerseits zu kolonialpolitischen Schritten zu ermuntern, man faßte jedoch angesichts einer verstärkten deutschen Kolonialagitation und unvermindert heftigem australischem Par-

98 GP 4, Nr. 756.
99 GP 4, Nr. 758.
100 Schulthess 26 (1885), S. 41.
101 GP 4, S. 106; Jacobs, Bismarck, S. 25. Vgl. The Life of the Rt. Hon. Sir Charles W. Dilke, II, S. 99; Schulthess 26 (1885), S. 51.
102 Lord Edmond Fitzmaurice, The Life of Lord Granville, 1815—1891, London 1905, Bd II, S. 430 f.; Ward, British Policy, S. 321.
103 Jacobs, Bismarck, S. 25; Scholefield, The Pacific, S. 142.
104 Morrell, Britain, S. 259; Wehler, Bismarck, S. 395 f.; Schulthess 26 (1885), S. 80.
105 Schulthess 26 (1885), S. 85 f.

tikularimperialismus den Entschluß, gleichsam präventiv ein Protektorat über Ost-Neuguinea zu errichten.

Mit dieser Entscheidung erhielten die kolonialpolitischen Forderungen in Deutschland auch bei Bismarck größeres Gehör, der es unter Ausnutzung politischer Schwierigkeiten der Briten verstand, die deutschen Protektoratsvorstellungen in Nordost-Neuguinea durchzusetzen. Die britische Regierung gab in jedem Punkt dem deutschen Druck nach, da kolonialpolitische Konzessionen im Interesse des Empire wichtiger waren als eine Konfrontation mit Deutschland. Bismarcks Unversöhnlichkeit vor dem Hintergrund der außenpolitischen Schwierigkeiten Englands sowie dessen geschickte Manipulation der ägyptischen Frage bewirkten schließlich das Nachgeben Großbritanniens.

17. Die Brücke nach China. Der britisch-französische Konflikt um Burma 1883—1885

Innerhalb der »essentials« der für Indiens Sicherheit notwendigen Nachbarterritorien befand sich — neben Ceylon, Belutschistan und der Himalaya-Region — auch Burma, das im Handelsimperium der Ostindischen Kompanie nur eine untergeordnete Rolle spielte, wegen seiner geographischen Lage für den Transithandel zwischen Indien und China (Yünnan) jedoch zunehmende Bedeutung gewann. Burma galt als »the most complete of oriental despotisms«[1], ein Vielvölkerstaat, der seine wirtschaftliche Existenz auf Subsistenzwirtschaft begründete, kaum Außenhandel trieb und in der Konservierung buddhistischer Lebensformen verharrte. Seit Ende des 18. Jahrhunderts blieb die Leitlinie der britischen Burmapolitik nahezu unverändert gültig:

1. Sicherstellung regelmäßiger Teakholzlieferungen,
2. Offenhalten Burmas als Absatzmarkt und Transitland für britisch-indische Waren und Verhinderung eines Abzugs des Handels in andere Kanäle,
3. Vereitelung des Vordringens anderer Mächte an der unsicheren Ostgrenze Indiens und Errichtung informeller Einflußzonen durch Anlage permanenter englischer settlements.

In zwei von der Ostindischen Kompanie im Stile offensiver Grenzverteidigung geführten Kriegen gegen das südostasiatische Königreich (1824/26 und 1852) verlor Burma nicht nur seine wichtigen Küstenprovinzen Tenasserim und Arakan (1826), sondern wurde auch mit der Annexion der Südprovinz Pegu (1852) auf den Status eines von Britisch-Indien abhängigen Binnenstaats reduziert. Die drei annektierten Provinzen unterstanden dem in Rangoon residierenden, dem Generalgouverneur von Indien weisungsmäßig unterstellten Chief Commissioner (1862), der wiederum unmittelbarer Vorgesetzter des in der Hauptstadt Ober-Burmas, Mandalay, britische Interessen wahrnehmenden Residenten (1862—1879) war[2].

Unter der Regierung des tatkräftig die Modernisierung fördernden Königs Mindon Min (1852—1878) blieb Burmas Außenpolitik seit der Amputation des Staatsgebiets verstrickt in das Dilemma, Friktionen mit dem übermächtigen Nachbarn Großbritannien zu vermeiden und sich — im Anspruch auf ungeschmälerte Souveränität und Integrität — durch Kontaktvorstöße bei Drittmächten aus der politisch-wirtschaftlichen Umklammerung Britisch-Indiens zu

---

1 Frank S.V. Donnison, Burma, London 1970, S. 64 f.

2 John F. Cady, A History of Modern Burma, Ithaca ²1960; D.G.E. Hall, Europe and Burma. A Study of European Relations with Burma to the Annexation of Thibaw's Kingdom 1886, London 1945; ders., A History of South-East Asia, London ⁴1981; Manuel Sarkisyanz, Die Kulturen Kontinental-Südostasiens. Wiesbaden 1979; Htin Aung Maung, The Stricken Peacock. Anglo-Burmese Relations 1752--1948, Den Haag 1965; John Leroy Christian, Modern Burma. A Survey of Political and Economic Development, Berkeley 1942; David K. Fieldhouse, Die Kolonialreiche seit dem 18. Jahrhundert, Frankfurt a.M. 1965 ff.; Rudolf v. Albertini, Europäische Kolonialherrschaft 1880--1940, Zürich 1976.

lösen. Diese vitalem Balancekalkül entspringende Konzeption Mandalays kollidierte freilich mit den ökonomisch fundierten Vorstellungen der Briten im exponierten grenznahen Interessenbereich, als Frankreich sich Ende der 1850er Jahre (Angriff auf Saigon 1859) etappenweise in Hinterindien als Kolonialmacht einzurichten begann und Burma unversehens in das Spannungsfeld der englisch-französischen Rivalität in Südostasien geriet[3]. Frankreichs Versuche, von Tongking aus auf dem Wasserwege eine Vorzugsstellung im Handel mit Yünnan zu erreichen[4], trafen nicht nur auf die kommerzielle Zielvision einer Überlandroute zwischen Burma und China (»Burma-Straße«). Die durch die Öffnung des Suezkanals (1869) verstärkt einsetzende Handelsrivalität der beiden europäischen Großmächte destabilisierte auch das südostasiatische Gleichgewicht. In zwei Handelsverträgen mit Burma (1862 und 1867) versuchte Großbritannien daher, seine Position in Südostasien gegenüber der französischen Expansion zu konsolidieren, wobei die Intention umverkennbar war, Burma präventiv aus handelspolitischen und strategischen Motiven in seinem ohnehin beschränkten außenpolitischen Aktionsradius noch stärker zu gängeln und sich nicht von dem umkämpften Markt in Yünnan abschnüren zu lassen. Damit hielten in der britischen Burmapolitik ab 1867 politisch-strategische Überlegungen umso stärker Einzug, je ambitionierter Frankreich sein hinterindisches Kolonialgebiet nach Norden in Richtung China ausdehnte.

Durch die französische Konkurrenz begann sich die britische Geschäftswelt in Rangoon allmählich zu einem einflußreichen lokalen Faktor zu entwickeln, der über die Handelskammern Druck auf die englische Regierung ausübte und sie zu wirksamerem Schutz ihrer Gruppeninteressen gegen externe Gefährdungen drängte. Frankreichs Vormarsch in Vietnam signalisierte demnach die Notwendigkeit, die Burma bislang zuückhaltend bis indifferent gegenüberstehende Regierung in London auf die Aufweichung der beanspruchten Exklusivsphäre in Burma hinzuweisen. Der Ansatz zu einer Verbindung von ökonomischen Regionalinteressen und weltweiten Empire-Interessen war hier gegeben[5].

Als Burma in Verkennung seiner durch die britische Umklammerung eingeengten Souveränität im Jahre 1872 eine Gesandtschaft nach Europa schickte, die mit Frankreich am 24. Januar 1873 eine — nicht ratifizierte — Handelskonvention abschloß, und wenig später Gerüchte über ein französisch-burmesisches Geheimabkommen betreffs Waffenlieferung kursierten, dessen Authentizität von Paris allerdings vehement bestritten wurde, betrachtete Großbritannien diese Einmischung als Affront gegen seine exklusiven Burma-Interessen. Frankreich mußte infolge seiner eingeschränkten Handlungsfreiheit in Europa versi-

---

3 Vgl. John F. Cady, Southeast Asia: Its Historical Development, New York 1964; ders., The Roots of French Imperialism in Eastern Asia, Ithaca ²1967, S. 267--296; Stephen Henry Roberts, History of French Colonial Policy (1870--1925), 2 Bde, London 1929.

4 Pierre Guillen, L'Expansion, Paris 1985, S. 178 ff.

5 Albertini, Europäische Kolonialherrschaft, S. 101; Htin Aung Maung, The Stricken Peacock, S. 70 f.; ders., A History of Burma, New York, London 1967, S. 238 ff.; W.F.B. Laurie, Ashé Pyee. The Superior Country: or, the Great Attractions of Burma to British Enterprise and Commerce, London 1882, S. 93--99; N.A. Pelcovits, Old China Hands and the Foreign Office, New York 1948, S. 121 f.; Maung Maung, Burma in the Family of Nations, Amsterdam 1957, S. 46 ff.; Christian, Modern Burma, S. 46 f.

chern, daß es keine politischen Absichten in Burma verfolge und damit indirekt Englands Präferenzstellung in dem südostasiatischen Land anerkennen[6]. Das französisch-burmesische tête-à-tête 1872/73 mobilisierte nicht nur die britischen Kräfte vor Ort zur Abwehr jeglicher Einflußnahme auf die inneren und äußeren Angelegenheiten Ober-Burmas, die erste offene Herausforderung britischer Suprematie in Hinterindien führte auch zu einer Verschlechterung der britisch-indischen Beziehungen zu Mandalay. Dazu trug nicht wenig bei, daß sich die indische Kolonialregierung 1875 genötigt sah, in einer Order an den Residenten in Mandalay die bisher tolerierte Regelung, buddhistischem Ritus gemäß die Schuhe vor dem burmesischen König auszuziehen, als unvereinbar mit englischer Würde zu verwerfen. Diese überzogene Reaktion auf den vermeintlichen Rückgang wie die Bedrohung der Einflußchancen in Burma führte zu dem die weitere Entwicklung eskalierenden Effekt, daß alle Audienzen beim König von Burma abgebrochen wurden und sich der bilaterale Verkehr unangemessen erschwerte, ja, im Jahre 1879 mit der Schließung der Residentur in Mandalay völlig zum Erliegen kam[7]. Zu einem Zeitpunkt, da Frankreich den schwindenden Einfluß Großbritanniens in Mandalay offensichtlich durch die Akkreditierung eines burmesischen Gesandten in Paris zu seinen Gunsten aufzufangen suchte (1878), und London peinlich darum bemüht war, seinen Konkurrenten an die besonderen, geographisch bedingten Beziehungen Burmas zu Britisch-Indien zu erinnern, die es der englischen Regierung notwendig erscheinen ließen, gegen alle speziellen Allianzen oder Abkommen zwischen Burma und Drittmächten einzuschreiten[8], machte sich das Fehlen offizieller Informationskanäle in Ober-Burma nachhaltig fühlbar. Die Argumente der in relativer Distanz zum eigentlichen burmesischen Konfliktherd stehenden Autoritäten in Rangoon und Kalkutta sowie der Handelskreise in Britisch-Burma erhielten Auftrieb. Unzweideutig verfochten sie einen Kurs, der entgegen der Laissez-faire-Politik Londons einen raschen Zugriff zur Ausschaltung der französischen Infiltration vorsah[9].

Mit dem Regierungsantritt König Thibaws (1878—1885) verschlechterte sich das englisch-burmesische Verhältnis rapide. Zu den vielen ungelösten bilateralen Problemen, wie die Behandlung britischer Staatsbürger in Ober-Burma, die künftige Stellung der Residentur in Mandalay sowie die zählebigen Grenzdispute, gesellte sich die aus finanziellen Gründen von dem neuen Herrscher für notwendig befundene Wiedereinführung der Handelsmonopole (1880), die die Ausbreitung des Wirtschaftsverkehrs — entgegen den Stipulationen des 1867er-Vertrags — schwer belastete[10]. Trotz signalisierten Verhandlungswillens Thibaws scheiterten die burmesischen Kontaktversuche an der unversöhnlichen

6 Cady, A History of Burma, S. 108 f.; Htin Aung Maung, The Stricken Peacock, S. 62--64; Maung Maung, Burma, S. 160 f.; Hall, A History of South-East Asia, S. 669; Christian, Modern Burma, S. 48; D.P. Singhal, The Annexation of Upper Burma, Singapore 1960, S. 95--97; Michael Edwards, Asien im europäischen Zeitalter 1498--1955, München, Zürich 1962, S. 49--53.

7 Singhal, The Annexation, S. 39--43 und 28--30; Maung Maung, Burma, S. 56 f.; Htin Aung Maung, The Stricken Peacock, S. 66.

8 BFSP 77 (1885/86), Nr. 1 f., S. 140 f.

9 Vgl. Laurie, Ashé Pyee, S. 38.

10 Singhal, The Annexation, S. 27 f.

Haltung der britisch-indischen Kolonialverwaltung, für die die Konzilianz Burmas in der Bereinigung aller ausstehenden Differenzen die conditio sine qua non eines entspannteren Verhältnisses bildete[11]. Die Unbeweglichkeit Kalkuttas war primär taktisch bedingt: die Regierung in London sollte zu mehr aktivem Engagement an der Peripherie Indiens gedrängt werden und auch Okkupation und Annexion als ultima ratio einer dauerhaften Befriedung des Unruheherdes nicht von vornherein ausschließen[12]. Eine die Klagen in ultimativer Form zusammenfassende Denkschrift aufgebrachter Handelskreise in Britisch-Burma vom März 1879 stieß jedoch auf den Widerstand des India Office in London, das Pressionen für höchst inopportun hielt und die Bekräftigung der freundschaftlichen Beziehungen zu Burma empfahl[13].

Infolge des Anwachsens des englisch-russischen Antagonismus in Zentralasien und anhaltender Schwierigkeiten in Südafrika besaß die Burma-Frage in den außenpolitischen Konzeptionen des konservativen Disraeli-Kabinetts keine Aktualität. Rücksichtnahmen auf die Bedrängnis des Empire an zwei sensiblen Fronten verhinderten eine Überspannung der Kräfte an der unsicheren Ostflanke Indiens und erlaubten hier durch den Verzicht auf offizielle Repressionsmaßnahmen eine relative, von London indirekt begünstigte Handlungsfreiheit der Lokalgewalten, ohne einer Zuspitzung des englisch-burmesischen Verhältnisses mit ihren unübersehbaren Auswirkungen auf den fragilen status quo der südostasiatischen Krisenregion wie einer Destabilisierung der auf Indien gestützten britischen Suprematie das Wort zu reden.

Einer Einengung der Handlungsfreiheit in Südostasien mußte schon im Hinblick auf das in Vietnam aggressiv ausgreifende, die verwundbare britische Position in Burma prinzipiell bedrohende Frankreich unter allen Umständen begegnet werden. Davon zeugte die nach der Regierungsübernahme Gladstones im April 1880 von Indienminister Hartington im Interesse der Wahrung britischer Präponderanz den lokalen Autoritäten in Burma zugebilligte Handlungsvollmacht. Energische Schritte gegen Mandalay lehnte Hartington gleichwohl ab. Seiner Meinung nach hatte weder der Handel mit bzw. durch Burma in nennenswertem Umfang gelitten, noch rechtfertigten die Klagen der »men on the spot« eine Preisgabe der britischen Verhandlungsbereitschaft[14]. Nach außen hin blieb somit die Kontinuität der Laissez-faire-Politik gegenüber Burma gewahrt, freilich mit dem gravierenden Unterschied einer Delegierung der Letztverantwortung an die Vertreter vor Ort, was sich insgesamt eskalierend auswirkte. Im Einklang mit der Tradition der Non-Intervention und der Übernahme nur minimaler Verantwortung des Gladstonekabinetts wurde damit in der Burmapolitik eine Linie festgeschrieben, deren Legitimationsbasis letztlich die Sanktionierung der von den Lokalgewalten aus Regionalinteressen getroffenen Maßnahmen blieb.

---

11 D. Woodman, The Making of Burma, London 1962, S. 217--219; Singhal, The Annexation, S. 44, 46--48; Maung Maung, Burma, S. 58--60.

12 Singhal, The Annexation, S. 44.

13 Woodman, The Making of Burma, S. 214 ff.; Maung Maung, Burma, S. 56 ff.; Singhal, The Annexation, S. 36 f.; Cady, A History of Burma, S. 112 f.

14 Woodman, The Making of Burma, S. 219 f.; Vgl. Singhal, The Annexation, S. 49--51.

Zwar stand in dem neuen Vizekönig Lord Ripon (1880—1884), dem Nachfolger des ungestümen, annexionsbereiten Lytton, ein entschiedener Verfechter für einen friedlichen Ausgleich mit Burma zur Verfügung, der Krieg als Mittel der Handelsexpansion strikt ablehnte[15], doch wurde es immer schwieriger, die zurückhaltende Politik gegen die ökonomisch motivierte Opposition der Geschäftswelt von Rangoon durchzusetzen[16]. Auch die nur unter Pressionen bewerkstelligte Aufhebung aller burmesischen Monopole (16. Februar 1882)[17] konnte von dem schärfer formulierten Forderungen der »men on the spot« nicht ablenken, deren gemeinsames Ziel lautete: »British and Upper Burma should be one, to make matters entirely safe in Eastern Asia«[18].

Auftrieb erhielt die Annexionsagitation durch das wieder erwachte Interesse an einer Überlandverbindung mit China vor dem Hintergrund französischer Absichten auf eine militärische Okkupation Tongkings. Als Folge massiver Einflußnahme interessierter Wirtschaftskreise zeichnete sich in London ein Wandel in der bisherigen Haltung des kompromißwilligen Abwartens gegenüber Burma ab[19]. Das India Office präzisierte die offizielle Politik dahingehend, daß es sich nicht mit der Würde Großbritanniens vereinbaren lasse, mit einem vergleichsweise unbedeutenden Staat wie Burma irgendwelche Kontakte zu pflegen, es sei den zu Bedingungen, die der britischen Positionen vollauf genügten[20].

In dieser angespannten Atmosphäre scheiterte ein erneuter Annäherungsversuch Thibaws in der ersten Jahreshälfte 1882, da für die britische Seite die burmesische Forderung nach gleichberechtigter diplomatischer Behandlung infolge des aus ihrer Sicht inferioren Völkerrechtssubjekts Burma sowie dessen politisch-strategischer und ökonomischer Rolle als Bindeglied zwischen Indien und China inakzeptabel war[21].

Das demonstrative Desinteresse Englands an einer Weiterführung des moderaten Kurses gegenüber Burma sowie die bewußte Inkaufname einer Verhärtung der ohnehin unbefriedigenden bilateralen Beziehungen resultierten aus einer den Handlungsspielraum der See- und Handelsmacht empfindlich eingrenzenden Entscheidung des Gladstonekabinetts von weltpolitischer Tragweite: mit der Okkupation Ägyptens (1882) hatte das englisch-französische Verhältnis einen Tiefpunkt erreicht, wodurch im Sicherungskonzept für Indien die Behauptung des vorgelagerten östlichen Einflußgebiets Burma gegen französische Avancen zu einer entscheidenden politischen Aufgabe wurde. Angesichts der Gefährdung der merkantilen und sicherungsstrategischen Nervenstränge des Empire reduzierte sich die Burmapolitik auf die Abwehr der wirtschaftlichen und politischen Penetration seitens Frankreichs. Nicht nur war das Prinzip minimaler Verantwortung für Burma auf Grund akuter internationaler Störungen obsolet geworden. Burma blieb fortan auch nur noch mittelbares Objekt

15 Singhal, The Annexation, S. 51 f., 58.
16 Ebd., S. 49; Maung Maung, Burma, S. 60 f.
17 Maung Maung, Burma, S. 60; Woodman, The Making of Burma, S. 220.
18 Laurie, Ashé Pyee, S. 68 f.
19 Singhal, The Annexation, S. 58 ff.
20 Ebd., S. 63 f.
21 Singhal, The Annexation, S. 60--63; Woodman, The Making of Burma, S. 220 f.

britischen Kalküls, das seine politisch-strategische Bedeutung quasi durch Frankreichs Präsenz in Indochina definierte. Während Burma für England aus sicherungsstrategischen Gründen zum unverzichtbaren Sperriegel gegen ein französisches Vordringen nach Westen avancierte, boten sich gleichzeitig für das französische Expansionsbedürfnis in dem durch Rebellionen in den unruhigen halbautonomen Shan-Staaten erschütterten Nachbarland Chancen zu intensiver Einflußnahme und zum Wettbewerb mit dem englischen Rivalen, da dieser die Vorgänge an der Peripherie seiner informellen Einflußsphäre kaum zu steuern vermochte[22]. Darin lag aber gleichzeitig die Gefahr einer Konvergenz von nationalpatriotischem Konkurrenzdenken Frankreichs und verletztem Ehrgefühl Burmas durch Englands hochmütige Politik. Dies zeigte sich, als König Thibaw — auf französische Anregung — in einem verzweifelten Schritt nach vorn im Mai 1883 eine Mission nach Paris entsandte, die unter dem Vorwand des Studiums industrieller und technologischer Errungenschaften eine intensivere Annäherung an Frankreich zu erreichen suchte. Ging Thibaws weitreichendes Konzept auf, so konnte er zwei Fliegen mit einer Klappe schlagen: erstens, durch dezidierte Anlehnung an Frankreich sich aus der Abhängigkeit Britisch-Indiens befreien, und zweitens, im Wunsch nach Modernisierung Englands erniedrigende Obstruktionshaltung souveränitätswahrend unterlaufen. Demgegenüber war die Frage, ob sich Frankreich bereit erklären würde, die von England vorenthaltenen, in Artikel 8 des britisch-burmesischen Vertrags von 1867 gleichwohl zugestandenen Waffenlieferungen zu übernehmen, nebensächlich[23]. Immerhin hatte London in der Vergangenheit in diesem Punkt gegenüber Frankreich besonders sensibel reagiert und seine Einwände gegen jeglichen Waffenverkauf an Burma zur Geltung gebracht[24].

Die Mission, seit ihrer Abreise aus Mandalay von dem Franzosen de Trevelec begleitet[25], führte ein Begleitschreiben Thibaws an den französischen Präsidenten mit, in dem es mit Bezug auf Frankreichs Festsetzen in Tongking hieß:

> »[...] through the occupation by France of the province of Tongking, the two countries have a common boundary, that is to say, that they are in contact on the eastern frontier of Burma [...].«

Geschickt wies Thibaw darin auf die gegenseitige Grenznachbarschaft zur wirtschaftlich bedeutsamen chinesischen Provinz Yünnan hin, einer Hauptstoßrichtung französischer Ambitionen, und ließ auch die französischen Offiziere, Ingenieure und Händler in Burma nicht unerwähnt, »whose operations daily increase in importance«. Da er, Thibaw, für die Zukunft sowohl einen Ausbau der beiderseitigen Beziehungen und des Güteraustauschs als auch eine Verfestigung der bilateralen Interessen voraussehe, habe er entschieden — gleichsam in

22 Vgl. dazu Cady, Modern Burma, S. 114 ff.
23 Woodman, The Making of Burma, S. 222; Cady, A History of Modern Burma, S. 117; Maung Maung, Burma, S. 61 f.; Htin Aung Maung, The Stricken Peacock, S. 75; Hall, A History of South-East Asia, S. 675.
24 BFSP 77 (1885/86), Nr. 1 (Lyons an Salisbury, 19.7.1878).
25 Singhal, The Annexation, S. 65.

Erneuerung des zehn Jahre zuvor gescheiterten Vertragsabschlusses — einen Vertrag mit Frankreich abzuschließen[26].

Das auf Loslösung aus britischer Bevormundung bedachte Burma bestätigte mit seiner Gesandtschaft, die im August 1883 in Paris eintraf[27], nur den in London langgehegten Verdacht, innerhalb der sicherungsstrategischen Schutzzone Südostasiens einen unzuverlässigen Trabanten zu besitzen, dessen Emanzipationsbestreben dem britisch-indischen »closed-door«-Konzept diametral zuwiderlief. Erhöhtes Mißtrauen erweckten in der britischen Hauptstadt jedoch die wahren Absichten Frankreichs, befürchtete man doch in der offensiven Außenpolitik Premierminister Ferrys den Übergang zu einer prononcierten Herausforderung der quasi-monopolistischen Kontrolle Ober-Burmas. Damit war Burma zu einem Problemfall direkter britisch-französischer Konfrontation geworden.

Unmittelbar nach Eintreffen der Burmesen in der französischen Hauptstadt suchte daher die englische Botschaft am Quai d'Orsay Näheres über Sinn und Zweck der Mission zu erfahren. Nach Mitteilung des Direktors der Handelsabteilung, Clavéry, hatten noch keine definitiven Verhandlungen stattgefunden. Die burmesische Seite wünschte offensichtlich die Erneuerung des nicht in Kraft getretenen Vertrags von 1873; politische Themen waren noch nicht berührt worden[28].

Die Erwähnung des mißglückten französisch-burmesischen Vertrags, der außer den üblichen Handelsvereinbarungen auch den Austausch diplomatischer oder konsularischer Vertreter vorgesehen hatte[29], ließ es Außenminister Granville angeraten erscheinen, Anfang Oktober 1883 die Botschaft in Paris zu instruieren, in dieser Angelegenheit gegenüber Frankreich die gleiche Haltung einzunehmen, wie im Falle des angesagten burmesischen Gesandten im Jahre 1878[30]. Mit anderen Worten: keine Sonderabkommen politisch-wirtschaftlicher Art zwischen Burma und Drittmächten, Berücksichtigung der überragenden britischen Interessen und keinen Waffenverkauf an Burma[31].

Auf Grund der für England bedrohlichen Parallelität beider Vorgänge im Hinblick auf eine etwaige Aufweichung der burmesischen Exklusivsphäre durch Frankreich hielt das Gladstonekabinett von Anbeginn an eine feste Sprache für erforderlich. Obwohl der Handelsvertrag von 1873 nur mehr von episodischem Interesse war, genügte — bei verschärftem weltpolitischen Gegensatz zwischen England und Frankreich — die Tatsache, daß König Mindon Min damals intensiv um ein Ergänzungsabkommen über Waffenlieferungen sowie um einen Beistandspakt bemüht gewesen war[32], ähnliche Intrigen des kolonialen Nebenbuhlers mit weitaus ernsteren Konsequenzen für die britische Position in Burma zu unterstellen. Am 7. November fand Botschafter Lyons Gelegen-

---

26 Vollständiger Text in Grattan Geary, Burma after the conquest, viewed in its political, social and commercial aspects from Mandalay, London 1886, S. 155 ff.

28 BFSP 77 (1885/86), Nr. 48 (Plunkett an Granville, 13.8.1883).

29 Ebd., Nr. 49 (Plunkett an Granville, 7.9.1883).

29 Maung Maung, Burma, S. 160 f.

30 BFSP 77 (1885/86), Nr. 50 (Granville an Plunkett, 4.10.1883).

31 Ebd., Vgl. Nr. 1 f.

32 Singhal, The Annexation, S. 65, Anm. 2 und S. 25 f.

heit, gegenüber Außenminister Challemel-Lacour die englischen Besorgnisse zu artikulieren. Eher ausweichend räumte dieser ein, daß die Gesandtschaft möglicherweise diplomatischen Status besitze — was für Großbritannien einem offenen Affront gegen den Burma zugewiesenen Satellitenstatus gleichkommen mußte —, und mit Frankreich über kommerzielle Vereinbarungen verhandeln wolle. In Verschärfung des britischen Standpunkts machte Lyons daraufhin deutlich, daß

> »in consequence of its vicinity to British India, and of its political relations with that Empire, Burmah occupied a peculiar position with regard to Her Majesty's Government, and one which gave them a special interest in all that concerned it«.

Dieses »spezielle Interesse« an Burma war für Lyons Ausweis genug, den französischen Außenminister — hart am Rande diplomatischer Höflichkeit — zu mahnen, sich dieser Tatsache stets bewußt zu sein[33].

Nahezu in den gleichen Worten wurden eine Woche später Premierminister Jules Ferry die englischen Bedenken vorgetragen. Zwar konnte Ferry mangels eigener Detailkenntnis den englischen Argwohn nicht zerstreuen, doch zeigte er sich immerhin des heiklen Problems der Waffenlieferungen an Burma bewußt, ohne sich jedoch auf diesen von englischer Seite zur Nagelprobe hochstilisierten Gegenstand näher einzulassen[34]. Auf Anregung Indienminster Kimberleys[35], dem die Sondierungen in Paris offenbar zu unergiebig waren, und in dezidierter Bekräftigung der englischen Auffassung, daß Burma politische Exklusivsphäre Britisch-Indiens sei, erhielt Lyons die Anweisung, im französischen Außenministerium darzulegen, daß England gegen den Abschluß jeder Vereinbarung zwischen Burma und einer ausländischen Macht, die nicht rein kommerziellen Charakter trage, Einwände erheben werde. Wie Lyons in Erledigung seines Auftrags hervorhob, seien die Angelegenheiten Burmas für Frankreich nur von sekundärem Interesse, für England stellten sie hingegen eine Sache höchsten Interesses (utmost concern) dar[36].

Ende 1883 schien man in London befriedigt zu sein, daß die »sogenannte« burmesische Gesandtschaft[37] dem französischen Staatspräsidenten keine regulären Beglaubigungsschreiben überreicht und keine Beziehungen zum diplomatischen Corps geknüpft hatte. Auch lag bislang kein greifbares Resultat des nunmehr viermonatigen Parisaufenthalts vor[38]. Angesichts der Zuspitzung der Spannungen zwischen Frankreich und China in Tongking, die Frankreich bei englischem Druck gegenüber der burmesischen Mission keinen großen Handlungsspielraum einräumten — seit Mai 1883 waren in Paris gleichzeitig Verhandlungen mit China über die Tongking-Frage im Gange[39] —, konnten die englischen Burmaforderungen ohne allzu heftigen Widerstand Frankreichs

33 BFSP 77 (1885/86), Nr. 51 (Lyons an Granville, 7.11.1883).
34 Ebd., Nr. 53 (Lyons an Granville, 14.11.1883).
35 Singhal, The Annexation, S. 66; vgl. Parliamentary Papers 50 (1886) (Godley an Pauncefote, 17.11.1883).
36 BFSP 77 (1885/86), Nr. 56 (Lyons an Granville, 13.12.1883).
37 Ebd., Nr. 59 und Nr. 62.
38 Ebd., Nr. 59 (Lyons an Granville, 26.12.1883).
39 Dieter Brötel, Französischer Imperialismus in Vietnam. Die koloniale Expansion und die Errichtung des Protektorates Annam-Tongking 1880--1885, Zürich, Freiburg 1971, S. 174.

spezifiziert werden. Über das Zugeständnis hinausgehend, lediglich rein kommerzielle Verträge mit Burma zu dulden, trachtete die englische Seite schon bald danach, Frankreich sowohl auf die Vermeidung jeglichen Anscheins von Zweideutigkeit in den Handelsvereinbarungen zu verpflichten als auch vor der Ermunterung etwaiger monopolistischer Betrebungen in Mandalay zu warnen[40].

Erst im April 1884, nachdem sich Ferrys Stellung nach innen und außen parlamentarisch gestärkt hatte und in Tongking die Phase begrenzter französischer Intervention abgeschlossen war[41], gelang es den Burmesen, mit der Ratifikation des Vertrags von 1873 die französische Regierung verhandlungsbereit zu machen. Gegenüber England war Jules Ferry gleichwohl bemüht, den definitiven Verhandlungsbeginn herunterzuspielen und in Anbetracht des englischen Argwohns ein Vertrauensklima herzustellen, das Englands Neutralität im Tongking-Konflikt mit China rechtfertigen sollte. Seine nachdrückliche Versicherung, daß alle Verträge nur kommerzieller oder konsularischer Natur seien und an Burma keine Waffen geliefert würden, so daß England in Bezug auf die französisch-burmesischen Gespräche »völlig beruhigt« sein könne[42], bot zwar solide Ansätze zu einer Übereinkunft auf diplomatischer Ebene, genügte aber dem Indienministerium aus sicherungspolitischem Kalkül bei weitem nicht. Obwohl Frankreich also durchaus zum Einlenken bereit war, zeigte die britische Regierung auf Grund der weitgehend vom India Office und der indischen Kolonialregierung formulierten Bedenken kein Interesse an einer Konfliktlösung, die britischen Vorstellungen nur partiell entsprach, ohne das Problem der englisch-französischen Rivalität befriedigend zu lösen.

Während aus Paris verlautete, daß die Burmesen besonders an der Regelung ungehinderter Waffenlieferungen durch ihr Territorium Interesse zeigten, Frankreich aber mit Rücksicht auf England nicht gewillt war, dies zuzugestehen[43], stieß sich Lord Kimberley bei eingehender Prüfung der Artikel des soeben ratifizierten Vertragswerks von 1873 an der darin stipulierten Reziprozität diplomatischer Vertreter, da dies dem propagierten politischen quasi-Protektorat über Burma widersprach. Folgerichtig wurde der französischen Seite auf Anraten Kimberleys ein definitives Versprechen abverlangt, daß die Funktionen des in Aussicht genommenen französischen Agenten in Burma sich strikt auf den Handelssektor beschränkten und keinen politischen Charakter haben dürften[44].

Durch eine Übereinkunft mit China in Südostasien kurzfristig gegenüber Großbritannien gestärkt[45], nutzte Ferry den gewonnenen Manövrierraum zu — letztlich wenig erfolgreichen — Kontern aus, um der englischen Seite die Schwierigkeit einer Trennung kommerzieller und politischer Funktionen auseinanderzusetzen. Naturgemäß, so Ferry, müsse ein französischer Agent in der Praxis Frankreichs Interessen generell wahrnehmen. Im Wunsche, aus der Posi-

40 BFSP 77 (1885/86), Nr. 59 (Lyons an Granville, 16.12.1883).
41 Brötel, Französischer Imperialismus, S. 190, 192.
42 BFSP 77 (1885/86), Nr. 62 (Lyons an Granville, 10.4.1884).
43 Ebd., Nr. 64 (Lyons an Granville, 21.5.1884).
44 Ebd., Nr. 67 (Granville an Lyons, 8.7.1884).
45 Brötel, Französischer Imperialismus, S. 194--201.

tion des Angeklagten auszubrechen und die Legitimation der britischen »special interests« in Burma zu erschüttern, erzielte Ferry einen taktischen Erfolg mit seiner pointierten Frage, ob denn spezielle vertragliche Verpflichtungen zwischen Großbritannien und Burma existierten, welche dieses daran hinderten, in unabhängige politische Beziehungen zu anderen Staaten zu treten. Botschafter Lyons konnte nur auf die zur Genüge bekannten »ganz besonderen Umstände« in den politischen Beziehungen zwischen Großbritannien und Burma rekurrieren, ohne bei Ferry sonderlichen Eindruck zu hinterlassen[46]. Ferry wußte jedoch, daß er sich gegenüber England trotz seines geschickten Gegenangriffs in einer verzwickten Lage befand, die es ihm nicht erlaubte, den englischen Verhandlungswillen endlos zu belasten. Das Bemühen, selbstbewußt französische Interessen zu vertreten und das Mißtrauen gegen Frankreichs Aktivitäten in Burma zu beseitigen, verblaßte, als durch die militärische Konfrontation mit China (Ende Juni 1884) Frankreichs hinterindische Stellung bedroht war[47]. Mehr als zuvor war jetzt weitgehende Rücksicht auf englische Bedenken und Verzicht auf unnötige Polarisierung in Englands sensiblem Einflußgebiet vonnöten, um sich voll auf die Abwehr der chinesischen Gefahr in Tongking konzentrieren zu können. Insofern bildete Entgegenkommen in der für Frankreich eher sekundären burmesischen Frage die notwendige Voraussetzung dafür, daß mit Englands wohlwollender Neutralität, zumindest aber mit dessen Indifferenz für den bevorstehenden Krieg mit China zu rechnen war. Wegen der Beanspruchung Frankreichs in Südostasien ging Ferry daher ohne Umschweife auf ein recht moderates, die Ergebnisse der Demarchen protokollierendes englisches Promemoria ein[48], indem er die Qualität der französisch-burmesischen Vertragsbeziehungen sowie den Verkauf von Waffen in einem umfassenden mündlichen Versprechen, nur kommerzielle Beziehungen auf geeigneter Basis zu etablieren und von jeglicher politischer Sonderallianz mit Burma Abstand zu nehmen, fürs erste zufriedenstellend beantwortete[49].

Am 15. Januar 1885 gelangten die französisch-burmesischen Verhandlungen mit der Unterzeichnung des neuen Handelsvertrags zum Abschluß[50]. Dieses Abkommen entsprach dem üblichen Rahmen vertraglicher Beziehungen zwischen westlichen Mächten und »halbzivilisierten« überseeischen Staaten und enthielt lediglich Vereinbarungen über Residenzrechte, den bilateralen Kontakt und Meistbegünstigung. Politische oder militärische Klauseln waren nicht vorhanden, ja, Frankreich hatte es nicht einmal geschafft, die Konsularjurisdiktion über seine Staatsbürger in Burma zu erhalten[51].

Obwohl in das harmlose Vertragswerk selbst keine Beeinträchtigung britischer Positionen in Burma interpretiert werden konnte, bestand für den skeptischen Botschafter Lyons kein Zweifel, daß der Vertrag den Beginn einer engeren Allianz zwischen Frankreich und Burma markierte, mit dessen Hilfe sich das südostasiatische Königreich — im Falle ernster Schwierigkeiten mit Groß-

46 BFSP 77 (1885/86), Nr. 68 (Lyons an Granville, 11.7.1884).
47 Brötel, Französischer Imperialismus, S. 195 ff.
48 BFSP 77 (1885/86), Nr. 68, Anl. v. 11.7.1884.
49 Ebd., Nr. 69 (Lyons an Granville, 16.7.1884).
50 Vertrag bei: Singhal, The Annexation, S. 98--105, in frz.: BFSP 76, 1884/85, S. 191--196).
51 BFSP 77 (1885/86), Nr. 77 (Lyons an Granville, 16.1.1885).

britannien — vom speziellen Einfluß und der Kontrolle Britisch-Indiens emanzipieren wollte. Zwar seien von Ferry burmesische Waffenwünsche zurückgewiesen worden, doch würde der »Geist« dieser Sondierungen die Burmesen weiterhin animieren, allein wegen der wachsenden Bedeutung Frankreichs in Asien[52], zumal Ferry Burma ausdrücklich als Nachbarn der französischen Südostasien-Besitzungen bezeichnet habe[53].

Angesichts des desolaten Zustands des britisch-burmesischen Verhältnisses und der voranschreitenden Konsolidierung der französischen Herrschaft in Südostasien, deren ökonomische Expansionsspitzen im Norden vom Mekongtal nach Yünnan, im Westen von Tongking und Annam über Kambodscha und Laos zum Golf von Siam zielten, schienen britische Einkreisungsängste einige Plausibilität zu haben. Ein französischer Agent in Mandalay als äußerster westlicher Vorposten gegen britisch-indische Suprematie mußte in diesem französisch kontrollierten Einflußbereich einen wichtigen strategischen Eckpfeiler bilden, konnte er doch — mittels Druck auf den burmesischen Herrscher — die notwendige Verbindung für den Handelsverkehr zwischn Ober-Burma, Tongking und Yünnan herstellen. Den neuen Vizekönig, Lord Dufferin (seit 1884), als Befürworter einer extensiven Grenzpolitik zur Sicherung Indiens bekannt[54], beunruhigte die Möglichkeit eines französisch-burmesischen Zusammenrükkens. Ein französischer Vertreter in Mandalay, der infolge der seit 1879 vakanten britischen Repräsentanz als Berater des Hofes von Ava uneingeschränkten Einfluß auf alle Entscheidungen König Thibaws ausübte, konnte diesen zu einer, britische Interessen verletzenden Politik verleiten. Wegen des wachsenden Interesses anderer europäischer Mächte am Königreich Burma[55] mußte, laut Dufferin, die Bedeutung der britischen Präsenz in Mandalay neu definiert werden.

> »The presence of a French Consular Agent at Mandalay is likely to increase our difficulties in dealing with the Court of Ava, and to prove antagonistic to British interests. In these circumstances, we are of opinion that something should, if possible, be done to restore our influence at Mandalay[56].«

Indienminister Kimberley, prinzipiell einer härteren Gangart gegenüber dem »barbarischen« Burma nicht abgeneigt, stimmte mit der Lageanalyse des Vizekönigs überein, und autorisierte die britisch-indische Regierung am 1. Mai 1885, die nötigen Schritte zur Wiedererlangung des englischen Einflusses am Hofe von Ava einzuleiten, »whenever they considered it expedient«[57]. Mit dieser Blankovollmacht zum Einschreiten hatte Kimberley einerseits die momentane Zurückhaltung der französischen Außenpolitik durch Ferrys Sturz (März 1885) ausgenutzt, andererseits, als Resonanz auf den verstärkten Druck der »men on the spot« in Rangoon, aktive Handlungsbereitschaft angedeutet, falls die Um-

---

52 BFSP 77 (1885/86), Nr. 79 (Lyons an Granville, 4.2.1885).
53 Ebd., Nr. 75 (Lyons an Granville, 5.1.1885). Vgl. auch James George Scott, Burma. As it was, as it is and as it will be, London 1886, S. 38 f.
54 Htin Aung Maung, History of Burma, S. 361.
55 Maung Maung, Burma, S. 63.
56 Singhal, The Annexation, S. 76 f.
57 Ebd., S. 71.

stände zur Beendigung einer britisch-indischen Absichten abträglichen Situation in Burma zwangen.

Nach Bekanntwerden des französisch-burmesischen Vertragsabschlusses in Rangoon wuchs der Druck der lokalen Händler über ihre Handelskammer auf das India Office und verstärkte damit die Forderung nach einem gezielten Engagement Großbritanniens in Burma. Neben den alten Klagen über schikanöse Handelshemmnisse infolge innenpolitischer Instabilität Burmas und offener Rebellion der Shan-Staaten gegen das korrupte Regiment Thibaws bestimmten vorwiegend Befürchtungen vor französischen Intrigen das Klima in der Küstenregion, das durch Gerüchte über geheime Militärvereinbarungen zwischen Burma und Frankreich im Vertrag vom 15. Januar 1885 weiter aufgeheizt wurde. Im größeren Umfeld verringerter Handelschancen durch den scharfen Wettbewerb im Seehandel mit den USA entlud sich in den Klagen der betroffenen englischen Kaufleute herber Unmut über die reservierte Haltung Londons, das gegen die drohende Etablierung einer Großmacht an der nordöstlichen Landesgrenze Indiens keine präventiven Vorkehrungen, sprich Annexion, traf und aus weltpolitischer Rücksichtnahme seinen Einfluß in Burma verspielte. Dabei stand bei den annexionistischen Forderungen weniger die Erwartung direkter ökonomischer Gewinne in Burma im Vordergrund, als vielmehr Burmas Brückenfunktion als »a portion of our highway to China«, dem wirklich lohnenden Zukunftsmarkt[58].

Schon im Herbst 1884 hatte eine Resolution europäischer Kaufleute in Rangoon als Antwort auf die wachsende Anarchie und Mißwirtschaft in Ober-Burma die Annexion des Königreichs von Ava verlangt, zumindest aber die Ersetzung Thibaws durch einen unter britischem Schutz stehenden Herrscher, eine Forderung, die in der Folgezeit von der britischen Handelskammer in Rangoon sowie einzelnen Handelsunternehmen nachdrücklich unterstützt wurde[59].

Der britische Chief Commissioner in Rangoon, Bernard, sah nach Lage der Dinge keine Rechtfertigung für eine Annexion und bemühte sich, der Hysterie der wirtschaftlichen pressure group dämpfend entgegenzuwirken. Seiner Beurteilung nach gefährdeten die Unruhen in Ober-Burma weder den Frieden Britisch-Burmas noch beeinträchtigten sie in gravierender Weise den Warenverkehr. Als einzige erfolgversprechende Interventionsmaßnahme empfahl er die Absetzung Thibaws, falls sich diese als notwendig erweisen sollte. Selbst ein Krieg zwischen Britisch-Indien und Burma bot, so Bernard, keine Legitimationsgrundlage zur Annexion[60].

Die Regierung in Kalkutta bekräftigte diese moderate Linie. Sie befand sich damit in Übereinstimmung mit dem Gladstonekabinett, dem nach dem Sudandesaster (Januar 1885) und Rußlands massivem Vorrücken in Afghanistan (Frühjahr 1885) an keiner Verschärfung der für das Empire außenpolitisch prekären Situation gelegen war. Abweichend von dem Kabinettsvotum, das Burma mit Rücksicht auf die indischen Fürsten im Krisenfalle den Status eines Protektorats zugedacht hatte, plädierte Indienminister Kimberley allerdings weiterhin

58 Ebd., S. 152; Maung Maung, Burma, S. 64; Htin Aung Maung, History of Burma, S. 258.
59 Singhal, The Annexation, S. 71 f.
60 Ebd., S. 72 f.

aus politisch-strategischen Motiven für eine Annexion, sofern dadurch der französische Einfluß erfolgreich zurückgedrängt werden konnte[61].

Im Frühjahr und Sommer 1885 bestimmten Gerüchte über zunehmende französische Aktivitäten in Mandalay die Atmosphäre in Britisch-Burma. Die allgemeine Unsicherheit der Rangooner Geschäftswelt wurde nicht unwesentlich durch einen »Times«-Artikel geschürt, der davon sprach, König Thibaw gedenke die Importzölle auf französische Waren zu senken, die auf britische Waren freilich unverändert beizubehalten[62]. Damit schien erwiesen, daß Frankreich ungeachtet früherer Beteuerungen seinen Einfluß in Großbritanniens Interessenssphäre bedenkenlos vergrößern und Komplikationen mit seinem Kontrahenten billigend in Kauf nehmen wollte. Schon einige Zeit davor hatte die Meldung von angeblichen burmesischen Bergbaukonzessionen für Frankreich für Aufregung unter den Handelskreisen gesorgt[63].

Der Siedepunkt war jedoch erst erreicht, als im Juni Konsul Haas als erster offizieller Vertreter der Dritten Republik in Mandalay eintraf[64]. Da Frankreich in dem etwa gleichzeitig zustande gekommenen Friedensvertrag mit China (9. Juni 1885) das Recht auf freien Zugang zu den ökonomisch profitablen chinesischen Südwestprovinzen Yünnan und Szechuan erhielt[65], schienen die französischen Aktivitäten in Hinterindien Ausfluß einer systematischen Strategie zu sein: offenbar sollten in einem konzertierten Generalangriff auf britisch besetzte oder beanspruchte Positionen in Südostasien französische Interessen langfristig durchgesetzt, und Englands wirtschaftlich-politische Vormachtstellung entscheidend gelähmt werden.

Zu der fatalen Perspektive, im Wettlauf um die Ressourcen des südwestlichen Chinamarkts gegenüber der französischen Republik die schlechteren Karten zu besitzen, trug vor allem die Geschäftigkeit von Konsul Haas in Mandalay bei, der energisch die praktische Umsetzung der vertraglich zugesicherten ökonomischen Vorteile betrieb. Noch im Verlauf des Sommers gelang es ihm, Konzessionen für den Bau der Eisenbahnlinie Mandalay-Toungoo und die Eröffnung einer Wechselbank zu erhalten, zu deren Finanzierung eine offenbar eigenmächtig ausgehandelte Anleihe, gedeckt durch burmesische Flußzölle und Öleinnahmen, aufgenommen werden sollte[66].

Obwohl Chief Commissioner Bernard die Nachrichten, die aus Mandalay nach Rangoon drangen[67], wie französische Spekulationen mit Teakholzkonzessionen oder Frankreichs Wunsch nach Partizipation am Dampfschiffahrtsgeschäft auf dem Oberen Irrawaddy, für unbestätigte Gerüchte hielt, verhehlte er nicht, daß Frankreich fest entschlossen sei, sich im Königreich Burma zu etablieren, von wo aus eines Tages der Brückenschlag zu den Besitzungen am Oberlauf des Roten Flusses erfolgen könne[68]. Die nicht nachlassenden Meldungen

---

61 S. Gopal, British Policy in India 1858--1905, Cambridge 1965, S. 140.
62 Singhal, The Annexation, S. 73.
63 Ebd., Accounts and Papers 50 (1886) (Godley an Currie, 16.4.1885).
64 Cady, A History of Burma, S. 118, Edwards, Asien, S. 126.
65 Brötel, Französischer Imperialismus, S. 523.
66 Cady, A History of Burma, S. 118.
67 Htin Aung Maung, History of Burma, S. 259; ders., Peacock S. 78.
68 Singhal, The Annexation, S. 73 f.

über Geheimzusagen an Frankreich, etwa die Kontrolle des Post- und Telegraphenwesens oder die Errichtung einer Eisenbahnlinie durch die Shan-Staaten als Verbindung zwischen Mandalay und Französisch-Indochina betreffend, wirkten auf Rangoon und Kalkutta in hohem Maße irritierend, schien sich darin doch der unleugbare Verfall des britischen Einflusses zu manifestieren. Da Konsul Haas am Hof von Ava offenbar auch massiv politisch intervenierte, und etwa zur Behauptung burmesischer Neutralität eine Abkehr von Großbritannien und die verstärkte Hinwendung zu anderen europäischen Großmächten empfahl[69], schien aus britisch-indischer Sicht eine Klärung des offiziellen französischen Standpunkts dringend geboten.

Nach Meinung Lord Dufferins würde die Etablierung eines exklusiven oder dominanten französischen Einflusses in Mandalay derart ernste Konsequenzen für Indien und dessen burmesische Besitzung haben, daß diese Eventualität auch um den Preis von Feindseligkeiten mit Mandalay verhindert werden müßte. Angesichts dieser Sachlage sollte ein britischer Resident mit der Kontrolle der burmesischen Außenpolitik betraut werden. Zwangsmaßnahmen wären zu ergreifen, wenn sich Mandalay dieser sicherungsstrategischen Regelung widersetzte. Zudem sollten alle europäischen Mächte informiert werden, daß sich die britisch-indische Regierung gegenüber dem dominierenden Einfluß irgendeiner Macht am Hofe von Ava nicht ruhig verhalten könne[70].

Die Krisensituation in Burma eskalierte weiter, als die — wie heute bekannt ist — fingierte und von Paris heftig dementierte Hiobsbotschaft in London wie eine Bombe einschlug, Außenminister Ferry habe der burmesischen Gesandtschaft im Januar anläßlich des Vertragsabschlusses entgegen seinen Versicherungen insgeheim die Lieferung von Waffen über Tongking zugestanden[71]; denn nun ließ Frankreich allem Anschein nach alle Zurückhaltung fallen und schlug eine Politik offensiver Herausforderung Großbritanniens in dessen eigener Interessensspäre ein.

Am 7. August fand Premierminister Salisbury Gelegenheit, unter Verweis auf ähnlich restriktive Praktiken in Tunis gegenüber dem französischen Botschafter klarzustellen, daß England die weitreichenden Konzessionen in Burma nicht dulden könne, weil sie Freiheit und Macht des Königs von Burma rigide beschränkten. Da Botschafter Waddington vorgab, nichts über angebliche Konzessionen zu wissen, wurde die weitere Kommunikation in dieser Frankreich erneut auf die Anklagebank verweisenden Angelegenheit bis zur Rücksprache mit Außenminister Freycinet aufgeschoben[72].

Für den britischen Premierminister ließ die Sonderstellung der Beziehungen zwischen Burma und Indien in dieser Phase keine außenpolitische Zurückhaltung mehr zu. Zum einen hatte sich Frankreich zu weit in die britisch-indische Interessenssphäre vorgewagt und eine Reaktion Großbritanniens geradezu herausgefordert. Zum anderen verlangte die Öffentlichkeit nach konkreten Ent-

69 Htin Aung Maung, History of Burma, S. 258 f.; ders., Peacock, S. 77 f.; Woodman, The Making of Burma, S. 224; Singhal, The Annexation, S. 73 ff.; Edwards, Asien, S. 126.
70 Singhal, The Annexation, S. 74; Woodman, The Making of Burma, S. 224 f.; Gopal, British Policy, S. 140 f.
71 Htin Aung Maung, The Stricken Peacock, S. 78; Woodman, The Making of Burma, S. 225.
72 BFSP 77 (1885/86), Nr. 167 (Salisbury an Walsham, 7.8.1885).

scheidungen an Indiens Ostflanke, um den dominierenden britischen Einfluß gegen Frankreichs Vordringen zu verteidigen. Nach Salisburys Überzeugung lag es überdies nicht im Ermessen Burmas als einem »halbzivilisierten abhängigen« Staat, die Kontrolle über die burmesischen Finanzen und die königliche Prärogative an nicht-britische Staatsbürger zu delegieren[73]. Im Interesse einer gleichförmigen, nach dem Krieg gegen China primär auf die ökonomische Durchdringung Südostasiens ausgerichteten Politik war Außenminister Freycinet um ein versöhnliches Auftreten bemüht, das Anlässe zu Konflikten mit Großbritannien abbaute. Die Meldungen über Haas' Aktivitäten in Mandalay war er daher geneigt, einigen Übertreibungen der »men on the spot« zuzuschreiben, wohl wissend, daß die unzureichende Kontrolle des französischen Agenten am Hofe von Ava letztlich die Ambitionen Frankreichs in Hinterindien kompromittieren konnten[74]. Nach Prüfung der englischen Beschwerden über die angeblich unverantwortliche französische Einmischung in burmesische Angelegenheiten, die gemäß der Auffassung Londons samt und sonders unter die exklusive Aufsicht Britisch-Indiens fielen, ließ Freycinet Premierminister Salisbury am 28. September ausrichten, daß die französische Regierung von irgendwelchen von ihrem Konsul geschlossenen Abkommen, die britische Interessen verletzten, absolut nichts wisse; sie habe Haas auch nicht autorisiert, Abkommen abzuschließen, und könne somit keine Kenntnis von ihrem Zustandekommen haben. Falls dennoch derartige Abkommen abgeschlossen worden seien, so seien sie sicher auf Betreiben einer Spekulationsgesellschaft erfolgt[75].

Die offizielle Distanzierung Frankreichs von den mit der Person von Konsul Haas verbundenen Konzessionsgerüchten stellte London formal zufrieden[76], genügte jedoch nicht dem India Office unter seinem neuen Chef Sir Randolph Churchill, dessen Mißtrauen gegen die Intrigen des französischen Repräsentanten in Mandalay durch die Ankunft einer burmesischen Ratifikationsmission in Paris wachgehalten wurde[77].

Im Verfolg seines konzilianten Kurses gegenüber England bekräftigte Außenminister Freycinet nochmals sein Dementi, daß Frankreich nichts mit den gemeldeten Gerüchten zu tun habe, und gab darüber hinaus zu verstehen, daß im Falle einer Bewahrheitung der Gerüchte Konsul Haas auf eigene Faust gehandelt haben müsse. Wie immer die Sachlage auch war, mit der Abberufung des umstrittenen Haas im Oktober 1885 trat eine Entspannung in der Burmafrage zwischen London und Paris ein[78].

Nachdem die Krise mit Frankreich auf diplomatischer Ebene beigelegt war, konnte das konservative Salisburykabinett daran gehen, die burmesische Frage endgültig im britischen Sinne zu lösen, zumal Großbritannien nach der Abwendung weltpolitisch prekärer Situationen an anderen neuralgischen Punkten des Empire (Sudan, Afghanistan) seine volle Handlungsfreiheit wiedererlangt hatte. Anlaß zum Vorgehen bot ein seit August 1885 schwelender Streit mit Burma

[73] Ebd., Nr. 116 (Salisbury an Walsham, 9.9.1885).
[74] BFSP 77 (1885/86), Nr. 118 (Walsham an Salisbury, 18.9.1885).
[75] Ebd., Nr. 121 (Salisbury an Walsham, 28.9.1885).
[76] Ebd.
[77] Ebd., Nr. 122 (Walsham an Salisbury, 1.10.1885); Singhal, The Annexation, S. 75 f.
[78] BFSP 77 (1885/86), Nr. 129 (Lyon an Salisbury, 12.10.1885).

wegen einer Geldstrafe für die Bombay Burmah Trading Corporation, die von Mandalay auf Grund von Unregelmäßigkeiten bei der Ausbeutung der Teakholzkonzessionen verhängt worden war[79]. In bewußter Eskalation der britisch-burmesischen Spannungen durch Kalkutta und die Handelskreise in Rangoon — bei anfänglichem Zögern der Londoner Zentrale[80] — wurde Mandalay mit unhaltbaren Forderungen unter Druck gesetzt und im November 1885 nach kurzer militärischer Intervention durch britisch-indische Truppen okkupiert und annektiert. (Gesamt)-Burma wurde am 26. Februar 1886 formell zu einer Provinz Britisch-Indiens erklärt[81].

Daß die Annexion primär als Präventivschlag aus strategischem Kalkül zur Abschottung der von Großbritannien beanspruchten Interessenssphäre verstanden wurde, machte Premierminister Gladstone in einer Parlamentsdebatte im Februar 1886 deutlich:

> »It was not to extend trade, to gratify passion or ambition, but because a door was threatened to be opened through which would have been brought into India danger, insecurity, loss of happiness and prosperity«.

Insofern war die Schließung der burmesischen »Tür« kein aggressiver militanter Akt, sondern »in reality, and certainly in intention a defensive war«[82].

Im Falle Burmas handelte es sich um ein von britischer Seite aus ökonomischen wie strategischen Gründen beanspruchtes Interessengebiet, das sich seit Mitte des 19. Jahrhunderts in einem protektoratsähnlichen Status gegenüber Britisch-Indien befand. Erklärtes Ziel britischer Burmapolitik war es, die dominierende informelle Machtstellung in Burma im Hinblick auf die wirtschaftlichen Interessen in Südchina zu wahren und durch eine Abschirmungsstrategie ausländische Konkurrenten aus Burma fernzuhalten. Der Konflikt entstand, als sich auch französische kommerzielle Interessen in den Burma- und in den noch wichtigeren Indochinahandel drängten.

In London, Kalkutta und Rangoon sah man darin eine zunehmende Gefährdung der britischen Vormachtstellung in Burma. Aber erst durch die Klagen britischer Handelskreise und die Annäherungsbemühungen des burmesischen Königs an Frankreich erhielten die Vorgänge an der britisch-indischen Ostgrenze Relevanz für die allgemeine Politik; denn nun wuchs Burmas Bedeutung als strategisches und ökonomisches Bindeglied zwischen Indien und China. Beide Großmächte waren nicht an einer direkten Konfrontation interessiert — die Briten aus weltpolitischen Gründen, die Franzosen mangels Machtmitteln in der Region. Dessen ungeachtet suchte die französische Regierung unterhalb der Reizschwelle einer strategisch-politischen Bedrohung für die Briten ihre kommerziellen Interessen direkt gegenüber der burmesischen Regierung zu wahren. Gerüchte über weitergehende Absprachen aus dem französisch-burmesischen Abkommen und massive Appelle der regionalen Wirtschaftsinteressenten nach

---

79 Woodman, The Making of Burma, S. 225; Htin Aung Maung, History of Burma, S. 259 f.; A.C. Pointow, The Bombay Burmah Trading Corporation United 1863--1963, Southampton 1964.

80 Gopal, British Policy, S. 141.

81 A.T.Q. Stewart, The Pagoda War. Lord Dufferin and the fall of the Kingdom of Ava 1885--1886, London 1972.

82 Cady, A History of Burma, S. 132, Anm. 122.

einer britischen Aktion führten zu einer ernsthaften französisch-britischen Krise, da sich Großbritannien in der alleinigen Kontrolle Burmas von Frankreich herausgefordert fühlte.

Die Krise erreichte ihren Höhepunkt, als im Sommer 1885 der vertraglich vereinbarte französische Konsul in Mandalay eintraf und sofort daran ging — offenbar eigenmächtig —, wirtschaftliche Vorteile für Frankreich zu erstreben. Dies aber berührte das »spezielle Interesse« Großbritanniens in Burma. Die Krise wurde durch diplomatischen Druck Großbritanniens und einseitiges Nachgeben Frankreichs gelöst, da Außenminister Freycinet glaubwürdig weiterreichende Ambitionen in Burma dementierte und den umstrittenen Konsul abberief. Damit war der Weg frei für eine Verschärfung des einseitigen britischen Drucks auf Burma, der wenig später zur militärischen Besetzung und Annexion des Landes führte.

18. Kontinentalexpansion contra Seestrategie. Hindukusch und Port Hamilton — Die britisch-russische Konfrontation in Asien 1885

Nach den entscheidenden Vorstößen Rußlands nach Zentral- und Ostasien in der Mitte des vorigen Jahrhunderts standen die 1880er Jahre unter dem Zeichen einer erneuten russischen Expansionswelle in Richtung auf die indische Grenze und den Pazifischen Ozean. Während sich in Ostasien, begünstigt durch Chinas Inanspruchnahme im Krieg gegen Frankreich 1884/85, mehr und mehr als Hauptstoßrichtung die koreanische Halbinsel herauskristallisierte, zielte der massive russische Süddrang nach der Eroberung der unabhängigen Khanate in Turkistan auf Britisch-Indien. Damit hatte das Zarenreich seinen Einflußbereich bis an die Grenze Persiens und Afghanistans und damit ins unmittelbare Vorfeld Indiens vorgeschoben[1]. Diese Tatsache weckte nicht nur englische Befürchtungen vor einer Bedrohung der »unruhigen« Nordwestgrenze Indiens, das russische Vordringen im Hindukusch zwang auch zu einer Änderung der bisherigen Verteidigungskonzeption, mit der dem russischen Druck im Norden des indischen Subkontinents Paroli geboten werden konnte.

Die nach dem zweiten Afghanenkrieg (1878—1881) favorisierte vorgeschobene Sicherheitslinie von Kabul bis Kandahar[2] wurde indes gleich zu Anfang der liberalen Regierung Gladstone zurückgenommen, da der neue Premierminister im Verfolg einer Non-Interventionspolitik mit minimaler Verantwortung Afghanistan als freundlich gesonnenen Pufferstaat zwischen englischem und russischem Machtbereich bewahren wollte[3]. Als Preis für das Disengagement zahlte England mit einer Garantie gegen unprovozierte Aggressionen sowie mit der Übernahme der Verteidigungslasten Afghanistans[4].

Mit diesem Abkommen vom Juni 1880 waren zwar die bilateralen englisch-afghanischen Beziehungen auf eine tragfähige Basis gestellt, doch erwuchs daraus ein neues Problem: die Wahrung der Integrität der afghanischen Grenzen

1 Vgl. dazu Gottfried-Karl Kindermann, Der Ferne Osten in der Weltpolitik des industriellen Zeitalters, München 1970; David K. Fieldhouse, Die Kolonialreiche seit dem 18. Jahrhundert, Frankfurt a.M. 1965 ff.; Zentralasien. Hrsg. von Gavin Hambly, Frankfurt a.M. 1966 ff.; R.K.I. Quested, Sino-Russian Relations, London 1984; Andrew Malozemoff, Russian Far Eastern Policy 1881—1904, Berkeley 1958; George Alexander Lensen, Balance of Intrigue: International Rivalery in Korea and Manchura 1884—1899, 2 Bde, Tallahassee 1982; David Gillard, The Struggle for Asia 1828—1941. A Study in British and Russian Imperialism, London 1977.

2 Edgar O'Ballance, Afghan Wars 1839—1992. What Britain Gave Up and the Soviet Union Lost, London, New York 1993, S. 29—49; Peter Braun, Die Verteidigung Indiens 1800—1907, Köln, Graz 1968, S. 137; The Cambridge History of the British Empire. General Editors John Holland Rose, Arthur Percival Newton u.a., Bd 3, The Empire-Commonwealth 1870—1919, Cambridge 1959 (im folgenden abgekürzt CHBE 3), S. 122 f.; C.J. Lowe, The Reluctant Imperialists. British Foreign Policy 1878—1902, 2 Bde, London 1967, I, S. 78—83; Philip K. Ghose, England and Afghanistan, Calcutta 1960, S. 1—27.

3 CHBE 3, S. 123.

4 Ebd.; Lowe, The Reluctant Imperialists, I, S. 73—78; Gillard, The Struggle for Asia, S. 139 ff.

angesichts des russischen Vormarschs vom Kaspischen Meer und aus Taschkent.

Seit Anfang 1882 waren ernsthafte Verhandlungen zwischen England und Rußland im Gange, die zu einer Regelung des afghanischen Grenzverlaufs im sensiblen sicherungsstrategischen Nahbereich Indiens führen sollten. Trotz aller demonstrierten Verhandlungsbereitschaft war das Zarenreich nicht gewillt, die Süd-Expansion zur Beruhigung seines Kontrahenten zu unterlassen. Ausdruck des ungebrochenen, englische Befürchtungen vor einer Eskalation verstärkenden Expansionswillens war die Eroberung der Stadt Merw in Turkistan im Februar 1884; damit standen die russischen Spitzen nur 200 Meilen vor Herat, dem strategisch wichtigen Ausgangspunkt der Straßen nach Indien. Herat nahm für die Vorfeldverteidigung der gesamten zentralasiatischen Region eine Schlüsselstellung ein, da von hier aus Afghanistan wie Persien gleichermaßen kontrolliert werden konnte. Angesichts der Tatsache, daß sich Großbritannien gegenüber der günstigeren russischen Ausgangsposition im strategischen Nachteil befand — in Quetta, ca. 400 Meilen südlich von Herat[5] —, stellte es für das Gladstonekabinett schon einen kleinen diplomatischen Erfolg dar, wenn sich der unberechenbare Rivale zu einer gemeinsamen Vereinbarung bereit erklärte, wonach eine englisch-russische Kommission die Grenze zwischen Rußland und Afghanistan feststellen sollte[6].

Nach anfänglicher Kooperationsbereitschaft der russischen Seite verstärkte sich Anfang 1885 das Mißtrauen in London gegen Rußlands Ernsthaftigkeit, da Gerüchte von einem weiteren Vorrücken der Russen alarmierend wirkten und die Gefahr einer russischen Invasion in Indien beschworen. Dazu kamen Meldungen von russischen Intrigen in Penjdeh sowie von angeblichen Vorbereitungen zu einem militärischen Schlag gegen die Afghanen[7].

Diese Nachrichten erreichten das Gladstonekabinett zu einem Zeitpunkt, da Großbritanniens außenpolitische Verwundbarkeit augenfällig war. Anfang Februar war das Scheitern der Sudanexpedition mit dem Tod von General Gordon bekannt geworden. Die Schwierigkeiten im Sudan bedeuteten nicht nur einen herben Prestigeverlust für Großbritannien und offenbarten eine Zeitlang dessen militärische Schwäche, es zeigte sich auch sogleich die sicherungsstrategische Verknüpfung zwischen Ägypten und Afghanistan innerhalb des Empire; denn für die Eindämmung oder Bekämpfung von zwei Krisenherden zur gleichen Zeit war Großbritannien nicht gerüstet. Ein russisches Dementi am 14. Februar konnte die englische Bestürzung nicht beheben, denn schon am 24. Februar bestätigte sich die russische Vorwärtsbewegung, als Rußland den geforderten Rückzug vom Zulfikar-Paß strikt ablehnte[8].

Ungeachtet der Entschlossenheit bemühte sich Rußland jedoch, beruhigend auf das die Vorgänge in Zentralasien bereits als schrittweise Konfrontation perzipierende Großbritannien einzuwirken und einem Streit um Afghanistan

5 Lowe, The Reluctant Imperialists, I, S. 75.
6 Purlitz 2 (1885), S. 163; The Life of the Rt. Hon. Sir Charles W. Dilke, 2 Bde. Ed by Stephen Gwynn and Gertrude M. Tuckwell, London 1918, II, S. 114.
7 The Life of the Rt. Hon. Sir Charles W. Dilke, II, S. 114 f.
8 Purlitz 2 (1885), S. 163.

aus dem Wege zu gehen[9]. Dazu bestand von russischer Seite aus auch alle Veranlassung. Denn nach dem von Rußland nicht wahrgenommenen Termin zur Fixierung der afghanischen Grenze (Januar 1885) und diversen Gerüchten über russische Aktionen in Grenznähe herrschte im englischen Kabinett Krisenstimmung. Ab Februar 1885, so Charles W. Dilke, stand das zentralasiatische Problem als fester Punkt auf der Tagesordnung[10].

Das Gladstonekabinett versuchte der russischen Bedrohung auf zweifache Weise zu begegnen, wobei Herat zur Nagelprobe englischen Behauptungswillens gegen die Aggression Rußlands wurde. Schon am 18. Februar 1885 erging an Sir Peter Lumsden, den Chef der britischen Grenzkommission in Afghanistan, vorsorglich die Weisung, sich im Fall eines russischen Vormarschs auf die Stadt Herat ebenfalls dorthin zu begeben und den afghanischen Widerstand zu organisieren[11]. Ausschlaggebend für die Beilegung des Konflikts war für Premierminister Gladstone, daß keine Truppenbewegungen in dem zwischen Rußland und England umstrittenen Gebiet stattfanden, solange keine Vereinbarung über den Grenzverlauf vorlag[12].

Im Bemühen um eine Entschärfung der Krise traf sich Außenminister Granville partiell mit seinem russischen Amtskollegen Giers[13]. Unter Bezugnahme auf Gladstones Parlamentsrede vom 7. März ließ Giers in London mitteilen, er wolle nicht glauben, daß der gegenwärtige Disput zum Krieg zwischen beiden Ländern führe. Allerdings verhehlte Giers nicht, daß im Fall, daß Großbritannien den Disput zur nationalen Frage hochstilisieren sollte, Rußland nicht anders könne, als die sich daraus ergebenden Konsequenzen zu ziehen[14]. Dies konnte als verschleierte Kriegsdrohung interpretiert werden, die nachdrücklich Rußlands unverrückbaren Standpunkt in der Afghanistanfrage vor Augen führte.

Zu diesem Zeitpunkt ging das englische Kabinett noch davon aus, daß sich die Divergenzen auf dem Verhandlungsweg beilegen ließen. Als Premierminister Gladstone, der sich über Rußlands Expansionsabsichten an der afghanischen Grenze seit langem völlig im klaren war und hinter der russischen Unnachgiebigkeit vor allem Ermunterungen von seiten Bismarcks vermutete[15], daher am 13. März im Unterhaus die Erklärung abgab, zwischen Rußland und England sei »mittels diplomatischer Korrespondenz und ohne besondere Zeitbegrenzung« ein Abkommen getroffen worden, das ein weiteres Vorrücken der Russen wie der Afghanen verbiete[16], schien sich die Hoffnung auf eine Beilegung der Krise mit friedlichen Mitteln zu erfüllen. Auch Granvilles Bemühen, die Wogen zu glätten und kriegsmäßige Vorbereitungen auf beiden Seiten in Abrede zu stellen[17], verfolgte nur das Ziel, der durch das Sudandesaster schwer

9 Ebd.; Lord Edmond Fitzmaurice, The Life of Lord Granville, London 1905, II, S. 423.
10 The Life of the Rt. Hon. Sir Charles W. Dilke, II, S. 114 f.
11 Ebd., S. 115. Vgl. BFSP 76 (1884/85), S. 1204.
12 BFSP 76 (1884/85), S. 1203.
13 Ebd., S. 1207.
14 Ebd., S. 1206.
15 Fitzmaurice, The Life of Lord Granville, II, S. 419 f. und S. 422.
16 BFSP 76 (1884/85), S. 1213; vgl. The Political Correspondence of Mr. Gladstone and Lord Granville 1876—1886. Ed. by Agatha Ramm, Bd II, Oxford 1962, S. 344 f..
17 BFSP 76 (1884/85), S. 1220 f.

angeschlagenen englischen Außenpolitik ein Höchstmaß an Handlungsspielraum zu verschaffen und jedes Anzeichen einer Konfrontation mit Rußland im Sinne der von Gladstone in der Grenzfrage angestrebten »pacific and impartial justice« zu vermeiden[18]. Von dieser Vorstellung ausgehend, war das Kabinett auch zu Konzessionen bereit, die sogar in der Sache die Preisgabe der Forderung nach Rückzug der russischen Truppen miteinschlossen[19].

Inoffiziell liefen indes die Vorbereitungen für den Eventualfall eines Krieges gegen das Zarenreich auf Hochtouren. Am 12. März faßte man den Beschluß, Kriegsvorbereitungen in Indien zu treffen[20]. Danach sollten, falls die Russen weiter vorrückten, 20 000 Mann der britisch-indischen Armee in Quetta an der Grenze zu Afghanistan stationiert werden. Darüber hinaus wurde die englische Garantie für Afghanistan bekräftigt sowie die zuvor gezogene Haltelinie bei Herat als unabdingbare sicherungsstrategische Barriere für Indien festgeschrieben. Sollten die Russen auf Herat vorrücken, so sei dies der casus belli, ließ das Kabinett den russischen Botschafter wissen[21]. Weitere Maßnahmen für den Ernstfall betrafen die Einberufung der Armee- und Milizreserven sowie den Ankauf von fünf Postdampfern durch die Admiralität zu logistischen Zwekken[22]. Lord Wolseley riet, für einen eventuellen Krieg mit Rußland die Reserven einzuberufen, da Truppen aus Ägypten erst später geschickt werden könnten[23]. Wie bedrohlich die Lage war, gab Salisbury unumwunden zu: »Matters are gloomy — I never saw them gloomier«[24].

Beunruhigt über die Vorgänge in Afghanistan wurde auch Königin Victoria, die dem Zaren die persönliche Bitte übermittelte, er möge sich dafür einsetzen, daß keine Eventualitäten aus einem bewaffneten Zusammenstoß zwischen Russen und Afghanen entstünden[25]. Andererseits war es gerade die Königin, die im Gegensatz zu ihren Vermittlungsbemühungen auf höchster Ebene eine feste Sprache gegenüber Rußland für erforderlich hielt. Dem zaudernden Gladstonekabinett machte sie daher für die Hinhaltepolitik gegenüber Rußland heftige Vorwürfe und beklagte »this want of decision and firmness in the Government«[26].

In die aufgeheizte Atmosphäre platzte Anfang April 1885 die Nachricht, Rußland habe im Kampf gegen afghanische Truppen am 30. März die Stadt Penjdeh besetzt[27]. Damit war für Großbritannien offenkundig, daß das Zarenreich entgegen früheren Bekundungen an einer zweiseitigen Regelung des Afghanistanproblems nicht interessiert war und im Bewußtsein seiner militärischen Überlegenheit vor Ort mit seinem Expanionsdrang vollendete Tatsachen auch im Hinblick auf Herat schaffen wollte. Damit war aber auch Gladstones

---

18 The Political Correspondence, S. 352; Purlitz 2 (1885), S. 165.
19 Schulthess 26(1885), S. 164 f.
20 The Life of the Rt. Hon. Sir Charles W. Dilke, II, S. 115.
21 Ebd.; LQV 2,3, S. 630.
22 Purlitz 2 (1885), S. 165 (26.3.1885 und 29.3.1885).
23 LQV 2,3, S. 626.
24 Lady Gwendolin Cecil, Life of Robert Marquis of Salisbury, III, London 1931, S. 129.
25 Fitzmaurice, The Life of Lord Granville, II, S. 423 f.
26 LQV 2,3, S. 617.
27 BFSP 77 (1885/86), S. 245.

Konzeption einer friedlichen Konflikteindämmung mittels Zugeständnissen über den Haufen geworfen worden.

Dies aber mußte unweigerlich zu einer Eskalation der Krise führen, da das Gladstonekabinett ausdrücklich die Entscheidung über Krieg und Frieden vom Maß des russischen Verhaltens gegenüber Herat abhängig gemacht hatte. In dieser vitalen Frage konnte es im Gegensatz zur praktizierten Politik des weltweiten Disengagements nur schwerlich Kompromisse geben. Einerseits hatte sich Gladstone durch Unterstützungsversprechen an die afghanische Regierung formal gebunden, andererseits war die englische Öffentlichkeit nicht bereit, nach dem fatalen Sudandesaster eine weitere nationale Demütigung zu akzeptieren. Gladstones in Erkenntnis der Bedrohung des Empire an zwei zentralen Fronten für notwendig erachtete Preisgabe des Engagements im Sudan versprach wenig Aussicht auf Realisierung und traf auf harte Kritik der Monarchin (»very changeable and unreliable policy«, »We are becoming the laughing-stock of the world!«[28]) Immerhin bewies ein vom Kabinett am 20. April beschlossener Kriegskredit über 11 Millionen £, daß mit der Bereitstellung der finanziellen Mittel für den Eventualfall die Weichen in Richtung ultima ratio gestellt waren[29].

Eine energische Sprache gegenüber Rußland forderte vor allem der Vizekönig von Indien, Lord Dufferin, ein Vertreter aktiver Grenzverteidigung:

> »Alle indischen Beamten drängten jetzt auf den Krieg, solange Rußlands Einfluß in Zentralasien noch nicht fest begründet sei[30].«

Gelegentlich eines Treffens mit dem Emir von Afghanistan machte Lord Dufferin am 2. April klar, »that a Russian advance on Herat should be met by war all over the world«[31].

Innerhalb des Kabinetts bestand keine Einmütigkeit, welche Schritte gegen Rußland zu ergreifen waren[32]. Die Entscheidung für eine energische militärische Antwort wurde dadurch erschwert, daß Großbritannien ohne Bündnispartner in Europa war und nicht die Last eines Zweifrontenkrieges an zwei Abschnitten des Empire — Sudan und Afghanistan — tragen konnte. Vielmehr komplizierte es die militärische Ausgangslage zuungunsten Großbritanniens, daß Bismarck, teils im Bestreben zur Bekräftigung des Dreikaiserbündnisses, teils aus dem Wunsch, Rußland aus kontinentaleuropäischem Kalkül an die Peripherie abzudrängen, Druck auf die Türkei ausübte — und darin von Österreich-Ungarn und Frankreich unterstützt wurde —, im Falle eines englisch-russischen Krieges Neutralität zu wahren und für englische Kriegsschiffe die Dardanellen zu sperren. Der englische Historiker Hinsley beurteilt die Situation für das im Mächtekonzert isolierte England so:

> »Gladstone's Government was thus forced to adopt a defiant attitude without having the will or the confidence to sustain it and to prepare for war with the

---

28 The Political Correspondence, S. 354; LQV 2,3, S. 643, 646.
29 Schulthess 26(1885), S. 258—261.
30 Purlitz 2 (1885), S. 166.
31 The Life of the Rt. Hon. Sir Charles W. Dilke, II, S. 116.
32 BFSP 77 (1885/86), S. 246 ff.

knowledge that it was denied to obvious recourse of an attack on Russia in the Black Sea[33].«

Vor diesem für eine militärische Konfrontation großen Ausmaßes ungünstigen außenpolitischen Hintergrund begannen am 9. April die Kabinettsbesprechungen über das heikle Afghanistanproblem[34]. Dabei stand die Überlegung im Mittelpunkt, wie angesichts der Kriegsgefahr mit gezielten Gegenmaßnahmen unterhalb der Schwelle zum »großen Krieg« auf Rußlands Aggression reagiert werden konnte. Es zeigte sich, daß England zu entscheidenden Schlägen gegen die massierte russische Truppenmacht in Mittelasien nicht in der Lage war, daß aber gleichwohl ein unerwarteter Ausfallschritt nach Ostasien Rußland gleichsam von der Peripherie her zum Einlenken in Afghanistan bewegen konnte.

Im Foreign Office hatte man die mögliche strategische Beeinträchtigung der Mächtebalance im Fernen Osten durch einen englisch-russischen Krieg sowie dessen Störpotential für den britischen Chinahandel längst erkannt. Überlegungen Charles W. Dilkes gingen dahin, die Verteidigung Indiens gleichsam an diejenigen Schwachpunkte des russischen Herrschaftsbereichs zu verlagern, die, wie der Pazifikhafen Wladiwostok, geeignete Angriffsziele darstellten. Dazu sollte unter Umständen flankierend chinesische Unterstützung im englischen Interesse nutzbar gemacht werden; denn »Chinese troops drilled and officered by Englishmen would be irresistable«[35].

Bei den britischen Agenten vor Ort war schon im März eine gesteigerte Nervosität wegen eines befürchteten Angriffs auf Hongkong zu befürchten, so daß sich der Chef des Ostasiengeschwaders, Vizeadmiral Dowell, genötigt sah, »in consequence of complications with Russia« seine Flotte zusammenzuziehen und die Verteidigungsanlagen Hongkongs ausbessern zu lassen.

Vorsorglich sondierte auch der britische Vertreter in Peking bei den Gesandten der USA und Deutschlands, inwieweit diese Mächte für eine Wahrnehmung englischer Interessen im Kriegsfall in Frage kämen[36].

Zum Schutz gegen die Bedrohung der wirtschaftlich wie militärisch und politisch zur Kontrolle der ostasiatischen Region unabdingbaren Drehscheibe Hongkong entschloß sich das Kabinett daher am 11. April, einen alten strategischen Plan aufzugreifen, der besonders vom Ersten Lord der Admiralität, Lord Northbrook, sowie von Granville verfochten wurde[37]. In einem Präventivschlag sollten drei kleine Inselns vor der Südspitze Koreas, bekannt unter dem Namen Port Hamilton, besetzt werden, um damit Rußland an einem neuralgischen Punkt seiner weitreichenden und ungeschützten pazifischen Flanke zu bedrohen. Hintergedanke dieser Aktion, die den britischen Einfluß um 1 200 Meilen von der nächsten Basis Hongkong entfernt nach Norden vorschob, war es, die Nervenstränge des Zarenreichs in Ostasien in der Korea-Straße zu unterbrechen und gegen das von Port Hamilton circa 850 Meilen entfernte Wladiwostok eine Basis für die Blockade des russischen Fernostgeschwaders zu besitzen.

---

33 CHBE 3, S. 125.
34 The Life of the Rt. Hon. Sir Charles W. Dilke, II, S. 117.
35 Ebd., S. 120 und 122 f.
36 E.V.G. Kiernan, British Diplomacy in China, Cambridge 1939, S. 189 und 196.
37 Malozemoff, Russian Far Eastern Policy, S. 261, Anm. 88; Lowe, The Reluctant Imperialists, S. 88; The Political Correspondence, S. 356.

Für die Admiralität war bei den Planungen das offensive Moment der Operation im Hinblick auf Hongkong ausschlaggebend, weniger der Defensivcharakter im Hinblick auf die prekäre Lage an der Nordwestgrenze Indiens. Dagegen blieb Gladstone bis zuletzt gegenüber aktiven Schritten sehr reserviert, da diese seiner Meinung nach Rußland erst plausible Gründe für Beschwerden lieferten und dessen Haltung in der Afghanistanfrage unnötig verhärteten. Statt dessen favorisierte Gladstone nach wie vor sein Projekt, sich angesichts der Besetzung Penjdehs von den Verpflichtungen im Sudan zu befreien[38].

Ging das britische Kalkül auf, so konnten mit der Port-Hamilton-Aktion zwei Fliegen mit einer Klappe geschlagen werden: erstens war mit diesem Präventivschlag eine adäquate Reaktion auf die russische Aggression in Mittelasien zum Schutze Indiens gefunden, mit der russische Interessen an einer empfindlichen Stelle bedroht werden konnten; zweitens konnte Großbritannien gegenüber dem in seinem Expanionsdrang das ostasiatische Gleichgewicht destabilisierende Zarenreich seinen Einfluß in jener Region spürbarer als bisher zur Geltung bringen. Zugleich konnte, drittens, das Vorfeld für Hongkong (inklusive chinesischer Neutralität) und der Schutz britischer Handelsinteressen gesichert werden. Daß zudem, viertens, die britische Seemacht mit diesem Schritt nachhaltig demonstrierte, daß sie Rußland jederzeit gefährden konnte, wenn sie die Herausforderung zu Lande mit einer maritimen Operation parierte, um somit Rußlands landgestützte Überlegenheit zu unterhöhlen, war ein Aspekt, der bei den Beratungen über die Beendigung der Krise mitbestimmend gewesen sein dürfte.

Nachdem Vizeadmiral Dowell die entsprechenden Instruktionen erteilt hatte, und die diplomatischen Vertreter im Fernen Osten von dem geplanten Unternehmen unterrichtet worden waren, wurde Port Hamilton am 15. April okkupiert[39]. Einen Tag später wurden China und Korea davon unterrichtet, daß es sich bei diesem Schritt um eine bloß temporäre Maßnahme handele, die für notwendig befunden worden sei »in view of the probable occupation of these islands by another Power«[40]. Seinem US-Kollegen in Korea teilte der englische Konsul Aston die Begründung gar in verschärfter Form mit — »in view of the outbreak of a great war with Russia«. Der Versuch Gladstones, die Okkupation aus taktischen Gründen einstweilen abzustreiten, war am Widerspruch Granvilles wie Northbrookes gescheitert, die beide voll hinter der Aktion standen und bereit waren, die Konsequenzen dieser Eskalation zu tragen[41].

Mit der Besetzung Port Hamiltons begann der englisch-russische Gegensatz im Fernen Osten eine Eigendynamik zu entwickeln und wurde nicht mehr von den Rückwirkungen des Konflikts über Afghanistan beeinflußt. Er wurde nun weitgehend mit dem Interessen- und Intrigengeflecht der fernöstlichen Krisenregion verwoben und verschärfte die Spannungen. Dies zeigte sich daran, daß bei einem Krieg zwischen England und Rußland in Ostasien automatisch die

38 The Political Correspondence, S. 362 und S. 356.

39 Malozemoff, Russian Far Eastern Policy, S. 261, Anm. 92; Lensen, Balance of Intrigue, S. 366, Anm. 4; Byung-Han Suh, Die internationalen Beziehungen Koreas von der Mitte des 19. Jahrhunderts bis zum Ende der Unabhängigkeit. Diss., Wien 1967, S. 177.

40 BFSP 78 (1886/87), S. 143 ff. Vgl. The Political Correspondence, S. 363.

41 The Political Correspondence, S. 364.

Stellungnahme der ostasiatischen Reiche gefordert war, galt doch China als englischer, Japan eher als russischer »Schützling«, während das von China als Vasallenstaat reklamierte Korea in zunehmendem Maße zum Angriffsziel für Rußland und Japan wurde. Hinzu kam, daß China, verstrickt in Kontroversen mit Japan um die Vorherrschaft in Korea und gerade erst mit knapper Not einem Krieg mit dem Inselreich entgangen, seit Beginn des Tongkingkriegs gegen Frankreich die Hoffnung zu hegen schien, seine »Schutzmacht« England würde bei den Spannungen mit Rußland um so eher zur Unterstützung Chinas bereit sein, als dieses mit einem — zeitweilig im Frühjahr ventilierten — chinesisch-englischen Bündnis in der Lage wäre, Großbritannien im Fernen Osten für den Eventualfall Rückendeckung zu geben[42].

Gerade im Hinblick auf das Mandschureich mußte London jedoch eingestehen, daß es Chinas Suzeränitätsanspruch auf Korea bei der Durchführung der Besetzungsaktion ignoriert hatte[43]. Insofern erschwerte sich nicht allein die Konfliktlösung mit Rußland, sondern auch der englische Wunsch, in einem Übereinkommen mit China der Okkupation Port Hamiltons eine legale Form zu verleihen. Das frühzeitige Interesse Londons, bei einer erwarteten scharfen Reaktion des Zarenreiches schnellstens mit China zu einer Einigung zu kommen, stieß hingegen auf das nach dem Waffenstillstand mit Frankreich (4. April 1885) gesteigerte Selbstbewußtsein des Mandschureiches, das als Vorbedingung für ein bilaterales Abkommen über die befristete englische Präsenz in Port Hamilton die Anerkennung der chinesischen Oberherrschaft über Korea verlangte. Gegen dieses Zugeständnis schienen in England mit Rücksicht auf Japan jedoch Bedenken zu bestehen, so daß die von beiden Seiten intensiv geführten Gespräche nicht über einen Vertragsentwurf hinauskamen[44].

Letztlich scheiterten die britisch-chinesischen Verhandlungen am massiven Druck des Zarenreichs auf Peking. Rußland gab der chinesischen Führung unmißverständlich zu verstehen, daß es sich genötigt sehe »to occupy some other island or portion of the Kingdom of Corea«, falls China die Besetzung der unter koreanischer Souveränität stehenden Inseln sanktioniere[45]. Um Rußland keinen Vorwand zu gebe, im Gegenzug seine sicherungsstrategischen Ambitionen auf einen Stützpunkt an der koreanischen Küste zu richten, versuchte China nunmehr eine Pendelstellung zwischen England und Rußland zu behaupten[46].

Die englische Regierung hatte die Reaktion ihres Hauptrivalen auf die Port-Hamilton-Okkupation offenbar falsch eingeschätzt, da sie Ende April nur die ostasiatischen Reiche China, Japan und Korea von der erfolgten Besetzung unterrichtete[47]. Anders als erwartet hatte der englische Überraschungscoup nämlich keine unmittelbaren Auswirkungen auf Rußlands Haltung in Afghanistan. Diese blieb vorerst unversöhnlich und steigerte in England die Kriegsstimmung[48].

---

42 Kiernan, British Diplomacy, S. 189 f.
43 Ebd., S. 191.
44 Ebd., S. 191 f. Vgl. BFSP 78 (1886/87), S. 145 f.
45 BFSP 78 (1886/87), S. 147.
46 Kiernan, British Diplomacy, S. 192 f.
47 Malozemoff, Russian Far Eastern Policy, S. 29.
48 Kiernan, British Diplomacy, S. 192.

Seit Rußland im Juli 1884 in einem umstrittenen Geheimabkommen Port Lazarev an der Nordostküste Koreas als Kohlestation und Winterquartier für seine Flotte erhalten hatte, blieb sein Blick auf den dauerhaften Besitz eines eisfreien Hafens in Ostasien gerichtet. In Anbetracht der unzureichend geschützten Fernostflanken rief die englische Aktion in Rußland Bestürzung hervor. Für Rußland war maßgebend, im Interesse ungehinderter Interessenentfaltung den status quo in Korea zu bewahren[49]. So störte die englische Port-Hamilton-Aktion zwar Rußlands Zukunftspläne im Fernen Osten, doch bot sich damit für Rußland andererseits ein Ansatzpunkt, Vorteile im Verhältnis zu China und Korea zu erlangen. Die russische Regierung hatte zwar gerüchteweise Kenntnis von englischen Okkupationsabsichten in Ostasien erhalten[50], blieb jedoch bis zum 10. Mai ohne definitive Nachricht von der erfolgten Aktion[51]. Die Entrüstung über das rigorose englische Vorgehen erhöhte sich noch, da sich seit Anfang Mai im Afghanistankonflikt Möglichkeiten einer gemeinsamen Übereinkunft zwischen England und Rußland abzeichneten[52], und dadurch in russischer Sicht die Rechtfertigung zu diesem provokanten Schritt entfiel. Auch schien Außenminister Granvilles Beteuerung auf dem »Royal Academy Dinner« in Gegenwart des russischen Botschafters am 2. Mai — »the peace of the world would not be disturbed« — in Richtung einer friedenswilligen englischen Regierung zu weisen[53].

Damit bahnte sich nach der Beilegung der Kriegsgefahr in Zentralasien im Fernen Osten eine neue friedensgefährdende Krise an. Die Stimmung in Rußland hielt die »Moskowskija Wjedomosti« fest:

> »Schon das jüngste Auftreten Lord Dufferins sei ein casus belli gewesen, allein die Annexion [sic] Port Hamiltons übersteige alles bisher Dagewesene. Die Räumung Port Hamiltons müsse jedenfalls so bald als möglich verlangt werden. Wenn England Port Hamilton nicht wieder herausgebe, sei der Krieg unvermeidlich[54].«

Während in der russischen Presse der Ruf nach energischen Gegenaktionen laut wurde, wobei entweder Port Lazarev oder die Quelpart-Inseln in südlicher Nachbarschaft von Port Hamilton geeignete Kompensationsobjekte bildeten, betrachtete die politische Führung des Landes die Situation im Fernen Osten kritischer. Ohne offene Unterstützung durch die Hilfsquellen wenigstens einer ostasiatischen Regionalmacht war an eine direkte Konfrontation mit Großbritannien nicht zu denken. Statt dessen ließen sich vor allem die von der Presse geschürten Gerüchte über ein baldiges russisches Zugreifen taktisch ausnutzen, um China im russischen Sinn zu beeinflussen.

Zwar erfolgte ein Protest in London, da Rußland nach eigenem Bekunden nicht indifferent bleiben konnte[55], doch zeitigten die russischen Gegenzüge erst

49 Lensen, Balance of Intrigue, I, S. 34.
50 Ebd., S. 33—36.
51 Ebd., S. 366, Anm. 4; Malozemoff, Russian Far Eastern Policy, S. 30; Kiernan, British Diplomacy, S. 191.
52 The Political Correspondence, Nr. 1645; The Life of the Rt. Hon. Sir Charles W. Dilke, II, S. 121.
53 Fitzmaurice, The Life of Lord Granville, II, S. 440. Vgl. ebd., S. 442—444.
54 Schulthess 26(1885), S. 254.
55 Lensen, Balance of Intrigue, I, S. 58.

unterhalb der offiziellen Ebene Wirkung, dort, wo die Drohungen sich konzentrierten: in Peking und Seoul. Rußland schaffte es, nicht nur Korea zu einem Protest gegen die Port-Hamilton-Aktion zu bewegen, auch China mußte sich zu einem offiziellen Protest durchringen[56].

Die Gerüchte über russische Gegenaktionen in Ostasien minderten das englische Selbstvertrauen jedoch nicht. Für Lord Northbrook brachte ein russischer Gegenzug für England im Grunde nur Vorteile, da damit Ziele gegeben waren, die viel schneller zu attackieren und zu blockieren waren als Wladiwostok. Erst das Auslaufen von drei russischen Kriegsschiffen aus den japanischen Häfen Yokohama und Kobe signaliserte Alarm, da Plunkett, der englische Gesandte in Tokyo, ein Anlaufen Port Hamiltons befürchtete[57].

In dieser angespannten Situation schieden die von Plunkett als Demonstration englischer Entschlossenheit geforderte permanente Besetzung der Inseln und deren Erhebung zum Freihafen als wenig überzeugende Beiträge zur Überwindung der Krise aus[58]. Nach dem ersten gescheiterten Anlauf mit China verstärkte sich daher das englische Bemühen, zu einer Regelung über den befristeten Verbleib mit Korea zu kommen[59], unter dessen Souveränität Port Hamilton stand. Als aber die koreanische Regierung unter massivem russischen Einfluß Ende Mai drohte, sich um Vermittlung in dem Streitfall an die westlichen Vertragsmächte zu wenden, falls Großbritannien seine Flotte aus Port Hamilton nicht unverzüglich abziehe[60], war eine unmittelbare Reaktion Londons gefordert, um die Einbeziehung der Mächte in die Konfliktlösung sowie eine moralische Verurteilung Großbritanniens vor der Weltöffentlichkeit zu verhindern.

Gladstone sah seine Skepsis gegenüber dem Port-Hamilton-Unternehmen bestätigt und mahnte Granville und Northbrook zu größter Vorsicht in der Okkupationsaffaire. Seine Zurückhaltung gegenüber dem seiner Meinung nach das Verhältnis zu Rußland nicht klärenden Unternehmen verstärkte sich eher noch, so daß er sich wünschte, aus der ganzen Sache heraus zu sein[61]. Außenminister Granvilles Reaktion zielte dagegen pragmatisch auf die chronischen Zahlungsschwierigkeiten der koreanischen Regierung. Für die befristete Überlassung Port Hamiltons als Kohlenstation war er bereit, 5 000 Pfund als Jahrespacht zu zahlen[62].

China, über das in Respektierung der Suzeränitätsrechte die Sondierungen lanciert wurden, stand dem englischen Erwerbsprojekt skeptisch gegenüber und sah vorerst keine Möglichkeit, ein derartiges Arrangement zu treffen[63]. Innerlich sympathisierte China zwar mit der Okkupation als Hieb gegen Rußland, offiziell aber wahrte es größtmögliche Zurückhaltung aus Furcht vor Komplikationen mit seinem mächtigen Nachbarn. Daher wollte es auch keinen Druck auf Korea ausüben, um keinen Präzedenzfall für ein russisches Eingrei-

56 Malozemoff, Russian Far Eastern Policy, S. 181; Lensen, Balance of Intrigue, I, S. 60.
57 Lensen, Balance of Intrigue, I, S. 60.
58 Ebd., S. 60 f.
59 BFSP 78 (1886/87), S. 147 f.; Malozemoff, Russian Far Eastern Policy, S. 30.
60 BFSP 78 (1886/87), S. 148.
61 The Political Correspondence, S. 378 und S. 389.
62 BFSP 78 (1886/87), S. 148; Kiernan, British Diplomacy, S. 197.
63 BFSP 78 (1886/87), S. 148.

fen zu schaffen. Vielmehr blieb in der Schaukelstellung das Bestreben bestimmend, den Abzug der Briten aus Port Hamilton ohne folgenschwere Einbuße der eigenen Handlungsmöglichkeiten zu erreichen[64].

Ein wichtiger Grund für Chinas zauderndes Verhalten lag darin, daß Rußland Anfang Juni die Forderung nach Überlassung Port Lazarevs erhoben hatte, um die pazifischen Seewege im Kriegsfall offenzuhalten[65]. Daneben wirkte es auch auf Korea ein, die vorherige Warnung an Großbritannien nun in einer Zirkularnote an die Vertragsmächte mit der Bitte um Vermittlung im Streitfall abzuschicken[66].

Derart unter Druck gesetzt, begannen sich in London Zweifel am Wert Port Hamiltons als Stützpunkt wie als Faustpfand abzuzeichnen. In zunehmendem Maße wurde Port Hamilton auch von den zivilen und militärischen Autoritäten in Ostasien als Belastung für eine Lösung des Konflikts empfunden[67].

Doch unter dem konservativen Salisburykabinett (23. Juni 1885 bis 16. Januar 1886) hielt man trotz wachsender Kritik an der Besetzung fest, und man verstärkte die Bemühungen um Kauf oder Pacht Port Hamiltons[68]. Für Salisbury stand fest, daß die englische Politik gegenüber Rußland »must be of a very internecine and [...] of an effective character [...]«[69] und sich keineswegs auf Garantien von Rußland allein verlassen dürfe[70]. Einen Krieg mit Rußland hielt er zwar für unwahrscheinlich, doch hatte für ihn eine internationale Lösung angesichts der englischen Schwäche in Mittelasien wie auch wegen des nur schwer zu überwindenden Mißtrauens gegen Rußland absolute Priorität[71].

Angesichts der im Sommer 1885 verstärkt einsetzenden russischen Intrigen in Ostasien, bei denen Rußland erneut seine Forderung nach einem Kompensationsobjekt erhob und sich Korea als Schutzmacht »empfahl«[72], nahm die Unruhe in London zu. Mit der Ankunft des russischen Interessen rücksichtslos verfolgenden »Agent Provisoir«, Alexis de Speyer, in Seoul war eine Situation entstanden, die in London zu schlimmsten Befürchtungen Anlaß gab. Speyer war instruiert, in einem energischen Gegenzug für Port Hamilton »ten times as much territory for Russia« zu erwerben, weil Rußland niemals irgendeiner Macht in irgendeinem Punkt nachgeben würde, wie unbedeutend dieser auch immer sein möge[73]. Den Höhepunkt erreichte die Beunruhigung in London jedoch, als es in einer — später als falsch erwiesenen — Meldung hieß, Rußland habe sich in der Nähe von Port Hamilton festgesetzt[74]; denn damit schien sich Rußland für den Weg offener Konfrontation entschieden zu haben.

---

64 Lensen, Balance of Intrigue, I, S. 64 ff.
65 Kiernan, British Diplomacy, S. 197; Suh, S. 182; Malozemoff, Russian Far Eastern Policy, S. 30 f.
66 Lensen, Balance of Intrigue, I, S. 61.
67 The Political Correspondence, S. 389, Anm. 1; Kiernan, British Diplomacy, S. 196 und 199.
68 Kiernan, British Diplomacy, S. 197 f.
69 Cecil, Salisbury, III, S. 231.
70 Lowe, The Reluctant Imperialists, I, S. 88.
71 Ebd., S. 89 ff.
72 Kiernan, British Diplomacy, S. 200 f.
73 Ebd., S. 201.
74 Ebd., S. 202.

Vor diesem Hintergrund ließ China erkennen, daß es nur einen rein »optischen« Protest zur Beruhigung Rußlands erhoben und an einem geheimen englisch-chinesischen Gedankenaustausch nach wie vor starkes Interesse hatte. Voraussetzung dafür sei jedoch eine englische Garantieerklärung für Korea[75]. Dazu erklärte sich Salisbury auf Anraten des Gesandten in Peking am 7. Juli bereit (»the integrity of Corea will be respected«)[76], in der Hoffnung, Peking durch Entgegenkommen versöhnlich zu stimmen und die leidige Frage zum Abschluß zu bringen. Salisburys Entgegenkommen in diesem für China zentralen Punkt verdeutlichte, daß die wesentlich durch russische Einflußnahme gesteuerten Proteste Chinas und Koreas offenbar ihre Wirkung nicht verfehlt hatten. Nach dem Abflauen des »war scare« mußte auch Salisbury erkennen, daß eine rasche Lösung der Port-Hamilton-Affaire nur dienlich war, um einer drohenden Prestigeeinbuße bei einem Verbleiben in Port Hamilton zu entgehen.

Eine für die Konfliktlösung günstigere Ausgangslage schien sich anzubahnen, als im Juli 1885 der Deutsche Möllendorff als einflußreicher Berater des koreanischen Außenministeriums entlassen wurde, und damit für Rußland ein entscheidender Transmissionsriemen zur Durchsetzung seiner Interessen wegfiel.

Dies schien auch China zu spüren; denn als sich mit dem russisch-englischen Protokoll über die afghanische Grenze (10. September 1885) die Spannungen zwischen Rußland und Großbritannien endgültig entschärften[77], unternahm Li Hung-chang, der mächtige Gouverneur der chinesischen Hauptstadtprovinz Chinli, einen erneuten Vorstoß, um Möglichkeiten zur Beendigung der Okkupation zu finden. Am 13. Oktober teilte er dem englischen Gesandten O'Conor mit:

> »The Russian question had now been settled, and it was time that the British Government did something to put an end to the present unsatisfactory state of things, which placed the Chinese Government in a very unpleasant position vis à vis to other Powers, and, if continued, was even calculated to mar the friendship between England and China. The question was a grave one, and ought not to be allowed to drag on in this unsatisfactory way[78].«

Li warnte eindringlich vor den Folgen, würde Großbritannien versuchen, trotz Koreas bekannter Weigerung unter Umgehung Chinas mit Korea auf bilateraler Ebene zu einem Pachtvertrag zu gelangen; denn »a demand would be presented from another quarter within ten days for the cession of other territories on the same terms«. Die »Notwendigkeit eines praktikablen und akzeptablen Arrangements« ließe sich bei Rückzug der englischen Schiffe und der Beibehaltung eines Kohledepots auf der Basis einer englisch-chinesischen Vereinbarung erreichen. Li drängte auf eine Antwort vor Jahresablauf[79].

Um eine praktische Lösung bemüht, verlangte Salisbury zunächst Garantien von China, die sicherstellten, daß Port Hamilton nach dem Abzug von keiner

---

75 BFSP 78 (1886/87), S. 149 und 155.
76 Lowe, The Reluctant Imperialists, I, S. 92 f.
77 BFSP 78 (1886/87), S. 156. Vgl. Kiernan, British Diplomacy, S. 205.
78 Ebd.
79 Ebd., S. 157 f.; Kiernan, British Diplomacy, S. 206 f.; Malozemoff, Russian Far Eastern Policy, S. 31 f.

anderen Macht besetzt wurde, worauf China nur ausweichend reagierte. China, so hieß es in der Antwort am 7. Januar 1886, würde Gebiete seines Vasallen Korea nicht besetzen; eine Möglichkeit, die Okkupation Port Hamiltons durch Dritte zu verhindern, sah man in Peking nicht. Außerdem sei dies keine Frage von unmittelbarem Interesse[80]. Die schleppenden Verhandlungen brachten auch jetzt nicht das gewünschte Resultat, da Rußland zum Jahreswechsel 1885/86 in einem weiteren Anlauf seinen Einfluß zur Verhinderung zweiseitiger Absprachen zwischen China und England einsetzte, und China von der zuvor signalisierten Verhandlungsbereitschaft abrückte[81].

Um China, den wichtigsten Ansprechpartner für eine Regelung der Port-Hamilton-Frage versöhnlich zu stimmen, blieb auch dem dritten Gladstonekabinett (1. Februar 1886 bis 20. Juli 1886) keine andere Wahl, als gegenüber dem schwankenden China ungeachtet russischer Pressionen den britischen Standpunkt nicht zu verändern[82]. Doch konnten in Peking die Zweifel an einer zu starken Hinneigung zu Großbritannien nicht ausgeräumt werden. Aus Li Hung-changs Versicherung, China könne es sich nicht leisten, mit Rußland wegen einer Angelegenheit von lediglich englischem Interesse in Schwierigkeiten zu geraten, sprach deutlich die Furcht vor den Aktivitäten des mächtigen Nachbarn[83].

In Kenntnis der eingeschränkten chinesischen Handlungsfreiheit entschloß sich das Foreign Office daher zu einer Modifikation in der anvisierten Garantieerklärung für die Nichtveräußerung Port Hamiltons bei englischem Rückzug. Danach sollte zur Bereinigung des Streitfalls nicht länger die »kleine« Lösung mit China dienen, sondern es sollte unter Einbeziehung Rußlands im übergreifenden Rahmen eine Garantie der Mächte für die Integrität Koreas erreicht werden, die sowohl der englischen wie der chinesischen Seite keine unzumutbaren Abstriche in den Sicherheitsinteressen auferlegte.

In einem für die chinesische Gesandtschaft in London erstellten Memorandum Unterstaatssekretär Curries vom 14. April 1886 bestritt England zunächst jegliche Absicht, gegen Chinas Willen seinen Aufenthalt in Port Hamilton verlängern zu wollen. Jedoch wurde nicht verschwiegen, daß die Bedenken gegen eine mögliche Okkupation Port-Hamiltons durch Rußland noch nicht beseitigt seien. Einen Ausweg aus der diplomatischen Sackgasse ohne Gesichtsverlust wies nun Curries Anregung, Rußland solle mit den interessierten Mächten ein internationales Abkommen über die Garantie der Integrität Koreas schließen, dem Großbritannien beitreten werde[84].

Spätestens nach der endgültigen Grenzregelung in Afghanistan (9. November 1885) war für London ersichtlich, daß es sich bei dem nicht länger aufschiebbaren und politisch vertretbaren Rückzug nur noch um die Frage des Modus handeln konnte. Insofern waren die weiteren Verhandlungen nur noch Rückzugsgefechte, die vor allem gegenüber dem Zarenreich nach außen den Anspruch auf Rechtmäßigkeit des englischen Vorgehens wahren sollten.

80 Malozemoff, Russian Far Eastern Policy, S. 31.
81 BFSP 78 (1886/87), S. 160.
82 Lensen, Balance of Intrigue, I, S. 63.
83 BFSP 78 (1886/87), S. 160 f.
84 Ebd., S. 157 f.

Immerhin waren auch der neue Chef des Ostasiengeschwaders, Hamilton, sowie seine Vorgänger Dowell und Willes Anfang 1886 zu der Überzeugung gelangt, daß Port Hamilton längst nicht den ihm anfangs beigemessenen Wert für militärische Operationen besaß und nur unter erheblichem Aufwand als Stützpunkt verwendbar war. Nach eingehender Inspizierung der Örtlichkeit waren die drei Admirale zu dem Ergebnis gekommen,

> »that it is not desirable to hold Port Hamilton, and that, until it is made a first-class fortress, it would be a source of weakness, in war time, to the cruizing power of the squadron in the China Command«.

Überdies schwäche die ständige Anwesenheit von zwei bis drei Schiffen in Port Hamilton die Schlagkraft des in Hongkong stationierten Geschwaders[85].

Damit war der englischen Regierung ein überzeugendes Argument an die Hand gegeben, mit dem sich der Rückzug aus sicherungspolitischem Kalkül begründen ließ; denn wenn Port Hamilton in der Sicht der Militärs einen Ballast für die Verteidigungsfähigkeit Hongkongs darstellte, so war nolens volens durch einen längeren Verbleib in der Korea-Straße auch der Schutz der Handelsrouten von und nach China nicht mehr in ausreichendem Maße gewährleistet.

Als Rußland im Sommer nochmals seine Forderung nach Überlassung Port Lazarevs erhob, ging es nach der argumentativen Lösung des Rückzugsproblems nur noch darum, in der technischen Durchführung sowohl Port Hamilton als auch Port Lazarev in eine verbindliche Garantieerklärung einzubeziehen, die britischen Interessen genügte[86].

Schon im August gelang es China, von Außenminister Giers in der zuvor von Unterstaatssekretär Currie gewiesenen Richtung ein Versprechen zu erhalten, daß Rußland kein koreanisches Territorium besetzen werde. Chinas Versuch indes, dabei mit russischer Hilfe seine Suzeränität über Korea gegenüber Japan zu behaupten, schlug fehl. Ebenso präzisierte Rußland, daß es eine Non-Okkupationserklärung nur gegenüber China leiste, nicht gegenüber Großbritannien. In einer mündlichen chinesich-russischen Vereinbarung vom Oktober 1886 sicherte Rußland zu, daß es nicht beabsichtige, nach der englischen Evakuierung Port Hamiltons koreanisches Territorium zu okkupieren. Auf Wunsch Großbritanniens fertigte die chinesische Regierung über die mündliche Vereinbarung ein verbindliches Protokoll an, daß sie am 19. November als offizielle chinesische Nichtveräußerungsgarantie an die englische Seite weiterleitete. Nachdem Großbritannien am 20. November das Protokoll als ausreichende Sicherheit akzeptiert hatte, wurde Port-Hamilton am 20. Februar 1887 aufgegeben[87].

Die Port-Hamilton-Kontroverse bildete zunächst einen Nebenaspekt der britisch-russischen Rivalität um die Kontrolle Afghanistans. Sie weitete sich jedoch zu einem Machtkampf zwischen dem britischen und russischen Einfluß in Ostasien aus. Die Besetzung Port-Hamiltons war von der englischen Regierung beschlossen worden, nachdem mit der russischen Einnahme Penjdehs die Hal-

85 Ebd., S. 159. Vgl. Kiernan, British Diplomacy, S. 207; Malozemoff, Russian Far Eastern Policy, S. 33.

86 BFSP 78 (1886/87), S. 161.

87 Malozemoff, Russian Far Eastern Policy, S. 32; Lensen, Balance of Intrigue, I, S. 63 f., 67 f.

telinie für die Sicherung Indiens überschritten und Gladstones Konzept der friedlichen Deeskalation mittels Zugeständnissen gescheitert war. Da nach Lage der Dinge für die Seemacht Großbritannien eine direkte militärische Konfrontation mit Rußland an der sensiblen indischen Nordgrenze nicht in Frage kam, sollte — unterhalb der Schwelle zum Krieg — durch einen offensiven maritimen Präventivschlag gegen Rußlands ungeschützte Fernostflanke demonstriert werden, daß England Rußlands Interessenbereich jederzeit bedrohen und das geostrategische Gleichgewicht militärisch behaupten konnte.

Der von Foreign Office und Admiralität nachhaltig verfochtene, von Premierminister Gladstone nur zögernd gebilligte Ausfallschritt erwies sich jedoch im Endeffekt als Fehlschlag, da man weder die Eigendynamik des ostasiatischen Kraftfelds noch den dortigen Einfluß des Zarenreichs hinreichend berücksichtigt hatte; denn unter russischem Druck waren China und Korea nicht bereit, eine von London geforderte vertragliche Absicherung der Okkupation zuzugestehen. Insofern kam es für die britische Regierung bei zunehmender Kritik innerhalb der militärischen Führung darauf an, ohne Gesichtsverlust den Rückzug anzutreten, zumal — unabhängig von dem Port-Hamilton-Konflikt — inzwischen ein Übereinkommen mit Rußland über Afghanistan erzielt worden war und daher auch vor der Weltöffentlichkeit die Legimation für die Okkupation entfiel.

Rußlands an China gegebene Garantieerklärung, daß kein koreanisches Territorium besetzt werde, lieferte für England zwar das ersehnte Alibi zum Rückzug, doch da Rußland gegenüber England keinerlei Verpflichtungen einging, blieb die ungeklärte Frage der russischen Expansion im Fernen Osten zunächst offen.

19. Das europäische System »auf des Messers Schneide«. Die Kriegsgefahr der Jahre 1885—1887

Die wohl schwerste Belastung des europäischen Staatensystems nach dem Krimkrieg stellte die Krise der Jahre 1885/87 dar. In ihr verbanden sich mehrere jeweils bilaterale Konfliktfelder zu einer explosiven Gemengelage, die Geiss als »Möglichkeit eines ›Weltkrieges‹« beschreibt, und deren Entschärfung Taylor den »Triumph der Diplomatie« nennt[1]. In ihrer zeitlichen Reihe und zugleich kumulierenden Entwicklung lassen sich fünf Streitlinien durch das Europa der Großmächte ziehen:

1. Seit 1881 trennte die Tunisfrage Italien und Frankreich. Zur kolonialen Auseinandersetzung kamen bündnispolitische und wirtschaftliche Friktionen hinzu.
2. Die britische Besetzung Ägyptens belastete seit 1882 das Verhältnis zu Frankreich. Die ökonomische Annäherung im Londoner Finanzabkommen korrespondierte nicht mit einer politischen Entspannung.
3. Für Großbritannien trat hierzu der Konflikt mit dem in Asien expandierenden Zarenreich. Von Afghanistan aus bedrohten die Russen 1885 das Kernstück des britischen Empires: Indien.
4. Der russisch-türkische Krieg und der Berliner Kongreß hatten in Südosteuropa keine dauerhafte Lösung gebracht. Der Gegensatz Österreich-Ungarns und Rußlands auf dem Balkan war durch den Dreikaiservertrag nicht entschärft. Die bulgarische Nationsbildung brachte 1885 England und Rußland an den Rand eines Krieges. Die Krise wurde entschärft, wirkte aber fort und wiederholte 1887 die Kriegsgefahr in verstärktem Maße.
5. Die unvereinbare Konkurrenz Frankreichs und Deutschlands auf dem Kontinent entlud sich auf Seiten der Dritten Republik nach 1885 in einer nationalistischen Sammlungsbewegung. Ihr revanchistischer Anspruch, den der Kriegsminister personifizierte, und Bismarcks[2] taktische Reaktion führten im Frühjahr 1887 zur Boulanger-Affaire und zur emotionalen Aufgipfelung im »Fall Schnaebelé«.

Der französisch-italienische »Zollkrieg«: Seitdem ihr Nationalstaat geschaffen war, hofften die Italiener, besonders die republikanische Linke unter ihnen, daß sie wie andere Großmächte auch, expansiven Zielen zusteuern würden. Die kolonialen Ambitionen richteten sich auf die Gegenküsten Italiens jenseits der Adria und in Nordafrika. Frankreichs Protektorat in Tunesien durchkreuzte

---

1 Imanuel Geiss, Der lange Weg in die Katastrophe, München 1990, S. 175; A.J.P. Taylor, The Struggle for Mastery in Europe 1848—1918, Oxford 1954, S. 304.

2 Neben der in den Anmerkungen dieser Studie aufgeführten Literatur sind immer noch hilfreich Heinz Trützschler von Falkenstein, Bismarck und die Kriegsgefahr des Jahres 1887, Berlin 1924 und Joseph Vincent Fuller, Bismarck's Diplomacy at its Zenith, Cambridge 1922. Obwohl beide Arbeiten in vielem überholt sind, lohnt besonders die Lektüre Fullers.

1881 diese Pläne. Verbittert und in Sorge vor einem möglichen militärischen Konflikt mit Paris stellte Italien das Problem mit der Irredenta in der Habsburgermonarchie zurück, und schloß sich im Dreibund mit Deutschland und Österreich-Ungarn zusammen[3]. Das Verhältnis zu Frankreich blieb gespannt. Verbale Kraftakte auf beiden Seiten und Übergriffe gegen italienische Arbeiter in Südfrankreich heizten die Stimmung an. Die Franzosen beunruhigte die italienische Dreibundpolitik. Sie dachten jedoch nicht an einen Krieg, wie es der italienische Politiker Francesco Crispi befürchtete. Vielmehr wurde die politische Auseinandersetzung auf ökonomisches Gebiet verlagert. Frankreich war Italiens wichtigster Wirtschaftspartner. Aber eine anwachsende protektionistische Stimmung im produzierenden Gewerbe führte zu einem mäßigen Zollschutz, der die italienische Textil- und Eisenindustrie begünstigte. Die Freigabe des Lira-Wechselkurses zog ausländisches Kapital an. Noch auf dem Höhepunkt der Tuniskrise hatte die französische Drohung, hohe Kredite zu sperren, Italien wirksam eingeschüchtert. Jetzt errichtete Rom Zollmauern, hinter denen es mit fremdem, auch französischem Kapital die Schwerindustrie ausbaute. Die Italiener forcierten diese Politik im Juli 1887 mit extensiven Schutzzöllen. In einem protektionistischen Großklima in ganz Europa, war dies tatsächlich der einzige Weg zum Schutz der relativ rückständigen italienischen Wirtschaft. Frankreich reagierte mit einer drastischen Importreduktion. Die Preise für Agrarprodukte (Wein, Zitrusfrüchte), ohnedies durch den rapiden Rückgang der Transportkosten unter Druck, sanken teilweise dramatisch. Die Inlandspreise stiegen dagegen spürbar an. Im Zollkrieg (1888—1898) verminderten sich italienische Exporte nach Frankreich um rund zwei Drittel, die Importe von dort um die Hälfte[4]. Während die Franzosen für ihre Produkte alternative Märkte fanden, schadete der Konflikt vor allem der süditalienischen Agrarwirtschaft[5].

Konfliktfeld Ägypten: Um die belasteten internationalen Beziehungen, besonders aber das Verhältnis zu Frankreich zu entspannen, versuchte der englische Außen- und Premierminister Salisbury, die Okkupation Ägyptens nachträglich vom Sultan sanktionieren zu lassen. Je ein englischer und türkischer Kommissar sollten einvernehmlich mit der ägyptischen Führung die Lage prüfen, und die Neuordnung in Justiz, Finanzen und Armee einleiten. Die Briten sagten die Räumung zu, sofern es gelinge, die innere Ordnung Ägyptens zu stabilisieren (Drummond-Wolff-Konvention, Oktober 1885). Die ausgehandelten Untersuchungen zogen sich bis Mai 1887 hin. In dieser Zeit bemühte sich die französische Regierung, allen voran ihr Außenminister Freycinet, um die gesamteuropäische Beschränkung des englischen Handlungsspielraums am Nil. Paris schloß im Oktober 1886 eine russisch-französische Entente in ägyptischen Fra-

3 Walter Rauscher, Zwischen Berlin und St. Petersburg. Die österreichisch-ungarische Außenpolitik unter Gustav Graf Kálnoky 1881—1895, Wien, Köln, Weimar 1993, S. 31—37.

4 Handbuch der Europäischen Wirtschafts- und Sozialgeschichte. Hrsg. von Wolfram Fischer, Bd 5, Stuttgart 1985, S. 187.

5 Pierre Milza, Les origines de la guerre douanière franco-italienne de 1888—1898. In: Relations internationales 15 (1978), S. 235—254.

gen nicht mehr aus[6]. Auch aus Rußland kamen Signale, eine französische Räumungsforderung zu unterstützen[7]. Letztlich einigten sich Türken und Briten auf einen, von der gesamtpolitischen Lage Ägyptens abhängigen, schrittweisen Abzug der britischen Truppen in fünf Jahren. London konnte dies als osmanisches Mandat für die Lösung der ägyptischen Frage interpretieren. Dadurch wäre der französische Einfluß nachhaltig geschwächt worden, was Paris als herben Rückschlag seiner Ägyptenpolitik empfand. Gemeinsam bedrängten Franzosen und Russen deshalb im Juli 1887 die türkische Regierung, auf einen Vertrag mit Großbritannien zu verzichten. Tatsächlich ließ der Sultan die Verhandlungen scheitern, und Salisbury berief seinen Unterhändler Drummond-Wolff ab. London hatte Verständigungsbereitschaft demonstriert, betrieb offiziell weiterhin eine Politik befristeter Intervention, und konnte allen Forderungen nach Räumung oder offener Annexion mit dem Hinweis auf die gescheiterte Konvention begegnen. Dies schloß jedoch Frankreich schon aus finanzwirtschaftlichen Gründen politisch keineswegs aus, vielmehr blieb Ägypten als Konfliktfeld erhalten[8].

Rivalität in Zentralasien: Das ägyptische Problem der Briten war eng verknüpft mit dem »Indian Empire«. Die Sicherung des kürzeren Seewegs erklärt die Besetzung Ägyptens zwar nicht ausschließlich, doch ist dem Indienminister Kimberley zuzustimmen: ohne indischen Besitz hätte es eine Intervention am Nil in dieser Form kaum gegeben[9]. Andererseits ist auch die Wahl des Zeitpunkts, an dem die Russen ihre zentralasiatische Expansion wiederaufnahmen, nicht zufällig. Sie nutzten die britischen Schwierigkeiten in Nordostafrika aus: mit einer Armee in Ägypten und im Sudan hatte es Großbritannien schwer, gleichzeitig gegen Rußland in Afghanistan vorzugehen[10]. Dem russischen Vormarsch waren bereits die unabhängigen turkmenischen Gebiete um Taschkent, Buchara und Chiwa erlegen. Im Februar 1884 annektierten die Russen zusätzlich die strategisch bedeutsame und fruchtbare Gegend von Merw, nahe der afghanischen Grenze.

In dieser Situation stritten Anhänger zweier grundsätzlich verschiedener Strategien innerhalb der britischen Führung über die richtige Methode, die Russen von Indien fernzuhalten. Die »forward school« (Lowe), die im Bündnis mit Afghanistan und Persien die eigene Stellung schon im weiten Vorfeld, am Fluß Amu-darja, verteidigen wollte, scheiterte. Schon der Afghanische Krieg 1878/81[11] hatte den erhofften Block gegen Rußland nicht schaffen können. Die »Punjab school« sah erst am Indus die äußerste indische Verteidigungslinie, von

6 Aufzeichnungen Herbert von Bismarcks 18., 26.10.1886: GP 6, Nr. 1202, S. 95 f., Nr. 1231, S. 144 f.

7 Artikel der »Novoje Wremja«: Schulthess 27 (1886), S. 420.

8 Martin Kröger, »Le bâton égyptien« — Der ägyptische Knüppel. Die Rolle der »ägyptischen Frage« in der deutschen Außenpolitik von 1875/6 bis zur »Entente Cordiale«, Frankfurt a.M. 1991 (= Europäische Hochschulschriften, III/470), S. 119 ff.

9 Kimberley an Ripon 22.2.1884: Cedric James Lowe, The Reluctant Imperialists. British Foreign Policy 1878—1902, vol. 1, London 1967, S. 73.

10 Kimberley an Dufferin 13.3.1885: ebd.

11 Edgar O'Ballance, Afghan Wars 1839—1992. What Britain Gave Up and the Soviet Union Lost, London, New York 1993, S. 29—49.

der die Russen nicht militärisch, sondern allein mit diplomatischen Mitteln so fern wie möglich gehalten werden sollten. Mehr als ein Jahr verhandelte man ergebnislos über die die afghanische Nordgrenze nach der Annexion Merws. Petersburg verzögerte die Gespräche, weil die Militärs strategisches Terrain nicht räumen wollten, weil die Diplomaten den Prestigeverlust eines Rückzugs scheuten, und weil sie sich wegen der außenpolitischen Probleme Londons im Vorteil wähnten. Der russische Botschafter Staal teilte Außenminister Granville mit, eine friedliche Lösung sei nach wie vor möglich, Rußland werde aber in gleicher Weise antworten, wenn in Großbritannien die Angelegenheit zur nationalen Frage stilisiert werde[12]. Die britische Regierung blieb hart:

> »The Cabinet also thought that Lord Granville should communicate with the Russian ambassador and point out to him the necessary consequence of any design upon Herat, in bringing about a case of war between the two countries, according to the policy of the British Empire, as it has now been understood and established for nearly half a century [...][13].«

Dennoch rückten russische Truppen am 30. März 1885 auf Penjdeh vor, von wo ihnen der Weg über Herat nach Nordindien offenstand.

London war zu einer Reaktion gezwungen, wollte es in Zentralasien keine Schwäche zeigen, die in der europäischen Politik gegen England ausgelegt werden konnte. Salisbury beschrieb, was ihm seine liberalen Vorgänger hinterließen, als ein »Concert of Europe against England«[14]. Er versuchte, erstens diese Isolation aufzubrechen, indem er Bismarck um Vermittlung bat, und zweitens seine Position gegenüber Rußland zu stärken, indem er die türkischen Meerengen in den Konflikt einbezog, ihn dadurch näher an Europa brachte und potentiell internationalisierte[15]. Bismarck lehnte ab. Ihm waren die britischen Verhältnisse zu instabil, als daß er darauf eine kontinuierliche Zusammenarbeit gründen konnte, die schließlich das eigene Verhältnis zu Rußland, dem das Reich im Dreikaiserabkommen verbunden war, empfindlich berührte[16].

Die Krise löste sich unerwartet durch russisches Nachgeben. Staal konnte am 20. August neue Vorschläge zur afghanischen Frage machen[17], die am 10. September in ein Protokoll zur Fixierung der russisch-afghanischen Grenze eingingen[18]. In Petersburg hatte man Salisburys Drohung, den Streit auf Südosteuropa auszuweiten, ernst genommen. Ein Vormarsch auf Herat hätte einen Balkankonflikt heraufbeschworen, den Außenminister Giers vermeiden wollte. Diese Politik hatte er schon fünf Jahre zuvor programmatisch formuliert: »[...] ein

12 Granville an Thornton 9.3.1885: St.A. 45 (1886), Nr. 8674, S. 346 f.

13 Gladstone an Victoria 25.3.1885; zit. nach: Lowe, The Reluctant Imperialists, Bd 2, Nr. 50, S. 41.

14 David Gillard, The Struggle for Asia 1828—1914. A study in British and Russian imperialism, London 1977, S. 146.

15 Memorandum Salisburys, Herbert von Bismarck am 3.8.1885 mitgeteilt: Lowe, The Reluctant Imperialists, Bd 2, Nr. 54, S. 44 f.; Äußerungen Churchills gegenüber Wilhelm von Bismarck, dieser an seinen Vater 19.8.1885: GP 4, Nr. 784, S. 134—136.

16 Lowe, The Reluctant Imperialists, Bd 2, S. 90 f.; Ernst Engelberg, Bismarck. Das Reich in der Mitte Europas, Berlin 1990, S. 454 f.

17 Russisches Außenministerium an Staal 7./19.8.1885, an Salisbury 20.8.1885: St.A. 46 (1886), Nr. 8715, S. 31 f.

18 Protokoll Salisburys und Staals 10.9.1885: St.A. 46 (1886), Nr. 8716, S. 32—34.

befriedigendes Arrangement in Asien würde die Heftigkeit unseres Gegensatzes im Nahen Osten und als Folge auch die Gefahr für die Meerengen vermindern«[19].

Obwohl sich die Lage in Zentralasien nun entspannte, mußte Großbritannien die russische Präsenz zukünftig hinnehmen. Die Grenzdetails wurden in den folgenden zwei Jahren ausgehandelt. Immer wieder brach die Rivalität neu hervor und gefährdete bis in den Sommer 1887 hinein die Verhandlungen. Erst am 22. Juli 1887 konnten die Differenzen in einem Schlußprotokoll beigelegt werden[20].

Erste Bulgarienkrise — Battenberg: Der Einspruch der Großmächte, allen voran Englands, verhinderte 1878 einen bis zur Ägäis reichenden großbulgarischen Staat von Rußlands Gnaden. Dafür schuf der Berliner Kongreß[21] ein zweifaches Bulgarien in geteilter Abhängigkeit. Südlich der Gipfellinie des Balkangebirges blieb Ostrumelien als autonome Provinz im osmanischen Staatsverband. In Plovdiv (Philippopolis) residierte ein türkischer, aber christlicher Gouverneur. Weitgehend unabhängig existierte im Norden ein Rumpfbulgariern als dem Sultan noch tributpflichtiges Fürstentum. Die europäischen Mächte akzeptierten Rußlands Vormundschaft für dieses Kunstgebilde, an dem Petersburg jedoch keine uneingeschränkte Freude haben sollte. Mit seiner den Umständen[22] zuzuschreibenden liberalen »Verfassung von Tivorno« und der daraus resultierenden politischen Zerrissenheit, dem immer wieder integrierenden Wunsch nach nationaler Einheit, und den Machtambitionen des vom Zaren als Fürst von Bulgarien eingesetzten, aber nicht zu lenkenden Alexander von Battenberg, verlief die Entwicklung nach 1878 in keiner Weise nach russischen Plänen. Die zahlreichen, oft gewaltsamen Versuche, sich in Bulgarien einzumischen, die Abhängigkeit auszunutzen und Gehorsam einzufordern, erwiesen sich letztlich nicht als erfolgreiches Rezept. Sie erzeugten Widerstand und antirussische Emotionen[23]. Umgekehrt empfand der Zar, und nicht nur er, die renitenten Bulgaren als undankbar gegenüber den Befreiern und Schutzherren der orthodoxen

---

19 Giers an Saburov 18.5.1880, zit. nach: Lowe, The Reluctant Imperialists, Bd 1, S. 92.

20 Andrew Malozemoff, Russian Far Eastern Policy 1881—1904, Berkeley 1958, S. 37.

21 Henryk Batowski, Die territorialen Bestimmungen von San Stefano und Berlin. In: Der Berliner Kongreß von 1878. Hrsg. von Ralph Melville und Hans-Jürgen Schröder, Wiesbaden 1982 (= Veröffentlichungen des Instituts für Europäische Geschichte Mainz/Universalgeschichte, 7), S. 51—62; Alois Hajek, Bulgariens Befreiung und staatliche Entwicklung unter seinem ersten Fürsten, München, Berlin 1939, S. 103—111.

22 Gleichzeitig sollte die von Rußland eingesetzte Verfassung das liberal-nationale Bürgertum überzeugen, die Macht des Fürsten beschränken, die Konkurrenz mit dem ebenfalls freiheitlichen »Organischen Statut« Ostrumeliens bestehen, und die öffentliche Meinung beeinflussen. Nicht auszuschließen ist auch die Absicht, über ein Scheitern der Verfassung später den russischen Einfluß zu verstärken. Joachim von Königslöw, Ferdinand von Bulgarien, München 1970, S. 5; Karl-Heinz Schlarp, Von der Befreiung zur Konfrontation: Die Krise der russisch-bulgarischen Beziehungen und das Debakel der russischen Balkanpolitik 1878—1888, München 1990 (= Südosteuropastudien, 44), S. 119—154, hier S. 132 f.

23 Charles Jelavich, Tsarist Russia and Balkan Nationalism. Russian Influence in the Internal Affairs of Bulgaria and Serbia, 1879—1886, Berkeley 1958.

Christen[24]. Mit ihrer wenig geschickten, überheblichen Art, in dem Balkanfürstentum wie in einem mittelasiatischen Chanat aufzutreten, und es wie einen Vasallenstaat zu behandeln, büßten die Russen ihren politischen Einfluß in Sofia bis Ende 1883 fast ganz ein.

Als nun Salisbury drohte, den Afghanistankonflikt auf den Balkan auszuweiten, veranlaßte das die Zarenregierung, nachzugeben. Was waren dafür die Gründe? Erinnerte man sich in der Führung an das englische Verhalten 1878, als Disraeli mit Krieg gedroht hatte, wenn die russischen Truppen an britische Interessen rührten, und Kriegsschiffe im Marmarameer vor Konstantinopel die festen Absichten Londons bekundeten? Vielleicht glaubte Giers auch die versöhnlichen Töne des bulgarischen Fürsten in dessen Gespräch mit dem russischen Botschafter Lobanov Ende Juli 1885 in Wien und bei einem direkten Kontakt im böhmischen Franzensbad am 1. September[25]. Alexander meinte, das Einheitsstreben seiner Untertanen werde den europäischen Frieden nicht belasten[26]. Wenn Giers dem Fürsten vertraute, so sind seine konfliktbereinigenden Vorschläge an Großbritannien als Versuch zu werten, auch die letzten Friktionen auszuräumen; wohl kaum nur, um ohne Sorgen seinen Urlaub antreten zu können[27]. Oder meinte der russische Außenminister, wie er später behauptete[28], in Battenbergs Worten eine »Finte« zu erkennen? Dann wollte er sich mit dem Rückzieher am Hindukusch den Rücken frei halten für einen unvermeidlich bevorstehenden Balkankonflikt. Dies ist am wahrscheinlichsten! Wie dem auch sei, die Unterschriften Salisburys und Staals waren gerade trocken, als am 18. September 1885 mit einem Aufstand in Ostrumelien die Bulgarienkrise begann, die zuerst Rußland mit England, später auch mit Österreich-Ungarn in scharfe Auseinandersetzungen führte, und die in ihrer Konsequenz dem europäischen System ein neues Aussehen gab.

Nachdem der Gouverneur aus Plovdiv verjagt, und Alexander die Herrschaft über das vereinigte Bulgarien angetragen worden war, hatte dieser nur die Wahl, sich an die Spitze der Unionsbewegung zu stellen und die Feindschaft Rußlands zu riskieren, oder auf den Thron ganz zu verzichten[29]. Am 20. September erklärte er sich »durch Gottes Gnaden und durch den Willen des Volkes (zum) Fürst von Nord- und Südbulgarien«. Tags darauf fuhr er von der Bevölkerung gefeiert in Plovdiv ein; am 23. verkündete das Parlament (Sabranje) die vollzogene Einheit des Landes und bewilligte die Mittel, diesen

---

24 Joachim von Königslöw, Bulgarien und Europa in den Jahren 1887/1888. Die Thronbesteigung des Prinzen Ferdinand von Sachsen-Coburg-Gotha. In: Bulgarische Jahrbücher 1 (1968), S. 120—147, hier S. 127 f.

25 Georg F. Kennan, Bismarcks europäisches System in der Auflösung. Die französisch-russische Annäherung 1875 bis 1890, Frankfurt, Berlin, Wien 1982, S. 146 f.

26 Tatsächlich wußte Battenberg noch nichts von den Aufstandsplänen in Ostrumelien (Hajek, Bulgariens Befreiung, S. 219). Erste Informationen am 5. September soll er nicht geglaubt haben, nicht vor dem 16. sei er über die bevorstehende Revolte informiert worden (Egon Cäsar Corti, Alexander von Battenberg. Sein Kampf mit den Zaren und Bismarck, Wien 1920, S. 191 f.).

27 Wie Kennan, Bismarcks europäisches System, S. 142 f. nahelegt.

28 Alppert an Freycinet 22.10.1885: Kennan, Bismarcks europäisches System, S. 148.

29 Corti, Alexander von Battenberg, S. 193 f., Schlarp, Von der Befreiung, S. 143.

Zustand notfalls auch verteidigen zu können[30]. Fürst Alexander wußte, daß sein Schritt einen Bruch des Berliner Vertrags sanktionierte, und dessen Signatarstaaten nicht unberührt ließ. Andererseits war der Zusammenschluß stets das erklärte Ziel der Russen gewesen. Er telegraphierte deshalb dem Zaren, »dem bulgarischen Volk in dieser schweren Krise seinen Beistand zu gewähren«[31]. Die ersten Reaktionen russischer Vertreter in Plovdiv stimmten ihn optimistisch. Trotzdem versuchte er auch selbst, die Union nach außen abzusichern. Gemeinsam mit dem Außenminister Canov bat er die Großmächte, das neue Bulgarien anzuerkennen, und ihren Einfluß in Konstantinopel geltend zu machen, damit es nicht zu unnötigem Blutvergießen käme; der Fürst garantiere die Ruhe und Ordnung in beiden Teilen des Landes. Gegenüber der Pforte betonte man, die Oberhoheit des Sultans und die Tributpflicht blieben von der neuen Lage unberührt[32].

Gerade ein türkisches Einschreiten befürchteten die Bulgaren am ehesten. Schon am 20. September genehmigte die Hohe Pforte Pläne ihrer Militärs, Ostrumelien zu besetzen. Landwehrtruppen (»redif«) wurden an der Grenze zusammengezogen. Sie griffen aber nicht ein, denn der Sultan fürchtete hinter der bulgarischen Union die treibende Kraft Rußlands. Er ahnte nicht, wie wenig einverstanden man am Zarenhof mit dem Zeitpunkt und der Form der bulgarischen Vereinigung und vor allem mit ihrem Protagonisten Battenberg war. In seiner ersten Erregung scheint Zar Alexander III. eine türkische Intervention und sogar einen russischen Vormarsch bis zu den Meerengen nicht ausgeschlossen zu haben. Es ist nicht zweifelsfrei, ob vom Zaren schon in den ersten beiden Tagen nach der Revolution in Plovdiv wirklich eine Instruktion in die osmanische Hauptstadt erging, »gegen dieses Auftreten des Prinzen Battenberg Verwahrung einzulegen und von der Regierung des Sultans zu verlangen, daß sie die gesetzliche Ordnung in Ost-Rumelien wieder herstellt, um den Frieden in Europa und besonders auf der Balkanhalbinsel zu sichern«[33]. Bekannt ist jedoch, daß der russische Botschafter Nelidov die türkische Regierung energisch vor einem Einsatz ihrer Soldaten warnte[34]. So richtete der türkische Außenminister Asim Pascha nur eine Protestnote an die Großmächte, in der er militärische Gewalt androhte, um dem Berliner Vertrag in Ostrumelien wieder Geltung

30 Proklamation Alexanders 20.9.1885: St.A. 46 (1886), Nr. 8850, S. 287 f.; Hajek, Bulgariens Befreiung, S. 232—234.

31 Vermutlich 19.9.1885: Corti, Alexander von Battenberg, S. 195.

32 Hajek, Bulgariens Befreiung, S. 234 f.; Roland Schaller, Der bulgarische Nationalismus und die Politk Bismarcks. Diss., Frankfurt 1975, S. 100 f.; Fürst Alexander an die Außenminister der Großmächte 18.9.1885: St.A. 46 (1886), Nr. 8849, S. 287.

33 Diese Information ist einem Telegramm des Direktors der Asiatischen Abteilung an den Konsulatsverweser im nordbulgarischen Rustschuk vom 20. September 1885 zu entnehmen. Es ist abgedruckt in: R. Leonov, Geheime Documente der russischen Orient-Politik 1881—1890, Leipzig 1892, Nr. 76, S. 89 f. Die Dokumente dieser Sammlung sind offenbar in Kenntnis der Originale inhaltlich wiedergegeben, also keine Fälschungen. Im einzelnen läßt sich die Authentizität der Dokumente nicht ohne Kenntnis russischer Archive nachweisen: vgl. Karel Durman, Lost Illusions. Russian policies toward Bulgaria in 1877—1887, Stockholm 1988, S. 12 f. (Anm. 9); Schlarp, Von der Befreiung, S. 144 (Anm. 83). Im vorliegenden Fall fehlt eine eindeutige Aussage Alexanders III.

34 Durman, Lost Illusions, S. 118.

zu verschaffen[35]. Dies ließ sich mit dem Artikel 16 des Vertrags auch durchaus rechtfertigen. Doch ist später von einer osmanischen Okkupation keine Rede mehr: der Sultan trennte sich von Asim und dem kriegsbereiten Großwesir Küçük Said (25. September), die er durch die vorsichtigeren Said Pascha und Kiamil Pascha ersetzte; außerdem lief die bulgarische Frage bereits auf eine Konferenzlösung hinaus.

Wie reagierte nun der zornige Zar gegenüber Bulgarien, auf europäischer Ebene und intern? Wie äußerte sich die russische Öffentlichkeit? Wie dachte Giers, und welche Konzeption russischer Politik entwarf er aus diesen Einflüssen für die Bulgarienkrise? Alexander III. hielt sich in Kopenhagen auf, als ihn die Nachrichten aus Bulgarien erreichten. Am 21. September verurteilte er die Unionsbewegung und wies die russischen Diplomaten und Militärs an, sich nicht an ihr zu beteiligen. Der aus Rußland stammende Kriegsminister in Sofia, Kanatakuzi, mußte zurücktreten; Koiander, der russische Vertreter in Bulgarien, sollte jedes Gespräch mit Battenberg meiden[36]. Eine Petition des Sabranje, diese Entscheidungen zurückzunehmen, beantwortete der Zar mit den Worten:

> »Rußland hat für Bulgarien so viel Opfer gebracht, daß es ein Recht hat, zu verlangen, daß das bulgarische Volk, bevor es irgendwelche wichtigen und vitalen Entscheidungen trifft, zuerst in Petersburg um Rat fragt[37].«

Dieser Klage ließ Alexander III. am 23. September den Befehl an alle russischen Offiziere folgen, Bulgarien zu verlassen. Das Land sollte ohne militärische Führung in der zugespitzten Situation äußerer Bedrohung — zunächst aus der Türkei, aber auch schon aus Griechenland und besonders aus Serbien — die russische Hilfe erbitten müssen[38]. Der Zar suchte einen Vorwand für weiterreichende Pläne: »Nach meiner Ansicht«, schrieb er am 24. an den Generalstabschef Obručev,

> »dürfen wir jetzt nur ein Ziel haben — Konstantinopel erobern, um uns an den Meerengen zu verschanzen und zu versichern, daß sie in unseren Händen bleiben. Das ist Rußlands Interesse und sollte die Richtung für unsere weiteren Anstrengungen sein. Alles andere, was auf der Balkanhalbinsel vorgeht, ist für uns zweitrangig. Es hat genug Propaganda zum Nachteil der wahren russischen Interessen gegeben. Die Slawen sollen Rußland dienen und nicht wir ihnen. Die gegenwärtige Bewegung der Bulgaren billige ich nicht. Sie haben nicht auf uns gehört, haben heimlich gehandelt, keine Ratschläge erbeten — sollen sie jetzt die Suppe selbst auslöffeln, die sie sich eingebrockt haben. Solange Fürst Alexander über das Schicksal des bulgarischen Volkes verfügt, ist unsere Einmischung in die Angelegenheiten Bulgariens völlig unmöglich und nutzlos[39].«

Zar Alexander übersah in seiner Erregung freilich die fehlenden finanziellen und maritimen Kräfte für einen Krieg mit Ziel Bosporus. Sein Land war weder

35 Zirkular Asims 23.9.1885: St.A. 46 (1886), Nr. 8851, S. 288 f.

36 W.N. Medlicott, The Powers and the Unification of the two Bulgarias, 1885. In: English Historical Review 113 (1939), S. 67—82, 263—284, hier S. 70; Jelavich, Tsarist Russia, S. 218 f.

37 22.9.1885: zit. nach Hajek, Bulgariens Befreiung, S. 237.

38 Schlarp, Von der Befreiung, S. 144.

39 Alexander III. an Obručev 24.9.1885: Sigrid Kumpf-Korfes, Bismarcks »Draht nach Rußland«, Berlin 1968, S. 78, Durman, Lost Illusions, S. 121.

militärisch ausreichend gerüstet, noch war die Mehrheit der Russen für einen Krieg. Die bulgarische Einheit wurde in der Öffentlichkeit nicht einmal abgelehnt, vielmehr richtete sich die Gegnerschaft gegen Battenberg. Als Herausgeber der »Moskauer Zeitung«, der Hauptlektüre des Zaren, vertrat Michail Katkov an prominenter Stelle die sogenannte »nationale Partei«, einen konservativen Panslawismus des Moskauer Industrie- und Großbürgertums[40]. Im September 1885 lehnte er die Vereinigung unter Battenberg ab, und stützte die Taktik der Regierung, auf dem Berliner Vertrag zu bestehen. Fürst Meščerskij war beim Vater des Zaren noch Flügeladjutant gewesen, jetzt leitete er das Organ der Großgrundbesitzer und ultrakonservativer Hofkreise »Grazdanin« (Bürger). Er feierte die Ereignisse in Südosteuropa als »Ausdruck souveränen und durchdachten Vorgehens« russischer Außenpolitik. Liberale Kreise rieten dazu, äußere Belastungen des Reichs zu vermeiden. Lediglich die extremen Panslawisten, wie Ivan Aksakov und A. Kireev, rieten von Anfang an, Rußland solle sich mit militärischen Mitteln an die Spitze der bulgarischen Einheit stellen, den Berliner Vertrag zerreißen und offensive Balkanpolitik betreiben. Ein Krieg gegen die Türkei, England und Österreich-Ungarn müsse einkalkuliert und vorbereitet werden. Der einflußreiche Katkov schwenkte im August/September 1886 auf diese harte, kriegsbereite Linie ein[41].

Als Leiter der russischen Außenpolitik mußte Giers aus der eigenen Enttäuschung über den Bulgarenfürst, der wenige Tagen nach dem Franzensbader Treffen die Seiten gewechselt hatte, aus der Wut seines Monarchen, und aus den Erwartungen der Öffentlichkeit eine Politik gestalten, die sich zudem auch nach außen wirksam vertreten ließ. Im übrigen Europa war man zunächst einmal davon ausgegangen, daß die Russen selbst hinter der Union Bulgariens steckten: in Großbritannien und Frankreich, weil sie 1878 nur unter Druck auf ein Großbulgarien verzichtet hatten; in Deutschland und Österreich zusätzlich, weil das Dreikaiserabkommen insgeheim eine bulgarische Einheit zugestand. Es war jedoch spätestens seit dem Kaisergipfel in Skiernewice im Oktober 1884 Giers' erkärtes Ziel, den status quo zu erhalten[42], denn die russische Führung hatte Zweifel, ob die Allianz den Schritt von Verhandlungen zur Aktion gehen würde[43]. Giers traf am 30. September in Kopenhagen ein, um die nächsten Schritte mit Alexander III. zu besprechen. Sie mußten befürchten, daß Rußland nicht abseits stehen konnte, wenn man das Geschehen auf dem Balkan laufen ließ. Andere Staaten würden Kompensationen fordern, wenn Bulgarien sich durchsetzte: Österreich-Ungarn, Bosnien und die Herzegowina annektieren, Serbien und Griechenland zusätzliche Gebiete anstreben. Wider Willen müßte Petersburg dann die Bulgaren stützen, und geriete darüber mit den Großmächten in Streit, ohne das abzusehen war, daß sich Bulgarien besinnen und auf die

40 Karel Durman, The Time of the Thunderer. Mikhail Katkov, Russian extremist nationalism and the failure of the Bismarckian system 1871—1887, Boulder, Co. 1988.

41 Irene Grüning, Die russische öffentliche Meinung und ihre Stellung zu den Großmächten 1878—1894, Berlin, Königsberg 1929, S. 30, 88 f.; Medlicott, The Powers, S. 71; Kumpf-Korfes, Bismarcks »Draht nach Rußland«, S. 18, 79 f.; Helga Deininger, Frankreich-Rußland-Deutschland 1871—1891, München, Wien 1983 (= Studien zur modernen Geschichte, 28), S. 72, 74; Durman, Lost Illusions, S. 117.

42 Durman, Lost Illusions, S. 114 f.; vgl. GP 3, Nr. 612, S. 306.

43 Jomini an Giers 11.9.1885: Jelavich, Tsarist Russia, S. 211.

russische Linie zurückkehren würde. Daraus ergaben sich zwei Ziele: kein Krieg der kleinen Balkanstaaten und Gemeinsamkeit der europäischen Mächte. Dazu sollte die Union rückgängig gemacht, und ein Zustand mit möglichst geringen ökonomischen und administrativen Modifikationen im Rahmen des Berliner Vertrags aber ohne den Battenberger Fürsten hergestellt werden. Die Großmächte sollten dazu die bevorstehende Botschaftskonferenz in Konstantinopel nutzen[44]. Eine solche Konferenz war bereits am 23. September innerhalb des Dreikaiserbündnisses angeregt worden. Nachdem Wien und Berlin zugestimmt hatten, lud das russische Außenministerium amtlich zu einem Treffen der Diplomaten in die türkische Hauptstadt ein[45]. Der Konferenzvorschlag fand in den europäischen Hauptstädten ungeteilte Zustimmung, beseitigte er doch die anfängliche Unsicherheit über die Entwicklung in Südosteuropa zumindest insoweit, daß Rußland nicht den Frieden bedrohte und sich das orientalische Problem vielleicht noch einmal gemeinsam bereinigen ließ.

Die aufgeregteste Reaktion auf die rumelische Revolution war aus England gekommen. Aus seinem Urlaubsort telegraphierte Salisbury am 19. September nach Berlin, Wien und Rom, ob die dortigen Regierungen gemeinsam Bulgarien auf den Vertrag von 1878 verpflichten wollten[46]. Der englische Politiker befürchtete, daß die orientalische Frage einmal mehr zum Krieg führte, der nur den Russen nutzen konnte:

> »Action of Prince of Bulgaria very ill advised. Rising of Macedonia is almost certain; Greece will take the field; there will be great difficulty in keeping the war from spreading and perhaps Turkish Empire itself may be endangered. If he succeeds, he would be only plucking fruit for Russia to eat[47].«

Bismarck hatte auf die britische Anregung hin rasch gehandelt. Alarmiert über die Aussicht auf eine Intervention Londons sagte er dem Diplomaten Malet, daß er jeden hastigen Schritt irgendeiner Macht verurteile[48]. Salisbury schloß daraus, daß generell »no hasty action on the part of the Powers is to be apprehended«. Damit wäre die Gefahr aber nicht aus der Welt, und »England cannot act alone in this«[49]. Er glaubte, daß Rußland die ganze Angelegenheit initiiert hatte, oder doch von ihr profitieren wollte, und daß die beiden anderen Kaisermächte es darin unterstützten. Sie würden versuchen, das Kriegsrisiko zu minimieren und deshalb Mazedonien heraushalten, für Fürst Alexander, einen Verwandten der englischen Königin, aber keinen Finger rühren. Für Salisbury schien in der ersten Phase nach dem 18. September das Beharren auf dem Berliner Vertrag die einzig mögliche Politik, da sich jede militärische Option ausschließen ließ:

> »(Bulgaria) being practically wholly inland, your Majesty's Government has very little power in the matter. It seems to Lord Salisbury important that we should uphold the Treaty, discourage the use of force, unless one of the military monar-

44 Jelavich, Tsarist Russia, S. 221 f.; GP 5, Nr. 959, S. 13 f.
45 Medlicott, The Powers, S. 72; Zirkular Vlangalis 25.9.1885: St.A. 46 (1886), Nr. 8853, S. 290.
46 Medlicott, The Powers, S. 67 f.
47 Salisbury an Victoria 21.9.1885: LQV 2,3, S. 690 f.
48 Malet an Salisbury 20.9.1885: Medlicott, The Powers, S. 68.
49 Salisbury an Victoria 21.9.1885: LQV 2,3, S. 691.

chies will make itself responsible for the maintenance of the Treaty; and exert what influence England has to prevent the movement spreading[50].«

Die Königin forderte jedoch die eindeutige Parteinahme für Alexander, eine Politik, der sich der Premierminister solange widersetzte[51], bis ihm durch den Abzug der russischen Offiziere deutlich war, daß Bulgarien sich aus der Abhängigkeit von Petersburg gelöst hatte und vielleicht als Sicherheitszone vor den Meerengen taugte. Den Vertretern Frankreichs, der Türkei, Italiens, Deutschlands und Österreichs legte er jetzt die Linie seiner Regierung bei der Konferenz in Konstantinopel dar: die Zeit, den status quo wiederherzustellen, sei vorbei, jetzt müsse man den Berliner Vertrag der Lage in Südosteuropa durch eine Personalunion beider Bulgarien unter Alexander von Battenberg anpassen[52].

In den ersten Tagen nahm man in Wien die veränderte Situation gelassen auf. Die Zusammenarbeit mit Rußland hatte seit der Entrevue in Skiernewice einen günstigen Verlauf genommen. Außenminister Kálnoky glaubte an eine »dauernde Koexistenz« beider Länder, und Kaiser Franz Joseph faßte Vertrauen zum Zaren[53]. Jetzt war vor allem ein Großbulgarien bis zur Ägäis und die gewaltsame Aufteilung Mazedoniens zwischen Griechenland, Serbien und Bulgarien zu verhindern, ohne gleichzeitig den Einfluß auf dem Balkan zu verspielen. Ein Festhalten am Berliner Vertrag zeigte Petersburg, daß man bereit war, zu kooperieren, und es entband die Mächte davon, den unruhigen Balkanstaaten Kompensation zuzusprechen, die noch der Türkei gehörte. Bei entsprechend vorsichtigem Handeln versprach dies Vorteile für die Habsburgermonarchie und ihre Ambitionen im Südosten[54]. Dafür mußte aber die instabile serbische Führung unter König Milan IV. gezwungen werden, auf ihre Kriegspläne zu verzichten. Belgrad mobilisierte schon seit dem 22. September die Armee. Zurecht galt daher Kálnokys Hauptsorge Serbien[55].

Mit der Möglichkeit eines russisch-österreichischen Konflikts geriet der wichtigste Pfeiler Bismarcks europäischer Politik ins Wanken. Um ein Auseinanderfallen des Dreikaiserabkommens zu verhindern, definierte der Kanzler als Ziel, einer solchen Auseinandersetzung um jeden Preis entgegenzuwirken[56]. Er war sofort zu einer multilateralen Einigung über das Bulgarienproblem einver-

---

50 Salisbury an Victoria 23.9.1885: LQV 2,3, S. 691.

51 »In considering the attitude of England as to breach of Treaty of Berlin, it must be remembered that the maintenance of the Balkan Frontier was the provision on which Lord Beaconsfield insisted at Berlin at the risk of war.« Salisbury an Victoria 24.9.1885: LQV 2,3, S. 692.

52 Salisbury an Victoria 28.9.1885: LQV 2,3, S. 695.

53 Francis Roy Bridge, Österreich(-Ungarn) unter den Großmächten. In: Die Habsburgermonarchie 1848—1918. Hrsg. von Adam Wandruszka und Peter Urbanitsch, Bd 6,1, Wien 1989, S. 271 f.

54 Kálnoky an Széchényi 29.9.1885: Corti, Alexander von Battenberg, S. 198.

55 Francis Roy Bridge, From Sadowa to Sarajevo. The Foreign Policy of Austria-Hungary, 1866—1914, London, Boston 1972, S. 154 f.; Konrad Canis, Bismarck und Waldersee. Die außenpolitischen Krisenerscheinungen und das Verhalten des Generalstabes 1882—1890, Berlin 1980, S. 144 f.; Rauscher, Zwischen Berlin und St. Petersburg, S. 70.

56 »Vermeidung eines Konflikts zwischen Rußland und Österreich. Jedes andere Resultat ist für uns akzeptabel.« Herbert von Bismarck an Bülow 28.9.1885: Canis, Bismarck und Waldersee, S. 146.

standen, um es »in Tinte zu ersäufen«[57]. Wenn die Serben, deren Kompensationsforderungen er zurückwies, in ihren Grenzen blieben, ließ sich die ganze Sache wohl noch zur allseitigen Zufriedenheit lösen. Und um Serbien sollten sich deshalb die Österreicher intensiv und im Sinne des Friedens kümmern[58].

Frankreich, das seit dem Amtsantritt Freycinets als Außenminister eine engere Anlehnung an Rußland suchte, bot sich in der Bulgarienkrise eine Gelegenheit, diesem Ziel ein Stück näherzukommen. Der Balkan hatte für Paris keine primäre Bedeutung; indem man sich aber den russischen Wünschen dort gefällig erwies, ließ sich ein gegenseitiges Vertrauen aufbauen, das sich in anderen, die Franzosen eher berührenden Fragen, nutzen ließ: eine energische und dauerhafte Unterstützung konnte man in Ägypten zweifelsohne gut gebrauchen. Freycinet mußte allerdings vorsichtig agieren. Selbst wenn ihn das Kabinett einvernehmlich in seinen Zielen unterstützte, so war es selbst auf die Zustimmung der Radikalrepublikaner um Clemenceau angewiesen. Dieser sah in Rußland das Gegenbild des fortschrittlichen Frankreich, mit dem eine Allianz unnatürlich sei. Einen außenpolitischen Dissens im republikanischen Lager durfte die Regierung nicht riskieren, denn während in Plovdiv die Berliner Ordnung umgestoßen wurde, herrschte in Frankreich Wahlkampf. Freycinet hatte außerdem das deutsche Mißtrauen in Rechnung zu stellen. Berlin waren die Annäherungsversuche nicht verborgen geblieben, noch glaubte man aber in der Wilhelmstraße an die unüberbrückbaren Gegensätze der Dritten Republik und der russischen Autokratie. Erst im folgenden Jahr sollte sich diese Einschätzung grundlegend ändern. Ende 1885 beschränkte sich Freycinet jedenfalls darauf, den Russen unauffällig entgegenzukommen[59].

Waren die ersten Tage nach der bulgarischen Erhebung von der Unsicherheit über deren Hintergrund und die russischen Absichten gekennzeichnet, so war nach Ablauf einer Woche klar, daß keine beteiligte Großmacht die Krise militärisch zu lösen dachte. Alle waren daran interessiert, den Deckel über dem brodelnden Balkan bald wieder zu schließen. Am 4. Oktober 1885 trafen sich die Botschafter in Konstantinopel zu ersten Gesprächen. Die Situation erschien für ein vereintes Auftreten der Großmächte günstig. Am 13. Oktober richteten sie eine Kollektivnote an die Pforte, in der sie die Vorgänge in Ostrumelien mißbilligten und die bisherige Haltung der Türkei ausdrücklich lobten. Sofia wurde aufgefordert, seine Rüstungen gegen den Sultansstaat zurückzunehmen. Die zentrale Passage der Deklaration deckte aber nur oberflächlich den Gegensatz Rußlands und Großbritanniens zu:

> »Elles rendront responsables ceux qui détiennent le pouvoir, sur l'un et l'autre versant des Balkans, de toute provocation et de tout acte qui tendrait à propager l'agitation dans les régions voisines[60].«

---

57 Aufzeichnungen und Erinnerungen aus dem Leben des Botschafters Joseph Maria von Radowitz. Hrsg. von Hajo Holborn, Berlin, Leipzig 1925, S. 252.

58 Bismarck an Reuß 3.10.1885: GP 5, Nr. 958, S. 10—12; Canis, Bismarck und Waldersee, S. 146.

59 Deininger, Frankreich-Rußland-Deutschland, S. 63—65.

60 Deklaration vom 13.10.1885: St.A. 46 (1886), Nr. 8868, S. 305; Aufzeichnungen und Erinnerungen aus dem Leben des Botschafters Joseph Maria von Radowitz, S. 254; Medlicott, The Powers, S. 79 f., 264 f.

Die Formulierung anerkannte die Einheit Bulgariens nicht, schloß sie jedoch auch keineswegs explizit aus. Trotzdem wollten Petersburg, Wien und Berlin auf dieser Grundlage weiterverhandeln. Letzte Vorgespräche aber verdeutlichten, wie schwierig es sein würde, einen Konsens der Mächte auf die Beine zu stellen. Die Russen verweigerten sich beharrlich einer auch nur begrenzten Anerkennung der Union unter Alexander von Battenberg[61]. England machte seine Teilnahme an einer Konferenz davon abhängig, daß sie keine Zwangsmaßnahmen gegen Bulgarien oder die Absetzung Alexanders beschließen könne[62]. Der britisch-russische Antagonismus ließ die »Konferenz von Tophané« drei lange Wochen (5.—25. November) auf der Stelle treten. Immer eindeutiger wurden die Zeichen, daß Großbritannien keinen Wert auf ein konsensuales Ergebnis legte. Jede Konzession des russischen Botschafters Nelidov beantwortete London mit einer nachgeschobenen Forderung[63]. Zuletzt verzichtete der Russe auf den bisher verbissen verteidigten Begriff »status quo ante« zugunsten einer bloßen »Erwähnung des Berliner Vertrages«, worauf Salisbury seinen Vertreter anwies, einen solchen Bezug zu verhindern. Zuletzt »konnte nur festgestellt werden, daß die Einstimmigkeit der Mächte für das Auftreten gegenüber den Bulgaren nicht zu erzielen gewesen sei«[64].

Der weitere Verlauf der Krise war jetzt nicht mehr die Sache allein der Großmächte, da Serbien gegen alle österreichischen Warnungen am 14. November 1885 den Krieg gegen Bulgarien eröffnete. Belgrad galt als Satrapie der Österreicher. Nach dem Abzug der russischen Offiziere erwartete man allgemein einen serbischen Sieg, der die österreichische Einflußzone um das eroberte Gebiet erweitert hätte, während Rußland gerade seinen Einfluß in Bulgarien verlor. Bismarck hatte schon im September zu bedenken gegeben, »daß hinter Serbien und Bulgarien jeweils eine Großmacht stünde und daher die Gefahr eines Krieges zwischen Österreich und Rußland nicht ganz ausgeschlossen wäre. Deutschland würde dann auch hineingezogen werden, und ein deutsch-französischer Krieg wäre die weitere Konsequenz«[65]. Jetzt war diese Gefahr plötzlich ganz real, zumal sich Militärkreise in Wien bereits als die neuen Herren Sofias wähnten[66]. Um wenigstens ein Eingreifen der Türken zu verhindern, erklärten die Konferenzteilnehmer sogleich, »daß die ostrumelische Angelegenheit und der serbisch-bulgarische Konflikt getrennt zu behandeln sei«[67].

Nach kurzen Anfangserfolgen zeichnete sich überraschenderweise bald ein Sieg der angegriffenen Bulgaren ab. Am 17. November brachten sie den serbi-

---

61 Medlicott, The Powers, S. 80.

62 Bericht Münsters 29.10.1885: Medlicott, The Powers, S. 270 (3); Salisbury an Malet 25.10.1885: ebd., S. 273 f.; Aufzeichnungen und Erinnerungen aus dem Leben des Botschafters Joseph Maria von Radowitz, S. 255.

63 Radowitz an Bismarck 22., 23.11.1885: GP 5, Nr. 960 f.; S. 15—20.

64 Aufzeichnungen und Erinnerungen aus dem Leben des Botschafters Joseph Maria von Radowitz, S. 259; White an Salisbury 28.11.1885: St.A. 46 (1886), Nr. 8900, S. 347; Protokolle der Botschafterkonferenz 8.11.1885—5.4.1886: Martens 2,15 (1890), S. 136—181.

65 Schaller, Der bulgarische Nationalismus, S. 103, nach Reuß an Bismarck 26.9.1885.

66 Bericht Wedels 22.11.1885: Canis, Bismarck und Waldersee, S. 148.

67 Aufzeichnungen und Erinnerungen aus dem Leben des Botschafters Joseph Maria von Radowitz, S. 258.

schen Vormarsch zum Erliegen. Am 19. entschieden sie in der Schlacht bei Slivnica den Krieg zu ihren Gunsten. Am 22. traten die Serben den Rückzug an, verfolgt von bulgarischen Truppen. Schon am Tag der Entscheidungsschlacht schlug Petersburg eine gemeinsame Aktion der Mächte vor. König Milan IV. appellierte an seinen österreichischen Protektor, eine Mächteintervention für eine Waffenruhe anzuregen. Obwohl Kálnoky den Krieg nicht verantwortete, mußte er nun im österreichischen Interesse den Schaden begrenzen. Er stimmte einer entsprechenden Note der Großmächte zu, mit der sie am 24. November die Kriegsgegner aufforderten, die Kämpfe einzustellen[68]. Während Belgrad sofort dazu bereit war, wies die auf serbischem Boden stehende bulgarische Armee dies rundheraus ab. Um der Forderung jetzt den für die Bulgaren offenbar nötigen Druck zu verleihen, entsandte Kálnoky seinen Belgrader Gesandten, Khevenhüller-Metsch, in das Hauptquartier des Fürsten Battenberg. Er sollte dort mit allen Argumenten, die ihm notwendig erschienen, auf eine Waffenruhe drängen. Khevenhüller machte daraus die Drohung, wenn die Invasion in Serbien eine Revolution in Gang setze, werde Österreich-Ungarn das Land besetzen, und Rußland als Reaktion darauf in Bulgarien erscheinen, und Fürst Alexander absetzen[69]. Dies Verfahren war zwar erfolgreich: die Bulgaren stimmten einem Waffenstillstand zu; doch gleichzeitig verlagerte sich der Konflikt — denn die Drohung Khevenhüllers blieb nicht geheim — auf die Ebene der Großmächte.

Der Zar und Giers wußten, daß sie nicht an eine Okkupation Bulgariens denken konnten, ohne einen allgemeinen Krieg zu riskieren; galt dies aber umgekehrt auch für Franz Joseph, Kálnoky und eine Besetzung Serbiens? Unter hohen russischen Militärs nahm die Zahl derjenigen zu, die einen Krieg gegen Österreich herbeiwünschten[70]. Tatsächlich spielte auch der österreichische Generalstab die Möglichkeit einer militärischen Stützung des Belgrader Königs gegen innere und die bulgarische Bedrohung durch[71]. Kálnoky aber sah sich dadurch im Dreikaiserabkommen isoliert, setzte solche Ideen nicht konkret um, sondern versicherte den Russen, keine expansiven Absichten zu haben[72].

Um nicht jeden Einfluß auf die Nachkriegsordnung zu verlieren, schlug Kálnoky eine von den sechs Mächten eingesetzte Kommission aus den Militärattachés in Wien vor[73]. Die britische Regierung riet dem Battenberger, sich den Entscheidungen dieser Kommission zu beugen. Sein Bruder Heinrich, ein Schwiegersohn Victorias, riet ihm aus London, er möge sich mit dem Sultan verständigen, ihm einen Tribut anbieten und erkunden, ob die Pforte ihn an der

68 Bridge, From Sadowa, S. 156; Rauscher, Zwischen Berlin und St. Petersburg, S. 77; Note vom 24.11.1885: St.A. 46 (1886), Nr. 8896, S. 337; Bray an Bismarck 24.11.1885: GP 5, Nr. 965, S. 22 f.

69 Bridge, From Sadowa, S. 156 f.; Rauscher, Zwischen Berlin und St. Petersburg, S. 77 f.

70 Bülow an Herbert von Bismarck 4.12.1885: Staatssekretär Graf Herbert von Bismarck. Aus seiner politischen Privatkorrespondenz. Hrsg. von Walter Bußmann, Göttingen 1964, Nr. 209, S. 349—352; Durman, Lost Illusions, S. 127.

71 Canis, Bismarck und Waldersee, S. 148 f.

72 Kálnoky an Wolkenstein 2.12.1885: Bridge, From Sadowa, Dok. 16, S. 410 f.; ebd., S. 157; Reuß an Bismarck 9.12.1885: GP 5, Nr. 970, S. 30—34.

73 Lascelles an Salisbury 15.12.1885: St.A. 46 (1886), Nr. 8908, S. 357 f.

Spitze einer bulgarischen Personalunion akzeptiere[74]. Die Chancen für ein derartiges Geschäft waren günstig. In Rußland begann sich die Einsicht durchzusetzen, daß der status quo ante ein illusorisches Ziel, und die bulgarische Union unumkehrbar war[75]. Auch Bismarck schrieb, er halte ebenso wie offenbar Engländer und Russen eine Personalunion für möglich[76]. Tatsächlich nahm Alexander von Battenberg Kontakt zur Pforte auf. Die Verhandlungen dauerten bis zum 2. Februar 1886. Der Sultan ernannte den Fürsten zum Generalgouverneur von Ostrumelien. Die Personalunion war damit perfekt. Sie mußte nach Artikel 17 des Berliner Vertrags alle fünf Jahre erneuert werden. Außerdem verpflichteten sich die neuen Partner zu gegenseitigem militärischem Beistand[77]. Die Großmächte sanktionierten am 5. April in weiten Teilen diese Abmachung. Auf Drängen Rußlands, daß damit sein Gesicht wahren konnte, wurden der Name Battenberg gestrichen, die Personalunion an den jeweiligen Fürsten von Bulgarien gebunden und die Militärallianz aufgehoben[78].

Zweite Bulgarienkrise — Kaulbars: Mit diesem Ergebnis schien die bulgarische Krise gelöst zu sein. Die Ruhe währte aber nur einen Sommer. Während dieser Zeit verschärften sich innenpolitische Auseinandersetzungen in Bulgarien. Um den ehemaligen Ministerpräsidenten Dragan Cankov sammelte sich eine russophile Opposition gegen die Politik Battenbergs. Mit russischer Unterstützung bereitete man seinen Sturz vor. Ein Staatstreich in der Nacht vom 20. auf den 21. August 1886 vertrieb den Fürsten und leitete einen zweiten Akt in der Bulgarienkrise ein. In Petersburg glaubte man sich bereits am Ziel einer wiedergewonnenen Kontrolle über Bulgarien[79]. Doch fehlte den Putschisten der Rückhalt im Volk und in der Armee. Am 29. August kehrte Alexander bereits zurück, um eine Gegenbewegung zu führen. Als er aber erkennen mußte, daß der Umsturz von Petersburg aus finanziert und gesteuert, und keine Aussöhnung mit dem Zaren möglich war, dankte Battenberg am 7. September 1886 endgültig ab. Bis zur Wahl seines Nachfolgers setzte er eine Interimsregierung ein, auf welche sich jetzt der Haß des Zaren übertrug. Er betrachtete die bulgarische Führung als eine »Bande von Hochstaplern«, mit denen ein Kompromiß gotteslästerlich sei[80]. Alexander III. beauftragte vielmehr den General Nicolai Kaulbars mit der Verwaltung des Landes. Als sein persönlicher Sonderbevollmächtigter sollte er »die Bulgaren zur Raison bringen«[81]. Mit der Mission Kaulbars, und dessen Auftreten in Sofia wurde erneut die Gefahr eines Krieges akut: denn Wien reagierte außerordentlich allergisch auf diesen massiven Eingriff Rußlands in die inneren Angelegenheiten Bulgariens, der einer Unterwerfung nicht unähnlich war. Zumindest war eine nachfolgende Okkupation des Landes eine realistische Befürchtung.

74 Schaller, Der bulgarische Nationalismus, S. 121 f.
75 Kennan, Bismarcks europäisches System, S. 170 f.
76 Bismarck an Reuß 16.12.1885: Schaller, Der bulgarische Nationalismus, S. 123.
77 Ebd., S. 127.
78 Ebd., S. 133.
79 Schlarp, Von der Befreiung, S. 147.
80 Durman, Lost Illusions, S. 142.
81 So Großfürst Wladimir, der jüngere Bruder des Zaren in einem Gespräch mit Herbert von Bismarck; dessen Aufzeichnung vom 22.11.1886: GP 5, Nr. 992, S. 80.

In Bulgarien glaubte man, die Russen würden mit einer Okkupation den Wahlen zu einer Nationalversammlung zuvorkommen. Diese Große Sabranja sollte Battenbergs Nachfolger bestimmen. Obwohl eine militärische Aktion während des Wahlkampfs ausblieb, erwies sich die Ruhe als trügerisch. Denn am Wahltag erklärte Kaulbars, die russische Regierung halte den Urnengang für »illegal und wertlos«[82]. Und der General legte die Drohung nach, Rußland werde alle Aktionen »jener, die in Bulgarien regieren« als illegal betrachten, wenn sie nicht mit russischen Wünschen übereinstimmten[83]. Dem englischen Vertreter Lascelles eröffnete Kaulbars, daß nur »organisierter Terrorismus« die bulgarische Bevölkerung von einer Opposition gegen die Regierung in Sofia abhalte[84]. In zahlreichen Telegrammen nach Petersburg variierte er das Thema. Der Terror gefährde das Leben russischer Staatsangehöriger, in Varna benötigten sie den sofortigen Schutz. Kurz darauf (25., 29. Oktober) erschienen zwei russische Kriegsschiffe vor dem bulgarischen Hafen. In Sofia löste das eine Panik aus. Man glaubte, eine Okkupation stehe nun unmittelbar bevor. Am 26. Oktober verlangte Kaulbars die Freilassung der von ihm organisierten Wahlstörer, anderenfalls sei Rußland zu »extremen Maßnahmen« gezwungen. Das russische Konsulat veröffentlichte diese Drohung, und gab ihr dadurch den Anschein einer ultimativ letzten Chance für eine friedliche Lösung[85]. Der General erweiterte am 29. Oktober sein Ultimatum: er werde beim nächsten unfreundlichen Akt zusammen mit den Konsuln das Land verlassen[86].

Welchen Rückhalt hatte Kaulbars für eine derartige Drohpolitik in der politischen Führung Rußlands? Sicher, er war dem Zaren persönlich verpflichtet, auch drängte jetzt Katkov zu offensiverem Vorgehen[87]. Aber wollte Alexander III. Bulgarien auf die Gefahr eines Kriegs besetzen? Und wie dachte der verantwortliche Minister Giers? Hinter seinem Rücken war der General entsandt worden, jetzt konnte er die Mission aus Solidarität mit Alexander nicht offen verurteilen. In einem Memorandum legte er am 7. November dem Monarchen aber dar, daß unter den gegebenen Umständen weder eine militärische Besetzung noch eine Demonstration ohne die Zustimmung der Mächte in Frage kam. Allenfalls mit Bismarck könne man so etwas überhaupt diskutieren. Der Zar notierte dazu: »Nach meiner Ansicht ist eine Okkupation nicht durchführbar.« Die Asiatische Abteilung telegraphierte nach Bulgarien, daß der Herrscher ein militärisches Vorgehen, auch weitere Flotteneinheiten in Burgas und Varna als eine »äußerst ernste Maßnahme« ablehnte: hierzu »sollten wir nur im Falle extremer Notwendigkeit Zuflucht nehmen; [...] solange kein Einvernehmen mit anderen Mächten im voraus erreicht wird, kann nichts getan werden«[88].

Intern war also bereits gegen eine militärische Lösung entschieden worden. Doch bestand das Ultimatum Kaulbars' fort, und in den anderen Hauptstädten

82 Nekliudov an Načevič 10.10.1886: Jelavich, Tsarist Russia, S. 268.
83 Lascelles an Iddesleigh 19.10.1886: Jelavich, Tsarist Russia, S. 268.
84 Lascelles an Kaulbars (?) 23.10.1886: Jelavich, Tsarist Russia, S. 269.
85 Jelavich, Tsarist Russia, S. 269; Durman, Lost Illusions, S. 147.
86 Jelavich, Tsarist Russia, S. 271; Schaller, Der bulgarische Nationalismus, S. 160 f.
87 Durman, Lost Illusions, S. 142, 146.
88 Memorandum Giers' 7.11.1885: Jelavich, Tsarist Russia, S. 271; Durman, Lost Illusions, S. 150; Zinoviev an Shatokhin (Vizekonsul in Bulgarien) undatiert: Jelavich, Tsarist Russia, S. 271; Durman, Lost Illusions, S. 151.

hatte von Beginn an die Mission des Generals Mißtrauen erregt: diente sie dazu, eine Okkupation vorzubereiten, oder ihr einen Vorwand zu liefern? Bismarck hatte den Eindruck, »als würde Rußland den Wunsch haben, daß Kaulbars etwas zustoßen würde, um einen Vorwand zum Einrücken nach Bulgarien zu haben«[89]. Jomini, ein Berater des russischen Außenministers, wollte sicher die Lage entspannen, als er am 10. Oktober dem englischen Botschafter, Morier, versicherte, Rußland wolle sich nicht »into material intervention or occupation« ziehen lassen, wovor die Armeeführung energisch warne, da eine »active alliance between Austria and England« die Folge wäre. Gleichzeitig warnte Jomini »that if Kaulbars should be murdered, which was quite in the cards, it would be morally impossible not to intervene«[90]. In London (und Wien) schloß man im November nicht aus, daß die Russen sich militärisch engagierten.

In einer Rede am 9. November beschuldigte Salisbury die russische Regierung, ohne sie jedoch beim Namen zu nennen, den bulgarischen Putsch finanziert zu haben, und jetzt die Verschwörer ihrer Strafe entziehen zu wollen. Es folge ein Eingriff in die Rechte des freien und unabhängigen Bulgarien nach dem anderen. Doch hätten die Nationen Europas ein Interesse an den Vorgängen im Südosten, wo der Frieden auf dem Berliner Vertrag beruhe. Gemeinsam mit den anderen Großmächten oder nur einem Teil von ihnen, wolle Großbritannien dem Vertrag Geltung verschaffen. Es werde sich dabei aber keineswegs auf andere verlassen: der eigene Arm sei stark genug, englische Interessen zu verteidigen. Glaubt man dem Botschafter Staal[91], so erregte besonders die an Österreich-Ungarn gerichtete Passage den russischen Unmut:

> »The opinion and judgement of Austria must weigh with enormous weight in the councils of Her Majesty's Government, and the policy which Austria pursues will contribute very largely to determine the policy which England will also pursue[92].«

Kálnoky wollte einen wiederhergestellten Einfluß Rußlands in Bulgarien nicht widerspruchslos hinnehmen. Für Österreich-Ungarn war eine russische Okkupation undenkbar. Es war abzusehen, welche Folgen dies für Rumänien haben mußte. Als die Engländer am 30. September vorschlugen, gemeinsam mit Italien in Sofia und Konstantinopel gegen Kaulbars aktiv zu werden, schreckte ihn noch das Risiko eines Krieges[93]. Kálnoky ließ aber als Richtlinie seiner Politik verkünden: kein europäischer Vertrag sichere einer Großmacht auf dem Balkan eine Sonderstellung[94]. Er selbst antwortete auf Salisburys Rede am 13. November vor dem Haushaltsausschuß der Ungarn im Habsburgerreich, die eine offensivere Haltung erwarteten:

> »Wenn z.B. Rußland beabsichtigt oder versucht hätte, einen Kommissär nach Bulgarien zu entsenden, welcher mehr oder weniger die Regierung des Landes

[89] Aufzeichnung Rantzaus 8.10.1886: Schaller, Der bulgarische Nationalismus, S. 156.
[90] Morier an Iddesleigh 10.10.1886: Jelavich, Tsarist Russia, S. 270; Durman, Lost Illusions, S. 150.
[91] Durman, Lost Illusions, S. 151 f.
[92] Guildhall-Rede Salisburys 9.11.1886: Schulthess 27 (1886), S. 304—306, Zitat nach Durman, Lost Illusions, S. 152.
[93] Bridge, From Sadowa, S. 162; Rauscher, Zwischen Berlin und St. Petersburg, S. 88 f.
[94] Rede des Ministerpräsidenten Tisza im ungarischen Parlament 30.9.1886: Schulthess 27 (1886), S. 246 f.; Bridge, Österreich(-Ungarn), S. 275.

an sich genommen hätte, oder wenn es zu einer militärischen Okkupation, sei es der Küstenplätze oder des Landes selbst, geschritten wäre, so wären dies Akte gewesen, welche uns unter jeder Bedingung zu einer entschiedenen Stellungnahme gezwungen hätten.«

Daß dies nicht nur ein Konjunktiv war, sondern die aktuelle Politik der österreichischen Führung sein werde, machte Kálnoky sehr deutlich: »Wir alle wollen den Frieden, gewiß nicht den Frieden um jeden Preis[95].« An der Newa verärgerten die Worte des österreichischen Ministers an die Adresse Londons besonders[96]. Dieser fuhr fort:

»Die Übereinstimmung der Auffassung über wichtige europäische Fragen und die Identität mancher großer Interessen, ebenso der naheliegende Wunsch, daß der Friede erhalten bleibe, lassen uns mit Zuversicht hoffen, daß wir auch England an unserer Seite sehen werden, wenn es sich darum handeln sollte, für die Erhaltung des Berliner Vertrages und des Rechtszustandes, den derselbe geschaffen, einzutreten[97].«

In Bulgarien konnte man sich durch die öffentlichen Äußerungen der beiden Politiker bestärkt darin sehen, Kaulbars standzuhalten[98]. In Rußland kochten dagegen die Emotionen. Katkov wollte in der Rede Kálnokys schon eine verdeckte Kriegserklärung erkennen[99]. Die Gegnerschaft Englands war für das Zarenreich absehbar gewesen. Auf den Beistand der Partner im Dreikaiserabkommen, das ja implizit Bulgarien einer russischen Interessenssphäre zuordnete, hatte die Regierung des Zaren ihre Hoffnungen gesetzt. Aus Wien erfuhr sie nun harte Opposition bis zur Kriegsdrohung. Letztlich blieb nichts anderes übrig, als das Kaulbarsultimatum abzuwarten, den General zurückzurufen[100], und die diplomatischen Beziehungen zu Sofia abzubrechen (20. November 1886). Die russische Bulgarienpolitik endete in einem völligen Fiasko[101].

Diese Entwicklung hatte auch Bismarck nicht aufhalten können, der die Österreicher seit Mitte September mahnte, nachzugeben. Um einen russisch-österreichischen Krieg zu verhindern, wies er den Zweibundpartner sogar ausdrücklich auf den rein defensiven Charakter dieser zwei Jahre alten Allianz hin. Bismarck argumentierte, im Falle eines Kriegs gegen Rußland die hochgerüstete französische Armee im Rücken zu haben[102]. Der Bankrott des Dreikaiserabkommens war offensichtlich.

Auf diese Erkenntnis hatten die Russen bereits reagiert, als Bismarck und Kálnoky noch glaubten, den Schaden beheben zu können. Als Reaktion auf das

95 Rede Kálnokys 13.11.1886: Schulthess 27 (1886), S. 258; Rauscher, Zwischen Berlin und St. Petersburg, S. 90.

96 Privatbrief Bülows 15.11.1886: Schulthess 27 (1886), S. 258.

97 Rede Kálnokys 13.11.1886: Schulthess 27 (1886), S. 260.

98 Schaller, Der bulgarische Nationalismus, S. 160.

99 Durman, Lost Illusions, S. 152 f.

100 Schaller, Der bulgarische Nationalismus, S. 161, vermutet eine Anweisung des Zaren hierzu.

101 Schlarp, Von der Befreiung, S. 150; Kaulbars wurde in den europäischen Satiregazetten zum »General Sofiasco«: Durman, Lost Illusions, S. 153.

102 Deininger, Frankreich-Rußland-Deutschland, S. 96 f.; Canis, Bismarck und Waldersee, S. 165 f.; Herbert Elzer, Bismarcks Bündnispolitik von 1887. Erfolg und Grenzen einer europäischen Friedensordnung, Frankfurt a.M. 1991 (= Europäische Hochschulschriften, III/490), S. 63

stärker werdende Mißverhältnis zwischen den Dreikaisermächten öffnete sich Rußland vorsichtig nach Frankreich hin. Die ersten Anknüpfungen waren ebenso bescheiden, wie geheimnisvoll, aber — ob gewollt oder nicht — unübersehbar, und deshalb in ihren Folgen kaum zu überschätzen. Unter panslawistischem Einfluß (Katkov) nutzte die Asiatische Abteilung im Außenministerium Giers' Abwesenheit zu einer Art Nebenaußenpolitik, von der nicht auszuschließen ist, daß sie der Zar befürwortete. Tatsache ist, daß der russische Generalkonsul in Marseille, Alexi Kumani, in Paris die angebliche Bereitschaft seiner Regierung zu einem russisch-französischen Bündnis signalisierte[103].

Die überraschend konkrete russische Offerte blieb nicht geheim. Der deutsche Botschafter Münster meldete dem skeptischen Bismarck aus vertraulicher Quelle von dem Bündnisangebot. Münster glaubte zwar, Rußland habe nur seine Unterstützung in der ägyptischen Frage angeboten, immerhin sei aber auch von einer Kriegsallianz die Rede gewesen:

> »Der Präsident Grévy, Herr von Freycinet und die Majorität des Conseils haben es für zu gefährlich gehalten, auf diese Anerbietungen einzugehen, und es sei eine abschlägige Antwort beschlossen worden[104].«

Bismarck war erst überzeugt, daß Münsters Angaben der Wahrheit entsprachen, als der französische Außenminister Freycinet Anfang November selber darauf zu sprechen kam, und die russischen Sondierungen bestätigte[105]. Die engerwerdenden Kontakte von der Newa zur Seine wurden kurz darauf augenfällig. Nachdem die diplomatischen Beziehungen im Februar 1886 im Streit reduziert worden waren[106], besetzte am 19./26. November Antoine Laboulaye den vakanten Botschafterposten in Petersburg[107]. Obgleich eine russisch-französische Allianz nicht bestand, lediglich »als Denkmodell zum erstenmal zum Vorschein gekommen war«[108], nutzte Otto von Bismarck die sich in Verbindung mit dem militanten französischen Revanchismus abzeichnende Gefahr einer zweiseitigen Bedrohung für innenpolitische Zwecke: zur Bulgarienkrise trat die deutsch-französische Boulangeraffaire hinzu.

Boulangeraffaire: Die Schwierigkeiten Großbritanniens im kolonialen Raum hatten Bismarck[109] und der französische Ministerpräsident Jules Ferry in der ersten Hälfte der 80er Jahre für jeweils eigene politische Ziele ausgenutzt. Diese partielle Interessengemeinschaft entspannte zeitweise das deutsch-französische Verhältnis. Ferry aber scheiterte am inneren Gegensatz von gemäßigten und

---

103 Kennan, Bismarcks europäisches System, S. 224—226; kritisch hierzu Elzer, Bismarcks Bündnispolitik, S. 59 f.

104 Münster an Bismarck 1.10.1886: GP 6, Nr. 1200, S. 93 f. und Anm. Bismarcks.

105 Münster an Herbert von Bismarck 5.11.1886: GP 6, Nr. 1203, S. 96—98; Randbemerkung Bismarcks zu Schweinitz an Bismarck 9.11.1886: GP 6, Nr. 1206, S. 101.

106 Deininger, Frankreich-Rußland-Deutschland, S. 70 f.

107 Kennan, Bismarcks europäisches System, S. 239.

108 Dietrich Geyer, Der russische Imperialismus. Studien über den Zusammenhang von innerer und auswärtiger Politik 1860—1914, Göttingen 1977 (= Kritische Studien zur Geschichtswissenschaft, 27), S. 134.

109 Axel T.G. Riehl, Der »Tanz um den Äquator«. Bismarcks antienglische Kolonialpolitik und die Erwartung des Thronwechsels in Deutschland 1883—1885, Berlin 1993 (= Quellen und Forschungen zur brandenburgischen und preußischen Geschichte, Bd 1).

radikalen Republikanern. Seine Gegner warfen ihm vor, mit der Kolonialpolitik vom Revancheziel abzulenken und Bismarck in die Hände zu spielen. Als »prussien« verschrien, stürzte Ferry, und die folgenden Wahlen (Oktober 1885) machten die Linke um Clemenceau zum entscheidenden Element im republikanischen Lager. Clemenceau drückte im Januar 1886 den General Georges Boulanger[110] als Kriegsminister durch. Mit ihm betrat ein Politiker die Bühne, der seine persönliche Popularität direkt in politische Zustimmung umzumünzen verstand. Sensibel für die Stimmungen und Erwartungen der Öffentlichkeit, setzte er sein Handeln als Minister zur populistischen Manipulation einzelner Klientele und damit weiter Teile der französischen Bevölkerung ein. Er verlegte Truppen aus den Kolonien zurück, demokratisierte die Armee, und erleichterte so die Bedingungen des Militärdiensts. Die Arbeiter überzeugten seine Sympathien für streikende Bergleute. Die Absetzung royalistischer Militärs unterstützten alle Republikaner. Kriegerische Rhetorik brachte ihm die Zustimmung der Nationalisten. Um den ambitionierten General formierte sich bald eine politische Massenbewegung, die ihre publizistischen Möglichkeiten auszunutzen wußte[111]. Der Boulangismus vereinte die revolutionären und plebiszitären Traditionen des Jakobinismus mit einem aggressiven Nationalismus. Als »Général Revanche« kanalisierte Boulanger vielfältige Unzufriedenheit in der Bevölkerung innenpolitisch gegen den Parlamentarismus und die moderaten Republikaner, und nach außen in antideutscher Agitation[112]. Der Boulangismus war eine Krisenerscheinung der französischen Republik; eine innere Angelegenheit, die das europäische System eigentlich nicht berührte. Zwei zusätzliche Faktoren kamen hinzu: die sich abzeichnende russisch-französische Annäherung und das taktische Aufgreifen des französischen Nationalismus durch Bismarck für innenpolitische Zwecke.

Zwei ganz unterschiedliche Strömungen sympathisierten in Rußland mit dem Boulangismus. Von einem gestärkten Frankreich versprachen sich die Panslawisten die notwendige Rückendeckung einer offensiveren russischen Balkanpolitik gegenüber Deutschland und Österreich-Ungarn. Die konstitutionellen Extremisten sahen Boulanger in bonapartistischer Tradition. Von einem allgemeinen Krieg, den die französische Revancheabsicht lostreten würde, erwarteten sie eine revolutionäre Situation in Rußland zum Sturz der Autokratie. Die offizielle Petersburger Politik nahm den Boulangismus allerdings nicht als möglichen Partner wahr, Alexander III. und Giers fühlten sich vielmehr ernster durch ihn bedroht, als durch das republikanische Frankreich ohnedies[113]. In der Krise russischer Bulgarienpolitk entschieden sie sich dennoch für eine vorsichti-

110 Fresnette Pisani-Ferry, Le Général Boulanger, Paris 1969; Philippe Levillain, Boulanger. Fossoyeur des la Monarchie, Paris 1982.

111 Jacques Néré, Le Boulangisme et la Presse, Paris 1964.

112 Patrick H. Hutton, Popular Boulangism and the Advent of Mass Politics in France, 1886—1890. In: Journal of Contemporary History 11 (1976), Heft 1, S. 85 ff.; William D. Irvine, French Royalists and Boulangism. In: French Historical Studies 15 (1988), S. 395—406; ders., The Boulanger-Affair Reconsidered. Royalism, Boulangism and the Origins of the Radical Right in France, New York, Oxford 1989.

113 Andreas Dorpalen, Tsar Alexander III and the Boulanger Crisis in France. In: Journal of Modern History 23 (1951), S. 122—136; Deininger, Frankreich-Rußland-Deutschland, S. 72—75.

ge Öffnung, um Frankreich eventuell als Verbündeten auf dem Balkan zu gewinnen, wo es der russischen Politik erklärtermaßen dienlich sein wollte[114].

Trotz seiner anfänglichen Skepsis über das russische Bündnisangebot entschied sich Bismarck, eine länger geplante Heeresverstärkung vorzuziehen. Schon am 28. Oktober notierte Generalquartiermeister Waldersee:

> »Der Kriegsminister war lange bei mir. Wir beabsichtigten erhebliche Verstärkungen für die Armee, aber eigentlich erst zum April 1888; jetzt will nun der Kanzler schon zum April 1887 die Forderungen gestellt haben und die Verstärkungen womöglich ausschließlich nach dem Westen bringen[115].«

Mit der Militärvorlage zielte der Kanzler von Beginn an auf die oppositionelle Reichstagsmehrheit. Er kalkulierte eine parlamentarische Ablehnung ein, um den Reichstag auflösen und im Wahlkampf mit der nationalen Unzuverlässigkeit der Opposition und der äußeren Bedrohung durch Frankreich argumentieren zu können[116]. Am 25. November 1886 lag dem Reichstag ein Entwurf vor, der zum 1. April 1887 eine um zehn Prozent vergrößerte Armee (+40 000 Soldaten) vorsah, und den Wehretat auf sieben weitere Jahre (Septennat) festlegen sollte[117]. Intern hielt Bismarck mit seinen Absichten nicht hinterm Berg:

> »Wir haben die faktischen Konsequenzen einer Ablehnung nicht zu fürchten: wohl aber Windthorst und Richter. Wir müssen uns nur hüten, diese Herren für ehrliche Mitarbeiter am Staate zu halten und zu behandeln. Sie mißbrauchen es, und unsere achtungsvolle Behandlung stärkt ihr Ansehen[118].«
>
> »Die Armeeverstärkung machen wir auch ohne Zentrum, und zur Not auch ohne Reichstag[119].«

Öffentlich diente dagegen fast ausschließlich die französische Bedrohung als Argument. Hatte die Regierung den Gesetzentwurf noch gleichermaßen mit russischer und französischer Rüstung begründet, blieb in den Reichstagsreden des Kriegministers[120] und des Kanzlers nurmehr Frankreich als Vergleichsgröße, potentieller Gegner und wahrscheinlicher Aggressor übrig. Tatsächlich hatte die Pariser Presse durch das ganze Jahr 1886 antideutsche Töne angeschlagen, und auf deutscher Seite war das entsprechend kämpferisch beantwortet worden[121]. Aber seit dem Herbst urteilten Diplomaten, Militärs und auch Bismarck differenzierter.

---

114 Deininger, Frankreich-Rußland-Deutschland, S. 65.

115 Denkwürdigkeiten des General-Feldmarschalls Alfred Grafen von Waldersee. Hrsg. von Heinrich Otto Meisner, Bd 1, Stuttgart, Berlin 1925, S. 300; John C.G. Röhl, Wilhelm II. Die Jugend des Kaisers 1859—1888, München 1993, S. 610.

116 Lothar Gall. Bismarck. Der weiße Revolutionär, Berlin 1980, S. 669—672; Engelberg, Bismarck, S. 478 f.

117 Schulthess 27 (1886), S. 161—166.

118 Bismarck an Kriegsminister Bronsart von Schellendorf 14.12.1886: GW 6c, Nr. 342, S. 347; Bismarck an Bronsart 13.12.1886: »Für unsere gesamte politische Stellung würde das Verharren der Opposition bei der ursprünglichen Gegnerschaft und die dadurch bedingte Auflösung das Nützlichste sein, [...]«: GW 14,2, Nr. 1776, S. 971.

119 Bismarck an Schlözer 2.1.1887: GW 6c, Nr. 347, S. 352.

120 Rede Bronsarts 3.12.1886: RT 6:4:1:70.

121 Eber Malcolm Carroll, French Public Opinion and Foreign Affairs 1870—1914, New York 1931, London 1965, S. 109 ff., bes. 118—123; ders., Germany and the Great Powers 1866—1914. A Study in Public Opinion and Foreign Policy, Hamden 1966, S. 219 ff., bes. S. 228—234.

Der deutsche Militärattaché Villaume berichtete seit dem Frühjahr 1886 ausführlich über die patriotische und zum Teil kriegerische Presse in Frankreich. Nichts sei dort so populär, wie der Revanchegedanke, ein Krieg deshalb nur eine Frage der Zeit[122]. Der stellvertretende Generalstabschef Waldersee nahm solche Prophezeiungen nicht ernst. Nach seinem Eindruck dachten die Franzosen nicht ernstlich an Krieg (Tagebuch: 10. Oktober). Daß sie friedliche Absichten verfolgten, wie der Botschafter Herbette beteuerte[123], glaubte Waldersee deshalb aber nicht; Paris warte lediglich einen günstigen Termin ab (27. Oktober). Seinem Tagebuch vertraute der General an:

> »Ich meine, daß wir die Pflicht haben, jede Chance, die sich zu unseren Gunsten bietet, zu benutzen und selbst den Krieg mit Frankreich herbeizuführen.«(1. November)

Er wies den Reichskanzler auf den militärtechnischen Vorsprung der deutschen Armee hin, riet aber nicht direkt zum Präventivkrieg: man brauche sich nicht zu sorgen, von Frankreich aus angegriffen zu werden; die Republik wolle keinen Krieg, allenfalls einen zukünftigen; ihre Führer fürchteten die Niederlage, die sie um ihre »fetten Stellen« (16. November) brächte[124]. Bismarck teilte diese Gedanken[125]. An Kriegsminister Bronsart schrieb er am Heiligen Abend 1886, daß er den Krieg erwarte, sobald Frankreich der russischen Haltung sicher sei:

> »[...] aber Berechnung und Überlegung können leicht in die Brüche gehen, wenn solche Verlegenheiten der Republik, wie der jüngste Regierungswechsel, sich wiederholen und Boulanger dreist genug ist, die Verlegenheit aller anderen zu benutzen, ums sich in der leitenden Rolle, unter Ablenkung des Zündstoffes nach außen zu versuchen«[126].

Waldersee und Bismarck fürchteten zwar einen Krieg, aber nicht akut und nicht durch Frankreich allein[127]. Doch der Kanzler wollte die Situation jetzt aus innenpolitischen Gründen nicht entschärfen. Besonders deutlich wird dies in der Auseinandersetzung mit dem Botschafter in Paris, Münster. Im Dissens mit Bismarck hatte der Diplomat seine Analyse dem Kaiser vortragen wollen. Münster hielt die Franzosen für »entschieden friedlich«[128]; die Militärvorlage im Reichstag habe bereits einen Popularitätsschwund Boulangers bewirkt; die Finanzschwäche, das geringe Vertrauen in die Armee und die Angst vor dem Zusammenbruch des republikanischen Systems ließen die Franzosen den Frieden wünschen[129]. Als Münster dies dem Kaiser schrieb, zwang ihn Bismarck, den Bericht zurückzuziehen[130]. Ausdrücklich verwies der Kanzler auf die

---

122 Berichte Villaumes 28.2., 29.4., 3.10., 22.10.1886: GP 6, Nr. 1223 f., 1228, 1232, S. 127—134, 138—143, 146—151.

123 Aufzeichnung Herbert von Bismarcks 18.10.1886: GP 6, Nr. 1231, S. 144 f.; Herbette an Freycinet 18.10.1886: DDF 1,6, Nr. 325, S. 324 f.

124 Denkwürdigkeiten des General-Feldmarschalls Alfred Grafen von Waldersee, S. 298—303; Waldersee an Bismarck 16.11.1886: GP 6, Nr. 1234, S. 152—154; Röhl, S. 604, 608, 610.

125 Denkwürdigkeiten des General-Feldmarschalls Alfred Grafen von Waldersee, S. 154 (Anm.).

126 Bismarck an Bronsart 24.12.1886: GW 6 c, Nr. 346, S. 351.

127 Canis, Bismarck und Waldersee, S. 176 f.

128 Münster an Herbert von Bismarck 10.12.1886: GP 6, Nr. 1237, S. 156.

129 Münster an Bismarck 21.12.1886: GP 6, Nr. 1238, S. 157—159.

130 Münster an Wilhelm I. 30.12.1886, Bismarck an Münster 4.1.1887: GP 6, Nr. 1240 f., S. 160—166.

Schwierigkeiten, die ihm vor der Öffentlichkeit und im Reichstag entstünden, wenn Münsters Auffassungen bekannt würden. Gerade die parlamentarische Bühne aber wollte Bismarck für einen demonstrativen politischen Auftritt nach außen gegen Frankreich und nach innen gegen die Reichstagsmehrheit nutzen. »Mit dem Auflösungsdekret in der Tasche«[131] verteidigte er die Septennatsvorlage, indem er die Bedrohlichkeit französischer Revanchepolitik und eine europäische Kriegsgefahr beschwor:

> »[...] Wir werden Frankreich nicht angreifen, unter keinen Umständen. Es gibt viele Franzosen, die darauf warten, weil sie lieber einen Verteidigungskrieg als einen Angriffskrieg führen wollen, weil es viele gibt, bei denen der französische Angriff auf Deutschland nicht populär ist. Sie werden, wer von Ihnen die französische Geschichte kennt, mir Recht geben, daß die Entschließungen Frankreichs in schweren Momenten immer durch energische Minoritäten und nicht durch die Majoritäten und das ganze Volk bewirkt worden sind. Diejenigen, die den Krieg mit uns wollen, die suchen einstweilen nur die Möglichkeit, ihn mit möglichster Kraft zu beginnen. Ihre Aufgabe ist, le feu sacré de la revanche zu unterhalten. Die Aufgabe, die Gambetta dahin definierte: ne parlez jamais de la guerre, mais pensez-y toujours! — und das ist auch heute noch die Signatur der französischen Situation. [...] Ich habe das feste Vertrauen zu den friedlichsten Gesinnungen der gegenwärtigen französischen Regierung. Die Herren Goblet und Flourens sind nicht die Leute, die den Krieg mit uns wünschen; sie haben die Absicht, ehrlich mit uns zu leben. [...] Wie die Sachen liegen, kann mich dieses Vertrauen auf die friedlichen Gesinnungen der französischen Regierung, auf die friedlichen Gesinnungen eines großen Teils der französischen Bevölkerung aber nicht bis zu dem Grade von Sicherheit einwiegen, daß ich sagen könnte: wir haben einen französischen Krieg gar nicht mehr zu fürchten. Nach meiner Überzeugung haben wir ihn zu fürchten durch den Angriff Frankreichs; ob in zehn Tagen oder in zehn Jahren, das ist eine Frage, die ich nicht entscheiden kann; das hängt ganz ab von der Dauer der Regierung, die gerade in Frankreich ist[132].«

Nach der Weigerung, ihm in der Septennatsfrage zu folgen, löste Bismarck den Reichstag am 14. Januar auf. Der folgende Wahlkampf erhitzte die Gemüter weiter. Nicht nur Rede- und Pressepolemik richtete sich gegen Frankreich. Im Januar und Februar wurden die Belastungen des deutsch-französischen Verhältnisses handfest. Bismarck schürte die Spannungen mit lancierten Artikeln, deren schärfster aus der Feder Konstantin Rößlers in der »Post« die Situation als »Auf des Messers Schneide« kennzeichnete[133]. Andere Zeitungen folgten dem Beispiel[134]. Auf diplomatischer Ebene ließ Bismarck einen Kriegsgrund definieren: »[...] si le général Boulanger devient Président du Conseil ou Président de la République, ce sera la guerre,« erfuhr Herbette in Berlin[135]. Anfang Februar

[131] Gall, Bismarck, S. 673.
[132] Rede Bismarcks 11.1.1887: RT 6:4:1:338 f.
[133] Peter Wolfframm, Die deutsche Außenpolitik und die großen deutschen Tageszeitungen (1871—1890), Zeulenroda 1936, S. 63—66, Rößlers Artikel, S. 74 f.; Helma Hink, Bismarcks Pressepolitik in der bulgarischen Krise und der Zusammenbruch seiner Regierungspresse (1885—1890), Frankfurt a.M. 1977, S. 85.
[134] Carroll, Germany, S. 243—249.
[135] Herbette an Flourens 29.1.1887: DDF 1,6, Nr. 415, S. 426.

testeten 72 000 Soldaten bei Manövern in Elsaß-Lothringen ein neues Maschinengewehr. Gerüchte, daß ein Kriegsanleihegesetz in Höhe von 300 Millionen Mark geplant sei, erzeugten an den Pariser und Berliner Börsen eine Panikbaisse.

Die französische Presse reagierte anfangs gespalten auf Bismarcks Reichstagsrede. Aber auch solche Zeitungen, die zunächst den innenpolitischen Zusammenhang und die geringe reale Kriegsgefahr betonten, schwenkten nach und nach auf den antideutschen Kurs der revanchistischen Blätter um[136]. Boulanger nahm die deutsche Herausforderung an. Durch einen neuerlichen Popularitätsschub bestärkt, orderte er ohne die Mitsprache des Kabinetts Baumaterialien, und ließ im östlichen Grenzgebiet Militärbauten errichten. Im Januar erhöhte sich die französische Einfuhr der rüstungsrelevanten Chemikalie Trinitrophenol aus Deutschland überproportional, gleichzeitig erregten umfangreiche Pferdekäufe das Mißtrauen[137]. Über Kontakte des Zentrumsführers Windthorst streute Bismarck Kriegsdrohungen, und Außenminister Flourens nahm Boulanger das Versprechen ab, sich weitere Aktionen erst durch die Ministerrunde genehmigen zu lassen. Der Kriegsminister versuchte nun, Manöver einiger Divisionen nahe der Grenze abzuhalten, just dort wo die Deutschen ihre Soldaten trainierten. Am Kabinettstisch will Präsident Grévy mit den Worten reagiert haben: »C'est insensé ce que vous proposez-là, général; ne savez-vous pas que cela serait la guerre?« Boulanger darauf: »Eh bien, je suis prêt[138]!«

Die beiden innenpolitischen Erscheinungen Boulangismuskrise in Frankreich und Militärstreit in Deutschland hatten Kräfte freigesetzt, die sich nun zu verselbständigen und nach außen zu eskalieren drohten. Dieser Gefahr begegneten Paris und Berlin nicht etwa durch konkrete Maßnahmen, um den Konflikt beizulegen, z.B. einem ranghohen Treffen oder auch nur einem Vertrauensbeweis auf minder bedeutendem Gebiet. Zwar mied die französische Regierung jede Aktion, die zum Vorwand für einen Krieg taugen mochte, und auch Bismarcks Reden und Handeln war ja nicht offen kriegstreibend. Die Kontrahenten versicherten sich gegenseitig bester Absichten, zugleich strebten aber beide nach der Rückendeckung durch dritte Mächte.

Am 24. Januar 1887 traf der deutsche Botschafter Hatzfeldt den englischen Premierminister. Er versuchte, Salisbury für eine neutrale Haltung zu gewinnen: den unmittelbar bevortehenden Krieg hätten die Deutschen nicht gewollt. Hatzfeldt »pointed out the advantages we enjoyed from the postion of Germany towards France, could not do us any mischief because of the fear of Germany; and he pressed for ›reciprocity‹,« teilte der Engländer seiner Königin mit. Salisbury lehnte in seinem Schreiben an Victoria mit dem Hinweis auf die Probleme in Irland und die öffentliche Meinung jede »decisive action abroad« ab:

136 Carroll, French Public Opinion, S. 124—128.

137 William L. Langer, European Alliances and Alignments 1871—1890, New York 1962, S. 363.

138 Frederic H. Seager, The Boulanger Affair. Political Crossroad of France 1886—1889, Ithaca 1969, S. 54 f.; Münster an Bismarck 17.7.1887: GP 6, Nr. 1275, S. 204.

»We have absolutely no power to restrain either France or Germany; while the power and influence we have will be needed to defend our influence in the South-east of Europe[139].«

Hatzfeldts Bemerkung über den Vorteil, den Großbritannien aus der deutschen Bedrohung Frankreichs zog, betraf ein wichtiges Politikfeld, über das sich Salisbury gegenüber der Monarchin allerdings ausschwieg: Ägypten. Mit Rücksicht auf die Russen konnte Bismarck auf dem Balkan nichts versprechen, am Nil konnte er den Briten dagegen risikolos entgegenkommen. Am ägyptischen »Leitseil« zog er die englische Regierung an den Dreibund heran[140]. Noch im Februar versicherten sich Italien und England, gemeinsam den status quo im Mittel- und Schwarzmeerraum verteidigen zu wollen. Vier Wochen darauf schloß sich Österreich-Ungarn diesem Notenwechsel an (Mittelmeerentente). Ein Bündnis mit England, oder auch nur ein erklärtes Stillhalten hatte Bismarck nicht erreicht. Als treibende Kraft im Hintergrund profitierte er zwar vom Mittelmeerabkommen, doch ließ es sich nicht gegen Frankreich einsetzen. Er versuchte deshalb, durch Absprachen mit Rußland den Druck auf Paris zu erhöhen.

Sehr weitgehende Äußerungen des russischen Diplomaten Peter Šuvalov [141] hatten den Reichskanzler optimistisch gestimmt. Der Diplomat verwettete seinen Kopf, daß Zar Alexander Deutschland niemals angreifen werde, »am allerwenigsten im Bunde mit Frankreich«. Innerhalb eines Tages lasse sich von ihm ein bindender Vertrag erreichen, »daß er sich in französisch-deutsche Händel niemals einmischen wird«. Bismarck war »sehr gern« dazu bereit, als Gegenleistung erneut zu erklären, daß er Rußland nicht hindern werde, »la fermeture des détroits« zu erlangen[142]. Am Abend vor der Reichstagsrede entwarfen Šuvalov und Bismarck in groben Zügen einen Vertrag, der die gegenseitige freundschaftliche Neutralität in der Meerengenfrage und im Konflikt mit Frankreich fixiert hätte[143]. Bismarck schonte vor dem Parlament am 11. Januar den potentiellen Partner Rußland, doch alsbald stellte sich heraus, daß Šuvalov keineswegs die Zustimmung des Zaren für eine Allianz erhielt. Von Katkov bedrängt, verwarf Alexander III. das Projekt am 20. Januar[144]. Weil er den panslawistischen, profranzösischen Einfluß auf den Zaren fürchtete[145], nahm Bismarck Anfang Februar einen erneuten Anlauf, Rußland mit seinem Beistand in Bulgarien für eine neutrale Position in einem deutsch-französischen Krieg zu ködern. Doch auch ein Schreiben des Kaisers, das Botschafter Schweinitz übergab, änderte nichts an des Zaren Haltung[146].

Fast gleichzeitig streckte Laboulaye in Petersburg Bündnisfühler aus. Giers wich der Frage nach Rußlands Spielraum im Fall eines Krieges aus. Er werde schon im eigenen Interesse ein Wort mitreden, aber Frankreich dürfe nicht der

139 Salisbury an Victoria 24.1.1887: LQV 3,1, S. 262 f.
140 Kröger, »Le bâton égyptien«, S. 125 f.
141 Elzer, Bismarcks Bündnispolitik, S. 37 ff., 156 ff.
142 Aufzeichnung Herbert von Bismarcks und Randbemerkungen Bismarcks 6.1.1887: GP 5, Nr. 1062, S. 212—214.
143 GP 5, Nr. 1063, S. 214 f.
144 Langer, European Alliances, S. 387.
145 Moritz Busch, Tagebuchblätter, Bd 3, Leipzig 1899, S. 213 f.
146 Deininger, Frankreich-Rußland-Deutschland, S. 158 f.

Aggressor sein[147]. Flourens war von der Initiative seines Botschafters zunächst überhaupt nicht angetan[148]. Erst als sich auch drei Wochen nach Bismarcks Reichstagsrede die Wogen nicht glätteten, sich die Situation vielmehr zuspitzte, und die Aktivität Schweinitz' am Zarenhof in Paris Mißtrauen weckte, glaubte auch der Außenminister, Deutschland schreite zum Krieg, sobald Rußland seine Neutralität erklärte. Deshalb bat er den Zaren, sich freie Hand zu bewahren, und Giers um die moralische Unterstützung Rußlands[149]. Doch in Petersburg waren »nicht mehr als halbe Lippenbekenntnisse zu ernten«[150]. Dort hatte man nicht den Eindruck, Deutschland dränge zum Krieg. Flourens ging daher noch einen Schritt weiter. Mit dem russischen Vertreter in Paris, Mohrenheim, stimmte er ein formelles Bündnisangebot ab. Zu diesem Zweck sollte ein Sondergesandter an die Newa reisen. Doch vor solch weitreichenden Abschlüssen schreckte jetzt das Zarenreich zurück. Giers telegraphierte, ihm sei die geplante Mission derzeit unerwünscht[151]. Die Russen fürchteten die schädlichen Folgen für das Verhältnis zu Deutschland, mit dem man gerade ein bilaterales Abkommen, den späteren Rückversicherungsvertrag, als Ersatz für den Dreikaiservertrag verhandelte.

Für dem akuten Konflikt konnten also weder Frankreich noch das Deutsche Reich einen Alliierten finden. Bismarck wurde sogar von britischen und russischen Diplomaten gedrängt, den Druck auf Frankreich zu mildern. Er zog auch tatsächlich einen Teil der Manövertruppen aus dem Grenzgebiet ab[152]. Zugleich versicherte er mehrfach, keinen Krieg beginnen zu wollen[153]. Angesichts der Wahlergebnisse vom 21./28. Februar 1887, die im »Kartellreichstag« die vom Kanzler gewünschten Mehrheiten brachten, konnte er auf den »pseudopatriotischen Furor«[154] verzichten. Die Regierung in Paris zügelte erfolgreich ihren Kriegsminister, und die kämpferischen Töne wurden in der Presse beiderseits des Rheins langsam weniger[155]. Symptomatisch für diese scheinbare Normalisierung war der Rücktritt Paul Déroulèdes als Präsident der von ihm begründeten, revanchistischen »Ligue des Patriotes« am 21. April[156].

---

147 Laboulaye an Flourens 27.1.1887: DDF 1,6, Nr. 410, S. 421.

148 Flourens an Laboulaye 29.1.1887: DDF 1,6, Nr. 414, S. 425: »Il importe que nous aoyons très bien avec Pétersbourg, mais, si l'Allemagne avait le Sentiment que nous désirons l'éloigner de la Russie et prendre sa place dans les alliances futures de ce pays, j'aurais lieu de craindre que cette attitude ne fût de nature à attirer précisément le danger qu'elle aurait pour objet de conjurer.«

149 Flourens an Laboulaye 15.2.1887: DDF 1,6, Nr. 441, S. 457; 21.2.1887: Deininger, Frankreich-Rußland-Deutschland, S. 161.

150 Deininger, Frankreich-Rußland-Deutschland, S. 162.

151 Ebd., S. 163.

152 Seager, The Boulanger Affair, S. 56.

153 Raymond Poidevin, Jacques Bariéty, Frankreich und Deutschland. Die Geschichte ihrer Beziehungen 1815—1975, München 1982, S. 161; Bleichröder an Hatzfeldt 15.2.1887: Botschafter Paul Graf von Hatzfeldt. Nachgelassene Papiere 1838—1901. Hrsg. von Gerhard Ebel, Bd 1, Boppard 1976, Nr. 287, S. 563; Bismarck an Reuß 19.3.1887: GP 6, Nr. 1256, S. 180—182.

154 Engelberg, Bismarck, S. 490.

155 Carroll, French Public Opinion, S. 128; ders., Germany, S. 248—250.

156 Zeev Sternhell, La Droite Révolutionnaire 1885—1914. Les origines françaises du Fascisme, Paris 1978, S. 77—145; ders., Paul Déroulède and the origins of modern French natio-

Er protestierte damit gegen die seiner Meinung nach schwache Politik der Regierung gegenüber den deutschen Provokationen. Nur kurz hätte er warten müssen, um ein erneutes Aufflammen des Konflikts zu erleben.

Der »Fall Schnaebelé«: Otto von Bismarck wurde, wie der »Zauberlehrling« (Gall), die Geister, die er rief, so schnell nicht wieder los. Patriotischer Übereifer und die aufgestachelten antifranzösischen Emotionen führten zu jenem »Fall Schnaebelé«[157], der Ende April 1887 das deutsch-französische Verhältnis erneut schwer belastete.

Guillaume Schnaebelé hatte unzweifelhaft seine Stellung als Grenzbeamter in Pagny-sur-Moselle zur Spionage in Elsaß-Lothringen genutzt. Die Pariser Ministerien für Inneres und Krieg profitierten von seinen Berichten[158]. Im Februar 1887 befahl daher das Reichsgericht in Leipzig seine Festnahme, wenn er deutsches Gebiet beträte. Der übereifrige deutsche Polizeikommissar Gautsch täuschte also dienstliche Gründe und freies Geleit vor, um den überrumpelten Schnaebelé zu arrestieren (21. April). In Metz befaßte sich sogleich die Justiz mit dem Fall. Das französische Parlament pausierte und zahlreiche Minister befanden sich in Algerien, als der Vorfall in Paris bekannt wurde. Die Presse griff das Thema begierig auf. Bismarck wurde vorgeworfen, jede Gelegenheit auszunutzen, um Frankreich zu reizen, damit er später sagen könne, »der Hase sprang zuerst«[159]. Sein einziges Ziel sei, »Frankreich wegzuwischen«[160]. Stimmen wurden wieder laut, die eine harte Reaktion forderten:

> »Nach einem solchen Alarm handelte die Regierung kriminell, wenn sie nicht alle Vorkehrungen träfe, um bereit zu sein — ich sage vollkommen bereit — für jede Eventualität[161].«

Die französische Regierung aber war gespalten: Staatspräsident Grévy und Außenminister Flourens verfochten eine friedliche Linie, Premierminister Goblet und Kriegsminister Boulanger drängten zu einer militärischen Antwort. Der populäre General erneuerte im Ministerrat (23. April) seinen Wunsch, Soldaten an die Grenze zu verlegen: »Signez l'ordre,« soll er Grévy erregt aufgefordert haben, »et en 18 heures la frontière Est sera garnie de troupes suffisantes à repousser toutes les attaques; en six jours l'armée sera formée derrière«[162]. Der Regierungschef unterstützte den Plan, Herbette aus Berlin abzuberufen, 50 000 Mann zu mobilisieren, und Deutschland ultimative Forderungen zu stellen. Doch diese Option war nicht konsensfähig. Grévy setzte durch, solche Maßnahmen zurückzustellen, bis die deutsche Seite ihr Vorgehen erklärt hatte[163].

---

nalism. In: Journal of Contemporary History 6,4 (1971), S. 46—70; Carroll, French Public Opinion, S. 128 f.

157 Adrien Dansette, Le Boulangisme, Paris 1946, S. 72—77; Seager, The Boulanger Affair, S. 57—61.

158 Langer, European Alliances, S. 413.

159 »Intransigeant« 29.4.1887: Carroll, French Public Opinion, S. 132 f.

160 »L'Action« 24.4.1887: Seager, The Boulanger Affair, S. 58.

161 »La Justice« 30.4.1887: ebd.

162 Bericht Hoiningens (Huene) 27.4.1887: GP 6, Nr. 1263, S. 186.

163 Irvine, The Boulanger-Affair Reconsidered, S. 37; der Kabinettsstreit wurde Mitte Mai 1887 bekannt, und im Oktober 1887 in der französischen Presse bestätigt (Münster an

Otto von Bismarck, der seit den Wahltagen Ende Februar aggressive Töne vermied, und wohl glauben mochte, mit dem Abebben des Presserummels versande die Krise, und er werde mit den Franzosen wieder zum normalen Geschäft zurückkehren, wurde vom Fall Schnaebelé vollkommen überrascht. Zwar war der Vorgang im März über seinen Schreibtisch gegangen[164], inszeniert aber war er nicht vom Reichskanzleramt. Äußere Bedrohungsängste für innenpolitische Zwecke zu entfachen war eine Sache, dagegen war ausgeschlossen, die Außenpolitik durch solche innenpolitischen Mittel bestimmen zu lassen. Eine Provokation, wie die Verhaftung Schnaebelés, um inneren Bedürfnissen zu genügen, widersprach dieser Maxime. Bismarck war an der Festnahme nicht beteiligt, er erkannte auch sogleich die Gefahr, die sich weniger aus der »Subalternaffaire«[165] selbst ergab, als aus ihrer zeitlichen Nähe zu der künstlichen Kriegsgefahr vom Jahresbeginn. Deshalb war der Kanzler bestrebt, die Angelegenheit rasch zu bereinigen. Schon am 22. April ließ er Paris wissen, der Fall werde geprüft und eine Freilassung sei nicht ausgeschlossen. Am 24. bedauerte und mißbilligte er mögliche »Mißgriffe«, die nicht auf seine Initiative zurückgingen[166]. Ein Bericht des Militärattachés Hoiningen-Huene, daß sich in der französischen Bevölkerung eine Verbitterung eingestellt habe, die leicht aus Kleinigkeiten eine Situation schaffe, »deren Folge der Krieg sei«[167], überzeugte Bismarck, für eine schnelle Freilassung Schnaebelés zu sorgen. Er teilte dies dem französischen Botschafter am 29. April, der Öffentlichkeit (»Norddeutsche Allgemeine Zeitung«) am 1. Mai mit[168].

Dies Zurückweichen war jener Vertrauensbeweis, den Bismarck im Januar nicht hatte geben wollen. Die französische Öffentlichkeit feierte diesen Ausgang als diplomatischen Sieg[169], der auf das zupackende Handeln Boulangers zurückginge. In den informierten Kreisen der Regierung und des Parlaments wußte man dagegen, daß der Minister recht sorglos einen Krieg riskieren wollte, auf den das Land nicht vorbereitet war[170]. Präsident Grévy war seitdem entschlossen, Goblet und mit ihm Boulanger loszuwerden[171]. Auch Herbette drängte, hiermit ein Friedenssignal zu setzen[172]. Als Boulanger mit einem Antrag, der Armee Mobilisierungsübungen zu erlauben und hierfür zusätzliche Mittel bereitzustellen, im Parlament scheiterte, nutzte Grévy diese Gelegenheit zu einer Regierungsumbildung noch im Mai 1887. Unter dem neuen Minister-

Bismarck 18.5.1887: GP 6, Nr. 1267, S. 191 f. und Anm. S. 192). Es hieß, Boulanger und Goblet hätten drei Opponenten gehabt; neben Grévy und Flourens soll dies der spätere Ministerpräsident Maurice Rouvier gewesen sein (Seager, The Boulanger Affair, S. 59). Dieser war aber nicht Regierungsmitglied unter Goblet. Da über diese Entscheidung abgestimmt wurde (GP 6, Anm. S. 192), kann nicht Rouvier den Ausschlag gegeben haben.

164 GP 6, Anm. S. 182.

165 Aufzeichnung Herbert von Bismarcks 25.4.1887: GP 6, Nr. 1262, S. 185; Herbette an Flourens 25.4.1887: DDF 1,6, Nr. 509, S. 519.

166 Bismarck an Leyden 22.4. (2 Schreiben), 24.4.1887: GP 6, Nr. 1258—1260, S. 182—184.

167 Bericht Hoiningens (Huene) 27.4.1887: GP 6, Nr. 1263, S. 187.

168 Bismarck an Herbette 28.4.1887: GP 6, Nr. 1264, S. 187—189; Herbette an Flourens 29.4.1887 (3 Schreiben): DDF 1,6, Nr. 520—522, S. 531—533.

169 Noch Dansette, Le Boulangisme, S. 76 sieht das so.

170 Irvine, The Boulanger-Affair Reconsidered, S. 37.

171 Münster an Bismarck 17.7.1887: GP 6, Nr. 1275, S. 204.

172 Langer, European Alliances, S. 415.

präsidenten Rouvier behielt nur Flourens sein Ressort, Boulanger schied aus dem Amt.

Am Ende der Krise standen somit gegenseitige Beweise, die Auseinandersetzungen nicht auf die Spitze treiben zu wollen. Die Kriegsgefahr im Westen war dadurch verringert, im Osten kündigte sich aber bereits die erneute Eskalation des ungelösten Bulgarienproblems an.

Dritte Bulgarienkrise — Ferdinand: Die Tatsache, mit der Bulgarienpolitik mehrfach erfolglos gewesen, ja insgesamt gescheitert zu sein, hielt die russische Führung nicht von weiteren Initiativen ab. Die bulgarische Krise wirkte deshalb auch 1887 fort, gerade weil Rußland sich »grenzenlos blamiert«[173] fühlte, und der Regierung jetzt sehr daran gelegen war, ihr beschädigtes Ansehen im eigenen Land, auf der Balkanhalbinsel und im Konzert der Mächte aufzupolieren. Nach einem vergeblichen Versuch, den Prinzen von Mingrelien (in Georgien) als Fürsten durchzusetzen[174], und einem fehlgeschlagenen Militärputsch im Februar/März 1887[175], schlug Petersburg im Juni den russisch-finnischen General Ehrenroth (Ernroth) als provisorischen Regenten für Bulgarien vor. Wenige Tage nachdem das Dreikaiserabkommen ausgelaufen war, sollte der russische Vorschlag die drei Mächte in wenigstens einem Punkt wieder zusammenführen. Der General hatte auch bereits die Unterstützung Bismarcks. Von jeglicher vertraglichen Pflicht befreit, sich den Russen anzupassen, lehnte jedoch Kálnoky Ehrenroths Regentschaft ab[176]. Immer deutlicher war der russisch-österreichische Gegensatz zutage getreten. 1885 war die ostrumelische Krise eine primär russisch-englische Angelegenheit gewesen. Das Mißtrauen gegenüber Österreich war im Rahmen des Dreikaiserabkommens aufgefangen worden. Im Jahr darauf hatten London und Wien in der Kaulbarskrise verbale Kriegsdrohungen an die Petersburger Adresse gegeben. Mußte, nachdem Österreich und Rußland keine gemeinsame vertragliche Basis mehr hatten, und das Habsburgerreich durch die Mittelmeerentente mit Großbritannien verbunden war, für jedes Brodeln im bulgarischen Dampfkessel nicht das Schlimmste befürchtet werden? Während sich die Konsequenzen verschlechterter Beziehungen zwischen Österreich und Rußland immer klarer abzeichneten, verschärfte sich auch der Antagonismus zwischen Rußland und England wieder. Die Ägyptenkonvention, die Henry Drummond-Wolff in Konstantinopel ausgehandelt hatte, scheiterte maßgeblich an der russischen und französischen Opposition. Der Engländer verließ die türkische Hauptstadt am 15. Juli 1887. Zu diesem Zeitpunkt war das Votum des Sabranje, den Prinzen Ferdinand von Sachsen-Coburg-Koháry zum Fürst von Bulgarien zu machen, eine Woche alt. Diese Entscheidung sollte der Ausgangspunkt eines dritten Akts der bulgarischen Krise[177] werden.

---

[173] Privatbrief Bülows 15.11.1886: GP 5, Nr. 990, S. 69.
[174] Schaller, Der bulgarische Nationalismus, S. 171 f.
[175] Schulthess 28 (1887), S. 462—464.
[176] Bridge, From Sadowa, S. 169; Rauscher, Zwischen Berlin und St. Petersburg, S. 122.
[177] Für das Folgende: Königslöw, Ferdinand von Bulgarien, bes. S. 55—79.

Zar Alexander empfand das Ganze als »widerliche Geschichte«, immerhin aber als »Ohrfeige für Rußland«[178], auf die angemessen reagiert werden mußte. Als Sproß der ungarischen Linie der Coburger Familie, österreichischer Offizier, Verwandter der englischen Königin und Katholik war Ferdinand aus russischer Sicht der denkbar unangenehmste Kandidat[179]. In einem Zirkular erklärte man den Wahlakt daher für illegal, die türkische Regierung wurde mit drohendem Unterton zur Reaktion gemahnt. Frankreich lehnte die Wahl Ferdinands ebenfalls sofort ab, und konnte so die russische Hilfe gegen die Drummond-Wolff-Konvention entgelten[180]. Deutschland war bereit, den russischen Vorstellungen zu folgen[181]. Italien, Österreich und England erkannten die Wahl zwar an, wollten gleiches bei den anderen Mächten jedoch nicht erstreiten[182]. Der Sultan saß eingeschüchtert zwischen diesen beiden Parteien. Eine Reaktion im Sinne der einen Partei rief unweigerlich Maßnahmen der anderen hervor. Einerseits drohte ihm von Rußland die Besetzung bulgarischer Küstenstädte, wie schon im Herbst 1886, andererseits warnten ihn die Botschafter der Mittelmeerentente vor »unbedachten Schritten«. Sie kündigten gemeinsame Flottendemonstrationen an, wenn die Russen sich aktiv zeigten[183].

Ferdinand hielt sich noch in seiner ungarischen Heimat auf, um die Zustimmung der Mächte abzuwarten. Während er seine Abreise nach Bulgarien vorbereitete, suchte Kálnoky dem Eindruck entgegenzuwirken, der designierte Fürst besitze das Einverständnis des Wiener Hofs oder der Regierung. Kálnoky entschied gegen eine Audienz bei Franz Joseph; Ferdinand und seine Begleiter mußten die Armee verlassen. In aller Heimlichkeit trat der künftige bulgarische Herrscher die Reise nach Tirnovo an, wo er am 14. August als »von Gottes Gnaden und dem Willen der Nation« bestimmter Fürst den Eid auf die Verfassung leistete[184].

Die gegenläufigen Parteinahmen der Großmächte verfestigten sich in der Folgezeit. Petersburg beharrte auf dem Ehrenrothprojekt und damit auf der Illegalität der bulgarischen Thronwahl. Hierfür hatte des Zaren Regierung das Einverständnis Bismarcks[185]. So wie man 1886 hinter der Kaulbarsmission eine Besetzung Bulgariens befürchtet hatte, so glaubte Kálnoky jetzt an die beabsichtigte Okkupation als zweitem Schritt nach der Entsendung Ehrenroths, »nebst anderen üblen Folgen (wie) dem Fall von Konstantinopel in nicht allzu langer Zeit«[186]. Einen Vormarsch der Russen wollte Kálnoky in keinem Fall

178 Schweinitz an Bismarck 13.7.1887: ebd., S. 56.

179 Bridge, From Sadowa, S. 169, vgl. die Randbemerkung Bismarcks zur Aufzeichnung Berchems 5.8.1887: GP 5, Nr. 1046, S. 189; Victoria über Ferdinand: »totally unfit, delicate, and effeminate, foolish young cousin« (LQV 3,1, S. 229 f.).

180 Vgl. Zirkular Flourens 10.8.1887: DDF 1,6, Nr. 583, S. 587.

181 Berchem an Bismarck 6.8.1887, Bismarck an AA 6.8.1887: GP 5, Nr. 1047 f., S. 189 f.

182 Malvano an Nigra 11.7., Greppi an Depretis 12.7., Catalani an Depretis 17.7.1887: St.A. 51 (1891), Nr. 9953, S. 34 f., 9957 f., S. 37—39.

183 Bericht Kiderlen-Waechters 19.8.1887: Königslöw, Ferdinand von Bulgarien, S. 69.

184 Ebd., S. 62; Rauscher, Zwischen Berlin und St. Petersburg, S. 123.

185 Bismarck an Kiderlen-Waechter 3.9.1887: GP 5, Nr. 1055, S. 200 f.

186 Ausführungen Kálnokys als Anlage II zu einer Aufzeichnung Herbert von Bismarcks vom 20.10.1887 über ein vertrauliches Treffen mit dem österreichischen Geschäftsträger Eissenstein am selben Tag: GP 4, Nr. 918, S. 355.

akzeptieren. Er war daher früh bestrebt, insgeheim den neuen Fürsten zu stützen; seinem Vertreter in Sofia schrieb er:

> »Wir [...] haben dem Prinzen aufs Eindringlichste abgeraten, sich sofort nach Bulgarien zu begeben, wünschen aber jetzt, daß das Unternehmen möglichst gelinge, schon deshalb, weil ein Mißlingen noch viel gefahrvollere Konsequenzen haben müßte. [... Der Prinz] wird bald das Bedürfnis fühlen, sich bei objektiven Leuten Rat zu holen. Seien Sie vorsichtig, aber wenn Sie dem Prinzen nützlich sein können, so tun Sie es[187].«

Diese Haltung machten sich Engländer und Italiener zu eigen[188]. Ihre Gemeinsamkeit setzten die drei Mächte in einem Acht-Punkte-Programm fort, das ihren Mittelmeervertrag weiterentwickeln sollte. Ein Entwurf aus dem Oktober 1887 verbot den Türken, ihre Rechte über Bulgarien abzutreten. Wenn der »rechtmäßige status quo« und damit die Interessen der drei verletzt würden, sollte die Pforte Hilfe erhalten. Die Ententepartner wollten aber osmanische Gebiete »provisorisch« besetzen, falls die Türkei ihre Souveränitätsrechte nicht »ernsthaft« verteidigte[189]. Hinter dieser Formel verbarg sich die Absicht, jeder militärischen Aktion Rußlands mit einer Intervention des Mittelmeerbunds bis hin zur Besetzung der Meerengen begegnen zu können. Hierfür sollte Konstantinopel in die Pflicht genommen werden.

Den Russen blieb das vor allem von Wien gezeigte Wohlwollen für Ferdinand und auch das Werben der drei Mächte um die Gunst des Sultans nicht verborgen[190]. Immer noch betrieben sie ihre Idee einer vorläufigen Regentschaft des Generals Ehrenroth. Um diesem Projekt Nachdruck zu geben, sollte zum einen Bismarck die Entsendung eigenverantwortlich vorschlagen, zum anderen verlegte man eine Kavalleriedivision an die Grenze nach Galizien, um Österreich einzuschüchtern. Aber Otto von Bismarck schloß einen »selbständigen Antrag« ohne vorherige amtliche Erklärung Rußlands an die Mächte aus[191], und von der Konzentration russischer Truppen in Polen ließ sich die Habsburgerführung nicht in ihren Zielen beirren. Franz Joseph wollte der Mission Ehrenroth »niemals« zustimmen[192], und er hielt diese Haltung auch durch. Obwohl an Bulgarien selbst keine Interessen hingen, fürchtete man am Ballhausplatz und in der Hofburg das Ausstrahlen einer russischen Provinz an der Donau auf den eigenen Einflußraum in Rumänien und Serbien/Montenegro sowie auf die Slawen im Vielvölkerstaat und in Bosnien/Herzegowina. Wien blieb deshalb hart. Den Höhepunkt der Krise stellten wie im November 1886 wieder Politikerreden dar.

Am 25. Oktober hatte Außenminister Crispi in Turin öffentlich angekündigt, die Balkanvölker in ihrem nationalen Unabhängigkeitskampf zu unterstützen:

---

187 Kálnoky an Burian 10.8.1887: Königslöw, Ferdinand von Bulgarien, S. 67; Rauscher, Zwischen Berlin und St. Petersburg, S. 123; Kálnoky an Calice 9.10.1887: »Österreich-Ungarn zweifle weder die Legalität der Wahl noch die des Sabranje an, illegal sei nur der Regierungsantritt des Prinzen Ferdinand.« (Königslöw, Ferdinand von Bulgarien, S. 72; vgl. Rauscher, Zwischen Berlin und St. Petersburg, S. 125).

188 Crispi an Gerbaix de Sonnaz 24.8.1887: St.A. 51 (1891), Nr. 9973, S. 48.

189 Anlage I zur Aufzeichnung Herbert von Bismarcks 20.10.1887: GP 4, Nr. 918, S. 354.

190 Bericht Radowitz' 30.10.1887: GP 6, Anm. S. 4.

191 Bismarck an Kiderlen-Waechter 3.9.1887: GP 5, Nr. 1055, S. 200 f.

192 Bridge, From Sadowa, S. 170; Reuß an Bismarck 29.8.1887: GP 5, Nr. 1053, S. 195.

»Nun wohl, helfen wir diesen Völkern, die, wie alle lebenden Wesen, der Freiheit zustreben, sich selbst zu finden ohne Kampf, ohne Blutvergießen, ohne neues Märtyrertum. Ist dies nicht die Italien würdigste Politik, die, welche seinen Ursprüngen und unseren Prinzipien am meisten entspricht?[193]«

Die entschlossene Sprache Crispis beeindruckte seinen russischen Kollegen Giers, war doch nach einem Besuch des Italieners in Friedrichsruh Anfang des Monats viel von einer deutsch-italienischen Freundschaft die Rede[194]. Auch in Berlin wurde man hellhörig, denn Crispi hatte nach seinem Treffen mit Bismarck den Österreichern »sofort 100 000 bis 200 000 Mann« versprochen, falls Rußland militärisch gegen Sofia vorgehe[195]. Der Reichskanzler forderte eine Klarstellung[196], die ihm dann eine Rede Kálnokys vor dem auswärtigen Ausschuß der ungarischen Delegation brachte. Am 5. November sprach der Außenminister von der »Identität der Ziele, welche die italienische Regierung mit uns teilt«. Kálnoky ging davon aus, daß Rom »unsere friedliche Politik im Orient« unterstützte. Von Rußland forderte er eine Haltung, die den »Völkern eine größere Beruhigung für die Zukunft bietet«. Gleichzeitig schloß er eine künftige Anerkennung Ferdinands, die ungarische Politiker (Andrassy, Apponyi) nachdrücklich forderten, nicht unbedingt aus[197]. Die russische Presse reagierte gereizt[198], und Giers wies die österreichische Bulgarienpolitik entschieden zurück[199]. Als dritter nutzte Salisbury die Gelegenheit des traditionellen Banketts des Londoner Bürgermeisters für eine außenpolitische Stellungnahme. Am 9. November stellte er sich hinter die Äußerungen Crispis und Kálnokys. Mit Italien und Österreich sei England »durch tiefe Sympathien verbunden« und ihre Interessen fielen weitgehend zusammen: aller Einfluß, über den England gebiete, werde den Nationen zukommen, deren Streben nach Freiheit, Recht und Frieden gehe[200]. Als solche Nationen definierte Salisbury die Mittelmeeralliierten, und für russische Ohren wohl auch Bulgarien.

Die Stimmung wurde aber nicht nur verbal angeheizt. Zugleich war auf beiden Seiten weitergerüstet worden. Die russische Armee verlegte ihre Soldaten an die galizische Grenze, um der schnelleren Mobilisierung Österreichs und Deutschlands zuvorzukommen[201]. Ihre Kavallerie hatte nach österreichischen Angaben nahezu Kriegsstärke, und auch die gegnerische Reiterei war schon auf »erhöhtem Kriegsfuß«. In Wien waren die Militärs überzeugt, daß ein Krieg spätestens im Frühjahr 1888 bevorstand[202]. Bei all' ihrer Kriegsplanung gingen

---

193 Die Memoiren Franceso Crispi's. Erinnerungen und Dokumente. Hrsg. von Tomaso Palamenghi-Crispi, Berlin 1912, S. 241, vgl. Schulthess 28 (1887), S. 377—381 wo diese Passage fehlt.

194 Bülow an Bismarck 3.11.1887: GP 5, Nr. 1125, S. 315 f.

195 Solms an Bismarck 12.10.1887: GP 4, Nr. 917, S. 352.

196 Launay an Crispi o.D.: Die Memoiren Franceso Crispi's, S. 244 f.

197 Schulthess 28 (1887), S. 252—256, bes. S. 254; Rauscher, Zwischen Berlin und St. Petersburg, S. 131 f.

198 Ebd.; S. 444 f.; Rauscher, Zwischen Berlin und St. Petersburg, S. 131 f.

199 Bülow an Bismarck 10.11.1887: Canis, Bismarck und Waldersee, S. 219; vgl. Rauscher, Zwischen Berlin und St. Petersburg, S. 132.

200 Schulthess 28 (1887), S. 306—366, bes. 307.

201 Canis, Bismarck und Waldersee, S. 218.

202 Deines an Waldersee 10.11.1887: Canis, Bismarck und Waldersee, S. 220; Militärkonferenz 8.12.1887: ebd., S. 226 f.; Ministerrat 19.12.1887: Bridge, From Sadowa, S. 174.

Kaiser Franz Joseph, Kálnoky und Generalstabschef Beck stets davon aus, gemeinsam mit Deutschand zu kämpfen[203]. Sie waren vom deutschen Generalstab in dieser Hoffnung auch immer bestärkt worden[204]. Tatsächlich plädierte General Waldersee für einen baldigen Präventivkrieg. Schon im Oktober hatte er ein Szenario geplant, in dem vier, notfalls fünf Armeekorps an österreichischer Seite gegen Rußland kämpften, und dadurch ein deutscher Angriff auf Frankreich gedeckt wurde[205]. Es waren aber nicht nur die strategischen Argumente der eigenen Armeeführung, deretwegen Kálnoky den Kriegsausbruch an eine deutsche Unterstützung band, und nicht allein die Äußerungen hoher deutscher Militärs, die ihn auf solchen Beistand hoffen ließen. In Wien verfolgte man mit großen Erwartungen die permanenten deutsch-russischen Differenzen im handelspolitischen Bereich und die begleitende antirussische Pressekampagne in der zweiten Jahreshälfte 1887. »Die österreichische Diplomatie bewertete ihre Wirkung so hoch, daß sie Bismarcks Zustimmung zu Rußlands Bulgarienpolitik als eine primär taktische Position wertete, die das Ziel verfolgte, die Differenzen auf periphere Felder zu verlagern und vor allem gegenüber den Franzosen zu verschleiern[206].«

Mit der von ihm angefachten Pressefehde[207] versuchte der Reichskanzler seit dem Sommer, die russische Politik zu beeinflussen. Gegen den frankreichfreundlichen Finanzminister Visnegradski wollte er die Gruppe Giers/Šuvalov stärken, indem er den funktionellen Wert der deutschen Freundschaft akzentuierte[208]. Die Politiker um Giers glaubte er leichter in seinem Sinn steuern zu können. Tatsächlich schwächte er aber diese Fraktion in der Regierung nur zusätzlich, und die antideutsche Tendenz nahm in der russischen Außenpolitik weiter zu. Im November, auf dem Höhepunkt der Krise, wollte Bismarck sein Ziel mit einer spektakulären ökonomischen Drohung doch noch erreichen. Das Verbot, auf russische Wertpapiere Lombarddarlehen zu gewähren (10. November)[209], sollte das russische Engagement für und in Südosteuropa schwächen und Österreich-Ungarn entlasten[210]. Diesem Ziel diente es auch, daß Bismarck den Kurzbesuch des Zaren in Berlin (18. November) nutzte, und intern den Zweibund mit Österreich bekanntmachte. Rußland war nun über die defensiven Verpflichtungen Deutschlands informiert[211]. Zugleich wies der Kanzler aber auch die Österreicher darauf hin, daß der Zweibund keine offensiven Pflichten umfaßte. Für die direkten Kontrahenten kam es im System von Rückversicherungsvertrag und Zweibund also darauf an, daß der jeweils andere

---

203 Széchényi an Kálnoky 5.11.1887: Canis, Bismarck und Waldersee, S. 217.

204 Canis, Bismarck und Waldersee, S. 220—225; Rauscher, Zwischen Berlin und St. Petersburg, S. 134 f.

205 Generalfeldmarschall Alfred von Waldersee in seinem militärischen Wirken. Hrsg. von Hans Mohs, Bd 2, Berlin 1929, Nr. 24, S. 194—197; Röhl, S. 742—745.

206 Canis, Bismarck und Waldersee, S. 213.

207 Hink, Bismarcks Pressepolitik, S. 112 ff.

208 Hans Ulrich Wehler, Bismarcks Imperialismus und späte Rußlandpolitik unter dem Primat der Innenpolitik. In: Das kaiserliche Deutschland. Politik und Gesellschaft 1870—1918. Hrsg. von Michael Stürmer, Düsseldorf 1970, S. 235—264, hier S. 249.

209 GP 5, S. 330 ff.

210 Wehler, Bismarcks Imperialismus, S. 249.

211 Bismarck an Hatzfeldt 19.11.1887: GP 5, Nr. 1129, S. 324. Der Zweibund wurde endgültig am 6. Februar 1888 veröffentlicht.

angriff, um von Deutschland entweder wohlwollende Neutralität (Rußland) oder militärischen Beistand (Österreich-Ungarn) zu erfahren:

> »[...] unser System geheimer Verträge setzt eine Prämie auf friedliches Verhalten insofern aus, als wir Österreich beistehen, wenn Rußland den Frieden bricht, und nach dem russischen Vertrage neutral bleiben, wenn Österreich den Frieden bricht«[212].

Im Dezember mußte Bismarck erkennen[213], daß die österreichische Armeeführung von ihrer Regierung nicht darüber aufgeklärt war, daß es kein »Schutz- und Trutzbündnis für alle Fälle«[214] gab, der eigene Generalstab in Wien zu aggressivem Verhalten drängte und der dortige Stabschef, Beck, nur auf das entscheidende Wort aus Berlin wartete, um Mitte Januar loszuschlagen. Bismarck telegraphierte, daß »die Herbeiführung des Krieges unserer Politik direkt und vollständig widerspricht«[215], er verbot jede politische Einflußnahme durch den Militärattaché Deines[216], hinter dem Waldersee stand. Botschafter Reuß wurde instruiert, Österreich keinesfalls zu »aggressivem Vorgehen gegenüber Rußland« zu ermutigen, höchstens zum »Starksein in der Defensive«[217]:

> »Solange ich Minister bin, werde ich meine Zustimmung zu einem prophylaktischen Angriffe auf Rußland nicht geben, und ich bin auch weit entfernt, Österreich zu einem solchen zu raten«,

einschränkend fuhr der Reichskanzler fort, »solange Österreich nicht der englischen Mitwirkung dabei absolut sicher ist«[218]. Wenn überhaupt, so war der Krieg nur auf getrennten Schauplätzen denkbar: Deutschland gegen Frankreich[219] und Österreich, England, Italien und die Türkei gegen Rußland[220], also ohne eine russisch-deutsche Front. Aber es gab keine hinreichende Sicherheit für eine englische Beteiligung, ohne die eine italienische unwahrscheinlich, die türkische ausgeschlossen war. Daran änderte auch ein Briefwechsel Bismarcks und Salisburys im November und der Ausbau des Mittelmeervertrags im Dezember nichts[221].

Ein Winterfeldzug in Galizien war schwierig genug, ohne die deutsche Unterstützung beschränkte sich das Wiener Kabinett daher auf wenige vorbeugende Maßnahmen an der Grenze, die nicht groß genug waren, Rußland zu provozieren, und denen die Delegationen nicht etwa spektakulär zustimmen mußten. Trotzdem blieb die Lage gespannt, und für die Regierung in Petersburg wurde eine Neueinschätzung der eigenen Situation nötig.

212 Diktat Bismarcks, Aufzeichnung Rantzaus 20.12.1887: GP 6, Nr. 1184, S. 62.
213 Canis, Bismarck und Waldersee, S. 227.
214 Bismarck an Reuß 15.12.1887: GP 6, Nr. 1163, S. 28.
215 Bismarck an Reuß 15.12.1887: GP 6, Nr. 1165, S. 29.
216 Aufzeichnung Rantzaus 15.12.1887: GP 6, Nr. 1164, S. 28 f.
217 Bismarck an Reuß 15.12.1887: GP 6, Nr. 1163, S. 27 f.
218 Ebd., S. 25.
219 Ebd., S. 27.
220 Ebd., S. 25.
221 Bismarck an Salisbury 22.11.1887: GP 4, Nr. 930, S. 376—380, Salisbury an Bismarck 30.11.1887: GP 4, Nr. 936, S. 386—388; Notenwechsel der Ententemächte 12./16.12.1887: Die politischen Geheimverträge Österreich-Ungarns 1879—1914. Hrsg. von Alfred Franzis Pribram, Wien, Leipzig 1920, Nr. 12, S. 51—56.

Auch nach dem Tode Katkovs (1. August 1887) war die innere Zersplitterung des Reichs nicht beendet. Die Fraktionierung setzte sich bis in die Regierung fort, wo sich die Anhänger einer prodeutschen und einer profranzösischen Außenpolitik gegenseitig blockierten. Einigkeit bestand lediglich in dem Ziel, mit einer standhaften Bulgarienpolitik zu versuchen, nicht noch mehr Rückhalt im Innern, Einfluß auf die Balkanslawen und Prestige unter den Großmächten zu verlieren. Das Zarenreich litt nach wie vor unter seinen wirtschaftlichen Schwierigkeiten; die Besserung bis 1890 war während der handelspolitischen Streitereien mit Deutschland noch nicht abzusehen[222]. Militärisch stand das Land immer noch auf schwachen Beinen, und es gab keinen Anlaß zu glauben, daß die Ängste der Militärs aus dem Herbst 1886 seitdem verflogen waren[223]. Im Gegenteil hatte sich die damals befürchtete Gegnerkoalition gefestigt und vergrößert. Kam bei einem russischen Angriff auch noch Deutschland hinzu, dessen defensive Pflicht gegenüber Österreich seit dem Zarenbesuch bekannt war, so konnte Rußland nur auf die Franzosen hoffen. Ein amtliches Bündnisangebot lehnten Flourens und Grévy aber sogleich ab[224]. Bereits am 23. Dezember 1887 versicherten die Russen deshalb in Wien, sie dächten nicht an einen Krieg, und wollten wegen Bulgarien nicht einen einzigen Blutstropfen vergießen. Kálnoky antwortete mit dem Versprechen friedlicher und defensiver Absichten[225].

Anfang des neuen Jahrs eröffnete Petersburg einen Weg aus der Krise. Am 9. Januar 1888 meldete der italienische Botschafter in Berlin, Launay, die Russen hätten dort signalisiert, sie könnten sich mit einer Erklärung der Großmächte zufriedengeben, daß die gegenwärtigen bulgarischen Verhältnisse und die Thronfolge Ferdinands dem Berliner Vertrag widersprächen[226]. Es ist durchaus möglich, daß ein Friedensappell des greisen deutschen Kaisers an seinen Großneffen, den Zaren, den Zeitpunkt dieses Vorschlags mitbestimmte. Der Entscheidungsprozeß wird jedoch vorher — der Brief Wilhelms I. trägt das Datum des 5. Januar[227] — abgeschlossen gewesen sein. Somit konnte auch Bismarcks Reichstagsrede vom 6. Februar hierauf keinen Einfluß mehr nehmen, aber doch die russische Seite in ihrem einmal gefaßten Entschluß bestärken, die Krise jetzt auf diese Weise abzumildern. Erst nach der Rede veröffentlichte der Petersburger »Regierungsanzeiger« den Vorschlag, Ferdinands Bulgarien für illegal zu erklären[228].

In einer langen außenpolitischen Vorlesung für die Abgeordneten des Kartellreichstags legte Otto von Bismarck dar, wie die latente Kriegsgefahr das europäische System seit den 50er Jahren belastet habe, und wie wenig Anlaß für Deutschland bestehe, sich an der aktuellen Krise zu beteiligen. Gleichwohl nahm er die internationale Spannungen als Motiv, ein Wehrgesetz zu beantra-

222 Horst Müller-Link, Industrialisierung und Außenpolitik. Preußen und das Zarenreich von 1860 bis 1890, Göttingen 1977, S. 314—339; Geyer, Der russische Imperialismus, S. 116—122.

223 Durman, Lost Illusions, S. 150; Müller-Link, Industrialisierung und Außenpolitik, S. 311 f.

224 Deininger, Frankreich-Rußland-Deutschland, S. 272.

225 Bridge, From Sadow, S. 173.

226 Launay an Crispi 9.1.88: St.A. 51 (1891), Nr. 9981, S. 53

227 GP 6, Nr. 1174, S. 42 f.

228 1.2.88: St.A. 51 (1891), Nr. 9982, S. 53—55.

gen, das die Landwehr dem Feldheer zuordnete und dadurch dessen Kriegsstärke um 700 000 Soldaten erhöhte[229]. Am Ende seiner Rede ging Bismarck auf Bulgarien ein:

> »[...] das Ländchen zwischen Donau und Balkan, ist überhaupt kein Objekt von hinreichender Größe, um daran die Konsequenzen zu knüpfen, um seinetwillen Europa von Moskau bis an die Pyrenäen und von der Nordsee bis Palermo hin in einen Krieg zu stürzen, dessen Ausgang kein Mensch voraussehen kann, [...]«[230].

Für ihren bislang inoffiziell angedeuteten Vorschlag machte der Kanzler den Russen Mut:

> »[...] sobald Rußland den Wunsch ausspricht, *die* diplomatischen Schritte diplomatisch zu unterstützen, welche Rußland *eben* tun kann, um seinen Einfluß auf Bulgarien wiederzugewinnen«[231],

wolle er darauf eingehen. Bismarck plädierte also öffentlich für minimale russische Forderungen, die er dann fördern wollte. Er nahm damit den von Rußland gelegten Faden auf, noch aber mußten England, Österreich und Italien gewonnen werden.

Botschafter Morier meldete die russischen Ideen am 16. Februar nach London. Die Signatarstaaten des Berliner Vertrags sollten die Pforte zu einer starken Haltung (»firm attitude«) bewegen, mindestens aber zu einem formalen Protest gegen den illegalen Status in Bulgarien. Giers versicherte, keine Hintergedanken zu hegen, keine gewaltsame Lösung zu beabsichtigen, weder durch eine militärische Besetzung, noch in ähnlicher Form[232]. In Wien wurde Giers' Vorschlag detaillierter vorgetragen: 1. Eine Deklaration der Pforte proklamiert die Illegalität der bulgarischen Verhältnisse. Rußland erwartet als Folge den Rückzug Ferdinands. Gewalt ist ausgeschlossen. 2. Eine provisorische Regierung ruft ein neues Sabranje zusammen. 3. Eine Abordnung des Sabranje bezeugt dem Zar ihre Ehrerbietung. Der Zar respektiert im Gegenzug die Autonomie und Unabhängigkeit Bulgariens. Diplomatische Beziehungen werden wieder aufgenommen. 4. Erst jetzt wird die Frage eines neuen Fürsten angegangen[233]. Salisbury und Kálnoky hielten sich bedeckt. Der englische Premier wollte Genaues über die neuzubildende bulgarische Regierung und den russischen Kurs nach Ferdinands Thronverzicht wissen; Kálnoky schloß sich dem Plan an, die russische Anfrage mit Gegenfragen zu beantworten[234]. Salisbury formulierte zwei solche Fragen: 1. Falls Ferdinand das Land verläßt, soll eine provisorische Regierung oder eine Regentschaft als legal betrachtet werden? 2. Falls Ferdinand bleibt oder seine Regierung Widerstand leistet oder sie die Unabhängigkeit Bulgariens erklären, welche Maßnahmen mindern dann die

229 Rede Bismarcks 6.2.88: RT 7:2:2:723—33; Gall, Bismarck, S. 637 f., Engelberg, Bismarck, S. 507 f.
230 RT 7:2:2:733 (A).
231 Ebd., 733 (B) im Original keine Hervorhebung.
232 Morier an Salisbury 16.2.88: St.A. 51 (1891), Nr. 9983, S. 55.
233 Paget an Salisbury 20.2.88: ebd., Nr. 9987, S. 59.
234 Salisbury an die Botschafter in Paris, Wien und Rom 17.2.88, an die Botschafter in Berlin, Wien und Rom 23.2.88, Paget an Salisbury 23.2.88: ebd., Nr. 9984, S. 56, Nr. 9990, S.60, Nr. 9993, S. 62.

realen Gefahren für die Türkei, die Balkanhalbinsel und Europa[235]? Möglicherweise wußte der englische Premierminister bereits, daß die bulgarische Regierung beabsichtigte, unter allen Umständen an Ferdinand festzuhalten, als er die zweite Frage stellte[236]. Er betrachtete deshalb den russischen Schritt als »step without meaning«, wollte ihm aber nicht mehr im Wege stehen, nachdem Giers zusicherte, passiv abzuwarten, wenn die beabsichtigte Deklaration in Bulgarien nichts veränderte, Sofia frei entscheiden zu lassen, falls Ferdinand zuückträte, und für Rußland keine spezielle Repräsentanz irgendeiner Art zu fordern[237]. Als der russische Botschafter Nelidov die Hohe Pforte am 25. Februar aufforderte, die illegalen Zustände in Bulgarien formal festzustellen, dagegen zu protestieren, und dies den Großmächten zur Kenntnis zu bringen[238], unterstützten ihn der deutsche und französische Kollege. Die Vertreter Österreichs, Italiens und Englands schlossen sich ihnen nicht an. Ihre Zurückhaltung sollte aber ausdrücklich nicht als Opposition ausgelegt werden[239]. Die Protestnote des türkischen Großwesirs vom 4. März 1888[240] hatte dann wirklich keine Folgen. In Sofia erklärte der Ministerpräsident Stambulov:

> »Die Pforte erklärt uns, daß für sie alles beim alten bleibt, so bleibt auch für uns alles beim alten. Für Konstantinopel mag der Fürst illegal sein, für uns ist er legal und wird bleiben[241].«

So endete die lange bulgarische Krise tatsächlich auf absurde Weise, indem sich nichts änderte, »alles beim alten« blieb. Rußland glaubte, mit dem aussichtslosen Protest alles offen gehalten zu haben. De iure ein nachvollziehbarer Standpunkt, faktisch aber weder durchzusetzen, noch einer zukünftigen Politik förderlich, da er den Gegensatz zu den drei Mittelmeermächten nicht reduzierte, ja ihn nicht einmal berührte; der Gegensatz wurde für den Moment einfach ignoriert. Und doch konnte Petersburg die kosmetische Aufbesserung seines Prestiges durch den kleinen diplomatischen Erfolg in Konstantinopel dazu nutzen, »endlich aus der Sackgasse seiner Bulgarienpolitik herauszukommen«[242].

Zusammenfassung: Fünf Konfliktfelder hatten sich seit 1885 zu einer gesamteuropäischen Krise überlagert. In der Folgezeit wurde keiner dieser Konflikte wirklich gelöst. Zwar flüchteten sich die Großmächte 1887 in neue Bündnisstrukturen, doch die krisenauslösenden Probleme blieben ungeklärt.

Der italienisch-französische Gegensatz, politisch in der antagonistischen Bündnisorientierung zu erkennen, fand ein ökonomisches Ventil. Italien lehnte sich in der Mittelmeerentente an England und Österreich an. Es unterstützte fortan London in Ägypten gegen Frankreich, und Wien auf dem Balkan gegen Rußland. Die Franzosen suchten dagegen die Allianz mit dem Zarenstaat. Diese

---

235 Salisbury an Paget 25.2.88: ebd., Nr. 9996, S. 66.
236 O'Conor an Salisbury 24.2.88: ebd., Nr. 9994, S. 63.
237 Morier an Salisbury 25.2.88: ebd., Nr. 9995, S. 63 f.
238 Schulthess 29 (1888), S. 380.
239 Aufzeichnungen und Erinnerungen aus dem Leben des Botschafters Joseph Maria von Radowitz, S. 280.
240 St.A. 51 (1891), Nr. 10001, S. 69 f.
241 Burian an Kálnoky 6.3.88: Königslöw, Ferdinand von Bulgarien, S. 78.
242 Schlarp, Von der Befreiung, S. 153.

gegenläufige Situation eskalierte im »Zollkrieg«, der sich fast bis zur Jahrhundertwende hinzog.

Paris und Petersburg setzten 1887 in Konstantinopel alles daran, eine Einigung des Sultans und des englischen Verhandlungsführers Drummond-Wolff in der ägyptischen Frage zu verhindern. Selbst die Unterstützung der Türken durch die Mittelmeerentente und Deutschland reichte nicht, um das Problem aus dem Weg zu räumen. Trotzdem eskalierte der Konflikt nicht, denn selbst das Scheitern der Konvention mit den Osmanen brachte der britischen Regierung noch genügend Vorteile. Die ägyptische Frage aber blieb den gegnerischen Mächte als Konfliktfeld erhalten.

Der afghanische Grenzstreit konnte beigelegt werden, weil Rußland einseitig darauf verzichtete, den Konflikt auszutragen. Dabei erwies sich die Strategie Salisburys als erfolgreich, mit der Ausweitung auf den Balkan zu drohen. Dort erwartete Petersburg, ausgelöst von der bulgarischen Nationalbewegung ein gewaltsames Aufbrechen der orientalischen Frage, dessen Folgen ein militärisches Eingreifen Rußlands und ein Krieg gegen England und Österreich sein konnten. Hierfür wollte sich Giers von der vorderasiatischen Last befreien, und gab nach. Den Russen verblieben die zuvor gemachten Eroberungen (Merw), und nach dem frustrierenden Verlauf der Bulgarienkrise wandten sie sich auch wieder verstärkt Zentral- und Ostasien zu.

Der erste Akt einer neuerlichen Balkankrise kam überraschend. Es vereinfachte die Krisenbewältigung nicht gerade, daß die Entscheidungsträger über den Kontinent verstreut in ihren Urlaubsorten saßen, als sich in Bulgarien die Ereignisse überschlugen. Zumindest bis am 23. September 1885 die russischen Offiziere abgezogen wurden, war in den europäischen Hauptstädten nichts über die russischen Absichten und eine mögliche Drahtzieherschaft bekannt. In diesen Tagen vertrauten die Österreicher auf die Kraft des Dreikaiserabkommens, das auch Bismarck als Hebel zur Lösung anriet. Er hielt in dieser Zeit auch Salisbury von weiteren Schritten ab. Als der indigene Charakter der bulgarischen Revolution sichtbar war, und die Russen eine Konferenzlösung anboten, schien der Konflikt im Keim erstickt. England verhinderte jedoch einen Konsens, da man Petersburg aus Bulgarien verdrängt, und dieses schon als Sicherheitszone vor den Meerengen sah. Trotzdem eskalierte die Auseinandersetzung nicht unter den Großmächten, sondern zwischen den Militärmonarchien in Südosteuropa selbst. Die Konferenzteilnehmer drängten die meistbetroffene Türkei dazu, abzuwarten. Die österreichische Einflußnahme im serbisch-bulgarischen Krieg wurde nicht zum allgemeinen Kriegsgrund, weil Wien expansive Absichten glaubhaft verneinte. Dennoch verstärkte die Habsburgerpolitik das russische Mißtrauen. Die Krise konnte zunächst beigelegt werden: erneut war es Rußland, welches nachgab, weil ihm die wirtschaftlichen und militärischen Mittel sowie der geschlossene Wille zum Krieg fehlten; die anderen Mächte vermittelten lediglich gesichtswahrende Korrekturen an einer Einigung der Bulgaren mit ihrem Suzerän, dem Sultan. Doch das Verhältnis zwischen Rußland und Österreich belastete bereits das Dreikaiserabkommen.

Diese Mißstimmung kam zur bestehenden russisch-englischen Gegnerschaft hinzu, als 1886 die Krise in ihren zweiten Akt ging. Diesmal waren die Russen tatsächlich die Drahtzieher eines Putschversuchs in Sofia, mit dem sie verlorenen Einfluß zurückholen wollten. Diesem Ziel widersetzten sich mit verbalen Kriegsdrohungen erfolgreich Salisbury und Kálnoky. Das Zarenreich mußte erneut nachgeben, und mit dem Abbruch seiner diplomatischen Kontakte, jeglichen Einfluß auf Bulgarien vorerst aufgeben. Das Dreikaiserabkommen fiel dieser Entwicklung zum Opfer. Österreich und England verständigten sich mit Italien auf gemeinsame Mittelmeerinteressen. Kurzfristig setzte sich in Rußland Giers noch einmal durch[243]. Er führte sein Land in ein Separatbündnis mit Deutschland, den Rückversicherungsvertrag, der »ganz geheim« und ohne Gegenleistung die deutsche Seite verpflichtete, russische Interessen in Sofia und Konstantinopel zu unterstützen. Langfristig sollte aber die vorsichtige Öffnung Rußlands nach Frankreich hin an Gewicht gewinnen. Erste Ansätze hierzu gab es seit August 1886. Bismarck nutzte sie, um mit der Zweifrontenkriegsgefahr Druck auf Österreich auszuüben.

Gleichzeitig setzte der deutsche Kanzler diese »Bedrohung« innenpolitisch ein, und belastete damit bewußt das Verhältnis zum französischen Nachbarn so stark, wie seit 1875 nicht mehr. Gezielte Provokationen durch Reden und Handeln schienen die beiden Länder in einen Krieg zu führen. Zuletzt reichten aber doch kleine Vertrauensbeweise aus, die angefachten Emotionen wieder auf ein reales Maß zurückzuführen. Die Spannungen Anfang 1887 hatten auf beiden Seiten innenpolitische Ursachen. Der Boulangismus blieb in Frankreich noch weitere zwei Jahre Grund politischer Unruhe. In Deutschland war die Militärfrage mit den Wahlen im Februar ausgestanden. Die Außenwirkung der inneren Phänomene blieb bilateral beschränkt, weil die anderen Mächte an einer Intervention nicht interessiert waren. Anders als 1875, als sie ein schwaches Frankreich gestützt hatten, zeigte sich 1885 das Land als konsolidierte Republik mit inneren Problemen, die von den Franzosen selbst zu bewältigen waren. Nur im Zusammenhang mit der seit 1885 alle Mächte erfassenden Bulgarienkrise verwirklichte sich jene Konfliktkonstellation, die in der Boulangeraffaire von Bismarck beschworen wurde, auch möglich schien, aber nicht eintrat, weil beide beteiligten Regierungen den recht künstlichen Streit nicht wirklich eskalieren wollten und letztlich einen Krieg immer ausschlossen. Doch ein dritter Akt der Bulgarienkrise und damit eine erneute Kriegsgefahr kündigte sich im Sommer 1887 bereits an, als über eine Nachfolge Alexander von Battenbergs entschieden werden mußte.

Die Fortsetzung der bulgarischen Krise ähnelte sehr den Ereignissen des Vorjahrs. Der wohl wesentlichste Unterschied war die zu den verbalen Drohgebärden von Politikern hinzukommende materielle Kriegsdrohung durch an die Grenzen verlegte Truppen. Erneut aber waren es die öffentlichen Reden führender Staatsmänner, die die Situation krisenhaft zuspitzten. Ein System geheimer Verträge ließ das Deutsche Reich, das sich die direkten Kontrahenten Österreich und Rußland als Partner wünschten, für einen Angriffskrieg ausfallen, ja für diesen Fall sogar als zusätzlichen Gegner erwarten. Wien, das einen Krieg nur an der Seite der Deutschen führen wollte, optierte deshalb gegen eine militärische Entscheidung. Außerdem boten die Verbündeten der Mittelmeerentente, Großbritannien und Italien, einen starken diplomatischen Rückhalt, der

243 Kumpf-Korfes, Bismarcks »Draht nach Rußland«, S. 100—105.

erwarten ließ, das Ziele auch mit den Mitteln der Drohpolitik, aber friedlich durchzusetzen waren. Ohne einen Alliierten —Frankreich verweigerte sich —, und noch ohne spürbare Besserung der inneren Probleme, blieb den Russen wieder nur ein Nachgeben in Bulgarien, das ihnen die Gegner auch dieses Mal mit kleinen protokollarischen Erfolgen erleichterten.

20. Wettlauf zum Oberen Niger. Die französisch-britische Konfrontation in Westafrika 1890—1898

Zum Zeitpunkt der Berliner Konferenz 1884/85 war die koloniale Aufteilung der westafrikanischen Küstengebiete weitgehend abgeschlossen, obwohl klare Grenzziehungen fehlten und zum Teil überlappende Ansprüche auf das Hinterland bestanden. Infolge mangelnder politischer Interessen herrschte zwischen den europäischen Hauptrivalen in Westafrika — England und Frankreich — zumindest bis in die 1880er Jahre ein rein kommerzielles Wettrennen um drei umstrittene Gebiete: den Norden Sierra Leones, den Westen von Lagos und den Mittel- und Unterlauf des Niger. Die Berliner Konferenz hatte zwar die Nigermündung Großbritannien zugesprochen und die französische Forderung nach Neutralisierung des oberen Niger respektiert, doch war es nicht gelungen, die wachsenden Spannungen zwischen England und Frankreich wegen der Beherrschung des Transnigergebiets zu überwinden. Nachdem sich die englisch-französischen Beziehungen durch die Okkupation Ägyptens (1882) verschlechtert hatten, wurde wegen der kolonialen Rivalität der beiden Mächte auch Westafrika zu einem Krisenherd. Im Mittelpunkt stand dabei der Kampf um die Kontrolle des Nigergebiets.

Ziel der französischen Afrikapolitik in der zweiten Hälfte der 80er Jahre war es, den britischen Einfluß am Niger einzudämmen und den eigenen Einfluß vom Senegal aus nach Osten bis zum Sudan vorwärtszutreiben. Den späteren Jahren blieb es vorbehalten, von den Küstenprotektoraten Guinea, Elfenbeinküste und Dahomey flankierende Vorstöße zum Niger zu unternehmen, um die Briten in Westafrika »einzuschnüren« und der visionären kolonialpolitischen Horizontalachse Senegal-Sudan ein solides Fundament zu geben.

Diese Strategie mußte fast zwangsläufig zu Kollisionen mit der britischen Royal Niger Company (RNC) führen, die sowohl den schiffbaren Niger von der Mündung bis Bussa als auch das weite Gebiet östlich des Niger (das spätere Nigeria) politisch und wirtschaftlich kontrollierte. Unter George Goldie unternahm die RNC alles, um den Nigerhandel auch künftig zu monopolisieren.

Trotz der offensiven Konzeptionen der »men on the spot« bemühten sich England und Frankreich mit Rücksicht auf die internationale Lage um Zurückhaltung in Westafrika. So bestand in den Metropolen die prinzipielle Tendenz, Grenzstreitigkeiten auf friedlichem Wege beizulegen. Die Initiative zu einem kolonialen Ausgleich ging dabei von englischer Seite aus. Da Premierminister Salisbury die Schwäche der britischen Position in Westafrika erkannt hatte, suchte er nach einer diplomatischen Absicherung. Sein angestrebtes Ziel, der koloniale Ausgleich in Westafrika, blieb zunächst ein Wunschtraum, da sich mit Frankreich keine Einigung über angemessene Kompensationen erreichen ließ.

Nachdem 1889 mit der Grenzregelung an der Küste von Gambia eine leichte Entspannung in den englisch-französischen Beziehungen zu registrieren war, gelang im Jahr darauf ein — wenn auch nicht ratifiziertes, so doch vorerst respektiertes — Abkommen (5. August 1890), das die englischen und französischen Interessen am Niger abgrenzte. Indem das Gebiet nördlich der Linie Say (am Niger) — Barrua (Tschad) der französischen Interessensphäre zugerechnet wurde, das Gebiet südlich davon der britischen, schien einer der schwelenden Konflikte in Westafrika entschärft zu sein. Das Abkommen ließ die Ansprüche westlich des Niger jedoch zunächst offen.

Großbritannien war mit dem Ergebnis des Vertrags überaus zufrieden, da der status quo im Nigerdelta festgeschrieben und potentielle Konkurrenten vom Mittellauf des Niger ferngehalten wurden. Das Abkommen bewirkte jedoch nur einen scheinbaren Ausgleich; denn es gelang nicht, die heftigen Rivalitäten zwischen französischen Wirtschaftsunternehmen und ehrgeizigen, nationalpatriotischen Kolonialoffizieren einerseits und der sich ihrer Monopolstellung bewußten RNC andererseits aus der Welt zu schaffen. Auch waren die Franzosen nicht davon abzuhalten, Expeditionen zur Kontrolle des nordwestlichen Nigerbekkens in den Tschad zu entsenden, zumal über das strittige rechte Nigerufer im Grunde nichts entschieden worden war. In der Praxis zeigte sich, daß die geographische Trennlinie viel eher die Tendenz schürte, die jeweils zugedachte Einflußsphäre im Stil einer »closed-door«-Politik zu kontrollieren und jeglichen Versuch zurückzuweisen, der die eigene Position schwächen konnte.

England trachtete eine Verbindung zwischen den Besitzungen östlich des Niger und der Goldküste herzustellen, wobei die RNC sich mit der unhaltbaren Behauptung, die Grenzlinie von 1890 gelte auch westlich des Niger, d.h. über Say hinaus, bemühte, ein französisches Vordringen nach Süden zu verhindern. Frankreich dagegen verfolgte trotz scharfer Proteste gegen die einseitige Auslegung der Grenzlinie und eines beginnenden forcierten Vorstoßes ins Innere Afrikas seit etwa 1890 keine einheitliche Westafrikapolitik, sondern mußte die unterschiedlichen Vorstellungen von Außenministerium, Kolonialministerium und dem »»groupe colonial«« um Eugène Etienne berücksichtigen. Besonders die organisierte Kolonialbewegung verschaffte Frankreichs Afrika-Engagement einen neuen expansiven Schub, der ökonomische Penetration und militärische Eroberung in den prestigebetonten Initiativen ambitionierter Offiziere vor Ort vereinte. Bis 1894 war der französische Hauptstoß in den Sudan gerichtet und fand mit der Besetzung des Gebiets um den Tschadsee sowie Dahomeys einen vorläufigen Abschluß. Neben dem Wunsch, Algerien und Senegal mit Dahomey und der Elfenbeinküste zu verbinden, bestimmte auch der Versuch, Zugang zum schiffbaren Niger südlich der Stromschnellen von Bussa — der Domäne der RNC — zu bekommen, die französische Afrikapolitik, wobei in der Folgezeit das Sultanat von Borgu (am mittleren Niger) zum wichtigsten Streitobjekt in der Beherrschung des Nigergebiets wurde.

Mit der Eroberung Dahomeys 1892 war für Frankreich die Möglichkeit gegeben, den schiffbaren Niger südlich von Bussa in den Griff zu bekommen und englische Ansprüche auf diese Region abzuwehren. Damit aber drohte ein offener Konflikt; denn die Verletzung der ausgehandelten, aber umstrittenen

Trennlinie Say-Barrua stellte eine Herausforderung der RNC dar, die zur energischen Behauptung ihres Machtmonopols entschlossen war[1].

Der Abschluß des russisch-französischen Bündnisses (Januar 1894), das Englands Manövrierraum einengte, sowie die Priorität der Kontrolle des Niltals, führten unter dem Roseberykabinett seit dem Frühjahr 1894 dazu, den Konflikt um den Niger zu entschärfen. Am 18. November 1894 kam in Paris ein Kompromiß zustande, der den wechselseitigen Verzicht auf Ausbreitung am Nil und am Niger zum Gegenstand hatte[2]. Großbritannien hatte gleichwohl sein Hauptziel, Frankreich vom Unterlauf des Niger fernzuhalten, durchgesetzt. Dieser Kompromiß fand indes — trotz guter Ansätze — nicht die Zustimmung der französischen Kammer, so daß die Frage weiterhin ungelöst blieb. Nicht nur schaltete Englands Haltung durch das Scheitern des erwünschten Kompromisses von Konzilianz auf Intransigenz um, die wachsenden Spannungen zwischen der RNC und französischen Kolonialisten — vor allem am Mittellauf des Niger — waren auch symptomatisch für die Krisenanfälligkeit einer Expansionspolitik, die in beiden Fällen ihren Vertretern vor Ort weitgehend freie Hand ließ[3].

Eine heftige britisch-französische Pressefehde um den gegenseitigen Einfluß im Sultanat Borgu verschärfte 1894/95 im Gefolge einer forcierten Expansionspolitik das Klima, da die RNC dem französischen Kanonenboot »L'Ardent« das Recht bestritten hatte, »in die englischen (!) Gewässer des unteren Niger zu fahren«. In England betrachtete man die französischen Vorstöße in das umstrittene Gebiet als bewußte Provokationen[4]. Captain Lugard, Befehlshaber der RNC-eigenen Truppe, sah darin sogar eine »Beleidigung Englands«. In scharfer Form verurteilte die »Times« am 11. Mai 1895 die »außergewöhnlich aggressive Haltung« der französischen Nigerpolitik, mit der die Pariser Regierung einen bewaffneten Konflikt zwischen zwei befreundeten Nationen riskiere[5].

Außenminister Hanotaux beklagte den »esprit d'exclusivisme« der RNC, der im Widerspruch zum internationalen Recht stehe. Er war sich darüber im klaren, daß der Konflikt nicht leicht zu beenden war, denn Kolonialminister Lebon, ein eifriger Befürworter der energischen französischen Vorwärtspolitik in Westafrika, war daran interessiert, Frankreich durch vollendete Tatsachen eine gute Startposition für Verhandlungen mit dem Rivalen England zu sichern. Dagegen

1 Vgl. dazu John D. Hargreaves, West African States and the European Conquest. In: Colonism in Africa, 1870—1960. Ed. by L.H. Gann and P. Duignan, Cambridge 1969; ders., British and French Imperialism in Westafrica, 1885—1898. In: France and Britain in Africa. Ed. by Prosser Gifford and William Roger Louis, New Hampshire, London 1971; ders., West Africa Partitioned, vol. II: The Elephants and the Grass, London 1985; Claire Hirshfield, The Diplomacy of Partition. Britain, France and the Creation of Nigeria 1890—1898, Den Haag 1979 und erzählend Thomas Pakenham, Der kauernde Löwe. Die Kolonialisierung Afrikas 1876—1912, Düsseldorf 1993, S. 511—528, 565—583.

2 Pierre Guillen, L'Expansion, Paris 1984, S. 394; Peter Grupp, Theorie der Kolonialexpansion und Methoden der imperialistischen Außenpolitik bei Gabriel Hanotaux, Bern, Frankfurt a.M. 1972 (= Europäische Hochschulschriften, III/15), S. 90. Vgl. BD I, Nr. 157.

3 Guillen, L'Expansion, S. 394.

4 Vgl. dazu Edward Grey, Fünfundzwanzig Jahre Politik 1892—1916, München 1926, S. 28 f.

5 Jean Ganiage, Un épisode du partage de l'Afrique. Les affairs du bas Niger (1894—1898). In: Revue historique 254 (1975), S. 158—165.

war Hanotaux um Mäßigung in der Afrikapolitik und den Kontakt mit London bemüht.

Ungeachtet Lebons starker Stellung im Kabinett und seines Rückhalts beim »groupe colonial«, gelang es Hanotaux Ende 1895, die vorgezogenen französischen Militärposten am Niger südlich von Bussa evakuieren zu lassen. Das französische Bemühen um Deeskalation war in diesem Fall eine Reaktion auf die kolonialpolitische Initiative des englischen Premierministers Lord Salisbury, mit der dieser die herausragendsten Streitfälle im britisch-französischen Verhältnis beilegen wollte. Zunächst kam zwar nur ein Abkommen über die Abgrenzung der beiderseitigen Interessensphären in Siam zustande (15. Januar 1896), doch wurde in Artikel V dieses Abkommens ausdrücklich die Wiederaufnahme der 1894 abgebrochenen Nigergespräche stipuliert[6].

Den Anfang Februar 1896 in Paris beginnenden Sitzungen der englisch-französischen Nigerkommission war kein nachhaltiger Erfolg beschieden: der englische Entschluß zur Eroberung des Sudan (März 1896) führte wenig später, im Mai 1896, zum erneuten Abbruch der Nigerverhandlungen[7]. Damit geriet die Nigerpolitik in die Hände der politischen Extremisten, wodurch sich die Spannungen in den folgenden Monaten verschärften. Frankreich reagierte mit der Wiederaufnahme seiner Pläne zur Penetration des Nigertals. Entschlossen, gegenüber den Übergriffen der RNC Festigkeit zu demonstrieren, ließen Lebon und Victor Ballot, der Gouverneur von Dahomey, als prononcierte Vertreter der »occupation effective« durch Expeditionen ins Nigergebiet Flagge zeigen[8]. Zwischen Anfang 1896 und 1897 wurden entlang des mittleren Niger von Say über Illo bis Bussa im Süden Posten errichtet. War der südliche Punkt Bussa auch ohne ausdrückliche Instruktion erobert worden, so wurde die Inbesitznahme doch im nachhinein sanktioniert, da sich in diesem Gebiet Spuren britischer Präsenz nicht nachweisen ließen. Die relative Leichtigkeit des französischen Vorstoßes bis Anfang 1897 verleitete nicht nur die »men on the spot« — offenbar in Verbindung mit der enorm prestigebetonten Mission Marchands an den Oberlauf des Nil — aus einer vermeintlichen Position der Stärke heraus die britische Stellung am Niger, d.h. die RNC, herauszufordern, sie führte auch in Paris zu Überlegungen, das Abkommen von 1890, das nicht länger den französischen Ambitionen Rechnung zu tragen schien, zu revidieren[9].

Im Jahre 1897 war das expansive Handelsinteresse Frankreichs am Niger mit seiner destabilisierenden Wirkung auf das regionale Vertragsgeflecht der RNC für London zum Gegenstand größter Besorgnis geworden. Durch den französischen Wunsch nach einem Zugang zum schiffbaren Niger erhärtete sich in Regierungskreisen die Überzeugung, daß die bestehenden Vertragsrechte nicht

---

6 Guillen, L'Expansion, S. 395; vgl. J.A.S. Grenville, Lord Salisbury and Foreign Policy. The Close of the Nineteenth Century, London 1964.

7 Grenville, Lord Salisbury, S. 11 f.; Hirshfield, The Diplomacy of Partition, S. 83—88; John D. Hargreaves, Entente Manquée: Anglo-French Relations 1895—1896. In: Cambridge Historical Journal 11 (1953), S. 65—92; Ganiage, Un épisode, S. 165—171.

8 Vgl. dazu André Lebon, La politique de la France en Afrique 1896—1898, Paris 1901.

9 Hargreaves, West Africa Partitioned, S. 226 f.; Hirshfield, The Diplomacy of Partition, S. 109 f.

länger ausreichend seien, um britische Territorialansprüche, verbunden mit kommerziellen Privilegien, abzusichern.

Das französische Eindringen zwang Großbritannien zur Gegenwehr; denn da nach allgemeiner Einschätzung das gesamte Gebiet südlich der Say-Barrua-Linie britische Einflußsphäre war, stellte das französische Vorrücken, vor allem die Besetzung Bussas (Februar 1897), das zuvor von Fankreich als Besitz der RNC anerkannt worden war, einen Affront dar. Die Folge war ein aktiverer Kurs Englands im Nigergebiet, zumal die RNC, welche die Kontrolle des gesamten schiffbaren Niger beanspruchte und deshalb zum Zweck der Evakuierung der Franzosen massiv die englische Regierung und Presse mobilisierte, mit durchgreifenden Gegenmaßnahmen gegen das französische Vordringen überfordert schien.

Unter maßgeblichem Einfluß Kolonialminister Chamberlains entschloß sich das englische Kabinett zur Übernahme der zentralen Verantwortung für die britische Einflußsphäre am Niger und zur Truppenentsendung ins Krisengebiet, da die RNC allein der französischen Bedrohung nicht Herr wurde. Zu diesem Zweck wurde im Herbst 1897 beschlossen, eine ca. 2 000 Mann starke sogenannte West African Frontier Force unter dem resoluten Major Frederick Lugard aufzustellen, die der »occupation effective« Einhalt gebieten konnte. Damit hatten sich die Anhänger einer militärischen Konfliktlösung, zu denen Salisbury im Grunde nicht gehörte, durchgesetzt[10].

Im Gegensatz zu Salisbury, für den es sich bei Westafrika lediglich um eine »malarious African desert« handelte, die keinen kriegerischen Konflikt rechtfertigte, war Chamberlain in seinem Bemühen, unter allen Umständen das Hinterland der Goldküste und von Lagos sowie den schiffbaren Niger für Großbritannien zu sichern, durchaus bereit, hart am Rande eines Kriegs zu operieren. (»We could always have more money behind us than the French and hence spend double and have a larger force till they gave in the Birmingham Screw Policy«)[11].

Im Empire-Interesse verfolgte Chamberlain uneingeschränkt eine Politik der Härte, die Frankreich nur die Wahl ließ, nachzugeben oder zu kämpfen. Fast ein Jahr lang versetzte Chamberlains Bereitschaft, dubiose Rechtsansprüche durch militärische Gewalt abzusichern, die Diplomatie in London und Paris in Nervosität. Mittels einer »Schachbrettstrategie« sollte Lugard den Franzosen erobernd auf dem Fuße folgen und deren weiteres Vordringen vereiteln[12].

Durch Chamberlains kompromißloses Auftreten gegenüber Frankreich rückte eine Region in den Mittelpunkt der englischen Politik, der kaum sicherungsstrategische Bedeutung zukam. Gleichzeitig wandelte sich der frühere Handelskonflikt mehr und mehr in eine englisch-französische Konfrontation von internationaler Tragweite, da mit der britischen Reaktion das Prestige der französischen Großmacht in Afrika herausgefordert wurde.

---

10 Hargreaves, West Africa Partitioned, S. 229.

11 Ebd., S. 229 f.; Ganiage, Un épisode, S. 174. Vgl. dazu J.L. Garvin, The Life of Joseph Chamberlain, Bd III, London 1934, S. 207 f. und S. 208 ff.

12 Hargreaves, West Africa Partitioned, S. 229 f.; Hirshfield, The Diplomacy of Partition, S. 121—124.

Wiederholt mußte sich der französische Botschafter in London, Courcel, der ein vehementer Befürworter einer englisch-französischen Kolonialentente war[13], gegen heftige englische Angriffe zur Wehr setzen und das Ausbreiten Frankreichs am Niger rechtfertigen. Bereits im Dezember 1896 hatte er mit geringem Erfolg versucht, zu beschwichtigen: Frankreich wolle sich nur einen Zugang zum schiffbaren Niger verschaffen, und zwar nach Maßgabe der Bestimmungen der Berliner Konferenz über die Freiheit der Schiffahrt[14].

Dem britischen Entschluß zur Gegenoffensive kam eine gegen die französischen Militärposten am Niger gerichtete indigene Revolte zugute, die die französischen Stellungen schwer erschütterte. Andererseits erhöhte dies bei den Franzosen das Mißtrauen gegen die Schachzüge des Rivalen Großbritannien, den man als »agent provocateur« hinter dem Aufstand vermutete.

Infolge der englischen Entschlossenheit zur Gegenoffensive vor Ort signalisierte Außenminister Hanotaux Anfang Juli 1897 seine Bereitschaft zur Wiederaufnahme der Nigergespräche, die im Oktober gleichen Jahres in Paris fortgesetzt wurden[15]. Das französische Einlenken war möglich geworden, weil auch Lebon nach der kolonialen Offensivphase in Westafrika den Zeitpunkt für gekommen hielt, eine zumindest temporäre Beruhigung am Niger zu erreichen[16]. Zwei widersprüchliche Prinzipien standen von Anbeginn an einer gütlichen Einigung entgegen: die britische Hinterlanddoktrin und die französische Parole der »occupation effective«. Drohungen und Einschüchterungsversuche Chamberlains begleiteten die Verhandlungen und schufen ein ungünstiges Verhandlungsklima[17]. Überdies drohten sich die Ereignisse am Niger zuzuspitzen, als zwei englische Kanonenboote bei Bussa Verstärkungen für den britischen Posten anlandeten. Damit schien Großbritannien gewillt, seiner Hauptforderung — Räumung Bussas — materiell Nachdruck zu verleihen. Noch mußte aber die RNC mit eigenen Kräften die Abwehr übernehmen, da sich Lugard bis Anfang März 1898 in London aufhielt[18].

Ende November 1897 ergriff Frankreich die Verhandlungsinitiative, indem es auf der Grundlage des Abkommens von 1890 gegen einen Rückzug bis Say französische Rechte auf das Nordufer des Niger sowie den Tschadsee geltend machte. Für London war das französische »Angebot« als Geschäftsgrundlage unbefriedigend. Der britischen Westafrikapolitik ging es ausschließlich um die Regelung der Besitzansprüche auf dem westlichen Nigerufer sowie im Hinterland von Dahomey, Togo und der Goldküste[19].

Daran, daß sich die Verhandlungen mehrere Wochen nicht von der Stelle bewegten, war — neben den weltpolitischen Turbulenzen — nicht allein die starre Haltung Chamberlains und des »parti colonial« schuld, Hanotaux trug selbst einen Teil dazu bei, als er — offenbar in Unkenntnis über die Verhandlungsdetails — verlauten ließ, daß das Abkommen von 1890 Frankreich kei-

13 Grenville, Lord Salisbury, S. 109.
14 DDF 1, 13, Nr. 46 (Courcel an Hanotaux, 17.12.1896).
15 Guillen, L'Expansion, S. 396.
16 Ganiage, Un épisode, S. 176.
17 Hirshfield, The Diplomacy of Partition, S. 120 f.
18 Ganiage, Un épisode, S. 176.
19 Ebd., S. 177 f.

neswegs hindere, südlich der Linie Say-Barrua vorzustoßen, etwa in die Gebiete, die nicht zum (von der RNC abhängigen) Sultanat Sokoto (südlich des Tschadsees) gehörten[20]. Obwohl sich Hanotaux trotz dieser Ungeschicklichkeit schon aus innenpolitischen Gründen um die englische Freundschaft bemühte, war seine Behauptung für die »hardliner« in London Ausweis genug, daß Frankreich nicht ernsthaft gewillt war, die Realitäten zu akzeptieren. Salisbury, der im Interesse eines Ausgleichs für weitgehende Konzessionen eintrat, sah die Schwierigkeit einer vertraglichen Einigung darin, »that the French Government appear to incommensurate claims«[21].

Die britische Position verhärtete sich, als Anfang 1898 bekannt wurde, daß die Franzosen in Nikki (auf dem westlichen Nigerufer), das Großbritannien als Protektorat betrachtete, eingefallen waren und den dortigen König gefangengesetzt hatten[22]. Damit wurde nicht nur eine Verhandlungslösung erschwert, durch das ungestüme französische Vorwärtsdrängen vergrößerte sich auch die Gefahr, daß Kurzschlußhandlungen vor Ort zu direkter militärischer Konfrontation führten.

Außenminister Hanotaux erkannte die Brisanz der Situation und warnte den britischen Botschafter Monson, daß eine weitere Anspannung unweigerlich zum Krieg führen müsse (»un incident est imminent«)[23]. Nach dem Bericht Monsons äußerte der französische Außenminister:

> »It is highly improbable that this situation can endure much longer without a collision, which would almost enevitably precipitate a war, for objects which in themselves cannot be worth so grave a calamity.[24]«

Hanotaux befürchtete vor allem, daß die Ereignisse in den umstrittenen Gebieten am Niger durch das von Lebon sanktionierte rigorose Vorgehen eine Eigendynamik entwickelten, die der Kontrolle der Zentrale völlig zu entgleiten drohte[25], zumal Lebon jede britische Eskalation mit Gegeneskalation zu beantworten gedachte[26].

Angesichts der Tatsache, daß in der englischen Öffentlichkeit lautstarke Rufe nach einem festen Auftreten in Westafrika erfolgten[27], was sowohl Salisburys konziliante Linie gegenüber Chamberlain als auch Hanotaux' Verhandlungsspielraum gegenüber dem »parti colonial« empfindlich einengte, stellte der Krieg für Hanotaux eine nicht länger von der Hand zu weisende Möglichkeit dar, für die er mit Hilfe von strategischen Planspielen Vorsorge treffen wollte. Vor dem Hintergrund der Dreyfusaffaire geriet Hanotaux in regelrechte Krisenstimmung. Der französische Außenminister befand sich in einem Dilemma: einerseits war er an einem künftigen Zusammengehen mit Großbritannien interessiert, weshalb er sich bemühte, die starre Haltung Lebons und des »parti colonial« in der Frage der »Nigerexpansion aufzuweichen; andererseits unter-

20 Ebd., S. 177 f.
21 BD I, Nr. 157.
22 BD I, Nr. 157 f.
23 DDF 1, 14, Nr. 35.
24 BD I, Nr. 160. Vgl. Hirshfield, The Diplomacy of Partition, S. 135—137. siehe auch BD I, Nr. 166.
25 Hirshfield, The Diplomacy of Partition, S. 138 f.
26 DDF 1, 14, S. 55—59.
27 Hirshfield, The Diplomacy of Partition, S. 140.

nahm er aber alles, durch demonstrative Entschlossenheit den Eindruck von Schwäche zu vermeiden, der infolge der innenpolitischen Krise im Ausland entstanden war. Muteten Hanotaux' Überlegungen — russischer Angriff auf Indien, Einfall der französischen Armee ins britische Nigerprotektorat und eventuell gemeinsame Operation mit der Türkei gegen Ägypten — auf den ersten Blick auch sehr utopisch an, so waren sie doch Ausdruck der eminenten Krisenhaftigkeit, der sich Hanotaux offenbar nur durch einen militärischen Befreiungsschlag entziehen zu können glaubte[28].

Einen Ausweg aus der verfahrenen, sich täglich durch neue Nachrichten über englisch-französische Zusammenstöße am Niger zuspitzenden Situation eröffnete Salisburys Konzept identischer Zölle in den englischen und französischen Westafrikabesitzungen. Der Verzicht auf alle Restriktionen für den französischen Handel in den strittigen Territorien, somit die Aufgabe des bisherigen RNC-Monopols, bot — gegen die definitive Anerkennung der südlich Say-Barrua gelegenen Gebiete als britisch — eine günstige Voraussetzung zu einem umfassenden Ausgleich. Wirkten auch die konzilianten Kräfte auf beiden Seiten, insbesondere Monson und Courcel, während des Verhandlungsstillstands der Nigerkommission in diesem Sinne, so schob das französische Kabinett wegen unausgeräumter Vorbehalte des protektionistischen Premierministers Méline eine Reaktion auf die britische Offerte vorerst auf[29].

Salisbury machte deutlich, daß Ziel britischer Politik in Westafrika sei »not territory, but facility to trade«[30], um dadurch auch die Kolonialpropagandisten in Frankreich von seiner aufrichtigen Kompromißbereitschaft zu überzeugen. Da er wußte, daß vom vertraglichen Standpunkt aus wenig gegen die französische Expansion auszurichten war, favorisierte er eine Konfliktlösung, die Frankreich unterhalb der Eskalationsschwelle durch territoriale Konzessionen zum Kompromiß bewegte. Nur — und darin stimmte er mit Chamberlain überein — sollten diese Konzessionen nicht den schiffbaren Niger betreffen, der die Lebensader der britischen Einflußsphäre in Westafrika bildete[31].

Ende Februar spitzte ein an sich kleiner, bei dem gegenseitigen Mißtrauen jedoch hochstilisierter Vorfall, das angespannte englisch-französische Verhältnis weiter zu. Wie am 21. Februar in London bekannt wurde, war eine französische Expedition unter Hauptmann Cazemajou südlich über die Say-Barrua-Linie vorgestoßen und in das Sultanat Sokoto eingedrungen. Die englische Regierung betrachtete Cazemajous Vorgehen, das durch Instruktionen nicht ausdrücklich unterbunden worden war, als eklatante Verletzung der 1890 zwischen englischer und französischer Interessensphäre vereinbarten Trennlinie. In prompter Reaktion auf den französischen Einfall wurde die RNC ermächtigt, in dem von ihr kontrollierten Gebiet alle Schritte zu unternehmen, um ein Vorrücken der Franzosen zu verhindern[32]. Solange Lugards Truppe noch nicht einsatzbereit war, bestand aber trotz Salisburys Entschlossenheit zur Abwehr Ungewißheit, inwieweit die RNC-Truppen für alle Eventualitäten gerüstet waren.

28 DDF 1, 14, Nr. 35 und 45; Hirshfield, The Diplomacy of Partition, S. 139 f.
29 Hirshfield, The Diplomacy of Partition, S. 141 f.
30 BD I, Nr. 163. Vgl. DDF 1, 14, Nr. 45.
31 BD I, Nr. 159. Vgl. ebd., Nr. 165.
32 BD I, Nr. 167 und 169. Vgl. insgesamt Hirshfield, The Diplomacy of Partition, S. 142—149.

Die Cazemajou-Affaire lieferte der englischen Presse den gewünschten Vorwand, um mit heftigen Attacken Frankreichs konfliktreichen Expansionsdrang zu verurteilen, zumal Sokoto als britisches Protektorat galt. In militanter Stimmung wurden Rundumschläge gegen die französischen Offiziere in Westafrika ausgeteilt, diese benähmen sich wie »gemeine Räuber« und respektierten fremde Rechtstitel nicht. Vor allem die auf die nationalen Leidenschaften abzielende Massenpresse war sich darin einig, daß Frankreich das besetzte Gebiet umgehend evakuieren müsse, um einer Konfrontation aus dem Wege zu gehen[33].

Als Botschafter Monson noch am gleichen Tag in Paris gegen die Übergriffe protestierte und den Ernst der Lage deutlich machte, reagierte Außenminister Hanotaux zunächst mit Unkenntnis, da er durch die Informationspolitik des Kolonialministeriums über die Entwicklungen am Niger nicht auf dem laufenden gehalten wurde. Wenigstens eine Zeitlang schien er damit infolge der Rivalität zwischen beiden Ministerien völlig die Kontrolle über den Gang der Außenpolitik verloren zu haben. Sichtlich bemüht, die Angelegenheit herunterzuspielen und eine offizielle Verantwortung abzulehnen, dementierte Hanotaux alle Meldungen, die sich auf das Eindringen in Sokoto bezogen, da er deren Quelle bei der RNC vermutete[34].

Angesichts des unverständlichen französischen Dementis und der Intransigenz der französischen Nigerkommission, die auf Salisburys Verhandlungsangebot nur mit überzogenen Gegenforderungen reagierte, behielt Chamberlain in der englischen Regierung die Oberhand. Er plädierte für ein kompromißloses Vorgehen, das hartes Auftreten in Paris mit entsprechender militärischer Aggressivität am Niger verband. Die Eventualität eines kriegerischen Konflikts schloß er nicht aus. Noch später hat er gegenüber Lugard bestätigt, der vor dem Konfrontationskurs zurückschreckte und vor weiteren Eskalationen vor Ort warnte, daß er ihm dankbar gewesen wäre, hätte er einen Konflikt mit Frankreich provoziert[35].

Dagegen war Botschafter Monson weiterhin bemüht zu beschwichtigen, denn Englands Gereiztheit konnte die französischen Politiker unter dem Druck der Öffentlichkeit zu unüberlegten Handlungen verleiten, die zur Katastrophe führen mußten.

> »The public temper is dangerously irritable, and especially against foreign countries [...] In the flurry of excitement and under the influence of the irascibility of the Army it might be a relief to France to pick a quarrel with the one Great Power who cannot invade her.[36]«

Angesichts der rapiden Verschlechterung des englisch-französischen Verhältnisses Ende Februar 1898, die in ihrem vollen Ausmaß offensichtlich unterschätzt worden war, ließ die französische Regierung zumindest ein Zeichen des guten Willens erkennen. Am 1. März teilte Hanotaux mit, daß Frankreich seinen

---

33 Ganiage, Un épisode, S. 178 f.

34 BD I, Nr. 170; DDF 1, 14, Nr. 59. Vgl. ebd., Nr. 65 und 84.

35 Ganiage, Un épisode, S. 176 f. und 182.

36 BD I, Nr. 172. Zur Cazemajou-Affaire insgesamt Hirshfield, The Diplomacy of Partition, S. 142—149.

protektionistischen Kurs aufgegeben habe und bereit sei, in Zollverhandlungen über Westafrika einzutreten[37].

Noch gab Frankreich keineswegs klein bei, rührte doch der englische Druck an den Grundfesten nationaler Geschlossenheit. Am 6. März dementierte Hanotaux erneut ein französisches Vordringen über die Say-Barrua-Linie. Für ihn stand hinter der Agitation nach wie vor die RNC[38]. Die Zeitungen, z.B. »Le Temps«, unterstützten eine feste Haltung der Regierung. Großbritannien, so hieß es, wolle mit den Attacken nur Frankreich aus den strittigen Orten vertreiben, doch ließe der »Zeitungskrieg« Frankreich kalt. Es sei entschlossen, Dahomey mit den Sudanbesitzungen zu verbinden und brauche deshalb für seinen Handel einen Zugang zum unteren Niger[39].

Lange ließ sich Hanotaux' Haltung allerdings nicht mehr aufrechterhalten; denn mit der Ankunft Lugards in Westafrika Anfang März 1898 waren politische Entscheidungen gefordert, die das Kräfteverhältnis vor Ort realistisch einschätzten[40].

Gleichzeitig warnte Courcel aus London dringend vor einem ernsten Konflikt bei weiterer Unnachgiebigkeit[41]. Hanotaux wollte jetzt die festgefahrenen Verhandlungen wieder in Gang bringen, weil er befürchtete, daß bei einem Bekanntwerden der Marchandmission die englische Entrüstung alles vorangehende bei weitem übersteigen würde. Deshalb war sein vorrangiges Ziel ein schneller Ausgleich in Westafrika[42]. Zur Lösung des Nigerproblems regte Hanotaux am 15. März gegenüber Monson ein »projet de convention« an. Die beiderseitigen Territorialansprüche sollten als Orientierungsrahmen schriftlich fixiert werden, gleichzeitig sollte Frankreich zwei Zugänge zum Niger erhalten[43].

Daß Frankreich die inakzeptable Forderung nach einem Nigerzugang nicht aufgab, war für Chamberlain Beweis genug, daß die französische Position unverändert war und sein harter Kurs die adäquateste Gegenmaßnahme darstellte. Frankreichs Verhalten bestärkte ihn nur in der Überzeugung, daß auf Verhandlungen kein Verlaß sei, daß diese vielmehr durch militärische Gewalt abgestützt werden müßten. Darin wurde er von seinem Parlamentarischen Unterstaatssekretär Lord Selborne nachdrücklich unterstützt, der am 31. März schrieb:

> »In my opinion we should tell M. Hanotaux [...] that we mean to uphold our interpretation of the Say-Barrua-agreement by war and that we will not even discuss for a moment any other interpretation of it [...]«[44]

Ende März vergrößerte sich Chamberlains Einfluß im Kabinett noch, da Salisbury aus Krankheitsheitsgründen für einen Monat zur Kur nach Südfrankreich fuhr und sein Neffe, Arthur Balfour, geschäftsführend das Foreign Office leitete.

---

37 Hirshfield, The Diplomacy of Partition, S. 157.
38 BD I, Nr. 173.
39 Ganiage, Un épisode, S. 179.
40 Vgl. dazu Garvin, The Life of Joseph Chamberlain, III, S. 215—217.
41 DDF 1, 14, S. 133—135.
42 Hirshfield, The Diplomacy of Partition, S. 157 f.
43 BD I, Nr. 174.
44 Hirshfield, The Diplomacy of Partition, S. 158—163 (Zitat S. 163).

Vor dem Hintergrund der englisch-französischen Krise versuchte Chamberlain Salisburys Abwesenheit zu Bündnisvorstößen in Deutschland zu nutzen, mußte jedoch einsehen, daß die Sondierungen bis spätestens Mitte Mai gescheitert waren[45]. So blieb nur der, von ihm im Grunde verabscheute Verhandlungsweg, um einen Ausgleich mit Frankreich zu erzielen.

Während Lugard Schritt für Schritt das Hinterland der Goldküste für Großbritannien in Besitz nahm und bis unmittelbar an die Stellungen der eingedrungenen Franzosen heranrückte bzw. diese teilweise zurückdrängte, präsentierte London am 4. April seinen Gegenvorschlag auf Hanotaux' Plan vom 15. März. Dieser sicherte Frankreich erstmals einen bedingten Zugang zum Niger und gestand die Freiheit der Schiffahrt auf dem Fluß zu[46]. Obwohl Frankreich verhalten reagierte, bedeuteten doch die englischen Zugeständnisse eine veritable Aufweichung der verhärteten Positionen, die es Frankreich ermöglichte, ohne Prestigeverlust einzulenken[47].

Ungeachtet der sich gegen Ende April wegen des Zugriffsrechts auf das Sultanat Borgu komplizierenden Lage westlich des Niger, schien Frankreich, bedingt durch Lugards skrupelloses Vorrücken, gewillt, auf der Grundlage des britischen Vorschlags vom 6. April in Verhandlungen einzutreten. Hanotaux bat freilich um absolute Geheimhaltung, da er ansonsten einen Aufschrei der Entrüstung befürchtete, der zum Sturz des Kabinetts führen konnte[48].

Je mehr sich Anfang Mai 1898 durch das Ausgleichsbemühen der Metropolen ein Abkommen in Umrissen abzeichnete[49], umso mehr verschlechterte sich gleichzeitig die Lage auf dem Westufer des Niger; denn nachdem die Franzosen dort den ersten Schock der »Schachbrettstrategie« überwunden hatten, gingen sie wieder zur Initiative über[50].

Eine direkte Konfrontation zwischen Großbritannien und Frankreich schien bevorzustehen, als Chamberlain am 13. Mai in einer Rede in Birmingham unter Anspielungen auf die russische Chinapolitik erneut die Bündnisfrage für Großbritannien aufwarf und als mögliche Bündnispartner die USA und Deutschland nannte. Chamberlains versteckte Spitze gegen Frankreich löste in Paris Entrüstung aus und machte mit einem Schlag die Ausgleichsbemühungen zunichte[51]. Nach Beobachtungen Monsons, der zur Beruhigung des französischen Nationalgefühls zu weiteren englischen Konzessionen am Niger riet, war der Effekt der Chamberlainrede in Frankreich »to set all classes talking of a war with England«[52].

Damit stand der Konflikt im Mai 1898 vor der bislang schwersten Eskalation, obwohl die Weichen für einen Ausgleich bereits gestellt waren. Infolge der Spannungen vor Ort versteifte sich auch die Haltung der französischen Regierung in den Verhandlungen in Paris. Neue, bislang nicht erhobene Forderungen

45 Ebd., S. 165—167; Grenville, Lord Salisbury, S. 166 f.
46 BD I, Nr. 176.
47 Hirshfield, The Diplomacy of Partition, S. 168 f. Vgl. BD I, Nr. 177 f.
48 Hirshfield, The Diplomacy of Partition, S. 176—178. Vgl. Grenville, Lord Salisbury, S. 123.
49 Hirshfield, The Diplomacy of Partition, S. 179.
50 Ebd., S. 181.
51 Hirshfield, The Diplomacy of Partition, S. 182; DDF 1, 14, S. 294 f.; Garvin, The Life of Joseph Chamberlain, III, S. 217 und 282 f.
52 Hirshfield, The Diplomacy of Partition, S. 183. Vgl. BD I, Nr. 179.

wurden aufgetischt[53], und der »Figaro« machte im Streit um Illo unmißverständlich klar, daß eine Preisgabe französischer Rechte am Niger völlig indiskutabel sei. Insbesondere erhielt der Handelsplatz Illo am Niger durch den Tod eines französischen Offiziers einen hohen »Gefühlswert«, den Hanotaux gegenüber den Franzosen nicht außer acht lassen konnte[54].

Von der französischen Hartnäckigkeit irritiert, schien Salisbury eine Zeitlang an einen britischen Verzicht auf Illo gedacht zu haben, doch unter dem Druck Chamberlains blieb der zur Kontrolle des Nigergebiets strategisch bedeutsame Punkt britisch[55]. Botschafter Monson, für den das französische Vordringen am Niger »in effect differed but little from positively belligerent acts«[56], wies Hanotaux höflich, aber bestimmt darauf hin, daß Großbritannien nach Monaten zähen Vorverhandelns außerordentlich gekränkt sei, wenn man zu keiner Lösung der Schwierigkeiten käme[57].

Angesichts der rapiden Positionsverschlechterung vor Ort infolge Lugards unaufhaltsamen Vorrückens, das fast täglich die Gefahr eines bewaffneten Zusammenstoßes barg, gab Hanotaux am 8. Juni endgültig nach. Ein Abkommen wurde am 14. Juni unterzeichnet[58], es regelte die beiderseitigen Einflußzonen und schränkte damit die Wirkungsmöglichkeiten der »men on the spot« ein[59].

Kategorisiert man den Nigerkonflikt nach den hauptsächlichen Zielen, die Großbritannien und Frankreich verfolgten, so muß man eine Aufteilung in eine primär handels- bzw. in eine primär kolonialpolitisch orientierte Westafrikapolitik vornehmen.

Großbritannien ging es während der gesamten Dauer des Konflikts darum, den Rivalen Frankreich vom schiffbaren Niger und seiner Mündung fernzuhalten. Zu dieser langfristigen Sicherung der kommerziellen Interessen trat im Grunde erst seit 1896 eine verstärkte politische Aufmerksamkeit, als das Wiederaufleben der französischen Expansion in das unmittelbare Nigergebiet die Einflußsphäre der RNC bedrohte und diese sich außerstande sah, das Vorrükken der Franzosen mit eigenen Kräften zu stoppen. Damit erhielt durch äußeren Druck eine ursprünglich im Rahmen des Empire nicht exponierte Region sicherungsstrategische Bedeutung, was es bis zu einem gewissen Grade rechtfertigte, mit militärischen Machtmitteln die »französische Gefahr« abzuwenden. Infolge des auffälligen Rückzugs Premierminister Salisburys aus der politischen Verantwortung für Westafrika, konnte Kolonialminister Chamberlain weitgehend allein seinen harten Kurs — teils zur Abschreckung gegenüber Frankreich, teils zur Beruhigung der entrüsteten Öffentlichkeit — durchsetzen, wobei er zum Schutz britischer Interessen zumindest verbal die Bereitschaft zum Krieg erkennen ließ. Chamberlains kompromißlose »Schachbrett-strategie« verschärfte die Situation vor Ort enorm und löste in Paris eine Kriegsfurcht aus, die fortan

---

53 Hirshfield, The Diplomacy of Partition, S. 190 f.; BD I, Nr. 181.
54 Hirshfield, The Diplomacy of Partition, S. 187—195; BD I, Nr. 180.
55 Hirshfield, The Diplomacy of Partition, S. 190 f.; BD I, Nr. 181.
56 BD I, Nr. 182.
57 BD I, Nr. 181.
58 Hirshfield, The Diplomacy of Partition, S. 193 f.; Bd I, S. 156, Anm.
59 Ganiage, Un épisode, S. 182—186. Zum Abkommen vgl. auch Garvin, The Life of Joseph Chamberlain, III, S. 221—223; Grenville, Lord Salisbury, S. 123 f.

die Entscheidungen des französischen Kabinetts leitete. Für Frankreich komplizierte sich die Eskalationsphase einerseits durch die Rivalität zwischen Außen- und Kolonialministerium, andererseits durch die Aktionsbereitschaft der Militärs vor Ort, die von der Zentrale nur schwer zu kontrollieren waren. Unterstützt vom »groupe colonial«, mit Rückendeckung des Kolonialministers, sahen sich die Kolonialoffiziere als die Repräsentanten der »Grande Nation«, die das Prestige der Republik am Niger zu verteidigen hatten.

Der Ausgleich, der sich im Abkommen vom 14. Juni 1898 niederschlug, war letztlich eine Folge sowohl von Chamberlains Pressionspolitik und von Salisburys Kompromißbereitschaft, als auch von der Einsicht Außenminister Hanotaux', daß im Hinblick auf die, den britischen Standpunkt sehr viel stärker provozierende Marchandmission ein Einlenken in der französischen Westafrikapolitik schnell erfolgen müsse. Zwar kamen durch das Abkommen beide Mächte auf ihre (territorialen) Kosten, doch trug Großbritannien offensichtlich den größeren kommerziellen Vorteil davon: der schiffbare Niger blieb unter alleiniger britischer Kontrolle.

21. Der Puffer in Südostasien. Siam zwischen englischer und französischer Interessensphäre 1893

Mit der Annexion Burmas und der Errichtung des Protektorats über Tongking rückten die Interessensphären Englands und Frankreichs in Südostasien Mitte der 1880er Jahre dichter zusammen. Durch die Konvergenz dieser beiden Expansionsbewegungen entwickelte sich der hinterindische Subkontinent für fast zwei Jahrzehnte zu einem Spannungsfeld erster Ordnung im internationalen Mächtesystem,in dessen Zentrum das Königreich Siam lag[1].

Im Gegensatz zu Großbritannien, dessen sicherungsstrategischen Optionen mit der Annexion Burmas im Jahre 1886 als vorgelagerter Schutzzone für Britisch-Indien genüge getan war, sah Frankreich seinen indochinesischen Herrschaftskomplex, der von der südchinesischen Grenze bis zum Mekongdelta reichte, noch nicht ausreichend saturiert. Zur Arrondierung seiner Besitzungen zielte es daher auf die Einverleibung der gesamten Laos-Staaten östlich des Mekong ab. Legitimationsgrundlage für die Territorialansprüche auf das östliche Mekongufer bildete die Frankreich vermeintlich in der Nachfolge Annams zugefallene Oberherrschaft über jene Gebiete inklusive über die Provinz Luang Prabang am Oberen Mekong.

Frankreich war aus ökonomisch-strategischem Kalkül am Mekongtal interessiert; denn nachdem man den Roten Fluß als Wasserstraße nach Yünnan aufgegeben hatte, konzentrierten sich die Überlegungen auf den Mekong und die Überlandstraße nördlich über Luang Prabang hinaus. Der Mekong sollte als wichtigste Handelsroute zwischen Indochina und der wirtschaftlich attraktiven südchinesischen Provinz Yünnan den Wettbewerbsvorteil gegenüber dem englischen Konkurrenten sichern. Zum Gelingen dieses Projekts war die Kontrolle Siams erforderlich, wie sie von Jules Ferry und Vertretern der Kolonialadministration gefordert wurde, um den Zugang nach Yünnan wie nach Indochina von Westen her weiträumig gegen den englischen Rivalen abzusichern. Außerdem wies der Lanessan-Bericht (1885) darauf hin, durch die Entwicklung der Transportmöglichkeiten den Handel Ost-Siams wie eventuell des gesamten Mekongbeckens an sich zu ziehen. Diese Zukunftsvision hätte aber einen Frontalangriff auf Englands dominierende Stellung im Siamhandel bedeutet, das 90 Prozent des Im- und Exportgeschäfts des Königreichs monopolartig beherrschte. Die Kontrolle des Mekong bestimmte fortan die französische Politik in Hinterindien entscheidend[2].

In dieser Stoßrichtung kollidierten französische Ansprüche allerdings mit dem siamesischen Bemühen, seit 1885 als Reaktion auf das französische Protek-

---

1 Vgl. dazu: Dieter Brötel, Französischer Imperialismus in Vietnam, Zürich, Freiburg 1971; Dorothy Woodman, The Making of Burma, London 1962; D.J.M. Tate, The Making of Modern South-East Asia, Bd 1, Repr. Oxford 1977; D.G.E. Hall, A History of South-East Asia, London 1981; John F. Cady, Southeast Asia, Its Historical Development, New York 1964.

2 Pierre Guillen, L'Expansion 1881—1898, Paris 1984; Stephen Henry Roberts, History of French Colonial Policy (1870—1825), 2 Bde, London 1929.

torat über Vietnam die Gebiete östlich des Mekong verstärkt in eigener Regie zu kontrollieren. Eine zu diesem Zweck entsandte Expedition okkupierte alle Gebiete zwischen Luang Prabang und dem Schwarzen Fluß und dokumentierte somit Siams Anspruch auf Oberherrschaft über die angrenzenden Territorien[3]. Im Falle seines Vasallenstaats Kambodscha war Siam zu Konzessionen und zur vertraglichen Anerkennung der französischen Schutzherrschaft bereit (1865 bzw. 1867)[4]; am Ober- und Mittellauf des Mekong zeigte es hingegen eine erstaunliche Energie, seinen Einfluß gegenüber französischem Druck zu behaupten.

Nachdem Siam unter König Mongkut (1851-1868) seine bisherige Politik, Europäer auf Distanz zu halten, zugunsten einer forcierten Modernisierung beendet hatte und sich auch unter dessen Nachfolger Chulalongkorn (1868—1910) im Interesse der Souveränitätswahrung die konzessionsbereite Linie fortsetzte[5], war man sich in Bangkok darüber im Klaren, daß Frankreich den aggressiveren Part der beiden, Siam umschließenden Westmächte bildete. Aus der Kambodscha-Affaire hatte Mongkut Ende der 1860er Jahre die Lehre gezogen, daß sich Siam entscheiden müsse, ob es flußaufwärts schwimmen und sich mit dem Krokodil (Frankreich) anfreunden wolle oder aber ob es aufs offene Meer schwimmen und sich dem Wal (England) anhängen wolle. Weitsichtig fügte der siamesische Herrscher hinzu, daß es im Grunde völlig ausreiche, sich um die eigenen Angelegenheiten zu kümmern, aber »it may be necessary for us to forego some of our former power and influence«[6] — eine Politik, die von seinem Sohn Chulalongkorn konsequent befolgt wurde, und zwar mit dem »Wal«.

Im Mai 1886 schlossen Frankreich und Siam ein provisorisches Abkommen über die strittigen Gebiete östlich des Mekong. Danach sollte eine gemeinsame Grenzkommission die Demarkationslinie zwischen den beiden Interessenbereichen festlegen. Frankreich erhielt das Recht, in der Stadt Luang Prabang, nahe der siamesischen Grenze, ein Vizekonsulat zu eröffnen. Im Gegenzug wurde Siam implizit die laotische Vasallität zugesichert sowie dessen Ansprüche auf die südlichen Provinzen Battambang und Siamreap (Angkor) bestätigt[7].

Damit hatte sich französischem Expansionsstreben ein Schlupfloch geöffnet, die Ansprüche auf Laos energischer als bisher weiterzufolgen, zumal mit Auguste Pavie ein vehementer Befürworter der französischen Ausdehnungspolitik

---

3 Tate, The Making of Modern South-East Asia, S. 511 f.; Hall, A History of South-East Asia, S. 723—725.

4 Tate, The Making of Modern South-East Asia, S. 509—511; Hall, A History of South-East Asia, S. 706—719; Cady, Southeast Asia, S. 341—352 und 488-493; R. Stanley Thomson, Siam and France 1863—1870. In: Far Eastern Quarterly 5 (1945/6), S. 28—46; Lawrence Palmer Briggs, Aubaret and the Treaty of July 15, 1867 between France and Siam. In: Far Eastern Quarterly 6 (1946), S. 122—138.

5 Dhiravegni Likhit, Siam and Colonialism (1855—1909), Bangkok 1974, S. 27—45; Donald E. Nuechterlein, Thailand and the Struggle for Southeast Asia, Ithaca, New York 1965; Walter F. Vella, The Impact of the West on the Government of Thailand, Berkeley 1955; zu König Mongkut A.L. Moffat, Mongkut, King of Siam, Ithaka, New York 1961; zu Chulalongkorn Chomchai Prachoom, Chulalongkorn the Great, Tokyo 1965.

6 Moffat, Mongkut, S. 124.

7 Hall, A History of South-East Asia, S. 720—725; Tate, The Making of Modern South-East Asia, S. 513.

in Südostasien das Vizekonsulat in Luang Prabang übernahm (Februar 1887)[8]. Pavie gelang es nach kurzem, den einheimischen Herrscher von Luang Prabang zur Übernahme des französischen Protektorats zu bewegen und den Einfluß der Thais, die noch weite Teile des oberen Mekonggebiets kontrollierten, zurückzudrängen. Bis zum Jahre 1890 wurden die nördlichen Gebiete von Laos von französischen Truppen unterworfen und der Einfluß von Tongking aus nach Westen ausgedehnt. Durch Pavies energisches Vorgehen in Laos verlor Siam die Initiative östlich des Mekong und mußte sich weitgehend auf Abwehrgefechte beschränken[9].

Der nächste Schritt in Pavies Programm zur Annexion der östlichen Mekongprovinzen war eine umfassende, während eines Parisaufenthalts mit der Regierung abgesprochene[10] wissenschaftliche Expedition nach Laos, die in den Jahren 1890/91 die Handelsrouten und -chancen erkundete. Dieses Unternehmen führte zu einer Verschlechterung der ohnehin belasteten französisch-siamesischen Beziehungen, da Bangkok im Herbst 1890 Pavies Sondierungen zur einer Klärung der Laos-Frage strikt verwarf und sich bemühte, Frankreichs Infiltrationstätigkeit am Mekong einzudämmen. Siams ablehnender Standpunkt resultierte aus der Überzeugung, daß die umstrittenen Gebiete am Mekong als neutral zu gelten hätten, solange die Grenzen nicht zufriedenstellend geregelt seien. In Anbetracht der siamesischen Defensivbemühungen gegen die von Frankreich lautstark vorgetragenen »unbestreitbaren Rechte Annams« schien es Pavie ratsam, dem Gouverneur in Saigon die Errichtung von militärischen Grenzposten gegen eine »siamesische Invasion« zu empfehlen.

Anfang 1892 wurde Pavie zum französischen Ministerresidenten in Bangkok ernannt, um den französischen Forderungen direkt »vor Ort« politischen Nachdruck zu verleihen. Die Spannungen verstärkten sich, als Siam ungeachtet des französischen Drucks begann, seine Okkupation bzw. Rückgewinnung der Provinzen am Mittleren Mekong zu intensivieren und diese Gebiete voll unter seine Oberherrschaft zu zwingen[11], während Frankreich danach trachtete, die von nationalistischen Agitationsvereinen, wie dem »parti colonial«, erhobene Forderung nach dem gesamten östlichen Mekongufer durchzusetzen[12].

Bei dem energischen, den status quo destabilisierenden Vorgehen am Mekong hatte die Pariser Zentrale die Nähe der Interessensphäre des britischen Rivalen zu berücksichtigen. Großbritannien betrachtete es geradezu als Axiom seiner Südostasienpolitik, alle Vorgänge im sensiblen Nahbereich der Grenzen Indiens genau zu registrieren und Einmischungen in den grenznahen Sicherheitsbereich als »unfreundliche Akte« zu verurteilen. Mit der Annexion Burmas

---

8 Zu A. Pavie, Tate, The Making of Modern South-East Asia, S. 514.

9 Tate, The Making of Modern South-East Asia, S. 513—515; Hall, A History of South-East Asia, S. 725—727.

10 Guillen, L'Expansion, S. 325.

11 Tate, The Making of Modern South-East Asia, S. 515 f.; Hall, A History of South-East Asia, S. 727—730.

12 Guillen, L'Expansion, S. 325; zum Parti Colonial Peter Grupp, Deutschland, Frankreich und die Kolonien. Der französische »Parti Colonial« und Deutschland von 1890 bis 1914, Tübingen 1980, S. 11—43; C.M. Andrew/A.S. Kanya-Forstner, The French ›Colonial Party‹: Its Composition, Aims and Influence, 1885—1914. In: Historical Journal 4 (1971), S. 99—128.

gelangte Siam als östlicher Grenznachbar Britisch-Indiens automatisch in den empfindlichen Sicherheitsbereich[13]. Großbritannien sah durch die französischen Aktivitäten nicht nur seine mögliche Überlandroute zwischen Burma und Yünnan gefährdet[14], sondern hielt es mangels Alternativen auch für erforderlich, die indigenen Staaten der Shans am Oberlauf des Mekong, die seit dem 16. Jahrhundert als tributpflichtige Territorien Burmas galten, seinem indischen Kolonialreich zu unterwerfen.

Gleichzeitig beunruhigten London Gerüchte von Territorialkonzessionen Siams an Deutschland in der Gegend des Kra-Isthmus, was eine Bedrohung Britisch-Malayas bedeutete. Angesichts der prekären Grenzfrage kam dem Verhältnis zu Siam entscheidende Bedeutung zu. Die Leitlinie des Foreign Office lautete:

> »it is not the interest of India that Siam should be made unfriendly and thrown into the arms of France or Germany [...]«[15]

Allerdings gab es zwischen Foreign Office und India Office sowie der britisch-indischen Kolonialregierung in Kalkutta gravierende Unterschiede in der Einschätzung Siams. Während das Foreign Office stets zu Konzilianz gegenüber der französischen Expansion tendierte und dabei von dem globalen Empire-Interesse ausging, verkürzten India Office und Kalkutta die Bedeutung Siams unter sicherungsstrategischen Aspekten auf die Sicherung Burmas bzw. Indiens und waren eher geneigt, einer energischen Grenzpolitik das Wort zu reden[16].

Das französische Vorrücken bewirkte somit nicht nur eine Verfestigung der britischen Präsenz im Nordostzipfel Burmas, es führte auch in London zu zwei grundsätzlichen Überlegungen:

1. eine gemeinsame Grenze zwischen Britisch-Indien und Französisch-Indochina — vor allem an der neuralgischen Schnittlinie am Oberen Mekong — durch (halbautonome) Pufferstaaten zu verhindern,
2. mit Siam zu einer friedlichen Regelung aller ausstehenden Grenzfragen in Ost-Burma zu gelangen, um das schwache südostasiatische Königreich zumindest indirekt in seiner antifranzösischen Haltung zu unterstützen und es als neutralen Trennungsblock zwischen englischer und französischer Einflußsphäre gleichsam zu konservieren.

Durch den Wettbewerb mit Großbritannien wurde die Verteidigung des französischen Prestiges gegen die britische Expansion in Südostasien zur »raison d'être«. Blieb auch die »mission civilisatrice« als stimulierender Faktor der französischen Kolonialexpansion in Kraft, so mußten doch das seit der Besetzung Ägyptens 1882 verschlechterte Verhältnis zur führenden See- und Handelsmacht sowie die gegenwärtig noch nicht voll belastbare Position in Indochina einkalkuliert werden.

Schon Mitte 1889 hatte Frankreich daher zur weltpolitischen Absicherung seiner Kolonialambitionen in London die Abgrenzung der beiderseitigen Interessensphären am Oberen Mekong und die Neutralisierung Siams angeregt. Das französische Sphärenprojekt scheiterte jedoch auf Grund der strategischen Dif-

---

13 Chandran Jeshurun, The Contest for Siam 1889—1902. A Study in Diplomatic Rivalry, Kuala Lumpur 1977, S. 1.

14 N.A. Pelcovits, Old China Hands and the Foreign Office, New York 1948, S. 202 ff.

15 Jeshurun, The Contest for Siam, S.9 f.

16 Ebd., S. 11 f.

ferenzen zwischen Kalkutta und London in der Beurteilung einer Haltelinie für die Westexpansion Frankreichs, obwohl Premierminister Salisbury die Idee einer Neutralisierung Siams prinzipiell begrüßte[17].

Beunruhigt durch Grenzverhandlungen Großbritanniens mit China und Siam, unternahm die französische Regierung in der ersten Jahreshälfte 1892 zwei weitere Initiativen, die den Mekong als Scheidelinie zwischen englischem und französischem Interessenbereich zum Ziel hatten. Aus pragmatischen Erwägungen war Salisbury geneigt, das französische Vorrücken zum Mekong solange zu dulden, wie dieser nicht überschritten wurde. Auf der Basis der Respektierung der vollen territorialen Rechte Siams, inklusive dessen Besitzungen jenseits des Flusses, sowie der Anerkennung des britischen Protektorats über den sich mit abhängigen Provinzen auch auf das östliche Mekongufer erstreckenden Shan-Staat Keng Tung war er bereit, mit Paris zu verhandeln[18]. Wie zuvor scheiterten jedoch bilaterale Vereinbarungen an der Opposition von indischer Regierung und India Office, für die erst die endgültige Klärung der Grenzen Britisch-Burmas mit China und Siam die Grundlage zu Gesprächen mit Frankreich bildete.

Insofern bedeutete die Verfechtung einer Pufferzone am Oberen Mekong ein partielles Einschwenken Londons auf die Politik der indischen Regierung, die in der Überbetonung regionaler Sicherungsinteressen für Britisch-Indien gegen den französischen Ausbreitungsdrang einen weit vom indischen Kernland nach Osten vorgeschobenen Schutzgürtel anvisierte, der die Verteidigungslasten finanziell und personell vermindern sollte. Damit zeichneten sich in der britischen Einschätzung des Siamproblems divergierende Vorstellungen ab, die auch im weiteren Verlauf eine Lösung im übergeordneten Empire-Interesse erschwerten. Es ist deutlich, daß in puncto Siam die indischen Interessen gegenüber der französischen Expansion zum bestimmenden Faktor der Konfliktstrategie wurden[19].

Vor dem Hintergrund der eskalierenden Auseinandersetzung mit Siam unternahm die französische Regierung im Herbst 1892 erneut einen Vorstoß in London zur Klärung der offenen Mekongfrage. Dabei mochte die Hoffnung den Ton angegeben haben, bei dem liberalen Gladstonekabinett eher mit dem südostasiatischen Sphärenprojekt Gehör zu finden.

Außenminister Rosebery wies zunächst auf die durch die Annexion Burmas erworbenen Ansprüche Großbritanniens auf Gebiete am Oberen Mekong hin, deren Gebietsteile linksseits des Mekong jedoch durch Grenzrevisionen bereits auf Siam (Keng Cheng) übertragen worden sind bzw. auf China (Kiang Hung) übertragen werden sollen, so daß »nowhere the British posessions or protectorate, under the existing arrangement, extend beyond the river Mekong«[20]. Dies entsprach Roseberys defensiver Diplomatie, die generell im Interesse des Empi-

---

17 Ebd., S. 5 f.

18 Zu Keng Tung und der Grenzproblematik ausführlich Woodman, The Making of Burma, S. 298—311. Nach Gordon Martel, Imperial Diplomacy. Rosebery and the Failure of Foreign Policy, London 1986, S. 125 war dieser Streit Auslöser der Krise.

19 Jeshurun, The Contest for Siam, S. 13—18 und 21—25; Tate, The Making of Modern South-East Asia, S. 540 f.; Hall, A History of South-East Asia, S. 730—732.

20 DDF 1,10, S. 122.

re neue Verpflichtungen und Komplikationen vermeiden wollte. Rosebery warnte den französischen Botschafter Waddington, daß Frankreichs Ambitionen nur den Argwohn Siams erweckten und nicht die Absicht erkennen ließen, Siams Integrität zu respektieren. Als Rosebery kategorisch darauf verwies, daß Großbritannien den Abschluß einer formellen Übereinkunft nicht erwägen könne, solange Frankreich mit präzisen Vorstellungen über die siamesische Ost- und die britisch-indische Nordostgrenze zurückhalte, waren Frankreichs Sondierungen im Dezember 1892 wiederum fehlgeschlagen[21].

In Erwiderung auf Roseberys abschlägigen Bescheid teilte der französische Außenminister Develle Botschafter Waddington am 26. Januar 1893 mit, daß ihm Großbritanniens Einmischung in die schwebenden Grenzverhandlungen zwischen Frankreich und Siam am Mekong Sorgen bereite, da sich die in Frage kommenden Territorien — Kiang Hung und Keng Cheng — in der beanspruchten französischen Aktionsphäre befänden (»dans la zone où nous considérons que l'action d'aucune puissance européenne ne doit s'exercer en dehors de la nôtre«). Daher könne Frankreich die Einmischung englischer Agenten in dieser Region nicht akzeptieren, wo Frankreich in vollem Umfang die Aktionsfreiheit beanspruche (»où nous entendons conserver dans toute sa plénitude la liberté d'action«), wie sie Großbritannien auf dem jenseitigen Mekongufer zukomme[22]. Erklärtes Ziel der französischen Politik blieb es, bei Respektierung der Parität der Interessen eine akzeptable Grenzregelung zu finden (d'établir entre les sphères d'influence de la France et de l'Angleterre une frontière claire et nette, qui préviendrait autant qu'il est possible les froissements et les conflits dans l'avenir«)[23].

Diese aus präventiv-strategischen Gründen anvisierte Grenzsicherung zwischen den beiderseitigen Einflußsphären in Südostasien mittels eines »arrangement définitif et satisfaisant«[24] geriet unter dem Druck der Vorgänge vor Ort sowie der zu Beginn des Jahres 1893 rapide anwachsenden organisierten Kolonialagitation in Frankreich in den Hintergrund[25]. Anfang 1893 stand für die französische Regierung fest, daß trotz weiterer Gespräche das bilaterale Abkommen mit Großbritannien wegen der Zurückhaltung des Gladstonekabinetts vorerst nicht zu erreichen war. Deshalb bemühte man sich verstärkt, im direkten Kontakt mit Bangkok das anvisierte Mekongprojekt zu realisieren. Frankreich entschied sich damit für den Weg des kalkulierten Risikos ohne oder gegen England; denn spätestens Anfang Februar war der Entschluß gefaßt, das linke Mekongufer definitiv zu besetzen.

Auftrieb erhielt die innenpolitisch höchst wirksame nationalistische Propaganda durch einige Grenzzwischenfälle am Mekong, in deren Verlauf französische Agenten von Siam aus Laos vertrieben worden waren und der französische Vizekonsul ums Leben gekommen war[26]. Dieser »Angriff« von seiten Si-

21 DDF 1,10, Nr. 72 und Anlage; Jeshurun, The Contest for Siam, S. 26—32.
22 DDF 1,10, Nr. 140.
23 DDF 1,10, Nr. 173. Vgl. DDF 1,10, Nr. 180.
24 DDF 1,10, Nr. 140.
25 Guillen, L'Expansion, S. 325; Jeshurun, The Contest for Siam, S. 40 f. .
26 Hall, A History of South-East Asia, S. 733.

ams — »une acte de véritable folie«[27] diente als Vorwand zum Aktivwerden und nährte in Paris den Verdacht, daß Großbritannien Siam deckte, Siam demnach mit seinen Bemühungen seit der Jahreswende 1892/93, England für eine Verteidigungsallianz gegen die französische Bedrohung zu gewinnen, Erfolg gehabt habe[28]. Es begann sich Frankreichs diplomatischer Protest gegen Großbritanniens einseitige Territorialverhandlungen mit China und Siam zu artikulieren, da sich England augenscheinlich auf Kosten Frankreichs in die laotische Interessensphäre hineindrängte[29]. Im Einklang mit der sich wandelnden Haltung wurde der französische Gouverneur in Indochina instruiert, energische Maßnahmen gegen Siam zu ergreifen[30].

Gegen die französischen Ansprüche protestierte Siam zwar und intensivierte seine Unterstützungsbemühungen in London, blieb jedoch auf Grund von Roseberys strikter Nichtinterventionspolitik und der bei der britisch-indischen Kolonialregierung unausgeräumten Bedenken gegen jede Art politisch-militärischer Unterstützung in der Abwehr der französischen Bedrohung auf sich allein gestellt[31]. Entsprechend der konzilianten Linie ließ Rosebery durch Lord Dufferin am 1. März gar in Paris ausrichten, daß Großbritannien an den Verhandlungen in Bangkok desinteressiert sei[32]. Er selbst versicherte Botschafter Waddington, daß dem siamesischen Gesandten gesagt worden sei, Großbritannien könne sich in diese Affaire nicht einmischen[33]. Mit diesem »Stillhalteversprechen« Roseberys war für Frankreich der Weg zum aktiven Vorgehen endgültig frei[34].

Anfang April begann der französische Einmarsch in Laos. In drei Säulen stießen die Franzosen von Vietnam aus auf den Mekong vor und errichteten im Süden, am Mittellauf und im Norden strategische Brückenköpfe, um die Renitenz Siams zu brechen[35]. Diese militärischen Zwangsmittel waren von Außenminister Develle einer Okkupation Battambangs oder einer Flottendemonstration im Golf von Siam vorgezogen worden, um den Konflikt nicht zu eskalieren[36].

Der Übergang Frankreichs zu offener Aggressionspolitik berührte die englische Non-Interventionspolitik prinzipiell nicht. Unterstaatssekretär Sanderson versicherte dem britischen Botschafter in Paris, daß »the quarrel is not one in which Lord Rosebery desires to be mixed up, if we can avoid it«[37]. Gleichzeitig bemühte sich England aber auch, Kenntnisse über die französischen Forderungen in Bangkok zu erlangen und der siamesischen Regierung zu raten, nichts zu

---

27 DDF 1,10, Nr. 234.
28 Jeshurun, The Contest for Siam, S. 32—34, Vgl. DDF 1,10, Nr. 180.
29 Jeshurun, The Contest for Siam, S. 38—41.
30 Guillen, L'Expansion, S. 325 f.; Tate, The Making of Modern South-East Asia, S. 516.
31 Vgl. DDF 1,10, Nr. 180; Jeshurun, The Contest for Siam, S. 32 ff.; Hall, A History of South-East Asia, S. 734.
32 DDF 1,10, S. 262, Anm. 1.
33 DDF 1,10, Nr. 180.
34 Jeshurun, The Contest for Siam, S. 45—48.
35 Ebd., S. 46. Vgl. DDF 1,10, Nr. 234.
36 DDF 1,10, S. 290, Anm. 2.
37 Jeshurun, The Contest for Siam, S. 50. Vgl. Martel, Imperial Diplomacy, S. 126.

unternehmen, was den Bruch mit Frankreich bewirke[38]. Am 12. Mai gab England seine strikte Neutralität bekannt: Siam sei angewiesen, keine Drittmächte durch Mediationsversuche in den Konflikt mit Frankreich hineinzuziehen[39].

Hauptziel der englischen Politik war es, das schwache Siam zum Einlenken im umstrittenen Grenzbereich (linkes Mekongufer) zu bewegen, um Kern-Siam vor einer direkten Konfrontation mit Frankreich zu bewahren. Würde Siam Widerstand leisten, so erhöhte sich nach englischer Ansicht nur die französische Aggressivität und ließ es wahrscheinlich werden, daß Frankreich bei einer militärischen Auseinandersetzung ganz Siam in seinen Einflußbereich eingliedern würde[40]. Dann aber würde das eintreten, was es unter allen Umständen zu verhindern galt: die Errichtung einer gemeinsamen Grenze zwischen Britisch-Indien und Französisch-Indochina. Insofern war Rosebery bestrebt, Siam unter allen Umständen als Pufferstaat zu erhalten.

Hinter diesen regionalpolitischen und sicherungsstrategischen Erwägungen trat deutlich das Kalkül der großen Politik hervor: es galt, ein Einkreisen Indiens durch ein Näherrücken Rußlands und Frankreichs in Asien zu verhindern. Aus diesem Grunde zeigte England auch weitgehende Konzilianz gegenüber der Regionalmacht China, dessen Wert für die Nordgrenzen Indiens als Gegengewicht gegen Rußland gewachsen war. Angesichts der Gefahr schien die Annäherung an den Dreibund eine politische Notwendigkeit, was freilich die politische Handlungsfreiheit Großbritanniens erheblich reduzierte[41]. Englands zunehmende Sorge vor einem nicht mehr steuerbaren Konflikt erhöhte sich, als Anfang Juni bei einem siamesischen Gegenangriff am Mekong ein französischer Offizier in Gefangenschaft geriet[42] und Frankreich als Repressalie für das in seiner Sicht ungerechtfertigte Vorgehen Siams eine maritime Machtdemonstration vor Bangkok beschloß[43]. Damit war nicht nur die anfängliche Zurückhaltung Frankreichs vor einer Ausweitung des Konflikts preisgegeben worden, England mußte auch sein Konzept, Siam durch Druck zum Einlenken zu bewegen, als gescheitert betrachten.

Siam dachte in Kenntnis der Bedrohung seines Territoriums keineswegs daran, einzulenken. Trotz der militärischen Unterlegenheit gegenüber Frankreich mochte der taktisch-demonstrative Schritt zur Verteidigung des Landes darauf abzielen, durch eine bewußte Eskalation des Konflikts England zum entschlossenen Handeln zu veranlassen, da es sich Großbritannien nicht leisten konnte, Siam als Puffer zu verlieren[44].

Im Widerspruch zu Roseberys Konzept, das siamesischen Widerstand als krisenverschärfenden Faktor ablehnte, setzte der britische Gesandte in Bangkok gerade auf die siamesische Verteidigungsbereitschaft. Nach Überzeugung Hauptmann Jones' würde allein die bloße Aussicht auf einen Kampf »modify

38 DDF 1,10, Nr. 234. Vgl. DDF 1,10, Nr. 240.
39 Martel, Imperial Diplomacy, S. 127.
40 Ebd., S. 131.
41 Ebd., S. 125 f., 136.
42 Hall, A History of South-East Asia, S. 734. Vgl. H. Warington-Smyth, Five Years in Siam, 2 Bde, London 1898, II, S. 258.
43 Guillen, L'Expansion, S. 326. Vgl. DDF 1,10, Nr. 276 und 281.
44 Martel, Imperial Diplomacy, S. 127.

considerable the preposterous pretensions of France«[45]. Er vertrat die Meinung, daß Frankreich einen Krieg provozieren wolle, um ganz Siam zu annektieren. Jones wurde jedoch aus London angewiesen, beruhigend auf Siam einzuwirken, da fünf französische Kanonenboote in Richtung siamesische Gewässer unterwegs seien[46].

Rosebery reagierte auf die Absicht Frankreichs, vor Bangkok mit der Flotte zu demonstrieren, zunächst skeptisch, da aus Meldungen Lord Dufferins hervorging, Außenminister Develle habe den Plan einer maritimen Machtdemonstration aufgegeben. Zudem glaubte er an Develles Versicherung, die englische Regierung von einem derartigen Vorhaben rechtzeitig zu informieren[47].

Durch die räumliche Verlagerung des Konflikts sah sich die englische Regierung jedoch gezwungen, Ende Juni die Entsendung von Kriegsschiffen nach Bangkok zum Schutz englischer Interessen anzuordnen[48]. Dieser Schritt führte zu einem scharfen Protest Frankreichs, das hierin eine ungerechtfertigte Begünstigung Siams sah[49].

Fast gleichzeitig ging ein Telegramm von Jones aus Bangkok ein, daß die französischen Beteuerungen Lügen strafte. Danach hatten sich französische Kriegsschiffe, die am 13. Juli im Golf von Siam erschienen waren[50], einen Tag später, gegen ausdrückliches siamesisches Verbot gewaltsam den Weg durch die Forts bei Paknam erkämpft und waren flußaufwärts nach Bangkok gefahren[51]. Trotz der Alarmzeichen war Rosebery auch jetzt noch nicht zur Änderung seiner moderaten Politik bereit. Nach wie vor glaubte er an Develles Aufrichtigkeit und schrieb die Meldungen aus Südostasien »uncontrollable and hotheaded agents« Frankreichs zu[52].

Für die englische Politik erwies es sich freilich als folgenschwerer, daß die siamesische Regierung die englische Schiffsentsendung offenbar als Hilfszusage interpretierte und dementsprechend ihre Abwehrbemühungen verstärkte. Durch das Erscheinen der englischen Schiffe »Pallas« und »Pygmy« schien das siamesische Kalkül aufzugehen. Nach Jones Ansicht sollten die beiden Schiffe gemeinsam mit den siamesischen Streitkräften Bangkok gegen die Franzosen verteidigen, weshalb Siam am 15. Juli die englische Regierung mit der Bitte um Flottenunterstützung gezielt zur Aktion zu bewegen suchte[53].

Rosebery machte jedoch unmißverständlich klar, daß »there has never been any intention that the gunboats should take any action except for protection of

45 Ebd.
46 Jeshurun, The Contest for Siam, S. 51 ff.
47 Martel, Imperial Diplomacy, S. 127 f.
48 Guillen, L'Expansion, S. 326; Jeshurun, The Contest for Siam, S. 55; Martel, Imperial Diplomacy, S. 128; Likhit, Siam and Colonialism, S. 51; schon am 20. April 1893 war das englische Schiff »Swift« in Bangkok erschienen (Jeshurun, The Contest for Siam, S. 51; Hall, A History of South-East Asia, S. 735).
49 DDF 1,10, Nr. 276 und 279.
50 Hall, A History of South-East Asia, S. 735; Tate, The Making of Modern South-East Asia, S. 517.
51 DDF 1,10, Nr. 294. William L. Langer, The Diplomacy of Imperialism 1890—1902, New York ²1951, S. 43
52 Martel, Imperial Diplomacy, S. 128. Jeshurun, The Contest for Siam, S. 55 f.
53 Martel, Imperial Diplomacy, S. 128. Vgl. Jeshurun, The Contest for Siam, S. 54.

foreign life and property against popular outbreak«[54]. Jones sollte daher in Siam jeden Gedanken zerstreuen, »that we are contemplating joint action with Siam to defend Bangkok«; Siam habe unverantwortlich und in diametralem Gegensatz zu englischen Ratschlägen gehandelt[55]. Da Develle versprochen hatte, Siams Integrität und Unabhängigkeit zu achten, bestand für Rosebery kein Grund zum Eingreifen, solange die — noch unbekannten — französischen Forderungen keine vitalen Interessen Großbritanniens verletzten. Um Frankreich jeden Vorwand zum Losschlagen zu nehmen, bekräftigte Rosebery sein zurückhaltendes Taktieren in einer Oberhausrede am 17. Juli, indem er betonte, daß England nicht in den franco-siamesischen Konflikt eingreifen werde. Gleichzeitig wies er aber darauf hin, daß die Integrität und Unabhängigkeit Siams »a subject of grave importance to the British and more especially to the British Indian Empire« darstelle[56].

Roseberys vorsichtiges Agieren wurde auf eine harte Probe gestellt, als Frankreich Siam am 20. Juli ein Ultimatum präsentierte, das im wesentlichen aus drei Punkten bestand:

1. Zession des gesamten östlichen Mekongufers inklusive Luang Prabang,
2. Indemnität für den Paknamzwischenfall am 14. Juli,
3. Reparationen für die Übergriffe auf die Franzosen im umstrittenen Mekonggebiet.

Siam sollte innerhalb von 24 Stunden antworten, andernfalls drohte mit der Abberufung des Ministerresidenten Pavie der Abbruch der diplomatischen Beziehungen sowie eine Blockade Bangkoks[57].

Die Siamesen akzeptierten Punkt 2 und 3, baten aber wegen Punkt 1 um Verhandlungen. Dies wurde von Pavie kategorisch abgelehnt, nur eine vollständige Akzeptierung käme in Frage. Die Frist für das Ablaufen des Ultimantums wurde auf den 26. Juli festgesetzt[58].

Angesichts der nicht eindeutigen Formulierung des französischen Forderungskatalogs fragte man sich in London, welche Gebiete Frankreich linksseits des Mekong beanspruche und ob eventuell mit einem Heranrücken Frankreichs an die Grenze Britisch-Burmas zu rechnen sei[59]. Nach englischer Auffassung sollte Siam zwar Gebiete, die nicht wesentlich für dessen künftigen Bestand waren, abtreten, keinesfalls aber Gebiete wie Keng Cheng, durch die Französisch-Indochina zum Nachbarn Britisch-Indiens würde. Bei Präsentation des französischen Ultimatums war Rosebery davon ausgegangen, daß sich die französischen Forderungen hauptsächlich auf das untere Mekonggebiet erstreck-

---

54 Martel, Imperial Diplomacy, S. 129.

55 Ebd.

56 Martel, Imperial Diplomacy, S. 130; Jeshurun, The Contest for Siam, S. 57.

57 DDF 1,10, Nr. 303 f. Jeshurun, The Contest for Siam, S. 57 f., Tate, The Making of Modern South-East Asia, S. 517 f.; Hall, A History of South-East Asia, S. 736.

58 Guillen, L'Expansion, S. 426; Tate, The Making of Modern South-East Asia, S. 518.

59 Martel, Imperial Diplomacy, S. 129 f. Zur Stimmung in London vgl. Correspondance Diplomatique du Baron de Staal (1884—1900). Hrsg. von Alexandre Meyendorff, 2 Bde, Paris 1929, II, S. 214—216.

ten[60]. Deshalb wies er Dufferin in Paris an, zu verdeutlichen, daß Siam nicht Gebiete abtreten könne, über die es keinen Besitzanspruch habe[61].

Außenminister Develles dilatorische Reaktion, er wisse nicht, wie weit Frankreichs Forderungen am Mekong reichten, vermochte die englische Unruhe nicht zu beseitigen. Am 22. Juli machte Develle — gegen ausdrückliche englische Bedenken — Lord Dufferin jedoch klar, daß Luang Prabang auf jeden Fall gefordert werde. Zwar konnte laut Develle mit Rücksicht auf die öffentliche Meinung in Frankreich das Ultimatum nicht mehr revidiert werden, doch lasse das Prinzip des Pufferstaats nachträgliche Modifikationen zu[62].

Der französische Geschäftsträger in London, d'Estournelles de Constant, sah in Roseberys versöhnlichem Auftreten deutliche Belege dafür, daß Großbritannien an Verwicklungen mit Frankreich wegen Siam nicht interessiert war. In einem Gespräch mit Unterstaatssekretär Grey machte er der englischen Regierung am 19. Juli sogar schwere Vorwürfe, da sie in den zurückliegenden Jahren alle ernsten Probleme in Südostasien verschuldet habe. So habe jetzt erst die englische Schiffsentsendung die Eskalation der Krise bewirkt; denn damit habe sich nur die Illusion der Siamesen verfestigt und sie ermutigt »dans leur insolente et stupide résistance à toutes nos réclamations«[63]. Seine Sondierungen hatten in d'Estournelles die Überzeugung reifen lassen, daß sich Roseberys Besorgnisse auf die südlichen Gebiete Siams, Battambang und Angkor bezögen, weniger auf Luang Prabang und die Shan-Staaten; Rosebery signalisiere durchaus Verhandlungsbereitschaft[64].

Am 24. Juli wurde Rosebery die angekündigte Verhängung der Blockade über Bangkok gemeldet[65], die offiziell jedoch erst am 25. Juli in Kraft trat und bis zum 3. August dauerte[66]. Damit war unübersehbar, daß die zurückhaltende Politik fehlgeschlagen war; denn durch Frankreichs offensiven Akt wurden englische Handelsinteressen in Südostasien massiv beeinträchtigt. Als Reaktion auf die verschärfte Wendung der nun nicht mehr allein Frankreich tangierenden Siamkrise kündigte Rosebery Premierminister Gladstone an, Frankreich zu verstehen zu geben, daß Großbritannien nun in den Konflikt involviert sei: »I do not doubt that if we are firm the French will give way[67].« Unmißverständlich verdeutlichte Rosebery dem französischen Geschäftsträger, daß er die Schädigung des englischen Handels nicht dulden könne und daher erwäge, ernste Maßnahmen (»mesures graves«) zu ergreifen[68].

In seiner festen Haltung (»we must get a buffer state or I will go«)[69] wurde Rosebery durch Frankreichs unbeirrtes Vorgehen bestärkt. Zudem rief die zah-

---

60 Jeshurun, The Contest for Siam, S. 60.
61 Martel, Imperial Diplomacy, S. 130; Jeshurun, The Contest for Siam, S. 59 f.
62 Martel, Imperial Diplomacy, S. 130; Jeshurun, The Contest for Siam, S. 61; Hall, A History of South-East Asia, S. 726 f.
63 DDF 1,10, Nr. 306.
64 DDF 1,10, Nr. 307. Vgl. DDF 1,10, S. 469, Anm. 1.
65 DDF 1,10, Nr. 310.
66 Tate, The Making of Modern South-East Asia, S. 518; Hall, A History of South-East Asia, S. 737.
67 Martel, Imperial Diplomacy, S. 131 f.
68 DDF 1,10, Nr. 11.
69 Martel, Imperial Diplomacy, S. 132.

lenmäßig überlegene französische Flotte vor Bangkonk Unbehagen hervor, mehr aber noch der französische Einmarsch in die siamesischen Südprovinzen Battambang und Angkor, deren Absorption das französische Kabinett als Reaktion auf Siams Weigerung, das Ultimatum in toto zu akzeptieren, am 25. Juli auf Anraten des Unterstaatssekretärs im Kolonialministerium, Delcassé, beschloß[70]. Trotz partiellen siamesischen Einlenkens war Frankreich gewillt, sein Annexionsprogramm ohne Abstriche zu Ende zu führen. Die englische Zurückhaltung hatte es der Kolonialpartei wesentlich erleichtert, mit Battambang und Angkor ihre Forderungen durchzusetzen und für weitere siamesische Hartnäkkigkeit mit der Aufkündigung des französisch-siamesischen Vertrags von 1867 zu drohen[71].

Gegen diese offene Verletzung der zuvor beschworenen Integrität Siams protestierte Rosebery am 25. Juli gegenüber dem französischen Geschäftsträger in scharfen Worten. Unverhohlen drohte er mit Konsequenzen in Ägypten, falls die Siamkrise im französischen Sinne ende. Auf d'Estournelles Einwand, daß die öffentliche Meinung, die ohnehin über Großbritannien aufgebracht sei, ohne Battambang und Angkor nicht beruhigt werden könne, reagierte Rosebery besonders empfindlich:

> »We were moving fast to a word I shuddered to pronounce, which was ›war‹, and if we came to war, it would be the greatest crime of the 19th century [...] even if we did not come to open war. The result of such a policy as France was persuing, would be that we should carry on a silent war — une guerre sourde — all over the world which would be equally detrimental to both parties.«

Nochmals wurde d'Estournelles die Maxime der englischen Siampolitik verdeutlicht: keine gemeinsame Grenze zwischen Frankreich und Großbritannien[72]. Als d'Estournelles die Okkupation der beiden Provinzen Battambang und Angkor als ein »fait certain, inévitable« bezeichnete, konterte Rosebery: »C'est impossible, nous ne l'admettrons pas«[73].

Königin Victoria billigte Roseberys scharfe Reaktion ohne Abstriche. Sie hielt Rosebery für entschlossen genug, um der durch Premierminister Gladstones Zurückhaltung entstandenen »Kühnheit der Franzosen« Paroli zu bieten und Englands internationales Ansehen wieder aufzufrischen.

> »Ich habe alles Vertrauen zu Ihrer Festigkeit und Klugheit; aber bedenken Sie, daß es sich nicht allein um einen Puffer handelt, den ich zwischen uns und dem neuen unrechtmäßig besetzten französischen Gebiet haben will — es handelt sich darum, daß die Ehre meines großen Reiches gewahrt werden muß[74].«

Roseberys harsche Reaktion blieb in Paris nicht ohne Folgen. Durch die Kriegsdrohung war den Scharfmachern der Kolonialpartei das beste Argument ge-

---

70 Christopher Andrew, Théophile Delcassé and the Making of the Entente Cordiale, London, New York 1968, S. 33. Vgl. Guillen, L'Expansion, S. 326.

71 Guillen, L'Expansion, S. 326; Andrew, Théophile Delcassé, S. 32 f.; Jeshurun, The Contest for Siam, S. 62.

72 Vgl. DDF 1,10, Nr. 312 und Jeshurun, The Contest for Siam, S. 62—64. Gordon Martel, Documenting the Great Game: ›World Policy‹ and the ›Turbulent Frontier‹ in the 1890's. In: International History Review 2 (1980), S. 296 f.

73 DDF 1,10, Nr. 320.

74 Queen Victoria. Ein Frauenleben unter der Krone. Hrsg. von Kurt Jagow. Berlin 1936, S. 480.

nommen worden: Großbritannien sei nicht bereit, wegen Siam zu kämpfen[75]. Schon am 26. Juli kamen Außenminister Develle, der die harte Sprache des englischen Außenministers als Schützenhilfe gegen seine Gegner innerhalb der Regierung betrachtete, Bedenken gegen den tags zuvor getroffenen Beschluß, Battambang und Angkor zu okkupieren. Er ließ durchblicken, daß Pufferprinzip am Oberen Mekong zu akzeptieren[76]. Dagegen erhob sich der energische Protest Delcassés, der in der Affaire Großbritannien als nicht beteiligte Macht betrachtete. Seine Rücktrittsdrohung bewirkte am 27. Juli insofern einen Aufschub, als die Okkupation Battambangs und Angkors bis zur vollständigen Akzeptierung des Ultimatums durch Siam am 1. August ausgesetzt wurde[77].

Rosebery drängte nun die Siamesen, das Ultimatum anzunehmen, um weitere territoriale Forderungen Frankreichs abzuwenden[78]. Geleitet wurde er dabei von Rücksichtnahmen auf Develles schwache innenpolitische Stellung, die massivem öffentlichen Druck ausgesetzt war. Auch hegte er die Befürchtung, Frankreich könne für die am 28. April zugesicherte Konzession in der Frage der Pufferzone am Oberen Mekong bei anhaltender Hartnäckigkeit der Siamesen Battambang und Angkor als Kompensation fordern, obwohl diese Gebiete als integrale Bestandteile Siams galten[79].

Am 29. Juli akzeptierte Siam das französische Ultimatum bedingungslos[80]. Einen Tag später eskalierten die Ereignisse in Bangkok. Von dort wurde berichtet, daß der französische Admiral Humann den englischen Kriegsschiffen befohlen habe, die — am 26. Juli offenbar eigenmächtig errichtete — Blockadezone zu verlassen[81]. Auf Grund der umstrittenen Blockaderegelung wurde der britische Kommandant vor Bangkok angewiesen, der französischen Aufforderung nicht Folge zu leisten und weiterhin auf dem Menam zu bleiben[82]. Offenbar blieb aber nur ein englisches Schiff (»Linnet«) in der siamesischen Hauptstadt zurück, während die beiden anderen Schiffe (»Pallas« und »Swift«) aus heute nicht mehr im einzelnen nachzuvollziehenden Gründen die französische Aufforderung befolgten und außerhalb der Blockadezone vor der Menammündung Posten bezogen. Dabei soll es zu einem schweren Zwischenfall gekommen sein, als ein französisches Schiff (»Lion«) außerhalb der Blockadelinie mit drohenden Geschützen auf die »Pallas« zufuhr. Dies war, wenn es stimmte, eine schwere seemännische Beleidigung, für die umgehend eine offizielle Entschuldigung erwartet werden durfte, sofern es sich denn um ein »Versehen« handelte[83].

Nach Kenntnis des Vorfalls bekannte Rosebery Lord Dufferin, daß er nun mit seinem Latein am Ende sei.

»I am at the end of my tether [...] I can make no further pacific statements[84].«

---

75 Martel, Imperial Diplomacy, S. 133.
76 Andrew, Théophile Delcassé, S. 33; Jeshurun, The Contest for Siam, S. 64.
77 Andrew, Théophile Delcassé, S. 33.
78 Manich Jumsai, History of Anglo-Thai Relations, Bangkok 1970, S. 239.
79 Jeshurun, The Contest for Siam, S. 64—68; DDF 1,10, Nr. 318.
80 DDF 1,10, S. 469, Anm. 1; Guillen, L'Expansion, S. 327; Langer, S. 44.
81 Langer, S. 44; Jeshurun, The Contest for Siam, S. 68.
82 Jeshurun, The Contest for Siam, S. 68.
83 William L. Langer, The Franco-Russian Alliance 1890—1894. Repr, New York 1967, S. 328, Anm. 32.
84 Jeshurun, The Contest for Siam, S. 70.

Bedauerlich für ihn war, daß der neue französische Botschafter Decrais, der am 31. Juli in London erwartet wurde, zu einem Zeitpunkt eintreffen würde, »when our relations, short of war, could hardly be worse«[85].

Rosebery war von der alarmierenden Nachricht völlig überrascht worden, und er reagierte auf die vermeintliche französische Herausforderung überaus nervös. Die Wendung der Dinge vor Bangkok traf ihn zu einem Zeitpunkt, an dem die politischen Entscheidungsgremien des Landes infolge des arbeitsfreien Wochenends nahezu lahmgelegt waren. Ohne entsprechende Berater des Foreign Office verriet Rosebery deutliche Führungsschwäche, da er die Art der Bedrohung mangels genauer Kenntnisse der Vorgänge vor Ort zunächst nicht einzuschätzen vermochte, und sie auf Grund der Kommunikationsschwierigkeiten bedrohlicher empfand als sie in Wirklichkeit waren. Eingedenk der möglichen Gefährdung des Friedens war Rosebery bestrebt, sich zumindest die moralische Unterstützung der Dreibundmächte für den Eventualfall eines Kriegs gegen die russisch-französische Koalition zu sichern.

Umgehend bat er daher Königin Victoria, die sich in Osborne aufhielt, den deutschen Botschafter Graf Hatzfeld, zu der Zeit Gast der Monarchin, zwecks Konsultationen zu ihm zu schicken[86]. Die Königin sandte ihrerseits ihren Privatsekretär, Sir Arthur Ponsonby, zu Kaiser Wilhelm II., der sich anläßlich der Segelregatta in Cowes seit dem 27. April in England aufhielt. Rosebery hatte es abgelehnt, sich selbst an Wilhelm zu wenden[87]. Dieser faßte die zu später Abendstunde übermittelte Meldung offenbar als englischen Bündnisvorstoß auf, hatte laut Graf Eulenburg »völlig die Nerven verloren«, und sinnierte schon darüber, eine führende Rolle bei der Bereinigung der brisanten Krise zu übernehmen[88].

Schon Ende Mai hatte Rosebery vor dem Hintergrund der englisch-französischen Spannungen bei Hatzfeldt einen ständigen Gedankenaustausch angeregt und die Aufmerksamkeit auf die Möglichkeit eines englisch-französischen Kriegs gelenkt, der Englands Annäherung an den Dreibund bewirken könnte[89]. Während Deutschland sich gegenüber den Sondierungen sehr reserviert verhielt und sich nur vertraglich bzw. nach Ausbruch eines Kriegs definitiv binden wollte[90] — Holstein etwa hatte niemals ernsthaft erwogen, »die Quadrupelallianz zustande zu bringen«[91] —, schien sich der Dreibundpartner

---

85 Ebd. Vgl. The Life of the Rt. Hon. Sir Charles Dilke. Ed. by Gwynn/Tuckwell, Bd II, London 1918, S. 486. Vgl. auch Lord Edward Grey, Fünfundzwanzig Jahre Politik, München 1926, S. 23—26.

86 Jeshurun, The Contest for Siam, S. 87.

87 Ebd., S. 75.

88 Johannes Haller, Aus dem Leben des Fürsten Philipp zu Eulenberg-Hertefeld, Berlin, Leipzig 1926, S. 88. Vgl. GP 8, Nr. 1752—1757; Alfred Vagts, William II. and the Siam Episode. In: American Historical Review 45 (1940), S. 834—841.

89 GP 8, Nr. 1746 und 1749. Deutschland hatte das Kanonenboot »Wolf« geschickt (Manich Jumsai: History of Thai-German Relations, Bangkok 1978, S. 25).

90 GP 8, S. 105, Anm. 1. Vgl. DDF 1,10, Nr. 313 und Botschafter Graf von Hatzfeldt, Nachgelassene Papiere 1838—1901. Hrsg.von Gerhard Ebel, 2 Bde, Boppard 1976, II, Nr. 571.

91 Peter Winzen, Die Englandpolitik Friedrich von Holsteins 1895—1901. Diss. 2. Teil, Köln 1975, S. 36—39.

Italien für den Eventualfall von vornherein auf seiten Englands festlegen zu wollen[92].

Einen Tag nach der »Kriegsgefahr«, am 31. Juli, gab Rosebery dem deutschen Geschäftsträger Graf Metternich zu verstehen, »daß die drohende Kriegswolke in unerwarteter Weise sich plötzlich zerteilt habe«. Berichten aus Bangkok zufolge hatten sich die alarmierenden Nachrichten als Falschmeldungen erwiesen, die auf Koordinationsmängel der Verantwortlichen vor Ort zurückzuführen waren[93]. Gleichzeitig war Rosebery zugetragen worden, daß die französische Regierung Siams bedingungslose Kapitulation vor dem Ultimatum akzeptiert habe. Damit eröffneten sich Wege zur einer friedlichen Beilegung des Siamkonflikts, da für das innenpolitisch angeschlagene Kabinett Dupuy ein Rückzug ohne Gesichtsverlust nach Lage der Dinge die günstigste Alternative darstellte. Umgehend wurde daher Botschafter Dufferin in Paris instruiert, gegenüber Außenminister Develle ausgleichend aufzutreten und »to allude to the crisis as severe but in a fair way to appeasement«[94].

Noch am 31. Juli stimmte Frankreich der Schaffung eines Pufferstaats am Oberen Mekong zu[95]. Der von Develle und Dufferin ausgearbeitete und mit Rücksicht auf französische Empfindlichkeiten vorerst geheimgehaltene Protokolltext stellte einen Kompromiß dar, der beiden Regierungen entgegenkam:

> »Les deux Gouvernements sont d'accord pour reconnaître la nécessité de constituer entre leurs possessions, au moyen de sacrifices et d'abandons réciproques, une zone neutre [...][96].«

Mit Frankreichs Einlenken war Roseberys erklärtes Ziel, die britischen und französischen Interessenssphären durch einen Pufferstaat zu separieren, erreicht. Frankreich konnte getrost — auch im Hinblick auf seine südostasiatische Macht- und Prestigepolitik — der Pufferformel zustimmen, da laut Protokoll von beiden Staaten paritätisch Opfer und Konzessionen zur Errichtung der neutralen Zone abverlangt wurden.

Damit konnte am Mekong Entwarnung gegeben werden. Am 13. Oktober 1893 schloß Frankreich mit Siam den Vertrag bezüglich der Abtretung des linken Mekongufers ab[97].

Nach der Wochenendkrise vom 30./31. Juli 1893 blieb Englands Interesse darauf gerichtet, den vereinbarten Pufferstaat am Oberen Mekong zu schaffen. Dieser war um so wichtiger geworden, als sich die Dinge an Burmas unruhiger Nordostgrenze zuungunsten Großbritanniens entwickelten. Nicht nur machte China Anstalten, den vertraglich übertragenen Shan-Staat Kiang-Hung entgegen der Nichtveräußerungszusage an Frankreich abzutreten, Frankreich betonte seinerseits nach dem Abschluß des Vertrags mit Siam im Herbst 1893 auch wieder verstärkt seinen angeblichen Rechtsanspruch auf Keng Cheng. Damit kün-

92 Botschafter Graf von Hatzfeldt, II, Nr. 569 und GP 8, Nr. 1748.

93 GP 8, Nr. 1754. Vgl. GP 8, S. 111, Anm.; Langer, Diplomacy, S. 44 f.

94 Jeshurun, The Contest for Siam, S. 70.

95 Guillen, L'Expansion, S. 327 und 363; Tate, The Making of Modern South-East Asia, S. 518; Jeshurun, The Contest for Siam, S. 719.

96 DDF 1,10, Nr. 324.

97 Hall, A History of South-East Asia, S. 737 f. Text in: P.S. Duke, Les Relations Entre la France et la Thailande (Siam) au XIXè Siècle d'après les archives des affaires étrangères, Bangkok 1962, S. 283—285.

digte sich zwischen Großbritannien und Frankreich erneut ein Konflikt um die ungeklärte Mekonggrenze an[98].

Zur endgültigen Klärung des Grenzproblems wurde zwischen London und Paris eine Kommission vereinbart, die sich im Herbst 1894 in der Stadt Mong Sing auf dem von beiden Mächten beanspruchten Territorium Keng Chengs treffen sollte[99]. Als die englische Kommission unter Scott Weihnachten 1894 als erste am Verhandlungsort erschien, mußte sie zu ihrer Überraschung feststellen, daß der einheimische Herrscher, bedrängt von den beiden Großmächten, in einer spontanen Aktion bereits die Trikolore gehißt hatte und damit offenbar ein fait accompli in völkerrechtlicher Hinsicht für die Zugehörigkeit seines Staats schaffen wollte[100]. Scotts Reaktion auf den in englischer Sicht widerrechtlichen Schritt war ebenso kurzentschlossen wie infolge des britischen Protektorats über Keng Cheng verständlich. Er holte die französische Flagge ein und hißte stattdessen den Union Jack zum Zeichen der Zugehörigkeit des linksseitigen Mekongstaats zur britischen Interessensphäre.

Scotts Handlungsweise und die sich unter Außenminister Hanotaux wieder verhärtende französische Position in der Siam- und Mekongfrage führten dazu, daß nach dem Eintreffen der französischen Grenzkommission unter Auguste Pavie die Verhandlungen vorerst stockten. Dazu trug nicht unwesentlich Hanotaux' Skepsis gegenüber dem Pufferstaat bei. Der französische Außenminister hielt dieses Projekt nicht nur für undurchführbar, er fragte sich auch, weshalb Großbritannien und Frankreich am Oberen Mekong keine gemeinsame Grenze haben sollten.

Zwar war Außenminister Kimberley infolge der französischen Obstruktion durchaus zur militärischen Okkupation Keng Chengs entschlossen, doch hielt ihn das Risiko eines englisch-französischen Zusammenstoßes am Oberen Mekong vor unüberlegten Aktionen zurück. Auf keinen Fall sollten britisch-indische Truppen Gewalt anwenden, um im Eventualfall die Franzosen aus Keng Cheng zu vertreiben[101]. Bei aller Zurückhaltung war er sich jedoch der »very disagreeable complication« bewußt, die entstehen würde, wenn Franzosen Mong Sing besetzten; denn diese wüßten genau, »how difficult it would be for any French Government to disavow accomplished acts«[102]. Trotz der prekären Lage stimmte er mit Premierminister Rosebery überein, daß bei aller Nachgiebigkeit eine feste Haltung gegenüber Frankreich gewahrt werden müsse, da »the best way to produce a complication is to run away from the position we have taken up«[103].

Ein Verhandlungserfolg zeichnete sich erst ab, als die Konservativen im Juni 1895 erneut die Regierung übernahmen und Premierminister Salisbury, pragmatischer als sein Vorgänger, den sicherungsstrategischen Wert Siams für Großbritannien kurzerhand einschränkte und die Aufrechterhaltung der Unab-

98 Jeshurun, The Contest for Siam, S. 74—119.
99 Ebd., S. 119 f.
100 Ebd., S. 129.
101 Ebd., S. 131 ff.
102 Ebd., S. 134.
103 Ebd., S. 135.

hängigkeit und Integrität Siams nicht mehr um jeden Preis als im britischen Interesse liegend bezeichnete.

> »I did not think that the interests of Siam were likely to be of sufficient moment to this Country to lead us to go to war with France in defence of Siam« (13. August 1895)[104].

Ergebnis dieser Politik war der mit der englisch-französischen Deklaration vom 15. Januar 1896 geschaffene Ausgleich, der die Unabhängigkeit des Menamtals garantierte, Exklusivrechte in Siam verbot und Keng Cheng an Frankreich übertrug. Nicht unwesentlich zu der raschen vertraglichen Regelung trug bei, daß das deutsch-englische Verhältnis zum Jahresbeginn 1896 infolge des »Krügertelegramms« auf dem Nullpunkt angelangt war und Salisbury daran gelegen war, die Spannungen mit Frankreich abzubauen[105].

Der Siamkonflikt von 1893 entzündete sich an dem seit Mitte der 1880er Jahre verschärften Gegensatz zwischen Großbritannien und Frankreich in Südostasien. In der Durchdringung des hinterindischen Subkontinents fiel dem von Britisch-Indien und Französisch-Indochina umschlossenen Siam eine Schlüsselstellung zu, denn dessen Kontrolle versprach eine Verbesserung der handels- und sicherungsstrategischen Ausgangssituationen im Hinblick auf den Handelsverkehr mit China. Während Großbritannien in seiner Südostasienpolitik nach der Annexion Burmas jedoch weitgehend für eine Wahrung des status quo eintrat, waren Frankreichs territoriale Ambitionen mit der Eroberung Tongkings noch nicht saturiert. Die Motive des französischen Engagements waren internationales Prestige und die Parität der kolonialen Ansprüche mit dem Hauptrivalen England.

Die zunächst als regionaler Grenzkonflikt zwischen Frankreich und Siam geführte Auseinandersetzung um die Kontrolle der Gebiete östlich des Mekong spitzte sich krisenhaft zu, als sich Britisch-Indien durch die rücksichtslose Ausweitung der französischen Einflußsphäre in seinem Sicherheitsbedürfnis an der sensiblen Ostprovinz Burma herausgefordert fühlte und die englische Regierung im Interesse des Empire Gegenmaßnahmen gegen die Destabilisierung des status quo erwog. Infolge der abweichenden Einschätzung des französischen Vordringens in London und Kalkutta wurde eine entschlossene Reaktion zunächst verhindert. Frankreich erhielt durch die prinzipielle englische Zurückhaltung gleichsam freie Hand, eine energische Vorwärtspolitik gegenüber Siam zu betreiben, um die anvisierte Mekonglinie gewaltsam als Westgrenze des französischen Einflußgebiets zu etablieren.

Frankreichs Politik des kalkulierten Risikos rief eine konkrete englische Stellungnahme hervor, als Frankreich im Frühjahr 1893 mit der Invasion in Laos zur offenen militärischen Aggression überging und zu befürchten war, daß

---

104 Manich Jumsai, History of Anglo-Thai Relations, S. 239. Jeshurun, The Contest for Siam, S. 135—152.

105 Guillen, L'Expansion, S. 365—368; Hall, A History of South-East Asia, S. 738 f.; Woodman, The Making of Burma, S. 309—311; Manich Jumsai, History of Anglo-Thai Relations, S. 241—247; J.A.S. Grenville, Lord Salisbury and Foreign Policy, London 1964, S. 109 f. Neben dem Standardwerk von Jeshurun, The Contest for Siam hierzu auch Duke, Les Relations, S. 217—226 und Chandran Jeshurun, The Anglo-French Declaration of January 1896 and the Independence of Siam. In: The Journal of the Siam Society 58 (1970), S. 105—126.

infolge des französischen Drucks auf Siam die britische und französische Interessensphäre am Oberen Mekong kollidierten.

Um die Gefahr für die sensible britisch-indische Grenzzone bereits im Vorfeld einzudämmen, verfolgte man in London den Plan, Kern-Siam unter allen Umständen als neutralen Sperriegel gegen französische Territorialambitionen zu erhalten und zur Vermeidung einer Konflikteskalation Siam mittels diplomatischem Druck zu Konzessionen an Frankreich in seinen Randgebieten zu bewegen. Die britische Ausgleichspolitik schlug jedoch völlig fehl, da Siam — bestärkt durch den englischen Ministerresidenten in Bangkok — dem Aggressor hartnäckig Widerstand leistete und Frankreich im Gegenzug mit der Blockade Bangkoks den Konflikt in den Golf von Siam verlagerte.

Mit dieser Eskalation trat der Konflikt in die heiße Phase, denn durch die Blockade sah Großbitannien seine überragende Handelsposition in Siam massiv bedroht. Angesichts Frankreichs unversöhnlicher Haltung geriet Außenminister Roseberys Zielsetzung — keine gemeinsame Grenze mit Frankreich in Südostasien — zur conditio sine qua non britischer Politik. Nachdem die heiße Phase mit Roseberys Kriegsdrohung am 25. Juli 1893 einen ersten Höhepunkt erreicht hatte, lenkte die französische Regierung, die einen Konflikt mit Großbritannien vermeiden wollte, ein und akzeptierte das Prinzip eines Pufferstaats am Oberen Mekong. Infolge von Informationsmängeln und fatalen Fehleinschätzungen kam es in der »Wochenendkrise« vom 30./31. Juli 1893 zur zweiten Aufgipfelung der britisch-frnzösischen Konfrontation, die London und Paris vorübergehend an den Rand des Kriegs rückte. Vor allem der angesichts der Katastrophenmeldungen aus Bangkok offenbar als Krisenmanager überforderte Rosebery verbreitete mit seinem überhasteten Bündnisvorstoß an die Adresse Kaiser Wilhelms II. Kriegshysterie. Daß man weder in Paris noch in London ernsthaft an Krieg gedacht hatte, läßt sich daran ablesen, daß sich vom einen auf den anderen Tag die bedrohliche Lage klärte und beide Kontrahenten ernsthaft an Verhandlungen über das Siamproblem interessiert waren.

Wesentlichen Anteil am Zustandekommen des enlisch-französischen Abkommens hatte Premierminister Salisbury, dem aufgrund der wachsenden Entfremdung zu Deutschland zum Jahreswechsel 1895/96 an einer schnellen Regelung der Siamfrage gelegen war.

22. Die Buren, der Kaiser und die deutsch-britischen Beziehungen in der Transvaalfrage 1895/96

Mit dem Übergang des Deutschen Reichs zu aktiver Kolonialpolitik in Afrika Mitte der 1880er Jahre waren Kollisionen mit der See- und Handelsmacht England vorgezeichnet.

Das deutsche Festsetzen in Südwestafrika (1884) stellte einen Einbruch in das britische Sicherheitssystem dar, weil es die politischen Gewichte in Südafrika zu verschieben drohte. Deutschlands koloniale Präsenz drückte nicht nur auf die Anfang des 19. Jahrhunderts entstandene Kapkolonie und schnitt deren nordwestliche Expansionslinien rigide ab, sondern übte auch großen Einfluß aus auf das Verhältnis von Briten und Buren. Letztere hatten nördlich der Kapkolonie und südlich der portugiesischen Kolonie Mozambique autonome Republiken gegründet, von denen sich zum Zeitpunkt der deutschen Festsetzung besonders Transvaal unter seinem Präsidenten Paul Krüger (seit 1881) in einem kulturellen wie staatlichen Selbstbehauptungskampf gegen die britische Kapkolonie empfand.

Großbritannien, bislang der dominierende Faktor in Südafrika zwischen Atlantik und Indischem Ozean, sah sich in seiner traditionellen Einflußsphäre herausgefordert und in die Defensive gedrängt. Die britische Politik in Südafrika war fortan davon bestimmt, der Destabilisierung des durch Buren und indigene afrikanische Völker nicht vollständig kontrollierten Herrschaftsgebiets konsequent vorzubeugen. Es galt insbesondere, die informelle Einflußsphäre gegenüber der deutschen Herausforderung zu behaupten und die strategische Kontrolle Südafrikas im Interesse des Empires sicherzustellen.

Im Vordergrund der britischen Sicherheitserwägungen stand, einen deutschen Vorstoß durch das Betschuanaland ins informell kontrollierte südostafrikanische Küstengebiet zu verhindern. Dies gelang sowohl durch annexionistischen Zugriff an der ostafrikanischen Küste (Annexion der St. Lucia-Bay 1884 inklusive Zululand), so daß der britische Einflußbereich unmittelbar an die portugiesische Besitzung Mozambique heranreichte, als auch durch die Ausdehnung der britischen Herrschaft über afrikanische Territorien mittels subimperialistischer Vorstöße vom Kap aus (Betschuanaland britisches Protektorat 1885). Dank der Londoner Förderung des Kapkolonialimus kam eine fast vollständige Isolierung der Burenrepublik zustande, deren kulturelle Geschlossenheit und Identität durch Deutschlands koloniale Aktivitäten allerdings Auftrieb erhielt. Schon bald zeichnete sich auf britischer Seite das Übergewicht defensiv-präventiver Maßnahmen gegen das deutsche Vorgehen ab. Die Furcht vor einem deutsch-burischen Zusammengehen im südlichen Afrika war unverkennbar.

Die britischen Befürchtungen waren nicht ganz unbegründet, hatten sich doch nach 1871 die deutsch-burischen Handelsbeziehungen intensiviert. Auch konnten sich Deutsche unter dem Präsidenten Krüger einer gewissen Bevorzugung erfreuen. Die Sympathien Krügers für Deutschland waren offenkundig.

Nicht von ungefähr übten Deutsche wichtige Beraterfunktionen in Wirtschaft und Politik der Burenrepublik aus, und kontrollierten 20 Prozent der ausländischen Kapitalinvestitionen.

Das Jahr 1884 bedeutete noch in anderer Hinsicht einen Wendepunkt in Südafrika: Großbritannien erkannte die Unabhängigkeit Transvaals an und verzichtete somit — wenigstens de iure — auf seine früher demonstrativ beanspruchte Oberherrschaft. Dieses Zugeständnis vor dem Hintergrund internationaler Spannungen erfolgte allerdings unter der Bedingung, daß Pretoria Verträge mit ausländischen Staaten von London sanktionieren ließ, so daß die errungene Unabhängigkeit brüchig war.

Ab 1884 reagierten Großbritannien und das Deutsche Reich auf mögliche einseitige Veränderungen in Transvaal zusehends empfindlicher, da in den politischen und wirtschaftlichen Aktivitäten des Rivalen Beeinträchtigungen des eigenen Handlungsspielraums vermutet wurden. Vereinfacht läßt sich sagen, daß Deutschland keine Annexion Transvaals durch Großbritannien dulden wollte, Großbritannien keine deutsche Einmischung in vitale imperiale Sicherheitsbelange.

Gleichwohl glaubte sich die Burenrepublik der Unterstützung Deutschlands sicher und trachtete ihrerseits danach, sich als eigenständiger Faktor außerhalb des britischen Zugriffs zu etablieren. Dabei half ihr der enorme wirtschaftliche Aufschwung infolge der Goldfunde im Rand (seit 1886), die aus dem überwiegend agrarisch strukturierten Transvaal einen ernsthaften wirtschaftlichen Konkurrenten für die Kapkolonie machten, der auch politisch immer stärkeren Einfluß auf das südliche Afrika ausübte. Im gleichen Maße wuchs aber das burische Selbstbewußtsein unter dem starrköpfigen Präsidenten Paul Krüger und erschwerte eine Kooperation wie sie die Kapkolonie — nicht ganz uneigennützig — etwa im Bereich des Eisenbahn- und Zollwesens der vier südafrikanischen Staaten propagierte.

Die Kapkolonie und die Regierung in London konnten und wollten sich mit der drohenden Verlagerung des Schwergewichts vom Kap nach Transvaal nicht abfinden, zumal mit der wachsenden Wirtschaftskraft der Burenrepublik auch Deutschlands Einfluß dort zunahm. Daher lautete die vorrangige Aufgabe, der Destabilisierung der britischen Prädominanz in Südafrika entgegenzuwirken und der Kapkolonie im Rahmen der Empiresicherung Priorität einzuräumen. Denn in dem Maße, in dem die Attraktivität Transvaals stieg, wuchs auch die Gefahr einer von Transvaal beherrschten föderativen Republik in Südafrika, in deren Sogwirkung die Stellung der Briten am Kap womöglich zusammenbrach.

Der wachsende wirtschaftliche Erfolg Transvaals kollidierte mit den Plänen Cecil Rhodes, des reichsten und einflußreichsten Kolonialbriten in Südafrika, der die Diamantenförderung kontrollierte und große Summen in die Goldminen Transvaals investiert hatte. Rhodes konkretisierte in der Mitte der achtziger Jahre seine Zukunfsvision: den Bau der Kap-Kairo-Eisenbahn zur Festigung der britischen Kolonialherrschaft in Afrika. Das wirtschaftlich erstarkende Transvaal stellte in Rhodes Kalkül um so mehr ein Hemmnis für die ungehinderte britische Vorherrschaft im südlichen Afrika dar, als Deutschland jederzeit über die unkontrollierten Gebiete von Westen aus Südwestafrika oder von Norden aus Ostafrika in die Burenrepublik vordringen konnte. Rhodes forderte daher, einen territorialen Sperriegel um Transvaal zu legen, der mögliche Verbindungen zwischen Deutschland und dem Burenstaat über das Betschuanaland oder das Mashono- und Matabeleland von vornherein verhinderte; denn für ihn lag »the gist of the South African Question [...] in the extension of the Cape colony to the Zambesi«[1]. Mit seiner 1889 konzessionierten Gesellschaft British South African Company (BSAC) gelang es Rhodes, bis zum Sambesi vorzustoßen, und den riesigen Gebietskomplex nördlich der Burenrepublik bis unmittelbar an die deutsche Interessensphäre in eigener Regie zu kontrollieren. In den Jahren 1890 bis 1894 erfolgte dann die Durchdringung des zunächst Sambesien, später Rhodesien genannten Gebiets.

Anfang 1895 erhielt Transvaal mit der Inbetriebnahme der Eisenbahnlinie Pretoria-Laurenço Marques (an der Delagoa-Bay) eine eigene Verkehrsverbindung zum Indischen Ozean und war nicht länger von den britischen Linien abhängig. Damit ging nur noch ein Drittel des Frachtaufkommens der Burenrepublik über die Kapkolonie (ein Drittel auch über Natal), was der von Cecil Rhodes favorisierten Eisenbahn im südafrikanischen Güteraustausch erhebliche Verluste einbrachte.

Für Rhodes, seit 1890 Premierminister der Kapkolonie, lag der Schlüssel zur Wahrung der britischen Vorherrschaft in Südafrika selbst. Den Ansatzhebel zur Überwindung der südafrikanischen »Sackgasse« erblickte er in der Delagoa-Bay, deren Besitz den Brückenkopf für die Wiedererlangung des Transvaalhandels bildete. Die Kontrolle des Außenhandels von Transvaal durch ein Festsetzen an der Delagoa-Bay konnte zudem als probates Druckmittel dienen für die Gewährung des Bürgerrechts für die überwiegend britischen Immigranten (»Uitlanders«), wodurch sich eventuell auf demographischem Wege eine Beeinflussung der wenig reformfreudigen Politik des Burenstaats herbeiführen ließ. Rhodes' Bemühen um den Kauf der Bucht von Portugal scheiterte freilich Ende der 80er Jahre ebenso wie Mitte der 90er Jahre infolge außenpolitischer

---

1 Ronald F. Freyer, The Mind of Official Imperialism, Essen 1987; D.M. Schreuder, The Scramble for Southern Africa, 1877—1895. The politics of partition reappraised, Cambridge/Mass. 1980, S. 203; zu Rhodes vgl. Robert I. Rotberg, The Founder. Cecil Rhodes and the Pursuit of Power, New York, Oxford 1988; außer den genannten Studien vgl. zum gesamten Komplex W.L. Langer, The Diplomacy of Imperialism, New York [2]1951 (Neudruck New York 1956); C.D. Penner, Germany and the Transvaal before 1896. In: Journal of Modern History 12 (1940), S. 31—58; D.W. Krüger, The British Imperial Factor in South Africa from 1870 to 1910. In: Colonialism in Africa 1870—1960. Ed. by L.H. Gann and P. Duignan, Bd I, Cambridge 1969; D.K. Fieldhouse, Economics and Empire 1830—1914, London 1973; Leonard Thompson, Great Britain and the Afrikaaner Republics, 1870—1899. In: The Oxford History of South Africa, Bd II, Oxford 1971; Jeffrey Butler, The German Factor in Anglo-Transvaal Relations. In: Britain and Germany in Africa. Imperial Rivalry and Colonial Rule. Ed. by P. Gifford and R. Louis, New Haven 1967; C.J. Lowe, The Reluctant Imperialists. British Foreign Policy 1878—1902, Bd I, London 1967; Paul M. Kennedy, The Rise of the Anglo-German Antagonism 1860—1914, London 1980; R. Robinson/J. Gallagher/A. Denny, Africa and the Victorians, London 1961; A.N. Poter, The Origins of the South African War. Joseph Chamberlain and the Diplomacy of Imperialism 1895—1899, Manchester 1980; R.I. Lovell, The Struggle for South Africa 1875—1899. A Study In Economic Imperialism, New York 1934 (Kap. 8+9). Bei Harald Rosenbach, Das Deutsche Reich, Großbritannien und der Transvaal (1896—1902). Anfänge deutsch-britischer Entfremdung, Göttingen 1993 bilden die hier geschilderten Ereignisse den Ausgangspunkt der Untersuchung.

Rücksichtnahmen am zunehmenden weltpolitischen Konflikt zwischen Großbritannien und Deutschland[2]. Das Problem hatte primär eine diplomatische Dimension, London blieb auf Ägypten fixiert und bedurfte gegenüber Frankreich der wohlwollenden Zurückhaltung Deutschlands in Nordafrika.

Mitte der 90er Jahre wurde der Konflikt um das Zugriffsrecht auf die immer stärker in den Mittelpunkt des Interesses rückende Delagoa-Bay auf die Großmachtebene Berlin-London transponiert, da weder die Burenrepublik noch die alte Kolonialmacht Portugal bereit waren, einseitig auf Rechte zu verzichten.

Den hohen Stellenwert der Kapkolonie im Rahmen der Empiresicherung hatte Außenminister Kimberley 1894 verdeutlicht. Danach stellte die Behauptung der Kapkolonie vielleicht das vitalste britische Interesse dar, denn durch deren Besitz würden die Kommunikationslinien mit Indien gesichert, die sonst eines Tages abgeschnitten werden könnten (Suezkanal![3]).

Im Jahre 1894 konkretisierte Deutschland erstmals seine Opposition gegen eine status-quo-Änderung in Transvaal und in der Delagoa-Bay, indem es sein Wohlverhalten in der ägyptischen Frage in die Waagschale warf. Staatssekretär Marschall protestierte gegen den britischen Druck auf die Burenrepublik, den Uitlanders das Bürgerrecht zuzugestehen, wie gegen Versuche, die Souveränität Portugals in Ostafrika zu unterhöhlen und die kommerzielle Unabhängigkeit von Laurenço Marques oder der Delagoa-Eisenbahn zu mißachten. Mehrfach warnte auch Botschafter Hatzfeldt in London, daß Deutschland es nicht hinnehmen könne, wenn England den portugiesischen Ostafrika-Besitz annektiere, und drohte mit der Aufkündigung der Zurückhaltung in Ägypten[4].

Zur Jahreswende 1894/95 bestand unter der britischen Kolonialbürokratie vor Ort ein ausgeprägtes Krisengefühl. Es gab bereits Überlegungen, sich die Sprengkraft der Uitlanders in einem Coup in Johannesburg zunutze zu machen. Unterstützung fanden derartige Spekulationen beim Gouverneur der Kapkolonie, Loch, der für den Fall einer Uitlander-Rebellion eine militärische Okkupation des Burenstaats als sicherste Maßnahme empfahl, die britische Vorherrschaft zu stabilisieren[5].

Das Colonial Office war jedoch gegen jegliche militärische Lösung, da man mit einer evolutionären Umgestaltung der Verhältnisse zugunsten Großbritanniens rechnete[6]. Auch wußte man genau, daß »every nerve should be strained to prevent such a disgrace as another African war«[7]. Insofern wurde Rhodes von Premierminister Rosebery aufgefordert, die Hoffnung auf den Erwerb von Laurenço Marques und die Delagoa-Bay aufzugeben, da dies nicht ohne internationalen Konflikt vonstatten gehen könne.

---

2 Martin Kröger,»Le bâton égyptien« - Der ägyptische Knüppel. Die Rolle der»ägyptischen Frage« in der deutschen Außenpolitik von 1875/6 bis zur»Entente Cordiale«, Frankfurt a.M. 1991 (= Europäische Hochschulschriften, III/470), S. 141 ff.

3 Fieldhouse, Economics, S. 359.

4 Robinson/Gallagher/Denny, Africa and the Victorians, S. 417; Bd I, S. 325.

5 Jean van der Poel, The Jameson Raid, Kapstadt 1951, S. 16—20.

6 Robinson/Gallagher/Denny, Africa and the Victorians, S. 419; v.d. Poel, The Jameson Raid, S. 16—20; Vgl. E. Drus, The Question of Imperial Complicity in the Jameson Raid. In: English Historical Review 68 (1953), S. 582—593.

7 Robinson/Gallagher/Denny, Africa and the Victorians, S. 419.

Trotz der Zurückhaltung des Colonial Office aus weltpolitischen Gründen war auch dem englischen Kabinett klar, daß die Vorherrschaft in Südafrika auf dem Spiel stand. Von daher kam auch das Colonial Office nicht umhin, sich auf die Krisensituation in Südafrika einzustellen und den Gouverneur anzuweisen, in Johannesburg zu intervenieren, falls die Gefahr einer deutschen Einmischung bestehe[8].

Anfang 1895 zeichnete sich ab, daß es zwischen Berlin und London beträchtliche Spannungen wegen Transvaal geben würde. Die englische Regierung wurde besonders durch eine Rede Präsident Krügers am 27. Januar 1895 anläßlich des Geburtstags Kaiser Wilhelms II. beunruhigt, in der dieser das Verhältnis Deutschlands zur Burenrepublik mit einer Eltern-Kind-Beziehung verglichen hatte. Deutschland, so Krüger, trage dem Erwachsenwerden Transvaals angemessen Rechnung und sorge im Gegensatz zu Großbritannien rechtzeitig für »größere Kleider« des jungen Staates[9].

Krügers Trinkspruch klang in britischen Ohren wie eine Provokation, die ungeschminkt der Präferenz für Deutschland Ausdruck verlieh und dadurch offenbar ein Beleg dafür war, daß sich Deutschland in unstatthafter Weise in die Verhältnisse Transvaals einmischte — was politisch jedoch nicht zutraf.

Da Kimberley in Krügers Äußerungen einen deutsch-burischen Schulterschluß zu Lasten Englands vermutete, der eventuell in einen deutschen Zugriff auf die strategisch bedeutsame Delagoa-Bay mündete, warnte er Berlin indirekt über den österreichischen Botschafter in London. Er ließ durchblicken, daß die Vorherrschaft südlich des Sambesi für England essentiell sei. Insofern befinde sich England nicht in der Lage »to recoil from the spectre of war«[10].

Am 1. Februar verdeutlichte Botschafter Malet gegenüber Staatssekretär Marschall, daß »Transvaal für England ein ›point noir‹ (sei), der an Wichtigkeit nicht hinter Ägypten stehe«. Er warnte vor einem Kokettieren mit der Republik, da dadurch die Vorstellung geweckt werde, »daß die Regierung für alles, was sie tue, die Unterstützung Deutschlands hinter sich habe«[11].

Salisbury, der den liberalen Premierminister Rosebery im Sommer 1895 ablöste, verfolgte zunächst dessen zurückhaltende Südafrikapolitik. Für ihn kam es darauf an, den weiteren Aufstieg Transvaals zu verhindern, doch implizierte dies keine Zustimmung zu militärischen Konfliktlösungen. Salisbury befürchtete, daß die Kapkolonie und Natal zu ökonomischen und politischen Satelliten Transvaals herabsinken könnten. Um dies zu verhindern, war er bereit, den aktionsbereiten Kräften vor Ort und im Kabinett, insbesondere Kolonialminister Joseph Chamberlain, einen Handlungsspielraum zuzugestehen, der es ihm erlaubte, sich stärker auf die ihn bewegenden Fragen (Orient, Ägypten) zu konzentrieren. Damit wurde die politische Verantwortung für Südafrika an den Kolonialminister und die ihm nachgeordneten Instanzen vor Ort delegiert.

8 L.M. Penson, The New Course in British Foreign Policy, 1899—1902. Transaction of the Royal Historical Society 1943, S. 128. Vgl. J.S. Marais, The Fall of Krüger's Republic, Oxford 1961 (Kap. I—III).

9 Langer, The Diplomacy of Imperialism, S. 220 f.

10 Robinson/Gallagher/Denny, Africa and the Victorians, S. 419 f.

11 GP 11, Nr. 2577. Vgl. Robinson/Gallagher/Denny, Africa and the Victorians, S. 420 und Rosenbach, Das Deutsche Reich, S. 35.

Chamberlains energische Wahrnehmung imperialer Interessen und sein stillschweigendes Dulden der subimperialistischen Kräfte vor Ort sorgten dafür, daß die Gefahr einer krisenhaften Zuspitzung des Transvaalproblems seit der zweiten Junihälfte 1895 nicht eben kleiner wurde, zumal die scharfe Wirtschaftskonkurrenz zwischen der Kapkolonie und Transvaal bisweilen die Ausmaße eines regelrechten Handelskriegs erreichte[12].

Schon vor dem Ende des Roseberykabinetts waren von den subimperialistischen Kräften vor Ort die notwendigen Arrangements getroffen worden, um eine revolutionäre Umgestaltung der Verhältnisse in Johannesburg herbeizuführen. Weitgehend fußend auf einem Plan des früheren Gouverneurs Loch aus dem Jahre 1894 sollte eine bewaffnete Streitmacht an der Grenze Transvaals für eine Invasion bereitstehen. Allerdings galt als ausgemacht, daß erst in Johannesburg die Revolte der Uitlanders ausbrechen müsse, bevor das aus Polizeikräften der BSAC gebildete Expeditionskorps unter Dr. Leander Starr Jameson den Befehl zum Losschlagen erhielt[13].

Auch im Herbst 1895 bestand keine Aussicht für ein Abkommen zwischen Kapkolonie und Transvaal. Infolge der Unversöhnlichkeit der Burenrepublik war man in Kapstadt wie in London immer stärker von Deutschlands tragender Rolle hinter den Kulissen überzeugt. Seitdem an der förmlichen Eröffnung der Delagoa-Bay-Eisenbahn im Juni 1895 deutsche Kriegsschiffe teilgenommen hatten, paarte sich auf britischer Seite generelle Unzufriedenheit über Deutschlands herausforderndes Auftreten im südlichen Afrika mit unverhohlenem Ärger über die mangelnde Schubkraft der eigenen Südafrikapolitik[14].

Ausfluß zunehmender britischer Irritationen war die sogenannte »Maletaffaire« im Oktober 1895. Der britische Botschafter in Berlin hatte herbe Kritik an der deutschen Burenpolitik geübt, gipfelnd in der Bemerkung, »daß die Fortsetzung der deutschen Haltung gegenüber Transvaal zu ernsten Verwicklungen führen könne«, was Wilhelm II. sogleich als ein »tatsächliches Ultimatum« verstanden wissen wollte[15]. Als sich der Kaiser im Dezember beim englischen Militärattaché Oberst Swaine bitter über englische »Drohungen« beklagte, sei er doch der einzige wahre Freund Englands in Europa, war der Eklat da[16]. Der Vortragende Rat im Auswärtigen Amt Friedrich von Holstein bedauerte, daß der Kaiser in seiner Impulsivität alle politischen Rücksichten außer acht ließ und in seinem Ärger über England eine »ernste Kriegsgefahr« heraufbeschwor[17]. Für Holstein war die »taktlose Boutade von Malet« geeignet, den Unwillen gegen Großbritannien deutlich zu machen, nicht aber, neue politische

12 Langer, The Diplomacy of Imperialism, S. 226f; Marais, The Fall of Krüger's Republic, Kap. IV; v.d. Poel, The Jameson Raid, S. 21—63; Robinson/Gallagher/Denny, Africa and the Victorians, S. 421—430.

13 Langer, The Diplomacy of Imperialism, S. 224.

14 Ebd., S. 228; Rosenbach, Das Deutsche Reich, S. 35.

15 GP 11, Nr. 2578 und 2581.

16 GP 10, Nr. 2572. Vgl. Botschafter Paul Graf von Hatzfeldt, Nachgelassene Papiere 1838—1901. Hrsg. von Gerhard Ebel, 2 Bde, Boppard 1976, Bd II, Nr. 658.

17 Botschafter Paul Graf von Hatzfeldt, II, Nr. 664. Vgl. Philipp Eulenburgs Politische Korrespondenz, 3 Bde. Hrsg. von John C.G. Röhl, Boppard 1976/1983, Bd III, Nr. 1147 und 1152.

Zielansprachen vorzunehmen, wie sie der Kaiser mit seinen ständigen Eingriffen in die Politik präjudizierte[18].

Ende Dezember 1895 begann sich die Lage im südlichen Afrika zuzuspitzen. Ein Telegramm des deutschen Konsuls in Pretoria berichtete von bevorstehenden Unruhen der Uitlanders in Johannesburg und sorgte dafür, daß sich der Kaiser beunruhigt zeigte und die Verstärkung der maritimen Präsenz in Ostafrika erwog[19]. Staatssekretär Marschall warnte aufgrund der Meldung aus Transvaal den Nachfolger Malets, Lascelles am 28. Dezember mit scharfen Worten, daß Deutschland auf der Unabhängigkeit der Burenrepublik nach Maßgabe des Vertrags von 1884 bestehe und eine Änderung des status quo zu Lasten der kommerziellen Interessen Deutschlands nicht akzeptieren könne[20]. Damit glaubte die Reichsleitung, Großbritannien die Ernsthaftigkeit der deutschen Haltung verdeutlicht zu haben und etwaige offiziell begünstigte Umsturzversuche in Transvaal abblocken zu können.

Inzwischen war von den subimperialistischen Kräften der Kapkolonie ein auf den 27. Dezember terminierter Aufstand wegen Uneinigkeit der Uitlanders bis zum 6. Januar 1896 verschoben worden. Doch ungeachtet aller Warnungen, fiel Jameson am 29. Dezember mit etwa 500 Mann, von Betschuanaland kommend, in Transvaal ein, da er der Meinung war, die Uitlanders in Johannesburg hätten den Mut zur Rebellion verloren und könnten nur durch einen äußeren Impuls zum Handeln aktiviert werden. Zur erfolgreichen Durchführung seines Handstreichs hatte Jameson die Telegraphenverbindung zum Kap durchgeschnitten, um sich von dortiger Einflußnahme unabhängig zu machen, bis ein »fait accompli« erreicht war.

Die Burenrepublik war seit geraumer Zeit auf Unruhen vorbereitet und hatte entsprechende Abwehrmaßnahmen getroffen, die den sogenannten »Jameson-Raid« von vornherein zum Scheitern verurteilten. Am 2. Januar 1896 mußte sich Jameson den Buren in der Nähe von Krügersdorp bedingungslos ergeben[21].

Von dem »Jameson-Raid« erfuhr die deutsche Regierung am 31. Dezember durch ein Telegramm Konsul Herffs vom Vortag[22]. Offensichtlich hatte damit die von Cecil Rhodes geführte Kapkolonie den Startschuß zur gewaltsamen Lösung der Transvaalfrage gegeben, um die erhoffte Revolution in Johannesburg zu begünstigen. Für die deutsche Politik kam es nun darauf an, gegenüber Großbritannien, das offenbar hinter der überhitzten, friedensgefährdenden Selbsthilfeaktion stand, mit Nachdruck den deutschen Standpunkt klarzumachen und schleunigst darauf hinzuwirken, daß die aktionsbereiten Kräfte vor Ort in Zaum gehalten wurden, bevor der Konflikt an der Peripherie internationale Konsequenzen zeitigte.

---

18 Philipp Eulenburgs Politische Korrespondenz, III, Nr. 1150 und vgl. ebd., Nr. 1175, 1177, 1180.

19 GP 11, Nr. 2585.

20 GP 11, Nr. 2586 f.

21 Vgl. dazu Thompson, Great Britain, S. 313 ff.; v.d. Poel, The Jameson Raid, S. 64—90, 103—106, 121 f.

22 GP 11, Nr. 2588. Vgl. Friedrich Thimme, Die Krüger-Depesche. In: Europäische Gespräche 2 (1924), S. 210.

Herff meldete zwar, daß Präsident Krüger mit einer Intervention Deutschlands und Frankreichs rechne[23] — der britische Konsul in Pretoria sprach sogar von einem formellen Hilfeersuchen an Deutschland —, doch faßte die deutsche Regierung Herffs Telegramm nicht als offizielles Interventionsgesuch auf[24]. Fest steht aber, daß die Deutschen in Pretoria am 31. Dezember ein Telegramm an Kaiser Wilhelm II. gerichtet hatten, in dem sie den deutschen Kaiser »um sofortige Intervention zur Verhütung unendlichen Elends und Blutvergießens« baten[25].

Der »Jameson-Raid« war für Staatssekretär Marschall das Signal zum Handeln[26]. Unmittelbar nach Erhalt des Telegramms verdeutlichte er Botschafter Lascelles, daß Deutschland, da »die Verhältnisse in Transvaal sich nach der Richtung eines bewaffneten Konflikts zuzuspitzen drohten«, auf der Unabhängigkeit Transvaals infolge kommerzieller Interessen und der öffentlichen Meinung bestehen müsse. Unmißverständlich wurde davor gewarnt, sich allzu sehr auf den Antagonismus zwischen Dreibund und Zweibund zu verlassen, ohne zu berücksichtigen, daß sich Deutschland sehr wohl auf Kosten Englands mit Rußland und Frankreich verständigen könne[27].

Nach Rücksprache mit dem Kaiser sollten als erste konkrete Reaktion auf den als Provokation empfundenen Einfall Seesoldaten der in der Delagoa-Bay liegenden »Seeadler« zum Schutz deutscher Reichsangehöriger angelandet werden[28]. Gleichzeitig wurde in Deutsch-Ostafrika angefragt, ob man dort zum Schutz deutscher Interessen in Transvaal Truppen bereitstellen könne, was Gouverneur Wißmann unbedingt bejahte[29].

Parallel zu diesen militärischen Vorbeugemaßnahmen erfolgte ein diplomatischer Vorstoß in London. Botschafter Hatzfeldt sollte sondieren, »ob die britische Regierung die Grenzüberschreitung des Transvaalstaates durch die Truppen der Chartered Company billigt«. Sollte sich erweisen, daß die englische Regierung »diese Völkerrechtsverletzung« billigte, war eine Situation geschaffen, die den Abbruch der diplomatischen Beziehungen erzwang[30].

Bevor Deutschland jedoch in die Lage kam, zu diesem konfliktverschärfenden Mittel zu greifen und einer folgenschweren Belastung der deutsch-englischen Beziehungen das Wort zu reden, wurde am 1. Januar 1896 klar, daß sich sowohl der britische Gouverneur in Kapstadt als auch die englische Regierung in London dezidiert von Jamesons Coup distanzierten und bemüht waren, den Hitzkopf zurückzurufen[31].

Ungeachtet der offiziellen Distanzierung der britischen Seite war in Deutschland das Mißtrauen über die englische Politik vorherrschend. Das Mißtrauen über Englands weltpolitischen Kurs hatte bereits am 30. Dezember 1895 bei Friedrich von Holstein zu dem bekannten Kontinentalligaprojekt geführt,

---

23 GP 11, Nr. 2588; v.d. Poel, The Jameson Raid, S. 115.
24 GP 11, S. 17, Anm. *.
25 GP 11, Nr. 2592.
26 Thimme, Die Krüger-Depesche, S. 210.
27 GP 11, Nr. 2589.
28 GP 11, Nr. 2591.
29 GP 11, S. 20, Anm. 1.
30 GP 11, Nr. 2590.
31 GP 11, Nr. 2593—2597.

das das taktische Zusammengehen mit Rußland und Frankreich gegen England nahelegte[32]. Unter dem Eindruck des »Jameson-Raids« bekräftigte Holstein am 1. Januar 1896 die Änderung der deutschen Englandpolitik, ohne freilich direkt eine Anlehnung an Frankreich anzuvisieren. Eine prinzipielle Verständigung mit Rußland und Frankreich — unter Ausklammerung aller Mittelmeer- und Orientfragen — entsprach vielmehr der deutschen Politik; denn »die Sache (Transvaal) müssen wir allein erledigen«. Da Transvaal einer »reductio ad absurdum« der bisherigen deutschen Englandpolitik gleichkomme, müsse die künftige Politik gegenüber dem Inselstaat zum Ziel haben, England eine Lektion zu erteilen[33]. Holsteins politisches System lief unter dem Druck der Transvaalkrise darauf hinaus, den Dreibund zusammenzuhalten, mit ihm unter Führung Deutschlands eine Politik der freien Hand zu treiben, durch eine derartige Politik England zu dreibundfreundlichem Verhalten zu führen und sich mit dem russisch-französischen Zweibund ernsthaft nur einzulassen, wenn England nicht einlenkte.

In diesem Sinne kontaktierte Freiherr von Marschall den französischen Botschafter Herbette und versuchte, ihn für ein deutsch-französisches Zusammengehen gegen England zu gewinnen — allerdings mit geringem Erfolg, da Frankreich die deutschen Absichten durchschaute, und Ägypten auf der deutschen »Angebotsliste« vermißte[34]. Vor weiteren Schritten mußte die politische Führung zunächst das Ende des »Jameson-Raids« abwarten. Die öffentliche Verstimmung über England wuchs unterdessen an und sorgte dafür, daß auch die Haltung der Wilhelmstraße gegenüber England spürbar schärfer wurde[35].

Die antienglische Grundstimmung in Deutschland erschwerte es dem englischen Kabinett zusehends, den »Jameson-Raid«, der besonders wegen des Konflikts um Venezuela mit den USA und der schwebenden Orientfrage »in jeder Hinsicht unerwünscht« war[36], rückhaltlos zu verurteilen. Premierminister Salisbury bemühte sich um eine Eindämmung des Konflikts, und er bat Botschafter Hatzfeldt ausdrücklich, Zurückhaltung zu üben[37]. Mit Rücksicht auf die sich international zuungunsten Großbritanniens entwickelnde Stimmung versuchte die englische Regierung alles, um britische Stellen von dem Verdacht einer Verschwörung freizuhalten. Dies erwies sich schwieriger als erwartet, da die Metropole nicht Herrin der Situation vor Ort war, und Kolonialminister Chamberlain nach seinem Rückzugsbefehl an Jamesons Truppe nur das Warten auf die erfolgreiche Vermittlungstätigkeit Gouverneur Robinsons blieb[38].

Das Auswärtige Amt war mit Salisburys Ausführungen nicht vollauf zufrieden, hatte es doch den Anschein, wie Marschall meinte, »daß Lord Salisbury dem Ernst der Lage (nicht) volle Rechnung trägt«. Marschall machte daher klar, daß der Einfall in Transvaal »von der schwerwiegendsten Wichtigkeit« sei, »da

---

32 GP 11, Nr. 2640.
33 Botschafter Paul Graf von Hatzfeldt, II, Nr. 665 f.; Philipp Eulenburgs Politische Korrespondenz, III, Nr. 1185.
34 GP 11, Nr. 2641; Thimme, Die Krüger-Depesche; DDF 1,12, Nr. 254 f.
35 Langer, The Diplomacy of Imperialism, S. 234.
36 GP 11, Nr. 2596; Vgl. v.d. Poel, The Jameson Raid, S. 67.
37 GP 11, Nr. 2597.
38 v.d. Poel, The Jameson Raid, S. 97—103, 119.

ein Verschlingen Transvaals durch Rhodes oder England unmöglich von Deutschland zugegeben werden kann«[39].

Am 2. Januar 1896 war offenkundig, daß die Invasoren dem Befehl zum Rückzug nicht Folge geleistet hatten. Da bereits ein Zusammenstoß dieser — angeblich von englischen Offizieren befehligten — Truppen mit den Buren stattgefunden hatte, hielt Marschall — mit Billigung des Kaisers — die Zeit für gekommen, in London einen scharfen Protest auszusprechen. Dem Salisbury-kabinett sollte deutlich vor Augen geführt werden, daß Deutschland keine Veränderung »in der durch Verträge gerichteten völkerrechtlichen Stellung der Südafrikanischen Republik anzunehmen« gesonnen sei[40]. Marschall hätte sich damit zum Exponenten eines energischen Vorgehens in der Transvaalfrage gemacht. Noch am Abend des 2. Januar traf aber in Berlin die Meldung von der Kapitulation Jamesons ein[41]. Umgehend wurde Hatzfeldt instruiert, die Note zurückzuziehen. Dies glückte, da die Note noch ungeöffnet auf dem Foreign Office lag. Eine tiefgreifende Belastung des bilateralen Verhältnisses konnte vermieden werden[42].

Mit der Kapitulation Jamesons am 2. Januar war für das Auswärtige Amt die Krise sowie die perzipierte Kriegsgefahr im Grunde beendet. Der spürbaren Erleichterung über die rasche Beilegung des Transvaalzwischenfalls entsprach ein Telegramm an Salisbury, mit dem man der Befriedigung Ausdruck verlieh, keine amtliche Note übergeben zu haben. Auch Salisbury war in gewisser Weise erleichtert, daß die Transvaalfrage rasch und ohne Komplikationen mit Deutschland beendet war[43].

Für Wilhelm II. war die Affaire jedoch noch nicht abgeschlossen. Die seiner Meinung nach deutschfeindliche Politik Englands, die den »Jameson-Raid« begünstigt hatte, bedurfte eines gezielten Warnschusses, der die Grenze und das Ausmaß des englischen Einflusses in der Welt markierte und gezielt Deutschlands Interessen hervorhob. Darüber hinaus bot sich die Möglichkeit, die Verstimmung über den »Jameson-Raid« für die Flottenpläne zu nutzen[44]. Nach verschiedenen Zeugnissen gab sich der Kaiser nach Bekanntwerden des »Jameson-Raids« sehr kriegerisch. Vor der Gefangennahme Jamesons soll er sogar bereit gewesen sein, England den Krieg zu erklären[45]. Wilhelms Vorstellungen, die offenbar in einem Telegrammentwurf für Präsident Krüger Ausdruck fanden, gingen ursprünglich dahin, über Transvaal ein Protektorat zu errichten, die Marineinfanterie zu mobilisieren und Truppen nach Transvaal zu entsenden. Auf den Einwand Reichskanzler Hohenlohes, dies würde Krieg mit

39 GP 11, Nr. 2598.
40 GP 11, Nr. 2599 f.
41 GP 11, Nr. 2602 ff.
42 GP 11, Nr. 2605 f.
43 GP 11, Nr. 2607, 2611 und 2613.
44 Vgl. dazu ausführlich Hans Hallmann, Krügerdepesche und Flottenfrage, Stuttgart 1927; Ivo Lambi, The Navy and German Power Politics 1862—1914, London 1984, S. 113 ff.; GP 11, Nr. 2580.
45 Fürst Chlodwig zu Hohenlohe-Schillingsfürst, Denkwürdigkeiten der Reichskanzlerzeit, Stuttgart 1931, S. 613; Denkwürdigkeiten des General-Feldmarschalls Alfred Grafen von Waldersee, 3 Bde. Hrsg. von Heinrich-Otto Meisner, Stuttgart, Berlin 1922/23, Bd II, S. 363.

Großbritannien bedeuten, entgegnete Wilhelm nur lapidar: »Ja, aber nur zu Land«[46]. Offenbar glaubte Wilhelm II. allen Ernstes, Deutschland könne gemeinsam mit den Buren gegen die Truppen der BSAC vorgehen, ohne von Großbritannien gestört zu werden.

In einer Krisensitzung am Vormittag des 3. Januar 1896, an der neben dem Kaiser der Reichskanzler, Staatssekretär Marschall sowie die Spitzen der Marine (Senden-Bibraw, Hollmann, Knorr) teilnahmen, entschied sich der Kaiser auf Anraten Marschalls zur Absendung eines Glückwunschtelegramms an Präsident Krüger als die angemessenste Form der diplomatischen Reaktion. Damit hatte der Kaiser auf seinen eigenen, schärfer gefaßten Entwurf verzichtet und Staatssekretär Marschall die Verantwortung für die weiteren Schritte übertragen, dem es wesentlich darum ging, daß Deutschlands offizielle Antwort auf die Völkerrechtsverletzung in Südafrika in London Wirkung zeigte. Offenbar hatte Wilhelm II. noch die Absicht gehabt, Oberst Schele nach Transvaal zu schicken, um vor Ort über mögliche Hilfe für die Buren Erkundigungen einzuziehen, doch votierten Marschall, Holstein und Kayser, der Direktor der Kolonialabteilung im Auswärtigen Amt, gegen diese Mission[47].

In dem von Kayser konzipierten, vom Monarchen redigierten sogenannten Krügertelegramm war davon die Rede, daß es der Burenrepublik gelungen sei,

> »in eigener Tatkraft gegenüber den bewaffneten Scharen, welche als Friedensstörer in Ihr Land eingebrochen sind, den Frieden wieder herzustellen und die Unabhängigkeit des Landes gegen Angriffe von außen zu wahren«[48].

Holstein, der das Telegramm vor der Absendung kannte, stimmte dieser Lösung weitgehend zu, da sich das Telegramm mit seiner außenpolitischen Grundlinie deckte und somit die Transvaalkrise zum Kristallisationspunkt der deutsch-russisch-französischen Annäherung zu werden versprach[49].

In der deutschen Öffentlichkeit wurde das Krügertelegramm wegen des »Gewaltstreiches« in Transvaal gebilligt; der Kaiser war mit einem Schlag populärer als je zuvor[50]. Bei näherer Prüfung des Telegramms mochten die meisten Zeitgenossen mit Graf Waldersee übereinstimmen, der es weder für besonders geschickt noch für verwerflich hielt[51]. Als eine relativ gemäßigte, den nationalen Konsens in dieser Spannungslage gut reflektierende Stimme sahen die »Grenzboten« den »lange hinausgeschobene(n) Zusammenstoß zwischen Deutschland und England« für gekommen. Um Transvaal für »deutsche Auswanderung und Unternehmung« offen zu halten, müsse Transvaal aus dem Vertrag von 1884 gelöst werden, was durch eine »Politik von gesundem Egoismus« zu erreichen sei, »die stets bereit ist, England einen kleinen Teil der

46 Thimme, Die Krüger-Depesche, S. 62.
47 Ebd., S. 241 f.; Hohenlohe, Denkwürdigkeiten, S. 151; Langer, The Diplomacy of Imperialism, S. 237 f.
48 GP 11, Nr. 2610. Vgl. ebd., S. 32, Anm. *. Vgl. Herrmann Freiherr von Eckardstein, Lebenserinnerungen und Politische Denkwürdigkeiten, 3 Bde, Leipzig 1920, Bd I, S. 271—280; Otto Hammann, Der neue Kurs, Berlin 1918, S. 119—126.
49 HP 4, S. 608. Vgl. Peter Winzen, Die Englandpolitik Friedrich von Holsteins 1895—1901. Diss. 2. Teil, Köln 1975, S. 108.
50 Purlitz 2 (1896), S. 5—12.
51 Denkwürdigkeiten des General-Feldmarschalls Alfred Grafen von Waldersee, II, S. 364.

Rücksichtslosigkeit heimzuzahlen, die es seit langem an Deutschland verschwendet hat«[52].

Das Krügertelegramm stellte für Großbritannien eine Provokation dar, tangierte es doch den Vertrag von 1884, demzufolge sich Großbritannien als Suzerän Transvaals betrachtete. Eine Welle antideutscher Empörung in der englischen Öffentlichkeit war die Folge. Die politische Führung des Landes war sich jedoch der Gefahr bewußt, durch unüberlegtes Handeln auf einen offenen Konflikt mit Deutschland zuzusteuern, da sich Großbritannien zur Zeit in offener Feindschaft mit Rußland, Frankreich, den USA und der Türkei befand[53]. In der englischen Presse empfand man das Telegramm mit wenigen Ausnahmen als »Unfreundlichkeit gegen England«, hatten doch die Zeitungen Jamesons Vorgehen ausnahmslos getadelt[54]. Nur in nationalen Kreisen wurde Jameson als Held gefeiert, der seinen unterdrückten Landsleuten zu Hilfe geeilt war[55]. Es bestand weitgehend die Überzeugung, daß das Krügertelegramm die diplomatische Toleranzgrenze überschreite und eine besondere Impertinenz darstelle. Bezeichnend war ein Artikel in der »Saturday Review« vom 4. Januar, der eine energische Antwort auf die nationale Beleidigung empfahl:

> »We are no Jingoes, and we have no wish to provoke war even with Germany; we say ›even with Germany‹ for Germany is today our trade rival, and we stand to win much and lose nothing by a war with her. But between the dislike of war and the degradation of tamely submitting to undeserved insult, only one choice is possible. Lord Salisbury must remember that we hold the command of the seas«[56].

In ähnlicher Sprache verurteilte auch der »Economist« am 11. Januar die durch das Telegramm verursachte nationale Brüskierung und beschrieb Deutschlands Einmischung im südlichen Afrika als

> »a piece of gratuitous insolence, a pure and intended affront which they (the English) are bound to resist, even if resistance costs them a great war«[57].

Aufgeheizt von den antideutschen Attacken der Presse kam es stellenweise zu tumultartigen Szenen in London mit Übergriffen auf Deutsche, ein Beleg dafür, daß die Stimmung auf dem Siedepunkt angelangt war[58].

Salisbury, der zunächst von Chamberlain über die Entwicklung im südlichen Afrika beruhigt worden war, weiterhin aber starke Bedenken gegen Rhodes, gegen Deutschlands Haltung und gegen einen möglichen Krieg gegen die Buren hatte, bemühte sich um diplomatische Zurückhaltung in der Krise. Unter allen Umständen hoffte er, von dem Strudel nationaler Leidenschaften nicht mitgerissen, und in eine kriegerische Konfrontation mit dem Deutschen Reich getrieben zu werden, deren Ausgang nur für den russisch-französischen Zweibund

52 Die Grenzboten 9.1.1896, S. 86. Vgl. Winzen, Englandpolitik, S. 103—112.
53 Kennedy, The Rise of the Anglo-German Antagonism, S. 257 ff.
54 GP 11, Nr. 2613.
55 Langer, The Diplomacy of Imperialism, S. 240 f.; Purlitz 2 (1896), S. 273; J.A.S. Grenville, Lord Salisbury and Foreign Policy, London 1964, S. 102.
56 Langer, The Diplomacy of Imperialism, S. 241.
57 Ebd. vgl. dazu Purlitz 2 (1896), S. 274 ff.
58 Langer, The Diplomacy of Imperialism, S. 241 f.; GP 11, Nr. 2636; Purlitz 2 (1896), S. 274.

Vorteile brachte[59]. Kolonialminister Chamberlain, der Jamesons eigenmächtiges Vorgehen sofort verurteilt hatte, war primär bestrebt, die deutsche Gefahr in der Delagoa-Bay zu bannen, dem wunden Punkt für die Stabilität der Kapkolonie[60].

Mit der Nachricht, daß Deutschland Truppen in der Delagoa-Bay landen wolle, schien die deutsche Verschwörung in Südafrika evident[61]. Chamberlain, der den imperialen Faktor besonders betonte, plädierte umgehend für einen »act of vigour« gegen Deutschland »to soothe the wounded vanity of the nation«. Gemeinsam mit seinem Unterstaatssekretär Selborne befürwortete er eine harte englische Linie: Ultimatum an Transvaal und englischer Erwerb der Delagoa-Bay[62].

Unter dem Einfluß des Pressekriegs forderte der Oberkommandierende, General Wolseley, am 6. Januar die sofortige Einberufung der Miliz und der Armeereserve, um ein volles Armeekorps für den auswärtigen Einsatz zur Verfügung zu haben[63]. Praktische Folgen hatte die Krisenstimmung in Großbritannien jedoch erst am 8. Januar, als ein Geschwader in die Delagoa-Bay beordert und gleichzeitig die — enthusiastisch begrüßte — Formierung eines Fliegenden Geschwaders bekanntgegeben wurde[64].

Deutschland, das zu diesem Zeitpunkt über zwei Kriegsschiffe in der Delagoa-Bay verfügte (»Seeadler«, »Condor«), hatte den englischen Präventivmaßnahmen nichts entgegenzusetzen[65]. In richtiger Einschätzung der Kräftelage war Marschall daher darum bemüht, die Kriegsgefahr in Transvaal einzudämmen und die Buren von Provokationen Englands abzuhalten, die einen deutsch-englischen Konflikt auslösen konnten[66]. Schon vorher war Marschalls Versuch, die Londoner Konvention von 1884 als Teil des Völkerrechts auszulegen, um die Transvaalfrage einer internationalen Konferenz zu überantworten, an Salisburys Widerstand gescheitert[67]. Insofern hatten die Buren auch alle konfliktträchtigen Versuche aufzugeben, ihre nach dem »Jameson-Raid« gestärkte internationale Position zur Erlangung voller Unabhängigkeit von Großbritannien zu nutzen[68]. Daß Portugal etwa zur gleichen Zeit auf deutschen Druck unter Vorbehalt einer Landung eines begrenzten Kontingents Soldaten in Delagoa zustimmte[69], war daher nur von sekundärem Interesse, da das Auswärtige Amt längst um außenpolitische Beruhigung bemüht war. Daran änder-

59 Grenville, Lord Salisbury, S. 103 f.; Robinson/Gallagher/Denny, Africa and the Victorians, S. 424 f.; GP 11, Nr. 2620. Vgl. Ethel M. Drus, A Report On the Papers of Joseph Chamberlain Relating to the Jameson Raid and the Inquiry. In: Bulletin of the Institute of Historical Research 25 (Nov. 1952), S. 33—62, hier S. 36 f.

60 Robinson/Gallagher/Denny, Africa and the Victorians, S. 428 ff.

61 Langer, The Diplomacy of Imperialism, S. 242; Purlitz 2 (1896), S. 273.

62 Robinson/Gallagher/Denny, Africa and the Victorians, S. 430 ff.

63 Purlitz 2 (1896), S. 274.

64 Langer, The Diplomacy of Imperialism, S. 249; GP 11, S. 38, Anm. 2. Vgl. GP 11, Nr. 2650; Purlitz 2 (1896), S. 275 f.; GP 11, S. 42, Anm. 2; Arthur J. Marder, The Anatomy of British Sea Power. Repr. Hamden/Connecticut 1964, S. 256 f.

65 Vgl. GP 11, S. 20, Anm. *.

66 GP 11, Nr. 2615.

67 Bd I, S. 327; Butler, The German Factor, S. 203 f.

68 GP 11, Nr. 2614; Vgl. GP 11, Nr. 2616.

69 Vgl. GP 11, S. 20, Anm. *.

te auch (die später aufgegebene) Weisung Wilhelms II. nichts, die Delagoa-Bay bei den geringsten englischen Absichten für Deutschland zu sichern[70].

Für Holstein war es wichtig, daß Großbritannien keine überspannten maritimen Demonstrationen unternahm, die der Marine als Rechtfertigung zu teilweiser Mobilmachung dienen konnten[71]. Daher mußte trotz alarmierender Nachrichten aus England Ruhe bewahrt werden, um nicht durch eine übereilte Mobilisierung den Konflikt zu eskalieren.

Als Mitte Januar 1896 bekannt wurde, daß sich mittlerweile drei englische Kriegsschiffe (gegenüber zwei deutschen) in der Delagoa-Bay aufhielten und man am Kap fest mit militärischer Verstärkung rechnete[72], war für Deutschland offenkundig, daß Großbritannien bereit war, seine Interessensphäre in Südafrika nötigenfalls mit Waffengewalt zu behaupten. Nachdem abzusehen war, daß das Hauptziel — Großbritannien in enge Beziehung zum Dreibund zu bringen — mit Deutschlands Reaktion auf den »Jameson-Raid« nicht erreichbar war, mußte man auf Normalität umdisponieren. Weder waren Rußland und Frankreich gewillt, selbst initiativ zu werden und sich auf seiten Deutschlands gegen Großbritannien zu engagieren, noch waren Österreich-Ungarn und Italien über den wachsenden deutsch-englischen Gegensatz erfreut[73].

Am 21. Januar zog Botschafter Hatzfeldt ein Resümee der allmählich abklingenden deutsch-englischen Krise. Seiner Meinung nach kam es darauf an, nachdem Deutschland in Transvaal die Zähne gezeigt hatte,

> »auch unsererseits die Beruhigung zu fordern, soweit wir es ohne prinzipielle Aufgabe unseres Standpunktes können, und in den großen politischen Fragen dieselbe Haltung zu bewahren, die wir vor diesem Zwischenfall eingenommen haben, d.h. uns nach keiner Richtung für die Zukunft die Hände zu binden, solange nicht Eventualitäten oder Kombinationen eintreten, die uns nötigen, Stellung zu nehmen, uns gleichzeitig gestatten, unsere Sicherheit und unsern Vorteil dabei zu wahren«[74].

Holstein pflichtete ihm bei; für ihn war die Transvaal-Frage nicht mehr akut[75].

Ein deutliches Zeichen dafür, daß man in London wie in Berlin an einer Normalisierung interessiert war, war der Besuch des Kaisers in der britischen Botschaft Anfang März 1896[76]. Die Entwarnung im Fühjahr 1896 kam beiden Seiten gelegen: Großbritannien hatte soeben den Entschluß zur Wiedereroberung des Sudan gefaßt, Deutschland benötigte außenpolitische Beruhigung für die Durchführung des Flottenprogramms[77]. Zwar war auch im März die Verstimmung noch nicht endgültig vorbei[78], doch schienen Verbitterung und gele-

---

70 GP 11, Nr. 2617. Vgl. Hallmann, Krügerdepesche, S. 40.
71 GP 11, Nr. 2627.
72 v.d. Poel, The Jameson Raid, S. 79 f.
73 Langer, The Diplomacy of Imperialism, S. 247 f.; GP 11, Nr. 2621—2625, 2634, 2642, 2645, 2649.
74 GP 11, Nr. 2636 f.
75 Botschafter Paul Graf von Hatzfeldt, II, Nr. 668.
76 Robinson/Gallagher/Denny, Africa and the Victorians, S. 106; Marder, The Anatomy of British Sea Power, S. 266.
77 Kennedy, The Rise of the Anglo-German Antagonism, S. 220—222.
78 GP 11, Nr. 2639.

gentlicher Zwist vor Ort zu Spielarten deutsch-britischer Normalität zu werden, ohne unbedingt eine krisenhafte Aufgipfelung zu erfahren.

Durch den »Jameson-Raid« wurde die Lösung des Südafrikaproblems erschwert. Zwar war Großbritannien, weil es nach wie vor wegen Ägypten auf das deutsche Wohlwollen angewiesen war, zur Konzilianz verpflichtet. Doch da die sich nach den Erfahrungen der gescheiterten Invasion unversöhnlich gebende Burenrepublik offen rüstete, waren zumindest Chamberlain und Selborne davon überzeugt, daß Großbritannien in den Besitz der Delagoa-Bay kommen müsse, wenn eine Beeinträchtigung britischer Interessen langfristig vermieden werden sollte[79]. Verhandlungen mit der alten Kolonialmacht Portugal scheiterten allerdings allesamt am scharfen Protest Deutschands, das die Delagoa-Bay nicht unter britischer Kontrolle wissen wollte[80]. Statt eines Verhandlungserfolgs mit Portugal kam am 30. August 1898 — angesichts der Spannungen im Fernen Osten (Kiautschou) — ein englisch-deutsches Abkommen über die künftige Teilung des portugiesischen Afrikabesitzes zustande. Danach verzichtete Deutschland auf die umstrittene, nunmehr außerhalb der deutschen Einflußsphäre gelegene Bucht[81]. Nach dem Sieg der Briten über die Buren bei Ladysmith (27. Februar 1900) verlor dann die Delagoa-Bay an Aktualität.

Der »Jameson-Raid« stand in unmittelbarem Zusammenhang mit der perzipierten Gefährdung der britischen Vorherrschaft in Südafrika und des Seewegs nach Indien durch den ökonomischen Aufstieg des Burenstaats Transvaal. Die Antriebskräfte für die britische Südafrikapolitik resultierten vorwiegend aus dem subimperialistischen Vorgehen der Kapkolonie, die die politisch-ökonomische Destabilisierung vor Ort einzudämmen bemüht war und sich nicht scheute, unter Ausnutzung der von London zugestandenen Handlungsfreiheit selbst zum Schutze der »British interests« aktiv zu werden. Dieser mehr regionale Strang traf mit dem imperialen Faktor zusammen, wie er im Colonial Office unter Joseph Chamberlain vertreten wurde. Die Schubkraft von regionalen und imperialen Faktoren, vor allem aber die stillschweigende Rückendeckung des gegenüber dem Kabinett in Südafrika eine exponierte Stellung einnehmenden Chamberlain hinsichtlich etwaiger Umsturzversuche seitens der Kapkolonie in Transvaal, sorgten für eine konfliktträchtige politische Entwicklung, die aus den Händen zu gleiten drohte, als sich das Deutsche Reich durch seine Freundschaftsbeteuerungen gegenüber den Buren in das südafrikanische Interessengeflecht einmischte.

Nach dem von London scharf verurteilten »Jameson-Raid« schien die Befürchtung Berlins, England stehe hinter der Invasion, zunächst zerstreut. Es war im wesentlichen dem Kaiser zuzuschreiben, wenn die Affaire noch nicht zu Ende war, sondern vielmehr eskalierte, und zwar in Form eines Denkzettels für Großbritannien, der dem kolonialen Rivalen die weltpolitischen Grenzen seines Handlungsspielraums aufzeigen sollte. Die nationale Empörung über das Krügertelegramm zeigte, wie gereizt Großbritannien gegen externe Gefahren rea-

---

79 Robinson/Gallagher/Denny, Africa and the Victorians, S. 434—440; Peter Winzen, Bülows Weltmachtkonzept, Boppard 1977, S. 278 f.

80 GP 14/1, Nr. 3811 und 3818; Robinson/Gallagher/Denny, Africa and the Victorians, S. 440—446.

81 Winzen, Bülows Weltmachtkonzept, S. 280 ff.

gieren konnte, zumal in einer Zeit, in der zusätzliche außenpolitische Herausforderungen zu meistern waren. Die massive Kritik Englands bezog sich nicht einfach auf Deutschlands Verhalten nach dem »Jameson-Raid«, sondern war Ausdruck der allgemeinen kommerziellen, politischen und kolonialen Rivalität zwischen Großbritannien und Deutschland, die sich in der Transvaalinvasion ein Ventil schuf.

23. Das Sprungbrett im Pazifik. Die amerikanisch-japanische Auseinandersetzung um die Annexion Hawaiis 1897

Das Vordringen der USA nach Ostasien hatte seit Ende des 18. Jahrhunderts mit einer gewissen Folgerichtigkeit auch die Ausweitung des amerikanischen Einflusses in der pazifischen Inselwelt bewirkt. Im Rahmen dieses pazifischen Ausgreifens kam den Hawaii- oder Sandwich-Inseln im Nordpazifik, die an der direkten Schiffsroute nach Ostasien lagen, recht früh eine große strategische Bedeutung als Stützpunkt, als »Sprungbrett nach Asien«, zu[1]. Bereits im Jahre 1842, als die Rivalität zwischen Großbritannien, Frankreich und den Vereinigten Staaten die formelle Unabhängigkeit des polynesischen Königreichs zu gefährden schien, bezog Washington eine für die Zukunft Hawaiis entscheidende Position. Gleichsam in Übertragung der Monroe-Doktrin erklärte Präsident Tyler, daß das amerikanische Interesse an Hawaii stärker sei als das aller anderen Staaten. Mit dieser politischen Leitlinie beanspruchten die USA das Recht, die Unabhängigkeit Hawaiis zu garantieren und den Einfluß fremder Mächte fernzuhalten.

Infolge des Bürgerkriegs verlagerte sich jedoch die Aufmerksamkeit der US-Regierung vom pazifischen Raum zurück auf den eigenen Kontinent. Erst mit Außenminister Sewards Programm des amerikanischen Handelsimperialismus rückte der Pazifik im Jahre 1867 wieder stärker ins Blickfeld: Erwerb Alaskas als »Schlüssel zum Pazifik« und Besetzung der Midway-Inseln als vorgeschobener Außenposten »im Kampf um den Handel« mit Ostasien.

Im Jahre 1875 gelang mit dem amerikanisch-hawaiianischen Handelsvertrag mit Reziprozitätsklausel der erste Schritt in Richtung auf ein »friedliche Annexion« (Seward). Die Reziprozität, d.h. die praktisch zollfreie Zuckerausfuhr in die USA, wurde als Mittel der festen politischen Bindung an die Union benutzt; denn Hawaii verpflichtete sich, anderen Staaten weder irgendwelche territorialen Konzessionen noch die den Amerikanern eingeräumten Handelsvorteile zuzugestehen. Wirtschaftlich betrachtet wurde Hawaii mit seiner Zuckermonokultur fast zu einem Teil der USA. Insofern ist es sicher nicht falsch, davon zu sprechen, daß die Vereinigten Staaten »ein nur notdürftig verborgenes Protektorat über Hawaii« errichteten[2]. Wie stark die politische Kontrolle Washingtons

---

1 Gavan Daws, Shoal of Time. A History of the Hawaiian Islands, Toronto ²1969; Noel J. Kent, Hawaii. Islands under the Influence, New York, London 1983; Ralph S. Kuykendall, The Hawaiian Kingdom, 1778—1854, Repr. Honolulu 1947; ders., The Hawaiian Kingdom 1854—1874, Honolulu 1953; Guy H. Scholefield, The Pacific. Its Past and Future and the Policy of the Great Powers from the Eighteenth Century, London 1919; K.R. Howe, Where the Waves Fall. A New South Sea Islands History from first Settlement to Colonial Rule, Sydney, London 1984; R.S. Kuykendall/A. Grove Day, Hawaii: A History. From Polynesian Kingdom to American Commonwealth, New York 1948; Sylvester K. Stevens, American Expansion in Hawaii 1842—1898, Harrisburg 1945.

2 Hans-Ulrich Wehler, Grundzüge der amerikanischen Außenpolitik 1750—1900, Frankfurt a.M. 1984, S. 162.

in den folgenden Jahren wirkte, zeigte sich 1881, als Außenminister Blaine gegen vermeintliche englische Absichten die Tyler-Doktrin bekräftigte und klarstellte, daß eine Besetzung Hawaiis durch fremde Mächte für die USA »a positive threat« darstelle[3]. Damit wurde offiziell der hohe ökonomische und sicherungsstrategische Wert, vor allem das überragende politische Interesse der USA an ihrer semikolonialen »Besitzung« unterstrichen.

Mit der verstärkten Expansion der Großmächte im Pazifik in den 1880er Jahren wuchs das amerikanische Bedürfnis, die »moral interests« (Bayard) energisch gegen die Herausforderung von Drittmächten — vor allem Großbritanniens, aber auch Deutschlands — zu verteidigen[4]. Insofern waren die Verlängerung des Reziprozitätsvertrags mit Hawaii sowie die formelle Übertragung Pearl Harbors als Marinebasis Reaktionen auf die verstärkte Einbeziehung der pazifischen Inselwelt in das internationale Aktionsgefüge.

Zu diesem Zeitpunkt hielt es Außenminister Bayard nur noch für eine Frage der Zeit, »bis die amerikanischen Pflanzer und die amerikanische Industrie die Inseln vollständig besetzt hätten [...] und bis der reife Apfel abfallen mußte«[5]. Infolge der ökonomischen Suprematie schien eine formelle Annexion der durch eine rigide Handelspolitik an die Vereinigten Staaten angeketteten Sandwich-Inseln zunächst überflüssig, weil die USA alle Vorteile des »informal Empire« ohne die Lasten einer de-iure-Kolonialherrschaft genossen[6].

Die eigentlichen Probleme der 1890er Jahre resultierten aus den labilen soziopolitischen Verhältnissen Hawaiis. Anfang der 1880er Jahre steckte die hawaiianische Zuckerindustrie in einer schweren Krise, da sie den gesteigerten Bedarf an billigen Arbeitskräften für die Plantagenwirtschaft nur unzureichend zu decken vermochte. Gleichzeitig rief der wachsende Anteil chinesischer Arbeiter infolge befürchteter demographischer Umstrukturierungen innerhalb der multi-ethnischen Inselbevölkerung bei der weißen Mittelschicht Überfremdungsängste hervor[7].

Politisch tonangebend in dem indigenen polynesischen Königreich war eine kleine Schicht weißer Zuckerpflanzer, unter der sich eine weiße Mittelschicht, zumeist US-amerikanischer Provenienz, etabliert hatte. Sie allein erhielten in der 1887 von den USA durchgesetzten Verfassung politischen Einfluß, während die wachsende Zahl asiatischer Kontraktarbeiter von der politischen Mitsprache ausgeschlossen war (kein Bürger- und Wahlrecht)[8].

---

3 Tyler Dennett, Americans in Eastern Asia, New York 1922, Repr. New York 1979, S. 611.
4 Stevens, American Expansion, S. 183—186.
5 Wehler, Grundzüge, S. 163.
6 Ebd., S. 142—145, 160—163; Hans-Ulrich Wehler, Sprungbrett nach Ostasien: Die amerikanische Hawaiipolitik bis zur Annexion von 1898. In: Jahrbuch für Amerikastudien 10 (1965), S. 153—181; Merze Tate, The United States and the Hawaiian Kingdom. A Political History, New Haven, London 1965; Charles C. Tansill, The Foreign Policy of Thomas F. Bayard, 1885—1897, New York 1940, Reprint 1969, S. 359—409; Charles S. Campbell, The Transformation of American Foreign Relations 1865—1900, New York 1976; From Colony to Empire. Ed. by William E. Williams, New York, London 1972; Hans-Ulrich Wehler, Der Aufstieg des amerikanischen Imperialismus: Studien zur Entwicklung des Imperium Americanum 1865—1900, Göttingen 1974.
7 Hilary Conroy, The Japanese Frontier in Hawaii, 1868—1898, Berkeley, Los Angeles 1953, S. 3—21, 54.
8 Wehler, Grundzüge, S. 204 f.

Mit dem Jahr 1886 nahm die Immigration japanischer Kontraktarbeiter sprunghaft zu. Infolge der von der japanischen Regierung aus innenpolitischen Gründen unterstützten Auswanderung stieg der japanische Anteil an der hawaiianischen Inselbevölkerung binnen kurzem rapide an. 1892 waren etwa 14 Prozent der Inselbevölkerung Japaner, 1897 stellten sie die größte ethnische Minderheit dar. Insgesamt kamen im Zeitraum von 1885 bis Oktober 1897 37 451 Japaner nach Hawaii[9].

Mit dem Abschluß der Immigrationskonvention vom 28. Januar 1886 hatte sich Japan dafür entschieden, »to sanction and to aid a full scale, permanent emigration to Hawaii«[10]. Der japanischen Regierung war bewußt, daß sich in der staatlich geförderten Migration nach Hawaii eine vorzügliche Waffe bot, soziale Unzufriedenheit zu exportieren und per demographischem Druck das bislang vorenthaltene Wahlrecht für die Landsleute zu erlangen, um auf friedlichem Wege die strategische Kontrolle über die Pazifikinsel zu erlangen[11].

Gegen das unkontrollierte Anwachsen der japanischen Einwanderung versuchte sich die amerikanische Mittelschicht Hawaiis seit Anfang der 1890er Jahre mit der Gründung eines »Annexionsklubs« zur Wehr zu setzen. Eine Annexion durch die USA wurde als probates Mittel betrachtet, die Frage der japanischen Immigration befriedigend zu lösen; denn die wachsende politische und militärische Stärke Japans sowie die eher anti-annexionistischen, da auf den ungehinderten Zugang japanischer Kontraktarbeiter angewiesenen Plantagenbesitzer erschwerten ein einseitiges, außenpolitisch nicht abgesichertes Vorgehen. Die Überlappung von ökonomischer und demographischer Krise verstärkte in der weißen Mittelschicht die Antriebskräfte für die Annexion, weil dadurch die befürchtete Destabilisierung der sozio-ökonomischen Strukturen abgewendet werden konnte[12].

1893 stürzte eine von der annexionistischen Mittelschicht getragene Revolution mit US-Hilfe das pflanzerfreundliche Kabinett und brachte wenig später die indigene Monarchie unter Königin Liliuokalani zu Fall[13]. Damit schienen die Annexionisten am Ziel. Der vom früheren US-Außenminister Foster entwor-

9 Ronald Takaki, Pan Hana. Plantation Life and Labor in Hawaii 1835—1900, Honolulu 1983, S. 3—21, 25—28, 42—46; Kodomo no tame ni. For the sake of the children. The Japanese American Experience in Hawaii. Ed. by Dennis M. Ogawa, Honolulu 1978 (bes. der Aufsatz von Alex Ladenson); Conroy, The Japanese Frontier, S. 65—81; Stevens, American Expansion, S. 282; Tate, The United States and the Hawaiian Kingdom, S. 283; William Adam Russ, The Hawaiian Republic (1894—1898) and its Struggle to win Annexation, Selinsgrove, Pa. 1961, S. 130 f.; vgl. auch Yamato Ichihashi, Japanese in the United States, New York 1932, Reprint New York 1969.

10 Conroy, The Japanese Frontier, S. 58.

11 Vgl. neben Conroy, The Japanese Frontier dazu Akira Iriye, Pacific Estrangement. Japanese and American Expansion, 1897—1911, Cambridge, Mass. 1972; Hanabusa Nagamichi, Hawaii and the Japanese. In: Japan-American Diplomatic Relations in the Meiji-Taisho-Era. Ed. by Kamikawa Hikomatsu, Tokyo 1958, S. 127—136. Zu den japanisch-amerikanischen Beziehungen insgesamt: Payson J. Treat, Diplomatic Relations between the United States and Japan 1853—1905, 3 Bde, London 1938, Repr. Gloucester, Mass. 1963.

12 Wehler, Grundzüge, S. 162—173; D. Rowland, The United States and the Contract labor Question in Hawaii. 1862—1900. In: Pacific Historical Review 1 (1933), S. 249—269.

13 Stevens, American Expansion, S. 217—229; Julius W. Pratt, Expansionists of 1898. The Acquisition of Hawaii and the Spanish Islands, Baltimore 1963, Repr. New York 1972.

fene und als Präventivschlag gegen eine Übernahme Hawaiis durch Japan oder Großbritannien gedachte Annexionsvertrag[14] wurde sofort von Präsident Harrison unterzeichnet, doch binnen kurzem von dessen demokratischem, antiannexionistisch eingestelltem Nachfolger Cleveland zurückgezogen[15]. Die mit der Revolution bewirkte politische Umwälzung auf Hawaii wurde schon im Juli 1894 formell bestätigt, als sich die Republik Hawaii konstituierte, und diese umgehend von den USA anerkannt wurde[16].

Trotz des gescheiterten Annexionscoups von 1893 blieb die Kontinuität der amerikanischen Hawaiipolitik gewahrt. Fosters Diktum, wonach Hawaii ein wesentliches und wichtiges Element im US-amerikanischen Handelssystem bilde, und die Nähe und Lage der Insel sie zu einem politischen Faktor mache, den die USA nur mit großer Besorgnis unter irgendeiner anderen Kontrolle zu sehen wünsche[17], überdauerte auch die Clevelandadministration.

Bemerkenswert ist, daß 1893 weder von Großbritannien noch von Japan, den offensichtlich einzigen Rivalen, ernsthafte Proteste erfolgten. Während sich Großbritannien infolge weltpolitischer Komplikationen ruhig verhielt und nur kommerzielle Bedenken gegen eine Annexion äußerte[18], bewahrte Japan vor dem Hintergrund wachsender Spannungen mit China größtmögliche Zurückhaltung gegenüber den US-Aktivitäten im Pazifik. Der Gesandte Tateno verdeutlichte Außenminister Gesham am 16. März 1893 nur das große Interesse seines Landes an Hawaii infolge der Anwesenheit von über 20 000 Japanern. Daher würde Japan Hawaii ungern unter der Kontrolle einer europäischen Macht sehen, aber »would be pleased to see the sovereignty of the United States extended over them«[19]. Etwaige japanische Befürchtungen, die Vertragsrechte auf Hawaii könnten eingeschränkt werden, wurden durch die Clevelandadministration zunächst zerstreut[20].

Die Situation änderte sich schlagartig, als sich der bereits 1887 antizipierte Ausschluß der Japaner vom politischen Leben in Hawaii seit der Republikgründung 1894 mit zusätzlichen diskriminierenden Maßnahmen verschärfte. Mit dem Ende der japanischen Kontraktimmigration (Sommer 1894), bei gleichzeitigem rapidem Anstieg der freien Immigration, forcierte die politische Führung der Inselrepublik unter Präsident Sanford Dole ihre Anstrengungen, den »Anschluß« an die USA zu realisieren. Dabei sollten die in der Tendenz gegen Japan gerichteten, verschärften Einwanderungsbestimmungen den Ansatzhebel darstellen, die USA zum energischen Handeln zu veranlassen.

---

14 John W. Foster, Diplomatic Memoirs, 2 Bde, London 1910, II, S. 166 f. Vgl. dazu Michael J. Devine, John W. Foster and the Struggle for the Annexation of Hawaii. In: Pacific Historical Review 46 (1977), S. 29—50.

15 Stevens, American Expansion, S. 230—240; Pratt, Expansionists, S. 123—145.

16 Stevens, American Expansion, S. 270—274; Pratt, Expansionists, S. 191—193; Campbell, The Transformation, S. 177—193.

17 Stevens, American Expansion, S. 240; Conroy, The Japanese Frontier, S. 124 f. Vgl. Allen Lee Hamilton, Military Strategists and the Annexation of Hawaii. In: Journal of the West 15 (1976), S. 81—91.

18 Stevens, American Expansion, S. 242—245.

19 Pratt, Expansionists, S. 125. Vgl. Tate, The United States and the Hawaiian Kingdom, S. 283.

20 Treat, Diplomatic Relations, II, S. 410—412.

Zwar versuchte die japanische Regierung im April 1894 in Fortführung der offiziell unterstützten friedlichen Expansion mit einem Emigrantenschutzgesetz ihren auswanderungwilligen Landsleuten Rechtssicherheit zu verleihen[21], doch konnte sie weder die Verschärfung der repressiven Einwanderungspolitik[22] noch die wachsende Aversion Hawaiis gegen den hawaiianisch-japanischen Vertrag von 1871, der Japanern den freien Zugang nach Hawaii gestattete, verhindern[23].

Das Jahr 1896 stellte insofern einen Einschnitt dar, als die hawaiianische Regierung mit einer verklausulierten Alkoholsteuer, die im Effekt einen Prohibitivzoll auf Japans Nationalgetränk Sake bedeutete, die erste offizielle Maßnahme gegen die japanische Immigration ergriff[24]. Für die Regierung in Tokyo wurde damit das Immigrationsproblem zu einer Prestigefrage, zumal es galt, die durch den Sieg über China 1894/95 erreichte internationale Reputation als Großmacht zu verteidigen. Insofern nahm die friedliche Immigration nach Hawaii allmählich Züge einer Ausweitung des ökonomischen und politischen Einflusses in Hawaii an. Nach dem chinesisch-japanischen Krieg wurde der Einfluß in Hawaii »zum Testfall des japanischen Nachkriegsexpansionismus«[25]. Mit dem gesteigerten Selbstbewußtsein als moderne, dem Westen ebenbürtige Macht, stieg auch das Verlangen, die japanische Präsenz in der pazifischen Inselwelt zur Geltung zu bringen.

Im Jahre 1896 war ein wachsendes US-Interesse an den Vorgängen in Hawaii zu registrieren[26]. Dies lag zum einen an der bevorstehenden Präsidentenwahl, die mit der erwarteten Rückkehr der Republikaner einen Wechsel in der amerikanischen Pazifikpolitik erwarten ließ; zum anderen an der Zunahme der ungebremsten und als bedrohlich perzipierten japanischen Warenströme und Einwanderung[27]. In Washington erkannte man, daß das stetige Anwachsen des japanischen Bevölkerungsanteils, der 1896 mit 25 Prozent seinen höchsten Stand erreichte, ernste Probleme für die Stabilität der Inselrepublik aufwarf, was früher oder später Schritte von seiten der USA erforderte. Die wachsende Beunruhigung der USA korrelierte hier mit der gesteigerten Interventionsbereitschaft Tokyos und dessen Schutzanspruch für die Immigranten in Hawaii. Damit war eine Situation gegeben, die auf der »Wettbewerbsgrenze«[28] Hawaii eine Interessenkollision der beiden pazifischen Mächte ankündigte.

Hawaiianische Befürchtungen wegen der Rivalität anderer Mächte versuchte der republikanische Senator Chandler im Anschluß an die Wahl McKinleys sogleich zu zerstreuen:

---

21 Conroy, The Japanese Frontier, S. 112 f.
22 Russ, The Hawaiian Republic, S. 131; Hanabusa, S. 136.
23 Conroy, The Japanese Frontier, S. 124. Vertrag ebd., S. 146 f.
24 Ebd., S. 121—124; Russ, The Hawaiian Republic, S. 132 f.
25 Iriye, Pacific Estrangement, S. 50; Vgl. Thomas C. Hobson, Japan's ›Peaceful Invasion‹. In: Kodomo no tame ni, S. 36—38.
26 Pratt, Expansionists, S. 212 f.
27 Stevens, American Expansion, S. 281—283.
28 Conroy, The Japanese Frontier, Vorwort.

»Don't be afraid of that Japanese Treaty [von 1871]. If any hostile demonstration should occur by either England or Japan we would annex you in fifteen minutes[29].«

Mit der Amtsübernahme des republikanischen und pro-annexionistischen Präsidenten McKinley am 4. März 1897 war für die hawaiianische Regierung die Chance gegeben, die diskriminierende Einwanderungspraxis gegenüber Japan mit größerer Energie zu betreiben[30]. Die Regierung Hawaiis steuerte seitdem bewußt auf Konfrontationskurs, um vermeintlich japanische Zugriffsrechte auf Hawaii von vornherein zu unterbinden und den USA die Notwendigkeit einer raschen Annexion angesichts der drohenden »asiatischen Flut« vor Augen zu führen. Hawaii schlug dabei allerdings eine riskante Politik ein, da es in der Gewißheit amerikanischer Hilfe die Reaktion Japans offensichtlich unterschätzte.

Im Frühjahr 1897 brach der schwelende Streit um die unkontrollierte japanische Immigration in einen offenen Konflikt aus. Unter der fadenscheinigen Begründung angeblicher Vertragsverstöße verweigerte die hawaiianische Regierung im März und April insgesamt über 1100 Japanern, die als »Illegale« eingestuft wurden, die Einreise und schickte sie samt den Schiffen zurück nach Japan[31]. Dieser drastische Schritt mochte als ein Akt des Selbstschutzes gegenüber dem ungehinderten Zugang von Asiaten erscheinen, belegte jedoch deutlich das Anwachsen der Bereitschaft, im Hinblick auf die angestrebte Annexion durch die USA, die Dinge selbst in die Hand zu nehmen. Der »Honolulu Star« schlug bereits offen rassistische Töne an, indem er den auf hawaiianischer Seite angestauten Unmut über die lasche Einwanderungspraxis zu einem Abwehrkampf gegen die »Gelbe Gefahr« hochstilisierte:

»It is the white race against the yellow [...] Nothing but annexation can save the islands[32].«

Japan konnte die eklatante Verletzung des 1871 abgeschlossenen Vertrags sowie die mit der Zurückweisung verbundene Brüskierung schon deshalb kaum hinnehmen, weil die friedliche Ostexpansion auch innerhalb der politischen Führung des Landes in zunehmendem Maße an Attraktivität gewann[33]. Seit Anfang der 1890er Jahre wuchs die Bedeutung Hawaiis im Kreise der expansionistischen Protagonisten Japans als pazifische Drehscheibe für die weitere Ausdehnung nach Mittel- und Südamerika sowie Australien[34]. Verstärkt wurde der Konflikt noch dadurch, daß der Oberste Gerichtshof Hawaiis die Zurückwei-

---

29 Conroy, The Japanese Frontier, S. 125.

30 Zu McKinley und der Hawaii-Annexion vgl. H. Wayne Morgan, William McKinley and his America. Syracuse, New York 1963, S. 292—297; Charles S. Olcott, William McKinley, 2 Bde, Boston, New York 1916, Bd I, S. 376—379.

31 Conroy, The Japanese Frontier, S. 125; Russ, The Hawaiian Republic, S. 133 f.; Iriye, Pacific Estrangement, S. 50; Thomas A. Bailey, Japan's Protest Against the Annexation of Hawaii. In: Journal of Modern History 3 (1951), S. 46—51, hier S. 46.

32 Pratt, Expansionists, S. 217 (»Star« vom 24.4.1897).

33 Iriye, Pacific Estrangement, S. 38.

34 Ebd., S. 43 f. Vgl. auch ders., Japan's Policies Toward the United States. In: James W. Morley (Ed.), Japlan's Foreign Policy 1868—1941. A Research Guide, New York, London 1974, bes. S. 412—419 und ders., Japan as a Competitor, 1895—1917. In: ders. (Hrsg.), Mutual Images. Essays in American-Japanese Relations, Cambridge, Mass. 1975, S. 74—76.

sung der Japaner sanktionierte und damit der diskriminierenden Praxis für die Zukunft ein rechtliches Fundament gab[35].

Die rigide Maßnahme Hawaiis stellte für Japan nicht nur eine Herausforderung dar, sondern konnte auch ernste Folgen für die propagierte friedliche Expansion in den Pazifik haben.

Der japanische Gesandte in Honolulu, Shimamura Hisashi, sah in dem Vorgehen der hawaiianischen Behörden einen Präzedenzfall, dem energisch begegnet werden mußte, da im Wiederholungsfall der totale Ausschluß der Japaner von Hawaii zu befürchten war[36]. Gegen das willkürliche Vorgehen Hawaiis legte er am 23. März einen scharfen Protest ein, der Japans Anspruch auf seine durch die Immigration und den Handelsverkehr geschaffene »Interessenlinie« im Pazifik markieren sollte[37]. Um hawaiianische Annexionsbestrebungen zu dämpfen und durch entschlossenes Handeln eine Involvierung der USA in den Streitfall zu verhindern, empfahl er zum Schutz japanischer Interessen und zur Machtdemonstration gegenüber Hawaii die Entsendung eines japanischen Kriegsschiffs nach Honolulu[38].

Außenminister Okuma, ein energischer Verfechter der japanischen Übersee-Expansion, billigte das entschiedene Vorgehen Shimamuras und ließ im April das Kriegsschiff »Naniwa« Richtung Honululu auslaufen. An Bord des Schiffs befand sich — neben japanischen Pressevertretern — auch ein japanischer Regierungsvertreter, der die Entwicklung der amerikanisch-hawaiianischen Beziehungen aus nächster Nähe beobachten sollte. Die Anwesenheit des Regierungsvertreters verlieh der Schiffsexpedition den Charakter einer offiziellen Untersuchungsmission, wodurch sich Honolulu und Washington im Kampf um die Vorherrschaft auf Hawaii auf die Anklagebank gesetzt sehen mußten. Vorrangiger Zweck der Schiffsentsendung war laut Okumas Erklärung vom 19. April eine Machtdemonstration gegenüber Hawaii. Zugleich war damit eine Warnung an die hawaiianische Regierung verbunden, den Streit schnell auf friedlichem Wege beizulegen, anstelle in der Hoffnung auf eine eventuelle Annexion durch die USA in einer das bilaterale Klima belastenden Hinhaltetaktik Zuflucht zu suchen[39]. Gegen die drohende Annexion, die die Zukunft der japanischen Interessen auf Hawaii massiv einschränkte, bezog Außenminister Okuma eindeutig Stellung, da er befürchtete, daß durch eine Inbesitznahme Hawaiis die amerikanische Präponderanz im Pazifik über Gebühr verstärkt würde und sich im Zuge der fortschreitenden Westexpansion der USA eine immer stärkere Kollision mit japanischen Interessen einstellte[40]. Dem japanischen Vertreter in Washington, Hoshi, der auf die Einschränkungen der Immigration nach eventueller Absorption durch die USA hingewiesen hatte, machte Okuma am 30. April deutlich, daß er unter allen Umständen gegen eine Anne-

35 Conroy, The Japanese Frontier, S. 126 f.
36 Iriye, Pacific Estrangement, S. 50.
37 Bailey, Japan's Protest, S. 47.
38 Iriye, Pacific Estrangement, S. 50. Zu den japanischen Protesten in Hawaii insgesamt: Conroy, The Japanese Frontier, S. 128.
39 Iriye, Pacific Estrangement, S. 50 f.
40 Junesay Iddittie, The Life of Marquis Shigenobu Okuma. A Biographical Study in the Rise of Democratic Japan, Tokyo [2]1956, S. 296.

xion sei. Er hoffe, die europäischen Mächte, inbesondere Großbritannien, dazu bewegen zu können, Druck auf die USA auszuüben, damit die Annexionsabsichten aufgegeben würden[41]. Zu diesem Zweck sondierte Japan im Frühjahr die Ansichten der englischen und deutschen Regierungen in bezug auf eine eventuelle Machtveränderung im Pazifik. Beide Mächte waren zwar gegen eine Annexion Hawaiis, verzichteten jedoch aus politischen Gründen auf eine Konfrontation mit den USA[42]. Insofern war Japan auf sich allein gestellt, die als »willkürlich und launisch« bezeichnete Maßnahme Hawaiis zurückzuweisen und Schadensersatzforderungen sowie eine Versicherung, das sich dergleichen nicht wiederhole, zu erhalten[43]. Immerhin übermittelte der Gesandte Hoshi am 1. April in Washington an die Adresse der hawaiianischen Schutzmacht eine Protestnote, die den USA den hohen Rang der Sicherung der wichtigen japanischen Vertragsrechte dokumentieren sollte[44].

Der scharfe japanische Protest und Befürchtungen vor einem Aufruhr unter der japanischen Inselbevölkerung[45] boten der hawaiianischen Regierung die geeignete Grundlage, ihr Annexionsersuchen unter Verweis auf die drohende Gefahr durch Japan in Washington vorzutragen. Mit überspitzten Verweisen auf die innere Krisenstimmung sowie Japans heftige Reaktion regte der hawaiianische Gesandte Hatch Anfang April gegenüber Außenminister Sherman die Annexion Hawaiis zum fühestmöglichen Zeitpunkt an, um etwaigen japanischen Absichten zuvorzukommen und das Leben der US-Bürger in Hawaii zu schützen[46]. Die hawaiianische Regierung hatte sich damit entschieden, die Spannungen mit Japan wegen der Immigrantenfrage auf der Basis engster Kooperation mit der Schutzmacht USA zu lösen. Durch die bewußt forcierte Einbeziehung der Vereinigten Staaten verschärfte sich der Konflikt jedoch zu einer japanisch-amerikanischen Auseinandersetzung um die Abgrenzung der Interessensphären im Nordpazifik.

Die USA, die sich seit Beginn der hawaiianisch-japanischen Verwicklungen im März — nicht zuletzt infolge mangelnder diplomatischer Repräsentation in Honolulu (der neue Vertreter, Harold M. Sewall, traf erst im April ein) — von aktivem Einschreiten zurückhielten[47], entsandten zunächst das Kriegsschiff »Philadelphia« nach Hawaii[48], überließen die Reaktion auf Japans Proteste aber vorerst ihrem Schützling Hawaii. Für die USA wie Hawaii kam es darauf an, Zeit zu gewinnen, um für die Abwehr japanischer Schritte gerüstet zu sein. Da der Gesandte Dun am 12. April aus Tokyo meldete, es bestünden weder Anzei-

---

41 Iriye, Pacific Estrangement, S. 52.

42 Ebd., vgl. Rolf-Harald Wippich, Japan und die deutsche Fernostpolitik 1894—1898, Stuttgart 1987, S. 316.

43 Conroy, The Japanese Frontier, S. 128. Vgl. Russ, The Hawaiian Republic, S. 137; Bailey, Japan's Protest, S. 49.

44 Russ, The Hawaiian Republic, S. 144 f.

45 Conroy, The Japanese Frontier, S. 127 f. Vgl. Stevens, American Expansion, S. 283; Pratt, Expansionists, S. 217; Russ, The Hawaiian Republic, S. 138.

46 Tate, The United States and the Hawaiian Kingdom, S. 271; Russ, The Hawaiian Republic, S. 135; Bailey, Japan's Protest, S. 49; Stevens, American Expansion, S. 284.

47 Russ, The Hawaiian Republic, S. 140 f.; Tate, The United States and the Hawaiian Kingdom, S. 282.

48 Bailey, Japan's Protest, S. 47 f. (am 16.4.1897 eingetroffen).

chen für eine »show of force« seitens Japans noch für eine Anregung zur Arbitration[49], bestand für Außenminister Sherman noch kein Handlungsbedarf, vermeintlich bedrohte US-Interessen zu sichern.

»It is [...] not our purpose to have it appear that we are forcing the issue for the purpose of bringing about annexation. We should go far enough to show up the matter clearly, at the same time not overdo it[50].«

Mit dem Eintreffen des japanischen Kriegsschiffs »Naniwa« in Honolulu am 5. Mai[51] und der Abgabe eines offiziellen japanischen Protests durch den Gesandten Shimamura sechs Tage später[52] verschärfte sich die Situation in Hawaii. Während in den USA durch das Erscheinen der »Naniwa« der Meinungsbildungsprozeß auf eine Annexion Hawaiis hinauslief und schon am 6. Mai zu einer Resolution im Senat gegen das den US-Interessen abträgliche Anwachsen des asiatischen Einflusses in Hawaii führte[53], nutzte die japanische Regierung die Zeit der offiziellen Zurückhaltung Washingtons aus, Hawaii durch massiven Druck zum raschen Einlenken zu bewegen.

Am 20. Mai verdeutlichte Shimamura Außenminister Cooper, daß seine Regierung nicht länger gewillt sei zu warten und ultimativ eine Stellungnahme Hawaiis zum Protest vom 11. Mai verlange[54]. Coopers Antwort war die Zurückweisung des japanischen Protests. Er ließ in selbstbewußter Sprache den hawaiianischen Standpunkt zur japanischen Immigration erkennen:

»This government in common with other independent nations maintains its right to protect itself from the injurious consequences which would arise [...] from the unrestricted immigration of individuals dangerous to the community in its moral, sanitary and economic interests [...][55].«

Coopers Reaktion stellte für Japan eine schwere Beleidigung dar, da sie die vorgetragenen Forderungen völlig ignorierte. Cooper war zwar seiner Verzögerungstaktik treu geblieben, in maßloser Überschätzung hawaiianischer Abwehrkräfte hatte er jedoch japanische Gegenreaktionen geradezu provoziert.

Entsprechend hart fiel die Stellungnahme des japanischen Vertreters aus. In einem Interview mit dem »Pacific Commercial Advertiser« wies Shimamura am 24. Mai darauf hin:

»Japan asks nothing unreasonable; she wants justice and fairness in the matter — nothing else. If she cannot get it — well, I do not know what will follow [...].

Zwar sei Vermittlung in allen Angelegenheiten praktizierbar, doch nicht da, wo

»the honor of Japan is at stake [...] If I cannot get a reasonable answer to my request I may go home, and perhaps someone else will have better success. If I withdraw, you know what follows. I hope it will not reach that point[56].«

Das Shimamura-Interview rief in der hawaiianischen Öffentlichkeit große Beunruhigung hervor und wurde wegen des militanten Tons als verschleierte

49 Russ, The Hawaiian Republic, S. 137.
50 Conroy, The Japanese Frontier, S. 128.
51 Bailey, Japan's Protest, S. 47 f.; Stevens, American Expansion, S. 283; Russ, The Hawaiian Republic, S. 138.
52 Conroy, The Japanese Frontier, S. 128.
53 Iriye, Pacific Estrangement, S. 51 f.
54 Russ, The Hawaiian Republic, S. 139; Pratt, Expansionists, S. 225 und. 230.
55 Conroy, The Japanese Frontier, S. 129. Vgl. Russ, The Hawaiian Republic, S. 139.
56 Russ, The Hawaiian Republic, S. 139. Vgl. Stevens, American Expansion, S. 284.

Kriegsdrohung Japans gewertet. Es verstärkte die Annexionsstimmung innerhalb der politischen Führung der Inselrepublik, da bei einem Versagen der Diplomatie offensichtlich nur noch die USA Hilfe gegen die japanische Bedrohung leisten konnten[57].

Angesichts des von der hawaiianischen Regierung bewußt eskalierten »war scare« waren die USA nunmehr zum Handeln aufgerufen[58]. Als erste Reaktion auf die Zuspitzung der Situation im Pazifik entsandte die McKinley-Administration Harold M. Sewall als neuen Gesandten nach Honululu. Die Wahl Sewalls, der als glühender Annexionist und als Verfechter einer dynamischen US-Pazifikpolitik galt, wurde von Hawaii begrüßt und als ein Zeichen gesehen, daß die USA nun zu aktiven Schritten bereit waren[59]. Sewall warnte Washington in Anbetracht vermehrter Kriegsgerüchte in Hawaii vor dem »serious aspect« der Lage[60]. Zudem prophezeite er den unvermeidlichen Bruch mit Tokyo, wenn sich in dem energischen Auftreten des Gesandten Shimamura die offizielle Haltung Japans widerspiegelte[61].

So kritisch die Situation auch war, als einziger aus der politischen Führungsriege in Washington schien der stellvertretende Marineminister Theodore Roosevelt die Möglichkeit einer kriegerischen Auseinandersetzung mit Japan wenigstens eine Zeitlang ins Auge zu fassen. Schon am 22. April übermittelte er dem Präsidenten eine Aufstellung über die Dislozierung der US-Schiffe, die für den Eventualfall für Hawaii verfügbar waren. Danach lagen gegenwärtig zwei US-Kriegsschiffe in Hawaii, die aber beide der »Naniwa« in Bewaffnung und Ausrüstung nicht gewachsen waren. Immerhin zwei Wochen würde es dauern, bis das Schlachtschiff »Oregon« an dem pazifischen Brennpunkt erscheinen könnte, um die kritische Situation zugunsten der USA zu klären[62]. Roosevelt bedauerte die Zurückhaltung der US-Regierung und plädierte für ein energisches Zugreifen. Alfred Thayer Mahan schrieb er am 3. Mai:

> »If I had my way we would annex those islands tomorrow. If that is impossible I would establish a protectorate over them[63].«

Da er sich der Gefahr, die von Japan drohte, voll bewußt war, drängte er auf den beschleunigten Bau von Schlachtschiffen, von denen die Hälfte an der pazifischen Küste mit Spitze gegen Japan stationiert werden sollten. Angesichts des drohenden Verlusts der Handlungsfreiheit im Pazifik bei weiterem Zögern, schien ihm sofortiges und entschiedenes Handeln die einzige Alternative, bevor die beiden von Japan in England bestellten, neuen Kriegsschiffe fertiggestellt waren und eine für die USA kräftemäßig nachteilige Ausgangslage im Pazifik schufen.

> »[I] would hoist our flag over the island, leaving all details for after action[64].«

---

57 Bailey, Japan's Protest, S. 49.
58 Russ, The Hawaiian Republic, S. 139 f.
59 Ebd., S. 140 f.
60 Stevens, American Expansion, S. 283 f.
61 Russ, The Hawaiian Republic, S. 140 f.
62 The Letters of Theodore Roosevelt. Ed. by Elting E. Morison, Bd I, Cambridge/Mass. 1951, Nr. 601.
63 Ebd., Nr. 606.
64 Ebd., Nr. 607.

Roosevelts Aktionismus und seine Annexionskampagne gipfelten Ende Mai in einer streng vertraulichen Operationsstudie für das Naval War College[65], deren Tenor war, daß »the determing factor in any war with Japan would be the control of the sea, and not the presence of troops in Hawaii«[66]. Ohne Beherrschung des Pazifiks waren die USA demnach außerstande, Hawaii mit Erfolg gegen Japan zu behaupten.

Trotz günstiger Aussichten für die USA bei einem präsumptiven Krieg gegen Japan blieb die unabänderliche Tatsache, daß eine etwa zweiwöchige Risikophase zu überbrücken war, bis die USA mit der »Oregon« — unter der Voraussetzung der Anwesenheit nur eines japanischen Kriegsschiffs in Honolulu — die maritime Überlegenheit besaßen[67].

Roosevelts Tatendrang blieb zumindest bei Marineminister Long nicht ganz ohne Folgen, wenn er dafür eintrat, die US-Flotte in Hawaii solle ein provisorisches Protektorat über Hawaii verkünden, falls Japan Anzeichen von Gewaltanwendung erkennen lasse[68].

Eine neue Wendung erfuhr der japanisch-hawaiianische Konflikt als Präsident McKinley am 15. Juni den von langer Hand vorbereiteten Annexionsvertrag unterzeichnete und umgehend an den Senat weiterleitete[69]; denn damit war die Kontroverse zwischen Tokyo und Honolulu automatisch auf die höhere amerikanisch-japanische Ebene transponiert worden. Für Japan bedeutete dies eine perspektivische Erweiterung des pazifischen Konflikts und eine Änderung des Adressaten für diplomatische Vorstöße. An die Stelle des aus japanischer Sicht zu vernachlässigenden Faktors Hawaii trat nun die ambitionierte pazifische Macht USA mit ihrem Wirtschafts- und Militärpotential[70].

Schon einen Tag vor Vertragsunterzeichnung warnte Hoshi Außenminister Sherman, daß Japan im Hinblick auf seine vertraglichen Rechte mit großer Sorge einer einschneidenden Veränderung im Status Hawaiis entgegensehe[71]. Als Sherman Hoshi am 16. Juni von der Vertragsunterzeichnung unterrichtete — »in pursuance of the policy long since adopted by the United States« —, versuchte er den japanischen Gesandten zu beruhigen. Weder verletze die Annexion Japans Rechte noch berühre sie die freundschaftlichen Beziehungen zwischen Japan und den USA[72].

---

65 Ebd., Nr. 618.

66 Russ, The Hawaiian Republic, S. 144. Vgl. auch Howard K. Beale, Theodore Roosevelt and the Rise of America to World Power, Baltimore, London 1956, Repr. Baltimore, London 1984, S. 57—59.

67 Vgl. William R. Braisted, The United States Navy in the Pacific, 1897—1909, Austin 1958, S. 11—14.

68 Pratt, Expansionists, S. 220.

69 Tate, The United States and the Hawaiian Kingdom, S. 285; Russ, The Hawaiian Republic, S. 145 f.; Bailey, Japan's Protest, S. 51; Olcott, William McKinley, I, S. 377 f. Ausschlaggebend für McKinley war die Präventivmaßnahme gegen eine vermeintliche japanische Bedrohung (George F. Hoar, Autobiography of Seventy Years, 2 Bde, New York 1903, Bd II, S. 307 f.).

70 Nakamura Keijiro, Hawaiian Annexation from a Japanese Point of View. In: Kodomo no tame ni, S. 39—41.

71 Russ, The Hawaiian Republic, S. 145.

72 Ebd., S. 146.

Hoshi ließ sich durch Shermans Versicherung nicht beruhigen. Er legte seiner Regierung vielmehr unter dem Vorwand der Vergeltung für die diskriminierende Behandlung japanischer Immigranten ein energische Aktion in Hawaii nahe. Da ein Protest allein ineffektiv war, sollte ein fait accompli in Form einer Okkupation der Hawaii-Inseln Japans Ansprüche sicherstellen, »indem ohne Zögern einige starke Schiffe dorthin geschickt werden«[73].

Außenminister Okuma, primär an der Frage des status quo im Pazifik interessiert, verwarf jedoch mit Rücksicht auf die »freundschaftlichen Beziehungen« zu den USA alle überstürzten Schritte, die das Risiko eines Kriegs heraufbeschworen. Am 19. Juni wies er Hoshi darauf hin, daß sich die japanische Opposition gegen die Annexion strikt im Rahmen der Diplomatie zu bewegen habe[74].

Japans Vorgehen wurde von der Furcht vor einem ruinösen Wettlauf um die Aufteilung des Pazifiks in Interessensphären diktiert, dem das Inselreich infolge des gesteigerten Antagonismus mit Rußland in Korea, Rückschlägen bei der Befriedung Formosas und einer forcierten Konsolidierungspolitik im Innern nicht gewachsen war[75]. Nach der ernüchternden Tripelintervention Rußlands, Frankreichs und Deutschlands im Anschluß an den Krieg gegen China und dem Verlust der Vormachtstellung in Korea Ende 1895 war eine konziliante Außenpolitik erforderlich, die Japans momentaner Schwäche Rechnung trug. Insofern waren die japanischen Reaktionen auf die Hawaii-Annexion eher defensiver als aggressier Natur. Der ohnehin wenig stabile Friedenszustand in Kontinentalasien sollte durch einen neuen Krisenherd im Pazifik nicht überstrapaziert werden.

Parallel zu den diplomatischen Schritten gegen die USA waren aber flankierende Vorstöße in London und Berlin im Gange, die die Besorgnis Japans vor der Ausweitung des amerikanischen Einflusses im Pazifik artikulieren und zumindest die wohlwollende Rückendeckung Großbritanniens und Deutschlands sichern sollten. Durch die Zurückhaltung der beiden europäischen Mächte gegenüber der aus ihrer Sicht sekundären Hawaii-Affaire blieb Japan jedoch wie zuvor in seiner Krisendiplomatie auf sich allein verwiesen[76]. Dies war mit ausschlaggebend dafür, daß sich in der politischen Führung in Tokyo während des Sommers 1897 die Einsicht durchsetzte, die Veränderungen der Machtverhältnisse im Pazifik als unabänderliche Tatsache zu akzeptieren und lediglich auf Wahrung japanischer Rechtsansprüche zu bestehen.

Der offizielle japanische Protest in Washington fiel am 19. Juni dennoch scharf und deutlich aus. Hoshis Demarche bezog sich auf drei signifikante Felder, auf denen Japans Interessen durch die Annexion empfindlich getroffen wurden:

1. Störung des status quo im Pazifik,
2. Beeinträchtigung japanischer Vertragsrechte in Hawaii,

[73] Iriye, Pacific Estrangement, S. 53.
[74] Ebd., S. 52 f.
[75] Vgl. T. Dennett, Americans in Eastern Asia, S. 613.
[76] Wippich, Japan und die deutsche Fernostpolitik, S. 317—320; Tate, The United States and the Hawaiian Kingdom, S. 302 f.; Olli Kaikkonen, Deutschland und die Expansionspolitik der USA in den 90er Jahren des 19. Jahrhunderts, Jyväskylä 1980, S. 42—44.

3. Verzögerung bzw. Gefährdung einer Regelung der zwischen Japan und Hawaii offenen Streitpunkte.

Hoshi stritt gegenüber Außenminister Sherman zwar jegliche japanische Absichten auf Hawaii ab, betonte aber nach Lage der Dinge die Pflicht seines Landes zu einem Protest[77].

Die Versicherung des japanischen Gesandten, die USA keineswegs durch den diplomatischen Schritt irritieren zu wollen[78], verkehrte sich letztlich in ihr Gegenteil, als am 21. Juni ein zweiter Protest nachgeschoben wurde, dessen Tenor diesmal ganz auf der Beeinträchtigung japanischer Vertragsrechte lag[79], obwohl gerade in diesem Bereich die USA japanische Befürchtungen zu zerstreuen suchten[80].

Japans hartnäckige Opposition gegen die Hawaii-Annexion verstärkte das Bemühen der pro-annexionistischen Regierung in Honolulu, die USA zu rascher Ratifikation des Vertrags zu drängen[81]. Gleichzeitig führte Japans ungewisse Haltung bei dem Gesandten Hatch zu der Überzeugung, daß zur Vermeidung endloser Querelen zwischen Hawaii und Japan ein Weg gefunden werden müsse, der dem ostasiatischen Kaiserreich den Rückzug aus seinem offiziellen Hawaii-Engagement erleichterte[82]. In dieser pragmatischen Einschätzung lag der Ansatzpunkt für einen hawaiianisch-japanischen modus vivendi, der im Hinblick auf den beschlossenen Rechtsakt der Souveränitätsübertragung das bilaterale Verhältnis bereinigen sollte. Denn die Marschroute der US-Politik für die angestrebte Annexion war unmißverständlich: keine Fortführung des hawaiianisch-japanischen Streits nach der Annexion. In Washington wurde klar unterschieden zwischen der perzipierten Bedrohung Japans für die US-Interessen im Pazifik und dem bilateralen Konflikt zwischen Tokyo und Honolulu.

In Japan zog man das geringere Engagement der USA auf der hawaiianisch-japanischen Ebene für das weitere Vorgehen in Betracht. Aus diesem Grund war die japanische Diplomatie daran interessiert, Hawaii durch verstärkten Druck zum Einlenken zu bewegen, bevor durch die Ratifikation des Annexionsvertrags eine japanischen Interessen abträgliche Situation geschaffen wurde. In diesem Sinne drohte der Gesandte Shimamura Ende Juni in Honolulu, die Zeit des Notenwechsels sei nun vorbei. Wenn die Angelegenheit nicht bald geregelt werde, würde Japan eine »decided action« ins Auge fassen.

Das harte Auftreten Japans und die Furcht vor den nur vage angedeuteten Konsequenzen — in Honolulu befürchtete man einen totalen japanischen Auswandererstopp und zwecks Schädigung der Zuckerwirtschaft den Abzug aller japanischen Plantagenarbeiter — weichte die hawaiianische Position auf. Am 28. Juni erklärte sich die hawaiianische Regierung zur Konfliktlösung in Form

---

77 Russ, The Hawaiian Republic, S. 148; Bailey, Japan's Protest, S. 52. Vgl. Pratt, Expansionists, S. 220; Tate, The United States and the Hawaiian Kingdom, S. 282 f.; Stevens, American Expansion, S. 284; Treat, Diplomatic Relations, S. 32.

78 Russ, The Hawaiian Republic, S. 148.

79 Ebd., S. 148 f. Vgl. Tate, The United States and the Hawaiian Kingdom, S. 287.

80 Bailey, Japan's Protest, S. 52; John Bassett Moore, A Digest of International Law, Bd I, Washington 1906, S. 504 f.

81 Bailey, Japan's Protest, S. 53 u. 55.

82 Russ, The Hawaiian Republic, S. 147.

einer — von den USA zu billigenden — Arbitration bereit[83]. Das Ende der japanisch-hawaiianischen Verkrampfung kündigte sich demnach an, als die ökonomische Existenzfrage der Inselrepublik die Furcht vor der »asiatischen Flut« überlagerte.

Schien damit auch der von Washington gewünschten japanisch-hawaiianischen Übereinkunft nichts mehr im Wege zu stehen, so eskalierte die Hawaii-Krise im Juli, als der Gesandte Hoshi erneut einen scharfen Protest im State Department vortrug, der zu neuen Befürchtungen Anlaß gab. In diesem Protest vom 10. Juli bezog sich Hoshi auf das japanischen Interessen abträgliche Aufleben des imperialistischen Wettrennens um pazifische Territorien, das die Hawaii-Annexion auslöse. Daher sei es unmöglich für Japan »to view with unconcern and in a spirit of acquiescence the consequences which would probably follow the extinction of Hawaiian sovereignty«. Japan müsse aufgrund des wachsenden Handels mit Hawaii und den USA seinen Status in Hawaii aufrechterhalten, weil »the sphere of Japan's expanding activities is in the Pacific«[84].

Durch Hoshis dritten Protest wurden die USA unverkennbar nervös. Offiziell sollte zwar Ruhe bewahrt werden[85], inoffiziell reagierte das Marineministerium jedoch mit Präventivmaßnahmen. Am 13. Juli erhielt das Schlachtschiff »Oregon« in San Francisco Befehl, sich für alle Fälle bereitzuhalten. Einen Tag später erging eine Weisung an den US-Marineattaché in Yokohama, japanische Schiffsbewegungen und Flottenverstärkungen umgehend mitzuteilen. Darüber hinaus wurde dem Kommandeur in Pearl Harbor befohlen, die Küstenverteidigung Hawaiis zu inspizieren[86]. Außenminister Sherman wies den US-Vertreter in Honolulu an, die Lage aufmerksam zu beobachten und sich bei Anzeichen von Gewaltanwendung seitens Japans umgehend mit den hawaiianischen Behörden und dem Marinebefehlshaber zu beraten. Zwar glaubte Außenminister Sherman an keine ernsthafte Zuspitzung der Krise und ermahnte Sewall, diskret Schritte zu ergreifen »to promote resort to arbitration in every practicable and friendly way«, doch ermächtigte er Sewall auch für den Eventualfall, bis zur eigentlichen Annexion sofort ein provisorisches Protektorat über Hawaii zu proklamieren[87]. Die Vorbereitungen, die laut Vizeaußenminister Day nur der zusätzlichen Sicherheit dienten[88], wurden der hawaiianischen Regierung mitgeteilt, und sie des vollen Schutzes durch die USA versichert[89].

Roosevelt glaubte an keine ernste Verwicklung mit Japan, obwohl er die fernöstliche Macht momentan als einen gefährlicheren Gegner betrachtete als Spanien[90]. Für ihn kam es hauptsächlich darauf an, daß sich die Vereinigten

---

83 Russ, The Hawaiian Republic, S. 151—153; Conroy, The Japanese Frontier, S. 129, Bailey, Japan's Protest, S. 56.

84 Russ, The Hawaiian Republic, S. 154. Vgl. Pratt, Expansionists, S. 220; Stevens, American Expansion, S. 287.

85 Bailey, Japan's Protest, S. 50; Russ, The Hawaiian Republic, S. 156.

86 Russ, The Hawaiian Republic, S. 156 f.; Pratt, Expansionists, S. 220 f.; Tate, The United States and the Hawaiian Kingdom, S. 283.

87 Russ, The Hawaiian Republic, S. 155 f.; Stevens, American Expansion, S. 287.

88 Russ, The Hawaiian Republic, S. 157.

89 Ebd., S. 158; Pratt, Expansionists, S. 221; Bailey, Japan's Protest, S. 50.

90 The Letters of Theodore Roosevelt, I, Nr. 764.

Staaten endlich entschieden, ob sie Hawaii annektieren wollten oder nicht, »wholly without regard to the attitude of Japan or any other power«[91].

Spätestens im August mußte die japanische Regierung erkennen, daß sie sich mit ihrer hartnäckigen Opposition gegen die Annexion und dem energischen Auftreten ihrer Vertreter im Grunde nur schadete. Am 11. August lenkte Tokyo daher ein und erklärte gegenüber der hawaiianischen Regierung die prinzipielle Bereitschaft zu einer schiedlichen Einigung[92].

Die japanischen Bedingungen für eine Arbitration erschwerten jedoch noch für Monate eine endgültige Bereinigung der Krise[93], obwohl mit dem Rückzug der »Naniwa« im September 1897[94] auch die USA davon überzeugt waren, daß Japan an einer friedlichen Regelung des Hawaii-Problems interessiert war[95]. Kurz nach der Ratifizierung des Annexionsvertrags durch den hawaiianischen Senat[96] stellte der US-Gesandte Sewall am 14. September befriedigt fest:

»For the time [...] all fear of a hostile naval demonstration here is dissipated[97].«

Nur Roosevelt hielt an seinem Mißtrauen gegen Japan fest und plädierte unvermindert für die Verstärkung der maritimen Präsenz in Hawaii[98]. Die USA setzten Hawaii jetzt gezielt unter Druck, die Verhandlungen mit Japan endlich abzuschließen und eine Entschädigung zu zahlen[99]. Angesichts der Zuspitzung der Ereignisse in der Karibik war es für die USA vorrangig, die Hände für die bevorstehende Auseinandersetzung mit Spanien frei zu haben.

Diesem Bemühen war das vermehrte Entgegenkommen Japans zum Jahresende 1897 dienlich, nachdem durch die Besetzung Kiaotschaus und Port Arthurs die Aufmerksamkeit des Kaiserreichs für die Vorgänge im Pazifik merklich nachgelassen hatte[100]. Konsequenz dieser Interessenverlagerung auf die bedrohte kontinentalasiatische Flanke, die der neue Außenminister Nishi vollzog, war die in einer Verbalnote Shimamuras vom 22. Dezember 1897 indirekt artikulierte Widerruf des japanischen Protests, wenn sich die USA zur Nichtdiskriminierung der Hawaiijapaner nach vollzogener Annexion verpflichteten[101].

Auch wenn die USA diesen Punkt dilatorisch behandelten[102] und in der ersten Jahreshälfte 1898 die hawaiianisch-japanischen Verhandlungen infolge des

91 Ebd., Nr. 766.
92 Bailey, Japan's Protest, S. 54 f. u. 57 f.; Conroy, The Japanese Frontier, S. 129.
93 Ausführlich bei Russ, The Hawaiian Republic, S. 154 ff. Vgl. auch A Digest of International Law, I, S. 505—507.
94 Stevens, American Expansion, S. 288; Russ, The Hawaiian Republic, S. 166. Vgl. Pratt, Expansionists, S. 333.
95 Stevens, American Expansion, S. 287; Russ, The Hawaiian Republic, S. 165.
96 Stevens, American Expansion, S. 288; Tate, The United States and the Hawaiian Kingdom, S. 284.
97 Russ, The Hawaiian Republic, S. 166.
98 Bailey, Japan's Protest, S. 58; Russ, The Hawaiian Republic, S. 168 f.
99 Ebd.
100 Bailey, Japan's Protest, S. 58 f.; Russ, The Hawaiian Republic, S. 171; Stevens, American Expansion, S. 288.
101 Bailey, Japan's Protest, S. 58 f.; Russ, The Hawaiian Republic, S. 172—174; Treat, Diplomatic Relations, S. 51.
102 Russ, The Hawaiian Republic, S. 174 f.; A Digest of International Law, I, S. 507—509.

Kriegs zwischen den USA und Spanien stagnierten[103], war allen beteiligten Parteien bewußt, daß es keine Alternative zu einer friedlichen Beilegung des Konflikts gab. Der aggressive Expansionismus Deutschlands und Rußlands in Ostasien führte der japanischen Regierung deutlich vor Augen, daß die USA nicht der Hauptgegner Japans waren, sondern daß vielmehr das US-Kapital für Investitionen — im Inland wie in den informellen asiatischen Einflußzonen — dringend benötigt wurde[104].

Nachdem sich Hawaii Ende Juli 1898 bereit erklärt hatte, an Japan 75 000 $ als Pauschalentschädigung zu zahlen[105], standen der formellen Annexion keine Hindernisse mehr entgegen. Sie erfolgte quasi als Nebenprodukt des spanisch-amerikanischen Kriegs am 12. August 1898[106], zwei Jahre später wurden die Hawaii-Inseln per Gesetz zu einem Territorium der Vereinigten Staaten[107].

Die Krise um Hawaii im Jahre 1897 markiert den ersten ernsthaften Konflikt zwischen den USA und Japan und bildet gewissermaßen eine Zäsur in den bilateralen Beziehungen der beiden pazifischen Mächte.

Die Konfrontation zwischen den beiden zu Großmächten aufsteigenden Pazifikanrainern beeinhaltete und fokussierte alle Faktoren (Rassendiskriminierung, Jingoismus, Kampf um Einfluß- und Machtsphären), die in den folgenden Dekaden den wachsenden japanisch-amerikanischen Antagonismus kennzeichnen sollten. Ethnische, wirtschaftliche und machtpolitische Ambitionen auf beiden Seiten führten zu einer Eskalation, die sinnfällig das verstärkte Engagement Japans wie der USA bei der imperialistischen Absteckung der pazifische »Wettbewerbsgrenze« Hawaii (Conroy) verdeutlichten.

Verschleierte Kriegsdrohungen durch die »men on the spot« und Druck auf Hawaii, verbunden mit demonstrativer Schiffspräsenz, zeugten auf japanischer Seite zunächst davon, daß man in Tokyo den Streit um Hawaii ungeachtet der politischen Konsequenzen im Verhältnis zu den USA kompromißlos auszutragen gewillt war. Das für Japan zu einer Prestigefrage in der internationalen Politik avancierte Hawaiiproblem erhielt jedoch durch das von Honolulu und Washington nachdrücklich betriebene Annexionsprojekt eine brisante Dimension, die es der Tokyoter Führung bei nüchterner Lageeinschätzung ratsam erscheinen ließ, den Streit zwischen Japan und Hawaii im Einvernehmen mit der hawaiianischen Schutzmacht beizulegen; denn die USA waren nicht bereit, Einmischungen in ihre pazifische Einflußspäre zu dulden. Die relative machtpolitische Schwäche vor Ort, das Fehlen von Verbündeten sowie die Verschär-

---

103 Bailey, Japan's Protest, S. 59. Vgl. ders., The United States and Hawaii during the Spanish-American War. In: American Historical Review 36 (1931), S. 551—560.

104 Dennett, Americans in Eastern Asia, S. 613 f.

105 Bailey, Japan's Protest, S. 60; Conroy, The Japanese Frontier, S. 136. Vgl. dazu auch Thomas J. Osborne, Trade or War? America's Annexation of Hawaii Reconsidered. In: Pacific Historical Review 50 (1981), S. 285—307; John A.S. Grenville/George Berkeley Young, Politics, Strategy and American Diplomacy. Studies in Foreign Policy, 1873—1917, New Haven, London 1966, S. 104—115.

106 Pratt, Expansionists, S. 317; Olcott, William McKinley, I, S. 378 f. Vgl. dazu auch Osborne, Trade or War, S. 285, Grenville/Young, Politics, S. 104—115.

107 Bailey, Japan's Protest, S. 60; Scholefield, S. 45. Vgl. dazu auch Osborne, Trade or War, S. 285, Grenville/Young, Politics, S. 104—115.

fung der Konfliktsituation in Ostasien führten zum Nachgeben Japans gegenüber dem unmißverständlichen Machtanspruch der USA.

Während die Annexion Hawaiis für die USA ein unabdingbares politisches, ökonomisches und sicherungsstrategisches Ziel im Sinne der »Manifest Destiny« darstellte, erwiesen sich Japans Wirtschafts- und Migrationsinteressen als flexibel genug, um auf den US-Machtanspruch besonnen zu reagieren. Sie waren gleichzeitig zu gering, um sich neben der ungleich größeren Bedrohung der ostasiatischen Flanke durch die deutsche und russische Expansion auf eine folgenschwere Konfrontation mit den USA einzulassen.

Das Nachgeben wurde Japan erleichtert durch ein partielles Entgegenkommen der USA. Da diese erkennen ließen, daß keine Ratifikation des Annexionsvertrags ohne Klärung der hawaiianisch-japanischen Kontroverse erfolgen werde, eröffnete sich für Japan ein gewisser Handlungsfreiraum, mit dem sich die Kompensationsforderungen gegenüber Honolulu durchsetzen ließen. Die nicht zu unterschätzende politische Zurückhaltung der USA nach definitiv beschlossener Annexion gewährte Japan die aus innenpolitischen Gründen unentbehrliche Wahrung des Gesichts, da nunmehr die diplomatisch-rechtliche Beilegung der Krise Sache der Verhandlungen zwischen den Regierungen in Tokyo und Honolulu war.

24. Der deutsche »Platz an der Sonne«. Die Auseinandersetzung um die Besetzung Kiautschous 1897/98

Mit der Okkupation der Kiautschou-Bucht auf der nordchinesischen Shantung-Halbinsel am 14. November 1897 hatte das Deutsche Reich den seit den 1860er Jahren keimenden, durch den chinesisch-japanischen Krieg von 1894/95 jedoch neu auflebenden Festsetzungstendenzen im Fernen Osten Ziel und Raum gegeben. Eine Kohlen- und Flottenstation in Ostasien entsprach im Selbstverständnis einer weltweit engagierten Großmacht nicht nur dem politisch-militärischen Gebot größtmöglicher Unabhängigkeit bei allen Operationen des Kreuzergeschwaders sowie der wiederholt vorgetragenen Forderung nach ausreichendem Schutz der Handelsinteressen, derartige Anlaufstationen fügten sich zudem ideal in das die maritime Strategie beherrschende, aber fragwürdige Kreuzerkriegskonzept ein, das ein globales Netz sicherungsstrategischer Stützpunkte zur konsequenten Fortführung des Einsatzes von Auslandsschiffen im Kriegsfall vorsah.

Deutschlands aktives Ausgreifen nach Ostasien war möglich geworden durch die rückhaltlose Anbindung an die russische Fernostpolitik in der Schlußphase des chinesisch-japanischen Kriegs, als es darum ging, gegen das in seinem Expansionsdrang den status quo in Fernost nachhaltig destabilisierende Japan Präventivmaßnahmen zum Schutz des bedrohten Mandschureiches zu ergreifen. Im gemeinsamen Vorgehen Rußlands, Frankreichs und Deutschlands gegen das Inselreich in der sogenannten Tripelintervention (23. April 1895) erfüllten sich nicht nur die kurzfristigen Vorstellungen des Zarenreichs zur Abschirmung der ungeschützten Flanke am Nordpazifik (Verdrängung Japans aus Kontinentalchina, Unabhängigkeit Koreas, wirtschaftliche Präferenzstellung in China). Das Deutsche Reich glaubte auch, im Rahmen des »Ostasiatischen Dreibundes« die weltpolitische Plattform vorzufinden, von der aus über ein »dankbares«, in seiner Integrität weitgehend bewahrtes China eine langfristige Etablierung in Ostasien anvisiert werden konnte. Schon im Sommer 1895 offenbarte sich jedoch mit der separaten russisch-französischen Chinaanleihe, daß das machtpolitische Kalkül, Rußland zur Entlastung des kontinentaleuropäischen Nahbereichs mittels einer Hand-in-Hand-Politik in Ostasien »festzunageln«, um unter Ausnutzung der russischen Interessenverlagerung zu ökonomischen und/oder territorialen Kompensationen zu gelangen, gescheitert war. Weder war das Zarenreich gewillt, den »Ostasiatischen Dreibund« zu Lasten des Bündnispartners Frankreich auf eine deutsch-russische Erwerbsgemeinschaft zu verkürzen, noch deutsche Ambitionen in China als »Entgelt« für das Mitziehen besonders zu fördern.

Die Konflikte innerhalb des losen Gelegenheitsbündnisses verstärkten sich angesichts der divergierenden Zielvorstellungen der drei Aktionspartner in dem Maße, in dem Deutschland das deutsch-russische Rapprochement allmählich als Ballast eigener Interessenentfaltung betrachtete und gleichsam zur

Überwindung der außenpolitischen, zunehmend prestigeabträglichen Sackgasse mit der Freihandpolitik eine demonstrative Forcierung der territorialen Aspirationen einleitete, die das deutsche Gewicht weltpolitisch angemessen akzentuieren sollte. Damit aber blieb die deutsche Ostasienpolitik trotz der offiziell propagierten Anlehnung an Rußland wieder mehr auf eine wohlwollende Rükkendeckung seitens Englands verwiesen, das seit der Formierung der ad-hoc-Tripelentente im europäischen Mächtekonzert isoliert war.

Mit der für alternative Optionen prinzipiell offenen Politik der freien Hand war es unter Umständen möglich, sich Japan wieder zu nähern und die ostasiatische Macht als regionalen Stützungsfaktor für das Festsetzungsvorhaben nutzbar zu machen. Gelang es nämlich, das über den wachsenden russischen Einfluß in Nordchina und Korea zutiefst beunruhigte, durch die Tripelintervention aber weitgehend auf innenpolitische Konsolidierung zurückgeworfene Japan aus der momentanen politischen Starre zu lösen und aus taktischem Kalkül zu einem Prellbock für Rußlands Fernostinteressen aufzubauen, so war es in deutscher Sicht nur eine Frage der Zeit, wann Rußland sich kompromißbereit zeigen würde.

Infolge von weiteren Rückschlägen in Korea im Herbst 1895 (Ermordung der Königin Min) ließ Japan jedoch keine Bereitschaft erkennen, eine aktive Rolle im Fernen Osten zu übernehmen, so daß das Deutsche Reich versuchte, gegen das zunehmend aggressiver auftretende, deutsche Interessen ignorierende Zarenreich mit eigenständigen Vorstößen in Peking zum Ziel zu kommen. Deutschland mußte jedoch schnell erkennen, daß ein eigenständiges diplomatisches Agieren im Fernen Osten ohne ein minimales Einvernehmen mit Rußland zum Scheitern verurteilt war. Der Versuch, ohne ausreichende Machtbasis auf dem Verhandlungsweg mit China in den Besitz eines festen Punktes zu gelangen, scheiterte Ende 1895 an der energischen Weigerung Pekings, in dieser Frage einen Präzedenzfall zu schaffen. Damit war die Phase »friedlichen Werbens« um China vorbei. Nachdem Deutschland mit seinen bisherigen Bemühungen die Grenze seiner Durchsetzungsfähigkeit als Großmacht erreicht hatte, schien es in der nächsten Phase schon aus Prestigegründen erforderlich, die Vorgehensweise genau zu dosieren, wobei politische Sondierungen in Rußland den Weg für gezielten Druck auf China ebnen sollten. Ungeachtet russischer Reaktionen wurde dabei gegenüber China ein aktiver Kurs eingeschlagen, der das Risiko einer Verschärfung des ostasiatischen Spannungszustands billigend in Kauf nahm. Denn die Devise, unter der die Fernostpolitik des Reichs zur Jahreswende 1895/96 stand — »erst handeln, dann verhandeln« —, implizierte bereits, daß Deutschland sowohl gegenüber chinesischer als auch gegenüber russischer Opposition gewillt war, sein Festsetzungsvorhaben um jeden Preis durchzuführen[1].

Unter maßgeblichem Einfluß Kaiser Wilhelms II., der sich seit Herbst 1894 in der Stützpunktdebatte engagierte, wurde im November 1896 mit der Kiautschou-Bucht ein Konsens in der angestrebten Stoßrichtung erzielt, der nach Abwägung politischer, ökonomischer und marinetechnischer Faktoren die be-

1 Rolf-Harald Wippich, Japan und die deutsche Fernostpolitik 1894—1898, Stuttgart 1987; Werner Stingl, Der Ferne Osten in der deutschen Politik vor dem Ersten Weltkrieg (1902—1914), 2 Bde, Frankfurt 1978.

sten Entwicklungschancen für ein deutsches Imperium in Ostasien bot[2]. Bedenken, daß Rußland etwaige Ansprüche auf die Bucht geltend machen könnte, verflogen in einer Unterredung auf höchster Ebene im August 1897 (»Peterhofer Deklaration«) relativ schnell, da, wie Außenminister Murawiew versicherte, Rußland nicht beabsichtige, »die [nur zeitweise als Winterstation benutzte] Kiautschoubucht definitiv zu behalten«, vielmehr diese »nach erfolgter Räumung« Deutschland »zuzuwenden [wünsche], schon damit England nicht Hand an dieselbe lege«[3]. Allerdings übersah die deutsche Seite sträflich, daß Rußland weder die juristische Legitimation zur Überlassung der Kiautschou-Bucht an Deutschland besaß, noch mit der verklausulierten »Petershofer Deklaration« in irgendeiner Weise seine Zustimmung zu einer Besetzung signalisiert hatte.

Als bloß politisch-taktisches Instrument zur Rückversicherung gegen eine Beeinträchtigung der russischen Interessensphäre im Fernen Osten sollten die juristisch nicht ganz einwandfreien Kautelen der Deklaration (Mitbenutzung der Kiautschou-Bucht im Bedarfsfall und nach vorheriger Zustimmung der russischen Marinebehörden vor Ort) vor allem im Hinblick auf die Sicherungspolitik gegenüber Japan die Option gerade auf solche Punkte wahren, denen im Konfliktfall eine exponierte strategische Bedeutung zukam. Andererseits galt die zugestandene »Mitbenutzung« als Zeichen des guten Willens, mit dem Deutschland bei fortschreitendem russisch-japanischen Gegensatz in Ostasien bei der Stange gehalten werden sollte. Gleichwohl öffnete sich der deutschen Expansion in der vagen Formulierung (»Mitbenutzung«) der Deklaration ein »Schlupfloch«, da aus der Mitbenutzung die Berechtigung zur Besitzergreifung der Bucht konstruiert werden konnte[4].

Der lang ersehnte Vorwand zum Losschlagen fand sich am 1. November 1897, als in der Provinz Shantung zwei deutsche Missionare ermordet wurden und der Kaiser befahl, umgehend Kiautschou als Repressalie zu besetzen. Um einem folgenschweren »fait accompli« zu entgehen, wurde zwar vor der endgültigen Order an das Kreuzergeschwader auf Anraten Reichskanzler Hohenlohes am 7. November Zar Nikolaus II. über die geplante Flottenentsendung informiert, doch wurde dessen — in Verkennung der Tragweite des deutschen Schritts — ausweichende Antwort (»Cannot approve, nor disapprove Your sendig German squadron to Kiautschou [...]«[5]) fälschlich als Billigung betrachtet. Mit der unverzüglichen Absendung der Instruktion an Admiral Diederichs gewann die vorwärtstreibende Energie von Kaiser und Marine die Oberhand gegenüber dem zögernden Reichskanzler, der im Interesse der deutsch-russischen Wiederannäherung für eine behutsame Behandlung der Affaire durch restlose Klärung der Besitzverhältnisse auf der Shantung-Halbinsel sowie, flankierend dazu, für eine diplomatische Verzögerungstaktik gegenüber China plädiert hatte.

Hohenlohes Sorge vor dem überhasteten Aktivismus von Kaiser und Marine erwies sich als begründet, denn schon am 9. November meldete Außenminister Murawiew Vorbehalte gegen Deutschlands Vorgehen an, indem er eine ominö-

2 GP 14, S. 46 f., Anm.; Wippich, Japan, S. 296.
3 GP 14, Nr. 3679.
4 Wippich, Japan, S. 331 ff.
5 GP 14, Nr. 3689.

se »priorité de mouiller« (Ankervorrecht, Erstankerrecht) Rußlands in Kiautschou reklamierte. Zur Wahrung dieses angeblichen Rechtstitels sollte das russische Fernostgeschwader gleichzeitig mit Admiral Diederichs in die Bucht einlaufen, sich jedoch von allen Aktionen fernhalten. Nach Ansicht des deutschen Geschäftsträgers in Petersburg reflektierte dieser Demonstrationsschritt Rußlands Intention, keinesfalls auf die Kiautschou-Bucht verzichten zu wollen.

Darüber hinaus setzte Rußland alle Hebel in Bewegung, die deutsche Flottenentsendung überhaupt überflüssig zu machen. Auf Befehl des Zaren wurde unmittelbar in Peking eine unverlangte Vermittlungsaktion in Gang gesetzt, die China zu einem raschen Zugeständnis in der Entschädigungsfrage nötigen sollte, damit für Deutschland der Vorwand für eine Besetzung entfiel. Je eher es gelang, Deutschland durch moralischen Druck von dem in die russische Einflußsphäre zielenden Kiautschou-Unternehmen abzubringen, um so ungestörter konnte das Zarenreich sein Engagement in Nordchina, fußend auf dem Bau der Transsibirischen Eisenbahn durch chinesisches Territorium bis zum strategisch wichtigen Pazifikhafen Wladiwostock, fortsetzen, ohne bei dem sich verschärfenden Rivalitätskampf mit Japan um die Vorherrschaft in Korea die Peripherie des russischen Einflußbereichs vor Erschütterungen schützen zu müssen.

Murawiews Botschaft zerstörte schlagartig die Illusion eines relativ problemlosen Vorgehens und legte in deutschen Augen erneut Zeugnis ab von der »Unzuverlässigkeit« des russischen Koalitionspartners im Fernen Osten. Das Auswärtige Amt, dessen designierter Staatssekretär, Bernhard von Bülow, sich noch in Rom aufhielt, hatte in den ersten Tagen nach dem Missionarsmord auf den Gang der Ereignisse in Ostasien kaum Einfluß ausgeübt, und überließ zunächst das politische Taktieren dem Reichskanzler. Doch war man sich darüber im klaren, daß trotz des »échecs«[6] ein Bruch mit Rußland außerhalb der aktuellen Dispositionen lag, daß aber gleichwohl außenpolitische Flankierungsmaßnahmen erforderlich waren, um den riskanten Kurs vor Kollisionen zu bewahren. Erschwerend für die konfliktfreie Durchführung einer möglichen Verständigung mit Rußland wirkte sich jedoch aus, daß Wilhelm II. gegenüber der zum Nachgeben tendierenden Wilhelmstraße starr an der eingeschlagenen Marschroute festhielt und Kiautschou unter allen Umständen für Deutschland gesichert wissen wollte — wenn nicht durch Gewalt, so wenigstens durch Arrangements oder durch Kauf:

> »Vor absoluten Fakten wird auch Rußland sich beugen und wegen Kiautschou bestimmt keinen Krieg anfangen, da es uns notwendig im Orient braucht[7].«

Mit seinem rüden Aktionismus zielte der Monarch zwar nicht ganz am Kern der Sache vorbei, er vermochte es indes nicht, der zwischen Ratlosigkeit und Resignation schwankenden Stimmung im Auswärtigen Amt mit einer klaren politischen Konzeption zur Beendigung bzw. Begrenzung der entstandenen Krise zu begegnen. Ein kriegerischer Konflikt, noch dazu mit dem ostasiatischen »Weggefährten« Rußland, war in der gegebenen Situation für die mit großen Erwartungen inaugurierte Fernostpolitik nicht nur schlechterdings inakzeptabel, er hätte auch den Traum von territorialer Präsenz in China langfristig

6 Fürst Chlodwig zu Hohenlohe-Schillingsfürst, Denkwürdigkeiten der Reichskanzlerzeit, Bd III, Stuttgart 1931, S. 411.

7 GP 14, Nr. 3695.

begraben, ganz zu schweigen von den unübersehbaren Auswirkungen auf das europäische Mächtesystem.

Gegen die Front der Befürworter deutscher Machtentfaltung in Ostasien (Kaiser, Marinekabinett, Oberkommando der Marine) erhob sich die Opposition von Auswärtigem Amt und Reichsmarineamt, die, anders als der optimistische Kaiser, die Möglichkeit eines bewaffneten Zusammenstoßes mit dem Zarenreich nicht von vornherein von der Hand wiesen. Für den Vortragenden Rat im Auswärtigen Amt, Friedrich von Holstein, der wegen der undurchschaubaren Haltung Rußlands vorsorglich insgeheim überprüfen ließ, ob die deutschen Eisenbahnen für eine Mobilmachung gerüstet seien[8], bildete die Einengung des politischen Handlungsspielraums als Resultat der Besetzung Kiautschous den Schlüssel zu allen weiteren Überlegungen, zumal das seit der Krüger-Telegramm-Affaire belastete deutsch-englische Verhältnis vorerst kaum Ansätze bot, um Rußlands Konfrontationskurs mit englischer Hilfe abzublocken. Sowohl das unverantwortliche Drängen der Marine als auch das unerwartete russische Veto stellten für ihn die Hauptgründe dar, daß sein Plan, »Kiautschou gegen einen Ort außerhalb der russischen Zone umzutauschen«, vereitelt worden war. Angesichts dieser Umstände befand sich der Vortragende Rat in der fatalen Lage, trotz der eventuell auf einen »großen Krieg« zutreibenden Ereignisse aus kontinentaleuropäischem Kalkül unbeirrt an der Zielrichtung Kiautschou festzuhalten, denn »wenn der Zweibund sieht, daß wir *einmal* vor ihm zurückweichen, wird er das Einschüchterungsverfahren bald noch weiter versuchen«[9].

Demgegenüber befürchtete Admiral Tirpitz als Staatssekretär des Reichsmarineamts ungünstige Rückwirkungen auf die Marinevorlage und erachtete auch einen Krieg mit China für unvermeidlich, wenn die weitreichenden Vorstellungen des Oberkommandos der Marine — Inbesitznahme der gesamten Provinz Ost-Shantung — Platz griffen. Seine eher zum Nachgeben bereite Linie drückte sich in der Auffassung aus: »Wir werden wohl aus Kiautschou heraus müssen[10].«

Einen Krieg mit China, den der Kaiser nicht fürchtete[11], hielt auch Reichskanzler Hohenlohe für nicht ausgeschlossen; ein drohender militärischer Konflikt mit einer europäischen Macht lag hingegen außerhalb seiner Kalkulationen. Ihm schien es eher, »daß die Russen uns erschrecken wollen«[12].

Die Verzögerung oder gar der Abbruch der Aktion aus politischer Einsicht war indes nicht mehr zu bewerkstelligen, da die Kreuzerdivision am 10. November von Shanghai aus Kurs auf Kiautschou genommen hatte. Eine am 12. November gemeinsam von Auswärtigem Amt und Oberkommando der Marine konzipierte Zusatzinstruktion, die wegen der Verwicklungen mit Rußland zur Mäßigung in der Durchführung der Okkupation riet, erreichte Admiral Diederichs nicht mehr. Mit der vollzogenen Okkupation am 14. November

8 Phillipp Eulenburgs Politische Korrespondenz. Hrsg. von John C.G. Röhl, 3 Bde, Boppard 1976/83, Bd III, S. 1353.
9 Ebd., (Hervorhebung in der Vorlage).
10 HP 4, S. 792.
11 GP 14, Nr. 3698.
12 Hohenlohe-Schillingsfürst, Denkwürdigkeiten, III, S. 412.

geriet die deutsche Politik vollends unter Zugzwang. Ein Rückzug ohne Blessuren war mit dem Faktum des Einlaufens in Kiautschou nur schwer vorstellbar, stand doch das Prestige des Reichs auf dem Spiel. Die Frage des Augenblicks hieß vielmehr, wie aus der brisanten Situation »ohne offensichtliche Einbuße für unser Ansehen und unsere Interessen hinauszukommen« sei; denn je länger die Unklarheit über die russischen Intentionen andauerte, um so unsicherer gestaltete sich die politische Verankerung des Besetzungscoups[13].

Deshalb war es zunächst wichtig, dem fadenscheinigen Erstankerrecht unter Verweis auf die durchaus »gerechtfertigte« deutsche Handlungsweise den Boden zu entziehen. Im Gegensatz zur Absprache der Monarchen in Peterhof berief sich Reichskanzler Hohenlohe daher am Tag der Besetzung gegenüber dem russischen Botschafter ausschließlich auf das Zarentelegramm vom 7. November als alleiniger Legitimationsgrundlage für das deutsche Vorgehen, womit alle nachfolgenden Einwände als gegenstandslos galten[14].

Nur einen Tag später, am 15. November, sanktionierte ein eilig einberufener Kronrat das riskante Besetzungsmanöver und beschloß die »dauernde Besitzergreifung der Bucht«. Die damit verbundene Eskalation der deutsch-russischen Krise wurde inkaufgenommen. Sühneforderungen an China, die so hoch ausfallen sollten, daß deren Erfüllung nicht erwartet werden konnte, sollten die weitere Besetzung Kiautschous rechtfertigen[15]. Zur Absicherung des Erwerbsvorhabens mußte es nolens volens zu einer Verständigung mit Rußland zu kommen; denn ungeachtet aller Divergenzen blieb die problematische Fernostkooperation mit dem Zarenreich Maßstab der deutschen Überlegungen. Dabei ließ sich möglicherweise der Antagonismus zwischen Rußland und England als Treibsatz für die deutsche Kolonialexpansion in Ostasien ausnutzen. Laut Holstein konnte nur die »Rufnähe« zu Großbritannien das Zarenreich zur Preisgabe der Obstruktionspolitik bewegen und das Reich vor einem »Fiasko« bewahren[16].

Die auch von Reichkanzler Hohenlohe geteilte Vorstellung, über den Umweg kolonialer Absprachen mit Großbritannien zu einer Überwindung der Krise zu gelangen, erwies sich als nicht praktikabel, da vorläufig nur geringe Aussichten auf eine deutsch-englische Annäherung bestanden[17]. Immerhin bekannte Premierminister Salisbury am 17. November gegenüber Botschafter Hatzfeld, daß gegen den Erwerb eines deutschen Stützpunkts in China prinzipiell keine englischen Einwände bestünden, solange sich der gewählte Ort weit genug im Norden befinde, also in der russischen Interessensphäre. Für die Wahl Kiautschous konnte somit zumindest Englands wohlwollende Zurückhaltung einkalkuliert werden[18]. Doch galt vorrangig der Gedanke einer Verständigung mit Rußland »um jeden Preis« als conditio sine qua non der deutschen Fernostpolitik[19].

---

13 GP 14, Nr. 3698.
14 Ebd.
15 GP 14, Nr. 3701.
16 HP 4, S. 630.
17 GP 14, Nr. 3698.
18 Ebd.
19 HP 4, S. 633.

Holstein verlor während der jetzt einsetzenden diplomatischen Beruhigungskampagne seine großpolitische Elementarregel jedoch niemals aus den Augen: keine festen Vereinbarungen mit dem Zarenreich, um nach der nur partiell gelungenen englischen Rückendeckung die Freihandpolitik uneingeschränkt entfalten zu können[20].

Als Rußland am 17. November erneut seinen Anspruch auf Kiautschou bekräftigte[21] und auch mit seinen Vermittlungsbemühungen in Peking insoweit Erfolg hatte, als China weitestgehende Satisfaktion zusagte[22], wodurch im russischen Kalkül der psychologische Druck auf Deutschland wuchs, Kiautschou aufzugeben, wurde ein differenziertes deutsches Auftreten gegenüber Peking und Petersburg erforderlich. Während man sich gegenüber China einstweilen mit einer Hinhaltepolitik begnügte, unternahm es Kaiser Wilhelm II. höchstpersönlich, in einer ostentativen Versöhnungsgeste die zweiwöchige deutsch-russische Verkrampfung aufzulockern. Seine herzliche Begrüßung russischer Marinesoldaten in Kiel am 22. November signalisierte, welcher Wert einem guten Einvernehmen mit Rußland beigemessen wurde[23]. Die Aufgabe, die Weichen endgültig in Richtung Verständigung zu stellen, fiel dem neuen, eben aus Rom eingetroffenen Staatssekretär Bernhard von Bülow zu, für den bei der Beilegung der Kontroverse »weniger der Einzelpunkt Kiautschou als die weltbestimmende Bedeutung guter deutsch-russischer Beziehungen« den Ausschlag gaben[24].

Bereits am 30. November erzielte Bülow gegenüber dem russischen Botschafter mit seiner Verständigungspolitik einen Teilerfolg, als er das deutsche Festsetzen in Kiautschou als im ureigensten Interesse Rußlands herausstrich; denn dadurch, daß sich Deutschland »nicht in, sondern neben die russische Interessensphäre« plaziert habe, würde es Deutschland ja erleichtert, »Rußland gegen Japan und andere Gegner [...] zur Seite zu stehen«[25]. Bülows geschickte »Beruhigungspille« verfehlte nicht ihre Wirkung auf Außenminister Murawiew, bildete doch die eindeutige Option zugunsten des Zarenreichs ein solides Fundament für russische Fernostaktivitäten. Am 6. Dezember gab Murawiew daher das Erstankerrecht auf und begnügte sich mit dem »Faktum des ersten Einlaufens russischer Schiffe« in Kiautschou[26]. Rußlands Einlenken resultierte aus der Erkenntnis, daß, begünstigt von den durch die Kiautschou-Aktion geschaffenen Turbulenzen, in einer Kopie des deutschen Vorgehens der seit langem geforderte ganzjährig eisfreie Hafen, der Anfang Dezember mit der Wahl Port Arthurs schließlich gefunden war, greifbar nahe schien. Infolge dieser taktischen Erwägungen ließen sich zumindest die offiziellen deutsch-russischen Divergenzen beilegen.

Erhöhte Aufmerksamkeit erforderte in Berlin hingegen die heftige Entrüstung Japans über die friedensstörende Herausforderung des zerbrechlichen

20 HP 4, S. 635.
21 GP 14, Nr. 3706.
22 GP 14, Nr. 3705.
23 GP 14, Nr. 3714 f.
24 GP 14, Nr. 3719.
25 GP 14, Nr. 3717.
26 GP 14, Nr. 3724.

ostasiatischen Kräftevergleichs. In japanischer Einschätzung erschütterte Deutschlands Auftauchen auf der Shantung-Halbinsel zur Unzeit den nach der Tripelintervention von 1895 eingeschlagenen Ausgleichskurs gegenüber Rußland in Korea, so daß eingedenk der japanischen Interessenlage in Kontinentalasien und des unzureichenden Abwehrpotentials oberste Priorität der Friedenswahrung zukam. Wenigstens in der Tendenz berührte sich das konfliktscheue Agieren Japans mit russischen Zielen: rasche Erfüllung der deutschen Sühneforderungen, um die Errichtung einer für Japan »höchst unangenehmen« deutschen Einflußsphäre in Shantung zu verhindern[27].

In der politischen Reichsleitung zeigte man sich vor allem über Meldungen beunruhigt, die eine längere Verweildauer Japans in dem als Faustpfand für die Begleichung der chinesischen Kriegsschulden besetzt gehaltenen Wei-hai-wei prophezeiten; denn im japanischen Außenministerium schienen die Besetzung Kiautschous und Wei-hai-weis als analoge Fälle behandelt zu werden[28]. Staatssekretär Bülow befürchtete sofort die Gefahr einer gemeinsamen Frontstellung der beiden ostasiatischen Reiche China und Japan gegen das Festsetzungsprojekt, aus der sich für das deutsch-russische Zusammengehen »eine bedenkliche Gruppe« — »mit englisch-amerikanischem Hintergrund« — bilden konnte. Insofern war es wichtig, China nicht durch ein rigoroses Vorgehen direkt in die Arme Japans zu treiben und sich im Hinblick auf die dauernde Festsetzung »nur solcher Mittel zu bedienen, welche die Möglichkeit der Vermeidung eines akuten Konflikts bieten«. Um dies zu erreichen, mußte Großbritannien vorab »die Neigung zur Aufreizung von China und Japan« genommen werden, etwa durch die Wahl eines neuen Stützpunkts in demonstrativer Nachbarschaft der englischen Interessensphäre in Südchina, damit die See- und Handelsmacht durch gezielte Drohungen von ihren antideutschen Insinuationen in Ostasien abgehalten werden konnte[29].

Sogleich offenbarte sich jedoch, daß der Spielraum der überschätzten freien Hand eng begrenzt war, und die vollmundigen Überlegungen wiederum an der zentralen Prämisse scheiterten: dem verläßlichen Rückhalt durch Rußland. Am 9. Dezember, nur drei Tage nach der als bereinigt geglaubten Kiautschou-Affaire, traf aus Petersburg die Meldung ein, daß Rußland Deutschland erst voll unterstützen könne, wenn die Tragweite der deutschen Absichten bekannt sei. Damit gab das Zarenreich unzweideutig zu verstehen, daß es selbst entscheiden wolle, wann eine Unterstützung der deutschen Fernostpolitik opportun erscheine[30].

Vor diesem Hintergrund schrieb Holstein am gleichen Tag ein Promemoria, das klare Verhaltensempfehlungen für das weitere deutsche Vorgehen an die Hand geben sollte. Während darin mit europäischem Widerstand erst in zweiter Linie gerechnet wurde, stand Japan im Zentrum der Betrachtung, da Holstein früher oder später Kollisionen mit Japan in Shantung erwartete (»für Deutschland ist eine unbequemere Nachbarschaft als die von Japan nicht denk-

27 Andrew Malozemoff, Russian Far Eastern Policy 1881—1904, Berkeley 1958, S. 99—102; George Alexander Lensen, Balance of Intrigue, 2 Bde, Tallahassee 1982, Bd II, S. 750—758.
28 Wippich, Japan, S. 439.
29 Ebd., S. 354
30 Ebd., S. 356.

bar«). Ausgehend von der richtigen Vermutung, daß für Rußland Deutschland wie Japan gleich lästig seien und insofern bei einem etwaigen deutsch-japanischen Konflikt kaum auf Rußlands Hilfe zu zählen sei, für das die momentane Konzentration seines fernöstlichen Rivalen auf Kiautschou einer Entlastung vom japanischen Druck in Nordchina und Korea gleichkam, sah Holstein den einzig aussichtsreichen Ansatzhebel zur Beendigung der Krise darin, Japan den Vorwand zu nehmen, länger in Wei-hai-wei zu bleiben; denn Rußland würde sich nicht zugunsten Deutschlands rühren, solange Japan seine Bastion auf der Shantung-Halbinsel besetzt hielt[31].

Wie Recht Holstein mit seiner Warnung vor Wei-hai-wei hatte, wurde deutlich, als Rußland Mitte Dezember den Shantung gegenüberliegenden Hafen Port Arthur auf der Liaotung-Halbinsel besetzte und sich dadurch für Japan der strategische Wert seines Beobachtungspostens zwischen der deutschen und russischen Besitzung erhöhte[32]. Zwar sah Wilhelm II. in dem russischen Vorgehen die praktische Bestätigung des wieder funktionierenden deutsch-russischen Gleichschritts, insofern als die symbolträchtige Wächterrolle der beiden Kaiserreiche am Eingang des Gelben Meeres für ihn den Ausschlag gab vor tagespolitischen Divergenzen, doch erwies sich die erneute Erschütterung des fernöstlichen Gleichgewichtssystems entgegen den kaiserlichen Visionen für die Absicherung des Kiautschouprojekts in mehrfacher Hinsicht als kontraproduktiv[33].

Zum einen fiel die Reaktion Japans auf den russischen Überraschungsschlag, der in Tokyo das Gefühl eines geschlossenen Auftretens des »Ostasiatischen Dreibundes« verstärkte, ungleich heftiger aus als die Entrüstung über die Kiautschoubesetzung, da Port Arthur bittere Reminiszenzen an den demütigen Rückzug von der Liaotung-Halbinsel im Gefolge der Tripelintervention 1895 weckte. Zum anderen bedeutete das aggressive Vorgehen Deutschlands und Rußlands einen tiefen Einbruch in Japans kontinentalasiatische Verteidigungs- und Interessenlinie, wodurch Korea in seiner sicherungsstrategischen Funktion für den japanischen Inselbogen bedroht wurde. Mehrten sich in Japan auch die Stimmen, die den Aufbau einer Abwehrfront gegen die Aktivitäten der ostasiatischen Dreiergruppe mit den primär betroffenen Mächten Japan und China als hartem Kern und England als wohlwollendem, wenn nicht festem Allianzpartner befürworteten[34], so stand diesen weitgespannten Vorstellungen nicht zuletzt das innen- und außenpolitisch immobile Matsukatakabinett entgegen, das mit diplomatischen Mitteln die japanischen Interessen abzuschirmen suchte. Zudem verhinderten die Schwierigkeiten in der Befriedung der 1895 erworbenen Inselkolonie Formosa sowie die mit der Hawaii-Annexion im Juni 1897 durch die USA erforderlich gewordene Neuabsteckung der Interessenlinien im Pazifik von vornherein eine Überspannung der Kräfte[35].

Deshalb schien man sich in Tokyo mit der russischen Erklärung vom 17. Dezember abzufinden, die in bewußt verharmlosender Absicht die Okkupation Port Arthurs lediglich als befristete, mit China abgesprochene Maßnah-

31 Ebd., S. 357 f.
32 Lensen, Balance of Intrigue, II, S. 758.
33 Wippich, Japan, S. 360.
34 Ebd., S. 361 f.
35 Hilary Conroy, The Japanese Frontier in Hawaii, 1868—1898, Berkeley 1953.

me bezeichnete, die sich allein gegen Deutschlands Anwesenheit in Kiautschou richte[36]. Gleichzeitig begründete Petersburg die Port-Arthur-Aktion gegenüber Peking damit, China dabei behilflich sein zu wollen, »die Deustchen wieder los zu werden«[37].

Damit war offensichtlich, daß die deutsch-russische Klimaverbesserung von Anfang September kein Plus an Schubkraft für die deutsche Fernostpolitik bedeutete. Die politische Reichsleitung mußte stattdessen erkennen, daß sich die Besetzung Port Arthurs geradezu nachteilig auf Deutschlands Fernostengagement auswirkte.

Obwohl China am 15. Dezember seine Bereitschaft, über Kiautschou verhandeln zu wollen, ausgedrückt hatte[38], belastete die innere Divergenz der deutsch-russischen Fernostkooperation in einer Situation, in der Deutschlands Position in Kiautschou noch äußerst schwach war — Prinz Heinrich brach erst am 16. Dezember mit Verstärkung nach Ostasien auf —, den Abschluß der deutschen Festsetzung. Das Auswärtige Amt sah sich mit der verhängnisvollen Tatsache konfrontiert, daß Deutschland bei der politisch zweckmäßigen, aber nicht unproblematischen Zusammenarbeit mit dem Zarenreich unaufhaltsam in Gegnerschaft zu Japan gedrängt wurde[39].

Für Bülow stand angesichts der außenpolitischen Bedrängnis fest, daß den russischen Intrigen nur mit entsprechender Flexibilität gegenüber Japan beizukommen war; denn Rußlands Ostasienpolitik zielte seiner Ansicht nach darauf ab, »Deutschland zwar nicht selber entgegenzutreten, dessen ostasiatische Politik aber keinesfalls zu unterstützen«. In Anknüpfung an Holsteins Promemoria vom 9. Dezember kam der Staatssekretär in einem Immediatbericht am 13. Dezember zu dem Schluß, daß eine militärische Konfrontation zwischen Deutschland und Japan allein Rußland nütze, da ein wirklicher Erfolg ohnehin »durch Intervention anderer Mächte« verhindert werden würde. Aus diesem Grund sei »eine Störung der deutsch-japanischen Beziehungen, welche für alle unsere Gegner ein kaum gehoffter Glücksfall sein würde«, strikt zu vermeiden. Dies ließ sich dadurch erreichen, daß Deutschland seinen Interventionsstandpunkt von 1895 überprüfte und der japanischen Festsetzung in Ostasien »nicht mehr [...] prinzipiell und überall« entgegentrat, sondern »die Berechtigung des leben und leben lassen auch für Japan« anerkannte. Damit lagen solide Ansätze zu einer den Realitäten angepaßten Politik gegenüber Japan vor, welche die eingeschränkten Möglichkeiten des deutschen Fernostengagements berücksichtigte[40]. Gleichzeitig bemühte sich Bülow angesichts der fernöstlichen Unwägbarkeiten, Großbritannien stärker als bisher in das Absicherungskonzept für Kiautschou einzubeziehen. Ihm kam es darauf an, England davon zu überzeugen, daß Deutschland »weder Eroberungen noch Kolonisation, keine Zerstückelung noch Teilung Chinas bezwecke«[41], sondern nur ein Schutzrecht für seine

---

36 Wippich, Japan, S. 362.
37 Graf Witte, Erinnerungen, Berlin 1923, S. 84.
38 GP 14, Nr. 3735. Vgl. John E. Schrecker, Imperialism and German Nationalism. Germany in Shantung, Cambridge, Mass. 1971, S. 38.
39 Wippich, Japan, S. 364 f.
40 GP 14, Nr. 3732.
41 Wippich, Japan, S. 369.

Handelsinteressen und die Missionare in China sowie eine feste Anlaufstation für sein Geschwader in Fernost beanspruche. Der Gedanke an englischen Rückhalt gegen russische Obstruktion schien es für Bülow sogar attraktiv zu machen, »die Zukunft offen zu halten für ein harmonisches Zusammenwirken mit England, zunächst im beiderseitigen eigenen, dann aber auch im Weltinteresse«[42].

Bülows diplomatische Beruhigungskampagne erhielt jedoch einen kräftigen Stoß durch die Aktivitäten des Kaisers und des Oberkommandos der Marine, welche die im Anschluß an die Okkupation Kiautschous sich regende Empörung Japans als Kriegsbereitschaft werteten und bereits am 12. Dezember die Weichen »für einen in Kürze zu gewärtigenden Krieg mit Japan« stellten. Eine vom Kommandierenden Admiral dem Kaiser am 18. Dezember unterbreitete Denkschrift fiel zwar auf den ersten Blick für die deutschen Siegeschancen ungünstig aus, doch sprach ein »vorläufiger Operationsplan« zuversichtlich davon, daß nach entsprechender Dislozierung von Schiffseinheiten nach Ostasien die deutsche Flotte qualitativ wie quantitativ überlegene Kampfkraft besitze, um die japanische Flotte »zu schlagen und zu vernichten«[43].

Nach der russischen Port-Arthur-Besetzung verstärkte sich die Furcht des Oberkommandos der Marine vor militärischen Gegenschlägen; denn wie aus Tokyo verlautete, herrschte in den japanischen Kriegshäfen eine »außerordentlich erhöhte Tätigkeit«, die vermuten ließ, »daß man sich für alle Eventualitäten vorbereitet«[44]. Bülow ließ sich entgegen seinem auf Ausgleich bedachten Kurs durch die besorgniserregenden Meldungen aus Japan von der Nervosität des Oberkommandos der Marine eine Zeitlang anstecken. Doch war ihm bewußt, daß sich Deutschland wegen der explosiven Situation in Fernost vor einer Verschärfung der kritischen Lage hüten mußte. Mit Rücksicht auf die Politik der freien Hand waren jedwede Rückwirkungen der ostasiatischen Verwicklungen auf die europäische Politik des Reichs zu vermeiden. Bei aller freundlichen Fühlungnahme mit Rußland blieb für Bülow die vordringliche Aufgabe, in »ein leidliches Verhältnis zu England« zu kommen, um die außenpolitisch bedrohliche Situation zu überwinden[45]. Als unmittelbare Reaktion auf die Meldungen aus Tokyo entschloß sich Bülow in einem ersten Schritt zur Entschärfung der Fernostkrise, direkten Kontakt mit der japanischen Führung aufzunehmen. Auf der Grundlage der zwei Wochen zuvor konzipierten Kurskorrektur wurde Tokyo am 28. Dezember zu verstehen gegeben, daß Deutschland nicht daran denke, Japan an einer Ausbreitung auf dem chinesischen Festland zu hindern und seine Pläne »im Hinblick auf die frühere oder spätere Eröffnung der chinesischen Erbschaft« zu beschneiden[46].

Die mit dieser Zusicherung verbundene Anerkennung der Kräfteverschiebung innerhalb des ostasiatischen Gleichgewichts stieß in Japan lediglich auf reserviertes Wohlwollen. Nach wie vor war dort die »Furcht vor Rußland« bestimmend[47], was sich etwa am lebhaften Interesse an der Fortführung der Aus-

---

42 GP 14, Nr. 3738.
43 Wippich, Japan, S. 372—374.
44 Ebd., S. 376 f.
45 Ebd., S. 378, vgl. GP 12, Nr. 3255.
46 GP 14, Nr. 3741.
47 Wippich, Japan, S. 380.

gleichspolitik mit dem mächtigen Nachbarn besonders deutlich ablesen ließ[48]. Infolgedessen glaubten weder Bülow noch Holstein — trotz des Mißtrauens gegen Rußland —, die aus Japan gemeldeten Vorgänge dramatisieren zu müssen, da das ostasiatische Kaiserreich durch den Krieg mit China militärisch wie finanziell erschöpft war[49]. Gegen die nüchterne Lageinterpretation des Auswärtigen Amts standen jedoch weiterhin die Befürchtungen des Oberkommandos der Marine, welches die Nachrichten aus Tokyo sofort »im kriegerischen Sinne« auffaßte. Admiral Knorr verhehlte nicht, daß bei dem geringsten Anzeichen einer antideutschen Absicht hinter den japanischen »Rüstungen« »Gegenmaßnahmen ohne weiteren Aufschub getroffen werden müssen«[50]. Bülow versuchte die Nervosität, die die eingeleiteten Befriedungssondierungen vom Ansatz her untergrub, zu dämpfen: nach den ihm zugänglichen Berichten deute nichts auf eine »Bedrohung der friedlichen Beziehungen zwischen Deutschland und Japan« hin. Den von Knorr angeregten Präventivschritten gegen Japan erteilte er eine glatte Absage, indem er daran erinnerte,

> »daß die Unsicherheit der Lage in bedenklicher Weise vermehrt [würde], wenn Deutschland jetzt mit maritimen Rüstungen vorginge, welche als Bestätigung deutscher Angriffspläne ausgelegt werden könnten und würden«[51].

Daß das Auswärtige Amt zum Jahreswechsel 1897/98 trotz der ungewissen Situation in Ostasien seine vorsichtige Linie gegenüber dem Oberkommando der Marine behauptete, lag nicht zuletzt daran, daß die chinesische Regierung am 4. Januar 1898 dem Abkommen über die pachtweise Abtretung der Kiautschou-Bucht zustimmte[52]. Insofern galt es gegenüber den konfliktträchtigen Implikationen von der Marine verbreiteten Kriegshysterie mit diplomatischen Mitteln die vertragliche Ausgestaltung wie die politische Konsolidierung des »Platzes an der Sonne« zu sichern. In diese Linie fügte sich auch das vom Kaiser gebilligte dilatorische Verhalten gegenüber russischen Wünschen nach einer Exklusivsphäre in einem riesigen chinesischen Gebietskomplex von Chinesisch-Turkestan im Westen bis zur Mandschurei im Osten. Solange sich das Zarenreich nicht »auf der Basis [...] voller Gleichberechtigung und absoluter Ehrlichkeit« zu einem wirklichen quid pro quo in Fernost durchrang, schien Deutschland mit dieser Hinhaltepolitik über ein Instrument zu verfügen, das einen gewissen Schutz vor russischen Intrigen versprach.

Angesichts der fortschreitenden territorialen und wirtschaftlichen Verhandlungen mit China schwenkte auch Wilhelm II. am 2. Januar auf Bülows Fernostkurs ein. Der Monarch betonte, Deutschland habe kein direktes Interesse an einer Schwächung oder gar Zerschlagung Japans, »da wir dasselbe unter Umständen auch sehr wohl an unserer Seite gebrauchen könnten«. Gegenüber dem Zarenreich bleibe das »do ut des unser Leitstern«, »ohne angemessene Äquivalente« werde weder moralische noch materielle Hilfe geleistet. Mit der kaiserlichen Direktive war die noch vor wenigen Tagen die Entscheidungen der Reichsleitung hemmende Nervosität einer pragmatischen Zielsetzung gewi-

48 Ebd., S. 381.
49 Ebd., S. 382.
50 Ebd., S. 384.
51 Ebd.
52 Ebd., S. 384 f.

chen, mit deren Hilfe sich die Befürchtungen vor japanischen »Kriegsabsichten« auflösen und die Festsetzung endgültig zum Abschluß bringen ließen. Ausschlaggebend war dabei die Überlegung, daß Rußland um so eher von seiner Obstruktionspolitik ablasse und um so dringender einer verläßlichen Stütze seiner Fernostexpansion bedürfe, je unangenehmer sich Japan für die russische Politik entwickle. Sobald Rußland einsehe, daß — abgesehen vom »unzuverlässigen« Frankreich — außer Deutschland kein Ansprechpartner in Sicht sei, der den russischen Interessen im Konfliktfall ausreichende Unterstützung gewähre, würde es um so eher gewillt sein, gegen strikte Reziprozität das deutsche Engagement zu unterstützen[53].

Diese selbstbewußte Sprache ließ sich indes nur aufrechterhalten, wenn Deutschland einen wenigstens partiellen politischen Rückhalt in England fand und vor allem dessen Befürchtungen vor protektionistischen Handelshemmnissen in dem künftigen Pachtgebiet zerstreuen konnte. Zu diesem Zweck unternahm Bülow Anfang Januar mehrere Vorstöße in London, die der englischen Regierung nachdrücklich die Geltung des Prinzips der Verkehrsfreiheit in Kiautschou bescheinigen sollten. Zeigte auch die englische Presse eine zunehmend positive Resonanz, so blieben die Annäherungsbemühungen vorerst noch auf eine leichte atmosphärische Verbesserung zwischen London und Berlin beschränkt, da Premierminister Salisbury angesichts des massiven Expansionsdrangs des Hauptrivalen Rußland zunächst auf bilaterale Verständigung mit dem Zarenreich im Fernen Osten setzte[54].

Immerhin genügte die britische Zurückhaltung, um gegenüber dem auch im Januar von Berlin aus noch schwer abzuschätzenden Muskelspiel Japans etwas mehr Manövrierraum zu gewinnen. Als der deutsche Geschäftsträger in Tokyo daher beruhigend über Japans Absichten berichtete und auch mit der am 12. Januar erfolgten Kabinettsneubildung unter Premierminister Ito wieder »Mäßigung und Weitblick« die Politik Japans zu bestimmen schienen, stand für Bülow fest, daß Japan keinen Krieg gegen Deutschland plane; denn ohne Allianz würde es das Risiko, aktiv vorzugehen, scheuen[55].

Doch noch einmal eskalierte die Situation in Ostasien. Fast gleichzeitig trafen Ende Januar in Berlin alarmierende Depeschen der kaiserlichen Vertreter in England und Japan ein, die das schon früher bekannte, offensichtlich aber wenig beachtete Gerücht von einer in Kürze zu gewärtigenden japanischen Flottendemonstration erhärtete. Die von der japanischen Marine als »Beginn üblicher Übungen« deklarierten, in Deutschland jedoch als Demonstration gegen die Kiautschou-Besetzung verstandenen Schiffsbewegungen genügten, die kaiserliche Marine in Alarmbereitschaft zu versetzen und »auf sofortige Hinaussendung bedeutender Seestreitkräfte nach Ostasien« zu insistieren[56].

Infolge der für Deutschland höchst kritischen Zuspitzung der Fernostsituation war eine klärende Fühlungnahme mit England geboten, das sich mit Rücksicht auf das — aus englischer Sicht — weitaus gefährlichere russische Ausbreiten gegenüber der Kiautschou-Aktion abwartend verhielt, andererseits

[53] GP 14, Nr. 3744.
[54] GP 14, Nr. 3738; Wippich, Japan, S. 388 f.
[55] Ebd., S. 391 f.
[56] Ebd., S. 393.

aber Japan in seinem Verlangen nach Eindämmung der westlichen Expansionslinien zu begünstigen schien. Von der Überzeugung geleitet, daß England, selbst wenn es einen Krieg nicht ungern sähe, Japan kaum eine Politik empfehlen könne, die letztlich nur die ostasiatische Tripelentente festigte und Englands Isolation im internationalen Mächtesystem fortsetzte, suchte Bülow in London englische Rückendeckung[57].

Premierminister Salisbury versicherte dem deutschen Botschafter am 26. Januar nachdrücklich, daß zwischen Großbritannien und Japan weder eine Verständigung in der chinesischen Frage existiere, noch Japan von London ermutigt werde, gegen Deutschlands Shantungposition vorzugehen. Zur Beruhigung versprach er sogar, demnächst dem japanischen Gesandten die durch Japans mißverständliches Verhalten entstandenen Befürchtungen vorzutragen[58].

Mit Salisburys »Unbedenklichkeitsbescheinigung« war die »Kriegsgefahr« im Fernen Osten gebannt. Bülow konnte daher zu Recht konstatieren:

> »Japan wird ohne feste englische Anlehnung schwerlich gegen eine europäische Macht angehen«[59].

Wie sich herausstellte, entsprachen Japans »Kriegsabsichten« eher präventivdefensiven Deklamationen und deutscher Hysterie als einem ernsthaften Offensiventschluß. Nach tatsächlich abgehaltenen Schießübungen in der Suruga-Bay kehrte das japanische Geschwader wieder in seinen Heimathafen zurück[60]. Bestärkt durch die englische »Unbedenklichkeitsbescheinigung« und unter dem Schutz des russisch-japanischen Gegensatzes gelang es dem Deutschen Reich, seine Festsetzung in China mit dem Kiautschoupachtvertrag vom 6. März 1898 abzuschließen.

Bei näherer Betrachtung erweist sich die Kiautschoukrise als ein Konfliktbündel, bestehend aus drei aufeinander folgenden Krisen unterschiedlicher Spannungsintensität, als dessen Auslöser der weltpolitisch motivierte, auf internationalen Prestigegewinn abzielende Festsetzungswille des Deutschen Reichs in Ostasien anzusehen ist. Neben dem Hauptakteur Deutschland waren an der Krise aktiv beteiligt die in Fernost besonders stark engagierten Mächte Rußland und Japan — sieht man einmal vom eigentlichen Opfer China ab —, während England und Frankreich in der knapp dreimonatigen Eskalationsphase weitgehende Zurückhaltung wahrten.

Die erste Krise (Mitte November bis Anfang Dezember 1897) resultierte aus dem übereilten und mit Rußland ungenügend abgestimmten deutschen Vorgehen, das in Petersburg zu Irritationen, aber auch zu einer grundsätzlichen Kurskorrektur in der Fernostpolitik führte. Durch Festigkeit vor Ort wie diplomatisches Hinhalten vermochte es Deutschland, die ohnehin nicht als ernsthafte Gefährdung der deutsch-russischen Hand-in-Hand-Politik interpretierte Verstimmung des Zarenreichs zu überwinden und zu einer scheinbaren Tolerierung des Besetzungscoups durch die östliche Großmacht zu gelangen.

57 GP 14, Nr. 3752.
58 GP 14, Nr. 3753.
59 GP 14, S. 151, Anm. 3.
60 Wippich, Japan, S. 396.

Von außenpolitischer Warte bedenklicher war hingegen die im Gefolge der Besetzung Port Arthurs enorm anschwellende Empörung Japans über die rigorose Destabilisierung des ostasiatischen Gleichgewichts, zumal die japanischen Reaktionen von Rußland im Sinne einer Abschirmungsstrategie für die eigene Okkupation bewußt mit Spitze gegen Deutschland geschürt und nach Europa lanciert wurden. Die nervös gewordene, durch die unübersichtliche Informationslage und die undurchsichtige Haltung Rußlands allmählich in eine Kriegshysterie geratende politische und militärische Führung des Reichs, suchte vergeblich mit demonstrativer Geschlossenheit und militärischen ad-hoc-Offensivplänen der von Rußland manipulierten, in Berlin aber im wesentlichen auf Japan zurückgeführten Gefahrensituation zu begegnen. Die perzipierte Ernsthaftigkeit japanischer Kriegsbereitschaft, vor allem bewirkt durch geschickt terminierte japanische Flottenmanöver, barg die Gefahr einer deutschen Überreaktion und war das implizite Eingeständnis, die militärisch-politischen Risiken des Festsetzungsunternehmens völlig außer acht gelassen zu haben.

Da das Zarenreich für das dringend erforderliche Krisenmanagement in Ostasien ausfiel, bot für Deutschland angesichts der außenpolitisch höchst bedrohlichen Lage nur die Fühlungnahme mit London den einzigen Ausweg aus der Krise, flankiert von vermittelnden Sondierungen in Tokyo, in denen sich Deutschland zur Anerkennung japanischer Interessensparität in China durchrang. Englands wohlwollendes Desinteresse am deutschen China-Engagement — sofern es sich auf Gebiete außerhalb der englischen Einflußsphären richtete —, reichte allein nicht aus, die zu Beginn des Jahres 1898 infolge der Fehleinschätzung japanischer Absichten in Berlin erneut befürchtete Eskalation der Krise zu verhindern. Erst die nachdrückliche englische Versicherung, Japan nicht zu unterstützen, bot eine ausreichende Handhabe, die Krise, die man zum Großteil selbst produziert hatte, zu überwinden. Englands Rückendeckung war ein untrüglicher Beweis dafür, daß die deutsch-russische Fernostkooperation erhebliche Mängel aufwies und daß, ungeachtet des vordergründig selbstbewußten Auftretens gegenüber Rußland, für eine deutsche Weltpolitik zumindest die stille Duldung durch England die Voraussetzung war.

25. Nervenkrieg bei Faschoda. Die englisch-französische Konfrontation im Sudan 1898

Mit der englischen Besetzung Ägyptens im Jahre 1882 wurde gleichsam der Startschuß für den imperialistischen Wettlauf um die Aufteilung Afrikas gegeben. Damit geriet das seit der napoleonische Zeit zum Zielobjekt rivalisierender Mächte gewordene, formell aber weiterhin der Oberherrschaft des Sultans unterstehende Ägypten zu einem Brennpunkt in den internationalen Beziehungen, der seinen prägendsten Ausdruck in dem sich verschärfenden englisch-französischen Gegensatz fand.

Frankreich reagierte auf die als demütigend empfundene Prestigeniederlage von 1882 mit einer zweifachen Strategie. Zum einen wurde versucht, durch diplomatische Initiativen ein Mitspracherecht in der ägyptischen Frage vertraglich abzusichern; zum anderen sollte England mit einer Politik der Nadelstiche vor Ort zum Nachgeben bewogen werden und seine Truppen aus Ägypten evakuieren. Beide Strategien scheiterten indes an der intransigenten Haltung Großbritanniens, das als selbsternannte Schutzmacht des Khedivenreichs zu keinerlei Konzessionen in seiner Interessensphäre bereit war[1].

Der britische Standpunkt verhärtete sich, als im Jahre 1885 die — de iure unter der Kontrolle des Khediven stehenden — sudanesisch-äquatorialen Gebiete am oberen Nil unter den Einfluß des indigenen Mahdistaats gerieten und für das kommende Jahrzehnt dem anglo-ägyptischen Zugriff entzogen wurden. Zwar unternahm Großbritannien zunächst keine Anstalten, seinen aus der Okkupation Ägyptens abgeleiteten Anspruch auf den Sudan politisch und militärisch durchzusetzen, doch zeichnete sich in den folgenden Jahren eine entscheidende Neubewertung Ägyptens für das Empire ab; denn mit der weltpolitisch bedeutsamen Koinzidenz von Mahdiaufstand und Rußlands Expansion in Zentralasien (Penjdehkrise 1885) wurde schlagartig das brüchige Fundament der Ägyptenstellung deutlich, solange die Gebiete am oberen Nil nicht in das imperiale Sicherheitssystem integriert waren und damit fremden Penetrationsversuchen offenstanden.

Großbritanniens strategische Hauptsorge galt dem Offenhalten des Suezkanals. Dazu zählte als vorgeschobene Verteidigungszone auch die Kontrolle des Nils vom Oberlauf bis zum Delta. Mit der Okkupation Ägyptens war aber nicht nur die Voraussetzung für eine anglo-französische Kooperation zum Schutz des Osmanischen Reichs gegen russische Vorstöße in den Mittelmeerraum entfallen, infolge des rapiden Machtzerfalls der Pforte wuchs auch die Bedeutung Ägyptens als strategische Barriere gegen Rußlands Orientambitionen und Drehscheibe der sensiblen Kommunikationswege nach Asien. Die wachsende englisch-französische Entfremdung hatte zur Folge, daß die strategische Interdependenz

---

1 Pierre Guillen, L'Expansion 1881—1898, Paris 1984, S. 163—175; Martin Kröger, »Le bâton égyptien« — Der ägyptische Knüppel. Die Rolle der »ägyptischen Frage« in der deutschen Außenpolitik von 1875/6 bis zur »Entente Cordiale«, Frankfurt a.M. 1991 (= Europäische Hochschulschriften, III/470), S. 143—185.

zwischen der Kontrolle des Suezkanals und der globalen Empiresicherung nur noch unter erschwerten Bedingungen zu behaupten war[2].

Insofern richtete sich das Interesse der englischen Politik nach 1885 verstärkt auf eine vertragliche Regelung der beanspruchten, de facto aber nicht kontrollierten Gebiete am oberen Nil, da nach englischer Auffassung mit dem Mahdiaufstand die Suzeränität des Sultans über die Gebiete am oberen Nil erloschen war[3]. Durch die Aufrechterhaltung der Fiktion eines ehemals unabhängigen Sudans, den Großbritannien als Schutzmacht Ägyptens gleichsam treuhänderisch kontrollierte, schien gegen die Kolonialbestrebungen Dritter ein probates Mittel der Abschottung gefunden zu sein[4].

Die englischen Bemühungen, das Niltal auch von Frankreich — wie von Deutschland und Italien — als Interessensphäre anerkannt zu bekommen, schlugen indes alle fehl, da Englands kolonialer Hauptrivale nicht bereit war, nach der Niederwerfung des Mahdiaufstands den Sudan als britische Exklusivsphäre zu betrachten[5]. Nach Auffassung der französischen Diplomatie stand der Sudan weiterhin unter der Oberherrschaft des Sultans. Vielmehr sollten eigene französische Ansprüche auf einen Zugang zum oberen Nil als taktische Verhandlungsmasse dienen, eine Gesamtregelung der ägyptischen Frage im französischen Sinne zu erzwingen. Im Hintergrund stand dabei eine angestrebte französische Achse durch Afrika vom Atlantik zum Indischen Ozean, die britische Vorstellungen von einer Kap-Kairo-Linie im südlichen Sudan durchtrennen sollte.

Ab 1892/93 richtete sich das Interesse französischer Kolonialkreise immer stärker auf das Stromgebiet des Bahr el-Ghasal und das Niltal, mit dem alten Fort Faschoda am Oberlauf des Nils[6]. Im Gegensatz zu der vom Quai d'Orsay verfolgten Strategie einer prinzipiell diplomatischen Lösung der sudanesisch-ägyptischen Frage, kristallisierte sich unter Einfluß der Kolonialkreise immer deutlicher der militärische Okkupationszugriff heraus. Einen ersten Teilerfolg brachte der französisch-kongolesische Vertrag vom 12. Mai 1894, mit dem die von Großbritannien verfolgte Strategie, Frankreich den Zugang zum oberen Nil von Westen her zu versperren, unterlaufen und so in französischer Sicht der status quo ante wiederhergestellt wurde[7]. Schon damals warnte der englische Botschafter Lord Dufferin die französische Regierung, daß Großbritannien in einer französischen Präsenz in der Nähe des Niltals eine Gefahr für den Frieden in Afrika und in Europa sehe[8].

---

2 Cedric James Lowe, The Reluctant Imperialists. British Foreign Policy 1878—1902, 2 Bde, London 1967, I, S. 52—72.

3 DDF 1,11, Nr. 139.

4 P.M. Holt, A Modern History of the Sudan, London ²1972, S. 111 f.

5 G.N. Sanderson, England, Europe and the Upper Nile 1882—1899, Edingurgh 1965, S. 188—211. Vgl. William L. Langer, The Diplomacy of Imperialism 1890—1902, New York ²1951, S. 101—144; Lowe, Reluctant Imperialists, I, S. 19—72; Ronald Robinson, John Gallagher, Alice Denny, Africa and the Victorians, London 1970, S. 76—159.

6 Roger Glenn Brown, Fashoda Reconsidered. The Impact of Domestic Politics on French Policy in Africa 1893—1898, Baltimore, London 1969, S. 23.

7 Holt, A Modern History of the Sudan, S. 104 f.

8 James J. Cooke, New French Imperialism 1880—1910: The Third Republic and Colonial Expansion, Newton Abbot, Hamden/Conn. 1973, S. 85.

Vor dem Hintergrund einsetzender Expeditionstätigkeit Frankreichs in das Nilgebiet in der Mitte der neunziger Jahre, ließ die prompte Reaktion der vor Ort herausgeforderten britischen Großmacht nicht lange auf sich warten. Gegenüber französischen Ansprüchen auf das Niltal machte der parlamentarische Unterstaatssekretär Grey am 28. März 1895 unmißverständlich klar, daß ein Eindringen von dritter Seite in den Sudan von Großbritannien als »unfreundlicher Akt« betrachtet werde[9]. Mit dieser Grey-Deklaration setzte Großbritannien ein deutliches Warnzeichen gegen französische Ambitionen, von Westen her in das Niltal vorzustoßen. Umgekehrt erschien es der französischen Politik, als ob bei einem Verstoß gegen die proklamierte »closed-door«-Politik am oberen Nil der britische Herrschaftsanspruch in Ägypten erschüttert würde[10].

Gegen ausdrückliche englische Warnungen sandte die französische Regierung im Jahre 1896 von Französisch-Westafrika aus eine Expedition an den oberen Nil, um dieses »herrschaftsfreie« Gebiet in Besitz zu nehmen[11]. Ziel dieser Expedition unter Hauptmann Marchand war es, den französischen Kolonialbesitz von Westen nach Osten auszudehnen und dadurch eine Verbindung zwischen den nord- und südafrikanischen Besitzungen Großbritanniens zu verhindern, zumindest aber territoriale Zugeständnisse Großbritanniens in Afrika gegen die Anerkennung der britischen Vorherrschaft in Ägypten zu erreichen[12]. In Marchands Missionsmemorandum vom 10. November 1895 wurde der rein zivile Charakter des Unternehmens — die Herbeiführung einer europäischen Konferenz über die Zukunft des Nils — unterstrichen. Dies erlaubte es dem Quai d'Orsay, seine politischen Bedenken gegen das Projekt fallenzulassen, so daß das Kolonialministerium die Organisation der Expedition übernehmen konnte[13]. Bei dieser riskanten quid-pro-quo-Strategie wurde — angesichts der unzweideutigen Warnungen aus London — eine Konfrontation mit Großbritannien einkalkuliert, jedoch schien der erwartete Prestigezugewinn die politischen Konsequenzen der Mission aufzuwiegen[14].

Die Idee einer Mission in das Niltal ging auf Initiative des einflußreichen »groupe colonial« im Parlament sowie führender Kolonialisten zurück, die für eine energische Wahrnehmung französischer Kolonialinteressen votierten. Bei diesen Kreisen überwog der demonstrativ-prestigeträchtige Charakter des Unternehmens, das in deutlich antienglischer Stoßrichtung am oberen Nil nach der

9 Sanderson, England, S. 214; DDF 1,11, Nr. 415; Edward Grey, Fünfundzwanzig Jahre Politik 1892—1916, 2 Bde, München 1926, I, S. 29—32; insgesamt dazu: Sanderson, England, Kap. I-XI; Guillen, L'Expansion, S. 397—406.

10 A.J.P. Taylor, Prelude to Fashoda, The Question of the Upper Nile, 1894—1895. In: Essays in English History. Hrsg. von A.J.P. Taylor, London 1976, S. 129—169. Vgl. dazu auch G.N. Sanderson, Contributions from African Sources to the History of European Competition in the Upper Valley of the Nile. In: Journal of African History 3 (1962), S. 69—90.

11 Vgl. dazu Peter Grupp, Theorie der Kolonialexpansion und Methoden der imperialistischen Außenpolitik bei Gabriel Hanotaux, Frankfurt a.M. 1972; Marc Michel, La Mission Marchand 1895—1899, Paris 1972.

12 DDF 1,12, Nr. 190—192; die Geschichte der Marchandexpedition erzählt auch Thomas Pakenham, Der kauernde Löwe. Die Kolonialisierung Afrikas 1876—1912, Düsseldorf 1993.

13 DDF 1,14, Vorwort.

14 Guillen, L'Expansion, S. 407—413; Sanderson, England, Kap. XII; Brown, Fashoda, S. 33—55; Darrell Bates, The Fashoda Incident of 1898. Encounter on the Nile, Oxford 1984.

in Westafrika verfolgten Strategie Rechtstitel für Frankreich erlangen und »faits accomplis« schaffen sollte. Das strittige Gebiet galt nun — im Widerspruch zur französischen Diplomatie — unter Einfluß der Kolonialagitation als »res nullius«. Von den Rechten des Sultans und der Verteidigung der Integrität des Osmanischen Reichs war nicht länger die Rede[15].

Außenminister Hanotaux billigte die Mission, faßte sie aber wesentlich anders auf als die genannten Kreise. »Für ihn war sie nicht isoliert, sondern sie stand im Kontext seiner Bemühungen, die ägyptische Frage zu lösen[16].« Im Grunde störte das offensive Vorgehen der Kolonialkreise seine, wenn nicht in der Sache, so doch in der Methode flexibel-konziliantere Ägyptenpolitik, die darauf abzielte, die Tür zu substantiellen Gesprächen offenzuhalten.

Marchands Expedition, die mit acht Offizieren und 150 senegalesischen Kolonialsoldaten im Frühjahr 1897 von Französisch-Kongo kongoaufwärts in Richtung oberer Nil aufgebrochen war, hatte schon frühzeitig die Aufmerksamkeit der englischen Regierung geweckt[17]. Premierminister Salisbury, der Anfang 1897 noch den wenig aussichtsreichen Plan hegte, den Franzosen durch eine eigene Mission aus südlicher Richtung (Uganda) zuvorzukommen[18], glaubte zunächst nicht an den ernsthaften Versuch Frankreichs, trotz englischer Warnungen in das Niltal vorzudringen[19]. Aufgrund der Berichte der britischen Vertreter vor Ort konnte jedoch kein Zweifel über die Ernsthaftigkeit der französischen Absichten bestehen, so daß eine frühzeitige Gegenmaßnahme gegen die Verletzung der britischen Interessensphäre geboten war.

Zwar war Lord Salisbury im Gegensatz zu seinen liberalen Vorgängern Rosebery und Kimberley mit Rücksicht auf das deutsch-englische Verhältnis an einer zufriedenstellenden, konfrontationsfreien Lösung der Spannungen mit Frankreich in Afrika interessiert, doch erschwerten die Militanz seiner Kabinettskollegen, allen voran Kolonialminister Joseph Chamberlain, und die starre Haltung des Generalkonsuls in Ägypten, Lord Cromer, Konzessionen an Frankreich. Eine Politik demonstrativer Härte wollte Salisbury unter allen Umständen vermeiden, da für ihn die afrikanischen Fragen »have no justification for war in the eyes of the English people«[20].

Nachdem der englische Botschafter in Paris, Monson, Außenminister Hanotaux am 10. Dezember 1897 nachdrücklich zu verstehen gegeben hatte, »that any other European Power than Great Britain has any claim to occupy any part of the valley of the Nile«[21], wurde am 26. Januar 1898 im Kabinett die Entschei-

---

15 Grupp, Theorie, S. 127—131.
16 Ebd., S. 130.
17 Brown, Fashoda, S. 71 f.
18 Bates, The Fashoda Incident, S. 41—43.
19 Ebd., S. 81.
20 J.A.S.Grenville, Lord Salisbury and Foreign Policy, London 1964, S. 19; Cooke, New French Imperialism, S. 86 f. Vgl. zu Salisburys Haltung auch seinen Brief an Currie vom 19.10.1897: »We have really no hold on - and therefore no interest in - any of the Sultan's territories except Egypt. On the other hand our interest in Egypt is growing stronger [...] it is clear that if Egypt is grown back at all, it must be to the Sultan and the Khedive. No one else has any legal right.« (Kenneth Bourne, The Foreign Policy of Victorian England 1830—1902, Oxford 1970, S. 452, Nr. 128). Zu Cromer: John Marlowe, Cromer in Egypt, London 1976.
21 GP 14/2, S. 371, Anm. 2.

dung gefällt, daß General Kitchener, der als Oberkommandierender der ägyptischen Truppen (Sirdar) seit 1896 mit der Wiedereroberung des Sudans beauftragt war, mit seiner anglo-ägyptischen Streitmacht von etwa 20 000 Mann gleichsam in Frontstellung gegen etwaige französische Territorialambitionen am oberen Nil bis Khartum vorrücken sollte[22]. Damit hatte man sich in London zugunsten einer — wenn auch noch zurückhaltenden — Demonstration der Entschlossenheit vor Ort entschieden, da Kitchener je nach Lage von Khartum aus die Option für das weitere südliche Vordringen gegen französische Übergriffe offenstand.

Salisbury legte Wert auf ein vorsichtiges Taktieren, das Frankreich nicht zu überstürzten Reaktionen verleitete, da er aus den Meldungen über die Größe der Marchandmission auf kein allzu bedeutendes militärisches Unternehmen Frankreichs schloß. Mit Rücksicht auf das europäische Mächtesystem wollte er daher eine Brüskierung Frankreichs vermeiden, die die Gefahr einer innenpolitischen Krise in Frankreich barg und den Frieden in Europa unsicherer machte[23]. Er war sich durchaus der Brisanz bewußt, die in der Order an Kitchener lag, denn er hielt es für möglich, daß »within six months we will be at war with France«[24].

Für die französische Regierung stand zu Beginn des Jahres 1898 eine Rückberufung der zusehends zu einer Belastung werdenden Marchandmission nicht mehr zur Debatte. Vor dem Hintergrund des wiedereröffneten Dreyfusprozesses, der die französische Nation mit wachsender Heftigkeit polarisierte, war ein Abzug Marchands aus Prestigegründen unmöglich, zumal der wachsende Druck und die Erwartungshaltung der Kolonialenthusiasten auf der Regierung Méline lastete und sie praktisch zum offensiven Handeln verurteilte.

Angesichts der innenpolitischen Schwierigkeiten plädierte Außenminister Hanotaux gegenüber Großbritannien für ein demonstratives und festes Auftreten in der Affaire, zum Zeichen, daß Frankreich — ungeachtet der innenpolitischen Lähmung — nach außen hin stark genug war, seine Ziele durchzusetzen und das Ägyptenproblem durch eine internationale Konferenz zu regeln. Erfolg war seiner Politik nicht beschieden, da mit dem Sturz der Regierung Méline (15. Juni 1898) seine Karriere als Außenminister zu Ende ging[25].

Das Problem »oberer Nil« erbte damit der neue Außenminister im Kabinett Brisson, Théophile Delcassé, der sich als früherer Kolonialminister einen Namen als engagierter Kolonialexpansionist erworben hatte. Delcassé war jedoch infolge seiner Vermittlungstätigkeit im spanisch-amerikanischen Krieg (bis August 1898) kaum in der Lage, sich eingehender mit der Möglichkeit einer britisch-französischen Konfrontation in Afrika zu befassen[26]. Diese schien in greifbare Nähe zu rücken, als Marchand am 10. Juli 1898 den Zielort seiner Mission —

---

22 Brown, Fashoda, S. 73.

23 Cooke, New French Imperialism, S. 91 f.

24 Brown, Fashoda, S. 73; Lilian M. Penson, The Principles and Methods of Lord Salisburys Foreign Policy. In: Cambridge Historical Journal 5 (1935), S. 104.

25 Cooke, New French Imperialism, S. 93; DDF 1,14, Nr. 351. Zur Politik Hanotaux': Grupp, Theorie, S. 93—136; Thomas M. Liams, Dreyfus, Diplomatists and the Dual Alliance. Gabriel Hanotaux at the Quai d'Orsay (1894—1898), Genf, Paris 1962.

26 Brown, Fashoda, S. 59—79. Vgl. BD I, Nr. 185. Vgl. BD I, Nr. 138.

Faschoda — erreichte und das Niltal zwei Tage später für Frankreich in Besitz nahm[27].

Als erster erfuhr General Kitchener, der am 2. September Khartum eingenommen hatte, am 7. September von der Präsenz der Franzosen im Gebiet des oberen Nils[28]. Damit trat eine Weisung Lord Salisburys vom 2. August 1898 in Kraft, die, fußend auf einem Kabinettsbeschluß vom 25. Juli, nach der Einnahme der sudanesischen Hauptstadt als Präventivmaßnahme gegen mögliche französische Aktivitäten den Vorstoß zum Weißen Nil befahl.

Für die englische Regierung war es von größter Wichtigkeit, daß Kitchener bei einem Kontakt mit Franzosen oder — was nach Lage der Dinge nicht auszuschließen war — mit der expandierenden Lokalmacht Abessinien weder einen Titel noch einen Besitzanspruch von dritter Seite über irgendeinen Teil des Niltals anerkannte. Kitchener sollte jeglicher Kollision mit abessinischen Kräften aus dem Wege gehen und beim Zusammentreffen mit den Franzosen sein Verhalten den lokalen Umständen anpassen. Daher erschien es London

> »neither necessary nor desirable to furnish Sir Herbert Kitchener with detailed instructions [... Her Majesty's Government] feel assured that he will endeavour to convince the Commander of any French force with which he may come in contact that the presence of the latter in the Nile Valley is an infringement of the rights both of Great Britain and of the Khedive«[29].

Am 10. September brach Kitchener mit einer Streitmacht von ca. 1300 Mann von Khartum in Richtung Faschoda auf[30], wo die französische Expedition unter Marchand vermutet wurde. Ohne nähere Kenntnis über Größe und Absicht der französischen Mission war Kitchener jedoch entschlossen, einer Konfrontation nicht aus dem Wege zu gehen und den britischen Anspruch mit allen Mitteln gegen fremde Penetrationsversuche zu verteidigen[31].

Als Kitchener und Marchand am 19. September aufeinandertrafen, protestierte der Sirdar gegen die unrechtmäßige Anwesenheit der Franzosen im Niltal, das er im Namen des Khediven in Besitz zu nehmen gedachte. Daraufhin entgegnete Marchand, er habe das Niltal auf Befehl der französischen Regierung okkupiert und sehe keine andere Alternative, als auszuharren und die Entscheidung aus Paris abzuwarten[32].

Damit blieb die Situation in Faschoda für die nächsten zwei Monate, in denen die Franzosen durch die britisch-ägyptische Streitmacht Kitcheners von Informationen und Nachschub nahezu abgetrennt wurden, gleichsam durch ein »gentlemen's agreement« in der Schwebe. Die Lösung des Konflikts war nun ausschließlich Sache der Metropolen. Daß es in dieser Zeit weder von französischer noch britischer Seite vor Ort zu einer Eskalation kam, ist der Besonnenheit der beiden Kommandierenden in dieser angespannten Situation zuzuschreiben,

---

27 Bates, The Fashoda Incident, S. 111—124.
28 Holt, A Modern History of the Sudan, S. 112.
29 BD I, Nr. 185. Vgl. Bates, The Fashoda Incident, S. 126 f.; Sanderson, England, S. 332.
30 Horace Smith-Dorrien, Memories of Forty-Eight Years' Service, London 1925, S. 121.
31 Ebd., S. 124 f.; Sanderson, England, S. 332.
32 Sanderson, England, S. 334—336; Michel, La Mission, S. 216—221; Brown, Fashoda, S. 94 f.; Bates, The Fashoda Incident, S. 129—134; Pakenham, Der kauernde Löwe, S. 607 f.

die ihre militärische Befehlsgewalt den politischen Entscheidungen der Zentralen unterstellten.

Während das Foreign Office in London bereits am 25. September telegraphisch von dem Zusammenstoß zwischen Kitchener und Marchand unterrichtet wurde[33], fehlten der französischen Regierung zu diesem Zeitpunkt aufgrund der schlechten Nachrichtenlage jegliche Informationen über den Verbleib ihrer Expedition. Da die letzte Nachricht Marchands von Ende 1897 erst Ende Juni 1898 in Paris eingetroffen war[34], herrschte nicht nur Unkenntnis über das Zusammentreffen Kitcheners und Marchands im September, es war nicht einmal die Inbesitznahme Faschodas für Frankreich im zurückliegenden Juli bekannt.

Unter dem Eindruck der Einnahme Khartums begann sich jedoch bei Außenminister Delcassé, der in den Jahren 1893 bis 1895 als glühender Verfechter einer offensiven französischen Kolonialpolitik maßgeblich am Zustandekommen der Marchandexpedition mitgewirkt hatte, die Haltung gegenüber der Unternehmung zu revidieren. Denn Delcassé plagte nicht nur die Furcht vor einer Regierungskrise angesichts der wachsenden innenpolitischen Schwierigkeiten, der politische Entscheidungsprozeß wurde auch aus französischer Sicht durch die Anzeichen sowohl für ein deutsch-britisches als auch ein deutsch-türkisches Rapprochement geradezu gelähmt[35].

Vor diesem Hintergrund wird verständlich, daß sich Delcassé mit der Beantwortung einer Anfrage Kolonialminister Trouillots vom 4. Juli 1898 betreffend die weiteren Instruktionen für Marchand über zwei Monate Zeit ließ, bis er am 7. September seinem Kabinettskollegen die dringend erbetene Stellungnahme unterbreitete. Darin bekräftigte Delcassé die rein friedliche Absicht der Mission,

> »qu'elle se justifie le mieux par la nécessité de lutter contre la barbarie dans des pays où aucune autorité régulière n'est excercée et de couvrir nos établissements de l'interieur«.

Darüber hinaus hielt er es für notwendig, einer Konfrontation mit Großbritannien aus dem Wege zu gehen, um eine internationale Regelung des Ägyptenproblems herbeizuführen[36]. Diesen zurückhaltenden Kurs vertrat Delcassé auch gegenüber dem britischen Botschafter Monson noch am gleichen Tag. Indem er die politische Bedeutung der Marchandmission herunterschraubte — Marchand sei nur ein »emissary of civilisation«, der wie Kitchener keine Vollmacht habe, »de tirer les conséquences politiques des expeditions qu'ils ont en à diriger« —, gab Delcassé seiner Hoffnung Ausdruck, daß sich alle ausstehenden Fragen einvernehmlich zwischen Paris und London regeln ließen. Die französische Regierung sei sehr daran interessiert, Streitigkeiten vor Ort zu vermeiden[37].

---

33 Bates, The Fashoda Incident, S. 135—141; Sanderson, England, S. 337—339.

34 Bates, The Fashoda Incident, S. 142 f.; BD I, Nr. 188 und Nr. 190.

35 Brown, Fashoda, S. 80—84. Vgl. BD I, Nr. 186 f.

36 DDF 1,14, Nr. 329. Vgl. Brown, Fashoda, S. 84 f.; Michel, La Mission, S. 213 f.; Christopher Andrew, Théophile Delcassé and the Making of the Entente Cordiale, London 1968, S. 91 f.

37 BD I, Nr. 188. Vgl. auch DDF 1,14, Nr. 331; Sanderson, England, S. 339 f.; Brown, Fashoda, S. 85 f.

Lord Salisbury gab sich mit den Zusicherungen Delcassés nicht zufrieden, wußte er doch aus den Berichten Monsons, wie tief der Schmerz in Frankreich über den Verlust Ägyptens saß, der sich jederzeit in nationaler Empörung Luft machen konnte[38]. Am 9. September gab er der französischen Regierung daher zu verstehen, daß

> »all the territories which were subject to the Khalifa passed to the British and Egyptian Governments by right of conquest. Her Majesty's Government do not consider that this right is open to discussion«.

Der kompromißlose Eroberungsstandpunkt wurde immerhin etwas abgeschwächt, da sich Salisbury bereit erklärte, über territoriale Streitfragen in denjenigen Gebieten zu verhandeln, die durch die Erklärung nicht berührt wurden[39].

Monson interpretierte Salisburys Erklärung im Lichte der Grey-Deklaration von 1895, wonach aufgrund des exklusiven Zugriffsrechts Englands auf das Niltal alle Verhandlungen von vornherein ausgeschlossen waren. Durch ein offensichtliches Versehen händigte er Außenminister Delcassé am 10. September aber eine paraphrasierte französische Fassung der Salisbury-Erklärung aus, in der die eingrenzende Bestimmung »by right of conquest« wegfiel und nur von »territories which were subject to the Khalifa« gesprochen wurde. Delcassé erkannte sofort die Schwäche der englischen Argumente und konterte:

> »Si Marchand est à Fachoda, ses ›droits‹ sont exactement de même sort que ceux de Kitchener à Khartoum«[40].

Nachdem Delcassé vom französischen Generalkonsul in Kairo die Nachricht zugegangen war, daß Kitchener in Richtung Faschoda aufgebrochen sei[41], hielt er es für geboten, Monson seine Interpretation der Salisbury-Erklärung ausführlich darzulegen und dabei den französischen Rechtsstandpunkt nachdrücklich zu unterstreichen. Eine erneute Erörterung dieser diffizilen Frage schien erforderlich, da Marchand inzwischen durch das Kolonialministerium im Sinne der Delcasséschen Stellungnahme vom 7. September instruiert worden war, sich beim Kontakt mit britischen Truppen am oberen Nil reserviert zu verhalten (»de s'abstenir de toute discussion sur la souveraineté de ces territoires«), gleichwohl aber das okkupierte Gebiet zu halten (»de s'attacher à conserver les points occupés«)[42]. Mit einer zweigleisigen Strategie — Bewahrung des okkupierten Gebietes und diplomatische Kompensationsbemühungen in Paris — hoffte Delcassé, die drohende Zuspitzung abzuwenden und für Frankreich den größtmöglichen Vorteil zu erzielen.

Wenn Delcassé daher am 18. September erneut das ungelöste Problem des Niltals anschnitt, so war dies Ausdruck seiner Bemühungen, unter allen Umständen eine Konfrontation vor Ort zu verhindern und rechtzeitig in den Metropolen die Weichen für eine diplomatische Regelung zu stellen. Aus zuverlässiger Quelle hatte er nämlich durch den französischen Geschäftsträger in London erfahren, daß Kitchener beim Zusammentreffen mit der französischen

38 Vgl. BD I, Nr. 186.
39 BD I, Nr. 189. Brown, Fashoda, S. 88 f.; DDF 1,14, Nr. 338.
40 BD I, Nr. 190; Sanderson, England, S. 340.
41 DDF 1,14, Nr. 356 (17.9.1898).
42 DDF 1,14, Nr. 352.

Expedition diese von der Kommunikation mit der Außenwelt abschneiden wollte. Dies aber mußte unweigerlich das Gewicht Englands in der Kontroverse verstärken, da Paris dann in seinem Entscheidungsprozeß durch den abgekappten Nachrichtenfluß auf die gefilterten Informationen seines Rivalen angewiesen war[43].

Zu diesem Zweck erinnerte Delcassé Monson daran, daß Faschoda eigentlich nicht von der Salisbury-Erklärung berührt werde, da es ja nach englischer Aussage von den Mahdisten bereits vor der Einnahme Khartums durch Kitchener erobert wurde. Damit betrachtete Delcassé das Gebiet um Faschoda nach dem Abzug der Mahdisten offenbar als »res nullius«, das die Marchandexpedition rechtmäßig okkupiert habe; denn die ganze Region des Bahr el-Ghasal sei schon seit geraumer Zeit nicht mehr unter der Kontrolle des Osmanischen Reichs. Insofern könnten auch keine Rechte des Kalifen, auf die Großbritannien bei seinem Anspruch stets rekurrierte, beeinträchtigt werden. Im übrigen, so gab Delcassé beschwichtigend zu verstehen, könne man im Grunde nicht von einer Marchandmission sprechen, handle es sich doch bloß um die Reste einer bereits 1893 abgezogenen Expedition, die nur zivilisatorische Aufgaben erfülle. Monson wies Delcassés Ausführungen strikt zurück und erinnerte an den Standpunkt der Grey-Deklaration und der Salisbury-Erklärung. Faschoda war für ihn »a dependency of the Khalifate«, das nun unter die Kontrolle Großbritanniens und Ägyptens gekommen sei. Unzweideutig auf Delcassés Einwände waren seine warnenden Worte gemünzt: »the situation on the Upper Nile is a dangerous one«[44].

Damit war für die französische Regierung unübersehbar, daß bei einer Herausforderung Großbritanniens in der beanspruchten Interessensphäre am oberen Nil ein Konflikt unausweichlich schien. Da Salisburys kategorische Erklärung jegliche Konzilianz in der Frage der Rechte am Niltal vermissen ließ, ein prestigeabträglicher Rückzug Marchands, dessen exakter Aufenthalt in Paris zum gegenwärtigen Zeitpunkt ohnehin nicht bekannt war, mit Rücksicht auf den »parti colonial« und Frankreichs Stellung als Großmacht nicht ohne weiteres möglich war, steckte Delcassé in einem Dilemma, das noch verstärkt wurde, als sich der englische Druck durch lautstarke Forderungen der jingoistischen Presse nach einer definitiven Okkupation des Niltals erhöhte[45].

Auf welch instabilem Fundament Decassés zweigleisige Krisenstrategie gegenüber England — Vermeidung einer Eskalation vor Ort und diplomtische Sicherung in den Metropolen — ruhte, wurde vollends offenkundig, als im Verlauf des Septembers die Dreyfusaffaire erneut das Interesse der Öffentlichkeit im In- und Ausland auf sich zog. Gleichzeitig verstärkte sich aber auch der Druck der Anti-Dreyfusards auf die Regierung Brisson, so daß die innenpolitische Krise mit den wachsenden englisch-französischen Spannungen zu einem gefährlichen Problembündel zusammenschmolz, das die Führung Frankreichs zunehmend lähmte[46].

43 DDF 1,14, Nr. 350 (15.9.1898).
44 BD I, Nr. 191; DDF 1,14, Nr. 358. Vgl. Sanderson, England, S. 340; Brown, Fashoda, S. 88 f.
45 DDF 1,14, Nr. 330.
46 Bates, The Fashoda Incident, S. 153; Andrew, Théophile Delcassé, S. 98 f.

Hatte Delcassé anfangs noch gehofft, die innenpolitische Krise durch einen primär aus außenpolitischem Kalkül gefällten Revisionsbeschluß im Fall Dreyfus entschärfen zu können, um den Rücken für Verhandlungen mit Großbritannien frei zu haben und Frankreich nicht einer drohenden Isolation auszusetzen, so mußte er erkennen, daß der Revisionsbeschluß des Kabinetts vom 17. September nur noch heftigere Attacken aus kolonialen und nationalen Kreisen gegen die Regierung hervorrief, der man die innenpolitische Schwäche als Grund für die mangelnde Unterstützung Marchands vorhielt. Immer stärker überlagerten damit die innenpolitischen Probleme den geordneten Gang der französischen Außenpolitik und erschwerten es Delcassé, seinen diplomatischen Vorstößen in England Gehör zu verschaffen.

Angesichts der für Frankreich bedrohlichen Entwicklung der Doppelkrise war Delcassés Politik einerseits von der Furcht vor einer Regierungskrise bestimmt, andererseits von dem Bemühen gekennzeichnet, für Marchand und seine Expedition diplomatisch ein Höchstmaß an Sicherheit zu erlangen, das dem Prestige Frankreichs Rechnung trug. Ihm war bewußt, daß Großbritannien Marchand als unerwünschten Eindringling in seiner Einflußsphäre betrachtete und dementsprechend mit britischen Reaktionen gerechnet werden mußte, die auf einen blutigen Konflikt hinauslaufen konnten — mit nicht absehbaren Konsequenzen für Frankreichs Stellung in Europa. Da es bei nüchterner Einschätzung der Lage im Grunde nur um die Frage gehen konnte, wann und unter welchen Bedingungen Marchand zurückbeordert wurde, kam es darauf an, gesichtswahrend gegenüber Großbritannien auf Zeitgewinn hinzuarbeiten und den Missionszweck herunterzuspielen, um jedem Anlaß zur Eskalation aus dem Wege zu gehen[47].

Am 26. September erhielt Delcassé durch Botschafter Monson die Hiobsbotschaft vom Zusammentreffen Marchands und Kitcheners in Faschoda. Kitcheners tags zuvor in London eingetroffenes Telegramm hatte Salisbury umgehend dem britischen Vertreter in Paris zugeleitet, um auf die französische Regierung durch den Bericht aus erster Hand Druck im Hinblick auf den Rückzug Marchands auszuüben[48]. Aus Kitcheners Telegramm war zunächst ersichtlich, daß die von Delcassé der Expedition zuvor bescheinigten friedlichen Absichten offenbar nicht ganz mit der Realität übereinstimmten; denn nach Kitchener hatte Marchand den Auftrag, »to occupy the Bahr-el-Jebel, as well as the Shilluk country on the left bank of the White Nile as far as Fashoda«. Als Kitchener gegen die Präsenz einer französischen Streitmacht in Faschoda als Verletzung britischer-ägyptischer Rechte protestiert hatte (»the presence of a French force at Faschoda and in the valley of the Nile was regarded as a direct infringement of the rights of the Egyptian Government and of that of Great Britain«), habe Marchand geantwortet, daß er präzise Order habe, dieses Gebiet im Namen Frankreichs zu okkupieren und daß es für ihn unmöglich sei, sich zurückzuziehen, ohne entsprechende Befehle aus Paris zu haben.

Offensichtlich sollte das Verlesen des Telegramms Delcassés Entscheidung zum Rückzug Marchands beschleunigen; denn der Sirdar schilderte Marchands

[47] Brown, Fashoda, S. 86—93; Vgl. auch ebd., S. 81—83.
[48] BD I, Nr. 195; Andrew, Théophile Delcassé, S. 92. Vgl. DDF 1,14, Nr. 377.

Lage — entgegen anderen Darstellungen — als aussichtslos, da er von Kommunikation und Nachschub völlig abgeschnitten sei. Insofern wußte sich Kitchener geschickt als Retter des — angeblich nur auf die Befreiung wartenden — Marchand in Szene zu setzen: nichts hätte die Franzosen vor der Vernichtung bewahren können, wäre er nur 14 Tage später in Khartum eingezogen (»nothing could have saved him and his expedition from being annihilated by the Dervishes had we been a fortnight later in crushing the Khalifa«)[49].

Delcassé war zunächst beruhigt, daß der befürchtete Zusammenstoß zwischen Marchand und Kitchener am oberen Nil ausgeblieben war[50]. Nach einer kontroversen Aussprache im Kabinett, die besonders vom scharfen Gegensatz Kolonialminster Trouillots zu Delcassé gekennzeichnet war und ahnen ließ, daß Trouillots durch massiven Einfluß auf die Presse Druck auf die Entscheidungen des Quai d'Orsay ausüben wollte[51], gab Delcassé Monson am 27. September zu verstehen, daß er erst genauere Einzelheiten von Marchand erfahren müsse, bevor er sich ein Bild von der Lage am oberen Nil machen könne. In diesem Punkt hatte der Druck des Kolonialministers Wirkung gezeigt. Damit erschwerte sich aber Delcassés Verhandlungsführung gegenüber Monson. So richtete gerade jetzt der »Gaulois« heftige Angriffe gegen die Regierung, die zu zaudernd gegenüber England auftrete und Marchand nur unzureichend unterstütze[52].

Als Delcassé daher am 27. September um Kommunikation mit Marchand bat, verstand Monson die Bitte als Verzögerungstaktik und fragte in drohendem Ton, ob dieses Ersuchen bedeute, daß Marchand bis zum Eintreffen seines Berichts in Paris nicht aus Faschoda abgezogen werde. Delcassé, der sich von dem britischen Vertreter in der Frage des Rückzugs der Marchandtruppe unter massiven Druck gesetzt sah, bat, nichts Unmögliches von ihm zu verlangen, und fügte vielsagend hinzu, sonst könne es nur eine Antwort geben. Stattdessen schlug er vor, ohne Rücksicht auf Marchands Bericht sofort in Verhandlungen über die Frage einzutreten, was Monson unter Berufung auf Salisburys Standpunkt — keine Diskussion über Faschoda — sofort verwarf. In die Ecke gedrängt entgegnete der französische Außenminister, daß dann ein Bruch (rupture) unvermeidlich sei. Er wolle nur Klarheit über die verworrene Situation am Nil, was aber durch die vagen Formulierungen der englischen Regierung nicht erleichtert werde. Monson lehnte es erneut ab, auf Delcassés Argumente einzugehen, worauf dieser nur auf seine schwierige innenpolitische Situation rekurrierte[53]. Trotz der intransingenten Haltung Monsons rechnete Delcassé mit einer friedlichen Beilegung des Konflikts, da der englische Botschafter »n'a pas trouvé un mot à redire à mon exposé et à notre droit d'être à Fachoda, comme les Anglais à Ouadelai, les Belges à Lado etc.«[54].

Salisbury billigte in der Hoffnung auf eine friedliche Deeskalation aus vordergründig humanitären Erwägungen die von Delcassé erbetene Kommunika-

[49] BD I, Nr. 193. Vgl. ebd., Nr. 194 und 199.
[50] Sanderson, England, S. 341; DDF 1,14, S. 378.
[51] Brown, Fashoda, S. 95—98; Bates, The Fashoda Incident, S. 145.
[52] Bates, The Fashoda Incident, S. 153.
[53] BD I, Nr. 196. Sanderson, England, S. 341. Vgl. dazu DDF 1,14, Nr. 383 und 386.
[54] DDF 1,14, Nr. 384.

tion mit dem »explorateur français, qui se trouve dans une situation difficile sure le Haut-Nil«[55]. Er warnte Delcassé aber vor unnötigen Verzögerungen in der Bereinigung der Affaire und drohte vor dem Hintergrund der von Kolonialministerium und »groupe colonial« entfachten Pressekampagne mit einer sofortigen Aktenpublikation, da er sich gezwungen sehen könnte, sein Verhalten bei wachsender englischer Beunruhigung gegenüber der Öffentlichkeit zu rechtfertigen[56].

Ungeachtet des partiellen Entgegenkommens Salisburys war in einem weiteren Gespräch zwischen Delcassé und Monson am 28. September kein Wandel in den beiderseitigen Standpunkten spürbar. Delcassé gab nochmals seiner Hoffnung zugunsten einer Verhandlungslösung Ausdruck, zumal er gute Beziehungen mit Großbritannien pflegen wollte und persönlich eine englisch-französische Allianz der französisch-russischen Verbindung vorzog. Abermals erinnerte er den britischen Vertreter an die schwierige innenpolitische Situation in Frankreich, »which is becoming dangerous and might in an instant breakout into overt acts«, und empfahl, die Erregung der französischen Öffentlichkeit nicht künstlich aufzuheizen. Delcassé fürchtete zwar den Bruch mit Großbritannien, war aber davon überzeugt, daß Frankreich im Eventualfall nicht auf sich allein gestellt bliebe[57].

Solange die englische Seite ihr Interesse an einer friedlichen Lösung der Faschodakrise bekundete[58], bestand zwar Hoffnung auf eine einvernehmliche Regelung der außenpolitischen Krise. Doch Delcassé fürchtete, daß Großbritannien als nächsten Schritt ein Rückzugsultimatum präsentierte, weil englische Presseorgane seit einigen Tagen vehement für die Rechte Großbritanniens am oberen Nil agitierten[59].

Um dem erwarteten Ultimatum zuvorzukommen, machte Delcassé Monson daher am 30. September in einem inoffiziellen Gespräch klar, daß es für die französische Regierung unmöglich sei, sich dem englischen Druck zu beugen und Faschoda aufzugeben, da dies als Demütigung Frankreichs betrachtet werden würde. Er könne einfach nicht glauben, so Delcassé, daß Großbritannien zum Krieg entschlossen sei. Mit dem Rücken zur Wand stehend gestand er indes, daß Frankreich eher bereit sei zu kämpfen, als sich unehrenhaft zu unterwerfen[60]. Delcassés aus äußerster Notlage diktierte Anspielung auf die ultima ratio, die die ganze Ratlosigkeit der französischen Außenpolitik offenbarte, war vor allem dazu bestimmt, von Großbritannien bis zum Eintreffen von Marchands Lagebericht, der erst am 30. September, kurz nach dem Gespräch mit Monson, angefordert wurde, eine Schonfrist zu erhalten[61].

Salisbury hatte zwar die Kommunikation mit Marchand gestattet, doch wollte er sich nicht allein auf eine Politik des Abwartens beschränken. Durch

55 DDF 1,14, Nr. 387. Vgl. DDF 1,14, Nr. 388; Sanderson, England, S. 343 f.
56 BD I, Nr. 197; Brown, Fashoda, S. 98. Am 3. Oktober 1898 erfuhr Delcassé durch Botschafter Monson von der geplanten Veröffentlichung des Blaubuchs (DDF 1,14, Nr. 412).
57 BD I, Nr. 198. Vgl. DDF 1,14, Nr. 390.
58 DDF 1,14, Nr. 395.
59 Sanderson, England, S. 342 und DDF 1,14, Nr. 391.
60 BD I, Nr. 200. Vgl. Sanderson, England, S. 342; Andrew, Théophile Delcassé, S. 98 f.; DDF 1,14, Nr. 398—400.
61 DDF 1,14, Nr. 396.

eine Erhöhung des Blockadedrucks vor Ort — Verhinderung jeglicher Kommunikation, »except in extreme necessity« — sollte der französischen Regierung vor Augen geführt werden, wie illusorisch und unhaltbar eine Okkupation Faschodas war: »M. Marchand's position should be made as untenable as possible[62].« Englands Haltung zielte darauf ab, durch eine unmißverständliche, aber nicht von Feindseligkeit geprägte Haltung, den französischen Rückzug zu erreichen. Im Konfliktfall war Salisbury jedoch entschlossen, gestärkt durch das überlegene britische Militärpotential seine Vorstellungen konsequent durchzusetzen[63].

Als das befürchtete Ultimatum auch nach dem 30. September ausblieb, wurde Delcassé zusehends optimistischer, doch noch eine Verhandlungslösung erreichen zu können[64]. Das etwas ruhigere bilaterale Klima schien Delcassé die geeignete Basis, die Verhandlungsfrage nun über den am 4. Oktober nach London zurückkehrenden Botschafter Courcel weiterzuverfolgen. Offensichtlich hoffte Delcassé, bei Salisbury auf dem Verhandlungsweg einen taktischen Gewinn davonzutragen, wenn dieser in ein Kompensationsgeschäft — Rückzug Marchands gegen einen französischen Zugang zum Nil durch den Bahr el-Ghasal — einwilligte. Seit dem 3. Oktober war Delcassé davon überzeugt, daß ein Rückzug aus Faschoda unvermeidlich sei[65]. Es kam demnach für ihn darauf an, ohne Prestigeverlust wenigstens einen formalen diplomatischen Erfolg zu verbuchen.

Als Courcel am 5. Oktober bei Salisbruy die Bereitschaft für Kompensationen gegen den Rückzug Marchands auslotete, mußte er feststellen, daß die Haltung des britischen Premierministers unverändert hart war. Für Salisbury war die französische Aktion von Anfang an illegal und ohne jegliche politische Bedeutung. Insofern kamen für ihn keine Verhandlungen in Frage, solange Frankreich rechtswidrig Gebiete im britischen Interessensbereich besetzt hielt[66]. Trotz der enttäuschend verlaufenen Unterredung hoffte Delcassé noch immer auf eine »goldene Brücke« für sein Rückzugsprojekt, für das er bereit war, sich in der Substanz konziliant zu zeigen, wenn Großbritannien wenigstens formal entgegenkam[67].

Schien Salisbury anfänglich auch in den Begegnungen mit dem französischen Botschafter kleinen Zugeständnissen nicht abgeneigt zu sein, so machte Courcel den Ansatz einer Verständigung am 12. Oktober selbst zunichte, als er in der Unterredung mit Salisbury das gesamte Bahr el-Ghasal und Bahr el-Arab für Frankreich forderte und damit offenbar den Bogen britischer Verhandlungsbereitschaft endgültig überspannte. Courcel versuchte zu retten, was zu retten war, doch war durch die ungeschickte Präsentation des französischen

62 BD I, Nr. 201. Vgl. Sanderson, England, S. 342 f.
63 Vgl. BD I, Nr. 202.
64 Andrew, Théophile Delcassé, S. 99 f.
65 Sanderson, England, S. 344; Brown, Fashoda, S. 100.
66 BD I, Nr. 203; DDF 1,14, Nr. 414, Vgl. auch ebd., Nr. 419; Sanderson, England, S. 344 f.
67 BD I, Nr. 209.

Forderungskatalogs die Aussicht auf Verhandlungen und mögliche Kompensationen vorbei[68].

Entscheidend zur Verschlechterung des Klimas zwischen Paris und London trug bei, daß Salisbury mitten in den laufenden Verhandlungen am 10. Oktober das angekündigte Blaubuch über Faschoda veröffentlichte[69]. Dies sorgte schlagartig in der englischen Öffentlichkeit für eine Aufheizung der ohnehin gereizten Stimmung gegen Frankreich, wobei die konservative Presse gleichsam Vorreiterdienste in der psychologischen Einstimmung auf einen möglichen Krieg übernahm[70]. Salisburys Initiative erhöhte den Druck auf das geschwächte Brissonkabinett, das sich eben zu diesem Zeitpunkt mit schweren innenpolitischen Auseinandersetzungen konfrontiert sah[71]. Berücksichtigt man, daß sich im Oktober (15.-20. Oktober) nacheinander führende russische Politiker (Kuropatkin, Witte, Murawiew) in der französischen Hauptstadt aufhielten, so mochte die von Salisbury geschickt inszenierte Beeinflussung der englischen Öffentlichkeit Frankreich zu verstehen geben, daß auch bei einer möglichen Unterstützung durch Rußland der harte Kurs der englischen Regierung von der Öffentlichkeit getragen werde[72]. Im englischen Kabinett war man über Rußlands potentielle Hilfe für Frankreich — im Gegensatz zu Botschafter Monson[73] — nicht sonderlich beunruhigt; denn je länger die Krise in einem Stadium der Unentschiedenheit blieb, um so geringer wurde Rußlands Chance, seine Flotte noch vor dem Winter effektiv einsetzen zu können[74].

Zwar schien gerade Außenminister Murawiew während seines Parisaufenthalts mit Rücksicht auf die Abrüstungsnote des Zaren vom August 1898 dem verbündeten Frankreich die Räumung Faschodas nahegelegt zu haben[75], doch hatte dieser politisch bedeutsame Aspekt keine Auswirkungen auf die militante britische Presseagitation. Vielmehr war sich die konservative Presse darin einig, daß britisch-ägyptische Rechte gegenüber dem »Eindringling« Frankreich mit allen Mitteln behauptet werden mußten. Die »Daily Mail« votierte offen für Krieg und der »Spectator« konstatierte:

»It is quite clear that Fashoda must be retained, even at the cost of war«.

Der »Manchester Guardian« wahrte als eines der wenigen liberalen Presseorgane zusammen mit der »Times« eine moderate Haltung in dieser erregten Kampagne[76]. Resümierend beschreibt G.N. Sanderson die englische Stimmung Ende Oktober so: »The tone of the English Press in particular had by 20 october become a powerful psychological preparation for war«[77].

---

68 BD I, Nr. 210 und 211; DDF 1,14, Nr. 433. Brown, Fashoda, S. 100 f.; Sanderson, England, S. 346 f.

69 Vgl. DDF 1,14, Nr. 424 und 430.

70 Sanderson, England, S. 347; Bates, The Fashoda Incident, S. 157.

71 Brown, Fashoda, S. 101—110.

72 Vgl. GP 14, Nr. 3890.

73 BD I, Nr. 218.

74 T.W. Riker, A Survey of British Policy in the Fashoda Crisis. In: Political Science Quarterly 44 (1929), S. 68 f.; BD I, Nr. 213 und 215.

75 GP 14, Nr. 3892 (17.10.).

76 Langer, The Diplomacy of Imperialism, S. 552 f.; Riker, A Survey, S. 65 ff.; Sanderson, England, S. 348; Robert de Caix, Fachoda, Paris 1899, S. 258 ff.

77 Sanderson, England, S. 348.

In Frankreich beschränkte man sich — mit Ausnahme der Boulevardpresse — auf moderate Proteste gegen die provokanten Attacken. Insgesamt hielt sich die französische Presse erstaunlich zurück[78].

Unter den liberalen Imperialisten in Großbritannien herrschte weitgehend Einmütigkeit über den eingeschlagenen Kurs. Rosebery verwies in einer Rede in Epsom am 12. Oktober unter Bezug auf die Grey-Deklaration darauf, daß sich keine Regierung länger als eine Woche halten würde, wenn sie Zeichen des Nachgebens erkennen ließe. Grey selbst verteidigte den kompromißlosen Standpunkt in einer Rede in Huddersfield, daß die Rechte auf den Sudan einen englischen Rückzug unmöglich machten[79]. Den Standpunkt der Kabinettsmehrheit, die befürchtete, Salisbury könne Delcassé entgegenkommen und britische Ansprüche preisgeben, verdeutlichte der kämpferische Schatzkanzler Hicks Beach am 19. Oktober:

> »The country has put its foot down. If, unhappily, another view should be taken elsewhere, we the Ministers of the Queen, know what our duty demands. It would be a great calamity [...] But there are greater evils than war«[80].

Dem deutschen Geschäftsträger bestätigte Unterstaatssekretär Sanderson nachdrücklich die Ernsthaftigkeit dieser Rede[81], so daß dieser aufgrund seiner Beobachtungen den Nagel auf den Kopf traf:

> »Man ist sich hier der gegenwärtigen Schwäche Frankreichs wohl bewußt, kennt seine eigene maritime Überlegenheit und hält den Augenblick wohl nicht für ungünstig, einen immerhin gefährlichen Rivalen zu entkräften und unschädlich zu machen. Ich bin entfernt davon zu glauben, daß man hier einen Krieg mit Frankreich vom Zaune brechen wird, weiß aber, daß man mit der Möglichkeit eines solchen rechnet, und habe Grund zu der Vermutung, daß eine derartige Lösung manchen hiesigen Kreisen nicht unwillkommen wäre«[82].

Neben Hicks Beach lehnten vor allem Kolonialminister Joseph Chamberlain und der Herzog von Devonshire, der Vorsitzende des Geheimen Staatsrats, im Bewußtsein der breiten Unterstützung in der britischen Öffentlichkeit jegliches Zugeständnis an Frankreich ab. Laut Chamberlain befand sich

> »the English nation [...] in a mood where she will rather fight than give in a single iota [...] We shall present our bill to France not only in Egypt, but all over the globe and should she refuse to pay, then war«[83].

Am 27. Oktober mußte sich Salisbury im Kabinett dem massiven Druck der »Falken« beugen und die Entscheidung billigen, daß keine Verhandlungen mit Frankreich stattfänden, solange sich Marchand in Faschoda aufhielt[84]:

---

78 Sanderson, England, S. 348; Brown, Fashoda, S. 98; Bates, The Fashoda Incident, S. 154 f.; Riker, A Survey, S. 66; Michel, La Mission, 221—225; Rachael Arié, L'opinion publiqué en France et l'affaire de Fachoda. In: Révue d'histoire des colonies 41(1954), S. 345—347.

79 Sanderson, England, S. 348; Bates, The Fashoda Incident, S. 154 f.

80 Langer, The Diplomacy of Imperialism, S. 553.

81 GP 14, Nr. 3895.

82 GP 14, Nr. 3899.

83 GP 14, Nr. 3908.

84 BD I, Nr. 223. Vgl. Andrew, Théophile Delcassé, S. 101; Sanderson, England, S. 350, Grenville, Lord Salisbury, S. 226—228; Brown, Fashoda, S. 99; Bates, The Fashoda Incident, S. 158; DDF 1,14, Nr. 459.

»We are unable to discuss questions of frontier between Egypt and the French Congo so long as the French flag remains at Fashoda[85].«

Im französischen Kabinett herrschte über die wachsende Verhärtung der britischen Position große Beunruhigung. Vor dem Hintergrund der außenpolitischen Eskalation schenkte Delcassé daher dem am 22. Oktober eintreffenden telegraphischen Lagebericht Marchands, der die Situation in Faschoda weniger dramatisch schilderte als Kitchener zuvor, kaum Beachtung. Für ihn genossen die Verhandlungen auf diplomatischer Ebene oberste Priorität. Marchands Bericht war nur insoweit von Belang, als dieser einen Vorwand zum Rückzug lieferte und die Krise beendete.

Ein erneuter Vorstoß Courcels bei Salisbury am 25. Oktober, der einen »spontanen« französischen Rückzug gegen die »spontane« englische Bereitschaft zu Grenzverhandlungen anbieten sollte, kam indes nicht zustande, da es der britische Premier ablehnte, den französischen Botschafter vor der entscheidenden Kabinettssitzung am 27. Oktober zu empfangen[86]. Damit standen die Zeichen auf Sturm; denn Frankreich blieb nach Lage der Dinge nur der bedingungslose Rückzug aus Faschoda, wollte es sich nicht auf ein aussichtsloses Kräftemessen mit dem Rivalen einlassen.

Delcassé mochte gleichwohl an keinen Krieg zwischen Frankreich und England glauben, den er für »an unparalleled calamity« hielt, wie er Botschafter Monson zu verstehen gab[87]. Noch am 23. Oktober hatte der französische Außenminister damit gerechnet, daß sich in Kürze auf der Grundlage seines Kompensationsvorschlags ein Ende (dénouement) der anglo-französischen Krise anbahne[88], doch dämpfte die britische Entscheidung vom 27. Oktober, die einem Ultimatum sehr nahe kam, die optimistische Erwartungshaltung entscheidend, zumal sich Frankreich durch den Sturz des Kabinetts Brisson (26. Oktober 1898) in einer schweren innenpolitischen Krise befand[89].

Als aufmerksamer Beobachter der innenpolitischen Situation in Frankreich prophezeite Botschafter Monson »a government of generals which might even welcome war with England if they could in this way stave off the ›revision‹ of the Dreyfus case«[90]. In Salisburys Sicht befand sich Frankreich am Rande eines Bürgerkriegs. Nichtsdestoweniger bedeutete dieser Zustand für ihn eine Phase der Unberechenbarkeit, da er Frankreich in der momentanen Schwäche für kriegsbereit und aggressiv hielt. Die meisten Kabinettsmitglieder plädierten für sofortige und drastische Präventivmaßnahmen zur Abwendung eines französischen Angriffs. In dieser angespannten Atmosphäre bekam ein Bericht des Militärattachés in Paris, Colonel Dawson, vom 14. Oktober besonderes Gewicht, der vor einem »coup d'état« der französischen Militärs warnte, was einen Krieg mit Großbritannien zur Folge haben würde[91]. Zwar konnte Salisbury auf der Kabinettssitzung am 28. Oktober das von Chamberlain und Goschen (First Lord der

85 BD I, Nr. 219.
86 Sanderson, England, S. 348 ff. Vgl. auch DDF 1,14, Nr. 455.
87 BD I, Nr. 214 (21.10.1898).
88 Andrew, Théophile Delcassé, S. 100.
89 Brown, Fashoda, 109 f. Vgl. Bd I, Nr. 221.
90 Sanderson, England, S. 349, Grenville, Lord Salisbury, S. 228.
91 Brown, Fashoda, S. 111.

Admiralität) favorisierte Ultimatum an Frankreich mit Rückendeckung der Königin abblocken[92], die Befehle zur Mobilisierung der Marine ließen sich aufgrund der verstärkten Kriegsstimmung indes nicht umgehen. Noch am 28. Oktober erging der Kriegsbefehl an die Mittelmeerflotte, einen Tag später wurde die Kanalflotte nach Gibraltar verlegt[93].

Mit den anlaufenden englischen Mobilmachungen wurden Delcassés Hoffnungen auf eine Verhandlungslösung mit Konzessionen, die er der französischen Öffentlichkeit als diplomatischen Erfolg zu präsentieren gedachte, schwer erschüttert. Angesichts der alarmierenden Meldungen des französischen Marineattachés in London (»il me semble que l'Angleterre vent absolument nous faire la guerre«)[94] und der unerschütterlichen Siegeszuversicht Englands — Frankreich habe »not a ghost of a chance«[95] — versuchte Delcassé Botschafter Monson nochmals in beschwörenden Worten klarzumachen, daß sein weiteres Verbleiben im Außenministerium im wesentlichen von einer positiven Resonanz der englischen Regierung auf seinen Vorschlag abhänge. Er persönlich könne eine Demütigung Frankreichs nicht akzeptieren:

> »[...] and as war with England, which is the only alternative, would be alike contrary to his avowed policy, and repulsive to his principles, he would be obliged to retire from his post as Minister of Foreign Affairs«[96].

Bereits am 28. Oktober hatte sich Delcassé bemüht, Monson die Ausweglosigkeit der französischen Position in aller Schärfe zu verdeutlichen, wenn Großbritannien weiterhin unhaltbare und mit der Ehre Frankreichs nicht zu vereinbarende Forderungen erhebe.

> »As it is, France would be driven to cultivate the assistance of powers which would be only too glad to cooperate with her against English colonial policy [...] even Germany would not be averse from coming to an understanding with France for this end«[97].

Dieser Wink mit dem Zaunpfahl zeigte in London indes keine Wirkung. Angesichts der starren Haltung Englands, die Frankreich nur die Alternative ließ, einen demütigenden Rückzug anzutreten oder aus verletztem Nationalgefühl Großbritannien den Krieg zu erklären, wurde Delcassé zusehends nervöser.

Die innenpolitische Situation verschärfte sich noch, als einer von Marchands Offizieren, Oreste Baratier, am 26. Oktober in Paris eintraf und mit Unterstützung des »groupe colonial« vehement für eine harte Haltung Frankreichs in Faschoda votierte. Baratiers Anwesenheit erwies sich für Delcassés Konzept eines ehrenhaften Rückzugs mit eventuellen Konzessionen als verheerend, da nun der »groupe colonial« immensen Auftrieb bekam und energisch dagegen Stimmung machte, französische Ansprüche ohne vorherige Parlamentsdebatte

---

92 Sanderson, England, S. 350; Brown, Fashoda, S. 113.

93 Brown, Fashoda, S. 111—113; Sanderson, England, S. 349; Grenville, Lord Salisbury, S. 227—229; Arthur J. Marder, The Anatomy of British Sea Power. A History of British Naval Power in the PreDreadnought Era, 1880—1905, Reprint Hamden, Conn. 1964 [1]1949, S. 321—326. Vgl. GP 14, Nr. 3904 und 3909.

94 DDF 1,14, Nr. 440. Vgl. ebd., Nr. 447.

95 Ebd., Nr. 454.

96 BD I, Nr. 222 (29.10.1898).

97 Ebd., Nr. 221.

preiszugeben. Äußerst aktiv reagierte die koloniale Presse auf den Stimmungsumschwung unter den Kolonialisten. So gab »La Dépêche Coloniale« am 28. Oktober lautstark einem Krieg den Vorzug vor einer schmählichen Demütigung[98].

Nach Lage der Dinge war unverkennbar, daß Frankreich der auf maritime Überlegenheit gestützten Entschlossenheit Englands selbst bei russischer Hilfe nichts Gleichwertiges entgegensetzen konnte[99]. Die unzweideutige britische Haltung erzwang eine illusionslose Politik, wonach Frankreich keine andere Wahl hatte, als aus Faschoda abzuziehen »avec honneur et la tête haute« (Courcel)[100]. Es blieb dem neuen Kabinett Dupuy, dem Delcassé wiederum als Außenminister angehörte, demnach nichts anderes übrig, als den Rückzug Marchands anzuordnen. Die Rückzugsorder mag Delcassé leichter gefallen sein durch Courcels Mitteilung, England bestehe nicht offiziell auf dem Rückzug, so daß der Anschein der französischen Ehre gewahrt blieb[101]. Allerdings warnte Courcel dringend davor, den Rückzug aus Faschoda mit einer Annäherung an die Lokalmacht Abessinien zu koppeln, da dies den Krieg mit England bedeute[102]. So lautete die offizielle Formel, mit der am 3. November der Rückzug Marchands angezeigt wurde:

> »En présence des conditions précaires et de l'état sanitaire du personnel de la mission Marchand, le Gouvernement a décidé qu'elle quitterait Fachoda«[103].

Vermutlich war es der massiven Intervention Staatspräsident Faures in den Entscheidungsprozeß des Kabinetts Dupuy zuzuschreiben, daß Delcassés Rückzugsempfehlung akzeptiert wurde. Auch scheint Faure durch seinen persönlichen Einsatz zugunsten einer Evakuierung mäßigend auf die Kolonialisten gewirkt zu haben, die ihre drohenden Angriffe drosselten[104].

Mit dem Einlenken Frankreichs wurden die Spannungen zwischen Paris und London zwar gemildert, doch war die Gefahr eines Kriegs keineswegs gebannt; denn die englischen Rüstungen liefen mit unverminderter Energie weiter. In Frankreich bestand daher größte Besorgnis, daß England trotz des Nachgebens eine militärische Lösung des Konflikts beabsichtige[105].

Besonders deprimierend für die französische Regierung war, daß angesichts der nicht nachlassenden Kriegsstimmung in England der Bundesgenosse Rußland weiterhin demonstrativ Zurückhaltung übte. Die französische Öffentlichkeit reagierte darauf sehr empfindlich, weil Rußland damit die in der momentanen Resignationsphase so wichtige moralische Solidarität vermissen ließ[106].

Die französische Politik befand sich in dem fatalen Dilemma, daß England trotz des angekündigten Rückzugs aus Faschoda keine Verhandlungsbereitschaft über das Niltal zeigte — wodurch der Druck der Kolonialpartei auf die Regierung wuchs — daß ihr selbst aber infolge der eigenen militärischen

---

98 Sanderson, England, S. 352 f.; Bates, The Fashoda Incident, S. 159.
99 Sanderson, England, S. 351 f. Vgl. Andrew, Théophile Delcassé, S. 102 f.
100 DDF 1,14, Nr. 465. Sanderson, England, S. 350 ff.
101 DDF 1,14, Nr. 465.
102 DDF 1,14, Nr. 476. Vgl. auch ebd., Nr. 473; Brown, Fashoda, S. 115 f.
103 DDF 1,14, Nr. 480, BD I, Nr. 226—228.
104 Sanderson, England, S. 353 f.
105 GP 14, Nr. 3909. Vgl. DDF 1,14, Nr. 491.
106 Dazu Sanderson, England, S. 356—359; GP 14, Nr. 3924—3927.

Schwäche und der außenpolitischen Isolation nur ein geringer Spielraum für alternative Konzepte blieb[107]. Als Folge der Faschodakrise zeichnete sich in Paris eine pragmatische Neueinschätzung der französichen Großmachtpolitik ab, da sich Rußland als ein wenig zuverlässiger Allianzpartner erwiesen hatte. Als möglicher Adressat für Sondierungen bot sich das Deutsche Reich an, das gegenüber der englisch-französischen Auseinandersetzung mangels eigener Interessen im Sudan strikte Neutralität wahrte[108].

Botschafter Münster konnte infolge der öffentlichen Erregung über die englische Kriegsstimmung ein vermehrtes Bedürfnis registrieren, sich Deutschland anzunähern. Münster verhehlte jedoch nicht seine Skepsis gegenüber derartigen Sondierungen und trachtete danach, Illusionen zu zerstören, die »sozial einigen Wert [haben], politisch [aber] keinen, solange dabei noch von Elsaß-Lothringen die Rede ist«[109]. Der Botschafter traf damit den Nagel auf den Kopf und sprach das aus, was ohnehin ein Gemeinplatz der politischen Führung des Reichs war: Frankreichs Revanchegedanken und sein illoyales Verhalten seit der Siamkrise von 1893 ließen die Republik als kaum akzeptablen Bündnispartner erscheinen, es sei denn aus taktischem Kalkül in Verbindung mit dem Kontinentalligaprojekt.

Am ausgeprägtesten war die Frontstellung gegen Frankreich bei Wilhelm II. Er rechnete mit der Wahrscheinlichkeit eines bevorstehenden Zusammenstoßes zwischen Frankreich und England und war hinter den Kulissen sehr aktiv, der prophezeiten Konfrontation zwischen den rivalisierenden Seemächten Vorschub zu leisten. Während er sich zunächst bemühte, in einer Neuauflage des Kontinentalligaprojekts von seiner Orientreise aus schon Ende Oktober den Zaren zur Unterstüzuung Frankreichs zu drängen, von Nikolaus II. jedoch abschlägig beschieden wurde[110], bemühte er sich ab Mitte Dezember 1898 in einer plötzlichen Kehrtwendung, England dazu zu bewegen, die Chance zu ergreifen, um mit Frankreich abzurechnen[111]. Im Grunde tendierte der Kaiser emotional mehr zur englischen Seite, wobei die deutsch-englische Entspannungsphase in den zurückliegenden Monaten (Bündnisgespräche, englisch-deutsches Abkommen über portugiesische Kolonien) seine Haltung begünstigt haben mochte. Seine rege Anteilnahme an dem englisch-französischen Konflikt ging gar soweit, England die militärische Unterstützung Deutschlands in Aussicht zu stellen für den Fall, daß Frankreich bei einer kriegerischen Auseinandersetzung Hilfe von seinem Verbündeten Rußland erhielt[112]. Allerdings war Wilhelms innere Parteinahme für England nicht absolut. Sie bot auch im folgenden noch genügend Möglichkeiten zu einer wechselnden Frontstellung. So etwa in einer Unterredung mit dem französischen Botschafter in Berlin, de Noailles, Anfang Januar 1899, in der er auf die Gefahr verwies, daß Großbritannien auf »l'Afrique

107 Sanderson, England, S. 359—362.

108 Zur deutschen Haltung in der Faschodakrise siehe Kröger, S. 166 ff.

109 GP 14, Nr. 3926; GP 13, Nr. 3555. Vgl. ebd., Nr. 3556 f., 3560.

110 GP 14, Nr. 3900, 3905, 3913, 3916; Walther Goetz (Hg.), Briefe Wilhelms II. an den Zaren 1894—1914, Berlin 1920, S. 317.

111 Ludwig Bittner, Neue Beiträge zur Haltung Kaiser Wilhelms II. in der Faschodafrage. In: Historische Zeitschrift 162 (1940), S. 540—550.

112 Jamie Cockfield, Germany and the Fashoda Crisis, 1898—1899. In: Central European History 16 (1983), S. 256—275, hier S. 260 und 270.

tout entiere« abziele und dem französischen Vertreter seestrategische Ratschläge für einen Krieg gegen England erteilte[113].

Staatssekretär Bülow stand dem Hervortreten des Monarchen skeptisch gegenüber. Für ihn kam alles darauf an, zwischen Paris und London in »abwartender Mittelstellung«[114] zu verharren und sich nicht in den »Mahlstrom« des englisch-französischen Konflikts hineinziehen zu lassen, da mit der »französischen Kapitulation von Faschoda« der Auftakt zur englischen Abrechnung mit Frankreich zu beginnen schien[115].

Als daher Außenminister Delcassé Anfang Dezember 1898 bei dem Korrespondenten der »Kölnischen Zeitung«, Arthur von Huhn, einen inoffiziellen Bündnisvorstoß unternahm, stieß dieser in der Reichsleitung nur auf geringe Resonanz, da davon die Freihandpolitik fundamental betroffen war. Delcassé schilderte Huhn nachdrücklich die englische Absicht, Frankreich in einen Krieg zu stürzen und die französische Flotte zu vernichten. Dagegen sei, so Delcassé, »die Annäherung an Deutschland [...] als ein mit allen Mitteln anzustrebendes Ziel, das das Fortbestehen des bisherigen Verhältnisses zu Rußland nicht ausschließe«. Deutschland und Frankreich müßten gegenüber den »englischen Übergriffen« eine gemeinsame Politik verfolgen, wozu es in der Kolonialpolitik konkrete Ansätze gäbe[116]. Ohne das Wort »alliance« direkt zu gebrauchen, war unübersehbar, daß Delcassé vor dem Hintergrund britischer Drohungen eine Positionsverbesserung anvisierte. Allerdings war sein Vorstoß mehr taktischer Natur. Er sollte London, als dem eigentlichen Adressaten der Initiative, durch die Demonstration vermeintlich französischer Handlungsoptionen von einem Präventivkrieg abhalten[117].

Da Delcassés Initiative weder beim Kaiser noch im Auswärtigen Amt auf Gegenliebe stieß[118], blieb dem französischen Außenminister nur der mühsame Direktkontakt mit London, um die Kriegsgefahr abzubauen[119]. Der neue französische Botschafter in London, Paul Cambon, der Courcel Mitte Dezember ablöste, warnte nachdrücklich davor, angesichts der englischen Kriegsbereitschaft den kleinsten Fehltritt zu riskieren, da dieser fatale Folgen für Frankreich haben könnte[120].

Auch zu Beginn des neuen Jahres war für die französische Regierung die Kriegsgefahr noch nicht beseitigt. Der Nervenkrieg erreichte vielmehr in den ersten Januarwochen einen Höhepunkt, auf den die Pariser Börse sensibel reagierte[121]. Außenminister Delcassé, zusehends beunruhigt, hielt es trotzdem für angebracht, England anzuzeigen, daß bei einer militärischen Konfrontation die Zerstörung der französischen Flotte noch nicht das Ende des Kriegs bedeute; denn Frankreich würde in der Hoffnung auf eine günstige Wendung im euro-

113 DDF 1,15, Nr. 8 (8.1.1899).
114 GP 14, Nr. 3941.
115 GP 14, Nr. 3920.
116 GP 13, Nr. 3558. Vgl. Sanderson, England, S. 377—379.
117 Sanderson, England, S. 378.
118 Vgl. dazu Cockfield, Germany and the Fashoda Crisis.
119 Vgl. auch Andrew, Théophile Delcassé, S. 93—98.
120 Sanderson, England, S. 364. DDF 1,14, Nr. 577.
121 Sanderson, England, S. 364 f. Vgl. GP 14, Nr. 3927 f.

päischen Mächtesystem weiterkämpfen[122]. Salisbury ignorierte Delcassés trotzige Warnung angesichts überlegener militärischer Stärke. Die eigenen Marinerüstungen, die von der Admiralität als minimale Sicherung befürwortet wurden, waren für ihn lediglich die angemessene Antwort auf französische Provokationen und insofern auch die Folge der kritischen internationalen Situation. Botschafter Monson erklärte zwar französische Militärvorbereitungen primär für devensiv und zerstreute französische Kriegsabsichten, eine Änderung im ausgeprägten Sicherheitsdenken der Admiralität wurde damit jedoch nicht erreicht. Noch bis Mitte Februar 1899 mißtraute man in der Admiralität wie in Teilen der britischen Öffentlichkeit den französischen Defensivmaßnahmen, da die Überzeugung vorherrschte, »every day sees the French stronger at sea and better prepared for war«[123].

Mitte Januar 1899, als die Verhandlungen zwischen Salisbury und Cambon über den Sudan begannen, zeichnete sich eine allmähliche Demobilisierung auf britischer Seite ab, auch wenn in Frankreich noch im Frühjahr ein Krieg prophezeit wurde. Bis Ende Februar 1899 war jedoch die Kriegsgefahr verschwunden[124]. Ein deutliches Anzeichen für die Entspannung war der Abschluß des englisch-ägyptischen Abkommens über den Sudan am 19. Januar 1899, das das obere Nilgebiet formell unter Kondominialverwaltung stellte. Mit der vertraglichen Regelung des Sudanproblems mit Ägypten waren Englands Sicherheitsinteressen Genüge getan, und das obere Niltal unbestritten englische Interessensphäre. Auf dieser Basis konnten die Gespräche mit Frankreich aufgenommen werden, die von Anfang an keine Aufweichung britischer Positionen erkennen ließen[125]. Delcassé war in den am 11. Januar 1899 beginnenden Verhandlungen bestrebt, den Anschein französischer Schwäche zu zerstören und seine Forderung von einem Zugang zum Nil durchzusetzen. In den über zweimonatigen Verhandlungen blieb Salisbury jedoch kompromißlos und billigte Frankreich keinerlei Einfluß im Niltal zu. Delcassé mußte sich schließlich dem Abkommen vom 21. März 1899 beugen, das den Sudan gleichfalls als britische Interessensphäre auswies[126].

Die Marchandexpedition in das obere Niltal bedeutete eine eklatante Herausforderung des von Großbritannien wiederholt artikulierten exklusiven Zugriffsrechts auf den Sudan, der einen integralen Bestandteil der ägyptischen Interessensphäre bildete. Großbritannien war entschlossen, bei der Durchsetzung seiner primär strategischen Interessen im Süden des Khedivenreichs bis zur ultima ratio zu gehen, um jegliche Penetration seitens Dritter in das Gebiet des oberen Nil zu unterbinden. Dazu wies die Grey-Deklaration von 1895 den Weg. Frankreich verwarf zunächst britische Ansprüche auf den Sudan, da dieser infolge der Evakuierung nach dem Tod Gordons im Jahre 1885 zur »res nullius« geworden sei, war jedoch nach der Eroberung Khartums durch General

---

122 Sanderson, England, S. 364 f.
123 Ebd., S. 365.
124 Grenville, Lord Salisbury, S. 231; Marder, The Anatomy of British Sea Power, S. 334 f.; GP 14, Nr. 3930; DDF 1,15, Nr. 55.
125 Sanderson, England, S. 366—369; DDF 1,14, Nr. 507.
126 Sanderson, England, S. 369—371; Grenville, Lord Salisbury, S. 232 f., Text: DDF 1,15, Nr. 122.

Kitchener und der Konfrontation zwischen Kitchener und Marchand in Faschoda im Herbst 1898 mehr denn je daran interessiert, durch einen Verhandlungserfolg einen Rückzug ohne Gesichtsverlust antreten zu können. Im Gegensatz zum breiten öffentlichen Konsens in Großbritannien, der auch die liberale Opposition miteinschloß, wurde in Frankreich die Uneinigkeit über die zu ergreifenden Schritte durch die Dreyfusaffaire gefördert.

Angesichts militärischer Überlegenheit und eindeutiger Suprematie zur See bezog London eine demonstrative Position diplomatischer Härte, die jeden Ansatz zu Konzilianz vermissen ließ. Mit einer Politik kalkulierter Drohungen wurde der französischen Regierung zu verstehen gegeben, daß die conditio sine qua non für eine Deeskalation, mithin auch für etwaige Kolonialverhandlungen, der bedingungslose Abzug Marchands aus Faschoda sei.

Bei stetiger Eskalation der britischen Abwehrstrategie erkannte Außenminister Delcassé, daß dem durch Rußlands Zurückhaltung in Europa isolierten Frankreich nur die Alternative blieb zwischen Kapitulation und chancenlosem Krieg.

War für Großbritannien ein Entgegenkommen aufgrund der gegen Frankreich feindlich eingestellten Öffentlichkeit nur schwer möglich, so erwies sich für Frankreich ein bedingungsloser Rückzug aus Faschoda aufgrund des damit verbundenen schweren Prestigeverlusts und der Agitation der Kolonialkreise schwer durchführbar. Auf beiden Seiten des Kanals wuchs die Bereitschaft, für seinen Standpunkt eher zu kämpfen als nachzugeben, wobei England, bedingt durch die militärische Überlegenheit und die Entschlossenheit Premierminister Salisburys in jeder Konfliktphase entscheidende Vorteile hatte, so daß Großbritannien im Grunde von Anfang an Verlauf und Intensität der Eskalation allein bestimmte. Salisbury dosierte dabei seine Taktik nach den jeweiligen Erfordernissen: hart in der Sache, aber — im Gegensatz zur indischen Grenze, wo britische »essentials« auf dem Spiel standen — zu prinzipiellem Nachgeben bereit. Nicht verkannt werden darf freilich, daß Salisbury seine auf Ausgleich angelegte Politik nur gegen Widerstand im Kabinett behaupten konnte. Seinen Gegnern gelang es im Oktober 1898 sogar, ihre Vorstellungen einer angemessenen Mobilmachung durchzusetzen.

Ungeachtet des französischen Nachgebens am 3. November 1898 liefen Englands Kriegsvorbereitungen bis Anfang des nächsten Jahres weiter und führten die Spannungen fort. Der Nervenkrieg erreichte im Januar 1899 einen zweiten Höhepunkt. Als jedoch der Vertrag über das anglo-ägyptische Kondominium im Sudan unter Dach und Fach war, ebbte Ende Januar 1899 mit der beginnenden Demobilisierung in Großbritannien die Kriegsgefahr rasch ab. Damit war die Grundlage geschaffen für englisch-französische Gespräche, die am 21. März 1899 in ein Abkommen mündeten, in dem Frankreich Englands dominierende Stellung am Nil anerkannte.

Frankreich hatte eine demütigende diplomatische Niederlage einstecken müssen. Durch die Anerkennung der Tatsachen schuf es jedoch die Voraussetzung für eine Annäherung an England, die 1904 mit der »Entente Cordiale« zustande kam.

26. »War with Germany is imminent.« Deutsch-amerikanisches Säbelgerassel vor Manila 1898

Deutschlands Interesse an den spanischen Philippinen entsprang wirtschaftlichen und strategischen Motiven. Zum einen galt die Intensivierung des Handelsvolumens wegen der reichen Kohle-, Öl- und Eisenerzvorkommen als erstrebenswert: 1896 rangierte Deutschland an siebter Stelle der philippinischen Außenhandelsstatistik[1]. Zum anderen wuchs die Bedeutung der pazifischen Inselgruppe in sicherungs- und marinepolitischer Hinsicht als Bindeglied sowohl zwischen den verstreuten deutschen Südseebesitzungen und dem chinesischen Festlandsstützpunkt Kiautschou als auch zwischen Ostasien und dem amerikanischen Kontinent.

Bereits im Jahre 1896 hatte sich das Auswärtige Amt veranlaßt gesehen, zur Philippinenfrage Stellung zu nehmen, als Deutschland von den Aufständischen im Kampf gegen die spanische Kolonialherrschaft um Unterstützung gebeten wurde. Deutschland hatte indes keinen Grund, zugunsten der Insurgenten zu intervenieren und Spaniens Rechte zu beschneiden, solange deutsche Interessen nicht in Mitleidenschaft gezogen wurden. Gleichwohl war man in Berlin durch die Berichte der Konsuln und des Chefs des Kreuzergeschwaders über den Verlauf der Insurrektion und eine eventuelle Gefahr für die spanische Herrschaft wie für deutsche Interessen recht gut informiert. Kurzfristig im Dezember 1896 und im Mai 1897 zum Schutz deutscher Interessen nach Manila beorderte Kriegsschiffe konnten jedoch bald zurückgezogen werden, da nach Beobachtungen der Vertreter vor Ort der Aufstand zwar weiterging, Manila selbst aber offensichtlich nicht bedroht war[2].

Während das Philippinenproblem im Laufe des Jahres 1897 etwas in den Hintergrund geriet, wurde die Aufmerksamkeit der politischen Reichsleitung im September 1897 verstärkt auf den nunmehr zwei Jahre dauernden Aufstand gegen die spanische Herrschaft in Kuba gelenkt, zumal von amerikanischer Seite energisch auf die Wiederherstellung des Friedens auf der Karibikinsel vor der eigenen »Haustür« gedrängt und gar die Möglichkeit einer Intervention angesprochen wurde, falls Spanien allein mit den Aufständischen nicht fertig würde[3].

Die Einmischung der USA in die kolonialen Schwierigkeiten Spaniens veranlaßte Kaiser Wilhelm II. am 28. September 1897, in einer spontanen Solidaritätsadresse für die alte Kolonialmacht, das Eingreifen der europäischen Staaten anzuregen, um die monarchische Regierungsform Spaniens vor Erschütterungen zu bewahren[4].

---

1 Olli Kaikkonen, Deutschland und die Expansionspolitik der USA in den 90er Jahren des 19. Jahrhunderts, Jyväskylä 1980, S. 93.

2 Ebd., S. 95 f. Vgl. Reiner Pommerin, Der Kaiser und Amerika. Die USA in der Politik der Reichsleitung 1890—1917, Köln, Wien 1987, S. 85 f.

3 Pommerin, Der Kaiser und Amerika, S. 71 f. Zu Kuba vgl. Hans Ulrich Wehler, Der Aufstieg des amerikanischen Imperialismus, Göttingen 1974, S. 190—216.

4 GP 15, S. 3, Anm.

Wilhelms Vorpreschen stand im Widerspruch zur »weltpolitischen« Konzeption des neuen Staatssekretärs des Äußeren, Bernhard von Bülow, der die materielle Basis für ein dauerhaftes Agieren der kontinentalen Großmacht Deutschand im Weltmaßstab erst mit dem Flottenbau schaffen wollte und deswegen auf Zurückhaltung im außenpolitischen Bereich setzte. Für ihn war es die vorrangige Aufgabe, die riskante, marinepolitisch determinierte Übergangsphase, in der der Grundstein für den Kolonialerwerb gelegt werden sollte, gegen externe Störungen abzuschotten und Deutschlands wachsendes Gewicht im internationalen Spiel der Kräfte durch eine Politik der freien Hand flexibel zu akzentuieren. Dazu diente auch die von Bülow favorisierte Kooperation mit Rußland, die es dem Reich gestatteten sollte, internationale Rivalitäten und Konflikte im Hinblick auf die anvisierte »weltpolitische« Rolle auszunutzen, ohne aktive Vorreiterdienste zu übernehmen.

Wegen der starken Wirtschaftsinteressen des Deutschen Reichs in den USA war Bülow nicht daran gelegen, durch einen Alleingang die amerikanischen Sympathien zu verlieren. Außerdem bestand die Gefahr, daß durch ein zu frühes Aktivwerden Deutschlands das Mißtrauen Englands und Frankreichs geweckt wurde und die beiden Seemächte dann nicht »mitzogen«. Hinzu kam, daß das Deutsche Reich im Herbst 1897 von der Suche nach dem geeigneten Stützpunkt im Fernen Osten voll in Anspruch genommen wurde (Besetzung Kiautschous am 14. November 1897), und das Auswärtige Amt schon deshalb bestrebt war, Konfrontationen zu vermeiden, die Deutschlands schwache internationale Stellung gefährdeten[5]. Sondierungen in den europäischen Hauptstädten erbrachten, daß keine Macht zugunsten Spaniens die Initiative ergreifen wollte. Damit war der Gedanke an eine Kollektivdemarche vorerst gescheitert[6].

Wilhelms Appell vom September 1897 blieb wegen der zurückhaltenden Linie des Auswärtigen Amts folgenlos. Die spanische Frage erlebte aber Mitte Februar 1898 eine Neuauflage, als der spanische Botschafter in Berlin wegen der unübersehbaren politischen und militärischen Schwäche Spaniens bat, Deutschland möge sich angesichts der Konzentration von US-Seestreitkräften vor Kuba an die Spitze einer europäischen Aktion »zum Schutz des monarchischen Prinzips« gegen die Übergriffe Nordamerikas stellen[7].

Bülow lehnte die Bitte ab, räumte aber ein, daß eine Teilnahme Deutschlands an einer europäischen Demarche in Washington bei einem Hervortreten Großbritanniens und Frankreichs möglich sei[8].

Zwar kam am 7. April eine vom britischen Botschafter Lord Pauncefote und US-Außenminister Day gemeinsam entworfene, im Ton recht moderate Kollektivnote zustande[9], doch blieb diese — nicht zuletzt wegen der Inanspruchnahme der Mächte durch die Chinafrage — ohne Wirkung. Eine erneute, von englischer Seite angeregte Kollektivnote fand keine deutsche Zustimmung, da der Kaiser inzwischen mit Bülow darin übereingekommen war, daß ein gutes

5 Vgl. Peter Winzen, Bülows Weltmachtkonzept, Boppard 1977.
6 GP 15, Nr. 4121 f.
7 GP 15, Nr. 4123.
8 Ebd.
9 GP 15, Nr. 4138.

deutsch-amerikanisches Verhältnis wichtiger sei als ein Akt monarchischer Solidarität zugunsten Spaniens[10].

Der Wert, den vor allem Bülow einem guten Einvernehmen mit den USA beimaß, hob sich vor dem Hintergrund der »Weltpolitik« deutlich vom antiamerikanischen Grundtenor der Caprivi-Ära ab. Dies schien in Washington angesichts des Übergangs vom expansiven zum imperialistischen Ausgreifen durchaus erkannt zu werden, mußte doch der deutschen Haltung gegenüber dem Konflikt mit Spanien beim diplomatischen Ausloten der Stimmung im internationalen Mächtesystem wesentliche Bedeutung zukommen. Ganz in diesem Sinne wurde daher der amerikanische Geschäftsträger in Berlin am 26. April im Auswärtigen Amt vorstellig und gab den Kriegszustand zwischen den Vereinigten Staaten und Spanien seit dem 22. April bekannt. Diese Mitteilung erfolgte, um die deutsche Neutralität im Krieg gegen Spanien sicherzustellen[11].

Die beiden zunächst nicht direkt verbundenen insularen Brennpunkte Philippinen und Kuba, mit denen Spaniens Überseebesitz stand und fiel, ließen es immerhin möglich erscheinen, daß bei zunehmender Spannungslage in der Karibik die USA im Fall einer kriegerischen Auseinandersetzung die Kampfhandlungen auf den pazifischen Bereich ausweiten und die vor Manila liegende spanische Flotte in einem Präventivschlag zu vernichten versuchten. Pläne für eine derartige Operation zirkulierten ab Herbst 1897 in Washington. Danach sollte Manila durch das amerikanische Fernostgeschwader blockiert und erobert werden. Damit wollten sich die USA nicht nur ein Faustpfand für spätere Verhandlungen sichern, vielmehr sollte ein Teil des eroberten Territoriums im Besitz der Vereinigten Staaten verbleiben, wobei die ursprüngliche Begründung, es gelte amerikanische Pazifikstützpunkte für die Verbindung mit China zu errichten, immer mehr einer imperialistischen Zielsetzung wich[12]. Die Entwicklung auf den Philippinen verfolgte Bülow daher mit großem Interesse. Im Einklang mit seiner »weltpolitischen« Grundlinie konnte der Konflikt zwischen Spanien und den USA unter Umständen im deutschen Interesse ausgenutzt werden. Insofern galt es, jedes Anzeichen eines etwaigen Besitzwechsels von Territorien in Übersee aufmerksam zu registrieren.

Schon Anfang März 1898 hatte der deutsche Konsul in Hongkong gemeldet, daß die in Fernost stationierten US-Kriegsschiffe Befehl hätten, sich auf einen Angriff auf Manila vorzubereiten. Der Kaiser, der das Telegramm mit der Bemerkung versah: »Diese Halunken von Yankees wollen den Krieg!«, ließ die Meldung als persönliche Warnung an die spanische Königin übermitteln, die ihrerseits, von der deutschen Sympathie bestärkt, bat, Deutschland möge ein oder mehrere Kriegsschiffe zu den Philippinen entsenden.

---

10 GP 15, Nr. 4140; GP 15, S. 24, Anm. 1.

11 Vgl. Pommerin, Der Kaiser und Amerika, S. 71—80; Lester B. Shippee, Germany and the Spanish-American War. In: American Historical Review 30 (1924/25), S. 754—777; Leon M. Guerrero, The Kaiser and the Philippines. In: Philippine Studies 9 (1961), S. 584—600.

12 Vgl. dazu Howard K. Beale, Theodore Roosevelt and the Rise of America to World Power, Baltimore 1956; William R. Braisted, The United States Navy in the Pacific 1897—1909, Austin 1958.

Die offensichtliche spanische Kalkulation, dadurch die USA von kriegerischen Aktionen abzuhalten, wurde jedoch hinfällig, als der deutsche Botschafter in Washington am 4. März den Einsatzbefehl der amerikanischen Fernostflotte bestätigte, wenngleich er ernsthafte Kriegsabsichten der USA bestritt[13]. Immerhin genügte die von Holleben angedeutete Möglichkeit, daß sich die USA zwecks Errichtung eines Stützpunkts in Ostasien von Spanien philippinisches Gebiet abtreten lassen könnten, um den Kaiser zu dem energischen Kommentar zu verleiten: »Das dürfen die Yankees nicht, denn Manila müssen wir einmal haben[14].« In seiner Überzeugung wurde der Kaiser durch seinen Bruder, Prinz Heinrich, bestärkt, der als Kommandeur der 2. Division des Kreuzergeschwaders am 11. April aus Hongkong meldete, er habe erfahren, daß der Aufstand der Filipinos berechtigt sei und diese »sich gern unter Schutz anderer europäischer Macht, besonders Deutschlands, stellen würden«[15].

Der Kaiser war davon überzeugt, daß die spanische Flotte die amerikanische schlagen würde; hingegen hielt er eine Niederwerfung der Insurrektion auf den Philippinen durch spanische Kräfte für unwahrscheinlich. Dadurch ergab sich für ihn die Chance, Manila als »reife Frucht« zu ernten, eventuell als »Belohnung« für die Unterstützung der Spanier bei der Wiederherstellung der Ordnung[16].

Mit dem Sieg Konteradmirals Deweys über die spanische Flotte vor Cavite am 1. Mai 1898 trat fast über Nacht die Philippinenfrage in das Zentrum des politischen Interesses, da eine Zeitlang Ungewißheit herrschte, welche Absichten die Amerikaner hatten und wer die Nachfolge der Spanier auf dem Archipel antreten würde. Erschwerend kam hinzu, daß einerseits — von Spanien geschürte — Gerüchte über eine eventuelle Anwartschaft Englands auf die Philippinen kursierten, andererseits die Frage einer Schutzmacht für die aufständischen Filipinos ausgiebig diskutiert wurde[17]. Damit war für Berlin der Meinungsbildungsprozeß schwieriger geworden, und eine Klärung der Vorgänge vor Ort schien dringend geboten. Ein aktives Engagement Englands bei der Nachfolgeregelung auf den Philippinen bedeutete auch einen Dämpfer für die durch Telegramme Prinz Heinrichs und des deutschen Konsuls in Manila (April/Mai 1898) genährte Hoffnung, maßgeblich an der Aufteilung der spanischen Besitzung beteiligt zu werden[18]. Am 8. Mai forderte Bülow daher Botschafter Hatzfeld in London auf, den Wahrheitsgehalt der Gerüchte zu überprüfen. Bülows Meinung nach sollte auf jeden Fall klargestellt werden, daß Deutschland bei einer Verteilung des kolonialen Besitzstandes nicht leer ausgehen dürfe. Konnte Hatzfeld auch keine englischen Absichten auf die Philippi-

---

13 Kaikkonen, Deutschland, S. 96 f.; John A.S. Grenville/George Berkeley Young, Politics, Strategy and American Diplomacy, New Haven, London 1966, S. 283.

14 Kaikkonen, Deutschland, S. 97. Vgl. Pommerin, Der Kaiser und Amerika, S. 81; Bernhard Fürst von Bülow, Denkwürdigkeiten, Bd I, Berlin 1930, S. 221 (Tel. Tirpitz an Wilhelm II. April 1898 - Randbemerkung).

15 GP 15, S. 34, Anm. Vgl. Kaikkonen, Deutschland, S. 97.

16 Bernhard Fürst von Bülow, Denkwürdigkeiten, I, S. 221.

17 Kaikkonen, Deutschland, S. 98; Pommerin, Der Kaiser und Amerika, S. 81—83.

18 Vgl. GP 15, Nr. 4145.

nen ausmachen, so hielt er doch den Zeitpunkt für deutsche Kompensationen für günstig, und zwar in bezug auf Samoa[19].

Am 14. Mai versuchte Bülow in einem Immediatbericht die verworrene Lage zu analysieren und Deutschlands Standpunkt zu verdeutlichen. Bülow war sich im klaren darüber, daß für den Besitz der Philippinen die Beherrschung des Meeres unabdingbar war. Auch war er realistisch genug einzugestehen, daß die Insurrektion der Filipinos gegen jede Art von Fremdherrschaft gerichtet war. Eine auf Kolonialerwerb abzielende Separataktion Deutschlands verbot sich für ihn allein wegen der unzureichenden Flotte. Nur bei rechtzeitiger Verständigung mit wenigstens einer »erstklassigen« Seemacht — die freilich nicht in Sicht war — würde die Durchführung eines deutschen Unternehmens Erfolg versprechen; denn »ein unvorsichtiges deutsches Vorgehen könnte eine mit der Spitze gegen uns gerichtete allgemeine Koalition hervorrufen«. In Anbetracht dieser Kardinalmaxime bot sich ihm deshalb neben Protektorats- und Teilungsideen die »Sicherung der Unabhängigkeit der Philippinengruppe durch Neutralisierung und Unterstelllung unter den gemeinsamen Schutz eines Areopags von Seemächten« als die »unverfänglichste Form« an, das Philippinenproblem aufzurollen[20]. Mit der Neutralitätsformel war vor allem gegenüber England ein Ansatzhebel gefunden, auf diplomatischem Wege die Frage angemessener Kompensationen zu erörtern[21]. Da England jedoch nicht bereit war, in die Zukunft der Philippinen gegen den Willen der USA einzugreifen, blieben sowohl die deutschen Spekulationen auf einen Stützpunkt als auch die Hoffnungen auf Neutralisierung unerfüllt[22]. Gleichzeitig plädierte Bülow dafür, zur Erkundung der Verhältnisse vor Ort den Befehlshaber des deutschen Ostasiengeschwaders, Vizeadmiral von Diederichs, persönlich nach Manila zu entsenden,

> »damit wir nicht nur über die wirklichen Gesinnungen der Eingeborenen, sondern auch über die Aussichten des Bürgerkriegs uns ein klares und richtiges Bild machen können«[23].

Nachdem bereits auf kaiserlichen Befehl vom 28. April zwei Schiffe des Kreuzergeschwaders (»Irene« und »Cormoran«) am 6. bzw. 9. Mai zum Schutz deutscher Interessen vor Manila erschienen waren, erging am 3. Juni die Order an Diederichs, sich unverzüglich mit dem gesamten Geschwader in philippinische Gewässer zu begeben[24]. Bülows nachträgliche Behauptung, für die Entsendung

19 Kaikkonen, Deutschland, S. 98 f. Zur Haltung der europäischen Mächte insgesamt Ernest Richard May, Imperial Democracy. The Emergence of America as a Great Power, New York 1961, S. 196—293.

20 GP 15, Nr. 4145. Vgl. Botschafter Paul Graf von Hatzfeldt, Nachgelassene Papiere 1838—1901. Hrsg. von Gerhard Ebel, 2 Bde, Boppard 1976, Bd II, Nr. 730 (27.6.1898).

21 GP 15, Nr. 4146; Peter Winzen, Die Englandpolitik Friedrich von Holsteins. Diss. 2. Teil, Köln 1975, S. 190.

22 Ragnhild Fiebig-von Hase, Lateinamerika als Konfliktherd der deutsch-amerikanischen Beziehungen 1890—1903, Bd 1, Göttingen 1986, S. 416.

23 GP 15, Nr. 4145.

24 Kaikkonen, Deutschland, S. 99; Ronald Spector, Admiral of the New Empire. The Life and Career of George Dewey, Baton Rouge 1974, S. 74; Otto v. Diederichs, Darstellung der Vorgänge vor Manila von Mai bis August 1898. In: Marine-Rundschau 25 (1914), S. 253; A. Tirpitz, Erinnerungen, Leipzig 1919, S. 122 und 141; Volker R. Berghahn, Der Tirpitz-Plan. Genesis und Verfall einer innenpolitischen Krisenstrategie unter Wilhelm II., Düs-

sei »kein andres Motiv maßgebend« gewesen »als die legitime Verpflichtung, deutsches Leben und Eigentum zu schützen«, entspricht indes nicht ganz den Tatsachen. Aus Wilhelms Einsatzbefehl geht hervor, daß das Geschwader außer der Beobachtung der Vorgänge in Manila auch deutsche Interessen auf den West-Karolinen wahrnehmen und, falls die USA Schiffe nach den Palau-Inseln schickten, ebenfalls dort Flagge zeigen sollte[25].

Diederichs erhielt den Einsatzbefehl am 3. Juni in Nagasaki, wo er mit seinem Flaggschiff »Kaiser« und der »Prinzeß Wilhelm« zu Reparaturarbeiten lag[26]. Als Begründung für die Verlegung von drei zusätzlichen Schiffen nach Manila dienten in Diederichs eigenen Worten »das Fehlen von Telegraphen- und guten Postverbindungen neben wirtschaftlichen Rücksichten«[27]. Politische Instruktionen aus Berlin hatte der Geschwaderchef nicht erhalten. Der Kommandierende Admiral hatte ihm lediglich aufgetragen, strengste Neutralität nach allen Seiten zu beachten. Diederichs ging davon aus,

> »daß nur ein Notschrei der Deutschen in Manila aus Besorgnis vor einem Insurgentenüberfall oder einem Bombardement meine persönliche Entsendung nach den Philippinen veranlaßt habe«[28].

Am 12. Juni traf Diederichs auf dem Kreuzer »Kaiserin Augusta«, dem am 19. und 20. Juni die Kreuzer »Kaiser« und »Prinzeß Wilhelm« folgten, in Manila ein. Hier hatte inzwischen der Sieger von Cavite, Konteradmiral George Dewey, eine völkerrechtlich nicht legitimierte Blockade über Manila verhängt, über deren Existenz der deutsche Geschwaderchef offiziell offenbar nicht unterrichtet war. Zwar lagen auch englische, französische, österreichische und japanische Kriegsschiffe vor der Reede von Manila, doch löste das Erscheinen einer größeren Flotte, als sie selbst den Amerikanern für die Blockade zur Verfügung stand, bei Dewey Unbehagen aus. Deweys Nervosität steigerte sich noch aufgrund des Gerüchts, die spanische Mittelmeerflotte befinde sich im Anmarsch — was tatsächlich der Fall war, doch machte diese bereits Anfang Juli nach der Vernichtung der spanischen Flotte vor Kuba in Suez kehrt. Auch die unlängst erfolgte Verstärkung des Ostasiengeschwaders durch Prinz Heinrichs zweite Kreuzerdivision mußte Deweys Mißtrauen erregen, zumal er selbst ohne die erbetene

seldorf 1971, S. 37; Bernhard Fürst von Bülow, Denkwürdigkeiten, I, S. 221; Winzen, Bülows Weltmachtkonzept, S. 88.

25 Winzen, Bülows Weltmachtkonzept, S. 88; Bülow (Bernhard Fürst von Bülow, Denkwürdigkeiten, I, S. 221) und Tirpitz (Tirpitz, Erinnerungen, S. 159) vermitteln ein falsches Bild von Deutschlands Absichten. Vgl. auch Alfred Vagts, Deutschland und die Vereinigten Staaten in der Weltpolitik, 2 Bde, New York 1935, Bd II, S. 1327 und Winzen, Englandpolitik, S. 187 f.

26 Zu den Vorgängen vor Manila vgl. insbesondere die schon erwähnten Titel von Diederichs, Darstellung der Vorgänge vor Manila, und Spector, Admiral of the New Empire. Dazu Thomas A. Bailey, Dewey and the Germans at Manila Bay. In: American Historical Review 45 (1938), S. 59—81; Nathan Sargent, Admiral Dewey and the Manila Campaign, Washington D.C. 1947; John M. Ellicott, The Cold War between von Diederichs and Dewey in Manila Bay. In: United States Naval Institute Proceedings 81 (1955), S. 1236—1239; Autobiography of George Dewey. Admiral of the Navy, New York 1913; Holger H. Herwig, Politics of Frustration. The United States in German Naval Planning, 1889—1941, Boston, Toronto 1976, S. 24—33 .

27 Diederichs, Darstellung der Vorgänge vor Manila, S. 254.

28 Ebd. und S. 255 f.

Verstärkung und — da er das Seekabel gekappt hatte — ohne Weisungen aus Washington blieb, wie er sich in diesem Fall zu verhalten hatte. Sein späteres Verhalten ist nicht zum geringen Teil darauf zurückzuführen, daß die ihm zugänglichen Zeitungen aus Hongkong Meldungen über deutsche Annexionsabsichten kolportierten[29].

Während Deweys Verhältnis zu den Kommandanten der anderen fremden Schiffe vor Manila durchweg korrekt bis freundlich war, schien sich seine seit dem China-Aufenthalt herauskristallisierte Antipathie gegen Deutschland, das er als aggressivste Macht im Fernen Osten einschätzte, noch zu verfestigen und zu einer Art persönlichem Wettbewerb zwischen ihm und Diederichs zu entwickeln. So bedeutete für ihn die Anwesenheit der deutschen Schiffe, die in die Manilabucht ein- und ausliefen und anscheinend ziellos umherpatroullierten, nicht nur eine Irritation, das Verhalten der Deutschen erschien ihm auch als bewußte Provokation in einer Situation, in der er die Gefechtsbereitschaft seines Geschwaders aufrechtzuerhalten bemüht war[30].

Weniger die Regierungen in Washington und Berlin, als vielmehr die öffentliche Meinung in beiden Ländern wurde von zwei Zwischenfällen emotionalisiert, die sich zwischen deutschen Marineeinheiten und Einheiten der US-Navy zutrugen und der Manilakontroverse gar den Rang einer hochexplosiven Konfliktsituation beimaßen[31]. Reißerische Schlagzeilen der US-Presse sprachen von »Intervention Deutschlands! Bedrohung Manilas! Das ist der Krieg!« In der »New Yorker Staatszeitung« war zu lesen, Admiral Dewey werde nötigenfalls das deutsche Geschwader zerstören, ebenso werde die US-Flotte die gesamte deutsche Seemacht vernichten[32].

Daß eine zumindest lokale Eskalation vorlag, ist schon aufgrund der besonderen Umstände, in denen sich Dewey befand, unbestreitbar; doch dürfte ein Krieg weder von deutscher noch von amerikanischer Seite bewußt intendiert gewesen sein. So greift Hermann von Eckardstein in seinen Erinnerungen sicherlich zu hoch, wenn er behauptet, daß das Deutsche Reich »infolge der abenteuerlichen Expansionspolitik der maßgebenden Kreise Berlins auf Haaresbreite in einen Krieg mit Amerika geriet«[33]. Die von ihm im nachhinein suggerierte Kriegsgefahr schien jedoch wenigstens eine Zeitlang in der Perzeption der Öffentlichkeit und eines Teils der politisch-militärischen Führung zu bestehen und die Reaktionen auf diese Bedrohung auf beiden Seiten des Atlantiks zu bestimmen. Insofern greift der deutschfreundliche US-Botschafter in Berlin, Andrew D. White, zu kurz, wenn er die Manilakrise nur dem Wirken der Sen-

[29] Vgl. Bailey, Dewey and the Germans at Manila Bay; Spector, Admiral of the New Empire, S. 68—72; Pommerin, Der Kaiser und Amerika, S. 83.

[30] Spector, Admiral of the New Empire, S. 75 f. und 72. Die Präsenz der deutschen Flotte vor Manila bezeichnet Herwig als klassisches Beispiel für einen »overkill« (Holger H. Herwig, »Luxury Fleet«. The Imperial German Navy, 1888—1918, London 1980, S. 102).

[31] Hermann Freiherr v. Eckardstein, Lebenserinnerungen und politische Denkwürdigkeiten, Leipzig 1919, Bd I, S. 306.

[32] Walter Hubatsch, Die Ära Tirpitz. Studien zur deutschen Marinepolitik 1890—1918, Göttingen 1955, S. 37.

[33] Vgl. Anm. 31.

sationspresse zuschreibt und das Verhältnis zwischen den Protagonisten vor Ort mit kühler Korrektheit kennzeichnet[34].

Der Konflikt entzündete sich an der von Dewey angesichts erwarteter spanischer Verstärkungen für notwendig erachteten Identitätsorder für alle Schiffe innerhalb der Blockadezone. Laut Dewey reichte die neutrale Flagge nämlich nicht aus, die Identität eines fremden Kriegsschiffs zweifelsfrei festzustellen, da auch die Spanier die neutrale Flagge als »ruse de guerre« führen konnten. Die Identifikation erschwerte sich naturgemäß bei Nacht, so daß Dewey zur Überprüfung auch Visitationen an Bord (droit de visite) für rechtens ansah[35].

Der erste Zusammenstoß zwischen Deutschen und Amerikanern ereignete sich sogleich beim Einlaufen der »Cormoran« in die Manilabucht in den frühen Morgenstunden des 9. Mai. Da das Schiff trotz deutscher Flagge, die ja laut Dewey eine Kriegslist darstellen konnte, in Unkenntnis der Blockaderegeln auf amerikanische Signale keine Antwort gab, feuerte der Kreuzer »Raleigh« einen Schuß vor deren Bug, um die Beachtung der Blockadevorschriften zu erzwingen und die Identität zu klären. Nach Deweys Darstellung erfolgte der Warnschuß nicht in provokativer Absicht, sondern stellte lediglich eine Art letztes Signal dar, da andere Signale unbeachtet geblieben waren[36]. Nachdem durch Diederichs Ankunft und durch das Auslaufen der spanischen Mittelmeerflotte für das US-Geschwader eine kritische Situation geschaffen war, sah Konteradmiral Dewey seine Autorität durch eine Vielzahl von »unfreundlichen« Aktivitäten der Deutschen beeinträchtigt. So störte ihn das lange Ankern des Transportdampfers »Darmstadt«, von dessen Ankunft er ordnungsgemäß unterrichtet worden war, ebenso wie die — durchaus legitimen — häufigen Kontakte Diederichs mit den Spaniern während der Blockade, die er für Neutralitätsverletzungen hielt, oder die zeitweise Inbesitznahme einer ehemaligen spanischen Quarantänestation.

Zwar kam es zu dem üblichen Höflichkeitsaustausch zwischen Diederichs und Dewey, wobei der deutsche Geschwaderchef demonstrativ gesagt haben soll: »I am here by order of the Kaiser, Sir«[37], doch blieb das Verhältnis zwischen beiden Befehlshabern in der Folgezeit reserviert bis kühl. Daran änderte auch nichts, daß Dewey Anfang Juli 1898 überzeugt war, daß

> »the Germans are behaving better and I don't think there is the slightest intention on their part to interfere at present. What they may do later remains to be seen[38].«

Immerhin gab er in einem Telegramm an Marineminister Long zur gleichen Zeit seiner Hoffnung Ausdruck, daß die bereits Ende Mai avisierten Verstärkungen (»Monterey« und »Monadnock«) bald eintreffen mögen, »to prevent possible interference by the Germans«. Dies war das erste Telegramm, in dem Dewey

---

34 Andrew D. White, Aus meinem diplomatischen Leben, Leipzig 1906, S. 290 f.

35 Spector, Admiral of the New Empire, S. 78 f.

36 Autobiography of George Dewey, S. 255 f.; Diederichs, Darstellung der Vorgänge vor Manila, S. 258 f. Vgl. auch David F. Trask, The War with Spain in 1898, New Haven, London 1981, S. 378, der darauf hinweist, daß kein offizieller Beleg über diesen Warnschuß existiert; Braisted, The United States Navy, S. 36.

37 Sargent, Admiral Dewey, S. 68; Autobiography of George Dewey, S. 257; Diederichs, Darstellung der Vorgänge vor Manila, S. 260.

38 Spector, Admiral of the New Empire, S. 81.

mit der Eventualität einer deutschen Intervention rechnete. Nicht auszuschließen ist daher, daß Dewey sein Telegramm bewußt zu einem Hilferuf hochstilisierte, um das Eintreffen der Verstärkungen zu beschleunigen und für alle Fälle abwehrbereit zu sein[39].

Gravierender als der »Cormoran«-Zwischenfall war indes ein Vorfall, der sich Anfang Juli ereignete, und der im weiteren Verlauf zu einer ernsten Belastungsprobe des ohnehin gespannten Verhältnisses zwischen Dewey und Diederichs vor Manila zu geraten drohte. Am 6. Juli wurde Dewey die Nachricht zugetragen, die Deutschen würden sich in die Kämpfe zwischen Spaniern und Aufständischen in der Subic Bay einmischen, wo die Spanier auf der Isla Grande belagert wurden[40]. Diese Nachricht von einer angeblich eklatanten Neutralitätsverletzung alarmierte Dewey um so mehr, als gleichzeitig Gerüchte kursierten, wonach Deutschland Spanien militärische Ratschläge erteilte[41]. Damit schienen sich für ihn die wahren Motive für die Präsenz des deutschen Geschwaders in den philippinischen Gewässern abzuzeichnen. Zur Klärung der Vorgänge beorderte er daher die Kreuzer »Raleigh« und »Concord« in die Subic Bay, wo die »Irene« den Auftrag hatte, so Diederichs, nach vermißten Deutschen zu suchen sowie den Hafen als Ankerplatz zu erkunden[42]. Als die beiden amerikanischen Schiffe am nächsten Morgen gefechtsklar in die Subic Bay einliefen, widersetzte sich der deutsche Kreuzer dem amerikanischen Verlangen, seine Identität durch den Besuch eines amerikanischen Offiziers an Bord feststellen zu lassen. Die »Irene« folgte damit nur der Weisung des Geschwaderchefs, der den Befehl ausgegeben hatte, das Anbordkommen zur Feststellung der Identität bei sichtbarer Flagge unter allen Umständen zu verhindern[43].

Daraufhin schickte Dewey am 8. Juli seinen Flaggleutnant zu Diederichs mit einem förmlichen Protest gegen die zahlreichen Verletzungen der Blockadebestimmungen seitens der deutschen Schiffe. Nachdem Diederichs die Beschwerden über die seiner Ansicht nach bedeutungslosen Vorfälle anhand der Berichte der betroffenen Schiffskommandanten geprüft hatte, ließ er Admiral Dewey am 10. Juli durch seinen Flaggleutnant Hintze, eine mündliche Stellungnahme überbringen. Im Verlauf der Unterredung machte Dewey klar, daß er gemäß Blockadeanordnung das Recht habe, an Bord jedes Schiffes zu kommen, »to make the inquiries necessary to establish the identity«. Bei der Bekräftigung seiner Argumente gegenüber dem deutschen Seeoffizier schien Dewey infolge des von seiner Warte aus zunehmend herausfordernden, die kriegsbedingten Notwendigkeiten mißachtenden deutschen Verhaltens allmählich die Beherrschung zu verlieren, so daß er sich zu der — durch Zeugen bestätigten — fatalen Äußerung hinreißen ließ:

---

39 Ebd., Sargent, Admiral Dewey, S. 63.
40 Sargent, Admiral Dewey, S. 70.
41 Spector, Admiral of the New Empire, S. 76.
42 Diederichs, Darstellung der Vorgänge vor Manila, S. 268.
43 Vgl. dazu Spector, Admiral of the New Empire, S. 79; Pommerin, Der Kaiser und Amerika, S. 86.

»Does Admiral Diederichs think he commands here or do I? Tell your Admiral if he wants war I am ready[44].«

Diederichs reagierte besonnen und wartete die zugesicherte schriftliche Antwort des US-Befehlshabers ab. In richtiger Einschätzung faßte er Deweys Emotionsausbruch nicht als Kriegsdrohung auf, sondern schrieb ihn der unter der Last der Verantwortung als Blockadechef entstandenen Nervosität Deweys wie den Gerüchten über annexionistische Absichten Deutschlands zu, und verfolgte die Angelegenheit nicht weiter. Damit handelte Admiral Diederichs — ohne über politische Direktiven aus Berlin zu verfügen — ganz im Sinne Bülows, der an einer Verschlechterung der Beziehungen zu den Vereinigten Staaten nicht interessiert war.

Deweys »Kriegsdrohung« vom 12. Juli stellte den Höhepunkt der heißen Phase in der Manilabucht dar, die mit dem — etwa zeitgleichen — Auslaufen der spanischen Mittelmeerflotte und dem »Irene«-Zwischenfall eingesetzt hatte. Danach glätteten sich die Wogen wieder. Der nun folgende Schriftwechsel zwischen Diederichs und Dewey fiel nüchterner aus und betraf im wesentlichen die von deutscher Seite monierte Forderung, alle Schiffe zur exakten Identifizerung nötigenfalls durchsuchen zu lassen. Diederichs vertrat den Standpunkt, daß das Visitationsrecht gegenüber Kriegsschiffen unter neutraler Flagge mit den Grundsätzen des Seerechts nicht vereinbar sei. Zur Klärung dieser Frage holte Diederichs die Meinung der ältesten Offiziere der vor Manila liegenden neutralen Kriegsschiffe ein. Das Ergebnis war ganz im deutschen Sinne. Die Identität eines Kriegsschiffs werde durch sein Äußeres wie durch seine Flagge zur Genüge ausgewiesen, das mögliche Führen einer falschen Flagge als Kriegslist ändere diesen Grundsatz nicht. Daß auch der Kapitän des englischen Kreuzers »Immortalité«, Chichester, der überaus wohlwollende Beziehungen zum US-Geschwader unterhielt, Diederichs Standpunkt zuneigte[45], dürfte es Admiral Dewey erleichtert haben, ein »droit de visite« in bezug auf Kriegsschiffe zurückzunehmen und sich mit dem Recht auf Kommunikation mit allen einlaufenden Schiffen in der Blockadezone zu begnügen.

Auf der diplomatischen Ebene hielt die Unklarheit über die Komplikationen in der Manilabucht aufgrund der schlechten Nachrichtenlage hingegen noch an. In Washington wie in Berlin neigte man daher eher dazu, die Spannungen vor Ort zu überschätzen.

Im Auswärtigen Amt schien als einziger Friedrich von Holstein Optimismus zu verbreiten. Während Bülow am außenpolitischen Horizont »einige Wolken« zu entdecken meinte, die sich zu »gefährlichen Gewittern zusammenballen« konnten[46], bezweifelte der Geheime Rat entschieden, »daß die Amerikaner uns wirklich auf die Füße treten«. Sollte wider Erwarten das Unwahrscheinliche eintreten, riet er nachdrücklich zu einer Politik der Stärke:

---

[44] Nach Trask, The War with Spain, S. 380; vgl. Diederichs, Darstellung der Vorgänge vor Manila, S. 271.

[45] Bailey, Dewey and the Germans at Manila Bay, S. 69; BD I, S. 126.

[46] Philipp Eulenburgs Politische Korrespondenz. Hrsg. von John C.G. Röhl, 3 Bde, Boppard 1976/83, Bd III, S. 1381.

»Durchhalten, nicht zurückweichen [...] Den ersten Anprall würden wir jedenfalls ruhig abwarten können, denn unsere Seestreitkräfte in Ostasien sind [...] stärker als die amerikanischen[47].«

Auf amerikanischer Seite war zumindest Präsident McKinley über das Ausmaß der Konfrontation verunsichert, denn er wies den in den kubanischen Gewässern operierenden US-Admiral an: »Don't risk a single ship, war with Germany is imminent[48].« Zwar hatte der deutschfreundliche US-Botschafter White am 12. Juli aus Berlin gemeldet, Deutschland habe keine großen Annexionspläne und könne die Philippinen gar nicht unterhalten[49], doch blieben in den USA Spekulationen und Gerüchte seit dem Auftauchen einer starken deutschen Flotte in der Manilabucht vorherrschend[50]. Dazu trug nicht wenig ein Telegramm Deweys vom 13. Juli bei, worin er unter Nennung des »Irene«-Zwischenfalls erstmals von Divergenzen mit den Deutschen vor Ort berichtete[51].

Ungeachtet näherer Kenntnisse über die Vorgänge blieb die deutsche Politik während der »kritischen Phase« darauf gerichtet, Amerikas militärisches Engagement entsprechend Bülows weltpolitischer Konzeption zu Kompensationsgeschäften im Pazifik auszunutzen. Bereits am 1. Juli war der deutsche Gesandte in Washington, Theodor von Holleben, von Bülow beauftragt worden, sowohl die Haltung der Mächte gegenüber einem etwaigen Erwerb spanischer Besitzungen durch die USA zu sondieren als auch alle Wahrnehmungen nach Berlin zu melden, die über das Stärkeverhältnis der Anhänger und Gegner einer amerikanischen Annexion der Philippinen in den USA zu erhalten waren. Da es der Kaiser als eine »Hauptaufgabe der deutschen Politik« betrachtete, »keine infolge des spanisch-amerikanischen Konflikts sich etwa bietende Gelegenheit zur Erwerbung maritimer Stützpunkte in Ostasien unbenutzt zu lassen«, sollte Holleben insbesondere in Erfahrung bringen, ob die Vereinigten Staaten den Erwerb größerer Gebietsteile der Philippinen anstrebten oder sich mit dem Besitz einer Kohlenstation begnügten. Nach Bülows Ansicht ließ sich Deutschlands freundliche Haltung gegenüber den US-Ambitionen durchaus im Rahmen einer bilateralen do-ut-des-Politik im Pazifik sicherstellen[52]. Nachdrücklich bestätigte auch Unterstaatssekretär Freiherr von Richthofen die friedlichen Absichten des Reichs in der Philippinenfrage. Seine Mitteilung, daß der Kaiser »einen Konflikt mit den Vereinigten Staaten tunlichst vermieden sehen möchte«, zeugte davon, daß man in Berlin um ein entspanntes Verhältnis bemüht war[53].

Die Ausgleichsbemühungen scheiterten allesamt, da die Beunruhigung in den USA über die Anwesenheit der deutschen Flotte vor Manila größer war als alle Freundschaftsbeteuerungen[54]. Im Bemühen um ein freundlicheres Verhält-

47 Botschafter Paul Graf von Hatzfeldt, Nachgelassene Papiere, II, 732.
48 Eckardstein, Lebenserinnerungen, I, S. 312.
49 Pommerin, Der Kaiser und Amerika, S. 86.
50 GP 15, Nr. 4147—4148.
51 Spector, Admiral of the New Empire, S. 80.
52 GP 15, Nr. 4151 f.
53 GP 15, Nr. 4153. Vgl. Winzen, Englandpolitik, S. 191 ff.
54 Kaikkonen, Deutschland, S. 103 f.

nis zu den USA ging Richthofen sogar soweit, der amerikanischen Regierung die Gefährlichkeit eines Bündnisses mit England vor Augen zu führen; denn England sei nur darauf bedacht, sich durch ein Bündnis mit den USA die spanischen und portugiesischen Kolonien zu sichern[55]. Am 10. Juli präzisierte er gegenüber Botschafter White die deutschen Absichten: Deutschland wünsche den Rückzug der USA aus Samoa und die Übertragung der amerikanischen Rechte auf Deutschland. Zudem forderte Deutschland die Karolinen sowie Stützpunkte auf den Sulu-Inseln und den Philippinen[56]. Ein vom amerikanischen Botschafter White angeregter Abzug des deutschen Geschwaders aus den philippinischen Gewässern stand hingegen vorerst nicht zur Debatte, da Bülow die Ansicht vertrat, ein solcher Schritt könne in den USA nur als erfolgreiche Einschüchterung des Deutschen Reichs verstanden werden[57]. Friedrich von Holstein hielt unbeirrbar an der Politik der Stärke gegenüber den USA fest; »denn die Amerikaner werden schwerlich sich zu dem Entschlusse aufschwingen, uns mit Gewalt verdrängen zu wollen«[58]. Immerhin wurde die »Irene« noch am 9. Juli, mitten in der heißen Phase, aus Manila abgezogen, so daß sich das Kräfteverhältnis für den »bedrohten« Dewey etwas günstiger ausnahm, zu dessen Verstärkung mit dem Eintreffen des ersten Truppenkontingents am 30. Juni auch der Kreuzer »Charleston« erschienen war[59].

Für den bevorstehenden Angriff auf Manila bemühten sich die USA, letzte Gewißheit über die deutsche Haltung zu erlangen, da die von Richthofen erhobenen Ansprüche auf weitreichende Absichten schließen ließen. Vor allem die US-Marine konnte nicht ignorieren, daß Dewey am 30. Juli seiner Hoffnung Ausdruck verliehen hatte, daß die »Monadnock« vor dem Fall Manilas eintreffen möge, »to prevent possible interference by the Germans«[60]. In dieser Hinsicht wurde Außenminister Day jedoch durch Meldungen Whites und des amerikanischen Marineattachés in Deutschland beruhigt. Beide konnten weder Anzeichen noch ungewöhnliche Aktivitäten, die auf Kriegsvorbereitungen hinwiesen, erkennen[61]. Allerdings war Marineattaché Barber durch die inoffiziellen Unterredungen Whites mit Richthofen nervös geworden und hatte übereilt empfohlen, Deweys Geschwader umgehend zu verdoppeln. Barbers Aufregung zeitigte in Washington keine Wirkung. Barber wurde vielmehr sofort von Marineminister Long gerügt, als abzusehen war, daß es sich nur um einen »Sturm im Wasserglas« (Trask) gehandelt hatte[62].

Zur gleichen Zeit mußte die politische Führung in Berlin aus der realistischen Lageeinschätzung Admiral Diederichs entnehmen, daß keine Hoffnung bestand, sich den Insurgenten als Schutzmacht anzudienen, da diese davon überzeugt waren, Deutschland unterstütze die Spanier im Kampf gegen die

55 GP 15, Nr. 4154.
56 GP 15, Nr. 4157; vgl. GP 15, Nr. 4158.
57 GP 15, Nr. 4160 f.; vgl. Braisted, The United States Navy, S. 39 f.
58 Winzen, Englandpolitik, S. 195.
59 Spector, Admiral of the New Empire, S. 81.
60 Braisted, The United States Navy, S. 39.
61 Ebd., S. 80 f.; Trask, The War with Spain, S. 595, Anm. 26., Vgl. insgesamt Braisted, The United States Navy, S. 33—42.
62 Spector, Admiral of the New Empire, S. 80 f.; Braisted, The United States Navy, S. 39.

Aufständischen[63]. Nach dem Waffenstillstand am 12. August und dem Eintreffen der Kreuzer »Monterey« (4. August) und »Monadnock« (16. August), womit Dewey dem deutschen Geschwader in der Kampfkraft überlegen war[64], entfiel für das Deutsche Reich die Möglichkeit, sich mit den USA separat oder zusammen mit anderen Mächten über die Philippinen zu verständigen. Das Protokoll vom 12. August übertrug die Regelung der Philippinenfrage einer Friedenskommission. Am 15. August wurde das Kreuzergeschwader von Manila zurückberufen.

Damit endete eine zweimonatige Unsicherheitsphase in den deutsch-amerikanischen Beziehungen, die aus einer primär auf Prestigewinn abzielenden deutschen Aktion in der Manilabucht entstanden war. Vom Wunsch geleitet, bei der erwarteten Aufteilung der Philippinen nicht zu spät zu kommen, hatte sich das Deutsche Reich zu weit vorgewagt, ohne die Konsequenzen eines martialischen Auftretens überdacht zu haben.

Der Konflikt entzündete sich durch Fehleinschätzungen der Vertreter vor Ort, während die Zentralen infolge unzulänglicher Nachrichtenübermittlung eher zurückhaltend agierten. Zwar verfolgte Staatssekretär Bülow prinzipiell eine freundliche Politik gegenüber den USA, doch war ihm, ebenso wie dem Kaiser, daran gelegen, Deutschlands Ansprüche wenn nötig auch mittels Pressionen durchzusetzen. Die zu diesem Zweck an Admiral Diederichs erteilte Weisung, vor Manila Flagge zu zeigen, war zu vage und ließ den deutschen Geschwaderchef ohne strikte politische Direktive im Konfliktfall auf sich allein gestellt.

Durch die kriegsbedingte Nervosität des amerikanischen Befehlshabers angesichts der massiven Präsenz deutscher Kriegsschiffe, über deren Zweck keine genaue Kenntnis bestand, drohten die Querelen eine Zeitlang zu eskalieren. Vor allem Diederichs' Besonnenheit war es zu verdanken, wenn aus Deweys »Kriegsdrohung«, die eine Aufgipfelung des gespannten Verhältnisses darstellte, keine weitere Eskalation entstand. Durch das diplomatische Scheitern bilateraler Kolonialabsprachen zwischen Berlin und Washington wurden nicht nur deutsche Ambitionen auf die Philippinen zunichte gemacht, es wurde damit auch das Motiv für die Anwesenheit der deutschen Flotte vor Manila hinfällig. Dem englischen Kapitän Chichester von der »Immortalité« wird man als Augenzeugen der Vorgänge Recht geben müssen, daß die deutsch-amerikanischen Divergenzen in der Manilabucht aus Mißverständnissen resultierten und sich im nachhinein als »a slight case of friction« entpuppten[65].

Im Grunde glaubte die amerikanische Regierung an keine Bedrohung ihrer Position auf den Philippinen durch Deutschland. Das hatten die Botschafter in London und Berlin hinreichend verdeutlicht. Anders verhielt es sich aber mit der durch Gerüchte über deutsche Annexionsabsichten verunsicherten amerikanischen Öffentlichkeit. Von hier aus fand Mißtrauen und Beunruhigung auch wieder Eingang in die politische Führungsspitze[66]. Insofern zeigte die Konfrontation vor Manila erst langfristig politische Wirkung, und zwar als unterschwellige Belastung der deutsch-amerikanischen Beziehungen.

63 GP 15, Nr. 4160 und 4165.
64 Spector, Admiral of the New Empire, S. 82.
65 BD I, S. 126.
66 Pommerin, Der Kaiser und Amerika, S. 89; Hubatsch, Die Ära Tirpitz, S. 40 f.

27. Großmachtkonflikte in der Westlichen Hemisphäre: Das Beispiel der Venezuelakrise vom Winter 1902/03

Von Ragnhild Fiebig-von Hase

Nicht anders als in der übrigen Welt waren die Staatenbeziehungen der Westlichen Hemisphäre seit Anfang des 19. Jahrhunderts durch ein hohes Maß an Konflikthaftigkeit gekennzeichnet. Doch lassen sich zwei sehr prägnante Unterschiede zu allen anderen Erdteilen nicht übersehen. Das Konfliktpotential entstand hier erstens aus den Emanzipationskämpfen der lateinamerikanischen Staaten von der spanischen Kolonialherrschaft und bezog sich auf deren Folgeerscheinungen wie ungeklärte Grenzen, Probleme der Nationenbildung und die hohe kriegsbedingte Verschuldung. Der zweite besondere Faktor war die Herausbildung der Vereinigten Staaten von Amerika als der einzigen in der Region selbst situierten Großmacht, die in der ersten Hälfte des Jahrhunderts in gewaltigem Ausmaß territorial expandierte und darüber hinaus schon sehr früh mit der Monroedoktrin ihren Präponderanzanspruch über die gesamte Hemisphäre anmeldete. Nachdem Präsident James Monroe 1823 erklärt hatte, daß jeder weitere territoriale Gebietserwerb auf den amerikanischen Kontinenten durch nichtamerikanische Mächte eine Beeinträchtigung der eigenen Sicherheit bedeute, entwickelte sich die Monroedoktrin bis zum Ende des Jahrhunderts zu einem nationalen Fetisch, den keine amerikanische Regierung mehr unberücksichtigt lassen konnte. Für Großmachtkonflikte in der Westlichen Hemisphäre existierten deshalb besondere Bedingungen. Zwar hatte die Doktrin keinerlei völkerrechtliche Gültigkeit, aber dennoch mußte jede europäische Macht bei Interventionsabsichten auf den amerikanischen Kontinenten zumindest potentiell mit der Feindschaft der USA rechnen[1].

Wieweit die amerikanische Drohung im konkreten Fall europäischer Interventionsneigung tatsächlich abschreckend wirkte, hing ab von der Machtentfaltung der Vereinigten Staaten selbst, dem Grad der europäischen Handlungsfreiheit in Übersee, der wiederum weitgehend durch die Machtkonstellation in Europa bestimmt wurde, und dem Verhalten der führenden Seemacht Großbritannien, die die transatlantischen Seewege kontrollierte. Diese drei Faktoren bestimmten Verlauf und Ausgang von Großmachtkonflikten in der Westlichen Hemisphäre, von denen die folgenden nicht zuletzt deshalb hervorgehoben werden sollen, weil in ihrem Verlauf bei den beteiligten Mächten Kriegsgefahr wahrgenommen wurde. Britisch-französische Spannungen verhinderten angesichts lautstarker Drohungen des amerikanischen Präsidenten James K. Polk, daß sich die beiden führenden europäischen Mächte in den amerikanisch-

1 Die klassische Analyse der Monroedoktrin ist Dexter Perkins, A History of the Monroe Doctrine, Boston, Toronto 1963.

mexikanischen Konflikt einmischten, der zum Krieg von 1846—1848 führte[2]. Die mangelnde Unterstützung durch Großbritannien und Spanien und die Sorge vor der neuen Machtkonzentration in Deutschland, ließen das mexikanische Abenteuer Napoleons III. scheitern, sobald die amerikanische Regierung nach dem Ende des amerikanischen Bürgerkriegs diplomatische Drohungen aussprach und Truppen an der mexikanischen Grenze konzentrierte[3]. Die europäische Machtkonstellation und die amerikanische Machtentfaltung sorgten auch dafür, daß die erste Venezuelakrise von 1895/96, die sich an Streitigkeiten über den Grenzverlauf zwischen Venezuela und Britisch-Guayana entzündet und das anglo-amerikanische Verhältnis auf das Schwerste belastet hatte, friedlich beigelegt wurde. Großbritannien sah sich gegenüber der amerikanischen Forderung, ein Schiedsgericht einzuschalten, zum Nachgeben genötigt, weil die gespannten Beziehungen zu Rußland und Frankreich, das zunehmend gestörte Verhältnis zum Deutschen Reich und die eigene Unfähigkeit, Kanada im Ernstfall gegen die USA verteidigen zu können, eine Auseinandersetzung mit den USA wenig erstrebenswert erscheinen ließen[4]. Nur 1898 kam es mit dem spanisch-amerikanischen Krieg noch einmal zum offenen Konflikt zwischen den USA und einer europäischen Macht in der Westlichen Hemisphäre. Für den Ausgang des Kriegs war bedeutsam, daß die kontinentaleuropäischen Mächte Spanien keine Hilfe leisteten und Großbritannien dem amerikanischen Expansionsstreben sogar wohlwollend gegenüberstand. Doch veranlaßte ein Zwischenfall zwischen dem amerikanischen Geschwader unter Admiral George Dewey und deutschen Kriegsschiffen unter Vizeadmiral Otto von Diederichs im Hafen von Manila während des Kriegs eine Kriegshysterie in den USA, die sich ausschließlich gegen das Deutsche Kaiserreich richtete. Hier wurde bereits offenbar, daß das traditionell unbelastete deutsch-amerikanische Verhältnis in eine Phase intensiverer Konflikthaftigkeit geraten war[5].

Die Venezuelakrise von 1902/03, die im folgenden exemplarisch behandelt werden soll, um vorhandene Konfliktstrukturen und Lösungsmöglichkeiten aufzuspüren, beendete diese Reihe amerikanisch-europäischer Auseinandersetzungen vor 1914, in deren Verlauf Kriegsgefahr perzipiert wurde, die jedoch

---

2 Karl Jack Bauer, The Mexican War, 1846—1848, Lincoln, London 1993; Frederick Merk, The Monroe Doctrine and American Expansion, 1843—1849, New York 1966; David M. Pletcher, The Diplomacy of Annexation: Texas, Oregon, and the Mexican War, Columbia MT 1973.

3 Perkins, A History of the Monroe Doctrine, S. 107—138; Thomas D. Schoonover, Dollars over Dominion. The Triumph of Liberalism in Mexican-United States Relations, 1861—1867, Baton Rouge, London 1978, S. 277—283; Nancy Nichols Barker, The French Experience in Mexico, 1821—1861. A History of Constant Misunderstanding, Chapel Hill NC 1979.

4 Walter LaFeber, The New Empire. An Interpretation of American Expansion, 1860—1898, Ithaca NY 1963, S. 242—283; Hans-Ulrich Wehler, Der Aufstieg des amerikanischen Imperialismus, Göttingen 1974, S. 157—190; Kenneth Bourne, Britain and the Balance of Power in North America, Berkeley, Los Angeles 1967, S. 339 f.

5 Ernest R. May, Imperial Democracy. The Emergence of America as a Great Power, New York u.a. 1961, bes. S. 196—238; eine ausgezeichnete Zusammenfassung der Forschungsergebnisse zum spanisch-amerikanischen Krieg bietet die Einleitung zu Ernest R. May, American Imperialism. A Speculative Essay, Chicago 1991, S. V-XXXII; Ronald Spector, Admiral of the New Navy. The Life and Career of George Dewey, Baton Rouge 1974, S. 72—82.

friedlich beendet werden konnten. Diese Krise unterschied sich von den bisher genannten Konflikten durch das gemeinsame Vorgehen von drei europäischen Mächten, Deutschland, Großbritannien und Italien, was sie aus amerikanischer Sicht besonders gefährlich machen mußte. Doch gleichzeitig bildete die Blockade der venezolanischen Küste durch die drei alliierten Mächte die letzte von Europa ausgehende ernsthafte Herausforderung des amerikanischen Hegemonialanspruchs in der Westlichen Hemisphäre vor dem Ausbruch des Ersten Weltkriegs. Weil sich 1903—1914 mit dem Aufkommen des deutsch-britischen Antagonismus und den wachsenden Spannungen in Kontinentaleuropa die europäischen Rahmenbedingungen für transatlantische Aktionen drastisch veränderten, konnte die amerikanische Seite in der Folgezeit den eigenen Präponderanzanspruch in der Westlichen Hemisphäre unangefochten verteidigen. Mit der Roosevelt-Corollary zur Monroedoktrin, mit der die USA Verantwortung für das Verhalten der kleineren karibischen und mittelamerikanischen Staaten übernahmen, wurde zusätzlich ein Modus gefunden, das dort vorhandene Konfliktpotential im Verhältnis zu den europäischen Staaten zu entschärfen[6].

In der Krise überlagerten sich drei Konflikte, so daß von drei Konfliktebenen auszugehen ist: erstens die Auseinandersetzung der beteiligten europäischen Mächte mit Venezuela über den lokalen Konfliktstoff, zweitens das in den europäischen Beziehungen zu den lateinamerikanischen Staaten insgesamt vorhandene Konfliktpotential und drittens die hieraus resultierenden Problemfelder im Verhältnis der beteiligten europäischen Großmächte zu den USA. Die Krise selbst wurde durch Probleme ausgelöst, die sich im Verhältnis zwischen den beteiligten europäischen Staaten und Venezuela angehäuft hatten. Das von anhaltenden Bürgerkriegen geschwächte und finanziell bankrotte Venezuela hatte seit langem weder seinen ausländischen Gläubigern die fälligen Zinsen bezahlt, noch war es seiner Pflicht zur Wiedergutmachung für Schäden nachgekommen, die ausländische Staatsbürger und Unternehmen seit Beginn der 1890er Jahre erlitten hatten. Hiervon war vor allem Deutschland betroffen, denn deutsche Handelshäuser hatten sich im venezolanischen Wirtschaftsleben eine dominierende Position aufgebaut und eine der drei deutschen Großbanken, die Disconto Gesellschaft, hatte beim Bau der Großen Venezuela-Eisenbahn und durch die Übernahme der venezolanischen Anleihe von 1896 einen sehr großen Teil ihres Arbeitskapitals unrentabel in venezolanischen Werten festgelegt. Die Bank befand sich deshalb seit 1900 in Zahlungsschwierigkeiten. Das konnte der deutschen Regierung wegen der Rückwirkungen eines Bankenkrachs auf die

6 Die besten älteren Darstellungen der Krise sind Howard K. Beale, Theodore Roosevelt and the Rise of America to World Power, Baltimore 1956, S. 395—432 und Alfred Vagts, Deutschland und die Vereinigten Staaten in der Weltpolitik, New York 1935, S. 1525—1633; von den neueren Arbeiten seien hier genannt Frederick W. Marks III, Velvet on Iron. The Diplomacy of Theodore Roosevelt, Lincoln NE 1979, S. 38—54; Ragnhild Fiebig-von Hase, Lateinamerika als Konfliktherd der deutsch-amerikanischen Beziehungen, 1889—1903, Göttingen 1986 (= Schriftenreihe der Bayerischen Akademie der Wissenschaften, Bd 27), S. 846—1083; Holger H. Herwig, Germany's Vision of Empire in Venezuela, 1871—1914, Princeton NJ 1986; Richard H. Collin, Theodore Roosevelt's Caribbean. The Panama Canal, the Monroe Doctrine, and the Latin American Context, Baton Rouge, London 1990, S. 75—123; Nancy Mitchell, The Height of the German Challenge: The Venezuela Blockade, 1902—1903. In: Diplomatic History 20 (1996), S. 185—209.

gesamte Volkswirtschaft nicht gleichgültig sein[7]. Gleichzeitig wurde aber auch die britische Regierung vom Council of Foreign Bondholders im Namen britischer Kapitalanleger und vom Atlas Trust, der verschiedene Eisenbahnlinien in Venezuela besaß und Schadensansprüche geltend machte, unter Druck gesetzt[8]. Italien forderte Schadensersatz für verschiedene italienische Unternehmen, die sich in Venezuela engagiert hatten[9].

Zunächst drängten die betroffenen Regierungen den 1899 an die Macht gekommenen venezolanischen Präsidenten Cipriano Castro allerdings nur informell zur Zahlung der ausstehenden Gelder, denn eine diplomatische Intervention ließ sich, da keine Rechtsverweigerung nachzuweisen war, völkerrechtlich nicht rechtfertigen. Das änderte sich erst, als Castro am 24. Januar 1901 ein Dekret erließ, in dem er die Erledigung ausländischer Reklamationsforderungen zur inneren Angelegenheit seines Landes erklärte und damit den Mächten grundsätzlich das Recht auf diplomatische Interventionen in Reklamationsfragen absprach. Da das Dekret als Rechtsverweigerung interpretiert wurde, löste es heftige internationale Proteste aus[10]. Es gab den Mächten jedoch auch die erwünschte völkerrechtliche Handhabe für das Vorgehen gegen Castro zumindest soweit es die Reklamationsforderungen deutscher, englischer und italienischer Bürger für erlittenes Unrecht betraf. Dagegen kannte das Völkerrecht keinen solchen Schutz für kommerzielle Verbindlichkeiten wie die nicht gezahlten Zinsen. Deshalb wurden in der offiziellen Begründung der Intervention

7 62 Mill. Mark waren für den Bau der Großen-Venezuela-Eisenbahn von Caracas nach Valencia ausgegeben worden, den die Bank seit 1888 angesichts einer siebenprozentigen, staatlichen Zinsgarantie übernommen hatte. 1896 wurden die Zinsgarantie und die ausstehenden Zinsen durch eine venezolanische Staatsanleihe über 40 Mill. Mark abgelöst, aus der aber zusätzlich britische und französische Gläubiger Anteilscheine über insgesamt 10,2 Mill. Mark erhielten. Der Rest verblieb bei der Disconto-Gesellschaft (Fiebig-von Hase, Lateinamerika als Konfliktherd, S. 120—127). Zur wirtschaftlichen Bedeutung der deutschen Handelshäuser in Venezuela und ihre Rolle in der Krise siehe ebd., S. 68—88; Rolf Walter, Los Alemanes en Venezuela y sus descendientes, Bd II: 1870—1914, Caracas 1991; Herwig, Germany's Vision of Empire, S. 17—46, 80—109, 237—240. Herwig wendet sich jedoch ausdrücklich gegen die These, ökonomische Motive seien für den deutschen Interventionsentschluß bedeutsam gewesen: »Die große Politik rather than sales and profits constituted the prime motivating force. In the end, the Foreign Office was not a branch of Disconto.« (S. 240). Dieses Argument trifft jedoch nicht den Kern der These, daß ökonomische Motive für die Reichsleitung wichtig waren, da ja nicht behauptet wird, ihr Anliegen sei die Gewinnmaximierung der Bank selbst gewesen.

8 Council of Foreign Bondholders (CFB) an Under Secretary of State for Foreign Affairs, Sir Francis H. Villiers 3.1.1902, Atlas Trust an Lansdowne 28.1.1902 und Somes Cocks an Atlas Trust 13.2.1902: Public Record Office, London, Foreign Office, 80/443.

9 Eine ausführliche Darstellung der italienischen Reklamationen befindet sich in Maurizio Vernassa, Emigrazione, diplomazia e cannoniere. L'interventi Italiano in Venezuela, 1902—1903, Leghorn 1980; auf die weitere Berücksichtigung des italienischen Beitrags wird hier verzichtet, zumal Italien die Rolle eines Trittbrettfahrers spielte.

10 Darüber hinaus weigerte er sich, Forderungen anzuerkennen, die vor seiner Machtübernahme entstanden waren, verwies die Prüfung aller Ansprüche an eine ausschließlich aus venezolanischen Beamten zusammengesetzte Kommission und bestimmte, daß alle anerkannten Forderungen nur durch Schuldscheine einer neu zu schaffenden Revolutionsschuld zu begleichen seien. Denkschrift des Auswärtigen Amts vom 19.1.1901 und Bülow an Wilhelm II. 30.12.1901: Auswärtiges Amt, Politisches Archiv, Bonn, R 17058; Bülow an Wilhelm II. 1.9. und 3.11.1902: GP 17, S. 244—249; vgl. auch: Promemoria des deutschen Botschafters in Washington Theodor von Holleben vom 11.12.1901: FRUS, 1901, S. 192 f.

durch die drei Mächte die Reklamationsforderungen in den Vordergrund geschoben, obwohl letztlich die Finanzfragen ausschlaggebend waren. Finanzielle Aspekte hatten wegen der kritischen Lage der Disconto Gesellschaft für den deutschen Interventionsentschluß eine besonders große Bedeutung, während die britische Regierung vor allem wegen venezolanischer Übergriffe auf englische Handelsschiffe Genugtuung forderte. Ihrer traditionellen Haltung entsprechend weigerte sie sich zumindest offiziell, für die Interessen der britischen Gläubiger diplomatisch aktiv zu werden. Hinter dieser Haltung verbarg sich aber die Erwartung, daß das von deutscher Seite beabsichtigte Vorgehen auch die Regelung der britischen Zinsforderungen mit sich bringen werde, zumal sich die Disconto Gesellschaft und die britischen Gläubiger bereits im Sommer 1902 auf ein gemeinsames Vorgehen geeinigt hatten[11].

Doch ging es nicht nur um finanzielle Forderungen, vielmehr hatte Castro mit seinem Verhalten das Prestige der Großmächte herausgefordert. Untätigkeit würde das Vertrauen der eigenen Bevölkerung und Wirtschaft in die Solidität des eigenen weltpolitischen Durchsetzungsvermögens erschüttern, konnte andere lateinamerikanische Gläubigerstaaten zur Nachahmung ermutigen und dadurch potentiell die bestehenden Regeln des weltwirtschaftlichen Verkehrs in Frage stellen. Derartige Überlegungen vereinten schließlich die drei europäischen Mächte in ihrem Interventionsentschluß. Der deutsche Reichskanzler Bernhard Graf von Bülow begründete 1901 seinen Interventionswillen mit »Gründen der inneren wie äußeren Politik« und führte an anderer Stelle aus:

> »Ein scharfes Vorgehen gegen Venezuela dürfte daher schon im Hinblick auf unser Ansehen in Zentral- und Südamerika und die dort zu schützenden großen deutschen Interessen dringend erwünscht sein[12].«

Ebenso war der englische Außenminister Lord Lansdowne nach fortgesetzten venezolanischen Angriffen auf britische Handelsschiffe aus Trinidad überzeugt, daß das Verhalten Castros zu weit ginge und die Zeit für »strong measures« gekommen sei. Daß die Weltmacht Großbritannien ihr Prestige nicht vernachlässigen dürfe, machte Premierminister Arthur Balfour deutlich, als er im Dezember 1902 vor dem Parlament erklärte: »Venezuela insulted our nationality« und verhalte sich »as no nation in the world treats us«[13]. Aber auch die italieni-

---

[11] Memorandum des Foreign Office für den deutschen Botschafter 22.10.1902 in: Lansdowne an Lascelles 22.10.1902 und Lansdowne an Buchanan 11.11.1902: BD 2, S. 154 ff.; Lansdowne an Buchanan 17.11.1902: Public Record Office, London, Foreign Office, 80/445, wo es heißt, daß der CFB und die Disconto Gesellschaft inzwischen einen Plan erarbeitet hätten und daß die königliche Regierung sei »desirous of giving assistance, and believe that the most effective way of doing so will be to support the representations which the German Government intend to make, and join in urging the Venezuelan Government to accept the proposed arrangement.« Insbesondere D.C.M. Platt (The Allied Coercion of Venezuela, 1902—1903 — A Reassessment. In: Inter-American Economic Affairs 15 (1962), S. 3—28) betont dagegen, die britische Regierung sei nicht bereit gewesen, sich für Forderungen britischer Gläubiger gegenüber anderen Staaten einzusetzen.

[12] Bülow an Wilhelm II. 3.11. und 1.9.1902: GP 17, S. 248 f., 245; vgl. auch Bülows Rede im Reichstag am 19.3.1903: RT 10:2:287:8719.

[13] Bemerkungen von Villiers zu Haggard an Lansdowne 30.6.1902: Public Record Office, London, Foreign Office, 80/443; Parliamentary Debates, 27th Parliament, 3rd Sess., Bd 116, 1273 f.; Collin, Theodore Roosevelt's Caribbean, S. 88.

sche Regierung stand innenpolitisch unter Druck, in Venezuela ihre Aktionsfähigkeit unter Beweis zu stellen[14].

In Berlin war bereits Ende 1901 ein ganzer Katalog von Zwangsmaßnahmen im Gespräch. Da der Kaiser schon zuvor aus Prestigegründen die Kriegserklärung an Venezuela abgelehnt hatte und hierzu außerdem die Zustimmung des Bundesrats erforderlich war, entschieden sich Reichskanzler und Auswärtiges Amt für eine Friedensblockade unter der Annahme, daß damit der venezolanische Seehandel genauso effizient unterbunden werden könne wie mit der völkerrechtlich eindeutigen Blockade iure gentium. Der Admiralstab dagegen plädierte für die Kriegsblockade und forderte weiterführende Maßnahmen wie die Besetzung venezolanischer Häfen und Zollhäuser, ja sogar den Marsch auf Caracas, falls die Blockade nicht zum Erfolg führe. Alle militärischen Vorbereitungen wurden jedoch im Januar 1902 plötzlich abgebrochen, weil Wilhelm II. sich überraschend entschieden hatte, die Intervention zu verschieben. Dem Kaiser lag Anfang des Jahres 1902 angesichts wachsender deutsch-englischer Spannungen an der Verbesserung des deutsch-amerikanischen Verhältnisses, und er hatte deshalb kurzfristig einen Besuch seines Bruders Prinz Heinrich in den USA inszeniert, auf den sich die kriegerische Aktion an der venezolanischen Küste nur ungünstig auswirken konnte[15].

Die deutschen Vorbereitungen aktivierten das britische Interesse. Insbesondere fürchteten die britischen Gläubiger im Fall einer deutschen Machtdemonstration bei der Vertretung ihrer eigenen Ansprüche ins Hintertreffen zu geraten und alarmierten das Foreign Office, das sich wiederum nicht als inaktiv der öffentlichen Kritik aussetzen wollte. Schon im Januar 1902 zeigte sich die britische Regierung deshalb grundsätzlich an der Kooperation mit dem Kaiserreich gegenüber Venezuela interessiert[16]. Diese Bereitschaft verstärkte sich, nachdem im Sommer 1902 mit Arthur Balfour in London ein Politiker das Amt des Premierministers übernahm, der die wachsende deutsch-englische Entfremdung, die seit dem Ausbruch des Burenkriegs unübersehbar geworden war, seit langem mit Sorge betrachtete und sich für eine Verbesserung der Beziehungen einsetzte. Die Kooperation mit Deutschland kam Balfour deshalb nicht ungelegen, und das Foreign Office reagierte positiv, als sich die Reichsleitung schließlich im Juli 1902 erneut zur Intervention durchgerungen hatte und der britischen Regierung eine gemeinsame Aktion vorschlug. Im November einigten sich die beiden Mächte während des Besuchs Kaiser Wilhelms II. in Sandringham endgültig auf ein gemeinsames Vorgehen[17]. Die Allianz der beiden Mächte

---

14 Sir R. Rodd, brit. Botschafter in Rom, an Lansdowne, Telegr. 3.12.1902, No.86, Confidential print: Public Record Office, London, Foreign Office, 80/447.

15 Fiebig-von Hase, Lateinamerika als Konfliktherd, S. 120—136, 850—880; Herwig, Germany's Vision of Empire, S. 17—46.

16 Lansdowne an Sir Frank C. Lascelles 14.1.1902; P.A. Somers Cocks an Colonial Office 16.1.1902: Public Record Office, London, Foreign Office, 80/443; Pilgrim-Baltazzi an AA, Telegr. (Ankunft in Berlin) 15.1.1902 und Eckardstein an AA über eine Unterredung mit dem Spezialreferenten für südamerikanische Fragen und Unterstaatssekretär im Foreign Office, Villiers, Telegr. 2.1.1902: Auswärtiges Amt, Politisches Archiv, Bonn, R 17059; Mitchell, German Challenge, S. 189.

17 Mühlberg an Metternich 17.7.1902: ebd.; Metternich an Bülow 17.7.1902, Wilhelm II. an Bülow, Telegr. 12.11.1902 und Bülow an Wilhelm II., Telegr. 13.11.1902: GP 17, S. 214 ff.,

kam jedoch über ein temporäres und labiles Zweckbündnis nicht hinaus, weil das Klima zwischen den beiden Nationen bereits zu vergiftet war und das gegenseitige Mißtrauen auch auf der Regierungsebene nicht ausgeräumt werden konnte. Nur die gegenseitige Verpflichtung, aus der geplanten Strafaktion solange nicht auszuscheren, bis alle beiderseitigen Forderungen erfüllt waren, gab der Interventionspartnerschaft zunächst eine gewisse Festigkeit[18].

Prestigefragen spielten für den Entschluß der europäischen Mächte eine wichtige Rolle, aber sie waren keineswegs objektlos oder »irrational«[19]. Der Interventionspolitik der drei Mächte in Venezuela lag vielmehr ein klares Konzept zugrunde. Auch in anderen süd- und mittelamerikanischen Staaten hatten die europäischen Handels- und Kapitalinteressen Schaden gelitten. Fast ganz Lateinamerika steckte in den Jahren 1890-1906 in einer tiefen Schuldenkrise, die die ohnehin dort vorhandenen labilen sozioökonomischen Strukturen zusätzlich unterminierte. Aufstände und Bürgerkriege waren an der Tagesordnung und zogen die europäischen Wirtschaftsinteressen in Mitleidenschaft[20]. Immer mehr riefen die geschädigten Handelshäuser, Unternehmen, Banken und Kapitalisten nach dem Staat, der mit Hilfe diplomatischen Drucks und dem Einsatz von Kriegsschiffen demonstrativ die eigenen Forderungen durchsetzen sollte[21]. England und Deutschland waren damals die führenden Welthandelsmächte, zugleich die wichtigsten Wirtschaftspartner der südamerikanischen Staaten und damit die Mächte, die dort am meisten zu verlieren hatten[22]. Das schuf eine zumindest partielle Interessenidentität, und das gemeinsame Vorgehen der beiden Mächte gegen Venezuela besaß deshalb eine innere Logik. Es war der Versuch, den Kodex zwischenstaatlichen Wirtschaftsverhaltens, der die Weltwirtschaft zusammenhielt, zugunsten der eigenen weltweiten Interessen durchzusetzen.

Gegenüber der venezolanischen Regierung sollte ein Exempel statuiert werden. Hier wollten die Mächte ihre Schutzbereitschaft für die eigenen Staatsangehörigen demonstrativ unter Beweis stellen, indem sie mit diplomatischen und militärischen Drohungen dafür sorgten, daß Entschädigungen und Zinsen ge-

115—118; Warren Kneer, Great Britain and the Caribbean, 1901—1913: A Study in Anglo-American Relations. Ph.D.diss., Michigan State University 1966, S. 78 f.; Fiebig-von Hase, Lateinamerika als Konfliktherd, S. 875—879, 991—999.

18 Diese Abmachung war von der deutschen Seite vorgeschlagen worden. Bülow an Wilhelm II. 5.11.1902, Metternich an AA, Telegr. 11.11.1902, Bülow an Metternich 12.11.1902: GP 17, S. 249—253; Secretary of State for Foreign Affairs Marquess Lansdowne an Lascelles 11.11. und 29.11.1902: BD 2, S. 157, 159.

19 Herwig hebt den Prestigefaktor ganz besonders hervor, den er aber als emotionale und irrationale Kraft interpretiert und so den unübersehbaren funktionalen Wert von Prestige unberücksichtigt läßt. Herwig, Germany's Vision of Empire, S. 108 f., bes. S. 242 f.

20 Ausgelöst wurde die Finanzkrise durch den Staatsbankrott Argentiniens. Guatemala stand seit 1901 ebenfalls vor dem Staatsbankrott und auch hier bemühten sich die europäischen Mächte, eine konzertierte Aktion der Gläubigermächte zustandezubringen. Carlos Marichal, Historia de la deuda externa de America Latina, Madrid 1988, S. 147—197; Fiebig-von Hase, Lateinamerika als Konfliktherd, S. 46 ff., 248—272; Collin, Theodore Roosevelt's Caribbean, S. 84 ff.

21 Fiebig-von Hase, Lateinamerika als Konfliktherd, S. 851—856, 984—991.

22 Walt W. Rostow, The World Economy. History & Prospect, Austin TX, London 1978, S. 73 f.; D.C.M. Platt, Latin America and British Trade, 1806—1914, London 1972, bes. S. 117—126; Fiebig-von Hase, Lateinamerika als Konfliktherd, S. 68—193, 248—272.

zahlt und Recht und Ordung zumindest gegenüber den eigenen Bürgern eingehalten wurden. »The British Government has been engaged in the performance of the necessary police duties of enforcing the laws which have to exist between all the nations of the world", erklärte Unterstaatssekretär Viscount Cranborne am 15. Dezember im britischen Unterhaus zur Intervention[23]. Staaten, die diesen Kodex kontinuierlich verletzten, wie dies jetzt in Venezuela der Fall war, blockierten den Fortschritt, galten als unzivilisiert und hatten auf Grund ihres Verhaltens ihr Selbstbestimmungsrecht verwirkt. Das deutsch-englische Vorgehen entbehrte deshalb für die Zeitgenossen auch ideologisch nicht der Rechtfertigung[24]. Die offene Frage war nur noch, wieweit zumindest einzelnen Ländern Lateinamerikas das Schicksal Afrikas und weiter Teile Asiens drohte. Würden sich die europäisch-lateinamerikanischen Wirtschaftsbeziehungen dank des politisch-militärischen Machtgefälles so wie dort in informelle, wenn nicht gar formelle Herrschaftsverhältnisse ausweiten?

Da finanzielle Forderungen die Krise auslösten, hätte sie prinzpiell durch neue Finanzabsprachen beigelegt werden können, wenn nicht inzwischen die finanzielle Bonität Venezuelas so weit gesunken wäre, daß keine Bank dem Land mehr ohne zusätzliche Garantien Kredit gewähren wollte. Alle der angesprochenen europäischen und amerikanischen Banken forderten eine Lösung nach ägyptischem Modell, d.h. Venezuela sollte sich zur Sicherung eines neuen Schuldenabkommens einer Finanz- zumindest aber einer Zollkontrolle unterwerfen, die zusätzlich durch die betroffenen Großmächte garantiert werden sollte. Eine derartige Regelung bildete in Ägypten die Grundlage der informellen britischen Herrschaft. Vor allem die Disconto Gesellschaft und die deutsche Regierung wünschten eine solche Lösung, aber auch Londoner Finanzkreise plädierten für sie[25]. Doch dem versagte sich die amerikanische Regierung, die unzweideutig klarstellte, daß sie in allen die Westliche Hemisphäre betreffenden Fragen zur Zusammenarbeit mit den europäischen Mächten nicht bereit sei[26].

Die amerikanische Haltung bedeutete nicht, daß die USA grundsätzliche Bedenken gegen eine ökonomische Lösung geltend machten. Sie spiegelte vielmehr die in Lateinamerika vorhandenen Verhältnisse wider und war Ausdruck eines amerikanischen Dilemmas. Zwischen dem eigenen politischen Dominanzanspruch und der überwiegend europäischen wirtschaftlichen Präsenz in La-

---

23 Parliamentary Debates, 27th Parliament, 3rd Sess., Bd 116, S. 1262.

24 Diesen Tenor schlug der renommierte englische Journalist Herbert Wrigley Wilson an. Ignotus (id est: Wilson), The Future of South America. In: The National Review (October 1901), S. 290—295.

25 Financial Times, London, 3.1.1902; Lansdowne an Buchanan 17.11.1902: Public Record Office, London, Foreign Office, 80/445; vgl. auch die Verteidigung der Intervention durch den Präsidenten des CFB, Lord Avebury am 2.3.1903: The Parliamentary Debates, 27th Parl., 4th Sess., 1903, Bd 118, S. 1054—1059. Für die deutsche Seite Fiebig-von Hase, Lateinamerika als Konfliktherd, S. 132—135, S. 992 ff., 1053 f.

26 Der deutsche Chargé d'Affaires in Caracas, Gisbert von Pilgrim-Baltazzi an Reichskanzler von Bülow 4.10.1901: Auswärtiges Amt, Politisches Archiv, Bonn, R 17058; Secretary of State John Hay an den amerikanischen Chargé d'Affaires in Caracas Russell 17.7.1901: FRUS, 1902, S. 551, wo es unmißverständlich heißt: »It is not in accordance with the policy of this Government to act in concert with foreign governments in protesting against the barring of the claims of its citizens.«

teinamerika bestand eine frappierende Diskrepanz. Damals übten in Mittel- und insbesondere Südamerika noch europäische Wirtschafts- und Finanzinteressen den entscheidenden Einfluß aus, und nur in Mexiko und Kuba überwog das amerikanische Wirtschaftsengagement gegenüber dem europäischen. Jetzt trat offen zutage, daß der Monroedoktrin noch der solide ökonomische Unterbau fehlte[27]. Diese ökonomische Schwäche der amerikanischen Machtposition hatte ernsthafte Konsequenzen, weil sich die Europäer bei ihrem Insistieren auf Erfüllung ihrer Reklamationsforderungen auf das Völkerrecht berufen konnten. In Washington war man sich aber bewußt, daß eine ägyptische Lösung den beteiligten Mächten ein großes Ausmaß an Kontolle über Venezuela einräumen würde. Eine Entwicklung, wie sie in Indien, Ägypten oder der Burenrepublik zu beobachten war, sollte auf dem amerikanischen Kontinent mit allen zur Verfügung stehenden Mitteln verhindert werden[28].

Hierbei konnte die Regierung jedoch auf die Unterstützung des amerikanischen Kapitals kaum rechnen, denn dieses zeigte kein Interesse, jetzt in die Bresche zu springen und die lateinamerikanischen Schulden aufzukaufen, solange noch sehr viel lukrativere Betätigungsfelder im eigenen Land existierten. Die Konversion des venezolanischen Schuldenbergs wollten auch die amerikanischen Bankiers nur unter der Voraussetzung übernehmen, daß Venezuela einer Finanzkontrolle zustimme und die eigene Regierung dafür eine Garantie ausspreche. Allen derartigen Ansinnen gegenüber verhielt sich die amerikanische Regierung aber konstant ablehnend, um einen Präzedenzfall zu verhindern, der eine Sogwirkung auslösen und die USA sehr schnell zur Garantie sämtlicher »fauler« Schulden in der Westlichen Hemisphäre zwingen konnte. Es lag schließlich keinesfalls im amerikanischen Interesse, sich gegenüber den lateinamerikanischen Nachbarstaten zum Schuldeneintreiber der europäischen Gläubiger zu machen. So jedenfalls hatte man sich in Washington die angestrebte Ausweitung der eigenen Wirtschaftsbeziehungen in dieser Region nicht vorgestellt. Die Lösung des Konflikts durch die Etablierung einer einseitig durch die USA garantierten Finanzkontrolle lag ebensowenig im amerikanischen Interesse wie eine internationale konzertierte Aktion. Standhaft weigerte sich deshalb Secretary of State John Hay selbst nach Beginn der alliierten Intervention in Venezuela, die Krise durch eine solche Garantieerklärung an amerikanische Kapitalisten zu beenden[29].

---

27 Die amerikanischen Kapitalanlagen konzentrierten sich in Lateinamerika zunächst fast ausschließlich auf Direktinvestitionen und zeichneten sich als »spill-over« amerikanischer Unternehmungen unmittelbar über die eigenen Grenzen hinweg aus. Mira Wilkins, The Emergence of Multinational Enterprise: American Business Abroad from the Colonial Era to 1914, Cambridge, MA 1970, S. 114—134; Fiebig-von Hase, Lateinamerika als Konfliktherd, S. 513—587.

28 Dies riet unter anderem der zu den Antiimperialisten gehörende Senator George F. Hoar am 27.6.1902 Präsident Roosevelt in einem Brief: Library of Congress, Washington, Roosevelt Nl.

29 Zu den Interessenten gehörten Chicagoer Bankiers, aber auch das internationale Bankhaus der Gebrüder Speyer. Während der Krise hielt sich die Regierung Roosevelt jedoch die Option für eine finanzielle Lösung durch eine informelle Absprache mit einem rein amerikanischen Bankinstitut offen; Fiebig-von Hase, Lateinamerika als Konfliktherd, S. 729—741, 1013—1027.

In Deutschland waren die betroffenen Überseeinteressenten jedoch immer weniger bereit, die amerikanische Hinhaltetaktik zu akzeptieren, die sie als unzulässige Ausweitung der Monroedoktrin in den ökonomischen Bereich interpretierten. Die seit der panamerikanischen Konferenz von 1889 deutlich gewordene amerikanische Handelsoffensive in Lateinamerika verstärkte noch den Eindruck, daß nicht nur die chaotischen Zustände in den süd- und mittelamerikanischen Republiken die eigenen Interessen dort bedrohten, sondern auch die von der Monroedoktrin verkörperte »amerikanische Gefahr«. Tatsächlich ermunterten die amerikanischen handelspolitischen Vorstöße und die wiederholte Betonung der Monroedoktrin den Widerstand der lateinamerikanischen Staaten gegen die europäischen Forderungen. Das verschärfte aus europäischer Sicht die Krise. Amerika, so lautete der in Europa immer häufiger geäußerte Vorwurf, verhindere aus Selbstsucht die Stabilisierung der lateinamerikanischen Verhältnisse, ohne für die untragbaren Zustände Verantwortung zu übernehmen[30]. Diese durch das amerikanische Feindbild geprägte Bedrohungsperzeption verstärkte den Ruf der deutschen Überseeinteressenten nach mehr staatlichem Schutz. Dahinter verbarg sich die Vorstellung, daß es letztlich nicht die politische und ökonomische Instabilität in Lateinamerika selbst, sondern vielmehr die USA mit ihrer flexibel interpretierten Monroedoktrin waren, die eine energische Durchsetzung der legitimen europäischen Interessen verhinderten. Unter diesen Umständen versagten die traditionellen Mittel der Kanonenbootdiplomatie. Ein Instrument mußte entwickelt werden, das die USA davon abhielt, den europäischen Stabilisierungsbemühungen in Lateinamerika in den Weg zu treten. So wurden die an der überseeischen Expansion interessierten Kreise im Kaiserreich anfällig für die Flottenpläne des Staatssekretärs im Reichsmarineamt, Alfred von Tirpitz, der den Bau einer als politisches Drohinstrument konzipierten Schlachtflotte propagierte. Mit der großen Schlachtflotte, so versprach er, lasse sich der politische Handlungsspielraum nicht nur gegenüber England, sondern auch gegenüber den USA soweit erweitern, daß das Reich in absehbarer Zukunft seine Ziele in Lateinamerika unbehindert verfolgen könne[31].

Erfolgreiche Drohpolitik aber setzte voraus, daß dem potentiellen Gegner im Konfliktfall das Risiko der eigenen Niederlage so hoch erschien, daß er es vorzog, sich mit den deutschen Wünschen zu arrangieren. Im Hinblick auf die USA mußte man sich deshalb Klarheit über das eigene, notfalls einsetzbare militärische Machtpotential verschaffen. Zu diesem Zweck setzte sich der Admiralstab seit 1898 in den Studien zum Operationsplan III mit den Voraussetzungen eines deutsch-amerikanischen Kriegs auseinander. 1902 ging der Admiralstab davon aus, daß ein solcher Krieg für das Kaiserreich nicht erstrebenswert, jedoch als Folge der bestehenden Interessenkonflikte denkbar sei. Militärisch würde die Entscheidung in einer einzigen großen Seeschlacht in der karibischen See fallen, wobei für die deutsche Hochseeflotte, die der amerikanischen damals numerisch und technisch überlegen war und zudem schneller mobilisiert werden

30 So etwa auch Wilson, The Future of South America, S. 295 ff.

31 Fiebig-von Hase, Lateinamerika als Konfliktherd, S. 361—428; Ekkehard Böhm, Überseehandel und Flottenbau. Hanseatische Kaufmannschaft und deutsche Seerüstung 1879—1902, Düsseldorf 1972, S. 87—156.

konnte, eine relativ große Siegeschance bestand. Kritisch war allerdings, daß der Hochseeflotte in der karibischen See eine geeignete Operationsbasis fehlte. Dieses Manko sollte durch die Eroberung Puerto Ricos unmittelbar nach Kriegsausbruch beseitigt werden[32]. Als Kriegsziele nannte die Marine außerdem die Aufhebung der Monroedoktrin[33].

Die intensive Beschäftigung mit dem O-Plan III während der Jahre 1901/03 weist auf eine gesteigerte Konflikterwartung hin. Eine erfolgreiche deutsche Kriegführung setzte allerdings eine politische Lage in Europa voraus, bei der Deutschland zumindest mit der wohlwollenden Neutralität Englands rechnen konnte. Durch das Zusammengehen mit England wurde die wichtigste europäische Voraussetzung für eine kriegerische Auseinandersetzung mit Amerika erfüllt, die im Operationsplan von 1903 auch klar formuliert wurde: da England mit dem Kaiserreich kooperierte, schien die politische Lage in Europa so günstig wie nie zuvor. Potentiell wirkte sich die deutsch-englische Partnerschaft also konfliktverschärfend aus.

Auch der britische Bündnispartner beschäftigte sich anläßlich der venezolanischen Krise mit der Möglichkeit und den strategischen Voraussetzungen eines Kriegs mit den USA. Insbesondere war das War Office, das für die Verteidigung der kanadischen Südgrenze zuständig war, damals noch nicht bereit, die Möglichkeit eines anglo-amerikanischen Kriegs aus dem Szenarium potentieller Kriege auszuschließen und erwartete dabei die tatkräftige Unterstützung durch die Royal Navy. Es ist überaus bezeichnend, daß dem Entschluß zur Kooperation mit dem Kaiserreich in Venezuela bei der Admiralty ein intensives Studium der bestehenden Sicherheitsplanung für den westlichen Atlantik vorausgegangen war. Das Resultat lautete, daß sich die bestehenden Verteidigungsanlagen insbesondere auch in Westindien selbst zwar in einem kritischen Zustand befanden, aber im Kriegsfall mit den USA ausreichten, solange ein gleichzeitiger militärischer Konflikt in Europa ausgeschlossen werden konnte[34]. Nicht nur die deutschen, sondern ebenso die britischen Strategen schätzten also das deutsch-englische Bündnis, weil es ihnen in Europa den Rücken freihielt und dadurch politisch, sowie notfalls auch militärisch erst den notwendigen Handlungsspielraum in Venezuela gegenüber den Vereinigten Staaten zu versprechen schien. Die Überlegungen der Admiralstäbe zeigen aber auch, daß beide Mäche die Möglichkeit einer kriegerischen Konflikteskalation gegenüber den USA von vornherein in ihr Kalkül einbezogen. Man war sich der Gefährlichkeit des eigenen Vorhabens durchaus bewußt.

Dank der lautstarken Tirpitzschen Propaganda konnten die Motive des deutschen Flottenbaus aber auch amerikanischen Beobachtern schwerlich ver-

---

32 Zum O-Plan III bes. Holger H. Herwig, Politics of Frustration, The United States in German Naval Planning, 1898—1941, Boston, Toronto 1976, S. 13—92; Ivo N. Lambi, The Navy and German Power Politics, 1862—1914, Boston 1984, S. 226—231; Fiebig-von Hase, Lateinamerika als Konfliktherd, S. 472—506; zu den deutschen Stützpunktambitionen: ebd., S. 428—472.

33 O-Plan vom März 1903, vom Kaiser am 21.3.1903 gebilligt: Bundesarchiv-Militärarchiv, Freiburg, RM 5/885 Immediatvorträge.

34 War Office an Admiralty 17.3.1902: Bourne, Britain, S. 376; Memorandum des Colonial Defense Committee [C.D.C.], Strategical Considerations in the Caribbean Sea and Western Atlantic, 10.11.1902: Public Record Office, London, CAB 8/3, C.D.C. 300M.

borgen bleiben. Seit der Flottennovelle von 1900 reagierte die Washingtoner Regierung alarmiert auf die angekündigte deutsche Absicht, mit Hilfe der Flotte nicht nur gegenüber lateinamerikanischen Staaten Kanonenbootdiplomatie im herkömmlichen Stil zu betreiben, sondern auch zur Drohpolitik gegenüber eventuellen amerikanischen Einmischungsversuchen überzugehen. Im Atlantik stand angesichts der deutschen Rüstungsanstrengungen die Revolutionierung der Machtbalance unter den großen Seemächten bevor. Da die amerikanische Regierung einen Machtverlust nicht hinnehmen wollte, wurde der Flottenbau seit 1900 ganz konsequent an den deutschen Rüstungsfortschritten ausgerichtet. Mit dem General Board of the Navy schuf sich die Regierung zusätzlich ein neues sicherheitspolitisches Beratergremium, das sich sofort intensiv mit der Möglichkeit eines deutsch-amerikanischen Kriegs beschäftigte. Die strategischen Überlegungen der Admirale im General Board kreisten um den karibischen Kriegsschauplatz und konzentrierten sich darauf, einen deutschen Stützpunkterwerb zu verhindern. Dabei wurde vermutet, die venezolanische Insel Margarita sei das Objekt der deutschen Begehrlichkeit. Roosevelts Besorgnis während der Venezuelakrise, das Kaiserreich könne sich die ausstehenden Reklamations- und Zinsforderungen von Castro mit der Abtretung eines Stützpunkts bezahlen lassen, reflektierte unmittelbar diese Befürchtungen. Der Verdacht war jedoch unbegründet, denn der deutsche Admiralstab hatte keine Absichten auf die Insel, da er ihren strategischen Wert im Gegensatz zu den amerikanischen Admiralen als gering veranschlagte[35]. Der General Board bewertete aber die Abtretung Margaritas als Bruch der Monroedoktrin und sah auch in der Etablierung einer Finanz- oder Zollkontrolle, wie die Reichsleitung sie anstrebte, eine Gefahr. Die deutschen Interventionsabsichten trafen daher den zentralen Nerv der amerikanischen Sicherheitsstrategie. Der Entschluß des General Board, im Winter 1902/03 Manöver in der karibischen See abzuhalten, resultierte unmittelbar aus dieser Gefahrenperzeption[36].

Die akute Phase der Krise begann am 7. Dezember mit den 24stündigen Ultimaten der beiden kooperierenden Staaten an die venezolanische Regierung. Da Präsident Castro nicht reagierte, begannen die alliierten Mächte mit den Zwangsmaßnahmen, indem sie die venezolanischen Kriegsschiffe sequestrierten und einige von ihnen versenkten. Am 13. Dezember beschossen Kriegsschif-

---

35 Die Beunruhigung der amerikanischen Regierung wegen Margarita wurde im Frühjahr 1901 durch den monatelangen Aufenthalt des deutschen Kriegsschiffs »Vineta« vor der Insel ausgelöst. Der Kommandant der »Vineta« prüfte tatsächlich, wieweit der Erwerb Margaritas eine angemessene Entschädigung für die deutschen Forderungen sei, verneinte dies jedoch. Die amerikanischen Verdächtigungen waren also nur wegen dieser andersartigen Einschätzung des strategischen Werts aus der Luft gegriffen. Fiebig-von Hase, Lateinamerika als Konfliktherd, S. 772—778.

36 Die Venezuela-Politik des General Board of the Navy kam vor allem in dem sogenannten Taylor Memorandum zum Ausdruck, in dem der damalige Chief of the Bureau of Navigation, Rear-Admiral Henry C. Taylor, im Juni 1902 die sicherheitspolitischen Aspekte der politischen Entwicklung in Venezuela zusammenfaßte. Die Planung der Manöver war jedoch nur eine der Maßnahmen, die der General Board unternahm, um die amerikanische Kriegsbereitschaft im Winter 1902/03 zu stärken; Memorandum Taylors o.D.: Library of Congress, Washington, Roosevelt Nl; das Datum ergibt sich aus GB Proceedings 17.6.1902: National Archives, Washington, Department of the Navy, RG 80; vgl. Fiebig-von Hase, Lateinamerika als Konfliktherd, S. 920—927.

fe der Alliierten nach einer venezolanischen Provokation das Fort Puerto Cabello. Die venezolanische Regierung zeigte jedoch erst seit dem 12. Dezember Verhandlungsbereitschaft und unterbreitete den Alliierten einen Vorschlag zur schiedsrichterlichen Erledigung der strittigen Fragen, wobei sie sich der amerikanischen Regierung als Vermittler bediente. Diesen Vorschlag nahmen die alliierten Mächte am 18. Dezember an, wobei die sofortige Regelung der Reklamationsforderungen erster Klasse zur Bedingung gemacht wurden. Diese bestanden im Fall Deutschlands aus den Ersatzansprüchen für die Schädigung deutscher Bürger aus den Bürgerkriegen von 1898-1900 und im Fall Großbritanniens aus Wiedergutmachungsansprüchen für die unrechtmäßige Behandlung ihrer Handelsschiffe[37]. Zugleich baten die verbündeten Mächte, ganz offensichtlich in der Absicht, die USA an verantwortlicher Stelle in den Prozeß der Konfliktlösung einzubinden, den amerikanischen Präsidenten Theodore Roosevelt, das Schiedsrichteramt zu übernehmen. Roosevelt lehnte dieses Ersuchen jedoch ab, da er ihre Absicht durchschaute, und empfahl den Mächten, sich mit Venezuela auf den Haager Gerichtshof zu einigen[38]. Das nahmen die alliierten Mächte mit Bedauern zur Kenntnis, aber fügten sich seinem Wunsch[39]. Da aber Castro gegen den Haager Gerichtshof wegen des langwierigen und teuren Verfahrens Einwände erhob, einigte man sich schließlich darauf, zunächst in Washington zwischen den dort akkreditierten diplomatischen Vertretern der Interventionsmächte und einem venezolanischen Bevollmächtigten eine Lösung zu suchen. Castro ernannte mit Einwilligung der amerikanischen Regierung den amerikanischen Gesandten in Caracas Herbert Bowen zum Vertreter Venezuelas bei diesen Verhandlungen[40]. Die Alliierten, zu denen erst jetzt Italien hinzutrat, bestanden trotz dieser Einigung auf der geplanten Blockade der venezolanischen Küste, um ihren Forderungen mehr Nachdruck zu verleihen. Sie begann am 20. Dezember[41].

Seit Mitte Januar 1903 fanden die Verhandlungen zwischen Bowen und dem britischen Botschafter Sir Michael Herbert sowie dem deutschen außerordentlichen Botschafter Speck von Sternburg[42] statt. Sie wurden am 13. Februar mit der Unterzeichnung der sogenannten Washingtoner Protokolle beendet. In den Protokollen sicherte Venezuela den Interventionsmächten die sofortige Bezah-

---

37 Die deutschen und englischen Forderungen erster Klasse betrugen zunächst je rund 1,7 Mill. Bolivares (66 000 £), die englische Regierung reduzierte ihre Forderungen jedoch später auf eine sofortige Barzahlung von nur £ 5000; Metternich an Bülow 27.1.1903: GP 17, 277.

38 Tower an Hay, Telegr. 19., 23. und 24.12.1902, White an Hay, Telegr. 19. und 22.12.1902 und Hay an White, sowie Hay an Tower, Telegramme 26.12.1902: FRUS 1903, S. 423—428, 456—463.

39 Memorandum Lord Lansdownes in White an Hay 24.12.1902 und Bowen an Hay, Telegr. 20.12.1902: FRUS 1903, S. 461 f., 800.

40 Castro an Bowen in Hay an White, Telegr. 31.12.1902, White an Hay 3.1.1903 und Tower an Hay 6. und 8.1.1903: FRUS 1903, S. 434 f., 465 f.

41 Bowen an Hay 22.12.1902: FRUS 1903, S. 801.

42 Sternburg war von Wilhelm II. persönlich nach Washington entsandt worden, nachdem der Kaiser den bisherigen Botschafter Theodor von Holleben völlig überstürzt abberufen hatte. Vgl. hierzu: Stefan Rinke, Zwischen Weltpolitik und Monroe Doktrin: Botschafter Speck von Sternburg und die deutsch-amerikanischen Beziehungen, 1898—1908 Stuttgart 1992 (= Deutsch-Amerikanische Studien, Bd 11).

lung des größten Teils ihrer erstklassigen Forderungen zu. Die übrigen Reklamationsansprüche sollten durch Gemischte Kommissionen erledigt werden. Nur über die Forderung der Blockademächte auf präferentielle Behandlung ihrer Reklamationen sollte das Haager Gericht entscheiden. Das Gericht sprach am 22. Februar 1904 den Interventionsmächten das Recht auf Präferenz zu und prämierte damit ihr gewaltsames Vorgehen[43].

Der Krisenverlauf an sich ließ zunächst nicht erkennen, daß während der Intervention auch ein Großmachtkonflikt drohte. Erst zur Veröffentlichung bestimmte Äußerungen Roosevelts von 1916, in denen er seine Krisendiplomatie vom Winter 1902/03 als Beispiel erfolgreicher Abschreckungspolitik gegenüber dem Deutschen Kaiserreich darstellte, haben die intensive historische Kontroverse über die Krise ausgelöst. Roosevelt bezeichnete die deutsche Reichsleitung in seinen Äußerungen als treibende Kraft hinter der Aktion, die britische dagegen als den verführten Partner. Der kaiserlichen Regierung unterstellte er, die Verdächtigungen der amerikanischen Marineführung aufgreifend, sie habe sich, ähnlich wie 1897 in Kiautschau, in einem venezolanischen Hafen festsetzen wollen, um von dort aus den zukünftigen transisthmischen Kanal kontrollieren zu können. Nur seine wiederholten Warnungen gegenüber Holleben und schließlich die ultimative Drohung mit dem Einsatz der vorsorglich vor Puerto Rico zu Manövern versammelten amerikanischen Flotte hätten das deutsche Einlenken auf Castros Schiedsgerichtsvorschlag herbeigeführt[44].

Die Frage, wieweit es der behaupteten massiven Drohungen des amerikanischen Präsidenten bedurfte, bis die deutsche Regierung dem Schiedsgerichtsverfahrens zustimmte, und wieweit in diesem Zusammenhang die Gefahr eines deutsch-amerikanischen Kriegs bestand, ist in der Forschung bis heute umstritten. Das liegt nicht zuletzt daran, daß Roosevelt seine Darstellung in den Dienst der Kriegspropaganda gestellt hatte und die Auseinandersetzung über ihre Bedeutung deshalb in den Sog der Kriegsschulddiskussion geriet. Die Beurteilung der Krise entwickelte sich so zum Prüfstein für die Bewertung des deutsch-amerikanischen Verhältnisses vor 1917. Die Historiker, die die Existenz eines zwar latenten, aber gravierenden Konfliktpotentials in den deutsch-amerikanischen Beziehungen betonen, stimmen auch heute noch Roosevelts Beurteilung der Konfliktintensität und Konfliktlösung im Wesentlichen zu[45].

---

43 FRUS, 1903, S. 439 ff., 477 ff., 611 ff. Zum Haager Urteil Jackson H. Ralston und W.T. Sherman Doyle, Venezuelan Arbitrations of 1903, Washington, D.C. 1904 (= 58th Cong., 2nd Sess., Senate Document No. 316, Bd 17 und 18/2); Jost Dülffer, Regeln gegen den Krieg? Die Haager Friedenskonferenzen 1899 und 1907 in der internationalen Politik, Berlin u.a. 1981, S. 224 f.

44 Roosevelt an Thayer 21.8.1916: William R. Thayer, Life and Letters of John Hay, Bd 2, Boston 1916, S. 284—290, vgl. auch Roosevelts ergänzende und modifizierende Ausführungen Roosevelt an Thayer 23.8.1916 und 27.8.1916: The Letters of Theodore Roosevelt. Ed. by Elton E. Morrison and John M. Blum, 8 Bde, New York 1925, Bd 8, S. 1106 ff.

45 Marks, Velvet on Iron, S. 38—54; Collin, Theodore Roosevelt's Caribbean, S. 95—123; Fiebig-von Hase, Lateinamerika als Konfliktherd, S. 849—1083; Edmund Morris, »A Few Pregnant Days": Theodore Roosevelt and the Venezuelan Crisis of 1902. In: Theodore Roosevelt Association Journal 15(1989), S. 2—13. Eine gute ältere Zusammenfassung der Forschungsdebatte findet sich in Edward D. Parsons, The German-American Crisis of 1902—1903. In: Historian 33(1971), S. 436—452.

Wird dagegen die Konflikthaftigkeit dieses Verhältnisses niedrig eingeschätzt, ist es konsequent, Roosevelts Darstellung als Kriegspropaganda zu verwerfen[46].

Insbesondere drei Argumente wurden von Roosevelts Kritikern immer wieder angeführt, um seine Krisenversion zu widerlegen. Das wichtigste von ihnen betrifft die deutsche Interventionsankündigung gegenüber Roosevelt vom Dezember 1901, in der der deutsche Botschafter Theodor von Holleben im Auftrag seiner Regierung ausdrücklich klarstellte, daß das Reich nur die Eintreibung der fälligen Reklamations- und Zinsforderungen, keinesfalls aber Gebietserwerbungen beabsichtige. Roosevelt hatte am 3. Dezember in seiner Jahresansprache an den Kongreß mit dem Hinweis auf die Monroedoktrin schon die Antwort inhaltlich vorgegeben indem er sie als Eckpfeiler der amerikanischen Außenpolitik bezeichnete, aber gleichzeitig betonte, seine Regierung werde keinen Staat bei Fehlverhalten vor Strafe schützen, solange diese nicht zu Territorialerwerb durch eine nichtamerikanische Macht führe[47]. Hatte der amerikanische Präsident damit zu der geplanten deutschen Intervention etwa nicht ausdrücklich sein Plazet gegeben? Zweitens wird die zeitliche Koinzidenz der amerikanischen Flottenmanöver mit der Krise als rein zufällig angesehen und dies als Beweis gegen Roosevelts Behauptung gewertet, er habe mit Hilfe der Flotte Abschreckungspolitik betrieben. Drittens wird auf die vergebliche Suche nach Roosevelts behauptetem Ultimatum in allen einschlägigen Archiven verwiesen. Das Fazit aber lautet, es habe keine Krise in den deutsch-amerikanischen Beziehungen gegeben und der Streit um Venezuela sei »lediglich eine Affäre« gewesen, die letzlich »die guten Beziehungen zwischen den Regierungen garnicht berührt habe«[48].

Die in diesen Einwänden aufgegriffenen Sachverhalte widerlegen Roosevelts Darstellung jedoch nicht so zwingend, wie dies auf den ersten Blick scheinen mag. Dabei ist zunächst festzustellen, daß auch die Historiker, die in der Krise den Höhepunkt der deutsch-amerikanischen Spannungen vor 1917 sehen und Roosevelts Version der Ereignisse weitgehend folgen, nicht unterstellen, daß eine der beteiligten Mächte einen Konflikt provozieren wollte. Ganz im Gegenteil wurde bereits in der Vorbereitungsphase der Intervention deutlich, daß der deutschen wie auch der englischen Regierung sehr daran gelegen war, eine Auseinandersetzung über die Monroedoktrin mit den USA tunlichst zu vermeiden. Das bedeutete jedoch nicht, daß man in jedem Fall bereit war, aus Rücksicht auf die amerikanischen Empfindlichkeiten von der energischen Vertretung der eigenen Interessen Abstand zu nehmen. Es ging vielmehr ausschließlich darum, die eigene Politik mit einem Minimum an internationalen Friktionen durchzusetzen. Um einen möglichen amerikanischen Einspruch ge-

46 Herwig, Germany's Vision of Empire, S. 205 f.; Reiner Pommerin, Der Kaiser und Amerika, Köln, Wien 1986, S. 113—130; Raimund Lammersdorff, Anfänge einer Weltmacht. Theodore Roosevelt und die transatlantischen Beziehungen der USA 1901—1902, Berlin 1994; Mitchell, German Challenge, S. 197—209.

47 Jahresansprache Roosevelts 3.12.1901, Promemoria Hollebens vom 11.12.1901, sein weiteres Schreiben vom 20.12.1901 sowie die Antwort von Secretary of State John Hay an Holleben 13.12.1901: FRUS 1901, S. XXXVI f., S. 192—196.

48 Pommerin, Der Kaiser und Amerika, S. 115—130 (Zitat S. 130); Richard Challener, Admirals, Generals & American Foreign Policy, 1898—1914, Princeton, NJ. 1973, S. 111—118; Mitchell, German Challenge, S. 198.

gen die Intervention von vornherein zu neutralisieren, ließ Bülow den amerikanischen Präsidenten im Dezember 1901 durch Holleben über Motive und Ausmaß des geplanten Eingreifens in Kenntnis setzen. Dabei kamen auch die beabsichtigten Zwangsmaßregeln wie Friedensblockade und temporäre Besetzung von Häfen und Zollhäusern zur Sprache. Die Anfrage war ein taktisches Manöver, nicht dagegen eine stillschweigende Anerkennung der Monroedoktrin, auch wenn sie amerikanischerseits so ausgelegt wurde[49]. Einem amerikanischen Einspruch sollte schon im Vorfeld der Intervention der Boden entzogen werden. Aber auch Roosevelts Antwort in der Jahresbotschaft entsprang taktischen Überlegungen, nicht dagegen dem Vertrauen in die Harmlosigkeit der deutschen Absichten[50]. Hinter Roosevelts zur Schau gestellter Gelassenheit verbarg sich vielmehr einerseits Sorge vor den deutschen Absichten, andererseits eine nüchterne Einschätzung des eigenen Handlungsspielraums. Die durch den internationalen Verhaltenskodex legitimierte deutsche Interventionsabsicht konfrontierte Roosevelt mit einem Dilemma. Die sich abzeichnende Entwicklung konnte nicht einfach geduldet werden, da sie einer stillschweigenden Aushöhlung der Monroedoktrin gleichkam. Ein offener Protest kam jedoch auch nicht in Frage, denn dann konnten die betroffenen europäischen Mächte fordern, daß Amerika Verantwortung für das Verhalten des venezolanischen Missetäters übernahm, was wiederum nicht im amerikanischen Interesse lag. Eine erfolgreiche amerikanische Krisendiplomatie mußte deshalb einen dritten Weg suchen. Ihn sah Roosevelt in der Strategie der Abschreckung mit Hilfe der Flotte[51]. Sein Grundsatz des »speak softly and carry a big stick, and you will go far« diente ihm während der Krise als Richtschnur, zumal das »speak softly« der festen Absicht entsprach, sich einerseits nicht in den Konflikt hereinziehen zu lassen, aber andererseits gewappnet zu sein, um notfalls jeder erdenklichen Gefährdung der Monroedoktrin energisch entgegentreten zu können. Die anhaltende Suche der Historiker nach dem ominösen Ultimatum erscheint deshalb schon im Ansatz als zwecklos, denn ein Ultimatum im herkömmlichen Sinne paßte nicht zu dieser Strategie. Alle Warnungen wurden möglichst indirekt und informell und mit ausgesuchter Höflichkeit ausgesprochen, damit der Gegner den Rückzug ohne Gesichtsverlust antreten konnte. Die eigentlich bewegende Kraft aber war die rechtzeitig vor Puerto Rico in Stellung gebrachte Flotte, die während der Krise einerseits dem deutschen Kaiserreich unmißverständlich die Existenz der amerikanischen Seeherrschaft in der karibischen See demonstrierte, andererseits aber, in das Gewand von Manövern gekleidet, nicht als direkte Einmischung verstanden werden konnte.

Die Faktoren, die die Krise unmittelbar auslösten, lassen sich der ersten Konfliktebene zuordnen, die eigentlichen Ursachen dagegen den beiden übrigen. Sie blieben zunächst noch verdeckt. Diese Schichtung kam noch einmal deutlich zum Ausdruck, als die Interventionsmächte ihre Ultimaten überreichten und mit den kriegerischen Handlungen begannen. Der Konflikt betraf die

[49] Memorandum Hollebens für die amerikanische Regierung vom 11.12.1901: FRUS 1901, 192 ff.; Fiebig-von Hase, Lateinamerika als Konfliktherd, S. 867—871.

[50] Rede Roosevelts vom 3.12.1901: The Works of Theodore Roosevelt, Memorial Edition Bd 17. Ed. by H. Hagedorn, New York 1923—1926, S. 134 f.

[51] Fiebig-von Hase, Lateinamerika als Konfliktherd, S. 880—910.

beiden europäischen Großmächte und den Staat Venezuela, während sich die USA unbeteiligt zeigten. Washington war penibel bemüht, seine Nichtbeteiligung zu demonstieren und gab das venezolanische Schiedsgerichtsersuchen am 12. Dezember kommentarlos an die Interventionsmächte weiter[52]. Bis zum Ende hatte sich der Konflikt jedoch eindeutig in den dritten Konfliktbereich verschoben. Die Verhandlungen zur Lösung der Krise fanden in Washington, nicht dagegen in einer der europäischen Hauptstädte oder in Caracas statt, und der amerikanische Gesandte in Caracas Herbert Bowen vertrat bei den Verhandlungen die venezolanischen Interessen. Diese Entwicklung entsprach Castros Bemühungen, Amerika in den Vordergrund zu schieben und den strukturell bedingten, latent vorhandenen amerikanisch-europäischen Antagonismus auszunutzen, um sich der amerikanischen Unterstützung zu versichern[53].

Die beiden europäischen Interventionsmächte dagegen bemühten sich, den Konflikt zu lokalisieren und die eigenen Interessen durchzusetzen, ohne die USA in die Auseinandersetzung hineinzuziehen. Dieses Bestreben kam bereits in der deutschen Anfrage vom November 1901 zum Ausdruck. Es prägte vor allem das englische Verhalten, besonders nachdem Hay dem britischen Botschafter zu verstehen gegeben hatte, daß seine Regierung zwar die Berechtigung der europäischen Intervention anerkenne, es aber lieber sehen würde, wenn England allein ohne das Kaiserreich vorgehe[54]. In den deutsch-englischen Gesprächen über die notwendigen Zwangsmaßregeln manifestierte sich zusätzlich die deutsche Hoffnung, die Kooperation mit England könne den gemeinsamen Handlungsspielraum gegenüber den USA erhöhen und in Venezuela schärfere Maßnahmen möglich machen. Diese Erwartung wurde jedoch enttäuscht. Der britische Außenminister wies mit Rücksicht auf die USA bereits vor Beginn der Aktion den deutschen Vorschlag zurück, venezolanische Zollhäuser zu besetzen, wenn mildere Maßnahmen nicht zum Ziele führten, wie auch den Wunsch, die Form der Friedens- und nicht der Kriegsblockade zu wählen[55]. Daraufhin rang sich die kaiserliche Regierung Anfang Dezember dazu durch, den Begriff der Friedensblockade zu vermeiden, ohne jedoch den Krieg zu erklären, und auf weiterführende Maßnahmen zu verzichten. Der britische Einfluß wirkte sich also bereits in der Planungsphase mäßigend aus[56].

Nicht Castro, sondern die amerikanische Politik bewirkte schließlich das Scheitern der deutsch-englischen Lokalisierungsbemühungen. Roosevelt hatte die erste deutsche Interventionsankündigung im November 1901 noch überrascht. Des Kaisers Entschluß, die Aktion zu verschieben, gab ihm die Chance

52 Hay an die amerikanischen Vertreter in Berlin und London, Charlemagne Tower und Henry White, Telegr. 12.12.1902: FRUS 1902, S. 420, 453.

53 So etwa schon unmittelbar nach Ausbruch der Krise mit dem Vorschlag, Bowen zum Schiedsrichter über die deutschen und englischen Ansprüche zu machen; Bowen an Hay, Telegr. 9.12.1902, Baralt an Bowen 9.12. und 11.12.1902 in Bowen an Hay 13.12.1902: FRUS 1902, S. 790, 793 f.

54 Herbert an Lansdowne, privat 19.11.1902: Public Record Office, London, Foreign Office, 800/144, Lansdowne Nl; Quadt an AA, Telegr. 25.11.1902: GP 17, S. 256 f.

55 Lansdowne an Buchanan 26.11. und 29.11.1902, Memorandum Lansdownes für Metternich vom 2.12.1902 und Notiz Lansdownes vom 8.12.1902: BD 2, S. 157—161.

56 Richthofen an Metternich, Telegr. 5.12.1902 und Metternich an Richthofen, Telegr. 9.12.1902: GP 17, S. 257 f.

zur gründlichen Planung aller weiteren Schritte. Das Dilemma der amerikanischen Lateinamerikapolitik hoffte er zu umgehen, indem er die Abschrekkungswirkung der eigenen Flottenmacht erhöhte. Dazu mußten die Mängel der eigenen strategischen Position beseitigt werden, und dies konnte wiederum am besten durch die rechtzeitige Konzentration der eigenen Flottenstreitmacht an dem vorausberechneten Kriegsschauplatz geschehen. Für den Winter 1902/03 wurden deshalb ausgedehnte Flottenmanöver in der karibischen See vorgesehen, in denen die theoretischen Erkenntnisse über einen deutsch-amerikanischen Krieg in der Praxis simuliert werden sollten. Vom 3. bis 19. Dezember befand sich die gesamte amerikanische Flotte vor der Insel Culebra, die zu Puerto Rico gehört, in »mobilem« Zustand. Im Ernstfall bedurfte es nur noch des Einsatzbefehls aus dem Weißen Haus, um sie gegen Deutschland einzusetzen[57]. Da das Kaiserreich gegen die USA nur auf einen Seesieg rechnen konnte, wenn es die eigene Flotte schneller mobilisieren konnte als der anvisierte amerikanische Gegner, bedeutete diese Präventivmaßnahme in der gegebenen Situation eine wirksame Neutralisierung der deutschen maritimen Überlegenheit. Damit wurde die zur Hilfestellung für die kaiserliche Diplomatie benötigte Drohfunktion der deutschen Flottenmacht wirkungsvoll ausgeschaltet.

Roosevelts Strategie war nur auf den Fall einer deutschen Intervention abgestimmt. Die englische Beteiligung stellte deshalb sein Abschreckungskonzept in Frage. Ganz offensichtlich hatte er das anglo-amerikanische Verhältnis zu positiv beurteilt und den eigenen Handlungsspielraum überschätzt. Gegen die beiden größten Seemächte der Welt gemeinsam konnten die vorbereiteten Abschreckungsmaßnahmen nicht mehr greifen. In Washington machte sich Nervosität breit, die auf die Börse in New York übergriff[58]. Durch demonstrative Ruhe versuchte die Regierung ihr Dilemma zu verschleiern. Gleichzeitig bemühte sie sich fieberhaft über inoffizielle Kanäle, die unerwünschte Allianz zu spalten und England dem deutschen Partner abtrünnig zu machen. Die Auslotung der englischen Absichten und die Pflege der anglo-amerikanischen Beziehungen rückte damit Anfang Dezember in den Mittelpunkt der amerikanischen Politik[59]. Weil die britische Haltung zur kritischen Größe für die amerikanischen Außenbeziehungen geworden war, zeigte sich Roosevelt jetzt plötzlich in der bisher hartnäckig umstrittenen Alaskafrage kompromißbereit[60].

Hilfreich war, daß sich die Presse in England und den USA, die zunächst durchaus Verständnis für die Strafexpedition gezeigt hatte, nach der Zerstörung der venezolanischen Kanonenboote vorwiegend gegen das Kaiserreich wendete und die anglo-amerikanische Interessengemeinschaft betonte[61]. Die zunehmen-

---

57 Seward W. Livermore, Theodore Roosevelt, the American Navy and the Venezuela Crisis of 1902—1903. In: American Historical Review 51(1945), S. 459—462; Fiebig-von Hase, Lateinamerika als Konfliktherd, S. 910—931.

58 Zur Reaktion der Börse: Fiebig-von Hase, Lateinamerika als Konfliktherd, S. 1020—1025.

59 Das wird deutlich etwa in Herbert an Lansdowne, Telegr. vom 16.12., und seinem Bericht vom 29.12.1902: BD 2, S. 163.

60 Hierbei ging es um Grenzstreitigkeiten zwischen Kanada und Alaska; Charles S. Campbell Jr., Anglo-American Understanding, 1898—1903, Baltimore, MD 1957, S. 302 f.; Roosevelt an O.W.Holmes, 25.7.1903: Roosevelt, Letters, Bd 3, S. 529 f.

61 Erich Angermann, Ein Wendepunkt in der Geschichte der Monroedoktrin und der deutsch-amerikanischen Beziehungen. Die Venezuelakrise von 1902/03 im Spiegel der

de Erregung der Öffentlichkeit, die wachsende Unruhe der Börse in Wall Street und die Forderungen mehrerer Kongreßmitglieder nach präzisen Informationen setzten die amerikanische Regierung unter Druck und stellten die sorgsam zur Schau gestellte Passivität in Frage.

Mindestens ebenso entscheidend wirkte sich aus, daß die Regierung im Fall einer Blockade die Rechte der eigenen Schiffahrt sicherstellen mußte. Eine klare Entscheidung zu der von Holleben im Dezember 1901 angekündigten Friedensblockade war zu treffen, da für den 13. Dezember die Abfahrt eines amerikanischen Dampfers nach Venezuela bevorstand. Am 12. Dezember informierte das State Department die beiden Interventionsmächte, daß Amerika eine Friedensblockade nicht anerkennen werde. Die amerikanische Regierung bezog damit eine klare Position gegen die deutschen Blockadepläne analog den von englischer Seite geäußerten Bedenken. Noch am selben Tag erfuhr die Öffentlichkeit aus der Presse, daß der Einsatz amerikanischer Kriegsschiffe zwar nicht beabsichtigt, grundsätzlich jedoch nicht auszuschließen sei, da die Gefahr bestehe »that the attempt of an American vessel to pass the ›peaceful blockade‹ may in the end call for the appearance of American warships upon the scene«[62]. Deutlicher konnte die Warnung an die deutsche Adresse kaum ausfallen.

Alarmiert eilte Holleben ins State Department. »Viel durcheinander. Besuch im State Department", notierte der sonst so stoische Botschafter am 12. Dezember in sein vom 2. bis 14. Dezember minutiös genau geführtes Tagebuch und fügte am folgenden Tag hinzu: »Gestern viele Besuche und kleine Unannehmlichkeiten. Viele Briefe[63].« Einer dieser Briefe und ein Telegramm gingen an Bülow, und in beiden betonte Holleben, daß die alliierte Aktion in Venezuela »allgemein ungern gesehen« und das kriegerische Verhalten an der venezolanischen Küste verurteilt werde. Die amerikanische Sorge gelte den »unvorhersehbaren Konsequenzen«[64]. Die Zurückweisung der deutschen Blockadepläne, die offensichtlich dem Botschafter am 12. Dezember im State Department mitgeteilt wurde, war die erste Warnung an das Kaiserreich und zugleich der erste Testfall, wie weit die deutsche Regierung bereit sein würde, Amerika herauszufordern. Nicht der Präsident persönlich übermittelte diese Warnung, die bisher von der Forschung kaum beachtet wurde, obwohl Seerechtsfragen in der amerikanischen Außenpolitik immer eine so außerordentlich wichtige Rolle gespielt haben. Der Einspruch gegen die Friedensblockade wurde dem State Department als zuständiger Behörde überlassen. In seinem Brief an Thayer von 1916 vereinfachte Roosevelt diese Vorgänge. Die entscheidende Behauptung, daß er gewarnt und zuletzt mit der Flotte gedroht habe, wird nicht dadurch widerlegt, daß nicht er persönlich, sondern seine Administration diese Warnungen aussprach.

---

amerikanischen Tagespresse. In: Jahrbuch für Amerikastudien 3 (1958), S. 29—36; Paul S. Holbo, Perilous Obscurity: Public Diplomacy and the Press in the Venezuelan Crisis, 1902—1903. In: Historian 32(1970), S. 429 ff.; Fiebig-von Hase, Lateinamerika als Konfliktherd, S. 1008 ff.

62 Hay an Tower und Hay an H. White, Telegramme 12.12.1902: FRUS 1902, S. 420, 453; New York Times, 12.12.1902.

63 Tagebuch Hollebens: Holleben Nl (in Privatbesitz).

64 Holleben an AA, Telegr. 13.12.1902: Vagts, Deutschland, S. 1569; Holleben an Bülow 13.12.1902: Auswärtiges Amt, Politisches Archiv, Bonn, R 17062.

In der Forschungsdiskussion spielte bisher die Frage, wann der Präsident mit Holleben zusammentraf und ein Ultimatum übermittelte, eine entscheidende Rolle. Die Quellenlage ermöglichte allerdings bisher kaum mehr als Spekulationen[65]. Hollebens Tagebuchnotizen klären diese Frage. Das überraschende Resultat ist, daß der Botschafter mit dem Präsidenten kein einziges Gespräch über Venezuela führte. Aus den amtlichen Akten ist bekannt, daß Holleben am 28. November zum ersten Mal nach seinem Urlaub mit dem Präsidenten zusammentraf, wobei Roosevelt sich jedoch nur in Höflichkeiten erging[66]. Folgt man Hollebens Notizen, so sah er den Präsidenten danach nur noch einmal am 9. Dezember bei einem repräsentativen Routinebesuch, bevor er für die Zeit vom 14. bis 29. Dezember nach New York reiste[67]. Für den 9. erwähnt Holleben keinerlei besondere Vorkommnisse, und nichts weist darauf hin, daß der Präsident das sensitive Gesprächsthema Venezuela anrührte. Erstens waren unbeteiligte Dritte zugegen[68]. Zweitens bestand ja auf amerikanischer Seite gerade die Absicht, sich offiziell aus dem Konflikt herauszuhalten. Für informelle Gespräche fehlte drittens zwischen Roosevelt und Holleben das Vertrauensverhältnis, denn der Botschafter gehörte nicht zu den Diplomaten, mit denen der Präsident engeren persönlichen Umgang pflegte[69]. Viertens vermied Roosevelt in der Venezuela-Angelegenheit sogar ein informelles Gespräch mit dem ihm nahestehenden Hermann Speck von Sternburg. Dieser war Mitte November aus Berlin nach Washington geschickt worden, um den Präsidenten über die amerikanische China- und Venezuelapolitik auszuhorchen. Roosevelt aber besprach mit ihm ausschließlich die Vorgänge in China und vermied das Thema Venezuela sorgfältig[70]. Erst am 12. Dezember zeigte sich Holleben beunruhigt über das »Durcheinander«. Anlaß waren die Erregung der amerikanischen Öffentlichkeit und der Besuch im State Department, bei dem die Ablehnung der Friedensblockade und vermutlich auch Castros Schiedsgerichtsersuchen zur Sprache kamen.

Die Reichsleitung reagierte am 12. Dezember ebenfalls alarmiert auf die inzwischen unverhohlen deutschfeindliche Reaktion der öffentlichen Meinung in

---

65 Vgl. etwa: Beale, Theodore Roosevelt, S. 419 f.; Marks, Velvet on Iron, S. 42 ff.; Holbo, Perilous Obscurity, S. 430, Anm. 7; Morris, »A Few Pregnant Days«, S. 2—13; Collin, Theodore Roosevelt's Caribbean, S. 98, 107.

66 Er bedankte sich insbesondere dafür, daß drei amerikanische Generale als Beobachter an den kaiserlichen Herbstmanövern teilnehmen konnten; Holleben an AA, Telegr. 28.11.1902: Auswärtiges Amt, Politisches Archiv, Bonn, R 17333.

67 Holleben Tagebuch, Eintragung für die Tage 2.12.—14.12.1902: Holleben Nl.

68 Holleben begleitete den im Reichsamt des Innern beschäftigten Geheimrat Theodor Lewald ins Weiße Haus, der in den USA eingetroffen war, um den deutschen Beitrag zur Weltausstellung in St. Louis vorzubereiten; Holleben Tagebuch, Eintragung vom 9.12.1902: Holleben Nl.

69 Roosevelt selbst betrieb seit seinem Amtsantritt die Abberufung Hollebens, um seinen Freund Speck von Sternburg als Botschafter nach Washington zu bekommen; Roosevelt an Andrew D. White 17.12.1901 und an Speck von Sternburg 6.3.1902, ein Brief, der jedoch nicht abgesandt wurde: Roosevelt, Letters, Bd 3, S. 208, 239 f.; ausführlich dazu Rinke, Weltpolitik.

70 Sternburg an AA, Telegr. 26.11.1902: Auswärtiges Amt, Politisches Archiv, Bonn, China 24 secret, Nr. 9 adh.; Sternburg an Bülow 26.11.1902, mit Randbemerkung des Kaisers: ebd., R 17380; Sternburg an Roosevelt 15.12.1902: Library of Congress, Washington, Roosevelt Nl.

den beiden angelsächsischen Ländern und sah sich zu einer Revision der in Venezuela verfolgten Strategie gezwungen. Um den britischen Bündnispartner bei der Stange zu halten, mußte der von Großbritannien gewünschten Blockade jure gentium zugestimmt werden. Noch am 12. Dezember mahnte der Kanzler dies beim Kaiser an. Zusätzlich galt es, Amerika zu besänftigen, ohne zugleich dem Kaiser das volle Ausmaß des in Venezuela bereits absehbaren Fiaskos enthüllen zu müssen. Deshalb plädierte Bülow nun gegen die vom Admiralstab geforderte und vorbereitete Entsendung dreier weiterer Kreuzer an die venezolanische Küste,

> »weil die Stimmung in den Vereinigten Staaten von Amerika, die über unser Vorgehen bisher keine Erregung gezeigt hat, umschlagen könnte, wenn außer den an Ort und Stelle befindlichen Schiffen der drei Mächte noch Seestreitkräfte aus den heimischen Gewässern herangezogen würden«[71].

Die geplante, wenn auch inzwischen abgesagte Entsendung der Kreuzer wurde jedoch am 13. Dezember in Washington bekannt und mußte ganz zwangsläufig den Eindruck erwecken, daß das Kaiserreich in Venezuela weitere größere Zwangsmaßregeln beabsichtige[72].

Unmittelbar nachdem der amerikanische Botschafter in Berlin Charlemagne Tower am 13. Dezember die amerikanische Note mit der Ablehnung der Friedensblockade übergeben und Hollebens telegraphische Warnung das Auswärtige Amt erreicht hatte, ergriff der Reichskanzler die notwendigen Schritte, um die Zustimmung des Bundesrats zur Blockade iure gentium einzuholen. Sie wurde am 15. ausgesprochen[73]. Inzwischen hatte das Bombardement des Forts von Puerto Cabello durch deutsche und englische Kreuzer in den USA eine Welle antideutscher Proteste ausgelöst. Der deutsche Geschäftsträger in Washington Albert Graf von Quadt-Wykradt-Isny warnte am 16. Dezember vor einer weiteren Verschärfung der Lage[74]. So mußte immer mehr damit gerechnet werden, daß eine unfreundliche deutsche Haltung gegenüber dem an der venezolanischen Küste erwarteten amerikanischen Dampfer zum Konflikt führen könnte.

Bülow entschloß sich deshalb zusätzlich zu einer sehr ungewöhnlichen Vorsichtsmaßnahme, die unmittelbar in die kaiserliche Kommandohoheit eingriff. Unter Umgehung des Kaisers ließ er dem Kommandanten der vor Venezuela versammelten Flotteneinheit am 17. Dezember den ganz geheimen Befehl zu-

---

71 Bülow an Wilhelm II. 12.12.1902: GP 17, S. 258 f.; zu den Forderungen des Admiralstabs der Marine: Büchsel an Wilhelm II, 6.12.1902: Bundesarchiv-Militärarchiv, Freiburg, RM 2/2008, mit dem Randvermerk Sendens vom 13.12., daß der Kaiser von der weiteren Entsendung von Schiffen zunächst überhaupt Abstand nehmen wolle.

72 Dodge an Hay 28.11.1902: National Archives, Washington, DS, RG 59, DD Germany. Der Brief kam erst am 13.12. im State Department an und wurde am 16.12. an das Navy Department weitergegeben. Dieses forderte sofort weitere Informationen aus Berlin an. Hay an Sec. Navy 16.12.1902: National Archives, Washington, DN, RG 45, Subject File, OO — U.S. Naval Forces on North Atlantic Station; Potts an Sigsbee, Telegr. 18.12.1902: Livermore, S. 468.

73 Ausschnitt aus dem Protokoll der 39. Sitzung des Bundesrats am 15.12.1902: Staatsarchiv Hamburg, Akten des Hanseatischen Gesandten in Berlin, A I 10, Aktionen im Auslande 1900—1903.

74 Quadt an AA, Telegr. 16.12.1902 mit Randbemerkungen Bülows: Vagts, Deutschland, S. 1577.

kommen, das amerikanische Schiff unbehindert durchzulassen[75]. Er sorgte damit dafür, daß die kaiserliche Blockadeanordnung de facto nicht befolgt wurde. Nur außergewöhnliche Umstände können den Kanzler, dessen Stellung so sehr vom kaiserlichen Wohlwollen abhing, zu diesem Schritt bewogen haben. »Politische Rücksichten", so verteidigte am 17. Dezember der Chef des Admiralstabs, Vizeadmiral Wilhelm von Büchsel, dieses unerhörte Vorgehen, hätten es erforderlich gemacht, »daß bei der Blockade Schiffe der Vereinigten Staaten von Amerika nicht zuerst von deutscher Seite abgewiesen bzw. mit Beschlag belegt werden«. »Ohne mich vorher zu fragen darf im Kriege keine Behörde Befehle ausgeben, auch nicht der Admiralstab!« entrüstete sich der Kaiser. Gustav von Senden-Bibran, der Chef des Marinekabinetts, der des Reichskanzlers Wunsch an den Admiralstab weitergegeben hatte, rechtfertigte sich, indem er auf die Hintergründe verwies. Der Reichskanzler habe ihn zu dem Befehl aufgefordert, nachdem Richthofen aus Washington das Telegramm über die Abfahrt des amerikanischen Dampfers erhalten habe, in dem es hieß, daß »man in Amerika allgemein gespannt sei, was aus dem Dampfer werden würde«. Darauf sei der Kommandant angewiesen worden, »bis auf Weiteres« amerikanische Schiffe nicht anzuhalten. Bülow habe aber hinzugefügt, »daß, sobald die Engländer *ein* Schiff Nordamerikas aufgebracht hätten, der Kommodore so viele solcher Schiffe aufbringen könne, als er wolle«[76]. Gegenüber Amerika erschien es angesichts der vorhandenen unterschwelligen Spannungen einfach zweckmäßiger, das Odium der Zwangsmaßnahmen auf England fallen zu lassen. Das hektische Zurückweichen vor den USA in Berlin im entscheidenden Moment, das man sorgfältig zu verbergen suchte, ist jedoch nicht zu übersehen. Ohne daß es eines auffälligen Ultimatums bedurfte, hatte die erste amerikanische Warnung ihr Ziel erreicht.

Zwischen den beiden Allianzpartnern begann am 15. Dezember das Tauziehen um eine Antwort auf Castros Schiedsgerichtsvorschlag. Richthofens Instruktionen für den deutschen Botschafter in London Paul Graf von Wolff-Metternich lassen keinen Zweifel zu, daß die kaiserliche Regierung Castros Vorschläge als vollständig unzureichend ansah. Lansdowne aber, dem Metternich seinen Instruktionen gemäß diese Kritik als seine persönliche Meinung vortrug, zeigte sich angesichts des amerikanischen Verhaltens nervös. Dies veranlaßte den Botschafter zu der Bemerkung, daß sich die beiden Regierungen in der Schonung amerikanischer Empfindlichkeiten ja einig seien, um dann fortzufahren:

> »Auf der anderen Seite dürften wir es aber nicht zu ernst nehmen und uns nicht davon beeinflussen lassen, wenn der eine oder der andere Amerikaner auf einer unhaltbaren Auslegung der Monroedoktrin fußend, unser Vorgehen gegen Ve-

---

75 Der Befehl vom 17. Dezember befindet sich nicht bei den Akten, da Scheder wegen des brisanten Inhalts verpflichtet wurde, das Telegramm sofort nach Erhalt zu vernichten. Der Inhalt geht hervor aus Scheder an Chef des Admiralstabs der Marine, Telegr. 18.12.1902, Büchsel an Wilhelm II. 19.12.1902 und Mühlberg an Chef Admiralstab der Marine 23.12.1902: Bundesarchiv-Militärarchiv, Freiburg, RM 5/5967.

76 Büchsel an Wilhelm II. 17.12.1902, mit den wütenden Randbemerkungen des Kaisers und Senden an Wilhelm II. 18.12.1902: Bundesarchiv-Militärarchiv, Freiburg, RM 2/2008; weitere Belege: Fiebig-von Hase, Lateinamerika als Konfliktherd, S. 1028 f.

nezuela mißbillige. Die amerikanische Regierung wisse sehr wohl, daß wir uns nicht in Venezuela festzusetzen wünschten, und wir hätten von ihr freie Hand erhalten, gegen den widerspenstigen Schuldner vorzugehen. [...] Das beste Mittel, Pressediskussionen über Arbitrage zu ersticken, bestehe darin, sie möglichst rasch abzulehnen und zur Blockade zu schreiten[77].«

Aus diesen Äußerungen konnte Lansdowne kaum etwas anderes herauslesen, als daß der kaiserlichen Regierung der Schiedsgerichtsvorschlag nicht gelegen kam. Da sich die Allianzpartner nicht einig waren und Lansdowne dem Kabinett nicht vorgreifen wollte, gab er dem amerikanischen Chargé d'Affaires Henry White zunächst eine hinhaltende Antwort. Gleichzeitig aber bedeutete er White inoffiziell und persönlich, daß die britische Regierung weder momentan noch zukünftig beabsichtige, auf venezolanischem Boden Truppen zu landen. Ähnliche Erklärungen gaben Lansdowne und andere Regierungsvertreter noch am gleichen Tag im Parlament ab, um der heftigen Kritik gegen die Kooperation mit Deutschland sowie die Gefährdung der anglo-amerikanischen Beziehungen zu begegnen[78]. Damit waren die Grenzen der englischen Solidarität mit dem Kaiserreich abgesteckt. Roosevelt konnte nun sicher sein, daß sich England an weiteren Zwangsmaßnahmen nicht beteiligen würde. Das von Roosevelt mit den Flottenmanövern inszenierte Abschreckungskonzept konnte jetzt voll gegen das Kaiserreich eingesetzt werden.

Für Roosevelt war Whites Telegramm das Signal, aktiver als bisher seine eigenen politischen Absichten zur Geltung zu bringen und die Ungewißheit zu beenden, die angesichts der wachsenden Unruhe in der Öffentlichkeit immer unerträglicher wurde. Der Kongreß verlangte Auskunft über den in Venezuela eingeschlagenen politischen Kurs. Das Konzept des passiven Abwartens wurde deshalb immer fragwürdiger. Senator Henry M. Teller forderte öffentlich, die Monroedoktrin zu erweitern, um die Unterdrückung Venezuelas zu verhindern. Nach einer Beratung im Kabinett wurden am 16. Dezember die Botschafter in Berlin und London telegraphisch angewiesen, eindringlich auf das amerikanische Interesse an einer schiedsrichterlichen Einigung hinzuweisen[79]. Das kam einer erneuten versteckten Warnung gleich, zumal die amerikanische Presse, wie Holleben am gleichen Tag beunruhigt aus New York meldete, »eine schärfere Tonart anzuschlagen« begann. Der Botschafter legte der Reichsleitung nahe, das Schiedsgericht im Prinzip anzunehmen[80].

---

77 Richthofen an Metternich, Telegr. 14.12.1902 und Metternich an AA, Telegr. 15.12.1902: GP 17, S. 260—263.

78 H. White an Hay, Telegramm und Privattelegramm in Chiffre vom 15.12.1902: National Archives, Washington, DS, RG 59, DD, Great Britain; Parliamentary Debates, 4th Series, 27th Parliament, 3rd Session, Bd 116, S. 1245—1287.

79 New York Times, 14. und 17.12.1902; Hay an Tower und White, Telegr. 16.12.1902: FRUS 1903, 421, 453; Fiebig-von Hase, Lateinamerika als Konfliktherd, S. 1036 f.; Collin, Theodore Roosevelt's Caribbean, S. 107, wertet diese Telegramme als »formal ultimatum« und verweist auf die ungewöhnliche Tatsache, daß Lord Lansdowne die amerikanische Regierung bat, bei der Veröffentlichung des Telegramms das Wort »urgently« auszulassen, um nicht den Eindruck zu erwecken, die britische Regierung habe dem amerikanischen Druck nachgegeben.

80 Holleben an AA, Telegr. 16.12.1902: GP 17, S. 264.

Diesen Wunsch äußerte jetzt auch Lansdowne unumwunden in Übereinstimmung mit seinem Kabinett und riet zur Mäßigung mit Rücksicht auf die Vereinigten Staaten. Enttäuscht begriff Metternich, daß das die energische Fortsetzung der Aktion in Frage stellte. Wenn die britische Regierung von der Öffentlichkeit gedeckt worden wäre, so betonte er, »so könnten wir mit Ruhe der weiteren Entwicklung der Sache entgegensehen und brauchten uns auch um nordamerikanische Anmaßungen nicht zu kümmern. Leider ist das aber nicht der Fall«. »Mit Widerstreben« müsse er deshalb raten, »daß, je eher wir uns gemeinsam mit England mit Ehren aus der Affäre herausziehen können, um so besser«[81].

Notgedrungen beugte sich Bülow der Einsicht, daß das Einvernehmen zwischen Deutschland und England nicht ausreichte, um gegen den Willen der USA in Lateinamerika militärisch aufzutrumpfen. Das wirkte krisenentschärfend, und am 17. Dezember ließ Bülow Metternich instruieren, daß Deutschland für die Annahme des Schiedsgerichtsvorschlags plädiere. Die Bündnispartner sollten nicht abwarten, so sei Lansdowne vorzuschlagen, »bis das Kabinett von Washington seine jetzige Botenrolle mit einer aktiveren diplomatischen Rolle vertauscht, sondern daß wir schon jetzt diese letztere Rolle dem Washingtoner Kabinett anbieten«. Wenn die amerikanische Regierung durch ihr Verhalten verhinderte, daß die Alliierten aus eigener Kraft gegenüber Castro ihren Willen durchsetzen konnten, so sollte sie wenigstens in die Pflicht genommen werden, um eine angemessene Regelung der Reklamationsfragen durchzusetzen. Außerdem sollte verschleiert werden, daß die Initiative zur Annahme des Schiedsgerichts nicht von deutscher Seite ausgegangen war[82]. Erneut war der amerikanische Druck als höfliche Aufforderung verkleidet, aber er verfehlte seine Wirkung nicht.

Das Auswärtige Amt übermittelte die Annahme des Schiedsgerichtsvorschlags jedoch nicht sofort nach Washington, denn zunächst war die Abstimmung mit der britischen Regierung erforderlich. Metternich führte seinen Auftrag erst am 18. Dezember in London aus. Inzwischen hatte sich Lansdowne schon entschlossen, allein vorzugehen und dem Präsidenten durch den immer eindringlicher drängenden White mitteilen zu lassen, sein Kabinett habe sich bereits am 16. Dezember für das Schiedsgericht entschieden. Damit stellte er den deutschen Partner indirekt bloß. Dies Verhalten mußte das amerikanische Mißtrauen gegenüber dem Kaiserreich verstärken und konfliktverschärfend wirken. Das Telegramm mit der informellen englischen Zustimmung traf am Mittag des 18. Dezember im State Department ein[83]. Hay stand jetzt offensichtlich unter dem Eindruck, nur das Reich sperre sich gegen das Schiedsgericht. Er legte Quadt nochmals eine schnelle Lösung nahe, um eine weitere Erregung in Amerika zu vermeiden. Sonst sei damit zu rechnen, daß der Kongreß die Regierung auffordere, »der Monroedoktrin [...] Achtung zu verschaffen. Dies würde

[81] Metternich an AA, Telegr. 16.12.1902: GP 17, S. 265 f.
[82] Bülow an Metternich, Telegr. 17.12.1902, GP 17, S. 266 ff.
[83] White an Hay, Telegr. 18.12.1902: National Archives, Washington, DS, RG 59, DD Great Britain; Campbell, Anglo-American Understanding, S. 282 f.; Kneer, Great Britain and the Caribbean, S. 103—108.

in leitenden Kreisen sehr peinlich empfunden werden[84].« Es bedurfte auch diesmal keines scharfen Ultimatums. Dieser freundlich geäußerte Rat reichte vor dem Hintergrund der politisch-militärischen Gesamtkonstellation vollständig aus, um Berlin den Ernst der Lage verständlich zu machen.

Die dritte Warnung kam angesichts der von Teller angekündigten Resolution nicht von ungefähr. Die Nervosität wuchs jedoch in Washington auch aus einem sehr konkreten Grund: die Anwesenheit der amerikanischen Flotte in den karibischen Gewässern zwang zu Entscheidungen. Wurde sie weiterhin als Drohinstrument der amerikanischen Abschreckungspolitik benötigt, so mußte sie vor Culebra zusammengehalten werden. Das aber machte die Aufhebung der bisherigen Dispositionen notwendig, die vorsahen, die Schiffe auf verschiedene karibische Hafenplätze für die Weihnachtstage zu verteilen. Sollte an dieser Anordnung aus politischen Gründen etwas geändert werden, so mußte das schnell geschehen, um Versorgung und Einsatzbereitschaft der Flotte nicht zu gefährden. Weil die deutsche Zustimmung zur schiedsrichterlichen Erledigung des Venezuelastreits noch nicht eingetroffen war, erhielt der Oberkommandierende der amerikanischen Flotte Admiral George Dewey, der die Leitung der Manöver vor Culebra übernommen hatte, am 17. Dezember abends den Befehl, die Verteilung der Schiffe aufzuschieben. Dewey, der in Roosevelts Pläne eingeweiht war, wußte nun, daß die Lage in Washington sehr ernst beurteilt wurde. Am 18. gab er den Befehl aus, die Kohlenvorräte zu schonen. Sein Adjutant erläuterte diese Reaktion in seinem Tagebuch mit der »uncertainty regarding Venezuela matters — where the Germans seem to be running things rather high-handedly«. Am selben Abend berieten die Admiräle auf Deweys Flaggschiff vor Culebra den nun erwarteten Krieg mit dem Kaiserreich[85].

In Washington hatte sich das Kabinett am gleichen Tag zu einem Staatsbankett im Weißen Haus versammelt. Dort erhielt Hay spät abends ein weiteres Telegramm aus London, in dem Lansdowne privat informierte, daß sich die deutsche Regierung zur Annahme des Schiedsgerichtsvorschlags entschlossen habe[86]. Das löste die Spannung, denn damit war, noch bevor am 19. Dezember die offizielle deutsche Mitteilung im State Department eintraf, die Gefahr einer weiteren Konflikteskalation gebannt[87]. Roosevelt reagierte sofort mit einer Entwarnung. Tief in der Nacht erreichte die Admiräle in Culebra ein Telegramm mit dem Befehl, die vorgesehene Verteilung der Flotte für die Weihnachtstage nunmehr vorzunehmen[88].

---

84 Quadt an AA, Telegr. 18.12.1902: GP 17, S. 269.

85 Secretary of the Navy William Moody an Dewey, Telegr. 17.12.1902: National Archives, Washington, DN, RG 59, A. General Records, Series 19, Messages Sent in Cipher; Journal of the Commander-in-Chief, Eintragung Deweys vom 18.12.1902: Naval Historical Center, Washington D.C., George Dewey Nl; Tagebuch Nathaniel Sargents, Eintragung vom 18.12.1902: Richard W. Turk, Defending the New Empire. In: In Peace and War, Interpretations of American Naval History, 1775—1978. Ed. by Kenneth J. Hagan, Westport, CT, London 1978, S. 190.

86 H. White an Hay, insgesamt drei Telegramme am 18.12.1902, das letzte mit Ankunft um 21 Uhr: National Archives, Washington, DS, RG 59, DD Great Britain, davon eins teilweise und eins ganz abgedruckt in: FRUS 1902, S. 455 f.

87 Tower an Hay, Telegramme 18.12. und 19.12.1902: FRUS 1902, S. 455 f.

88 Journal of the Commander-in-Chief, Eintragung vom 18.12.1902: Dewey Nl.

Die drohende Konfikteskalation war in letzter Minute abgewendet worden. Roosevelt leistete seinen Beitrag zur Entspannung jedoch erst, nachdem er sich mit seiner Politik auf der ganzen Linie durchgesetzt und die kaiserliche Regierung sowohl in der Blockade- wie in der Schiedsgerichtsfrage zum Nachgeben gezwungen hatte. Der britischen Regierung dagegen war es gelungen, ihre wichtigsten Ziele durchzusetzen. Hinsichtlich der Reklamationen hatte Castro sich dem Schiedsgerichtsgedanken gefügt, so daß eine für England akzeptable Lösung voraussehbar war. Außerdem hatte die Zusammenarbeit mit Deutschland ausgereicht, um Roosevelt zu wichtigen Zugeständnissen in der Alaskafrage zu bewegen[89]. Weil der anglo-amerikanische Interessenausgleich auf der Basis des quid pro quo funktionierte, konnte sich der amerikanische Abschrekkungswillen mit vollem Erfolg auf die kaiserliche Politik konzentrieren.

Der Ausgang der Krise stand seitdem fest. Die deutsch-englische Kooperationspartnerschaft hatte sich als nicht tragfähig, die anglo-amerikanische Interessengemeinschaft dagegen als das für die transatlantischen Beziehungen ausschlaggebende Element erwiesen. Die deutschen Bemühungen, an dieser Tatsache noch etwas zu ändern, hatten keinen Erfolg. Der Versuch, Roosevelts Eitelkeit zu schmeicheln, indem man ihm das Schiedsrichteramt antrug und ihm mit der Ablösung Hollebens durch Speck von Sternburg einen persönlichen Wunsch erfüllte, änderte nichts mehr. Roosevelt blieb mit der Ablehnung des Schiedsamts dem bisher eingeschlagenen Kurs treu, sich im Hinblick auf die europäischen Streitigkeiten mit den lateinamerikanischen Staaten nicht in die Pflicht nehmen zu lassen[90]. Sternburgs Erscheinen begrüßte er zwar, ließ sich dadurch jedoch politisch nicht beeinflussen[91].

Viel entscheidender für die deutsch-amerikanischen Beziehungen war dagegen die Hartnäckigkeit der deutschen Verhandlungsführung bei den Gesprächen mit dem venezolanischen Bevollmächtigten Bowen um die konkreten Bedingungungen einer Einigung. Die Reichsleitung sah sich inzwischen im eigenen Land einer heftigen Kritik ausgesetzt, die sich gegen die Zusammenarbeit mit England, vor allem aber gegen das Nachgeben in der Schiedsgerichtsfrage richtete und vor heftigen Angriffen auf die Monroedoktrin nicht zurückschreckte. Umso wichtiger wurde es für Bülow, wenigstens Teilerfolge in den Reklamations- und Schuldenfragen vorweisen zu können. Vor allem die deutsche Seite bestand deshalb auf der präferentiellen Behandlung der alliierten Forderungen. Dies aber wollte Bowen aus Rücksicht auf die amerikanischen Reklamationsforderungen nicht zugestehen[92]. Venezuelas Interesse an der möglichst

89 Auch wenn sich das Junktim zwischen der Lösung beider Fragen nicht einwandfrei belegen läßt, so bleibt doch das zeitliche Aufeinandertreffen frappierend. Am 18.12. einigten sich Herbert und Hay auf den Wortlaut des Alaskavertrags, der die Streitfrage einer schiedsrichterlichen Lösung zuführte. Herbert an Hay 18.12.1902 und Herbert an Lansdowne 19.12.1902: Campbell, Anglo-American Understanding, S. 303; den Zusammenhang vermutet auch Marks, Velvet on Iron, S. 75.

90 Telegramme Hays an Tower und White vom 26.12.1902: FRUS 1902, S. 428, 463. Erneut war es Hay, der den Präsidenten auf die weitreichenden Folgen einer Annahme des Angebots hinwies; Hay an Roosevelt 21.12.1902: Library of Congress, Washington, Roosevelt Nl.

91 Roosevelt an Theodore Roosevelt Jr. 1.2.1903: Roosevelt, Letters, Bd 3, S. 415.

92 Fiebig-von Hase, Lateinamerika als Konfliktherd, S. 1048—1059.

schnellen Aufhebung der Blockade dagegen spielte kaum noch eine Rolle. Die Großmächte rangen nur noch untereinander um ihren Anteil an der Beute.

Am 21. Januar änderte das Bombardement von San Carlos durch das deutsche Kanonenboot Panther schlagartig die Lage. Der Vorfall trieb die Krise einem zweiten Höhepunkt entgegen. Erneut wurden in Washington kaum verdeckte Warnungen an die deutsche Adresse ausgesprochen und die militärischen Vorbereitungen für einen potentiellen Konflikt liefen auf Hochtouren. Die Gerüchteküche über weiterfühende deutsche Absichten in der Westlichen Hemisphäre brodelte[93].

Für die englische Regierung wog jetzt die wachsende Verärgerung über die hemdsärmelige Verhandlungsführung Bowens gering im Vergleich zu den Angriffen, denen sie im eigenen Land ausgesetzt war[94]. Außerdem warnte Herbert, daß Hay und Roosevelt »would be seriously embarrassed and the Alaska Treaty threatened, if we do not arrive at an immediate settlement«. Am 7. Februar schließlich berichtete er, daß die Stimmung in Amerika gegenüber England umzuschlagen drohe.

> »In American opinion the time has almost come for us to choose between the friendship of the United States or that of Germany[95].«

Vor diese Alternative gestellt, trat die englische Regierung in Washington auf voller Linie den Rückzug an. Das hartnäckige Festhalten des Kaiserreichs an seinen Forderungen wurde in London als immer unerträglicher empfunden, bis schließlich Lansdowne am 9. und erneut am 11. Februar Metternich eindringlich auf die Notwendigkeit einer schnellen Beendigung der Blockade hinwies und sich weigerte die deutschen Vorstellungen gegenüber Bowen weiter zu unterstützen[96]. Sternburgs Bemühungen, auftragsgemäß die gesamten deutschen Reklamationsforderungen und die Etablierung der Finanzkontrolle durchsetzen, ließen sich nicht mehr realisieren. Seitdem die englische Seite auf das Ende der Aktion drängte, stellte sich die Lage für das Kaiserreich als aussichtslos dar. Diesmal war es der Präsident persönlich, der gegenüber Sternburg in freundschaftlichem Ton, aber bestimmt und ernst zweimal Warnungen aussprach. Auch Hay warnte:

> »A state of unrest and anxiety so exists throughout the western hemisphere which if suffered increase might bring about results which would be universally deplored[97].«

---

93 Angermann, Ein Wendepunkt, S. 44 ff.; Fiebig-von Hase, Lateinamerika als Konfliktherd, S. 1059 ff.

94 Herbert an Lansdowne 10.2.1903: Public Record Office, London, Foreign Office, 800/144, Lansdowne, Nl; Kneer, Great Britain and the Caribbean, S. 127—151.

95 Herbert an Lansdowne, Telegramme 26.1., 31.1. und 7.2.1903: Bd 2, S. 166, 168, 172; Herbert an Lansdowne, Telegr. 4.2. und Bericht 10.2.1903, Public Record Office, London, Foreign Office, 800/144, Lansdowne Nl.

96 Lansdowne an Herbert 9.2.1903 und Lansdowne an Lascelles 12.2.1902: Bd 2, S. 172 ff.; Lansdowne an Herbert und Lascelles, Telegramme 11.2.1903: Kneer, Great Britain and the Caribbean, S. 157.

97 Sternburg an AA, Telegr. 31.1. und 3.2.1903: GP 17, S. 285 f.; Memorandum Hays o.D., inhaltlich aber in die Endphase der Krise einzuordnen: Library of Congress, Washington, Hay Nl,

Sternburg drängte deshalb, Bowens letztes Angebot anzunehmen. »Von maßgebenster Seite« — also von Roosevelt oder Hay — sei ihm versichert worden, daß die Vorgänge in Venezuela einen lebhaften Umschwung der Sympathien für das Kaiserreich in Süd- und Mittelamerika zur Folge gehabt hätten.

»Die geringen Sympathien, welche Deutschland in den Vereinigten Staaten noch gehabt habe, habe es geopfert. Deweys Geschwader habe geheimen Befehl erhalten, sich bereitzuhalten[98].«

Noch aber zögerte Bülow, endgültig nachzugeben, weil die Angriffe der nationalen Presse gegen die Regierung immer heftiger geworden waren. Ein weiteres Zurückweichen, insbesondere bei der Forderung auf präferentielle Behandlung der Interventionsmächte, so wurde Sternburg gewarnt, würde als »Schwäche unserer auswärtigen Politik« angesehen werden[99].

Admiralstab und Kaiser widmeten sich erneut den militärischen Vorbereitungen für einen deutsch-amerikanischen Krieg, nachdem am 11. Februar bekannt wurde, daß das Navy Department sogenannte »rush orders« an die Marinestationen ausgegeben hatte, um die amerikanische Kriegsbereitschaft zu erhöhen. Tirpitz aber rechnete bereits damit, daß die wachsenden Unstimmigkeiten zwischen den Allianzpartnern zum Ausbruch eines Kriegs mit England führen könnten. Das aber sei »ein Jena für Deutschland und England, ein kostenlos gewonnenes Trafalgar für Amerika, Rußland und Frankreich«[100]. Den Ausschlag für das deutsche Einlenken gab jedoch schließlich ein neues Angebot Bowens, das den deutschen Forderungen entgegenkam. Roosevelts selbst hatte eingegriffen und auf Bowen Druck ausgeübt[101], um der kaiserlichen Regierung zu ermöglichen, ihr Gesicht zu wahren. Er wollte nicht länger untätig zusehen, wie Deutschland und die USA wegen einer geringen Geldsumme in einen schweren Konflikt hineindrifteten. Die Deeskalation der Krise ging also diesmal von amerikanischer Seite aus, jedoch erneut wurden von Washington keine gravierenden Zugeständnisse gemacht. Am 13. Februar wurden die Washingtoner Protokolle unterzeichnet und die gegen Venezuela verhängte Blockade aufgehoben.

Die Venezuelakrise war der Wendepunkt im Verhältnis zwischen den drei führenden atlantischen Mächten vor 1914. Hierin liegt ihre eigentliche historische Bedeutung. Sie bildete den Höhepunkt des deutsch-amerikanischen Antagonismus. In ihrem Verlauf wurde deutlich, daß die innenpolitischen Voraussetzungen für eine deutsch-englische Entente auf der Basis gemeinsamer Interessen kaum noch und gewiß nicht dann gegeben waren, wenn eine solche Kooperation den amerikanischen Unwillen heraufbeschwor. Das Bemühen der beiden europäischen Mächte, das Verhältnis untereinander durch die Zusammenarbeit an der lateinamerikanischen Peripherie zu verbessern, hatte den Antagonismus zwischen ihnen nur noch verschärft. »Close relations with Germany", davon war der spätere britische Außenminister Edward Grey Anfang

[98] Sternburg an AA, Telegr. 3.2.1902: GP 17, S. 285 f.

[99] Richthofen an Sternburg, Telegr. 8.2. und 13.2.1903: Vagts, Deutschland, S. 1601 f.

[100] Aufzeichnungen Büchsels vom 19.1.1903 und Denkschriften zum Immediatvortrag vom 30.1., 11.2. und 14.2.1903: Bundesarchiv-Militärarchiv, Freiburg, RM 5/v 885; Tirpitz an Richthofen, 30.1.1903: Vagts, Deutschland, S. 1578.

[101] Sternburg an Bülow 13.3.1903: Auswärtiges Amt, Politisches Archiv, Bonn, R 17065.

1903 überzeugt, »means for us worse relations with the rest of the world, especially with the United States, France and Russia«. Nicht weniger deutlich bezeichnete der Londoner Spectator das Kaiserreich nach dem Bombardement des Forts San Carlos als den »mischief-maker of the world« und schlug eine Allianz mit Frankreich und Rußland vor, um Deutschland mit einem Sicherheitsring zu umgeben[102]. Lachender Dritter aber waren die USA, denen in den folgenden Jahren die Freundschaftsbemühungen der beiden europäischen Antagonisten in vermehrtem Maße galten. Hier wurden spätere Entwicklungen bereits vorgezeichnet.

Die Struktur der atlantischen Machtkonstellation bestimmte in erster Linie den Modus der Konfliktlösung während der Krise. Weil die europäischen Mächte untereinander uneins waren, konnten die USA ihre Politik in Lateinamerika weiterführen, konnte der amerikanische Präsident das Kaiserreich mit den Instrumenten der traditionellen Machtpolitik davon abhalten, seine Ziel in Venezuela durchzusetzen. Venezuela hatte die Kosten des Konflikts zu tragen. Bei den Verhandlungen in Washington spielte es nur noch die Rolle eines Zaungasts. Die der Krise letztlich zugrundeliegenden strukturellen Verwerfungen im europäisch-lateinamerikanischen Verhältnis blieben ungelöst. Das Urteil des Haager Gerichtshofes, das den Interventionsmächten präferentielle Behandlung einräumte und damit die Gewaltanwendung prämierte, führte zwar zur Proklamation der Roosevelt Corollary zur Monroedoktrin, mit der der Präsident sich zur amerikanischen Verantwortung für das Wohlverhalten der lateinamerikanischen Staaten bekannte. Eine durchgreifende Änderung der amerikanischen Politik war jedoch nicht erforderlich, da nun der eskalierende deutsch-englische Gegensatz eine erneute europäische Kooperation in der Westlichen Hemisphäre immer unwahrscheinlicher machte.

102 Grey an Newbolt, 5.1.1903: Paul M. Kennedy, The Rise of the Anglo-German Antagonism, London u.a. 1980, S. 259; Spectator 7.2.1903 zit. n. Arthur J. Marder, The Anatomy of British Sea Power. A History of British Naval Policy in the Pre-Dreadnought Era 1880—1905, London 1940, S. 466.

28. Das Deutsche Reich auf europäischem Konfrontationskurs. Die erste Marokkokrise 1905/06

Ende des 19. Jahrhunderts war Marokko dem Zugriff der europäischen Mächte noch weitgehend verschlossen, obwohl erste Rivalitäten zwischen den an dem Scherifenreich interessierten Mächten bereits im Jahre 1880 im Madrider Abkommen zur vertraglichen Sicherung der »open door« und zur Garantie des status quo geführt hatten. Die internationale Position des nordafrikanischen Staats glich um die Jahrhundertwende in etwa dem semi-kolonialen Status Chinas, mit anderen Worten, Marokkos Souveränität war durch informelle Einflußsphären ausgehöhlt (Vertragshäfen, Konsulargerichtsbarkeit). Neben dem überragenden Handelspartner England und der alten Kolonialmacht Spanien ließen auch Frankreich und das Deutsche Reich politische und ökonomische Ambitionen in Marokko erkennen[1].

Für Frankreich ergab sich das Interesse an Marokko aus der Nachbarschaft zu Algerien. Ziel war die allmähliche Einbeziehung des unabhängigen Sultanats in einen französisch beherrschten Maghreb. Frankreichs Politik war mit dem Regierungsantritt des reformfreudigen Sultans Abd el-Aziz (1900) verstärkt darauf ausgerichtet, die Kontrolle Marokkos durch die europäischen Vertragsstaaten zu reduzieren und die eigene Stellung gegenüber den Konkurrenten auszubauen. Durch zweiseitige Arrangements mit den interessierten Mächten England, Italien und Spanien wie auch durch eine systematische Aufweichung der marokkanischen Herrschaft im marokkanisch-algerischen Grenzgebiet, die den französischen Einfluß kontinuierlich nach Westen vorschob, versuchte Frankreich zu Beginn dieses Jahrhunderts die Fesseln des Madrider Vertrags zu seinen Gunsten abzustreifen und sich als die überragende westliche Kraft in Marokko zu etablieren.

In einem für die französische Außenpolitik wegweisenden Memorandum unterschied Außenminister Delcassé im Jahre 1902 zwei Seiten des Marokko-Problems: zum einen die internationale, zum anderen die franco-marokkanische Seite. Während die internationale Seite der Frage jede einzelne Vertragsmacht berührte, war Delcassé zufolge der bilaterale Aspekt allein mit der marokkanischen Regierung zu regeln. In Delcassés Fernziel eines französisch beherrschten Marokko spielte Derutschland nur eine marginale Rolle. Der französische Außenminister hoffte, den Rivalen durch territoriale Zugeständnisse in anderen Teilen Afrikas, etwa in Französisch-Kongo, ruhig zu stellen, da Deutschland nach französischer Überzeugung in Marokko kaum politische Interessen verfolgte[2]. Ein im Jahre 1903 ausgebrochener Bürgerkrieg stimulierte den organi-

1 Vgl. dazu F.V. Parsons, The Origins of the Morocco Question 1880—1900, London 1976; D.K. Fieldhouse, Economics and Empire 1830—1914, London 1973.

2 Christopher Andrew, Théophile Delcassé and the Making of the Entente Cordiale, London 1968, S. 138, 151 f.; DDF 2,5, Nr. 31.

sierten Kolonialismus und aktivierte zunehmend Wirtschaftskreise in Richtung auf eine energischere französische Marokkopolitik[3].

Demgegenüber bekundete das Deutsche Reich zunächst ein primär ökonomisches Interesse an Marokko. Deutschland, dem als Signatarmacht des Madrider Abkommens ein Mitspracherecht bei künftigen Regelungen betreffend Marokko zustand, behinderte seit der Bismarck-Zeit offiziell die französische Marokkopolitik nicht, tendierte jedoch unter der Hand — als gewisses Korrektiv gegen einen zu starken Einfluß Frankreichs — zur maßvollen Unterstützung des Sultans, obwohl der deutsche Handel verschwindend gering war. Unter Einfluß Friedrich von Holsteins, der von der Unvereinbarkeit englischer und französischer Kolonialinteressen ausging, setzte sich im Auswärtigen Amt die Auffassung durch, daß Deutschlands Stellung im europäischen Mächtesystem am besten gedient sei, wenn die marokkanische »Wunde« offengehalten würde[4]. Damit hielt sich das Deutsche Reich eine Hintertür frei, um auf die marokkanische Frage zu gegebener Zeit zum eigenen Vorteil zurückzukommen[5].

Gegen Ende des Jahres 1902 zeichnete sich eine spürbare Verschlechterung der deutsch-französischen Beziehungen ab. Diese hatte ihre Ursache in den Gesprächen Frankreichs mit Spanien und Italien über Marokko wie in der Gründung einer deutschen »Marokkanischen Gesellschaft«, die — getragen von Alldeutschen und der Kolonialgesellschaft — für einen größeren Einfluß des Reichs in dem nordafrikanischen Land Stimmung machte.

Als man im Herbst 1903 in Berlin von dem spanisch-französischen Teilungsvertrag des Vorjahrs erfuhr, drängte das Auswärtige Amt unter Leitung des aktionsbereiten Staatssekretärs Freiherr von Richthofen zur Wahrung der deutschen Interessen in Marokko auf umgehende Kompensationsverhandlungen mit Spanien. Friedrich von Holstein gelang es zwar, die deutsche Marokkopolitik wieder auf ihren alten zurückhaltenden Kurs zu bringen, ohne jedoch die sich seitdem häufenden tiefgreifenden Differenzen mit den Befürwortern einer mehr aktiven Interessenpolitik verhindern zu können. Kaiser und Reichskanzler lehnten überstürzte Aktionen ab und neigten damit prinzipiell Holsteins reserviertem Taktieren zu. Gegenüber dem spanischen König lehnte Wilhelm II. im März 1904 deutsche Territorialambitionen in Marokko rundweg ab und beanspruchte für Deutschland lediglich Handelsfreiheit und die Berücksichtigung bei der Vergabe von Eisenbahnkonzessionen. Aus kontinentaleuropäischen Erwägungen war dem Monarchen an einem Ausgleich mit Frankreich gelegen. Deshalb wollte er dem französischen Ausbreiten in Nordwestafrika keine Hindernisse in den Weg legen und zeigte sich bemüht, Spanien zu einem guten Einvernehmen mit Frankreich in marokkanischen Belangen zu ermuntern[6].

Mit Ausbruch des russisch-japanischen Kriegs (Februar 1904) und dem Abschluß der »Entente Cordiale« zwischen Frankreich und Großbritannien zwei

3 Zur französischen Marokkopolitik vgl. James J. Cooke, New French Imperialism 1880—1910: The Third Republic and Colonial Expansion, Newton Abbot 1973; Eugene Anderson, The First Moroccan Crisis 1904—1906, Hamden 1966, S. 1—40.

4 HP 4, S. 682, 696, 717.

5 Peter Winzen, Bülows Weltmachtkonzept, Boppard 1977, S. 231—264.

6 GP 17, Nr. 5280—5210. Zur deutschen Marokkopolitik vgl. Pierre Guillen, L'Allemagne et le Maroc de 1870 à 1905, Paris 1967.

Monate später (8. April 1904) änderten sich die Konstellationen innerhalb des europäischen Mächtesystems grundlegend. Mit dem englisch-französischen Kolonialausgleich, den der französische Außenminister als erste Etappe auf dem Weg eines kontinentalen Abwehrblocks gegen das Deutsche Reich verstand, war die Freihandpolitik offenkundig gescheitert. Innerhalb der politischen Führung des Reichs wurden daher Überlegungen angestellt, wie auf die englisch-französische Annäherung ohne Einbuße an politischem Handlungsspielraum reagiert und der drohenden Isolation vorgebeugt werden konnte. Die Chancen für derartige Bemühungen schienen günstig, da Rußland durch den Krieg in Ostasien absorbiert und Deutschland dadurch in eine Schlüsselrolle mit erhöhtem Druckpotential gegenüber Frankreich gehievt wurde. Dieser Vorteil der deutschen Stellung wurde indes begleitet von einer Abkühlung der deutsch-britischen Beziehungen. Deutschland hatte das Zarenreich während des russisch-japanischen Kriegs — von Kaiser und Kanzler bewußt gefördert — moralisch und materiell unterstützt, und dadurch Mißstimmung in London hervorgerufen. Der »navy scare« von November/Dezember 1904 und die gereizte Stimmung in Berlin und London zeigten, daß die Fassade guten Einvernehmens nur noch notdürftig aufrechterhalten wurde. Ein Krieg als ultima ratio der Konfliktlösung zwischen den Großmächten nahm mehr und mehr Gestalt an[7].

Nur als eine mögliche Alternative zur Verbesserung der außenpolitischen Ausgangslage wurde in Berlin der Anschluß an Rußland erwogen. In der Wiederbelebung des Kontinentalbundgedankens sah man in Berlin eine Chance, die englisch-französische Annäherung zu hintertreiben[8], da Rußland nach schweren Niederlagen im Sommer 1904 — so die deutsche Kalkulation — an einem Bündnis mit Deutschland interessiert sein müsse. Ansätze dazu boten sich etwa nach dem »Doggerbank-Zwischenfall« (21. Oktober 1904), als Deutschland die scharfen Spannungen zwischen London und Petersburg für seine Bündnisvorstellungen auszunutzen trachtete. Gleichzeitig bot sich der russisch-japanische Krieg als Ansatzhebel an, um England und Frankreich zu demonstrieren, daß weitreichende politische Abkommen — wie über Marokko — nicht ohne Deutschland getroffen werden konnten. Direkte deutsch-französische Verhandlungen, wie sie etwa dem Gesandten Mentzingen in Tanger vorschwebten, wurden von Staatssekretär Richthofen verworfen. Er plädierte stattdessen als beste Sicherung deutscher Marokko-Interessen für ein »schrittweises, rein sachliches Vorgehen unter möglichst langer Ignorierung einer Vorzugsstellung Frankreichs«[9].

Vor dem Hintergrund der weltpolitischen Turbulenzen Ende des Jahres 1904 hatten Holsteins machttaktische Überlegungen langfristig den größten Einfluß auf die Gestaltung der deutschen Marokkopolitik. Da für den Geheimen Rat außer Frage stand, daß sich gegen England und Frankreich keine überseeische

7 GP 19/2, Kap. CXXXVI; Anderson, The First Moroccan Crisis, S. 173; HP IV, S 868;. E. Anrich, Die deutsche Politik in der ersten Marokkokrise. In: Historische Vierteljahrsschrift 30 (1935), S. 115—163.

8 HP 4, S 867; BD 3, Nr. 65a/b.

9 GP 20/1, Nr. 6525, 6534.

Politik betreiben ließ, steckte er in Ansehung der durch den Ostasienkrieg aufgewerteten Stellung des Reichs den Kurs der deutschen Politik ab:

a) demonstratives Akzentuieren des deutschen Gewichts gegenüber der »Entente Cordiale«, zumal der Sultan von Marokko seit Herbst 1904 Deutschland als Stützfaktor gegen Frankreich zuneigte,
b) Sturz Außenminister Delcassés, des englandfreundlichen Störenfrieds des deutsch-französischen Verhältnisses[10].

Gegen die Gefahr einer »allmählichen Aufsaugung von Marokko durch Frankreich« setzte er die nachdrückliche Verteidigung der materiellen Interessen und die Wahrung des Prestiges des Deutschen Reichs, denn die Ignorierung der berechtigten Interessen Deutschlands als Signatarmacht des Madrider Abkommens könnte zu einer bedenklichen Schädigung des deutschen Ansehens in der Welt führen[11]. Holstein fuhr fort:

> »Zu den Aufgaben einer Großmacht gehört nicht nur der Schutz ihrer Territorialgrenzen, sondern auch die Verteidigung der außerhalb dieser Grenzen gelegenen berechtigten Interessen. Als berechtigt in diesem Sinne sind aber alle Interessen anzusehen, welchen nicht ein anderes stärkeres Recht gegenübersteht. Daß Frankreich als Nachbar in Marokko ein stärkeres Recht hat als wir, kann keinenfalls zugegeben werden[12].«

Reichskanzler Bülow pflichtete dieser Auffassung bei und verwies darauf, daß bei Abschluß der »Entente Cordiale« nicht an die Gewährung eines Äquivalents für Deutschland gedacht worden sei. Unter besonderer Hervorhebung der gemeinsamen Verantwortung aller Signatarstaaten für Marokko meinte er:

> »[...] es liegt in unserem Interesse, daß alle Rechte in Marokko von den dort beteiligten Mächten (mit Ausnahme Englands) wie bisher uneingeschränkt in Anspruch genommen werden, solange sich Frankreich nicht bereit finden läßt, auch ihnen gegenüber die Frage vertraglich zu regeln«[13].

Der Kaiser bremste etwaigen Aktionismus seitens des Reichskanzlers und des Auswärtigen Amts und verhinderte damit eine aktive Interessenvertretung vor Ort — auch gegen die lautstarke Agitation der Alldeutschen. Der deutschen Diplomatie blieben somit durch kaiserliches Veto in Marokko die Hände gebunden, da sich Rechtsansprüche nicht mittels militärischer Gewalt durchsetzen ließen. Da auch die deutsche Wirtschaft auf die Aussichten des marokkanischen Markts nur zögernd reagierte, blieb als kleinster Nenner der deutschen Marokkopolitik nur die Unterstützung Spaniens aus sicherem Hintergrund.

Das Ausbleiben einer eindeutigen deutschen Protestaktion auf die »Entente Cordiale«[14] führte innerhalb der französischen Regierung zu der Annahme, daß von Deutschland kein ernsthafter Widerstand zu erwarten sei, und die Weichen für einen energischeren Kurs gestellt werden konnten. Im Bestreben, das Bündnis mit Rußland unbeschädigt durch die kritische Phase zu bringen und den Ausgleich mit England zu intensivieren, setzte Außenminister Delcassé

---

10 Friedrich von Holstein, Lebensbekenntnis in Briefen an eine Frau. Hrsg. von Helmuth Rogge, Berlin 1932, S. 239 f. (16.4.1904).

11 Ebd., S. 231. Vgl. ebd., S. 238.

12 GP 20/1, Nr. 6521.

13 GP 20/1, Nr. 6523.

14 DDF 2,5, Nr. 1.

alles daran, die Mächterivalitäten aus Marokko fernzuhalten. Wichtigstes Ziel war es dabei, unter Ausschluß des Rivalen Deutschland die mit der »Entente Cordiale« und dem spanisch-französischen Abkommen (3. Oktober 1904) antizipierte Änderung des politischen status quo Marokkos zu zementieren und die »pénétration pacifique« mittels eines im Herbst 1904 entworfenen Reformwerks in Richtung auf eine Teilung des Landes voranzutreiben[15]. Ungeachtet der Verletzung des Prinzips der Offenen Tür durch beide Abkommen, suchte Delcassé gegenüber dem deutschen Botschafter, Fürst Radolin, jegliches Mißtrauen zu zerstreuen und versicherte, daß Frankreich keine Sonderrechte in Marokko anstrebe[16]. Delcassé war offenbar davon überzeugt, daß von seiten Deutschlands keine Gefahr drohe, wenn Frankreich in Nordafrika aktiver vorging[17]. Zwar war in Paris die deutsch-russische Bündnissondierung (Oktober/November 1904) infolge des auch das deutsch-englische Verhältnis belastenden »Doggerbank-Zwischenfalls« bekannt geworden und dadurch das Mißtrauen gegen Deutschland und dessen gescheiterten Bündnispläne gestiegen[18], doch glaubte man in der politischen Führung Frankreichs, mit Abschluß des franco-spanischen Abkommens die Hände in Marokko frei zu haben[19].

Ungeachtet der militärischen Rückschläge Rußlands sowie des »Doggerbank-Zwischenfalls«, liefen die französischen Vorbereitungen zur Entsendung einer Mission nach Fès am Jahresende auf Hochtouren. Ziel dieser Mission war es, die Zustimmung des Sultans zum Reformprogramm zu erlangen. Das von Delcassé entworfene Reformprogramm für Marokko, das den Weg zum Protektorat ebnen sollte[20], wurde trotz französischer Drohungen vom Sultan verworfen, der verzweifelte Versuche unternahm, seine Unabhängigkeit zu wahren[21].

Schon Ende Januar 1905 traf der französische Gesandte in Tanger, Saint René-Taillandier, an der Spitze einer Mission am Hof des Sultans ein, um die Verhandlungen über das Reformprogramm zu führen[22]. Daß der französische Gesandte dabei verkündete, Frankreich handle in Marokko »als Mandatar Europas«[23], trug deutscherseits nicht eben zum Abbau des Mißtrauens gegen die französische Nordafrikapolitik bei und verstärkte die Überzeugung von Delcassés unaufrichtigem Kurs, der deutsche Interessen permanent schädige. Andererseits bedeutete die — mit Unterstützung Deutschlands — vorgetragene Zurückweisung der Reformwünsche durch den Sultan eine Brüskierung französischer Marokko-Ambitionen, die den Keim zu der krisenhaften Entwicklung enthielt.

Nach dem Scheitern des deutschen Bündnisvorstoßes in Rußland, betrachtete man in Berlin zur Jahreswende 1904/05 die internationale Situation mit Sorge (»Einkreisungssyndrom«). Nicht allein, daß Deutschland in seinem Groß-

---

15 Vgl. etwa DDF 2,5, Nr. 475.
16 GP 20/1, Nr. 6368.
17 DDF 2,5, Nr. 31, Nr. 241.
18 Andrew, Théophile Delcassé, S. 251 f.
19 Ebd., S. 265 f.; Heiner Raulff, Zwischen Machtpolitik und Imperialismus. Die deutsche Frankreichpolitik 1904—1905, Düsseldorf 1976, S. 62—79.
20 DDF 2,5, Nr. 479.
21 DDF 2,5, Nr. 512.
22 Andrew, Théophile Delcassé, S. 266. Vgl. GP 20/1, Nr. 6538 und GP 20/1, S. 255, Anm. 3.
23 GP 20/1, Nr. 6581.

machtverständnis einen Prestigeverlust erlitten hatte, es mußte auch mitansehen, wie der Rivale Frankreich allen Versicherungen zum Trotz bestrebt war, seinen Einfluß in Marokko massiv auszuweiten. Damit gewann die Marokkofrage eine größere Bedeutung für die außenpolitischen Vorstellungen der deutschen Reichsleitung, der sich hier die geeignete Plattform anzubieten schien, die drohende »Einkreisung« durch Frontstellung gegen das schwächste Glied zu treffen.

Reichskanzler Bülow hielt im November 1904 den Zeitpunkt für ein scharfes Vorgehen gegen Frankreich zur Wiederherstellung der verletzten Würde als Großmacht indes noch nicht für gekommen[24]. Zum einen war der deutsch-britische »navy scare« noch nicht abgeklungen; zum anderen war davon auszugehen, daß der kostspielige Hererokrieg (seit Januar 1904) in Südwestafrika in der deutschen Öffentlichkeit kaum die Neigung zu weiteren Kolonialabenteuern aufkommen ließ. Statt einem risikoreichen Vorpreschen Vorschub zu leisten, dachte Bülow daran, unter den Madrider Vertragsmächten Unterstützung für den deutschen Rechtsstandpunkt zu finden, wonach der status quo in Marokko nicht einseitig verändert werden dürfe. Die besonderen Anstrengungen, die USA in die diplomatische Abwehrfront gegen die französische Nordafrika-Expansion zu integrieren, brachten indes nur bedingt Erfolg, da sich Präsident Roosevelt zur Wahrung der Offenen Tür lediglich dazu entschied, dem amerikanischen Vertreter in Tanger einen engen Kontakt mit seinem deutschen Kollegen anzuraten. Nichtdestotrotz wurde in Berlin für weitere Schritte offenbar Roosevelts moralische Unterstützung einkalkuliert[25].

Vor dem Hintergrund erster informeller Gespräche über die Eventualität eines Kriegs und zirkulierender Präventivkriegsgedanken im Generalstab[26], wurde in Berlin fieberhaft nach einer adäquaten Reaktion auf Frankreichs Offensivpolitik in Marokko gesucht, die unterhalb der Schwelle zu einem europäischen Krieg Deutschlands Standpunkt in der Marokkofrage deutlich machen konnte. Während der deutsche Vertreter vor Ort, die interessierten Handelskreise und die Alldeutschen massiv für eine Verstärkung des deutschen Einflusses in Marokko nebst Druck auf den Sultan votierten, verfolgte Friedrich von Holstein einen differenzierteren Weg. Durch Unterstützung des Sultans sollte Frankreich demonstriert werden, daß die »Entente Cordiale« bezüglich Marokko wenig Wert hatte, solange sie nicht von Deutschland sanktioniert wurde, und deshalb eine Annäherung an Großbritannien kaum politischen Nutzen bringe[27]. Der marokkanischen Seite, die zumindest eine moralische Unterstützung erwartete[28], wurde zu verstehen gegeben, daß Deutschland wegen Marokko Frankreich nicht den Krieg erklären könne, daß aber andere Fragen, »das Mißtrauen zwischen Frankreich und Deutschland wach halten« würden[29].

Aufgegriffen wurde zunächst eine Idee des deutschen Geschäftsträgers in Tanger, von Kühlmann, der bereits im Herbst 1904 neben massiver Pressebe-

24 Raulff, Zwischen Machtpolitik und Imperialismus, S. 80.
25 GP 20/1, Nr. 6558 ff.; Anderson, The First Moroccan Crisis, S. 184 f.
26 Raulff, Zwischen Machtpolitik und Imperialismus, S. 76—79.
27 Andrew, Théophile Delcassé, S. 251.
28 GP 20/1, Nr. 6553.
29 GP 20/1, Nr. 6550.

einflussung den Plan eines demonstrativen Marokkobesuchs des deutschen Kaisers gehegt hatte[30]. Damit sollten die deutschen Interessen gegen Frankreichs einseitigen Schritt behauptet sowie nach außen die Rechte des Sultans weithin sichtbar aufgewertet werden[31].

Am 15. März 1905 gab Bülow im Reichstag bekannt, daß das Reich Schritte zur Verteidigung der Wirtschaftsinteressen in Marokko beabsichtige[32]. Wilhelm II., der dem Projekt skeptisch gegenüberstand, konnte nur unter Drängen dazu bewogen werden, von seiner traditionellen Mittelmeerreise den politisch gewünschten Abstecher nach Marokko zu unternehmen[33]. Damit ebbten die Gerüchte über die Hintergründe der geplanten Reise nicht mehr ab, zumal in der englischen Presse schon am 20. März Vorabmeldungen über Wilhelms Landung in Tanger erschienen[34]. Sie wurden noch dadurch verstärkt, daß sich Deutschland konsequent weigerte, die Gerüchte irgendwie zu kommentieren[35].

In der französischen Regierung, die Mitte März 1905 nähere Einzelheiten über die geplante Kaiserreise von deutscher Seite erfuhr[36], war man im Hinblick auf das Reformprogramm nicht daran interessiert, mit Deutschland in der Marokkofrage aneinander zu geraten. Nachdem aber die französische Bereitschaft von Anfang März, dem Deutschen Reich schriftliche Zusicherungen in puncto Handelsfreiheit in Marokko zu geben[37], ohne Resonanz geblieben war, herrschte in Paris Ende März Besorgnis und Ratlosigkeit über die Hintergründe der deutschen Marokkopolitik[38]. Geschäftstrager von Kühlmann hatte zwar noch vor den ersten Verlautbarungen über die Tangerreise Wilhelms II. versichert, daß Deutschland entgegen französischen Pressemeldungen nicht die Gelegenheit ergreifen wolle, um deutsche Kriegsschiffe an die marokkanische Küste zu entsenden. Er hatte jedoch nicht vergessen, vielsagend hinzuzufügen, daß es andere Mittel gäbe, Deutschlands Präsenz in Marokko zu unterstreichen (»d'autres moyens de prouver que nous continuons à exister en ce pays tout comme précédemment«)[39].

Die aus französischer Sicht nur notdürftig kaschierte Drohung gebot daher, sich gegenüber den Entwicklungen vorsichtig zu verhalten und aus den deutschen Pressemitteilungen Aufschlüsse über die deutsche Politik zu gewinnen[40], denn durch die Ankündigung des Kaiserbesuchs in Tanger erhielt die marokkanische Opposition gegen Frankreich in Fès augenscheinlich Auftrieb[41]. Au-

---

30 Raulff, Zwischen Machtpolitik und Imperialismus, S. 82 f. Vgl. GP 20/1, Nr. 6548 und GP 20/1, S. 246, Anm. Kühlmann bestritt das politische Übergewicht Frankreichs in Marokko nicht, bemühte sich aber, wie er dem französischen Gesandten, St. René-Taillandier anvertraute, den deutschen Handel zu schützen (DDF 2,5, Nr. 469). Vgl. GP 20/1, Nr. 6539; Guillen, L'Allemagne et le Maroc, S. 837—841.

31 Raulff, Zwischen Machtpolitik und Imperialismus, S. 94.

32 Anderson, The First Moroccan Crisis, S. 186.

33 Vgl. etwa GP 20/1, Nr. 6564 ff., 6580, 6588.

34 GP 20/1, Nr. 6563. Guillen, L'Allemagne et le Maroc, S. 841—845.

35 GP 20/1, Nr. 6573.

36 DDF 2,6, Nr. 159. Vgl. ebd. Nr. 149 und 173.

37 DDF 2,6, Nr. 137. Vgl. Andrew, Théophile Delcassé, S. 273.

38 Anderson, The First Moroccan Crisis.

39 DDF 2,6, Nr. 75. Vgl. ebd. Nr. 89.

40 Vgl. DDF 2,6, Nr. 190 und 203.

41 DDF 2,6, Nr. 134 und 189; BD 3, Nr. 68; Guillen, L'Allemagne et le Maroc, S. 845—847.

ßenminister Delcassé war jedoch auch zu diesem Zeitpunkt (März 1905) nicht bereit, von seiner prinzipiellen Linie abzuweichen, und Deutschland in wesentlichen Punkten nachzugeben.

Bülow sah sich gezwungen, angesichs des mißtrauisch die deutschen Schritte verfolgenden Auslands, nochmals darauf hinzuweisen, daß Deutschland weder territoriale noch aggressive Interessen in Marokko verfolge[42]. Dem Kaiser legte er am 26. März dar, daß es darum gehe, den Sultan zu unterstützen, um Frankreich in seiner Vorwärtspolitik zu entmutigen; denn Frankreich werde keinen Krieg wegen Marokko riskieren, solange die Gefahr einer deutschen Intervention bestehe[43]. Im Reichstag bekräftigte Bülow am 29. März sein Bemühen um einen kollisionsfreien Kurs und wandte sich dagegen,

> »dem Besuche Seiner Majestät in Tanger irgendwelche selbstsüchtigen, gegen die Integrität oder Unabhängigkeit von Marokko gerichteten Absichten zu unterschieben«[44].

Indem sich die deutsche Politik konsequent bemühte, die Kontinuität der Marokkopolitik wie die Normalität des Tangerbesuchs zu betonen[45], wurde Marokko zum Austragungsort für grundsätzliche Streitfragen zwischen Deutschland und Frankreich.

Der Besuch Tangers am 31. März 1905 verlief weitgehend ohne Eskapaden des Kaisers. Als jedoch der französische Geschäftsträger, Graf Chérisey, Wilhelm II. anläßlich eines Empfangs auf der deutschen Gesandtschaft Grüße Außenminister Delcassés übermittelte, kam es zu Dissonanzen, da der Monarch die Grußbotschaft offenbar mißverstand. Umgehend machte Wilhelm II. klar, daß er

> »für Deutschland freien Handel und volle Gleichberechtigung mit anderen Nationen verlange« — »er werde sich mit Sultan als einem gleichberechtigten, freien Herrscher eines unabhängigen Landes direkt verständigen, werde allerhöchstseinen berechtigten Ansprüchen Geltung zu verschaffen wissen und erwarte, daß diese auch von Frankreich gebührend respektiert würden«[46].

Geschäftsträger Kühlmann verstand es, den kaiserlichen Worten über die Presse eine schärfere Note zu verleihen[47], so daß sich in der französischen Öffentlichkeit Beunruhigung über die deutschen Motive hinter dem Tangerbesuch ausbreitete. Amtlich wurde über die mit der Visite des Kaisers verbundenen Ziele der deutschen Marokkopolitik jedoch Stillschweigen gewahrt. Wilhelm selbst machte allerdings kein Geheimnis aus den gegen Frankreich gerichteten Absichten der Reise. Am 1. April meinte er gegenüber dem Fürsten Battenberg,

---

42 GP 20/1, Nr. 6568.

43 GP 20/1, Nr. 6576 und 6569.

44 Albrecht Moritz, Das Problem des Präventivkrieges in der deutschen Politik während der ersten Marokkokrise, Frankfurt 1974, S. 128.

45 HP 4, S 882.

46 GP 20/1, Nr. 6589; Anderson, The First Moroccan Crisis, S. 192—195; DDF 2,6, Nr. 210—121, 214, 220, 222; Richard v. Kühlmann, Erinnerungen, Heidelberg 1948, S. 225—236; Freiherr von Schoen, Erlebtes. Beiträge zur politischen Geschichte der neuesten Zeit, Stuttgart, Berlin 1921, S. 18—22; Guillen, L'Allemagne et le Maroc, S. 847—851.

47 Guillen, L'Allemagne et le Maroc, S. 848 f.; Anderson, The First Moroccan Crisis, S. 202; Raulff, Zwischen Machtpolitik und Imperialismus, S. 96.

Deutschland kenne den Weg nach Paris, »and we will get there again if needs be. They [die Franzosen] should remember no fleet can defend Paris«[48].

Da die Kaiserrede den internationalen Charakter der Marokkofrage unzweideutig festgelegt hatte[49], war das Auswärtige Amt zur Initiative aufgerufen. Reichskanzler Bülow verkündete:

> »Unsere Interessen in Marokko sind diejenigen aller handeltreibenden Völker und sind erheblich genug, um es mit unserer Würde unvereinbar zu machen, daß über die Existenzbedingungen von Marokko ohne unsere Zustimmung, ja selbst nur Beteiligung, verfügt wird. Über Interessen kann man transigieren, über Würde nicht[50].«

Am 4. April legte er gegenüber dem Kaiser als Richtlinie der deutschen Marokkopolitik fest: Verzicht auf territoriale Ambitionen, Forderung nach ökonomischer Parität und Einberufung einer internationalen Konferenz über die Frage der marokkanischen Reformen[51]. Dies bedeutete: keine Separatverhandlungen mit Frankreich, da, wie Friedrich von Holstein in Ergänzung der Bülowschen Richtlinie nachschob, »die vertragsmäßige Kollektivität das Prinzip [ist], auf dem wir fest fußen können, ohne selbst den Anschein aggressiver Absichten« zu erwecken[52]. Holstein und Bülow rechneten damit, daß gerade der Konferenzvorschlag dem Deutschen Reich eine unangreifbare diplomatische Position, eine »Trumpfkarte«[53], verschaffte, mit der man unter dem Schutz legitimer Vertragsinteressen und territorialen Desinteresses das Auseinanderbrechen der »Entente Cordiale« betreiben konnte[54]. Besonders die in Rechnung gestellte Unterstützung der USA auf der Konferenz verstärkte die deutsche Position gegenüber Frankreich[55].

Durch die Einberufung einer Konferenz war es so gut wie sicher, daß Frankreichs Pläne von einer exklusiven Interessensphäre in Marokko mißbilligt und vereitelt würden. Lehnte Frankreich eine Konferenz ab, dann setzte es sich völkerrechtlich gegenüber den Vertragsmächten ins Unrecht. Dies war insofern bedeutsam, als Frankreich nicht mächtig genug war, einseitige Änderungen gewaltsam zu erzwingen. Für Holstein war es trotzdem »höchst unwahrscheinlich, daß eine Konferenz gegen das Votum von Deutschland und Amerika, den Franzosen Marokko als Beute überläßt«[56]. Nach Raulff sollte damit eine nach internationalem Recht unanfechtbare Position gewonnen und Frankreich demonstriert werden, »daß trotz aller bilateraler Abkommen an Deutschland kein Weg vorbeiführe, ja, daß Deutschland sogar in der Lage wäre, seinen Einspruch

[48] Landsdowne Papers, zit. nach Samuel R. Williamson Jr., The Politics of Grand Strategy. Britain and France Prepare for War 1904—1914, Cambridge/Mass. 1969, S. 32.
[49] GP 20/2, Nr. 6601. Vgl. Otto Hammann, Deutsche Weltpoltik 1890—1912, Berlin 1925, S. 131 f.
[50] GP 20/2, Nr. 6594.
[51] GP 20/2, Nr. 6599. Der Konferenzgedanke wurde zuerst von Kühlmann ins Spiel gebracht (ebd., S. 293, Anm, und GP 20/2, Nr. 6592, 6595). Bülow hielt den Konferenzgedanken für »praktisch« (GP 20/2, Nr. 6593).
[52] HP 4, S 882.
[53] GP 20/2, Nr. 6599.
[54] Vgl. GP 20/2, Nr. 6650.
[55] GP 20/2, Nr. 6599. Vgl. auch GP 20/2, Nr. 6604 und 6611.
[56] GP 20/2, Nr. 6601.

international sanktionieren zu lassen. Ein Verdikt der Madrider Signatarmächte über die französische Marokkopolitik hätte Paris die Nutzlosigkeit der Entente vor Augen geführt. Diese Pläne waren außenpolitisches Wunschdenken, da die anderen Mächte die geschlossenen Abkommen durchaus als Realitäten anerkannnten [...][57]«

Sofort nach Beendigung des Tangerbesuchs bemühte sich Holstein, den Konferenzgedanken nach Absprache mit Bülow in die semi-offizielle Presse zu lancieren[58]. Darüber kam es zu einem Zerwürfnis mit dem Pressereferenten Otto Hammann, der für Sonderverhandlungen eintrat und Holsteins Artikel, der angeblich einer »Kriegsfanfare« gleichkam, zurückhielt[59]. Nach Kenntnis der Quellen darf jedoch davon ausgegangen werden, daß Holstein zu diesem Zeitpunkt nicht auf einen Krieg mit Frankreich aus war[60].

Die französische Presse verhielt sich laut Berichten aus Paris trotz des Affronts, den der Tangerbesuch für die französische Marokkopolitik bedeutet hatte, relativ ruhig. Jedoch begann sich unter dem Eindruck der gespannten Lage in Paris wie in Berlin ein Krisenbewußtsein abzuzeichnen, das weniger auf objektiven Tatsachen fußte, als vielmehr auch wegen der dürftigen Informationslage von Spekulationen über eine Eskalation gespeist wurde. Für Außenminister Delcassé war die Lage zwar ernst, doch verhinderte offenbar der Gedanke an englische Unterstützung im Eventualfall, daß sich das französische Nationalgefühl in einer unüberlegten Aktion Luft machte[61].

Einer Anregung des Geschäftsträgers Flotow folgend, begann das Auswärtige Amt damit, Deutschlands Beschwerden gegen die französische Marokkopolitik nicht mehr als Gegensatz zwischen deutschen und französischen Interessen darzustellen, sondern als Resultat »aus dem persönlichen fehlerhaften Verhalten« des Außenministers Delcassés, dessen weiterer Verbleib in der Regierung Frankreich »teuer zu stehen komme«[62]. Delcassé als Haupthindernis einer deutsch-französischen Annäherung hinzustellen, war ebenso simpel wie geschickt, denn der Minister sah sich bereits heftiger Kritik in den eigenen Reihen ausgesetzt. Während der Gesandte Tattenbach in Marokko die Aufgabe hatte, die Position des Sultans gegen die französischen Reformbestrebungen zu stärken und ihn von der Notwendigkeit kollektiver Schritte zu überzeugen[63], sollte Delcassé systematisch vom diplomatischen Verkehr ausgegrenzt werden. Dem deutschen Vertreter in Paris, Fürst Radolin, war aufgetragen, etwaige Gesprächsinitiativen Delcassés betreffend Marokko nur ad referendum zu nehmen[64]. Die »Quarantäne« über Delcassé wurde noch dadurch verschärft, daß selbst etwaige Zeichen der Verhandlungsbereitschaft als nicht ins Programm

57 Raulff, Zwischen Machtpolitik und Imperialismus, S. 98.
58 Anderson, The First Moroccan Crisis, S. 204; Raulff, Zwischen Machtpolitik und Imperialismus, S. 98.
59 GP 20/2, Nr. 6597 f., 6606 f.; Otto Hammann, Bilder aus der letzten Kaiserzeit, Berlin 1922, S. 35 f.
60 Raulff, Zwischen Machtpolitik und Imperialismus, S. 97 ff.
61 GP 20/2, Nr. 6600.
62 GP 20/1, Nr. 6590.
63 GP 20/2, Nr. 6614. Vgl. GP 20/2, Nr. 6615.
64 GP 20/2, Nr. 6596.

kollektiver Sicherheit passend zurückgewiesen wurden[65]. Gleichermaßen wurden die diplomatischen Kontakte zum französischen Botschafter Bihourt in Berlin einseitig eingefroren[66]. Nach Raulff machte die auf eine Kaltstellung, ja auf eine Entfernung des französischen Außenministers abzielende Strategie Berlins »eine deutsch-französische Einigung unterhalb der Schwelle von Annahme oder Ablehnung der Konferenz unmöglich, war der Vertretung der direkten deutschen Interessen in Marokko eher abträglich und verschärfte die Spannungen, weil sie Spekulationen über geheime deutsche Absichten Raum gab, die sich in der Presse und an der Börse in ersten Anzeichen einer Kriegspsychose niederschlugen«[67].

Angesichts der wachsenden Kriegsgerüchte sah sich Außenminister Delcassé zur Initiative aufgerufen, um die zunehmende Opposition gegen seinen englandfreundlichen Kurs zu zerstreuen und einen Ausgleich mit Deutschland über Marokko zu suchen. Obwohl er sich für den Gedanken einer internationalen Konferenz wegen Frankreichs dominierender Maghrebinteressen wenig zugänglich zeigte, hatte er doch mit Rücksicht auf die Kritik in den eigenen Reihen schon am 28. März indirekte Sondierungen bei der deutschen Seite anstellen lassen[68] und am Tag des Tangerbesuchs in einer Kammerrede die Besorgnisse der Handelsnationen vor der französischen Marokkopolitik zu beseitigen getrachtet[69]. Zu ernsthaften Zugeständnissen zeigte er sich indes nicht bereit, und er glaubte weiterhin an die Fiktion, nur ein »Mißverständnis« (malentendu) zwischen Berlin und Paris zu beseitigen[70].

Nachdem weder ein indirekter Vorstoß über den Londoner Korrespondenten von »Le Matin« (Heddeman) beim Pressereferenten im Auswärtigen Amt, Hamman, der Reichskanzler Bülow grünes Licht für zweiseitige Gespräche signalisieren sollte, Erfolg hatte[71], noch der Versuch, indirekten Druck auf Botschafter Radolin auszuüben von Erfolg gekrönt war[72], entschloß sich Delcassé auf Betreiben des Ministerpräsidenten Rouvier zu einem persönlichen Vorstoß bei Botschafter Radolin. Am 13. April vermochte es der französische Außenminister jedoch nicht, die Verärgerung auf deutscher Seite wegen der unzureichenden Benachrichtigung über das Zustandekommen der »Entente Cordiale« zu zerstreuen. Weisungsgemäß blockierte Radolin jeden Versuch einer zweiseitigen Annäherung von vornherein, der das Prinzip der vertragsmäßigen Kollektivität hätte gefährden können[73].

Die französische Presse zeigte sich beunruhigt über das diplomatische Versteckspiel, das von einigen französischen Blättern mit angeblichen militärischen

65 Ebd.
66 Raulff, Zwischen Machtpolitik und Imperialismus, S. 100 f.
67 Ebd., S. 102.
68 Ebd., S. 103.
69 Schulthess 46 (1905), S. 211 f.
70 Anderson, The First Moroccan Crisis, S. 197 ff.; Andrew, Théophile Delcassé, S. 274.
71 Andrew, Théophile Delcassé, S. 274; GP 20/2, Nr. 6608 f. Vgl. GP 20/2, S. 305, Anm.
72 Raulff, Zwischen Machtpolitik und Imperialismus, S. 101.
73 GP 20/2, Nr. 6621; HP 4, S. 883; Andrew, Théophile Delcassé, S. 275; Raulff, Zwischen Machtpolitik und Imperialismus, S. 101.

Vorbereitungen an der deutschen Grenze in Verbindung gebracht wurde[74]. In Paris wurden daher alle Anstrengungen unternommen, Klarheit über die deutschen Absichten zu gewinnen. Aus einer Position der Stärke heraus — in Berlin war man überzeugt, daß England im Fall eines kriegerischen Konflikts stillhielt[75] — verhielt sich Deutschland passiv. An der Wilhelmstraße glaubte man zu wissen, daß das Nachbarland nicht stark genug war, »um dauernd mit einem Machtfaktor wie Deutschland in verstecktem Kriegszustand zu leben«[76]. Da Delcassés diplomatische Bemühungen zur Behebung der deutsch-französischen Spannungen allesamt an dieser Passivität scheiterten, geriet der französische Außenminister wegen seiner energischen Marokkopolitik zusehends unter Beschuß. Besonders auf seiten der nationalistischen Presse wurde die Frage gestellt, ob Delcassé wegen Marokko einen Krieg vom Zaun brechen wolle[77]. Als er am 19. April seine Politik gegen heftige Kritik in der Kammer rechtfertigen mußte und sein Rückhalt im Kabinett schwand, zog Delcassé die Notbremse: am 20. April bot er seinen Rücktritt an. Mit der angedrohten Kabinettskrise hatte er Erfolg, so daß auf der Basis minimaler Solidarität zwei Tage später das Rücktrittsangebot offiziell zurückgezogen wurde[78].

Auch danach ging die Initiative zur Beilegung der deutsch-französischen Krise von Paris aus. Durch englische Solidaritätsadressen in seiner Politik bestärkt[79] — Außenminister Lansdowne stimmte am 11. April vor allem wegen der Befürchtung, Deutschland könne einen marokkanischen Hafen okkupieren, gegen eine Konferenz[80] —, schickte Delcassé am 22. April seinen Vertrauten Paléologue nach Berlin, der an Ort und Stelle von Botschafter Bihourd erfuhr, daß die französische Botschaft für diplomatische Aktionen ausfiel und indirekte Sondierungen über Petersburg, London und Rom angezeigt seien[81]. Delcassé unternahm deshalb ab Ende April Vorstöße beim deutschen Botschafter in Rom, die sich jedoch ebenso als Fehlschläge erwiesen, da Reichskanzler Bülow zweiseitige Gespräche ablehnte und auf einer internationalen Konferenz bestand[82].

In Berlin galt die Akzeptierung der internationalen Konferenz als conditio sine qua non einer möglichen Verständigung. Daher wurde jedes vorzeitige Entgegenkommen gegenüber Frankreich als Zeichen der Schwäche verworfen.

---

74 Raulff, Zwischen Machtpolitik und Imperialismus, S. 101; Peter Grupp, Die Haltung des »Bulletin du Comité de l'Afrique française« gegenüber Deutschland von 1891 bis 1914. In: Francia. Forschungen zur westeuropäischen Geschichte 3 (1975), S. 392—433 hier S. 414—417; ders., Deutschland, Frankreich und die Kolonien. Der französische »Parti colonial« und Deutschland von 1890—1914, Tübingen 1980 (= Tübinger Studien zur Geschichte und Politik, Nr. 32), S. 144—162.

75 GP 19/2, Nr. 6302.

76 GP 20/2, Nr. 6618 und ebd., S. 325, Anm.

77 Williamson, The Politics of Grand Strategy, S. 33.

78 Andrew, Théophile Delcassé, S. 276 f. Vgl. Raulff, Zwischen Machtpolitik und Imperialismus, S. 101 ff.; Schulthess 46 (1905), S. 213; GP 20/2, Nr. 6638.

79 Anderson, The First Moroccan Crisis, S. 208—211; GP 20/2, Nr. 6848.

80 Williamson, The Politics of Grand Strategy, S. 34 ff. Vgl. G. Monger, The End of Isolation. British Foreign Policy 1900—1907, London 1963, S. 189 ff.

81 Maurice Paléologue, Un grand tournant de la politique mondiale, 1905—1906, Paris 1934, S. 301 ff.; Raulff, Zwischen Machtpolitik und Imperialismus, S. 103; Andrew, Théophile Delcassé, S. 277.

82 Andrew, Théophile Delcassé, S. 278. Vgl. DDF 2,6, Nr. 381.; GP 20/2, Nr. 6648 f. und 6651.

Da man nicht damit rechnete, »die Franzosen in absehbarer Zeit bloß mit liebenswürdigen Demonstrationen uns näherzubringen«, wurde die Politik demonstrativer Härte uneingeschränkt aufrechterhalten[83].

Delcassé modifizierte nun seine Strategie. Bestimmten in der ersten Krisenphase von Februar bis Ende April die Bemühungen um Direktkontakte die französische Politik, so änderte er ab Anfang Mai mit Rücksicht sowohl auf die französische Position in Marokko wie auch auf seine eigene Stellung das Vorgehen. Nach wie vor war er im Vertrauen auf englische Hilfe davon überzeugt, daß Deutschlands Militanz und »Kriegsbereitschaft« nur Bluff waren. In dieser Einschätzung stimmte er überein mit den Botschaftern Barrère (Rom) und Paul Cambon (London), von denen letzterer der Ansicht war, daß England eine feste Allianz mit Frankreich beabsichtigte[84]. Dagegen schien Botschafter Bihourd von der Existenz einer »Kriegspartei« in der Nähe des Kaisers überzeugt zu sein[85].

Zur gleichen Zeit veröffentlichte der »Matin« einen scharfen Artikel gegen Deutschland, das in Marokko den europäischen Frieden störe und warnte davor, die Marokkofrage gegen Frankreich lösen zu wollen.

> »Si l'Allemagne entreprenait de troubler en ce moment la paix européenne, on peut affirmer hautement qu'elle ne rencontrerait nulle part aucune aide [...] La France n'est plus isolée, comme 1870. L'isolement serait, au contraire, du côté de l'Allemagne, qui demeurerait seule de son avis dans le monde entier[86].«

Mit dem Scheitern der Vorstöße Delcassés ging die Initiative zur Krisendeeskalation Ende April über auf den um Ausgleich bemühten Ministerpräsidenten Rouvier, der befürchtete, daß die englische Unterstützung für Frankreich einen deutschen Angriff provozieren könne und England durchaus für willens hielt, Deutschland und Frankreich in einen Krieg zu treiben.

Angesichts des näherrückenden Termins, an dem mit dem Eintreffen der Tattenbachmission in Fès zu rechnen war[87], geriet die französische Politik unter Zeitdruck, mit Deutschland ins Reine zu kommen, zumal auch parallele Versuche, indirekt über England auf Deutschland einzuwirken, ohne Erfolg blieben[88]. Unterstaatssekretär Mühlberg hatte Botschafter Lascelles unmißverständlich auf die Notwendigkeit angesprochen, einen Gedankenaustausch der an Marokko interessierten Mächte herbeizuführen[89]. Dies ließ augenscheinlich für den von Paris erhofften deutsch-französischen Ausgleich auf bilateraler Ebene wenig Raum.

Da Meldungen aus Deutschland davon sprachen, daß der Kaiser bei seiner Rückkehr von der Mittelmeerreise in Karlsruhe öffentlich das Wort zum umstrittenen Thema Marokko zu ergreifen beabsichtige[90], schien eine konziliante Linie vonnöten, die allein im Hinblick auf die bekannte Impulsivität des Monarchen eine Verschärfung des Spannungszustands bereits im Vorfeld verhinderte.

---

83 HP 4, S. 885.
84 Andrew, Théophile Delcassé, S. 278 ff.; Williamson, The Politics of Grand Strategy, S. 37.
85 DDF 2,6, Nr. 369. Vgl. Moritz, Das Problem des Präventivkrieges, S. 29—32 und 213 ff.
86 Zit. nach Raulff, Zwischen Machtpolitik und Imperialismus, S. 104. GP 20/2, Nr. 6638; Schulthess (1905), S. 214.
87 DDF 2,6, Nr. 354. Vgl. DDF 2,6, Nr. 375.
88 DDF 2,6, Nr. 346. BD 3, Nr. 80.
89 DDF 2,6, Nr. 355.
90 DDF 2,6, Nr. 369.

Am 26. April bot Rouvier Botschafter Radolin an, den Streitfall Marokko gemeinsam aus der Welt zu räumen. Rouvier versprach zu tun, was möglich sei und »jede gewünschte Erklärung und Genugtuung [zu] geben«. Anders als Delcassé rechne er nicht mit mit englischem Beistand, da er wisse, »daß die englischen Schiffe keine Räder hätten«[91].

Bülow signalisierte seine Bereitschaft zum Abbau der Divergenzen, knüpfte diese jedoch an die Bedingung, erst über die aktuelle Situation in Fès unterrichtet zu werden, bevor sich »die gegenwärtige Spannung unter Beteiligung aller Interessenten in befriedigender Weise erledigen lassen wird«[92].

Zur Unterstützung des Vorstoßes Rouviers, der am 30. April seine Bereitschaft zum Ausgleich auf der Grundlage der Madrider Konvention bekräftigt hatte, obgleich ihm die Konferenzidee »schwer ausführbar und nicht wohl zweckentsprechend« erschien[93], fühlte dessen Vertrauter, der Bankier Betzold, in Berlin vor. Rouvier hatte verlauten lassen, daß er bereit sei, Deutschland Genugtuung zu geben, »pour faire disparaître le malentendu au sujet de l'affaire du Maroc«, und daß er die Politik Delcassés bedaure. Seine Kompromißbereitschaft war inzwischen offenbar soweit gediehen, wie Betzold am 1. Mai in Berlin zu berichten wußte, »daß M. Rouvier offenbar geneigt wäre, seinen Auswärtigen Minister auszuschiffen«, dies aber von der späteren Aussicht auf zweiseitige Verhandlungen abhängig mache[94]. Am 2. Mai hatte Betzold eine Unterredung mit Holstein, der sehr zurückhaltend reagierte und von seinem Konzept — vorbehaltlose Anerkennung des Konferenzgedankens durch Frankreich und damit Negierung der Abkommen Frankreichs mit England und Spanien und de facto Abfindung mit der deutschen Präponderanz — nicht abwich. Aufgrund des »absoluten Mißtrauens« gegen die Politik Außenminister Delcassés sah der Geheime Rat keine Möglichkeit, »uns jetzt, heute oder morgen oder in nächster Zukunft, mit Frankreich zu verständigen«. Deshalb schien es ihm am plausibelsten, in den Beziehungen »einen zeitweiligen Stillstand eintreten zu lassen«, der Frankreich Gelegenheit geben sollte, sich über das weitere Verhältnis zu Deutschland im Klaren zu sein[95].

Nach der erfolglosen Betzoldmission, die immerhin die wertvolle Information der etwaigen Entlassung Delcassés gebracht hatte, schlug Deutschland gegenüber Rouvier schärfere Töne — bis hin zu Drohungen — an, um seine Ziele ohne Abstriche schnell durchzuführen[96].

Die Gefahr eines deutsch-französischen Konflikts war für Holstein noch nicht gebannt. Allerdings sah er die Hauptgefahr von England kommen, das aus taktischen Gründen einen »wirklichen Krieg« herbeiwünsche, seiner Meinung nach jedoch im Ernstfall Frankreich im Stich lassen würde. Dagegen blieb auf französischer Seite — trotz des geringeren militärischen Abwehrpotentials

91 GP 20/2, Nr. 6635. Vgl. GP 20/2, Nr. 6636.
92 GP 20/2, Nr. 6637. Vgl. GP 20/2, Nr. 6643.
93 GP 20/2, Nr. 6647. Vgl. GP 20/2, Nr. 6645.
94 Paul Schwabach, Aus meinen Akten, Berlin 1927, S. 290—292; Raulff, Zwischen Machtpolitik und Imperialismus, S. 105; Anderson, The First Moroccan Crisis, S. 217.
95 GP 20/2, Nr. 6646. Vgl. Raulff, Zwischen Machtpolitik und Imperialismus, S. 106.
96 Moritz, Das Problem des Präventivkrieges, S. 131 f.

— Delcassé als unberechenbarer Faktor bestehen[97]. Gerade durch dessen angebliche Strategie der »Ignorierung« oder »Verschleppung« hätten sich bei der Lösung des marokkanischen Problems einige Schwierigkeiten aufgetürmt, die im letzten Jahr leichter zu regeln gewesen wären[98]. Der Grundtenor der Holsteinschen Ausführungen wurde Botschafter Radolin von Reichskanzler Bülow am 4. Mai übermittelt, wobei abermals auf vertragsmäßige Kollektivität und Unterrichtung vor Ort durch Tattenbach Bezug genommen wurde. Bülow übte heftige Kritik an Delcassé und gab zu verstehen, daß Deutschland aus Prestige von der einmal bezogenen Position schlechterdings nicht zurück könne. Ein deutsch-französischer Konflikt brachte laut Bülow nur England Vorteile, Frankreich wäre dagegen der Leidtragende, da es weder mit der Unterstützung Rußlands noch Englands rechnen könne[99].

Der deutsche Botschaftsrat in London, Freiherr von Eckardstein, bestätigte die Befürchtungen in Berlin, daß England der Hauptkriegshetzer sei. Er versicherte, England würde im Fall eines deutsch-französischen Konflikts definitiv auf seiten Frankreichs stehen (und bestätigte damit die Hilfszusage Eduards VII.)[100]. Eckardstein bestätigte auch das Unbehagen in Paris über Delcassé, warnte gleichzeitig aber davor, Delcassé in der deutschen Presse zu attackieren, um nicht in einem gegenteiligen Effekt dessen Stellung in Frankreich zu stärken[101].

Bülow zeigte sich von dem Gemeldeten wenig beeindruckt, da er es aus einer Position der Stärke heraus für gleichgültig erachtete, ob Delcassé Außenminister blieb oder nicht, dessen Kriegsbereitschaft er ohnehin gering veranschlagte[102].

Während der Druck auf Rouvier von deutscher Seite erhöht wurde, um den Rücktritt Delcassés zu erzwingen, verfolgte man die Vorgänge in Marokko seit Ende April mit besonderem Interesse, nachdem der Sultan seine Entscheidung über das französische Reformprogramm — ungeachtet französischer Warnungen — vom Eintreffen Tattebachs abhängig gemacht hatte[103].

Als Graf Tattenbach Mitte Mai 1905 in Fès eintraf, bestätigte ihm der Sultan, daß Frankreich das Mandat Europas für Marokko beansprucht habe[104]. Frankreich sah sich durch das Erscheinen des deutschen Vertreters in seiner beanspruchten Interessensphäre massiv herausgefordert und setzte nun alles daran, den Sultan von einer Zustimmung zur deutscherseits propagierten Konferenzlösung abzubringen[105].

---

97 HP 4, S. 887.
98 HP 4, S. 886.
99 GP 20/2, Nr. 6650. Vgl. ebd. 6649.
100 GP 20/2, Nr. 6847.
101 GP 20/2, Nr. 6652. Hermann Freiherr von Eckardstein, Lebenserinnerungen und politische Denkwürdigkeiten, Bd III, Leipzig 1921, S. 100—114. Raulff, Zwischen Machtpolitik und Imperialismus, S. 107; Andrew, Théophile Delcassé, S. 286 f.; Paléologue, Un grand tournant, S. 330.
102 GP 20/2, Nr. 6653. Vgl. ebd. 6657.
103 GP 20/2, Nr. 6627, 6629, 6631 f.
104 GP 20/2, Nr. 6662.
105 GP 20/2, Nr. 6663.

Tattenbachs Meldungen bewogen Bülow am 22. Mai, Rouvier eindringlich vor dem »gewalttätigen Charakter« der Delcasséschen Marokkopolitik zu warnen[106]. Holstein wies den deutschen Vertreter in Marokko an, sich die schriftlichen französischen Forderungen zu beschaffen, um damit Frankreich »völkerrechtlich ins Unrecht zu setzen«[107]. Rouvier bat, die Sache mit Delcassé nicht zu überstürzen, sei dieser als einziger doch in der Lage, die brennenden Probleme zu lösen. Ein Sturz Delcassés, so ließ Rouvier erkennen, könne einen nationalistischen Aufschrei bewirken[108]. Da er seinen eigenen Außenminister jedoch bereits desavouiert und als Krisenopfer angeboten hatte, brauchte Berlin weder auf Rettungsversuche zugunsten Delcassés einzugehen noch den französischen Ministerpräsidenten besonders zu schonen. Vielmehr war man nun in der Lage, die französische Regierung mit forciertem Druck einzuschüchtern.

Als man in Berlin durch den Gesandten Tattenbach erfuhr, daß Frankreich im Falle der Ablehnung seines Reformprogramms mit Aktionen an der algerisch-marokkanischen Grenze gedroht hatte[109], reagierten Bülow und Holstein ausgesprochen scharf. Für beide stellte die Marokkofrage keinen isolierten Aspekt der europäischen Politik dar, sondern diente lediglich als probates Treibmittel, um einer Neugruppierung der Mächte — zum Vorteile Deutschlands — den Weg zu bahnen[110]. Nachdrücklich wurde Rouvier vor den Konsequenzen der »Vergewaltigungspolitik« seines Außenministers in Marokko gewarnt, »welche nicht nur unsere Interessen, sondern auch unsere Würde als Vertragsstaat berührt«[111].

Der seit Anfang Mai systematisch unter Druck gesetzte Rouvier sah sich gegen Ende des Monats einem regelrechten Trommelfeuer aus versteckten und offenen Drohungen und Warnungen von deutscher Seite ausgesetzt, die die Krise — bis hin zur Kriegsspekulation — kontinuierlich eskalierten. Dies war um so bedrohlicher, als Delcassé seit dem dramatischen Verlauf des ostasiatischen Krieges (Tsushima 27. Mai 1905) mehr denn je von Rußland als Mediator gefragt war.

Über Botschaftssekretär Miquel wurde Rouvier am 30. Mai klipp und klar zu verstehen gegeben, daß an eine Verbesserung der Beziehungen ohne die Demission Delcassés nicht zu denken sei. Nachdrücklich wurden dem französischen Ministerpräsidenten die Folgen vor Augen geführt, die ein Verbleiben Delcassés für das deutsch-französische Verhältnis habe[112]. Deutschlands Position wurde wesentlich gestärkt durch eine Meldung Tattenbachs vom 28. Mai, derzufolge der Sultan — trotz Frankreichs Absage an eine Konferenz — offiziell zu einer Konferenz einlud[113].

Im Zusammenhang mit der Erhöhung der deutschen Pressionen stand auch der semi-offizielle Vorstoß des Industriemagnaten Guido Fürst Henckel von

[106] GP 20/2, Nr. 6665.
[107] Raulff, Zwischen Machtpolitik und Imperialismus, S. 144 f.
[108] GP 20/2, Nr. 6666. Vgl. ebd. 6669.
[109] GP 20/2, Nr. 6672. Vgl. ebd. 6673.
[110] GP 20/2, Nr. 6668.
[111] Raulff, Zwischen Machtpolitik und Imperialismus, S. 114. Vgl. GP 20/2, Nr. 6670.
[112] GP 20/2, Nr. 6674 f.
[113] GP 20/2, Nr. 6672. Vgl. ebd. 6671 und 6676 f.; Raulff, Zwischen Machtpolitik und Imperialismus, S. 144; Williamson, The Politics of Grand Strategy, S. 39.

Donnersmarck bei Rouvier Anfang Mai, Delcassé zu entlassen, da Frankreichs militärische Situation aussichtslos sei[114]. Offensichtlich war mit diesem Vorstoß unterhalb der offiziell mit unverminderter Härte weitergeführten Einschüchterungspolitik — an der sich auch der Kaiser verstärkt beteiligte[115] — die Absicht verbunden, Rouvier um so eher zum Einlenken zu bewegen.

Nun galt es deutscherseits, definitiven Aufschluß über die entscheidende Frage der englischen Unterstützung für Frankreich zu bekommen, um das weitere Vorgehen abzustimmen. Zu diesem Zweck wandte sich Botschafter Radolin an Rouviers Vertrauten Jean Dupuy, über den er der französischen Regierung vorsorglich mit der sogenannten »Geiseltheorie« drohte:

> »Mon gouvernement veut être fixé; le Maroc n'est qu'une occasion qui s'offre à nous, avant qu'un conflit n'éclate avec l'Angleterre, pour savoir à quoi nous en tenir dans nos relations avec la France. Nous voulons sincèrement la paix, mais nous ne pouvons attendre davantage pour régler nos comptes au besoin par les armes [...][116]«

Das konsequente Anziehen des deutschen Drucks, von Premier Rouvier als Vorbereitung für ein Ultimatum gewertet[117], hatte die Situation in Paris »sehr ernst« werden lassen. Nur der Aufenthalt des Königs von Spanien in der französischen Hauptstadt (30. Mai—4. Juni 1905) schien eine Eruption vorerst zu verhindern. Außenminister Delcassé, dessen Rücktritt in französischen Parlamentarierkreisen als ausgemachte Sache galt[118], hatte sich im Hinblick auf Deutschlands verstärkten Druck hinter dem Rücken Rouviers seit Mitte Mai um britische Unterstützung für alle Eventualitäten bemüht, die Außenminister Lansdowne — wie zuvor König Eduard VII.[119] — auch zu geben bereit war[120]. Sie fügten sich aus französischer Sicht nahtlos in die abgegebenen Solidaritätsbeweise[121].

Rouviers Entscheidung für den Rücktritt Delcassés war jedoch bereits gefallen. Sein Bemühen, vor dem Revirement ein günstiges Zeichen aus Berlin zu bekommen, stellte nur noch ein erfolgloses Rückzugsgefecht dar, das in Berlin keinerlei Resonanz fand[122]. Den Ausschlag zur Entlassung Delcassés gab eine Panik im Parlament am 5. Juni, hervorgerufen durch eine Meldung aus Rom, die besagte, daß im Fall des Zustandekommens einer englisch-französischen

---

114 DDF 2,6,, S. 521, Anm. 2. Raulff, Zwischen Machtpolitik und Imperialismus, S. 115; Eckardstein, Lebenserinnerungen, III, S. 103 f.

115 Raulff, Zwischen Machtpolitik und Imperialismus, S. 115f; Andrew, Théophile Delcassé, S. 296 f.; Eckardstein, Lebenserinnerungen, III, S. 127 f.; Moritz, Das Problem des Präventivkrieges, S. 132 f.; Paléologue, Un grand tournant, S. 347 ff.; Kühlmann, Erinnerungen, S. 126; GP 20/2, Nr. 6678; DDF 2,6, Nr. 491 und 498.

116 DDF 2,8, S. 555—564. GP 20/2, Nr. 6678; Eckardstein, Lebenserinnerungen, III, S. 127 f.; dazu: Holstein, Lebensbekenntnis, S. 240.

117 Raulff, Zwischen Machtpolitik und Imperialismus, S. 116; Moritz, , Das Problem des Präventivkrieges, S. 132.

118 GP 20/2, Nr. 6678. Vgl. ebd. 6679.

119 Andrew, Théophile Delcassé, S. 286 f.; Paléologue, Un grand tournant, S. 330; GP 20/2, Nr. 6652.

120 Anderson, The First Moroccan Crisis, S. 226 f., 228 f. Andrew, Théophile Delcassé, S. 287 f.; Raulff, Zwischen Machtpolitik und Imperialismus, S. 107, 113 f.; BD 3, Nr. 97—99.

121 Andrew, Théophile Delcassé, S. 280—286.

122 GP 20/2, Nr. 6680.

Allianz mit einem sofortigen deutschen Angriff zu rechnen sei[123]. Damit war Delcassés Position unhaltbar geworden, hatte er doch stets den Eindruck zu erwecken versucht, daß Deutschland sich trotz allem Säbelrasseln angesichts des zu erwartenden englisch-französischen Zusammengehens ruhig verhalten werde. Am 6. Juni erklärte er auf einer Kabinettssitzung erwartungsgemäß seinen Rücktritt, da er keinen Rückhalt für das Projekt eines englisch-französischen Bündnisses fand; denn dieses hätte nach Lage der Dinge Krieg mit Deutschland bedeutet. Dafür war Frankreich aber nicht gerüstet[124].

Mit dem Rücktritt Delcassés hielt die Reichsleitung die »akute Phase« der Marokkokrise für beendet[125]. Die damit verbundene Erwartung, in Frankreich die politischen Barrieren gegen die Konferenzlösung beseitigt zu haben, so daß nunmehr auch die anderen Vertragsmächte dem kollektiven Schritt zur Klärung der Marokkofrage zustimmen konnten, erwies sich indes als Illusion. Weder zeigten sich die Vertragsmächte über die von Deutschland favorisierte Form der Konfliktdeeskalation begeistert[126], noch ließ Rouvier nach der Entfernung Delcassés in diesem Punkt besondere Konzilianz erkennen. Da er die Konferenz nach wie vor ablehnte, wäre ihm ein anderer Ausweg lieber gewesen, bedeutete für ihn doch eine Konferenz eine zu große Demütigung Frankreichs[127].

Deutschland, das am 5. Juni seine Zustimmung zum Konferenzvorschlag des Sultans gegeben hatte[128], sah sich daher mit seiner harten Politik isoliert. Im Hinblick auf die mit großem Prestigeeinsatz betriebene Marokkopolitik gegenüber Frankreich gab es aber keine andere Alternative zu dem intransigenten Vorwärtskurs, schien dieser doch unter Ausschöpfung aller diplomatischen Mittel allein einen Verhandlungserfolg im deutschen Sinne zu versprechen.

Bülow warnte Rouvier nachdrücklich vor einem Rückfall in die Delcassésche Politik. Mit taktischen Kriegsdrohungen und der Bekräftigung der deutschen Unterstützung für den Sultan sowie der Wahrung des status quo in Marokko sollte die französische Seite von der Ernsthaftigkeit der deutschen Absichten überzeugt werden[129]. Die von Rouvier bevorzugte, und für das französische Selbstwertgefühl weniger demütigende zweiseitige Verhandlungslösung wurde als der Situation unangemessen zurückgewiesen[130], zumal man sich gegenüber dem Sultan — auch mit kaiserlicher Rückendeckung — durch verbindliche Zusagen fest gebunden hatte.

Ministerpräsident Rouvier, der nach Delcassés Entlassung damit gerechnet hatte, daß alle Probleme beseitigt wären[131], mußte erkennen, daß sich die frostige Verhandlungsatmosphäre durch die deutsche Unnachgiebigkeit weiter ab-

123 Anderson, The First Moroccan Crisis, S. 229 f. GP 20/2, Nr. 6684.

124 Anderson, The First Moroccan Crisis, S. 230 f.; GP 20/2, Nr. 6681, 6684 f.; H. Hallmann, Delcassés letzter Kampf um die Macht und die englischen »Angebote« vom Frühjahr 1905. In: Historische Zeitschrift 154 (1936), S. 528—553.

125 GP 20/2, Nr. 6692. Vgl. DDF 2,7, Nr. 15.

126 GP 20/2, Kap. 148. Raulff, Zwischen Machtpolitik und Imperialismus, S. 117.

127 GP 20/2, Nr. 6694, 6700.

128 GP 20/2, Nr. 6686 f.

129 Moritz, Das Problem des Präventivkrieges, S. 162. GP 20/2, Nr. 6704 f.

130 GP 20/2, Nr. 6702, 6705 f., 6710 f.

131 GP 20/2, Nr. 6710.

kühlte, was in Frankreich eine regelrechte Kriegspsychose provozierte[132]. In der Einschätzung der kritischen Lage stimmte die französische Presse darin überein, daß Frankreich nun infolge Delcassés mangelnder militärischer Absicherung die Rechnung für die marokkanischen Ambitionen präsentiert werde[133]. Begleitet wurde die diplomatische Kühle von einer von Holstein inszenierten Pressekampagne, die in einem »Kreuzzugs«-Artikel Theodor Schiemans gipfelte[134].

Das einzige sichtbare Ergebnis der kompromißlosen deutschen Haltung war die Verhärtung der Position Rouviers, der in Personalunion nun auch das Außenministerium leitete. In der Substanz konnte und wollte er die französische Marokkopolitik gegen das einflußreiche »Comité Marocain« nicht ändern, ungeachtet der Tatsache, daß er dadurch in der zweiten Junihälfte dem gesteigerten Drängen der deutschen Seite ausgesetzt war. Seine Bemühungen, zumindest ein kosmetisches Entgegenkommen Deutschlands in Detailfragen zu erreichen, um die Annahme einer Konferenz eher parlamentarisch rechtfertigen zu können, stießen auf deutsches Unverständnis[135].

Deutschland konterte im Gegenzug vielmehr mit gezielter Einflußnahme auf den Fürsten von Monaco, einem guten Bekannten Rouviers, der sich als Gast Wilhelms II. in Kiel aufhielt[136]. Denn, wie Bülow dem Kaiser versicherte, die deutsche Rücksichtnahme auf Rouvier könne nicht so weit gehen, »daß wir ihm oder eigentlich dem Delcassé zu einem Erfolg auf unsere Kosten verhelfen«[137]. Bülow war der Auffassung, daß mit Delcassés Entfernung die Probleme noch lange nicht gelöst waren[138]. Er und Holstein führten Rouviers rigidere Haltung auf das konziliante Auftreten Wilhelms II. gegenüber französischen Diplomaten und die diplomatische Unterstützung Englands für Frankreich zurück. Insbesondere wurde der Kaiser verdächtigt, gegenüber General Lacroix Anfang Juni Zugeständnisse gemacht zu haben, von denen das Auswärtige Amt nichts wußte. Aus Mitteilungen Betzolds folgerte Holstein später, daß die Haltung Rouviers sich verhärtet habe, weil die deutsche Regierung »Schwierigkeiten mache wegen Sachen, die der Kaiser den Franzosen längst versprochen habe«[139]. Bülow und Holstein befürchteten, der Kaiser habe sich zu weit vorgewagt, da mit Rouviers hartnäckigem Beharren auf längst aufgegeben geglaubten Verhandlungspositionen Delcassés die Würde des Reichs desavouiert sei und eine »wirkliche Kriegsgefahr« drohe[140]. Für Holstein ging dabei die eigentliche »Kriegsgefahr« stärker von England aus[141].

Bülow versuchte, der französischen Seite klarzumachen, daß ihr keine Wahl bliebe, als der Konferenz zuzustimmen, falle doch die Marokkofrage gegenüber

132 GP 20/2, Nr. 6703, 6717.
133 Raulff, Zwischen Machtpolitik und Imperialismus, S. 118.
134 Ebd., S. 119. Theodor Schiemann, Deutschland und die große Politik anno 1905, Berlin 1906, S. 166 ff.; DDF 2,7, Nr. 60.
135 Raulff, Zwischen Machtpolitik und Imperialismus, S. 120. GP 20/2, Nr. 6724 ff.
136 GP 20/2, Nr. 6723. Vgl. ebd. 6728, 6730, 6733, 6750; HP 4, S. 896.
137 GP 20/2, Nr. 6723.
138 GP 20/2, Nr. 6725. Vgl. ebd. 6730, 6739.
139 HP 4, S. 911 f.; Raulff, Zwischen Machtpolitik und Imperialismus, S. 124 f.
140 GP 20/2, Nr. 6704, 6717; Raulff, Zwischen Machtpolitik und Imperialismus, S. 124.
141 HP 4, S. 891.

einem ausgeglichenen deutsch-französischen Verhältnis nicht ins Gewicht[142]. Andernfalls plane Deutschland zwar keinen »Angriffskrieg«, doch ruhten dann die aussichtslosen Verhandlungen mit Frankreich, bis dieses einlenke. Der Sultan, der im übrigen angeboten habe, eine deutsche Vormachtstellung in Marokko zu begünstigen, werde auf jeden Fall von Deutschland gegen französische Übergriffe geschützt[143]. Damit, so warnte der Reichskanzler,

> »wäre allerdings eine Lage geschaffen, aus welcher sich namentlich im Hinblick auf den marokkanischen Aufstand bedenkliche Komplikationen ergeben könnten«[144].

Rouvier bestritt gegenüber Rakolin, die Delcassésche Politik wieder aufnehmen zu wollen, zeigte weiterhin aber nicht nur keine Bereitschaft, die deutsche Forderung nach einer Konferenz zu erfüllen, sondern bemühte sich auch um ein deutsches Entgegenkommen vor einer prinzipiellen Regelung der Marokkofrage[145]. Er sah im übrigen die Gespräche auf einem toten Punkt angekommen, von dem aus eine Weiterführung ohne »ernste Nachteile« für Frankreich unmöglich war[146]. Mit Rouviers unerwartetem Querlegen mußte auch Holstein erkennen, daß die Hoffnung auf eine baldige Verbesserung der deutsch-französischen Beziehungen trog und die Marokko-Affaire ungelöst in einem Zustand des »bewaffneten Friedens« erstarrte, »aus dem mit englischer Hilfe sich leicht der Krieg entwickeln kann«[147].

Außenminister Landsdowne warnte Deutschland davor, Frankreich den Krieg zu erklären, da die öffentliche Meinung die englische Unterstützung erzwingen könnte[148]. Folge der deutsch-französischen Konfrontation, die nach einem ersten Höhepunkt mit Delcassés Entlassung gegen Ende Juni erneut eskalierte, war ein öffentliches Krisenbewußtsein, welches sich in Kriegsgerüchten artikulierte. Generalstabschef Schlieffen, in seinen militärischen Überlegungen prinzipiell zum Präventivkrieg tendierend, sah französische Vorbereitungen für eine Mobilmachung als gegeben an, obwohl Radolin und der deutsche Militärattaché in Paris wiederholt derartige Meldungen dementiert hatten[149]. Wenn der »Berliner Lokal-Anzeiger« in dieser Eskalationsphase sogar — fälschlich — die erfolgte französische Mobilmachung meldete, so konnte das angesichts der aufgeheizten Stimmung und der von Kriegsfurcht geprägten deutschen Presse kaum überraschen[150].

Nachdem Rouvier am 1. Juli sein Nachgeben in der Konferenzfrage signalisiert hatte[151], stimmte er am 8. Juli der Konferenzlösung definitiv zu[152]. Damit

142 DDF 2,7, Nr. 156.
143 GP 20/2, Nr. 6734. Vgl. DDF 2,7, Nr. 113, 156, 128, 135; Moritz, Das Problem des Präventivkrieges, S. 140; HP 4, S. 898.
144 GP 20/2, Nr. 6734. Vgl. ebd. 6753.
145 GP 20/2, Nr. 6745 f., 6749.
146 DDF 2,7, Nr. 162 und 169.
147 HP 4, S. 897—899.
148 Williamson, The Politics of Grand Strategy, S. 40. Vgl. ebd., S. 56.
149 Raulff, Zwischen Machtpolitik und Imperialismus, S. 121, 130 f. Vgl. HP 4, S. 897.
150 Raulff, Zwischen Machtpolitik und Imperialismus, S. 122.
151 GP 20/2. Vgl. Nr. 6755, 6757 f.
152 GP 20/2, Nr. 6766 f. Insgesamt: Anderson, The First Moroccan Crisis, S. 234—258; Ralph Richard Menning, The Collapse of "Global Diplomacy"'. Germany's descent into isolation, 1906—1909, Providence 1986, S. 15—32.

war Deutschlands Hauptforderung erfüllt, so daß die akuten Spannungen nachließen. Der diplomatische Erfolg bestand jedoch nur der Form nach; denn noch herrschte Uneinigkeit über das Konferenzprogramm, das erst im Herbst in Paris ausgehandelt wurde (28. September 1905). Während die Marokko-Affaire ab Juli mehr und mehr in den Hintergrund trat und Frankreich die Zeit nutzte, um bei Drittmächten für seinen Standpunkt Stimmung zu machen, unternahm der deutsche Kaiser einen erneuten Versuch, mit dem militärisch geschlagenen Zarenreich ein Kontinentalbündnis zu formen. Doch die an den Vertrag von Björkö (24. Juli 1905) geknüpften Erwartungen scheiterten daran, daß Rußland den Vertrag nicht zu Deutschlands Bedingungen — Stillschweigen gegenüber Frankreich — ratifizieren wollte[153]. Die Konferenz von Algeciras (16. Januar—7. April 1906) behob die Spannungen nur vordergründig, da sich Deutschland mit seiner Haltung isoliert sah und der »cauchemar des coalitions« wieder Aufwind bekam[154].

Die unmittelbare Ursache der Marokkokrise lag im kolonialen Ausgleich, der »Entente Cordiale« zwischen England und Frankreich. Rußlands geschwächte Position im Krieg gegen Japan besaß für die krisenhafte Zuspitzung einen katalytischen Effekt.

Der Entschluß, Frankreich in Marokko entgegenzutreten, hat die Frage aufgeworfen, ob auf deutscher Seite erwogen worden ist, den günstigen Augenblick zu einem Krieg gegen Frankreich auszunutzen. Die Frage darf heute als verneint gelten. Außer bei dem Publizisten Maximilian Harden, der für einen Präventivkrieg plädierte[155], findet sich bei keinem der maßgeblichen Akteure ein konkreter Hinweis, daß die Eskalationsphase mit militärischen Mitteln überwunden werden sollte.

Deutschland hatte zwar nicht auf einen Krieg hingearbeitet, doch durch eine leichtfertig martialische Attitüde die Bedingungen für sein Entstehen vorbereitet und billigend als Teil der Politik in Kauf genommen. Es hat durch eine in der Sache unbewegliche Politik gegenüber Frankreich ein Krisenbewußtsein gefördert, bei dem durch Drohung und Einschüchterung mit einer Konfrontation gerechnet werden mußte.

Das Kalkül des Auswärtigen Amtes — und hier namentlich Holsteins — in der Marokkofrage war primär machtpolitisch, durchsetzt von starken prestigepolitischen Zügen. Gerade diese machten bei zunehmender Verhärtung ein Einlenken von deutscher Seite unmöglich.

Auf deutscher Seite kalkulierte man das Risiko eines Kriegs bewußt ein, um Frankreich per Druck zum Einlenken in der Konferenzfrage zu bewegen. Angesichts der englisch-französischen Annäherung bedeutete dies einen Konfrontationskurs mit extrem hohem Konfliktgrad da von englischer Seite — mittelbar oder unmittelbar — verlautete, Frankreich im Kriegsfall gegen Deutschland zu unterstützen. Deutschland erreichte mit seinen Pressionen also das, was es eigentlich verhindern wollte: die Intensivierung der englisch-französischen Zwei-

---

153 E. Anrich, Marokkokrise, S. 155—163; Menning, S. 15—32; Anderson, The First Moroccan Crisis, Kap. 15.

154 Anderson, The First Moroccan Crisis, Kap. 17.

155 Helmuth Rogge, Holstein und Harden. Politisch-publizistisches Zusammenspiel zweier Außenseiter des Wilhelminischen Reichs, München 1959, S. 63 ff.

samkeit, die in Außenminister Lansdowne einen ihrer stärksten Befürworter fand.

Die wachsende Unruhe an den Börsen, das rasche Ansteigen der Zahl von »Krieg-in-Sicht«-Artikeln sowie die Verlagerung der deutsch-französischen Kontakte von der offiziellen Ebene auf ein schwer zu entwirrendes Dickicht von semi-offiziellen und geheimen Gesprächen waren deutliche Anzeichen dafür, daß die Krise eskalierte.

Erschwerend für eine Deeskalation war, daß Deutschland auch nach dem Sturz Delcassés nicht einlenkte, da die Demütigung Frankreichs offenbar nicht ausreichte. Denn Frankreichs Marokkopolitik sollte — ohne Rücksicht auf Vermittlungsvorstöße aus Paris — dem Schiedsspruch einer Konferenz aller Signatarmächte des Madrider Abkommens unterworfen werden.

29. »Yellow peril«, yellow press und Kriegsfurcht: Das Krisenmanagement der Regierung Roosevelt zwischen San Francisco und Tokyo, 1906—1908

Von Ute Mehnert

Im Kontext eines latenten Konflikts genügt nicht selten ein (für sich betrachtet) lapidares Ereignis als Zündfunke für eine akute Krise. Daß dies auch auf dem Feld der internationalen Beziehungen gilt, zeigt der sogenannte Schulstreit von San Francisco: Der Beschluß einer lokalen Behörde, separate Schulen für die Kinder asiatischer Immigranten einzurichten, löste im Oktober 1906 die bis dahin schwerste und längste Krise in den Beziehungen zwischen den USA und Japan aus — berührte er doch die Frage der japanischen Einwanderung in den US-Staat Kalifornien und damit einen äußerst wunden Punkt im Verhältnis der beiden Großmächte.

Ob die Vereinigten Staaten und Japan im Verlauf der Krise an den Rand eines militärischen Konflikts gerieten, war schon bei den Zeitgenossen umstritten. Sicher ist, daß ein Krieg zu diesem Zeitpunkt weder der amerikanischen noch der japanischen Regierung ins Konzept paßte. Der offensichtliche Wille beider Seiten zur kooperativen Entschärfung der Krise — gefördert durch ökonomische und sicherheitspolitische Zwänge — genügt den meisten Historikern, um das bilaterale Krisenmanagement im Rückblick als relativ leichte Übung zu beschreiben[1].

Dagegen sprechen jedoch schon Eskalation und Dauer der Spannungen: Sie gipfelten im Frühsommer 1907 in der Empfehlung des Joint Board, die amerikanische Schlachtflotte zur Vorbereitung auf den möglichen Ernstfall vom Atlantik in den Pazifik zu senden, und konnten erst Ende 1908 mit dem Root-Takahira-Agreement beigelegt werden. Man mag die akute Kriegsfurcht, die auf den Höhepunkten der Krise in Teilen der amerikanischen Öffentlichkeit wie auch innerhalb der Militärführung grassierte, als Hysterie werten. Doch selbst der pragmatisch-nüchterne US-Präsident Theodore Roosevelt hat — so sehr er auf eine diplomatische Lösung gebaut haben mag — die Möglichkeit eines militärischen Konflikts nicht ganz ausgeschlossen.

Zu Recht weisen Thomas A. Bailey, Raymond A. Esthus und Charles E. Neu in ihren Studien zur amerikanisch-japanischen Krise immer wieder auf den begrenzten innenpolitischen Spielraum hin, in dem sowohl Washington als auch Tokyo operieren mußten[2]. Als Stichworte seien hier nur die extreme Emp-

---

1 So z.B. Richard D. Challener, Admirals, Generals, and American Foreign Policy, 1898—1914, Princeton (N.J.) 1973, Kapitel III.5, und Akira Iriye, Pacific Estrangement. Japanese-American Expansion, 1897—1911, Cambridge (Mass.) 1972, Kapitel V und VI.

2 Thomas A. Bailey, Theodore Roosevelt and the Japanese-American Crisis, Gloucester (Mass.) ²1964; Raymond A. Esthus, Theodore Roosevelt and Japan. Seattle, London ²1967;

findlichkeit japanischer Nationalisten gegen diskriminierende amerikanische Praktiken in der Immigrantenfrage und die nicht weniger große Abneigung der amerikanischen Weststaaten gegen jegliche Bevormundung aus Washington genannt.

Zu berücksichtigen ist auch die Rolle der Massenpresse, der massiv agitierenden yellow press beider Länder als Medium sich gegenseitig aufschaukelnder feindseliger Stimmungen — sei es, daß einzelne Blätter als Sprachrohre bestimmter Interessengruppen fungierten, sei es, daß man sich von der Aufbereitung des zutiefst emotional besetzten Themas schlicht eine Auflagen-Steigerung erhoffte. Der Einfluß solcher »öffentlichen Stimmungen« auf den Krisenverlauf war eine problematische Größe im diplomatischen Kalkül; zumal ihr Einfluß auf die Entscheidungen führender Politiker und Militärs der jeweils anderen Seite waren für die Regierung Roosevelt wie auch für die Regierung Saionji schwer einzuschätzen.

Zumindest in ihren Grundzügen erschließen sich die amerikanisch-japanischen Spannungen der Jahre 1906 bis 1908 somit eher als transnationale denn als internationale Krise. Entsprechend kompliziert gestaltete sich das Krisenmanagement für die Regierung Roosevelt[3]. Wohl wissend, daß die USA einen Krieg mit Japan zu diesem Zeitpunkt und auch mittelfristig nicht riskieren konnten, strebten der Präsident und das State Department unter Elihu Root über die Entschärfung der akuten Krise hinaus eine dauerhafte Lösung der konfliktträchtigen Immigrantenfrage an.

Monatelang mußte die amerikanische Diplomatie Verhandlungen in zwei Richtungen koordinieren. Mit der Regierung Saionji war eine verbindliche Beschränkung der japanischen Einwanderung in den amerikanischen Westen auszuhandeln, die für Tokyo ehrenhaft und damit in Japan innenpolitisch durchsetzbar war. Als Voraussetzung für eine solche Regelung mußte Washington in Kalifornien die Rücknahme der Schulverordnung von San Francisco und den Verzicht auf ein offen diskriminierendes Ausschließungsgesetz gegen japanische Einwanderer durchsetzen.

Erforderte diese Strategie primär ein geduldiges Vortasten auf der Suche nach dem kleinsten gemeinsamen Nenner, so hat vor allem Roosevelt — meist als Reaktion auf aktuelle Entwicklungen im Krisenverlauf — mehrfach spektakuläre taktische Mittel eingesetzt, um den Kompromißdruck auf kalifornischer und/oder japanischer Seite zu verstärken. Parallel dazu bemühte sich der Präsident, Öl auf die Wogen nationaler Emotionen in beiden Ländern zu gießen und so eine entspanntere Ausgangslage für die diplomatischen Verhandlungen zu schaffen. Im modernen Sprachgebrauch würde man seine Taktik als eine Kombination aus Abschreckung und vertrauensbildenden Maßnahmen bezeichnen. Doch auch Abhängigkeiten und Gegensätze im internationalen System der Großmächte versuchten Roosevelt und Root im Rahmen ihres Krisenmanagements auszuspielen. Kurz: Die US-Regierung verließ sich nicht allein

Charles E. Neu, An Uncertain Friendship: Theodore Roosevelt and Japan, 1906—1909, Cambridge (Mass.) 1967.

3 Kriseneinschätzung und -management der Regierung Saionji können von der Verfasserin aus Unkenntnis der japanischen Quellen nur aus der Sekundärliteratur sowie aus amerikanischen und britischen Quellen erschlossen werden.

auf den klassischen Weg bilateraler diplomatischer Verhandlungen — sie hat ihr Kommunikationspotential durch die Erschließung und Nutzung anderer Kanäle und Instrumente erheblich erweitert.

Was Inhalte und Strategien des Krisenmanagements betraf, mußten die amerikanischen Politiker und Diplomaten 1906 allerdings nicht bei Null anfangen. Schließlich war die Problematik sattsam bekannt. Die Frage der japanischen Einwanderung nach Kalifornien hatte sich, nicht zuletzt im Kontext des rivalisierenden amerikanischen und japanischen Expansionismus im Pazifikraum, zu einem Konfliktpotential entwickelt, das schon seit Ende des 19. Jahrhunderts mehrfach akut geworden war. »It should be remembered«, schrieb der Ostasienexperte im State Department, Francis M. Huntington Wilson, Mitte 1907 an Root und Roosevelt,

> »that since some thirty years there has been among the people of the Pacific Coast a chronic fear that they were to be economically and numerically flooded from people across the Pacific. The evidence of the numerical and economic preponderance of the Japanese in the Hawaiian Islands is before their eyes and represents to their minds what will be their position if Japanese immigration be not checked[4].«

Schon in den 1870er Jahren hatte sich in Kalifornien eine breite Widerstandsfront gegen den Zustrom chinesischer Kulis formiert. Nachdem der Kongreß 1882 ein befristetes Einwanderungsverbot für Chinesen verhängt hatte, richtete sich die Bewegung der exclusionists bald auch gegen die wachsende Zahl japanischer Immigranten. »Japs Pouring In: ›Put Up Bars‹ Says Our Working People«, titelte der »San Francisco Call« im Mai 1892[5].

In der Abwehrhaltung von Vertretern der verschiedensten sozialen Schichten mischten sich ökonomische Begründungen (die Furcht vor der Konkurrenz billiger und genügsamer asiatischer Arbeitskräfte) mit Warnungen vor einer »Überfremdung« der Weststaatengesellschaft durch eine nicht assimilierbare »gelbe Rasse«. Man berief sich auf Rassen-, malthusianische und sozialdarwinistische Theorien, die zu dieser Zeit nicht nur in den USA zahlreiche Anhänger fanden. Die weltweit kursierende Formel von der »yellow peril«, der »Gelben Gefahr«, verdichtete solche Wahrnehmungsmuster und Stereotype um die Jahrhundertwende zu einem Schlagwort, dessen mobilisierende Funktion sich die Gegner der asiatischen Einwanderung gezielt zunutze machten[6].

Washington und Tokyo reagierten bereits 1900 mit dem sogenannten First Gentlemen's Agreement, in dem sich die japanische Regierung selbst zur Kontrolle und Beschränkung der Emigration ungelernter Arbeiter in die USA verpflichtete. Diese Übereinkunft bewirkte jedoch nur kurzfristig einen Rückgang der Einwandererzahl. Mit dem Umweg über Hawaii oder Mexiko konnten ja-

---

4 Huntington-Wilson an Root und Roosevelt, 6.7.1907, The Papers of Theodore Roosevelt, Library of Congress, Washington D.C.

5 Zit. nach H. Brett Melendy, The Oriental Americans, New York 1972, S. 102.

6 Dieses Thema behandeln Roger Daniels, The Politics of Prejudice: The Anti-Japanese Movement in California and the Struggle for Japanese Exclusion, Berkeley (Ca.) 1962; Heinz Gollwitzer, Die Gelbe Gefahr: Geschichte eines Schlagworts. Studien zum imperialistischen Denken, Göttingen 1962; Ute Mehnert, Deutschland, Amerika und die »Gelbe Gefahr«: Zur Karriere eines Schlagworts in der Großen Politik. (Transatlantische Historische Studien Bd 4), Stuttgart 1995, S. 49 ff. und S. 82 ff.; Melendy, Oriental Americans.

panische Emigranten weiterhin nach Kalifornien gelangen, und viele machten von dieser Möglichkeit Gebrauch[7]. Mit wachsendem Nachdruck forderten Gewerkschaften und andere Interessengruppen wirksame Gegenmaßnahmen Washingtons. Seit 1902 drängten die kalifornische Legislative und die American Federation of Labor (AFL) den Kongreß zur Erweiterung der Chinese Exclusion Act unter Einbeziehung japanischer Immigranten. Repräsentanten aus Indiana und Kalifornien legten dem Haus bis Ende 1905 nicht weniger als vier Japanese exclusion bills vor[8].

Als diese Initiativen ohne Erfolg blieben und Präsident Roosevelt darüber hinaus in seiner Jahresbotschaft vom Dezember 1904 ankündigte, er werde im Fall der Verabschiedung eines solchen Gesetzes durch den Kongreß sein Veto einlegen, agierten die kalifornischen exclusionists verstärkt auf staatlicher und kommunaler Ebene. Pressekampagnen, angeführt vom einflußreichen San Francisco Chronicle, mobilisierten die Öffentlichkeit gegen die »Gelbe Gefahr«. Mitte 1905, kurz vor dem Ende des russisch-japanischen Krieges, erreichte der Feldzug gegen die ungeliebten Einwanderer seinen ersten Höhepunkt: Bei Massendemonstrationen wurden japanische Geschäfte und Badehäuser in San Francisco zerstört, immer wieder wurden japanische Bürger angegriffen und schwer, in einigen Fällen tödlich verletzt. Die Eskalation der antijapanischen Agitation läßt sich primär auf die verbreitete Erwartung zurückführen, daß nach Kriegsende ein Massenansturm von aus der Armee entlassenen japanischen Soldaten drohe, die in ihrer Heimat keine Perspektive finden und ihr Glück in der Auswanderung nach Kalifornien suchen würden[9].

Der Beschluß der Schulbehörde in San Francisco vom Oktober 1906, der bereits Mitte 1905 ausgearbeitet worden war, ist vor diesem Hintergrund eindeutig als Versuch zu werten, mit der eher symbolischen Ausgrenzung japanischer Schulkinder die Ausschließung japanischer Einwanderer im Rahmen der eigenen Möglichkeiten einzuleiten: Man wollte der Bundesregierung die Dringlichkeit des Problems — und seiner Lösung — vor Augen führen. Mit einem effektiven Ausschließungsgesetz, betonte der San Francisco Chronicle Anfang 1907, werde sich die Schulfrage von selbst erledigen:

> »There would be no fuss made about the small number of Japanese children here, if assured that the State would not be overrun[10].«

Roosevelt und andere amerikanische Außenpolitiker hatten die Immigrantenfrage schon Jahre vor dem Schulstreit von San Francisco als den kritischsten Faktor im amerikanisch-japanischen Konfliktpotential erkannt. Roosevelt war (ebenso wie beispielsweise Senator Henry Cabot Lodge und Admiral Alfred T. Mahan) Gegner einer massenhaften japanischen Einwanderung — auch aus persönlicher Überzeugung von den unvereinbaren Gegensätzen beider Rassen, wie er immer wieder betonte, primär aber aus der politischen Erwägung heraus, daß die Bevölkerung Kaliforniens und anderer Weststaaten eine solche

---

7 Iriye, Pacific Estrangement, S. 82 ff. Von 1899 bis 1900 war die Zahl der japanischen Immigranten in den USA von 12 000 auf 24 000 gestiegen; in den folgenden vier Jahren hat sie sich nochmals verdoppelt.

8 Bailey, Theodore Roosevelt, S. 18 f.

9 Ebd., S. 11 und S. 18 f.

10 Zitiert nach Bailey, Theodore Roosevelt, S. 44.

Masseneinwanderung niemals tolerieren würde[11]. Daß er dennoch vehement gegen die antijapanische Agitation in Kalifornien ankämpfte, lag an der provozierenden Form und nicht am Inhalt der Forderungen. Als die kalifornische Legislative etwa im März 1905 in einer drastisch formulierten Resolution vom Kongreß die gesetzliche Ausschließung japanischer Immigranten verlangte, schrieb Roosevelt erbost:

> »You cannot feel as badly as I do over such action as that by the idiots of the California Legislature. [...] [They] would have had an entire right to protest as emphatically as possible against the admission of Japanese laborers, for their very frugality, abstemiousness and clannishness makes them formidable to our laboring class [...] — all the more serious because they keep an entirely distinct and alien mass. [...] But I do object to [...] the foolish offensiveness of the resolution they passed[12].«

Schon damals sahen Politiker wie Roosevelt und Lodge in einer diplomatischen Verständigung mit Japan die einzig akzeptable Lösung; möglichst in Form eines Vertrags »in which [Japan] excludes our labor and we exclude hers«. Auf jeden Fall müsse man Japan als gleichberechtigten Partner behandeln — »and these idiots by raving do all they can to make any arrangement impossible«[13].

Roosevelts Einsicht, daß sich die USA eine offensive Haltung gegenüber Japan schlicht nicht leisten konnten, basierte auf einer einfachen Rechnung: Amerika war nicht in der Lage, die Philippinen oder Hawaii militärisch gegen Japan zu verteidigen. Beeinflußt durch die Theorien Mahans, des »high priest of navalism« (Challener), baute er seine gesamte weltpolitische Strategie auf einem Grundsatz auf: Niemals außenpolitische Ziele zu verfolgen, die nicht militärisch gedeckt waren[14]. Dies bezog sich im Zeitalter des weltweiten Flottenwettrüstens vor allem auf die Kapazität der amerikanischen Navy. Der Wert des Abschreckungspotentials maritimer Macht als Determinante des politischen Handlungsspielraums kann in seiner Bedeutung für die Außenpolitik der Regierung Roosevelt nicht genug betont werden.

Japans Sieg über Rußland, der das Inselreich als stärkste Seemacht im Pazifik etablierte[15], verschärfte 1905 das grundlegende amerikanische Sicherheits-Dilemma: Die USA mußten sowohl im Atlantik als auch im Pazifik mit potentiellen Gegnern rechnen, verfügten aber nur über *eine* Schlachtflotte. Aus Sicht der amerikanischen Führung blieb auch nach 1905 das Deutsche Reich der ge-

---

11 Howard K. Beale, Theodore Roosevelt and the Rise of America to World Power, Baltimore 1956, S. 265 ff.

12 Roosevelt an George Kennan, 6.5.1905 zit. nach The Letters of Theodore Roosevelt, 8 Bde. Ed. by Elton E. Morrison und John M. Blum, Cambridge (Mass.) 1951—1954, Bd 4, S. 1168 ff.

13 Lodge an Roosevelt, 3.6.1905 zit. nach Selections from the Correspondence of Theodore Roosevelt and Henry Cabot Lodge, 1884—1918, 2 Bde. Ed. by Henry Cabot Lodge, New York 1925, Bd 2, S. 127 f.

14 William R. Braisted, The United States Navy in the Pacific, 1897—1909, Austin (Texas) 1958, S. 10.

15 Nach dem Untergang der russischen Ostasienflotte unterhielt keine andere Großmacht mehr nennenswerte Seestreitkräfte im Pazifik: England hatte bereits 1902 mit Japan eine Allianz geschlossen, die den Briten die Sicherheit Indiens garantierte, um angesichts der bedrohlichen Flottenrüstung des Deutschen Reichs große Teile des britischen Pazifik-Geschwaders nach Europa abziehen zu können.

fährlichste mögliche Gegner — in den Planungen des General Board und des Joint Board rangierte die »deutsche Gefahr«, die Bedrohung der Monroe-Doktrin durch die deutsche Weltpolitik und ihre Ambitionen in Lateinamerika, bereits seit Ende des 19. Jahrhunderts an erster Stelle[16]. Entsprechend mußte die US-Flotte im Atlantik stationiert bleiben. Diese Priorität blieb in den amerikanischen Kriegsplänen bis zum Ende des Ersten Weltkriegs unangefochten. An eine two ocean navy war 1905 schon aus innenpolitischen Gründen nicht zu denken[17], und so konnte das Prinzip der Abschreckung Japan gegenüber nur in sehr eingeschränktem Maß gelten[18]. Die Regierung Roosevelt sah sich gezwungen, an ihrer bisherigen, auf einer informal entente mit England und Japan basierenden Fernostpolitik festzuhalten[19].

Die Grenzen der amerikanischen Interessengemeinschaft mit Japan und England erwiesen sich allerdings bald als eng. Abgesehen vom latenten Konflikt in der Immigrantenfrage entstanden als Folge des russisch-japanischen Krieges imperialistische Reibungen zwischen den USA und Japan in der Mandschurei. Aus der Sicht vieler Amerikaner verletzte Japan dort das Prinzip der »offenen Tür« und avancierte damit vom inoffiziellen Verbündeten zu einem Gegner der USA in Ostasien[20]. Für Spannungen zwischen beiden Ländern sorgte jedoch vor allem der Frieden von Portsmouth. Der maßgeblich durch die Vermittlung Roosevelts geprägte Friedensvertrag zwischen Japan und Rußland hatte das Inselreich in den Augen einflußreicher japanischer Nationalisten und großer Teile der Öffentlichkeit um den verdienten Siegfrieden betrogen. In Tokyo kam es zu antiamerikanischen Massendemonstrationen: »Several foreigners have been stoned in the streets«, telegraphierte der amerikanische Gesandte Lloyd Griscom im August 1905 nach Washington[21]. Als das liberale Kabinett Katsura im Dezember zurücktreten mußte, folgte eine mehrheitlich mit Konstitutionalisten besetzte Regierung unter der Führung Saionji Kimmochis, die — den Forderun-

---

16 Challener, Admirals, S. 225; Ragnhild Fiebig-von Hase, Lateinamerika als Konfliktherd der deutsch-amerikanischen Beziehungen, 1890—1903, Göttingen 1986, S. 741—846.

17 Eine Mehrheit im Kongreß blockierte die von Roosevelt und der Marineführung gewünschte schnelle Aufrüstung der Flotte: Man scheute die Kosten und wollte überdies das weltpolitische und imperialistische Engagement der USA in Grenzen gehalten wissen. Harold and Margaret Sprout, The Rise of American Naval Power, 1776—1918, Princeton (N.J.) ⁴1946, S. 261 ff.

18 Der 1906 fertiggestellte »War Plan Orange« sah vor, daß die auf ein Minimum reduzierten pazifischen Seestreitkräfte der USA im Fall eines Kriegs mit Japan in der Defensive bleiben sollten, bis die Schlachtflotte aus dem Atlantik im Fernen Osten eintraf. Bis dahin würden jedoch nach Berechnungen der Marineplaner selbst unter günstigsten Bedingungen mindestens drei Monate vergehen — Zeit genug für Japan, um die Philippinen und womöglich auch Hawaii zu erobern. Zudem verfügte die US-Marine nicht über einen befestigten Stützpunkt im Fernen Osten. Challener, Admirals, S. 235 ff.; Louis Morton, War Plan Orange: A Study in Military Strategy. In: World Politics 11 (1959), S. 221—250.

19 Deutliche Zeichen dafür waren die informelle Teilnahme Roosevelts an den Verhandlungen zur Erweiterung der anglo-japanischen Allianz und das sogenannte Taft-Katsura Agreement vom Juli 1905, in dem Japan und die USA die gegenseitige Respektierung ihrer Besitzungen im Fernen Osten erklärten.

20 Michael H. Hunt, Frontier Defense and the Open Door: Manchuria in Chinese-American Relations, 1895—1911, New Haven (Conn.), London 1973, S. 138 ff.

21 Griscom an Root, 5.8.1905, National Archives, Washington D.C., Department of State, Record Group 59 (im folgenden NA/DS, RG 59), Diplomatic Despatches from Japan.

gen der japanischen Rechten entsprechend — eine aggressivere Expansionspolitik ankündigte[22].

In dieser relativ labilen Situation wirkte die Schulverordnung von San Francisco wie ein Sprengsatz. In Japan wurde sie als nationaler Affront, als symbolische Kampfansage amerikanischer Rassisten aufgefaßt und von der nationalistischen Presse mit hitzigen Drohgebärden beantwortet[23]. Zwar reagierte die Regierung in Tokyo zunächst demonstrativ gelassen. Doch der US-Regierung wurde schnell bewußt, daß Handlungsbedarf bestand.

Zunächst scheinen weder Roosevelt noch Root oder Secretary of War William Howard Taft mit einer Eskalation des Schulstreits zur Krise gerechnet zu haben. Erst eine ultimativ formulierte Protestnote, die der japanische Botschafter in Washington, Aoki Shuzo, auf Anweisung des Außenministers Hayashi am 23. Oktober überreichte, alarmierte das State Department. Man habe gehofft, telegraphierte Hayashi, daß die Regierung Roosevelt das Problem schnell aus der Welt schaffen würde — stattdessen verschlimmere sich die Lage täglich. Der Beschluß der Schulbehörde verletze den amerikanisch-japanischen Vertrag von 1894, der japanischen Bürgern in den USA persönlichen Schutz und eine Behandlung gemäß der Meistbegünstigungsklausel zusichere. In ganz Japan habe die feindliche Haltung der Kalifornier zu großer Erregung geführt. Bisher seien jedoch noch keine ernsthaften Forderungen nach Vergeltung lautgeworden, »because it is firmly believed that the evil will be speedily removed«[24]. Bemerkenswert ist, daß die japanische Regierung ihren Protest zwar relativ scharf formulierte, ihn aber inoffiziell übermittelte. Ganz offensichtlich wollte Tokyo mit dem Verzicht auf eine formale Protestnote seine Kooperationsbereitschaft signalisieren und die Hoffnung auf eine schnelle Beilegung der Affäre ausdrücken[25].

In einer Krisensitzung am 26. Oktober stellte die Regierung Roosevelt die ersten taktischen Weichen. Ausgehend von den Erfahrungen der vergangenen Jahre beeilte man sich, beruhigende Signale nach Japan zu senden und klarzustellen, daß die kalifornische Politik weder von der Bundesregierung noch von der überwiegenden Mehrheit des amerikanischen Volkes unterstützt werde. Sorgen bereitete der amerikanischen Regierung die Forderung Hayashis nach einem harten Durchgreifen Washingtons. Offenbar überschätzte man in Tokyo die Befugnisse der Bundesregierung gegenüber den Einzelstaaten. Der Präsident hatte keine legale Möglichkeit, die Stadt San Francisco zur Rücknahme der umstrittenen Schulverordnung zu zwingen. Entsprechend konzentrierten sich Roosevelt und Root von Anfang an darauf, der japanischen Führung die innenpolitisch schwierige Lage zu erläutern und um Geduld zu werben. In mehreren

---

22 Beale, Roosevelt, S. 294 ff.; Iriye, Pacific Estrangement, S. 96.

23 So schrieb z.B. die Mainichi Shimbun unter dem Titel »Ermanne Dich, Japanisches Volk«, man müsse »dem bösen Teufel in Amerika den Kopf mit dem Eisenhammer [...] zerschmettern«, weil »unser Fleisch und Blut beleidigt« worden sei. Die »erbärmliche Armee und Marine Amerikas« würde für die ruhmreiche japanische Streitmacht auf einem Rachefeldzug kein nennenswertes Hindernis sein. Leitartikel vom 22.10.1906, Übersetzung in: Politisches Archiv des Auswärtigen Amts, Bonn (im folgenden PA/AA), R 17429.

24 Zitiert nach Neu, An Uncertain Friendship, S. 31. Neu führt die Schärfe des japanischen Protests primär auf innenpolitischen Opportunismus der Regierung Saionji zurück.

25 Ebd.

Telegrammen an das japanische Außenministerium versicherte Root, man bemühe sich um die Klärung der rechtlichen Situation und werde darüber hinaus alles tun, was im Rahmen der eigenen Befugnisse liege. Roosevelt bat seinen politischen Freund Kaneko Kentaro, den Vorsitzenden des Geheimen Staatsrats in Japan, er möge Hayashi die verfassungsrechtliche Problematik auseinandersetzen[26].

Hatte die Regierung Roosevelt zunächst erwogen, vor Gericht zu ziehen und die Schulverordnung über ein Präzedenzverfahren zu kippen, so nahm sie von diesem Plan schnell wieder Abstand: Ob die Verordnung (wie Hayashi behauptete) tatsächlich eine Vertragsverletzung darstellte, war juristisch nicht eindeutig. Das Risiko, daß eine mögliche Gerichtsentscheidung zugunsten der Kalifornier deren Position noch stärkte, war zu groß[27]. Stattdessen schickte Roosevelt Victor Metcalf, den Secretary of Commerce and Labor und früheren kalifornischen Kongreßabgeordneten, nach San Francisco. Er sollte die Vertreter der Stadt und des Staats Kalifornien vom festen Willen der Bundesregierung überzeugen, die Immigrantenfrage durch ein Abkommen mit Tokyo über die Ausschließung japanischer Arbeiter verbindlich zu regeln. Gleichzeitig sollte Metcalf den Kaliforniern klarmachen, daß ihre starre Haltung in der Schulfrage die angestrebte Lösung blockierte.

Um den Kompromißdruck zu erhöhen, griffen Roosevelt und Root zu einem ungewöhnlichen Mittel: Sie beschworen die militärische »japanische Gefahr«. Spätestens seit seinem Sieg über Rußland galt Japan als formidabler Gegner für jede westliche Großmacht. Eng verknüpft mit dem Schlagwort »Gelbe« bzw. »japanische Gefahr« kursierte die Rede von der »Unvermeidbarkeit« eines amerikanisch-japanischen Krieges in den westlichen Gesellschaften — von den Medien bis zur politischen Klasse: Der rivalisierende Expansionismus beider Länder werde früher oder später die militärische Konfrontation, die »Entscheidungsschlacht« um die Vorherrschaft im Pazifikraum, erzwingen[28]. In den Kontext dieser Beobachtungsmuster ließ sich auch der Konflikt um die japanische Einwanderung nach Kalifornien trefflich einordnen. Daß Amerika in einem Krieg gegen Japan unter den damaligen Umständen militärisch den kürzeren ziehen würde, galt als wahrscheinlich. An solche Befürchtungen knüpften der Präsident und sein Secretary of State an. Den Kaliforniern gegenüber vermittelten sie gezielt den Eindruck, daß unmittelbare Kriegsgefahr bestand. In einem langen Memorandum an Metcalf zog Root alle Register der gängigen »yellow peril«-Rhetorik:

> »Japan is ready for war, with probably the most effective equipment and personnel now existing in the world. We are not ready for war and we could not be ready to meet Japan on anything like equal terms for a long period; the loss of the Philippines, Hawaii, and probably the Pacific coast [...] would occur before

26 Ebd., S. 36.

27 Bailey, Theodore Roosevelt, S. 102.

28 Bezugnehmend auf die konkurrierende Wirtschaftsexpansion beider Länder hieß es z.B. in der renommierten Zeitschrift North American Review: »The commercial war has begun already, and [...] at some spot, somewhere in the future, as a matter of simple destiny, the ways will converge to the point of inevitable conflict.« Willard French, Japan and To-Morrow. In: North American Review 184, 2 (1907), S. 825—832.

> we were ready for a real fight. [...] If [the Japanese] see that the tendency of events is going to lead to war, they will not hesitate an instant to bring it on at the most favorable time for them; and that will be, first, before we can have made adequate preparations and, second, before the Panama Canal is finished [...][29].«

Weder die politische noch die militärische Führung in Washington hielten in diesem Stadium einen militärischen Konflikt ernsthaft für möglich; Roots Memorandum ist bezeichnenderweise das einzige Dokument in den Akten des State Department, das einen unmittelbar bevorstehenden Krieg mit Japan behandelt:

> »It was probably written in an alarmist vein to impress upon Metcalf, and the Californians whom he would visit, the importance of moderation in handling the Japanese question[30].«

Dieselbe Taktik wandte Roosevelt noch einmal im Januar 1907 an, als er die kalifornischen Kongreßabgeordneten ins Weiße Haus bestellte und sie von der akuten Gefahr eines Kriegs »unterrichtete«[31].

Metcalf hatte jedoch mit seiner Mission in San Francisco keinen Erfolg. Seine Warnungen vor einem möglichen japanischen Angriff machten bei seinen Gesprächspartnern wenig Eindruck. Die Vertreter der Stadt San Francisco weigerten sich, mit der Rücknahme der Schulverordnung den ersten Schritt zu tun[32]. Ebensowenig erreichte Roosevelt mit der Einschaltung des AFL-Präsidenten Samuel Gompers als Vermittler[33]. Die Atmosphäre blieb gespannt.

Um endlich Bewegung in die Fronten zu bringen, entschloß sich der Präsident zu einem neuen, spektakulären Schritt. Noch bevor Metcalf seinen Abschlußbericht fertiggestellt hatte, übergab Roosevelt dem Botschafter Aoki und dem Washingtoner Korrespondenten einer großen japanischen Zeitung einen Ausschnitt des Entwurfs für seine Jahresbotschaft an den Kongreß. Darin verurteilte er im schärfsten Ton die Haltung der Kalifornier und plädierte eindringlich für eine faire Behandlung der Japaner als Vertreter einer gleichberechtigten, zivilisierten Nation. Roosevelt forderte ein Gesetz, das dem Präsidenten die Einbürgerung japanischer Immigranten ermöglichen würde, sowie eine Verfassungsänderung, um der Bundesexekutive das Recht »to enforce the rights of aliens under treaties« einzuräumen. Er selbst werde alle in seiner Macht stehenden Mittel — also auch militärische — zum Schutz der Japaner einsetzen[34].

In seiner Privatkorrespondenz formulierte der Präsident die doppelte Stoßrichtung seiner Attacke: Erstens wolle er den Kaliforniern beweisen,

> »that no political considerations would interfere for a moment with my using the armed forces of the country to protect the Japanese if they were molested in their persons and properties«.

---

29 Root an Metcalf, 27.10.1906, NA/DS, RG 59, Numerical File (im folgenden NF) 1797/13.

30 Challener, Admirals, S. 245.

31 Darüber berichtete der britische Diplomat Esme Howard am 4.2.1907 dem Foreign Office in London. Public Record Office, Kew, Foreign Office 371 (im folgenden PRO, FO 371), vol. 269 Japan, No. 5363.

32 Bailey, Theodore Roosevelt, S. 88.

33 Neu, An Uncertain Friendship, S. 42 f.

34 Bailey, Theodore Roosevelt, S. 90.

Zweitens habe er sich den Japanern demonstrativ gefällig zeigen wollen,

> »so as to soothe their wounded feelings, and if possible get them into a frame of mind in consequence of which we may be able to get some mutual agreement between Japan and the United States reciprocally to keep the laborers of each country from the other«[35].

Die Jahresbotschaft erwies sich in ihrer politischen Wirkung jedoch als kontraproduktiv. Zwar erzielte Roosevelt in Japan zunächst den erwünschten Effekt. Die japanische Presse äußerte sich versöhnlich und zuversichtlich im Hinblick auf eine baldige Lösung des Konflikts. Kurz darauf erklärte sich Hayashi bereit, mit Washington in konkrete Verhandlungen über eine Beschränkung der japanischen Einwanderung einzutreten. In Kalifornien lösten die provokanten Forderungen Roosevelts jedoch einen Sturm der Entrüstung aus. Auch bis dahin gemäßigte Zeitungen verurteilten die Botschaft als ungeheure Anmaßung und betonten die Entschlossenheit des Staats, vor dieser beispiellosen »Erpressung« durch den Bund keinen Schritt zurückzuweichen. Die Drohung des Präsidenten, notfalls das Militär gegen seine eigenen Landsleute einzusetzen, stieß bundesweit auf scharfe Kritik[36]. Vor allem solidarisierten sich nun jedoch auch die Presse und politische Vertreter der übrigen Weststaaten, die zuvor wenig Verständnis für die antijapanische Kampagne gezeigt hatten, mit den Kaliforniern[37]. Aus der Schulfrage entwickelte sich ein Grundsatzstreit um einzelstaatliche und bundesstaatliche Rechte — ein seit jeher heftig umkämpftes Terrain im amerikanischen politischen System. Auch die traditionelle Abneigung der Weststaaten gegen die politische »Bevormundung« durch eine überwiegend vom Ostküsten-Establishment geprägte Zentralregierung schlug hier zu Buche. Selbstredend beharrte man in San Francisco nun noch verbissener als zuvor auf der Schulverordnung. Die gewalttätigen Ausschreitungen gegen japanische Bürger nahmen erstmals auch außerhalb San Franciscos deutlich zu. Roosevelt sah sich gezwungen, die Aussagen seiner Botschaft stark abzuschwächen — und den Kaliforniern wiederholt zu versichern, daß er weiterhin eine effektive Beschränkung der japanischen Einwanderung anstrebe[38].

Die diplomatischen Verhandlungen mit Tokyo gestalteten sich infolgedessen weit schwieriger als erwartet. Roosevelt hatte die kalifornischen Gewerkschaften mit der Hoffnung auf eine vollständige Ausschließung japanischer Arbeiter geködert und wollte deshalb unbedingt ein formales Abkommen über ein gegenseitiges Einwanderungsverbot für Arbeiter durchsetzen. Vor allem die indirekte japanische Immigration über Hawaii oder Mexiko sollte explizit ausgeschlossen werden. Als einzige Kompensation bot der Präsident Japan an, Hawaii weiterhin für die Einwanderung offenzuhalten. Außerdem forderte Secretary of State Root vom japanischen Außenminister, daß die Initiative für ein

35 Roosevelt an J. St.Loe Strachey, 21.12.1906, The Letters of Theodore Roosevelt, Bd 5, S. 531 f.

36 Bailey, Theodore Roosevelt, S. 96 ff.

37 Eine Presseauswertung des Literary Digest vom Januar 1907 ergab, daß die überwiegende Mehrheit der führenden Zeitungen in den Weststaaten sowohl Japan als auch dem eigenen Präsidenten gegenüber zu einer offen feindseligen Haltung umgeschwenkt waren. Bailey, Theodore Roosevelt, S. 97 ff.; Neu, An Uncertain Friendship, S. 49.

38 Bailey, Theodore Roosevelt, S. 104 ff.

solches Abkommen offiziell von Tokyo ausgehen müsse, um den Befürwortern eines einseitigen exclusion law durch den amerikanischen Kongreß den Wind aus den Segeln zu nehmen[39].

Eine solche Regelung kam für die Diplomaten in Tokyo jedoch nicht in Frage — und schon gar nicht eine japanische Initiative dazu. Die Formulierung »gegenseitige Ausschließung« war eine zu eindeutige Farce: Eine Einwanderung amerikanischer Arbeiter nach Japan gab es nicht und würde es auch in absehbarer Zukunft nicht geben. Zudem waren die Amerikaner aus japanischer Sicht in der Schulfrage eindeutig im Unrecht. Den amerikanischen Forderungen so offensichtlich nachzugeben, konnte die Regierung Saionji innenpolitisch nicht riskieren. Für Japan war nur eine Einigung akzeptabel, bei der Regierung und Nation das Gesicht wahren konnten. Der amerikanische Diplomat Henry W. Denison, langjähriger und einflußreicher Berater Tokyos, erklärte Root im Januar, daß die USA Japan zusätzliche Kompensationen für die faktische Ausschließung japanischer Einwanderer zugestehen müßten. Denison schlug vor, Tokyo die Neutralisierung aller bereits in den USA lebenden Japaner anzubieten — eine Möglichkeit, die auch Aoki und Hayashi bereits angedeutet hatten[40].

Root lehnte jedoch eine Einbürgerungs-Diskussion seinerseits aus innenpolitischen Gründen kategorisch ab. Er fürchtete, daß damit Öl ins Feuer der antijapanischen Agitation in Kalifornien gegossen würde[41]. Trotz wiederholter Warnungen Denisons und Huntington-Wilsons drängte Root die japanische Regierung Anfang Februar 1907 zur Entscheidung. Washington wollte unbedingt eine Einigung erzielen, bevor der amerikanische Kongreß im März seine Sitzungsperiode beendete. Doch wie die beiden Ostasienexperten vorausgesagt hatten, lehnte das japanische Kabinett den amerikanischen Vorschlag ab. Als Bedingung für ein Beschränkungsabkommen nannte Tokyo nun sowohl die Rücknahme der Schulverordnung als auch die Angleichung der Einbürgerungsrechte für japanische Immigranten an die Rechte von Einwanderern anderer Nationalitäten. Hayashi wies überdies darauf hin, daß die japanischen Behörden die Papiere von Auswanderern nach Hawaii (den Abmachungen des Gentlemen's Agreement entsprechend) bereits ausdrücklich auf diesen Zielort beschränkten. Japan habe nichts dagegen, versicherte der Außenminister, wenn die Zurückweisung dieser Immigranten im Fall ihrer Weiterreise zum amerikanischen Festland von der US-Legislative gesetzlich geregelt würde[42]. Damit hatte er die Initiative geschickt an Washington zurückverwiesen, ohne sich selbst unflexibel zu zeigen. Wenn die US-Regierung nun auf ihrem allzu einseitigen Konzept beharrte, wäre sie für das Scheitern der Verhandlungen verantwortlich.

Wohl oder übel mußten Roosevelt und Root den von Hayashi angedeuteten Weg einschlagen. Erstens war die japanische Haltung kaum angreifbar. Zweitens kam dem Präsidenten Anfang Februar zu Ohren, daß die kalifornische

39 Root an den amerikanischen Botschafter in Tokyo, Luke E. Wright, 2.2.1907, NA/DS, RG 59, NF 1797/153.
40 Neu, An Uncertain Friendship, S. 56 f.
41 Bailey, Theodore Roosevelt, S. 162.
42 Neu, An Uncertain Friendship, S. 55 ff.

Legislative weitere diskriminierende Maßnahmen gegen japanische Einwanderer vorbereitete. Die Zeit drängte. Roosevelt schrieb am 4. Februar:

»I am convinced that the people of the Pacific Coast would without a moment's hesitation accept war rather than unrestricted Japanese immigration[43].«

Noch einmal setzte er die Vertreter der Stadt San Francisco unter Druck, indem er die unmittelbare Gefahr eines Kriegs mit Japan suggerierte. Zugleich verbürgte er sich für den effektiven Stop der Einwanderung japanischer Arbeiter, sobald die Schulverordnung aus der Welt geschaffen sei. Mitte Februar erhielt der Präsident endlich die verbindliche Zusage der Schulbehörde, daß die umstrittene Verordnung zurückgezogen werde[44]. Zu Recht spekulierte er darauf, daß Tokyo nun nicht weiter auf seiner zweiten Bedingung, der Neutralisierung, beharren würde.

Auf Drängen der Regierung Roosevelt verabschiedete der Kongreß kurz darauf ein Einwanderungsgesetz mit einer Zusatzklausel, die — obwohl keine Nationalitäten genannt wurden — eindeutig auf die japanische Einwanderung abzielte und der von Hayashi vorgeschlagenen Regelung entsprach. Der Präsident wurde ermächtigt, allen ausländischen Arbeitern die Einreise in die USA zu verweigern, die nur Immigrantenpässe für »any country other than the United States« oder »any insular possession« vorweisen konnten. Damit wurde der japanischen Einwanderung über Mexiko, Kanada und Hawaii ein Riegel vorgeschoben. Doch zugleich signalisierten die amerikanischen Gesetzgeber ihr Vertrauen in die Kooperationsbereitschaft Tokyos, indem sie zum einen die direkte Ausschließung japanischer Arbeiter vermieden und zum anderen die neuen Befugnisse in die Hand der Bundesexekutive — nicht der einzelstaatlichen Behörden — legten. Zuvor hatte Root von Hayashi eine schriftliche Zusage erbeten und erhalten, daß die japanischen Behörden auswanderungswilligen Arbeitern künftig nur noch ausdrücklich auf Hawaii oder Mexiko beschränkte Immigrantenpässe ausstellen würden[45].

Damit war der Weg zum Second Gentlemen's Agreement geebnet: Ende Februar verpflichtete sich die japanische Regierung in einer offiziellen Note, die Zahl der für das nordamerikanische Festland geltenden Auswandererpässe weiterhin stark zu begrenzen, und erklärte sich zu Verhandlungen über eine verbindliche Vertragsregelung bereit. Zufrieden schrieb Roosevelt, man habe nun die erste Hürde genommen und »the main lines of the solution« festgelegt. Zwar sei man »not quite out of the woods yet«, doch es lasse sich bereits eine merkliche Entspannung im amerikanisch-japanischen Verhältnis feststellen[46]. Mitte März zog die Schulbehörde von San Francisco die diskriminierende Verordnung vom Oktober 1906 endgültig zurück und beseitigte so auch den ursprünglichen Stein des Anstoßes.

Die Entspannungsphase war jedoch nur von kurzer Dauer. Aus Sicht der Kalifornier erwies sich die Wirksamkeit des Second Gentlemen's Argreement

---

43 Roosevelt an Andrew D. White, 4.2.1907, zit. nach Bailey, Theodore Roosevelt, S. 125.

44 Ebd., S. 142 f.

45 Den Text des Gesetzes telegraphierte Root am 20.2.1907 an Botschafter Wright (NA/DS, RG 59, NF 1797/168—179).

46 Roosevelt an Sir Edward Grey, 28.2.1907, The Letters of Theodore Roosevelt, Bd 5, S. 600 ff.

nicht schnell genug in einem merklichen Rückgang der Einwandererzahl. Im Mai und Juni bereitete man auf staatlicher und kommunaler Ebene wieder diskriminierende Maßnahmen gegen japanische Bürger vor; aus San Francisco wurden erneut antijapanische Ausschreitungen und ausufernde Pressekampagnen gemeldet. Jetzt konnte die Regierung in Tokyo nicht einmal die regierungsnahen japanischen Zeitungen von feindseligen Attacken gegen die USA abhalten.

Die Folge war eine mancherorts geradezu hysterische Kriegsfurcht, die sich sogar an der amerikanischen Ostküste ausbreitete. Erstmals griff auch die seriöse Presse das Thema »japanische Gefahr« auf und beschäftigte sich ernsthaft mit den Kriegsgerüchten. Eine modische Katastrophen-Literatur blühte auf, die in unzähligen Varianten, in »Dokumentations«- oder Romanform, den Verlauf eines amerikanisch-japanischen Krieges schilderte. Selbsternannte und tatsächliche Militärexperten malten das Schicksal der USA im Fall eines Kriegs mit Japan in düsteren Farben: Amerikas Marine und Armee seien für die Abwehr eines japanischen Angriff weder militärisch noch psychologisch gerüstet. Die Philippinen und Hawaii würde man ganz sicher verlieren, schlimmstenfalls könnten die erfahrenen und hervorragend ausgebildeten japanischen Truppen bei einem Angriff auf die amerikanische Pazifikküste das gesamte Territorium westlich der Rocky Mountains erobern. Der pensionierte Major General John P. Story schrieb:

> »Never has there been on this earth so rich a price, now so helpless to defend itself, as the Philippine and Hawaiian Islands, Alaska, and the States of the Pacific Coast[47].«

Gesteigert wurde die Kriegsfurcht in den USA durch die verbreitete Ansicht, Japan werde, wenn es wirklich die Konfrontation mit Amerika suche, noch vor der Fertigstellung des Panamakanals angreifen. Auch und gerade in amerikanischen Militärkreisen sei dieses Argument immer wieder zu hören, berichtete der deutsche Militärattaché Hebbinghaus nach Berlin: Der japanische Überraschungsschlag gegen den russischen Stützpunkt Port Arthur habe gezeigt, daß Japan einen strategisch günstigen Zeitpunkt hervorragend einzuschätzen wisse. Es werde also kaum abwarten, bis der Kanal die Mobilität der amerikanischen Flotte entscheidend verbessert haben werde[48].

Die amerikanischen Kriegsspekulationen wurden womöglich noch übertroffen von den Gerüchten und Prophezeiungen, die sich in Europa nahezu epidemisch ausbreiteten. Auch hier kamen die — meist farbig ausgeschmückten — Beschreibungen eines kommenden amerikanisch-japanischen Krieges in Mode; Broschüren mit Titeln wie »The War of 1908. For the Supremacy of the Pacific« und »Der japanisch-amerikanische Krieg des Jahres 1907« machten in London

---

47 Einleitung zu Homer Lea, The Valor of Ignorance, New York, London 1909. Diese Studie aus der Feder des Armeeoffiziers und Japan-Gegners Lea ist ein typisches Beispiel der amerikanischen War-scare-Publizistik.

48 Hebbinghaus an AA, Militärbericht Nr. 9, »Die amerikanischen Streitkräfte zu Lande im Falle eines Krieges mit Japan«, 21.2.1908, AA/PA, R 17432. Fertigstellung und Eröffnung des Panamakanals waren für das Jahr 1915 geplant.

und Berlin von sich reden[49]. Der amerikanische Botschafter in Berlin, Charlemagne Tower, berichtete im Juli 1907 von der Überzeugung hochrangiger Politiker und Militärs in Deutschland und England, daß die Chancen im Falle eines Seekriegs mindestens 5:4 zugunsten Japans stünden. Solche Rechenspiele zeugten nach Towers Ansicht von der Selbstverständlichkeit, mit der man auch in den politischen und militärischen Führungskreisen Europas einen amerikanisch-japanischen Krieg für unvermeidbar hielt[50].

In der amerikanischen Armee- und Marineführung, deren Mitglieder während des ersten Krisenhöhepunkts Ende 1906 mehrheitlich einen kühlen Kopf behalten hatten, schlug die Stimmung im Juni 1907 um. Nach einer sorgfältigen Analyse der »situation with regard to Japan« übermittelte der General Board dem Secretary of the Navy, Charles J. Bonaparte, am 17. Juni eine Resolution, in der die Admirale die schnellstmögliche Entsendung von mindestens 16 Linienschiffen in den Pazifik forderten[51]. Einen Tag später empfahl der Joint Board dem Präsidenten, die Schlachtflotte zu mobilisieren und sobald wie möglich in den Pazifik zu verlegen[52].

Angesichts der Vielzahl irritierender, oft widersprüchlicher Informationen und Warnungen, die in der zweiten Hälfte des Jahres 1907 auf die US-Regierung einstürmten[53], zeigten sich auch Roosevelt und Root zunehmend verunsichert. In ihrer Korrespondenz wird deutlich, daß beide Politiker weit weniger einen direkten Bruch mit der japanischen Regierung fürchteten als vielmehr die schwer zu kalkulierenden oder beeinflußbaren Auswirkungen der feindseligen Emotionen in der Öffentlichkeit beider Länder. Im Juni schrieb Root:

> »[...] so far as the two governments go this San Francisco affair is getting on alright as an ordinary diplomatic affair about which there is no reason to get excited. All the trouble is being made by the leprous vampires who are eager to involve their country in war in order to sell a few more newspapers«[54].

Washington müsse es unbedingt vermeiden, betonte er einige Wochen später, der japanischen Staatsführung offiziell Kriegsabsichten zu unterstellen[55].

Roosevelt bezeichnete primär die Tatsache als alarmierend, daß nun auch amerikafreundliche japanische Politiker wie Kaneko, die sich zuvor stets optimistisch geäußert hatten, warnende Töne anschlugen. Bezugnehmend auf einen entsprechenden Brief Kanekos und auf die scheinbare Überzeugung europäi-

---

49 In der »Nationalzeitung« (23.4.1908) und in der Zeitung »Die Post« (24.2.1907) wurden diese Broschüren besprochen; das Auswärtige Amt nahm Kopien der Artikel zu den Akten (PA/AA, R 17430 und R 17432).

50 Tower an Root, 10.7.1907, NA/DS, RG 59, NF 1797/348.

51 NA/DN, RG 80, General Board Proceedings, 17.6.1907.

52 NA/DN, RG 80, Joint Board Minutes, 18.6.1907.

53 Hierzu zählten auch die vielen Briefe und Berichte besorgter amerikanischer Bürger, Militärs und Diplomaten an den Präsidenten und Secretary of War William Howard Taft. Überall im Westen der USA wurden mutmaßliche japanische Spione »enttarnt«; aus Lateinamerika, vor allem aus Mexiko, kamen Meldungen, nach denen angeblich ganze japanische Armeen (als Einwanderer getarnt) verschifft wurden, um den Angriff der japanischen Flotte auf die amerikanische Pazifikküste durch eine Invasion von Mexiko aus zu unterstützen. Iriye, Pacific Estrangement, S. 156 ff.

54 Root an Roosevelt, 7.6.1907, The Papers of Theodore Roosevelt.

55 Root an Roosevelt, 21.7.1907, The Papers of Theodore Roosevelt.

scher Politiker und Militärs, daß die USA jederzeit mit einem japanischen Angriff rechnen müßten, schrieb der Präsident:

»I do not think [the Japanese] will attack us. I think these foreign observers are in error. But there is enough uncertainty to make it evident that we should be very much on our guard and should be ready for anything that comes[56].«

Als sich im Herbst 1907 die Anzeichen mehrten, daß der Kongreß doch noch ein Gesetz zur expliziten Ausschließung japanischer Immigranten verabschieden könnte, und das Vertrauen Tokyos in die US-Regierung spürbar abnahm, schickte Roosevelt seinen Secretary of War auf eine »good will tour« nach Japan. Als persönlicher Botschafter des Präsidenten sollte Taft die Stimmung vor Ort erkunden, bei führenden japanischen Politikern und in der Öffentlichkeit um Verständnis werben[57].

In einem ausführlichen Telegramm — so ausführlich, daß es die US-Regierung 1500 Dollar kostete — beschrieb Taft Mitte Oktober das zwiespältige Ergebnis seiner Reise. Die Haltung der japanischen Regierung lasse nichts zu wünschen übrig. Man habe ihm glaubhaft versichert, daß Tokyo nach wie vor an einem freundschaftlichen Verhältnis zu den USA sehr gelegen sei — auch aus großmachtpolitischen Erwägungen heraus. Zudem seien die japanischen Staatsfinanzen in einem so desolaten Zustand, daß die Regierung schon aus diesem Grund einen Krieg mit den USA vermeiden müsse[58]. Dennoch gelangte Taft nach sorgfältiger Analyse der innenpolitischen Lage zu einer pessimistischen Einschätzung. Die Regierung Saionji stehe wegen ihrer Finanzpolitik, aber auch wegen ihrer umstrittenen China- und Koreapolitik auf wackeligen Füßen. In dieser Situation könne die Immigrantenfrage leicht zum Sprengstoff werden:

»[...] the Japanese people [...] would resent bitterly a concession by their own Government supposed to imply an admission of inequality with other races. Enemies of present Government would be glad to destroy it on such an issue. Popular voice is now so strong in Japan that the Government could with difficulty resist pressure of war by the people should the immigration question be brought to a direct issue by act of Congress[59].«

Zur gleichen Zeit sorgte ein diplomatischer Alleingang des Botschafters Aoki in Washington für Irritation. Aoki schlug der Regierung Roosevelt vor, Absprachen beider Staaten über ihre Interessen im Fernen Osten an die Verhandlungen über die Immigrantenfrage anzukoppeln. Seinem Plan zufolge sollten Japan und die USA zuerst verbindliche Absprachen über die gegenseitige Anerkennung ihrer Besitzungen und Interessen in Ostasien sowie über die Erhaltung des territorialen status quo und der »offenen Tür« in China treffen. Danach würde es Tokyo leichter fallen, die im Second Gentlemen's Agreement vereinbarte Einschränkung der japanischen Einwanderung innenpolitisch zu rechtfertigen und rigoros durchzusetzen[60].

---

[56] Roosevelt an Root, 26.7.1907, The Letters of Theodore Roosevelt, Bd 5, S. 729 f.

[57] Neu, An Uncertain Friendship, S. 137 f.

[58] Bailey, Theodore Roosevelt, S. 257 f.

[59] Taft an Roosevelt und Root, 18.10.1907, The Papers of Theodore Roosevelt.

[60] Dieser Gedanke war nicht neu. Schon im Februar 1907 hatte Denison dem State Department vorschlagen lassen, Japan als Kompensation für die Ausschließung japanischer

Während Roosevelt und Root diesen Vorschlag, der sich einige Monate später als richtungsweisend erweisen sollte, positiv aufnahmen, reagierte Hayashi äußerst unwillig auf das von Tokyo nicht autorisierte Vorpreschen des Botschafters. Das japanische Kabinett lehnte infolge der angespannten innenpolitischen Lage zu diesem Zeitpunkt jedes formale Abkommen mit den USA ab; daher brachte Aokis Eigenmächtigkeit den Außenminister Washington gegenüber in eine peinliche Situation. Anfang Dezember zog Hayashi die Konsequenzen, Aoki wurde abberufen. Seine Nachfolge trat der ehemalige japanische Botschafter in Rom, Takahira Kogoro, an[61].

Root drängte derweil die amerikanische Botschaft in Tokyo, der Regierung Saionji den Ernst der Lage klarzumachen: Der Kongreß werde bald ein gesetzliches Einwanderungsverbot für japanische Arbeiter erlassen und damit breite Zustimmung finden. Die amerikanische Öffentlichkeit werde das Second Gentlemen's Agreement so lange als Fehlschlag betrachten, bis »the Government of Japan on its part adopts very stringent and effective measures«. Dringend müsse Tokyo beispielsweise die behördliche Ausgabe von Emigrantenpässen zentralisieren und detaillierter regeln[62]. Genau dies konnte die japanische Regierung jedoch angesichts der explosiven Stimmung im eigenen Land keinesfalls riskieren. Die diplomatischen Verhandlungen schienen endgültig festgefahren.

An diesem Punkt setzten Roosevelt und Root ihre Hoffnungen verstärkt auf verschiedene Strategien, die Japan von mehreren Seiten unter Druck setzen sollten: auf die Weltreise der amerikanischen Schlachtflotte — und auf die Instrumentalisierung weltpolitischer Abhängigkeiten und Gegensätze im Rahmen jener Mächtekonstellation, die im internationalen Staatensystem seit der Jahrhundertwende eine immer wichtigere Rolle spielte, die Konstellation der führenden Seemächte England, Deutschland, USA und Japan.

Schon im Juni 1907 hatte der Präsident beschlossen, die US-Flotte noch im selben Jahr auf Weltreise zu schicken — eine Reise, die sie zunächst an die amerikanische Westküste und dann weiter über Mexiko und Hawaii in den Fernen Osten führen sollte. Den unmittelbaren Anstoß gaben die bereits erwähnten Resolutionen des General Board und des Joint Board, die zur Vorbereitung auf einen möglichen Krieg mit Japan die Verlegung der Linienschiffe in den Pazifik empfohlen hatten[63]. Roosevelt wollte mit Hilfe der Flotte ein Exempel statuieren — nicht jedoch mit der »foolish offensiveness« der kalifornischen

Immigranten lange gewünschte wirtschaftliche Zugeständnisse in Korea anzubieten — z.B. ein Abkommen über Handelsmarken. Wright an Root, 20.2.1907, NA/DS, RG 59, NF 1797/168—179.

61 Neu, An Uncertain Friendship, S. 154 ff.

62 Root an Dodge, 9.11.1907, NA/DS, RG 59, NF 1797/401.

63 Den Plan, die Schlachtflotte auf einen größeren Übungsmarsch zu schicken, hatte Roosevelt allerdings schon seit längerem mit der Militärführung diskutiert. Man wollte Einsatzbereitschaft, Mobilität und Kampfkraft der Navy testen sowie wertvolle Daten für die künftige strategische und technische Planung gewinnen. Auch innenpolitisches Kalkül spielte eine Rolle: Die Reise sollte die Flottenbegeisterung der amerikanischen Öffentlichkeit fördern und den Kongreß unter Druck setzen, die finanziellen Mittel für den weiteren Ausbau der Navy zu bewilligen. Beale, Roosevelt, S. 328 f.; Neu, An Uncertain Friendship, S. 110 ff.

»Yellow Peril«-Agitatoren, sondern gemäß der »cardinal doctrine« Rooseveltscher Außenpolitik:

> »Treat a foreign power with friendliness and courtesy, never unnecessarily offend, and carry a big stick[64].«

Auch Roosevelt hielt gewisse Vorsichtsmaßnahmen für angebracht. Zwar war er relativ sicher, daß Japan (noch) keinen Krieg gegen die USA plante. Doch »if my expectations had proved mistaken«, schrieb er später, »it would have been an enormous gain to have had the three months preliminary preparations which enabled the fleet to start perfectly equipped«[65]. Indem er die Flotte auf Weltreise schickte, traf Roosevelt die nach Ansicht der Militärführung erforderlichen Sicherheitsvorkehrungen in der akuten Krisensituation. Zugleich war sichergestellt, daß die Navy zu einem genau festgelegten Zeitpunkt in den Atlantik zurückkehren würde — denn eine strategische Entblößung der amerikanischen Ostküste und der Karibik auf ungewisse Zeit wollte der Präsident keinesfalls riskieren.

Vor allen nahm Roosevelts Konzept jedoch den Mobilisierungsplänen des Joint Board die offensive Spitze gegen Japan. Statt eine rein militärstrategische, eindeutig der Kriegsvorbereitung dienende Maßnahme zu treffen, inszenierte der Präsident eine genau kalkulierte (macht)politische Demonstration — »an adroit combination of the olive branch and the sword«[66]. Er signalisierte den Japanern, daß die USA gerade jetzt keinen Angriff befürchteten und auch selbst keinen Krieg führen wollten, sondern den politischen Ausgleich suchten. Zugleich sollten die Grenzen der amerikanischen Kompromißbereitschaft demonstriert werden:

> »The United States will no more subject to bullying than it will bully[67].«

Wenn Japan eine politische Einigung blockierte und aggressive Absichten hegte, würden die USA vor dem Gebrauch des »big stick« nicht zurückschrecken.

Längst nicht alle seiner war scare-infizierten Landsleute verstanden oder befürworteten Roosevelts Plan als außenpolitische Strategie. Nicht wenige Politiker und Presseorgane warnten, daß die Entsendung der Navy in den Pazifik Japan unnötig provozieren und einen Krieg geradezu herausfordern würde[68]. Doch Roosevelt zeigte sich unbeeindruckt von aller Kritik. Der erwartete politische Gewinn überwog nach seiner Überzeugung das Risiko bei weitem. Und hätte Japan die Flottenreise tatsächlich zum Vorwand für einen Angriff genommen, schrieb er im Rückblick, »it would have been prove positive that we were going to be attacked anyhow«[69]. Die diplomatische Mission William Howard Tafts im Oktober 1907 diente sicherlich auch dem Zweck, möglichen Mißverständnissen auf japanischer Seite vorzubeugen.

Parallel dazu bemühten sich der Präsident und das State Department um die Unterstützung Englands. Die Voraussetzungen schienen günstig: Die Diploma-

---

64 So formuliert in einem Brief Roosevelts an George Kennan, 6.5.1905, The Letters of Theodore Roosevelt, Bd 4, S. 168 ff.
65 Theodore Roosevelt, An Autobiography, New York 1916, S. 654.
66 Challener, Admirals, S. 181.
67 Roosevelt an Henry White, 30.7.1907, The Papers of Theodore Roosevelt.
68 Beale, Roosevelt, S. 329 ff.; Challener, Admirals, S. 257.
69 Roosevelt, Autobiography, S. 654.

ten in London sahen sich mit ähnlichen Problemen konfrontiert wie die amerikanischen Außenpolitiker. Auch in den britischen Dominions, vor allem in Kanada und Australien, wuchs der Widerstand gegen japanische Immigranten, und mit den sogenannten Vancouver riots bahnten sich im September 1907 in Britisch-Kolumbien geradezu kalifornische Verhältnisse an[70]. Auch in Ottawa sah man sich gezwungen, mit Tokyo über eine Beschränkung der japanischen Einwanderung zu verhandeln.

Schon in den Wochen zuvor hatte sich Roosevelt in zahlreichen Briefen an seine Freunde in der britischen Diplomatie und sogar an den englischen König um eine anglo-amerikanische Kooperation in der Immigrantenfrage bemüht. Als Bündnispartner Japans war England nach seiner Ansicht weit eher als die USA in der Lage, in Tokyo den nötigen Druck auszuüben. Nach den Vancouver riots warb der Präsident mit doppeltem Eifer um die Unterstützung Londons. Wieder habe sich gezeigt, schrieb er am 8. September an St. Loe Strachey, »how like the problems are that our two countries have to meet«[71].

Weder die kanadische Regierung noch das Colonial Office und das Foreign Office in London vermochten jedoch in der Immigrantenfrage wirklich gemeinsame Interessen mit den USA zu erkennen — im Gegenteil. Die englische Diplomatie war überzeugt, daß man die Krise in Britisch-Kolumbien und die resultierenden Spannungen im anglo-japanischen Verhältnis zu einem wesentlichen Teil sogar den Amerikanern zu verdanken hatte. Zu Recht vermutete der britische Botschafter in Washington,

> »that the Vancouver riots were organized with the co-operation of Seattle labour leaders, and that the Canadian anti-Oriental movement was [...] inspired principally by the United States' organizations«[72].

Schon aus diesem Grund wollten sich Kanada und England in der Immigrantenfrage unbedingt von den USA abgrenzen und die Verhandlungen mit Japan separat führen.

Es waren jedoch vor allem weltpolitische Interessen, die die Haltung des Foreign Office bestimmten. Vor dem Hintergrund des massiven Flottenwettrüstens mit dem Deutschen Reich in Europa war England zum Schutz Indiens und der britischen Interessen im Fernen Osten dringend auf den japanischen Bündnispartner angewiesen. Keinesfalls wollte man daher den Eindruck erwecken, England mache gemeinsam mit Amerika Front gegen Japan. Im Foreign Office notierte Senior Clerk Walter Langley:

> »Mr. Roosevelt does not appear to quite realize the peculiar position of this country in view of the Japanese alliance[73].«

Davon abgesehen waren die britischen Außenpolitiker der Meinung, daß die USA in der kalifornischen Immigrantenfrage eine unverhältnismäßig aggressive Haltung einnahmen. Diese Ansicht haben Roosevelt und Root durch einen groß

---

70 Howard H. Sugimoto, The Vancouver Riots of 1907: A Canadian Episode. In: Hillary Conroy und T. Scott Miyakawa, East Across the Pacific: Historical and Sociological Studies of Japanese Immigration and Assimilation. Santa Barbara (Ca.), Oxford 1972, S. 92—126.

71 The Letters of Theodore Roosevelt, Bd 5, S. 787 f.

72 James Bryce an Sir Edward Grey, 14.9.1907, PRO, FO 371, vol. 274 Japan, No. 32090.

73 Anmerkung Langleys zu Bryce an Grey, 14.2.1908 (secret), PRO, FO 371, vol. 473 Japan, No. 7193.

angelegten Bluff noch untermauert. Im Januar 1908 reiste der kanadische Deputy Minister of Labour, William L. MacKenzie King, auf Bitten Roosevelts als Sonderbotschafter nach Washington und wenige Wochen später auch nach London. King sollte der kanadischen und vor allem der britischen Regierung den Ernst der Lage klarmachen. Auf diesem Weg hoffte der Präsident sein Ziel einer Zusammenarbeit mit England doch noch zu erreichen. Um den Kanadier und letztlich die britische Diplomatie gehörig zu beeindrucken, schöpften der Präsident und der Secretary of State erneut aus dem reichen Fundus der »Yellow Peril«-Rhetorik. King faßte die Gespräche mit Roosevelt und Root in einem ausführlichen Memorandum zusammen[74]. Entsetzt berichtete der britische Generalgouverneur in Kanada dem Colonial Office:

> »The President [...], according to Mr. King's report, made a sensational speech, pointing out that the time was approaching when it might be desirable to substitute the "big stick"' for politeness in dealing with Japan, and that the fleet had been sent round the Pacific for that purpose! [...] the President did not conceal from Mr. King that he thought it highly probable that the relations between Japan and the United States might drift into war[75].«

Solche drastischen Reden waren kaum geeignet, die britische Skepsis gegenüber der amerikanischen »Drohpolitik« zu zerstreuen. Insofern war die Mission des kanadischen Sonderbotschafters alles andere als »a great gain for Roosevelt«, wie Raymond A. Esthus behauptet[76]. »Mr. Roosevelt [...] is running rather wild«, klagte Langley, und der britische Assistant Undersecretary of State Francis A. Campbell betonte:

> »It is certain that there will be no war if Japan can help it. All that is necessary is for the U.S. not to bluster or threaten[77].«

Ende Februar bekräftigte das Foreign Office in Absprache mit dem Colonial Office seinen Beschluß, auf das inoffizielle Vermittlungsgesuch der Regierung Roosevelt nicht einzugehen[78].

Mehr Erfolg hatte der US-Präsident mit dem Versuch, das Deutsche Reich gegen Japan auszuspielen — konkret: durch das Phantom einer deutsch-amerikanisch-chinesischen Entente in Ostasien die japanische Kompromißbereitschaft zu fördern. Die deutsche Diplomatie selbst gab Roosevelt die Mittel dazu an die Hand. Schon seit 1905 bemühten sich das Auswärtige Amt und vor allem Kaiser Wilhelm II. um eine Verbesserung der deutsch-amerikanischen Beziehungen, um die weltweite Isolation des Reichs aufzubrechen und eine Entfremdung der beiden führenden Seemächte USA und England zu erreichen. Die amerikanisch-japanische Krise erschien den deutschen Außenpolitikern als goldene Gelegenheit, sich den Amerikanern als potentielle Verbündete anzu-

---

74 Memorandum, private and confidential, o.D. (Februar 1908), PRO, FO 371, vol. 471 Japan, No. 4810.

75 Earl Grey an das Colonial Office, 5.2.1908, very secret, ebd., No. 5844.

76 Raymond A. Esthus, Theodore Roosevelt and the International Rivalries, Waltham (Mass.) 1970, S. 123.

77 Anmerkungen zu Bryce an Grey, 5.2.1908, PRO, FO 371, vol. 473 Japan, No. 5206.

78 Vgl. Colonial Office an das Foreign Office, secret, 29.2.1908, PRO, FO 371, vol. 471 Japan, No. 7108.

dienen und über den Konflikt zwischen den USA und Japan auch angloamerikanische Gegensätze zu schüren[79].

Dieses Kalkül lag den Versuchen Berlins zugrunde, 1907/08 eine deutsch-amerikanisch-chinesische Entente mit deutlicher Spitze gegen England und Japan ins Leben zu rufen. Obwohl Roosevelt eine solche Entente (aus machtpolitischen Gründen und aus berechtigtem Mißtrauen gegen das Deutsche Reich) niemals ernsthaft erwogen hat, kamen ihm die deutschen Avancen viel zu gelegen, um direkt abzulehnen. Bis Ende 1908 nährte er geschickt die Hoffnungen der Reichsleitung, ohne sich festzulegen — wohl wissend, daß Wilhelm II. durch großspurige Reden den weltweit kursierenden Entente-Gerüchten ständig neue Nahrung geben würde[80].

In Tokyo erfüllten diese Gerüchte offenbar den von Roosevelt intendierten Zweck. Im September 1908 erwähnte der japanische Außenminister dem britischen Botschafter in Tokyo gegenüber, seine Regierung

> »were convinced that the [German] Emperor's desire was to isolate Japan in the Far East by causing estrangement between her and the U.S., England as a consequence, and China«[81].

Zusätzlich verunsichert wurde die japanische Regierung durch die offenen Bestrebungen einer Gruppe amerikanischer Diplomaten im State Department, gemeinsam mit hochrangigen chinesischen Politikern und amerikanischen Bankiers eine antijapanische Politik in der Mandschurei zu inszenieren[82]. Es war sicher kein Zufall, daß die Verhandlungen zwischen Root und Botschafter Takahira über ein amerikanisch-japanisches Abkommen genau zu dem Zeitpunkt erfolgreich abgeschlossen wurden, als der chinesische Politiker Tang Shao-yi seine Reise nach Washington antrat: Das Ziel seiner Mission, die US-Regierung für die Finanzierung einer mandschurischen Bank und damit auch für ein stärkeres politisches Engagement in der Mandschurei zu gewinnen, war in Japan wohlbekannt[83].

Entscheidend für den Erfolg des Krisenmanagements war aber auch eine pragmatische Neuorientierung der Regierung Roosevelt. Vor allem Root hatte spätestens Ende 1907 jede Hoffnung aufgegeben, daß Tokyo jemals einen internationalen Vertrag über die Ausschließung japanischer Immigranten akzeptieren würde. Zu stark haftete dem Konzept der Ausschließung der Geruch der Rassen-Diskriminierung an[84]. Der Plan Aokis vom Oktober 1907 hatte jedoch eine vielversprechende Alternative aufgezeigt. Ein formales Abkommen über die Interessen und Besitzungen beider Länder in Ostasien würde mittelfristig

---

79 Mehnert, Deutschland, Amerika und die »Gelbe Gefahr«, S. 119 ff.

80 Es sei hier nur auf die Daily Telegraph-Affäre und auf das weniger bekannte Hale-Interview vom Juli 1908 verwiesen, in dem der Kaiser eine unmittelbar bevorstehende deutsch-amerikanische Allianz gegen Japan und England ankündigte. Carol B. und Ralph R. Menning, Baseless Alligations: Wilhelm II. and the Hale Interview of 1908. In: Central European History 16 (1983), S. 368—397.

81 MacDonald an das Foreign Office, 12.9.1908, very secret, PRO, FO 371, vol. 477 Japan, No. 39542.

82 Hunt, Frontier Defense, S. 138 ff.

83 Charles Vevier, The United States and China 1906—1913: A Study of Finance and Diplomacy, New Brunswick (N.J.) 1955, S. 47 ff.

84 Philip C. Jessup, Elihu Root, 2 Bde, New York 1938, Bd 2, S. 27 ff.

leichter zu erreichen sein, es würde das Verhältnis beider Länder stabilisieren und der Regierung Saionji ein Argument an die Hand geben, den Amerikanern in der Immigrantenfrage entgegenzukommen. Sobald aber die japanischen Behörden die Vereinbarungen des »Second Gentlemen's Agreement« ohne Gesichtsverlust effektiv erfüllen könnten, wäre auch den amerikanischen Befürwortern eines einseitigen exclusion law die Argumentationsbasis entzogen. Anfang 1908 änderte die amerikanische Diplomatie ihren Kurs. Ein formales Abkommen über die Immigrantenfrage wurde nicht mehr angesprochen. Stattdessen konzentrierten sich die Verhandlungen mit Japan auf ostasiatische Fragen. Mit zwei Verträgen über Warenzeichen, Copyrights und Patente in China und Korea verbuchte man bereits im Mai die ersten Erfolge[85]. Und tatsächlich traf die Regierung Saionji in dieser Zeit eine Reihe wirksamer Maßnahmen zur Beschränkung der japanischen Auswanderung nach Amerika[86].

In diesem Kontext hatte auch das weltpolitische Taktieren Roosevelts eine doppelte Funktion. Indem der Präsident scheinbar ernsthaft den Gedanken einer Entente mit Deutschland und China erwog, übte er nicht nur diplomatischen Druck auf Japan aus. Er manifestierte auch die Verknüpfung der Immigrantenfrage mit den japanischen Interessen im Fernen Osten — in der richtigen Annahme, daß Tokyo die Absicherung seiner Expansion in Ostasien ungleich wichtiger nahm als die Einwanderung japanischer Arbeiter in die Vereinigten Staaten. Umgekehrt hatte eine effektive Beschränkung der japanischen Immigration für die große Mehrheit der Amerikaner Priorität vor den ohnehin geringfügigen amerikanischen Interessen im Fernen Osten oder gar einer offensiven Chinapolitik, die militärisch nicht zu decken war.

Der Besuch der amerikanischen Flotte in Japan beseitigte im Oktober 1908 die letzten Hindernisse für den Abschluß eines Abkommens. Die politische Wirkung der Weltreise übertraf selbst Roosevelts hochgesteckte Erwartungen. Als die US-Regierung am 12. März erstmals offiziell ankündigte, daß die Flotte von Magdalena Bay (Mexiko) aus weiter in den Fernen Osten reisen würde, übergab Botschafter Takahira in Washington sofort eine Einladung der japanischen Regierung, die Navy möge auch einige japanische Häfen besuchen. Dieser diplomatische Schritt war von langer Hand vorbereitet[87]. Die Regierung Roosevelt akzeptierte die Einladung postwendend.

Bis zur Ankunft der Flotte in Japan herrschte auf beiden Seiten des Pazifik gespannte Nervosität — jeder noch so geringfügige Zwischenfall konnte verheerende Folgen haben. Roosevelt und der kommandierende Admiral Evans trafen alle erdenklichen Vorsichtsmaßnahmen. So wurden zum Beispiel nur handverlesene Mannschaften zum Landgang freigestellt. Doch vom perfekt organisierten offiziellen Empfang bis zur euphorischen Begrüßung der amerikanischen Mannschaften durch die japanische Öffentlichkeit verlief der Besuch reibungslos. Daß Roosevelt sich vom Auftritt der Navy allerdings auch eine konkrete Abschreckungs-Wirkung erhoffte, zeigt die Tatsache, daß er gegen

85 Bailey, Theodore Roosevelt, S. 292.

86 Bereits im Juni wurden in den amerikanischen Weststaaten nur noch 446 japanische Neueinwanderer gezählt — weniger Japaner, als im selben Monat die USA verließen. Neu, An Uncertain Friendship, S. 255.

87 Bailey, Theodore Roosevelt, S. 275.

den Ratschlag vieler amerikanischer Marine-Offiziere die gesamte Flotte und nicht nur eine symbolische Abordnung weniger Schiffe in den Hafen von Yokohama einlaufen ließ[88].

Der Flottenbesuch ließ auch auf transnationaler Ebene das Eis endgültig schmelzen. Die Presse beider Länder lobte in überschwenglichem Ton die traditionelle amerikanisch-japanische Freundschaft; statt von einem drohenden Krieg war nun sogar gerüchteweise von einer amerikanisch-japanischen Allianz die Rede[89]. Damit wurde für die japanische Regierung ein Abkommen mit den USA auch innenpolitisch unbedenklich. Daß bereits im Juli 1908 in Tokyo erneut ein Regierungswechsel stattgefunden hatte, hat die Verhandlungen nur noch insoweit beeinflußt, als mit Außenminister Hayashi einer der einflußreichsten Gegner eines amerikanisch-japanischen Abkommens abgetreten war[90].

Parallel zum Besuch der US-Flotte in Japan verhandelte der amerikanische Journalist John C. O'Laughlin, ein langjähriger Freund Roosevelts, als dessen inoffizieller Botschafter mit der neuen Regierung Katsura in Tokyo. Hier entstand ein Vertragsentwurf, der den Plänen Aokis vom Herbst 1907 entsprach. Kaum hatte die amerikanische Flotte die japanischen Gewässer verlassen, legte Botschafter Takahira der Regierung Roosevelt diesen Entwurf vor. Nach weiteren drei Verhandlungswochen wurde am 30. November 1908 das sogenannte Root-Takahira-Agreement unterzeichnet. Es beinhaltete im wesentlichen die gegenseitige Anerkennung der amerikanischen und japanischen Besitzungen im Pazifikraum sowie die gemeinsame Verpflichtung, die »offene Tür« und die territoriale Integrität Chinas zu erhalten. Sollte sich der status quo in Fernen Osten ändern, waren bilaterale Konsultationen vorgesehen[91].

Anders als von japanischer Seite zunächst gewünscht, war das Abkommen ein Austausch von Deklarationen, der nur die amtierenden Regierungen beider Länder band. Auf dieser Form hatte die Regierung Roosevelt bestanden, weil ein internationaler Vertrag der Zustimmung durch den Senat bedurft hätte und an dieser Hürde womöglich gescheitert wäre. Da jedoch kurz zuvor mit William Howard Taft ein enger Vertrauter Roosevelts zum neuen Präsidenten gewählt worden war, der die Verständigungspolitik mit Japan aktiv mitgestaltet hatte, schien die Kontinuität der amerikanischen Fernostpolitik trotz des bevorstehenden Regierungswechsels in Washington gesichert[92].

Zudem wurde das Root-Takahira-Agreement in der amerikanischen Öffentlichkeit wie auch im Kongreß positiver aufgenommen als erwartet. Zwar monierten einige Weststaatensenatoren und -Presseorgane, daß ausgerechnet die Immigrantenfrage — der Konflikt, durch den es ursächlich zur Krise gekommen war — ausgeklammert blieb. Doch die meisten teilten die Auffassung der Regierung Roosevelt: Weil das Abkommen die amerikanisch-japanischen Beziehungen stabilisierte und ein kooperatives Vorgehen in ostasiatischen Fragen

88 Ebd., S. 275; Beale, Roosevelt, S. 230 f.
89 Neu, An Uncertain Friendship, S. 270 f.
90 Ebd..
91 Thomas A. Bailey, The Root-Takahira Agreement of 1908. In: Pacific Historical Review 9 (1940), S. 19—35; Neu, An Uncertain Friendship, S. 275 ff.
92 A. Whitney Griswold, The Far Eastern Policy of the United States, New York 1938, S. 131.

anvisierte, verbesserte es auch die Voraussetzungen für eine einvernehmliche Regelung der Immigrantenfrage[93]. Schon im Oktober hatte die japanische Regierung nochmals verbindlich zugesichert, daß sie die Auswanderung japanischer Arbeiter in die USA auch künftig strikt unterbinden würde[94]. »Indeed«, schrieb Roosevelt Ende 1908 selbstgefällig,

> »the agreement with Japan is an admirable thing all round. [...] it is a knockout for the mischief-makers on both sides of the Atlantic — and I may add on both sides of the Pacific. [...] My policy of constant friendliness and courtesy toward Japan, coupled with sending the fleet around the world, has borne good results![95]«

Selten haben sich wohl die Außenpolitiker zweier Länder in einer so paradoxen Situation befunden wie die Regierung Roosevelt und die Regierung Saionji in den Jahren 1906 bis 1908: eine internationale Krise meistern zu müssen, die gegen den Willen *beider* Seiten aufgebrochen war. Obwohl sich die amerikanische wie auch die japanische Staatsführung zu diesem Zeitpunkt auf stabile bilaterale Beziehungen angewiesen sahen und jeden außenpolitischen Konfrontationskurs zu vermeiden suchten, konnte der emotional aufgeladene Konflikt zwischen einem Bruchteil der amerikanischen Bevölkerung und einer gegen rassistisch begründete Diskriminierungen hochsensibilisierten Öffentlichkeit in Japan zur Krise eskalieren. Die Gründe für die Eskalation lagen auf beiden Seiten jenseits des außenpolitischen Kalküls. In Kalifornien kämpften die Gewerkschaften und andere Interessengruppen ohne Rücksicht auf den außenpolitischen Kurs der Regierung Roosevelt gegen die Einwanderung japanischer Arbeiter. In Japan schürte und instrumentalisierte die politische Opposition den gekränkten Nationalstolz breiter Gesellschaftsschichten gegen die Regierung.

Daß beide Regierungen aus ökonomischen und sicherheitspolitischen Gründen einen Krieg unbedingt vermeiden wollten, hat wesentlich zum Erfolg des Krisenmanagements beigetragen. Die Bereitschaft, Kompromisse zu schließen und im »trial-and-error«-Verfahren verschiedene Lösungsansätze für die Immigrantenfrage auszuloten, blieb im Verlauf der Verhandlungen deutlich sichtbar. Andererseits haben die jeweiligen innenpolitischen Zwänge die diplomatische Autonomie beider Seiten erheblich eingeschränkt. Gefragt waren daher nicht nur hohe Flexibilität und politische Phantasie, was den *Inhalt* der Verhandlungen betraf, sondern auch ungewöhnliche *Methoden* des Krisenmanagements. So versuchten Präsident Roosevelt und Secretary of State Root parallel zu den bilateralen Gesprächen, Abhängigkeiten und Gegensätze im internationalen System der Großmächte für die Entschärfung der amerikanisch-japanischen Krise fruchtbar zu machen.

Durch die starke transnationale Komponente des Konflikts war es entscheidend, daß die politische Kommunikation über die außenpolitischen Funktionsträger hinaus auch die amerikanischen exclusionists und die japanische Öffentlichkeit einbezog: Jede diplomatische Verständigung blieb sinnlos, solange sie nicht auf beiden Seiten innenpolitisch durchgesetzt werden konnte. In dieser Hinsicht hat sich vor allem Theodore Roosevelt als origineller und — summa

93 Esthus, Roosevelt and Japan, S. 282 f.
94 Neu, An Uncertain Friendship, S. 272 ff.
95 Roosevelt an Arthur Lee, 20.12.1908, The Letters of Theodore Roosevelt, Bd 6, S. 1432.

summarum — auch erfolgreicher Stratege und Taktiker hervorgetan. Nicht immer erzielte der amerikanische Präsident die gewünschte Wirkung — wenn er etwa mittels spektakulärer Rhetorik die »sturen« Kalifornier unter Druck zu setzen versuchte. Doch indem er in Japan konsequent um Vertrauen warb und sowohl offizielle als auch persönliche Kontakte nutzte, um den Japanern die verfassungsrechtlich schwierige Lage der US-Regierung zu erläutern, trug Roosevelt erheblich zur Entspannung bei. Als geradezu genialer Schachzug erwies sich sein Entschluß, die amerikanische Schlachtflotte in den Pazifik zu schicken — nicht (wie auf dem Höhepunkt der Krise von der amerikanischen Militärführung gefordert) als reine Mobilisierung zur Kriegsvorbereitung, sondern im Rahmen einer Weltreise mit großer politischer Signalwirkung. Daß Roosevelts politische Intention, eine Kombination aus Abschreckung und Vertrauensbildung, in Tokyo verstanden und konstruktiv weiterentwickelt wurde, zeigte die Einladung der US-Flotte nach Japan.

Auf der inhaltlichen Ebene sorgten vor allem erfahrene Diplomaten wie der Japaner Aoki und der Amerikaner Denison für den Erfolg des Krisenmanagements. Ihre Strategie, die Regelung der Immigrantenfrage mit Absprachen über die Interessen beider Länder im Fernen Osten zu verknüpfen, brachte den entscheidenden Durchbruch, als sich die diplomatischen Verhandlungen über ein formales Abkommen zur Beschränkung der japanischen Einwanderung endgültig festgefahren hatten.

Das Root-Takahira-Agreement vom November 1908 beendete die amerikanisch-japanische Krise, die der Schulstreit von San Francisco mehr als zwei Jahre zuvor ausgelöst hatte. Das latente Konfliktpotential beider Länder, die eigentliche Ursache der akuten Spannungen, hat es nicht beseitigt. Von einer wirklichen Kooperation zwischen den USA und Japan im Fernen Osten konnte trotz des Abkommens auch in der Folgezeit keine Rede sein. Die Immigrantenfrage blieb virulent und führte 1913 zu einer zweiten schweren Krise im amerikanisch-japanischen Verhältnis. Als Krisenmanagement hatte die Politik der Regierung Roosevelt Erfolg. In ihrem weitergehenden Anspruch, die konfliktträchtige Immigrantenfrage dauerhaft zu lösen, ist sie gescheitert.

30. Ein gerade noch berechenbares Risiko. Die bosnische Annexionskrise 1908/09

Mit ihrem Entschluß, die Provinzen Bosnien und Herzegowina zu annektieren, löste die österreichisch-ungarische Regierung am 6. Oktober 1908 eine heftige internationale Krise[1] aus. Sie beeinflußte nachhaltig die Entwicklung vor dem Ersten Weltkrieg.

Der Berliner Vertrag legte in seinem Artikel 25 den Status der betroffenen Gebiete fest. Sie blieben formal seit 1878 Bestandteile des Osmanischen Reichs, waren aber von Österreich besetzt und wurden von Wien verwaltet[2]. Sie waren damit faktisch dem österreichischen Machtbereich angegliedert. Die ethnisch stark gemischte Bevölkerung fand jedoch weder in der Donaumonarchie noch in der nominellen osmanischen Herrschaft eine integrationsfähige politische Orientierung. Vor allem die Serben, deren Anteil an der Gesamtbevölkerung 43,49 Prozent betrug (1910)[3], opponierten gegen die Herrschaftsansprüche beider Mächte. Seit 1903 intensivierte Belgrad eine Propaganda[4], die mit dem Projekt eines großserbischen Staats eine verlockende Alternative anbot[5].

Der österreichische Annexionsentschluß spiegelt sowohl langfristige programmatische Überlegungen wie aktuelle Entwicklungen des Jahres 1908 wieder. Bereits im Frühjahr 1907 hatte Außenminister Alois Lexa von Aehrenthal ein Konzept vorgelegt, das auf eine dauerhafte Lösung des serbischen Problems abzielte. Einerseits sollte die Annexion alle großserbischen Hoffnungen machtpolitisch zerschlagen. Andererseits sollte der südslawischen Bevölkerung innerhalb der Doppelmonarchie eine begrenzte Autonomie gewährt werden, um einer serbischen Alternative den Boden zu entziehen[6]. Es handelte sich also um eine Kombination außenpolitischer Absicherung und innenpolitischer Reformen mit dem vorrangigen Ziel, den Vielvölkerstaat zu konsolidieren.

---

1 Siehe neben der in der Folge angeführten Literatur auch Wade Dewood David, European Diplomacy in the Near Eastern Question 1906—1909, Urbana 1940 (= Illinois Studies in the Social Sciences, 25); A.J.P. Taylor, The Struggle for Mastery in Europe 1848—1918, Oxford 1954, S. 449 ff.; Momtchilo Nintchitch, La crise bosniaque (1900—1908) et les puissances européennes, 2 Bde, Paris 1937.

2 Alexander Novotny, Österreich-Ungarn auf dem Berliner Kongreß. In: Diplomatie und Außenpolitik Österreichs. 11 Beiträge zu ihrer Geschichte. Hrsg. von Erich Zöllner, Wien 1977, S. 113—123 hier S. 122.

3 Dimitrije Djordjevic, Die Serben. In: Die Habsburger Monarchie 1848—1918. Hrsg. von Peter Urbanitsch und Adam Wandruszka, Bd 3, 1, Wien 1980, S. 734—774, hier S. 764.

4 Heinz Alfred Gemeinhardt, Deutsche und österreichische Pressepolitik während der Bosnischen Krise 1908/09, Husum 1980 (= Historische Studien, 437), S. 83—89.

5 Hans Übersberger, Österreich zwischen Rußland und Serbien. Zur Südslawischen Frage und der Entstehung des Ersten Weltkrieges, Köln, Graz 1958, S. 9 f. und Peter M. Krämmer, Okkupation und Annexion Bosniens und der Herzegowina in historischer und völkerrechtlicher Sicht. Diss., Wien 1971, S. 101—109.

6 W. M. Carlgren, Iswolsky und Aehrenthal vor der Bosnischen Annexionskrise. Russische und österreichisch-ungarische Balkanpolitik 1906—1908. Diss., Uppsala 1955, S. 118—121; Francis Roy Bridge, From Sadowa to Sarajewo. The Foreign Policy of Austria-Hungary 1866—1914, London, Boston 1972, S. 289.

Der Auslöser, diesen Plan auch zu verwirklichen, war die jungtürkische Revolution[7]. Der Sturz des Sultans konfrontierte Österreich mit der Perspektive einer nach westeuropäischem Vorbild parlamentarisierten Türkei. Deren neue Führung würde den Anspruch auf Bosnien und Herzegowina viel nachdrücklicher erheben, um die durch innere Reformen gewonnene Akzeptanz in der Bevölkerung durch einen außenpolitischen Erfolg abzurunden. Neben dem Aspekt langfristiger Konsolidierung diente die Annexion im Oktober 1908 deshalb auch dem präventiven Ziel, einem »rollback« osmanischer Herrschaftsansprüche zuvorzukommen, und dagegen rechtzeitig vollendete Tatsachen zu schaffen.

Die Reaktionen der europäischen Mächte auf das österreichische Vorgehen reichte von verhaltener Kritik bis zu vehementen Protesten. Die Türkei, die zumindest in völkerrechtlichem Sinn der Hauptgeschädigte war, einigte sich mit Wien unter deutscher Vermittlung (Protokoll vom 26. Februar 1909)[8]. Den schärfsten Protest gegen die Annexion erhob die serbische Regierung. In einer Note verurteilte sie am 7. Oktober den Bruch des Berliner Vertrags und leitete daraus ihre Forderung nach territorialem Ausgleich ab[9]. Sie berief gleichzeitig 110 000 Reservisten ein und begann, Truppen ins Grenzgebiet zu verlegen[10]. Damit waren bereits die ersten Schritte einer militärischen Eskalation der Krise getan.

Die serbischen Ansprüche wurden von Rußland nachdrücklich unterstützt. Die Regierung in Petersburg verfolgte in der Annexionskrise Ziele, die nur vor dem Hintergrund der Ereignisse seit 1905 zu verstehen sind[11]. Die Niederlage gegen Japan und die folgenden revolutionären Unruhen waren einschneidende Erfahrungen, deren (versuchte) Bewältigung bis 1914 als entscheidende Disposition der russischen Außenpolitik wirksam blieb. Dies erklärt sich auch daraus, daß außen- und innenpolitische Motive hier eng miteinander verflochten waren: die Wiederherstellung des 1905 verletzten Großmachtstatus' wurde in weiten Teilen der russischen Führungsschicht als wesentliche Veraussetzung einer erfolgreichen Systemstabilisierung im Innern aufgefaßt[12]. Bis zum Herbst

---

7 Auf diesen Komplex wird nicht näher eingegangen, vgl. deshalb allg. Feroz Ahmad, The Young Turks. The Committee of Union and Progress in Turkish Politics 1908—1914, Oxford 1969 und Ernest E. Ramsaur Jr., The Young Turks. Prelude to the Revolution of 1908, Princeton N.J. 1957, zusammenfassend Gregor Schöllgen, Imperialismus und Gleichgewicht. Deutschland, England und die orientalische Frage 1871—1914, München 1984, S. 239—245.

8 Da der österreichisch-türkische Konflikt und die mit der Annexion zusammenfallende Unabhängigkeitserklärung Bulgariens für den Krisenverlauf keine entscheidende Bedeutung hatten, wird darauf nicht näher eingegangen. Zum Protokoll vom 26.2.1909: GP 26/2, Nr. 9200—9269, S. 417—488; Schöllgen, Imperialismus und Gleichgewicht, S. 265. Gleiches gilt für die Rolle Rumäniens, hierzu: Gheorghe Nicolae Cazan, Şerban Radulescu-Zoner, Rumänien und der Dreibund 1878—1914, Bukarest 1983, S. 178 ff.

9 Note vom 7.10.1908, Anlage zu Schoen an AA 8.10.1908: GP 26/1, Nr. 9091, S. 251 f. Die österreichisch-ungarische Regierung verweigerte die Annahme der Note.

10 Franz an Außenministerium 6., 7.10.1908: ÖUA 1, Nr. 147, S. 137, Nr. 166, S. 147.

11 Anatolii Venediktovich Ignat'ev: The foreign policy of Russia in the Far East at the turn of the nineteenth and twentieth centuries. In: Imperial Russian foreign policy. Ed. by Hugh Ragsdale, Cambridge 1994, S. 247—267.

12 Dietrich Geyer, Der russische Imperialismus. Studien über den Zusammenhang von innerer und auswärtiger Politik 1860—1914, Göttingen 1977, S. 206; David M. McDonald,

1908 schienen sich die Rahmenbedingungen der russischen Politik günstig zu entwickeln. Insbesondere das Persienabkommen mit England stellte 1907 einen bedeutenden Fortschritt dar, denn es entlastete beide Mächte von der jahrzehntelangen kolonialen Rivalität in dieser Region und reduzierte spürbar das beiderseitige Konfliktpotential[13]. Angesichts dieser Fortschritte entschloß sich Außenminister Iswolski 1908, ein ebenso traditionelles wie populäres[14] Ziel russischer Außenpolitik wiederaufzunehmen: die Öffnung der Meerengen. Hierin schien sich ein »idealer Ansatzpunkt«[15] zu bieten, um dem russischen Großmachtanspruch spektakulär und relativ gefahrlos Geltung zu verschaffen. Die österreichischen Annexionspläne, mit deren konkreter diplomatischer Vorbereitung Aehrenthal im September 1908 begann, forcierten die russische Meerengenpolitik. Als Aehrenthal während eines Treffens in Buchlau dem russischen Kollegen in groben Zügen von seinen Absichten unterrichtete, versuchte Iswolski für eine wohlwollende Haltung des Zarenreichs in dieser Frage österreichische Zugeständnisse bei den Meerengen auszuhandeln[16]. Hier schien noch völlige Einigkeit zu herrschen. Doch als Österreich-Ungarn die Annexion vollzog, reagierte die russische Öffentlichkeit mit lautstarkem Protest[17]. Die Stimmungslage zwang Iswolski, sein ursprünglich auf die Meerengenfrage fixiertes Konzept zu erweitern und sich den serbischen Kompensationsforderungen anzuschließen. Auf einer Rundreise nach Paris, London und Berlin forderte er, eine Konferenz der Großmächte einzuberufen, die zugleich die serbischen Ansprüche und die Frage der Meerengen verhandeln sollte. Scharf verurteilte der russische Politiker das österreichische Vorgehen.

Aus englischer Sicht ergaben sich aus der Annexion eine Vielzahl außenpolitischer Handlungsalternativen, die nur schwer zusammenzuführen waren. Außenminister Grey stellte sofort prinzipiell klar, daß eine Änderung der 1878 in Berlin geschaffenen Ordnung »ohne Zustimmung der Mächte« inakzeptabel sei[18]. Großbritannien schloß sich der russischen Forderung nach einer Konferenz an, um die Annexion wenigstens nachträglich zu legitimieren. Das Foreign Office war sehr daran interessiert, die verbesserten Beziehungen zu Rußland nicht zu gefährden: ein Scheitern Iswolskis in der Annexionsfrage hätte seinen

A lever without a fulcrum: domestic factors and Russian foreign policy, 1905—1914. In: Imperial Russian foreign policy. Ed. by Hugh Ragsdale, Cambridge 1994, S. 268—311, bes. S. 286—195.

13 Klaus Wormer, Großbritannien, Rußland und Deutschland. Studien zur britischen Weltreichspolitik am Vorabend des Ersten Weltkrieges, München 1980, S. 127 f.

14 Geyer, Der russische Imperialismus, S. 207.

15 Marlene Hiller, Krisenregion Nahost. Russische Orientpolitik im Zeitalter des Imperialismus, 1900—1914, Frankfurt a.M., New York, Bern 1985, S. 78.

16 Undatierte Aufzeichnung Aehrenthals: ÖUA 1, Nr. 79, S. 86—92; zu den Abmachungen von Buchlau vgl. Bernadotte E. Schmitt, The Annexation of Bosnia 1908—1909, Reprint New York 1970, [1]1937, Francis Roy Bridge, Izvolsky, Aehrenthal and the end of the Austro-Russian entente, 1906—1908. In: Mitteilungen des österreichischen Staatsarchivs 29 (1976) S. 315—362, hier S. 332—338 und Andrew Rossos, Russia and the Balkans. Inter-Balkan rivalries and Russian foreign policy 1908—1914, Toronto 1981, S. 5.

17 Caspar Ferenczi, Außenpolitik und Öffentlichkeit in Rußland 1906—1912, Husum 1982 (= Historische Studien, 440); Miquel an Bülow 10.10.1908: GP 26/1, Nr. 9004, S. 124 f.; Gemeinhardt, Deutsche und österreichische Pressepolitik, S. 284—287.

18 Aehrenthal an Mensdorf 7.10.1908: ÖUA 1, Nr. 175, S. 151.

Sturz bedeuten können[19]. Andererseits war es problematisch, sich bei der anvisierten Konferenz für alle Ziele des russischen Partners zu engagieren. Dies galt besonders für die Frage der Meerengen, denn die englische Öffentlichkeit[20] hatte den Regimewechsel in Konstantinopel mit großer Sympathie verfolgt. Grey lehnte es deshalb ab, die Öffnung des Seewegs in das Konferenzprogramm aufzunehmen. Er wollte der Türkei eine weitere Veränderung zu ihren Ungunsten ersparen[21]. Im selben Maß, in dem sich die englische Regierung der russischen Hauptforderung verweigerte, gewann Iswolskis zweites Anliegen — der Ausgleich für Serbien — ein stärkeres taktisches Gewicht für Grey, obwohl er für diese Ansprüche keinerlei Sympathien hatte[22].

Im Gegensatz zu Rußland und England erhob Frankreich gegen die Annexion keine grundsätzliche Einwände. Im Mittelpunkt der Pariser Außenpolitik und der Presseöffentlichkeit[23] stand der Marokkokonflikt, der vorübergehend neue Perspektiven für das österreichisch-französische Verhältnis aufzeigte. Ein Thronwechsel in Marokko und der sogenannte Casablancazwischenfall hatten im September 1908 die französisch-deutschen Spannungen neu aufflammen lassen[24]. Aehrenthal hatte gezielt jede Stellungnahme vermieden, die als Unterstützung der deutschen Marokkopolitik interpretiert werden konnte. Diese Zurückhaltung stärkte die französische Position gegenüber Deutschland und relativierte zugleich die Vorstellung, die Zweibundmächte seien entschlossen oder fähig, ihre Außenpolitik auf allen wichtigen Feldern wirkungsvoll zu koordinieren[25]. Aehrenthal wollte die Beziehungen zu Frankreich verbessern, um die Position Rußlands, des Pariser Verbündeten, zu schwächen[26]. So sollten sich die Annexionspläne leichter realisieren lassen. Auf beiden Seiten weckte der Marokkokonflikt 1908 die analoge Hoffnung, die jeweiligen Bündnisse ließen sich aufweichen. So begünstigte Paris in der Bosnienkrise eine kooperative Lösung, die Österreich nicht verprellte. Außenminister Pichon unterstützte den Konferenzvorschlag, erklärte aber, »Frankreich werde die Annexion nicht beanstanden«[27].

Das Entgegenkommen Frankreichs darf jedoch nicht darüber hinwegtäuschen, daß alle Großmächte in das neue Balkanproblem involviert waren, und

19 Grey an Nicolson 12.10.1908: BD 5, Nr. 364, S. 429 f.
20 Gemeinhardt, Deutsche und österreichische Pressepolitik, S. 250 f.
21 Marian Kent, Constantinople and Asiatic Turkey, 1905—1914. In: British Foreign Policy under Sir Edward Grey. Ed. by F.H. Hinsley, Cambridge u.a. 1977, S. 148—164, hier S. 149 f.
22 Francis Roy Bridge, Great Britain and Austria-Hungary 1906—1914. A diplomatic history, London 1972, S. 117.
23 Eber Malcolm Carroll, French Public Opinion and Foreign Affairs 1870—1914, Reprint London 1965, [1]1931, S. 262; Gemeinhardt, Deutsche und österreichische Pressepolitik, S. 276.
24 Deutsche Konsularbeamte hatten versucht, desertierte Fremdenlegionäre zu schützen: Werner Frauendienst, Das Deutsche Reich von 1890—1909. In: Handbuch der Deutschen Geschichte. Hrsg. Brandt, Meyer, Just, 4,1, Frankfurt a.M. 1973, Abschnitt I, S. 229; Ingrid Raabe, Beiträge zur Geschichte der diplomatischen Beziehungen zwischen Frankreich und Österreich-Ungarn 1908—1912. Diss., Wien 1971, S. 65—72.
25 Aehrenthals Haltung im Marokkokonflikt: Raabe, Beiträge, S. 125—133.
26 Ebd., S. 129, 133.
27 Khevenhüller an Außenministerium 7.10.08: ÖUA 1, Nr. 178, S. 153; Fallier an Kaiser Franz Joseph 15.10.08: DDF 2,11, Nr. 503, S. 852.

daß die Krise schon in diesem frühen Stadium weitreichende Eskalationsgefahren erkennen ließ. Deren größte war, daß der österreichisch-serbische Konflikt das verfestigte europäische Bündnissystem in einen allgemeinen Krieg führte. Nachdem sich Rußland mit Serbien solidarisiert hatte, konnte ein österreichischer Angriff auf Serbien das Zarenreich durchaus zu einer militärischen Reaktion veranlassen. Ein Angriff auf Österreich zog dessen Verbündeten Deutschland in den Krieg. Danach, so mußte man annehmen, wäre Frankreich nicht neutral geblieben[28], was auch die Engländer zu unmittelbar Beteiligten machte. Selbst wenn Briten und Franzosen wegen Bosnien keinen Krieg führen wollten, so konnten sie einem österreichisch-deutschen Krieg gegen Rußland über Serbiens Zukunft doch nicht tatenlos zusehen. In der prekären Situation, die dies Weltkriegsszenario beschreibt, hing der weitere Krisenverlauf entscheidend vom Schicksal des ins Spiel gebrachten kooperativen Lösungsansatzes (Konferenz) ab sowie davon, wie die Regierung in Berlin Stellung bezog.

Für die Haltung der Reichsleitung war ihre Perzeption der internationalen Entwicklung seit 1906 maßgeblich. Die deutsche Reaktion auf die Bosnienkrise wurde von zwei Erfahrungen geleitet. Erstens war Deutschland auf der Algeciraskonferenz im April 1906 erstmals mit einer Deutschland isolierenden Mächtekonstellation konfrontiert gewesen, die nurmehr Österreich-Ungarn als verläßliche außenpolitische Stütze erscheinen ließ[29]. Zweitens hatte sich mit der anglorussischen Persienabsprache eine zentrale Voraussetzung in Bülows außenpolitischem Kalkül als falsch erwiesen: der Gegensatz Großbritanniens und Rußlands war offenbar nicht unüberwindlich[30]. Die »Entente Cordiale«, die Algeciraskonferenz und das Persienabkommen formierten sich in der deutschen Wahrnehmung zu Etappen einer planmäßigen Einkreisung[31] des Reichs. Diese suggestive Deutung des Geschehens wertete Österreich-Ungarn stark auf und sie war entscheidend für Bülows Handeln im Oktober 1908. Obwohl die Annexion die deutsche Türkeipolitik konterkarierte[32], setzte der Reichskanzler einen umfassenden Beistand für Wien durch. Er argumentierte, das Bündnis werde »einen unheilbaren Riß erhalten, wenn wir in dieser Frage uns als unzuverlässige Freunde erwiesen [...][33]« Verhalte sich Deutschland illoyal, werde

> »Engländern, Franzosen und Russen die Möglichkeit geboten, den Österreichern zu sagen, das sei unser Dank für ihre dreißigjährige Treue [...] Dieser Gesichtspunkt, der durch die gegenwärtige europäische Gesamtlage erheblich an Bedeutung gewinnt, mußte für uns im Vordergrund stehen[34].«

Hier artikulierte sich nicht nur Isolationsangst, sondern auch die Furcht, ein vom Zweibund enttäuschtes Österreich könne sich künftig stärker an die Enten-

---

28 Bülow an Wilhelm II. 29.12.08: GP 24, Nr. 8473, S. 464 f.

29 Bülow an Wilhelm II. 31.5.06: GP 21,2, Nr. 7154 S. 360—362.

30 Barbara Vogel, Deutsche Rußlandpolitik. Das Scheitern der deutschen Weltpolitik unter Bülow 1900—1906, Düsseldorf 1973, S. 118—123.

31 Winfried Baumgart, Deutschland im Zeitalter des Imperialismus 1890—1914. Grundkräfte, Thesen und Strukturen, Stuttgart u.a. [5]1986, S. 105; Gemeinhardt, Deutsche und österreichische Pressepolitik, S. 175.

32 Bülow an Jenisch 7.10.08, Schlußbemerkung Wilhelms, GP 26/1, Nr. 8992, S. 110—112; Schöllgen, Imperialismus und Gleichgewicht, S. 253.

33 Bülow an AA 5.10.08: GP 26/1, Nr. 8984, S. 102—104.

34 Bülow an AA 9.10.08: GP 26/1, Nr. 9000, S. 119 f.

temächte anlehnen. Bülow schätzte demnach den außenpolitischen Handlungsspielraum Wiens größer ein als den eigenen, und er rechnete ernsthaft mit der Gefahr einer dauerhaften Schwächung des Zweibunds.

Bereits in den ersten Tagen nach der Annexion bezog die Reichsleitung in allen wichtigen Fragen eindeutige Positionen. Den Außenministern Serbiens und Rußlands wurde erklärt, daß Deutschland Kompensationen kategorisch ablehne[35]. Eine Konferenz wies man zwar nicht prinzipiell zurück, betonte aber, daß deren Aufgabe nur in der Bestätigung der Annexion, nicht in Verhandlungen über sie bestehe. Das deckte sich mit den Plänen der österreichischen Regierung[36]. Die deutsche Stellungnahme verschärfte die Krise. Sie bestärkte nicht nur die kompromißlose Linie Wiens gegenüber Serbien, sondern entwertete auch die Konferenz als Instrument eines echten Spannungsabbaus. Angesichts so ungünstiger Voraussetzungen waren weder England noch Frankreich weiter an der Konferenzidee interessiert. Sie wurde zwar nicht explizit verworfen, spielte aber seit November keine große Rolle mehr.

Parallel zum Scheitern dieses Ansatzes eskalierte der östereichisch-serbische Konflikt gefährlich. Auf Seiten Wiens wurden zwei Kriegsvarianten diskutiert. Aehrenthal hatte seit 1907 weiter dafür plädiert, Serbien im Kriegsfall mit Bulgarien zu teilen, also die serbische Staatlichkeit zu beenden[37]. Bülow kannte diesen Plan. In einem Brief an Aehrenthal erklärte er sich ausdrücklich mit seiner Realisierung einverstanden[38]. Dies geschah, bevor der österreichische Außenminister seine Vorstellungen im Dezember 1908 änderte. Er verzichtete auf eine Besetzung Serbiens als Kriegsziel. Ein Krieg sollte, wenn überhaupt, bloß als Strafexpedition geführt werden, wenn sich Serbien weigerte, die Annexion anzuerkennen[39]. Schärfster Gegner nicht nur dieses reduzierten Plans, sondern einer friedlichen Lösung insgesamt war Generalstabschef Franz Conrad von Hoetzendorf. Er forderte vehement, Serbien zu zerschlagen[40].

Die wichtigsten Anstöße zu einer militärischen Eskalation gingen in allen Etappen der Bosnienkrise von Österreich-Ungarn aus. Sie sind hauptsächlich auf Conrads Einfluß zurückzuführen. Zwischen Aehrenthal und Kriegsminister Schönaich, die hierbei vor allem aus finanziellen Gründen eine friedliche Beilegung favorisierten, und Conrads aggressiver Position stand der Kaiser. Als Erstes gelang es dem Stabschef, daß Franz Joseph am 29. November der Verlegung von fünfzehn Bataillonen nach Bosnien und Herzegowina zustimmte[41].

Auf diplomatischer Ebene kennzeichnete völlige Stagnation die Phase von Dezember 1908 bis Februar 1909. Serbien weigerte sich beharrlich, die Annexion zu akzeptieren und bereitete sich weiter auf eine militärische Konfrontation vor. Rußland unterstützte die militante Haltung zwar nicht, vermied aber auch je-

---

35 Aufzeichnung Schoens 20., Aufzeichnung Bülows 24.10.1908: GP 26/1, Nr. 9100, S. 258 f., Nr. 9065, S. 208 f.

36 Aehrenthal an Szögyény 10.10.1908: ÖUA 1, Nr. 222, S. 180 f.

37 Franz Graf Conrad von Hoetzendorf, Aus meiner Dienstzeit 1906—1918, Bd 1, Wien u.a. 1921, S. 528; Denkschrift Aehrenthals 9.8. 1908: ÖUA 1, Nr. 32, S. 25—34.

38 Bülow an Aehrenthal 30.10.1908: GP 26/1, Nr. 9079, S. 224—227.

39 Bridge, From Sadowa, S. 317.

40 Conrad von Hoetzendorf, Aus meiner Dienstzeit, Bd 1, S. 138 f.

41 Ebd., S. 117.

den direkten Druck auf Belgrad[42]. Vor diesem Hintergrund verschoben sich im Februar die Gewichte eindeutig zugunsten eines militärischen Austrags des Konflikts. Am 14. Februar folgte der österreichische Kaiser dem Drängen Conrads, so daß dieser die Verlegung von vierzehn weiteren Bataillonen vorbereiten konnte[43]. Sechs Tage später konkretisierte Aehrenthal gegenüber der deutschen Führung erstmals den zeitlichen Rahmen eines Kriegs gegen Serbien. Er teilte Bülow mit, Österreich werde der serbischen Regierung bis Mitte März ein Ultimatum vorlegen, falls diese bis dahin nicht die Annexion anerkenne[44].

Das Auswärtige Amt versuchte jetzt, England für eine Intervention in Belgrad zu gewinnen. Grey erklärte jedoch, er müsse eine solche Demarche mit Rücksicht auf Rußland ablehnen, solange Österreich keine Bereitschaft signalisierte, Serbiens Ausgleichsforderung entgegenzukommen[45]. Mit der britischen Weigerung, sich über das russische Interesse an einer Kompensationslösung hinwegzusetzen, begann die Schlußphase der Bosnienkrise. Sie ist von einer rasanten Zuspitzung der Lage gezeichnet.

Aehrenthal drohte, Dokumente zu veröffentlichen, die angeblich das Einverständnis Iswolskis mit der Annexion belegten[46]. So wollte er Petersburg zwingen, in Serbien Druck auszuüben[47]. Doch die russische Regierung bat Bülow, er möge die Österreicher bewegen, auf eine Publikation zu verzichten. Damit hatte der deutsche Kanzler eine Handhabe, Aehrenthals Anliegen an der Newa zu unterstützen. Bülow erklärte dem russischen Botschafter am 14. März, er sei nur dann bereit, eine vermittelnde Rolle zu übernehmen, »falls Rußland Serbien tatsächlich und ernstlich zur Ruhe bringen wolle«, andernfalls werde Deutschland »den Dingen ihren Lauf lassen«. Als modus procedendi für eine Anerkennung der Annexion schlug Bülow vor, daß die Mächte ihr Einverständnis in Form eines Notenaustauschs erklärten[48].

In der Zeit zwischen dieser Erklärung und dem Eintreffen der russischen Antwort am 20. März zeichnete sich eine erhöhte Kriegsgefahr zwischen Österreich und Serbien deutlich ab. Berlin reagierte darauf, indem es noch einmal seine volle Solidarität bekräftigte. Der deutsche Botschafter, Tschirschky, konnte in Wien erklären:

> »Der Entscheidung seiner Majestät [...] und seiner Regierung über den Zeitpunkt, in dem Österreich-Ungarns Geduld gegen Serbien ein Ende haben müsse, sehen wir mit vollem Vertrauen entgegen[49].«

Tschirschkys Äußerung stärkte den zum Krieg drängenden Generalstabschef. Conrad war es aber schon vor dem deutschen Vertrauensbeweis und gegen den Widerstand Schönaichs und Aehrenthals gelungen, die seit längerem geforderte Verstärkung der Truppen in den annektierten Provinzen beim Kaiser durchzusetzen. Franz Joseph gab jedoch zu bedenken, daß eine von Österreich ausge-

[42] Dwight D. E. Lee, Europes Crucial Years. The diplomatic background of World War I, 1902—1914, Hanover, New Hampshire 1974, S. 195, 201.
[43] Conrad von Hoetzendorf, Aus meiner Dienstzeit, Bd 1, S. 145.
[44] Aehrenthal an Bülow 20.2.1909: ÖUA 1, Nr. 1022, S. 852—857.
[45] Grey an Goschen 24.2.1909: BD 5, Nr. 599, S. 618 f.
[46] Gemeinhardt, Deutsche und österreichische Pressepolitik, S. 310 ff.
[47] Pourtales an AA 12.3.1909: GP 26/2, Nr. 9436, S. 667—669.
[48] Bülow an Pourtales 14.3.1909: GP 26/2, Nr. 9437, S. 669 f.
[49] Bülow an Tschirschky 18.3.1909: GP 26/2, Nr. 9454, S. 687.

hende Eskalation der Krise das Verhältnis zum Zweibundpartner belasten konnte[50]. Die Vorbehalte des Monarchen und die retardierende Politik Aehrenthals und Schönaichs zeigen, daß die österreichisch-ungarische Führung auch in diesem vorgerückten Stadium keineswegs von einem einheitlichen Willen beherrscht war, wegen der Annexion einen Krieg gegen Serbien herbeizuführen. Um so größeres Gewicht hatte in dieser offenen Situation die deutsche Stellungnahme. Sie entkräftete alle Zweifel, die Franz Joseph über die deutsche Loyalität hegte.

Die russische Antwort auf Bülows Vorschläge vom 14. März war aus deutscher Sicht unbefriedigend. Iswolski stimmte zwar einem Notenaustausch zu, bestand aber darauf, daß die endgültige und verbindliche Anerkennung der österreichischen Annexion nur im Rahmen einer europäischen Konferenz erfolgen könne[51]. Der Reichskanzler hatte den Notenaustausch alternativ zur Konferenz und nicht als deren Ausgangspunkt gemeint. Alfred von Kiderlen-Wächter, der den erkrankten Schoen als Staatsekretär im Auswärtigen Amt vertrat, ließ die deutschen Forderungen deshalb in drastisch verschärfter Form in Petersburg wiederholen. Die als diplomatisches Ultimatum[52] berühmte Instruktion für den deutschen Vertreter in Rußland, Pourtales, verlangte am 23. März 1909 das »formelle Einverständnis« Iswolskis mit der Annexion Bosniens und Herzegowinas. Der Botschafter sollte erklären,

> »daß wir eine präzise Antwort — ja oder nein — erwarten; jede ausweichende, verklausulierte oder unklare Antwort würden wir als *Ablehnung* betrachten müssen. Wir würden uns dann zurückziehen und den Dingen ihren Lauf lassen«[53].

Die Drohung, den Dingen ihren Lauf zu lassen, bezog sich auf die Veröffentlichung belastenden Aktenmaterials und besonders auf die immer wahrscheinlichere Möglichkeit eines Krieges. Indem die russische Regierung vor die Wahl gestellt wurde, entweder die Annexion anzuerkennen oder einen mit voller deutscher Rückendeckung erfolgenden Angriff Österreich-Ungarns auf Serbien zu riskieren, hatte die Krise ihren Höhe- und zugleich Wendepunkt erreicht. Am 24. März teilte Iswolski dem deutschen Botschafter mit, er akzeptiere die Annexion ohne weitere Bedingungen[54].

Das russische Nachgeben beendete die Bosnienkrise. Ihren Verlauf hatten eine Vielzahl von eskalierenden und von konflikthemmenden Faktoren bestimmt.

Als bedeutende strukturelle Ursache der Krise muß die innenpolitische Schwäche Österreich-Ungarns, die in der Führung immer deutlicher erkannt wurde, hervorgehoben werden. Die Annexion mit all ihren Konsequenzen sollte eine Befriedung der Nationalitätenfrage vorbereiten und liefert insofern ein gutes Beispiel dafür, wie sich innenpolitisches Krisenbewußtsein in eine risikobereite Außenpolitik umsetzt.

---

50 Conrad von Hoetzendorf, Aus meiner Dienstzeit, Bd 1, S. 149—156.
51 Pourtales an AA 20.3.1909: GP 26/2, Nr. 9458, S. 691 f.
52 Nicolson an Grey 24.3.1909: BD 5, Nr. 753, S. 727—729.
53 Bülow an Pourtales 21.3.1909: GP 26/2, Nr. 9460, S. 693—695, Hervorhebung in der Vorlage.
54 Bülow an Tschirschky 24.3.1909: GP 26/2, Nr. 9468, S. 702 f.

Entscheidend erhöht wurde die Kriegsgefahr im Oktober 1908 durch die Isolationsfurcht der deutschen Reichsführung. Sie zweifelte an der Bündnistreue Österreich-Ungarns. Hier lagen die Motive für die konsequent durchgehaltene und im März 1909 sogar noch intensivierte Unterstützung der unnachgiebigen österreichischen Politik. Die Deutschen unternahmen zu keinem Zeitpunkt den Versuch, die Krise durch eine mäßigende Einflußnahme auf Wien zu entschärfen. Dies muß wohl als wichtigster Eskalationsfaktor im Krisengeschehen angesehen werden. Die deutsche Politik muß aber im Zusammenhang mit einem gleichfalls wichtigen Faktor gesehen werden: der Situation Rußlands. Als Bülow und das Auswärtige Amt ihre Politik festlegten, waren sie überzeugt, daß Rußland weder in der Lage noch gewillt war, gegen Deutschland und Österreich-Ungarn Krieg zu führen[55].

Dieses Kalkül stimmte nicht allein mit den objektiven militärischen Gegebenheiten überein, sondern es deckte sich auch mit der Lagebeurteilung der russischen Führung. Der verlorene Krieg gegen Japan hatte das internationale Prestige der russischen Streitkräfte nachhaltig erschüttert. Selbst der englische Militärattaché am Zarenhof, Wyndham, der die Schlagkraft der russischen Armee höher einschätzte als seine deutschen und österreichischen Kollegen, betonte, daß die geplante Modernisierung der russischen Artillerie bisher an Geldmangel gescheitert sei[56]. Auch der britische Botschafter, Nicolson, beurteilte die militärische Leistungsfähigkeit Rußlands in seinem Jahresbericht vom Februar 1909 pessimistisch: eine wirkungsvolle Reorganisation der Streitkräfte sei in absehbarer Zeit trotz vielfältiger Bemühungen nicht zu erwarten[57]. Die in den englischen Quellen dokumentierte Einschätzung wird durch das noch prononciertere Urteil der Russen selbst bestätigt. Kriegsminister Rödiger erklärte im März 1909 gegenüber dem Zaren, die Armee sei »völlig gefechtsunfähig«[58]. Die Verluste aus dem Krieg von 1905 seien nicht ausgeglichen worden, und weite Teile der Streitkräfte aus den Grenzgebieten abgezogen, um gegen innere Unruhen eingesetzt zu werden. Rödigers vernichtendes Urteil blieb nicht geheim. Am 8. März 1909 wurde in einer Sitzung der Duma von Regierungsvertretern und Parteien übereinstimmend festgestellt, daß Rußland »nicht kriegsbereit« war. Dies meldete der deutsche Militärbevollmächtigte, Hintze, fünf Tage später Kaiser Wilhelm[59].

Gerade in der Schlußphase der Krise, kurz bevor die ultimativ zugespitzte Instruktion Kiderlens abging, bestätigte also Hintzes Bericht die optimistische Lagebeurteilung der Reichsleitung. Die These von der deutschen Kriegsbereitschaft, der Politik des kalkulierten Risikos[60], muß also angesichts der fehlenden

55 Pourtales an Bülow 13.11.1908: GP 26/1, Nr. 9112, S. 268—270, Bülow an Tschirschky 20.11.1908: GP 26/2, Nr. 9292, S. 513 f.

56 Wyndham an Nicolson 19.11.1908: BDFA I,A,5, S. 179.

57 Nicolson an Grey 8.2.1909: ebd., S. 241.

58 W.A. Suchomlinov, Erinnerungen, Berlin 1924, S. 221 (Zitat); John Gooch, Armies in Europe, London 1980, S. 139 f.; William C. Fuller Jr., Civil-Military Conflict in Imperial Russia 1881—1914, Princeton 1985, S. 192 ff., 219 ff.

59 Hintze an Wilhelm II. 13.3.1909: GP 26/2, Nr. 9428, S. 655—657.

60 Peter Winzen, Der Krieg in Bülows Kalkül. Katastrophe der Diplomatie oder Chance zur Machtexpansion? In: Bereit zum Krieg. Kriegsmentalität im wilhelminischen Deutschland

Kriegserwartung deutlich relativiert werden. Zweifellos waren die Deutschen bereit, einen österreichischen Krieg gegen Serbien zu dulden, ja sogar zu befürworten, aber dies verband sich für die Reichsleitung 1908/09 eben nicht mit der Perspektive einer Großmächtekonfrontation. Die Bedingungen für einen Krieg waren 1909 günstig. Rußland war militärisch schwach, und die Notwendigkeit eines Waffengang in Deutschland weitgehend akzeptiert[61]. Schon die Tatsache, daß es trotzdem nicht zum Krieg kam, spricht gegen die Annahme, Berlin sei in der Bosnienkrise daran interessiert gewesen einen großen Krieg herbeizuführen, und habe den Bündnispartner deshalb so massiv unterstützt. Letzteres sollte doch wohl die Österreicher, an deren Loyalität man ja zweifelte, stärker einbinden[62]. Zugleich nutzte die deutsche Führung den peripheren Konflikt, bei dem die Interessen der Tripelmächte offenbar nicht identisch, Türken und Russen außerdem durch Revolutionen und Krieg geschwächt waren, dazu, die Einkreisung aufzusprengen. Österreich sollte für eigene Interessen kämpfend, und von Deutschland angetrieben, den Kampf gegen die »Ringmächte« (Holstein) aufnehmen. Solch ein Kalkül nimmt den Krieg in Kauf, treibt aber — anders als im Juli 1914 — nicht aktiv darauf hin. Die Hoffnung, die Bosnienkrise könne die Tripelallianz schwächen, erfüllte sich nicht; vielleicht war dies ein Grund, in der ja ganz ähnlichen Julikrise anders zu verfahren. Der Zusammenhalt des Zweibund wurde jedoch durch die Erfahrung der Krise 1908/09 gestärkt.

Auch die Absprachen, die während der Krise auf militärischer Ebene getroffen wurden, dienten diesem Zweck, und können nicht als Ausdruck eines besonderen Kriegswillens interpretiert werden. Moltke machte Conrad am 21. Januar 1909 die schriftliche Zusage, Deutschland werde den Bündnisfall auch dann als gegeben betrachten, wenn Österreich-Ungarn einen Krieg gegen Rußland durch einen Angriff auf Serbien provoziere[63]. Da die deutsche Regierung einen russischen Angriff ausschloß, hatte dieses Versprechen in der konkreten Situation von 1909 nur eine sehr begrenzte Relevanz. Es diente nicht der Kriseneskalation, um einen Krieg gegen Rußland herbeizuführen. Folgenschwer war Moltkes Zusicherung für die Folgezeit. Denn sie erweiterte, wenn auch nicht vertraglich bindend, die deutschen Bündnispflichten. Sie bildete fortan eine zentrale Voraussetzung aller Planungen des österreichischen Generalstabs und trug dazu bei, daß die Hemmschwelle sank, einen Krieg gegen Serbien zu beginnen[64].

1890—1914. Beiträge zur historischen Friedensforschung. Hrsg. von Jost Dülffer und Karl Holl, Göttingen 1986, S. 161—193, hier S. 183—187.

61 Ebd., S. 185 f.; Stig Förster, Der doppelte Militarismus. Die deutsche Heeresrüstungspolitik zwischen Status-quo-Sicherung und Aggression, Stuttgart 1985, S. 171 ff., 181 ff.

62 Förster, Der doppelte Militarismus, S. 187.

63 Conrad von Hoetzendorf, Aus meiner Dienstzeit, Bd 1, S. 380.

64 Zu den militärischen Absprachen: Stephan Verosta, Theorie und Realität von Bündnissen. Heinrich Lammasch, Karl Renner und der Zweibund (1897—1914), Wien 1971; Gerhard Ritter, Staatskunst und Kriegshandwerk. Das Problem des »Militarismus« in Deutschland, Bd 2, München ²1965; Hans Jürgen Pantenius, Der Angriffsgedanke gegen Italien bei Conrad von Hoetzendorf. Ein Beitrag zur Koalitionskriegsführung im Ersten Weltkrieg, 2 Bde, Diss., Köln, Wien 1984; Norman Stone, Die Mobilmachung der österreichisch-ungarischen Armee 1914. In: Militärgeschichtliche Mitteilungen 9 (1974) S. 67—95, hier S. 75 (15). Die Abmachungen zwischen Moltke und Conrad können zwar nicht im rechtlichen Sinn als »Zusatzvertrag« zum Zweibund gelten (so Verosta, Theorie, S. 345), es ist

Maßgeblich reduzierte auch die französische Politik die deutsche Kriegserwartung. Die Niederlage gegen Japan hatte Rußland nicht nur militärisch geschwächt, sondern auch in wachsende Abhängigkeit von ausländischem, vor allem französischem Kapital gebracht. Gerade während der Bosnienkrise setzte die fortschreitende Verschuldung in Frankreich den russischen Staatshaushalt empfindlichem Druck aus. Im Frühjahr 1909 mußte eine Kriegsanleihe in Höhe von 300 Millionen Rubel, die 1904 aufgenommen worden war, getilgt werden[65]. Daraus erwuchsen neue, größere Abhängigkeiten. Finanzminister Kokovzov verhandelte 1908/09 mit dem französischen Kabinett bereits über die Aufnahme einer weiteren, langfristigen Anleihe von 525 Millionen Rubel[66].

Hier bot sich den Franzosen ein sehr wirkungsvolles Instrument, ihr Interesse an einer friedlichen Beilegung der Krise geltend zu machen. Die Pariser Presse plädierte angesichts der gespannten Lage gegen den neuen Kredit. Bülow ging sogar davon aus, Frankreich mache ihn ausdrücklich davon abhängig, daß Rußland auf eine kriegerische Politik verzichte[67]. Es läßt sich nicht eindeutig klären, ob ein solches Junktim offiziell bestand. Das Desinteresse Frankreichs an einer weiteren Eskalation der Krise war aber offensichtlich. Der letztlich vom deutsch-französischen Antagonismus geleitete Versuch der Franzosen, den Zweibund durch eine Kooperation mit Österreich zu schwächen, trug 1908/09 deutlich dazu bei, eine europäische Krise zu entschärfen. Auch gegenüber Deutschland zeigte sich Paris zur Zusammenarbeit eindeutig bereit. Der Vertrag vom 9. Februar 1909 über Marokko gab vor dem Hintergrund der zugespitzten Bosnienkrise »ein klares Votum gegen einen russischen Konfliktkurs«[68].

In ihren Konsequenzen für das Krisengeschehen wies die englische Politik ambivalente Züge auf. Mit ihrer bündnispolitisch motivierten Unterstützung der russischen, damit indirekt auch der serbischen Forderungen, stand sie in genauem Gegensatz zu Frankreich. Es verschärfte die Spannungen besonders, daß London sich mit Rücksicht auf Rußland weigerte, Druck auf die Serben auszuüben. Andererseits betonte der englische Außenminister während der ganzen Auseinandersetzungen immer wieder nachdrücklich, Großbritannien sei nicht bereit, es wegen der Annexion zu einem Krieg der Großmächte kommen zu lassen. Das richtete sich gleichermaßen an Petersburg und Belgrad. Die Art der deutschen Intervention in der Bosnienkrise zerstreute bei Arthur Nicol-

aber ebenso unzulässig, Moltkes Zusagen als private »Ansichtsäußerungen« zu bagatellisieren (Pantenius, Der Angriffsgedanke, S. 475). Conrad war durchaus berechtigt, Moltkes Erklärung als eine von der politischen Führung des Reiches autorisierte Zusicherung aufzufassen und entsprechend ernst zu nehmen.

65 Geyer, Der russische Imperialismus, S. 178, 197.

66 René Girault, Emprunts Russes et Investissements Français en Russe 1887—1914. Recherches sur l'investissement international, Paris 1973, S. 487—491; Brigitte Löhr, Die »Zukunft Rußlands«. Perspektiven russischer Wirtschaftsentwicklung und deutsch-russische Wirtschaftsbeziehungen vor dem Ersten Weltkrieg, Stuttgart 1985, S. 47.

67 Geyer, Der russische Imperialismus, S. 198; Szögyény an Außenministerium 16.12.1908: ÖUA 1, Nr. 725, S. 606—611.

68 Emily Oncken, Panthersprung nach Agadir. Die deutsche Politik während der Zweiten Marokkokrise 1911, Düsseldorf 1981, S. 26; Ralph Richard Menning, The Collapse of »Global Diplomacy«. Germany's descent into isolation, 1906—1909, Providence 1986, S. 174—193.

son jeden Zweifel, daß »the ultimate aims of Germany [were] to obtain the preponderance on the continent of Europe«[69].

Einer kriegerischen Politik Rußlands fehlten 1908/09 sowohl die militärischen, als auch die bündnispolitischen Grundlagen. Die Folgen dieser Schwäche waren mehrgestaltig. Sie begünstigte einerseits, daß sich der Konflikt zuspitzte. In Berlin vertraute man darauf, daß Rußland einen österreichisch-serbischen Krieg nicht ausweiten konnte, und gab den Österreichern freie Hand für einen lokalisierten Krieg. Zum anderen war die russische Schwäche die wesentliche Vorbedingung für den friedlichen Ausgang, denn sie zwang Petersburg, vor dem deutschen Druck zurückzuweichen. Daß der Frieden gewahrt blieb, war nicht das Resultat kooperativer diplomatischer Bemühungen, sondern lediglich eine Folge des zu diesem Zeitpunkt herrschenden militärischen Kräftegefälles zwischen den Zweibundmächten und dem weitgehend isolierten Rußland. Das Ergebnis war kein tragfähiger Kompromiß auf einem gemeinsamen Nenner, sondern die mit massiver deutscher Hilfe durchgesetzten Ziele der Habsburgermonarchie. Diese Tatsache wurde durch keinerlei Interessenausgleich zugunsten Rußlands kompensiert. Die akute Krise wurde beigelegt, die ihr zugrundeliegenden Spannungen zwischen den Mächten aber nicht abgebaut, sondern im Gegenteil verschärft und konserviert. Die diplomatische Demütigung[70] Rußlands im März 1909 und die militante Kompromißlosigkeit, mit der Petersburg das Deutsche Reich die Interessen seines Alliierten vertreten sah, bestimmten fortan die russische Politik wesentlich mit. Auf dem Balkan bereitete die Annexionskrise den Weg zu einer stärkeren Zusammenarbeit der meisten südosteuropäischen Staaten untereinander und mit Rußland[71]. Das Zarenreich selbst suchte sich für die Zukunft enger an Großbritannien und Frankreich anzulehnen. Die bestehenden kontinentalen Bündnisfronten verfestigten sich bei fortgesetzter Krisenanfälligkeit des Systems und aus dem kolonialen Raum wieder in das europäische Zentrum zurückgekehrten Konflikten.

69 Nicolson an Grey 24.3., an Hardinge 2.6.1909: Keith M. Wilson, The Policy of the Entente. Essays on the Determinants of British Foreign Policy 1904—1914, Cambridge u.a. 1985, S. 103.

70 Zeitgenossen empfanden sie als »diplomatisches Tsushima«, womit sie an die Niederlage der russischen Flotte gegen Japan erinnerten: P. Miliukov, Balkanskii krizis i politika. P. Izvol'skogo, St. Petersburg 1910, S. 133.

71 Rossos, Russia, S. 8 ff.

31. Kolonialerwerb als Niederlage. Die zweite Marokkokrise 1911

Als im November 1911 schließlich alle Aufgeregtheit verflogen war, ärgerte sich in den »Berliner Neuesten Nachrichten« ein Offizier, daß ihm die jüngste internationale Krise wieder einmal keine Gelegenheit gegeben hatte, seinen Beruf auch auf dem Schlachtfeld auszuüben:

> »Um einen bleiernen Hosenknopf könnten wir Krieg führen, wenn unsere Ehre und Rangstellung dadurch berührt wird!«

klagte er, warum also nicht wegen Marokko:

> »Da fehlt eben ein Emser Depeschenredakteur[1].«

Dabei hatte der Außenstaatssekretär Alfred von Kiderlen-Wächter seit dem Frühjahr mit allen Mittel den Konflikt mit Frankreich geschürt und damit fast einen europäischen Krieg herbeigeredet. Die provokative Funktion des Telegramms aus Bad Ems übernahm im Zeitalter der Kanonenbootdiplomatie die »SMS Panther«. Ihre Entsendung ins südmarokkanische Agadir symbolisierte am 1. Juli 1911 sämtliche deutschen Ansprüche in Nordafrika, im kolonialen Raum überhaupt und als Hegemonialmacht auf dem Kontinent. Was war geschehen? Durch die Algecirasakte (7. April 1906) und zuletzt durch ein deutsch-französisches Kolonialabkommen (9. Februar 1909) schien doch das Marokkoproblem gelöst zu sein.

Nach der ersten Krise 1905/06 hatte man die Politik der offenen Tür, wie sie seit 1880 praktiziert wurde[2], erneuert. Da sich Frankreich und Großbritannien schon 1904 gegenseitig zugesichert hatten, die Interessen des anderen in Nordafrika nicht zu behindern (»Entente Cordiale«), zogen die Franzosen den faktischen Vorteil aus den Abmachungen von Algeciras. Im Vertrag von 1909 akzeptierte Berlin letztlich diese Entwicklung, und räumte Frankreich eine bevorzugte Position in Marokko ein. Französische Berater reorganisierten Polizei und Finanzen des Landes, Franzosen wachten über Ruhe und Ordnung. Nur im ökonomischen Bereich sollte sich Paris auf eine nur gleichberechtigte Rolle unter allen interessierten Ländern beschränken. Kaum zwei Jahre ging diese künstliche Separation von Wirtschaft und Politik gut, bis Frankreich versuchte, seinen politischen Einfluß auch ökonomisch durchzusetzen, um so dem Ziel eines Protektorats näherzukommen, welches den ganzen Maghreb französisch werden ließ. Es stieß damit auf massiven deutschen Widerstand.

Zu Beginn des Jahres 1911 hatte der deutsche Gesandte, von Seckendorff, von Casablanca bereits den Eindruck einer französischen Kolonie. Hier wie auch in den anderen Atlantikhäfen von Tanger bis Mogador schieden die Franzosen nicht länger zwischen den wirtschaftlichen und politischen Bereichen. Ihr

---

1 Berliner »Neueste Nachrichten« 7.11.1911 (Nr. 568): Klaus Wernecke, Der Wille zur Weltgeltung, Düsseldorf 1970, S. 103.

2 Jean-Louis Miège, Le Maroc et l'Europe (1830—1894), 4 Bde, Paris 1960—1963, Bd 3, S. 277 ff., 469 ff., Bd 4; Frederick V. Parsons, The Origins of the Morocco Question 1880—1900, London 1976.

Einfluß auf Polizei, Gerichte und Steuern greife in deutsche Interessen, schrieb Seckendorff[3]. Bald fand sich auch ein Anlaß, von einer Besetzung der marokkanischen Hauptstadt Fès zu reden. Die aktuellen Gründe der Unruhen in Marokko waren die fiskalischen Forderungen der Zentralregierung (makhzan) gegenüber den Stammesvölkern (qawm) und eine die Macht des makhzan gegenüber den Stammesoberen (qaid) stärkende Militärreform. Auf französischen Druck ergangene Todesurteile in der Armee des makhzan ließen das Faß überlaufen. Die Stämme rund um Fès erhoben sich und belagerten die Stadt. Solche Aufstände von tribalem, aber schon antikolonialem Charakter waren im Maghreb keineswegs ungewöhnlich. In Marokko richteten sie sich zuvorderst gegen den reformfreudigen Sultan Abd al-Hafiz (1876—1937, Sultan 1908—1912), den die Franzosen zum Instrument ihrer Penetration machten, dann erst gegen das kolonialistische Auftreten der Europäer selbst[4]. Auf eine physische Gefährdung europäischer Zivilisten kann daraus nicht ohne weiteres geschlossen werden; jeder bewaffnete innermarokkanische Konflikt behinderte aber sicherlich deren Geschäfte.

So verteidigte der französische Botschafter in Berlin, Jules Cambon, die Pläne seiner Regierung mit dem Argument, möglicherweise zwinge der Schutz der Europäer auf ihrem Rückzug aus Fès und dem Landesinnern zu einem Vormarsch auf die Hauptstadt. Er warnte aber gleichwohl in Paris vor den Folgen einer solchen Politik: nachdem ihm Kiderlen-Wächter anbot, gemeinsam in Marokko vorzugehen[5], schrieb Cambon an den Außenminister, Jean Cruppi, daß Deutschland einen Hafenplatz verlangen werde, sobald Frankreich die Algecirasakte verletze[6]. Ging es nach der Pressemeinung in Frankreich, so sollte auf mögliche Konsequenzen von deutscher Seite keine Rücksicht genommen werden. Die Pariser Kolonialpropagandisten argumentierten vielmehr nachdrücklich für eine Militärexpedition nach Fès und ein Protektorat über Marokko nach tunesischem Vorbild[7]. Tatsächlich glaubte Cruppi nicht daran, daß ihm Berlin große Schwierigkeiten bereiten werde. Auch eine spanische Drohung, den Gibraltar gegenüberliegenden Stützpunkt Ceuta nach Süden bis Tetuan auszudehnen[8], beunruhigte am Quai d'Orsay keineswegs. Cruppi sah sich im Recht,

3 Seckendorff an Bethmann Hollweg 17.2.1911: GP 29, Nr. 10522, S. 73.

4 François Charles-Roux, Jacques Caillè, Missions diplomatiques françaises à Fès, Paris 1955 (= Publications de l'Institut des Hautes Etudes Marocaines, Tome 59), S. 219; Edmund Burke III, Prelude to Protectorate in Morocco: Precolonial Protest and Resistance, 1860—1912, Chicago 1976 bes. S. 156 f.; Ross E. Dunn, Resistance in the desert. Moroccan responses to French imperialism 1881—1912, London 1977 bes. S. 26 f.; Seckendorff an Bethmann Hollweg 6.3.1911: GP 29, Nr. 10526, S. 78 f.

5 Kiderlen-Wächter an Cambon 7.4.1911: GP 29, Nr. 10527, S. 79—81, DDF 2, 13 Annexe III zu Cambon an Cruppi 9.4.1911:, Nr. 222, S. 425 f.

6 Cambon an Cruppi 9.4.1911: DDF 2, 13, Nr. 221, S. 418.

7 Eber Malcolm Carroll, French Public Opinion and Foreign Affairs 1870—1914, London 1931, New York 1965, S. 237—239; Peter Grupp, Die Haltung des »Bulletin du Comité de l'Afrique française« gegenüber Deutschland von 1891 bis 1914. In: Francia. Forschungen zur westeuropäischen Geschichte 3 (1975), S. 392—433, hier S. 421—424; ders., Deutschland, Frankreich und die Kolonien. Der französische »Parti colonial« und Deutschland von 1890—1914, Tübingen 1980 (= Tübinger Studien zur Geschichte und Politik, Nr. 32), S. 191—202.

8 Grey an Bunsen 15.4.1911: BD 7, Nr. 209, S. 192 f. darin ein Memorandum des spanischen Botschafters in London Villa Urrutia.

und nicht ohne Verbündeten. Europäische Überreaktionen auf tatsächlich oder vermeintlich xenophobe Unruhen hatten eine lange Tradition. Humanitär kaschierte Feldzüge zur Vorbereitung eines Protektorats oder zur Sicherung einer Kolonie waren imperialistischer Brauch. Dies ließ französische Politiker auch im Fall Marokkos keine weitreichenden Folgen erwarten. Außerdem waren erst im Februar die Militärabsprachen mit Rußland erneuert worden, und Cruppi schien darüberhinaus das englische Einverständnis[9] zu besitzen, wenn er nur vorsichtig genug agierte.

Auf parlamentarische Anfragen antwortend, hatte der englische Außenminister, Edward Grey[10], noch im März öffentlich militärische Verpflichtungen Großbritanniens gegenüber der französischen Armee bestritten. Am 5. April 1911 aber erklärte Cruppi vor dem Senat England und Frankreich zu bleibenden Freunden, vereint gegen jede Eventualität. Drei Tage später fragte er den Botschafter Bertie, ob sich die Haltung Londons hierin etwa geändert habe. Gleichzeitig regte General Foch, Kommandant der École Supérieure de Guerre, beim englischen Militärattaché in Paris engere militärische Kooperation und Vorbereitung an. Am 12. April wies Cruppi auf die leicht entflammbare politische Atmosphäre in und außerhalb Europas hin, und drängte — in Berties Worten — nicht auf eine formale Konvention, »but an understanding which would not bind the two Governments to act but which would define what the joint action should be in case they had to co-operate«[11]. Die wichtigsten Stützen der französischen Regierung in der englischen Diplomatie waren neben dem Botschafter Francis Bertie der Senior Clerk im Außenamt, Eyre Crowe, und der neue Ständige Unterstaatssekretär Arthur Nicolson. Alle drei wollten die Entente von 1904 zu einem militärischen Beistandspakt gegen Deutschland weiterentwickeln. Bertie schlug dazu ein inoffizielles Arrangement über gemeinsames militärisches Handeln vor:

> »Otherwise in these days of quick locomotion we might arrive a day to late for the fray and find our essential interests already compromised.«

Und er setzte optimistisch hinzu: vielleicht seien solche Absprachen bereits getroffen[12]. In der Tat hatte Brigadegeneral Henry Wilson, der neue Director of Military Operations, gerade damit begonnen, die seit zwei Jahren stockenden Gespräche zwischen den Generalstäben der Entente neu zu beleben und substantiell auszuweiten. Die französische Regierung durfte also davon ausgehen, die Briten in der Marokkofrage hinter sich zu haben, auch wenn keine formale Pflicht Londons bestand, und Frankreich auch nicht offiziell hierum nachgefragt hatte. Genau darauf hatte Grey aber gewartet (»[...] it is clear we are going to be

---

9 Für die englische Politik in der Agadirkrise: Michael L. Dockrill, British Policy during the Agadir Crisis of 1911. In: British Foreign Policy under Sir Edward Grey. Ed. by Francis Harry Hinsley, Cambridge 1977, S. 271—287; Samuel R. Williamson, Jr., The Politics of Grand Strategy. Britain and France Prepare for War, 1904—1914, Cambridge 1969, Kap. 6 und 7.

10 Keith M. Wilson, Grey. In: British Foreign Secretaries and Foreign Policy: From Crimean War to First World War. Ed. by Keith M. Wilson, London 1987, S. 172—197.

11 Williamson, The Politics of Grand Strategy, S. 137—141; Bertie an Grey 5.4.1911: BD 7, Nr. 200, S. 185, 8.4.1911: BD 7, Nr. 205, S. 188 f, 9.4.1911: BD 6, Nr. 460 darin Fairholme an Bertie 8.4.1911, S. 618—620, 13.4.1911: BD 7, Nr. 207, S. 189—191 (Zitat, S. 190).

12 Bertie an Nicolson 14.5.1911: BD 7, Nr. 269, S. 247 f. (Zitat, S. 248).

asked something«)[13], ohne schon eine Antwort parat zu haben, außer seinem festen Willen, formal freie Hand zu behalten.

Russische, belgische und deutsche Gesandtenberichte aus Marokko stimmen darin überein, daß die Franzosen die Gefahr für die Europäer im Lande übertrieben darstellten. Es hat den Anschein, als wollten sie eine Intervention dadurch herbeireden, daß sie deren Notwendigkeit immer wieder beschworen. Seckendorff sandte aus Tanger jedenfalls beruhigende Nachrichten[14]. Daß J. Cambon dagegen stets die Lage dramatisierte, Frankreich Truppen in Casablanca zusammenzog und ein angebliches Hilfegesuch des Sultans vorschob[15] — dies alles festigte bei Kiderlen-Wächter, Reichskanzler Bethmann Hollweg und dem Stellvertretenden Staatssekretär im Auswärtigen Amt, Arthur Zimmermann, die Annahme, daß die Franzosen sich um jeden Preis am Atlas festsetzen wollten.

Nach den Potsdamer Gesprächen zwischen Zar Nikolaus II. und Kaiser Wilhelm II. (4./5. November 1910), die ein Einvernehmen in nahöstlichen Eisenbahnfragen gebracht hatten, und der englischen Angebote einer »general political formula« und eines Abkommens über die Bagdadbahn[16], glaubte man an der Wilhelmstraße, einen Konflikt mit Frankreich bilateral beschränken zu können. Kiderlen zweifelte nie an einer britischen Beistandspflicht: »Wir können uns in Marokko doch nicht niederlassen«, äußerte er schon im Juni 1910, »wenn die Engländer dagegen sind«[17]. Jetzt hoffte er jedoch, London werde sich zwar als loyaler Sekundant Frankreichs, aber inaktiv verhalten, wenn Marokko bloß als Druckmittel in bilateralen Verhandlungen und nicht als das Ziel deutscher Kolonialexpansion diente: »Findet sich (Frankreich) mit unseren Maßnahmen ab, so auch England », notierte der Marokkoreferent des Auswärtigen Amts, Langwerth von Simmern[18]. Kiderlen zielte nicht auf einen europäischen Krieg, er wollte vielmehr »die Franzosen daran erinnern, daß Deutschland noch vorhanden sei«. Im Zentrum stand also die Sorge vor einem französischen Alleingang, bei dem für die Deutschen nichts übrigblieb. Als Erinnerungshilfe habe er sich ausgedacht, gestand er seinem Freund Carl von Weizsäcker, ein deutsches Kriegsschiff an die marokkanische Küste zu schicken. Dann bleibe abzuwarten, welche Vorschläge aus Paris kämen[19]. Schon am 23. April standen somit für Kiderlen die Methode (Kriegsschiff und Pfandbesetzung) und auch das Ziel (französische Kompensation für den einseitigen Machtzuwachs im Maghreb) fest. Für den Staatssekretär war die Marokkofrage eine Gelegenheit, mit einem

13 Grey an Asquith 16.4.1911: Williamson, The Politics of Grand Strategy, S. 139.

14 W. Mann, Die Agadirkrise des Jahres 1911. Diss Gießen 1934; Carroll, French Public Opinion, S. 235 f.; Seckendorff an Bethmann Hollweg 10.4.1911: GP 29, Nr. 10530, S. 82 f.

15 Aufzeichnung Zimmermanns 17.4.1911 GP 29, Nr. 10532, S. 83 f., Schoen an AA 19.4.1911 GP 29, Nr. 10534, S. 84 f.

16 Grey an Goschen 8.3.1911: BD 6, Nr. 444, S. 598—600 darin Memorandum vom selben Tag, auch in GP 28, Nr. 10439, S. 403—405.

17 In einem Gespräch mit dem rumänischen Politiker Take Ionescu: Erich Jäckh, Alfred von Kiderlen-Wächter. Der Staatsmann und Mensch, Stuttgart 1924, Bd 2, S. 234.

18 Ende Mai 1911 zit. nach: Emily Oncken, Panthersprung nach Agadir. Die deutsche Politik während der Zweiten Marokkokrise 1911, Düsseldorf 1981, S. 133, dort auch die Formulierung »loyaler Sekundant«.

19 Gespräch Kiderlens mit dem württembergischen Ministerpräsidenten am 23.4.1911, zit. nach: Oncken, Panthersprung, S. 112 f.

außenpolitischen Erfolg die deutsche Weltgeltung zu unterstreichen und so nach innen die Auswirkungen der Finanz- und Wirtschaftspolitik auf die bevorstehende Reichstagswahl abzumildern, bei der ein starker Zuwachs für die Sozialdemokratie erwartet wurde[20]. Dies war das Spiel Bismarcks während der Boulangeraffaire 1887 und Bülows bei den Hottentottenwahlen 1907.

Kiderlen-Wächter versicherte sich hierfür zweierlei Rückhalts: der öffentlichen Meinung[21] und des Kaisers. Am 19. April, drei Tage vor den Vorstands- und Ausschußsitzungen des Alldeutschen Verbands, traf er dessen Geschäftsführenden Vorsitzenden, Heinrich Claß. Kiderlen hielt den Druck der Alldeutschen auf die Regierung in dieser besonderen Situation für förderlich:

> »Ich kann dann sagen: ja, ich bin ja versöhnlich, aber die öffentliche Meinung muß berücksichtigt werden[22].«

Als Ziel gab er eine Kolonie in Marokko vor, wie sie Claß seit 1904 forderte. Zugleich wollte der Politiker die Presseagitation einflußreicher Industrieller[23], die in Marokko bereits ein »afrikanisches China«[24] witterten, für sich instrumentalisieren. Sein Vorgehen legte er in einer ausführlichen Denkschrift dem Kanzler und dem Kaiser dar. Nachdem J. Cambon am 28. April die Besetzung von Fès als »natürlich notwendig« bezeichnete[25], schrieb Kiderlen, ein französisches Marokko stelle eine schwer erträgliche moralische Niederlage dar, gegen die man sich bereits im Vorfeld ein solches Objekt sichern sollte, das Frankreich in Verhandlungen umfangreiche Kompensationen aus seinem eigenen Kolonialbesitz wert sei. Nur ein derartiges Faustpfand könne frühere Mißerfolge vergessen machen und innenpolitische Vorteile bringen[26]. Trotz seiner Vorbehalte gegen die Entsendung von Kriegsschiffen stimmte der Kaiser dem »Marokkoprogramm (auch mit Schiffen für Agadir)« zu. Wilhelm II. fürchtete um den Erfolg seines für den 15. bis 20. Mai geplanten Londonbesuchs[27].

---

20 Fritz Fischer, Krieg der Illusionen. Die deutsche Politik von 1911 bis 1914, Düsseldorf 1969, S. 117—119; Dieter Groh, Negative Integration und revolutionärer Attentismus. Die deutsche Sozialdemokratie am Vorabend des Ersten Weltkrieges, Frankfurt a.M. 1974, S. 229.

21 Hierzu neben Wernecke die ältere Arbeit von Paul Gruschinske, Kiderlen-Wächter und die deutschen Zeitungen in der Marokkokrisis des Jahres 1911. Diss. Köln 1929, gedr. Emsdetten/Westf. 1931, die den Zeitraum bis zum 1. Juli abhandelt.

22 Zit. nach: Wernecke, Der Wille zur Weltgeltung, S. 29.

23 Hartmut Pogge von Strandmann, Rathenau, die Gebrüder Mannesmann und die Vorgeschichte der Zweiten Marokkokrise. In: Deutschland in der Weltpolitik des 19. und 20. Jahrhunderts. Fritz Fischer zum 65. Geburtstag. Hrsg. von Imanuel Geiss und Bernd Jürgen Wendt, Düsseldorf 1973, S. 251—270; Peter Grupp, Die Deutsche Kolonialgesellschaft in der Agadirkrise 1911. In: Francia. Forschungen zur westeuropäischen Geschichte 7 (1979), S. 285—307; Willibald Gutsche, Monopole, Staat und Expansion vor 1914. Zum Funktionsmechanismus zwischen Industriemonopolen, Großbanken und Staatsorganen in der Außenpolitik des Deutschen Reiches 1897 bis Sommer 1914, Berlin 1986 (= Akademie der Wissenschaften der DDR. Schriften des Zentralinstituts für Geschichte, 65), S. 239 ff.

24 Paul Mohr, Marokko. Eine politisch-wirtschaftliche Studie, Berlin 1902, S. 1.

25 Aufzeichnung Kiderlens 28.4.1911: GP 29, Nr. 10545, S. 97.

26 Denkschrift Kiderlens 3.5.1911: GP 29, Nr. 10549, S. 106—108.

27 Wilhelm II. an Bethmann 22.4.1911: GP 29, Nr. 10538, S. 89; Der Kaiser [...] . Aufzeichnungen des Chefs des Marinekabinettes Admiral Georg Alexander von Müller über die Ära Wilhelms II. Hrsg. von Walter Görlitz, Göttingen 1965, S. 88 f.; Oncken, Panthersprung, S. 167; vgl. Schlußbemerkung Wilhelms zu Bethmann Hollweg an Wilhelm II.

Der Kaiser vermied in England zunächst das Thema Marokko, so daß auch Grey keine Gelegenheit hatte, das Gespräch darauf zu bringen[28]. Am 17. Mai begannen die Franzosen ihren Vormarsch auf Fès[29], erst danach befragte der deutsche Botschafter, Paul von Wolff-Metternich, den englischen Außenminister über Marokko. Grey antwortete, ohne sich festzulegen mit der diplomatischen Formel:

»The question of Morocco was one in regard to which some of us were bound by Treaty engagements, which would of course come into operation if difficulties arose. It was not like a general question in which there were no special engagements[30].«

Metternich interpretierte richtig, daß Grey sich zur Unterstützung Frankreichs verpflichtet fühlte[31]. Wie sich dies aktiv ausdrücken könnte, darüber schwieg der Minister. Selbst eine schärfere Formulierung —

»England in any case and under all circumstances would fulfill its obligations to France.«—

gab keine nähere Auskunft. Der französische Botschafter in London, Paul Cambon, erwartete nicht mehr als diplomatischen Beistand[32]. Ihre Wirkung zeigten Greys Äußerungen bei Kaiser Wilhelm, der sich am 19. Mai zu einem Wort des Friedens aufgerufen fühlte. Er versicherte König George V., wegen Marokko niemals Krieg führen, aber die »open door« doch sichern zu wollen. Wilhelm verwies darauf, daß Kompensationen »vielleicht an den Grenzen unseres afrikanischen Kolonialbesitzes in Frage kommen könnten«[33]. Am 20. Mai verließ der Kaiser Großbritannien; am 21. erreichten die Franzosen Fès[34]. Für Frankreich mußte sich jetzt zeigen, was Greys Worte und die diplomatische Hilfe der Briten wert waren.

Anfangs war es nicht einmal das Eingreifen Deutschlands, welches man an der Seine befürchtete. Zunächst erwarteten Cruppi, aber etwa auch der russische Botschafter in Paris, Iswolski, und in London Crowe und Grey, daß Spanien seine Einflußzone mit Gewalt ausweitete. Entweder — so glaubten sie — zogen hierbei die Deutschen im Hintergrund die Fäden, oder sie profitierten ohne eigenes Zutun von einer spanischen Aktion[35]. Cruppis Taktik war es deshalb gewesen, seine Expansionspolitik so darzustellen, als sei sie im Einklang mit der Algecirasakte. Gelang dies, so konnte Deutschland zumindest aus dem französischen Vorgehen keinen Nutzen ziehen. Beteiligte sich jedoch Spanien, so waren das Ende des souveränen Marokko und die Teilung des Landes einge-

10.7.1911: GP 29, Nr. 10600, S. 178; Zitat: Notiz Kiderlens 11.5.1911, zit. nach: Jäckh, Alfred von Kiderlen-Wächter, Bd 2, S. 122 .

28 Nicolson an Bertie 17.5.1911: BD 7, Nr. 275, S. 254.

29 Henri Cambon, Histoire du Maroc, Paris 1952, S. 212; vgl. Aufzeichnung Zimmermanns 15.5.1911: GP 29, Nr. 10559, S. 118 f., Cruppi an Billy für General Moinier 16.5.1911 DDF 2, 13, Nr. 305, S. 570—572, Paul Cambon an Nicolson 16.5.1911: BD 7, Nr. 272, S. 251 f.

30 Grey an Goschen 18.5.1911: BD 7, Nr. 278, S. 256.

31 Metternich an Bethmann Hollweg 22.5.1911: GP 29, Nr. 10561, S. 119.

32 Benckendorff an Neratov 10./23.5.1911; P. Cambon an J. Cambon 23.5.1911: Williamson, The Politics of Grand Strategy, S. 143.

33 Aufzeichnung Bethmann Hollwegs 23.5.1911: GP 29, Nr. 10562, S. 120.

34 Charles-Roux, Jacques Caillé, S. 220; Burke, Prelude to Protectorate, S. 163.

35 Ima Christina Barlow, The Agadir Crisis, Chapel Hill 1940, Hamden 1971, S. 179 f., 202—204.

läutet, der Vertrag von 1906 annulliert. Dann war Deutschland nicht mehr davon abzuhalten, sich in irgendeiner Form einzumischen.

Es war nur dem englischen Druck zuzuschreiben, daß Madrid nicht schon Anfang Mai tätig wurde. Im Foreign Office war sich Nicolson darüber im Klaren, daß die Spanier mit einem eigenen Schritt kaum mehr zurückhielten, wenn Fès an die Franzosen fiel[36]. Grey, der schon Mitte April davor gewarnt hatte, die Marokkofrage über Spanien auf Deutschland auszuweiten, forderte jetzt P. Cambon auf, daß die französischen Soldaten Fès sofort wieder verlassen sollten, sobald die Ordnung wiederhergestellt sei[37]. Mahnend schrieb er an Bertie:

»We are already skating on very thin ice, in maintaining that Act of Algeciras is not affected by all that has happened, and every week that the French remain at Fez the ice will get thinner[38].«

Nachdem am 8. Juni spanische Truppen in Larache gelandet waren und auf Qsar el-Kebir marschierten, sah Grey die Teilung Marokkos vollzogen: die Franzosen würden dafür sicherlich einen Preis zu zahlen haben[39].

Als solchen Preis hatte Kiderlen von Beginn an koloniale Kompensationen im Auge gehabt. An Marokko selbst lag ihm nichts, auch wenn Industrielle und von ihnen beigebrachte geologische Expertisen im Hinterland Agadirs, dem Sous, reiche Bodenschätze vermuteten. Anfang Juli 1911 notierte er über ein Gespräch mit einem nationalliberalen Politiker, dieser habe ihm zur Sicherung der Annexion in Marokko gratuliert. Kiderlen versuchte klarzustellen, »daß wir in Marokko uns wirklich nicht festsetzen wollen. Aber das Rindvieh hat es mir einfach nicht geglaubt![40]« Sein Plan war, in Zentralafrika der englischen Verbindung vom Nil zum Kap einen deutschen Riegel einzuschieben[41].

In Frankreich gab es schon in der Zeit vor der Eroberung von Fès Stimmen, die dafür Kompensationen anboten. Die Entscheidung für eine Militärexpedition war am 22. April im Kabinett keineswegs einmütig gefallen. Cruppi mußte erst mehrere seiner Ministerkollegen über die deutsche Reaktion beruhigen[42]. Der Dissens des Marineministers Delcassé wurde Ende Mai sogar öffentlich[43]. Finanzminister Caillaux formulierte schon am 7. Mai einen ersten Ausgleichs-

[36] Nicolson an Bertie 17.5.1911: BD 7, Nr. 275, S. 253.
[37] Minute Greys zu Bertie an Grey 13.4.1911: BD 7, Nr. 207, S. 191, Grey an Bertie 25.5.1911: BD 7, Nr. 288, S. 261 f.
[38] Grey an Bertie 1.6.1911: BD 7, Nr. 307, S. 277.
[39] Grey an Bertie 9.6.1911: BD 7, Nr. 314, S. 283. Tatsächlich war das spanische Handeln nicht aus Berlin inspiriert, wie es Williamson, The Politics of Grand Strategy (S. 142) behauptet. Oncken, Panthersprung (S. 132) fand den Vorwurf in den deutschen Akten nicht bestätigt. Vgl. Bunsens Annual Report for Spain 1911: BD 7, Nr. 335, der schon im April 1912 keine deutsche Intrige mehr unterstellt (S. 303). Zum spanischen Komplex aus französischer Sicht vgl. Jean-Claude Allain, Agadir 1911. Une crise impérialiste en Europe pour la conquête du Maroc, Paris 1976, S. 302—312, allgemein: Henry Marchat, Les origines diplomatiques du ›Maroc Espagnol‹ (1880—1912). In: Revue de l'Occident Musulman et de la Méditerranée 7 (1970), S. 101—170, S. 147 ff., bes. S. 154—163.
[40] Jäckh, Alfred von Kiderlen-Wächter, Bd 2, S. 123.
[41] Kiderlen im Gespräch mit Admiral Müller am 29.7.1911: Der Kaiser [...], S. 87 f.; Oncken, Panthersprung, S. 219 f.
[42] Allain, Agadir, S. 274—276.
[43] »Figaro« 31.5.1911, GP 29 Anm. S. 127, Schulthess 52 (1911), S. 417.

vorschlag, den er vertraulich dem deutschen Botschaftsrat von der Lancken mitteilte: als Gegenleistung »käme ernsthaft wohl nur das Koloniale in Frage«[44]. Zu diesem Zeitpunkt tauchte in der französischen Presse bereits die Idee auf, Deutschland Teile des Kongos anzubieten[45]. An welche Zugeständnisse dachte die französische Regierung jenseits vager, vertraulicher Andeutungen? Caillaux selbst regte ein gemeinsames Bahnbauprojekt von Kamerun durch französisches Gebiet an den Kongofluß an[46]. Der Bankier Fondère und der nationalliberale Reichstagsabgeordnete Semler legten am 24. Mai einen Vertragsentwurf hierüber vor[47]. Offenbar strebten Cruppi und der Kolonialminister Messimy ein Junktim von Bahnbau und deutscher Zurückhaltung in Marokko an, denn von der Lancken mußte ein solches Vorhaben am 31. Mai ausdrücklich zurückweisen[48]. An eine territoriale Konzession war also nicht gedacht. Mehr noch: eine interne französische Analyse stellte das Bahnprojekt sogar in Frage, weil das durchquerte Gebiet so sehr von Deutschland abhängig würde, daß es auch politisch in den deutschen Geltungsbereich gerate[49]. Cruppi will auch keine anderen Vorschläge besprochen haben, als Jules Cambon zwischen dem 24. Mai und 9. Juni in Paris weilte[50]. Wenn Cambon schreibt, er habe sich im Gespräch mit Bethmann Hollweg (11. Juni) in einer Weise geäußert, die bei seinem Parisaufenthalt besprochen worden war[51], so kann dies nur bedeuten, daß der Botschafter einen ökonomischen Ausgleich meinte, als er dem Reichskanzler »satisfaction« anbot[52]. Vielleicht drückte sich J. Cambon so vorsichtig aus, weil er zu Kompensationsverhandlungen nicht autorisiert war[53], oder er einer Entscheidung aus Paris nicht vorgreifen wollte und nur das diplomatische Terrain für mögliche französische Vorschläge sondierte[54]. Möglich ist auch, daß der Botschafter versuchte, Bethmann Hollweg zu einer konkreten Forderung zu reizen, um seinem Vorgesetzten am Quai d'Orsay deutlich zu machen, wie hoch der Preis für Marokko anzusetzen war. In Berlin wurden die französischen Andeutungen jedenfalls als territoriale Angebote im Kongogebiet mißverstanden[55]. Amtlich verband Cruppi erst am 15. Juni das Bahnprojekt und einen nordafrikanischen Gedankenaustausch miteinander. Einen solchen Zusammenhang von

44 Schoen an AA 7.5.1911:GP 29, Nr. 10554, S. 113.
45 Schoen an Bethmann Hollweg 7.5.1911: GP 29, Nr. 10555, S. 115; »Matin« 14.5.1911: Carroll, French Public Opinion, S. 239.
46 Oncken, Panthersprung, S. 126.
47 DDF 2, 13, Nr. 317, S. 585—587.
48 Oncken, Panthersprung, S. 127 (99).
49 DDF 2, 13, Nr. 317 Annex II, S. 589.
50 Cruppi in einem der Budgetkommission am 30.12.1911 verlesenen Schreiben: Schulthess 52 (1911), S. 454 f.
51 Cambon an Cruppi 12.6.1911: DDF 2, 13, Nr. 352, S. 652.
52 Cambon an Cruppi 11.6.1911: DDF 2, 13, Nr. 349, S. 647.
53 Worauf eine Randbemerkung zum Schreiben Cambons vom 12. Juni hindeutet: DDF 2, 13, S. 652.
54 Oder sondieren sollte, wie Cruppi später behauptete: Schulthess 52 (1911), S. 455.
55 Bethmann Hollweg an Schoen 16.6.1911: GP 29, Nr. 10575, S. 151; Anmerkung Wilhelms II. zu einem Telegramm Bethmanns vom 15.7.1911: GP 29, Nr. 10607, S. 186, danach glaubte auch der Kaiser an die französische Bereitschaft zu territorialer Kompensation im Mai.

privater wirtschaftlicher Investition und der politischen Frage Marokkos sah der deutsche Botschafter, Schoen, jedoch nicht. Kiderlen-Wächter notierte:

»Solche Lappalien können doch bei der großen Abrechnung nicht mitsprechen[56].«

In dieser Phase liefen die Gespräche zwischen Deutschen und Franzosen offenbar aneinander vorbei. War Paris bereit, den Machtzuwachs in Marokko ökonomisch auszugleichen, so erwartete man in Berlin ein territoriales Angebot. Tatsächlich aber hatten die Deutschen ihre Forderungen bislang garnicht ausgesprochen. Die Kompensationsbereitschaft war ein genuiner Teil der französischen Politik, um den befürchteten deutschen Protest gegen die Verletzung des Algecirasvertrags aufzufangen. Über den Charakter und den Umfang möglicher Forderungen gab es aber in Deutschland auch vier Wochen nach der Besetzung von Fès kein klares Konzept. In einem umfangreichen Promemoria Zimmermanns vom 12. Juni ist sowohl von Südmarokko als auch vom französischen Kongo die Rede[57]. Auch Kiderlen legte nicht fest, was er denn fordern wollte. Er versprach, »anzudeuten« (!), daß er »ein höllisches Stück Fleisch aus ihrem Leib« als Kompensation erwarte[58]. So blieben bei den Gesprächen zwischen J. Cambon und Kiderlen-Wächter am 20. und 21. Juni in Bad Kissingen beide bei ihren bisherigen »nebelhaften Andeutungen«[59]. Die Diskrepanz zwischen den Plänen Kiderlens, die deutschen Kolonien nach Mittelafrika auszudehnen, und seiner rezeptiven, mit konkreten Forderungen zurückhaltenden Politik ist augenfällig. Doch glaubte der Staatssekretär, seine weitgesteckten Ziele nur mit Hilfe eines wirklichen Faustpfands zu erreichen, nicht aber indem er bloß mit Protest drohte[60]. Konkrete Forderungen hatten demnach erst einen Sinn, wenn man das Pfand in Händen hielt. Langwerth formulierte, es sei ein »nennenswerter Gewinn für uns nicht denkbar, wenn wir nicht vorher ein geeignetes Faustpfand in die Hand bekommen«[61]. Hierfür war die Zeit bislang nicht reif gewesen. Nach der spanischen Initiative aber war dies anders. Die Denkschrift Zimmermanns ebnete intern den Weg für maritime Demonstrationen vor Agadir (und in geringem Umfang vor Mogador, einem nördlich gelegenen Hafen). Hinzu kam der Sturz der französischen Regierung am 23. Juni. Drei Tage später fiel in Kiel die Entscheidung für den »Panthersprung nach Agadir«.

Die deutschen Schiffe in marokkanischen Gewässern[62] sollten Paris unter Druck setzen: »Wir wollen«, sagte Zimmermann dem Kapitän Seebohm, »erst

56 Schoen an AA 15.6.1911, Zimmermann an Kiderlen-Wächter 15.6.1911: GP 29, Nr. 10573 f., S. 149—151, Schlußbemerkung Kiderlens, S. 151.

57 GP 29, Nr. 10572, S. 146, 149.

58 Kiderlen an Zimmermann 16.6.1911: GP 29 Anm. S. 142.

59 Oncken, Panthersprung, S. 137; Cambon an Cruppi 22.6.1911: DDF 2, 13, Nr. 364, S. 669—674; spätere Äußerungen Kiderlens, er habe territoriale Forderungen bei diesen Treffen angemeldet, sind wegen ihres rechtfertigenden Charakters in einem Rücktrittsgesuch nicht glaubhafter, als der Bericht des französischen Botschafters (Kiderlen an Bethmann Hollweg 19.7.1911: Jäckh, Alfred von Kiderlen-Wächter, Bd 2, S. 133.

60 Vgl. seine Denkschrift vom 3. Mai 1911: »Wir würden durch Proteste nichts erreichen und würden damit eine schwer erträgliche moralische Niederlage erleiden.« GP 29, Nr. 10549, S. 106.

61 Oncken, Panthersprung, S. 131.

62 BD 7 Appendix VI, S. 846 f.

mal Agadir als Faustpfand in der Hand haben und dann weiter sehen«[63]. Eine wirkliche Kriegsdrohung bedeuteten sie jedoch nicht. Kiderlen notierte später:

> »Wenn ich mich populär machen wollte, würde ich zum Kriege treiben, was leicht wäre. Aber ich habe diesen Ehrgeiz nicht[64].«

Populär aber war in Deutschland schon die Agadiraktion. Der von rechts bis in die Reihen der Freisinnigen hineinreichende Wunsch nach einer energischeren Außenpolitik schien durch den »Panthersprung« befriedigt zu werden. Die bürgerliche Presse verhielt sich durchweg maßvoll positiv, rechtsgerichtete Blätter reagierten begeistert und die alldeutsch-schwerindustrielle »Rheinisch-Westfälische Zeitung« jubelte:

> »Hurrah! Eine Tat!«: »Wollen [die Franzosen] nicht, dann mag der ›Panther‹ die Wirkung der Emser Depesche haben.«

Vorsichtiger schrieben die nationalliberalen »Münchner Neuesten Nachrichten«, die Regierung solle mit aller Energie durchhalten, »selbst wenn Folgen aus ihrem Handeln entständen, die heute noch nicht zu übersehen sind«. Deutliche Kritik kam nur von sozialdemokratischen Zeitungen. Der »Vorwärts« wies auf den innenpolitischen Zusammenhang hin:

> »Das Spiel der Hottentottenwahlen soll sich wiederholen in zweiter und verstärkter Auflage[65].«

Unter die zustimmenden Kommentare mischten sich bei aller Zufriedenheit über den vermeintlich erfolgreichen außenpolitischen Coup auch besorgte Stimmen.Diese Blätter sahen in der Entsendung der »Panther« zwar weder ein Vorspiel zum Krieg noch das Signal einer ernsthaften internationalen Krise, sondern einen Schritt auf dem Weg zu Verhandlungen. So forderte die katholische »Germania« die Regierung auf, einen Konflikt wegen Marokko zu verhüten. Das »Berliner Tageblatt«, die »Hamburger Nachrichten« sowie die »Frankfurter« und die »Vossische Zeitung« lehnten übereinstimmend das chauvinistische Kriegsgeschrei ab. Darüberhinaus verlangte das »Berliner Tageblatt« Aufklärung, ob das marokkanische Vorgehen nicht bloß eine neue Ausgangslage für Gespräche mit Frankreich schaffen solle[66]. Dies entsprach den wahren Absichten Kiderlens sehr viel mehr, als das nationalistische Pathos konservativer und alldeutscher Autoren, von dem er aber glaubte, daß es seine Verhandlungsposition stärkte. Trotzdem konnte die aus der Wilhelmstraße inspirierte »Kölnische Zeitung« die Besorgnis mildern: weder sei geplant, die Mannschaften in Agadir auszuschiffen, noch das Hinterland zu besetzen; andererseits gäbe es aber auch keine deutsch-französischen Verhandlungen über die Marokkofrage[67].

---

63 4.7.1911: Oncken, Panthersprung, S. 143.

64 Notiz vom 12.8.1911: Jäckh, Alfred von Kiderlen-Wächter, Bd 2, S. 138.

65 Eber Malcolm Carroll, Germany and the Great Powers, Reprint Hamden 1966, S. 654—658, Fischer, Krieg der Illusionen, S. 121 f., Wernecke, Der Wille zur Weltgeltung, S. 32 ff., »Rheinisch-Westfälische Zeitung« 2.7.1911: ebd., S. 32 f., »Münchner Neueste Nachrichten«: ebd., S. 33, »Vorwärts« 4.7.1911: ebd., S. 36, zur Haltung der Sozialdemokratie: Wernecke, Der Wille zur Weltgeltung, S. 88—92, Groh, Negative Integration, S. 229—264; vgl. auch die Pressestimmen in Schulthess 52 (1911), S. 127—129.

66 Carroll, Germany, S. 658, Schulthess 52 (1911), S. 128.

67 Schulthess 52 (1911), S. 128 f.

Im Ausland hatte das Auftauchen der »Panther« vor Agadir ebenfalls Aufsehen erregt. Aber sowohl in Frankreich als auch in Großbritannien blieben kriegerische Töne weitgehend aus. Einige nationalistische Zeitungen in Paris, jene die zu einer aggressiven Politik in Nordwestafrika gedrängt hatten, behielten ihren Kurs bei, obwohl die Regierung sich um eine maßvolle Presse bemühte, damit die veröffentliche Meinung die Spannungen nicht verstärkte. Insgesamt war die Grundstimmung der Hauptstadtpresse aber moderat und in gouvernementalem Sinn. »Niemand wünscht den Krieg«, war im »Figaro« zu lesen, »und niemand sieht ihn voraus«. Die meisten Blätter erkannten hinter dem »Panthersprung« die deutsche Verhandlungsabsicht[68]. Auch in London überwogen vorsichtige Kommentare. Die britischen Zeitungen fürchteten keine Zuspitzung der Situation. In England glaubte man, der Agadircoup diene dazu, Gespräche zwischen Deutschen und Franzosen wieder oder überhaupt erst in Gang zu setzen. Dabei dürften letztere auf den Beistand der Briten bauen. Die »Morning Post«, die dem Hof nahestand, unterstellte dem Deutschen Reich dagegen aggressive Intentionen: daß das Wissen um die Ententepflichten Großbritanniens die deutsche Politik offenbar nicht beeinflusse, könne doch nur bedeuten, Deutschland vertraue für jeden Fall auf die Schlagkraft seiner Flotte. Die konservative »Daily Graphic« warnte lediglich vor einer deutschen Besitznahme in Marokko mit der drohenden Formel »Hands off[69]!«

Dieser Rundblick auf die Presse Anfang Juli 1911 hinterläßt nicht den Eindruck erhöhter Kriegserwartung in Europa. Allgemein wurde demnach der »Panthersprung« als Provokation, nicht jedoch als versteckte Kriegsdrohung aufgefaßt. Und dennoch: aus manchen Artikeln scheinen die drei kardinalen Fehler der deutschen Außenpolitik heraus, die in der Schiffsmission kumulierten und seit dem 1. Juli die weitere Krise prägten. 1) Innenpolitisch signalisierte die Agadiraktion etwas anderes, als Kiderlen-Wächter in Wahrheit beabsichtigte. Die »Panther« symbolisierte zwar deutsche Stärke, aber an der Wilhelmstraße suchte man keinen Besitz in Marokko, wie es die Öffentlichkeit mangels deutlichen Widerspruchs aus Berlin annahm. Die durch Kiderlens Verhalten entstandene Ungewißheit über die Ziele der Außenpolitik überspannte zum einen die Erwartungen in der Bevölkerung. Zum anderen fehlte diesen Zielen auch die nötige Grundübereinstimmung in der politischen Führung, weil sich der Außenstaatssekretär nicht in die Karten blicken ließ. 2) Das provokative Verhalten gegenüber Frankreich in konzessionsbereiter Situation verhärtete nur die Haltung des beabsichtigten Verhandlungspartners. Kiderlen hatte den Botschafter J. Cambon mit den Worten aus Bad Kissingen verabschiedet: »Apportez-nous quelque chose de Paris[70].« Jetzt desavouierte er ihn mit einer Aktion ohne die Rückkehr des Diplomaten abzuwarten. Nach der Regierungsumbildung in Paris mußte Kiderlen-Wächter nicht von vornherein mit einem

---

68 Carroll, French Public Opinion, S. 240—242, »Figaro« 7.7.1911: ebd., S. 241, Wernecke, Der Wille zur Weltgeltung, S. 52, vgl. auch die Pressestimmen in Schulthess 52 (1911), S. 422 f., vgl. Bertie an Grey 2.7.1911: BD 7, Nr. 345, S. 326—328.

69 Wernecke, Der Wille zur Weltgeltung, S. 52, Fritz Hartung, Die englische Politik in der Marokkokrise des Jahres 1911. In: Berliner Monatshefte 10 (1932), S. 752—776, hier S. 758 f., vgl. auch die Pressestimmen in Schulthess 52 (1911), S. 350—353.

70 Cambon an Cruppi 22.6.1911: DDF 2, 13, Nr. 364, S. 669—674.

verringerten Ausgleichsangebot rechnen. Daß der als deutschfreundlich geltende Caillaux, der als erster zu Kompensationen bereit gewesen war, neuer Ministerpräsident wurde, hätte zu Optimismus, zumindest aber für ein Abwarten Anlaß gegeben. 3) Die offensichtliche Außerachtlassung Großbritanniens stärkte die antideutsche Phalanx von Crowe, Nicolson und Bertie[71]. Als die Franzosen im Juli ihre Anstrengungen forcierten, in London einen Rückhalt gegenüber Deutschland zu bekommen, waren jene drei ihre wichtigsten Fürsprecher. Kiderlen und seine Mitarbeiter Zimmermann und Langwerth scheinen zu keinem Zeitpunkt ernsthaft erwogen zu haben, daß Paris sich dem deutschen Druck (»Faustpfand«) mit englischer Hilfe entziehen könnten[72]. Daß die Deutschen sich in Marokko nicht festsetzten, reichte den Briten jedoch nicht aus. Sie waren an einem ungeschwächten Ententepartner Frankreich interessiert. Die Konsequenz sollte die Mansion-House-Rede Lloyd Georges am 21. Juli 1911 werden.

Am 9. Juli begann Kiderlen die Verhandlungen mit Jules Cambon über mögliche Kompensationen. Jetzt und am 13. Juli wurde erstmals über Grenzkorrekturen im Kongobecken gesprochen. In ihren Gesprächsaufzeichnungen schoben allerdings beide die Initiative hierzu dem jeweils anderen zu[73]. Kiderlen-Wächter rückte erst am 15. Juli mit seinen von allem Anfang an geplanten Forderungen heraus. Zwei Wochen nach dem »Panthersprung«, drei Wochen nach den Kissinger Treffen und fast zwei Monate nach dem Einmarsch der Franzosen in Fès verlangte der Staatssekretär den ganzen französischen Kongo. Hierfür bot er freie Hand in Marokko, die Nordecke Kameruns und vielleicht Togo. Cambon wies das Angebot sogleich entschieden zurück[74]. Noch bevor in Berlin die Rede Lloyd Georges, also eine Reaktion Englands, bekannt war, bemerkte der französische Botschafter bereits, daß Kiderlen seine Forderungen zurückschraubte und nurmehr Teile des Kongos bis zu einer auszuhandelnden östlichen Grenze beanspruchte[75]. Dies erlaubt einen Einblick in die Methode, welche Kiderlens Politik zugrundelag: er blufft mit Konfliktbereitschaft (»Panthersprung«), die in anderen Ländern Kriegsangst schürt, und sie verhandlungswillig macht; er blufft außerdem mit überzogenen Forderungen (Kongo), die sich im Laufe von Gesprächen auf ein realistisches Maß reduzieren lassen; er täuscht das Unwahrscheinliche vor, um das Mögliche voll auszuschöpfen[76].

Es war vor allem der Kaiser, der die Verhandlungsführung seines Staatssekretärs kritisierte[77]. Wilhelm II. glaubte, der rechte Zeitpunkt für erfolgreiche

---

71 Den Begriff Phalanx verwendet Michael Epkenhans, Die wilhelminische Flottenrüstung 1908—1914. Weltmachstreben, industrieller Fortschritt, soziale Integration, München 1991 (= Beiträge zur Militärgeschichte, 32), S. 122.

72 Mann, Die Agadirkrise, S. 21.

73 Aufzeichnung Kiderlens 9.7.1911: GP 29, Nr. 10598, S. 173—176, auch Jäckh, Alfred von Kiderlen-Wächter, Bd 2, S. 123—126, Cambon an Selves 10., 13.7.1911: DDF 2, 14, Nr. 51, S. 46—49, Nr 65, S. 62—64.

74 Cambon an Selves 16.7.1911: DDF 2, 14, Nr. 71, S. 70—72.

75 Cambon an Selves 24.7.1911: DDF 2, 14, Nr. 97, S. 101—103.

76 Vgl. Oncken, Panthersprung, S. 283.

77 Bemerkungen Wilhelms zu Telegrammen Bethmann Hollwegs 10., 15.7.1911: GP 29, Nr. 10600, S. 177 f., Nr. 10607, S. 186, Treutler an AA 11.7., an Bethmann 17.7.1911: GP 29, Nr. 10601, S. 178 f., Nr. 10608, S. 187 f.

Kompensationsabsprachen sei bereits verstrichen. Als Kiderlen andeutete, für günstige Resultate werde man »jedenfalls noch sehr kräftig auftreten müssen«[78], wollte der Monarch seine Nordlandreise abbrechen:

> »Denn ich kann meine Regierung nicht so auftreten lassen, ohne an Ort und Stelle zu sein um die Konsequenzen genau zu übersehen und in der Hand zu haben![79]«

Der Außenstaatssekretär sah sich unversehens vor der Notwendigkeit, sein Konzept vor Kanzler und Kaiser rechtfertigen zu müssen, um deren Rückhalt nicht zu verlieren. In einem Telegrammentwurf, um den der Kanzler ihn gebeten hatte[80], wies Kiderlen kriegerische Absichten weit von sich:

> »Eine Besetzung Südmarokkos würde uns aber außer mit Frankreich in einen direkten Konflikt mit England bringen; auch weiß ich nicht, wo wir die Mittel zu einem solchen Vorgehen hernehmen sollten.«

Zähes Verhandeln sei die einzige Lösung[81], und außerdem — so fügte er in einem Demissionsgesuch für Bethmann Hollweg hinzu — die »letzte Gelegenheit, ohne zu fechten etwas Brauchbares in Afrika zu erhalten«, nämlich durch den belgischen Kongo die Verbindung nach Ostafrika. Er glaube jedoch nicht, daß Frankreich deswegen den »Fehdehandschuh« aufnähme:

> »Einen befriedigenden Abschluß erreichen wir aber nur, wenn wir bereit sind, die letzten Konsequenzen zu ziehen, d.h. wenn die anderen fühlen und wissen, daß wir es sind.«

Auf dem erklärenden Nebensatz liegt wohl die Betonung. Kiderlen fuhr fort:

> »Wer im voraus erklärt, daß er nicht fechten will, kann in der Politik nichts erreichen.«

Mehrfach legte der Staatssekretär besonderen Nachdruck darauf, er wolle die Franzosen fühlen lassen, man sei zum Äußersten entschlossen[82]. Zwei Tage später versprach er in einem weiteren Rücktrittsgesuch: »Von da bis zu direkten Drohungen ist noch ein weiter Weg[83].«

Bethmann Hollweg entließ seinen Staatssekretär nicht, da in der angespannten Situation damit auch sein eigener Sturz besiegelt gewesen wäre. Er gab Kiderlens Argumente in abgeschwächter Form an den Kaiser weiter und erreichte so, daß die begonnenen Verhandlungen fortgeführt werden konnten[84]. Der Kanzler selbst war, wenn überhaupt, nur für den Augenblick von der Richtigkeit der Außenpolitik Kiderlens überzeugt. Seine massiven Zweifel äußerte er jedoch erst zu einem späteren Zeitpunkt, nachdem sich auch Großbritannien in der Krise zu Wort gemeldet hatte.

Seit dem »Panthersprung« am 1. Juli hatte Paris die Bemühungen intensiviert, den britischen Rückhalt für seine Marokkopolitik zu bekommen[85]. Aber

---

78 Bethmann Hollweg an Wilhelm II. 15.7.1911: GP 29, Nr. 10607, S. 185.
79 Randbemerkung Wilhelms ebd., S. 186.
80 Bethmann an Kiderlen 17.7.1911: Jäckh, Alfred von Kiderlen-Wächter, Bd 2, S. 127.
81 Kiderlen an Bethmann 17.7.1911: Jäckh, Alfred von Kiderlen-Wächter, Bd 2, S. 128, auch GP 29, Nr. 10610, S. 189.
82 Kiderlen an Bethmann 17.7.1911: Jäckh, Alfred von Kiderlen-Wächter, Bd 2, S. 128—130.
83 Kiderlen an Bethmann 19.7.1911: ebd, S. 132—134, Zitat, S. 134.
84 Bethmann an Kiderlen 18.7.1911: ebd., S. 131, Bethmann an Wilhelm II. 20.7, Wilhelm II. an Bethmann 21.7.1911: GP 29, Nr. 10613 f., S. 191—193.
85 für das Folgende: Williamson, The Politics of Grand Strategy, S. 143 ff.

der Akkord mit London war schwieriger, als erhofft. Der neue, unerfahrene Außenminister, Justin de Selves, schlug noch am selben Tag vor, gleichfalls ein Schiff nach Marokko zu beordern. Obwohl er für eine solche Aktion weder die Zustimmung des Marineministers Delcassé noch die des Regierungschefs Caillaux besaß, ließ er den englischen Kollegen Edward Grey über eine gemeinsame Schiffsentsendung nach Mogador, dem Agadir nächstliegenden Hafen, befragen. Grey verwies erst auf das politikfreie Wochenende, in dem er seinen Premierminister Asquith nicht treffe; am Montag redete er sich auf den Kabinettstermin am nächsten Tag heraus[86]. Tatsächlich legte das britische Kabinett am 4. Juli 1911 die Richtlinien der Außenpolitik fest. Hier setzte sich gegen die antideutsche Fronde im Foreign Office und den noch unentschlossenen Grey eine Mehrheit um die Lords Loreburn und Morley durch[87]. Deutschland sollte auf eine Gesprächsbeteiligung Großbritanniens vorbereitet werden. Ein englisches Kanonenboot vor Marokko lehnten die Minister ab. Drei Punkte waren ihnen für Verhandlungen wichtig: 1. kein deutscher Hafen am Mittelmeer, 2. kein neuer befestigter Hafen an der marokkanischen Küste, 3. »open door« für den englischen Handel. Grey sollte den deutschen Botschafter über den Kabinettsbeschluß informieren. Zugleich mußte er den Franzosen mitteilen,

> »that they must recognize that largely by their own action, a return to the status quo ante has become difficult, if not impossible, and that it therefore become necessary to give a more definite recognition than before to German interests in Morocco«[88].

Die Stellungnahme der englischen Regierung sah in französischen Augen nach dem Versuch aus, in der Krise Äquidistanz zu beiden Seiten zu halten. Caillaux lehnte scharf jede Kompensation in Marokko ab. Doch Grey bewegte sich nicht, legte vielmehr zum Erstaunen Paul Cambons die Bemerkung nach, Großbritannien werde auch einen unbefestigten deutschen Hafen in Marokko aus strategischer Sicht nicht beanstanden. Schon 1906 hatte Admiral Fisher sich in dieser Richtung festgelegt[89]. Greys Schutzbehauptung, er wolle Frankreich keineswegs zu einer inakzeptablen Politik zwingen, war aus Pariser Sicht wertlos, wenn er gleichzeitig die Alternativen, Rückkehr zur Algecirasakte oder Ausgleich für Deutschland in oder außerhalb Marokkos zur einzig möglichen Entscheidung stellte[90]. Und was bedeutete das Pariser Versprechen Berties, London werde einem deutschen Atlantikhafen in Marokko niemals zustimmen? Der Botschafter stand damit in offenkundigem Widerspruch zu seinem Minister

86 Selves an P. Cambon 1.7.1911: DDF 2, 14, Nr. 1, S. 2 f. (pour Londres) und Anm. S. 2; Grey an Bertie 3.7.1911: BD 7, Nr. 351, S. 330 f.

87 Bei Greys Unentschlossenheit spielte die Angst vor den sozialrevolutionären Folgen eines Kriegs eine bedeutende Rolle: Keith M. Wilson, The Policy of the Entente. Essays on the Determination of British Foreign Policy 1904—1914, Cambridge 1985, S. 12—14; über seine Gegner im Kabinett: ebd., S. 27 f., 34 f.

88 Asquith an George V. 4.7.1911: Williamson, The Politics of Grand Strategy, S. 146 (Zitat), Grey an Bertie, an Salis 4.7.1911: BD 7, Nr. 355 f., S. 333 f., Wolff-Metternich an Wilhelm II. 4.7.1911: GP 29, Nr. 10592, S. 167, P. Cambon an Caillaux 4.7.1911: DDF 2, 14, Nr. 19, S. 17 f.

89 P. Cambon an Caillaux 6., 7.7.1911: DDF 2, 14, Nr. 36, S. 32 f., Williamson, The Politics of Grand Strategy, S. 147.

90 P. Cambon an Selves 10.7.1911; DDF 2, 14, Nr. 48m, S. 44, Grey an Bertie 10.7.1911: BD 7, Nr. 368, S. 346 f.

und dem Kabinettsbeschluß vom 4. Juli. Aber Eyre Crowe unterstützte diese Äußerung. Er warf Deutschland eine erpresserische Politik vor, der sich die Franzosen nach Algeciras und dem Februarvertrag von 1909 ein drittes Mal beugen müßten. Es sei sicher, daß Berlin immer neue Forderungen stellen werde:

> »Nothing will stop this process except a firm resolve, and the strength, to refuse, and, if necessary, to fight over it. This is the real lesson, not only for France, but also for us. If we had consented to a German port in Morocco, we should have had to be prepared for further demands presented in the same manner[91].«

Anderntags forderte er eine neue, schriftliche Lageanalyse der Admiralität zur Marokkofrage, von der er erwartete, daß sie seine Argumentation untermauern würde[92].

Als die deutschen Kongoforderungen London erreichten[93], änderten Crowe und Nicolson ihre Strategie. Nicolson war schon am 12. Juli, nach einem Gespräch mit Wolff-Metternich skeptisch gewesen, ob die Deutschen mit einer bloßen Berichtigung der Grenzen im Kongobecken befriedigt wären[94]. Jetzt drängten die beiden Beamten darauf, nicht so sehr auf Marokko, als vielmehr auf Englands Stellung in Europa zu schauen. Dort isoliere man sich, wenn die Franzosen ohne Beistand blieben. Berlin, so Crowe, spiele um höchste Einsätze. Könne es sich durchsetzen, bedeute das nicht allein einen Verlust von Interessen und Prestige, es wäre für Frankreich eine vitale Niederlage. Wegen dieses prinzipiellen Charakters des Konflikts plädierte Crowe dafür, schon jetzt zu entscheiden, ob England mit aller Energie an Frankreichs Seite kämpfen und alle Konsequenzen riskieren wolle. Nicolson unterstrich diese Beurteilung mit dramatischen Worten:

> »We have arrived at a critical moment. [...] If Germany saw the slightest weakening on our part her pressure on France would become intolerable to that country who would have to fight or surrender. In the latter case German hegemony would be solidly established, with all its consequences immediate and prospective[95].«

Glaubte man dieser Argumentation, bedrohte der »Panthersprung nach Agadir« die europäische »balance of power«. In London wurde er offenbar auf politischer Ebene zu keinem Zeitpunkt als Bluff angesehen, der lediglich Verhandlungen anstoßen sollte. Grey machte sich daran, die Gangart seiner Außenpolitik zu verschärfen. Er schlug dem Kabinett eine internationale Konferenz vor, um Deutschland zu einer Reaktion zu zwingen: würde es ablehnen, habe Großbritannien freie Hand. Doch die Ministermehrheit erkannte in der Marokkofrage keine Bedrohung britischer Interessen, erst recht keinen casus belli[96]. Am 20. Juli mußte Bertie daher am Quai d'Orsay vortragen, daß London eine inter-

91 Minute Crowes zu Bertie an Grey 11.7.1911: BD 7, Nr. 369, S. 349 datiert 12.7.
92 Minute Crowes zu Bertie an Grey 12.7.1911: BD 7, Nr. 372, S. 353 datiert 13.7.
93 J. Cambon und Selves informierten fortlaufend die britischen Vertreter in Berlin, Goschen, und in Paris, Bertie: Goschen an Grey 14.7.1911, empfangen am 17.7.1911, Bertie an Grey 18.7.1911: BD 7, Nr. 384, S. 364 f., Nr. 392, S. 371 f.
94 Notiz Nicolsons, BD 7, Anm. S. 367.
95 Minutes Crowes und Nicolsons zu Bertie an Grey 18.7.1911: BD 7, Nr. 392, S. 372 f.
96 Asquith an George V. 19.7.1911: Williamson, The Politics of Grand Strategy, S. 150 f.

nationale Konferenz erst verlangen werde, wenn die bilateralen Gespräche zu keinem Ergebnis kämen. Dann aber könne die britische Regierung es den Deutschen nicht verwehren, sich in Marokko festzusetzen, schon gar nicht um die Gefahr eines Krieges. Sie erwarte deshalb Konsultationen über jeden Schritt mit ernsthaften Folgen[97].

Damit waren Paris die Grenzen britischer Unterstützung unmißverständlich deutlich gemacht. Grey verlangte von Asquith jedoch Gleiches auch für die deutsche Seite:

> »I think therefore it is essential that I should on Friday [Kabinettstermin am 21. Juli] be authorized to make some communication to Germany to impress upon her that, if the negotiations between her and France come to nothing, we must become a party to a discussion of the situation and that as Agadir is a closed port, where we have no means of obtaining information, we must, unless we are kept informed by Germany, of any new developments there, send ships ourselves to see that our interests are not prejudiced[98].«

Stärker noch formulierte es der Außenminister für den Pariser Botschafter Bertie:

> »[...] we cannot go to war in order to set aside the Algeciras Act and put France in vital possession of Morocco. [...]; but if we go to war it must be in defence of British interests«[99].

Für die französische Gruppe im Foreign Office bot diese Betonung der britischen Interessen einen letzten Ansatzpunkt, Grey und das Kabinett doch noch für die Pariser Politik und gegen Deutschland einzunehmen. Nicolson beschrieb seinem Minister ein Schreckensszenario britischer Isolation, wenn man jetzt nicht richtig und vorsichtig handle. Die Tripelentente zerbreche, Frankreich stehe britischen Interessen im mediterranen, Rußland denen im zentralasiatischen Raum entgegen, Deutschland sei der Triumphierende in einer solchen Situation[100]. Mit Nicolsons Schockargumenten ging Grey in die Kabinettssitzung, und es gelang ihm tatsächlich, eine harte Linie durchzusetzen. Er sollte Wolff-Metternich mitteilen, England werde nur einem Abkommen über Marokko zustimmen, zu dem es auch gehört worden sei[101]. Finanzminister David Lloyd George bot eine Rede, die er am Abend bei einem Festakt im Mansion House halten wollte, als Gelegenheit an, diese Warnung gleich auch öffentlich auszusprechen. Asquith und Grey waren an der Formulierung beteiligt, die antideutschen Spitzen beabsichtigt und wohl erwogen[102].

---

97 Grey an Bertie 19.7.1911: BD 7, Nr. 397, S. 376.

98 Grey an Asquith 19.7.1911: BD 7, Nr. 399, S. 378.

99 Grey an Bertie 20.7.1911: BD 7, Nr. 405, S. 382.

100 Nicolson an Grey 21.7.1911: BD 7, Nr. 409, S. 386; die gleichen Argumente Berties, Selves' und Caillaux' (Bertie an Grey 21.7.1911, BD 7, Nr. 407 f., S. 383—385) erreichten Grey nicht mehr vor der Kabinettssitzung am 21.7.1911.

101 Asquith an George V. 21.7.1911: Williamson, The Politics of Grand Strategy, S. 153; Wolff-Metternich an Bethmann Hollweg 21.7.1911: GP 29, Nr. 10617, S. 199—203.

102 Keith M. Wilson, The Agadir Crisis, the Mansion House Speech and the Double-Edgedness of Agreements. In: Historical Journal 15 (1972), jetzt in ders., Empire and Continent, London, New York 1987, S. 89—109; Timothy Boyle, New Light on Lloyd George's Mansion House Speech. In: Historical Journal 23 (1980), S. 431—433; vgl. dagegen A.J.P. Taylor, The Struggle for Mastery in Europe 1848—1918, Oxford 1954, S. 471.

Nach dem Lob eines Schiedsgerichtsvertrags mit den USA, dessen Unterzeichnung für den 3. August bevorstand, und den Lloyd George als zivilisierte Methode pries, Streitigkeiten zu bereinigen, sagte der Schatzkanzler unter Beifall:

»But if a situation were to be forced upon us in which peace could only be preserved by the surrender of the great and beneficent position Britain has won by centuries of heroism und achievement, by allowing Britain to be treated where her interests were vitally affected as if she were of no account in the Cabinet of nations, then I say emphatically that peace at that price would be a humiliation intolerable for a great country like ours to endure. National honour is no party question[103].«

Während die europäische Presse aus den allgemein gehaltenen Formulierungen des englischen Politikers den Zusammenhang zur aktuellen Marokkokrise nicht sogleich herausfilterte, verstand Kiderlen-Wächter diese Redepassage sofort richtig. Es war eine Warnung, den Bogen nicht zu überspannen, und nicht auch mit London einen Konflikt zu beginnen, indem er die Ansprüche Großbritanniens als »quantité négligiable« behandelte. Kiderlen ließ sich jedoch nicht beirren und sandte Wolff-Metternich mit einem ausgesprochen scharfen Protest in das Foreign Office. Grey mußte sich den Vorwurf anhören, die englische Regierung verfolge mit der Rede ihres Finanzministers die Absicht, die Situation zu verwirren und einem gewaltsamen Ausgang zuzuführen. Dabei seien englische Interessen in den mit Frankreich verhandelten Gebieten überhaupt nicht berührt. Für etwaige Wünsche Londons, stünden die üblichen diplomatischen Kanäle offen. Die Berichte Wolff-Metternichs und Greys geben die Brisanz des Gesprächs vollkommen unterschiedlich wieder. Während der deutsche Botschafter die Angelegenheit recht banal erscheinen läßt, zeigt sich Grey in einem Schreiben an seinen Berliner Vertreter über die Schärfe des Protests erschrokken:

»But the tone of the German communication was very unfavourable also as regards France, and made it more than ever evident that a very difficult situation would arise if the German negotiations with France did not succeed[104].«

Grey war davon überzeugt, daß gescheiterte Verhandlungen Krieg bedeuteten. Er sagte Lloyd George und dem Innenminister Winston Churchill, die deutsche Position sei auf eine Weise verhärtet (»stiff«), die einen Angriff auf die Flotte jederzeit befürchten lasse. Diese Kriegsgefahr wurde in der englischen Führung nicht einheitlich wahrgenommen. Dem War Office und dessen Director of Military Operations, Henry Wilson, stand die Admiralität, vor allem der First Sea Lord, Arthur K. Wilson, entgegen. Während die Marokkokrise scheinbar ihrem Höhepunkt zuging, weilte der Admiral friedlich jagend in Schottland. Dagegen glaubte der Sekretär des Commitee of Imperial Defence, Admiral Charles Ottey, an einen möglichen »bolt from the blue« der vor Norwegen manövrierenden deutschen Flotte. Im Foreign Office hielt Arthur Nicolson dies zwar für weit hergeholt, doch Grey schrieb dem Marineminister, Reginald McKenna:

---

103 Rede Lloyd Georges 21.7.1911, zit. in der »Times« vom 22.7., Auszüge daraus in BD 7, Nr. 412, S. 391 f. (Zitat, S. 391), deutsche Übersetzung in Schulthess 52 (1911), S. 354 f.

104 Kiderlen-Wächter an Wolff-Metternich 24.7.1911, Metternich an Kiderlen 24.7.1911: GP 29, Nr. 10623 f., S. 210—212, Grey an Goschen 25.7.1911: BD 7, Nr. 419, S. 399.

»It is too much to say that relations are strained at the present moment, for we have asked nothing of Germany yet nor she of us, but they might at any moment become strained and we are dealing with people, who recognize no law except that of force between nations, and whose fleet is mobilized at the present moment — for I suppose mobilization for manoeuvres at full strength could be used if desired for attack[105].«

Als Gesamtverband lag die deutsche Flotte vor Norwegens Küste. Die British Home Fleet war dagegen weit verstreut, und die Schiffe mußten zuerst konzentriert werden. Am 26. Juli war in der »Times« zu lesen, ein Besuch der englischen Atlantikflotte in Norwegen sei abgesagt. Je ein Schlachtschiff- und ein Kreuzergeschwader würden nach Portsmouth fahren, um sich am 30. Juli mit dem Schlachtschiff »London« zu vereinen. In Devonport zirkuliere das Gerücht, die Mannschaften verschiedener Home-Fleet-Schiffe seien zu besonderer Dienstbereitschaft befohlen. Solche Gerüchte wirkten sich bereits im Börsen- und Versicherungsgeschäft aus[106]. Zur gleichen Zeit versuchte Henry Wilson die Ausstattung einer British Expeditionary Force zu verbessern. Der Einheit fehlten Offiziere, Pferde sowie moderne Gewehre und Maschinengewehre. Daß lediglich vier Divisionen einsatzbereit waren, hielt er für skandalös. Weder im Juli, noch bei einem weiteren Vorstoß Mitte August, hatten Wilsons Voschläge, den unbefriedigenden Zustand der Armee zu beenden, irgendeinen Erfolg. Das änderte sich zwar nach einer bemerkenswerten, ganztägigen Sitzung des Committee of Imperial Defence, an der die Spitzen von Politik und Militär, nicht aber deutschfreundliche Minister teilnahmen (23. August), sowie nach einer Kabinettsumbildung (23. Oktober), bei der Churchill und McKenna ihre Ressorts tauschten. Doch griffen angestrebte Änderungen der englischen militärischen Strategie nicht mehr in der akuten Krise. Daß dies so sein würde, hatte Churchill schon im Juli geahnt, als er an Grey die Fragen richtete:

»Our margins of naval strength are so big, if only we are ready: but are we ready? Are you absolutely sure we are ready?[107]«

Wenn die britische Führung mit ihrem im Vergleich zum deutschen Kaiser sehr viel höheren Informationsgrad uneins war über den kriegsgefährdenden Charakter der Marokkokrise und den Stand der eigenen militärischen Vorbereitung auf den möglichen Krieg, so kann es nicht verwundern, daß auch den von spärlichen Mitteilungen seines Außenstaatssekretärs und des ebenfalls uninformierten Kanzlers abhängigen Wilhelm II. Kriegsangst überkam. Als die kaiserliche Yacht am 26. Juli den norwegischen Hafen Bergen anlief, um für die Heimreise von der traditionellen Nordlandfahrt Kohlen zu bunkern, war die Stadt voller Kriegsgerüchte. Die dortige Zeitung teilte mit, daß Lloyds wegen des erhöhten Risikos Seeversicherungen nur für fünfzehn Tage übernahm. Das Wolffsche Telegraphen Bureau meldete die Besuchsabsage der britischen Flotte. Wilhelm wurde nervös:

»Die Engländer konzentrieren ihre Flotte.«

---

105 Williamson, The Politics of Grand Strategy, S. 155, 182; Nicolson an Grey, Grey an McKenna 24.7.1911: BD 7, Nr. 636 f., S. 625.

106 Schulthess 52 (1911), S. 356 f.

107 Williamson, The Politics of Grand Strategy, S. 183, 187—195; Churchill an Grey 30.7.1911: ebd., S. 182.

Admiral von Müller, der Chef des Marinekabinetts, hielt die Stimmung in seinem Tagebuch fest:

»Als nun das Auswärtige Amt ein langes Chiffretelegramm ankündigte, die ›Hohenzollern‹ möge Vorsorge treffen, daß das Telegramm, das möglicherweise bis 3 Uhr nachts nicht da sein könnte, nachgebracht würde, sahen viele — ich kann nur sagen, mit Schrecken — den Krieg vor Augen und sich selbst auf der Heimreise von englischen Kriegsschiffen aufgegriffen[108].«

Mit der Mansion-House-Rede am 21. bzw. deren Bekanntwerden in Berlin am 24. Juli und den englischen Flottenbewegungen als Folge des sehr scharfen deutschen Protests war zumindest nach dem Gefühl der politischen Entscheidungsträger die Marokkokrise auf einem Höhepunkt angelangt. Wie sehr sie damit recht hatten, zeigt sich am Treffen Kiderlens und Jules Cambons am 28. Juli In diesem Gespräch trafen die deutsch-französischen Gegensätze am heftigsten aufeinander. Daß es wieder zu keinem Ergebnis kam, »rückte die Möglichkeit eines Krieges näher«[109].

Hintergrundkontakte des Botschaftsrats von der Lancken zum französischen Ministerpräsidenten, die Caillaux vor dem Quai d'Orsay und de Selves geheimhielt, ließen auf eine Verständigung mit Paris hoffen. Caillaux schlug ein umfassendes Abkommen vor, um alle kolonialen Differenzen zu beenden. Mit ökonomischen Absprachen im Orient (Bagdadbahn, türkische Schulden) und der Herausgabe einiger Inseln wollte er die Öffentlichkeit vom Kern des Vertrags, der Marokko-Kongo-Frage, ablenken. Die Initiative Caillaux', so skeptisch Kiderlen ihr gegenüber auch war, bestärkte ihn jedenfalls in seiner Verhandlungsstrategie, als er dem französischen Botschafter begegnete. Er wollte fest auf dem Geforderten bestehen und sich notfalls strikt auf die Algecirasakte zurückziehen[110]. Jules Cambon bot, von seinem Außenminister nicht anders instruiert, Gebiete im Osten Kameruns und einen erleichterten Zollverkehr mit den angrenzenden französischen Kolonien an. Deutschland sollte dafür den »Entenschnabel«, eine Region im obersten Norden, eintauschen. Kiderlen aber beharrte auf seiner früheren Position. Beide drohten nun, die Verhandlungen abzubrechen, konnten sich jedoch darauf einigen, neue Instruktionen aus Paris und vom zurückgekehrten Kaiser abzuwarten[111]. Anschließend sprach Kiderlen mit dem erschrockenen Bethmann Hollweg; »in der ersten Wut« über die ergebnislose Diskussion mit Cambon, und wohl auch weil ihm der Kanzler »feste zu trinken« gab, um ihn »zu Reden zu bringen«, gab sich der Staatsekretär »sehr kriegslustig«[112]. Er äußerte sinngemäß:

---

108 Der Kaiser [...], S. 86 f.

109 Oncken, Panthersprung, S. 168.

110 Schoen an AA 27., Kiderlen an Treutler 28.7.1911: GP 29, Nr. 10678 f., S. 302—307; Mann, Die Agadirkrise, S. 54—59; Allain, Agadir, S. 402.

111 Selves an Cambon 20., Cambon an Selves 29.7.1911: DDF 2, 14, Nr. 86, 120, S. 85—87, 137—139; Goschen und Bertie an Grey 29.7.1911: BD 7, Nr. 438, 440, S. 420—422; Mann, Die Agadirkrise, S. 59 f.; Oncken, Panthersprung, S. 290.

112 Kurt Riezler. Tagebücher-Aufsätze-Dokumente. Hrsg. von Karl Dietrich Erdmann, Göttingen 1972, S. 178 f.

»Unser Ansehen im Auslande ist heruntergewirtschaftet, wir müssen fechten[113].«

Bethmann schloß daraus, »Kiderlen ziehe nicht nur den Krieg in Betracht, sondern wolle es darauf anlegen«. Diese Formulierung Kurt Riezlers, Bethmanns privatem Sekretär, belegt unzweideutig die Angst des Kanzlers, sein Minister provoziere bewußt einen Krieg[114]. Kiderlen trat also betont »kriegslustig«, »burschikos«, wie Admiral von Müller feststellte, auf. Sein Auftreten kann aber nur zum Ziel gehabt haben, Kaiser und Kanzler für seine Verhandlungsstrategie zu gewinnen. Die äußere Entschlossenheit war nach wie vor gepaart mit dem Willen zu verhandeln, und im Verlauf der Diskussion über einen Ausgleich gegebenenfalls auch nachzugeben. Bei einem Treffen auf der »Hohenzollern« in Swinemünde erklärte Kiderlen am 30. Juli, ein Krieg mit Frankreich sei gegenwärtig nicht opportun, weil England die Franzosen stütze und Österreich-Ungarn im Konflikt ein wertloser Bündnispartner sei[115]. Er wollte keinen Kriegskurs durchsetzen[116], auch brauchte ihn Wilhelm II. nicht vom Gegenteil zu überzeugen[117]. Kiderlen beabsichtigte, auf der Basis seines zweifachen Bluffs (Kriegsdrohung und überzogene Forderungen) fortzufahren. Das konnte aber nur heißen, den Franzosen jetzt ein Stück weit entgegenzukommen. Hierfür muß der Kaiser, der nach Müllers Angaben »sehr still« gewesen war, in Swinemünde sein Plazet gegeben haben. Nur dies entspräche auch der vorangegangenen Kriegsangst Wilhelms. Auch hätte ein verschärfter Konfrontationskurs die Auseinandersetzung mindestens um England erweitert, während Kiderlen seine Chance gerade in bilateralen Verhandlungen sah. So erscheint das Swinemünder Treffen zwar als zentrales Ereignis auf deutscher Seite im Verlauf der Marokkokrise, deren Entspannung aber nicht als Folge eines Richtungswechsels deutscher Politik, sondern bewirkt durch die konsequent fortgesetzte Strategie Kiderlens. Am 1. August war der Staatssekretär bereit, kaum veränderte Vorschläge Jules Cambons als Verhandlungsbasis zu akzeptieren. Er bestand lediglich auf einem Landzugang zum Kongofluß. Mit diesem Nachgeben reagierte er weder auf den englischen Druck, noch auf ein Machtwort seines Monarchen oder des Kanzlers, allenfalls — was den Zeitpunkt betrifft — auf die französische Standfestigkeit am 28. Juli. Tatsächlich aber war ein Rückzieher in den Forderungen stets beabsichtigt gewesen. Daß Kiderlen-Wächter damit einen Sturm in der deutschen Öffentlichkeit auslöste, steht dagegen auf einem

113 Otto Hammann, Aufzeichnungen. In: Archiv für Politik und Geschichte 3 (1925), S. 541—553, hier S. 547 f.

114 Kurt Riezler Tagebücher, S. 179; diese Interpretation korrespondiert mit Hammanns Bemühen, den Reichskanzler von dieser Furcht abzubringen (Hammann, Aufzeichnungen, S. 548) und Riezlers Beurteilung der Politik Kiderlens (Kurt Riezler Tagebücher, S. 180 f.). Karl Dietrich Erdmann, Zur Beurteilung Bethmann Hollwegs. In: Geschichte in Wissenschaft und Unterricht 15 (1964), S. 534, und auch Fritz Fischer, Krieg der Illusionen (S. 119) kommen trotz einer doppeldeutigen Wiedergabe dieser Stelle — Erdmann unterschlägt das »nur« in Riezlers Satz — zur selben Interpretation.

115 Der Kaiser [...], S. 87.

116 Was doch Fischers Formulierung, er habe einen »harten Kurs« durchsetzen wollen, unterstellt (Fischer, Krieg der Illusionen, S. 119).

117 Was Barracloughs Satz (»But then came Kiderlen's interview with Wilhelm II and an immediate change of tone.«) glauben macht: Geoffrey Barraclough, From Agadir to Armageddon. Anatomy of a Crisis, London 1982, S. 134.

anderen Blatt[118]. Das Wort vom »zweiten Olmütz« machte schnell die Runde und die als streng monarchistisch geltende, freikonservative Berliner »Post« schoß sogar gegen den Kaiser: »Guillaume le timide, le valeureux poltron[119]!«

Trotz der öffentlichen Kritik arbeitete Kiderlen weiter daran, die Lage zu entspannen. Parallel zu den reduzierten Ausgleichsforderungen gegenüber Frankreich vermied er jeden Schritt, der als materielle Kriegsdrohung auszulegen war. Am 8. August vereinbarte er mit dem Admiralsstab, für die Hochseeflotte keine besonderen Maßnahmen vorzubereiten. Programmgemäß sollte sie am 10. eine Rückzugsübung in Richtung Skagen, an der Nordspitze Jütlands, beginnen. Auch die vom Kaiser gewünschte schnellere Indienststellung der »Helgoland«, des Prototyps einer neuen Klasse von Großlinienschiffen, lehnte Kiderlen als »kleine Mobilmachung« ab. Er schloß einen Krieg wegen Marokko oder »weil die Franzosen uns nicht genug Kongo geben wollen« ausdrücklich aus[120]. Admiral Eduard von Capelle hatte den Eindruck, Kiderlens kriegerisches Auftreten entbehre eines ernsten Hintergrunds:

> »Wir sind entschlossen, es nicht zum Kriege kommen zu lassen, und daher bereit, sehr weit nachzugeben.«

Schon am 14. August glaubte die Marineführung, die ganze Angelegenheit sei erledigt, und der Kompromiß weniger schlimm als befürchtet[121]. Den durch die Presseangriffe zeitweise genervten und deshalb »kriegerisch« gestimmten Kaiser beruhigte Kiderlen-Wächter bei einer Begegnung in Kassel[122]. Selbst als die britische und die französische Armee ihre Herbstmanöver absagten, und dadurch einen Mobilisierungsvorsprung bekamen, hielten Kiderlen und Bethmann mit dem Einverständnis von Kriegsministerium, Generalstab und Kaiser am planmäßigen Ablauf der deutschen Übungen und an der fristgerechten Entlassung aller Reservisten fest[123]. Sie änderten diese Politik auch dann nicht, als die öffentliche Erregung um die Marokkofrage während einer Verhand-

---

118 Kiderlen an Schoen 2., 4.8.1911: GP 29, Nr. 10683, 10685, S. 308—310; Selves an Cambon 30.7.1911: DDF 2, 14, Nr. 126 f., S. 145—147, Cambon an Selves 1., 2.8.1911: DDF 2, 14, Nr. 134, 137, S. 157—161; Goschen an Grey 1.8.1911: BD 7, Nr. 448, S. 426 Randbemerkung Crowes zur Entwicklung der Krise (ebd., S. 427): »This is what we expected. Germany is seeking the way for retreat.« Hierzu Nicolson und Grey (ebd.), »I do not agree that this necessarily means that Germany is retreating — though it is quite possible she is changing her ground.« Bertie an Grey 2.8.1911: BD 7, Nr. 451, S. 428 f., Goschen an Grey 4.8.1911: BD 7, Nr. 457, S. 432—434; Mann, Die Agadirkrise, S. 63—66, Oncken, Panthersprung, S. 290—293; Presseöffentlichkeit in Deutschland siehe Carroll, Germany, S. 676—679, 684—686, Fischer, S. 131, Wernecke, Der Wille zur Weltgeltung, S. 71—75.

119 »Die Post« 4.8.1911, zit. nach: Oncken, Panthersprung, S. 171 (30), vgl. Wernecke, Der Wille zur Weltgeltung, S. 171, Fischer, Krieg der Illusionen, S. 131, Schulthess 52 (1911), S. 137 f.

120 Meldungen Seebohms 8., 10.8.1911: Alfred von Tirpitz, Politische Dokumente, Bd 1. Der Aufbau der deutschen Weltmacht, Stuttgart, Berlin 1924, S. 201 f, Oncken, Panthersprung, S. 295 (Zitat); Tirpitz, Politische Dokumente, S. 202 (»Helgoland«).

121 Capelle an Tirpitz 12., 14., 17.8.1911: Tirpitz, Politische Dokumente, S. 203, 206 f., 207 (Zitat).

122 Aufzeichnung Kiderlens 18.8.1911: Jäckh, Alfred von Kiderlen-Wächter, S. 138 f.

123 Oncken, Panthersprung, S. 214 f., 297.

lungspause (17. August—4. September) und besonders Anfang September erneut heftig losbrach[124].

Unter dem wuchtigen Titel »Zwischen den Schlachten!« faßte die »Kölnische Zeitung« am 23. August die Pressemeinung in Deutschland zusammen und warnte, die Öffentlichkeit dulde kein weiteres Zurückweichen. Daß diese Mahnung an die Pariser Adresse ging, verdeutlichte eine Interpretation der »Nationalliberalen Correspondenz«, welche die »Kölnische Zeitung« kommentarlos drei Tage später verbreitete:

> »Nicht ›um Marokko‹ handelt es sich jetzt allein, sondern um die Frage der weltpolitischen Stellung der führenden Kulturvölker, die für die Zukunft entscheidend wird[125].«

Wenig später, am 5. September, wurde die »Kölnische Zeitung« konkret: »Krieg oder Frieden?« war ein Artikel dramatisch überschrieben; dort hieß es, daß Frankreich und Deutschland wegen Marokko nicht die Waffen kreuzen werden, was aber nicht bedeute, daß Marokko keinen Krieg wert sei. Ein Weltbrand könne sich an einer Streichholzschachtel entzünden:

> »Denn im Lichte der letzten, wenn auch unwahrscheinlichen Möglichkeit eines Krieges wird man immerhin den Ausgang der marokkanischen Händel wohl oder übel betrachten müssen[126].«

Die »Post« behauptete am Tag darauf, die Verhandlungen mit Paris seien geplatzt. Und am 8. September faßte die »Allgemeine Evangelisch-Lutherische Kirchenzeitung« die Pressestimmung in der Überschrift zusammen: »Lieber Krieg als nachgeben«[127]. Die militanten Pressetöne wurden von einer Börsenbaisse begleitet. Die Furcht vor einem bevorstehenden Krieg gab Falschmeldungen und Gerüchten große Wirkung. In vielen Orten drängten sich die Menschen vor den Bankschaltern, um sich ihre Sparguthaben auszahlen zu lassen, teilweise weigerten sie sich, Papiergeld entgegenzunehmen. Es war diese Angst, die seit Mitte August die Menschen in den großen Städten, so am 20. August in Leipzig 100 000 Arbeiter und am 3. September in Berlin mehr als 100 000 zu sozialdemokratischen Kundgebungen gegen Krieg und Kriegshetze zusammenführte[128].

Die Aufregung war aber nicht nur in Deutschland angewachsen[129]. Der britische Außenminister war sich bewußt, daß in Deutschland, und auch in Frankreich ein Krieg als bedauerlich, aber doch unvermeidlich angesehen wurde[130]. Grey nahm diese Möglichkeit im September sehr ernst, und er wollte dem Schlimmsten vorbeugen. Erstens für die britische Öffentlichkeit:

---

124 Zum Verlauf der deutsch-französischen Verhandlungen und deren Inhalte: Mann, Die Agadirkrise, S. 70 ff., Allain, Agadir, S. 385 ff., Oncken, Panthersprung, S. 301—308.

125 Zit. nach: Wernecke, Der Wille zur Weltgeltung, S. 76 f., Fischer, Krieg der Illusionen, S. 135.

126 Zit. nach: Wernecke, Der Wille zur Weltgeltung, S. 86.

127 Fischer, Krieg der Illusionen, S. 136.

128 Schulthess 52 (1911), S. 141, 148 f., Wernecke, Der Wille zur Weltgeltung, S. 87, 90, Groh, Negative Integration, S. 241 f.

129 Für das Folgende Williamson, The Politics of Grand Strategy, S. 183, Barraclough, From Agadir to Armageddon, S. 138.

130 Vgl. Corbett an Grey 20.8.1911: BD 7, Nr. 486, S. 459.

»It is essential that before war comes (if it does come) it should be clear that Germany has meant war and has forced it: unless that is so, I could not be sure of what the force of public opinion here would be, [...][131].«

Zweitens hinsichtlich des dritten Ententepartners, Rußland: der Botschafter in Petersburg sollte erkunden, welche militärischen Vorbereitungen das Land traf. Drittens bezüglich der Marine: Grey fürchtete einen plötzlichen deutschen Angriff.

»Our fleets should therefore always be in such a condition and position that they would welcome a German attack, [...][132].«

Gleichzeitig schloß er eine schiedliche Lösung, für die sich US-Präsident William Howard Taft als Vermittler anbot, nicht aus[133]. Er nahm jedoch die eingeleiteten militärischen Maßnahmen sogleich zurück, als ihm am 26. September die Lage entspannter erschien. Vielleicht erinnerte Grey sich der eindringlichen Fragen Winston Churchills vom 30. Juli, ob er sich über den Vorbereitungsstand der Marine für einen Krieg absolut sicher sei.

Ganz ähnliche Fragen bewegten um den Monatswechsel August/September 1911 politische und militärische Entscheidungsträger in Berlin und Paris. Der preußische Kriegsminister Josias von Heeringen fragte den Reichskanzler in einer Besprechung am 31. August:

»Kann der Reichskanzler die Verantwortung übernehmen, daß wir diese militärischen Verhältnisse ohne Gefahr weiter ertragen?«

Bethmann Hollweg trug solche Bedenken nicht, offenbar war er jetzt überzeugt, daß Kiderlen nicht auf einen Krieg zusteuerte[134]. Waren es in Deutschland die Politiker, die dem Militär dessen Sicherheit garantierten, suchte sich umgekehrt in Paris der Politiker die Versicherung des Militärs zu verschaffen, ein Krieg werde siegreich enden. Im Verlauf eines Gesprächs, das der neue Generalstabschef Joseph Joffre mit dem Staatspräsidenten, Armand Fallières und Regierungschef Caillaux führte, fragte dieser:

»Avons-nous 70 % de chances de victoire, si la situation nous accule à la guerre?«

Joffre erwiderte:

»Non, je ne considère pas que nous les ayons.«

Caillaux entschied sofort:

»C'est bien, alors nous négocierons[135].«

Verhandelt wurde nun sehr rasch; am 18. September waren sich Kiderlen und Cambon über Marokko einig. Detailfragen widmete man sich in weiteren Zusammenkünften bis Mitte Oktober. Am 11. und 14. Oktober konnte dieser Teil eines Abkommens paraphiert werden. In wenigen Tagen kamen die Unterhändler auch in den territorialen Fragen im Kongobecken überein. Am 26. Oktober lag auch hierzu ein unterschriftsreifer Text vor, der am 4. November 1911 paraphiert wurde. Deutschland hatte sich letztlich mit Gebieten im Osten und Süden

131 Grey an Bertie 8.9.1911: BD 7, Nr. 540, S. 521, siehe auch Keith Wilson, The Policy of the Entente, S. 87.

132 Grey an McKenna15.9., Grey an Nicolson 17.9.1911 (Zitat): BD 7, Nr. 646 f., S. 638.

133 Grey an Bertie 11.9.1911: BD 7, Nr. 544, S. 523 f.

134 Aufzeichnung Heeringens 31.8.1911: GP 29, Nr. 10726, S. 347.

135 Allain, Agadir, S. 370 datiert das Gespräch zwischen den 19.8. und den 3.9.

Kameruns begnügt, die Zugänge zum Chari und zum Kongo gewährten. Dafür stimmte es der Besetzung Marokkos und einem französischen Protektorat dort zu.

Welche entscheidenden Merkmale und Ergebnisse lassen sich nun für die Agadirkrise von 1911 herausfiltern? Alfred von Kiderlen-Wächter verfolgte eine langfristige Konzeption deutschen Kolonialerwerbs in Mittelafrika, der ihm nur durch einen machtpolitischen Stärkebeweis gegenüber Frankreich möglich erschien. Früh erkannte er in Marokko den Hebel hierzu. Die französische Politik war dort absehbar auf ein Protektorat nach tunesischem Vorbild gerichtet. Sie widersprach damit der Algecirasakte und einem Vertrag mit Deutschland. Dies hätte man wie England, Rußland und auch Österreich-Ungarn tolerieren oder ignorieren, oder wie Spanien und Ende 1911 Italien (Tripoliskrieg[136]) mit einer aktiven Marokko- oder Mittelmeerpolitik beantworten können. Kiderlen-Wächter entschied sich für einen dritten Weg, von dem er hoffte, daß ihn Großbritannien nicht durchkreuzte: er wollte einen territorialen Ausgleich in Afrika. Mit der »Panther«-mission gab er sich »martialisch, ohne den Krieg zu wollen«[137]. Der Bluff sollte »Frankreich an den Konferenztisch bringen«[138], also bilaterale Verhandlungen in Gang zu setzen. Kiderlen selbst setzte seine Politik dabei dem Druck der Öffentlichkeit aus. Er mobilisierte Erwartungen und Emotionen, die weder zu erfüllen noch beherrschbar waren. Die »verdeckte Rollenverteilung«[139] von extremen Forderungen der Alldeutschen und reduzierten Kompensationsansprüchen Kiderlens in den Verhandlungen mit Frankreich scheiterte. Die deutsche Außenpolitik begab sich in eine verhängnisvoll zunehmende Abhängigkeit von der öffentlichen Kriegsbereitschaft, wofür die Marokkokrise die »Wasserscheide in der politischen Entwicklung des Deutschen Reiches«[140] bildet. Kiderlens Handeln untergrub nachhaltig die Möglichkeit einer gemäßigten Außenpolitik; denn die Geister, die er rief, waren nicht mehr abzuschütteln. Sein Nachgeben konnte er nicht mehr als Verhandlungsstrategie vermitteln. Ein innenpolitischer Prestigeverlust war die Folge, womit sich die Marokkokrise als kontraproduktiv für die Absichten des Staatssekretärs erwies: mit einem Erfolg nach außen hatte er die Position der Reichsleitung im

---

136 Timothy W. Childs, Italo-Turkish Diplomacy and the War over Libya 1911—1912, Leiden u.a. 1990, S. 9, 43—70.

137 Klaus Hildebrand, Deutsche Außenpolitik 1871—1918. Enzyklopädie Deutscher Geschichte, Bd 2, München 1989, S. 37.

138 Hugo von Lerchenfeld-Koefering, Erinnerungen und Denkwürdigkeiten 1843—1925, Berlin [2]1935, S. 429.

139 Imanuel Geiss, Der lange Weg in die Katastrophe. München 1990, S. 252.

140 Wolfgang J. Mommsen, Die latente Krise des Deutschen Reiches 1909—1914. In: Handbuch der Deutschen Geschichte. Hrsg. von Brandt, Meyer, Just, 4, 1, Frankfurt a.M. 1973 Abschnitt Ia, S. 33; ders. Der autoritäre Nationalstaat. Verfassung, Gesellschaft und Kultur im deutschen Kaiserreich, Frankfurt a.M. 1990, S. 205, 306, 337—339, 391—393; zur Kriegsmentalität im wilhelminischen Deutschland siehe den Sammelband von Bereit zum Krieg. Beiträge zur historischen Friedensforschung. Hrsg. von Jost Dülffer und Karl Holl, Göttingen 1986.

Innern stabilisieren wollen. Der gegenteilige Effekt zeigte sich schon in den Marokkodebatten des Reichstags im November 1911[141].

Innerhalb des europäischen Systems verhielt es sich nicht anders. Der Anspruch auf Weltgeltung, den die Deutschen demonstrieren wollten, hatte einen schweren Rückschlag erlitten. In seinem zweiten Täuschungsversuch hatte Kiderlen unrealistische Gebietsforderungen an Frankreich gerichtet. Er beabsichtigte zwar, diese zu reduzieren, sah aber offenbar den Umfang solcher Reduktionen nicht voraus[142]. Die Rückfallposition hatte die deutsche Seite jedenfalls vorher weder für den diplomatischen noch für den öffentlichen Gebrauch festgelegt. Auf dem Höhepunkt der Krise, als sich England bedrohlich einmischte, blieb deshalb nur das eilige Nachgeben.

Anders als in Paris hatte man in London die deutsche Politik nicht als Bluff erkannt, sondern als »eskalierenden Schritt« gegenüber Frankreich wahrgenommen[143]. Grey steuerte einen engen Kurs zwischen jenen Kräften in der Regierung, die England zugunsten innerer Reformen aus internationalen Konflikten heraushalten wollten, und den profranzösischen, zum Teil kriegsbereiten »hardlinern« im Foreign Office und im Kabinett[144]. Im Verlauf der Marokkokrise gab Großbritannien ein weiteres Stück seiner Handlungsfreiheit auf, zugunsten intensivierter Kontakte innerhalb der Entente[145]. Dadurch bedeutet die Krise auch für England eine wichtige Wegmarkierung der Vorgeschichte des Weltkriegs.

Die britische Kriegsoption war eine eindeutig defensive. Zum einen wegen Greys Angst vor den sozialrevolutionären Folgen eines Kriegs[146], zum anderen wegen der Zweifel an der Kriegstauglichkeit des englischen Militärs. Ganz gleiche Unsicherheiten hielten auch die Franzosen von einer offensiven Alternative ab. Mit ihrem kontinuierlichen Informationsfluß über den Stand der Gespräche mit Deutschland hatten sie Anteil am britischen Entscheidungsprozeß. Die englische Einmischung ermöglichte den französischen Verhandlungserfolg. Auch für die Geschichte der Dritten Republik bilden die Ereignisse von 1911 einen Wendepunkt. Die nationalistische und militaristische Rechte konnte sich danach unter dem Schlagwort von der deutschen Bedrohung revitalisieren. Der »esprit public« wurde kriegsbereiter[147].

---

141 Groh, Negative Integration, S. 258—261, Stig Förster, Der doppelte Militarismus. Die deutsche Heeresrüstungspolitik zwischen Status-quo-Sicherung und Aggression 1890—1913, Stuttgart 1985, S. 211—216.

142 Oncken, Panthersprung, S. 284.

143 Klaus Wormer, Großbritannien, Rußland und Deutschland. Studien zur britischen Weltreichpolitik am Vorabend des Ersten Weltkriegs, München 1980, S. 179.

144 Dockrill, British Policy, S. 285.

145 Rainer Lahme, Das Ende der Pax Britannica: England und die europäischen Mächte 1890—1914. In: Archiv für Kulturgeschichte 73 (1991), S. 169—192, hier S. 186.

146 Keith Wilson, The Policy of the Entente, S. 12—14.

147 Gilbert Ziebura, Die deutsche Frage in der öffentlichen Meinung Frankreichs von 1911—1914, Berlin 1955, S. 13 ff., 111—122.

32. Kein serbischer Zugang zur Adria. Britisch-deutscher Friedenskurs im Jahr 1912

Mit der Annexion Bosniens und Herzegowinas waren 1908 die Konflikte aus dem kolonialen Raum nach Europa zurückgekehrt. Nach der mehrfachen Krise der zweiten Hälfte der 1880er Jahre hatten die Mächte ihre Auseinandersetzungen erfolgreich an die Peripherie verlagert und unterhalb der Schwelle zum Krieg ausgetragen. Die ethnischen, ökonomischen und ideologischen Gegensätze auf dem Balkan ließen sich jedoch nicht dauerhaft aus der Konkurrenz der Großmächte untereinander ausgrenzen. Über Südosteuropa kam die gefährliche Krisenanfälligkeit des europäischen Systems in dessen Zentrum zurück.

Durch den französischen Erfolg in Marokko fühlten sich die Italiener ermutigt, langehegte imperialistische Wünsche in Nordafrika auszuführen[1]. Die italienische Kriegsführung gegen die Türkei weitete sich über das direkte Kriegsziel, die Kontrolle Libyens (Tripolitanien, Cyrenaïka), auch auf die Ägäis, wo die Türken die Inseln des Dodekanes verloren, bis vor Konstantinopel aus. Im April 1912 beschossen italienische Kriegsschiffe türkische Forts an den Dardanellen. Die österreichische Regierung begann den Drang der Italiener nach den »altera sponda«, den Gegenküsten, zu fürchten. Außenminister Aehrenthal warnte, Österreich-Ungarn könne militärische Aktionen Italiens, immerhin formal weiter Partner im Dreibund, in der Adria nicht dulden: weite Rom seinen Operationsraum aus, führe dies unweigerlich zum Konflikt mit dem Habsburgerreich[2]. Doch die Gefahr für den einzigen österreichischen Meereszugang ging nur bedingt von Rom aus. Der Versuch, sich der albanischen Küste zu bemächtigen, hätte ja nicht nur eine Konfrontation mit den Österreichern bedeutet, sondern als Veränderung des prekären Zustands auf dem Balkan alle europäischen Mächte berührt. Es war für Italien gewinnträchtiger, aus der Türkei Teile herauszulösen und territorial zu sichern, ohne das System der Großmächte zu aktivieren.

Anderes galt für die kleinen, ethnisch heterogenen und national unbefriedigten südosteuropäischen Staaten, allen voran das unruhige Serbien. Sie wollten aus der Konkursmasse des Osmanischen Reichs ihren Teil bekommen und scheuten hierfür weder den Krieg gegen die veränderte Türkei, noch den Streit mit Österreich-Ungarn[3]. Der Balkanbund Serbiens und Bulgariens am 13. März

---

1 Timothy W. Childs, Italo-Turkish Diplomacy and the War over Libya 1911—1912. Leiden u.a. 1990, S. 9, 43—70.

2 Tschirschky an AA 1.10.1911: GP 30/1, Nr. 10857, S. 80—82. Im Mai 1900 hatte der Vorgänger Aehrenthals, Agenor Graf Goluchowski, konstatiert, Österreich-Ungarn »könne in Albanien keine andere Macht festen Fuß fassen lassen und nie zugeben, daß das Adriatische Meer ihm verschlossen werde« (Aufzeichnung Bülows 7.5.1900: GP 18/1, Nr. 5435, S. 99—101); zum deutschen Verhalten während des Tripoliskriegs siehe W. David Wrigley, Germany and the Turco-Italian War, 1911—1912. In: Journal of Middle East Studies 11 (1980), S. 313—338 und Fritz Fischer, Krieg der Illusionen. Die deutsche Politik von 1911 bis 1914, Düsseldorf 1969, S. 205—208.

3 Zu den Balkankriegen und ihren Folgen für das europäische System umfassend Ernst Christian Helmreich, The Diplomacy of the Balkan Wars 1912—1913, Cambridge 1938,

1912 war eine direkte Folge der türkischen Schwäche. Zugleich stärkte er Rußlands Einfluß, dessen Gesandter in Belgrad, Nikolaus von Hartwig, die Allianz vermittelt hatte[4]. Ende Mai bzw. Anfang Oktober wurde sie um Griechenland bzw. Montenegro erweitert. Nach den Erfahrungen der Annexionskrise 1908/09 war deutlich, daß sich ein solches Bündnis unter russischer Schirmherrschaft nicht allein gegen die Türkei, sondern früher oder später auch gegen die nördliche Hegemonialmacht richtete, gegen Österreich-Ungarn. Diese Entwicklung fürchtete auch der neue österreichische Außenminister Leopold Graf Berchtold. Er vermutete hinter der aggressiven Bündnispolitik auf dem Balkan das russische Ziel, einen Kriegshafen an der Adria in die Hand zu bekommen, um Österreich-Ungarn im Ernstfall in seinem einzigen maritimen Ausfallstor abzuschnüren[5]. Am 16. Oktober 1912 legte man sich deshalb am Ballhausplatz darauf fest, jede »Festsetzung einer Großmacht auf dem östlichen Ufer der Adria« als Bedrohung vitaler Interessen der Doppelmonarchie zu betrachten. Sie sollte unter allen Umständen, auch mit militärischen Mitteln verhindert werden[6]. Mit dem Beginn des ersten Balkankriegs am 17. Oktober und der rasch deutlich werdenden militärischen Niederlage der Türken, erweiterte man diesen Grundsatz: auch die Präsenz »gewisser kleinerer Mächte, zum Beispiel Serbiens« an der Adriaküste erfordere österreichische Gegenmaßnahmen[7]. Die österreichische Regierung entschied sich zunächst aber für ein Verhandlungskonzept, das Belgrad den Sandschak Novibazar anbot, also jenen Gebietsstreifen zwischen Serbien und Montenegro, den die Österreicher 1908 an die Türkei zurückgegeben hatten und der den Weg nach Saloniki und an das Mittelmeer freigab. Dafür forderte man neben verkehrspolitischen Absprachen vor allem einen unabhängigen albanischen Staat als Hindernis für den serbischen Drang zur Adria. Wollte Belgrad hierauf nicht eingehen, so war ein Krieg nicht ausgeschlossen.

Die Furcht, hinter Serbien stehe Rußland, erhielt Anfang November Bestätigung. Die Serben konnten sich ihres Erfolgs bereits sicher sein[8], da erklärte Ministerpräsident Nikola Pašič: »Das Volk will zum Meere«, gegen die österreichische Opposition werde man sich »natürlich an die anderen Staaten halten müssen, an den Osten, an Rußland«[9]. Pašič glaubte sich des russischen Rückhalts sicher, obgleich dies eine weitgehende Umorientierung der Petersburger Politik voraussetzte.

außerdem A.J.P. Taylor, The Struggle for Mastery in Europe 1848—1918, Oxford 1954, S. 483—502 und Matthew Smith Anderson, The Eastern Question 1774—1923. A Study in International Relations, London, New York 1966, S. 287—302.

4 Andrew Rossos, Russia and the Balkans: Inter-Balkan rivalries and Russian foreign policy 1908—1914, Toronto 1981, S. 34—69; David M. McDonald, A lever without a fulcrum: domestic factors and Russian foreign policy, 1905—1914. In: Imperial Russian foreign policy. Ed. by Hugh Ragsdale, Cambridge 1994, S. 268—311, bes. S. 298—302.

5 Undatierte Aufzeichnung Berchtolds: zit. nach: Egmont Zechlin, Die Adriakrise und der »Kriegsrat« vom 8.Dezember 1912. In: ders., Krieg und Kriegsrisiko. Zur deutschen Politik im Ersten Weltkrieg. Aufsätze, Düsseldorf 1979, S. 115—159, hier S. 116.

6 Protokoll einer Konferenz im Außenministerium 16.10.1912: ÖUA 4, Nr. 4118, S. 659—661.

7 Undatierte Aufzeichnung über eine zwischen dem 25. und 30.10.1912 abgehaltene Konferenz im Außenministerium: ÖUA 4, Nr. 4170, S. 698—702.

8 Rossos, Russia and the Balkans, S.80 f.

9 Tagebucheintrag des Historikers Josef Redlich über ein Gespräch mit Pašič, 6.11.1912: Zechlin, Die Adriakrise, S. 115 f.

Zwar hatten die Russen die Bildung des Balkanbunds gefördert, um der österreichischen Hegemonie in Südosteuropa einen Riegel vorzuschieben, gleichzeitig den russischen Einfluß zu erneuern und das Verhältnis zu Konstantinopel aufzubessern[10]. Ein Krieg gegen die Türkei lief diesem Konzept aber zuwider, eine serbische Drohung mit der Waffenbrüderschaft Rußlands entbehrte also der Realität. Im September und Oktober 1912 hatte der russische Außenminister Sasonov versucht, diesen Krieg zu verhindern. Er wies Hartwig an, gemeinsam mit seinem österreichischen Kollegen auf den Erhalt des Friedens zu drängen. Sasonov ging soweit, den Serben mit österreichischen Angriffsabsichten zu drohen: wolle sich Belgrad dem russischen Rat widersetzen, stehe es seinem Schicksal allein gegenüber[11]. Im Vorfeld des Balkankriegs nutzte der russische Außenminister seine Reisen nach London und Paris dazu, eine gemeinsame Politik der Großmächte zustandezubringen. Der französische Premierminister Poincaré schlug eine Dreipunkteerklärung vor: 1. Die Mächte verurteilen alle friedensgefährdenden Maßnahmen. 2. Die Mächte akzeptieren keine aus einem Krieg resultierenden Veränderungen des status quo. 3. Im Interesse der Christen Südosteuropas nehmen die Großmächte die im Artikel 23 des Berliner Vertrags von 1878 angeführten Reformen im europäischen Teil der Türkei in die eigene Hand, ohne dabei deren territoriale Integrität anzutasten. Sasonov stimmte einer solchen Demarche zu, Berchtold erreichte kleinere Änderungen am Text[12], aus Berlin gab Alfred von Kiderlen-Wächter sein Plazet. Gegenüber solcher Gemeinsamkeit stellten die Briten ihre Bedenken zurück[13]. Mit der Internationalisierung der Balkanfrage wollte die russische Diplomatie zweierlei erreichen. Erstens bestand die vage Chance, daß sich die verbündeten Balkanstaaten einschüchtern ließen und auf den Krieg verzichteten. Zweitens baute die gemeinsame Politik einer einseitigen österreichischen Intervention vor. Letztlich liefen die russischen Protegés ihrer Schutzmacht jedoch aus dem Ruder und verfolgten mit der Kriegserklärung an die Türkei eigene Ziele.

An die Stelle einer Politik, die einen Krieg überhaupt verhinderte, trat nun eine Strategie, die ihn wenigtens regional begrenzte. Sein Ausgang war nicht von vornherein absehbar. Um nun nicht in die Verlegenheit zu geraten, eventuell unterlegene Alliierte notfalls unterstützen zu müssen, versuchte Sasonov, eine Mediation der Mächte in die Wege zu leiten. Neratov, ein Mitarbeiter des russischen Außenministers, ließ den britischen Botschafter, Buchanan, wissen:

> »It was most necessary that there should be no divergence of views between the Powers of the Triple Entente in any discussion in which all the Powers were engaged[14].«

---

10 Rossos, Russia and the Balkans, S. 207 f.

11 Ebd., S. 71.

12 Schon im August hatte Berchtold die russische Regierung aufgefordert, gemeinsam den verschiedenen Nationalitäten auf dem Balkan einen »friedlichen Weg zur Geltendmachung ihrer legalen Wünsche« anzubieten und die Kontrahenten aufzufordern, »alles zu vermeiden, was die Ruhe am Balkan gefährden« könnte; Telegramm nach Petersburg 13.8.1912: ÖUA 4, Nr. 3687, S. 339 f.

13 R.J. Crampton, The Balkans, 1909—1914. In: British Foreign Policy under Sir Edward Grey. Ed. by F.H. Hinsley, Cambridge 1977, S. 256—270, hier S. 259 f.; Rossos, Russia and the Balkans, S. 72 f.

14 Buchanan an Grey 18.10.1912: BD 9/2, Nr. 44, S. 35.

Buchanan meldete weiter, Sasonov sei

»most anxious that the Powers should intervene in the war at the first possible moment and according to a report just received from the Russian Minister in Sofia, that moment might present itself shortly, perhaps within a week«[15].

Gemeinsam erarbeiteten der englische Außenminister Grey, sein Unterstaatssekretär Nicolson und der russische Botschafter Benckendorff ein Programm, nach dem die europäischen Mächte in der Balkanfrage verfahren sollten: 1. Rußland und Österreich-Ungarn intervenieren in gesamteuropäischem Auftrag, sobald sie es für nötig erachteten. 2. Diesen Schritt unterstützen die anderen Mächte in Konstantinopel. 3. Die kriegführenden Parteien verpflichten sich zu dreierlei: a. die türkische Kontrolle über Konstantinopel und die angrenzende Region, b. die nominelle türkische Herrschaft über den Rest der europäischen Türkei, wo die Großmächte grundlegende Reformen kontrollierten, c. keine sonstigen territorialen Verschiebungen[16].

Solche Pläne wurden durch die zuvor nicht erwarteten[17] raschen Erfolge der Balkanbundstaaten jedoch obsolet. Deren Siege und das Drängen der russischen Presse[18] ließen Sasonov und die russische Diplomatie eine Kehrtwendung vollziehen. Es erschien jetzt höchst unwahrscheinlich, daß sich die siegreichen Balkanstaaten in ein von den Großmächten ausgehendes status-quo-Konzept zwingen ließen. Der russische Botschafter in Paris, Iswolski, erklärte Poincaré, die Mächte müßten unausweichlich das Prinzip des status quo aufgeben und den Siegern territoriale Gewinne zugestehen[19].

Am 6. November wies Iswolski darauf hin, daß die serbischen Forderungen auch für die russische Balkanpolitik von grundsätzlicher Bedeutung seien. Nach der »Demütigung« des Zarenreichs während der Annexionskrise, sei eine erneute Niederlage unmöglich hinzunehmen[20]. Diese Warnungen erhielten bald einen materiellen Hintergrund. Generalstabschef Moltke teilte dem Auswärtigen Amt mit, Rußland treffe »zahlreiche Vorbereitungen«, die eine schnellere Mobilmachung ermöglichten. Moltke konstatierte eine wesentlich erhöhte russische Kriegsbereitschaft[21]. Auch der deutsche Botschafter in Petersburg, Pourtalès, der in der Annexionskrise immer wieder auf das dringende Friedensinteresse Rußlands hingewiesen hatte, beurteilete jetzt die Stimmungslage in der russischen Führung anders. Sasonov, »im allgemeinen ruhig und versöhnlich«, erkläre entschieden, daß die Situation von 1908/09 sich nicht wiederholen werde und zum Krieg führe. Um dies zu unterstreichen, verwies er auf die »steigende Erregung im panslawistischen Lager«. Das Militär, so Pourtalès, arbeite mit Erfolg daran, den Zaren für eine aggressivere, einen Krieg gegen

15 Buchanan an Grey 22.10.1912: BD 9/2, Nr. 53, S. 42.

16 Benckendorff an Sasonov 8./21., 9./22.10.1912: Graf Benckendorffs Diplomatischer Schriftwechsel. Hrsg. von Benno von Siebert, Bd 2, Berlin, Leipzig 1928, Nr. 691, 695, S. 452—454, 456—459.

17 Bernd Felix Schulte, Vor dem Kriegsausbruch 1914. Deutschland, die Türkei und der Balkan, Düsseldorf 1980, S. 19.

18 Rossos, Russia and the Balkans, S. 83 f.; vgl. Edward C. Thaden, Russia and the Balkan Alliance of 1912, University Park (Pennsylvania) 1965, S. 25, 134 f.

19 Iswolski an Sasonov 27.10.1912: Rossos, Russia and the Balkans, S. 84.

20 Schoen an AA 6.11.1912: GP 33, Nr. 12336, S. 289—291.

21 Moltke an Kiderlen-Wächter 12.11.1912: GP 33, Nr. 12360, S. 316 f.

Österreich-Ungarn einschließende Politik zu gewinnen. Großfürst Nikolai Nikolajevič habe einen Besuch in Spala, wo der Zar sich zur Jagd aufhielt, dazu genutzt, ihn von der bisherigen Österreich günstigen Stimmung abzubringen[22]. Zunächst kursierten in Wien lediglich Gerüchte über Kriegsrüstungen in den Militärbezirken Warschau und Kiew: ein Armeekorps und zwei Kavalleriedivisionen würden auf das linke Weichselufer verlegt. Von solchen übertriebenen Meldungen blieb letztlich nur übrig, daß die anstehende Entlassung des dritten Jahrgangs um die zulässigen zwei Monate verschoben wurde. Pourtalès hielt in der sich zuspitzenden Situation diese Maßnahme »jedenfalls für außergewöhnlich«[23]. Und Moltke machte folgende Rechnung auf: wenn zu den zurückgehaltenen Reservisten, der neue Rekrutenjahrgang einberufen würde, stiege die russische Friedenspräsenzstärke um 400 000 auf 1 600 000 Soldaten; damit habe die russische Armee einen kriegsbereiten Stand, bei dem kleine Maßnahmen, z. B. Probemobilisation, an die Grenze verlegte Truppen oder das Einziehen zusätzlicher Reservisten den Beginn einer Mobilmachung bedeuteten[24].

In dieser Situation dehnten die Serben entgegen den Mahnungen Sasonovs und den Drohungen Wiens ihre Expansion auch auf Albanien aus. Hartwig und sein Militärattaché, Artamanov, bestärkten sie darin, ihre Truppen trotz der österreichischen Proteste dort zu belassen, da dem Habsburgerreich derselbe Zerfallsprozeß drohe wie der europäischen Türkei[25]. Auch in diesem Fall schloß sich der russische Außenminister im nachhinein seinem erfolgreichen Schützling an. Bereits am 16. November unterstützte er gegenüber dem österreichischen Diplomaten Thurn »mit größter Insistenz serbische Wünsche bezüglich eines eigenen Adriahafens«[26]. Am 18. November erreichten zwei serbische Divisionen Ljes (Alessio), eine küstennahe Kleinstadt im Norden Albaniens. Mit der Eroberung von Drac (Durazzo, Durres) ging der auch heute noch wichtigste Hafen dieser Region in serbische Hand. Was Nikola Pašič zu Beginn des Kriegs angekündigt hatte, war eingetreten. Serbien hielt mit russischer Rückendeckung einen bedeutenden Hafenplatz an der Adria. Zumindest potentiell mußte Österreich-Ungarn um seine Stellung als mediterrane Seemacht fürchten, wenn die Ausfahrt durch die Straße von Otranto nicht mehr sicher war.

Der Nachdruck, mit dem sich die russische Regierung für die serbische Forderung nach einem Meereszugang einsetzte und die österreichische Bereitschaft, Serbien notfalls mit militärischer Gewalt von der Küste fernzuhalten, verbanden sich Ende November zu einem kriegsgefährlichen Szenario. In dieser Lage hing der Frieden vor allem davon ab, wie das Deutsche Reich und Großbritannien ihre Bündnispflichten interpretierten.

Angesichts der plötzlichen Gefahr eines russisch-österreichischen Krieges war die Reichsführung uneins, ob sie sich der Politik des Bündnispartners in der Adriafrage gegen den massiven Widerstand Rußlands anschließen sollte. Wilhelm II. sprach sich entschieden dagegen aus, die Österreicher zu unterstüt-

---

22 Pourtalès an AA 11., an Bethmann Hollweg 13., 14. 11. 12: GP 33, Nr. 12355, 12374 f., S. 309, 333—336.
23 Pourtalès an Bethmann Hollweg 14.11.1912: GP 33, Nr. 12375, S. 336.
24 Moltke an Kiderlen-Wächter 12.11.1912 und o.D.: GP 33, Nr. 12360, 12394, S. 316 f., 358 f.
25 Bericht Ugrons 10.11.1912: ÖUA 4, Nr. 4345, S. 821 f.
26 Bericht Thurns 16.11.1912: ÖUA 4, Nr. 4458, S. 899.

zen. Ein serbischer Hafen bedeute weder für die Existenz noch für das Prestige der Doppelmonarchie eine Gefahr. Darin unterscheide sich die Situation prinzipiell von der des Jahres 1908. Dulde Wien keinen Adriahafen Serbiens, sei ein Krieg »lediglich Sache Österreichs und nicht seines Verbündeten«. Wegen der Ereignisse in Südosteuropa wollte der Kaiser keinen Krieg riskieren[27]. Dabei ließ er die möglichen außen- und sicherheitspolitischen Konsequenzen des Balkankriegs für Deutschland ganz außer acht. Genau diesen Aspekt stellte Reichskanzler Bethmann Hollweg ins Zentrum seiner Überlegungen. Er beurteilte das Geschehen nach dessen Folgen für das zukünftige Kräfteverhältnis zwischen Zweibund und Zarenreich. In Rußland sah er eine stetig gefährlicher werdende Bedrohung. Die noch unausgeschöpften wirtschaftlichen Ressourcen und der Bevölkerungsreichtum weckten bei Bethmann die Angst, Deutschland stehe bald einem ökonomisch weit überlegenen russischen Reich gegenüber[28]. Der Kanzler war von der unumgänglichen historischen Notwendigkeit eines Machtkampfs zwischen Deutschland und Rußland überzeugt. Nach dem Zusammenbruch der Türkei schien sich nun diese latente Furcht vor der »Dynamik des ständigen Anwachsens der russischen Macht«[29] im Beistand für die serbische Sache zu konkretisieren. Aus dieser Sicht präsentierte sich die Balkankrise als ernste Kraftprobe des Zweibunds mit einem expansionswilligen und im Vergleich zu 1908/09 offensichtlich erstarkten Rußland. Gleichzeitig war das Urteil über den inneren Zustand des Verbündeten pessimistisch. Der Botschafter Heinrich von Tschirschky berichtete von der Solidarität der Slawen in der Habsburgermonarchie mit den Balkanstaaten. Es müsse bezweifelt werden, ob sich mit slawischen Regimentern überhaupt noch ein Krieg gegen Serbien führen lasse:

> »Der Gedanke eines einheitlichen Reiches, der Zusammengehörigkeit, schwindet mehr und mehr [...] Es wird großer Weisheit und Tatkraft der zentralen Regierung bedürfen, um all die zentrifugalen Kräfte der erstarkten slawischen Völker [...] dienstbar zu erhalten und die Politik einer Großmacht an der Seite des deutschen Bundesgenossen weiterführen zu können[30].«

Anders als in der Annexionskrise schienen nun nicht mehr nur die außenpolitische Position Deutschlands und das Großmachtprestige Österreich-Ungarns gefährdet. Hatte Berlin 1908 an der Bündnistreue des Alliierten gezweifelt, so schloß man dort 1912 nicht mehr aus, daß der Vielvölkerstaat auseinanderbrach.

Bethmann Hollweg und Kiderlen-Wächter zogen hieraus schon Anfang November Konsequenzen für ihre Politik gegenüber Österreich. Mit dem Ziel, »die große mitteleuropäische Monarchie neben uns in ihrer Großmachtstellung un-

---

27 Wilhelm an Kiderlen-Wächter 7.11.1912: GP 33, Nr. 12339, S. 295.

28 Egmont Zechlin, Deutschland zwischen Kabinettskrieg und Wirtschaftskrieg. Politik und Kriegführung in den ersten Monaten des Weltkrieges 1914. In: Historische Zeitschrift 199 (1964), S. 347—458, hier S. 400.

29 Andreas Hillgruber, Riezlers Theorie des kalkulierten Risikos und Bethmann Hollwegs politische Konzeption in der Julikrise 1914. In: Historische Zeitschrift 202 (1966), S. 333—351, hier S. 340.

30 Tschirschky an Bethmann Hollweg 18.11.1912: GP 33, Nr. 12402, S. 370 f.

angetastet«[31], und damit als starken Bündnispartner zu erhalten, billigte der Staatssekretär am 7. November den österreichischen Widerstand gegen einen serbischen Adriahafen[32]. Nachdem Sasonov erneut vor den Folgen eines österreichischen Schlags gegen Serbien gewarnt hatte, mußte Pourtalès erklären, Deutschland werde »bezüglich dessen, was sie als ihre vitalen Interessen ansehen« keinen Druck auf seine Verbündeten ausüben[33]. Die Österreicher konnten dies als eine erste diplomatische Rückendeckung gegenüber Rußland auslegen. Die deutsche Außenpolitik befand sich dadurch jedoch in einem eklatanten Widerspruch zu der zitierten kaiserlichen Weisung. Deshalb versuchte Bethmann Hollweg, Wilhelms Haltung zu ändern. Nach einem Gespräch am 9. November glaubte der Kanzler, er habe den Monarchen überzeugt, daß ein »Fallenlassen Österreichs unmöglich sei«[34]. Der Kaiser berief sich auf dasselbe Gespräch und ließ im Auswärtigen Amt wissen, er »marschiere wegen Albanien und Durazzo unter keinen Umständen gegen Paris und Moskau«[35]. Eine derartige Absicht läßt sich aber weder bei Bethmann Hollweg noch bei Kiderlen-Wächter finden. Beide mögen einen Krieg auf Dauer für unausweichlich gehalten haben, in der aktuellen Situation verfolgten sie jedoch keine Politik, die diesen Krieg herbeiführen sollte. Ihre Intentionen waren bündnis- und damit sicherheitspolitischer Natur. Sie versuchten, Österreich mit diplomatischen Mitteln als starken Alliierten zu bewahren. Es war die militärische Umgebung des Kaisers und der Generalstab, die in der Adriakrise die Gelegenheit erkannten, »einen Krieg jetzt anzunehmen«[36].

Während die Reichsleitung noch eine einheitliche Linie in der Balkanfrage suchte, spitzte sich die Lage weiter zu. Österreich beantwortete am 21. November die russischen Maßnahmen, indem es in Galizien vier Armeekorps mobilisierte. Der Thronfolger Franz Ferdinand, bisher ein Gegner militärischen Eingreifens, meinte nun: »Wir dürfen uns nicht alles gefallen lassen[37].« Gemeinsam mit dem Generalstabschef Blasius Schemua reiste er nach Berlin, um dort den Beistand des Verbündeten einzufordern. Moltke gab eine Garantie der deutschen Bündnistreue, die er weder durch politische Bedingungen noch durch die Forderung einschränkte, auf eine gezielte kriegerische Politik gegenüber Serbien zu verzichten. Schemua berichtete, Moltke habe wiederholt betont, »daß wir absolut auf Deutschlands Unterstützung rechnen dürfen, wenn Rußland uns bedroht«. Der deutsche Militär billigte ausdrücklich die militärischen Vorbereitungen Wiens für einen russischen Angriff und deutete sogar an, er beantrage eventuell, deutsche Reservisten an der polnischen Grenze einzuberufen. Im Kriegsfall führe Deutschland parallel zu den österreichischen Operatio-

31 Vortrag Kiderlens im Bundesratsausschuß für Auswärtige Angelegenheiten am 28.11.1912: Kiderlen-Wächter, der Staatsmann und Mensch. Briefwechsel und Nachlaß. Hrsg. von Ernst Jäckh, Bd 2, Berlin, Leipzig 1924 S. 197 f.

32 Kiderlen-Wächter an Tschirschky 7.11.1912: GP 33, Nr. 12338, S. 292—294.

33 Kiderlen-Wächter an Pourtalès 18.11.1912: GP 33, Nr. 12388, S. 348.

34 Tagebucheintrag von Müllers 9.11.1912: Der Kaiser ... Aufzeichnungen des Chefs des Marinekabinetts Admiral Georg Alexander von Müller über die Ära Wilhelms II. Hrsg. von Walter Görlitz, Göttingen u.a. 1965, S. 123.

35 Wilhelm II. an AA 9.11.1912: GP 33, Nr. 12348, S. 302.

36 Schulte, Vor dem Kriegsausbruch, S. 84.

37 Franz Ferdinand im Gespräch mit Berchtold 17.11.1912: Zechlin, Die Adriakrise, S. 120.

nen eine »tatkräftige Offensivaktion« durch[38]. Kaiser Wilhelm II. bestätigte Moltke »mit Nachdruck«, Wien könne auf den Beistand des Reichs »unter allen Verhältnissen voll zählen«[39]. Am 22. November empfing er den österreichischen Thronfolger, dem er versprach, Deutschland sei bereit, in einen Weltkrieg mit Rußland, England und Frankreich zu treten, um das Prestige der Donaumonarchie zu verteidigen[40].

Es sind wahrscheinlich die Berichte über russische Kriegsvorbereitungen und eine Denkschrift des Feldmarschalls Colmar von der Goltz gewesen, welche die Haltung des Kaisers so grundlegend veränderten. Aus Petersburg wurde kolportiert, Ministerpräsident und Finanzminister Vladimir Kokovzov habe den Zaren gefragt, ob er sich auf einen Krieg vorbereiten müsse. Die Antwort Nikolaus' II. wurde nicht übermittelt, dennoch erzeugten solche Berichte in der Umgebung des deutschen Kaisers eine »ernste«, »trübe Stimmung«[41]. Der Marinekabinettschef von Müller notierte am 23. November:

> »Nachrichten aus Petersburg sprechen von kriegerischer Haltung Rußlands. Sasonov hat auf Vorstellung von Pourtalès über Entfesselung eines großen Brandes wegen der serbischen Adria-Aspirationen mit den Schultern gezuckt und nichts geantwortet: ›Höchst bedenklich‹. Wie sehr sind wir doch von dem Kriegsgedanken entwöhnt[42].«

Zur selben Zeit lag dem Monarchen eine Denkschrift des deutschen Generals in türkischen Diensten, Goltz-Pascha, vor. Dieser führte aus, ein vergrößertes Serbien binde im Kriegsfall jene österreichischen Soldaten, mit deren Hilfe die deutschen Pläne für die Ostfront rechneten. Deutschland werde »in dem kommenden Weltkriege Frankreich, Rußland und England allein gegenüberstehen«[43].

Die deutsche Führung war also auf dem Höhepunkt der Adriakrise in zwei Lager gespalten. Einerseits die Militärs in der Umgebung des Kaisers, die gemeinsam mit Österreich-Ungarn eine harte Linie gegenüber Rußland verfolgen wollten. Sie scheuten vor einem Weltkrieg nicht zurück. Letzte Klarheit über die deutschen Möglichkeiten für einen und in einem solchen Krieg bestand jedoch vor dem 8. Dezember 1912 auch in dieser Kriegspartei nicht. Ihr gegenüber stand andererseits die politische Führung. Bethmann Hollweg und Kiderlen-Wächter schlossen einen Krieg als möglicherweise unvermeidliche ultima ratio keineswegs aus. Sie wirkten jedoch unmittelbar einer Eskalation des österreichisch-serbischen Konflikts auf die Ebene eines Krieges der Großmächte entgegen. Hatte der Kaiser zunächst jede Unterstützung für Österreich abgelehnt,

---

38 Bericht Schemuas 22.11.1912: Stephan Verosta, Theorie und Realität von Bündnissen. Heinrich Lammasch, Karl Renner und der Zweibund (1897—1914), Wien 1971, Anhang VI, S. 628.; Helmreich, The Diplomacy of the Balkan Wars, S. 239 f.; vgl. Schulte, Vor dem Kriegsausbruch, S. 80; Zechlin, Die Adriakrise, S. 129; Fischer, Krieg der Illusionen, S. 228.

39 Bericht Schemuas 27.11.1912: Verosta, Theorie und Realität, S. 630.

40 Bericht Szögyenys 22.11.1912: ÖUA 4, Nr. 4559, S. 971.

41 Tagebucheintrag von Müllers 22.11.1912: Der Kaiser ..., S. 123, vgl. Schulte, Vor dem Kriegsausbruch, S. 82.

42 Tagebucheintrag von Müllers 23.11.1912: Der Kaiser ..., S. 123, vgl. Schulte, Vor dem Kriegsausbruch, S. 83.

43 Denkschrift Goltz' 17.11.1912: Schulte, Vor dem Kriegsausbruch, Dok. 4, S. 127—131 Zitat, S. 130; vgl. ebd., S. 25—27, 79 f.

befand er sich letztlich doch auf der Seite der Militärs. Außenstaatssekretär Kiderlen-Wächter erfuhr von den Gesprächen Moltkes, Schemuas und Wilhelms erst aus der Presse[44]. Am 21. November offenbarte ihm jedoch ein Brief des Kaisers dessen Sinneswandel:

> »Aus ganzer europäischer Presse — besonders englischen — geht hervor, daß allgemein Österreich als der provozierte Teil angesehen wird. Sollten russische Gegenmaßregeln oder Vorstellungen erfolgen, welche Kaiser Franz Joseph zwingen, den Krieg zu eröffnen, so hat Er das Recht auf Seiner Seite und Ich bin bereit — wie Ich dem Kanzler schon in Letzlingen erklärte — den casus foederis in vollstem Maße mit allen Konsequenzen durchzuführen. Ich halte es daher für nötig, daß sofort die Botschafter in Paris und London Befehl erhalten, einwandsfrei und klar zu konstatieren und mir zu melden, ob Paris unter solchen Umständen unbedingt sogleich mit Rußland geht und auf welche Seite England sich stellt[45].«

Auf welcher Seite würden die Briten stehen? Tatsächlich richteten sich an der Wilhelmstraße die Hoffnungen darauf, die Krise gemeinsam mit den Engländern zu bewältigen. Admiral von Müller notierte dazu in sein Tagebuch:

> »Pflege der Beziehungen zu England scheint mir jetzt der Angelpunkt unserer Politik zu sein[46].«

Der englischen Nahostpolitik hätte es am meisten genutzt, wenn London in der Balkankrise diplomatisch nicht aktiv geworden wäre. Der britische Außenminister war vom Reformwillen des neuen türkischen Regimes überzeugt. Die indischen Muslime unter britischer Kolonialherrschaft und die Interessen am Persischen Golf waren Grund genug zu gewissen Rücksichten. Grey lehnte es deshalb ab, Konstantinopel starkem diplomatischem Druck auszusetzen. Andererseits erschien ihm die Situation aber zu gefährlich für einen politischen Alleingang. Sein Ziel war es daher, das Konzert der europäischen Mächte, vor allem Österreich-Ungarn und Rußland beisammenzuhalten:

> »Russia and Austria are the only two Powers who can sit in the leads of the Balkan states & I see nothing more that we can do[47].«

Dies erklärt das britische Einverständnis mit einer gemeinsamen Demarche (Dreipunkteplan Poincarés), welche die Großmächte der Pforte vor Ausbruch des Kriegs übermittelten. Es erklärt außerdem die Verfahrensvorschläge, die Grey nach Kriegsbeginn zusammen mit dem russischen Botschafter Benckendorff erarbeitete. Grey versuchte, den Frieden über die Einheit der Großmächte in der Balkanfrage zu bewahren. Dieselben Argumente wie schon in der Agadirkrise von 1911 bestimmten diesen Friedenskurs: 1. die sozialrevolutionären Folgen eines Kriegs waren nicht überschaubar, 2. ein Krieg, wenn er sich denn

---

[44] Kiderlen-Wächter an Tschirschky 25.11.1912: GP 33, Nr. 12433, S. 402.
[45] Wilhelm II. an Kiderlen-Wächter 21.11.1912: GP 33, Nr. 12405, S. 373 f.
[46] Tagebucheintrag von Müllers 26.11.1912: Der Kaiser ..., S. 124, vgl. Schulte, Vor dem Kriegsausbruch, S. 83.
[47] Grey an Nicolson 1.10.1912: Klaus Wormer, Großbritannien, Rußland und Deutschland. Studien zur britischen Weltreichpolitik am Vorabend des Ersten Weltkriegs, München 1980; Crampton, The Balkans, S. 259; vgl. für das Folgende R.J. Crampton, The Hollow Détente: Anglo-German Relations in the Balkans 1911—1914, London 1980, S. 60—68 und Wormer, Großbritannien, S. 182 f., 222—224.

nicht vermeiden ließ, mußte der Nation vermittelbar sein[48]. Fairfax Cartwright, Botschafter in Wien, schrieb im August 1912:

> »Under present circumstances it is certainly in our interest and in that of France to give Russia every possible support, but it seems to me scarcely to be to our advantage to risk the dangers of war for the sake of who shall or shall not remain finally in possession of the Sandjak of Novibazar[49].«

Grey selbst meinte später:

> »It seems unreasonable and intolerable that the greater part of Europe should be involved in war for a dispute about one or two towns on the Albanian frontier[50].«

Bevor in Südosteuropa die Kämpfe entbrannten, nahm er deshalb Kontakt mit dem deutschen Botschaftsrat Richard von Kühlmann auf[51]. Grey ließ seinen Privatsekretär, William Tyrrell, ausrichten, daß er eine »intime politische Kooperation« wünschte[52]. Im Vordergrund stand für den Staatsekretär die Beilegung der aktuellen Krise. Gleichzeitig ergriff er die Gelegenheit, die Atmosphäre zwischen Großbritannien und Deutschland durch eine Zusammenarbeit auf dem Balkan zu verbessern[53]. Auch der englische Geschäftsträger in Berlin, Granville, meinte, daß »these Balkan troubles might be of some use in that respect«[54]. Bethmann Hollweg und Kiderlen-Wächter nahmen das Angebot grundsätzlich an, »pari passu mit England in der Balkanfrage vorzugehen«[55]. Konkrete Voschläge verzögerten sie aber bewußt bis Mitte November[56]. Ein Grund hierfür könnte die fehlende politische Grundübereinstimmung der deutschen Führung in der Balkanfrage gewesen sein.

Nachdem sich eine türkische Niederlage abzeichnete, war auch Grey der Ansicht, daß man den Balkanstaaten nicht alle Früchte ihres Sieges verweigern konnte. Doch beharrte er jetzt erst recht darauf, die Großmächte sollten gemeinsam entscheiden. Einseitige Vorteile einer Macht zögen Kompensationsforderungen anderer und das Ende des Europäischen Konzerts nach sich. Deshalb widersetzte sich das Foreign Office auch den Wünschen der Admiralität, jeden italienischen Gewinn in der Ägäis mit einer britischen Eroberung zu beantworten. Ebenso erging es einem Vorschlag Lord Kitcheners, des Generalkonsuls in Ägypten, die türkische Schwäche für ein Arrangement am Nil zu nutzen[57]. Konsequent protestierte Grey, als das Gerücht aufkam, die Russen wollten ein von Bulgarien erobertes Konstantinopel zur Freien Stadt, mit entsprechenden Folgen für die Meerengen, machen. Am 18. November ging Kiderlen-Wächter

48 Wormer, Großbritannien, S. 223.
49 Cartwright an Nicolson 27.8.1912: Keith M. Wilson, The Policy of the Entente. Essays on the Determinants of British Foreign Policy 1904—1914, Cambridge 1985, S. 92.
50 Grey an Buchanan 17.2.13: BD 9/2, Nr. 626, S. 506.
51 Kühlmann an AA 7.10.1912: GP 33, Nr. 12240, S. 175 f.
52 Kühlmann an Bethmann Hollweg 14.10.1912: GP 33, Nr. 12284, S. 228.
53 Gregor Schöllgen, Imperialismus und Gleichgewicht. Deutschland, England und die orientalische Frage 1871—1914, München 1984, S. 350.
54 Granville an Grey 19.10.1912: Crampton, The Balkans, S. 260.
55 Kiderlen-Wächter an Kühlmann 12.10.1912: GP 33, Nr. 12286, S. 233; vgl. Granville an Nicolson 18.10.1912: BD 9/2, Nr. 47, S. 36—38, Kiderlen-Wächter an Kühlmann 20.10.1912: GP 33, Nr. 12287, S. 233—237.
56 Zechlin, Die Adriakrise, S. 127.
57 Crampton, The Balkans, S. 260, 265 f.

auf Greys Kooperationsangebot ein. Er schlug vor, die Regierungen sollten sich auf ein gemeinsames »Programm« über die »zulässigen und unzulässigen Forderungen der Balkanstaaten« einigen. Auf dieser Grundlage könne man mit den kriegführenden Ländern verhandeln. Grey war einverstanden und regte an, daß sich die Mächte im Rahmen einer Botschafterkonferenz abstimmten[58]. Damit waren die bilateralen Voraussetzungen für die angestrebte Zusammenarbeit erfüllt. Ihr Erfolg hing jedoch davon ab, daß sich der Krieg lokalisieren ließ, daß Österreich-Ungarn auf einseitige militärische Schritte gegen Serbien, und Rußland auf provozierende Maßnahmen gegen die Donaumonarchie verzichteten. Diesem Ziel dienten auf deutscher Seite mehrere öffentliche Äußerungen Kiderlens und Bethmanns.

Am 25. November druckte die »Norddeutsche Allgemeine Zeitung« einen aus dem Auswärtigen Amt lancierten Artikel. Die Mächte, so wurde dort ausgeführt, hätten sich bislang »in keiner einzelnen Frage aus dem Balkanproblem« festgelegt. Alle Gerüchte um ein österreichisches Ultimatum an Serbien seien falsch. Eine solche Maßnahme Wiens widerspräche einer Absprache, »die albanische und adriatische Frage erst im Verein mit anderen aus den Vorgängen am Balkan entstandenen Fragen« zu erörtern. Außerdem dementierte der Text die Mobilisierung von fünf österreichischen Armeekorps[59]. Kiderlen-Wächter bezeichnete den Artikel als »kalten Wasserstrahl« für die Habsburgermonarchie[60]. Indem er betonte, alle Balkanfragen müßten im Verein mit den Mächten gelöst werden, distanzierte er sich kaum verhüllt von jeder möglichen Intervention Österreichs gegen Serbien. Er signalisierte eindeutig, daß die politische Führung des Reichs, ungeachtet aller Zusagen der Militärs und des Kaisers, nicht daran dachte, eine einseitige Aktion des Bundesgenossen zu billigen. Der Artikel bedeutete eine überraschend klare Korrektur des von Moltke und Wilhelm eingeschlagenen Bündniskurses. Wien war irritiert und »ziemlich fassungslos«. Berchtold zeigte sich »tief und nachhaltig betroffen«. Franz Ferdinand erklärte, die Tendenz des Zeitungstexts widerspreche seinen »in Berlin gewonnenen Eindrücken«. Die Wiener Öffentlichkeit fühlte sich vom deutschen Alliierten verlassen[61]. Der österreichische Außenminister bemühte sich, die Aussagen abzuschwächen; etwa in dem Sinn: die Mächte hätten sich nur ganz allgemein ihre Aktionsfreiheit gewahrt[62]. Kiderlen lehnte es jedoch ab, den Artikel nachträglich zu kommentieren[63]. Er wollte dessen wichtigste Funktion nicht entwerten, die Warnung vor einem militärischen Vorgehen.

Weil die Österreicher die Stellungnahme in der »Norddeutschen Allgemeinen« als mangelnde Unterstützung des Bündnispartners auslegten, ergänzte sie

58 Kiderlen-Wächter an Lichnowsky 18.11.1912: GP 34/1, Nr. 12500, S. 3 f., Aide-mémoire der britischen Regierung 29.11.1912: GP 34/1, Nr. 12504, S. 9 f.
59 »Norddeutsche Allgemeine Zeitung« 25.11.1912, zit. nach: GP 33 Anm. zu Nr. 12453, S. 424, vgl. Kiderlen-Wächter, der Staatsmann und Mensch, Bd 2, S. 191 (2).
60 Tagebucheintrag Kiderlens Ende November 1912: Kiderlen-Wächter, der Staatsmann und Mensch, Bd 2, S. 191.
61 Tschirschky an Bethmann Hollweg 28.11.1912: GP 33, Nr. 12456, S. 428 f.
62 Telegramm nach Berlin 28.11.1912: ÖUA 4, Nr. 4671, S. 1047.
63 Bericht Szögyenys 29.11.1912: ÖUA 4, Nr. 4702, S. 1068.

der Reichskanzler in einer Reichstagsrede am 2. Dezember[64]. Bethmann Hollweg wiederholte zunächst den Standpunkt, die Großmächte sollten ihre Interessen gegenüber den Balkanstaaten gemeinsam vertreten, und sich vorläufig nicht einmischen:

> »Natürlich werden die Ansprüche der Mächte im einzelnen erst dann festgestellt und bekannt gegeben werden können, wenn die Stipulationen vorliegen, die die kriegführenden Mächte unter sich getroffen haben werden.«

Er präzisierte dann aber die deutsche Haltung im Zweibund:

> »Wenn [die Österreicher] aber bei der Geltendmachung ihrer Interessen wider alles Erwarten von dritter Seite angegriffen und damit in ihrer Existenz bedroht werden sollten, dann würden wir unserer Bündnispflicht getreu fest und entschlossen an ihre Seite zu treten haben, dann würden wir an der Seite unserer Verbündeten zur Wahrung unserer eigenen Stellung in Europa, zur Verteidigung der Sicherheit und Zukunft unseres eigenen Landes fechten[65].«

Auf diese Weise gab Bethmann der russischen Regierung zu verstehen, daß sie die distanzierte Position Deutschlands gegenüber österreichischen Interventionsplänen nicht als Abkehr vom Bündnis oder gar als Preisgabe des Partners interpretieren durfte. Der deutsche Druck auf Wien wurde also um eine nachdrückliche und ebenfalls öffentliche Warnung an Rußland erweitert. Beides verband sich zu einer komplizierten Konzeption[66]. Gleichzeitig verkündete die deutsche Führung, den Bündnispartner Österreich notfalls mit Waffengewalt zu verteidigen, und gemeinsam mit den anderen Großmächten eine friedliche Lösung anzustreben. Kiderlen-Wächter vertrat beide Elemente gleichrangig. Am 28. November konstatierte er vor dem Auswärtigen Bundesratsauschuß:

> »Muß also Österreich, gleichgültig aus welchem Grunde um seine Großmachtstellung fechten, so müssen wir an seine Seite treten, damit wir nicht nachher neben einem geschwächten Österreich allein fechten müssen[67].«

Wenige Tage später im Reichstag:

> »Die offenen und von wollem Vertrauen getragenen Aussprachen zwischen London und uns während aller Phasen dieser Krisis haben nicht nur eine erfreuliche Intimität unserer Beziehungen hervorgerufen, sondern sie haben auch einer Verständigung aller Mächte gute Dienste geleistet. Ich will die Erwartung aussprechen, daß sie dies auch weiterhin tun werden[68].«

Die deutsche Doppelstrategie bot der Regierung in Wien durchaus die Möglichkeit, jeden Kompromiß zu verweigern, einen Krieg mit Rußland zu riskieren und zu hoffen, von Deutschland auch dann unterstützt zu werden, wenn man dort die Politik ablehnte, um deretwillen der Krieg begonnen wurde. Tatsächlich wurden die deutschen Erklärungen nicht in diesem extremen Sinn interpretiert. Sie konnten auch nicht wirklich mißverstanden werden. Berchtold be-

---

64 Zu Bethmanns Motiven Eberhard von Vietsch, Bethmann Hollweg. Staatsmann zwischen Macht und Ethos, Boppard 1969, S. 149.

65 Reichstagsrede Bethmanns 2.12.1912: RT 13:1:4 (Bd 286):2472(B).

66 Zechlin, Die Adriakrise, S. 128; Dörte Löding, Deutschlands und Österreich-Ungarns Balkanpolitik von 1912—1914 unter besonderer Berücksichtigung ihrer Wirtschaftsinteressen. Diss., Hamburg 1969, S. 64, muten die Konzepte sogar schizophren an.

67 Rede Kiderlens vor dem Auswärtigen Ausschuß des Bundesrats 28.11.1912, zit. nach: Kiderlen-Wächter, der Staatsmann und Mensch, Bd 2, S. 198.

68 Reichstagsrede Kiderlens 2.12.1912: RT 13:1:4 (Bd 286):2483(A/B).

trachtete nicht die bekundete Loyalität als Kern der Kanzlerrede, sondern erkannte ihre wesentliche Botschaft in dem Appell, auf militärische Maßnahmen zu verzichten. Nach seiner Ansicht hatte Bethmann Hollweg nur »auf den ersten Blick ein kraftvolles Manneswort in kritischer Zeit, eine schimmernde Nibelungenwehr, furchtlos, deutsch und treu« gegeben. In Wahrheit aber sei es »eine väterliche Mahnung nach Wien, hübsch stille zu sitzen«[69]. Das Verhältnis der Zweibundpartner war empfindlich abgekühlt. Die Beistandsgarantie des Kanzlers gegen Rußland wirkte keineswegs als ein »Blankoscheck«. Sie war von der Reichsleitung als ein bloßer Ausgleich für die vorangegangenen deutschen Warnungen intendiert, und wurde in Wien auch genauso wahrgenommen. Schon am 4. Dezember lenkte die Donaumonarchie deshalb ein. Sie legte ein Positionspapier zur Neugestaltung Südosteuropas vor. Serbien sollte auf die Adriaküste und Albanien verzichten, Albanien selbst ein unabhängiger Staat werden[70]. Fast gleichzeitig teilte Berchtold seine Absicht mit, »auf friedlichem Wege, womöglich mit einem diplomatischen Erfolge, jedenfalls aber mit Ehren aus der jetzigen Lage herauszukommen«[71].

Auch Petersburg griff die Gelegenheit auf, den Streit ohne Prestigeverlust beizulegen. Nachdem das Foreign Office bereits im November den russischen Außenminister davon überzeugt hatte, daß die Deutschen in der Adriakrise nicht auf ihre »Agadirpolitik« zurückgriffen[72], nahm Sasonov die Rede Bethmanns mit heiterer Ruhe (»serene calm«) auf. Er zeigte sogar Mitgefühl für Bethmann Hollweg, der etwas ihm unerfreuliches (»distasteful«) habe sagen müssen. Kiderlen-Wächter habe ihm dafür die Worte in den Mund gelegt[73]. Auch Grey mochte nicht glauben, daß der deutsche Kanzler »had intended to convey the impression that he would support Austria under all circumstances, whatever her demands might be, though parts of his speech were open to this construction«[74]. Daß die Worte Bethmann Hollwegs in Frankreich keine positive Aufnahme fanden[75], blieb ohne Einfluß.

Gleiches gilt, was die aktuelle Krisenbewältigung angeht, auch für Reaktionen Kaiser Wilhelms II. auf die negative Aufnahme der Reichstagsrede beim britischen Kriegsminister Richard Haldane. Dieser hatte im Gespräch mit Karl Max von Lichnowsky, dem deutschen Botschafter in London, die »balance of power« als Kernpunkt englischer Politik betont. Das Königreich werde nicht zulassen, daß es sich »nachher einer einheitlichen kontinentalen Gruppe unter Führung einer einzigen Macht gebenübersehe«[76]. Wilhelm unterstellte einen britischen Neidkomplex und forderte erregt militär- und bündnispolitische Maßnahmen, weil er Großbritannien jetzt auf der Seite der Gegner des Reichs wähnte. Er selbst wurde mit dem, von Bethmann Hollweg später ironisch so bezeichneten »Kriegsrat«[77] aktiv. Am 8. Dezember 1912 versammelte der Kaiser

69 Zit. nach: Zechlin, Die Adriakrise, S. 134.
70 Aide-mémoire vom 4.12.1912: GP 34/1, Nr. 12511, S. 16.
71 Tschirschky an Bethmann Hollweg 6.12.1912: GP 33, Nr. 12487, S. 460.
72 Buchanan an Grey 10.11.1912: BD 9/2, Nr. 174, S. 130 f. und minute, S. 131.
73 Buchanan an Grey 6., 11.12.1912: BD 9/2, Nr. 341, S. 253, Nr. 371, S. 277.
74 Grey an Bertie 3.12.1912: BD 9/2, Nr. 321, S. 239.
75 Zechlin, Die Adriakrise, S. 135.
76 Lichnowsky an Bethmann Hollweg 3.12.1912: GP 39, Nr. 15612, S. 120.
77 Bethmann Hollweg an Eisendecher 20.12.1912: Zechlin, Die Adriakrise, S. 138.

seine militärischen Berater. Gemeinsam steckten sie den zukünftigen Kurs ab: vermehrte Landrüstung; nach außen eine diplomatische und nach innen eine psychologische Vorbereitung auf einen begrenzten Kontinentalkrieg gegen Rußland und Frankreich; die Flotte sollte bis Mitte 1914 soweit gerüstet sein, daß sie den Rücken gegenüber England frei hielt[78]. So wichtig diese Besprechung in ihren Konsequenzen für die deutsche Politik bis zum Juli 1914 war, für die konkrete Situation, für die Deeskalation der Adriakrise blieb sie folgenlos.

Nachdem die Hauptkontrahenten einlenkten, konnte das Mittel einer Botschafterkonferenz greifen, das Kiderlen und Grey bereits in der zweiten Novemberhälfte in Aussicht genommen hatten. Der britische Politiker hatte zunächst Bedenken gehabt: »If the settlement is easy«, schrieb er noch am 7. November, »it can be arranged without a Conference; if it is difficult, a Conference might make it worse«[79]. Die Entwicklung der Adriakrise ließ ihn jedoch umdenken. In der kriegsgefährlichen Situation waren die normalen diplomatischen Kanäle zu langsam und zu schwerfällig. Außerdem gaben bilaterale Kontakte in der angespannten Lage nur Anlaß zu verhängnisvollen Mißverständnissen[80]. Als die Diplomaten am 17. Dezember 1912 in London zusammentrafen, schien daher das Konzert der europäischen Großmächte noch einmal wiederbelebt zu sein[81]. Schon nach vier Tagen konnte Grey erfreut berichten: »Diplomatically we have passed the biggest rocks [...][82].« Tatsächlich erbrachte der mäßigende Einfluß der Deutschen und Engländer auf ihre Bündnispartner schon bald nach Beginn der Konferenz ein Ergebnis. Von Weihnachten 1912 an deeskalierte die Krise. Die Russen gaben die Ansprüche Serbiens preis. Belgrad erhielt keinen Adriahafen, und Albanien[83] wurde unabhängig. Selbst wenn Einzelheiten noch geraume Zeit strittig blieben, war doch die Krise vor dem Jahreswechsel weitgehend beigelegt. Anfang Januar konstatierte Lichnowsky, die Botschafterberatungen hätten sich bewährt[84].

Dieser Ausgang war ganz wesentlich auf die Kontakte zwischen London und Berlin zurückzuführen. Sie bildeten während der Adriakrise gleichsam eine Brücke zwischen Zweibund und Tripelentente. Sowohl in Großbritannien wie in Deutschland setzten sich jene Kräfte durch, die den Konflikt begrenzen wollten,

---

[78] Imanuel Geiss, Der lange Weg in die Katastrophe. Die Vorgeschichte des Ersten Weltkriegs 1815—1914, München 1990, S. 257, 265, 269; John C.G. Röhl, Kaiser, Hof und Staat. Wilhelm II. und die deutsche Politik, München 1988, S. 175—202. Die Debatte um die Bedeutung des »Kriegsrats« wird hier nicht berücksichtigt, da ihm für die Deeskalation der Adriakrise keine Bedeutung zukommt, siehe aber dazu: Gregor Schöllgen, »Fischer Kontroverse« und Kontinuitätsproblem. Deutsche Kriegsziele im Zeitalter der Weltkriege. In: Ploetz. Geschichte der Weltkriege. Mächte-Ereignisse-Entwicklungen. Hrsg. von Andreas Hillgruber und Jost Dülffer, Freiburg, Würzburg 1981, S. 163—177, hier S. 166 f. und bes. S. 172; auch Schöllgen, Imperialismus und Gleichgewicht, S. 353 f.; Michael Epkenhaus, Die wilhelminische Flottenrüstung 1908—1914. Weltmachtstreben, industrieller Fortschritt, soziale Integration, München 1991, S. 328 f.

[79] Grey an Bax-Ironside 7.11.1912: Crampton, The Balkans, S. 261.

[80] Crampton, The Balkans, S. 261.

[81] Zum Verlauf der Konferenz zusammenfassend Crampton, The Hollow Détente, S. 75—96.

[82] Grey an Lloyd George 21.12.1912: Schöllgen, Imperialismus und Gleichgewicht, S. 355.

[83] Barbara Jelavich, History of the Balkans. Vol. 2: Twentieth Century, Cambridge 1983, S. 100—103.

[84] Lichnowsky an Bülow 3.1.13: Schöllgen, Imperialismus und Gleichgewicht, S. 355 (42).

weil sie dessen Eskalation zu einem gesamteuropäischen Krieg fürchteten. Für Edward Grey war diese Politik leichter durchzusetzen als für Bethmann Hollweg und Kiderlen-Wächter. Auch seine gegenüber Deutschland notorisch mißtrauischen Mitarbeiter im Foreign Office stimmten grundsätzlich darin überein, wegen der Balkanfragen keinen großen Krieg zu riskieren. Zuerst gelang es, Petersburg von den friedlichen Absichten der Deutschen zu überzeugen. Während der Konferenz wurden die Russen zusätzlich zum Nachgeben bewogen. Sie wußten, daß England nicht bereit sein würde, wegen der expansiven serbischen Forderungen Krieg zu führen. Die zivilen deutschen Politiker mußten ihre Linie gegen Militär und Kaiser durchsetzen und zum Teil an diesen vorbei handeln. Sie taktierten mit einer letztlich erfolgreichen Doppelstrategie. Diese dokumentierte zugleich die Entschlossenheit zur Bündnishilfe für ein von Rußland angegriffenes Österreich-Ungarn und den Willen, einer internationalen Lösung eine sachliche Grundlage zu geben, die auch das Prestige Wiens berücksichtigte[85].

Die akute Krise im November/Dezember 1912 konnte beigelegt werden. Ein Ende der Balkanfrage brachte auch die Londoner Konferenz nicht. Ein Friedensvertrag der kleineren Staaten untereinander vom 30. Mai 1913[86] hielt kaum vier Wochen. Im zweiten Balkankrieg stritten sich die zuvor Verbündeten nun um die Beute Mazedonien[87]. Die Ereignisse des Sommers 1913 hatten zwar keine dem Vorjahr ähnlichen Auswirkungen auf das Mächtesystem, doch muß das 1913 verstärkt einsetzende Wettrüsten[88] in Europa als Folge der Adriakrise gesehen werden.

---

85 Zechlin, Die Adriakrise, S. 149.

86 Helmreich, The Diplomacy of the Balkan Wars, S. 326 ff.

87 Rossos, Russia and the Balkans, S. 179 ff., Helmreich, The Diplomacy of the Balkan Wars, S. 380 ff., Taylor, The Struggle for Mastery, S. 497 f.

88 Volker Berghahn, Wettrüsten und Kriegsgefahr vor 1914. In: Deutschland und der Erste Weltkrieg. Ringvorlesung an der Technischen Hochschule Darmstadt im Wintersemester 1984/85 veranstaltet vom Institut für Geschichte. Eine Dokumentation. Hrsg. von Helmut Böhme und Fritz Kallenberg, Darmstadt 1987 (= THD Schriftenreihe Wissenschaft und Technik, 37), S. 75—91; Geiss, Der lange Weg, S. 266 f.; Taylor, The Struggle for Mastery, S. 500—502.

33. Letzter Konflikt vor der Katastrophe. Die Liman-von-Sanders-Krise 1913/14

Der General Otto Liman von Sanders[1] traf als Chef einer deutschen Militärmission am 14. Dezember 1913 in Konstantinopel ein. Als erster Schub einer auf 42 Personen berechneten Militärmission begleiteten ihn sechs preußische Offiziere und ein Militär-Intendantur-Rat sowie ein bayerischer Oberstabsarzt und ein Artillerieoffizier aus Sachsen. Zur Mission zählte außerdem der Militärattaché an der deutschen Botschaft, Major Karl von Strempel[2]. Obwohl die russischen Reaktionen auf die deutsche Militärmission bereits vorauszusehen waren, erwarteten die beteiligten Soldaten offenbar keine größere internationale Krise. Ihrem Leiter lag »damals der Gedanke völlig fern, daß dieses Kommando politische Weiterungen nach sich ziehen werde«[3]. Wie war Liman an sein Kommando geraten, wie kam es zur deutschen Militärmission von 1913?

Nach der verheerenden Niederlage im ersten Balkankrieg suchten die Türken Partner, die das Land nicht aufteilen, vielmehr seinen Bestand sichern und militärisch stärken würden. Mit ausländischen Instrukteuren und Rüstungshilfen sollte die geschlagene Armee wieder aufgebaut werden. An eine Mitbestimmung ihres innenpolitischen Programms dachten die Jungtürken nach ihrem Putsch vom 22. Januar 1913 dabei allerdings nicht. Ihr starker Mann, der Großwesir Mahmud Schefket Pascha, wollte mehrere europäische Mächte an der Reorganisation der Türkei beteiligen. Den Deutschen sollten Aufgaben im Bildungsbereich und in der Armee zufallen. Schefket bot eine »Militärmission großen Stils« an, die ein Musterarmeekorps schaffen sollte. Diese Absicht verfolgte er auch gegen die Kritik des damaligen Generalstabschef Izzet[4]. Im April ließ Schefket zunächst den Militärattaché Strempel, dann auch den Botschafter Wangenheim von seinen Plänen wissen. Dieser drängte darauf, die Gelegenheit wahrzunehmen und den deutschen Einfluß auf die Türkei auszubauen:

»Die Macht, welche die Armee kontrolliert, wird in der Türkei immer die stärkste sein. Es wird keiner deutschfeindlichen Regierung möglich sein, sich am Ruder zu halten, wenn die Armee von uns kontrolliert ist. [...] Auch die Betrauung Deutschlands mit der Reform des Unterrichtswesens eröffnet uns vorläufig noch gar nicht absehbare Möglichkeiten, das türkische Volk mit deutschem Geiste zu erfüllen [...][5].«

---

1 Ältere Arbeiten zum Thema: Robert Joseph Kerner, The Mission of Liman von Sanders. In: Slavonic Review 6 (1927), S. 12—27, 344—363, 543—560; 7 (1928), S. 90—112; Sidney Bradshaw Fay, The Origins of the Word War, Bd 1, New York 1928, S. 498—541; Bernadotte Everly Schmitt, The Coming of the War 1914, Bd 1, New York 1930, S. 91—103.

2 Jehuda L. Wallach, Anatomie einer Militärhilfe. Die preußisch-deutschen Militärmissionen in der Türkei 1835—1919, Düsseldorf 1976, S. 129.

3 Otto Liman von Sanders, Fünf Jahre Türkei, Berlin 1920, S. 14.

4 Ahmed Djemal Pascha, Erinnerungen eines türkischen Staatsmannes, München 1920, S. 69 f.; Denkwürdigkeiten des Marschalls Izzet Pascha, Leipzig 1927, S. 225—227.

5 Wangenheim an Bethmann Hollweg 26.4.1913: GP 38, Nr. 15439, S. 200; vgl. Wangenheim an AA 17.5.1913: GP 38, Nr. 15303, S. 34.

Der Kaiser formulierte mit Recht Bedenken gegen die Pläne Schefkets. Die Europäer würden sich schwerlich auf abgegrenzte Aufgaben festlegen lassen, sondern sie als Anlaß zu Intrigen und zur letztlichen Teilung der Türkei nutzen. Aber auch Wilhelm II. fürchtete keinen konkreten Widerstand der Russen; für ihn drohte Gefahr aus London[6]. Als Schefket ihn offiziell um die Entsendung eines deutschen Generals bat[7], griff der Kaiser dann auch beherzt zu. Bei nächster sich bietender Gelegenheit, während der Hochzeit seiner Tochter Viktoria Luise am 24. Mai, informierte er, wenn auch nur oberflächlich, den britischen König und den russischen Zaren über das Vorhaben einer deutschen Militärmission. Überhaupt zog Wilhelm den Entscheidungsprozeß nun weitgehend an sich und das Militärkabinett. Offenbar hatten Reichskanzler und Auswärtiges Amt keine Einwände gegen dieses Verfahren, Kritik daran wurde jedenfalls nicht laut. Aus ihrer Sicht war es deutsches Interesse, den Einfluß auf die Türkei zu halten und auszubauen. Die Mittel hierzu waren zu diesem Zeitpunkt noch nicht festgelegt; bis Ende Mai befand sich die Türkei noch im Krieg, aus dem sich die Deutschen eindeutig heraushalten wollten. Eine Militärmission, wie sie jetzt der Kaiser betrieb, nahm man deshalb bereitwillig auf, um deutsche Ziele im Orient voranzubringen. Diese waren zum einen ökonomischer Natur. Der Bagdadbahnbau erschloß weite Teile des kleinasiatischen Binnenlands für die deutsche Wirtschaft (kilikische Baumwolle) und, was nicht auszuschließen war, für deutsche Kolonisten. Bei einer Teilung der Türkei wollte Berlin daher unbedingt beteiligt werden. Bethmann Hollweg schrieb, in dem Fall

> »würden sich unsere bisher rein wirtschaftlichen Interessen selbstverständlich alsbald in politische erster Ordnung verwandeln. Wir würden gezwungen sein, gleichfalls einzugreifen und uns einen Anteil an der Erbschaft zu sichern. Denn Deutschland ist in Kleinasien nicht nur mit Hunderten von Millionen, sondern mit seinem Prestige engagiert. Daß Gebiete, die durch deutsche Arbeit der Kultur und dem Weltverkehr erschlossen wurden, restlos in fremde Hände übergehen, würde das deutsche Volksbewußtsein nicht ertragen[8].«

Was Bethmann Hollweg hier schreibt, leitet über zum zweiten Strang deutscher Zielsetzung in der Türkei. Deren Niederlage auf dem Balkan erschien auch als Negativleistung deutscher Ausbilder und Waffen. Diesen Prestigeverlust wollte man durch ein verstärktes Engagement auffangen. Nicht zuletzt spielten auch bündnispolitische Erwägungen eine Rolle. Nur ein reorganisierter, aufgerüsteter türkischer Partner, abhängig von der deutschen Außenpolitik, konnte eine russische Expansion nach Ostanatolien (Bagdadbahn) verhindern.

In den nächsten Wochen und Monaten besprachen unabhängig voneinander der türkische Ministerrat und das kaiserliche Militärkabinett Größe und Personal, Aufgaben sowie Grenzen der Mission. Schon bald war bestimmt, daß Liman von Sanders in die Türkei gehen würde. Am 27. Oktober stimmte Konstantinopel der Militärmission endgültig zu. Auswärtiges Amt und Reichskanzler waren durch Botschafter Wangenheim und den Chef des Militärkabinetts,

---

6 Schlußbemerkung Wilhelms II. zu Wangenheim an Bethmann 26.4.1913: GP 38, Nr. 15439, S. 201.

7 Wangenheim an AA 22.5.1913: GP 38, Nr. 15440, S. 201 f.

8 Bethmann an Lichnowsky 27.1.1913: Norbert Saupp, Das Deutsche Reich und die armenische Frage 1878—1914, Köln 1990, S. 204.

Moritz von Lyncker, über den Fortgang der Ereignisse jederzeit so ausreichend informiert, daß ein Einspruch möglich gewesen wäre. Ende November bat Wilhelm II. den Missionschef zu sich. Er stellte Limans Aufgabe als rein militärisch dar, politische Folgen scheinen nicht mitbedacht worden zu sein[9]. Mit dieser Vorgabe faßten der stellvertretende türkische Kriegsminister Mahmud Pascha und Liman von Sanders den Vertrag über die Militärmission ab[10]. Fünf Jahre sollte Liman das I. Armeekorps kommandieren, die ausländischen Offiziere engagieren und dem Obersten Kriegsrat angehören. Er sollte unmittelbar hinter dem Kriegsminister und dem dienstälteren Generalstabschef als zweit- oder dritthöchster Offizier der osmanischen Armee rangieren. Durften unter solchen Umständen Liman von Sanders selbst, vor allem aber die deutsche Regierung, der Kaiser und seine militärischen Berater davon ausgehen, daß die Militärmission keine Bedenken in anderen Staaten erzeugen werde? Konnte man nach den Spannungen mit Rußland in der Bosnien- und der Adriakrise annehmen, Petersburg werde nicht widersprechen?

Trotz der zweifellos belasteten deutsch-russischen Beziehungen war im Herbst 1913 eine »bemerkenswert harmonische Übereinkunft« in der armenischen Reformfrage möglich gewesen[11]. Zunächst hatten die Russen versucht, die türkische Schwäche auszunutzen und die Kontrolle armenischer Siedlungsgebiete an sich zu ziehen. Berlin drängte, um den russischen Alleingang zu vereiteln, auf eine internationale Lösung des Nationalitätenproblems in der Türkei. Im Juni 1913 legte der russische Botschafter Giers in Konstantinopel einen Plan vor, der auf einen armenischen Pufferstaat hinauslief. Als eine Konferenz der Botschaftsdragomane keine gesamteuropäisch gebilligte Entscheidung zuwege brachte, schlugen Giers und Wangenheim im September als Kompromiß vor, zwei armenische Provinzen zu schaffen, die von unabhängigen europäischen Generalinspekteuren kontrolliert würden. Doch die Harmonie war nur scheinbar; der Kompromiß bewahrte beiden Seiten die weitergehende Option, ihren Einfluß in der Osttürkei auszubauen. Einen Rückschluß auf die generelle Annäherung Deutschlands und Rußlands läßt dies jedenfalls nicht zu. Die punktuelle Kooperation widerspricht also keineswegs der prinzipiell antirussischen Politik der Deutschen. In der Wilhelmstraße wählte man situationsbedingt bloß die subtilere Methode der Auseinandersetzung, der Kaiser — mit der Limanmission — aber die Brechstange. Grundsätzlich stimmten Bethmann Hollweg und Außenstaatssekretär Gottlieb von Jagow auch diesem Mittel offenbar zu, sie widersprachen jedenfalls nicht[12]. Die Konfrontation mit Rußland ist von den Entscheidungsträgern in Berlin in Kauf genommen worden,

---

9 Liman, Fünf Jahre Türkei, S. 11.

10 Wallach, Anatomie einer Militärhilfe, S. 127—131; Vertrag vom 15./28.10., 14./27.11.1913: Carl Mühlmann, Deutschland und die Türkei 1913—1914, Berlin 1929, Nr. 2, S. 88—92.

11 Saupp, Das Deutsche Reich, S. 205—213, Zitat, S. 212.

12 Schon Hans Herzfeld, Die Limankrise und die Politik der Großmächte in der Jahreswende 1913/14. In: Berliner Monatshefte 11 (1933), S. 837—858, 973—993 widersprach der noch heute gängigen These, die Reichsregierung sei von den Ereignissen überrascht worden (S. 842). Selbst Bethmann Hollweg behauptete dies später nicht; vgl. Theobald von Bethmann Hollweg, Betrachtungen zum Weltkriege. Hrsg. von Jost Dülffer, Essen 1989, S. 189 f.

wenn sie nicht gar beabsichtigt war. Das russische Interesse an und in der Türkei war ja keine Unbekannte der politischen Rechnung.

Natürlich brauchte Rußland auch »dringend einen Prestigeerfolg als Ausgleich für die militärischen und diplomatischen Niederlagen der letzten Jahre«[13]. Aber es ging um mehr, denn für die russische Reaktion gaben wirtschaftliche Interessen den Ausschlag. Das Zarenreich wickelte zwischen 1903 und 1912 im Durchschnitt 37 Prozent seiner Ausfuhr und sogar zwei Drittel seines Getreideexports durch die Dardanellen ab. Die Meerengen galten als »unsere wichtigste Handelsader«[14]. Die Einnahmen aus dem Getreideexport waren ein fester Bestandteil von Zins und Tilgung der Staatsschulden, die 1913 noch 13,7 Prozent des Etats verschlangen. Nur eine positive Handelsbilanz garantierte, daß die Kredite verläßlich bedient werden konnten. Die Politik Stolypins und Kokowzows setzte deshalb auf das industrielle Wachstum und eine Produktivitätszunahme des Agrarsektors[15]. Die einmonatige Sperre der Meerengen während des türkischitalienischen Krieges bewirkte einen beträchtlich geschmälerten Bilanzüberschuß[16], und sie zeigte, wie wichtig die Freiheit des Handelswegs durch den Bosporus für Rußland war. Zumindest der status quo mußte deshalb das Ziel jeder russischen Außenpolitik sein, denn an eine gewaltsame Änderung der Verhältnisse war nicht zu denken. Eine Schwarzmeerflotte war nicht einsatzbereit. In Odessa lag lediglich ein Transportschiff für 750 Mann, und eine von Marineminister Ivan K. Grigorovič angeregte Entsendung des Schwarzmeer-Geschwaders fand keine Mehrheit unter den Ministern des Zaren. Die verstärkte russische Präsenz würde auch andere Mächte ins Schwarze Meer rufen und das Reich eher bedrohen als schützen. Außenminister Sasonov und Kriegsminister Suchomlinov glaubten, einer militärischen Machtprobe sei Rußland nicht gewachsen. Suchomlinovs Vorschlag, die expansiven Möglichkeiten am Kaukasus durch einen Ausbau der Eisenbahnlinien zu verbessern, scheiterte am fehlenden Geld[17]. Das war im Herbst 1913 der Stand der russischen Politik. Wie sehr muß der Petersburger Führung der status quo bedroht erschienen sein, als nun zur türkischen Wiederaufrüstung eine deutsche Militärmission hinzukam? Genug jedenfalls, bald auch militärische Gegenmaßnahmen nicht auszuschließen.

Um den Anschluß an westeuropäische Marinestandards zu halten, kauften und bauten die Türken im Laufe des Jahres 1913 mit französischem Kredit und der Hilfe englischer Werften Schiffe der Dreadnought-Klasse. Diese sollten im

---

13 Gregor Schöllgen, Imperialismus und Gleichgewicht. England, Deutschland und die orientalische Frage 1871—1914, München 1984, S. 359.

14 Denkschrift des stellvertetenden Direktors der Kanzlei des russischen Außenministeriums, N. Basili, aus dem November 1914: Evgenij Aleksandrovic Adamov [E. Adamow], Die Europäischen Mächte und die Türkei während des Weltkrieges. Konstantinopel und die Meerengen, Dresden 1930, Bd 2, Nr. 2, S. 4—34, hier S. 4 f.; Fritz Fischer, Krieg der Illusionen. Die deutsche Politik von 1911 bis 1914, Düsseldorf 1969, S. 481.

15 Dietrich Geyer, Der russische Imperialismus. Studien über den Zusammenhang von innerer und auswärtiger Politik 1860—1914, Göttingen 1977 (= Kritische Studien zur Geschichtswissenschaft, 27), S. 192 f.

16 Denkschrift Basilis: Adamow, Die Europäischen Mächte, Bd 2, S. 5; Fischer, Krieg der Illusionen, S. 483.

17 Edward C. Thaden, Russia and the Balkan Alliance of 1912, University Park (Pa) 1965, S. 41; Geyer, Der russische Imperialismus, S. 215.

ersten Halbjahr 1914 in Dienst gehen. Gleichzeitig arbeiteten in der Türkei amerikanische und westeuropäische Konzessionäre an Bahnprojekten, deren Spurbreite sich von der russischen unterschied[18]. Sie verbesserten auf diese Weise einseitig die türkische Infrastruktur und Mobilisierungsfähigkeit. Nun sollte also ein deutscher General, mit umfassenden Befugnissen versehen, ranghoch eingestuft und von zahlreichen erfahrenen deutschen Offizieren unterstützt, auch noch das osmanische Heer reorganisieren. Der russische Marineattaché in Konstantinopel, Leontjew, fürchtete, daß

> »die Deutschen die türkische Armee nicht für einen Krieg mit Griechenland ausbilden würden, sondern für den Fall eines künftigen europäischen Zusammenstoßes, wobei sie darauf rechneten, sie für sich in die Waagschale werfen zu können«.

Am 6. November 1913 schrieb Leontjew:

> »Das alles bedeutet, daß wir im Falle unserer Landungsoperationen im Gebiet des Bosporus in Zukunft hier auf ein deutsches Korps stoßen werden.«

So dramatisch sah das Botschafter Giers noch nicht, gleichwohl hatte er seinem deutschen Kollegen gesagt,

> »daß es unvergleichlich vernünftiger gewesen wäre, für ein Musterkommando irgendein anderes Korps auszuwählen, das irgendwo weg von Konstantinopel und den Meerengen gelegen sei«.

Für Außenminister Sasonov war das ganze ein »offensichtlich unfreundlicher Akt«[19]. Sein Unterstaatssekretär, Neratov, unterstrich dies mit den Worten:

> »Alles, was sich in Konstantinopel und an den Meerengen ereigne, sei für Rußland von der höchsten Bedeutung.«

Eine Militärmission in der geplanten Form müsse man deshalb als gegen Rußland gerichtet auffassen[20]. Beide beschränkten aber ihre Kritik ausdrücklich auf eine ständig in der türkischen Hauptstadt angesiedelte Mission und das Kommando über das Konstantinopler Armeekorps[21]. Der russische Botschafter in Berlin, Swerbejew, erhielt den Auftrag, die Probleme mit der deutschen Regierung freundschaftlich zu besprechen.

Mit dem Hinweis auf den Wunsch der Hohen Pforte nach deutschen Offizieren wies das Auswärtige Amt die russischen Vorwürfe zurück. Der Stellvertretende Staatssekretär Zimmermann wunderte sich nur, daß man in Petersburg ein türkisches Korps unter dem Befehl eines deutschen Generals besonders bedrohlich empfände[22]. Jetzt suchte Ministerpräsident Kokowzow den direkten Kontakt zur deutschen Führung. Einen Zwischenaufenthalt in Berlin — er kam von Kreditverhandlungen aus Paris — nutzte er zu Gesprächen mit Bethmann Hollweg und Wilhelm II. (18./19. November 1913). Doch auch auf dieser Ebene kam es zu keiner Einigung. Der Reichskanzler wiegelte mit der Bemerkung ab, eine Militärmission stünde in Kontinuität deutscher Orientpolitik und sei damit keineswegs etwas Neues. Der Kaiser wies auf den ursprünglich türkischen

[18] Schulthess NF 29 (1913), S. 641 f., NF 30 (1914), S. 856; Thaden, S. 40; Fischer, Krieg der Illusionen, S. 494; Geyer, Der russische Imperialismus, S. 214, 257.
[19] Alle Zitate nach Fischer, Krieg der Illusionen, S. 491.
[20] Lucius an AA 7.11.1913: GP 38, Nr. 15445, S. 206.
[21] Lucius an AA 17.11.1913: GP 38, Nr. 15448, S. 208 f.
[22] Zimmermann an Lucius 8.11.1913: GP 38, Nr. 15446, S. 207.

Wunsch nach deutschen Militärs und Beratern hin. Kokowzow selbst schlug nun zwei mögliche Alternativen vor, um eine Krise im beiderseitigen Verhältnis zu vermeiden. Entweder könnte die gegenüber früheren Missionen erweiterte Kommandogewalt aufgegeben werden, dafür verbliebe der Sitz in Konstantinopel. Lieber wäre ihm aber, wenn zwar die Befehlsmacht Limans in der ausgehandelten Form bestehen bliebe, der Sitz aber nach Adrianopel, einem für Rußland offenbar unbedenklicheren Ort, verlegt werde. Bethmann versprach lediglich, darüber nachzudenken[23]. Am 27. November schrieb er dem russischen Ministerpräsidenten, daß bedauerlicherweise keine Änderungen im Vertrag mit den Türken mehr berücksichtigt werden konnten[24]. Am gleichen Tag wurden in Konstantinopel die Unterschriften unter das Abkommen gesetzt. Dadurch erscheinen die deutschen Argumente gegenüber Kokowzow als Hinhaltetaktik. Zumindest im November war der Wille nicht vorhanden, den Russen entgegenzukommen[25]. Ohne Zögern lehnte Berlin jede bilaterale Einigung ab, als sich der erste Vorwand hierfür bot. Nachdem der Pariser »Temps« die Gespräche Kokowzows öffentlich machte und behauptete, die Russen hätten in Berlin gegen die Militärmission protestiert, brach Bethmann Hollweg den Kontakt mit Petersburg erst einmal ab:

> »Augenblicklich würde jede Konzession als ein Zurückweichen vor französischer und russischer Drohung einen Sturm der Entrüstung heraufbeschwören.«

Dem Kanzler scheint dabei jedoch nicht ganz wohl gewesen zu sein, denn er notierte an ein Konzept Jagows den Satz:

> »Wenn auch nicht jetzt unmittelbar, sollten wir doch demnächst meo voto nach irgendeinem Weg suchen, wie wir den Russen, wenn auch in gemäßigter Weise, entgegenkommen können[26].«

Vorläufig aber war der Draht nach Petersburg kalt. Die französische Diplomatie war daran nicht unschuldig. Glaubt man dem Botschaftssekretär Sabatier d'Espeyrant, so hatte man in Paris nur auf eine günstige Gelegenheit gewartet, »um die Brücke zwischen Petersburg und Berlin endgültig abzubrechen«[27]. Der Botschafter, Delcassé, telegraphierte am 21. November, Kokowzow habe die Deutschen zum Nachgeben gebracht[28]. Gleichzeitig soll er in der russischen Presse einen antideutschen Feldzug eröffnet haben. Swerbejew berichtete jedenfalls, die Indiskretion, welche der Meldung des »Temps« zugrunde lag, stamme aus Petersburg[29]. Eine aktive Rolle ist Delcassé hierbei nicht nachzuweisen, hätte aber auf der Linie der französischen Außenpolitik gelegen. Außenminister Pichon hatte sich bereits am 21. November hinter den russischen Standpunkt gestellt[30]. Von der Türkei verlangte er moralische und politische Kompensati-

---

23 Aufzeichnungen Bethmann Hollwegs 18., 19.11.1913: GP 38, Nr. 15450 f., S. 212—217, Bethmann an Pourtalès 26.11.1913: GP 38, Nr. 15454, S. 220.

24 Bethmann an Kokowzow 27.11.1913: GP 38, Nr. 15455, S. 221—224.

25 Jagow an Wilhelm II. 23.11.1913: GP 38, Nr. 15452, S. 219.

26 Bethmann an Lucius 29.11.1913: GP 38, Nr. 15458, S. 227 und Anm. S. 227 f.

27 Adamow, Die Europäischen Mächte, Bd 1, S. 74.

28 Delcassé an Pichon 21.11.1913: DDF 3,8, Nr. 511, S. 648.

29 Adamow, Die Europäischen Mächte, Bd 2, S. 74.

30 Iswolski an Sasonov 8./21.11.1913: Der Diplomatische Schriftwechsel Iswolskis 1911—1914. Hrsg. von Friedrich Stieve, Bd 3, Berlin 1926, Nr. 1135, S. 352.

on[31]. Ökonomische und bündnispolitische Gründe sprachen für eine solche Politik. Französische Banken waren wichtige Kreditgeber der Osmanen und französische Unternehmen bemühten sich um Eisenbahnkonzessionen im nördlichen Kleinasien. Für sie waren die Deutschen lästige Konkurrenten. Auch der Rüstungskonzern Schneider-Creusot machte sich Hoffnungen auf umfängliche Aufträge aus Konstantinopel: die Tjataldja-Linie, die Geschütze am Bosporus und die gesamte türkische Feldartillerie waren nach den Balkankriegen zu erneuern. Dies Geschäft wollte man nicht mit deutschen Mitbewerbern teilen. Das Unternehmen hatte beste Kontakte zur französischen Regierung. Staatspräsident Poincaré und wichtige Regierungspolitiker waren für Schneider-Creusot tätig gewesen. Diese Verbindung hatte sich in der Vergangenheit bereits ausgezahlt. Zeitgenössische Kritiker waren überzeugt, mit Poincaré habe die Rüstungsindustrie die Macht übernommen[32]. Mit der Entsendung der Militärmission »wittert(e) Schneider-Creusot Verrat«[33]. Politisch versuchte Paris, die seit Mitte 1912 gefestigte Verbindung mit den Russen (16. Juli 1912: französisch-russische Marinekonvention; Zusagen Poincarés im August und September 1912)[34] zu stärken.

Deshalb rechnete Sasonov wohl auch auf die französische Unterstützung, als er am 25. November 1913 gemeinsame Schritte der Tripelentente anregte. Er durchschaute vermutlich die deutsche Hinhaltetaktik und suchte nach wirksameren Mitteln, das deutsch-türkische Abkommen zu verhindern. Jetzt sollte internationaler Druck die gescheiterten Gespräche ablösen. Der russische Außenminister beabsichtigte, in Konstantinopel mit Kompensationsforderungen der anderen Mächte zu drohen. Hierzu benötigte er die Zustimmung Londons und Paris': Würden die Regierungen, so fragte er zwischen den Zeilen, eine sozusagen deutsche Garnison im Umfeld ihrer Botschaften hinnehmen[35]. Bald wurde der westliche Rückhalt für Sasonov noch dringlicher. Kaum war nämlich der Limanvertrag am 27. November unterzeichnet, ernannte Sultan Mehmed V. Reshad den deutschen General zum Kommandanten des I. Korps und Mitglied des Obersten Kriegsrats (Iradé vom 2. Dezember). Gleichzeitig setzte er einen Vertrag mit den britischen Rüstungsfirmen Armstrong und Vickers & Co. über den Bau einer Marinebasis in Ismed, am Marmarameer 100 km östlich von Konstantinopel gelegen, in Kraft[36]. Der englische Beistand war für Rußland nicht selbstverständlich, und auch die französische Zustimmung wurde wieder brüchig. Spätestens seit dem Kabinettswechsel zu Gaston Doumergue am 9. Dezember war man in Paris bestrebt, Rußland von jeder Voreiligkeit abzubringen und sich nurmehr gemeinsam mit Großbritannien zu engagieren. Aus

31 Pichon an Paul Cambon 22.11.1913: DDF 3, 8, Nr. 516, S. 653.
32 George W.F. Hallgarten, Imperialismus vor 1914. Die Soziologischen Grundlagen der Außenpolitik Europäischer Großmächte vor dem ersten Weltkrieg. (2., durchgearbeitete u. stark erweiterte Auflage), Bd 2, München 1963, S. 312—317, 434.
33 Aufzeichnung Strempels 18.11.1913: GP 38, Nr. 15449, S. 211.
34 A.J.P. Taylor, The Struggle for Mastery in Europe 1848—1918, Oxford 1954, S. 488.
35 Sasonov an Etter 12./25.11.1913: Diplomatische Aktenstücke zur Geschichte der Ententepolitik der Vorkriegsjahre. Hrsg. von Benno von Siebert, Berlin, Leipzig 1921, S. 641; vgl. O'Beirne an Grey 25.11.1913: Bd 10/1, Nr. 379, S. 340.
36 Schulthess NF 29 (1913), S. 640; Hallgarten, S. 433.

London bekam Sasonov zur Antwort, die Limanmission habe dort nicht denselben hohen Stellenwert wie in Rußland[37].

Die Briten[38] hatten selbst eine große Marinemission unter dem Kommando des Admirals Arthur Henry Limpus in der Türkei. Limpus war Oberbefehlshaber der gesamten türkischen Flotte. Er wurde von 72 britischen Offizieren unterstützt. Darüberhinaus förderte London die maritime Aufrüstung Konstantinopels durch den Bau von Schlachtschiffen auf englischen Werften[39]. Dies Marineengagement, der schwelende Konflikt mit Rußland wegen Persien und das Ziel, sich mit Deutschland zu verständigen[40], machten eine Entscheidung zugunsten Sasonovs nicht eben leicht. Andererseits bezeichnete dieser die Limanfrage als »test of the real value of the Triple Entente«[41]. Zunächst hatte London deshalb nur einer von Sasonov selbst abgeschwächten gemeinsamen Demarche der drei Mächte bei der Pforte zugestimmt[42]. Am 9. Dezember, dem Tag der französischen Regierungsumbildung, revidierte Grey diese Politik. Jetzt sollte lediglich mündlich in Konstantinopel angefragt werden, welchen Inhalt der Limanvertrag überhaupt hatte. Drei Motive verursachten diesen Kurswechsel: 1. Grey fürchtete zu Recht, daß Berlin jede englische Kritik mit dem Hinweis auf die Limpusmission kontern werde[43]. 2. Die französische Innenpolitik ließ zumindest kurzfristig Fragen nach der Kontinuität französischer Außenpolitik offen. 3. Letztlich war vollkommen unklar, was Sasonov wirklich bezweckte, und wie weit er zu gehen bereit war. Er hatte einen Finanzboykott, die Verweigerung einer vierprozentigen Zollerhöhung, einen Abbruch der diplomatischen Beziehungen und als letztes Mittel eine gemeinsame Besetzung türkischer Städte vorgeschlagen, um die Pforte von ihren Plänen abzubringen[44]. Als Sasonov im Gespräch mit dem britischen Geschäftsträger O'Beirne meinte, Deutschland werde wegen der Limanmission keinen Krieg riskieren, nutzte dieser die Gelegenheit zur konkreten Nachfrage, ob denn der russische Außenminister hierfür einen Krieg in Kauf nehmen wollte:

---

37 Minute Nicolsons zu O'Beirne an Grey 25.11.1913: BD 10/1, Nr. 379, S. 340 f.; zu Nicolson: Zara Steiner, The Foreign Office under Sir Edward Grey, 1905—1914. In: British Foreign Policy under Sir Edward Grey. Ed. by F.H. Hinsley, Cambridge 1977, S. 22—69, hier S. 54 f.

38 Zur britischen Politik: Michael G. Ekstein, Great Britain and the Triple Entente on the eve of the Sarajevo Crisis. In: British Foreign Policy under Sir Edward Grey. Ed. by F.H. Hinsley, Cambridge 1977, S. 342—348; Marian Kent, Constantinople and Asiatic Turkey, 1905—1914. In: ebd., S. 148—164, hier S. 159—162.

39 R.J. Crampton, The Balkans 1909—1914. In: British Foreign Policy under Sir Edward Grey. Ed. by F.H. Hinsley, Cambridge 1977, S. 256—270, hier S. 270.

40 Fischer, Krieg der Illusionen, S. 494.

41 O'Beirne an Grey 9.12.1913: BD 10/1, Nr. 412, S. 365; vgl. Buchanan an Grey 1.12.1913, danach meinte Sasonov, daß die Affaire »would put the value of the Triple Entente to the test«, zit. nach: David M. McDonald, A lever without a fulcrum: domestic factors and Russian foreign policy, 1905—1914. In: Imperial Russian foreign policy. Ed. by Hugh Ragsdale, Cambridge 1994, S. 268—311, hier S. 304.

42 Grey an Mallet 2.12.1913: BD 10/1, Nr. 387, S. 347.

43 Vgl. Jagow an Kühlmann 4., 7.12.1913: GP 38, Nr. 15462, S. 232 f., 15472, S. 240 f.

44 O'Beirne an Grey 7.12.1913: BD 10/1, Nr. 406, S. 361.

»He replied vehemently and almost indignantly ›certainly not‹; but a firm attitude on the part of the Three Powers and the use of pacific pressure on Turkey would be quite sufficient for his purpose[45].«

Mit dieser Äußerung könnte Sasonov, obwohl ihm als erfahrenem Außenpolitiker klar gewesen sein muß, daß er England nicht wider Willen in einen Krieg ziehen konnte, versucht haben, den Kurswechsel Greys noch abzuwenden. Aber der englische Minister erhielt das Schreiben O'Beirnes über seine Gespräche mit Sasonov, die am 12. und 13. Dezember stattfanden, erst am 29. Dezember 1913. So muß also für Grey, auch ohne daß Sasonov ihm dies ausdrücklich versicherte, klar gewesen sein, daß die Russen den Konflikt nicht militärisch austragen wollten — oder konnten. Jedenfalls ging er nicht auf die russischen Forderungen ein, die Politik Londons gegenüber der Türkei zu verschärfen. Es blieb bei dem mündlich vorgetragenen Protest, den die Pforte am 13. Dezember zurückwies. Zwei Tage darauf versprach Grey dem deutschen Botschafter Lichnowsky sogar, es vorläufig hierbei zu belassen, und ihn vor weiteren Schritten zu konsultieren[46].

Enttäuscht vom Verhalten des britischen Bündnispartners versuchte es Sasonov mit einem anderen Lockmittel. Dem britischen Botschafter Buchanan erklärte er,

»that nothing was so likely to bring about war as to appear to be afraid of it and the impression had unfortunately gained ground that Russia would not fight«[47].

Darin steckte zweierlei: zum einen explizit die Ankündigung, daß Rußland kämpfen werde, wenn dies nötig sei; zum anderen implizit die Frage, ob London den Eindruck, es weiche einem Krieg aus, nicht seinerseits vorbeugen wolle. Eyre Crowe[48] notierte hierzu, man müsse dem Zaren die friedensgefährdenden Konsequenzen erklären und fragen, ob er wirklich einen Krieg mit Deutschland riskieren wolle[49]. Als der russische Botschaftsrat Etter am 29. Dezember erneut einen scharfen britischen Protest einforderte, formulierte Crowe drei Fragen, an die London jegliche Unterstützung binden wolle:

»(1.) What exactly did Russia demand or desire to obtain? Was it (a) the cancellation of the German general's particular appointment? or (b) some suitable compensation to Russia? (2.) Supposing the demand, which ever it was, was rejected by the Turkish government, what means did Russia propose to employ to exact either Compliance or reparation? (3.) Supposing that Germany were to identify herself with the Turkish resistance to Russia, did Russia contemplate pressing her demands to the point of a war with the Triple Alliance[50]?«

Nur einen Tag später, am 30. Dezember 1913, bekam Iswolski in Paris die ganz ähnliche Frage zu hören, ob die russische Regierung nicht fürchte, daß eine

---

45 O'Beirne an Grey 18.12.1913: BD 10/1, Nr. 439, S. 389.
46 Lichnowsky an AA 15.12.1913: GP 38, Nr. 15485, S. 257 f.
47 Buchanan an Grey 19.12.1913: BD 10/1, Nr. 440, S. 391.
48 Steiner, The Foreign Office, S. 56 f.
49 Minute Crowes vom 20.12. zu Buchanan an Grey 19.12.1913: BD 10/1, Nr. 440, S. 391.
50 Minute Crowes 29.12.1913: BD 10/1, Nr. 452, S. 401.

Intervention der Tripelmächte die Verhandlungen mit Berlin belaste[51]. Petersburg solle außerdem wissen lassen,

> »sur quels points précis devrait porter la réclamation des trois Puissances, enfin quelles décisions la Russie croirait proposer à la France et à l'Angleterre dans le cas où leur action concertée à Berlin et à Constantinople ne réussirait pas à obtenir la solution conciliante qu'elles recherchent«[52].

Damit lag die Frage nach Krieg oder Frieden auf Sergej Sasonovs Schreibtisch. Eine klare Entscheidung war von Nöten. In einer großen Denkschrift faßte der russische Außenminister am 5. Januar 1914 seine Argumente zusammen[53]. Seiner Ansicht nach wäre es eine politische Niederlage gewesen, nachzugeben. Es bestände auch keinerlei Gewißheit, daß Deutschland und dessen Verbündete nicht alsbald neue Forderungen stellten, wenn Rußland jetzt nicht fest blieb. Sasonov schlug vor, sich weiterhin um die Zustimmung der Westmächte für russische Zwangsmaßnahmen, z.B. eine Besetzung türkischer Häfen, zu bemühen. Dabei rechnete er durchaus damit, daß die Türken bei einer Eskalation des Konflikts deutschen Beistand erhielten. Er schrieb:

> »In diesem Falle kann die Lösung der Frage aus Konstantinopel und der Türkei an unsere Westgrenze übertragen werden samt allen Folgen, die sich daraus ergeben[54].«

Das bedeutete nichts anderes, als die Inkaufnahme des Kriegsrisikos um die negativen Konsequenzen eines Nachgebens für Rußlands internationales politisches Prestige und seine Bündnisstellung(-fähigkeit) zu vermeiden. Zar Nikolaus II. notierte: »Einverstanden«[55]. Mit dieser Denkschrift legte Sasonov auch ein stufenweises »Aktionsprogramm« (Fritz Fischer) vor. Davon ausgehend, daß es unmöglich sei, Limans Kommando in der jetzigen Form hinzunehmen, sollte in Berlin und Konstantinopel weiter verhandelt werden. Gleichzeitig aber müsse man Zwangsmaßnahmen vorbereiten. Sasonov dachte an eine Pfandbesetzung in Kleinasien (Trabzon, Bayazit), machte sie aber davon abhängig, daß England und Frankreich das russische Vorgehen deckten. Ein möglichst vorsichtiges und gemeinsames Handeln sollte das Kriegsrisiko senken. Dies schloß jedoch nicht aus, »eine bestimmte Steigerung der Zwangsmaßnahmen zu verabreden«, wenn Berlin nicht das gewünschte Ergebnis zugestand[56]. Aber weder am Quai d'Orsay noch in Whitehall mochte man sich diesem Risikoprogramm anschließen, da in ihm letztlich doch ein Krieg gegen Deutschland einkalkuliert war[57]. Obwohl Sasonov selbst den Rückhalt durch westliche Verbündete als wesentliches Element einer russischen Konfliktstrategie herausgestellt hatte, dachte er trotz der Absagen aus Paris und London nicht daran, nachzugeben.

---

51 »Ne craintil pas qu'une intervention immédiate de la Triple Entente, malgré son caractère amical, ne risque de nuire aux conversations directes qui se poursuivent présentement encore entre Saint-Pétersbourg et Berlin?« (Note an Iswolski 30.12.1913: DDF 3,8, Nr. 689, S. 869.

52 Ebd., S. 870.

53 Adamow, Die Europäischen Mächte, Bd 1, S. 77—80.

54 Ebd., S. 79.

55 Ebd., S. 81.

56 Ebd.

57 Minutes Nicolsons und Greys zu Buchanan an Grey 8.1.; Bertie an Grey 11.1.1914: BD 10/1, Nr. 465 f., S. 415—417.

Bei einer Sonderkonferenz am 13. Januar 1914 verteidigte er seine harte Linie. Außer Sasonov waren unter dem Vorsitz des Ministerpräsidenten, der Kriegsminister Suchomlinov, dessen Kollege aus dem Marineressort Grigorovič und der Generalstabschef Shilinski anwesend[58]. Auch bei dieser Ministerbesprechung spielte der englisch-französische Beistand die entscheidende Rolle.

Sasonov teilte mit, daß nach ungesicherten Informationen des russischen Botschafters in Konstantinopel ein Rücktritt Limans als Kommandeur des I. Korps unmittelbar bevorstehe. Dennoch wollte er die Diskussion nicht nur akademisch führen, da sich die Meldung immer noch als falsch erweisen könnte. Auch Kokowzow meinte, die Beratung solle Richtlinien für alle Fälle formulieren. Die Militärs in der Runde machten deutlich, daß ihnen ein möglicher Rücktritt Limans nicht ausreichte. Als Inspekteur dürfe dem deutschen General nur eine allgemeine Aufsicht über die Armee, nicht aber ein territoriales Kommando erlaubt sein. Suchomlinov ging davon aus, daß die von den Deutschen ausgebildeten türkischen Truppen »natürlicherweise gegen Rußland gerichtet« seien[59]. Er befürwortete daher eine gewaltsame Konfliktlösung, etwa eine Pfandbesetzung, die auch das Risiko eines europäischen Kriegs einkalkulierte. Gemeinsam mit Shilinski erklärte er »kategorisch die volle Bereitschaft Rußlands zum Zwiekampf mit Deutschland, von einem Zwiekampf mit Österreich schon gar nicht zu reden«[60]. Und Sasonov glaubte gar, daß Deutschland einem gemeinsamen Angriff der Tripelmächte nur sechs Wochen standhalten könne[61]. Doch alle Diskussionsteilnehmer waren sich auch bewußt, daß sich ein Krieg nicht auf Deutschland beschränken ließ. Für Kokowzow war dies Risikoprogramm nicht akzeptabel. Ultimative Forderungen versperrten nur den Weg zu Kompromissen. Die Haltung der Briten und Franzosen war ausschlaggebend:

> »Bevor dieser oder jener Beschluß gefaßt wird, müsse die Kaiserliche Regierung wissen, in welchem Maße ihr die Unterstützung Frankreichs zuteil werden wird und ob man auf eine aktive Beteiligung Englands an der Einwirkung auf die Pforte rechnen könnte[62].«

Auf Sasonovs Frage, welche Politik verfolgt werde, wenn Paris und London ihre Unterstützung zusagten, antwortete Kokowzow, er halte auch dann noch einen Krieg für das gegenwärtig größte Unglück und wünschte, Rußland aus einem europäischen Konflikt herauszuhalten[63]. Dies war im Ergebnis der Sonderkonferenz das wichtigste Element. Wenn die fortgesetzten Verhandlungen mit Berlin und Konstantinopel ohne Erfolg blieben, so konnte Rußland ohne die Hilfe der Westmächte keinen Druck ausüben, weil dann ein Krieg wahrscheinlich war. Damit war das Risikoprogramm Sasonovs vom Tisch[64].

Zu diesem Zeitpunkt lenkten aber auch die Deutschen bereits ein. Bald nach der russischen Ministerkonferenz bestätigten sich die Meldungen, Liman von

---

58 Journal der Sonderkonferenz 31.12.1913/13.1.1914: Friedrich Stieve, Iswolski und der Weltkrieg 1911—1914, Berlin 1926, S. 234—246.
59 Ebd., S. 238.
60 Ebd., S. 243.
61 Ebd., S. 242.
62 Ebd., S. 240.
63 Ebd., S. 243.
64 Vgl. Geyer, Der russische Imperialismus, S. 215 f.; Out of My Past. The Memoirs of Count Kokovtsov. Ed. by H.H. Fisher, Stanford 1935, S. 401—403.

Sanders verzichte auf sein Korpskommando[65]. Bethmann Hollweg war schon die Gesprächsabsage an Kokowzow am 29. November 1913 nicht uneingeschränkt recht gewesen, ohne daß er hätte sagen können, wie er den Russen entgegenkommen sollte. Jagow, der die Militärmission zuvor in ihrer ursprünglichen Form verteidigt hatte, schloß am 5. Dezember eine Verlegung nach Adrianopel nicht mehr aus[66]. Am 9. Dezember 1913 bezog der Reichskanzler öffentlich Stellung in der Orientfrage. In einer Reichstagsrede konstatierte er für die Zukunft der Türkei eine »erfreuliche Übereinstimmung unter den Großmächten«[67]. Bethmann ging auf die »willkommenen Besuche«[68] Sasonovs (22. Oktober) und Kokowzows (17.—20. November) in Berlin ein, und er meinte:

> »Bei dieser allseitig beobachteten Zurückhaltung können wir hoffen, daß ein politischer Konflikt wegen der Zukunft der Türkei den europäischen Großmächten für absehbare Zeit nicht bevorstehen wird[69].«

Wenn diese Worte einen Sinn geben sollen, und Bethmann die Krise nicht einfach wegreden wollte — etwa um dem innenpolitischen Krach mit dem Parlament wegen des Zwischenfalls in Zabern nicht auch noch einen außenpolitischen Zwist hinzuzufügen[70] —, dann müssen sie als Signal verstanden werden, daß die Reichsleitung jetzt entschlossen war, den Russen entgegenzukommen, z.B. mit der Verlegung des Kommandos Limans nach Adrianopel. Warum dies so war, dafür gibt ebenfalls der Auftritt des Kanzlers in der Etatdebatte des Reichstags einen Hinweis. Für das Verhältnis zu England formulierte Bethmann den

> »Grundgedanken, durch Verständigung über einzelne Fragen des weltwirtschaftlichen und kolonialpolitischen Wettbewerbs zwischen uns und England die Beziehungen beider Länder dauernd wieder in die ruhigeren Bahnen zurückzuleiten, die sie eine Zeitlang zu verlassen drohten, [...][71].«

Tatsächlich drohten die Differenzen mit Rußland auf die deutsch-britischen Beziehungen durchzuschlagen. Der Adressat deutschen Nachgebens war deshalb nicht Petersburg, sondern indirekt London, das man auf diese Weise vom eigenen Friedenswillen überzeugen, und langfristig aus dem Bündnis mit Frankreich und Rußland herausbrechen wollte. Es »eröffnete sich die Aussicht einer deutsch-britischen Kooperation in türkischen Fragen auf militärischer Ebene, die sich zwar nicht formell, so doch ihrer sachlichen Schwerkraft nach in

---

65 Pallavicini an Außenministerium in Wien 11.1.1914, Czernin an Außenministerium in Wien 4./17.1.1914: ÖUA 7, Nr. 9183, S. 727, Nr. 9202, S. 738 f.; Bethmann Hollweg an Pourtalès 15., Pourtalès an AA 15., an Bethmann Hollweg 18.1.1914: GP 38, Nr. 15521—15523, S. 302—304.

66 Jagow an Treutler 5.12.1913: GP 38, Nr. 15466, S. 236; Szögyény an Außenministerium in Wien 5.12.1913: ÖUA 7, Nr. 9050, S. 608.

67 Rede Bethmann Hollwegs am 9.12.1913: RT 13:1:291:6274 (A).

68 Ebd., 6274 (B).

69 Ebd., 6274 (C).

70 Jagow an Botschaft Konstantinopel 2.2.1914: Klaus Wernecke, Der Wille zur Weltgeltung. Außenpolitik und Öffentlichkeit im Kaiserreich am Vorabend des Ersten Weltkrieges, Düsseldorf 1970, S. 245.

71 Wie Anm. 67, 6274 (D).

erster Linie gegen Rußland richten mußte«[72]. An der Wilhelmstraße teilte man fortan nicht mehr die Ansicht des Kaisers, daß in erster Linie »unser Ansehen in der Welt« zähle, »gegen das von allen Seiten gehetzt wird!« Das Mittel der Brechstange hatte sich als falsche Methode erwiesen. Jagow ging deshalb auf die Bemerkung Wilhelms: »Also Nacken steif und Hand ans Schwert« gar nicht mehr ein. Jetzt mußte das Prestigeargument der Politik gegenüber England untergeordnet werden[73]. Der Außenstaatssekretär instruierte Botschafter Wangenheim, in Konstantinopel »schleunigst« die Ernennung Limans zum Instrukteur auszuhandeln, um möglichen englischen Nachfragen zuvorzukommen[74]. Während Wangenheim mit der Pforte verhandelte, suchte Zimmermann dem Kaiser den Kurswechsel schmackhaft zu machen. Es müsse das Ziel sein,

> »das Einvernehmen zwischen Rußland und England in dieser Frage nach Möglichkeit zu erschüttern und aus diesem Grund die Dardanellen-Frage und das Kommando des englischen Admirals am Bosporus weiterhin auszuspielen«[75].

Der Monarch stellte daraufhin zwar fest, daß ein Zusammengehen mit Berlin eher den englischen Interessen entspreche als die Tripelallianz. Überzeugt von der Methode des Auswärtigen Amts war er aber keineswegs:

> »Nachdem die Sache schon solchen Umfang gewonnen, ist es fraglich, ob das jetzt noch geht, ohne als Zurückweichen vor Rußland und der Tripelentente auszusehen[76].«

Mit seinem wiederholten Hinweis auf den möglichen deutschen Prestigeverlust im Kreis der Großmächte und in der Türkei hatte Wilhelm II. nicht Unrecht. Als Liman von Sanders nach den Verhandlungen Wangenheims, des zeitweisen Geschäftsträgers Mutius und des Militärattachés Strempel mit der Pforte und der russischen Botschaft schließlich (10., 14. Januar 1914) zum Marschall des türkischen Heeres und Generalinspekteur der Armee und der Militärschulen befördert wurde, wodurch er sein eigenes Kommando verlor[77], da galt dies sofort als Zeichen deutscher Schwäche[78]. Das »Berliner Tageblatt« meldete aus osmanischer Quelle, es handle sich um ein Zugeständnis an Rußland. Die Pariser Presse feierte es als Erfolg der französisch-russischen Diplomatie[79]. Johann

---

[72] Wolfgang J. Mommsen, Die latente Krise des Deutschen Reiches 1909—1914. In: Handbuch der Deutschen Geschichte. Hrsg. von Brandt, Meyer, Just, Bd 4, 1, Frankfurt 1973, Abschnitt Ia, S. 87—93, hier S. 87.

[73] Schlußbemerkung Wilhelms II. zu Pourtalès an Bethmann Hollweg 13.12.1913: GP 38, Nr. 15483, S. 256; vgl. Bethmann Hollweg an Pourtalès 19.2.1914: GP 38, Nr. 15529, S. 311: »Trotz der Schwierigkeit unserer Position gegenüber der öffentlichen Meinung in Deutschland haben wir den russischen Bedenken gegen die Stellung des Generals von Liman Rechnung getragen.« Vgl. auch Schöllgen, Imperialismus und Gleichgewicht, S. 372 f.

[74] Jagow an Wangenheim 16.12.1913: GP 38 Anm. S. 260.

[75] Zimmermann an Wilhelm II. 18.12.1913: Fischer, Krieg der Illusionen, S. 502.

[76] Randbemerkungen Wilhelms zu Wangenheim an AA 16., 20.12.1913: GP 38, Nr. 15487, S. 260, Fischer, Krieg der Illusionen, S. 503.

[77] Wallach, Anatomie einer Militärhilfe, S. 142 f.; Schulthess NF 30 (1914), S. 856 f.: zugleich wurde General Bronsart von Schellendorf erster stellvertretender Chef des türkischen Generalstabs.

[78] Wernecke, Der Wille zur Weltgeltung, S. 244—246.

[79] Anton Jux, Der Kriegsschrecken des Frühjahrs 1914 in der europäischen Presse, Berlin 1929, S. 23; Schulthess NF 30 (1914), S. 857.

von Pallavicini, der österreichisch-ungarische Botschafter in Konstantinopel, telegraphierte:

»Rußland hat, wie mir scheint, in der Frage der deutschen Militärmission einen vollen Erfolg erzwungen.«

Es sei jetzt eingetreten, was Rußland von Anfang an wünschte[80].

Zwar war die Bedeutung der Militärmission durch die Veränderungen nicht berührt[81], auch war die akute Krise beigelegt, eine Kriegsgefahr bestand nicht mehr. Doch was war die Folge? Der deutsche Ansehensverlust war mit Händen zu greifen. Ob die Beziehungen zu England durch das Nachgeben gegenüber Rußland wirklich besser würden, war nicht abzuschätzen. Dafür war der Bruch mit Petersburg tiefer, ja unüberbrückbar geworden. Kaiser Wilhelm erkannte am 25. Februar:

»Die Russisch-Preußischen Beziehungen sind ein für alle Mal tot!! Wir sind Feinde geworden[82]!«

Und blickt man auf das Echo der Limankrise im Deutschen Reich, so lag der Monarch damit nicht falsch. Der Konflikt setzte sich in einer Pressefehde[83] fort, deren wichtigstes Element auf deutscher Seite die Beschwörung der »russischen Gefahr«[84] war. Hier gipfelte die »Massenhysterie«[85] in dem Satz des Petersburger Korrespondenten der »Kölnischen Zeitung«, Richard Ullrich:

»Vor zwei Jahren scheute man sich noch, jetzt spricht man es offen aus, sogar in amtlichen Zeitschriften, daß Rußland gegen Deutschland rüste[86].«

Suchomlinov ließ in der »Petersburger Börsenzeitung« kontern:

»Rußland will den Frieden, ist aber zum Krieg bereit[87].«

Tatsächlich rechnete die russische Führung nun endgültig mit einem europäischen Krieg, und sie stellte ihre zukünftige Politik darauf ab[88]. Die Weichen

---

80 Pallavicini an Außenministerium in Wien 15.1.1914: ÖUA 7, Nr. 9195, S. 734.

81 Zur weiteren Geschichte der Militärmission: Ulrich Trumpener, Liman von Sanders and the German-Ottoman Alliance. In: Journal of Contemporary History 1 (1966), S. 179—192; Wallach, Anatomie einer Militärhilfe, S. 143 ff.

82 Schlußbemerkung Wilhelms II. zu Pourtalès an Bethmann Hollweg 25.2.1914: GP 39, Nr. 15841, S. 545.

83 Eber Malcolm Carroll, Germany and the great Powers, 1866—1914. A study in public opinion and foreign policy, Reprint Hamden (Conn.) 1966, S. 749—768, bes. S. 749—754; Wernecke, Der Wille zur Weltgeltung, S. 249—287.

84 Risto Ripponen, Die russische Gefahr. Das Verhalten der öffentlichen Meinung Deutschlands und Österreich-Ungarns gegenüber der Außenpolitik Rußlands in der Zeit zwischen dem Frieden von Portsmouth und dem Ausbruch des Ersten Weltkriegs, Helsinki 1976.

85 Mommsen, Die latente Krise, S. 91; vgl. ders., Der Topos vom unvermeidlichen Krieg. Außenpolitik und öffentliche Meinung im Deutschen Reich im letzten Jahrzehnt vor 1914. In: Bereit zum Krieg. Kriegsmentalität im wilhelminischen Deutschland 1890—1914. Hrsg. von Jost Dülffer und Karl Holl, Göttingen 1986, S. 194—224, hier S. 213 f., auch in: W.J. Mommsen, Der autoritäre Nationalstaat. Verfassung, Gesellschaft und Kultur im deutschen Kaiserreich, Frankfurt 1990, S. 380—406 dort, S. 400 f.

86 »Kölnische Zeitung« 2.3.1914 »Deutschland und Rußland«, zit. nach: Jux, Der Kriegsschrecken, S. 48—52, hier S. 50.

87 Überschrift eines offenbar inspirierten Artikels in der »Petersburger Börsenzeitung« vom 13.3.1914, zit. nach der Wiedergabe der »Münchner Neuesten Nachrichten« vom 14.3.1914 bei Jux, Der Kriegsschrecken, S. 140 f.

88 Fischer, Krieg der Illusionen, S. 504—511.

stellte eine Sonderkonferenz am 8./21. Februar 1914[89]. Dort wurde beschlossen, die militärische Ausgangslage Rußlands schneller zu verbessern und sie bündnispolitisch fester zu untermauern. Neben die raschere Umorganisation der Armee und verstärkte Rüstung traten das Bemühen um eine Allianz mit Großbritannien sowie die Versuche, Rumänien einzubinden und durch den Zusammenschluß Serbiens mit Montenegro die Österreicher vom Süden her zu bedrohen.

Durch ihr Ergebnis, das deutsch-russische Verhältnis auf einen Tiefpunkt gebracht zu haben, ohne daß die Tripelentente nachhaltig aufgebrochen werden konnte, erweist sich die Limankrise als direktes Vorspiel dessen, was im Juli 1914 Wirklichkeit wurde. Der Blickwinkel ex eventu darf aber nicht darüber hinwegtäuschen, daß die katastrophalen Folgen Ende 1913 kaum so zu übersehen waren. Das deutsche Verhalten deutet nicht auf eine Kriegsabsicht hin, denn dann hätte sich ein derart bereitwilliges Nachgeben, das die Situation nicht wirklich erforderte, von selbst verboten. Es gab schließlich keine offene Drohung irgendeiner Macht. Ebenso widersprüchlich ist die russische Politik zu bewerten. Die harte Reaktion aus Petersburg läßt sich nur durch eine Bedrohungsperzeption erklären, die die tatsächlichen Ereignisse am Bosporus maßlos übersteigerte[90]. Die Entwicklungsmöglichkeiten der deutschen Militärmission in der Türkei boten hierzu keinen ausreichenden Anlaß. Eine militärische und bündnispolitische Basis hätte eine russische Drohpolitik allerdings nicht gehabt. Das hätte sie über kurz oder lang in sich zusammenfallen lassen. Dem kamen die Deutschen aus den geschilderten Gründen zuvor. Das Umdenken an der Newa war deshalb nur folgerichtig; eine Lehre der Limankrise, die man in Berlin nicht sah.

89 Die Internationalen Beziehungen im Zeitalter des Imperialismus. Dokumente aus den Archiven der Zarischen und der Provisorischen Regierung. Hrsg. von der Kommission beim Zentralexekutivkomitee der Sowjetregierung unter dem Vorsitz von M.N. Pokrowski; dt. Ausgabe hrsg. von Otto Hoetzsch, Berlin 1931 ff., Bd 1, 1, Nr. 295, S. 283—296.

90 Mommsen, Die latente Krise, S. 88.

Verzeichnis der in den Anmerkungen abgekürzt zitierten Publikationen

APP
Die auswärtige Politik Preußens 1858—1871. Diplomatische Aktenstücke, hrsg. von der Historischen Reichskommission. 10 Bde. Oldenburg, Berlin 1932—1945

BD
British Documents on the Origins of War, 1889—1914, ed. G.P. Gooch, H. Temperley. 11. Bde. London 1926—1938

BDFA
British Documents on Foreign Affairs. Reports and Papers from the Foreign Office, Confidential Print, ed. by Kenneth Bourne and D. Cameron Watt, Part I: From the Mid-Nineteenth Century to the First World War, University Publications of America 1984

BFSP
British and Foreign State Papers. 170 Bde. London 1841—1977

DDF
Documents diplomatiques français, 1871—1914, publ. par le Ministère des affaires étrangères. 41 Bde. Paris 1929—1960

GP
Die Große Politik der europäischen Kabinette 1871—1914. Sammlung der diplomatischen Akten des Auswärtigen Amtes. Im Auftrage des Auswärtigen Amtes hrsg. v. Johannes Lepius, Albrecht Mendelssohn-Bartholdy und Friedrich Thimme. 40 Bde. Berlin 1922—1927

GW
Otto Fürst von Bismark: Die gesammelten Werke [Friedrichsruher Ausgabe]. 15 Bde. Berlin 1924—1935

FRUS
Foreign Relations of the United States. Diplomatic Papers 1870 ff. Washington DC 1870 ff.

HP
Friedrich von Holstein: Die geheimen Papiere Friedrich von Holsteins, hrsg. v. Norman Rich und M.H. Fisher, dt. v. Werner Frauendienst. 4 Bde. Göttingen 1956—1963

LQV
The Letters of Queen Victoria. A Selection from Her Majesty's Correspondence (and Journal) Between the Years [1837—1901]. 9 Bde. London 1907—1932

Martens
Nouveau Recueil Général de Traités et autres Actes relatifs aux Rapports de Droit International, Continuation du Grand Recueil. 3 Serien Göttingen, Leipzig, Greifswald 1843—1944

OD
Les Origines diplomatiques de la guerre de 1870—1871. Recueil de documents publ. par le Ministère des affaires étrangéres. 29 Bde. Paris 1910—1932
Oncken
Hermann Oncken: Die Rheinpolitik Kaiser Napoleons III. von 1863 bis 1870 und der Ursprung des Krieges von 1870/71. Hrsg. durch die Historische Kommission bei der Bayerischen Akademie der Wissenschaften 19—21. 3 Bde. Stuttgart, Berlin 1926
ÖUA
Österreich-Ungarns Außenpolitik von der Bosnischen Krise 1908 bis zum Kriegsausbruch 1914. Diplomatische Aktenstücke des österreichischen Ministeriums des Äußern. Veröffentlichungen der Kommission für neuere Geschichte Österreichs 19—27. 9 Bde. Wien, Leipzig 1930
Purlitz
Deutscher Geschichtskalender, begr. v. Karl Wippermann, hrsg. v. Friedrich Purlitz und Sigfried H. Steinberg. 49 Bde. Leipzig 1885—1934
QdPÖ
Quellen zur deutschen Politik Österreichs 1859—1866. Deutsche Geschichtsquellen des 19. Jahrhunderts. Hrsg. durch die Historische Kommission bei der Bayerischen Akademie der Wissenschaften 29—33. 5 Bde. Oldenburg, Berlin 1934—1938
RT
Stenographische Berichte über die Verhandlungen des deutschen Reichstages. Berlin 1867—1942 [Legislatur: Session: Band: Seite/Drucksache]
Schulthess
Europäischer Geschichtskalender. 25 Bde. Nördlingen 1861—1885. Neue Folge 57 Bde. München 1886—1941
St.A.
Das Staatsarchiv. Sammlung der officiellen Actenstücke zur Geschichte der Gegenwart. Hrsg. v. Ludwig Aegigi und Alfred Klauhold. 86 Bde. Hamburg 1861—1919

Zitierte Literatur

Dieses Verzeichnis dient allein der leichteren Auffindbarkeit von Titeln der Studien 1 bis 33. Es erhebt keinen Anspruch auf Vollständigkeit, nennt insbesondere allgemeine und Standardwerke sowie Akteneditionen nicht.

Adamov, Evgenij Aleksandrovic [E. Adamow], Die Europäischen Mächte und die Türkei während des Weltkrieges. Konstantinopel und die Meerengen, Dresden 1930

Ahmad, Feroz, The Young Turks. The Committee of Union and Progress in Turkish Politics 1908—1914, Oxford 1969

Albertini, Rudolf v., Europäische Kolonialherrschaft 1880—1940, Zürich 1976

Allain, Jean-Claude, Agadir 1911. Une crise impérialiste en Europe pour la conquête du Maroc, Paris 1976

Allen, H.C., Great Britain and the United States, London 1954

Alter, Peter, Weltmacht auf Distanz. Britische Außenpolitik 1860—1870. In: Europa vor dem Krieg von 1870. Hrsg. von E. Kolb, S. 77—91

Anderson, Eugene, The First Moroccan Crisis 1904—1906, Hamden 1966

Anderson, Matthew Smith, The Eastern Question 1774—1923. A Study in International Relations, London, New York 1966

Anderson, Matthew Smith, The Great Powers and the Near East 1774—1923, London 1970

Andrew, Christopher, Théophile Delcassé and the Making of the Entente Cordiale, London, New York 1968

Andrew, Christopher/A.S. Kanya-Forstner, The French ›Colonial Party‹. Its Composition, Aims and Influence, 1885—1914. In Historical Journal 4 (1971), S. 99—128

Angermann, Erich, Ein Wendepunkt in der Geschichte der Monroedoktrin und der deutsch-amerikanischen Beziehungen. Die Venezuelakrise von 1902/03 im Spiegel der amerikanischen Tagespresse. In: Jahrbuch für Amerikastudien 3 (1958), S. 29—36

Anrich, Erich, Die deutsche Politik in der ersten Marokkokrise. In: Historische Vierteljahrsschrift 30 (1935), S. 115—163

Arié, Rachael, L'opinion publiqué en France et l'affaire de Fachoda. In: Révue d'histoire des colonies 41 (1954), S. 345—347

Armengaud, André, L'opinion publique en France et la crise nationale allemande en 1866, Paris 1962

Ashley, Evelyn, The Life of Henry John Temple, Viscount Palmerston, 1846—1865, with selections from his speeches and correspondence, London ²1876

Aufzeichnungen und Erinnerungen aus dem Leben des Botschafters Joseph Maria von Radowitz. Hrsg. von Hajo Holborn, Berlin, Leipzig 1925

Aus dem Leben Theodor von Bernhardis, Bd 7, Leipzig 1897

Großherzog Friedrich I. von Baden und die deutsche Politik von 1854—1871. Briefwechsel, Denkschriften, Tagebücher. Hrsg. von der Badischen Historischen Kommission. Bearb. von Hermann Oncken, 2 Bde, Berlin, Leipzig 1927
Bailey, Thomas A., Dewey and the Germans at Manila Bay. In: American Historical Review 45 (1938), S. 59—81
Bailey, Thomas A., Japan's Protest Against the Annexation of Hawaii. In: Journal of Modern History 3 (1951), S. 46—51
Bailey, Thomas A., The Root-Takahira Agreement of 1908. In: Pacific Historical Review 9 (1940), S. 19—35
Bailey, Thomas A., The United States and Hawaii during the Spanish-American War. In: American Historical Review 36 (1931), S. 551—560
Bailey, Thomas A., Theodore Roosevelt and the Japanese-American Crisis, Gloucester (Mass.) [2]1964
Bairoch, Paul, Commerce exterieur et développement économique de l'Europe au XIXe siècle, Paris 1976 (= Civilisations et Sociétés, 53)
Bairoch, Paul, Commerce Exterieur et Développement Economique. In: Revue Economique 21 (1970), S. 1—33
Ballhausen, Lucius von, Bismarck-Erinnerungen, Stuttgart, Berlin 1920
Barker, Nancy Nichols, Distaff Diplomacy. The Empress Eugénie and the Foreign Policy of the Second Empire, Austin, London 1967
Barker, Nancy Nichols, Napoleon III. and The Hohenzollern Candidacy for The Spanish Throne. In: The Historian 29 (1867), S. 431—450
Barker, Nancy Nichols, The French Experience in Mexico, 1821—1861. A History of Constant Misunderstanding, Chapel Hill NC 1979
Barlow, Ima Christina, The Agadir Crisis, Chapel Hill 1940, Hamden 1971
Barthorp, Michael, War on the Nile. Britain, Egypt and the Sudan 1882—1898, Poole (Dorset, U.K.) 1986
Bartlett, Christopher John, Clarendon, the Foreign Office and the Hohenzollern Candidature, 1868—1870. In: English Historical Review 75 (1960), S. 276—284
Bates, Darrell, The Fashoda Incident of 1898. Encounter on the Nile, Oxford 1984
Batowski, Henryk, Die territorialen Bestimmungen von San Stefano und Berlin. In: Der Berliner Kongreß von 1878. Hrsg. von Ralph Melville und Hans-Jürgen Schröder, Wiesbaden 1982 (= Veröffentlichungen des Instituts für Europäische Geschichte Mainz/Universalgeschichte, 7), S. 51—62
Bauer, Karl Jack, The Mexican War, 1846—1848, Lincoln, London 1993
Baumgart, Winfried, Deutschland im Zeitalter des Imperialismus 1890—1914. Grundkräfte, Thesen und Strukturen, Stuttgart u.a. [5]1986
Baumgart, Winfried, Die europäischen Großmächte und die französische Intervention in Syrien 1860/61. In: Historisches Jahrbuch 106 (1986), S. 361—385
Beale, Howard K., Theodore Roosevelt and the Rise of America to World Power, Baltimore, London 1956, Repr. Baltimore, London 1984
Beales, Derek, England and Italy 1859—1860, London 1961
Becker, Josef, Bismarck, Prim, die Sigmaringer Hohenzollern und die Spanische Thronfrage. In: Francia 9 (1981), S. 435—472
Becker, Josef, Zum Problem der Bismarckschen Politik in der spanischen Thronfrage 1870. In: Historische Zeitschrift 212 (1971), S. 529—607

Becker, Josef, Zur Resonanz der Luxemburger Krise 1867 in der deutschen Öffentlichkeit. In: Les relations franco-luxembourgeoises de Louis XIV à Robert Schuman. Actes du colloque de Luxembourg 17—19 nov 1977. Hrsg. von Raymand Poidevin und Gilbert Trausch, Metz 1978, S. 147—160

Beer, Adolf, Die orientalische Politik Österreichs seit 1774, Prag, Leipzig 1883

Beiche, Friedrich, Bismarck und Italien. Ein Beitrag zur Vorgeschichte des Krieges 1866, Berlin 1931 (= Historische Studien, 208)

Bell, Herbert C.F., Lord Palmerston, 2 Bde, London 1936, Repr. o.O. 1966

Bereit zum Krieg. Beiträge zur historischen Friedensforschung. Hrsg. von Jost Dülffer und Karl Holl, Göttingen 1986

Berghahn, Volker R., Der Tirpitz-Plan. Genesis und Verfall einer innenpolitischen Krisenstrategie unter Wilhelm II., Düsseldorf 1971

Berghahn, Volker, Wettrüsten und Kriegsgefahr vor 1914. In: Deutschland und der Erste Weltkrieg. Ringvorlesung an der Technischen Hochschule Darmstadt im Wintersemester 1984/85 veranstaltet vom Institut für Geschichte. Eine Dokumentation. Hrsg. von Helmut Böhme und Fritz Kallenberg, Darmstadt 1987 (= THD Schriftenreihe Wissenschaft und Technik, 37), S. 75—91

Bernecker, Walter L., Die Handelskonquistadiven, Stuttgart 1988

Bernecker, Walter L., Industrie und Außenhandel. Zur politischen Ökonomie Mexikos im 19. Jahrhundert, Saarbrücken 1987

Bernhard Fürst von Bülow, Deutsche Politik. Hrsg. von Peter Winzen, Bonn 1992

Bernstein, Paul, Les entrevues de Biarritz et de St. Cloud (Oct.-Nov. 1865). In: Revue d'histoire diplomatique 68 (1964), S. 330 ff.

Bernstein, Paul, The Economic Aspect of Napoleon III.'s Rhine Policy. In: French Historical Studies 1 (1960), S. 335—347

Bethmann Hollweg, Theobald von, Betrachtungen zum Weltkriege. Hrsg. von Jost Dülffer, Essen 1989

Beust, Friedrich Ferdinand Graf von, Aus Dreiviertel Jahrhunderten. Erinnerungen und Aufzeichnungen 2 Bde, Stuttgart 1887

Beyrau, Dietrich, Der deutsche Komplex: Rußland zur Zeit der Reichsgründung. In: Europa und die Reichsgründung. Hrsg. von Eberhard Kolb, München 1980 (= Historische Zeitschrift, Beiheft 6, NF), S. 63—107

Beyrau, Dietrich, Russische Interessenzonen und europäisches Gleichgewicht 1860—1870. In: Europa vor dem Krieg von 1870. Hrsg. von E. Kolb, S. 65—76

Beyrau, Dietrich, Russische Orientpolitik und die Entstehung des Deutschen Kaiserreiches 1866—1870/71, Wiesbaden 1974

Staatssekretär Graf Herbert von Bismarck. Aus seiner politischen Privatkorrespondenz. Hrsg. von Walter Bußmann, Göttingen 1964

Bismarck, Otto von, Werke in Auswahl, Bd 8a, Erinnerung und Gedanke, Darmstadt 1975

Die politischen Reden des Fürsten Bismarck. Historisch-kritische Gesamtausgabe besorgt von Horst Kohl, Bd 2, 1862—1865, Stuttgart 1892

Bittner, Ludwig, Neue Beiträge zur Haltung Kaiser Wilhelms II. in der Faschodafrage. In: Historische Zeitschrift 162 (1940), S. 540—550

Blaas, Richard, Die italienische Frage und das österreichische Parlament 1859—1866. In: Mitteilungen des österreichischen Staatsarchivs 22 (1969), S. 151—245
Blibliographie und Ikonographie 1864. Hrsg. von der Schleswig-Holsteinischen Landesbibliothek in Kiel u.d. Kgl. Bibliothek in Kopenhagen, Neumünster 1970
Blumberg, Arnold, A Carefully Planned Accident. The Italian War of 1859, Cranberry NJ 1989
Blumenthal, Henry, France and the United States. Their Diplomatic Relations, 1789—1914, Chapel Hill 1970
Bóbr-Tylingo, Stanislaw, Napoléon III, l'Europe et la Pologne 1863—1864. In: Antemurale 7, Rom 1963
Bock, Carl H., Prelude to Tragedy. The Negotiation and Breakdown of the Tripartite Convention of London, October 31, 1861, Philadelphia 1966
Böhm, Ekkehard, Überseehandel und Flottenbau. Hanseatische Kaufmannschaft und deutsche Seerüstung 1879—1902, Düsseldorf 1972
Böhme, Helmut, Die deutsch-russischen Wirtschaftsbeziehungen unter dem Gesichtspunkt der deutschen Handelspolitik (1878—1894). In: Deutschland und Rußland im Zeitalter des Imperialismus 1861—1914. Hrsg. von Karl Otmar Frhr. v. Aretin und Werner Conze, Wiesbaden 1977, S. 173—190
Boelcke, Willi A., So kam das Meer zu uns. Die preußisch-deutsche Kriegsmarine in Übersee 1822—1914, Frankfurt, Berlin 1981
Borejsza, Jerzy W., Polnische Frage — Deutsche Frage nach 1848. In: Polen und die Polnische Frage in der Geschichte der Hohenzollernmonarchie 1701—1871. Hrsg. von Klaus Zernack, Berlin 1982, S. 111—120
Borejsza, Jerzy W., Über Bismarck und die polnische Frage in der polnischen Historiographie. In: Historische Zeitschrift 241 (1985), S. 599—630
Bormann, Claus, Bismarck und Südosteuropa vom Krimkrieg bis zur Pontuskonferenz. Diss., Hamburg 1867
Borries, Kurt, Deutschland und das Problem des Zweifrontendruckes in der europäischen Krise des italienischen Freiheitskampfes 1859. In: Das Reich. Idee und Gestalt. Festschrift für Johannes Haller zu seinem 75. Geburtstag. Hrsg. von Heinrich Dannenhauer und Fritz Ernst, Stuttgart 1940, S. 262—303
Bosch, Dieter, Frankreichs Griechenlandpolitik 1857—1867 im Spiegel der französischen Gesandtschaftsberichte, München 1971
Bourne, Kenneth, Britain and the Balance of Power in North America, 1815—1908, Berkeley, Los Angeles 1967
Bourne, Kenneth, British Preparations for War with the North, 1861—1862. In: English Historical Review 76 (1961), S. 600—632
Bourne, Kenneth, Great Britain and the Cretan Revolt, 1866—1869. In: Slavonic and East European Review 35 (1956/7), S. 74—94
Bourne, Kenneth, The Foreign Policy of Victorian England, 1830—1902, Oxford 1970
Boyle, Timothy, New Light on Lloyd George's Mansion House Speech. In: Historical Journal 23 (1980), S. 431—433
Bracker, Jochen, Die dänische Sprachpolitik 1850—1864 und die Bevölkerung Mittelschleswigs. In: Zeitschrift der Gesellschaft für Schleswig-Holsteinische Geschichte 97 (1972), S. 127—211, 98 (1973), S. 87—213

Braisted, William R., The United States Navy in the Pacific, 1897—1909, Austin (Texas) 1958
Braun, Peter, Die Verteidigung Indiens 1800—1907, Köln, Graz 1968
Bridge, Francis Roy, From Sadowa to Sarajevo. The Foreign Policy of Austria-Hungary, 1866—1914, London, Boston 1972
Bridge, Francis Roy, Great Britain and Austria-Hungary 1906—1914. A diplomatic history, London 1972
Bridge, Francis Roy, Izvolsky, Aehrenthal and the end of the Austro-Russian entente, 1906—1908. In: Mitteilungen des österreichischen Staatsarchivs 29 (1976) S. 315—362
Bridge, Francis Roy, Österreich(-Ungarn) unter den Großmächten. In: Die Habsburgermonarchie 1848—1918. Hrsg. von Adam Wandruszka und Peter Urbanitsch, Wien 1989 (= Die Habsburgermonarchie im System der Internationalen Beziehungen, Bd 6,1), S. 271 ff.
Bridge, Francis Roy, Roger Bullen, The Great Powers and the European States System 1815—1914, London 1980
Briggs, Lawrence Palmer, Aubaret and the Treaty of July 15, 1867 between France and Siam. In: Far Eastern Quarterly 6 (1946), S. 122—138
Brötel, Dieter, Französischer Imperialismus in Vietnam. Die koloniale Expansion und die Errichtung des Protektorates Annam-Tongking 1880—1885, Zürich, Freiburg 1971
Brookes, Jean Ingram, International Rivalry in the Pacific Islands 1800—1875, New York 1941, Repr. 1972
Broszat, Martin, Zweihundert Jahre deutsche Polenpolitik, München 1963
Brown, Roger Glenn, Fashoda Reconsidered. The Impact of Domestic Politics on French Policy in Africa 1893—1898, Baltimore, London 1969
Brüns, Gerhard, England und der Deutsche Krieg 1866, Berlin 1933 (= Historische Studien 221)
Buchner, Rudolf, Die deutsch-französische Tragödie 1848—1864. Politische Beziehungen und psychologisches Verhältnis, Würzburg 1965
Bülow, Bernhard Fürst von, Denkwürdigkeiten, Bd I, Berlin 1930
Burckhardt, Helmut, Deutschland — England — Frankreich. Die politischen Beziehungen Deutschlands zu den beiden westeuropäischen Großmächten 1864—1866, München 1970
Burke III, Edmund, Prelude to Protectorate in Morocco: Precolonial Protest and Resistance, 1860—1912, Chicago 1976
Bury, Patrick, L'opinion britannique et les affaires françaises de 1870. In: Revue d'histoire diplomatique 84 (1970), S. 337—351
Busch, Moritz, Tagebuchblätter, 3 Bde, Leipzig 1899
Bushnell, David/Neill Macaulay, The Emergency of Latin America in the Nineteenth Century, New York, Oxford 1988
Butler, Jeffrey, The German Factor in Anglo-Transvaal Relations. In: Britain and Germany in Africa. Imperial Rivalry and Colonial Rule. Ed. by P. Gifford and R. Louis, New Haven 1967

Cady, John F., A History of Modern Burma, Ithaca [2]1960
Cady, John F., Southeast Asia, Its Historical Development, New York 1964

Cady, John F., The Roots of French Imperialism in Eastern Asia, Ithaca [2]1967
Caix, Robert de, Fachoda, Paris 1899
Calmes, Christian, 1867—1869, Manœuvres françaises à Luxembourg. In: Hémecht 25 (1973), S. 293—344
Calmes, Christian, 1867, L'affaire du Luxembourg, Luxemburg 1867 (Histoire Contemporaine du Grand-Duché de Luxembourg, 7), [3]1982
Cambon, Henri, Histoire du Maroc, Paris 1952
The Cambridge History of the British Empire. General Editors John Holland Rose, Arthur Percival Newton u.a., Bd 3, The Empire-Commonwealth 1870—1919, Cambridge 1959
Campbell, Charles S., The Transformation of American Foreign Relations 1865—1900, New York 1976
Campbell, Charles S., Anglo-American Understanding, 1898—1903, Baltimore, MD 1957
Canis, Konrad, Bismarck und Waldersee. Die außenpolitischen Krisenerscheinungen und das Verhalten des Generalstabes 1882—1890, Berlin 1980
Carlgren, W. M., Iswolsky und Aehrenthal vor der Bosnischen Annexionskrise. Russische und österreichisch-ungarische Balkanpolitik 1906—1908. Diss., Uppsala 1955
Carr, William, Schleswig-Holstein 1815—1848. A Study in National Conflict, Manchester 1963
Carr, William, The Origins of the Wars of German Unification. Origins of Modern Wars, London, New York 1991
Carroll, Eber Malcolm, French Public Opinion and the War with Prussia in 1870. In: American Historical Review 31 (1926), S. 679—700
Carroll, Eber Malcolm, French Public Opinion and Foreign Affairs 1870—1914, London 1931, New York 1965
Carroll, Eber Malcolm, Germany and the Great Powers, 1866—1914. A study in public opinion and foreign policy, Reprint Hamden (Conn.) 1966
Case, Lynn M., Edouard Thouvenel et la diplomatie du Second Empire, Paris 1976
Case, Lynn M./Warren F. Spencer, The United States and France: Civil War Diplomacy, Philadelphia 1970
Case, Lynn M., Franch Opinion on War and Diplomacy during the Second Empire, Philadelphia 1954
Cayci, Abdurrahmen, La question tunisienne et la politique ottomane (1881—1913). Diss., Neufchâtel/Schweiz 1963, gedr. Istanbul 1963
Cazan, Gheorghe Nicolae, Serban Radulescu-Zoner, Rumänien und der Dreibund 1878—1914, Bukarest 1983
Cecil, Lady Gwendolin, Life of Robert Marquis of Salisbury, Bd 2, London 1921; Bd 3, London 1931
Challener, Richard D., Admirals, Generals, and American Foreign Policy, 1898—1914, Princeton (N.J.) 1973
Chamberlain, Muriel Evelyn, The Alexandrian massacre of 11 June 1882 and the British occupation of Egypt. In: Middle Eastern Studies 13 (1977), S. 14—39

Chantriot, Jacques, La frégate-cuirassée La Gloire. In: Marine et technique au XIXe siècle. Acte du colloque international Paris, Ecole militaire, les 10, 11, 12 juin 1987, S. 347—367
Charles-Roux, François, Jacques Caillè, Missions diplomatiques françaises à Fès, Paris 1955 (= Publications de l'Institut des Hautes Etudes Marocaines, Tome 59)
Childs, Timothy W., Italo-Turkish Diplomacy and the War over Libya 1911—1912, Leiden u.a. 1990
Christian, John Leroy, Modern Burma. A Survey of Political and Economic Development, Berkeley 1942
Churchill, R.S., Sir Anthony Eden, Bern, Stuttgart 1960
Churchill, W.S., Lord Randolph Churchill, London 1952
Cierpinski, Fritz, Die Politik Englands in der Schleswig-Holsteinischen Frage von 1861 bis Ende Dezember 1863. Diss., Kiel 1914
Cierpinski, Fritz, Die Politik Englands in der Schleswig-Holsteinischen Frage im Anfange des Jahres 1864. In: Zeitschrift der Gesellschaft für Schleswig-Holsteinische Geschichte 45 (1915), S. 86—118
Clark, Chester Wells, Franz Joseph and Bismarck. The Diplomacy of Austrian before the War of 1866, Cambridge 1936, Reprint New York 1968 (= Harvard Historical Studies, 36)
Clark, Chester Wells, Prince Gorchakov and the Black Sea Question, 1866. A Russian Bomb That Did Not Explode. In: American Historical Review 48 (1942), S. 52—60
Clayton, Gerald David, Britain and the Eastern Question: Missolonghi to Gallipoli, London 1971
Cockfield, Jamie, Germany and the Fashoda Crisis, 1898—1899. In: Central European History 16 (1983), S. 256—275
Cole, Juan R.I., Colonialism and Revolution in the Middle East. Social and Cultural Origins of Egypt's Urabi Movement, Princeton 1992
Collin, Richard H., Theodore Roosevelt's Caribbean. The Panama Canal, the Monroe Doctrine, and the Latin American Context, Baton Rouge, London 1990
Confidential Correspondence of the British Government respecting the Insurrection in Poland 1863. Ed. by Tytus Filipowicz, Paris 1914
Conroy, Hilary, The Japanese Frontier in Hawaii, 1868—1898, Berkeley, Los Angeles 1953
Conversations with Napoleon III. Ed. by Viktor Wellesley and Robert Sencourt, London 1934
Cooke, James J., New French Imperialism 1880—1910: The Third Republic and Colonial Expansion, Newton Abbot, Hamden/Conn. 1973
Coppa, Frank J., Camillo di Cavour, New York 1973
Coppa, Frank J., The Origins of the Italian Wars of Independence. Origins of Modern Wars, London, New York 1992
Correspondance Diplomatique du Baron de Staal (1884—1900). Hrsg. von Alexandre Meyendorff, 2 Bde, Paris 1929
Corti, Egon Cäsar, Alexander von Battenberg. Sein Kampf mit den Zaren und Bismarck, Wien 1920

Coussy, J., La Politique commerciale du Second Empire et la continuité de l'évolution structurelle française. In: Cahiers de l'Institut de Science économique appliquée Sér. P, No. 6 (120, Dec. 1961), S. 23 ff.
Crampton, R.J., The Balkans, 1909—1914. In: British Foreign Policy under Sir Edward Grey. Ed. by F.H. Hinsley, Cambridge 1977, S. 256—270
Crampton, R.J., The Hollow Détente Anglo-German Relations in the Balkans 1911—1914, London 1980
Die Memoiren Franceso Crispi's. Erinnerungen und Dokumente. Hrsg. von Tomaso Palamenghi-Crispi, Berlin 1912
Lord Cromer (Evelyn Baring), Modern Egypt, London 1908
Crook, D.P., The North, the South and the Powers, 1861—1865, New York 1974
Crouchley, Arthur Edwin, The Economic Development of Modern Egypt, London, New York, Toronto 1938
Czartoryski, Wladislaw, Pamietnik 1860—1864. Protokoly posiedzen Biura Hotelu Lambert, 1861—1864 [Erinnerungen 1860—1864. Protokolle der Sitzungen des Büros des Hotels Lambert, 1861—1864]. Hrsg. von H. Wereszycki, Warschau 1960

Dabbs, Jack A., The French Army in Mexico, 1861—1867, Den Haag 1962
Daebel, Joachim, Die Schleswig-Holstein Bewegung in Deutschland 1863/64. Diss., Köln 1969
Die Tagebücher des Freiherrn Reinhard von Dalwigk zu Lichtenfels. Hrsg von Wilhelm Schüßler, Osnabrück 1967 (= Deutsche Geschichtsquellen des 19. Jahrhunderts, Bd 2)
Damianov, Simeon, European Diplomacy and the Eastern Crisis up to the Beginning of the Russo-Turkish War. In: Insurrections, Wars, and the Eastern Crisis in the 1870s. Ed. by Bela K. Kiraly and Gale Stokes, Boulder, New York 1985 (= War and Society in East Central Europe, 17), S. 42—65
Damianov, Simeon, The Great Powers and the Eastern Crisis of 1875—1876. In: Southeast Europe/L'Europe du Sud-Est 4 (1977), S. 200—216
Daniels, Roger, The Politics of Prejudice: The Anti-Japanese Movement in California and the Struggle for Japanese Exclusion, Berkeley (Ca.) 1962
Dansette, Adrien, Le Boulangisme, Paris 1946
David, Wade Dewood, European Diplomacy in the Near Eastern Question 1906—1909, Urbana 1940 (= Illinois Studies in the Social Sciences, 25)
Davidson, J.W., Samoa mo Samoa. The Emergence of the Independent State of Western Samoa, Melbourne 1967
Daws, Gavan, Shoal of Time. A History of the Hawaiian Islands, Toronto [2]1969
Decsy, Janos, Primeminister Andrássy and the Franco-Prussian War, 1870—1871: A study of Hungarian influence on the Austro-Hungarian diplomacy. Ph.D. thesis Columbia University 1973
Defrasne, J., La Prusse et la France face à face en 1859. In: Revue militaire générale (1973), S. 488—509
Deininger, Helga, Frankreich-Rußland-Deutschland 1871—1891, München, Wien 1983 (= Studien zur modernen Geschichte, 28)
Denkwürdigkeiten des Botschafters General von Schweinitz, Bd 1, Berlin 1927

Denkwürdigkeiten des General-Feldmarschalls Alfred Grafen von Waldersee, 3 Bde. Hrsg. von Heinrich-Otto Meisner, Stuttgart, Berlin 1922/23
Dennett, Tyler, Americans in Eastern Asia, New York 1922, Repr. New York 1979
Dethan, George, Réactions Anglaises à l'annexion de la Savoie. In: Revue de Savoie (1960), S. 179—189
Devine, Michael J., John W. Foster and the Struggle for the Annexation of Hawaii. In: Pacific Historical Review 46 (1977), S. 29—50
Autobiography of George Dewey. Admiral of the Navy, New York 1913
Dicey, Edward, Our Route to India. In: 19th Century, Lomdon 1877, Bd 1, S. 665—685
Diederichs, Otto v., Darstellung der Vorgänge vor Manila von Mai bis August 1898. In: Marine-Rundschau 25 (1914), S. 253
The Life of the Rt. Hon. Sir Charles Dilke, 2 Bde. Ed. by Stephen Gwynn and Gertrude M. Tuckwell, London 1918
DiNardo, Richard L., Russian Military Operations in 1877—1878. In: Insurrections, Wars, and the Eastern Crisis in the 1870s. Ed. by Bela K. Kiraly and Gale Stokes, Boulder, New York 1985 (= War and Society in East Central Europe, 17), S. 125—140
Diószegi, István, Andrássy and Disraeli im Sommer des Jahres 1877. In: Études historiques hongroises, Budapest 1980, Bd 1, S. 629—650
Diószegi, István, Österreich-Ungarn und der französisch-preußische Krieg 1870/71, Budapest 1974
The Life of Benjamin Disraeli Earl of Beaconsfield, Vol. 6. Ed. by George Earle Buckle, London 1920
The Life of Benjamin Disraeli Earl of Beaconsfield by William Flavelle Monypenny and George Earle Buckle new and revised edition in two volumes London 1923, 2 Bde
The Life of Benjamin Disraeli Earl of Beaconsfield. Ed by George Earle Buckle and William Flavelle Monypenny. New and revised edition, vol. 2, London 1929
Dittrich, Jochen, Bismarck, Frankreich und die spanische Thronkandidatur der Hohenzollern, München 1962, Diss., Freiburg 1948
Djordjevic, Dimitrije, Die Serben. In: Die Habsburger Monarchie 1848—1918. Hrsg. von Peter Urbanitsch und Adam Wandruszka, Bd 3, 1, Wien 1980, S. 734—774
Dockrill, Michael L., British Policy during the Agadir Crisis of 1911. In: British Foreign Policy under Sir Edward Grey. Ed. by Francis Harry Hinsley, Cambridge 1977, S. 271—287
Donnison, Frank S.V., Burma, London 1970
Dorpalen, Andreas, Tsar Alexander III and the Boulanger Crisis in France. In: Journal of Modern History 23 (1951), S. 122—136
Drus, Ethel M., The Question of Imperial Complicity in the Jameson Raid. In: English Historical Review 68 (1953), S. 582—593
Drus, Ethel M., A Report On the Papers of Joseph Chamberlain Relating to the Jameson Raid and the Inquiry. In: Bulletin of the Institute of Historical Research 25 (Nov. 1952), S. 33—62

Dülffer, Jost, Die Kreta-Krise und der griechisch-türkische Krieg 1890—1898. In: Jost Dülffer, Hans-Otto Mühleisen, Vera Torunsky, Inseln als Brennpunkte internationaler Politik. Konfliktbewältigung im Wandel des internationalen Systems 1890—1984: Kreta, Korfu, Zypern, Köln 1986 (= Bibliothek Wissenschaft und Politik, 35), S. 13—59

Dülffer, Jost, Regeln gegen den Krieg? Die Haager Friedenskonferenzen 1899 und 1907 in der internationalen Politik, Berlin u.a. 1981

Dülffer, Jost, Vom autoritären zum liberalen Bonapartismus. Der politische Systemwandel in Frankreich 1858/60. In: Historische Zeitschrift 230 (1980), S. 549—575

Duke, P.S., Les Relations Entre la France et la Thailande (Siam) au XIXè Siècle d'après les archives des affaires étrangères, Bangkok 1962

Dunham, Arthur Louis, The Anglo-French Treaty of Commerce of 1860 and the Progress of the Industrial Revolution in France, Ann Arbor 1930

Dunn, Ross E., Resistance in the desert. Moroccan responses to French imperialism 1881—1912, London 1977

Durman, Karel, Lost Illusions. Russian policies toward Bulgaria in 1877—1887, Stockholm 1988

Durman, Karel, The Time of the Thunderer. Mikhail Katkov, Russian extremist nationalism and the failure of the Bismarckian system 1871—1887, Boulder, Co. 1988

Duroselle, Jean-Baptiste, Die europäischen Staaten und die Gründung des Deutschen Reiches. In: Reichsgründung 1870/71. Tatsachen, Kontroversen, Interpretationen. Hrsg. von Theodor Schieder und Ernst Deuerlein, Stuttgart 1970, S. 386—421

Duroselle, Jean-Baptiste, France and the U.S., Chicago, London 1978

Echard, William Earl, Napoleon III. and the Concert of Europe, Baton Rouge, London 1983

Eckardstein, Hermann Freiherr von, Lebenserinnerungen und politische Denkwürdigkeiten, 3 Bde, Leipzig 1919—1921

Edwards, Michael, Asien im europäischen Zeitalter 1498—1955, München, Zürich 1962

Ekstein, Michael G., Great Britain and the Triple Entente on the eve of the Sarajevo Crisis. In: British Foreign Policy under Sir Edward Grey. Ed. by F.H. Hinsley, Cambridge 1977, S. 342—348

Ellicott, John M., The Cold War between von Diederichs and Dewey in Manila Bay. In: United States Naval Institute Proceedings 81 (1955), S. 1236—1239

Ellison, Joseph Waldo, The Partition of Samoa. In: Pacific Historical Review 8 (1939), S. 266

Elz, Wolfgang, Die Europäischen Großmächte und der kretische Aufstand 1866—1867, Wiesbaden 1988 (= Quellen und Studien zur Geschichte des östlichen Europa, 28)

Elzer, Herbert, Bismarcks Bündnispolitik von 1887. Erfolg und Grenzen einer europäischen Friedensordnung, Frankfurt a.M. 1991 (= Europäische Hochschulschriften, III/490)

Emerit, Marcel, L'Opinion de Napoléon III sur la Question du Trone d'Espagne en 1869. In: Revue d'Histoire Moderne et Contemporaine 16 (1969), S. 431—438
Emerit, Marcel, La crise syrienne et l'expansion économique française en 1860. In: Revue Historique 207 (1952), S. 211—232
Engelberg, Ernst, Bismarck. Das Reich in der Mitte Europas, Berlin 1990
Engelberg, Ernst, Bismarck. Urpreuße und Reichsgründer, Berlin 1985
Engel-Jánosi, Friedrich, Graf Rechberg. Vier Kapitel zu seiner und Österreichs Geschichte, München, Berlin 1927
Entscheidung 1866. Der Krieg zwischen Österreich und Preußen. Hrsg. vom Militärgeschichtlichen Forschungsamt, Stuttgart 1966
Epkenhans, Michael, Die wilhelminische Flottenrüstung 1908—1914. Weltmachtstreben, industrieller Fortschritt, soziale Integration, München 1991 (= Beiträge zur Militärgeschichte, 32)
Erdmann, Karl Dietrich, Zur Beurteilung Bethmann Hollwegs. In: Geschichte in Wissenschaft und Unterricht 15 (1964), S. 534
Esthus, Raymond A., Theodore Roosevelt and Japan. Seattle, London ²1967
Esthus, Raymond A., Theodore Roosevelt and the International Rivalries, Waltham (Mass.) 1970
Philipp Eulenburgs Politische Korrespondenz, 3 Bde. Hrsg. von John C.G. Röhl, Boppard 1976/1983
Europa vor dem Krieg von 1870. Hrsg. von Eberhard Kolb, München 1987 (= Schriften des Historischen Kollegs, Kolloquien 10)

Fay, Sidney Bradshaw, The Origins of the Word War, Bd 1, New York 1928
Feis, Herbert, Europe. The Worlds Banker 1870—1914, New Haven 1930
Feldman, Józef, Bismarck a Polska, Warschau 1966 (Reprint der 2. Auflage von 1947)
Ferenczi, Caspar, Außenpolitik und Öffentlichkeit in Rußland 1906—1912, Husum 1982 (= Historische Studien, 440)
Ferris, Norman B., The Trent Affair. A Diplomatic Crisis, Knoxville 1977, S. 97 f
Fesser, Gerd, 1866. Königgrätz — Sadowa. Bismarcks Sieg über Österreich, Berlin 1994
Fester, Richard, Briefe, Aktenstücke und Regesten zur Geschichte der Hohenzollernschen Thronkandidatur in Spanien, Heft 1, Leipzig, Berlin 1931
Fiebig-von Hase, Ragnhild, Lateinamerika als Konfliktherd der deutsch-amerikanischen Beziehungen, 1889—1903, Göttingen 1986 (= Schriftenreihe der Bayerischen Akademie der Wissenschaften, Bd 27)
Fieldhouse, David Kenneth, Die Kolonialreiche seit dem 18. Jahrhundert, Frankfurt a.M. 1965
Fieldhouse, David Kenneth, Economics and Empire 1830—1914, London 1973
Fieldhouse, David Kenneth, Some conclusions. The Historian and the Historicists. In: The Theory of capitalist imperialism. Ed. by David Kenneth Fieldhouse, London 1967, S. 187—194
Die finanzielle Sanierung Rußlands nach der Katastrophe des Krimkrieges 1862 bis 1878 durch den Finanzminister Michael von Reutern. Hrsg. von W. Graf Reutern — Baron Nolcken, Berlin 1914
Firro, K.M., A History of the Druzes, Leiden, Köln 1992

Firth, Stewart, New Guinea under the Germans, Melbourne 1982

Fischer, Fritz, Krieg der Illusionen. Die deutsche Politik von 1911 bis 1914, Düsseldorf 1969

Fischer-Frauendienst, Irene, Bismarcks Pressepolitik, Münster 1963

Fitzmaurice, Lord Edmond, The Life of Lord Granville, 1815—1891, London 1905

Fleischhauer, Eckart, Bismarcks Rußlandpolitik im Jahrzehnt vor der Reichsgründung, Köln, Wien 1976

Fletcher, Willard Allen, The Mission of Vincent Benedetti to Berlin, 1864—1870, Den Haag 1965

Förster, Stig, Der doppelte Militarismus. Die deutsche Heeresrüstungspolitik zwischen Status-quo-Sicherung und Aggression 1890—1913, Stuttgart 1985

Förster, Stig, General-Feldmarschall Helmuth von Moltke und die kriegsgeschichtlichen Folgen des deutsch-französischen Krieges. In: La guerre de 1870/71 et ses conséquences. Publié par Philippe Levillain et Rainer Riemenschneider, Bonn 1990 (= Pariser Historische Studien, 29), S. 86—96

Foot, Michael R.D., Great Britain and Luxembourg 1867. In: English Historical Review 67 (1952), S. 352—379

Fortunatov, P.K., Der Krieg von 1877/78 und die Befreiung Bulgariens, Berlin 1953

Foster, John W., Diplomatic Memoirs, 2 Bde, London 1910

Foundations of British Foreign Policy from Pitt (1792) to Salisbury (1902). Ed by Harold Temperley and Lilian M. Penson, London 1966

Franz, Eugen, Der Entscheidungskampf um die wirtschaftliche Führung Deutschlands (1856—1867), München 1933

Frauendienst, Werner, Das Deutsche Reich von 1890—1909. In: Handbuch der Deutschen Geschichte. Hrsg. Brandt, Meyer, Just, 4,1, Frankfurt a.M. 1973, Abschnitt I, S. 229

Frauendienst, Werner, Preußisches Staatsbewußtsein und polnischer Nationalismus. Preußisch-deutsche Polenpolitik 1815—1890. In: Das östliche Deutschland. Ein Handbuch. Hrsg. vom Göttinger Arbeitskreis, Würzburg 1959, S. 305—362

French, Willard, Japan and To-Morrow. In: North American Review 184, 2 (1907), S. 825—832

Freyer, Ronald F., The Mind of Official Imperialism, Essen 1987

Kaiser Friedrich III. Tagebücher von 1848—1866. Hrsg. von Heinrich Otto Meisner, Leipzig 1929

From Colony to Empire. Ed. by William E. Williams, New York, London 1972

Fuller, Joseph Vincent, Bismarck's Diplomacy at its Zenith, Cambridge 1922

Fuller Jr., William C., Civil-Military Conflict in Imperial Russia 1881—1914, Princeton 1985

Gall, Lothar, Bismarck. Der weiße Revolutionär, Frankfurt a.M. 1980

Gall, Lothar, Bismarcks Süddeutschlandpolitik 1866—1870. In: Europa vor dem Krieg von 1870. Hrsg. von E. Kolb, S. 23—32

Gall, Lothar, Der Liberalismus als regierende Partei. Das Großherzogtum Baden zwischen Restauration und Reichsgründung, Wiesbaden 1968, (= Veröffentlichung des Instituts für Europäische Geschichte Mainz 47)
Gall, Lothar, Die europäischen Mächte und der Balkan im 19. Jahrhundert. In: Historische Zeitschrift 228 (1979), S. 551—571
Ganiage, Jean, France, England, and the Tunisian Affair. In: France and Britain in Africa. Imperial Rivalry and Colonial Rule. Ed. by Prosser Gifford and William Roger Louis, New Haven, London 1971, S. 35—72
Ganiage, Jean, La Population Européenne de Tunis au Milieu du XIXe Siècle. Étude démographique, Paris 1960 (= Université de Tunis. Publications de la Faculté des lettres 4e série: Histoire, Volume no 2)
Ganiage, Jean, Les Origines du Protectorat Français en Tunesie 1861—1881, Paris 1959
Ganiage, Jean, Un épisode du partage de l'Afrique. Les affairs du bas Niger (1894—1898). In: Revue historique 254 (1975), S. 158—165
Gauld, William A., The Anglo-Austrian Agreement of 1878. In: English Historical Review 41 (1926), S. 108—112
Geary, Grattan, Burma after the conquest, viewed in its political, social and commercial aspects from Mandalay, London 1886
Geiss, Imanuel, Der lange Weg in die Katastrophe. Die Vorgeschichte des Ersten Weltkriegs 1815—1914, München 1990
Gemeinhardt, Heinz Alfred, Deutsche und österreichische Pressepolitik während der Bosnischen Krise 1908/09, Husum 1980 (= Historische Studien, 437)
Generalfeldmarschall Alfred von Waldersee in seinem militärischen Wirken. Hrsg. von Hans Mohs, Bd 2, Berlin 1929
Gentzen, Felix-Heinrich, Großpolen im Januaraufstand. Das Großherzogtum Posen 1858—1864, Berlin 1958
Geuss, Herbert, Bismarck und Napoleon III. Ein Beitrag zur Geschichte der preußisch-französischen Beziehungen 1851—1871, Köln, Graz 1959 (= Kölner Historische Abhandlungen, 1)
Geyer, Dietrich, Der russische Imperialismus. Studien über den Zusammenhang von innerer und auswärtiger Politik 1860—1914, Göttingen 1977 (= Kritische Studien zur Geschichtswissenschaft, 27)
Ghose, Philip K., England and Afghanistan, Calcutta 1960
Gilbert Ziebura, Die deutsche Frage in der öffentlichen Meinung Frankreichs von 1911—1914, Berlin 1955
Gillard, David, The Struggle for Asia 1828—1941. A Study in British and Russian Imperialism, London 1977
Gilson, R.P., Samoa 1830 to 1900. The Politics of a Multi-Cultural Community, Melbourne 1970
Girault, René, Emprunts Russes et Investissements Français en Russe 1887—1914. Recherches sur l'investissement international, Paris 1973
Gladstone, William Ewart, Aggression on Egypt and Freedom in the East. In: 19th Century, London 1877, Bd 2, S. 149—166
The Gladstone Diaries, vol. 7. Ed. by H.C.G. Matthew, Oxford 1982
Goetz, Walther (Hrsg.), Briefe Wilhelms II. an den Zaren 1894—1914, Berlin 1920

Goldschmidt, Irmgard, Der polnische Aufstand von 1863 in den Verhandlungen des preußischen Abgeordnetenhauses. Diss., Köln 1937
Gollwitzer, Heinz, Die Gelbe Gefahr: Geschichte eines Schlagworts. Studien zum imperialistischen Denken, Göttingen 1962
Gooch, George P., The Second Empire, London 1960
Gooch, John, Armies in Europe, London 1980
Gopal, S., British Policy in India 1858—1905, Cambridge 1965
Gorce, Pierre de la, Histoire du Second Empire, Tome 4, Paris 1949
Graf Benckendorffs Diplomatischer Schriftwechsel. Hrsg. von Benno von Siebert, Bd 2, Berlin, Leipzig 1928
Grattan, Clinton Hartley, The Southwest Pacific to 1900. A Modern History, Ann Arbor 1963, S. 492 f.
Grattan, Clinton Hartley, The United States and the Southwest Pacific, Cambridge Mass. 1961
Grenville, John A.S., Lord Salisbury and Foreign Policy. The Close of the Nineteenth Century, London 1964
Grenville, John A.S./George Berkeley Young, Politics, Strategy and American Diplomacy. Studies in Foreign Policy, 1873—1917, New Haven, London 1966
Grew, Raymond, A sterner Plan for Italian Unity. The Italian National Society in the Risorgimento, Princeton 1963
Grey, Edward, Fünfundzwanzig Jahre Politik 1892—1916, 2 Bde, München 1926
Griswold, A. Whitney, The Far Eastern Policy of the United States, New York 1938
Groh, Dieter, Negative Integration und revolutionärer Attentismus. Die deutsche Sozialdemokratie am Vorabend des Ersten Weltkrieges, Frankfurt a.M. 1974
Groote, Wolfgang von, Moltkes Planungen für den Feldzug in Böhmen und ihre Grundlagen. In: Entscheidung 1866. Der Krieg zwischen Österreich und Preußen. Hrsg. vom Militärgeschichtlichen Forschungsamt, Stuttgart 1966, S. 77—104
Großherzog Friedrich I. von Baden und die deutsche Politik von 1854—1871. Briefwechsel, Denkschriften, Tagebücher. Hrsg. von der Badischen Historischen Kommission. Bearb. von Hermann Oncken, 2 Bde, Berlin, Leipzig 1927
Grot, Zdzislaw, Franciszek Paprocki, [deutschsprachige Einleitung zu] Zabór pruski w powstaniu styczniowym [Das preußische Teilgebiet im Januaraufstand], Wroclaw u.a. 1968 = Teilband von: Powstaniu styczniowe. Materialy i dokumenty [Der Januaraufstand. Materialien und Dokumente; russischer Nebentitel: Vosstanie 1863 goda. Materialy i dokumenty], Moskau u.a. 1963 ff.
Grothe, Gerda, Der Herzog von Morny. Der Zweite Mann im Reich Napoleons III., Berlin 1966
Grünau, Werner von, Die staats- und völkerrechtliche Stellung Ägyptens, Leipzig 1903
Gründer, Horst, Geschichte der deutschen Kolonien, Paderborn 1985
Grüning, Irene, Die russische öffentliche Meinung und ihre Stellung zu den Großmächten 1878—1894, Berlin, Königsberg 1929

Gruner, Wolf D., Frankreich und der Deutsche Bund 1851—1866: Aspekte Französischer Deutschlandpolitik zur Zeit des Second Empire. In: Aspects des relations Colloque d'Otzenhausen 5—8 octobre 1981. Hrsg. von Raymond Poidevin und Heinz-Otto Sieburg, Metz 1982, S. 39—61

Grupp, Peter, Deutschland, Frankreich und die Kolonien. Der französische »Parti colonial« und Deutschland von 1890—1914, Tübingen 1980 (= Tübinger Studien zur Geschichte und Politik, Nr. 32)

Grupp, Peter, Die Deutsche Kolonialgesellschaft in der Agadirkrise 1911. In: Francia. Forschungen zur westeuropäischen Geschichte 7 (1979), S. 285—307

Grupp, Peter, Die Haltung des »Bulletin du Comité de l'Afrique française« gegenüber Deutschland von 1891 bis 1914. In: Francia. Forschungen zur westeuropäischen Geschichte 3 (1975), S. 392—433 hier S. 414—417

Grupp, Peter, Theorie der Kolonialexpansion und Methoden der imperialistischen Außenpolitik bei Gabriel Hanotaux, Bern, Frankfurt a.M. 1972 (= Europäische Hochschulschriften, III/15)

Gruschinske, Paul, Kiderlen-Wächter und die deutschen Zeitungen in der Marokkokrisis des Jahres 1911. Diss. Köln 1929, gedr. Emsdetten/Westf. 1931

Guerrero, Leon M., The Kaiser and the Philippines. In: Philippine Studies 9 (1961), S. 584—600

Guichonnet, Paul, Histoire del l'Annexion de la Savoie à la France, Paris 1983

Guillen, Pierre, L'Allemagne et le Maroc de 1870 à 1905, Paris 1967

Guillen, Pierre, L'Expansion 1881—1898, Paris 1984

Gutsche, Willibald, Monopole, Staat und Expansion vor 1914. Zum Funktionsmechanismus zwischen Industriemonopolen, Großbanken und Staatsorganen in der Außenpolitik des Deutschen Reiches 1897 bis Sommer 1914, Berlin 1986 (= Akademie der Wissenschaften der DDR. Schriften des Zentralinstituts für Geschichte, 65)

Hahl, Albert, Deutsch-Neuguinea, Berlin 1936

Hajek, Alois, Bulgariens Befreiung und staatliche Entwicklung unter seinem ersten Fürsten, München, Berlin 1939

Halicz, Emanuel, Russian Attitude towards the Conflict between Denmark and Germany. A.M Gorčakov's Letters to Olga Nicoloyevna (1863—1864). In: East European Quarterly 23 (1989), S. 63—70

Hall, D.G.E., A History of South-East Asia, London [4]1981

Hall, D.G.E., Europe and Burma. A Study of European Relations with Burma to the Annexation of Thibaw's Kingdom 1886, London 1945

Haller, Johannes, Aus dem Leben des Fürsten Philipp zu Eulenberg-Hertefeld, Berlin, Leipzig 1926

Hallgarten, George W.F., Imperialismus vor 1914. Die Soziologischen Grundlagen der Außenpolitik Europäischer Großmächte vor dem ersten Weltkrieg. (2., durchgearbeitete u. stark erweiterte Auflage), Bd 2, München 1963

Hallmann, H., Delcassés letzter Kampf um die Macht und die englischen »Angebote« vom Frühjahr 1905. In: Historische Zeitschrift 154 (1936), S. 528—553

Hallmann, Klaus, Krügerdepesche und Flottenfrage, Stuttgart 1927

Halperin, S. William, Diplomat under Stress: Visconti-Venosta and the Crisis of July 1870, Chicago 1963
Halperin, S. William, The Origins of the Franco-Prussian War Revisited: Bismarck and the Hohenzollern Candidature for the Spanish Throne. In: Journal of Modern History 45 (1973), S. 83—91
Hamilton, Allen Lee, Military Strategists and the Annexation of Hawaii. In: Journal of the West 15 (1976), S. 81—91
Hamilton, C.I., Anglo-French Naval Rivalry 1840—1870, Oxford 1993
Hamilton, C.I., The Royal Navy, La Royale, and the Militarization of Naval Warfare, 1840—1870. In: Journal of Strategic Studies 6 (1983), S. 182—212.
Hammann, Otto, Aufzeichnungen. In: Archiv für Politik und Geschichte 3 (1925), S. 541—553
Hammann, Otto, Bilder aus der letzten Kaiserzeit, Berlin 1922
Hammann, Otto, Der neue Kurs, Berlin 1918
Hammann, Otto, Deutsche Weltpoltik 1890—1912, Berlin 1925
Hamstra, Johannes P., De Luxemburgsche Kwestie, 1867, Groningen 1927
Handbuch der Europäischen Wirtschafts- und Sozialgeschichte, Bd 5. Hrsg. von Wolfram Fischer, Stuttgart 1985
Hanna, A.J./K.A. Hanna, Napoleon III. and Mexico. American Triumph over Monarchy, Chapel Hill 1971
Hargreaves, John D., British and French Imperialism in Westafrica, 1885—1898. In: France and Britain in Africa. Ed. by Prosser Gifford and William Roger Louis, New Hampshire, London 1971
Hargreaves, John D., Entente Manquée: Anglo-French Relations 1895—1896. In: Cambridge Historical Journal 11 (1953), S. 65—92
Hargreaves, John D., West Africa Partitioned, Vol. II: The Elephants and the Grass, London 1985
Hargreaves, John D., West African States and the European Conquest. In: Colonism in Africa, 1870—1960. Ed. by L.H. Gann and P. Duignan, Cambridge 1969
Harris, David, A Diplomatic History of the Balken Crisis of 1875—1878: The First Year, Stanford ²1969
Harris, Theodore L., The Trent Affair, including a review of English and American relations at the beginning of the Civil War, Indianapolis, Kansas City 1896
Hartmann, Stefan, Thorn zur Zeit des Januaraufstands von 1863/64. In: Zeitschrift für Ostforschung 29 (1980), S. 48—70
Hartung, Fritz, Die englische Politik in der Marokkokrise des Jahres 1911. In: Berliner Monatshefte 10 (1932), S. 752—776
Hatoum, Noureddine, L'opinion française et la Question des Syrie (1860—1861). Diss., Paris 1945
Hatzfeldt, Botschafter Paul Graf von, Nachgelassene Papiere 1838—1901, 2 Bde. Hrsg. von Gerhard Ebel, Boppard 1976
Hauschildt, Walter, Bismarcks politische Strategie in der Schleswig-Holsteinischen Frage. Diss., Kiel 1942
d'Hauterive, Ernest, Mission du Prince Napoléon à Varsovie (1858). In: Revue des deux mondes 45, 7. per. (15.6.1928), S. 823—854

d'Hauterive, Ernest, Napoléon II et le Prince Napoléon. Correspondance inédite, Paris 1925
Hawig, Peter, Napoleon III. und Europa — Revision eines Geschichtsbildes, aufgezeigt an der Beurteilung seiner Mittelmeerpolitik, Frankfurt 1983
Helmert, Heinz, Hansjürgen Usczeck, Preussisch-deutsche Kriege von 1864 bis 1871, Berlin 1978
Helmreich, Ernst Christian, The Diplomacy of the Balkan Wars 1912—1913, Cambridge 1938
Hermann, Carl Hans, Deutsche Mlitärgeschichte, Frankfurt 1966
Herwig, Holger H./D.F. Trask, Naval Operations Plans between Germany and the United States of America 1898—1913. A Study of Strategic Planning in the Age of Imperialism. In: Militärgeschichtliche Mitteilungen 2 (1970), S. 6
Herwig, Holger H., »Luxury Fleet«. The Imperial German Navy, 1888—1918, London 1980
Herwig, Holger H., Politics of Frustration. The United States in German Naval Planning, 1889—1941, Boston, Toronto 1976
Herzfeld, Hans, Die deutsch-französische Kriegsgefahr von 1875, Berlin 1922
Herzfeld, Hans, Die Limankrise und die Politik der Großmächte in der Jahreswende 1913/14. In: Berliner Monatshefte 11 (1933), S. 837—858, 973—993
Hildebrand, Klaus, Deutsche Außenpolitik 1871—1918. Enzyklopädie Deutscher Geschichte, Bd 2, München 1989
Hildebrand, Klaus, Von der Reichsgründung zur »Krieg-in-Sicht« Krise. Preußen-Deutschland als Faktor der britischen Außenpolitik 1866—1875. In: Das Kaiserliche Deutschland. Politik und Gesellschaft 1870—1918. Hrsg. von Michael Stürmer, Düsseldorf 1970, S. 205—234
Hildebrand, Klaus, Großbritannien und die deutsche Reichsgründung. In: Europa und die Reichsgründung. Hrsg. von Eberhard Kolb, München 1980 (Historische Zeitschrift, Beiheft 6, NF), S. 9—62
Hiller, Marlene, Krisenregion Nahost. Russische Orientpolitik im Zeitalter des Imperialismus, 1900—1914, Frankfurt a.M., New York, Bern 1985
Hillgruber, Andreas, Bismarcks Außenpolitik, Freiburg/Br. 1972
Hillgruber, Andreas, Die »Krieg-in-Sicht«-Krise 1875 — Wegscheide der Politik der europäischen Großmächte in der späten Bismarckzeit. In: Gedenkschrift Martin Göhring. Studien zur europäischen Geschichte. Hrsg von Ernst Schulin, Wiesbaden 1968, S. 239—253
Hillgruber, Andreas, Riezlers Theorie des kalkulierten Risikos und Bethmann Hollwegs politische Konzeption in der Julikrise 1914. In: Historische Zeitschrift 202 (1966), S. 333—351
Hink, Helma, Bismarcks Pressepolitik in der bulgarischen Krise und der Zusammenbruch seiner Regierungspresse (1885—1890), Frankfurt a.M. 1977
Hirshfield, Claire, The Diplomacy of Partition. Britain, France and the Creation of Nigeria 1890—1898, Den Haag 1979
Hitti, Philip K., Lebanon in History: from the earliest times to the present, New York 1967
Hoar, George F., Autobiography of Seventy Years, 2 Bde, New York 1903
Hobson, J.A., Richard Cobden, The International Man, London 1919

Hobson, Thomas C., Japan's ›Peaceful Invasion‹. In: Kodomo no tame ni. For the sake of the children. The Japanese American Experience in Hawaii. Ed. by Dennis M. Ogawa, Honolulu 1978, S. 36—38

Hoetzendorf, Franz Graf Conrad von, Aus meiner Dienstzeit 1906—1918, Bd 1, Wien u.a. 1921

Hohenlohe-Schillingsfürst, Fürst Chlodwig zu, Denkwürdigkeiten der Reichskanzlerzeit, Stuttgart 1931

Holbo, Paul S., Perilous Obscurity: Public Diplomacy and the Press in the Venezuelan Crisis, 1902—1903. In: Historian 32 (1970), S. 429 ff.

Holborn, Hajo, Bismarcks europäische Politik zu Beginn der siebziger Jahre und die Mission Radowitz, Berlin 1925

Holstein, Friedrich von, Lebensbekenntnis in Briefen an eine Frau. Hrsg. von Helmuth Rogge, Berlin 1932

Holt, P.M., A Modern History of the Sudan, London ^{2}1972

Houston, Douglas William, The negotiations for a Triple Alliance between France, Austria, and Italy 1869—1870. Diss. Philadelphia 1959

Howe, K.R., Where the Waves Fall. A New South Sea Islands History from first Settlement to Colonial Rule, Sydney, London 1984

Hubatsch, Walter, Die Ära Tirpitz. Studien zur deutschen Marinepolitik 1890—1918

Huber, Ernst Rudolf, Deutsche Verfassungsgeschichte seit 1789, Bd 3, Bismarck und das Reich, Stuttgart 1963

Huber, Ernst Rudolf, Deutsche Verfassungsgeschichte seit 1789, Bd 2, Stuttgart ^{2}1967, Bd 3, Stuttgart ^{2}1968

Huber, Ernst Rudolf, Dokumente zur Deutschen Verfassungsgeschichte, Bd 2, Stuttgart 1964

Huenigen, Gisela, Nikolaj Pavovic Ignat'ev und die russische Balkanpolitik 1875—1878. Diss., Göttingen 1968

L'Huillier, Fernand, La crise franco-allemande de 1859—1860. In: Bulletin de la Faculté des Lettres des Strasbourg 33 (1954/55)

Hunt, Michael H., Frontier Defense and the Open Door: Manchuria in Chinese-American Relations, 1895—1911, New Haven (Conn.), London 1973

Hutton, Patrick H., Popular Boulangism and the Advent of Mass Politics in France, 1886—1890. In: Journal of Contemporary History 11 (1976), Heft 1, S. 85 ff.

Ichihashi, Yamato, Japanese in the United States, New York 1932, Reprint New York 1969

Iddittie, Junesay, The Life of Marquis Shigenobu Okuma. A Biographical Study in the Rise of Democratic Japan, Tokyo ^{2}1956

Ignat'ev, Anatolii Venediktovich, The foreign policy of Russia in the Far East at the turn of the nineteenth and twentieth centuries. In: Imperial Russian foreign policy. Ed. by Hugh Ragsdale, Cambridge 1994, S. 247—267

Ignotus (id est: Herbert Wrigley Wilson), The Future of South America. In: The National Review (October 1901), S. 290—295

Iliasu, A.A., The Cobden-Chevalier Commercial Treaty of 1860. In: Historical Journal 14 (1971), S. 67—98

Iriye, Akira, Japan as a Competitor, 1895—1917. In: ders. (Hrsg.), Mutual Images. Essays in American-Japanese Relations, Cambridge, Mass. 1975
Iriye, Akira, Japan's Policies Toward the United States. In: James W. Morley (Ed.), Japlan's Foreign Policy 1868—1941. A Research Guide, New York, London 1974
Iriye, Akira, Pacific Estrangement. Japanese and American Expansion, 1897—1911, Cambridge, Mass. 1972
Irvine, William D., French Royalists and Boulangism. In: French Historical Studies 15 (1988), S. 395—406
Irvine, William D., The Boulanger-Affair Reconsidered. Royalism, Boulangism and the Origins of the Radical Right in France, New York, Oxford 1989
Issa, Mahmaud K., The Economic Factor behind the British Occupation of Egypt in 1882. In: L'Égypte Contemporaine, Kairo 318 (1964), S. 43—57
Issawi, Charles, The Economic History of the Middle East 1800—1914, Chicago 1966
Isser, Natalie, The Second Empire and the Press, Den Haag 1974

Jacobs, Marjorie E., Bismarck and the Annexation of New Guinea. In: Historical Studies 5 (1951), S. 14—26
Jacobs, Marjorie E., The Colonial Office and New Guinea, 1874—1884. In: Historical Studies 5 (1951), S. 113
Jagow, Kurt, Prinzgemahl Albert. Ein Leben am Throne. Eigenhändige Briefe und Aufzeichnungen 1831—1861, Berlin 1937
Jahrmann, Werner, Frankreich und die orientalische Frage 1875/78. Diss., Göttingen 1836 (= Historische Studien, 299)
Japiske, Nikolas, Europa en Bismarck's Vredespolitiek. De internationale Verhoudingen van 1871—1890, Leiden 1925
Jeismann, Karl Ernst, Das Problem des Präventivkriegs im europäischen Staatensystem mit besonderem Blick auf die Bismarckzeit, Freiburg 1957
Jelavich, Barbara, History of the Balkans, 2 Bde, Cambridge 1983
Jelavich, Barbara, The Ottoman Empire, the Great Powers, and the Straits Question 1870—1887, Bloomington, London 1973
Jelavich, Charles and Barbara, Jomini and the Revival of the Dreikaiserbund, 1879—1880. In: Slavonic and East European Review 35 (1956/7) 523—550
Jelavich, Charles, Tsarist Russia and Balkan Nationalism. Russian Influence in the Internal Affairs of Bulgaria and Serbia, 1879—1886, Berkeley, Los Angeles 1958
Jenkins, Brian, Britain and the War for the Union, Montreal 1974
Jerusalimski, A.S., Bismarck. Diplomatie und Militarismus, Berlin 1970
Jeshurun, Chandran, The Anglo-French Declaration of January 1896 and the Independence of Siam. In: The Journal of the Siam Society 58 (1970), S. 105—126
Jeshurun, Chandran, The Contest for Siam 1889—1902. A Study in Diplomatic Rivalry, Kuala Lumpur 1977
Jessup, Philip C., Elihu Root, 2 Bde, New York 1938
Jones, Howard, Union in Peril. The Crisis Over British Intervention in the Civil War, Chapel Hill 1992

Jürgensen, Kurt, Die preußische Lösung der Schleswig-Holstein-Frage 1863—1867. In: Bismarck und seine Zeit. Hrsg. von Johannes Kunisch, Berlin 1992 (= Forschungen zur brandenburgischen und preußischen Geschichte. Neue Folge. Beiheft 1), S. 57—80
Jumsai, Manich, History of Anglo-Thai Relations, Bangkok 1970
Jumsai, Manich, History of Thai-German Relations, Bangkok 1978
Jungblut, Marie-Paule, Die Luxemburgische Frage 1867 im Spiegel der damaligen Presse. In: Hémecht 41 (1989), S. 133—176, 329—350
Jux, Anton, Der Kriegsschrecken des Frühjahrs 1914 in der europäischen Presse, Berlin 1929

Kaernbach, Andreas, Bismarcks Konzepte zur Reform des Deutschen Bundes, Göttingen 1991 (= Schriftenreihe der Historischen Kommission bei der Bayerischen Akademie der Wissenschaften, 41)
Kaikkonen, Olli, Deutschland und die Expansionspolitik der USA in den 90er Jahren des 19. Jahrhunderts, Jyväskylä 1980
Kaiser Friedrich III. Tagebücher von 1848—1866. Hrsg. von Heinrich Otto Meisner, Leipzig 1929
Der Kaiser ... Aufzeichnungen des Chefs des Marinekabinetts Admiral Georg Alexander von Müller über die Ära Wilhelms II. Hrsg. von Walter Görlitz, Göttingen u.a. 1965
Kaulbach, Eberhard, Der Feldzug 1870 bis zum Fall von Sedan. Zur deutschen Führung in heutiger Sicht. In: Entscheidung 1870. Der deutsch-französische Krieg. Hrsg. vom Militärgeschichtlichen Forschungsamt durch Wolfgang v. Groote und Ursula v. Gersdorff, Stuttgart 1970, S. 44—104
Keijiro, Nakamura, Hawaiian Annexation from a Japanese Point of View. In: Kodomo no tame ni. For the sake of the children. The Japanese American Experience in Hawaii. Ed. by Dennis M. Ogawa, Honolulu 1978, S. 39—41
Kennan, Georg F., Bismarcks europäisches System in der Auflösung. Die französisch-russische Annäherung 1875 bis 1890, Frankfurt, Berlin, Wien 1982
Kennedy, Paul M., Bismarck's Imperialism: The Case of Samoa, 1880—1890. In: Historical Journal 15 (1972), S. 261—283
Kennedy, Paul M., The Samoan Tangle. A Study in Anglo-German-American Relations 1878—1900, Dublin 1974
Kennedy, Paul M., The Rise of the Anglo-German antagonism, 1860—1914, London 1980
Kent, Marian, Constantinople and Asiatic Turkey, 1905—1914. In: British Foreign Policy under Sir Edward Grey. Ed. by F.H. Hinsley, Cambridge u.a. 1977, S. 148—164
Kent, Noel J., Hawaii. Islands under the Influence, New York, London 1983
Kerner, Robert Joseph, The Mission of Liman von Sanders. In: Slavonic Review 6 (1927), S. 12—27, 344—363, 543—560; 7 (1928), S. 90—112
Kessel, Eberhard, Moltke, Stuttgart 1957
Keudell, Robert von, Fürst und Fürstin Bismarck. Erinnerungen aus den Jahren 1846 bis 1872, Berlin, Stuttgart 1901
Kiderlen-Wächter, der Staatsmann und Mensch. Briefwechsel und Nachlaß. Hrsg. von Ernst Jäckh, Bd 2, Berlin, Leipzig 1924

Kieniewicz, Stefan, Polish Society and the Insurrection of 1863. In: Past and Present 37 (1967), S. 130—148
Kiernan, E.V.G., British Diplomacy in China, Cambridge 1939
Kindermann, Gottfried-Karl, Der Ferne Osten in der Weltpolitik des industriellen Zeitalters, München 1970
Kleinmann, Hans-Otto, Die spanische Thronfolge in der internationalen Politik vor Ausbruch des deutsch-französischen Krieges. In: Europa vor dem Krieg von 1870. Hrsg. von Eberhard Kolb, München 1987 (= Schriften des Historischen Kollegs, Kolloquien 10), S. 125—149
Kloepfer, Stephen, The Syrian Crisis 1860—1861. A case study in classic humanitarian intervention. In: Canadian Yearbook of International Law 23 (1985), S. 246—260
Kneer, Warren, Great Britain and the Caribbean, 1901—1913: A Study in Anglo-American Relations. Ph.D.diss., Michigan State University 1966
Knight, Martin P., Britain, Germany and the Pacific, 1880—1887. In: Germany in the Pacific and Far East, 1870—1914. Ed. by John A. Moses and Paul M. Kennedy, St. Lucia, Queensland 1977, S. 61—88
Kodomo no tame ni. For the sake of the children. The Japanese American Experience in Hawaii. Ed. by Dennis M. Ogawa, Honolulu 1978
Königslöw, Joachim von, Bulgarien und Europa in den Jahren 1887/1888. Die Thronbesteigung des Prinzen Ferdinand von Sachsen-Coburg-Gotha. In: Bulgarische Jahrbücher 1 (1968), S. 120—147
Königslöw, Joachim von, Ferdinand von Bulgarien, München 1970
Kohn, Hans, Geschichte der nationalen Bewegung im Orient, Berlin 1928
Kolb, Eberhard, Der Kriegsausbruch 1870. Politische Entscheidungsprozesse und Verantwortlichkeiten in der Julikrise 1870, Göttingen 1970
Kolb, Eberhard, Der schwierige Weg zum Frieden. Das Problem der Kriegsbeendigung 1870/71. In: Historische Zeitschrift 241 (1985), S. 51—79
Kolb, Eberhard (Hrsg.), Europa vor dem Krieg von 1870, München 1987 (= Schriften des Historischen Kollegs, Kolloquien 10)
Kolb, Eberhard, Der Weg aus dem Krieg. Bismarcks Politik im Krieg und die Friedensanbahnung 1870/71, München 1989
Kolb, Eberhard, Rußland und die Gründung des Norddeutschen Bundes. In: Europa und der Norddeutsche Bund. Hrsg. von Richard Dietrich, Berlin 1968, S. 183—219
Konetzke, Richard, Spanien, die Vorgeschichte des Krieges von 1870 und die deutsche Reischsgründung. In: Historische Zeitschrift 214 (1972), S. 580—613
Kos, Franz-Josef, Die Politik Österreich-Ungarns während der Orientkrise 1874/75—1879, Köln 1984
Krämmer, Peter M., Okkupation und Annexion Bosniens und der Herzegowina in historischer und völkerrechtlicher Sicht. Diss., Wien 1971
Kramer, Thomas W., Deutsch-ägyptische Beziehungen in Vergangenheit und Gegenwart, Tübingen, Basel 1974
Krein, David F., The Last Palmerston Government. Foreign Policy, Domestic Politics, and the Genesis of »Splendid Isolation«, Ames (Iowa) 1978
Kröger, Martin, »Le bâton égyptien« — Der ägyptische Knüppel. Die Rolle der»ägyptischen Frage« in der deutschen Außenpolitik von 1875/6 bis

zur»Entente Cordiale«, Frankfurt a.M. 1991 (= Europäische Hochschulschriften, III/470)
Kröger, Martin, Bismarck und Ägypten. Ägyptische Frage und Europäisches System in der deutschen Außenpolitik 1879. In: Otto von Bismarck. Person — Politik — Mythos. Hrsg. von Jost Dülffer und Hans Hübner in Verbindung mit Konrad Breitenborn und Jürgen Laubner, Berlin 1993, S. 137—146
Krüger, D.W., The British Imperial Factor in South Africa from 1870 to 1910. In Colonialism in Africa 1870—1960. Ed. by L.H. Gann and P. Duignan, Bd I, Cambridge 1969
Kühlmann, Richard v., Erinnerungen, Heidelberg 1948
Kumpf-Korfes, Sigrid, Bismarcks »Draht nach Rußland«, Berlin 1968
Kurt Riezler. Tagebücher-Aufsätze-Dokumente. Hrsg. von Karl Dietrich Erdmann, Göttingen 1972
Kuykendall, Ralph S./A. Grove Day, Hawaii A History. From Polynesian Kingdom to American Commonwealth, New York 1948
Kuykendall, Ralph S., The Hawaiian Kingdom 1854—1874, Honolulu 1953
Kuykendall, Ralph S., The Hawaiian Kingdom, 1778—1854, Repr. Honolulu 1947

LaFeber, Walter, The New Empire. An Interpretation of American Expansion, 1860—1898, Ithaca NY 1963
Lahme, Rainer, Das Ende der Pax Britannica: England und die europäischen Mächte 1890—1914. In: Archiv für Kulturgeschichte 73 (1991), S. 169—192
Lambi, Ivo Nikolai, The Navy and German Power Politics, 1862—1914, Boston, London 1984
Lammersdorff, Raimund, Anfänge einer Weltmacht. Theodore Roosevelt und die transatlantischen Beziehungen der USA 1901—1902, Berlin 1994
Landes, David Saul, Bankers and Paschas. International Finance and Economic Imperialism, London 1958
Landes, David Saul, Der entfesselte Prometheus, Köln 1973
Langer, William Leonard, The Diplomacy of Imperialism, New York [2]1951, Reprint New York 1956
Langer, William Leonard, European Alliances and Alignments 1871—1890, New York [2]1862
Langer, William Leonard, The European Powers and the French Occupation of Tunis 1878—1881. In: The American Historical Review 31 (1925/1926), S. 55—78, 251—265
Langer, William Leonard, The Franco-Russian Alliance 1890—1894. Repr, New York 1967
Lappenküper, Ulrich, Die Mission Radowitz. Untersuchungen zur Rußlandpolitik Otto von Bismarcks (1871—1875), Göttingen 1990 (= Schriftenreihe der Historischen Kommission bei der Bayerischen Akademie der Wissenschaften, 40)
The Later Correspondence of Lord John Russell, 1840—1878. Ed. by George P. Gooch, 2 Bde, London 1925
Laurie, W.F.B., Ashé Pyee. The Superior Country or, the Great Attractions of Burma to British Enterprise and Commerce, London 1882

Layne, Christopher, Kant or Cant. The Myth of the Democratic Peace. In: International Security 19 (1994), Nr. 2, S. 5—49
Lea, Homer, The Valor of Ignorance, New York, London 1909
Lebon, André, La politique de la France en Afrique 1896—1898, Paris 1901
Lee, Dwight D. E., Europes Crucial Years. The diplomatic background of World War I, 1902—1914, Hanover, New Hampshire 1974
Lee, Dwight D.E., Unprinted Documents. The Anglo-Austrian Understanding of 1877. In: Slavonic and East European Review 10 (1931/2), S. 459 f. (Nr. 22), S. 463 ff. (Nr. 25)<??>
Lensen, George Alexander, Balance of Intrigue: International Rivalery in Korea and Manchura 1884—1899, 2 Bde, Tallahassee 1982
Leonov, R., Geheime Documente der russischen Orient-Politik 1881—1890, Leipzig 1892
Lerchenfeld-Koefering, Hugo von, Erinnerungen und Denkwürdigkeiten 1843—1925, Berlin ^{2}1935
Leslie, R.F., Reform and Insurrection in Russian Poland 1856—1865, London 1963
The Letters of Theodore Roosevelt, 8 Bde. Ed. by Elton E. Morrison und John M. Blum, Cambridge (Mass.) 1951—1954
Levillain, Philippe, Boulanger. Fossoyeur des la Monarchie, Paris 1982
Liams, Thomas M., Dreyfus, Diplomatists and the Dual Alliance. Gabriel Hanotaux at the Quai d'Orsay (1894—1898), Genf, Paris 1962
Liebold, Rudolf, Die Stellung Englands in der russisch-türkischen Krise von 1875/78. Diss., Leipzig 1930
The Life of Benjamin Disraeli Earl of Beaconsfield, Vol. 6. Ed. by George Earle Buckle, London 1920
The Life of Benjamin Disraeli Earl of Beaconsfield by William Flavelle Monypenny and George Earle Buckle new and revised edition in two volumes London 1923, 2 Bde
The Life of Benjamin Disraeli Earl of Beaconsfield. Ed by George Earle Buckle and William Flavelle Monypenny. New and revised edition, vol. 2, London 1929
The Life of the Rt. Hon. Sir Charles Dilke, 2 Bde. Ed. by Stephen Gwynn and Gertrude M. Tuckwell, London 1918
Likhit, Dhiravegni, Siam and Colonialism (1855—1909), Bangkok 1974
Lill, Rudolf, Beobachtungen zur preußisch-italienischen Allianz (1866). In: Quellen und Forschungen aus italienischen Archiven und Bibliotheken 44 (1964), S. 464—527
Lill, Rudolf, Die Vorgeschichte der preußisch-italienischen Allianz (1866). In: Quellen und Forschungen aus italienischen Archiven und Bibliotheken 42/3 (1963), S. 514, 522, 526—531, 541—545
Lill, Rudolf, Italiens Außenpolitik 1866—1871. In: E. Kolb (Hrsg.), Europa vor dem Krieg von 1870, S. 93—101
Livermore, Seward W., Theodore Roosevelt, the American Navy and the Venezuela Crisis of 1902—1903. In: American Historical Review 51 (1945), S. 459—462

Loë, Freiherr von, Erinnerungen aus meinem Berufsleben 1849—1867, Stuttgart 1906
Löding, Dörte, Deutschlands und Österreich-Ungarns Balkanpolitik von 1912—1914 unter besonderer Berücksichtigung ihrer Wirtschaftsinteressen. Diss. Hamburg 1969
Löhr, Brigitte, Die »Zukunft Rußlands«. Perspektiven russischer Wirtschaftsentwicklung und deutsch-russische Wirtschaftsbeziehungen vor dem Ersten Weltkrieg, Stuttgart 1985
Lovell, R.I., The Struggle for South Africa 1875—1899. A Study In Economic Imperialism, New York 1934
Lowe, Cedric James, The Reluctant Imperialists. British Foreign Policy 1878—1902, 2 Bde, London 1967
Lutz, Heinrich, Außenpolitische Tendenzen der Habsburger Monarchie von 1866 bis 1870: »Wiedereintritt in Deutschland« und Konsolidierung als europäische Macht im Bündnis mit Frankreich. In: E. Kolb (Hrsg.), Europa vor dem Krieg von 1870, S. 1—16
Lutz, Heinrich, Österreich-Ungarn und die Gründung des Deutschen Reiches, Frankfurt, Berlin, Wien 1979

McDonald, David M., A lever without a fulcrum: domestic factors and Russian foreign policy, 1905—1914. In: Imperial Russian foreign policy. Ed. by Hugh Ragsdale, Cambridge 1994, S. 268—311
MacKenzie, David, The Serbs and Russian Pan Slawism 1875—1878, Ithaka 1967
MacKenzie, David, Russia's Balkan policies under Alexander II, 1855—1881. In: Imperial Russian foreign policy. Ed by Hugh Ragsdale, Cambridge 1994, S. 219—246
Mack-Smith, Denis, Cavour, London 1985
Mack-Smith, Denis, The Making of Italy, 1796—1870, London 1968
Mack-Smith, Denis, Victor Emanuel, Cavour, and the Risorgimento, London 1971
Magnus, Philip, Gladstone. A Biography, London 1954 (Repr. 1963)
Mahjoubi, Ali, L'etablissement du protectorat Français en Tunesie, Tunis 1977
Malettke, Klaus, Die Beurteilung der Außen- und Innenpolitik Bismarcks von 1862—1866 in den großen Pariser Zeitungen, Lübeck, Hamburg 1966, (= Historische Studien 399)
Malmesbury, Earl of, Memoirs of an Ex-Minister, 2 Bde, London 1884
Malozemoff, Andrew, Russian Far Eastern Policy 1881—1904, Berkeley, Los Angeles 1958
Manfred, Al'bert Zacharovic, Obrazovanie russko-francuzskogo sojuza, Moskau 1975
Mange, Alyce Edythe, The Near Eastern Policy of the Emperor Napoleon III., Urbana 1940 (= Illinois Studies in the Social Sciences, 25)
Mann, W., Die Agadirkrise des Jahres 1911. Diss. Gießen 1934
Ma'oz, Moshe, Ottoman Reform in Syria and Palestine 1840—1861, Oxford 1961
Marais, J.S., The Fall of Krüger's Republic, Oxford 1961
Marchat, Henry, Les origines diplomatiques du ›Maroc Espagnol‹ (1880—1912). In: Revue de l'Occident Musulman et de la Méditerranée 7 (1970), S. 101—170

Marder, Arthur J., British Naval Policy in 1878. In: Journal of Modern History 12 (1940), S. 367—373
Marder, Arthur J., The Anatomy of British Sea Power. A History of British Naval Power in the PreDreadnought Era, 1880—1905, Reprint Hamden, Conn. 1964
Marichal, Carlos, Historia de la deuda externa de America Latina, Madrid 1988
Marks III, Frederick W., Velvet on Iron. The Diplomacy of Theodore Roosevelt, Lincoln NE 1979
Marlowe, John, Cromer in Egypt, London 1970
Marquardt, Carl, Der Kampf um und auf Samoa, Berlin 1899
Marquardt, Carl, Zur Lösung der Samoafrage. Ein Beitrag zur Kolonialgeschichte der Südsee, Berlin 1899
Marsden, Arthur, British Diplomacy and Tunis 1875—1902. A case study in Mediterranean policy, Edinburgh, London 1971
Martel, Gordon, Documenting the Great Game: ›World Policy‹ and the ›Turbulent Frontier‹ in the 1890's. In: International History Review 2 (1980), S. 296 f
Martel, Gordon, Imperial Diplomacy. Rosebery and the Failure of Foreign Policy, London 1986
Martin, K.L.P., Missionaries and Annexation in the Pacific, London 1924
Martin, Michel, La renaissance de la marine française sous Napoléon III. In: Souvenir napoléonien 42 (1979), S. 44—48
Martin, Theodore, The Life of His Royal Highness The Prince Consort, 5 Bde, London 1880
Marx, Roland, L'Angleterre et la crise de 1867. In: Les relations franco-luxembourgeoises de Louis XIV à Robert Schuman. Actes du colloque de Luxembourg 17—19 nov 1977. Hrsg. von Raymond Poidevin und Gilbert Trausch, Metz 1978, S. 137—145
Mastermann, Sylvia, The Origins of International Rivalry in Samoa 1845—1884, London 1934
Matschoß, Alexander, Die Kriegsgefahr von 1867. Die Luxemburger Frage, Bunzlau 1908
Maung, Htin Aung, A History of Burma, New York, London 1967
Maung, Htin Aung, The Stricken Peacock. Anglo-Burmese Relations 1752—1948, Den Haag 1965
Maung, Maung, Burma in the Family of Nations, Amsterdam 1957
May, Ernest R., American Imperialism. A Speculative Essay, Chicago 1991
May, Ernest R., Imperial Democracy. The Emergence of America as a Great Power, New York u.a. 1961
Medlicott, W.N., The Powers and the Unification of the two Bulgarias, 1885. In: English Historical Review 113 (1939), S. 67—82, 263—284
Mehnert, Ute, Deutschland, Amerika und die »Gelbe Gefahr«: Zur Karriere eines Schlagworts in der Großen Politik. (= Transatlantische Historische Studien Bd 4), Stuttgart 1995
Meine, Kurt, England und Deutschland in der Zeit des Übergangs vom Manchestertum zum Imperialismus 1871 bis 1876, Berlin 1937

Meisner, Heinrich Otto, England, Frankreich und die deutsche Einigung. In: Preußische Jahrbücher 211 (1928), S. 75 f
Melendy, H. Brett, The Oriental Americans, New York 1972
Die Memoiren Franceso Crispi's. Erinnerungen und Dokumente. Hrsg. von Tomaso Palamenghi-Crispi, Berlin 1912
Menning, Carol B. und Ralph R., Baseless Alligations: Wilhelm II. and the Hale Interview of 1908. In: Central European History 16 (1983), S. 368—397
Menning, Ralph Richard, The Collapse of ›Global Diplomacy‹. Germany's descent into isolation, 1906—1909, Providence 1986
Merk, Frederick, The Monroe Doctrine and American Expansion, 1843—1849, New York 1966
Mexican Lobby. Matias Romero in Washington, 1861—1867. Ed. by Thomas D. Schoonover, Lexington 1986
Meyer, Michael C./William L. Sherman, The Cause of Mexican History, New York, Oxford ³1987
Michaelis, Herbert, Die Einigung Italiens. Triumph und Verhängnis Napoleon III., München 1960
Michel, Marc, La Mission Marchand 1895—1899, Paris 1972
Miège, Jean-Louis, Le Maroc et l'Europe (1830—1894), 4 Bde, Paris 1960—1963
Miliukov, P., Balkanskii krizis i politika. P. Izvol'skogo, St. Petersburg 1910
Millman, Richard, Britain and the Eastern Question 1875—1878, Oxford 1979
Millman, Richard, British Foreign Policy and the Coming of the Franco-Prussian War, Oxford 1965, S. 59 (3)
Milza, Pierre, Les origines de la guerre douanière franco-italienne de 1888—1898. In: Relations internationales 15 (1978), S. 235—254
Mitchell, Allan, The German Influence in France after 1870. The Formation of the French Republic, Chapel Hill 1979
Mitchell, Nancy, The Height of the German Challenge: The Venezuela Blockade, 1902—1903. In: Diplomatic History 20 (1996), S. 185—209
Moffat, A.L., Mongkut, King of Siam, Ithaka, New York 1961
Mohr, Paul, Marokko. Eine politisch-wirtschaftliche Studie, Berlin 1902
Mommsen, Wolfgang J., Der autoritäre Nationalstaat. Verfassung, Gesellschaft und Kultur im deutschen Kaiserreich, Frankfurt a.M. 1990
Mommsen, Wolfgang J., Der Topos vom unvermeidlichen Krieg. Außenpolitik und öffentliche Meinung im Deutschen Reich im letzten Jahrzehnt vor 1914. In: Bereit zum Krieg. Kriegsmentalität im wilhelminischen Deutschland 1890—1914. Hrsg. von Jost Dülffer und Karl Holl, Göttingen 1986, S. 194—224
Mommsen, Wolfgang J., Die latente Krise des Deutschen Reiches 1909—1914. In: Handbuch der Deutschen Geschichte. Hrsg. von Brandt, Meyer, Just, 4, 1, Frankfurt a.M. 1973
Mommsen, Wolfgang J., Imperialismus in Ägypten, München, Wien 1961
Monger, G., The End of Isolation. British Foreign Policy 1900—1907, London 1963
Monnier, Luc, L'Annexion de la Savoie à la France et la Politique Suisse (1860). Diss. Genf 1932
Moorc, John Bassett, A Digest of International Law, Bd I, Washington 1906

Morgan, H. Wayne, William McKinley and his America. Syracuse, New York 1963

Moritz, Albrecht, Das Problem des Präventivkrieges in der deutschen Politik während der ersten Marokkokrise, Frankfurt 1974

Morley, John, The Life of Richard Cobden, 2 Bde, London 1881

Morrell, W.P., Britain in the Pacific Islands, Oxford 1948, ²1960

Morris, Edmund, »A Few Pregnant Days«: Theodore Roosevelt and the Venezuelan Crisis of 1902. In: Theodore Roosevelt Association Journal 15 (1989), S. 2—13

Morton, Louis, War Plan Orange: A Study in Military Strategy. In: World Politics 11 (1959), S. 221—250

Morton, Patricia Marie, The volunteer movement in England, 1859 to 1863. Diss. Toronto 1976

Moses, John A., The German Empire in Melanesia 1884—1914. A German Self-Analysis. In: The History of Melanesia. Ed. by K.S. Inglis, Canberra, Port Moresby 1969, ²1971, S. 45—76

Mosse, Werner Eugen, Alexander II. and the Modernization of Russia, New York ²1962

Mosse, Werner Eugen, England and the Polish Insurrection of 1863. In: English Historical Review 71 (1956), S. 28—55

Mosse, Werner Eugen, Public Opinion and Foreign Policy: The British Public and the War-Scare of November 1870. In: Historical Journal 6 (1963), S. 38—58

Mosse, Werner Eugen, Queen Victoria and her Ministers in the Schleswig-Holstein Crisis, 1863—1864. In: English Historical Review 78 (1963), S. 263—383

Mosse, Werner Eugen, The European Powers and the German Question 1848—1871 with special reference to England and Russia, Cambridge 1958

Mosse, Werner Eugen, The Rise and Fall of the Crimean System, 1855—1871. The Story of a Peace Settlement, London 1963

Mowat, Robert Case, From Liberalism to Imperialism: the Case of Egypt, 1875—1887. In: Historical Journal 16 (1973), S. 109—124

Mühlmann, Carl, Deutschland und die Türkei 1913—1914, Berlin 1929

Müller, Harald, Die Auseinandersetzungen über das Reichsmilitärgesetz von 1874. Diss. Berlin 1960

Der Kaiser ... Aufzeichnungen des Chefs des Marinekabinetts Admiral Georg Alexander von Müller über die Ära Wilhelms II. Hrsg. von Walter Görlitz, Göttingen u.a. 1965

Müller, Karl Alexander von, Die Tauffkirchensche Mission nach Berlin und Wien. Bayern, Deutschland und Österreich im Frühjahr 1867. In: ders. (Hrsg.), Beiträge zur bayerischen Geschichte, Gotha 1913, S. 352—440

Müller-Link, Horst, Industrialisierung und Außenpolitik. Preußen-Deutschland und das Zarenreich von 1860 bis 1890, Göttingen 1977

Nagamichi, Hanabusa, Hawaii and the Japanese. In: Japan-American Diplomatic Relations in the Meiji-Taisho-Era. Ed. by Kamikawa Hikomatsu, Tokyo 1958, S. 127—136

Napoléon III et le Prince Napoléon. Correspondance inédite. Hrsg. von Ernest D'Hauterive, Paris 1925, S. 351—365

Napoleon III. und die italienische Einigung, bearb. von Beatrix Mesner, Bern 1969, (= Quellen zur Neueren Geschichte, Heft 30)
Néré, Jacques, Le Boulangisme et la Presse, Paris 1964
Neu, Charles E., An Uncertain Friendship: Theodore Roosevelt and Japan, 1906—1909, Cambridge (Mass.) 1967
Newbury, C.W., Aspects of French Policy in the Pacific, 1853—1906. In: Pacific Historical Review 27 (1958), S. 45—56
Newbury, C.W., The Partition of Africa. II. Victorians, Republicans, and the Partition of West Africa. In: Journal of African History 3 (1962), S. 493—501
Newton, Lord, Lord Lyons. A Diplomatic Record, Bd 2, London 1920
Newton, Lord, Lord Lyons. A Record of British Diplomacy, London 1913
Nintchitch, Momtchilo, La crise bosniaque (1900—1908) et les puissances européennes, 2 Bde, Paris 1937
Nipperdey, Thomas, Deutsche Geschichte 1800—1866. Bürgerwelt und starker Staat, München 1987
Novotny, Alexander, Österreich-Ungarn auf dem Berliner Kongreß. In: Diplomatie und Außenpolitik Österreichs. 11 Beiträge zu ihrer Geschichte. Hrsg. von Erich Zöllner, Wien 1977, S. 113—123
Nuechterlein, Donald E., Thailand and the Struggle for Southeast Asia, Ithaca, New York 1965

O'Ballance, Edgar, Afghan Wars 1839—1992. What Britain Gave Up and the Soviet Union Lost, London, New York 1993
Olcott, Charles S., William McKinley, 2 Bde, Boston, New York 1916
Oncken, Emily, Panthersprung nach Agadir. Die deutsche Politik während der Zweiten Marokkokrise 1911, Düsseldorf 1981
Oncken, Hermann, Rudolf von Bennigsen. Ein deutscher liberaler Politiker. Nach seinen Briefen und hinterlassenen Papieren, Bd 2, Stuttgart 1910
Osborne, Thomas J., Trade or War? America's Annexation of Hawaii Reconsidered. In: Pacific Historical Review 50 (1981), S. 285—307
Out of My Past. The Memoirs of Count Kokovtsov. Ed. by H.H. Fisher, Stanford 1935
d'Ovidio, Francesco Lefebvre, Napoleone III, l'Austria e la questione del Veneto. Aspetti diplomatici della terza guerra di indipendenza. In: Storia delle relazioni internazionali 4 (1988), S. 233—263
Owen, John M., How Liberalism Produces Democratic Peace. In: International Security 19 (1994), Nr. 2, S. 87—125
Owen, Roger, The Middle East in the World Economy 1800—1914, New York, London 1981
Owen, Roger, Egypt and Europe: from French expedition to British occupation. In: Studies in the Theory of Imperialism. Ed by R. Owen and Bob Sutcliffe, London 1972, S. 195—209
Owen, Roger, The Influence of Lord Cromer's Indian Experience on British Policy in Egypt 1883—1907. In: St.-Anthony's-Papers, Oxford 1965, S. 109—139
Owsley, Frank L., King Cotton Diplomacy, Chicago 1931, [2]1959

Pagés, G., The Annexation of Savoy and the Crisis in Anglo-French Relations, January to April 1860. In: Studies in Anglo-French History. Ed. by Alfred Coville and Harold W.V. Temperley, Cambridge 1935, S. 83—104
Pakenham, Thomas, Der kauernde Löwe. Die Kolonialisierung Afrikas 1876—1912, Düsseldorf 1993
Paléologue, Maurice, Un grand tournant de la politique mondiale, 1905—1906, Paris 1934
Palotás, Emil, Die aussenwirtschaftlichen Beziehungen zum Balkan und zu Rußland. In: Die Habsburgermonarchie 1848—1918. Hrsg. von Adam Wandruszka und Peter Urbanitsch, Wien 1989 (= Die Habsburgermonarchie im System der Internationalen Beziehungen, Bd 6,1) S. 584—629
Pantenius, Hans Jürgen, Der Angriffsgedanke gegen Italien bei Conrad von Hoetzendorf. Ein Beitrag zur Koalitionskriegsführung im Ersten Weltkrieg, 2 Bde, Diss. Köln, Wien 1984
Paolino, Ernest N., The Foundation of American Empire. William Harry Seward and U.S. Foreign Policy, Ithaca, New York 1973
Parsons, Edward D., The German-American Crisis of 1902—1903. In: Historian 33 (1971), S. 436—452
Parsons, Frederick V., The Origins of the Morocco Question 1880—1900, London 1976
Pascha, Ahmed Djemal, Erinnerungen eines türkischen Staatsmannes, München 1920
Pasieka, K.S., The British Press and the Polish Insurrection of 1863. In: Slavonic and East European Review 42 (1963), S. 15—37
Pelcovits, N.A., Old China Hands and the Foreign Office, New York 1948
Pelegrino Chiocchetti (1835—1892): A Soldier's Life. The Italian Campaign of 1859. In: International Review of the Red Cross 266 (1988), S. 422—434
Penner, C.D., Germany and the Transvaal before 1896. In: Journal of Modern History 12 (1940), S. 31—58
Penson, Lilian M., The New Course in British Foreign Policy, 1899—1902. Transaction of the Royal Historical Society 1943
Penson, Lilian M., The Principles and Methods of Lord Salisburys Foreign Policy. In: Cambridge Historical Journal 5 (1935), S. 104
Perkins, Dexter, A History of the Monroe Doctrine, Boston, Toronto 1963
Peters, Rudolph, Erneuerungsbewegungen im Islam vom 18. bis zum 20. Jahrhundert und die Rolle des Islams in der neueren Geschichte: Antikolonialismus und Nationalismus. In: Der Islam in der Gegenwart. Hrsg. von Werner Ende und Udo Steinbach, München 1984, S. 91—131
Petersen, Jens, Garibaldi und Deutschland 1870/71. In: Risorgimento 3 (1982), S. 233—249
Pflanze, Otto, Bismarck and the Development of Germany. Vol. II: The Period of Consolidation, 1871—1880, Princeton NJ 1990
Philipp Eulenburgs Politische Korrespondenz. 3 Bde. Hrsg. von John C.G. Röhl, Boppard 1976/1983
Pike, Douglas, Australia. The Quite Continent, Cambridge 1970
Pisani-Ferry, Fresnette, Le Général Boulanger, Paris 1969

Platt, Desmond C.M., Finance, Trade, and Politics in British Foreign Policy 1815—1914, Oxford, London 1968
Platt, Desmond C.M., Latin America and British Trade, 1806—1914, London 1972
Platt, Desmond C.M., The Allied Coercion of Venezuela, 1902—1903 — A Reassessment. In: Inter-American Economic Affairs 15 (1962), S. 3—28
Platt, Desmond C.M., Finance, Trade and Politics in British Foreign Policy, 1815—1914, Oxford 1968
Pletcher, David M., The Diplomacy of Annexation: Texas, Oregon, and the Mexican War, Columbia MT 1973
Plombières. Secret diplomacy and the rebirth of Italy. Ed. by Mack Walker, New York 1968, S. 111—132
Poel, Jean van der, The Jameson Raid, Kapstadt 1951
Pohl, Heinz-Alfred, Bismarcks »Einflußnahme« auf die Staatsform in Frankreich 1871—1877, Frankfurt 1954
Poidevin, Raymond, Jacques Bariéty, Les relations franco-allemandes, 1815—1975, Paris ²1977 [dt.: Frankreich und Deutschland. Die Geschichte ihrer Beziehungen 1815—1975, München 1982]
Pointow, A.C., The Bombay Burmah Trading Corporation United 1863—1963, Southampton 1964
The Political Correspondence of Mr. Gladstone and Lord Granville 1876—1886. 2 Bde. Ed. by Agatha Ramm, Oxford 1962
Die politischen Reden des Fürsten Bismarck. Historisch-kritische Gesamtausgabe besorgt von Horst Kohl, Bd 2, 1862—1865, Stuttgart 1892
Pommerin, Reiner, Der Kaiser und Amerika. Die USA in der Politik der Reichsleitung 1890—1917, Köln, Wien 1987
Poter, A.N., The Origins of the South African War. Joseph Chamberlain and the Diplomacy of Imperialism 1895—1899, Manchester 1980
Potthoff, Heinrich, Die deutsche Politik Beusts, Bonn 1968 (= Bonner Historische Forschungen, 31)
Pottinger, E. Ann, Napoleon III. and the German Crisis 1865—1866, Cambridge 1966 (= Harvard Historical Studies, 75)
Prachoom, Chomchai, Chulalongkorn the Great, Tokyo 1965
Pratt, Julius W., Expansionists of 1898. The Acquisition of Hawaii and the Spanish Islands, Baltimore 1963, Repr. New York 1972

Queen Victoria. Ein Frauenleben unter der Krone. Hrsg. von Kurt Jagow. Berlin 1936
Quested, R.K.I., Sino-Russian Relations, London 1984

Raabe, Ingrid, Beiträge zur Geschichte der diplomatischen Beziehungen zwischen Frankreich und Österreich-Ungarn 1908—1912. Diss. Wien 1971
Ramm, Agatha, Great Britain and France in Egypt, 1876—1882. In: France and Britain in Africa. Imperial Rivalry and Colonial Rule. Ed by Prosser Gifford and William Roger Louis, New Haven, London 1971, S. 73—119
Ramsaur Jr., Ernest E., The Young Turks. Prelude to the Revolution of 1908, Princeton N.J. 1957

Ratcliffe, Barrie M., The origins of the Anglo-French commercial treaty of 1860: a reassessment. In: Great Britain and Her World 1750—1914. Essays in honour of W.O. Henderson. Ed. by Barrie M. Ratcliffe, Manchester 1975, S. 125—151

Raulff, Heiner, Zwischen Machtpolitik und Imperialismus. Die deutsche Frankreichpolitik 1904—1905, Düsseldorf 1976

Rauscher, Walter, Zwischen Berlin und St. Petersburg. Die österreichisch-ungarische Außenpolitik unter Gustav Graf Kálnoky 1881—1895, Wien, Köln, Weimar 1993

Rautenberg, Hans-Werner, Der Polnische Aufstand von 1863 und die europäische Politik im Spiegel der deutschen Diplomatie und der öffentlichen Meinung, Wiesbaden 1979

Raymond, André, Les tentatives anglaises de pénétration économiques en Tunesie 1856—1877. In: Revue Historique 214 (1955), S. 48—67

Rerup, Lorenz, Slesvig og Holsten efter 1830, Kopenhagen 1982 (= Danmarks historie, Bd 5)

Rheindorf, Kurt, Die Schwarze-Meer-(Pontus-)Frage vom Pariser Frieden von 1856 bis zum Abschluß der Londoner Konferenz von 1871, Berlin 1925, S. 99—101

Rheindorf, Kurt, England und der Deutsch-Französische Krieg 1870/71: Ein Beitrag zur englischen Politik in der Zeit des Übergangs vom Manchestertum zum Imperialismus mit Benutzung bisher unveröffentlichten Materials, Bonn 1923

Rhode, Gotthold, Kleine Geschichte Polens. Darmstadt 1965

Richards, Edward W., Louis Napoleon and Central America. In: Journal of Modern History 34 (1962), S. 178—184

Riehl, Axel T.G., Der »Tanz um den Äquator«. Bismarcks antienglische Kolonialpolitik und die Erwartung des Thronwechsels in Deutschland 1883—1885, Berlin 1993 (= Quellen und Forschungen zur brandenburgischen und preußischen Geschichte, Bd 1)

Riker, T.W., A Survey of British Policy in the Fashoda Crisis. In: Political Science Quarterly 44 (1929), S. 68 f.<??>

Rinke, Stefan, Zwischen Weltpolitik und Monroe Doktrin: Botschafter Speck von Sternburg und die deutsch-amerikanischen Beziehungen, 1898—1908 Stuttgart 1992 (= Deutsch-Amerikanische Studien, Bd 11)

Ripponen, Risto, Die russische Gefahr. Das Verhalten der öffentlichen Meinung Deutschlands und Österreich-Ungarns gegenüber der Außenpolitik Rußlands in der Zeit zwischen dem Frieden von Portsmouth und dem Ausbruch des Ersten Weltkriegs, Helsinki 1976

Rist, Marcel, Une Expérience française de libération des échanges au XIXe siècle: le Traité de 1860. In: Revue d'Economie Politique 66 (1956), S. 908—962

Ritter, Gerhard, Staatskunst und Kriegshandwerk. Das Problem des »Militarismus« in Deutschland, Bd 2, München ^{2}1965

Robbins, Keith, John Bright and William Gladstone. In: Warfare, Diplomacy, and Politics. Essays in Honour of A.J.P. Taylor. Ed by Chris Wrigley, London 1986, S. 29—41

Roberts, Stephen Henry, History of French Colonial Policy (1870—1925), 2 Bde, London 1929
Robertson, William Spence, The Tripartite Treaty of London. In: Hispanic American Historical Review 20 (1940), S. 167—189
The Robinson and Gallagher Controversy. Ed. by William Roger Louis, New York, London 1976
Robinson, Ronald, John Gallagher, Alice Denny, Africa and the Victorians, London 1970
Robinson, Ronald, John Gallagher, The Partition of Africa. In: New Cambridge Modern History, vol. XI. Material Progress and World-Wide Problems 1870—1898. Ed. by F. H. Hinsley, Cambridge 1962, Reprint 1979, S. 593—640
Robson, R.W., The Pacific Islands Handbook 1944, New York 1945
Röhl, John C.G., Kaiser, Hof und Staat. Wilhelm II. und die deutsche Politik, München 1988
Röhl, John C.G., Wilhelm II. Die Jugend des Kaisers 1859—1888, München 1993
Rogge, Helmuth, Holstein und Harden. Politisch-publizistisches Zusammenspiel zweier Außenseiter des Wilhelminischen Reichs, München 1959
Roloff, Gustav, Napoleon und der polnische Aufstand im Jahre 1863. In: Historische Zeitschrift 164 (1941), S. 49—65
The Letters of Theodore Roosevelt, 8 Bde. Ed. by Elton E. Morrison und John M. Blum, Cambridge (Mass.) 1951—1954
The Works of Theodore Roosevelt, Memorial Edition Bd 17. Ed. by H. Hagedorn, New York 1923—1926
Rosenbach, Harald, Das Deutsche Reich, Großbritannien und der Transvaal (1896—1902). Anfänge deutsch-britischer Entfremdung, Göttingen 1993
Rosenbaum, Jürgen, Frankreich in Tunesien. Die Anfänge des Protektorates 1881—1886, Zürich, Freiburg/Br. 1971, (= Beiträge zur Kolonial- und Überseegeschichte, Bd 8)
Roseveare, Irene M., From Reform to Rebellion: A. Wielopolski and the Polish Question, 1861—1863. In: Canadian Slavic Studies 3 (1969), S. 263—285
Ross, Angus, New Zealand Aspirations in the Pacific in the 19th Century, Oxford 1964
Rossos, Andrew, Russia and the Balkans. Inter-Balkan rivalries and Russian foreign policy 1908—1914, Toronto 1981
Rostow, Walt W., The World Economy. History & Prospect, Austin TX, London 1978
Rotberg, Robert I., The Founder. Cecil Rhodes and the Pursuit of Power, New York, Oxford 1988
Rothan, Gustave, Souvenirs diplomatiques. L'affaire du Luxembourg. La prélude de la guerre de 1870, Paris 1882
Rothstein, Theodor, Egypt's Ruin. A financial and administrative record, London 1910
Rowland, D., The United States and the Contract labor Question in Hawaii. 1862—1900. In: Pacific Historical Review 1 (1933), S. 249—269
Rupp, George Hoover, A Wavering Friendship. Russia and Austria. 1876—1878, Cambridge 1941

Russ, William Adam, The Hawaiian Republic (1894—1898) and its Struggle to win Annexation, Selinsgrove, Pa. 1961
The Later Correspondence of Lord John Russell, 1840—1878. Ed. by George P. Gooch, 2 Bde, London 1925

Saburov, Petr Aleksandrovic, The Saburov Memoirs or Bismarck and Russia. Ed. by J.Y. Simpson. Cambridge 1929
Salevouris, Michael J., »Riflemen Form« . The War Scare of 1859—1860 in England, New York 1982
Salibi, Kamal Suleiman, The modern History of Lebanon, London 1965
Sanders, Otto Liman von, Fünf Jahre Türkei, Berlin 1920
Sanderson, George Neville, Contributions from African Sources to the History of European Competition in the Upper Valley of the Nile. In: Journal of African History 3 (1962), S. 69—90
Sanderson, George Neville, A study in the partition of Africa. England, Europe and the Upper Nile 1882—1899, Edinburgh 1965
Sandiford, Keith A.P., Great Britain and the Schleswig-Holstein Question 1848—1864. A Study in Diplomacy, Politics and Public Opinion, Toronto 1975
Sargent, Nathan, Admiral Dewey and the Manila Campaign, Washington D.C. 1947
Sarkisyanz, Manuel, Die Kulturen Kontinental-Südostasiens. Wiesbaden 1979
Saupp, Norbert, Das Deutsche Reich und die armenische Frage 1878—1914, Köln 1990
Schaarschmidt, Thomas, Außenpolitik und öffentliche Meinung in Großbritannien während des deutsch-französischen Krieges von 1870/71, Frankfurt a.M. 1993 (= Europäische Hochschulschriften, III/575)
Schaller, Roland, Der bulgarische Nationalismus und die Politk Bismarcks. Diss. Frankfurt 1975
Scharff, Alexander, Die dänische Sprachpolitik in Mittelschleswig 1851—1864. In: Zeitschrift der Gesellschaft für Schleswig-Holsteinische Geschichte 91 (1966), S. 193—218
Schatkowski-Schilcher, Linda, Ein Modellfall indirekter wirtschaftlicher Durchdringung: Das Beispiel Syrien. In: Geschichte und Gesellschaft 2 (1975), S. 482—505
Scherer, Paul, British Neutrality during the Franco-Prussian War. In: International Review of History and Political Science 1 (1964), S. 107—117
Scherer, Paul, British Reaction to French Annexation of Nice and Savoy. In: International Review of History and Political Science 2 (1965), S. 31—40
Scherer, Paul, The Benedetti draft treaty and British neutrality in the Franco-Prussian War. In: International Review of History and Political Science 9 (1972), S. 95—108
Schieder, Theodor, Das Jahr 1866 in der deutschen und europäischen Geschichte. In: Aus Politik und Zeitgeschichte (Beilage zur Wochenzeitung »Das Parlament«), V 24/66, 15.6.1966, S. 3—17

Schieder, Theodor, Vom Deutschen Bund zum Deutschen Reich, München 1982 (= Gebhardt Handbuch der deutschen Geschichte, Taschenbuchausgabe, Bd 15)
Schiemann, Theodor, Deutschland und die große Politik anno 1905, Berlin 1906
Schierenberg, A., Die deutsch-französiche Auseinandersetzung um die Luxemburger Frage dargestellt vor allem an der luxemburgischen Angelegenheit des Jahres 1867, Marburg 1933
Schlarp, Karl-Heinz, Von der Befreiung zur Konfrontation: Die Krise der russisch-bulgarischen Beziehungen und das Debakel der russischen Balkanpolitik 1878—1888, München 1990 (= Südosteuropastudien, 44)
Die Schleswig-Holsteinische Frage (1862—1866). Ausgewählt und eingeleitet von Klaus Malettke, Göttingen 1969
Schlicht, Alfred, Frankreich und die syrischen Christen 1799—1861. Minoritäten und europäischer Imperialismus im Vorderen Orient, Berlin 1981 (= Islamkundliche Untersuchungen, 61)
Schlicht, Alfred, La France et le Liban dans la première moitié du XIXe siècle. Influence occidentales dans l'histoire orientale. In: Francia 11 (1983), S. 495—507
Schlitter, Hanns, Die Frage der Wiederherstellung Polens im österreichischen Ministerrat 1863. In: Österreichische Rundschau 15 (1919), S. 63—69
Schmidt, Rainer F., Die gescheiterte Allianz. Österreich-Ungarn, England und das Deutsche Reich in der Ära Andrassy (1867 bis 1878/79), Frankfurt a.M. 1992 (= Europäische Hochschulschriften, III/517)
Schmitt, Bernadotte Everly, The Annexation of Bosnia 1908—1909, Reprint New York 1970, [1]1937
Schmitt, Bernadotte Everly, The Coming of the War 1914, Bd 1, New York 1930
Schnerb, Robert, Rouher et le Second Empire,. Paris 1949
Schölch, Alexander, Ägypten den Ägyptern! Die politische und gesellschaftliche Krise der Jahre 1878—1882 in Ägypten, Zürich 1972
Schölch, Alexander, Der arabische Osten im 19. Jahrhundert 1800—1914. In: Geschichte der arabischen Welt. Hrsg. von Ulrich Haarmann, München 1987
Schölch, Alexander, The »Men on the spot« and the English Occupation of Egypt in 1882. In: Historical Journal 19 (1976), S. 773—785
Schölch, Alexander, Wirtschaftliche Durchdringung und politische Kontrolle durch die europäischen Mächte im Osmanischen Reich (Konstantinopel, Kairo, Tunis). In: Geschichte und Gesellschaft 1 (1974), S. 404—446
Schöllgen, Gregor, »Fischer Kontroverse« und Kontinuitätsproblem. Deutsche Kriegsziele im Zeitalter der Weltkriege. In: Ploetz. Geschichte der Weltkriege. Mächte-Ereignisse-Entwicklungen. Hrsg. von Andreas Hillgruber und Jost Dülffer, Freiburg, Würzburg 1981, S. 163—177
Schöllgen, Gregor, Imperialismus und Gleichgewicht. Deutschland, England und die orientalische Frage 1871—1914, München 1984
Schoen, Freiherr von, Erlebtes. Beiträge zur politischen Geschichte der neuesten Zeit, Stuttgart, Berlin 1921
Scholefield, Guy H., The Pacific. Its Past and Future and the Policy of the Great Powers from the Eighteenth Century, London 1919
Scholes, Walter V., Mexican Politics During the Juarez Regime, 1855—1872, Columbia 1957

Scholtyseck, Joachim, Alliierter oder Vasall? Italien und Deutschland in der Zeit des Kulturkampfes und der »Krieg-in-Sicht«-Krise 1875, Köln, Weimar, Wien 1994
Schoonover, Thomas D., Dollars over Dominion. The Triumph of Liberalism in Mexican-United States Relations, 1861—1867, Baton Rouge, London 1978
Schrecker, John E., Imperialism and German Nationalism. Germany in Shantung, Cambridge, Mass. 1971
Schreuder, D.M., The Scramble for Southern Africa, 1877—1895. The politics of partition reappraised, Cambridge/Mass. 1980
Schroeder, Paul W., The Lost Intermediaries: The Impact of 1870 on the European System. In: The International History Review 6 (1984), S. 1—27
Schulte, Bernd Felix, Vor dem Kriegsausbruch 1914. Deutschland, die Türkei und der Balkan, Düsseldorf 1980
Schwabach, Paul, Aus meinen Akten, Berlin 1927
Denkwürdigkeiten des Botschafters General von Schweinitz, Bd 1, Berlin 1927
Scott, Ernest, A Short History of Australia, London 1929
Scott, James George, Burma. As it was, as it is and as it will be, London 1886
Seager, Frederic H., The Boulanger Affair. Political Crossroad of France 1886—1889, Ithaca 1969
Selections from the Correspondence of Theodore Roosevelt and Henry Cabot Lodge, 1884—1918, 2 Bde. Ed. by Henry Cabot Lodge, New York 1925
Sempell, Charlotte, England und Preußen in der Schleswig-holsteinischen Frage, München 1932 (= Historische Studien, 290)
Serman, William, Remarques sur les préparatifs militaires français à la veille de la guerre. In: La guerre de 1870/71 et ses conséquences. Publié par Philippe Levillain et Rainer Riemenschneider, Bonn 1990 (= Pariser Historische Studien, 29), S. 99—109
Shannon, Richard T., Gladstone and the British Balkan Policy. In: Der Berliner Kongreß von 1878. Hrsg. von Ralph Melville und Hans-Jürgen Schröder, Wiesbaden 1982, S. 163—178
Shannon, Richard T., Gladstone and the Bulgarian Agitation, 1876, London 1863
Sheehan, James J., Der deutsche Liberalismus, München 1983
Sheridan, Philip J., The Committee of Mexican Bondholders and European Intervention in 1861. In: Mid-America 42 (1960), S. 18—29
Shippee, Lester B., Germany and the Spanish-American War. In: American Historical Review 30 (1924/25), S. 754—777
Sholofsky, Mark William, The French Annexation of Savoy and Nice in 1860 and European Diplomacy. Diss.# Univ. of Pennsylvania 1974, microfilm Ann Arbor 1975
Showalter, Dennis E., Diplomacy and the Military in France and Prussia, 1870. In: Central European History 4 (1971), S. 346—353
Singhal, D.P., The Annexation of Upper Burma, Singapore 1960
Sinkin, Richard N., The Mexican Reform, 1855—1876. A Study in Liberal Nation-Building, Austin 1979
Smith, Michael Stephan, Tariff Reform in France 1860—1900. The Politics of Economic Interest, Ithaca, London 1980.
Smith-Dorrien, Horace, Memories of Forty-Eight Years' Service, London 1925

Sneerson, Lev M., Die russische Reaktion auf den Ausbruch des französisch-preußischen Krieges von 1870. In: Wissenschaftliche Zeitschrift der Friedrich-Schiller-Universität, Jena 19 (1970), S. 365—374
Southgate, Donald, ›The Most English Minister ...‹ The Policies and Politics of Palmerston, New York 1966
Spagnolo, John P., France & Ottoman Lebanon 1861—1914, London 1977
Spector, Ronald, Admiral of the New Empire. The Life and Career of George Dewey, Baton Rouge 1974
Springer, Anton, Der russisch-türkische Krieg 1877—1878 in Europa, Wien 1891—1893
Sprout, Harold and Margaret, The Rise of American Naval Power 1776—1918, Princeton 1939, [4]1946
Srbik, Heinrich Ritter von, Deutsche Einheit. Idee und Wirklichkeit vom Heiligen Römischen Reich bis Königgrätz, Bde 2—4, München 1940—1942
Staatssekretär Graf Herbert von Bismarck. Aus seiner politischen Privatkorrespondenz. Hrsg. von Walter Bußmann, Göttingen 1964
Steefel, Lawrence Dinkelspiel, Bismarck, the Hohenzollern Candidacy, and the Origins of the Franco-German War of 1870, Cambridge 1962
Steefel, Lawrence Dinkelspiel, The Schleswig-Holstein Question, Cambridge 1932
Steinbach, Christoph, Die französische Diplomatie und das Deutsche Reich 1873 bis 1881, Bonn 1976
Steiner, Zara, The Foreign Office under Sir Edward Grey, 1905—1914. In: British Foreign Policy under Sir Edward Grey. Ed. by F.H. Hinsley, Cambridge 1977, S. 22—69
Stengers, Jean, The Partition of Africa. I. L'impérialisme colonial de la fin du XIXe siècle: Mythe ou réalité. In: Journal of African History 3 (1962), S. 469—491
Stern, Fritz, Gold und Eisen. Bismarck und sein Bankier Bleichröder, Frankfurt, Berlin 1980
Sternfeld, R., Der preussische Kronrat vom 2./3. Januar 1864. In: Historische Zeitschrift 131 (1925), S. 72—80
Sternhell, Zeev, La Droite Révolutionnaire 1885—1914. Les origines françaises du Fascisme, Paris 1978
Sternhell, Zeev, Paul Déroulède and the origins of modern French nationalism. In: Journal of Contemporary History 6,4 (1971), S. 46—70
Stevens, Sylvester K., American Expansion in Hawaii 1842—1898, Harrisburg 1945
Stewart, A.T.Q., The Pagoda War. Lord Dufferin and the fall of the Kingdom of Ava 1885—1886, London 1972
Stingl, Werner, Der Ferne Osten in der deutschen Politik vor dem Ersten Weltkrieg (1902—1914), 2 Bde, Frankfurt 1978
Stökl, Günther, Russische Geschichte, Stuttgart [4]1983
Stojanovic, Mikailo D., The Great Powers and the Balkans, 1876—1878, Cambridge 1939 (Repr. 1968)
Stolberg-Wernigerode, Albrecht Graf zu, Bismarck und die schleswig-holsteinische Frage, Kiel 1928

Stolberg-Wernigerode, Otto Graf zu, Robert Heinrich Graf von der Goltz. Botschafter in Paris 1863—1869, Oldenburg, Berlin 1941 (= Deutsche Geschichtsquellen des 19. Jahrhunderts, 34)
Stone, James, The Radowitz Mission. A study in Bismarckian foreign Policy. In: Militärgeschichtliche Mitteilungen 51 (1992), S. 47—71
Stone, Norman, Die Mobilmachung der österreichisch-ungarischen Armee 1914. In: Militärgeschichtliche Mitteilungen 9 (1974) S. 67—95
Strandmann Hartmut Pogge von, Rathenau, die Gebrüder Mannesmann und die Vorgeschichte der Zweiten Marokkokrise. In: Deutschland in der Weltpolitik des 19. und 20. Jahrhunderts. Fritz Fischer zum 65. Geburtstag. Hrsg. von Imanuel Geiss und Bernd Jürgen Wendt, Düsseldorf 1973, S. 251—270
Studt, Christoph, Lothar Bucher (1817—1892). Ein politisches Leben zwischen Revolution und Staatsdienst, Göttingen 1992
Suchomlinov, W.A., Erinnerungen, Berlin 1924
Sugimoto, Howard H., The Vancouver Riots of 1907: A Canadian Episode. In: Hillary Conroy und T. Scott Miyakawa, East Across the Pacific: Historical and Sociological Studies of Japanese Immigration and Assimilation. Santa Barbara (Ca.), Oxford 1972, S. 92—126
Suh, Byung-Han, Die internationalen Beziehungen Koreas von der Mitte des 19. Jahrhunderts bis zum Ende der Unabhängigkeit. Diss. Wien 1967
Sumner, Benedict H., Russia and the Balkans 1870—1880, Oxford 1937 (Repr. Hamden 1962)
Sumner, Benedict H., The secret Franco-Russian treaty of 3 March 1859. In: English Historical Review 48 (1933), S. 65—83
Swartz, Marvin, The Politics of British Foreign Policy in the Era of Disraeli and Gladstone, London 1985
Sybel, Heinrich, Die Begründung des Deutschen Reiches durch Wilhelm I., Bd 4, München, Leipzig ²1890

Die Tagebücher des Freiherrn Reinhard von Dalwigk zu Lichtenfels. Hrsg von Wilhelm Schüßler, Osnabrück 1967 (= Deutsche Geschichtsquellen des 19. Jahrhunderts, Bd 2)
Takaki, Ronald, Pan Hana. Plantation Life and Labor in Hawaii 1835—1900, Honolulu 1983
Tansill, Charles C., The Foreign Policy of Thomas F. Bayard, 1885—1897, New York 1940, Reprint 1969
Tapié, Victor-Lucien, Autour d'une tentative d'Alliance entre la France et l'Autriche 1867—1870, Wien 1971 (= Österreichische Akademie der Wissenschaften, phil.-hist. Klasse, SB 274.5)
Tapié, Victor, Le Traité secret de 1859 entre la France et la Russie. In: Etudes d'histoire moderne et contemporaine 5 (1953), S. 116—146
Tate, D.J.M., The Making of Modern South-East Asia, Bd 1, Repr. Oxford 1977
Tate, Merze, The United States and the Hawaiian Kingdom. A Political History, New Haven, London 1965
Taylor, A.J.P., European Mediation and the Agreement of Villafranca, 1859. In: English Historical Review 51 (1936), S. 52—78

Taylor, A.J.P., Prelude to Fashoda, The Question of the Upper Nile, 1894—1895. In: Essays in English History. Hrsg. von A.J.P. Taylor, London 1976, S. 129—169
Taylor, A.J.P., The Struggle for Mastery in Europe 1848—1918, Oxford 1954
Temperley, Harold W.V., Lillian M. Penson, Foundations of British Foreign Policy,. Cambridge 1938, Repr. London 1966
Thaden, Edward C., Russia and the Balkan Alliance of 1912, University Park (Pa) 1965
Thaden, Edward C., Russia since 1801. The making of a new society, New York 1971
Thayer, William R., Life and Letters of John Hay, Bd 2, Boston 1916
Thimme, Friedrich, Die Krüger-Depesche. In: Europäische Gespräche 2 (1924), S. 210
Thompson, Leonard, Great Britain and the Afrikaaner Republics, 1870—1899. In: The Oxford History of South Africa, Bd II, Oxford 1971
Thomson, R. Stanley, Siam and France 1863—1870. In: Far Eastern Quarterly 5 (1945/6), S. 28—46
Thurston, G.J., The Italian War of 1859 and the Reorientation of Russian Foreign Policy. In: Historical Journal 20 (1977), S. 121—144
Tibawi, Abdul Latif, A modern history of Syria including Lebanon and Palestine, London 1969
Tignor, Robert L., Modernization and British colonial rule in Egypt 1882—1914, Princeton 1966
Tirpitz, A., Erinnerungen, Leipzig 1919
Todorov, Nicolaj, La Bulgarie et la crise de 1875—1878. In: Revue d'histoire moderne et contemporaine 27 (1980), S. 44—51
Trask, David F., The War with Spain in 1898, New Haven, London 1981
Trausch, Gilbert, Deutschland und Luxemburg vom Wiener Kongreß bis zum heutigen Tag. Die Geschichte einer Entfremdung. In: Die deutsche Frage im 19. und 20. Jahrhundert. Referate und Diskussionsbeiträge eines Augsburger Symposiums 23. bis 25.9.1981, München 1983, S. 185—200
Treat, Payson J., Diplomatic Relations between the United States and Japan 1853—1905, 3 Bde, London 1938, Repr. Gloucester, Mass. 1963
Trevelyan, George M., The Life of John Bright, London 1913, Repr. Greenwood 1971
Trützschler von Falkenstein, Heinz, Bismarck und die Kriegsgefahr des Jahres 1887, Berlin 1924
Trumpener, Ulrich, Liman von Sanders and the German-Ottoman Alliance. In: Journal of Contemporary History 1 (1966), S. 179—192
Trzeciakowski, Lech, Preussische Polenpolitik im Zeitalter der Aufstände (1830—1864). In: Polen und die Polnische Frage in der Geschichte der Hohenzollernmonarchie 1701—1871. Hrsg. von Klaus Zernack, Berlin 1982, S. 96—110
Turk, Richard W., Defending the New Empire. In: In Peace and War, Interpretations of American Naval History, 1775—1978. Ed. by Kenneth J. Hagan, Westport, CT, London 1978, S. 190

Übersberger, Hans, Österreich zwischen Rußland und Serbien. Zur Südslawischen Frage und der Entstehung des Ersten Weltkrieges, Köln, Graz 1958
Urban, Miriam Belle, British Opinion and Politics on the Unification of Italy 1856—1861. Diss. New York 1938

Vagts, Alfred, Deutschland und die Vereinigten Staaten in der Weltpolitik, 2 Bde, New York 1935
Vagts, Alfred, Hopes and Fears of an American-German War, 1870—1915. In: Political Science Quarterly 54 (1939), S. 517 f
Vagts, Alfred, William II. and the Siam Episode. In: American Historical Review 45 (1940), S. 834—841
Valsecchi, Franco, European Diplomacy and the Thousand: the Conservative Powers. In: A Century of Conflict. 1850—1950. Essays for A.J.P. Taylor. Ed. by Martin Gilbert, London 1966
Valsecchi, Franco, Italia ed Europa nel 1859, Florenz 1965
Vella, Walter F., The Impact of the West on the Government of Thailand, Berkeley 1955
Vernassa, Maurizio, Emigrazione, diplomazia e cannoniere. L'interventi Italiano in Venezuela, 1902—1903, Leghorn 1980
Verosta, Stephan, Kollektivaktionen der Mächte des Europäischen Konzerts 1886—1914, Wien 1988 (= Veröffentlichungen der Kommission für Völkerrecht und Internationale Beziehungen, 1; Sitzungsberichte der Österreichischen Akademie der Wissenschaften, phil.-hist. Klasse, Bd 510)
Verosta, Stephan, Theorie und Realität von Bündnissen. Heinrich Lammasch, Karl Renner und der Zweibund (1897—1914), Wien 1971
Vevier, Charles, The United States and China 1906—1913: A Study of Finance and Diplomacy, New Brunswick (N.J.) 1955
Vietsch, Eberhard von, Bethmann Hollweg. Staatsmann zwischen Macht und Ethos, Boppard 1969
Queen Victoria. Ein Frauenleben unter der Krone. Hrsg. von Kurt Jagow. Berlin 1936
Vitzthum von Eckstädt, Carl Friedrich, St. Petersburg und London in den Jahren 1852—1864. Stuttgart 1886
Voelkle, Carl, Die Haltung Englands in der deutsch-dänischen Frage, Herbst 1863—Juli 1864. Diss. Heidelberg 1913
Vogel, Barbara, Deutsche Rußlandpolitik. Das Scheitern der deutschen Weltpolitik unter Bülow 1900—1906, Düsseldorf 1973
Voigt, Johannes, Die britische Außenpolitik in der Schleswig-Holstein-Frage 1859—1864. Diss. Kiel 1958

Denkwürdigkeiten des General-Feldmarschalls Alfred Grafen von Waldersee, 3 Bde. Hrsg. von Heinrich-Otto Meisner, Stuttgart, Berlin 1922/23
Generalfeldmarschall Alfred von Waldersee in seinem militärischen Wirken. Hrsg. von Hans Mohs, Bd 2, Berlin 1929
Walewander, Edward, Die österreichische Presse und der polnische Januaraufstand, Frankfurt a.M. 1991 (= Europäische Hochschulschriften III, 496)

Wallach, Jehuda L., Anatomie einer Militärhilfe. Die preußisch-deutschen Militärmissionen in der Türkei 1835—1919, Düsseldorf 1976
Wallin, Franklin W., French Naval Conversion and the Second Empire's Intervention in Industry. In: Studies in Modern European History. In Honor of Franklin Charles Palm. Ed. by Frederich J. Cox et. al., New York 1956
Walpole, Sir Spencer, The Life of Lord John Russell, Bd 2, London 1891, Reprint New York 1969
Walter, Rolf, Los Alemanes en Venezuela y sus descendientes, Bd II: 1870—1914, Caracas 1991
Warburg, Gabriel R., British rule in the Nile Valley 1882—1956 and Robinson's Theory of collaboration. In: Asian and African Studies. Annual of the Israel Oriental Society 1981, S. 287—322
Ward, John W., British Policy in the South Pacific (1786—1893), Sydney 1948
Warington-Smyth, H., Five Years in Siam, 2 Bde, London 1898
Warren, Gordon H., Fountain of Discontent. The Trent Affair and Freedom of the Seas, Boston 1981
Weck, Alfred, Deutschlands Politik in der Samoafrage. Diss. Leipzig 1933
Wehler, Hans Ulrich, Bismarcks Imperialismus und späte Rußlandpolitik unter dem Primat der Innenpolitik. In: Das kaiserliche Deutschland. Politik und Gesellschaft 1870—1918. Hrsg. von Michael Stürmer, Düsseldorf 1970
Wehler, Hans Ulrich, Der Aufstieg des amerikanischen Imperialismus, Göttingen 1974
Wehler, Hans-Ulrich, 1889 Wendepunkt der amerikanischen Außenpolitik. Die Anfänge des modernen Panamerikanismus — Die Samoakrise. In: Historische Zeitschrift 201 (1965), S. 57—109
Wehler, Hans-Ulrich, Bismarck und der Imperialismus, Köln, Berlin 1969
Wehler, Hans-Ulrich, Der Aufstieg des amerikanischen Imperialismus: Studien zur Entwicklung des Imperium Americanum 1865—1900, Göttingen 1974
Wehler, Hans-Ulrich, Grundzüge der amerikanischen Außenpolitik 1750—1900, Frankfurt a.M. 1984
Wehler, Hans-Ulrich, Sprungbrett nach Ostasien: Die amerikanische Hawaiipolitik bis zur Annexion von 1898. In: Jahrbuch für Amerikastudien 10 (1965), S. 153—181
Weitz, Theodor, Italien und Tunis 1870—1881. Diss. Göttingen 1939, gedr. Düsseldorf 1940
Wellesley, Victor, Robert Sencourt, Conversations with Napoleon II., London 1934
Wells, J.G., Birth of the ironclad, Gloire and Warrior. In: Marine et technique au XIXe siècle. Acte du colloque international Paris, Ecole militaire, les 10, 11, 12 juin 1987, S. 377—383
Wendt, Bernd-Jürgen, Freihandel und Friedenssicherung. Zur Bedeutung des Cobden-Vertrages von 1860 zwischen England und Frankreich. In: Vierteljahrsschrift für Sozial- und Wirtschaftsgeschichte 61 (1974), S. 29—64
Wenger, Klaus Rudolf, Preußen in der öffentlichen Meinung Frankreichs 1815—1870, Göttingen 1979 (= Göttinger Bausteine zur Geschichtswissenschaft, 50)

Wereszycki, Henryk, Alarm Wojenny 1875 Roku W Swietle Niewyzyskanich Zródel [Der Kriegsalarm des Jahres 1875 im Lichte unveröffentlichter Quellen]. In: Kwartalnik Historycny 68 (1961), S. 689—716
Wereszycki, Henryk, Great Britain and the Polish Question in 1863. In: Englisch Historical Review 50 (1935), S. 78—108
Wernecke, Klaus, Der Wille zur Weltgeltung. Außenpolitik und Öffentlichkeit im Kaiserreich am Vorabend des Ersten Weltkrieges, Düsseldorf 1970
Wertheimer, Eduard von, Graf Julius Andrássy. Sein Leben und seine Zeit, Stuttgart 1913
White, Andrew D., Aus meinem diplomatischen Leben, Leipzig 1906
White, Andrew D., Autobiography, 2 Bde, London 1905
Wilhelm, Rolf, Das Verhältnis der süddeutschen Staaten zum Norddeutschen Bund (1867—1870), Husum 1978 (= Historische Studien, 431)
Wilkins, Mira, The Emergence of Multinational Enterprise: American Business Abroad from the Colonial Era to 1914, Cambridge, MA 1970
Williamson Jr., Samuel R., The Politics of Grand Strategy. Britain and France Prepare for War 1904—1914, Cambridge/Mass. 1969
Wilson, Keith M., Empire and Continent, London, New York 1987
Wilson, Keith M., Grey. In: British Foreign Secretaries and Foreign Policy: From Crimean War to First World War. Ed. by Keith M. Wilson, London 1987, S. 172—197
Wilson, Keith M., The Agadir Crisis, the Mansion House Speech and the Double-Edgedness of Agreements. In: Historical Journal 15 (1972)
Wilson, Keith M., The Policy of the Entente. Essays on the Determinants of British Foreign Policy 1904—1914, Cambridge u.a. 1985
Winckler, Martin, Bismarcks Bündnispolitik und das europäische Gleichgewicht, Stuttgart 1964
Winckler, Martin, Der Ausbruch der »Krieg-in Sicht«-Krise vom Frühjahr 1875. In: Zeitschrift für Ostforschung 14 (1965), S. 671—713
Winckler, Martin, Rußland, die »Krieg-in-Sicht«-Krise und der Beginn des deutsch-dänischen Sprachenkampfes. In: Jahrbuch der Albertus-Universität zu Königsberg 15 (1965), S. 187—221
Windelband, Wolfgang, Bismarck und die europäischen Großmächte 1879—1885, Essen 1940
Winzen, Peter, Bülows Weltmachtkonzept. Untersuchungen zur Frühphase seiner Außenpolitik 1897—1901, Boppard 1977
Winzen, Peter, Der Krieg in Bülows Kalkül. Katastrophe der Diplomatie oder Chance zur Machtexpansion? In: Bereit zum Krieg. Kriegsmentalität im wilhelminischen Deutschland 1890—1914. Beiträge zur historischen Friedensforschung. Hrsg. von Jost Dülffer und Karl Holl, Göttingen 1986, S. 161—193
Winzen, Peter, Die Englandpolitik Friedrich von Holsteins 1895—1901. Diss. 2. Teil, Köln 1975
Wippich, Rolf-Harald, Japan und die deutsche Fernostpolitik 1894—1898, Stuttgart 1987
Witte, Graf, Erinnerungen, Berlin 1923

Wittram, Reinhard, Bismarck und Gorčakov im Mai 1875, Göttingen 1955 (= Nachrichten der Akademie der Wissenschaften in Göttingen I. Philolog.-Hist. Klasse Jg. 1955, Nr. 7)
Wolfframm, Peter, Die deutsche Außenpolitik und die großen deutschen Tageszeitungen (1871—1890), Zeulenroda 1936
Wolter, Heinz, Bismarcks Außenpolitik 1871—1881, Berlin 1983
Woodman, Dorothy, The Making of Burma, London 1962
The Works of Theodore Roosevelt, Memorial Edition Bd 17. Ed. by H. Hagedorn, New York 1923—1926
Wormer, Klaus, Großbritannien, Rußland und Deutschland. Studien zur britischen Weltreichpolitik am Vorabend des Ersten Weltkriegs, München 1980
Wright, Gordon, Persigny and the Annexation of Nice and Savoy (Briefe). In: Journal of Modern History 10 (1938), S. 364—371
Wright, Gordon, The Origins of Napoleon III's Free Trade. In: Economic History Review 9 (1938) 1, S. 64—67.
Wrigley, W. David, Germany and the Turco-Italian War, 1911—1912. In: Journal of Middle East Studies 11 (1980), S. 313—338

Zechlin, Egmont, Bismarck und die Grundlegung der deutschen Großmacht, Stuttgart [2]1960
Zechlin, Egmont, Deutschland zwischen Kabinettskrieg und Wirtschaftskrieg. Politik und Kriegführung in den ersten Monaten des Weltkrieges 1914. In: Historische Zeitschrift 199 (1964), S. 347—458
Zechlin, Egmont, Die Adriakrise und der »Kriegsrat« vom 8.Dezember 1912. In: Egmont Zechlin, Krieg und Kriegsrisiko. Zur deutschen Politik im Ersten Weltkrieg. Aufsätze, Düsseldorf 1979, S. 115—159
Zentralasien. Hrsg. von Gavin Hambly, Frankfurt a.M. 1966
Zürrer, Werner, Das Kreta-Problem 1908—1912. Über die Unfähigkeit zur diplomatischen Konfliktlösung vor dem Ersten Weltkrieg. In: Südostforschungen 38 (1979), S. 40—87

Die Autoren

Jost Dülffer

Jahrgang 1943, Promotion 1972, Habilitation 1979, Wissenschaftlicher Assistent am Historischen Seminar, Universität zu Köln 1972 bis 1982, seither Professor für Neuere Geschichte ebendort.

Hauptforschungsgebiete: Internationale Beziehungen, Historische Friedensforschung, Deutsche Zeitgeschichte, Europa nach dem Zweiten Weltkrieg

Ragnhild Fiebig-von Hase

Jahrgang 1937, Promotion 1984, seither tätig als wissenschaftliche Mitarbeiterin und freie Historikerin an den Universitäten Köln und Tübingen.

Hauptforschungsgebiete: Internationale Beziehungen 19. und 20. Jahrhundert, amerikanische Geschichte, Geschichte des deutschen Kaiserreichs, Transatlantische Beziehungen einschließlich Lateinamerika

Martin Kröger

Jahrgang 1960, Promotion 1989, Mitarbeit am DFG-Projekt, seit 1992 wissenschaftlicher Mitarbeiter im Auswärtigen Amt (Akten zur Deutschen Auswärtigen Politik 1918—1945); Mitherausgeber von: Geschichte in Köln. Zeitschrift für Stadt- und Regionalgeschichte.

Hauptforschungsgebiete: Internationale Beziehungen

Ute Mehnert

Jahrgang 1964, Promotion 1993, 1989 bis 1991 wissenschaftliche Mitarbeiterin am DFG-Projekt »Die deutsch-amerikanischen Beziehungen und das europäische Gleichgewicht, 1904—1919«, 1993—1995 Zeitungsvolontariat in Köln, seither als Redakteurin in Bonn tätig.

Hauptforschungsgebiete: Internationale Beziehungen

Rolf-Harald Wippich

Jahrgang 1950, Promotion 1985, Mitarbeit am DFG-Projekt, seit 1989 in Japan, seit 1991 Associate Professor für Europäische Geschichte an der Fakultät für Vergleichende Kulturwissenschaften der Sophia University Tokyo.

Hauptforschungsgebiete: Ostasien in der internationalen Politik, Deutschjapanische Beziehungen im 19. und 20. Jahrhundert, Kolonialgeschichte